中国信托业年鉴 2013—2014（上卷）

ALMANAC OF CHINA'S TRUSTEE

中国信托业协会　编

中国金融出版社

责任编辑：贾　真
责任校对：张志文
责任印制：程　颖

图书在版编目(CIP)数据

中国信托业年鉴．2013—2014(Zhongguo Xintuoye Nianjian 2013—2014)：全2册/中国信托业协会编．—北京：中国金融出版社，2014.8

ISBN 978-7-5049-7285-9

Ⅰ.①中…　Ⅱ.①中…　Ⅲ.①信托业—中国—2013~2014—年鉴　Ⅳ.①F832.49-54

中国版本图书馆CIP数据核字(2014)第168901号

出版发行　中国金融出版社
社址　北京市丰台区益泽路2号
市场开发部　(010)63266347,63805472,63439533(传真)
网上书店　http://www.chinafph.com
(010)63286832,63365686(传真)
读者服务部　(010)66070833,62568380
邮编　100071
印刷　北京市松源印刷有限公司
尺寸　210毫米×285毫米
插页　42
印张　121.5
字数　4190千
版次　2014年8月第1版
印次　2014年8月第1次印刷
定价　780.00元(上下卷)
ISBN 978-7-5049-7285-9/F.6845

2013年中

中国银监会主席助理
杨家才

浙江银监局局长
韩 沂

中国银监会非银部主任
李建华

中国信托业协会专职副会长
王丽娟

中国信托业协会会长、中信信托董事长
蒲 坚

国信托业年会

加快创新转型 服务民生实业

国务院发展研究中心副主任、党组成员
张来明

中国银监会非银部副巡视员
闵路浩

中国信托业协会终身名誉会长
王世宏

中国信托业协会监事长、英大信托董事长
盖永光

论坛

CHINA TRUST INDUSTRY SUMMIT
信
中国信托业年会

2013年中

包学勤

辛伟

李宪明

刘景峰

王晓龙

姚江涛

土地流转信托

国信托业年会

肖风
傅帆
周小明
李荻
服务民生实业
徐卫晖
韩晓
家族信托

钱骏
范韬
孟扬
陈赤
服务民生实业
刘屹
郭新华
信托风险管理及缓释机制

中国信托业协会首次

中国信托业协会会长
中信信托董事长
蒲　坚

中国信托业协会
专职副会长
王丽娟

中国信托业协会监事长
英大信托董事长
盖永光

发布行业社会责任报告

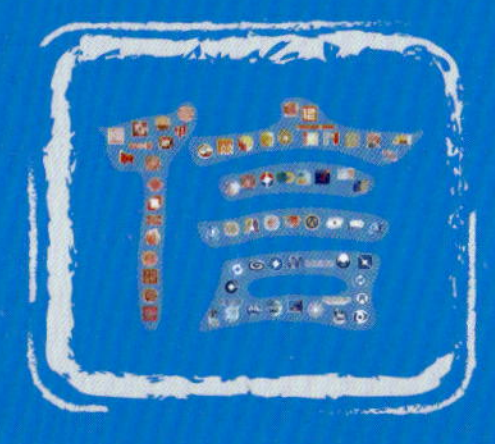

2012 中国信托业

社会责任报告

2012 China Trust Industry
Corporate Social Responsibility Report

诚信
INTEGRITY
依法合规经营
铸就诚信信托

公益
COMMUNITY
热心社会事业
践行公益信托

实业
INDUSTRIAL
贯彻国家战略
彰显实业信托

绿色
GREEN INITIATIVE
促进低碳发展
推进绿色信托

惠民
BENEFIT OF THE PEOPLE
提升客户服务
打造惠民信托

人本
HUMAN
支持员工成长
致力人本信托

2013年中

2013年10月22日，中国银监会纪委副书记、纪委监察局局长廖有明莅临金谷信托进行“金融机构从业人员职业操守建设”专题培训讲座。

2013年3月27日，中国银监会非银部主任李建华一行莅临英大信托调研。

2013年3月29日，中国银监会非银部主任李建华一行莅临建信信托调研。

2013年6月18日，中国银监会非银部主任李建华莅临国联信托调研。

2013年8月22日，中国银监会非银部主任李建华、湖南银监局局长李赛辉一行莅临湖南信托调研。

2013年9月4日，中国银监会非银部主任李建华、安徽银监局局长陈琼一行莅临国元信托调研。

2013年10月12日，中国银监会非银部主任李建华、副巡视员闵路浩、重庆银监局副巡视员陈明柱一行莅临重庆信托调研。

2013年10月16日，中国银监会非银部主任李建华一行莅临华鑫信托指导调研。

2013年12月18日，中国银监会非银部主任李建华一行莅临杭州工商信托指导调研。

2013年初，陕西银监局局长凌敢莅临陕国投慰问。

2013年2月28日，广东银监局巡视员王晓光一行莅临大业信托检查工作。

2013年3月14日，时任四川银监局副局长李明肖一行莅临四川信托调研。

2013年3月29日，黑龙江银监局纪委书记金守恒一行莅临中融信托调研。

2013年4月7日，上海银监局副局长蒋明康莅临中泰信托检查工作。

2013年4月8日，上海银监局副局长蒋明康莅临安信信托调研。

2013年5月13日，宁波银监局副局长张亚娟一行莅临昆仑信托调研。

2013年8月5日，厦门银监局局长王泽平一行莅临厦门信托调研。

2013年8月21日，湖南银监局副巡视员陈延喜一行莅临湖南信托调研。

2013年12月10日，江西银监局局长马忠富一行莅临中航信托调研。

2013年3月26日，中国银监会非银部副处长张海阳一行莅临百瑞信托调研。

2013年3月27日，中国银监会非银部副处长游宇一行莅临长安信托调研。

2013年3月11日，陕西银监局非银处处长张保强一行莅临长安信托检查工作。

2013年5月7日，云南银监局非银处处长吴纯勇、李云等一行到云南信托现场检查。

2013年5月23日，四川银监局非银处副处长李黎一行莅临云南信托调研。

2013年6月18日，时任中共北京市委常委陈刚一行莅临北京信托调研。

2013年9月17日，湖南省人民政府副省长李友志在湖南财信投资控股有限责任公司总裁胡小龙的陪同下参观湖南省第三届金融博览会湖南信托展位。

2013年9月19日，湖南省省委书记、省人大常委会主任徐守盛在湖南财信投资控股有限责任公司董事长王红舟的陪同下参观湖南省第三届金融博览会湖南信托展位。

2013年1月10日，上海市杨浦区区委书记陈寅一行莅临安信信托调研。

2013年3月6日，湖南省株洲市副市长何剑波一行莅临昆仑信托调研。

2013年3月8日，北京市门头沟区区委书记韩子荣、区长王洪钟代表村镇集体和农民向北京信托赠送锦旗，以感谢北京信托为门头沟区农村提供信托理财服务并取得良好效果。

2013年3月21日，山东省即墨市市委书记、市人大常委会主任刘赞松一行莅临中航信托调研。

2013年5月1日，时任四川省内江市市委书记曾万明一行莅临中航信托调研。

2013年10月23日，宁波市江东区区委副书记、区长孙黎明一行莅临昆仑信托调研。

2013年12月22日，上海市杨浦区区长诸葛宇杰一行莅临安信信托调研。

2013年1月16日，中国信托业协会开展民主生活会。

2013年1月17日，中国信托业协会专职副会长王丽娟、秘书长陈艳梅会见纽约梅隆银行亚洲区公司信托业务总监Kenneth Cheong一行。

2013年3月7日至8日，中国信托业协会会员单位联络员、办公室主任及研发工作会议在南京召开，并举行优秀联络员颁奖仪式。

2013年3月26日，中国信托业协会第三届理事会第一次常务理事会议在北京召开。

2013年4月19日，中国信托业协会组织召开《中华人民共和国信托法》立法后评估课题研究实地调研工作会议。

2013年5月7日，中国信托业协会第三届理事会第二次会议在大连召开。

2013年5月14日，中国信托业协会专职副会长王丽娟出席两岸金融与产业交流研讨会并发表演讲。

2013年5月18日至6月11日，中国信托业协会与卡斯商学院合作举办第三期信托公司高管研修班。

2013年5月21日，中国信托业协会第三届会员大会第二次会议在北京召开。

2013年5月22日，《中国信托产业发展之路》课题成果发布会在中国社会科学院金融研究所举行。

2013年6月21日，中国信托业协会举办“战略与创新”主题讲座。

2013年6月26日至28日，《中华人民共和国信托法》修改课题研究实地调研小组赴上海开展调研工作。

2013年7月20日至8月9日，中国信托业协会与美国纽约大学斯特恩商学院在美国纽约联合举办首期信托公司财富管理研修班。

2013年8月8日至9日，《中华人民共和国信托法》修改课题研究小组赴成都开展实地调研工作。

2013年8月24日至9月17日，中国信托业协会与英国城市大学卡斯商学院合作举办第三期赴英信托公司业务经理研修班。

2013年9月10日，中国信托业协会第三届理事会第三次常务理事会议在北京召开。

2013年9月24日，中国信托业协会与上海立信会计学院战略合作签约暨信托专业班开班仪式在上海举办。

2013年10月23日，中国信托业协会“认知信托 成就财富”主题沙龙活动在北京举行。

2013年11月6日，中国信托业协会与中央电视台财经频道签署战略合作备忘录。

2013年11月18日，中国信托业协会专职副会长王丽娟莅临中建投信托调研。

2013年12月8日至11日，中国信托业协会与清华大学五道口金融学院合作举办“家族信托与家族财富传承”培训课程班。

2013年，中国信托业协会继续与清华大学法学院开展合作，举办信托高级管理研修班，全年举办2期班，113人参加研修。图为6月4日至9日，2013年第一期班。

2013年，协会首次开展信托业全员培训考试系统化工作，全年完成4期培训，参训人员总计421人，其中402人获得协会颁发的考试合格证书。图为7月18日，首期班开班。

2013年1月8日，百瑞信托与北京大学汇丰商学院签署战略合作协议。

2013年1月11日，华融信托与唐山轨道客车有限责任公司签订合作框架协议。

2013年1月21日，四川信托举办2013年财富论坛。

2013年1月25日，招商银行总行财富管理业务总监陈昆德到访华融信托。

2013年3月5日，上海信托与清华大学五道口金融学院签署战略合作框架协议。

2013年3月7日，中航信托与中航证券举行战略合作签约仪式。

2013年3月7日，中航信托总经理姚江涛与贝利梵石小城市建设投资有限公司董事长沈国健进行战略合作洽谈。

2013年3月12日，金谷信托迎接方圆标志认证集团外审专家的认证审核，并顺利取得ISO9001质量管理体系认证证书。

2013年3月20日，西安交通大学董事长高级研修班学员一行到访长安信托。

2013年3月21日，长安信托召开西安市区县融资与信托座谈会。

2013年4月16日，陕西省国资委党委副书记何少华一行莅临陕国投调研。

2013年4月16日，上海信托组织房地产信托业务培训。

2013年4月18日，北方信托到访中原信托。

2013年4月24日，粤财信托与建设银行广东省分行签署业务合作协议。

2013年4月27日，上海信托组织家族信托业务培训。

2013年4月28日，民生信托举行开业庆典。

2013年4月，中信信托与北京市房山区政府签署战略合作协议，共同建设北京高端制造业基地。

2013年5月16日，华澳信托举行财富中心暨“华澳·臻财富”品牌揭牌仪式。

2013年5月17日，北京信托组织创新业务辩论大赛。

2013年5月17日，英大信托总经理助理王迎新一行到访华融信托。

2013年5月20日，湖南信托与长沙银行、财富证券在长沙签订三方紧密合作协议。

2013年5月24日，山西信托举办信托专题讲座暨《信托业从业人员培训教材》学习启动仪式。

2013年6月3日，兴业信托董事长杨华辉、时任兴业国信资产管理有限公司董事长黄德良为兴业国信资产管理有限公司开业揭牌。

2013年6月3日，中国人民银行金融稳定处处长董洪福一行到金谷信托开展专项现场评估。

2013年6月4日，湖南信托与株洲市人民政府签署《株洲市人民政府与湖南省信托有限责任公司战略合作框架协议》。

2013年6月5日，中航信托组织举办投融资协作座谈会。

2013年6月6日，澳大利亚国民银行集团董事局成员及高管团队到访兴业信托。

2013年6月6日，天津信托在中国企与天津银行、天津国通股权投资基金管理有限公司共同举行金融支持天津市示范小城镇建设合作意向书签约仪式。

2013年6月7日，中融信托举办保信合作研讨会。

2013年6月15日，上海信托和清华大学五道口金融学院联合举办“2013年首届中国家族信托年会”。

2013年6月18日，兴业信托与兴业银行、兴业基金、兴业金融租赁联合参加第十一届中国海交会金融展览。

2013年6月20日，长安信托举行“媒企关系：如何化解财富焦虑”为主题的北京媒体研讨会。

2013年6月20日，兴业信托与南京银行签署全面合作协议。

2013年6月21日，上海市慈善基金会理事长冯国勤到访安信信托。

2013年6月22日至24日，东莞信托参加广州金交会。

2013年6月25日至27日，民生信托开展全员培训活动。

2013年6月29日，上海信托新天地财富中心正式开业。

2013年7月2日，无锡市司法局副局长刘益良莅临国联信托检查“六五”普法工作。

2013年7月11日，安信信托董事长王少钦参加亚洲金融合作联盟金融与财富管理峰会。

2013年7月12日，中泰信托与亚洲金融合作联盟九家成员单位签订全面业务合作备忘录。

2013年7月19日，北京信托与清华大学经济管理学院联合举办北京信托“融信启航”高管培训合作启动仪式。

2013年7月19日，山西信托开展《信托业从业人员培训教材》专题讲座。

2013年7月25日，陕国投与西咸新区管委会签订重点项目融资银企合作战略协议。

2013年7月30日，华宝信托举办华宝爱心信托成立仪式，中国信托业协会终身名誉会长王世宏出席活动。

2013年7月31日，安信信托与盛京银行举行业务研讨会与战略合作签约仪式。

2013年7月，中信信托举办第二届“中信航天防务人才奖”颁奖活动。

2013年8月14日，中泰信托与兴业国际信托签署全面合作协议。

2013年8月18日，上海信托尚嘉财富中心正式开业。

2013年8月30日，山西信托召集全体员工召开“防控风险　规范经营”专题会议。

2013年9月6日，华融信托组织开展公司部分部门总经理助理岗位竞争上岗面试工作。

2013年9月23日，安信信托总裁杨晓波参加云南东南亚经贸合作发展联合会。

2013年9月27日，北京信托举办土地流转信托专题报告会。

2013年9月29日，湖南信托与金洲新区签订战略合作框架协议。

2013年10月8日，安信信托举办风险控制培训。

2013年10月11日，金谷信托与北京城建集团签署战略合作协议。

2013年10月13日至22日，中建投信托赴英国培训。

2013年10月15日，上海市金融工委书记孔庆伟一行莅临上海信托调研。

2013年10月17日，四川信托召开服务民营经济信托业务对接会。

2013年10月18日，摩根大通风控专家为百瑞信托员工进行风险专项培训。

2013年10月26日，中诚信托召开中国银行法学研究会信托法专业委员会成立大会暨研讨会。

2013年10月31日，兴业信托参加第九届北京国际金融博览会。

2013年10月31日至11月3日，大业信托参加第九届北京国际金融博览会。

2013年11月6日至7日，中航信托召开2014年务虚会。

2013年11月7日，安信信托领导前往上海蔬菜集团基地考察。

2013年11月22日，兴业信托与苏州银行签署全面合作协议。

2013年11月22日至24日，长安信托在西安召开“2013年信保合作业务研讨会”。

2013年11月26日，中航信托与中航期货举行战略合作签约仪式。

2013年11月28日，四川信托召开“以服务树品牌、以创新促发展”2014年业务研讨会。

2013年11月，平安信托携手麦肯锡推出《中国信托业发展研究报告（2013）》。

2013年11月，中信信托与招商银行合作推出国内首单消费信托。

2013年12月4日，中航信托与美国磊拓金融集团洽谈合作。

2013年12月6日，中航信托与绿城集团举行战略合作签约仪式。

2013年12月18日，五矿信托与交通银行资产管理部签署战略合作协议。

2013年12月20日，五矿信托与浙商银行签署战略合作协议。

2013年12月22日，上海市杨浦区区长诸葛宇杰一行莅临安信信托调研。

2013年12月26日，交银信托召开“交汇财智　信聚财富——交银国信2013年财富论坛”。

2013年12月，中信信托与拜耳作物科学有限公司就土地流转下现代农业科技创新与发展正式签署合作备忘录。

2013年12月，中信信托与山东省青州市人民政府合作成立山东省第一单土地经营权流转信托。

2013年12月，中信信托在2014年中英工商峰会上，与英国医疗局、英国Circle医疗有限公司以及英国禾硕医疗有限公司签署战略合作协议。

2013年4月，中信信托举行学习贯彻党的十八大精神系列讲座。

2013年5月25日，华融信托第一、第二党总支部与新疆银监局非银处党支部联合开展党支部活动。

2013年6月21日，昆仑信托党委在西柏坡组织迎“七一”主题教育活动以及报告会。

2013年6月28日，四川信托党委召开庆祝建党92周年暨“七一”表彰大会。

2013年6月，陕国投开展纪念建党92周年主题活动。

2013年6月，中航信托党委开展集中教育周活动。

2013年7月18日，中诚信托召开党的群众路线教育实践活动工作会议。

2013年8月1日，山西信托召开党的群众路线教育实践活动动员大会。

2013年8月8日，重庆信托开展党的群众路线教育实践活动党委中心组（扩大）学习会。

2013年8月23日，陕国投召开党的群众路线教育实践活动动员大会。

2013年8月29日，陕国投党委中心组召开党的群众路线教育实践活动第一次专题学习会。

2013年8月，中信信托召开深入开展党的群众路线教育实践活动动员大会。

2013年9月3日，华融信托开展党的群众路线教育实践活动专题党课辅导。

2013年9月6日，山西信托部分党员在党的群众路线教育实践活动中举行宣誓仪式。

2013年9月26日，四川信托党委召开理想信念、实现伟大中国梦、党的群众路线“三大主题”教育活动宣讲大会。

2013年9月29日，上海信托召开党的群众路线教育实践活动领导班子学习交流会。

2013年10月10日，北京信托党委组织党员干部参观反腐倡廉教育展览。

2013年11月28日，中航信托举行党委理论学习中心组扩大学习会，专题学习十八届三中全会精神。

2013年12月9日至10日，昆仑信托召开领导班子党的群众路线教育实践活动专题民主生活会。

2013年4月26日，中航信托团委与江西银监局团委、华融资产管理公司江西省分公司团委共同开展“关爱星星的孩子，托起明天的太阳”主题团日活动。

2013年5月24日，爱建信托团总支组织团员青年前往鲁迅故里——浙江绍兴，开展“寻访足迹”活动。

2013年10月22日，江苏信托团委正式成立。

2013年11月11日，重庆信托举行中国民主建国会重庆市委金融支部成立大会。

2013年3月29日，大业信托工会正式成立。

2013年1月18日，中航信托开展“一对一助学”活动。

2013年1月22日，安信信托举办安信信托关爱老年基金爱心捐赠仪式。

2013年1月23日，重庆信托为酉阳县天馆乡魏市村10名贫困老人发放慰问金。

2013年1月24日，安信信托携手上海市慈善基金会成立“安信信托百姓爱心专向基金”并捐赠50万元作为启动资金。

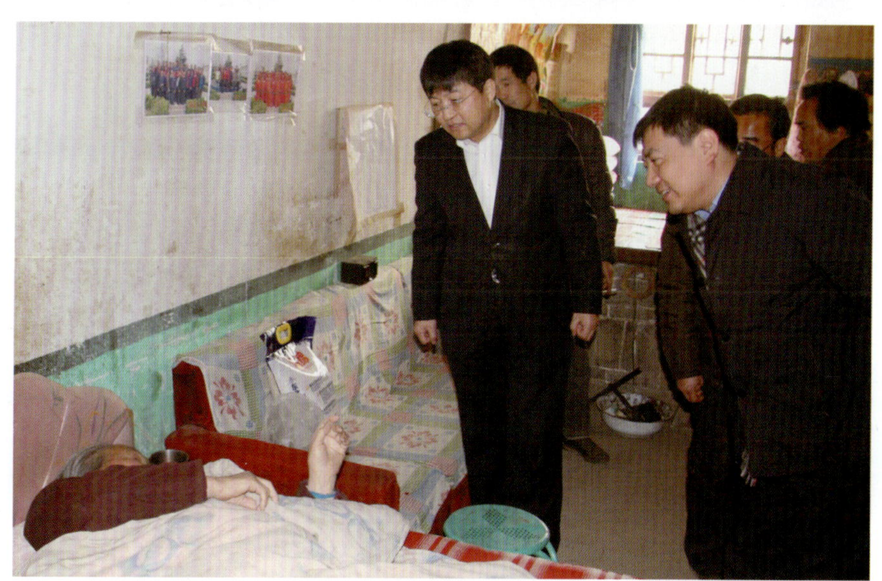

2013年1月30日，陕国投领导赴对口扶贫村慰问。

2013年1月31日，中航信托走访慰问孤寡老人和留守儿童。

2013年2月5日，中航信托总经理姚江涛奔赴宜春新火车站综合交通枢纽工程项目施工现场，慰问农民工兄弟。

2013年3月11日，华澳信托举行爱心图书室揭牌仪式。

2013年4月22日，中航信托员工向四川雅安地震灾区募捐，180余名员工共捐献善款10余万元。

2013年4月23日，上海信托向四川雅安地震灾区募捐。

2013年4月24日，华润信托全员向芦山地震受灾同胞捐款。

2013年4月26日，金谷信托开展“情系雅安”抗震救灾捐款活动。

2013年4月27日，百瑞信托员工向四川雅安地震灾区募捐。

2013年4月27日，华融信托向四川雅安地震灾区募捐。

2013年4月30日，中铁信托时任党委书记郭敬辉带领公司青年志愿者代表信托业协会赴芦山地震灾区送温暖。

2013年5月31日，中航信托志愿者到中航信托萍乡希望小学，赠送善款及物品。

2013年6月4日，新华信托工会主席安东到雅安市天全县新华乡第一中心小学灾后情况考察。

2013年6月24日，华能贵诚信托向板其小学捐赠300万元。

2013年6月24日，中铁信托总经理景开强向成都市青羊区捐赠助老项目。

2013年6月29日，中航信托前往公司定点扶贫村安福县洋门乡沛溪村查看公司援建的“村级文化活动中心”建成情况，并为村农家书屋添置了农业科普和基层党建方面的书籍200余本。

2013年6月，平安信托开展关爱救助深圳福利院活动。

2013年7月5日，安信信托“阳光关爱”公益系列活动、食品安全——“蔬菜安全源头行动”公益活动启动。

2013年8月2日，陕国投开展向延安灾区捐赠活动。

2013年8月18日，厦门信托员工前往厦门市翔安区同心儿童院进行爱心慰问活动。

2013年8月22日，兴业信托向四川慈善总会捐赠公益助学金111万元。

2013年8月24日，长安信托携手一点爱心网站共同搭建爱心平台，发起“长安信托公益行”活动。

2013年9月15日，方正东亚信托“爱·共成长”公益活动启动仪式。

2013年10月，中信信托联合民政部社会福利基金会贫困自闭症儿童救助中心组织“伸出关爱之手、勾画彩色梦想”爱心公益活动。

2013年11月14日，爱建信托为影光王爷府镇蒙古族中心小学募捐衣物。

2013年11月21日，重庆信托向酉阳县捐赠扶贫款50万元。

2013年12月2日，国元信托到金寨县沙堰希望小学开展捐资助学暨公司30名党员与贫困生结对帮扶活动。

2013年12月10日，云南信托员工在昆明市南屏街社区参加志愿者活动。

2013年12月13日，方正东亚信托副总裁谢从斌与武汉市文明办、百步亭社区党委、社区志愿服务全国联络总站等单位和全国道德模范孝义兄弟刘培、刘洋等爱心人士一起慰问武汉市百步亭社区的困难家庭。

2013年12月24日，陕国投扶贫村渭南市澄城县赵庄镇高垣村给公司赠送锦旗。

2013年12月27日，中诚信托直销中心参加“春运温暖伴您行”大型义工志愿者活动。

2013年12月30日，百瑞信托举行百瑞仁爱天使基金项目启动仪式。

2013年12月，中信信托青年志愿者协会赶赴北京丰台区东铁营二小进行慰问。

2013年3月14日，新时代信托参加银行业打击非法集资宣传活动。

2013年3月22日，昆仑信托开展金融消费投资教育现场宣传活动。

2013年8月31日，华宸信托参加金融知识宣传活动。

2013年9月1日，新时代信托开展金融知识宣传服务月活动。

2013年9月3日，四川信托开展金融知识进万家活动。

2013年9月，厦门信托开展金融知识进万家活动。

2013年9月，中铁信托开展金融知识进万家活动。

2013年12月25日，厦门信托召开2013年末消费者代表座谈会，广泛宣传金融知识，倾听消费者意见及建议。

2013年3月12日，东莞信托领导班子参加一年一度的植树活动。

2013年5月4日，中融信托开展春季植树活动。

2013年4月28日，百瑞信托总裁马磊荣获郑州市劳动模范。

2013年7月30日，中航信托举行2013年消防应急演练。

2013年8月27日，山西信托举行案防安全知识竞赛。

2013年11月17日，重庆信托组织员工赴南川区检察院接受廉洁从业教育。

目录

CONTENTS

上卷

下　卷

中国信托业

2013—2014

年鉴(上卷)

重要文献与政策法规

重要文献

在2013年中国信托业年会上的讲话

中国银监会主席助理　杨家才

（2013年12月19日）

今天召开这个信托业年会，主要是和大家一起讨论后10万亿元时代的信托业如何稳健发展的问题。我对信托业了解不多，记得初识信托是20世纪90年代初，当时社会上对信托业的直观感觉是“三高”。一是高官。就是行政级别高，国家层面的光大、中信是副国级，省里的信托很多是副省长兼董事长。二是高知。信托是高级知识分子聚集的地方，很多都是硕士、博士，学历普遍比较高。三是高跟。就是穿高跟鞋的比较多，都是俊男靓女、时代新秀。这说明这个行业吸引力极强，实际上也是如此。信托一直被视为金融的高端领域，尽管历经坎坷，但魅力不减，曾使许多金融精英、商业志士为之前赴后继，奋斗不止。

大家知道，信托自落户以来，就命运多舛。1921年在上海刚刚诞生，就引发了中国第一次真正意义上的金融危机，叫“信交风潮”。这次危机叫这个名字，其实信托有些冤枉，因为危机的最先引发者不是信托，而是交易所，但这也说明信托一开始就生不逢时。1979年重生之后，没过两年就被整顿，此后接二连三，至今经历了五次大整顿，同时经历了六次崛起，真可谓是“野火烧不尽，春风吹又生”，屡败屡战，愈挫愈奋，而今居然坐上了金融“四业”排行中的第二把交椅。我们不能不说她是一个生命力强劲的行业，是一个苦难辉煌的行业。

我们这一代信托业人是这个辉煌历史的亲历者、见证者和创造者。对这段历史功绩的评价，不能仅仅关注一单一单的业务、一项一项的产品、一个公司一个公司的业绩，而要着眼于为这个时代，为这个社会作出了什么。从这个视角观察，这个阶段的信托至少有以下五大功绩。一是拓宽了人民群众的财产性收入渠道，二是舒缓了宏观经济调整的周期性波动，三是推动了人民币的利率市场化，四是繁荣了金融市场，五是树立了行业形象。这五大功绩体现了信托业的历史存在和社会价值。信托业取得这样的成就，主要得益于改革开放的英明政策，得益于党中央、国务院的正确领导，也与大家的艰苦努力、艰难创新和银监会，特别是刚刚卸职的蔡鄂生副主席的开明监管密不可分。在此我们向他表示衷心的感谢！

信托业成就了今天的辉煌，告别了“温饱”时代，现在应该思考怎么走进“安全”时代，怎样保住在金融业中第二把交椅的位置，怎样走出“发展—整顿—再发展—再整顿”的历史怪圈，破解“离离原上草，一岁一枯荣”的信托梦魇，实现“万紫千红、四季如春”，“再活五百年”。思考这个问题，首先要了解自我，搞清楚“我是谁、为了谁、依靠谁”这三个问题。审视自我，可以发现，信托业所经历的每一次整顿都是咎由自取，始于内乱。正所谓“季孙之忧，不在颛臾，而在萧墙之内也”。我们信托业应该深刻反思我们的“整顿史”，从中吸取教训，引以为戒。2013 年开展的教育实践活动中，专门要求读《阿房宫赋》，反思六国、秦朝的朝代更替规律。这篇文章最后得出的结论是，要谨记前车之鉴。文章说，“灭六国者六国也，非秦也。族秦者秦也，非天下也。嗟夫！使六国各爱其人，则足以拒秦；使秦复爱六国之人，则递三世可至万世而为君，谁得而族灭也？秦人不暇自哀，而后人哀之；后人哀之而不鉴之，亦使后人而复哀后人也”。信托之所以屡被整顿就是不记前车之鉴，老在同一块石头上面绊倒。现在信托业是 68 个成员的大家庭，每个机构都有自己的问题，如果不接受教训，不把内部的事情做好，只会留下“亦使后人而复哀后人也”的哀叹。这次我们将“峰会”改成“年会”，要回归自我、回归理性，平心静气地系统研究如何吸取教训、防范风险，实现长治久安的办法措施。

具体该怎么做？这次党的十八届三中全会《中共中央关于全面深化改革若干重大问题的决定》中关于全面改革总体目标的第二句话就是，推进国家治理体系和治理能力现代化。落实到信托业，就要从内部开始，研究完善信托业治理体系和现代治理能力建设。今天的会议，我将着重讲一下这个治理体系的建立完善问题，归纳起来主要是八项。

一、公司治理机制

公司治理机制的灵魂是制衡，这是股份制的本质要求。我国最早的股份制就出在信托，最早的公司治理也出在信托。1921 年上海成立的十几家信托公司，家家都有股东大会、董事会、监事会（有的叫监察人），这也说明大家很早就看到，信托风险影响很大，需要有方方面面的看管和约束。可惜的是，这一套没有真正落实，才招致后来问题迭出。从现在公司治理情况来看，首先要解决好“董监高”职责权限的勘疆定界问题。基本原则是，股东大会定章程、作决定，董事会定战略、作规划，监事会定规矩、作监督，经营层定绩效、作代理。通俗地讲，就是董事长“掌门”，监事长“掌灯”，总经理“掌柜”。基本职责边界定下来之后，重点就是各司其职，形成运行有效、制衡有效、激励有效、约束有效的良性机制。要保证这几个有效，还要解决好三个问题。一是价值认同。这在公司治理中是第一位的。三会一层要有共同的目标理念，有共同的价值观。二是治理结构合理，就是三会一层要构造好，要有勤勉尽责的各类股东和专业人士代表。三是制度安排科学，主要是激励相容、权责对等的制度安排。这之中要解决一个"三块牌子一个门，进门只认一个人"的问题，还要解决一个实际控制人的"垂帘听政"问题。从信托来讲，"垂帘听政"不可避免，关键是不能戴着面纱，要阳光化出来，要权责对等，把该担负的风险责任明确出来，不能只作决策、不负责任，只要收益、不担风险。

二、产品登记机制

要建立信托产品登记信息系统，这是信托业规范发展的基础，也是金融市场重要的基础设施建设。这个系统交由谁来建好？党的十八届三中全会明确，适合由社会组织提供的公共服务和解决的事项，交由社会组织承担。由于信托业协会本来就是信托行业最重要的社会组织，完全可以把这件事交由信托业协会来做，各信托公司都是这个系统的会员。初步想，这个系统可以有四个功能：第一个功能，就是产品公示。每个信托公司开发的每一个信托产品，入市前都要先录入到这个系统里面去，监管部门可在系统上直接进行审查。这种审查可以分三类：第一类叫审批制，如果这个产品超出了现有的业务范围，就应该取得监管部门的在线审批后再进入市场。第二类叫报告制，在现行业务范围和规定内的产品，通过系统报送后，只要监管部门没有说不，报告期结束后，就可以卖了。这实际是个否决机制。第三类叫公示制，就是合规的业务产品通过系统公布出来，公示期结束后即可发售，但销售期间，若有问题，监管部门可以随时叫停。这实际上是一个纠错机制。第二个功能，就是信息披露。一段时间里，社会上老说信托产品信息披露有问题，说来说去，就是怎么样坑蒙拐骗，怎么误导投资者。这个系统建起来后，所有信托产品的优缺点都在这个系统上写清楚，包括这个产品适合哪些投资者、钱投到哪去、有什么公共危害、有什么投资风险等。只要通过系统把这些问题都说清楚了，就能从根本上缓解信息不对称和误导销售问题。第三个功能，就是要有确权功能。第四个功能，就是交易功能。大家都在讨论信托产品怎么盘活，怎么增强流动性，也可以通过这个系统逐步解决。

很多人认为信托产品有问题，这既与社会上的舆论宣传和一些评述有关，也与信托自己的角色定位有关，习惯性地把自己当"托儿"。信托的"托"字，字典有六种解释，其中有五种解释是动词，只有一种解释为名词"托儿"，结果大家那么多动词都没选，就选了当"托儿"。如果信托总去当托儿，怎么能有自己独立的社会形象呢？大家都是高知人士，腹有诗书气自华，应该是高尚的白领、金领，怎么自甘堕落为"托儿"呢？这不是自我作贱吗？当"托儿"这个事情，一定要通过产品登记系统的公示来解决。

另外，关于"刚性兑付"问题，大家也炒得很热闹，包括专家学者在内的很多人也被误导了。本来在信托词典中没有“刚性兑付”。自古皆有死，人无信不立。信托以“信”立世，良心承托，应该最守信用。古代季布一诺值千金，就是典型的守信表现。所谓刚性兑付，其实是信托公司或者说任何一个商业主体在收益与风险中的权衡，选收益就不赔，就是舍信誉取收益；选风险就赔，就是舍收益来赢得信誉。这是属于两害相权取其轻、两利相权取其重的商业选择。中国商圣范蠡“舍得舍得、三聚三散”的故事表明，敢于舍才能有所得。做生意就要以义取信，解囊相助，这也是正大光明的商道。另外，从商业选择的角度，大赔就可能大赚，保险公司就崇尚赔付取信。信托公司在销售时，把产品亮出来，明确写出这个产品有什么瑕疵，可能出现什么风险，有没有误导销售的问题，但事后因不可抗拒的客观因素导致收不回来的时候，你没有为富不仁，而是仗义疏财给客户赔了，这不也是最大的舍利取义吗？从这个角度来讲，如果哪一个信托计划出了问题，这家公司砸锅卖铁用本金赔付了，我们的记者朋友们应该从社会道义、商业信誉的角度去多宣传它，从正面当好守护人。

三、分类经营机制

这个机制的基本出发点是，有多大本事就让做多少事，促进差异化、特色化发展，让人尽其能、物尽其用。如此而言，我们现有的68家信托就不能千人一面、千篇一律，要按照公司治理状况、风险管理水平、人才团队建设和软硬件支撑等情况一起考虑，分出三六九等来，与不同的业务范围相对应，实行分级管理、分类经营，同时建立升降级制度。初步考虑，可以分为三类：第一类是最好的，可以叫创新类，不仅可以做现在所有的法定业务，还可以率先尝试法定业务范围外的新型业务种类。第二类叫发展类，可以做法定业务范围内的所有业务，也可以在法定业务范围内开发新型产品。第三类叫成长类，主要做法定业务范围内的基础业务和成熟产品。此外，还可以在其他方面进行区别，比如说集合信托份数可不可以按照分类区别对待，成长类的少做，发展类、创新类的多做。再比如，从投资方向来讲，成长类是不是就只能做传统项目的单一投资，创新类可不可以做复杂一些的结构投资？又比如，开会时各位的排列组合方式，也可以按照类别调整，第一方队在哪儿、第二方队在哪儿、第三方队在哪儿要区别开，讨论时也分别讨论。

还有几个问题，各类公司必须要搞清楚，否则可能影响信托业的行为方向。第一，认为“信用是资产”。这个定位不准确，从会计上讲，即使把信用算作资产，也只能是或有资产。就信托的行业属性而言，信用其实是信托的生命，是信托的生存之本。要从这样的高度来决定怎么对信托产品负责，怎么对委托人负责。第二，认为信托是“普惠金融”。金融可以是普惠的，但信托不是，信托做的是少数人的高端业务，也是高风险业务。如果从业务的涉众面来讲，金融分为四种，第一种是公众金融，就是银行、证券；第二种是公益金融，就是养老保险和灾害保险等；第三种是公司金融，就是企业集团财务公司；第四种是“公主”金融，就是信托，主要为有资本而不会经营管理、不会打理的公主、公子做金融服务业。中国传统讲，“富不过三代，官不过五代”。怎么样让财富传承超过三代、五代？这就要用信托机制来解决问题。信托过去做得不好，主要就是当时有钱人太少，没有市场怎么可能做好呢。改革开放以来，社会财富极大的丰富，富人群体增长迅速，业务空间很大，别再去走街串巷、走村串户了。第三，认为土地信托要大发展。现在大家都盯上了，一哄而起，不亦热乎！这个话题，要从我国的城镇化道路说起。关于城镇化，大家可能都被刘易斯给误导了。他1954年写了篇论文叫做《劳动力无限供给条件下的经济发展》，提出解决城乡二元经济结构问题，要靠发展城市来吸纳农村过剩劳动力。跟着这个理论走，就一定会碰到城乡不和谐和中等收入陷阱。其实我们知道，发展经济学真正的鼻祖是张培刚，他1945年在哈佛写了《农业与工业化》的博士论文，比刘易斯早九年，理论也先进得多，他提出解决二元经济结构问题，光靠城市带动农村是不够的，要注重从短板开始解决问题，把农村发展起来。我国的新型城镇化就是推动农村的工业化，不能总希望农村向城市卖土地。一方面，农村土地是集体所有制，其终极所有者是生活在这片土地上世代繁衍的整个群体。另一方面，土地具有商品性和保障性双重属性，绝不能像一般商品那样一卖了之。中国农民千年的企盼就是耕者有其田，百年的企盼就是耕者有其权，希望有耕种自主权，土地用途选择权。现在进入第三阶段，企盼耕者有其钱，就是怎么样在不失权的情况下，能多涨一点钱，这也的确最适合使用信托产品；而用益物权制度的出台，使土地承包经营权流转有了法律支持，信托也有了用武之地。这里要特别提醒一下，土地信托虽好，但“此花不许凡夫采，留与蟾宫折桂人”。这项业务涉及的专业面很广，如果你想的跟农民想的不一样，一榔头把土地敲坏了，是要贻害后人的。所以，土地信托还要研究得再深一点，并且得有这个资质的公司，才允许去尝试探索。

四、资本约束机制

市场经济条件下的每一个市场主体，都只能将本求利，有多大本钱就做多大生意。净资本管理就是这个原理，要做到每一项业务都要占用资本，当资本占用完了就不能再扩大生意规模，这是防止风险外溢的重要工具或手段，主要是解决单家机构经营失败之后可能产生的负外部性。净资本管理在信托行业是近几年才开始推行的，还要进一步完善，主要应把握三个核心。

第一，要有合理明晰的分类资本计量方法。对每项业务怎么计量资本占用，要设置一套规则和公式。做每单业务都要有风险权重，其具体大小要根据业务的复杂程度和风险程度来确定。

第二，要建立资本平仓制度。就是一有损失，就立即把它从资本中扣掉，相当于炒股中的平仓。比如，你本来有1亿元的资本，做了2亿元的业务，其中有2 000万元的损失要用资本来弥补，那净资本就只有 8 000 万元，只能以此来构造资产规模。

第三，要有补仓制度。如果老的股东都没钱补，就通过新股东补，必须保证资本能对冲负外部风险。这就像过去讲的，“让赔得起牛的人来放牛”。

五、社会责任机制

信托的社会责任机制，是下一步机制建设的重点。不是简单地说发生汶川地震去捐点钱，就尽到社会责任了。信托实行“买者自负”，买信托产品亏了要自认倒霉。这就要求信托公司更应该负起社会责任，不要把次品卖给人家，也不要欺骗人家，出现了损失还要关心人家。在这个意义上来讲所谓的“刚性兑付”，那就是尽社会责任的范畴，是无可厚非的义举。因为社会责任告诉我们，任何一个行业、一个企业，都必须要兼顾所有者、劳动者和客户等利益相关者的利益。

一般而言，社会对个人行为的约束主要有三种：一是法律约束。“率土之滨，莫非王臣”，不管是谁都要执行统一的法律，信托也不例外。二是行政约束。就是遵守执政者的政策要求和行为规则。三是良心约束。就是自我约束，履行社会责任。关于社会责任和良心约束问题，西方经济学鼻祖亚当·斯密有非常深刻的论述。我们学习得最多的可能是他的《国富论》，但是他倾注精力更多的其实是《道德情操论》。《国富论》是 1776 年发表的，只修改了 3 次；《道德情操论》是 1759 年发表的，修改了 6 次。《国富论》写的一只看不见的手是市场，主要讲人性是自私的，有了自私就有了贪婪，有了贪婪就有了攫取财富的动力，有了攫取财富的动力就会拼命积聚财富、创造财富。但在这个过程中，有一只看不见的手在导引他促进公共福利的增加，而且这种机制远比动员人们去创造公共福利要有效得多，因为是主观为自己，客观为社会。《道德情操论》写的是另外一只看不见的手，就是良心约束、道德约束，主要是讲每个人的灵魂深处都有同情心和怜悯心，有了同情心和怜悯心，你就会利用你的财富或者攫取财富的过程去惠及利益相关者。所以亚当·斯密写道，如果社会经济发展的成果不能真正分流到大众手中，那么在道义上将不得人心，而且注定会威胁社会稳定。这两只看不见的手，一只可以叫推手，推着你往前走，告诉你只要是为了钱、为了利益，可以不遗余力地去获取；另一只可以叫拉手，拉着你往后退，告诉你不要只顾损人利己，还要惠及大众。

社会责任，首先是对利益相关者负责，其次是对社会大众负责。国际上最有名的社会责任原则，就是“赤道原则”，建立了一套风险评价标准，用以评价和管理项目融资过程中对人类和社会的环境影响。虽然信托业是纯市场经济的产物，本来就是在金融市场中起润滑剂作用，但是必须履行社会责任，要通过公众意志和自己的良心来审慎从事。看一家信托公司或者一只产品是否履行了社会责任，主要有三步：一是把公司社会责任约束的原则和具体条款公布出来，清楚表明该承担哪些社会责任，想承担哪些社会责任。二是每年发布社会责任报告，评估自己履行社会责任的情况。三是在产品信息披露中写明，每一只产品与公司履行社会责任的具体承诺，有哪些冲突和不一致的情形。比如，你嘴上说崇尚绿色融资，结果你全部是在为钢铁和煤炭作信托计划，你宣称崇尚维护房价稳定，结果搞的全部是高档房地产项目。对这些要求，可以不做行政强制，但信托公司必须在产品说明书和登记系统上写出来，让大家来评说，引入市场约束。如果我们能把良心、怜悯心等，通过具体业务产品的说明昭示天下并且严格遵守，那么这个公司的形象会很伟大，信誉会很高，这样传承下去，足以赢得公众的广泛信赖。

六、恢复与处置机制

这个机制是在国际金融危机之后，针对“大而不能倒”银行制定的风险化解机制。我觉得用在信托上更好，因为信托无依无靠，更要强调自我恢复与处置。这个机制也叫生前遗嘱，在出生之前或者活得好的时候，就把遗嘱写好。这不是说不吉利，写了就会死。大诗人陆游写过非常著名的遗嘱，“死去元知万事空，但悲不见九州同，王师北定中原日，家祭无忘告乃翁”，他写了这首诗之后又好好地活了20多年才寿终正寝。你看电影《非诚勿扰》里面那个人生告别仪式，就是生前遗嘱。全世界的29家系统重要性银行都写遗嘱了，我们信托有什么不能写的。这个遗嘱写什么东西，我看至少要写四个内容。

第一，激励性薪酬怎么样回扣回来。所谓激励性薪酬，就是超额奖金。只要你能力强，业务做得好，一年可以拿几百万元、几千万元，谁都不能眼红。但是当你的业务或者这个机构出了问题，你必须给吐回来，用于对冲风险损失。

第二，红利回拨或限制分红制度。就是要写清楚在什么情况下，股东要减少分红或者不分红，甚至将前3年、前5年的分红收益返回公司承担风险。

第三，业务的分割与恢复安排。就是说你要有业务分割机制，某些业务出现问题之后，要“王佐断臂”、壮士断腕，马上把这部分砍掉或者托管出去，以免影响整体。还有就是，如果公司不行了，怎样让好的业务继续经营下去。

第四，机构的处置与处理。要事先写好这个机构真要是不行了怎么办，是股东救助，还是兼并重组，谁来出资，谁来主持，都要写清楚，就像当年雍正写遗诏一样，早就写好了放在“正大光明”匾后面，让后人照做就行了，不至于忙乱，产生更大的风险。

七、行业稳定机制

市场法则告诉我们，市场竞争肯定是优胜劣汰，肯定有生有死。怎么样使被淘汰掉的部分不至于影响到整体，怎么样做到个体竞争、群体稳定，这既是每个单一机构的行业责任，也是市场监管的理想目标。对于机构监管者来说，我认为能达到“三乐”就可以了。这就是“生的欢乐，活的快乐，死的安乐”。机构获批开张的时候，可以张灯结彩、敲锣打鼓；机构存续的时候，要经营正常，运行稳健；机构破产的时候，要减少阵痛，没有传染，不殃及他人。这就需要一个行业稳定机制。这方面，保险已经有了保险保障基金，证券已经有了投资者保护基金，银行也在酝酿存款保险基金。信托怎么办？是不是可以举全行业之力，建立一个“信托稳定基金”？各家公司放在基金里面的是资产，不是支出。

如果这个基金建起来之后，从行业里面找一些高端、精英人士组成管理团队，帮助保管这些资金，让其保值增值，大家也是获益者。如果某家公司出现流动性问题，或者需要兼并重组，先通过基金接盘，把股东的钱全部平仓，按照生前遗嘱把该补的钱补起来。之后，如果老股东还想要这个公司，就再注资；如果无能为力了，就由基金进行托管重整，经营稳定以后再重新增资扩股并转让出去。只有这样，信托行业才能真正站得住。

八、监管评价机制

要加强信托监管，促进优化发展，监管就必须做好一件事，这就是监管评价。由各监管部门通过监管工具、监管指标、监管手段，对信托公司的公司治理、内控体系、专业队伍、生前遗嘱、风险状况、高管服从监管等方面，进行全面评价，并由此作出机构分类，同时形成一个阶梯式的升级模式，引导信托走上稳健的发展道路。做这件事情，就要强调属地监管、权责对等。总的原则是，还权于市场，属于信托公司自己该管的事情，监管部门不必再管，让公司自我约束；让权于社会，信托业的行业约束和保护等事项由信托业协会组织来实施；分权于基层，属于监管者要做的事情，按法人原则下放给属地银监局去做，使其权责对等，银监会机关主要做顶层设计、规则制定和对属地银监局的监管问责。属地银监局要做哪些事呢？我这里粗略地说一下，接下去大家可以再认真研究。

第一，做好非现场监管。重点抓好三件事：一是三盯。要盯会、盯网、盯报表。盯会，就是监管人员要参加信托公司召开的董事会、监事会、股东大会、经营班子会。盯网，主要是盯信托产品登记信息系统和互联网上反映信托的各类信息。盯报表，主要是每个月要分析公司的各类报表。二是三谈。要有高管会谈、董事会和监事会会谈、外审会谈。高管会谈每一季度做一次，有什么风险、有什么问题必须及时讲清楚。董事会、监事会会谈一年做一次。外审会谈也要一年做一次。三是三报。每一个月要报月度运行情况，每个季度要有风险分析报告，每一年度还要有监管报告。这个报告除了报给上级监管部门，更主要是报给股东单位、行政主管部门和党委管理部门。

第二，做好现场检查。现场检查要作序时检查和专项检查。监管对象比较多的银监局，可以每两年一个循环作序时检查；其他局要每年一个循环，排出检查时间表，依序逐个实施。还要再作一些专项检查。每次检查必须出现场检查报告和意见书，发现问题要依法处罚。凡是该查而没有查出的问题，要严格监管问责。

第三，做好高管监管。要推行三考三承诺制度，即考核、考试、考查。考核是对高管人员的学习经历和以往履职情况进行列表填报并作分析判断。考试是看高管人员的业务水平、技能是否与所任职位相匹配。这个不仅中国有，美国也有。美国《信托法》规定的忠实义务、谨慎义务、亲自管理和分别管理四大信托义务中，对谨慎义务专门提出要具备相应的技能。不考怎么知道你有相应技能。考查是当面谈话，观其言察其行，看是否有高管经验和职业潜质。同时，对有关产品经理和重要岗位，要实行资格认证制度。要拿信托经理这个高薪，你就得具备这个资格。然后再推出一些明星信托经理，打造业界精英，逐步使信托成为名副其实的大行业。三承诺就是信托公司的董事、监事、高管都要向监管部门承诺自己没有未清偿的大额债务、履职时会勤勉忠诚、职务行为同意服从监管。

第四，机构监管。机构监管就是要管住法人。首先，总部要回归注册地。怎么回归注册地？主要有三句话：第一句话叫管住后台，后台要回到注册的地方，数据中心、信息中心、报表、计财、产品信息录入等都要在注册地。高管层要有一定的时间在总部办公。第二句话叫集中中台，中台部门要集中起来，不能分散。第三句话是放活前台，前台要做市场，可以灵活一点。总之，各公司只能有注册地一个总部，不能总部既在这里，又在那里。你看人家苹果公司，全世界知名度最高，它的总部不就是在加利福尼亚的一个小小的镇里面吗？沃尔玛是个商业巨无霸，它的总部不也就在俄亥俄州最南端的一个只有25 000人的小镇上面吗？一家信托公司总部在欠发达地区，不会影响它的光辉形象。各银监局也要明白，从现在起注册地的信托公司，监管责任就是你的，这家公司出了什么风险、存在什么问题、被网上炒作等，都是属地局的监管责任，当地机构要负主体责任。

同志们，信托业能走到今天不容易，蔡主席带领大家登上了信托的历史珠峰，我们不能愧对他。要保持这个来之不易的好局面任务艰巨，需要大家付出更艰苦的努力。从当前来看，国内经济面临三期叠加的复杂形势，第一个是经济增速换挡期，第二个是结构调整阵痛期，第三个是前期刺激政策消化期。对信托业来说，是五期叠加，还要加上两期，一个是利率市场化的推进期，一个是资产管理业务的扩张期。信托本来是以价格优势来开拓市场的，可现在利率市场化，大家跟你一样了，这个时候就不能比价格了，只能比管理、比风控了。另外，现在资产管理也在快速分流信托的传统资源。在这种形势之下，要实现信托业长治久安，或者说在现在这个位置多待一段时间都很困难。现在要提请大家考虑的是，能否用这八项机制来打造信托业的长效发展机制。希望大家保持信托本色，以信立市，以信承托，在为人类财富实现代际传承的过程中，成就信托业的百年基业。

在非银行金融机构监管工作会议上的讲话

中国银监会非银部主任　李建华

（2013 年 2 月 22 日）

同志们：

大家好！今天，我们召开 2013 年非银行金融机构监管工作会议，按照年初银监会工作会议要求，研判当前形势，部署 2013 年工作，进一步推动非银机构健康发展和科学监管。稍后蔡主席还要给大家作重要讲话，大家要认真领会，切实贯彻落实。下面，我按蔡主席指示，先讲三个方面的内容。

一、2012 年监管工作情况

2012 年，在会党委的正确领导下，非银监管系统全面贯彻银监会工作会议精神，深入践行科学发展观，全面推进非银机构的改革发展与科学监管，成效显著。主要工作体现在以下五个方面。

（一）立足防范与化解风险

2012 年，非银监管系统坚守不发生系统性、区域性风险的底线，在防范化解非银机构单体业务和机构风险方面取得实效。

首先，落实年初银监会工作会议关于融资平台业务、房地产业务等重点领域风险防范工作的统一部署，做好非银机构融资平台业务的监测、清查规范和整改工作。加强与财政部的沟通协调，基本实现融资平台业务的平稳发展。严格执行房地产信托业务监管政策，提前 6 个月布控风险防范；加强联防联动，采取净资本约束、事前报备、现场督导等措施控制该业务盲目扩张；开展两次房地产信托业务风险调研；督促机构准备应急预案，防范兑付风险和声誉风险。全年来看，房地产信托业务规模稳中有降，未出现重大风险事件。

其次，对信托公司加强风险防控，继续强化银信合作业务合规监管，完成银信合作业务转表工作，严格落实融资类业务比例不得超过 30% 的要求；对票据信托和同业存款信托业务进行窗口指导，杜绝机构通过不当产品创新规避监管；通过净资本系数设置引导公司压缩高风险业务；对矿产能源、艺术品投资信托等业务领域保持高度关注，适时采取有效措施，多起突发风险得以有效化解。密切关注财务公司委托贷款和投资业务风险，及时对违反审慎监管标准和经营业务异常变化的公司进行风险提示和窗口指导。密切关注金融租赁公司涉及电力、飞机、船舶、钢铁、工程机械等租赁资产集中的重点行业风险。密切关注汽车金融公司经销商贷款风险，严防民间资金链断裂风险传导给汽车金融公司。此外，紧盯财务公司、金融租赁公司和汽车金融公司的流动性风险，督促机构强化流动性管理，建立预警机制和应急预案。

一年来，在监管部门的努力下，少数业务清算风险得到及时妥善处置，未发生群体性事件，也未引发风险传染。历史遗留高风险非银行金融机构的处置攻坚工作取得新进展，未处置完毕机构家数进一步减少。

（二）立足服务实体经济

非银机构通过发挥“跨市场、跨行业、跨产品”和“小、快、灵”的独特优势，在民间资金和实体经济之间搭建起资金运用的桥梁，业务经营涉足国计民生的各基础产业和重要领域，支持实体经济的作用日益凸显。

2012 年，信托公司投入基础产业的资金达 1.65 万亿元，投入工商企业达 1.86 万亿元。财务公司所属企业集团涵盖传统的能源电力、机械制造业以及新兴的高科技、民生产业等，立足集团服务实业的作用得到有效发挥。金融租赁公司租赁资产遍布航空、航运、能源、制造、基础设施等重要行业，支持中小企业发展上也发挥了积极作用（2012 年末中小企业租赁业务余额 2 259亿元）。汽车金融公司、消费金融公司专注于消费金融业务，零售贷款（含融资租赁）余额达 1 398 亿元，通过专业化、多样化金融服务为拉动国内消费作出贡献。

目前，非银机构已逐步从单一融资服务向综合金融服务转型，不仅发挥了其促进成本节约、推动技术革新和金融驱动消费等社会效应，还以差异化和多元化的服务一定程度上填补了银行机构的服务空白，较好地支持了我国实体经济的发展。

（三）立足转变发展方式

2012 年，我们着力引导非银机构加强基础能力建设，科学制订发展战略，充分发挥功能优势，促进发展方式转变。

基础能力建设方面，通过多种监管方式督促非银机构完善公司治理架构、管理决策机制及风险控制体系，打好自身基础，把更多精力放在研究市场客户细分、产品创新和专业团队培养上来。在监管手段上，尝试从单家机构入手，明确要求其引进战略投资者，通过改善股权架构实现上述目标。

制订科学战略方面，通过监管人员列席董事会、监事会和股东会的方式，传达监管意图，要求机构根据经济金融形势变化制订合理的发展战略，改变单纯追求规模、速度和市场份额的粗放发展模式，探索与自身比较优势和市场特点相适应的发展战略。

发挥功能定位优势方面，加快信托公司从“融资管理”向“资产管理”的转变，投资类信托业务比例由2010年末的23.87%增长到2012年末的35.84%；继续强化财务公司资金集中管理功能，在服务企业集团发展和提高资源配置效率等方面发挥了积极作用；推动金融租赁公司深入发掘租赁业务本质，推出厂商租赁、保税租赁、联合租赁等多样化业务品种。

（四）立足完善监管基础

一是进一步完善各类机构规章制度。针对非银机构发展中出现的新情况、新问题，及时研究提出对策，适时评估现行法规，推动搭建科学有效、层级清晰的监管制度体系。2012年陆续完成了《信托公司PE子公司业务指引》、《企业集团财务公司全面风险管理指引》、《金融租赁公司监管评级和分类监管指引》等法规起草工作，加快信托公司《参与股指期货交易业务指引》、《证券投资信托指引》、《净资本计算标准》以及《货币经纪公司试点管理办法》、《非银行金融机构行政许可事项实施办法》的修订工作，继续对《财务公司风险评价与分类监管指引》实施后评价。

二是进一步丰富非银机构监管工具箱。为应对快速增长的资产规模和创新业务，积极推进全国信托数据库、信托合同电子化登记系统以及EAST现场检查分析系统的建设工作，通过信息化手段完善监管手段，按季度通报财务公司主要科目和指标排名情况，并提示风险。逐步在金融租赁公司和汽车金融公司中引入风险评级，落实分类监管的要求。此外，加强对现场检查经验和案例的归纳整理工作，发挥其警示和指导作用。

三是进一步研究推进非银机构创新发展。按照“鼓励与规范并重、培育与防险并举”的思路，指导机构在“成本可算、风险可控、信息充分披露”的原则下开展创新活动，包括研究信托公司基金化业务和TOT业务，及时跟进QDII业务发展变化；支持符合条件的财务公司开展个人汽车抵押贷款证券化业务，研究财务公司发行支持小微企业专项金融债业务；研究金融租赁公司境外飞机、船舶租赁业务有关问题，推动金融租赁公司资产证券化工作；研究支持符合条件的汽车金融公司发行金融债券，参与资产证券化试点；研究消费金融公司跨区域经营和业务、产品创新。

（五）立足提升监管能力

一是加强重点、难点问题调查研究。牵头开展银监会影子银行专题研究工作，并适时加强舆论引导。对信托公司股票质押融资业务、财务公司委托贷款和投资业务等新的风险点开展调研，提出监管对策。实地调研上海增值税改革试点，研究分析增值税改革对金融租赁公司经营发展的影响。

二是加强准入和试点工作总结评估。对财务公司近年准入和监管工作进行初步评估，为下一步工作提供监管思路。对汽车金融公司等三类新型非银机构进行调研，为总结评估和法规修订奠定基础。完成消费金融公司试点和商业银行试点设立金融租赁公司的总结评估工作，评估报告得到国务院领导肯定。

三是加强监管交流与培训。与培训中心合作举办两期非银机构监管培训班，组织两期财务公司主监管员暨高管人员培训班，举办金融租赁公司主监管员培训班，牵头组织召开2012年市场准入工作联席会议，加强各地监管人员之间、监管人员与非银机构人员之间的经验交流，逐步培养一支高素质的非银监管队伍。

四是加强与银监会外相关部门沟通。加强与证监会的沟通，信托公司证券账户设立问题已得到解决。加强与国资委和证监会的沟通，做好企业集团设立财务公司的准入工作。加强与人民银行的沟通，推动信托公司参与银行间市场资产支持票据业务，为汽车金融公司发行金融债券、开展资产证券化提供良好外部环境。加强与民政部的沟通，研究推动货币经纪公司行业协会成立及《公益信托业务管理办法》的制定。加强与国办秘书局、法制办等部门沟通，推进消费金融公司扩大试点。

五是加强行业自律。指导信托业协会，推动行业公平竞争市场秩序建设、行业数据库建设以及《信托业从业人员培训教材》撰写等工作。充分运用财务公司协会、金融租赁公司协会平台，加强对财务公司、金融租赁公司业务发展研究。推动成立货币经纪公司行业协会，加快汽车金融公司行业协会筹备工作，进一步加强行业自律水平，提升行业对外话语权。

截至2012年末，六类非银机构共262家，其中，信托公司67家、财务公司150家、金融租赁公司20家、汽车金融公司16家、货币经纪公司5家、消费金融公司4家。非银机构资产总额12.29万亿元，其中信托资产7.47万亿元，财务公司表内外资产3.59万亿元，金融租赁公司资产7 986亿元，汽车金融公司等三类机构资产1 965亿元；非银机构所有者权益6 112.57亿元，实现净利润829.09亿元，不良资产73.75亿元，不良资产率0.26%。

回顾2012年，面对复杂的国内外经济金融形势，各类非银机构在坚持正确功能定位的基础上，继续实现健康、稳健发展。这些成绩的取得，凝聚着非银系统全体监管人员和从业人员的智慧与汗水，也得到了银监会其他部门及相关部委、司局的大力支持，在此我代表非银部向大家表示衷心的感谢！

二、当前面临的问题与挑战

近年来，非银机构在功能定位、治理架构、风险管控和业务发展等方面有了很大进步，制度优势、创新能力和市场价值逐步显现。与银行相比较，非银机构不吸收社会公众存款，流动性压力大，风险管理难度大，对专业人才要求高。尤其在当前复杂的国内外经济金融形势下，非银机构与金融体系业务合作灵活多变，热点领域风险相互交叉，且尚未经历过完整经济周期的考验，防范单体风险和系统性风险的任务依然严峻。因此，我们一定要居安思危，按照习总书记“底线思维”要求来思考问题，对非银机构发展和监管面临的问题与挑战保持清醒的认识。

（一）信托公司

一是宏观经济政策调整带来的行业风险及在信托公司的传递。随着国家宏观经济调控的不断深化，市政基建、房地产、能源矿产和证券市场等信托公司涉足较深的行业波动加剧，资金融通和投资形势不断发生变化，融资主体资金链条紧张，由此导致交易对手信用风险和道德风险增大，抵（质）押物价值缩水，行业风险向信托公司传递。此外，部分信托业务风控措施不足，如政府融资平台业务过于依赖地方财政，受463 号文件影响较大；矿产能源及艺术品等另类投资信托业务专业性强、估值难度高；交易对手涉及民间借贷风险不易发现；股票质押融资业务交易对手变相恶意套现等。上述因素使信托公司近期风险暴露增加，面临的考验才刚刚开始。

二是法律和合规风险时有暴露。2012 年，现场检查和舆情监测发现的信托项目风险，多数存在法律合规问题。个别公司无视窗口指导意见，大量开展已监管叫停的业务；开展房地产业务和关联交易不履行事前报告程序；信托产品销售突破私募界限，向不特定客户群发手机短信，违规通过非金融机构推介，不规范营销问题突出；董事长或高管层任意更改、破坏风控及决策流程，风控合规部门形同虚设。这些问题反映出信托公司，尤其是董事长和高管层合规意识淡薄，在发展的同时忽视合规风控，前台与中后台脱节运行，以致催生风险。

三是项目到期清算风险压力逐渐加大。随着信托业务规模的快速增长，信托项目单体风险暴露频发。前几年开展的项目开始陆续到期清算，并呈现集中到期趋势，对风险管控能力差的信托公司造成较大清算压力，部分公司已经为前几年的盲目扩张付出代价。

四是资产管理市场竞争加剧带来新的挑战。以放松管制为标志的资产管理市场的全面放开，冲击了信托公司的传统业务空间和制度优势，银行、券商、基金、保险公司纷纷开展与信托公司同质化的资产管理业务。目前信托人才的流动就是市场竞争的缩影。重新找好定位、实施战略转型是信托公司行业面对的新问题。

（二）金融租赁公司

金融租赁公司存在的主要问题是流动性风险和信用风险。金融租赁公司中长期资金来源渠道狭窄，负债期限短、资产期限长，期限错配严重，面临较大的流动性管理压力。受国内外经济形势变化影响，部分承租人所在行业如船舶、钢铁、光伏等出现产能过剩，加上自身在租赁物选取、价值评估、资金监控等风险管理环节存在不足，金融租赁公司面临的信用风险有所加大，关注类资产数量有较大增加。在当前形势下，部分租赁公司依然过分看重市场排名，比份额、比规模、比速度，盲目追求规模增长带来的资本压力将会进一步显现。

（三）财务公司

财务公司存在的问题包括行业平均资金集中度下降，新设公司资金集中度水平提升缓慢；委托贷款增量和增速超过自营贷款，业务表外化趋势明显；流动性管理压力增大；投资风险值得关注；部分财务公司存在超范围经营、突破监管指标限制、公司治理结构及内控制度不健全等问题。此外，行业从业人员素质也制约了财务公司业务的发展和创新。

（四）其他三类机构

汽车金融公司存在的主要问题也是流动性风险和信用风险。由于缺乏稳定的中长期融资来源，片面依赖银行短期借款，资产负债期限错配加大了流动性管理难度。受宏观经济金融形势和汽车行业调整的影响，部分公司潜在的信用风险不容忽视。受现有车辆登记制度的制约，融资租赁业务无法全面开展。

货币经纪公司合规内控建设和专业人才培养需进一步加强。

消费金融公司内控建设和风控能力有待提高，需要形成与业务规模扩张相匹配、具有自身特色、富有竞争力的业务及盈利模式。

三、2013 年监管工作

2013 年，非银行金融机构监管工作的指导思想是：全面贯彻落实党的“十八大”会议精神和银监会 2013 年监管工作会议要求，坚持一手抓风险防范化解、一手抓科学发展，不断提升监管有效性，进一步推进非银行金融机构深化改革和转型发展。

具体工作安排已通过《中国银监会办公厅关于 2013 年非银行金融机构监管工作的意见》发给大家。下面，我就 2013 年非银行金融机构发展和监管工作，再谈三点具体意见。

（一）牢固树立“底线思维”，确保不出现系统性和区域性风险

2013 年，非银机构守住风险底线的压力进一步增大，监管工作必须牢固树立“底线思维”，把风险和困难思考得更深一些，把应对措施准备得更充分一些，切实防范系统性和区域性风险。

1. 非银机构是风险防范和化解的第一责任人，要把“守底线”的责任和压力切实传导至每一家机构内部。

一是督促机构提高合规意识。要求机构严格执行监管法规和窗口指导意见，充实风控合规力量并确保风控合规部门独立发表意见；要求机构重视风控合规意见，防止风控合规审查流于形式；要求机构项目评审确保集体决策，董事长和高管个人不得凌驾于公司制度之上，更不得有一票决定权。

二是督促机构加强风险管理。要求信托公司对未来到期项目建立台账，逐单监测项目进度和交易对手经营、财务、信用状况变化，提前三个月安排清算事宜；督促财务公司加强信用风险、流动性风险、市场风险防控，控制投资规模，降低投资风险；督促金融租赁公司提高资产管理水平，加强租前调查、租中审查和租后检查，建立和完善风险应急机制和处置预案；要求汽车金融公司加强贷款用途管理，强化对经销商贷款、工程机械贷款等重点领域风险监测。

三是要求机构加快建立风险缓释机制。视实际情况要求信托公司2013年减少股东分红或不分红，提取部分税后利润建立风险救济金；要求其他非银机构在准确分类的基础上，提足拨备，进一步增强风险抵抗能力。

四是要求机构及时妥善化解项目风险。要求机构在风险暴露后果断出手，及时采取有效措施妥善化解风险，避免瞻前顾后贻误时机；要及时、主动披露相关信息，及时向监管部门报告，并做好媒体沟通工作；要做好与投资人的沟通工作，坚决杜绝群体性事件发生。

2. 监管队伍要提高敏感性与准确性，既统筹兼顾又突出重点，切实加强监管力度。

一是要增强风险防范的前瞻性。要持续关注宏观经济金融形势变化，准确分析各类机构业务发展和风险状况，不断提高风险识别、计量与监测水平，及时作出风险提示和预警，提高风险管控能力。

二是要紧抓重点业务风险。要高度重视信托公司房地产信托、银信合作、融资平台等敏感业务风险防范，加强矿产能源、股票质押融资等重点业务风险排查，规范资金池业务和信托产品销售；要重点关注资金集中度低、投资规模大、拆入比例高的财务公司，规范财务公司的委托业务，防止财务公司因投融资冲动偏离主业；要强化金融租赁公司信用风险、流动性风险监管，避免信用风险等向流动性风险转换；要严防汽车金融公司信用风险；加强外部风险传染防控，严防民间融资资金链断裂等外部风险向非银机构传递，以及由此产生的负面影响。

三是要严格实施问责。在项目风险处置完毕后，要求信托公司厘清责任，对合规守法、尽职尽责的同志要给予肯定，对违规的项目负责人、合规风控人员和高管要严格问责，并及时将责任人员名单及问责情况报送银监会。银监会将建立风险项目责任人及交易对手案底制度。银监会已从直管机构做起，对两家直管信托公司进行问责，采取了暂停相关业务并对所有信托业务事前报告的监管措施，同时对高管及相应责任人追究个人责任。各银监局要做实信托公司风险项目问责工作，对其中风险积聚较大、风险处置不力、造成较差社会影响的信托公司，要坚决采取监管措施。

（二）深化体制机制改革，在服务实体经济中实现转型发展

第一，加快完善监管配套制度，为转型发展提供有力支撑。要研究推动信托财产登记和流通制度建设，完善股指期货、证券投资、受托境外理财等业务监管规定，研究制定公益信托管理办法，修订非银机构行政许可实施办法、企业集团财务公司全面风险管理指引、金融租赁公司监管评级和分类监管指引、消费金融公司试点管理办法以及各类机构现场检查规程。推进投资者“买者自负”制度的实施和完善，提升信托产品的社会认知度。

第二，督促机构完善基础建设，为转型发展提供机制保障。要求机构优化股权结构，完善制衡机制，强化股东责任，严控关联交易；督促机构科学设定经营目标和考核指标，防止过度冒进，抑制短期投机；指导机构完善激励约束机制，探索建立与风险期限相匹配的薪酬延期支付和追索、扣回机制。

第三，鼓励机构积极探索创新，为转型发展提供内生动力。要鼓励治理完善、内控有效、资产管理能力较强的信托公司开展业务创新，对符合监管导向、经过充分论证的创新产品，可以申报试点；要探索金融租赁公司开展资产证券化业务以及与母行的资金融通、开展境外租赁业务等办法；要积极推进汽车金融公司资产证券化试点和发行金融债券工作，稳妥推动消费金融公司试点继续深化。

第四，引导机构服务实体经济，为转型发展提供共赢空间。要大力支持信托公司发挥在新型产权制度、社会民生领域、财富代际传承等方面的制度优势，拓宽具有比较优势的业务领域；要引导财务公司严把资金“进口”和“出口”，紧紧围绕集团现金池开展业务，提升资金集中管理水平，更好地支持大型战略性企业集团发展；要鼓励金融租赁公司充分发挥“融资与融物”相结合的优势，深入实体经济产业链，支持符合国家产业政策的重点领域与薄弱环节健康发展；要有针对性地培育和巩固消费信贷增长点，推动汽车金融公司和消费金融公司为不同收入层次消费者提供多样化金融服务。非银机构只有紧紧围绕支持实体经济、与实体经济共享发展成果，才能更好地实现利润与价值，实现非银机构与实体经济发展的共赢。

（三）强化监管能力建设，进一步提升监管工作的有效性

首先，完善监管手段，灵活运用监管“工具箱”。一是加强净资本、新资本办法落实。要求信托公司严格落实净资本监管相关规定，对信托资产规模比净资产放大比例超过50倍的公司进行重点检查。以实施新资本监管标准为契机，引导财务公司、金融租赁公司、汽车金融公司和消费金融公司提升风险管控和集约化经营水平，督促其完善资本补充机制，增强抗风险能力。二是要充分运用审慎监管指标。对不良资产率、拨备覆盖率、资本充足率、流动性比例等监管指标不达标或存在严重问题的机构，适时采取措施。要求信托公司严格落实银信合作融资类比

例不得超过30%的监管要求，以及房地产、关联交易和创新业务事前报告制度。三是要深化分类监管。要将机构风险防范、化解能力与其监管评级以及业务准入、高管准入挂钩，对风险管理能力较强、评级结果较好的公司，积极支持其创新发展；对风险管理能力差、风险水平高、评级结果较差的公司，限制其高风险业务，并加强监管力度、增加检查频度。要研究有限牌照制度，提高监管工具的组合运用能力。四是要落实延伸监管。要在综合经营试点中，认真审查股东入股动机和防火墙设置，防范股东不当战略定位和不当利润压力。要关注集团业绩考核制度对财务公司的影响，推动企业集团建立科学合理的业绩考核制度。

其次，集成监管资源，加强监管协调配合。在横向监管方面，非现场监管要密切关注经济金融形势变化，重点监测业务开展激进、公司治理不完善、自我管理和约束能力较弱、资本和股东实力不强的机构。现场检查要结合非现场监管情况，重点关注各项业务合规执行情况和风险管理的有效性。市场准入要与非现场监管和现场检查互为依据、互为校验、互为补充。对于新设立的机构、新入股的股东、新批准的业务，在运行一段时间后，要通过非现场监管和现场检查进行后评价，检验机构准入时的承诺是否兑现。在纵向监管方面，非银部和各银监局既要各司其职，又要加强协同作战，做到方向一致、政策连贯、行动协调。非银部将加强顶层设计，重点做好规则引导，努力推动制约非银机构发展的迫切问题的解决，进一步明确机构职能与市场定位，研究制订行业发展规划，为非银机构进一步改革转型和科学发展奠定基础。各银监局要树立“守土有责”的责任感，根据属地监管原则，加强风险研判，深化风险排查，对辖内机构的主要风险点做到心中有数，确保风险监管工作有的放矢。监管人员要提升责任心，掌握风险底数，了解机构风险状况和尽职管理到位程度，进一步把工作做实做细。

最后，关于影子银行问题。影子银行是中性概念，既能提供广泛金融服务，也容易引发风险。银监会领导在2013年初工作会议上强调，我国商业银行的表外业务、受三会监管的非银机构及其业务都已纳入监管体系，接受严格监管，不属于国外定义的一般意义的影子银行。银监会已将影子银行问题研究纳入2013年重点研究课题工作，非银部也基本完成研究报告。下一步，我们将继续协同发展改革委、商务部、人民银行、证监会、保监会等部门加紧推进相关研究和监管工作。

同志们，2013年的非银行金融机构监管工作的形势更为复杂，任务更加艰巨。我们一定要增强危机意识、责任意识、创新意识，在银监党委的领导下，求真务实、齐心协力、迎难而上、开拓进取，以更加坚定的信心、更加饱满的热情、更加有效的举措，全面完成2013年各项工作任务，为开创非银行金融机构发展和监管新局面而努力奋斗！

谢谢大家！

在 2013 年中国信托业年会上的讲话

中国银监会非银部主任　李建华

（2013 年 12 月 20 日）

同志们：

大家好！本次年会内容精彩，气氛热烈，大家也很认真，开得非常有意义。从交流的情况看，大家一方面有很大期望，另一方面也在积极思考。信托业转型发展是个重要课题，前程会有诸多挑战。但认清形势后，还是可以“雄关漫道真如铁，而今迈步从头越”。昨天下午，我们分组学习了杨助理的重要讲话，大家都有一些感想和体会。下面，我就如何落实信托治理八项机制谈谈想法，提些要求。

一、行业发展和监管情况

《中华人民共和国信托法》，特别是“新两规”实施以来，在大家共同的不懈努力下，中国信托业抓住宏观经济和金融市场的良好发展机遇，发挥制度优势，稳妥推进创新，支持实业发展，注重风险防控，整体保持了平稳、健康运行。截至 2013 年 11 月末，全国 68 家信托公司管理信托资产总额已达 10.67 万亿元，同比增长 52.87%，行业发展与监管各项工作又有新的进步。

（一）行业发展成效显著

一是发展质量进一步提高。行业前三个季度已实现营业收入 539.39 亿元、净利润 303 亿元，信托业务收入占比达到 73.91%，投资类业务占比升至 33.22%，信托公司正从“融资管理”向“资产管理”方向积极转型。从客户看，机构资金占比 87.68%，自然人资金占比 12.32%，人均理财金额达263 万元。从产品看，银保合作、土地流转、家族信托、养老地产等创新业务陆续推出，专业能力和服务水平继续提升，特色效应和社会认同得到进一步加强。二是抗风险能力有所增强。全行业净资产 2424.80 亿元，平均单家公司净资产 35.66 亿元，同比增长 25.49%。净资产超过 20 亿元的公司有 50 家，其中超过 30 亿元的公司有 35 家。行业资本实力达到历史最好水平。三是创造了较好的社会效应。2013 年，行业已实现信托项目利润 4467 亿元，累计支付受益人信托收益 2602 亿元，是行业自身利润的 8. 58 倍，综合平均回报达 6. 3%，领先于市场同类产品，理财效果显著。与此同时，信托业对实体经济相关行业的资金投放持续上升。10 万亿元信托规模中超过 80% 的资金投向了实体经济。信托公司吸收民间闲置资金，支持实体经济发展，在推动经济结构调整中发挥了重要作用。

（二）监管工作积极主动

2013 年，是国内外经济金融形势复杂多变的一年。面对一系列严峻问题，非银部贯彻落实中央经济工作会议和 2013 年全国银行业监督管理工作会议精神，严密论证，统筹安排，于年初就发布了《关于 2013 年非银行金融机构监管工作的意见》，对全年工作做了整体部署。从落实情况看，取得了明显成效。

第一，抓风险防控，确保行业稳健运行。年中，银监会发布《关于进一步明确信托公司风险监管责任的通知》，建立信托项目责任制，要求公司对项目逐笔落实风险责任，实时监测风险，提前安排清算。按月分析行业展业情况，保持对政府融资平台、房地产信托等重点业务的高压监管态势，及时提示风险，实施逆周期监管。加强舆情监测，做好媒体沟通，及时、果断处置突发风险，未发生群体性事件。风险处置完毕后，按业务流程厘清责任，对责任人员落实问责，并总结案例供业内借鉴。加强影子银行监管研究，由非银部牵头，明晰了我国影子银行的定义、范围和主要风险，着手制定相应监管措施，为国务院决策提供了重要支撑。从目前来看，行业虽发生几起单体风险，但风险防范化解工作有效，行业整体运行平稳，守住了不发生系统性、区域性风险的底线。

第二，抓合规监管，强化机构内控建设。要求公司提升全员合规意识，严格执行监管法规和窗口指导。加强尽职管理，做好信息披露，合规开展营销，防止第三方销售风险向信托公司传递。对日常监管和现场检查发现的合规问题，下达监管意见，限期整改，加大对机构和责任人员的处罚力度，并暂停高管和创新业务资格准入。研讨对金融机构交叉性产品、资金池信托等敏感业务的监管意见。研究制定信托公司反洗钱相关规定。配合中纪委、审计署等部门，对存在违规行为的公司和责任人员实施核查并采取监管措施。处理多起信访事件，对合规的予以澄清，对违规的开展核查并落实责任。

第三，抓制度设计，推动行业有序发展。根据经济金融形势变化和行业发展需要，适时出台、修改有关监管制度。年内确立多项重点课题，包括规范信托从业人员管理、规范信托产品营销、修订监管评级指引、修改净资本管理办法、整合非现场监管系统、构建行业风险缓释长效机制等，多家公司参与研究，目前正在积极推进。借鉴国际经验，研究单体机构恢复与处置计划，防止风险外溢，规避道德风险。配合有关部门开展《信托法》后评估等工作。信托公司发展与监管制度体系进一步完善。

第四，抓改革创新，配合产业结构调整。将功能定位、业务创新、市场培育等问题的研究、解决提上日程，PE专营子公司监管规范、信托登记制度等纳入重点课题进行研究。列席部分公司董事会，贴身了解情况，传达监管要求。注重打造信托公司自身转型发展的内生动力，包括夯实公司治理、内控机制等各项基础建设，强化合规管理和责任意识。鼓励开展金融创新，研究信托公司衍生品交易、土地流转信托、扩大企业年金基金投资范围等问题，支持部分公司设立了小微企业股权投资信托基金。同时，要求创新必须符合发展定位和客观规律，满足市场真实需求，坚决遏制借创新之名逃避监管的行为。支持机构顺应经济转型，发掘潜在需求，完善金融服务，拓展具备比较优势的蓝海业务。

二、当前主要形势和风险

尽管行业发展总体向好，但风险防范与化解的任务依然艰巨。2013年以来，受行业内外复杂形势影响，单体风险暴露频率有加快趋势。信托业下一步转型发展，要求广大从业者和监管者必须对当前形势有正确判断，对各类风险有科学应对。

（一）正确认识形势，正确定位自己

正确认识形势，不仅要深入研究国际、国内宏观经济金融环境，还要认真学习十八届三中全会决定和中央工作会议精神。特别是全面掌握十八届三中全会决定精神这个主导思想非常重要，不能仅解读对自己有用的方面。市场起配备资源的决定性作用，必须有严格的法律和监管作为保障，还要有良好的企业文化和监管文化作支撑。要立足长远发展，切忌急功近利。形势越是复杂，越要头脑冷静，这样自我判断和定位才会更加清晰。

昨天小组讨论时，我学习了平安和麦肯锡做的报告，有些分析和判断有道理。目前88%是要衰减的、衰退的、衰败的业务，很可能难以维系，加之宏观经济与金融市场新出现的不确定因素，该怎么认识？都讲居安思危，我看现在是居“危”思危。中国现在安吗？看周边的情况可知根本不是。信托业也是如此，把脑袋埋进沙子里赚钱，舒舒服服、线性思维，长此以往是灭亡之道！居“危”思危，行业才有前途，才有竞争力，才可能在未来发展中使自己立于不败之地。

（二）当前面临的主要风险

一是信用风险。当前，信用风险在不断蔓延，不少民营企业涉及民间高利贷，资金链条非常紧张。政府融资平台、房地产信托等领域风险集中度较高，特别是矿业信托近期集中暴发了

多起风险。

二是尽职管理风险。2012年以来出现的风险项目普遍存在以下尽职管理问题：前期调查不尽职，未发现交易对手涉及民间借贷等关键风险点；风控措施不到位，抵（质）押物估值虚高或变现能力差，影响后续风险处置；后续管理不到位，未及时发现股权价值缩水、一房多卖、抵（质）押落空等风险隐患；风险处置能力不足，不能有效排除风险隐患；无法掌握第三方推荐客户信息，或证券投资等业务交易环节较多，信息披露不到位等。

三是声誉风险。信托理财与实体经济、居民财富高度关联，容易成为舆论关注的焦点。信托公司开展的大量银信合作业务（包括银证信、银基信三方合作）存在监管套利的动机，甚至成为银行规避监管的通道，损害了行业声誉。

四是市场发育不成熟造成“隐性负债”。关于“刚性兑付”问题，杨助理已经讲得非常清楚了，真正做私人投行业务就是“居间”的概念，不用管“兑付”的事。从目前情况看，“买者自负、卖者有责”理念未被广泛接受，加之信托公司以类信贷为主的业务模式，信托计划仍暗含“刚性兑付”要求，流动性风险随时存在，也使信托公司偏离专业理财机构市场定位。此外，“高收益、低风险”的理财模式不可持续，不符合市场规律；通道类业务也不可持续，报酬率低，靠扩张规模，与银行谈判是弱势群体，不仅有风险，还牺牲了声誉。

五是资管市场乱象蕴含风险。证券、基金、保险资产管理公司等机构已突破分业经营体制，实质开展信托业务，而营业信托领域尚未出台整体性规范政策，存在监管套利、低层次竞争等一系列问题。

总之，发展成绩固然值得欣慰，但形势与风险并非大家想得那么乐观，经济下行时可能会有想不到的事情出现。大家要正确认识形势、正确定位自己，正确认识责任，包括主体责任和监管责任。信托公司是主体，出现风险要承担主体责任；监管部门也应加强监督和指导工作，承担监管责任。

三、下一步工作要求

继2007年制度改革以后，今天的信托业又到了一个关键的时间节点。十八届三中全会确立了全面深化改革的总体部署，信托业发展已经站在新的历史起点上，我们必须坚定信念，开拓进取，进一步抓实抓好四方面工作。

（一）进一步做好风险防范与化解

未来6个月，全国将有7912笔信托项目到期，规模共计1.68万亿元。其中涉及自然人80256名，规模1908亿元。到期兑付高峰出现在2014年3月，单月规模达3534亿元。据目前掌握情况看，全部项目中有21笔需要进行风险化解，涉及13家公司，规模合计77亿元。

2013年以来，信托公司风险暴露频率加快。近期，多家信托公司涉及山西煤矿的信托项目集中暴发风险，单体风险有向区域性风险演变的迹象，挑战“守住不发生系统性、区域性风险”的监管底线。各银监局、各公司要对风险防范化解工作保持清醒认识，宏观经济下滑、经济结构调整带来的挑战才刚刚开始。要想谈发展，先要防风险。缺乏良好风控、低质量的发展，只能制造更大的隐患。不能一边化解风险、一边制造风险，为以后“埋雷”。

具体来讲，信托公司要做好以下三方面工作。

一是严格履行尽职管理职责。信托公司要切实履行受托人职责，从项目尽职调查、风控措施、后续管理和风险处置等环节入手，全方位、全过程加强尽职管理，做到勤勉尽责，降低操作风险。提升对基础资产的动态估值能力和对资金流向、资金使用的管理能力，严防资金被挪用。

二是制订信托公司“生前遗嘱”计划。对发生风险、资本损失及面临倒闭等情况，信托公司要做好处置预案，以加强自我救助和恢复经营的能力，防止风险外溢，保护投资者权益。信托公司“生前遗嘱”计划要经充分论证，确保可操作性，经股东会、董事会通过后，报银监局审核。各银监局据此制订监管处置计划，并将公司“生前遗嘱”计划一并报银监会备案。监管部门将在必要时实施处置计划，以促进机构恢复日常经营能力、实现部分业务功能分拆或机构整体有序关闭。

三是建立流动性支持和资本补充机制。对风险项目，信托公司可采取外部机构接盘、抵押品处置、自有资金垫付和受益人大会授权展期等方式化解风险。在项目风险无法化解、可能产生负面社会影响时，股东应果断向信托公司提供必要的流动性支持，帮助信托公司履行社会责任。信托公司在风险化解中发生自有资金垫付或形成资本损耗的，应在净资本计算中全额扣减，并相应压缩业务规模，或由公司股东补充资本。风险过大、严重危及公司稳健运行、损害投资人合法权益的，银监会将依据《中华人民共和国银行业监督管理法》第三十七条规定，责令控股股东转让股权或限制有关股东权利。

非银部和各银监局也要做好以下三方面工作。

一是切实做好风险问责。各银监局要按《关于进一步明确信托公司风险监管责任的通知》要求，督促信托公司切实履行风险管理责任，做好风险处置预案，稳妥化解风险。2013年以来，出现风险的信托项目，对存在违规行为、风险管理或风险化解不当的信托公司责任人员，银监局要实施监管问责，并及时上报银监会。银监会将建立风险项目责任人案底制度。

二是建立风险处置和高管、业务准入挂钩制度。发生风险后，项目负责人和信托经理应全力进行风险处置，风险化解前暂停开展新业务。连续在某一类业务发生风险的信托公司，银监局应果断暂停该类业务，对该公司实施有限牌照。连续在不同业务领域发生风险的信托公司，银监局可区分原因采取暂停发行集合信托、责令调整高级管理人员和风控架构等监管措施。此外，申请高管准入和业务创新资格的信托公司，应同时提交公司风险自查报告和“生前遗嘱”计划，并报银监局审核通过。对发生风险的信托公司，在风险化解完成前，限制其高管准入和业务创新资格。

三是建立信托行业稳定长效机制。全部由68家公司共同出资，成立行业稳定基金，发挥行业合力，化解单体风险，维护投资人合法权益和行业声誉。行业稳定基金对信托行业整体是维护，但对发生风险的公司将采取惩戒机制，对高管实施问责，必要时上缴信托牌照。信托业协会成立基金管理中心作为专职管理人，在银监会指导下负责基金运作和管理。银监会将制定基金管理办法，对基金募集、使用、管理和监督作出明确规定。

（二）进一步加强合规管理

信托产品销售不能公开宣传。要坚持私募方式，不能通过公开媒体以及手机短信、报刊夹带等方式向非特定客户发送产品信息。

严格执行合格投资者标准。要在信托产品风险说明书中明确，投资人以“拼盘”或“拖拉机”方式认购信托产品，不受法律保护。

严格执行《信托公司集合信托计划管理办法》的相关规定，不得委托或者变相委托非金融机构推介信托产品，防止第三方销售风险向信托公司传递。信托公司要自行清理第三方机构代销信托产品的各类信息。违规与第三方理财机构合作出现风险的，拿去信托高管的“顶戴花翎”，情节严重者实施市场禁入。没有能力做好产品销售的信托公司，应让出信托牌照。信托公司要致力于培养自己的销售团队，培养理财规划师，要站在财富管理高度做好客户维护和服务工作。

信托公司异地展业要严格履行事前报备程序。信托公司到异地发行信托产品之前，必须将产品电子文本报到属地银监局，属地银监局再把电子文本发给异地银监局。非银部将制订“两页纸核心要素报告模板”，简化备案程序。这样第一符合中央精神，以真正的报备代替实质的审批；第二属地银监局和异地银监局信息共享，异地银监局更了解情况的，可以向属地银监局反馈，给属地银监局提醒；第三是便捷，在登记系统建立之前，不采取这种模式会出问题。当然，从长远看，报备的问题要解决，要符合市场发展和创新有效的要求。但房地产业务属于重大事项，要再研究。

以上合规事项已经讲的清清楚楚了，要严格执行，严格监管。

（三）进一步推进创新转型

实际上，现在已有很多公司在思考转型发展问题，要打造自身核心竞争力。关于发展问题，大家要有正确的思想认识。自上而下的顶层设计和自下而上的逐步推进，同等重要。顶层设计涉及不同部委，甚至可能突破上位法，工作需要逐步开展，不能期望一蹴而就。基于现实的做法是，在监管部门推动顶层设计的同时，信托公司在现有的制度环境下勇于创新，从具体业务着手逐步积累。信托公司要以资产管理和财富管理本源业务为方向，“两条腿”走路，逐步探索适合自己的发展模式。

一方面，优化现有业务模式。对通道业务，要按照事务管理类信托业务进行规范，厘清权利义务，明确责任主体。国务院近期发布的文件，对信托是重大利好。但这类业务是权宜之计，目的在于维护人才，保证盈利，信托公司做贷款长远来看是伪命题。

另一方面，探索新的发展方式。要在风险可控的基础上，按照“买者自负、卖者有责”的市场法则推动信托公司业务转型。土地信托、公益信托等固然很好，慢慢地也可以做起来，但很难成为主流。行业未来发展，能不能开拓思路闯出一条路来，至关重要。

第一，做好私人投行业务。对信贷类集合信托业务，可借鉴美国高收益债模式进行改造，让企业回归发行主体，信托公司从贷款人转化为保荐人、承销商和受托人。这样既解决了所谓“刚性对付”，也提升了服务水平。

第二，大力发展真正的股权投资。帮助民间资金阳光化运营，以真正股权投资形式投入实体经济。支持信托公司成立 PE 子公司，但仅限从事股权投资业务，不得开展融资类业务，不得承诺保本，不得设预期收益率，风险由投资者“买者自负”。

第三，鼓励开展并购业务。经济转型时期，并购投资非常有意义。当前经济增速放缓，资产也就相对便宜，要有把握类似商机的本领，积极参与企业并购重组，在经济结构调整过程中推进信托公司创新升级。

第四，大力发展资产管理等收费型业务。要做好市场和客户细分，积极开展信贷资产证券化和企业资产证券化业务，并研究提升信托公司的业务参与度和服务质量，提高资产证券化业务的附加值。

第五，探索家族财富管理。为高端客户量身定制资产管理方案，满足客户在风险隔离、财富传承、个人养老、子女教育等方面多元化、个性化的需求。

第六，大力发展公益信托。这是利国利民的好事，要靠大家自己努力探索，通过大胆实践，突破政策障碍，趟出一条路来，推动信托公司履行社会责任。

关于资金池业务问题。要区别资产池和资金池，信托公司可以开展资产组合的资产池业务。资金池业务相关问题已上报国务院，待国务院文件下发后再安排落实。

关于城镇化问题。城镇化对信托是中性的概念，从目前看以政策性金融为主导。中国的城镇化将会是什么模式？如果农村生态、医疗、衣食住行与城市相仿，人们就没必要往大城市跑。这应该是中国城镇化未来的发展方向，而且一定是缓慢发展的过程。目前，有的地方城镇化改造做得不错，有的就有问题。城里各方面环境好，失地农民进了城，不愿住在规划的房子里，规划的房子就成了“空房子”、“死房子”。因此，城镇化是机遇，但绝不能跟房地产业务一样经营，大家对此要有清醒的认识。

关于信托登记问题。信托登记正在积极推进，我们现在主要是资金信托，可以由协会搭台，先建立产品登记制度，也避免各部门争论。要结合《保密法》，出台严格的保密规定。数据查询包括监管查询，也只能限制在一定范围，对委托人和受益人的核心信息要严格保密。还要完善管理，出台部门规章，规范运作，才能真正把这项工作做好。

更多的创新方式需要大家自己创造。监管层鼓励信托公司探索创新试点，大力支持治理完善、内控有效、资产管理能力较强的信托公司开展业务创新。对符合监管导向、经过充分论证的创新产品，信托公司可以申报试点。这里讲的创新，是指踏踏实实从市场上发掘创造，绝不是想方设法绕监管或者仅解决流动性。比如，交易的问题，怎样交易，什么可以交易，交易以后有什么特点，要搞清楚。否则盲目上线，将信托计划包装交易，风险就会“击鼓传花”。创新绝非这么简单的事，要有规矩，一步一步探索。总之，创新的思路很清晰，一方面要提出严格规范，另一方面支持大家在依法合规框架下解放思想、大胆实践、探索创新。

鼓励信托公司走差异化发展道路。各家公司情况不同，有的已经储备了人才，储备了产品，储备了变革方式，准备得比较全面，已经在转型了。有的可能还没找到太多方向。信托公司可以分化经营，百花齐放，为客户提供专业化、特色化金融服务；也支持有实力的信托公司将投行业务、资产管理、受托服务有机结合，逐步发展成为综合化金融解决方案的提供商。

（四）进一步深化机制改革

要完善公司治理机制。推进解决公司治理“一言堂”问题，要求实际控制人显性化、阳光化，把能负责任、负得起责任的人予以明确，提高监管有效性。这个杨助理已经讲的非常清晰。

要完善净资本管理。对纯股权投资业务免提或少提风险资本，因为真正股权投资是“买者自负”的概念；对信贷类业务要增提风险资本，不仅不能无限放大杠杆，而且还要保证兑付。

要完善评级分类管理。强化分类监管，扶优限劣，对评级高、风险可控的公司予以创新扶持，对评级低、风险高的公司采取有限牌照。分类标准方面，大家也提了建议。有的说宜粗不宜细，有的说按总量分类有问题等。这件事情非常重要，还要认真研究，最后需要与大家反复征求意见。实行减分制后，公司能力越高分数越高。信托行业要认真起来，对认真的公司可以考虑加分。事事不认真，人人不认真，国家就不认真。信托行业不认真，就没人敢将家庭财产、子孙传承交你管理。中国信托业要造成“良货驱逐劣货”的态势，以信誉立世，别人愿意怎么做就怎么做，我们只做好的。

要加强从业人员管理。规范从业人员行为，提高从业人员素质，加强资质准入和持续管理，建立从业诚信记录，降低从业道德风险。我们正在按此拟订从业人员管理规定，包括考试相关要求。

要优化激励约束机制。科学设定经营目标和考核指标，健全与风险期限相匹配的薪酬延期支付和追索、扣回机制，防止过度冒进，抑制短期投机，不能分光吃光，要增强信托公司可持续发展的内生动力。此外，还要注意加强高管人员的稳定性。

下一步，信托业在定位上要加强“三化”。

一是革命化。对自身战略定位和在国家未来发展中所承载的历史使命要有清醒认识。大家对革命化往往不愿多提，实际上这不是坏事。放眼国际，美国就特别革命化。美国的电影大力宣扬革命浪漫主义、革命英雄主义，实际上非常政治化。我们的革命化要讲政治，什么叫讲政治？中国信托业要在中国历史进程中为国家发展浓重地写上一笔，我相信信托行业能够为中国深化改革开放、为中国经济调整与创新、为中国新一代巨型创业企业的诞生、为中国“乔布斯”的出现、为中国人的财富传承、为富人群体不把钱输送到国外去贡献伟大的一笔。

二是正规化。银行多年来一直在搞正规化。近年来，信托公司在兑付压力下，资金管理水平，特别是风控能力有了提升，队伍建设也有所加强，但做得还远远不够。什么是正规化？就是在监管规定不合适的时候可以向监管部门提出，我们来修改规定。但规定一旦确立，全行业必须无条件执行，而且要执法如山。一边是严格高效的监管，另一边是依法合规的展业，这样行业才能阔步前行。

三是现代化。现代化就是要有现代公司治理、现代创新意识、现代创新产品和现代创新企业，能够引领这个时代发展。存贷汇是人才行业，信托是天才行业，什么都可以做，但做好并不容易，需要极高的创造性。这几年，信托创造得不够，天才做了人才的事。希望大家未来能用自身实践创造信托业辉煌灿烂的美好前景。

同志们！中国信托业转型发展的历史重任责无旁贷，在座的诸位，以及全体信托从业和监管人员任重道远。希望大家进一步增强进取意识、机遇意识和责任意识，贡献更多新思路、新举措，在牢牢把握方向的基础上，大胆实践探索。我们坚信，在会党委的正确领导下，在监管层、行业协会和信托公司的共同不懈努力下，我们一定能够攻坚克难，书写历史，逐步实现信托业第二次转型升级，为我国实体经济的发展和全面深化改革作出应有的贡献！

最后，感谢大家长期以来对银监会工作的大力支持，谢谢大家！

政策法规

中国银监会办公厅关于2013年银行业案件防控工作的意见

（银监办发［2013］46号）

各银监局，各政策性银行、国有商业银行、股份制商业银行、金融资产管理公司，邮政储蓄银行，银监会直接监管的信托公司、企业集团财务公司、金融租赁公司：

2013年银行业案件防控工作的主要任务是：认真贯彻落实全国银监业监督管理工作会议精神，查防并举，注重预防，建立健全案防工作制度，发挥案防非现场监测和现场检查作用，切实落实案防工作责任，着力形成分工明确、协调有序的案防工作格局，进一步增强银行业案防工作能力和水平，全力维护银行业安全稳健运行。

一、完善制度体系，推进案防长效机制建设

以建立健全制度为基础不断推进案防长效机制建设。一是研究起草《银行业金融机构案件防控工作指引》，进一步明确银行业金融机构为案防主体和第一责任人，指导银行业金融机构健全案防工作体系，提升风险防控水平。二是研究起草《银行业金融机构案件防控工作评估办法》，科学考评银行业金融机构案防工作质效，根据评价结果进行差异性监管，激励约束相结合，调动提升银行业金融机构案防工作积极性、主动性。三是制定并实施《银行业金融机构案件防控统计制度（试行）》，提高对银行业案防措施监测的及时性、有效性和针对性。四是继续研究《银行业金融机构案件问责管理办法》，力争统一规范案件责任追究原则和程序，指导案件问责工作，实现案防压力传导。五是探索研究《银行业金融机构案件信息披露管理办法》，积极

稳妥推进个案信息披露，正面引导社会舆论，通过市场约束等手段推动银行业金融机构加强案防工作。

二、加大案件查处力度，提高案防工作有效性

以案件查办促进防范工作，实现“以查促防”。一是对于领导同志批示件，要高度重视，快速反应，积极开展核查工作，认真分析案发原因，采取有效措施督促整改问责，确保领导批示要求贯彻落实。二是加大对银行业大要案的督查力度，通过现场调查和督导，摸清作案手法，分析案件风险性质，查找制度和管理漏洞，严肃追究相关人员责任，加强督促整改落实，遏制同质同类案件发生，同时更有效地传导案防工作要求。三是根据案件处置三项制度要求，做好案件后续处置工作，督促属地监管机构和银行业金融机构切实履行职责，及时报送案件调查报告、督查报告、审结报告及案例材料，提高报送质量，不但要就案论案，提出针对性治理措施，提升案件整改效果，而且要举一反三，查找总结案件反映出的共性问题，严防案件屡查屡犯。

三、建设两个系统，增强案防工作针对性

以信息系统建设为契机，推进案防非现场监测上台阶。一是印发《银行业金融机构案件防控统计制度（试行）》，建立案防非现场监测指标体系，收集、汇总、监测银行业金融机构案防工作及对监管机构相关工作要求的落实情况，横向比较机构之间、地区之间案防工作开展情况，进行多维度的数据分析和预警，有针对性地推动机构加大案防工作力度，落实防控关口前移工作要求。二是研究建立银行从业人员诚信信息统计体系，收集银行从业人员受到刑事处罚、行政处罚、纪律处分等信息，为监管机构审核、审查人员任职资格提供信息支持，为银行人力资源尽职调查提供查询便利，防止银行从业人员“带病”上岗、“带病”流动。通过系统建设，力争发挥非现场监管“指挥棒”和“烽火台”的功能作用，推动案防工作有效落实。

四、组织开展现场检查，落实案防监管要求

以开展现场检查为突破口，实现案防工作有效落地。案件防控是商业银行内部控制和内部审计应着力关注的重心，各级监管机构应按照银监会2013年现场检查立项工作实施要点的要求，对2009年至2011年银行业金融机构百万元以上案件整改落实情况和轮岗、对账及内审工作情况组织开展现场检查，并将检查开展情况、检查结果和处理意见及时汇总报告。通过现场检查，查找银行业金融机构案防工作中存在的问题和漏洞，总结交流案件整改经验，实现以查促防。

五、强化信息报送分析，发挥风险提示预警功能

以案件（风险）信息报送统计制度修订为起点，提高案件风险分类的针对性。一是各银监局和银行业金融机构应加强内部管理，健全工作机制，增强信息报送的敏感性和主动意识，对案件风险信息迟报、瞒报现象“零容忍”。二是为更准确地反映银行业案件信息，更有针对性地开展案防工作，根据银行业金融机构内部是否有人员涉嫌犯罪、是否存在其他违法违规行为等因素将案件划分为三类，对三类案件采取不同的处置办法。三是按照有关案防制度要求，认真做好案件（风险）信息和案防监测指标的登记、汇总和统计分析工作，定期通报案件（风险）信息和案防指标监测情况，提高案件风险的识别、监测、分析和研判能力，实时关注案防态势，深入分析案发趋势，发挥预警效力，为有针对性、有重点地开展案防工作提供信息支持。

六、加强各项保障工作，夯实案防基础

以调研为切入点，发挥合规文化对案防长效机制建设的基础作用，以培训为平台，努力建设一支合格的案防和安保队伍，以协调为抓手，积极理顺案防和安保内外部关系。一是开展银行业合规文化建设调研。多年银行业案件查防工作实践表明，合规文化建设不仅是银行业稳健经营的基石，更是建立案防长效机制的核心，通过合规文化建设调研活动，深入了解当前银行业合规建设现状和存在问题，为进一步研究制定银行业合规文化建设工作方案奠定基础。二是开展多层次培训。开展以贯彻落实新出台案防制度为主要内容的制度培训、案件（风险）信息管理系统应用培训及与银行业协会共同举办的针对银行业案防和安保管理人员的轮训。通过培训，提升案防和安保队伍素质，切实增强案防制度执行力。三是进一步明确机构监管部门与功能监管部门案防工作职责。同时，依据案件性质、影响程度、涉案金额等要素划分各级监管机构案件稽查工作范围，进一步发挥案防工作联席会议功能，实现各部门优势互补。

七、做好银行业安保工作，提高安全防范水平

以银行业平安运行为目标，努力提升技防、物防、人防水平。对银行业金融机构而言，一是建立健全系统内安全防范责任制，将安全防范工作纳入对分支机构的年度经营考核体系。二是设置专业安全防范工作部门或配备专职安全防范人员，以专业的团队和素质应对日益专业化的作案趋势。三是按照标准和监管要求开展营业场所安全防范设施建设，加强对物防、技防设备、设施的日常检查和维护。四是制定和完善安全防范制度，采取有效措施，督促制度落实和

执行。五是对成功堵截或者妥善处置安防类案（事）件的，出台相应的激励制度，切实调动一线员工的防范积极性。

各银监局要切实承担对银行业安保工作进行指导、检查的职责。一是组织对辖内银行业金融机构营业场所物防、技防建设和运行情况、安防制度执行情况的现场检查，对发现的安全隐患切实督促整改；对因客观情况无法整改的，应当因地制宜地指导其采取替代性防护措施，对可以整改但拒不整改或者多次整改不到位的，采取相应监管措施。二是全面掌握辖内银行业金融机构发生的安防类案（事）件情况，对发生人员伤亡、造成重大资金和声誉风险的安防类案（事）件，及时给予现场指导和协调。三是通过定期或不定期召开安全防范工作例会或者联席会议的形式，进一步强化防范信息和经验的沟通、交流。四是深入剖析典型安防类案（事）件，组织对安全防范工作中出现的新问题进行调研，提出和采取针对性的防范措施。

中国银监会办公厅
2013 年 2 月 7 日

国务院办公厅关于继续做好房地产市场调控工作的通知

（国办发［2013］17号）

各省、自治区、直辖市人民政府，国务院各部委、各直属机构：

2011年以来，各地区、各部门认真贯彻落实中央关于加强房地产市场调控的决策和部署，取得了积极成效。当前房地产市场调控仍处在关键时期，房价上涨预期增强，不同地区房地产市场出现分化。为继续做好今年房地产市场调控工作，促进房地产市场平稳健康发展，经国务院同意，现就有关问题通知如下：

一、完善稳定房价工作责任制

认真落实省级人民政府负总责、城市人民政府抓落实的稳定房价工作责任制。各直辖市、计划单列市和省会城市（除拉萨外），要按照保持房价基本稳定的原则，制定本地区年度新建商品住房（不含保障性住房，下同）价格控制目标，并于第一季度向社会公布。各省级人民政府要更加注重区域差异，加强分类指导。对行政区域内住房供不应求、房价上涨过快的热点城市，应指导其增加住房及住房用地的有效供应，制定并公布年度新建商品住房价格控制目标；对存在住房供过于求等情况的城市，也应指导其采取有效措施保持市场稳定。要建立健全稳定房价工作的考核问责制度，加强对所辖城市的督查、考核和问责工作。国务院有关部门要加强对省级人民政府稳定房价工作的监督和检查。对执行住房限购和差别化住房信贷、税收等政策措施不到位、房价上涨过快的，要进行约谈和问责。

二、坚决抑制投机投资性购房

继续严格执行商品住房限购措施。已实施限购措施的直辖市、计划单列市和省会城市，要在严格执行《国务院办公厅关于进一步做好房地产市场调控工作有关问题的通知》（国办发

〔2011〕1号）基础上，进一步完善现行住房限购措施。限购区域应覆盖城市全部行政区域；限购住房类型应包括所有新建商品住房和二手住房；购房资格审查环节应前移至签订购房合同（认购）前；对拥有1套及以上住房的非当地户籍居民家庭、无法连续提供一定年限当地纳税证明或社会保险缴纳证明的非当地户籍居民家庭，要暂停在本行政区域内向其售房。住房供需矛盾突出、房价上涨压力较大的城市，要在上述要求的基础上进一步从严调整限购措施；其他城市出现房价过快上涨情况的，省级人民政府应要求其及时采取限购等措施。各地区住房城乡建设、公安、民政、税务、人力资源社会保障等部门要建立分工明确、协调有序的审核工作机制。要严肃查处限购措施执行中的违法违规行为，对存在规避住房限购措施行为的项目，要责令房地产开发企业整改；购房人不具备购房资格的，企业要与购房人解除合同；对教唆、协助购房人伪造证明材料、骗取购房资格的中介机构，要责令其停业整顿，并严肃处理相关责任人；情节严重的，要追究当事人的法律责任。

继续严格实施差别化住房信贷政策。银行业金融机构要进一步落实好对首套房贷款的首付款比例和贷款利率政策，严格执行第二套（及以上）住房信贷政策。要强化借款人资格审查，严格按规定调查家庭住房登记记录和借款人征信记录，不得向不符合信贷政策的借款人违规发放贷款。银行业监管部门要加强对银行业金融机构执行差别化住房信贷政策的日常管理和专项检查，对违反政策规定的，要及时制止、纠正。对房价上涨过快的城市，人民银行当地分支机构可根据城市人民政府新建商品住房价格控制目标和政策要求，进一步提高第二套住房贷款的首付款比例和贷款利率。

充分发挥税收政策的调节作用。税务、住房城乡建设部门要密切配合，对出售自有住房按规定应征收的个人所得税，通过税收征管、房屋登记等历史信息能核实房屋原值的，应依法严格按转让所得的20%计征。总结个人住房房产税改革试点城市经验，加快推进扩大试点工作，引导住房合理消费。税务部门要继续推进应用房地产价格评估方法加强存量房交易税收征管工作。

三、增加普通商品住房及用地供应

各地区要根据供需情况科学编制年度住房用地供应计划，保持合理、稳定的住房用地供应规模。原则上2013年住房用地供应总量应不低于过去5年平均实际供应量。住房供需矛盾突出、房价上涨压力较大的部分热点城市和区域中心城市，以及前两年住房用地供应计划完成率偏低的城市，要进一步增加年度住房用地供应总量，提高其占年度土地供应计划的比例。加大土地市场信息公开力度，市、县人民政府应于第一季度公布年度住房用地供应计划，稳定土地市场预期。各地区要继续采取有效措施，完善土地出让方式，严防高价地扰乱市场预期。各地区住房城乡建设部门要提出商品住房项目的住宅建设套数、套型建筑面积、设施条件、开竣工时间等要求，作为土地出让的依据，并纳入出让合同。

各地区发展改革、国土资源、住房城乡建设部门要建立中小套型普通商品住房建设项目行政审批快速通道，提高办事效率，严格落实开竣工申报制度，督促房地产开发企业严格按照合同约定建设施工，加快中小套型普通商品住房项目的供地、建设和上市，尽快形成有效供应。对中小套型住房套数达到项目开发建设总套数 70% 以上的普通商品住房建设项目，银行业金融机构要在符合信贷条件的前提下优先支持其开发贷款需求。

四、加快保障性安居工程规划建设

全面落实 2013 年城镇保障性安居工程基本建成 470 万套、新开工 630 万套的任务。各地区要抓紧把建设任务落实到项目和地块，确保资金尽快到位，尽早开工建设。继续抓好城市和国有工矿（含煤矿）、国有林区、垦区棚户区改造，重点抓好资源型城市及独立工矿区棚户区改造；积极推进非成片棚户区和危旧房改造，逐步开展城镇旧住宅区综合整治，稳步实施城中村改造。

强化规划统筹，从城镇化发展和改善居民住房条件等实际需要出发，把保障性安居工程建设和城市发展充分结合起来，在城市总体规划和土地利用、住房建设等规划中统筹安排保障性安居工程项目。要把好规划设计关、施工质量关、建筑材料关和竣工验收关，落实工程质量责任，确保工程质量安全。要合理安排布局，改进户型设计，方便保障对象的工作和生活。要加大配套基础设施投入力度，做到配套设施与保障性安居工程项目同步规划、同期建设、同时交付使用，确保竣工项目及早投入使用。

加强分配管理。要继续探索创新保障性住房建设和管理机制，完善保障性住房申请家庭经济状况审核机制，严格准入退出，确保公平分配。加大保障性安居工程建设、分配和退出的信息公开力度。严肃查处擅自改变保障性安居工程用途、套型面积等违法违规行为。2013 年末前，地级以上城市要把符合条件的、有稳定就业的外来务工人员纳入当地住房保障范围。要加强小区运营管理，完善社区公共服务，优化居住环境。

五、加强市场监管和预期管理

2013 年起，各地区要提高商品房预售门槛，从工程投资和形象进度、交付时限等方面强化商品房预售许可管理，引导房地产开发企业理性定价，稳步推进商品房预售制度改革。继续严格执行商品房销售明码标价、一房一价规定，严格按照申报价格对外销售。各地区要切实强化预售资金管理，完善监管制度；尚未实行预售资金监管的地区，要加快制定本地区商品房预售资金监管办法。对预售方案报价过高且不接受城市住房城乡建设部门指导，或没有实行预售资金监管的商品房项目，可暂不核发预售许可证书。各地区要大力推进城镇个人住房信息系统建设，完善管理制度，到"十二五"期末，所有地级以上城市原则上要实现联网。

加强房地产企业信用管理，研究建立住房城乡建设、发展改革、国土资源、金融、税务、工商、统计等部门联动共享的信用管理系统，及时记录、公布房地产企业的违法违规行为。对存在闲置土地和炒地、捂盘惜售、哄抬房价等违法违规行为的房地产开发企业，有关部门要建立联动机制，加大查处力度。国土资源部门要禁止其参加土地竞买，银行业金融机构不得发放新开发项目贷款，证券监管部门暂停批准其上市、再融资或重大资产重组，银行业监管部门要禁止其通过信托计划融资。税务部门要强化土地增值税的征收管理工作，严格按照有关规定进行清算审核和稽查。住房城乡建设、工商等部门要联合开展对房屋中介市场的专项治理工作，整顿和规范市场秩序，严肃查处中介机构和经纪人员的违法违规行为。有关部门要加强房地产开发企业资本金管理，加大对资产负债情况的监测力度，有效防范风险。

各地区、各有关部门要加强市场监测和研究分析，及时主动发布商品住房建设、交易及房价、房租等方面的权威信息，正确解读市场走势和有关调控政策措施，引导社会舆论，稳定市场预期。要加强舆情监测，对涉及房地产市场的不实信息，要及时、主动澄清。对诱导购房者违反限购、限贷等政策措施，造谣、传谣以及炒作不实信息误导消费者的企业、机构、媒体和个人，要进行严肃处理。

六、加快建立和完善引导房地产市场健康发展的长效机制

各有关部门要加强基础性工作，加快研究提出完善住房供应体系、健全房地产市场运行和监管机制的工作思路和政策框架，推进房地产税制改革，完善住房金融体系和住房用地供应机制，推进住宅产业化，促进房地产市场持续平稳健康发展。

国务院办公厅
2013年2月26日

人力资源和社会保障部、银监会、证监会、保监会关于扩大企业年金基金投资范围的通知

（人社部发［2013］23 号）

各省、自治区、直辖市人力资源社会保障厅（局）、银监局、证监局、保监局，新疆生产建设兵团人力资源社会保障局，各计划单列市人力资源社会保障局、银监局、证监局、保监局，上海、深圳证券交易所，中国证券登记结算有限责任公司：

为促进企业年金市场健康发展，实现企业年金基金资产保值增值，根据《企业年金基金管理办法》（人力资源社会保障部第 11 号令，以下简称第 11 号令），现就扩大企业年金基金投资范围通知如下：

一、企业年金基金投资范围在第 11 号令第四十七条规定的金融产品之外，增加商业银行理财产品、信托产品、基础设施债权投资计划、特定资产管理计划、股指期货。

二、企业年金基金资产以投资组合为单位，按照公允价值计算应当符合下列规定：

（一）投资银行活期存款、中央银行票据、一年期以内（含一年）的银行定期存款、债券回购、货币市场基金、货币型养老金产品的比例，合计不得低于投资组合委托投资资产净值的 5%；清算备付金、证券清算款以及一级市场证券申购资金视为流动性资产。

（二）投资一年期以上的银行定期存款、协议存款、国债、金融债、企业（公司）债、可转换债（含分离交易可转换债）、短期融资券、中期票据、万能保险产品、商业银行理财产品、信托产品、基础设施债权投资计划、特定资产管理计划、债券基金、投资连结保险产品（股票投资比例不高于 30%）、固定收益型养老金产品、混合型养老金产品的比例，合计不得高于投资组合委托投资资产净值的 135%。债券正回购的资金余额在每个交易日均不得高于投资组合委托投资资产净值的 40%。

（三）投资股票、股票基金、混合基金、投资连结保险产品（股票投资比例高于 30%）、股票型养老金产品的比例，合计不得高于投资组合委托投资资产净值的 30%。

企业年金基金不得直接投资于权证，但因投资股票、分离交易可转换债等投资品种而衍生

获得的权证，应当在权证上市交易之日起10个交易日内卖出。

三、单个投资组合委托投资资产，投资商业银行理财产品、信托产品、基础设施债权投资计划、特定资产管理计划的比例，合计不得高于投资组合委托投资资产净值的30%。其中，投资信托产品的比例，不得高于投资组合委托投资资产净值的10%。投资商业银行理财产品、信托产品、基础设施债权投资计划或者特定资产管理计划的专门投资组合，可以不受此30%和10%规定的限制。

专门投资组合，应当有80%以上的非现金资产投资于投资方向确定的内容。

四、单个投资组合委托投资资产，投资于单期商业银行理财产品、信托产品、基础设施债权投资计划或者特定资产管理计划，分别不得超过该期商业银行理财产品、信托产品、基础设施债权投资计划或者特定资产管理计划资产管理规模的20%。投资商业银行理财产品、信托产品、基础设施债权投资计划或者特定资产管理计划的专门投资组合，可以不受此规定的限制。

五、单个企业年金计划基金资产，投资商业银行理财产品、信托产品、基础设施债权投资计划、特定资产管理计划专门投资组合的比例，合计不得高于企业年金计划基金资产净值的30%。其中，投资信托产品专门投资组合的比例，不得高于企业年金计划基金资产净值的10%。

六、企业年金基金可投资的商业银行理财产品、信托产品、基础设施债权投资计划的发行主体，限于以下三类：

（一）具有“企业年金基金管理机构资格”的商业银行、信托公司、保险资产管理公司；

（二）金融集团公司的控股子公司具有“企业年金基金管理机构资格”，发行商业银行理财产品、信托产品、基础设施债权投资计划的该金融集团公司的其他控股子公司；

（三）发行商业银行理财产品、信托产品、基础设施债权投资计划的大型企业或者其控股子公司（已经建立企业年金计划），该类商业银行理财产品、信托产品、基础设施债权投资计划仅限于大型企业自身或者其控股子公司的企业年金计划投资，并且投资事项应当由大型企业向人力资源社会保障部备案。

七、企业年金基金可投资的商业银行理财产品应当符合下列规定：

（一）风险等级为发行银行根据银监会评级要求，自主风险评级处于风险水平最低的一级或者二级；

（二）投资品种限于保证收益类和保本浮动收益类；

（三）投资范围限于境内市场的信贷资产、存款、货币市场工具、公开发行且评级在投资级以上的债券，基础资产由发行银行独立负责投资管理；

（四）发行商业银行理财产品的商业银行应当具有完善的公司治理、良好的市场信誉和稳定的投资业绩，上个会计年度末经审计的净资产不低于300亿元人民币或者在境内外主板上市，信用等级不低于国内信用评级机构评定的A级或者相当于A级的信用级别；境外上市并免于国内信用评级的，信用等级不低于国际信用评级机构评定的投资级或者以上的信用级别。

鼓励符合条件的商业银行根据企业年金委托人的投资偏好，为企业年金基金设计、发行商业银行理财产品。

八、企业年金基金可投资的信托产品应当符合下列规定：

（一）限于融资类集合资金信托计划和为企业年金基金设计、发行的单一资金信托计划；

（二）投资合同应当包含明确的“受益权转让”条款；

（三）信用等级不低于国内信用评级机构评定的AA+级或者相当于AA+级的信用级别。但符合下列条件之一的，可以豁免外部信用评级：

1. 偿债主体上个会计年度末经审计的净资产不低于90亿元人民币，年营业收入不低于200亿元人民币；

2. 提供无条件不可撤销连带责任保证担保的担保人，担保人上个会计年度末经审计的净资产不低于90亿元人民币，年营业收入不低于200亿元人民币。

（四）安排投资项目担保机制，但符合上述第三款1条规定且在风险可控的前提下可以豁免担保；

（五）发行信托产品的信托公司应当具有完善的公司治理、良好的市场信誉和稳定的投资业绩，上个会计年度末经审计的净资产不低于30亿元人民币。

鼓励符合条件的信托公司根据企业年金委托人的投资偏好，为企业年金基金设计、发行信托产品。

九、企业年金基金可投资的基础设施债权投资计划应当符合下列规定：

（一）履行完毕相关监管机构规定的所有合法程序；

（二）基础资产限于投向国务院、有关部委或者省级政府批准的基础设施项目债权资产；

（三）投资合同应当包含明确的“受益权转让”条款；

（四）信用等级不低于国内信用评级机构评定的A级或者相当于A级的信用级别；

（五）投资品种限于信用增级为A类、B类增级方式；

（六）发行基础设施债权投资计划的保险资产管理公司应当具有完善的公司治理、良好的市场信誉和稳定的投资业绩，上个会计年度末经审计的净资产不低于2亿元人民币。

鼓励符合条件的保险资产管理公司根据企业年金委托人的投资偏好，为企业年金基金设计、发行基础设施债权投资计划。

十、企业年金基金可投资的特定资产管理计划应当符合下列规定：

（一）限于结构化分级特定资产管理计划的优先级份额；

（二）不得投资于商品期货及金融衍生品；

（三）不得投资于未通过证券交易所转让的股权；

（四）发行特定资产管理计划的基金管理公司应当具有完善的公司治理、良好的市场信誉和稳定的投资业绩，上个会计年度末经审计的净资产不低于2亿元人民币。

十一、企业年金计划投资组合、养老金产品参与股指期货交易应当符合下列规定：

（一）根据风险管理的原则，只能以套期保值为目的，并按照中国金融期货交易所套期保值管理的有关规定执行；

（二）企业年金计划投资组合、养老金产品参与股指期货交易，任一投资组合或者养老金产品在任何交易日日终，所持有的卖出股指期货合约价值，不得超过其对冲标的股票、股票基金、混合基金、投资连结保险产品（股票投资比例高于30%）等权益类资产的账面价值；

（三）企业年金计划投资组合、养老金产品不得买入股指期货套期保值。

十二、商业银行理财产品、信托产品、基础设施债权投资计划、特定资产管理计划的估值办法，按照相关法律法规或者监管部门的规定执行。

十三、投资管理人投资的金融产品，募集资金投资方向应当符合国家宏观政策、产业政策和监管政策；产品结构简单，基础资产清晰，信用增级安排确凿，具有稳定可预期的现金流；建立信息披露机制和风险隔离机制，并实行资产托（保）管。投资管理人应当优先投资在公开平台登记发行和交易转让的金融产品。

十四、投资管理人应当对有关金融产品风险进行实质性评估，根据投资管理和风险管理能力，合理制订金融产品配置计划，履行相应的内部审核程序，健全内部信用评级制度，科学确定投资品种和规模、期限结构、信用分布和流动性安排。

投资管理人投资有关金融产品，应当充分发挥投资者监督作用，持续跟踪金融产品管理运作，定期评估投资风险，适时调整投资限额、风险限额和止损限额，维护资产安全。金融产品发生违约等重大投资风险的，投资管理人应当采取有效措施，控制相关风险，并及时向人力资源社会保障部和有关业务监管部门报告，同时抄报企业年金受托人。

投资管理人投资有关金融产品，不得与当事人发生涉及利益输送、利益转移等不当交易行为，不得通过关联交易或者其他方式侵害企业年金委托人的利益。

十五、本通知所指信用增级安排，其中保证担保的，应当为本息全额无条件不可撤销连带责任保证担保，且担保人信用等级不低于被担保人信用等级；抵押或者质押担保的，担保财产应当权属清晰，未被设定其他担保或者采取保全措施，经评估的担保财产价值不低于待偿还本息，且担保行为已经履行必要法律程序。

人力资源社会保障部

银监会

证监会

保监会

2013 年 3 月 19 日

人力资源和社会保障部、银监会、证监会、保监会关于企业年金养老金产品有关问题的通知

（人社部发［2013］24号）

各省、自治区、直辖市人力资源社会保障厅（局）、银监局、证监局、保监局，新疆生产建设兵团人力资源社会保障局，各计划单列市人力资源社会保障局、银监局、证监局、保监局，上海、深圳证券交易所，中国证券登记结算有限责任公司：

为促进企业年金市场健康发展，提高企业年金基金投资运营效率，根据《企业年金基金管理办法》（人力资源社会保障部第11号令，以下简称第11号令），现就企业年金养老金产品有关问题通知如下：

一、养老金产品定义和投资范围

（一）养老金产品是由企业年金基金投资管理人发行的、面向企业年金基金定向销售的企业年金基金标准投资组合。

（二）养老金产品限于境内投资，投资范围包括银行存款、国债、中央银行票据、债券回购、万能保险产品、投资连结保险产品、证券投资基金、股票、商业银行理财产品、信托产品、基础设施债权投资计划、特定资产管理计划、股指期货，以及信用等级在投资级以上的金融债、企业（公司）债、可转换债（含分离交易可转换债）、短期融资券和中期票据等金融产品。

养老金产品资产不得直接投资于权证，但因投资股票、分离交易可转换债等投资品种而衍生获得的权证，应当在权证上市交易之日起10个交易日内卖出。

二、养老金产品类型和投资比例

（一）养老金产品类型

1. 股票型：投资股票、股票基金、混合基金、投资连结保险产品（股票投资比例高于30%）的比例，合计高于产品资产净值的30%。债券正回购的资金余额在每个交易日均不得高于产品资产净值的40%。

2. 混合型：投资股票、股票基金、混合基金、投资连结保险产品（股票投资比例高于30%）的比例，合计不得高于产品资产净值的30%。债券正回购的资金余额在每个交易日均不得高于产品资产净值的40%。

3. 固定收益型：投资银行定期存款、协议存款、国债、金融债、企业（公司）债、可转换债（含分离交易可转换债）、短期融资券、中期票据、万能保险产品、商业银行理财产品、信托产品、基础设施债权投资计划、特定资产管理计划、债券基金、投资连结保险产品（股票投资比例不高于30%）的比例，合计高于产品资产净值的80%。债券正回购的资金余额在每个交易日均不得高于产品资产净值的40%。可转换债（含分离交易可转换债）转股后应当于10个交易日内卖出。固定收益型养老金产品不得投资股票基金、混合基金、投资连结保险产品（股票投资比例高于30%）；可以投资股票一级市场，且应当在上市流通后10个交易日内卖出，但不得投资股票二级市场。

4. 货币型：投资银行活期存款、一年以内（含一年）的银行定期存款、剩余期限在三百九十七天以内（含三百九十七天）的债券、债券回购、期限在一年以内（含一年）的中央银行票据、货币市场基金、短期理财债券基金。债券正回购的资金余额在每个交易日均不得高于产品资产净值的40%。

5. 产品名称显示投资方向的固定收益型养老金产品，应当有80%以上的非现金资产投资于投资方向确定的内容。可以包括存款型、债券型、债券基金型、商业银行理财产品型、信托产品型、基础设施债权投资计划型、特定资产管理计划型、保险产品型等类型。

6. 商业银行理财产品型、信托产品型、基础设施债权投资计划型养老金产品，可以投资于建立企业年金计划的大型企业或者其控股子公司发行的商业银行理财产品、信托产品、基础设施债权投资计划。

7. 人力资源社会保障部将根据市场需求和运行合规情况，适当增加养老金产品的类型。

（二）养老金产品投资比例

1. 单个企业年金计划基金资产或者单个投资组合委托投资资产，投资股票型养老金产品的比例，不得高于企业年金计划基金资产净值或者投资组合委托投资资产净值的30%。

2. 单个企业年金计划基金资产，投资商业银行理财产品型、信托产品型、基础设施债权投资计划型、特定资产管理计划型养老金产品的比例，合计不得高于企业年金计划基金资产净值的30%。其中，投资信托产品型养老金产品的比例，不得高于企业年金计划基金资产净值的10%。

3. 单个投资组合委托投资资产，投资商业银行理财产品型、信托产品型、基础设施债权投资计划型、特定资产管理计划型养老金产品的比例，合计不得高于投资组合委托投资资产净值的30%。其中，投资信托产品型养老金产品的比例，不得高于投资组合委托投资资产净值的10%。投资商业银行理财产品型、信托产品型、基础设施债权投资计划型或者特定资产管理计划型养老金产品的专门投资组合，可以不受此30%和10%规定的限制。

4. 单只养老金产品资产，投资于一家企业所发行的股票，单期发行的同一品种短期融资券、中期票据、金融债、企业（公司）债、可转换债（含分离交易可转换债），单只证券投资基金，单个万能保险产品或者投资连结保险产品，分别不得超过该企业上述证券发行量、该基金份额或者该保险产品资产管理规模的5%；按照公允价值计算，也不得超过该养老金产品资产净值的10%。

5. 单只养老金产品资产，投资商业银行理财产品、信托产品、基础设施债权投资计划、特定资产管理计划的比例，合计不得超过养老金产品资产净值的30%。其中，投资信托产品的比例，不得超过养老金产品资产净值的10%。商业银行理财产品型、信托产品型、基础设施债权投资计划型或者特定资产管理计划型养老金产品，可以不受此30%和10%规定的限制。

6. 单只养老金产品资产，投资于单期商业银行理财产品、信托产品、基础设施债权投资计划或者特定资产管理计划，分别不得超过该期商业银行理财产品、信托产品、基础设施债权投资计划或者特定资产管理计划资产管理规模的20%。其中，商业银行理财产品型、信托产品型、基础设施债权投资计划型或者特定资产管理计划型养老金产品，可以不受此规定的限制。

7. 单个投资组合委托投资资产，投资单只养老金产品的比例，可以不受第11号令第五十条有关30%规定的限制。

三、养老金产品发行

（一）投资管理人申请发行养老金产品，应当报送人力资源社会保障部备案，备案时提供下列材料，一式4份。

1.《关于养老金产品备案的函》。

2.《养老金产品投资管理合同》。

3.《养老金产品投资说明书》。

4. 投资管理人和养老金产品托管人协商一致签订的《养老金产品托管合同》。

5. 投资管理人担任注册登记人的，应当提交注册登记业务规则；投资管理人委托中国证券登记结算有限责任公司等符合条件的机构担任注册登记人的，应当提交委托代理协议书。

6. 投资管理人、托管人的“企业年金基金管理机构资格”证书复印件。

7. 其他需要提供的材料。

（二）人力资源社会保障部在收到符合规定的养老金产品备案材料之日起60日内，根据第11号令和本通知等有关规定，作出通过或者不予通过的决定。不予通过的，说明理由并通知申请人；通过的，向申请人出具养老金产品备案确认函，给予养老金产品登记号。养老金产品登记号编制方法为：99 + PF +4 位数年份 +4 位数序列号。其中，序列号采用连续编排方法。

（三）养老金产品托管人应当以产品的名义在其营业机构开立资金托管账户，资金托管账户是用于清算交收所托管养老金产品资产而设立的专用存款账户。资金托管账户名称为“××银行××公司××养老金产品资产”托管账户，“××银行”为养老金产品托管人的简称，“××公司”为养老金产品投资管理人的简称，“××银行××公司××养老金产品”名称应当与养老金产品备案确认函中的名称一致。

资金托管账户预留银行签章为“××银行××公司××养老金产品资产”专用章和托管人的授权人名章。专用章名称应当与资金托管账户名称一致，预留银行签章由托管人负责保管和代为使用。

托管人开立资金托管账户，应当向开户银行提供下列材料：

1. 投资管理人委托托管人开立养老金产品资金托管账户的委托书。

2. 关于××公司××养老金产品确认函复印件。

3. 托管人营业执照复印件。

4. 托管人基本存款账户开户许可证复印件。

5. 托管人“企业年金基金管理机构资格”证书复印件。

6. 其他要求提供的材料。

资金托管账户开立之后，投资管理人可以面向企业年金计划或者企业年金计划投资组合（养老金产品投资人）定向销售养老金产品。投资人依据《养老金产品投资管理合同》取得产品份额后，即成为养老金产品份额持有人。

（四）养老金产品发行后，投资管理人不得变更养老金产品类型。

（五）发生下列情形之一的，养老金产品变更：

1. 养老金产品名称变更。

2. 养老金产品管理费率调高。

3. 养老金产品投资政策变更。

4. 备案材料的其他主要内容变更。

投资管理人与托管人协商一致后拟变更养老金产品的，应当充分保障份额持有人的知情权，事先以公告等方式通知份额持有人，并向人力资源社会保障部重新履行备案手续；备案通过后，变更生效。投资管理人应当自变更生效之日起 15 日内，以书面送达或者公告等方式通知份额持有人。养老金产品变更，原产品登记号不变。

（六）投资管理人可以在《养老金产品投资管理合同》中约定，在不损害份额持有人利益且与托管人协商一致的前提下，对养老金产品下列内容进行变更：

1. 调低养老金产品管理费率。

2. 因法律法规修订而应当收取增加的费用。

3. 因法律法规修订而应当修改《养老金产品投资管理合同》。

投资管理人应当自变更生效之日起 15 日内以书面送达或者公告等方式通知份额持有人，并同时向人力资源社会保障部报告。

（七）发生下列情形之一的，养老金产品终止：

1. 投资管理人与托管人协商一致决定终止的。

2. 人力资源社会保障部按照规定决定终止的。

养老金产品自人力资源社会保障部出具的同意或者决定终止函生效之日起终止。

（八）养老金产品终止的，投资管理人应当以公告等方式通知份额持有人，并组织清算组对养老金产品资产进行清算，清算费用从养老金产品资产中扣除。

清算组由投资管理人、托管人、份额持有人代表以及投资管理人聘请的会计师事务所、律师事务所等组成。

清算组应当自清算工作完成后 3 个月内，向人力资源社会保障部提交经会计师事务所审计以及律师事务所出具法律意见书的清算报告，该报告同时向份额持有人公告。

四、养老金产品管理运行

（一）投资管理人、托管人各自以养老金产品为主体，采用份额法计量方法，独立建账、独立核算，根据《企业会计准则第 10 号——企业年金基金》、《企业会计准则第 22 号——金融工具确认和计量》及相关会计准则，参照《证券投资基金会计核算业务指引》等规定，分别在每个交易日进行会计核算和估值，托管人应当复核、审查和确认投资管理人计算的估值结果。

（二）注册登记人负责办理养老金产品的注册登记业务。注册登记业务指登记、存管、清算和结算业务，具体内容包括份额持有人账户建立和管理、份额注册登记、销售业务确认、清算及交易确认、建立并保管份额持有人名册等。注册登记人应当在份额持有人办理申购赎回业务时向其提供交易确认电子数据。投资管理人委托其他机构办理注册登记业务所支付的费用，不得从养老金产品资产中列支。

注册登记人负责定期向份额持有人报告账户的份额、净值、申购赎回明细等信息，报告方式可以是纸质对账单或者电子对账单。注册登记人应当确保报告信息的及时、准确、完整。

注册登记人应当提供网站专区供份额持有人自助查询或者下载对账单。同时，应当为份额持有人提供纸质对账单或者电子对账单订阅方式，并按照订阅要求向份额持有人发送月度、季度或者年度纸质对账单、电子对账单。

（三）根据投资管理人的投资安排，托管人应当以养老金产品名义开立交易所证券账户、银行间债券账户、上海清算所持有人账户等账户。

托管人开立养老金产品交易所证券账户、银行间债券账户、上海清算所持有人账户时，应当提供下列材料：

1. 投资管理人委托托管人开立养老金产品各类账户的委托书；

2. 关于××公司××养老金产品确认函复印件；

3. 托管人“企业年金基金管理机构资格”证书复印件；

4.《养老金产品托管合同》复印件；

5. 其他要求提供的材料。

（四）托管人应当按照本通知及《养老金产品托管合同》规定，对养老金产品资产的投资范围、投资比例、会计核算与估值、费用计提与支付等事项进行监督。托管人发现投资管理人违反本通知或者《养老金产品托管合同》规定的，应当及时通知投资管理人予以调整；投资管理人逾期未调整的，托管人应当上报人力资源社会保障部。

（五）养老金产品投资管理费按照固定费率收取，不收取业绩报酬，不提取风险准备金。

（六）养老金产品的投资管理费、托管费和其他相关费用，包括证券交易费用、资金划拨费用以及证券账户、资金账户等的开户及变更费用等，从养老金产品资产中扣除。

养老金产品投资管理人、托管人应当综合考虑养老金性质、份额持有人利益和市场发展等因素，合理确定管理费收取标准。

五、投资养老金产品

（一）企业年金计划投资组合资产投资养老金产品

1. 企业年金计划投资组合（以下简称投资组合）的投资管理人，可以将投资组合的委托投资资产投资于一个或者多个养老金产品。

2. 投资管理人将投资组合的部分或者全部委托投资资产投资于养老金产品时，该部分或者全部委托投资资产不再计提投资管理费，也不提取风险准备金。

3. 规模较小投资组合的受托人或者投资管理人，应当优先考虑将该组合的委托投资资产全部投资于养老金产品。

4. 注册登记人负责以投资组合的名义开立养老金产品份额持有人账户，开户名称应当与投资组合名称一致，开户证件使用企业年金计划备案确认函，证件号码为企业年金计划登记号，组织机构代码证、税务登记证号码等使用投资组合投资管理人的信息。

5. 投资管理人将投资组合的委托投资资产投资于养老金产品时，应当经受托人同意。

（二）企业年金计划资产投资养老金产品

1. 法人受托机构可以将受托管理的企业年金基金资产，分配给一个或者多个养老金产品。法人受托机构应当在《企业年金计划受托管理合同》或者补充协议中说明将企业年金缴费分配给养老金产品的原则和方法。

法人受托机构应当与养老金产品投资管理人签订《企业年金计划投资管理合同》，《养老金产品投资管理合同》、《养老金产品投资说明书》作为《企业年金计划投资管理合同》的附件。

2. 规模较小企业年金计划的委托人或者法人受托机构，应当优先考虑将企业年金计划基金资产全部投资于养老金产品。

3. 注册登记人负责以企业年金计划的名义开立养老金产品份额持有人账户，开户名称应当与企业年金计划名称一致，开户证件使用企业年金计划备案确认函，证件号码为企业年金计划登记号，组织机构代码证、税务登记证号码等使用法人受托机构的信息。

4. 企业年金计划法人受托机构和企业年金计划托管人应当分别完成企业年金计划的建账、估值核算、制作会计报表、信息报告等工作，法人受托机构对托管人出具的估值核算结果、会计报表及信息报告进行复核。

六、养老金产品信息披露和监管

（一）投资管理人应当在收到养老金产品备案确认函的下一个工作日，在指定网站及其公司官网上披露养老金产品信息。

养老金产品的投资经理发生变更，投资管理人应当自变更之日起 3 个工作日内，在指定网站及其公司官网上披露。

（二）养老金产品存续期间，投资管理人应当每个交易日在指定网站及其公司官网上披露经养老金产品托管人复核、审查和确认的单位净值。

（三）投资管理人应当按照有关规定，向份额持有人提供养老金产品季度报告和年度报告；如发生特殊情况，还应当提供临时报告或者进行重大信息披露。

（四）投资管理人、托管人应当按照有关规定，向人力资源社会保障部报告养老金产品的管理情况，同时抄报有关业务监管部门，并对所报告内容的真实性、准确性、完整性负责。

（五）养老金产品宣传推介材料应当含有明确、醒目的风险提示和警示性文字，提醒投资人注意投资风险。投资人应当仔细阅读《养老金产品投资管理合同》、养老金产品投资说明书、《养老金产品托管合同》，充分认知养老金产品的投资风险，审慎做出投资决策，自行承担投资损益。

（六）企业年金计划受托人，负责企业年金计划的投资比例控制；企业年金计划托管人负责监督。

企业年金计划投资组合投资管理人，负责投资组合的投资比例控制；企业年金计划托管人负责监督。

养老金产品投资管理人，负责养老金产品的投资比例控制；养老金产品托管人负责监督。

养老金产品投资管理人应当接受份额持有人和托管人的监督。

（七）养老金产品经人力资源社会保障部备案确认，并不表明其对养老金产品的价值和收益做出实质性的判断或者保证，也不表明养老金产品没有投资风险。

（八）投资管理人、托管人违反行政法规和本办法规定的，人力资源社会保障部根据第 11 号令规定进行处罚；对直接负责的主管人员和其他直接责任人员，可以采取监管谈话、出具警示函、记入诚信档案等监管措施。

（九）人力资源社会保障部、有关业务监管部门依法履行监督管理职责，对养老金产品的投资运作和管理情况进行定期或者不定期检查，投资管理人、托管人和注册登记人应当予以配合。

人力资源社会保障部

银监会

证监会

保监会

2013 年 3 月 19 日

中国银监会关于规范商业银行理财业务投资运作有关问题的通知

（银监发［2013］8号）

各银监局，各政策性银行、国有商业银行、股份制商业银行，邮政储蓄银行：

近期，商业银行理财资金直接或通过非银行金融机构、资产交易平台等间接投资于“非标准化债权资产”业务增长迅速。一些银行在业务开展中存在规避贷款管理、未及时隔离投资风险等问题。为有效防范和控制风险，促进相关业务规范健康发展，现就有关事项通知如下：

一、非标准化债权资产是指未在银行间市场及证券交易所市场交易的债权性资产，包括但不限于信贷资产、信托贷款、委托债权、承兑汇票、信用证、应收账款、各类受（收）益权、带回购条款的股权性融资等。

二、商业银行应实现每个理财产品与所投资资产（标的物）的对应，做到每个产品单独管理、建账和核算。单独管理指对每个理财产品进行独立的投资管理；单独建账指为每个理财产品建立投资明细账，确保投资资产逐项清晰明确；单独核算指对每个理财产品单独进行会计账务处理，确保每个理财产品都有资产负债表、利润表、现金流量表等财务报表。

对于本通知印发之前已投资的达不到上述要求的非标准化债权资产，商业银行应比照自营贷款，按照《商业银行资本管理办法（试行）》要求，于2013年底前完成风险加权资产计量和资本计提。

三、商业银行应向理财产品投资人充分披露投资非标准化债权资产情况，包括融资客户和项目名称、剩余融资期限、到期收益分配、交易结构等。理财产品存续期内所投资的非标准化债权资产发生变更或风险状况发生实质性变化的，应在5日内向投资人披露。

四、商业银行应比照自营贷款管理流程，对非标准化债权资产投资进行投前尽职调查、风险审查和投后风险管理。

五、商业银行应当合理控制理财资金投资非标准化债权资产的总额，理财资金投资非标准化债权资产的余额在任何时点均以理财产品余额的35%与商业银行上一年度审计报告披露总资产的4%之间孰低者为上限。

六、商业银行应加强理财投资合作机构名单制管理，明确合作机构准入标准和程序、存续期管理、信息披露义务及退出机制。商业银行应将合作机构名单于业务开办10日前报告监管部门。本通知印发前已开展合作的机构名单应于2013年4月底前报告监管部门。

七、商业银行代销代理其他机构发行的产品投资于非标准化债权资产或股权性资产的，必须由商业银行总行审核批准。

八、商业银行不得为非标准化债权资产或股权性资产融资提供任何直接或间接、显性或隐性的担保或回购承诺。

九、商业银行要持续探索理财业务投资运作的模式和领域，促进业务规范健康发展。

十、商业银行应严格按照上述各项要求开展相关业务，达不到上述要求的，应立即停止相关业务，直至达到规定要求。

十一、各级监管机构要加强监督检查，发现商业银行违反本通知相关规定的，应要求其立即停止销售相关产品，并依据《中华人民共和国银行业监督管理法》相关规定实施处罚。

十二、本通知自印发之日起实施。

农村合作银行、信用社等其他银行业金融机构开展相关业务的，参照本通知执行。

2013年3月25日

中国证券登记结算有限责任公司关于发布《证券质押登记业务实施细则（2013 修订版）》的通知

各市场参与主体：

为适应市场发展需要，提供更加便捷、高效的质押登记服务，我公司修订了《证券质押登记业务实施细则》，现重新发布，并自发布之日起实施。

特此通知。

附件：《证券质押登记业务实施细则（2013 修订版）》

中国证券登记结算有限责任公司

二〇一三年四月一日

附件：证券质押登记业务实施细则（2013 修订版）

第一条 为规范证券质押登记行为，维护质押双方的合法权益，根据《证券法》、《公司法》、《物权法》、《担保法》、《证券登记结算管理办法》等法律、行政法规和部门规章的规定，以及中国证券登记结算有限责任公司（以下简称本公司）《证券登记规则》等有关业务规则，制定本细则。

第二条 本细则适用于登记在本公司开立的证券账户中的股票、债券和基金（限于证券交易所场内登记的份额）等证券的质押登记业务。

证券公司按照中国人民银行、中国银行业监督管理委员会和中国证券监督管理委员会（以下简称中国证监会）颁布的《证券公司股票质押贷款管理办法》以自营证券质押的，适用该办法及本公司相关业务规定。

证券质押式回购、交收担保品业务等涉及的证券质押按本公司相关业务规定办理。

第三条 本公司采取证券质押登记申报制度，对质押登记申请人提供的申请材料进行形式审核，质押登记申请人应当保证其所提供的质押合同等申请材料真实、准确、完整、合法，以及证券质押行为、内容、程序符合法律、行政法规和部门规章等有关规定。

因质押合同等申请材料内容违法、违规及其他原因导致质押登记无效而产生的纠纷和法律责任，由质押登记申请人承担，本公司不承担任何责任。

第四条 质押双方向本公司申请办理证券质押登记，应提交以下材料：

（一）证券质押登记申请，申请中应列明出质人姓名（全称）、出质人证券账户号码、质权人姓名（全称）、质押合同编号、拟质押证券简称、证券代码、证券数量等内容；以国有股东持有的股份出质的，质押双方应在证券质押登记申请中承诺本次证券质押已按照规定在出质人所属省级以上国有资产管理部门备案，且质权人同意接受该笔证券质押；

（二）质押合同原件；

（三）质押双方有效身份证明文件及复印件（境内法人需提供营业执照及复印件、法定代表人证明书、法定代表人身份证复印件、法定代表人授权委托书、经办人有效身份证明文件及复印件；境外法人需提供经认证或公证的有效商业登记证明文件、董事会或者执行董事授权委托书、授权人有权授权的证明文件、授权人有效身份证明文件复印件、经办人有效身份证明文件及复印件；境内自然人需提供中华人民共和国居民身份证及复印件，委托他人代办的还需提供经公证的委托代办书、代办人身份证及复印件；境外自然人需提供经认证或公证的境外所在国家或者地区护照或者身份证明，有境外其他国家、地区永久居留签证的中国护照，香港特区和澳门特区居民身份证，台湾同胞台胞证等，委托他人代办的还需提供经认证或公证的委托代办书、代办人身份证及复印件）；

（四）出质人证券账户卡原件及复印件；

（五）本公司要求提供的其他材料。

第五条 本公司可以委托证券公司作为本公司质押登记业务的代理机构，质押登记代理机构的资质由本公司另行规定。

第六条 质押双方可以选择到本公司现场办理质押登记，或者通过远程电子化申报方式办理质押登记。

通过本公司现场办理质押登记的，本公司对质押双方提交的质押登记申请材料审核通过后，根据本公司受理日日终对证券持有数据的核查结果进行质押登记，并于下一交易日出具证券质押登记证明。质押登记的生效日以证券质押登记证明上载明的质押登记日为准。

通过证券公司远程代办质押登记的，证券公司应当按照有关规定在委托范围内代理进行质押登记材料的初审。证券公司在初审通过后，按本公司规定的方式将申请材料提交至本公司；同时，应当按法律法规和本公司的要求，妥善保管申请人提交的原始申请材料。本公司收到证券公司提交的申请材料后，对登记申请进行审核；审核通过后，根据本公司受理日日终对证券持有数据的核查结果进行质押登记，并于下一交易日出具证券质押登记证明。质押登记的生效日以证券质押登记证明上载明的质押登记日为准。

第七条 证券质押登记不设具体期限，解除质押登记，需由质权人申请办理。

第八条 质权人向本公司申请解除质押登记，除需提交本细则第四条第（三）项中质权人、经办人的相关材料外，还需提交以下材料：

（一）解除证券质押登记申请，申请中应列明出质人姓名（全称）、出质人证券账户号码、质权人姓名（全称）、质押合同编号、拟解除质押证券简称、证券代码、证券数量等内容；

（二）证券质押登记证明原件（原件遗失的，须提供在中国证监会指定的信息披露报刊之一上刊登的遗失作废声明）；

（三）部分解除质押登记的，还需提供质押变更协议原件或本公司认可的其他有效文件；

（四）本公司要求提供的其他材料。

第九条 本公司对质权人提交的解除质押登记申请材料审核通过后，于受理日日终解除质押登记，并于下一交易日向质权人出具解除证券质押登记通知。质押登记解除的生效日以解除证券质押登记通知上载明的质押登记解除日为准。

部分解除质押登记的，本公司同时向质权人出具剩余质物的质押登记证明。

第十条 对于质物已在证券公司托管的，本公司于办理完质押登记或解除质押登记的下一个交易日开市前，将质押登记或解除质押登记数据发送证券公司。

第十一条 同一交易日对同一笔证券由证券公司受理司法冻结并向本公司申报成功的，本公司不办理该笔证券的质押登记。

同一交易日对同一笔证券本公司先受理质押登记，再受理司法冻结的，本公司先办理质押登记，再对该笔已质押证券办理司法冻结；本公司先受理司法冻结的，不再受理该笔证券的质押登记。

第十二条 证券一经质押登记，在解除质押登记前不得重复设置质押。

第十三条 对于已被司法冻结、已作回购质押或已提交本公司作为交收担保品的证券，不得再申请办理质押登记。

第十四条 证券质押登记期间产生的孳息，本公司一并予以质押登记。

第十五条 证券质押登记期间发生配股（即向原股东配售股份）时，配股权仍由出质人行使。获配股份是否质押，由质押双方另行约定。

第十六条 质押当事人因主合同变更需要重新办理质押登记的，应当按本细则第八条的规定解除原质押登记后，重新向本公司申请办理质押登记手续；已做质押登记的证券被司法冻结的，需由原司法机关解除司法冻结后，本公司方可为其办理重新质押登记手续。

第十七条 质押合同被依法确认无效或者被撤销的，质押当事人应当申请办理解除质押登记。

第十八条 质权人在提交本细则第四条第（三）项中质权人、经办人的相关材料以及本公司出具的证券质押登记证明后，可以向本公司申请查询质物的数量和状态。

第十九条 债务人不履行到期债务或者发生当事人约定的实现质权的情形，且当事人就质权实现协商一致的，本公司可提供以下方式供当事人选择实现质权：

（一）以沪市证券出质的，质押双方可申请将“不可卖出质押登记”调整为“可以卖出质押登记”（仅限于出质证券为无限售流通股或流通债券、基金等流通证券）；以深市证券出质的，质押双方可申请将有关标的证券转托管至质押处置专用托管单元，借用质押处置专用托管单元对应的交易通道，按照常规交易方式在场内将相关质押证券卖出；

（二）质押双方可通过协议约定，将出质证券转让抵偿给质权人，转让时须遵守证券转让相关规定；

（三）符合相关规定的其他方式。

当事人未能就实现质权达成一致的，需依法办理。质权人行使质权处置质物的，应当遵守证券交易及转让的相关规定。

第二十条 质押登记申请人应按照本公司规定的收费项目和标准缴纳质押登记费。

第二十一条 本细则要求提供的材料以中文文本为准，凡用外文书写的，应当附有经公证的中文译本。

第二十二条 本细则由本公司负责解释。

第二十三条 本细则自发布之日起实施。

中国银监会关于加强2013年地方政府融资平台贷款风险监管的指导意见

（银监发［2013］10号）

各银监局，各政策性银行、国有商业银行、股份制商业银行、金融资产管理公司，邮政储蓄银行，各省级农村信用联社，银监会直接监管的信托公司、企业集团财务公司、金融租赁公司：

2013年，各银行业金融机构要遵循“总量控制、分类管理、区别对待、逐步化解”的总体原则，以控制总量、优化结构、隔离风险、明晰职责为重点，继续推进地方政府融资平台（简称融资平台）贷款风险管控。现就2013年融资平台贷款风险监管提出如下指导意见：

一、总体要求

（一）严格把握定义。地方政府融资平台是指由地方政府出资设立并承担连带还款责任的机关、事业、企业三类法人。

（二）完善“名单制”管理。各银行要继续完善融资平台“名单制”管理信息系统，及时更新客户信息，并按季度报送监管机构。

（三）动态调整风险定性。各银行要继续按照融资平台自身现金流覆盖债务本息的情况，将融资平台分为“全覆盖”、“基本覆盖”、“半覆盖”、“无覆盖”。“全覆盖”是指借款人自有现金流量占其全部应还债务本息的比例为100%（含）以上；“基本覆盖”是指借款人自有现金流占其全部应还债务本息的比例为70%（含）至100%之间；“半覆盖”是指借款人自有现金流占其全部应还债务本息的比例为30%（含）至70%之间；“无覆盖”是指借款人自有现金流占其全部应还债务本息的比例为30%以下。各银行应审慎合理测算融资平台自身现金流，并对分类结果进行动态调整，及时报牵头行汇总形成一致性意见，并按季度上报监管机构。

（四）坚持退出分类制度。各银行要继续将融资平台划分为“仍按平台管理类”和“退出为一般公司类”（以下简称“退出类”。如无特殊说明，本指导意见所称融资平台均含这两类），加强对两类融资平台的统一监测和分类管理。

"退出类"，是指经核查评估和整改后，已具备商业化贷款条件，自身具有充足稳定的经营性现金流，能够全额偿还贷款本息，整体转化为一般公司类客户管理的融资平台。

凡不符合退出条件以及未完成退出流程的融资平台，均作为"仍按平台管理类"管理。

二、化解到期

（五）制订到期还款方案。对于今年到期的融资平台贷款，各银行要与融资平台、地方政府制订详细的还款方案，逐笔明确还款日期、还款金额和偿债资金来源，并于5月30日前报各银监局和各银行总行。

（六）密切监测到期贷款风险。各银行、各银监局要共同对今年到期的融资平台贷款逐笔建立统计监测制度，逐月统计到期金额和偿债资金来源。各银监局要汇总辖内融资平台贷款偿还情况，按季度进行风险分析。对于不能按方案落实资金来源、未能按期偿还到期贷款或存在以贷还贷问题的，各银行要立即向监管机构报告，并及时与地方政府进行沟通，采取措施及时处置，避免出现重大违约事件。

三、控制总量

（七）控制平台贷款总量。按照"保在建、压重建、控新建"的基本要求，继续坚持总量控制。各银行业金融机构法人不得新增融资平台贷款规模。

四、优化结构

（八）实施平台层级差异化管理。新增贷款应主要支持符合条件的省级融资平台、保障性住房和国家重点在建续建项目的合理融资需求。对于现金流覆盖率低于100%或资产负债率高于80%的融资平台，各银行要确保其贷款占本行全部平台贷款的比例不高于上年水平，并采取措施逐步减少贷款发放，加大贷款清收力度。

五、严控新增

（九）严格新发放平台贷款条件。融资平台新发放贷款必须满足六个前提条件：一是现金流全覆盖；二是抵押担保符合现行规定，不存在地方政府及所属事业单位、社会团体直接或间接担保，且存量贷款已在抵押担保、贷款期限、还款方式等方面整改合格；三是融资平台存量贷款中需要财政偿还的部分已纳入地方财政预算管理，并已落实预算资金来源；四是借款人为本地融资平台；五是资产负债率低于80%；六是符合《关于制止地方政府违法违规融资行为的通知》（财预〔2012〕463号）文件有关要求。

（十）控制平台贷款投向。对于“仍按平台管理类”，新发放贷款的投向主要为五个方面：一是符合《公路法》的收费公路项目；二是国务院审批或核准通过且资本金到位的重大项目；三是符合《关于加强土地储备与融资管理的通知》（国土资发〔2012〕162号）要求，已列入国土资源部名录的土地储备机构的土地储备贷款；四是保障性安居工程建设项目；五是工程进度达到60%以上，且现金流测算达到全覆盖的在建项目。

农业发展银行的平台贷款投向还包括符合中央政策的农田水利类项目。

（十一）强化贷款审批制度。各银行应按照“统一授信、总量控制、逐笔审批、监督支付”的原则，加强总行对“仍按平台管理类”贷款的集中审批和管理，对于新增贷款，由总行统一授信和审批，加强支付监督，防止贷款挪用。

六、缓释存量

（十二）持续推进存量平台贷款整改。各银行要加强抵押担保整改，严格执行《担保法》、《物权法》、《预算法》等法律法规规定，及时落实和追加合法、有效、足值的抵质押品。要加强贷款合同整改，根据项目预期现金流情况和实际建设期、达产期及运营期，限期整改贷款合同中的整借整还和期限过长问题。对于整借整还的中长期贷款，原则上按照等额分摊的方式，每年至少两次偿还本金，利随本清。要加强贷款条件整改，全面核实存量平台贷款的合同条款和信贷条件，采取措施限期整改借款人资质不健全、项目资本金不达标、审批文件和手续不合法不齐全等问题。

（十三）分类缓释存量贷款风险。各银行应根据融资平台现金流能否达到全覆盖、项目建设进度等情况，采取“及时收贷、收回再贷、据实定贷、引资还贷、只收不贷”的方式，逐步缓释存量平台贷款风险。

“及时收贷”是指对于融资平台现金流全覆盖、已经完工达产且形成现金流收入的项目，要封闭现金流，对回笼款进行专户管理，按照原来的约定及时清收贷款。

“收回再贷”是指对于融资平台现金流全覆盖、已建成但还没有产生足够现金流偿还贷款本息（没有经济建成）的项目，可以在原有贷款额度内进行再融资。

“据实定贷”是指对于融资平台现金流全覆盖、已经确定工期但因有不可抗拒的因素导致不能如期完工，但贷款已经到期的项目，要一次性修改贷款合同，根据实际工期重新确定贷款期限。

“引资还贷”是指对于融资平台现金流不能够全覆盖，能够吸引社会资金投资的项目，在现有贷款余额不增加的前提下，可以通过资产重组、引入新投资者、项目出售等方式，引进资金用于还贷。

“只收不贷”是指对于融资平台现金流不能够全覆盖，不宜吸引社会资金投资的项目，银行只能只收不贷，并要求地方政府将偿债资金纳入预算，明确偿债资金来源。

（十四）严格把握实施条件。各银行要严格执行融资平台存量贷款风险缓释的各项要求。实施“收回再贷”和“据实定贷”的，借款人必须满足抵押担保、还款方式等方面整改合格的前提条件，必须经各银行总行审批同意，并及时向属地监管机构备案。

七、隔离风险

（十五）建立全口径融资平台负债统计制度。各银行和各级监管机构均要建立包括银行贷款、企业债券、中期票据、短期融资券、信托计划、理财产品等在内的全口径融资平台负债统计制度。各银行要统筹考虑融资平台总负债规模与其偿债能力的匹配程度，加强对融资平台的全面风险管理。

（十六）审慎持有融资平台债券。各银行应将购买持有融资平台发行债券的审批权限上收至总行，并参照新增融资平台贷款条件，制定相应的融资平台债券管理制度，实行总行统一授信、全口径监控和逐笔审批。各银行不得为融资平台发行债券提供担保。

（十七）防范融资平台变相融资。继续严格执行“名单制”管理制度，符合国发〔2010〕19号、财预〔2010〕412号及财预〔2012〕463号文件规定继续保留和新设的融资平台，必须纳入“名单制”进行统计。各银行不得对未纳入“名单制”管理的融资平台发放任何形式由财政性资金承担直接或间接还款责任的贷款。

八、审慎退出

（十八）严格平台退出条件。融资平台退出需满足五个条件：一是符合现代公司治理要求，属于按照商业化原则运作的企业法人；二是资产负债率在70%以下，财务报告经过会计师事务所审计；三是各债权银行对融资平台的风险定性均为全覆盖；四是存量贷款中需要财政偿还的部分已纳入地方财政预算管理并已落实预算资金来源，且存量贷款的抵押担保、贷款期限、还款方式等已整改合格；五是诚信经营，无违约记录，可持续独立发展。

（十九）严格平台退出程序。融资平台退出继续按照以下程序进行：一是牵头行发起。由牵头行发起，各债权银行认真审核并形成一致性退出意见。二是各总行审批。各债权银行分支机构将融资平台退出申请报各总行审核批准。三是三方签字。各债权银行获总行退出审批通过后，与地方政府相关部门、平台公司进行沟通协商并由三方签字确认。四是退出承诺。在三方签字的同时，地方政府及相关部门应明确承诺不再为"退出类"平台新增贷款提供任何担保；各银行应明确承诺按审慎信贷原则进行贷款管理，并独立承担新增贷款风险。五是监管备案。牵头行将有关资料收集完整后向融资平台属地监管机构报备，监管机构在融资平台报表中标示退出。平台退出时间以三方签字时间为准。

（二十）严格平台退后管理。"退出类"新增贷款应严格遵循产业政策、信贷政策和一般公司贷款条件，实行"谁贷款，谁承担风险"的责任追究机制。各银行总行应于 2013 年 6 月 30 日和 12 月 31 日前对已实施退出的融资平台的合规性和风险性进行检查，对于五项指标低于本指导意见有关退出条件监管要求、违背退出程序和贷款承诺的，应及时向融资平台属地监管机构反馈并重新纳入平台管理。各银行不得向"退出类"平台发放保障性住房和其他公益性项目贷款。

九、明晰职责

（二十一）明确各方职责。各银行作为融资平台贷款风险管控的第一责任人，要自主判定融资平台贷款是否存有风险，并应建立融资平台贷款风险问责机制。出现问题的，要严格按照规定追究责任。监管机构负责风险监管政策的制定，指导银行实施，并通过现场检查和非现场监管及时发现银行在融资平台贷款经营活动中的各种违法违规问题。

（二十二）实施现场检查。各银监局要结合 2013 年现场检查计划，按照属地原则对平台贷款开展现场检查，上下半年各进行一次，由各银监局、银监分局分别组织实施。其中，上半年检查重点为 2012 年末"退出类"平台贷款余额最大的一户，下半年检查重点为 2013 年上半年"仍按平台管理类"新增贷款最多的一户。检查对象原则上不与 2011 年、2012 年重复。现场检查报告由各银监局收集汇总后，分别于 2013 年 7 月 31 日和 2014 年 1 月 31 日前报送银监会。银监会于年中开展一次针对"退出类"平台合规性的检查（形式为现场检查或抽查），重点检查已退出平台是否存在突破本指导意见有关退出条件要求以及违反退出程序的情形，一经发现，将直接重新纳入"仍按平台类管理"，并严格处理银行的相关责任人。

（二十三）加强问责机制。对于非现场监管和现场检查中发现的违规问题，要严肃追究银行相关责任人的责任，并采取监管通报、约见高级管理人员、暂停所有市场准入等监管措施。

请各银行将本指导意见尽快传达至本系统各级分支机构，并结合本行实际制定具体的落实措施及管理办法。各银监局要向地方政府做好政策汇报和解释工作。如在执行过程中发现问题，请及时向银监会报告。

中国银行业监督管理委员会
2013 年 4 月 9 日

中国银行业监督管理委员会、国家林业局关于林权抵押贷款的实施意见

（银监发［2013］32 号）

各银监局，各省、自治区、直辖市、计划单列市林业厅（局），各政策性银行、国有商业银行、股份制商业银行，邮储银行，各省级农村信用联社：

为改善农村金融服务，支持林业发展，规范林权抵押贷款业务，完善林权登记管理和服务，有效防范信贷风险，特制定如下实施意见。

一、银行业金融机构要积极开展林权抵押贷款业务，可以接受借款人以其本人或第三人合法拥有的林权作抵押担保发放贷款。可抵押林权具体包括用材林、经济林、薪炭林的林木所有权和使用权及相应林地使用权；用材林、经济林、薪炭林的采伐迹地、火烧迹地的林地使用权；国家规定可以抵押的其他森林、林木所有权、使用权和林地使用权。

二、银行业金融机构应遵循依法合规、公平诚信、风险可控、惠农利民的原则，积极探索创新业务品种，加大对林业发展的有效信贷投入。林权抵押贷款要重点满足农民等主体的林业生产经营、森林资源培育和开发、林下经济发展、林产品加工的资金需求，以及借款人其他生产、生活相关的资金需求。

三、银行业金融机构要根据自身实际，结合林权抵押贷款特点，优化审贷程序，对符合条件的客户提供优质服务。

四、银行业金融机构应完善内部控制机制，实行贷款全流程管理，全面了解客户和项目信息，建立有效的风险管理制度和岗位制衡、考核、问责机制。

五、银行业金融机构应根据林权抵押贷款的特点，规定贷款审批各个环节的操作规则和标准要求，做到贷前实地查看、准确测定，贷时审贷分离、独立审批，贷后现场检查、跟踪记录，切实有效防范林权抵押贷款风险。

六、各级林业主管部门应完善配套服务体系，规范和健全林权抵押登记、评估、流转和林权收储等机制，协调配合银行业金融机构做好林权抵押贷款业务和其他林业金融服务。

七、银行业金融机构受理借款人贷款申请后，要认真履行尽职调查职责，对贷款申请内容

和相关情况的真实性、准确性、完整性进行调查核实，形成调查评价意见。尤其要注重调查借款人及其生产经营状况、用于抵押的林权是否合法、权属是否清晰、抵押人是否有权处分等方面。

八、申请办理林权抵押贷款时，银行业金融机构应要求借款人提交林权证原件。银行业金融机构不应接受未依法办理林权登记、权属不清或存在争议的森林、林木和林地作为抵押财产，也不应接受国家规定不得抵押的其他财产作为抵押财产。

九、银行业金融机构不应接受无法处置变现的林权作为抵押财产，包括水源涵养林、水土保持林、防风固沙林、农田和牧场防护林、护岸林、护路林等防护林所有权、使用权及相应的林地使用权，以及国防林、实验林、母树林、环境保护林、风景林、名胜古迹和革命纪念地的林木、自然保护区的森林等特种用途林所有权、使用权及相应的林地使用权。

十、以农村集体经济组织统一经营管理的林权进行抵押的，银行业金融机构应要求抵押人提供依法经本集体经济组织三分之二以上成员同意或者三分之二以上村民代表同意的决议，以及该林权所在地乡（镇）人民政府同意抵押的书面证明；林业专业合作社办理林权抵押的，银行业金融机构应要求抵押人提供理事会通过的决议书；有限责任公司、股份有限公司办理林权抵押的，银行业金融机构应要求抵押人提供经股东会、股东大会或董事会通过的决议或决议书。

十一、以共有林权抵押的，银行业金融机构应要求抵押人提供其他共有人的书面同意意见书；以承包经营方式取得的林权进行抵押的，银行业金融机构应要求抵押人提供承包合同；以其他方式承包经营或流转取得的林权进行抵押的，银行业金融机构应要求抵押人提供承包合同或流转合同和发包方同意抵押意见书。

十二、银行业金融机构要根据抵押目的与借款人、抵押人商定抵押财产的具体范围，并在书面抵押合同中予以明确。以森林或林木资产抵押的，可以要求其林地使用权同时抵押，但不得改变林地的性质和用途。

十三、银行业金融机构要根据借款人的生产经营周期、信用状况和贷款用途等因素合理协商确定林权抵押贷款的期限，贷款期限不应超过林地使用权的剩余期限。贷款资金用于林业生产的，贷款期限要与林业生产周期相适应。

十四、银行业金融机构开展林权抵押贷款业务，要建立抵押财产价值评估制度，对抵押林权进行价值评估。对于贷款金额在 30 万元以上（含 30 万元）的林权抵押贷款项目，抵押林权价值评估应坚持保本微利原则、按照有关规定执行；具备专业评估能力的银行业金融机构，也可以自行评估。对于贷款金额在 30 万元以下的林权抵押贷款项目，银行业金融机构要参照当地市场价格自行评估，不得向借款人收取评估费。

十五、对以已取得林木采伐许可证且尚未实施采伐的林权抵押的，银行业金融机构要明确要求抵押人将已发放的林木采伐许可证原件提交银行业金融机构保管，双方向核发林木采伐许可证的林业主管部门进行备案登记。林权抵押期间，未经抵押权人书面同意，抵押人不得进行林木采伐。

十六、银行业金融机构要在抵押借款合同中明确要求借款人在林权抵押贷款合同签订后，及时向属地县级以上林权登记机关申请办理抵押登记。

十七、银行业金融机构要在抵押借款合同中明确，抵押财产价值减少时，抵押权人有权要求恢复抵押财产的价值，或者要求借款人提供与减少的价值相应的担保。借款人不恢复财产也不提供其他担保的，抵押权人有权要求借款人提前清偿债务。

十八、县级以上地方人民政府林业主管部门负责办理林权抵押登记。具体程序按照国务院林业主管部门有关规定执行。

十九、林权登记机关在受理林权抵押登记申请时，应要求申请人提供林权抵押登记申请书、借款人（抵押人）和抵押权人的身份证明、抵押借款合同、林权证及林权权利人同意抵押意见书、抵押林权价值评估报告（拟抵押林权需要评估的）以及其他材料。林权登记机关应对林权证的真实性、合法性进行确认。

二十、林权登记机关受理抵押登记申请后，对经审核符合登记条件的，登记机关应在 10 个工作日内办理完毕。对不符合抵押登记条件的，书面通知申请人不予登记并退回申请材料。办理抵押登记不得收取任何费用。

二十一、林权登记机关在办理抵押登记时，应在抵押林权的林权证的“注记”栏内载明抵押登记的主要内容，发给抵押权人林权抵押登记证明书等证明文件，并在抵押合同上签注编号、日期，经办人签字、加盖公章。

二十二、变更抵押林权种类、数额或者抵押担保范围的，银行业金融机构要及时要求借款人和抵押人共同持变更合同、林权抵押登记证明书和其他证明文件，向原林权登记机关申请办理变更抵押登记。林权登记机关审查核实后应及时给予办理。

二十三、抵押合同期满、借款人还清全部贷款本息或者抵押人与抵押权人同意提前解除抵押合同的，双方向原登记机关办理注销抵押登记。

二十四、各级林业登记机关要做好已抵押林权的登记管理工作，将林权抵押登记事项如实记载于林权登记簿，以备查阅。对于已全部抵押的林权，不得重复办理抵押登记。除取得抵押权人书面同意外，不予办理林权变更登记。

二十五、银行业金融机构要依照信贷管理规定完善林权抵押贷款风险评价机制，采用定量和定性分析方法，全面、动态地进行贷款风险评估，有效地对贷款资金使用、借款人信用及担保变化情况等进行跟踪检查和监控分析，确保贷款安全。

二十六、银行业金融机构要严格履行对抵押财产的贷后管理责任，对抵押财产定期进行监测，做好林权抵押贷款及抵押财产信息的跟踪记录，同时督促抵押人在林权抵押期间继续管理和培育好森林、林木，维护抵押财产安全。

二十七、银行业金融机构要建立风险预警和补救机制，发现借款人可能发生违约风险时，要根据合同约定停止或收回贷款。抵押财产发生自然灾害、市场价值明显下降等情况时，要及时采取补救和控制风险措施。

二十八、各级林业主管部门要会同有关部门积极推进森林保险工作。鼓励抵押人对抵押财产办理森林保险。抵押期间，抵押财产发生毁损、灭失或者被征收等情形时，银行业金融机构可以根据合同约定就获得的保险金、赔偿金或者补偿金等优先受偿或提存。

二十九、贷款需要展期的，贷款人应在对贷款用途、额度、期限与借款人经营状况、还款能力的匹配程度，以及抵押财产状况进行评估的基础上，决定是否展期。

三十、贷款到期后，借款人未清偿债务或出现抵押合同规定的行使抵押权的其他情形时，可通过竞价交易、协议转让、林木采伐或诉讼等途径处置已抵押的林权。通过竞价交易方式处置的，银行业金融机构要与抵押人协商将已抵押林权转让给最高应价者，所得价款由银行业金融机构优先受偿；通过协议转让方式处置的，银行业金融机构要与抵押人协商将所得价款由银行业金融机构优先受偿；通过林木采伐方式处置的，银行业金融机构要与抵押人协商依法向县级以上地方人民政府林业主管部门提出林木采伐申请。

三十一、银行业金融机构因处置抵押财产需要采伐林木的，采伐审批机关要按国家相关规定优先予以办理林木采伐许可证，满足借款人还贷需要。林权抵押期间，未经抵押权人书面同意，采伐审批机关不得批准或发放林木采伐许可证。

三十二、有条件的县级以上地方人民政府林业主管部门要建立林权管理服务机构。林权管理服务机构要为开展林权抵押贷款、处置抵押林权提供快捷便利服务，并适当减免抵押权人相关交易费用。

三十三、各级林业主管部门要为银行业金融机构对抵押林权的核实查证工作提供便利。林权登记机关依法向银行业金融机构提供林权登记信息时，不得收取任何费用。

三十四、各级林业主管部门要积极协调各级地方人民政府出台必要的引导政策，对用于林业生产发展的林权抵押贷款业务，要协调财政部门按照国家有关规定给予贴息，适当进行风险补偿。

中国银监会

国家林业局

2013 年 7 月 5 日

财政部、国资委、中国证监会、社保基金会关于进一步明确金融企业国有股转持有关问题的通知

（财金［2013］78号）

各中央管理金融企业，各省、自治区、直辖市、计划单列市财政厅（局），新疆生产建设兵团财务局：

为准确界定金融企业国有股转持范围，切实做好转持国有股充实社保基金有关工作，经国务院批准，现将有关事项通知如下：

一、金融企业投资的企业首次公开发行股票并上市的，如果金融企业股权投资的资金为该金融企业设立的公司制私募基金（以下简称私募基金），财政部门在确认国有股转持义务时，按照实质性原则，区分私募基金（含构成其资金来源的理财产品、信托计划等金融产品）的名义投资人和实际投资人。如私募基金的国有实际投资人持有比例合计超过50%，由私募基金（该比例合计达到100%）或其国有实际投资人（该比例超过50%但低于100%）按照《境内证券市场转持部分国有股充实全国社会保障基金实施办法》（财企〔2009〕94号）等相关规定，履行国有股转持义务。

二、国有保险公司投资拟上市企业股权，经书面征询监管部门意见，能够明确区分保费资金投资和自有资金投资的，在被投资企业上市时，豁免其利用保费资金投资的转持义务。监管部门意见同时抄送社保基金会。对于国有保险公司以资本经营为目的的投资，或其控股的金融企业发行上市，仍按照相关规定履行国有股转持义务。

三、金融企业投资的企业首次公开发行股票并上市，且投资资金来源符合本通知第一条规定的，按下列程序办理国有股转持事项：

（一）金融企业向同级财政部门申请确认国有股转持义务。申请材料包括申请报告，私募基金募集说明书、资金来源结构、持有人名单及相应的法律意见书等。其中，中央管理的金融企业上报财政部，地方管理的金融企业上报省（自治区、直辖市、计划单列市）财政厅（局）。被投资企业股东中有多个金融企业的，由持股比例最高的金融企业牵头上报。

（二）财政部门根据本通知规定，对提出申请的金融企业出具国有股转持义务确认函。

（三）金融企业将国有股转持义务确认函提交拟上市企业第一大国有股东，由拟上市企业第一大国有股东按照《境内证券市场转持部分国有股充实全国社会保障基金实施办法》（财企〔2009〕94 号）规定的程序，向相应国有资产监督管理部门申请确认国有股东身份和转持股份数量。

（四）国有资产监督管理部门应按照本通知要求及相关规定，做好国有股转持范围界定工作，并批复国有股转持方案。该批复作为有关企业申请首次公开发行股票并上市的必备文件。

四、请各省、自治区、直辖市、计划单列市财政厅（局）和新疆生产建设兵团财务局将本通知转发各地方金融企业执行，并做好监督管理工作。

财政部

国资委

中国证监会

社保基金会

2013 年 8 月 14 日

中国信托业 2013—2014 年鉴(上卷)

行业发展与监管报告

行业发展报告

2013年我国信托业发展分析及2014年展望

一、经济下行周期中稳步发展，行业发展再上新台阶

2013年，信托行业发展的外部环境充满了前所未有的不确定性。经济下行增加了信托公司经营的宏观风险，利率市场化加大了信托公司经营的市场风险，年中和年末的两次“钱荒”引发了流动性风险担心，频繁的个案风险事件发生引起了对信托行业系统性风险的担忧；继2012年“资产管理新政”开启“泛资产管理时代”以来，2013年商业银行和保险资产管理公司资产管理计划的推出，进一步加剧了竞争；财政部等四部委2012年末发布的规范地方政府融资行为的“463号文”以及2013年3月银监会发布的规范商业银行理财业务投资运作的“8号文”，又增加了信托公司政信合作业务和银信合作业务的不确定性。所有这一切使人们对信托业能否继续保持快速增长充满疑虑，不少人甚至认为信托业又站在了发展的“十字路口”上。但令人欣慰的是，2013年，68家信托公司经受住了上述考验，信托行业继续保持了良性的发展态势，取得了骄人的经营业绩，再次在重重疑云之下交出了满意的答卷。

（一）信托资产规模再创历史新高

2013年，信托公司全行业（68家）信托资产规模为10.91万亿元，与上年7.47万亿元相比，同比增长46.05%。从信托财产来源看，单一资金信托占比69.62%，同比增加1.32个百分点；集合资金信托占比24.90%，同比减少0.3个百分点；管理财产信托占比5.49%，同比减少1.01个百分点。从信托功能看，融资类信托占比47.76%，同比减少1.11个百分点；投资类信托占比32.54%，同比减少3.3个百分点；事务管理类信托占比19.70%，同比增加4.42个百分点（见图1）。

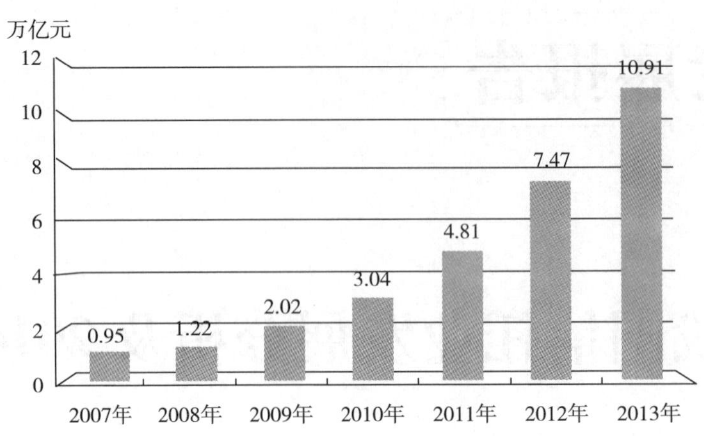

图1　信托资产规模变动图

（二）固有资产规模持续稳步增加

2013 年，信托公司全行业（总 68 家）固有资产规模为 2871. 40 亿元，与上年 2282. 08 亿元相比，同比增加 25. 82%；平均每家固有资产 42. 23 亿元，与上年平均每家（总 67 家）34. 06 亿元相比，同比增加 23. 99%。全行业实收资本总额为 1116. 55 亿元，与上年 980. 00 亿元相比，同比增加 13. 93%；平均每家实收资本为 16. 42 亿元，与上年平均每家 14. 63 亿元同比增长 12. 24%。2013 年，全行业所有者权益总额为 2 555. 20 亿元，每股净资产为 2. 29 元，与上年总额 2 032. 00 亿元和每股净资产 2. 07 元相比，同比分别增加 25. 75% 和 10. 63%；平均每家净资产 37. 58 亿元，与上年每家 30. 33 亿元相比，同比增长 23. 90%。

（三）经营效果继续取得骄人业绩

就信托公司自身经营业绩看，2013 年，信托公司全行业经营收入总额 832. 60 亿元，平均每家 12. 44 亿元，与上年 638. 42 亿元总额和每家 9. 53 亿元相比，同比分别增长 45. 33% 和 30. 54%；经营收入中，信托业务收入占比达到 73. 44%，同比略减 0. 48 个百分点。全行业实现利润总额 568. 61 亿元，实现人均利润 305. 65 万元，平均每家实现利润 8. 36 亿元，与上年 441. 40 亿元利润总额、291. 30 万元人均利润和平均每家 6. 59 亿元相比，利润总额同比增加 47. 84%，人均利润同比增加 14. 18%，平均每家利润增长 26. 86%。2013 年，全行业实现的净资产收益率为 22. 25%，同比增加 0. 53 个百分点。

就信托公司为受益人实现的回报看，2013 年，信托行业已清算信托项目为受益人实现的年化综合实际收益率分别为 7. 46%（以 11 月清算信托项目为样本），相比上年的 6. 33%，提高了 1. 13 个百分点。与此对应，2013 年，信托行业就已清算信托项目实现的平均年化综合信托报酬率仅为 0. 76%（以 11 月清算信托项目为样本），相比上年的 0. 75%，同比还略减了 0. 1 个百分点。信托行业作为社会财富优先管理者的地位进一步凸显。

信托公司2013年之所以能够在复杂多变的经济、市场和政策环境下，继续获得规模与效益的双丰收，保持良性发展态势，仍然得益于信托业务在制度安排上的灵活性以及理财市场的成长性。灵活的制度安排和雄厚的市场基础，不仅是在过去，还是在现在和未来，一直将是信托行业保持发展活力的根本源泉。

二、信托主业进一步彰显，投资结构良性调整

（一）信托投向的实体化

从信托财产的运用领域来讲，信托公司以其“多方式运用、跨市场配置”的灵活经营体制，总能根据政策和市场的变化，适时调整信托财产的配置领域，但信托财产的投向始终紧紧围绕实体经济而进行。2013年，从资金信托的投向看，第一大配置领域为工商企业，占比28.14%，同比增加1.89个百分点；第二大配置领域为基础产业，占比25.25%，同比增加1.63个百分点；第三大配置领域为金融机构，占比12.00%，同比增加1.79个百分点；第四大配置领域为证券市场，占比10.35%，同比减少1.02个百分点；第五大配置领域为房地产，占比10.03%，同比增加0.18个百分点；其他占比14.23%，同比减少3.98个百分点。2013年，资金信托对工商企业、基础产业和房地产等实体经济领域的投资占比高达63.42%，信托行业已经成为实体经济的坚定支持者（见图2）。

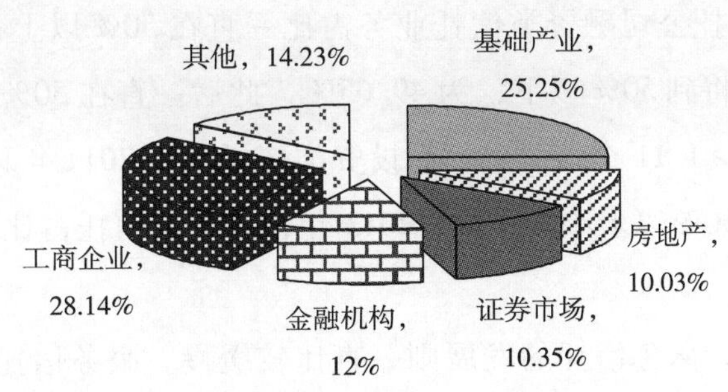

图2　信托财产运用领域分布图

（二）信托客户的高端化

资金信托一直是驱动信托业增长的主要信托品种，2013年总额为10.31万亿元，占比高达94.51%，但资金信托的客户结构在2013年实现了质的变化，完成了高端化为主的正态封闭结构。自2008年信托业进入快速增长轨道以来，资金信托的客户一直由低端的银行理财客户（对

应“银信理财合作单一资金信托”）、中端的合格投资者客户（对应“集合资金信托”）和高端的机构和个人客户（对应“非银信合作单一资金信托”）三驾马车构成，但其占比经历了一个由低端向高端演变的发展历程。2010 年之前，低端银行理财客户主导的“银信理财合作单一资金信托”占比第一，中端合格投资者客户主导的“集合资金信托”占比第二，高端机构和个人客户主导的“非银信合作单一资金信托”占比第三；2011 年，“银信理财合作单一资金信托”占比第一，“非银信合作单一资金信托”占比越居第二，“集合资金信托”占比退居第三；2012 年至 2013 年第一季度，“非银信合作单一资金信托”占比越居第一，“银信理财合作单一资金信托”退居第二，“集合资金信托”仍居第三。到了 2013 年第二季度，占比位次再一次发生变化：“非银信合作单一资金信托”占比 48.78%，仍然位居第一，但比例一直在提高；“集合资金信托”占比 23.37%，第一次位居第二；“银信合作单一资金信托”占比 22.05%，第一次退居第三，而且由于规范银信合作的监管措施的持续实施以及 6 月发生的“钱荒”事件影响，可以预见比例还会继续下降。

由此可见，自 2013 年第二季度起，信托公司资金信托的客户结构发布，终于完成了由此前的“低端—中端—高端”到“低端—高端—中端”再到“高端—低端—中端”的非正态分布结构、再到目前的“高端—中端—低端”的正态分布结构的转型。这标志着信托业客户结构的一次质的变化。

（三）信托功能的多元化

从信托功能来看，信托公司的信托业务目前仍然以理财信托为主，包括融资类信托和投资类信托。2011 年之前，信托公司融资类信托业务占比一直在 50% 以上，自 2012 年第一季度以来，融资类信托占比首次将到 50% 以下，为 49.65%，此后一直在 50% 以下小幅增减，2013 年占比为 47.76%，同比减少 1.11 个百分点；而投资类信托则于 2011 年以来首次升到 30% 以上，为 35.81%，此后一直在 30% 以上小幅增减，2013 年，投资类信托占比 32.54%，同比减少 3.3 个百分点。

相比于理财信托而言，服务信托的发展则一直比较缓慢。服务信托的主要功能不是投资理财，而是利用信托的制度优势为客户提供财产的事务管理，统计口径上表现为事务管理类信托。2011 年，信托公司全行业服务信托的规模仅为 5201.29 亿元，2011 年小幅增长为 6135.37 亿元，同比增幅仅为 17.96%，远低于同期高达 58.25% 的信托资产总规模的增长率。与财产信托一样，服务信托从 2012 年开始也进入快速增长轨道。2012 年末，服务信托的规模达到了 1.14 万亿元，首次突破万亿元，同比增长达 86.89%，占同期全行业信托资产规模的比例也由 2011 年的 12.78% 提升到 15.28%，增幅远高于同期 55.30% 的信托资产总规模的增长率。截至 2013 年，事务管理类信托规模达到 2.15 万亿元，占比进一步提升为 19.70%，同比增加了 4.42 个百分点，同比增幅更是高达 88.60%，同样远高于同期信托资产总规模的增长率。随着企业年金信托、公司管理服务信托、公益信托，特别是家族财富管理信托的开展，信托的服务功能还将进一步得到发挥，以融资信托、投资信托和服务信托为基本结构的多元化信托功能格局将在未来成为信托业发展的常态。

三、泛资管市场格局竞争骤增，挑战之下增速放缓

（一）信托资产规模增速趋缓

2013 年，信托公司全行业信托资产规模虽然再创历史新高，但增速已有趋缓之势，发展开始显现疲态。就同比增速而言，2013 年相较 2012 年增长了 46.05%，与 2012 年同比 55.30% 的增速相比，下降了 9.24 个百分点，首次结束了自 2009 年以来连续 4 年超过 50% 以上的同比增长率。就季度环比增速而言，2013 年前 3 个季度环比连续下降，这是信托业自 2010 年进入快速发展阶段之后从未出现过的情况：第一季度为 16.87%，相比 2012 年第四季度 18.02% 的环比增速，下降了 1.15 个百分点；第二季度为 8.25%，相比第一季度更是大幅下降了 8.62 个百分点；第三季度为 7.20%，相比第二季度又下降了 1.05 个百分点；虽然第四季度环比增速回升到 7.70%，但与第三季度相比也仅小幅回升了 0.5 个百分点。就季度新增信托资产规模而言，在 2010 年第四季度至 2013 年第一季度之间的两年多时间，全行业季度新增信托资产规模（计算公式：本季度末全年新增总规模 - 上季度末全年新增总规模）除个别季度外，一直表现为正增长趋势，但从 2013 年第二季度开始，首次出现了连续两个季度的负增长：第二季度新增 1.50 万亿元，相比第一季度减少 1500 亿元；第三季度新增 1.31 万亿元，相比第二季度又减少了 1 900 亿元；虽然第四季度重新获得了正增长，新增 1.54 万亿元，但较第三季度仅小幅增长了 2 300 亿元（见图 3）。

（二）增速趋缓的挑战因素

2013 年信托行业开始显现的发展疲态，根本的原因是支撑信托业过去快速发展的主流业务模式即发挥私募投行功能的融资信托业务模式（称为私募投行业务），在新的经济背景下开始遇到不可避免的挑战。信托公司虽然一直不乏信托业务的产品创新，但多限于在私募投行业务模式下对融资交易结构安排与融资风险管理方面的创新，涉及产品功能方面的创新则较少。中国信托业协会发布的 2013 年第四季度信托公司主要业务数据表明，虽然从功能口径统计的融资类信托占比不足 50%，为 47.76%，但从资金信托运用方式口径的统计看，以贷款、可供出售及持

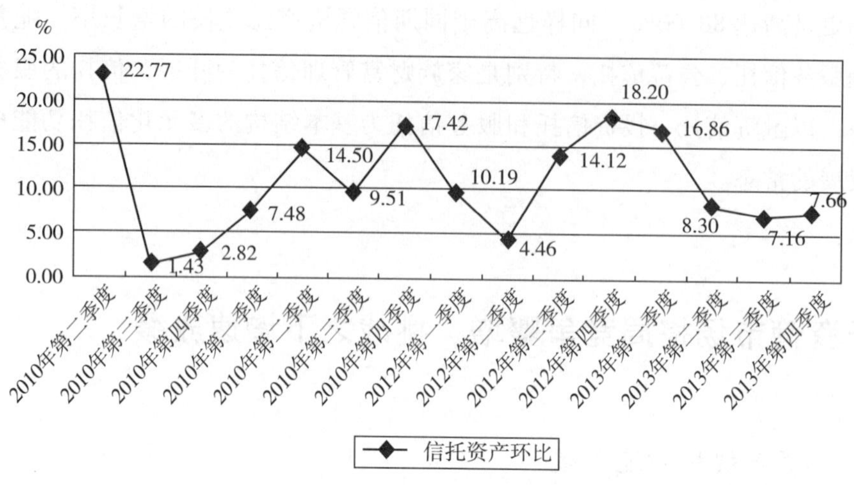

图 3　信托资产规模增速图

有至到期投资、买入返售三种方式运用的信托资金，在实际操作层面，基本上可以归口为融资信托资产，此三种方式运用的信托资金规模达到 6.96 万亿元，占资金信托总规模的比例则高达 67.49%，其中：贷款占比 47.13%，可供出售及持有至到期投资占比 18.52%，买入返售占比 1.84%。

以融资信托为产品表现形式的私募投行业务，之所以能够成为制度重构后信托行业的主流业务模式并支撑近年来信托行业的快速增长，主要原因有两个：一是制度因素。现行信托公司的制度安排，不仅许可信托公司创设单一信托产品和集合信托产品，还允许信托公司采取包括贷款在内的多种融资方式直接将信托资金运用于特定企业和项目，这就是通常所说信托业务具有的“多方式运用、跨市场配置”的特点。而且，在 2012 年下半年之前，在所有的资产管理机构中，制度上只允许信托公司的理财产品即信托产品具有私募投行业务性质的融资功能，这使得信托公司长期以来差不多成为唯一可以从事私募投行业务的资产管理机构。二是市场因素。长期以来，我国处于金融抑制状态之中，以银行贷款为主导的间接融资和以资本市场为主导的直接融资，均无法充分发挥市场化的融资功能，导致大量优质企业和项目的融资需求不能从正常的银行体系和资本市场获得满足，信托公司以融资信托方式开展的私募投行业务正好满足了这一需求。结果是，塑造了一个规模巨大的具有私募投行业务功能的融资信托市场。在信托行业快速增长的这几年间，融资信托市场不仅规模大，而且风险相对小。这是因为，一方面，这一期间融资信托的交易对手，主要是那些本来具备银行和资本市场融资资质而仅因为金融压抑而无法获得融资的优质企业和优质项目，因而，融资信托基础资产的微观风险较低；另一方面，这一期间，我国经济处于长期的景气增长通道之中，融资信托基础资产的宏观风险也相对较小。

私募投行业务之所以发展成为目前信托公司的主要增长模式，而且总体风险处于可控状态，根本原因乃是上述制度因素和市场因素所带来的历史性机遇，信托公司只是适时把握了这种机遇。然而，信托业流行至今的私募投行业务模式目前已经面临巨大的挑战。这是因为自2013年开始，支撑过去信托行业增长的私募投行业务模式，其基础已然开始发生变化，从长远看，必将动摇、瓦解。变化的因素来源于以下三个方面。

一是金融环境的变化。金融自由化的改革大幕已经渐次拉开，银行信贷融资市场化和资本市场融资市场化是金融自由化的题中应有之义，主流融资环境（银行贷款为主体的间接融资和资本市场为主体的直接融资）势必日益宽松，历史上通过信托融资的优质企业和优质项目将渐次回归银行和资本市场，真正需要通过信托融资的客户资质将逐渐降低，甚至主要表现为“垃圾债”，其结果就是，未来融资信托市场将呈现一个需求规模递减而微观风险递增的趋势。

二是经济环境的变化。从2012年开始，我国经济增长结束了过去平均高达2位数的增速，开始步入了一个调整的下行通道之中。新的增长动力的形成涉及政治、经济、技术、文化、社会等方方面面的进一步改革，其过程将充满着艰险。可以预见，在未来相当长的时间内，我国的经济增长在宏观上将处于一个弱增长周期。这意味着，未来信托公司以融资信托方式从事私募投行业务时，其基础资产的宏观风险与过去相比，将大大放大。

三是经营环境的变化。2102年以前，信托公司从制度安排上讲，几乎是唯一能够从事私募投行业务的资产管理机构，享有制度红利。但是，去年下半年各监管部门陆续推出了资产管理“新政’，赋予其他资产管理机构的理财产品具有不同程度的类似信托产品的私募融资功能，资产管理泛信托时代已经到来。这意味着在私募投行业务市场上，信托公司将面临多方面的竞争。

上述三方面挑战，对信托公司私募投行业务模式的影响，可以用一句话概括：需求递减，风险递增，竞争激烈。在此背景下，虽然从中短期来看，私募投行业务仍有相当的市场基础，但从长期来看，私募投行业务的市场基础将日益萎缩，如果信托公司主流业务模式不适时进行战略转型，信托业发展趋缓之势就是一个大概率事件，2013年开始显现出的发展疲态已经说明了这一点。

四、信托业经营拐点隐现，转型问题再度聚焦

（一）信托业发展的“成长拐点”与“经营拐点”

如前文所述，支撑信托业过去发展的私募投行业务模式在新的经济形势和经营环境下，已经遭遇到严峻挑战。这种挑战已经在2013年全行业增速趋缓的事实中反映出来。这是否意味着信托行业的成长周期已经结束？信托行业的发展拐点已经到来？对此，我们认为信托业的成长拐点尚未到来，信托业的经营拐点已经到来。

说信托行业的成长拐点尚未到来，是因为信托业发展的市场基础依然雄厚。信托业的发展，

从中短期看，会受政策取向转变与经营环境变化的影响，但从长期看，最终还是要取决于理财市场的需求规模。得益于不断深化的市场化改革和中国经济的持续增长，形成了多元化的利益主体并积聚了巨额的财富，由此催生了巨大的资产管理需求，形成了长期增长的资产管理市场。从发达国家（美国和日本）的经验来看，信托资产的规模与 GDP 的规模具有正相关关系，一般是 GDP 规模的 2 倍上下。照此推演，我国资产管理市场的规模起码应该在百万亿元以上。而目前，加上信托业在内的资产管理规模尚不足 40 万亿元（据有关方面统计，银行理财规模截至 2013 年 11 月约为 10 万亿元，基金业管理的资产规模截至 2013 年 11 月为 4. 07 万亿元，证券公司的受托资产规模截至 2013 年末为 5. 20 万亿元、保险资产管理规模约为 6 万多亿元）。据此，中国的理财市场仍然处于成长周期之中，理财需求规模的拐点尚远未到来。这预示着信托业长期增长的周期还没有结束，在未来相当长的时间内，信托业规模的快速增长仍然可以期待。

说信托行业的经营拐点已经到来，是因为支撑信托业过去几年快速增长的主导业务模式即非标准化的私募融资信托，在多种因素挑战下，将呈现出日益需求递减、风险递增、竞争加剧的中长期趋势，这意味着信托业再也不能简单依赖过去机会驱动的私募融资信托经营模式，来抓住成长市场中的巨大未来发展机会。换而言之，信托行业的成长拐点虽然没有到来，但经营拐点确实已经到来了，信托行业要抓住未来发展的大机遇，经营模式确实迫切需要提升和转型。对此，已然成为信托行业的共识。

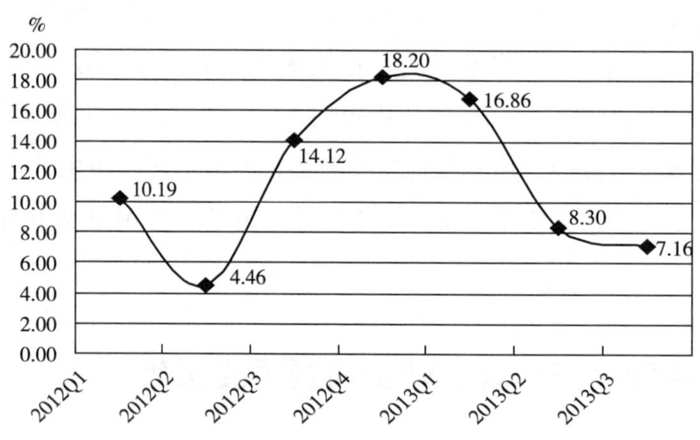

图 4　信托资产环比增速图

（二）信托行业的转型之路

探寻能够抓住未来市场发展机会的信托业务模式，就会发现：信托公司未来业务的逻辑起点必须进行切换，即从融资方的融资需求切换到投资方的投资需求上来，即更多地立足于委托端客户的理财需求开发、设计相适应的信托产品。由此出发，信托行业未来的转型之道不外有以下三个。

一是基于私募投行的业务优化。投行业务的功能是把企业和项目的融资需求创设为可投资的金融产品。信托公司私募投行业务的市场前景，虽然长远来看，将日益萎缩，但这是一个缓慢的过程，从中短期来看，仍有相当的市场基础，信托公司仍有必要凭借其先发优势，继续开展。但是，未来信托公司开展的私募投行业务，必须进行模式优化。首先，要建立起与对应融资基础资产类型（信用融资、资产融资和项目融资）相适应的体系化风险评估和风险管理能力；其次，要综合运用受益权分层、受益权流动化等金融技术，以降低优质融资对象的综合交易成本，使融资信托产品在成本上具有竞争力；再次，要逐步建立以行业为基础的组织化的专业融资管理能力，以避免行业周期波动带来业务不定性和风险性。优化的目的，乃是改变过去市场机会驱动的粗放式发展模式，而转移到以专业能力驱动的精细化发展模式上来。

二是基于资产管理的业务转型。资产管理业务的功能是把投行创设的金融产品，按照特定的投资策略构建为投资组合驱动的理财产品。资产管理业务创设的理财产品，通过特定投资组合的构建，一方面进一步丰富了理财市场上的可投资金融产品，可以更好地满足投资者多样化的需求；另一方面也缓释了理财产品本身的风险集中度，起到分散风险的作用。近年来，信托公司已经在尝试创设以投资组合驱动的具有资产管理性质的信托产品，但尚未形成体系化的产品策略和匹配的投资管理能力，因此，难以满足不同投资偏好的投资者需求。这是未来信托公司应当着力加强之处。

三是基于财富管理的业务转型。财富管理业务的功能是针对特定投资者的需求，帮助其构建个性化的资产配置方案并筛选相应的投资产品，同时，还可以提供诸如财务税收规划、财富传承安排、慈善捐赠安排等辅助服务。根据胡润研究院与群邑智库联合发布的《2013 中国财富报告》，2012 年末中国大陆千万富豪人数已达 105 万人，其中亿万富豪人数达 6.45 万人。显然，私人财富管理已经成为一个巨大的市场，而信托因具有信托目的灵活性、信托财产独立性、配置方式多样性等特点，恰恰是最适合进行私人财富管理的一种制度安排。因此，信托业向财富管理业务转型，可谓前景无限。信托业向私人财富管理业务转型时，应当着重培育三大能力：理解客户需求并将其类型化的能力、个性化资产配置方案及其辅助服务的设计能力、资产配置方案的实施能力。

（三）信托业转型的基础

信托行业的转型之路必将充满新的挑战，需要重新建构业务模式，打造新的业务能力，并进行相应的组织变革。但是，信托行业的转型本身并不是空中楼阁，不是水中月、雾中花，除了成长的理财市场这一大基础外，本身也具有可支撑成功转型的雄厚经营基础。十多年基于私募投行业务的发展之路，信托行业已经建立了比较健全的组织体系、控制体系、流程体系和激励约束机制，初步锻造了从融资到投资到服务的风险管理能力、投资管理能力和客户服务能力，积累了包括投资端客户、交易端客户和合作端客户在内的庞大客户群体，打造了一支近2万人的行业从业团队。所有这些都是信托行业能够成功转型的现成抓手，所需要的只是决心和勇气以及变革的执行力。

事实上，信托业从来就没有停止过对适应市场变化的业务模式的探索。近年来，信托公司不仅在传统私募投行业务领域不断创新融资信托产品模式，持续改进风险管理水平，不断提高尽职管理能力；而且，在资产管理业务领域，也不断推出了具有组合管理性质的基金化投资信托产品。比如，多家公司开发了现金管理类开放式信托基金，满足了流动性偏好的投资者需求；一些公司推出了具有品牌标识的“全市场配置”型资产管理信托产品，力图构建覆盖流动性管理、融资、投资等多方式运用，且跨期限、跨领域和跨标的配置的系列化、标准化资产管理产品线，以满足不同偏好的投资者需求；一些公司在证券投资等传统投资领域以及不动产投资、私募股权投资、实物资产投资等另类投资领域尝试了具有组合管理特点的信托产品；不少公司还推出了“TOT（信托中的信托）”、“TOF（基金中的信托）”、“FOF（基金中的基金）”等基金组合管理的信托产品；在财富管理业务领域，信托行业也从没有停止过探索和创新步伐，不断延伸和深度挖掘信托制度本身具有的灵活服务功能，推出了资产证券化信托、企业年金信托、土地流转信托、消费服务信托、公益信托、私人财富管理信托、家族信托等一系列功能全新的信托产品和信托服务。

五、个案风险事件频率趋高，潜在问题不可小觑

（一）行业系统性风险仍被有效控制

信托业在面临多重挑战的同时，2013年个案信托项目风险事件也时有发生，引发了社会对信托行业系统性风险的担忧。据监管部门在有关媒体上的披露，2012年信托行业到期清算出现问题的信托项目大约有200亿元，相比2012年7.47万亿元的信托资产总规模，不良率仅为2.68‰。诚然，伴随着经济下行和市场竞争的加剧，外来风险向信托业传导，个案风险可能还会有所暴露，但总体看，引发系统性风险的可能性很小。从实际情况看，近年来发生的问题信托项目最终都得到妥善解决，几乎没有发生实际损失，也没有出现具体信托公司因个案信托项目风险事件而陷入经营困境的情况。而且，由于监管部门长期以来对信托业实行信托赔偿准备金制度和净资本约束制度，信托行业的风险抵御能力也不断增强。截至2013年末，全行业计提的信托赔偿准备金已达90.60亿元，可以覆盖仅千分之一的信托资产损失率；全行业净资产高达2555.20亿元，可以覆盖2.34%的信托资产损失率。总体看，信托资产质量到目前为止表现仍然

优良，不可能发生系统性风险，所谓的系统性风险显然是被夸大了。

本来，在市场经济环境下，作为经营风险的信托公司，个案信托项目出现风险事件是再正常不过的事情，只要在正常的风险敞口之内、不会引发系统性风险，就不应该被过度关注，人为引起恐慌。信托行业个案风险事件之所以屡屡被过度关注甚至被不恰当放大，乃在于时至今日，社会对信托业仍然普遍缺乏正确的认识，存在着这样一条错误的认识逻辑链条，即信托项目是高风险项目—信托公司缺乏风险管理能力—信托项目风险需要“刚性兑付”—信托公司缺乏清偿能力—信托行业容易发生系统性风险。而上述认识逻辑链条上的每一个环节，均是对信托业的误解和误读。信托项目有风险，但不等于是高风险项目；信托公司风险管理能力有待提升，但不等于没有风险管理能力；信托项目风险存在“刚性兑付”现象，但本身不是制度约束，而是信托公司基于声誉维护、受托人职责履行和自身能力等因素考虑下的策略选择；信托行业的责任机制不以负债业务为基础，而是以不尽职管理的赔偿责任为基础，信托行业在净资本约束下完全具有与自身责任机制向匹配的清偿能力；信托公司经营的信托业务是受托理财业务，业务风险奉行“买者自负原则”，在制度安排上，信托行业恰恰是最不容易发生系统性风险的金融行业。因此，对信托行业的风险评估，需要对于信托业务的性质和信托公司的责任机制能够准确认知，否则，就容易发生误判，误导投资者，引发不不必要的恐慌。

（二）风险事件的警示效用

虽然信托行业发生系统性风险的可能性不大，但个案信托项目风险事件的增加，确实也暴露出了许多令人担忧的问题，对行业经营者和监管者敲响了警钟。风险事件的警示作用是明显的，三个方面的风险防范措施已经引起了信托行业的高度重视。

一是全面的尽职管理意识和能力。信托公司近年来发生的个案信托项目风险事件，暴露出的最大问题是两个：一是全面尽职管理意识不足，对于一些项目特别是来自银行的项目，尽职管理意识比较淡漠，粗放决策，疏于管理；二是全面尽职管理能力有待提升，管理重心过于集中于项目本身，缺乏基于行业分工的行业总体研判能力，导致行业发展周期风险管理能力的缺失。无论是对受益人负责，还是对自身负责，信托公司风险管理的第一道防线乃是全面的尽职管理意识和能力，这是信托行业长期健康发展的生命线。所幸的是，无论是行业经营者还是行业监管者，对这点均已经充分意识。

二是理性的“刚性兑付”策略。“刚性兑付”虽然不是制度约束，乃是信托行业基于多种因素考虑所采取的经营策略，这对制度重构后信托业的起步发展阶段起了重要的支撑作用，但其负面作用也开始日益显现：一是不利于信托产品投资者的成熟；二是不利于信托公司全面尽职管理能力的提升；三是招致行业风险的过度关注和不恰当猜想。从信托行业长期健康发展角度来看，信托公司必须理性对待“刚性兑付策略”，对具备条件的信托项目，应该逐步排除“刚性兑付”的魔咒，虽然短期会有阵痛，但只有破刚，才会有行业健康的长远未来。

三是可行的行业稳定机制。尽管信托行业发生系统性风险的可能性很小，绝大多数公司对于个案信托项目风险事件也有处置能力，但是在经济下行周期中，也不排除个别管理能力弱、财务实力不强的信托公司因为单体信托项目风险事件（不管是出于“刚性兑付”策略选择而承担风险，还是出于不尽职管理而承担赔偿责任）发生公司危机甚至倒闭、破产的情形。如何防范不因个别公司的危机而波及行业发展的稳定，是信托行业未来健康发展的一个重要课题。这就需要建立可行的行业稳定机制。在2013年信托行业年会上，监管部门也明确提出了行业稳定机制的建设问题。行业稳定机制的建设尚需全行业群策群力！

六、2014年趋势展望

（一）改革进入深水区，顶层设计显重要

2013年9月12日，十八届三中全会胜利闭幕，深化改革是全会的主旋律。全会公报提及“金融市场体系”，或将引导金融市场化改革进入一轮攻坚期，信托作为金融行业的重要分支正逐步进入改革深水区。自2008年起步腾飞至今凭借宏观经济环境和客户需求的变化，信托业管理资产规模实现井喷式增长，截至2013年第三季度突破10万亿元大关，成为仅次于银行的第二大资产管理行业。在此过程中，信托公司承担了实体经济与银行体系之间的“缓冲器”角色，起到了平滑金融政策对实体经济影响的作用。信托业为经济稳定发展作出了重要的贡献。而在新一轮改革下，信托业显然成为土地、养老、医疗、遗产、银行等国民经济等众多经济环节平滑运行的重要保障。通过信托这个通道可以为新的改革方案输血。从这一层面上看，未来5年，信托业将面临更加狂烈的改革洗礼，同样也是信托业高歌猛进的年代。

进入改革“深水区”，信托业对“顶层设计”的需求日趋强烈。2012年年度，对于顶层设计的探讨就已经成为焦点，由于金融改革，泛资产管理时代以及各金融机构的竞合博弈等诸多因素影响，2013年以至未来信托业发展，顶层设计依旧十分重要。资产管理制度的顶层设计要从中国的国情出发，在参考借鉴国际经验的基础上，着眼于中国经济金融发展的现实需要。第一，应围绕服务实体经济推动新一轮经济增长，发挥金融的功能，优化金融资源配置，满足经济发展的需要，推动经济持续发展。第二，要通过理顺金融市场，推动金融机构的健康发展，建立健康有序的金融生态环境。第三，要考虑客户的需求，资产管理制度的顶层设计要符合市场需求，满足投资者对资产管理的需要，保护投资者利益，推动资产管理市场可持续发展。

（二）把握未来改革方向，不断拓展发展维度

十八届三中全会的召开，确立了未来改革的基本方向。这些改革举措也为信托行业未来的

持续发展注入了强心剂，信托行业应适时抓住机遇，随着改革措施的推进和落实不断拓展行业发展的维度。

首先，三中全会确立的市场在资源配置中其决定性作用的基本方向以及强调改革系统性的基本要求拓展了信托行业发展的高度。“一法两规”颁布以来中国信托业虽取得了飞速发展，但业务结构受国家调控政策的影响周期性变化比较大，影响了信托行业的长远发展。市场在资源配置中其决定性作用有利于引导信托公司根据市场需求确立自身的业务方向，充分利用信托制度的灵活性确立更为成熟的业务结构模式；在信托配套制度完善方面，改革系统性方略有利于推动信托登记制度、信托税收制度等配套制度的完善，有利于进一步发挥信托制度功能。上述举措为信托行业的发展预设了更高的发展空间。

其次，十八届三中全会确立的产业升级方向和手段以及丰富金融产品的改革举措拓展了信托业发展的深度。当前，信托行业的资金运用方式主要为交易对手提供简单的投融资服务模式，而产业结构的升级为信托公司为深入地介入国民经济结构的调整，延伸信托公司为交易对手提供的服务链条提供了发展机遇；从产品的表现形式看，当前信托行业提供的金融产品主要以固定收益类产品为主，产品的风险与收益同质化程度较高。丰富金融产品的改革举措将促进信托公司深入地研发多层次风险与收益的金融产品，这将有利于促进信托公司为国民经济支持及为投资者理财服务的深度。

最后，十八届三中全会确定的完善税收及土地制度改革拓展了信托行业发展的广度。信托在税务规划方面具有天然的制度优势，十八届三中全会提出的深化税收制度改革在一定程度上将刺激高净值人群的个人税务规划需求，拓展家族信托等业务市场发展空间；在土地制度改革方面，十八届三中全会提出了要赋予农民更多的财产权，促进农村集体建设用地的流转，为土地信托业务的发展提供良好的制度环境和市场需求。家族信托和土地流转信托等业务的发展，也将有利于信托公司积极拓展信托服务外延，进一步夯实信托服务的本源。

（三）利率市场化，信托需远虑

2013 年 7 月 20 日起金融机构贷款利率管制全面放开，金融机构贷款利率 0.7 倍的下限被取消，同时票据贴现利率管制也被取消。利率市场化改革，尤其是存款利率市场化终将对银行业的经营模式、风险控制等造成直接的影响。而对信托公司影响更多的是存款利率放开后带来的资金价格波动、银行经营模式改变所带来的间接影响，这种影响是长期的、渐进的，从各国利率市场化表现来看，每个国家利率市场化的进程和影响都不尽相同，所以对信托公司而言也带有不确定性。第一，信托产品高收益或将优势不再。由于利率管制，银行吸收存款利率是官定的，银行不能高息揽储，信托产品的高收益并能保证兑付一直是近几年吸引高净值客户的主要原因。随着存款利率市场化的放开，未来银行具有提高存款利息的自主性，为了满足资本充足率或者解决流动性不足问题，不排除会高息揽储，信托产品收益虽然仍高于存款利息，但或将不再是优势。第二，银行贷款业务分化或挤占信托融资业务。银行和信托公司在利率市场化之前，二者融资主体存在很大的差异性，银行以优质、大型、低风险客户为主要客户，信托以中小、风险相对较高为主要的客户，虽然中小企业一直是国家鼓励的，但是商业银行出于风险和收益的考虑，仍没有过多的触及，信托公司拥有的恰是这部分客户资源。随着未来竞争激烈以及存款利率市场化的到来，银行在大型企业的盈利空间将被压缩，而其服务相对优质的中小企业动力将增强，而这部分恰恰是信托公司争相维护的客户资源。所以长期来看，伴随着利率市场化的进一步深化，在一定程度上可能会对信托业务带来竞争。尽管利率市场化对信托各类业务影响还存在不确定性，信托业仍需对此予以长远考虑。从目前发展来看，此次监管层放开贷款利率市场化对信托影响有限，但是随着相关制度的推荐，存款利率市场化在未来也将逐步推进，对信托的影响也将越来越深入。

（四）多模式化解风险，“刚性兑付”亟待破局

2013 年信托业在资产规模狂飙猛进的同时，2012 年以来频频爆出兑付危机的案例。虽然这些案例最终处理结果大都有惊无险，却足以引人深思。信托公司是否有足够的实力应对风险？信托业“刚性兑付”的文化是否会成为整个行业进一步发展的桎梏？虽然目前信托业相关法律法规以及信托公司自身产品合同中并没有规定要无条件保证投资人的收益，也就是无条件保证信托资产和收益交付的完整性。但长期以来信托资产及预期收益按期足额交付已经或主动或被动地植入到信托文化中，进而形成“双面刃”效应，即在树立信托业良好市场信誉，形成良好的口碑效应，推动全行业高速增长的同时，在特定情况下对部分特定的信托公司也成为悬在头上的一把利剑。尤其是近年来，信托公司集合资金信托产品的发行比例越来越大，而信托资产及预期收益按期足额交付的要求使得大规模发行的产品集中在某一时点兑付，一旦集中在兑付的时点上，原本大规模投资领域的市场情况发生不良变化，风险无法缓释。因此，无条件的信托资产及预期收益按期足额交付是目前信托面临的一大风险。

集合资金信托产品的信托资产及预期收益无条件按期足额交付是历史产物，不仅保护了投资者的权益，还促进了信托公司提高自身的投资能力和风险管理能力。但是从长远发展来看，行业风险传导机制已经失灵，投资者往往也忽视风险。信托资产及预期收益无条件按期足额交付的惯例做法使得在融资方还款风险暴露后，信托公司需要承担的责任压力空前巨大。长期、盲目、单纯依靠信托资产及预期收益无条件按期足额交付来维持，会使信托公司的自身发展陷入困境。此外，信托资产及预期收益无条件按期足额交付也实质上推高了以工商企业为主的融资方的融资成本。长期而言，显性或隐性的信托资产及预期收益无条件按期足额交付对信托业进一步实现健康、稳健、可持续发展已经形成了一定程度的制约。

解决这一实践中产生的问题，需信托公司更加努力地尽到受托人管理责任，也需要循序渐进通过投资者教育、信托公司努力处置风险、监管层对待风险的容忍度提高等一系列动作多管齐下，才能最终得到有效的化解。信托公司在出现项目风险之后，也会有多种模式来化解风险：第一靠担保，信托计划一般会使用担保措施，即在项目公司之外附带母公司担保以及实际控制人的个人无限连带责任担保；第二找接盘人，信托公司一般选择由资产管理公司或银行购买信托受益权的形式接盘相关项目权益；第三处理抵押资产；第四利用其他信托公司的单一信托或集合信托接盘。最后，在上述措施无效的时候，信托公司也有通过自有资金接盘的案例。不过这类方式，风险依然在信托公司，不过是将风险延迟暴露。

（五）互联网金融来袭，或成信托发展新路径

2013 年互联网金融发展如火如荼，自进入 2013 年关于互联网金融的消息源源不断：阿里和天弘基金推出“余额宝”、阿里小额贷款和内测的信用支付、微信的微支付、腾讯基金超市、财付通和长城证券合作成立网络券商、新浪推出微博钱包、京东发力供应链金融和 P2P …… 各家互联网巨头纷纷以一种低调而又迅猛的姿态快速渗透到中国的金融业中。一时间各种互联网金融的组织、圈子层出不穷，仅在 2013 年 8 月中国互联网大会上，就有“互联网金融工作委员会”和“互联网千人会”宣布发起成立。随着互联网和金融业相互渗透的加深，金融服务方式将发生彻底的变革。而互联网带来的数据信息革命，使数据和信息变为重要的战略资源，深刻改变着我们的生活和行为模式。

面对来势汹汹的互联网金融，拥有超 10 万亿元资产规模的信托业也蓄势待发，外贸信托首家推出微信订阅号“五行财富”，主打产品定向推介，包括华宝信托、新华信托在内的多家机构也有意跟进。互联网信托这一概念就此横空出世。目前在互联网信托领域做的比较好的平台主要有企易贷，企易贷作为国内首家以 P2B + O2O 的模式运营的互联网金融平台，在创新互联网金融及小微企业融资方面起到了很好的作用。互联网 P2B 金融服务平台可以面对比传统信托范围更广的大众闲置资金。同时，互联网金融的透明化程度也是传统信托不具备的，在企易贷平台上，对借款企业与投资个人要求实名认证，对借款企业基本资料的公开，每一个项目的融资过程完全透明，这也是其作为互联网金融的优势所在。

就目前信托业迈进互联网金融发展现状来说，诸多问题尚待解决，特别是在“107 号文”已经出台，明确将网络金融纳入影子银行加以严格监管的新形势下。由于信托行业的特性，信托公司要做互联网金融，难免会遇到产品单一和影响力单薄等因素，无法满足互联网发展需求，而作为渠道的三方机构由于产品来源不稳定，地域性和影响不足等因素更无法达到预期效果，因此如何将这些资源进行整合，并合理规避合规性，也成为信托业迈向互联网金融的一大难题。但不可否认在互联网金融模式下，供需双方可以直接联系和交易，不需要借助任何中介，市场

信息不对称程度非常低，金融交易成本大幅减少，金融服务的生产可能性边界得以拓展，使以前不能获得传统金融支持的群体，也可以得到金融支持。对于信托业，互联网金融或能解决信托销售中的信息不对称和资源不对称问题，通过竞价包销优化信托销售现状。因此，进军互联网金融或成为信托业发展新路径。

监 管 报 告

2013 年信托公司监管工作报告

2013 年，信托公司各级监管部门综合把握机构发展阶段和市场形势变化，各项监管工作继续稳步推进，在加强风险防范和促进转型发展方面取得了一定进展，延续了新两规颁布以来开创的良好发展局面。截至 2013 年末，全国持续正常经营信托公司共计 68 家，行业固有资产总额 2871.55 亿元，负债总额 316.75 亿元，所有者权益 2554.8 亿元，年末净资本覆盖率 171.11%。受托管理信托资产总额 10.91 万亿元。行业实现利润总额 568.61 亿元，同比增长 47.84%。

2013 年，信托监管工作严守风险底线，风险监管以系统防范和单体化解相结合，机构转型以整体推进和重点突破相结合，统筹安排，稳步实施，重点内容包括：

一、继续坚持科学有效的监管方式

一是着力推进立体化监管。纵向上，以“一手抓风险防范和化解、一手抓科学发展”为指导，以净资本为核心的全面风险监管框架为基础，监管中突出风险监管和合规监管相结合；横向上，以完善市场准入、非现场监管和现场检查监管流程为重点，坚持动态监管与联动监管。

二是着力推进差异化监管。遵循信托独特规律，完善评级体系和监管工具箱，对信托实施区别于银行的差异化监管，对不同公司各据实际实施差异化监管。

三是着力推进主线化监管。将严守风险底线作为各项监管工作的重心，及时防范与化解单体风险，有效防止区域性、系统性风险，在发展中防风险，在防风险中谋发展，“新两规”颁布以来再未出现机构被强制关闭，或因某家机构问题而影响全行业发展的重大风险事件，信托公司稳健发展的长效机制正在形成。

二、全面加强风险防控，确保行业稳健运行

一是加强趋势分析与风险预判，实施全方位风险管控。2013 年，发布《关于进一步明确信托公司风险监管责任的通知》，展开全面风险排查，建立信托项目责任制，要求信托公司对项目逐笔落实风险责任，实时监测风险，提前安排清算。建立全要素报表统计制度，按月进行行业经营动态分析，通过采取净资本约束、事前报告、现场检查等组合措施保持对政府融资平台、房地产信托等重点业务的高压监管态势。

针对单体项目风险暴露频率加快、媒体追踪升温的舆论形势，进一步加强舆情监测力度，提升媒体舆论应对能力，做好信息沟通，及时、果断、妥善处理了多起突发风险事件。

提升风险处置效能，指导信托公司风险项目处置坚持“一项目一对策”和市场化原则，采取审慎稳妥的处置措施。

二是落实责任追究，查找风险管控薄弱环节。2013 年，建立首批信托风险项目问责名单，对所涉 12 家信托公司采取限期整改、暂停部分信托业务、追究相关人员责任等方式严肃问责。通过风险案例汇总研究，在尽职调查、项目识别、趋势预判、落实责权、资金退出等风管薄弱环节提出具体指导性意见。

三、着力推进信托公司基础建设

一是推动信托公司进一步完善公司治理，鼓励股权结构多元化，规范经营决策，强化责任追究；建立与长期风险责任和持续经营业绩挂钩的激励约束机制；打造适应市场化、国际化新形势的人才队伍和信息系统，增强转型发展内生动力。

二是要求信托公司提升全员合规意识。2013 年重点加强尽职管理、信息披露、营销等合规检查和处罚力度。

三是支持信托公司制定差异化发展战略，鼓励业内领先的信托公司实现投行业务、资产管理、受托服务三者有机结合，为客户提供一揽子金融服务和更宽泛产品线，率先向综合性金融服务商转型；鼓励定位明确、发展稳健的中小型信托公司专注于特色化、精品化发展模式。

总体来看，2013 年信托行业整体上继续保持了持续健康发展态势，为丰富我国金融市场、支持实体经济发展发挥了积极作用。与此同时，也要清醒地认识到，信托公司未来发展仍然面临诸多困难与挑战。一方面，发展环境“五期叠加”。当前，我国经济正处于增长速度换挡期、结构调整阵痛期和前期刺激政策消化期，对信托公司来说还要再加上两期，一个是利率市场化的推进期，一个是资产管理业务的扩张期。另一方面，受“五期叠加”影响，信托公司现有发

展模式可能面临“三个难以为继”的压力：一是信托产品“高收益、低风险”特性将难以为继；二是信托行业“冲规模、轻管理”的发展路径难以为继；三是以信贷类、通道类为主的业务结构难以为继。

目前，信托公司转型发展到了关键时期，如逆水行舟，不进则退。为巩固信托公司良性发展势头，切实解决行业存在的问题，防范与化解潜在风险，真正发挥信托优势，需要监管机构和信托行业的不懈努力。下一步监管总体思路是：坚持防范化解风险和推动转型发展并重的原则，全面掌握风险底数，积极研究应对预案，综合运用市场、法律等手段妥善化解风险，维护金融稳定大局。明确信托公司“受人之托，代人理财”的功能定位，培育“卖者尽责、买者自负”的信托文化，推动信托公司业务转型发展，回归本业，将信托公司打造成为服务投资者、服务实体经济、服务民生的专业资产管理机构。

公司发展与创新

中信信托有限责任公司

一、2013 年经营概况

中信信托有限责任公司（以下简称公司）秉承“无边界服务、无障碍运行”的经营理念，积极探索社会主义市场经济条件下信托公司的发展规律，坚持“金融普惠，资本分享”的原则，集成产业知识和金融知识，创造性地为企业提供综合金融解决方案，克服市场环境中诸多不确定性和不稳定性因素的影响，取得了历史上最好的经营业绩。

截至 2013 年末，公司实际管理资产规模 8 174 亿元，较 2012 年末增长 23%，连续五年保持 20% 以上的增速；为受益人分配信托利润超过 293 亿元，同比增长约 40%；缴纳各种税金超过 18 亿元，被评为“纳税信用 A 级企业”；净资产收益率保持在 30% 左右的高位。

公司继续得到政府、学界、媒体及市场的积极评价，获得多项荣誉。2013 年，公司获得第五届全国金融系统“年度学习型组织先进单位”称号；荣获“纳税信用 A 级企业”荣誉称号；获得《中国证券报》、《参考消息》与新华社金融信息交易所联合颁发的“年度金牛集合信托公司奖”；《上海证券报》、中国证券网颁发的“诚信托”综合大奖——“卓越公司奖”；《金融时报》颁发的“年度最具创新力信托公司奖”；《经济观察报》颁发的“中国卓越金融奖”；第一财经金融价值榜“年度信托公司奖”；《华夏时报》颁发的“2013 品牌价值表现最佳信托公司奖”；《每日经济新闻》颁发的“年度综合实力最佳信托公司奖”；《金融理财杂志》颁发布“年度金牌收益力信托公司奖”、“年度金牌研发力信托奖”、“年度金牌透明力信托公司奖”；《理财周刊》、第一理财网和极元金融颁发的“最具影响力信托品牌”；《南方都市报》颁发的“最佳金融创新奖”、“东方财富风云榜——最佳信托公司奖”、“2013 领航中国——最佳品牌奖”等。

二、创新业务案例

（一）创新业务模式，开拓业务领域

公司在创新业务上取得重大突破，推出多个行业第一，开拓了信托业务的新版图。

2013年10月，公司与安徽省宿州市埇桥区政府合作，成立国内第一支农村土地承包经营权流转信托计划。此后，公司在全国范围内因地制宜地推广土地信托业务，实现多点开花。截至2014年3月末，公司已与山东青州、贵州开阳、安徽马鞍山、河南济源、湖北黄冈等地签约，与吉林、内蒙古、新疆等地达成合作意向。土地信托充分发挥了信托的制度性优势，保护并提升农民利益，对改善城乡二元结构、推进城镇化建设起到了里程碑式的作用，受到社会各界的广泛关注与好评。

围绕土地信托，公司开展了多个配套项目。公司与拜耳作物科学（中国）有限公司签署合作协议，将以土地流转项目为平台，在农业生产、经营管理、科学技术、产业链构建等方面整合资源，推进土地增值。公司推出“农事服务信托”，通过引入专业农事服务商的方式来提升农业经营水平，打造“粮食生产供应链经营管理”新模式，首创国内“粮食生产供应链生产要素资源集合平台”。

2013年，公司探索开发了国内第一单“消费信托”，帮助消费者优选商家和服务机构，使受益人在有保障的前提下获取性价比高的优质消费服务。消费信托首次将信托受益权的内容从资金收益扩展至消费权益，革新了信托服务的模式。公司正在探索通过消费信托将产业链条中的前端开发融资需求和后端消费需求打通，特别是与土地信托业务进行对接，扩大信托服务的范围。

此外，公司还推出了国内第一支医养健康产业基金，与国内外知名医疗、健康服务机构合作，以“嘉丽泽国际健康岛”为载体，逐步形成以医疗、养生、养老为中心，旅游、度假综合服务为支撑的医养综合体。

（二）完善多元化业务平台建设

公司积极完善多元化业务平台的建设，推进跨领域开展资产管理业务。已有的业务平台——中信聚信年内与产业方合作设立基金管理公司12家，下设基金管理公司共管理基金21只，涉及环保、民生、文化艺术等多个领域。

（三）推动市场管理体系建设

公司一方面全面深化财富管理中心直销体系建设，加强对机构客户的专项营销；另一方面进一步巩固与重点代销渠道的战略合作关系，形成整合销售优势，促进整体销售能力的稳步提升。

公司继续坚持大力发展财富管理业务的方针，将客户规模扩张及老客户资产结构优化作为核心管理目标，不断提升自有客户管理资产规模。同时，公司还对家族信托业务进行积极探索，已成功签订国内首单“家族办公室”协议。

（四）继续推进全面风险管理

公司继续推进全面风险管理进程，以风险管理全流程、全覆盖、全口径为目标，以“三个全覆盖”为手段，努力提升风险管理能力。

公司在保持既有风险管理机制不变的前提下，设立“交易对手风险独立审查委员会”，独立检索汇集交易对手及其实际控制人的各种信息，为业务评审提供支持；年内制定、修订11项风险管理规章制度，进一步完善制度体系、优化评审流程，保证评审结果的客观性和公正性。

同时，公司不断完善合同管理机制，将合规和法律事务管理嵌入风险管理控制流程；调整外聘律师管理机制；加大风险资产处置力度和措施，有效借助司法、行政等各种手段和措施，最大限度地保障信托受益人的利益。

公司进一步推进审计关口前移，在加大对重点项目和业务专项审计的同时，深入尽职调查与项目评审，监督检查过程管理，审计项目财务收支。

（五）完善内部控制体系建设

公司采取多项新举措，大力完善内部控制体系。为加强公司纪律检查委员会与监事会的沟通协作，促进信息对称、资源共享，形成监督合力，公司建立了“纪委——监事会联席会议机制”。同时，为保持各职能条线信息对称，更好地归集、整合信息，有效预防、应对危机事件，公司建立了全面内控信息交流联席会议机制。此外，公司还制定《重大突发事件应急处置办法》，完善应急处置机制。

三、社会责任履行情况

公司以“信行天下、信惠百姓”为企业愿景，以“为客户提供最佳的增值服务，为股东创造最大的价值，为职工搭建实现自我价值的平台，为行业发展贡献智慧，为社会作出最大的贡献”为使命，努力培育履行社会责任的企业文化和机制，积极践行《信托公司社会责任公约》，不断丰富企业社会责任的实践内容。

（一）坚持合规自律，依法规范经营

公司严格遵守各项法律法规，认真贯彻监管要求；积极推进内部控制体系建设，加强自律管理；严格按照有关法律、法规、规章履行信息披露义务；自觉履行纳税义务，依法及时足额纳税，被连续多年评为纳税贡献突出单位。

（二）顺应政策导向，服务实体经济。

公司根据国家宏观政策主动调整业务发展方向，努力探索服务“三农”、西部开发、保障房建设、基础设施建设、加工制造业、环保产业、文化产业等领域的信托模式。公司在2013年推出全国首单农村土地承包经营权流转信托，并在全国范围内因地制宜地推广，切切实实服务农村发展。

（三）利用专业优势，积极支持公益事业

公司联合社会福利基金会贫困自闭症儿童救助中心举办“伸出关爱之手、勾画彩色梦想”活动，募集专项资金用于救助自闭症儿童；继续向中华全国体育基金会山花网球专项基金提供资助；继续积极运作中信航天发展基金，大力支持航天科技发展；参加外交部扶贫办主办、北京外事办公室和朝阳区人民政府承办的“大爱无国界”国际义卖活动；向雅安地震灾区捐款；向中社社会工作发展基金会捐款；与北京东铁营第二小学建立长期帮扶关系，成立“中信信托青年志愿者服务基地”，以实际行动关爱农民工子女。

（四）推广信托文化，推动行业发展

公司继续开展“信托文化中国行”活动，不断提升行业的社会认知度和影响力；通过开展“美丽中国的信托推动力”等系列活动，开展信托投资者教育；大力推动行业理论研究，推出《2013年度中国信托行业金皮书——变革信托》、《2013年度中国信托业研究报告——信托化：第三次金融革命》等研究报告；加强行业交流，多次接待同业信托公司的来访与调研，积极参加中国信托业协会举办的各项活动。

（五）认真履行受托人义务，维护受托人利益

公司以受益人利益最大化为原则，认真履行诚实、信用、专业和有效管理信托财产的受托人义务，过去一年为受益人分配信托利润超过293亿元，同比增长约40%。

（六）维护职工权益，关心员工福利和成长

公司持续完善工会组织建设，积极保护职工合法权益；设置“举手制”等绿色成长通道，为职工发展提供了广阔的平台；建立“容错机制”，促进职工学习成长；举办“业务骨干培训班”等系列培训活动；鼓励员工接受在职继续教育；持续开展职工读书活动；支持14个职工文体俱乐部定期开展各类文体活动。

（七）保护股东权益，促进国有资产保值增值

报告期内，公司净利润大幅增长，所有者权益进一步提升，公司市场竞争力与可持续发展能力不断增强。

四、2014 年发展规划

公司在 2014 年将继续围绕“无边界服务、无障碍运行”的经营理念，秉承“综合金融解决方案的提供商、多种金融功能的集成者”的经营方针，积极发挥中信的品牌影响力和中信金融的协同效应，以差异化的竞争策略，通过不断创新推动业务多元化。

公司将加快在全国战略区域的布局；持续提高风险管理对市场变化的适应力和效率，进一步完善业务过程管理；持续加强合规文化建设，通过合规经营引领行业自律形象；努力提升信托产品营销能力；在现有业务实践基础上，继续加大对土地信托的研究和拓展力度，进一步扩大服务地域，挖掘土地信托中蕴含的其他业务机会；对于消费信托，公司将寻求与优秀的产业方深入合作，进一步丰富产品系列，搭建“大数据平台”。此外，公司还将积极响应国家“走出去”的战略，加快国际化的进程。

英大国际信托有限责任公司

一、2013 年经营概况

2013 年，英大国际信托有限责任公司（以下简称公司）在公司领导班子的坚强领导下，全体干部员工认真贯彻科学发展观，准确把握新形势、新任务，坚持依法治企，深化改革创新，超额完成年初制定的全部任务指标，继续创造历史最好水平，各项工作取得新成绩。

2013 年，主要经济指标均创历史最好纪录，创新发展取得新的重大成就：实现利润总额 7.58 亿元，同比增长 9%；人均创利 538 万元；资产总规模达到 2143 亿元，其中，固有资产 41 亿元、信托资产 2 102 亿元；实现营业收入 9.52 亿元，其中，信托业务收入 7.68 亿元、固有业务收入 1.84 亿元；累计向受益人提供信托收益 115 亿元。

在信托业务方面，贯彻产融结合，围绕电网、电源、电工装备领域，开发供应链金融业务；适度开发房地产、基础设施集合信托；落实国家产业政策，积极服务清洁能源领域，积极介入证券投资信托；深化与各大金融机构的合作力度，加大市场拓展力度；密切关注政策变化，开展农村土地流转信托、家族信托等相关热点研究。

在固有业务方面，面对市场环境适时调整投资策略，优化固有资产布局，加强固有资金对信托业务的支持，努力提升固有资金使用效率。

在市场营销方面，加强理财服务中心建设，采用多种用工方式，充实营销队伍；加强自主营销；强化客户维护，组织财富管理、保健养生、产品推介等专题客户联谊活动；加大客户拓展力度，积极培育机构投资者；实施全员营销，调动各方积极性，提高营销效率。

在风险管理方面，完善细化业务指引；推动风险管理量化建设，优化风险管理指标体系，建立监管评级定量指标监测标准模板；进一步规范尽职调查，增加初审环节，严格项目准入；完善决策流程，积极引入专业中介参与项目评审，严防风险；稳步推进风险责任体系建设，增强全员风险合规意识。

在人力资源方面，加快人才引进，公开招聘专业人才 9 名、毕业生 10 名；优化人力资源配置，组织全员双向选择。加快用人机制改革，营造人才脱颖而出的环境；加大培训力度，举办、参加各类培训52次，累计培训干部员工172人次。

在基础管理方面，推动财务管控标准流程建设，健全全面预算管理机制；加强系统应用改造，提升信息化应用水平，支持业务创新；实施内部业务协同制度，理顺业务管理界面，提高展业效率；加快机制创新，积极推行差异化、量化考核，进一步完善绩效考核体系；深入学习党的十八大精神，强化作风建设和监督检查。

总体来看，2013年公司经营绩效创历史最好水平，综合实力进一步增强。获得北京市东城区“百强企业”和“纳税信用A级企业”称号；获得中国社科院和金融时报社联合评选的“年度最具影响力信托公司”称号。企业影响力明显提升，发展环境进一步优化。

二、创新业务案例

（一）项目基本要素

项目名称：英大信托——昆明交产债权投资集合资金信托计划。

保管人：广发银行北京分行。

债权出让方：昆明市交通投资有限责任公司。

债项债务人：昆明交通产业股份有限公司。

信托规模：10亿元。

信托期限：2年。

资金运作：将信托资金投资于昆明市交通投资有限责任公司（以下简称昆明交投）持有的对昆明交通产业股份有限公司（以下简称昆明交产）的债权。

项目预期收益率（租赁利率）：7.2%～7.8%。

利益分配：投资收益每半年分配一次，本金到期一次支付。

（二）信托项目基本结构

该产品在中国保监会颁布《保险资金投资有关金融产品的通知》和扩大保险资金投资范围的背景下，借鉴保险公司基础设施债权投资操作模式，成功引入永安财产保险股份有限公司、中国人民财产保险股份有限公司、英大泰和人寿保险股份有限公司、中国人民人寿保险股份有限公司、英大泰和财产保险股份有限公司5家保险公司，共计6亿元资金。该产品丰富了合作保险公司的投资品种，支持了地方基础设施建设，拓宽了自身资金渠道，取得多赢的局面，也是信托行业对接保险资金较早、规模较大的项目，公司不仅与保险公司建立起了良好的合作关系，同时也在市场上树立起了良好的企业形象。

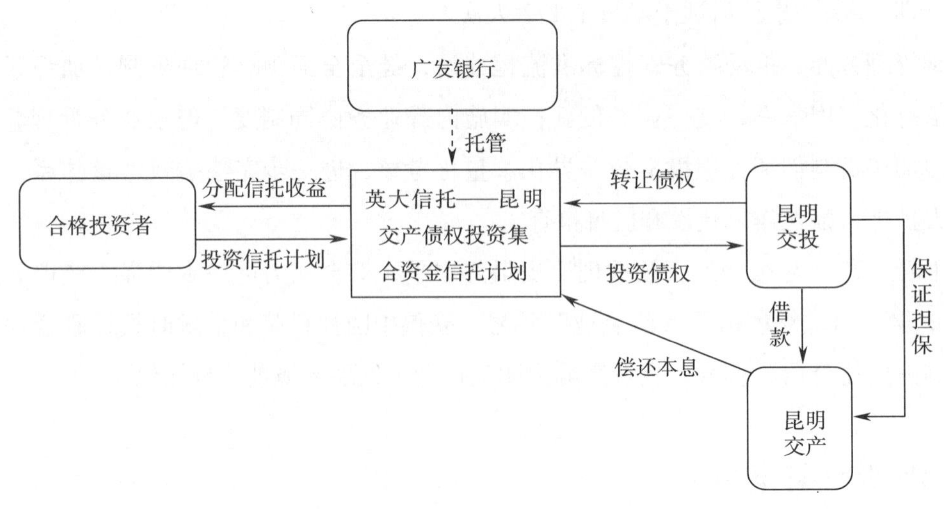

图1　产品交易结构图

三、社会责任履行情况

作为信托公司，按时足额偿付委托人资金是最大的社会责任。2013 年公司延续了此前为委托人创造安全、稳定收益的优良传统，向受益人提供信托收益 115 亿元，及时、足额偿付率达 100%，为广大社会投资者创造了财富。

2013 年公司严格服从监管要求，坚持合规经营、依法纳税。一是充分发挥公司融资功能，支持实体经济发展、提供公司金融和个人金融服务；二是坚持合规经营，降低企业风险和加强内部控制；三是大力推进环境保护事业，对内提倡环保理念，对外支持环保项目，促进低碳经济发展；四是“以人为本”，关爱员工，在创造平等、健康、安全的工作环境的同时，为员工提供广阔的发展空间；五是积极组织广大干部员工参加“青春光明行公益性活动”。

近年来，公司在履行社会责任方面交出了亮丽的答卷。2008—2013 年累计实现营业收入近 36 亿元，利润总额 26 亿元。营业收入由 2008 年的 2.26 亿元增长到 2013 年的 9.52 亿元；利润由 2008 年的 1.28 亿元增长到 2013 年的 7.58 亿元；净资产收益率指标逐年提升，2006 年的 2.07% 提高到 2013 年的 15.57%；2008—2013 年累计向受益人提供信托收益 472 亿元，项目兑付率达 100%。

2014 年公司将继续积极履行社会责任，提升专业能力，丰富金融产品，服务经济、社会发展。

四、2014 年发展规划

2014 年是公司全面深化改革之年，也是完成“十二五”发展任务的至关重要的一年，公司将严格遵守中国银监会等相关部门的监管要求，力求在改革创新中推进公司发展方式和业务发展方式转变。公司工作的基本思路是：解放思想，深化改革，加快创新，把握“一个主题”，加强“两个建设”，构建“三个体系”，加快推动业务发展方式和公司发展方式转变，提升可持续发展能力。重点做好以下几个方面的工作。

一是深化体制机制改革创新。把握国有企业改革发展面临的重大机遇，破解制约公司持续发展的体制难题，发挥市场导向在资源配置中的决定性作用，进一步优化选人用人、绩效激励机制，激发员工的主动性和创造性。

二是加快构建“三个体系”。加快构建风险管理、产品营销、研究开发三大体系，打造公司业务运营的“铁三角”。经营管理要素的配置要围绕“铁三角”展开，实现对业务全流程的规范化、精益化管控，确保各环节衔接有序、运行顺畅。

三是加大业务拓展力度。创新服务模式，加强与发电企业、电网产业链企业合作，积极介入低碳发展、资源节约和节能减排项目，开拓风电、水电、光伏发电等政策支持行业；大力拓展以金融同业机构为委托人的事务型信托业务。

四是加强固有业务运作。提升宏观经济和资本市场研发实力，努力提升固有资产运作水平。优化资产配置；加强与信托业务板块的协同联动，提高资产收益水平；加强短期资金运作，积极开展同业拆借、债券回购等业务。

五是加大产品创新力度。加快推进股指期货业务资格、企业年金、QDII 业务资格申报工作；通过信贷资产证券化业务合作，不断拓展、深化银信合作；加强土地流转、家族、消费、医养信托等创新品种研究储备，加强产业基金、股指期货、QDII 等成熟产品开发。

六是提升基础管理水平。坚持依法治企，健全论证评估机制，提高决策水平；加强队伍建设，建立招聘、使用、考核、培养新机制；加强业务需求采集分析，提升系统建设的针对性和实用性；加强财务、业务协同管控；建立协同机制，推动部门间协作，加强品牌建设，实施一体化品牌建设协同机制。

七是加强党建和精神文明建设。贯彻落实党的十八大精神，全面开展群众路线教育实践活动；落实中央“八项规定”，落实“一岗双责”，深化廉政建设；发挥党政工团优势，深入开展形势教育和思想政治工作；强化企业文化建设；保障员工合法权利，实现公司发展与个人发展的协调统一。

北京国际信托有限公司

一、2013 年经营概况

2013 年，北京国际信托有限公司（以下简称公司）实现收入总额 15.2 亿元，实现净利润 8.2 亿元；固有资产总额 42.16 亿元，负债总额 3.22 亿元，不良资产率为零。2013 年末，公司受托管理信托资产规模 1205.24 亿元，存续项目 244 个。年内累计向信托受益人分配收益 76.09 亿元。各项监管指标继续全面达标，信托赔偿准备金足额提取，达到注册资本金的 23.6%。

二、创新业务案例

（一）土地流转信托业务

2013 年，公司在业内率先发布了《中国土地信托流转实证研究报告》等系列研究成果并付诸业务实践。年内，先后在江苏无锡阳山、镇江句容、安徽铜陵推出集约土地流转信托项目。在开展土地财产权信托的同时，还配合土地集约经营跟进投融资服务，形成了“财产权信托”和“资金信托”平行推进的“双信托结构”。在开展土地流转信托业务中，为了最大限度地保护农村农民的利益不受损失，公司在项目设计中采取了“土地合作社 + 专业合作社”的双合作社模式，首先将土地经营权确权到村民个人，由村民以其土地经营权入股“土地合作社”，将集约的土地通过信托方式租赁给专业的种植合作社。农民可成为合作社雇佣的农业工人，获得工资性收入，也解决了“失地”农民的就业问题。该模式在社会上获得了良好反响。同时，公司还将土地流转信托项目和当地新型城镇化建设紧密联系，建立了多元化的信托土地流转机制，并通过着力完善农业配套设施来夯实现代农业的经营基础。

（二）资产证券化业务

2013 年，公司与国家开发银行合作，以该行信贷资产证券化为突破口，推出首单资产证券化业务。年内，以汉口银行、北京银行、华夏银行、渤海银行分别作为发起机构，北京国际信托有限公司作为受托机构的信贷资产证券化项目也已正式上报中国银监会。在资产支持证券业务方面，公司与北京北辰集团合作，以其经营性物业为标的，设计推出了基础资产证券化方案。

（三）家族信托业务

2013 年，公司与北京银行合作，合作开展“家族信托”业务，公司提供家族财富管理信托服务，并于年内设立了第一单家族信托。

（四）现金管理类业务

2013 年，公司推出首单现金聚利信托产品，为实现客户财富管理、实现资产合理配置、满足客户短期理财需求提供了有效的途径和平台。

三、社会责任履行情况

2013 年，公司在加强信托业务领域拓展，推进业务创新，继续保持经营效益稳步提升的同时，积极履行企业社会责任，关注和维护利益相关方的权益，严守业务合规风险底线，尽责管理受托财产，进一步树立公司品牌形象，努力探索，发挥信托制度功能优势，为政府、股东、客户、社会等提供更加丰富的服务手段，为员工发挥才干、实现个人价值提供有利的成长环境和发展空间。

（一）为北京市重大工程、重大产业项目提供金融服务

公司以“发挥信托制度优势，服务首都经济”为重点工作，研究城市发展需求，对接重点项目，以金融全方位服务为视角，开发系列化、创新型信托产品，为首都城市建设提供一揽子金融支持。公司积极对接政府相关部门及企业，与中投集团、北京市南水北调中心、北京市环卫集团、北京市排水集团、京投公司、中关村管委会、中发展集团等机构进行了深入的业务探讨，设计了相关方案并取得一定进展。

（二）稳步扩大中小企业和科技金融服务

2013 年，公司继续发挥自身在中关村科技金融创新联盟中的重要作用，不断扩大与市政府有关部门、中关村管委会、担保公司及多家银行的密切合作，共同扶持中小企业的发展。2013 年为中小企业融资 15.82 亿元，存续信托项目总计 21 个。截至 2013 年末，已累计发行 56 个中小企业系列信托产品，累计为 428 家次中小企业提供融资，信托融资总规模达 50 亿元。此外，

还借鉴中关村科技金融创新联盟经验，参与天津北辰区金融办举办的中小企业金融服务超市服务平台，并设常驻席位。

（三）参与连锁型养老社区建设

2013年，公司深入调研养老社区的发展现状及市场需求，对不同类型养老社区的经营模式、盈利模式、发展机遇与问题等进行了较为系统的研究，在此基础上形成信托支持型养老社区投融资产品设计方案。2013年，公司以湛江养老社区项目为突破，针对养老项目的长周期特点，引入保险资金合作，成功启动了大型养老社区投资建设项目。

（四）服务“三农”经济，支持“三农”产业发展

公司主要在以下五个方面展开工作：一是运用中小企业系列信托贷款比较成熟的模式，向京郊农村的农民专业合作社提供融资支持的信托贷款产品，形成可复制、可推广的产品系列。二是在农村集体资产管理领域深化信托服务，2012年推出的“富民”系列信托取得了较好效果，门头沟区政府和村民对集体资产信托化管理成果均表示满意。2013年，合作试点进一步扩大，将该区11个村镇的集体资产纳入信托化经营管理，设立了“富民2号集合资金信托计划”，受托管理资金7.2亿元。同时，与怀柔区合作的“富民3号信托计划”也进入实施阶段。“富民”系列信托为农村村集体和获得拆迁补偿款的农民提供了专门的定向理财服务。三是继续以与中合供销基金为平台，以产业基金的方式支持“三农”经济的发展，已经投资了多个项目。四是正在与北京有关区县合作设立信托基金，通过利用区财政资金、拆迁资金来撬动社会资金进入，投资于具有当地资源优势的旅游产业及新农村建设项目。

在开展农村土地流转信托业务中，公司积极发挥信托功能和资源整合平台的作用，将金融要素与土地流转有机结合起来，在严格遵循国家土地政策的前提下，更加重视保护农村和农民的利益，探索信托制度在促进农业现代化中的路径。

（五）积极支持节能环保、绿色低碳业务发展

2013年，公司重点开发合同能源管理和新能源、新产业等高科技工业项目，发行了首个投资EMC合同收益权信托计划，并在运行中获取用能业主支付的收益，对促进节能产业发展和推广该类业务具有重要意义。同时，公司还加大对节能环保各行业下游应用领域研究和跟踪，如分布式能源站及应用、LED照明机构消费应用领域等的关注与跟踪，在煤层气、焦炉煤气制LNG，以及CNG、LNG等清洁能源运营方面开展了前期工作。

（六）提升财富管理能力

公司加紧推进业务转型，通过制度设计和机构设置，采取内部资源支持和相关政策倾斜措

施，授权公司客户服务部门准公司化运营管理，由传统的产品销售型加速向以客户为中心的财富管理模式转变。在业务实践中，加强了客户信息数据的采集与更新维护，实现了客户分类，开展了客户需求分析，为定制服务和个性化服务奠定基础。同时，加强营销在客户咨询与产品部门之间的沟通作用，通过对前台客户经理组织一系列的售前培训，召开推介会、营销知识等专业培训，以及制定客户标准化服务，组织开展客户活动，有效地提高了客户服务质量。公司还在品牌宣传、标识应用、客户危机管理等实践方面进行了有益的探索。

公司在积极拓展业务、取得良好效益的同时，还积极回馈客户、回报社会。2013 年，公司再次赞助了斯诺克台球中国公开赛，以大型客户活动为公司品牌宣传的载体，邀请新老客户参与，增进感情，增强信任。同时，加强与主流媒体之间的合作，积极宣传公司在金融研究、产品创新等方面取得的成就，努力树立良好的社会形象。

（七）以风险防控为主线，保证公司稳健运行

公司始终恪守“做投资人的守夜人”的经营理念，努力尽责管理好信托财产，在信托产品设计、营销、信息披露、收益分配等环节充分考虑委托人和受益人的权利和利益，保证投资人利益不受损害。尽责管理，主要体现在公司坚持一贯的风险防控底线原则，注重强化项目全过程管控，防范发生受托人责任风险。

在风险管理实践中，公司着重加强对项目核心风险的识别与揭示，提升应急处置能力，健全风险可知、可控、可承受的运行机制，做好项目前期尽调、立项启动、审批、运行和中后期管理全过程风险管控。与此同时，公司还通过加强舆情监测，防范舆情风险。2013 年，针对有关媒体对行业的负面报道，公司将声誉风险纳入公司的核心风险、系统性风险进行管理，制订了包括舆情监测处置在内的公司重大突发事件应急处置预案，将舆情监测与应急处置机制以制度形式进行有机衔接。

与全过程风险管理同步，公司进一步完善了内控制度体系建设，防范合规风险和操作风险。2012—2013 年，先后完成 3 批业务内控制度修订，制定和修订制度共 46 项，废止制度 19 项，是近年来对公司制度体系建设的一次较大规模的补充和完善。制定和重新修订后的制度、流程和指引共计 157 项，基本覆盖公司业务管理的各个方面，进一步厘清了有关制度及流程边界，更加适应合规管理和风险内控实际操作的需要。

（八）为员工发展创造有利条件

公司坚持以人为本，视人力资源为公司最重要的生产力要素，努力为员工搭建发挥才智、实现个人价值的平台，鼓励员工与公司共同进步、共同发展。公司以提升员工素质为抓手，并将其作为公司长期发展战略，逐年制订公司员工培训计划，通过搭建分级分层培训体系，将公

司现有的培训内容细分为新员工和基层员工的基础技能培训、全员业务培训、中高层管理者培训等。2013 年公司组织相关人员参加清华大学高管班培训、信托协会专职人员培训等，使各级各层人才均获得胜任岗位所需的知识、技能和理念。公司通过刊登招聘广告、内部推荐、一类高校推荐、人才网站数据库搜索等多种方式获取人才信息，扩大人才备选范围，2013 年有 39 名新员工正式加入公司。公司的人才结构进一步优化，研究生及以上学历人员约占 66.8%，其中博士研究生占 7.5%。

公司党委、工会利用五四青年节的机会，组织部分青年员工赴阿里巴巴参观学习，开展了“现代信息产业革命与金融创新”为主题的演讲辩论，效果良好。

（九）公益慈善

2013 年 4 月 20 日，四川雅安发生强烈地震后的第四天，公司将捐赠的价值 100 万元的棉被送到震中芦山县灾民手中。8 月 28 日，公司向北京市慈善协会捐赠《学生安全预防与自救》科普图书 1 万册，书款共计 15.6 万元。

（十）努力降低办公能源消耗

公司利用办公楼顶空间，建设太阳能发电装置，用于办公楼内照明设施供电。该装置自 2011 年建成投入使用以来，已达到 34 万千瓦/小时的发电设计值，已累计发电 70 万度以上，按煤炭同等发电量计，节省标准煤 22 万公斤；减排二氧化碳 70 万公斤；减排二氧化硫 2 万公斤；减排氮氢化合物 1 万公斤；灰尘减排量 19 万公斤，为改善环境、节能减排作出了贡献。公司还采取地源热泵技术用于办公楼空调系统制冷与采暖。通过采用太阳能光伏发电和地源热泵等节能环保设施，不仅实现了绿色舒适的办公条件，同时为改善和保护环境、减少排放作出了积极贡献。

四、2014 年发展计划

（一）启动公司未来五年发展规划制定工作

经公司董事会批准，2013 年公司启动了《北京信托 2014 – 2018 年五年发展规划》前期准备工作。2014 年是公司成立 30 周年，也是公司业务转型的关键起步之年。为使公司规划制定在结合行业实际的基础上汲取国际先进经验，形成切实可行的发展目标和路径，公司本着“上下结合、内外结合”的原则开展了此项工作，成立了专门领导小组，以公开招标方式，确定了与波士顿咨询公司合作开展《北京信托五年战略与发展规划》的制定工作。

（二）做好业务发展转型关键期的工作部署

面对信托行业转型的新压力和新挑战，公司明确了2014年业务发展的整体思路：以公司新的五年发展规划为蓝本，按照业务转型需要，大力推进公司差异化发展战略。继续坚持市场化导向经营原则，走以结构优化、效率提升、资本节约为主要特征的内涵式发展道路，以大事业部集群为载体，全面推进公司组织架构的优化。继续坚持稳健经营、严守底线、防范和化解系统性风险。

根据信托业务转型发展需要，启动了公司业务部门事业部制改革。事业部在公司统一领导下，拥有相对独立的经营自主权，既是受公司控制的利润中心，具有利润生产和经营管理的职能，同时也是产品或业务的责任单位，对业务设计、研发、销售和风险管理等负有统一管理的职能。公司拟用3~5年分三个阶段完成事业部制的机构搭建和完善工作，为公司长远发展奠定坚实的基础。

（三）2014年创新业务方向和主要业务发展计划

公司确定的2014年业务发展计划及重点拓展领域内容包括：主营业务进一步向实体经济倾斜、向中小企业倾斜、向个人金融倾斜、向高净值客户与机构投资人理财需求倾斜。在产品结构上，加大直接投资的力度和资产配置能力，以客户为导向，提供全方位综合性金融服务，培养公司持续的核心竞争力。积极构建公司新的大类资产池，围绕土地信托、房地产信托投资基金（REITs）、国企并购重组、养老型房地产投资、信贷资产证券化、消费信托、家族信托、股权真实投资等领域，以事业部制为基础进行业务拓展和业务创新，加大和加快大类资产市场的扩张规模和速度。

为提升公司资本实力，2014年公司将启动增资扩股计划。

公司确定的2014年主要经营计划目标是：存续信托业务规模1 500亿~1 800亿元；业务收入总额16.5亿元，较上年增幅为8.4%；实现净利润9亿元，较上年增幅为10.2%。

华宝信托有限责任公司

一、2013 年经营概述

华宝信托有限责任公司（以下简称公司）近几年来一直坚持以专业化和差异化为基本发展思路，重点推进信托服务与资产管理两项主业，致力于核心竞争力提升、新业务模式拓展、管理资产规模增长和受托人品牌的形成。

2013 年，公司新增信托项目 362 个，所管理的信托资产规模达到 2725 亿元，同比增长 28%。

2013 年，信托行业和资产管理行业都面临着较为激烈的市场竞争，公司在市场竞争中，将严控风险放在首位，不以降低风控标准换取业务机会，着力于长期业务部署，重点巩固提高公司内部管理和客户维护等基础工作，并加大产品创新，提升了信托服务水平、资产管理能力和信托品牌，提高了公司的专业化和差异化的市场地位。

按照合并报表口径，截至 2013 年末公司固有资产 57.82 亿元，少数股东权益 4.91 亿元，所有者权益（扣除少数股东权益）45.79 亿元。公司资本充足，整体资产质量较好。2013 年公司主要盈利指标大多保持了上升态势。报告期内公司共实现收入合计 19.17 亿元，利润总额 10.99 亿元，净利润 8.21 亿元，同比增长 28%；2012 年总资产利润率 18.84%，资本利润率 17.57%，主营业务收益率 43.21%。

此外，2013 年公司荣获多项荣誉，包括《上海证券报》第六届“诚信托”评选“创新领先奖”，《证券时报》第六届中国优秀信托公司评选“中国优秀信托公司奖”、“最佳房地产信托计划奖”、“最佳证券投资信托计划奖”，2013 中国最佳财富管理机构评选中荣获“中国最佳信托理财机构奖”。

二、创新业务案例

2013 年公司在进一步加大风险控制力度的基础上，继续加快产品创新进程。

其中，基金化类固定收益类产品——“现金增利”自推出以来以其较高的流动性及稳定的收益水平受到市场好评，并平稳度过2013年罕见的“资金荒”。

房地产投资业务方面，2013年公司成功发行了3单房地产股权投资项目，2014年公司将继续推动房地产投资基金业务，做好存量客户再开发的同时积极寻找新的优质合作伙伴，将真实投资类业务打造成为公司的特色业务之一，构建差异化竞争优势。

产融结合方面，2013年公司与宝钢建筑合作推出的“产融生辉4号”已成功落户横琴国家示范新区，成为公司与宝钢建筑“宝钢产融结合”模式在股权投资领域的首次尝试与成功突破，也是宝钢建筑与上市公司合作模式的创新，可作为产融结合模式在华南地区的推广示范。2014年将是改革政策密集出台的一年，公司将紧密跟踪政策变化，努力抓住国企改革机会，积极开拓产融结合业务机会。同时，公司将继续深化与宝钢集团内企业的合作模式，持续推进与宝钢建筑等公司的产融结合业务。

股指期货业务方面，公司推进股指期货业务TOT及MOM产品的开发，在策略上也新增股指期货跨期套利功能，以丰富股指期货对冲产品的产品线；在产品模式上也将从被动管理逐渐转向被动管理与主动管理兼顾的产品模式。

三、社会责任履行情况

2013年，公司继续支持公益事业。其中最重点的工作是，在2012年深入进行公益信托相关研究后，公司于2013年设立了业内首个持续运营，并引入基金会管理模式的公益性信托——华宝爱心信托。该项目已纳入宝钢社会责任体系，并入选国资委“2013中央企业优秀社会责任实践”案例，今后将成为宝钢集团对外开展公益事业的平台，并将积极拓展机构客户。

此外，公司严格执行各项法律法规和规章制度，公司运作合法、合规、合理有效，同时重视对产品风险的揭示，及时披露产品信息，保护投资者利益，所有信托产品都正常清算缴付，按时向受益人支付本金及收益。

公司自2007年起，积极参加由宝钢集团和翰威特联合组织的员工敬业度调研活动。历年调研结果显示，公司员工敬业度呈逐年递增态势，自2007年的23%上升至2013年的76%，已经进入高绩效地带。公司员工的工作氛围、工作状态及公司文化不断改善。未来公司将进一步挖掘员工敬业驱动因素，关注员工的声音与需求，努力把公司打造为一家客户信赖、员工快乐的“幸福企业”。

四、2014年发展规划

2014年将是公司全面提升资产管理能力和内部管理能力的关键之年。公司将努力完成预算目标，同时将能力建设列为重点工作，加强资本市场管理、内部管理、运营支持等各方面的能力培养，全面提升公司前台、中台、后台的运作能力，并重点加强风控、直销及特色业务的能力培养。公司将进一步严格贷前审查，实施贷款精细化管理；加强直销渠道建设，尤其是对保险及其他机构资金的开发、异地市场的拓展；重点培育主动管理的投资类业务能力，构建差异化竞争优势。

公司将按照战略发展规划要求，重点从深度、宽度、广度等3个维度推动产品转型和业务发展：推动产品基金化转型，重点培育投资类房地产等特色业务；进一步丰富公司产品类型和投资方向；扩大资金客户和项目客户的服务区域。同时，为应对“泛资产管理”行业竞争，公司将积极研究自贸区政策机会，探索和推动设立专业子公司。

公司致力于进一步丰富产品线及提升信托服务能力，以期为客户打造更好的产品，提供更好的服务，让更多的市场主体参与信托，享受信托制度的优势。

华宸信托有限责任公司

一、2013 年经营概况

2013 年是华宸信托有限责任公司（以下简称公司）股权调整和完善法人治理的关键之年。在内蒙古自治区国资委的正确领导下，在各股东单位的大力支持下，公司过渡委员会和经营班子继续坚持股权调整和业务发展两手抓、两不误的原则，以稳中求进为指导思想，本着对公司稳定发展大局负责、对全体员工负责的精神，带领全体员工努力克服了外部宏观经济增长放缓、竞争加剧，内部业务人才流失严重的重重困难，取得了良好的经营业绩。

（一）发挥信托的制度优势服务于经济社会发展大局

2013 年，公司克服了宏观经济形势不利、信托行业监管趋紧等诸多不利因素，根据市场环境变化，重点分析了当前信托行业的发展趋势。对党的十八大以来的主要政策、内蒙古自治区“8337”工作思路及行业监管政策的最新变化进行了跟踪学习，对新的信托业务机会和新的产品信息进行了重新梳理。2013 年，公司实现信托业务收入 19 670.57 万元，占营业收入（21 550.02 万元）比重为 91.27%。2013 年，公司共计发行信托产品 56 个，募集金额 581 668 万元。其中，销售单一资金信托产品 38 个，吸收信托资金 346 023 万元；销售集合资金信托产品 18 个，募集资金 235 645 万元。兑付信托产品 125 个，兑付本金 973 707 万元。其中，兑付单一资金信托产品 85 个，兑付本金 674 177 万元；兑付集合资金信托产品 40 个，兑付本金 304 530 万元。分配受益人收益 145 996 万元。为切实维护自治区金融安全、提升信托公司在社会的公信度发挥了积极作用。

（二）配合政府和股东做好股权调整工作

2013 年，公司工作的重中之重便是股权结构调整工作。过渡委员会及经营班子全体成员互相包容、互相沟通、互相补位，以大局为重，保证了公司在过渡期内的平稳运行和稳健发展。第一，2013 年 1 月 17 日经国资委批准，公司正式成立了股权调整工作过渡委员会。第二，在过渡委员会的正确领导下，2013 年 5 月 29 日，公司取得了中国银监会《关于华宸信托有限责任公司股权变更及修改章程的批复》。第三，2013 年 6 月 26 日，公司获得了呼和浩特市工商局下发的《公司变更登记核准通知书》，至此，包头钢铁（集团）有限责任公司和中国大唐集团资本控股有限公司已正式作为股东入股公司。第四，在自治区党委组织部和自治区国资委的支持和帮助下，公司组建了新的领导班子，逐步完善了法人治理结构。

二、创新业务案例

公司积极抓住机遇，在产品服务领域和业务开展模式方面进行有益的探索，信托结合各家金融机构的业务优势，规避各自业务短板，发挥信托的灵活性，设计了全新的业务模式，不仅满足了交易各方的需求，顺利实现了资金的有效对接，而且实现了项目资源和利益共享，业务优势互补和共赢的目的。

案例一：招商银行·华宸未来单一客户资产管理计划单一资金信托

2013 年，公司开发并实施了“招商银行·华宸未来单一客户资产管理计划单一资金信托”，招商银行苏州分行将 5 亿元资金委托公司设立单一资金信托，内蒙古银行通辽分行在信托计划成立日当天受让该单一资金信托受益权。信托资金用于购买华宸未来资产管理公司的“华宸未来——通辽项目单一客户资产管理计划”，资产管理计划委托资金将用于通辽市科尔沁区保障性安居工程“红星棚户”项目的运作，对公司以后开展单一和集合资金信托业务具有重要的借鉴意义，具有较强的创新性及可复制性。

公司在细分客户财务状况和风险偏好、发掘其财富管理需求的基础上，吸收社会闲置资金，为投资者制定财富管理目标和计划。

案例二：华宸·金诚（1302）号——颐高数码广场租金收益权转让项目集合资金信托计划

2013 年 9 月，公司开发并实施了“华宸·金诚（1302）号——颐高数码广场租金收益权转让项目集合资金信托计划”，信托计划规模为 20 000 万元，信托期限为 4 年，信托计划成立满 2 年可不经召开受益人大会提前结束。本信托计划分别于 2015 年 7 月 15 日至 2015 年 9 月 9 日、2016 年 7 日 15 日至 2016 年 9 月 9 日设立两次开放期，投资者在符合本信托计划约定的前提下可于开放期认购本信托计划的信托单位。

为了更好的维护公司优质客户、充分发挥信托制度优势，“2 + 2”准基金化交易结构的设计，设定了每年可以申购和赎回的开放期。通过这种交易结构的设计，解决了信托产品期限短与融资企业资金需求长的时间错配问题，与其他金融机构形成差异化竞争，同时也解决了投资者信托资金的流动性。

三、社会责任履行情况

（一）积极支持国家和自治区重点建设项目为社会经济发展贡献力量

信托可以跨越资本市场、货币市场和实业领域进行投资，能够将金融与实业有效地连接起来，汇聚社会闲散资金服务于实体经济。对于公司来说，发挥创新优势、服务实体经济，既是责任，也是机会。2013 年，公司积极参与国家及自治区重点建设项目，全年累计为阿拉善通勤机场建设、通辽科尔沁区污水处理、集宁供热管网改造等项目筹资 44 640 万元。

（二）积极开展保障性住房项目支持民生工程

2013 年，公司及时调整了房地产信托业务的策略与方向，适时介入了符合国家政策导向支持的保障性住房建设项目。全年为呼和浩特回民区棚户区改造、包头东河区井坪小区棚户区改造、阿拉善盟阿左旗棚户区改造、阿拉善经济开发区棚户区改造、阿拉善盟额济纳旗棚户区改造等项目累计提供资金支持达 75 500 万元。这些项目的开展不仅为保障房建设提供了及时有效的融通资金供给，同时也积极贯彻落实了国家宏观经济发展方针，更是公司支持民生工程建设，展现良好社会责任的平台。

（三）坚决践行“8337”推动县域经济发展

县域经济是整个国民经济的基础。公司紧紧围绕自治区关于金融支持县域经济发展的一系列决策部署，坚持立足内蒙古、服务基层的运作方针，充分发挥信托直接融资功能，助力自治区县域经济发展。通过实行差异化策略，着力提升金融服务的针对性，为有效解决县域金融结构单一、规模较小、经济贡献度不足以及企业融资难、融资贵等问题创造了有利条件。2013 年公司开展促进县域经济发展项目 24 个，资金规模为 125 930 万元，占新增业务规模的 21.6%，涵盖了基础设施、教育、医疗卫生等领域。

（四）适时结束某些行业的信托项目全力维护受益人的利益

信托项目的顺利结束直接关系着受益人的本金兑付及收益分配，甚至关系着公司及整个信托行业的声誉。2013 年，为确保受益人的本息万无一失，公司高度关注某些行业可能发生的潜在风险，在与项目单位充分协商的基础上，审时度势，适时结束了 3 个信托项目，规模累计 73

090 万元。该措施虽然使得公司托管的信托资产规模和信托手续费收入均有所降低，但却切实维护了受益人的利益，体现了“调结构、惠民生”的战略意义。

四、2014 年发展规划

总体思路：落实党的十八届三中全会精神和自治区党委制定的 8337 发展思路，研究确定公司的发展战略，以稳建经营、控制风险为前提，以完善法人治理结构建设、机构建设、制度建设为基础，以有效的激励机制为动力，积极拓展业务，增强实力，扩大规模，力争使公司的经营成果有效大幅度的增长，为今后发展奠定基础。

（一）重新审视经营环境形成科学的、可持续的发展战略

在最近召开的党的十八届三中全会上，党中央提出了要处理好“顶层设计和摸着石头过河的关系”问题。公司的顶层设计，就是要制订明晰的发展战略。2014 年，公司首先要正确认识当前信托行业所面临的严峻形势，理性分析公司自身状况及经营形势。在此基础上，研究符合公司实际的文化理念、经营机制、发展目标和发展模式，制订与之相配套的发展规划和子战略，如企业文化战略、人才战略、资本扩张战略、产品战略、渠道（营销）战略等。

（二）摸清家底加强基础工作

2014 年公司将全面、细致地梳理存量业务和各项内控制度，及时总结经验、发现不足，通过科学、合理的公司内部控制制度建设，把各项基础工作做深做实。

（三）居危思危防范化解风险

针对公司风控工作面临的一系列新情况和新问题，不断完善风险管理制度体系，及时制订风险处置预案，做好风险防范及化解工作，这是公司当前工作的重中之重，必须做好做实。同时，要本着“居危思危”的态度，不断强化风险意识，积极吸纳国内外和同行的成功经验，完善风险管理制度体系，形成符合公司实际的风险管理体系和理念。

（四）深化改革建立良好的经营机制

公司股权结构调整的顺利完成和法人治理结构的逐步完善，为公司深化机制改革提供了良好的契机。2014 年，公司将重新梳理内部治理机制，重新构建组织机构体系，抓好制度建设，积极推动劳动、人事、分配三项制度改革，把以人为本的科学发展观落到实处。

（五）贯彻落实“8337”工作思路发挥信托制度优势服务于自治区经济社会发展的大局

“8337”是立足内蒙古实际，推动内蒙古科学发展的重要指导思想。公司作为自治区地方金融机构，担负着推动地方社会经济发展的重任，为此，公司将深入贯彻落实党的十八届三中全会精神以及“8337”的发展思路，以科学发展观为主题，以加快业务创新发展为主线，正确把握公司工作同自治区经济发展的关系，自觉服从和服务于自治区工作大局。

（六）加大营销工作力度构建新的营销体系

近年来，信托产品的营销工作虽然在不断进步和提升，但始终是公司业务发展的短板之一。特别是2013年末监管部门对“三方渠道”营销持明确的否定态度后，如何构建新的营销体系，如何找到一条适合公司的营销道路、顺利完成营销转型是公司2014年主要工作之一。

（七）继续深入开展教育实践活动发挥党组织政治核心作用

2014年，公司党委将继续加强公司领导班子和广大党员的思想建设、组织建设、作风建设、廉政建设，积极探索如何将党建与公司经营管理工作紧密结合起来的途径，为公司发展提供强大的思想保障和组织保障。继续以教育实践活动为契机，以创建学习型、服务型、创新型党组织为目标，加强党员干部队伍建设，按计划发展好新党员，不断壮大党员队伍，引导党组织和党员为公司下一步的创新发展发挥好党员的引领和带动作用。

华润深国投信托有限公司

一、2013 年经营概况

2013 年，华润深国投信托有限公司（以下简称公司）面对激烈的市场竞争和严峻的宏观调控形势，坚持战略导向、文化引领和组织变革的总体思路，持续推进落实五年发展规划，积极推动业务转型与创新，业务规模大幅提升，业务品质显著改善，超额完成了各项年度指标，实现了持续快速健康发展。

2013 年，公司实现收入 29 亿元，其中，信托收入 17.49 亿元，同比增长 43%；实现利润 18.77 亿元，同比增长 34%；净资产收益率达到 21.4%；为投资者创造收益近 40 亿元，复合增长率达 154%。截至 2013 年末，公司总资产 132 亿元，净资产 122 亿元，净资本 94 亿元。管理的信托资产规模 3587 亿元，同比增长 95%。业务品质不断提升，“四化”指标同比均有大幅提升：集合化率同比增长 34%，基金化率同比增长 100%，集合项目期限（长期化）同比增长 62%，直销化率同比增长 4%。

在风险和竞争加剧的市场环境下，公司稳健经营的作风得到监管机构、业界同行、学术机构及主流媒体的广泛认可。2013 年，公司分别荣获华润集团颁发的“团队建设年最佳工作成效奖”；“协同鼓励奖”；金融界网颁发的“领航中国信托行业奖”；上海证券报社颁发的第七届“诚信托—卓越公司奖”；证券时报社和新财富杂志社联合颁发的“2013 中国最佳信托理财机构”奖项、21 世纪经济报道颁发的“2013 最佳信托公司奖”及证券时报社颁发的“中国优秀信托公司”、“中国最佳房地产信托计划”等多项奖项。

二、创新业务案例

2013 年，公司研发了多个创新业务模型，如信贷资产证券化、开放式基金、对冲基金等，展现了公司作为老牌信托公司的专业实力以及捕捉市场机会的敏锐度。在创新业务实践方面，公司取得了诸多显著成果，简述如下。

（一）华威 1 号项目——整合资源、定制服务，输出管理、提升价值

2013 年，公司成功发行了华威 1 号集合资金信托计划，该产品是目前市场上较少见的纯粹的地产股权投资基金，通过定制化的方案为融资者带来资金、管理、品牌等全方位的价值提升，实现公司从简单融资者向房地产开发投资者的身份转变，推进公司从提供简单资金支持到全面输出管理服务的战略升级。该信托产品获得了保险及券商等机构的广泛认可，在发行阶段获得近 2 倍的超额认购，达到了投资者多元化的预期目标。在逐步开放的资产管理市场环境中，公司运用自身协同创新优势，进一步获得投资者的认可，树立了良好的品牌形象。

（二）招商银行 CLO 项目——信贷资产证券化的有益尝试

2013 年公司凭借过硬的专业能力，取得招商银行 CLO 项目的受托人资格。招商银行作为发起机构，选择正常类公司型信贷资产和信用卡汽车分期消费贷款组成资产池，分别进行证券化融资，公司作为受托机构及发行人在银行间债券市场发行资产支持证券。本项目拟入池的对公贷款主要关注小微、“三农”、棚户区改造和基础设施建设这几个行业，符合国家近年的信贷政策导向。此外，市场上尚无以信用卡应收款作为标的资产的证券化成功案例，比较接近的是汽车财务公司的汽车消费贷款证券化，但两类资产在现金流分布和资产风险特征上仍存在差异，本项目的立项对于其他信用卡应收款证券化的尝试有积极意义。

（三）红钻 1 号项目——证券投资领域主动管理与产品设计能力相结合的典范

公司将证券投资领域的主动管理能力和固定收益类产品设计上的优势相结合，为客户提供差异化、风险特征鲜明的分级投资产品，分散客户资产配置过于集中于房地产的风险，扩展和巩固公司的客户群。2013 年设计了 TOF—彩钻系列产品，主要投资于公司的固定收益类（主要为固定收益信托）和权益类投资项目（主要为量化对冲基金和证券投资信托）。红钻 1 号是 TOF—彩钻系列的一类分级基金产品，提供三种收益特征信托单位，分别是较高的固定收益、较低固定收益 + 部分浮动收益、大部分浮动收益。本产品的开发，一方面扩大了公司自主管理的资产规模、进一步提升自主管理能力；另一方面提供了不同风险收益率结构的产品，可适用于不同风险偏好的投资者，符合公司资产管理和私人银行的大发展方向。

（四）成立华润元大基金

2013 年 1 月，华润集团首次与台资合资成立的金融机构华润元大基金管理有限公司注册成立，其中华润信托持股 51%，中国台湾元大宝来投信持股 49%，华润元大的成立标志着华润集团正式进军公募基金行业。作为华润金融战略布局的重要举措，华润元大将进一步完善华润产

业链条，为华润在金融大资管时代的发展打下坚实基础。截至 2013 年末，元大基金已成功发行多只产品，规模达 14.8 亿元。

三、社会责任履行情况

（一）开展“碳金融”业务研究，助推节能减排

近年来，全国多数省市出现大范围雾霾天气，PM2.5 指数爆表，我国环境污染形势严峻，社会反响强烈。公司结合华润集团在电力、水泥、燃气的产业优势，积极开展能服基金、清洁能源产业基金的设立研究，计划在 2014 年推出相关产品，助推节能减排。

（二）践行社会责任，搭建企业、员工慈善公益平台

组织员工向庐山地震受灾同胞捐款捐物；通过华润慈善基金，参与华润希望小镇建设，帮助老少边穷地区农村群众改善居住条件；发挥华润多元化优势，华润希望小镇为探索新型城镇化建设、提升农民收入、形成华润特色扶贫模式、促进“三农”问题解决，提供了有效的路径。该项目已经建成希望小镇 8 个，极大地改变了农民的生产、生活面貌，受到社会各界和国资委的高度评价，入选国务院国资委组织评选的中央企业优秀社会责任实践案例。

四、2014 年发展规划

2014 年，公司将继续坚持以客户为导向，通过持续创新，建立专业专长，为客户持续提供定制化、差异化的综合解决方案，持续加强以“五力、四化、三加强”为导向的组织能力建设。同时结合宏观环境的变化，按照“稳定、成长、变革”的总基调和“一慢、二看、三通过”的审慎中短期策略，强化合规和风险管理，加强人才队伍建设，适度调整目标客户范围，研究探索非地产新业务稳健经营，为客户、员工、股东持续创造价值。

华信信托股份有限公司

一、2013 年经营概况

2013 年，华信信托股份有限公司（以下简称公司）通过开展规范化的金融信托业务，不断完善法人治理结构，坚持防范风险、合规经营、持续创新、稳健发展的方针，积极参与经济建设，为社会提供灵活多样的金融服务，在取得良好经济效益的同时，也赢得了社会各界的广泛好评。

（一）成功完成增资扩股，进一步夯实资本实力

继 2012 年增资至 30 亿元之后，公司在股东单位的大力支持下，再次启动增资扩股，并成功将注册资本提升至 33 亿元，为公司业务空间的拓展奠定了坚实的基础。

（二）主要经营管理指标同比大幅增长

2013 年，公司实现营业收入 17.08 亿元，利润总额 15.21 亿元，同比分别增长 44.87% 和 48.97%。2013 年末，公司净资产为 58.78 亿元，受托管理信托资产余额 763.85 亿元，同比分别增长 7.38% 和 35.34%。

（三）兑付信托资金规模翻倍，信托资产继续保持高质量

2013 年，公司向投资者兑付信托资金 435.72 亿元，同比增长 87.34%。所有到期信托计划均按期兑付，投资者获得的实际收益率都达到了信托计划发行时的预期收益率。

二、创新业务案例

为了降低证券类信托管理成本，扩展委托人的服务范畴，提升信托服务职能水平，公司借鉴伞形信托和结构化证券信托业务，依托先进的信息化系统，创新式的设计出伞形结构化证券

信托。各子信托以母信托名义操作，但投资操作相互独立，各子信托投资证券品种数量之和须符合母信托风控要求，并对子信托分别记账、分别核算。此类产品能够大幅降低信托公司的管理成本和次级受益人的资金成本，在证券市场以震荡为主的情况下，有利于将不同风险偏好的投资者的投资需求结合起来，由公司协调一般委托人和优先委托人的需求与资金匹配，达到双方的共赢。

2013 年 2 月，公司发行了伞形结构化证券投资信托的代表性产品——华信·财智通 1 号结构化证券投资集合资金信托计划，截至 2013 年末，该产品信托规模达 9 000 万元，单位累计净值 1. 3966 元，整体年化收益率约为 61. 83%，高出同期上证综指 73. 81 个百分点。

三、社会责任履行情况

自 1981 年成立起，公司将积极履行企业社会责任作为一项重要的战略举措和对社会的郑重承诺，在追求经济效益、保护股东利益的同时，合理保护员工的合法权益，诚信对待投资者，维护公共利益，支持公益事业，帮助弱势群体，保护生态环境，积极承担企业应尽的社会责任。

自 2002 年开办资金信托业务以来，公司管理的所有信托计划均按期兑付，收益率都达到或者超过了信托计划发行时的预期收益率，充分保障了股东和受益人的权益，在大连理财市场和信托行业内树立起了诚信服务、健康发展的企业形象。

公司始终坚持保障员工的合法权益，在合理引导、发挥员工才能的同时，积极开展各项培训活动，不断提升员工的综合素质，为员工实现自我价值提供优秀的平台。

公司依法诚信纳税，积极履行企业法人的纳税义务，助推地方经济发展，并连续多年荣获大连市“AAA”级纳税企业。

公司积极参与社会公益事业，组织向四川芦山地震地区捐款。持续参与扶贫帮困，与大连市瓦房店小房村结成帮扶对子，并派相关工作人员实地走访调研，向帮扶对象捐款捐物，帮助定点帮扶村庄的居民解决实际问题。

四、2014 年发展规划

一是加快信托业务营销。找准业务发展方向，落实监管要求，重点开展体现核心资产管理能力的自主管理类业务，加快推进业务转型和升级。同时，关注国企改制、农村土地流转、家族财富管理等新业务领域，主动捕捉业务机会。

二是加强固有资产管理。做好美元资金的管理运用，重点开展 QDII 业务，实现保值增资目标。开展适当规模的金融产品投资，力争实现投资收益最大化。拓宽自有资金运用渠道，研究同业拆借、投资等业务领域，有效地提高资金使用效率及效益。

三是强化人力资源管理，真正实现干部能上能下、员工能进能出。实施薪酬改革，实现按绩计酬，使分配更加科学合理。全面实行经营管理指标考核，考核结果与职级、薪酬直接挂钩，强化考核激励作用。抓好员工培训，提升员工的综合素质、理论水平和实践能力。

四是强化风险管理，把好业务准入关口，要严格执行既定的准入政策和定价标准。做好合规审查，加强法律文书、产品结构设计的制定与审查工作，最大限度地降低风险隐患。加强项目管理，要定期对融资企业进行走访，及时研判项目风险和风险预警，并采取相应的风险控制措施。强化审计检查，对重点业务、重点环节开展专项审计，审计监督范围要覆盖业务从开始到结束的所有节点、全部业务资料。

五是严格财务管理，进一步细化各项费用管理及考核标准，组织按年初预算逐项审核并监督各项费用开支。对于大额费用支出强化项目预算管理，加强费用支出合规性、支出标准等方面的审核。做好财务分析，对资产负债、财务收支等进行全面的科学分析，提高资产配置效率。做好现金管理，最大限度地提高资金利用效率。

六是加快信息系统建设，完成综合业务管理系统上机工作，实现新旧系统平稳切换。做好系统安全管理，防范科技风险。制订系统数据备份方案，实现重要数据异地备份。

平安信托有限责任公司

一、2013 年经营概况

2013 年，平安信托有限责任公司（以下简称公司）坚定既有发展战略，积极推进业务转型与创新，持续优化产品结构，不断提升风险管控能力，本着合法稳健经营、可持续发展的原则，积极打造财富管理品牌与非资本市场投资品牌建设，盈利能力、业务品质、综合实力均稳步提升，按规划实现全年经营目标。

公司净资本充裕，自 2011 年起，公司历年净资本水平均在 100 亿元以上，远高于 2 亿元监管要求。“净资本/各项业务风险资本之和”与“净资本/净资产”两项监管指标持续远高出监管标准，公司经营稳健、安全。

2013 年，公司实现净利润 19 亿元，同比增长 25. 2%。信托管理资产规模超 2900 亿元，同比增长 37%。其中，集合信托实收规模达 1760 亿元，同比增长达 46%。

2013 年，国内宏观经济波动明显，市场对金融企业经营的稳健性、安全性要求持续提升。公司在强化自身非资本市场投资能力的同时，持续加大业务风险管控力度，加强市场研判、甄选优质交易对手、强化项目安全措施，物业、PE、基建三大优势投资领域规模实现安全、稳健增长。产品创新推动搭建多元化、开放式产品的平台，落实“买渔”规划、推进海外资产配置能力建立，以具市场竞争力的产品供给能力满足客户全产品线资产管理需求。财富管理业务模式不断清晰，财富管理顾问团队专业能力、服务水平持续提升，截至 2013 年末，公司累计高净值客户数预计超 3. 4 万人，同比增长 30%；个人高净值客户资产管理规模超 1500 亿元，较 2012 年末同比提升 54%。

2013 年，公司联合国际知名咨询顾问麦肯锡共同发布《2013 中国信托业发展报告》，通过系统研究信托业各业务领域的发展趋势与规律，借鉴国际领先机构的做法和经验，帮助信托业探索未来发展趋势，寻找转型战略及需搭建的核心业务能力。通过发布行业报告，公司将战略研究结果共享、传递给整个信托行业，为同业公司提供在新市场环境下可持续发展的业务模式、战略选择，践行作为行业一员应尽的义务，并为促进整个行业的发展积极发挥自身价值与作用。

二、创新业务案例

公司秉承铸造业内财富管理的第一品牌的管理理念，近些年不断的通过自身的投资管理能力，积极开拓、努力创新，为客户提供多样化、全方位的投融资一体的财富管理服务。通过引进高端多领域的人才、多年业务拓展的积累以及敏锐的市场嗅觉，在2013年，公司调整战略布局，开拓海外资本市场投资，增加宏观研究力量，不断的推出更广领域和多渠道的投资产品。

（一）质押融资产品的多样化

质押融资业务开展以来不断推出顺应市场的融资产品，2010年成功推出信托业界首创的“睿富一号”大宗交易模式产品，领先市场同类产品1～3年推出，后又相继推出个人股票融资、信托受益权融资、应收账款融资、仓单融资、伞型模式及小微贷款等多种融资模式，兼顾投、融双向服务。2013年推出的应收账款融资业务，是一款为企业打开现金流、盘活资金为主要目的的产品，兼顾多种还款模式，市场接受度高。

（二）开辟风险缓冲型私募产品线

2013年资本市场建立了数条创新产品线，包括股指期货、风险缓冲型私募产品、夹层产品，其中风险缓冲型私募产品通过结构化设计和预警止损控制，在一定期限、范围内降低客户本金亏损的风险，同时，客户还可能分享产品的浮动收益。

（三）利用新技术提升客户服务体验

2013年，公司开发了公司私人财富管理系统（PWM），PWM在理财经理为高净值客户做资产配置服务的业务流程和软件技术实现两方面实现了革命性的突破和创新，为客户提供了全新的服务体验。该项目荣获深圳市政府颁发的的“2013年度深圳金融创新奖”优秀奖。

三、社会责任履行情况

（一）践行企业社会责任，搭建客户、企业、员工慈善公益互动平台

2013年，公司联手广西师范学院，首度以校企合作的形式，引入教育部“中小学教师国家级培训计划”，在马山县合理村平安希望小学试点农村中小学教师置换脱产研修项目，通过师范生支教和师资培训结合的方式，重点帮扶希望小学提升教学水平。

2013 年 4 月，四川省芦山发生里氏 7.0 级地震后，中国信托业协会发布《中国信托业协会发起支援四川芦山抗震救灾活动倡议书》，公司第一时间响应协会的号召，捐赠金额 150 万元，积极参与“芦山赈灾公益信托”计划，切实履行社会责任，为抗震救灾作出贡献。

2013 年也是公司公益慈善活动迎来第五周年，公司延续“爱心，让希望延续”主题，助学广西合理村希望小学，关爱救助深圳福利院，慈善募捐雅安地震（上海），捐书助学贫困山区小学学生（北京），搭建客户、公司、员工间的公益慈善平台，积极践行企业社会责任。

（二）积极投资节能环保项目践行绿色金融

2013 年，公司积极支持节能减排、低碳环保，发展循环经济的企业，并为可再生、清洁型、环保型技术和产品的推广而作出努力。在信托直投业务中，公司以约 3 亿元投资了国内环保行业的骨干企业及山东省大气污染治理烟气脱硫工程龙头企业山东三融环保工程有限公司，帮助公司有效配置资源，加强公司新技术的研发和推广应用。公司还以 6 000 万元投资了国内领先的能够对餐厨垃圾进行全产业链处理的企业江苏洁净环境科技有限公司，其处理工艺实现了资源全部回收利用，废油转化生物柴油的转化率达到 85%，餐厨垃圾每吨产沼气量达到 100 立方米，一次性餐盒、筷子、玻璃瓶、废塑料分离回收率 98% 以上。

（三）积极进行投资者教育

2013 年，公司通过市场展望与投资策略报告会、阳光私募高峰论坛等多种形式的线下活动，持续与投资者开展沟通，帮助投资者更好的认识信托理财，掌握市场研判方法，了解投资中的风险并理性防范和控制。全年累计举办各类活动 58 场，累计接近 8400 人次投资者受益。

2013 年，公司官网正式推出投资者教育专区，下设“信托常识”、“信托法律”、“风险提示”、“投资锦囊”、“参考资料”5 个栏目数百篇文章，帮助投资者全面深入的了解信托。

四、2014 年发展规划

2014 年，国内宏观经济形势仍面临诸多不确定性。在大资产管理时代到来的背景下，市场竞争愈发激烈；几年高速发展后整个行业所积聚的业务风险也开始显现。新形式下信托公司业务模式转型、寻求新的市场竞争力实现可持续发展成为包括公司在内的整个信托行业所面临的首要问题。

2014 年，面对激烈的市场竞争，公司将一如既往以业务风险管理为经营、发展的前提与底线，积极寻求业务模式的持续突破与转型，以“品质优先，利润导向，遵纪守法，挑战新高”为宗旨，聚焦“另类资产管理”、“私募投行”和“私人财富管理”三大核心领域，专注另类产品并做深行业投资，统一“对公”及“个人”渠道布局，通过建立一流的投资队伍、有效的投融资平台，致力于为客户提供最安全、回报最优的产品，以保持中国一流的、具有创新力的信托公司的行业领先地位，按规划实现全年经营目标。

上海国际信托有限公司

一、2013 年经营概况

2013 年，上海国际信托有限公司（以下简称公司）坚持稳中求进、创新发展的工作主基调，牢牢把握发展主动权，发挥公司品牌优势，加大市场拓展力度，做强做大信托主业，持续推进业务创新，同时全面提升风控水平，强化大运营管理，优化组织架构设置，完善新系统功能，全力推动公司开创事业发展新局面。截至年末公司实现利润总额 16 亿元，实现受托资产规模接近 2000 亿元，信托业务收入超过 10 亿元大关。

在信托主业方面，政信合作、银信合作等业务继续受到严格监管，证券市场持续萎靡，伴随持续三年的限购政策威力递减，房地产市场出现回暖。公司积极应对政策和市场环境的变化，对行业发展进行前瞻性的研究，持续推进业务转型，努力培育主动管理能力，不断创新业务模式和管理模式。在基金化业务方面，成功推出上信·万科房地产股权投资集合资金信托，募集资金约 28 亿元，规模名列国内房地产投资基金前列，截至 2013 年末，公司基金化业务规模约达 400 亿元；在资产证券化方面，继 2012 年实现零突破后，2013 年又相继成功中标多家银行和机构的信贷资产证券化受托人资格；在拓展资金渠道方面，大力开拓险资对接信托产品，结合大型央企和行业标杆企业的融资需求特点，引入众多国内一线险资作为投资人，探索重大产业项目信托对接险资模式，2013 年取得实质进展；在海外信托方面，公司进一步加大投资管理能力的培育，通过与境外投资管理公司的合作，积极参与 QDII 项目的日常投资管理，不断提高对海外债券市场的跟踪和分析能力，“上海信托铂金系列大中华债券投资集合资金信托计划”荣获“2013 年度上海金融创新成果奖”；在布局财富管理业务方面，公司积极开展家族财富管理和传承业务探索，成功举办 2013 年首届中国家族信托年会、家族财富传承研讨会、财富传承沙龙等，在不断寻找市场潜在客户群，在产品方面成功推出公司首个主动管理型家族财富管理产品——信睿稳利单一信托计划，在保持良好流动性的前提下，为超高净值客户实现财富稳健增值服务。

在自营业务方面，公司主动把握宏观经济形势及市场风格转换，全力适应市场变化，在证券市场主动管理投资方面取得佳绩，同时加强市场研究，丰富投资品种，开拓投资渠道，扩大投资规模，努力提升固定收益业务的盈利水平。在流动性管理方面，积极做好头寸安排，在保证资金安全的前提下，组合运用各类短期投资工具，优化资金布局。

在风险管理方面，全面提升风控水平，一是加大对项目实质风险的审查力度，加强独立现场的尽职调查，提高风险预审的客观性和准确性；二是强化贷后风险管理，完善“随访记录”制度，注重检查和发现项目的风险预警信息，并建立部门负责人审核制；三是重视风险排查管理，对银担合作业务、房地产信托业务等多类业务进行风险排查；四是强化交易管理，对相应业务流程和管理规则进行梳理，并制定了关于交易监控、交易室管理等制度，有效地防范风险和案件的发生。

在客户营销方面，公司网上交易系统正式上线，CRM 客户关系管理系统开发工作稳步推进，并积极探索移动智能终端等现代客户服务方式，持续提升客户体验；同时不断提高自主直销能力，优化营销结构和布局，2013 年公司集合信托产品直销率为 100%，直销规模的同比增长率近 50%，并积极开拓机构客户，与众多保险公司和基金公司建立了良好的业务往来，积累了一定数量的客户资源。另外，继国金财富中心开业后，新天地财富中心、新虹桥财富中心也先后开业，成功完成公司在上海市域内主要高端客户聚集区的网点布局。

在运营管理方面，强化大运营管理，加强部门联动，通过完善业务操作规则和指引，提高各板块的协同效应，有力推进中后台运营标准化工作；同时优化新系统功能，建立运营操作流程，做好运营可行性评估，切实提升长效保障机制。

在品牌建设方面，公司在权威机构主办的各项评选活动中屡获殊荣，先后荣获“诚信托—管理团队”、“诚信托—价值信托产品”、“中国优秀信托公司”、“优秀理财管理团队”、“年度综合实力最佳信托公司”等奖项；公司网站获评“2013 年最佳信托公司网站”，公司“新一代业务系统建设项目”获评“2013 年度信托业互联网创新优秀案例”，“上海信托铂金系列大中华债券投资集合信托计划”荣获“2013 年度上海金融创新成果奖”。公司连续三届高票当选中国信托业协会理事和副会长单位，获评为“2011—2012 年度上海市文明单位”、“上海市平安单位”、“2012 年度货币信贷政策导向最高评级”、“2012 年度上海企业征信考核二等奖”、“2011—2012 年度上海业务统计监测优秀机构”，公司非现场监管报表统计也获得通报表扬。

二、创新业务案例

案例一：上信·万科房地产股权投资集合资金信托计划

2013 年，公司成功发行了上信·万科房地产股权投资集合资金信托计划，通过增加主动管理型产品的发行，更好地满足了一部分投资者资产多元化配置的要求，也充分发挥了公司在投资管理方面的优势。

产品特点：（1）房地产信托基金由公司与万科强强联手推出；（2）信托资金用于认购有限合伙企业的有限合伙份额，成为合伙企业的有限合伙人（LP），直接参与相关的房地产项目开发，分享合伙企业的投资收益；（3）投资者的收益取决于市场的变化、项目收益水平以及基金的投资运作所带来的最终收益，不仅改变了传统的单一获取固定收益的盈利模式，也直接体现了公司的主动管理能力。

案例二：西南水泥租赁设备资产收益权投资集合资金信托计划

身处大资产管理时代，公司一直以创新为使命，致力于拓宽资金来源，拓展资产配置领域，探索创新方向。保监会的一系列新政拓宽了保险资金的投资范围，保险资金获准投资集合信托对信托行业是一个重要的利好。公司利用丰富的业务知识与经验，设计有效的产品结构、制定稳健合规的增信措施，联合多家国内顶尖保险机构发行首单由信托、融资租赁及央企共同合作的集合资金信托计划——“上海信托·西南水泥租赁设备资产收益权投资集合资金信托计划”。

产品特点是：（1）本信托计划为业内首单结合保险、信托、融资租赁各公司优势的集合资金信托计划，具有重要的创新意义；（2）通过信托与融资租赁的结合，有效满足了优质融资客户降低成本、改善负债结构的需求；（3）信托公司有效地拓宽资金来源，为国内机构投资者提供更广阔的资产配置服务。

案例三：“信睿·稳利”系列家庭财富管理信托计划

公司持续推进在家族信托领域的探索与创新，为国内高净值客户提供定制化的财富管理服务。通过过去几年大量发行具有良好市场口碑的信托产品，公司积累了一大批高净值客户，形成了诚信为本的品牌形象。目前高净值客户对财富保障与传承需求愈发旺盛，家族信托作为对家族财富进行长期规划和风险隔离的重要金融工具，已受到较多关注。经过长期的摸索与积累，2013 年公司成功发行了首单“信睿·稳利”系列家庭财富管理信托计划。

“信睿·稳利”系列家庭财富管理信托计划为单一资金信托计划，由公司高净值客户作为本信托计划项下的单一委托人，委托公司设立并管理该信托计划。产品主要特点有：（1）涉及资金较大，产品期限较长；（2）收益分配条件、分配方式及分配时间与比例可根据委托人自身的情况作定制化安排；（3）设计灵活，可针对信托本金及收益作出特定目的的安排，包括慈善安排、家族创业基金、家庭成员教育安排，以及其他符合法律规定及合同约定的安排。

三、社会责任履行情况

一直以来，公司深刻认识到，企业作为重要的社会单元，理应在自身追求卓越的同时努力回馈社会。2013 年，公司积极响应赈灾捐助，关注社会弱势群体，支持文化产业发展，保护员工合法权益，为投资者提供财富增值服务，积极践行企业的社会责任。

在社会公益方面，公司一方面积极参与四川雅安地震捐助和云南大理“希望水窖”公益捐赠活动，弘扬中华民族“一方有难、八方支援”的传统美德；另一方面继续深化“一手扶老、一手牵小”的双结对长效机制，开展了春节送温暖和夏季扶贫帮困献爱心两次活动，公司董事长还作为黄浦区人大代表参加了集中联系社区活动，主动关注社区民生。同时，公司还按要求完成了义务献血共计 13 人次，以各种方式奉献爱心。

在支持文化产业发展方面，继冠名柏林爱乐乐团音乐会、德累斯顿国家管弦乐团上海音乐会后，2013 年公司又独家冠名歌剧《阿蒂拉》，不遗余力地支持上海文化事业的发展。该剧是上海大剧院十五周年大修重新开幕的揭幕之剧，由上海大剧院、匈牙利布达佩斯大艺术宫、上海歌剧院联合制作。公司希望借此机会支持国内艺术原创力量与国外院团的交流与合作，并希望公司为文化公益事业付出的努力能够使更多喜爱音乐的人欣赏到美妙而震撼的艺术盛宴。

在客户服务方面，公司不断探索财富管理模式，提升客户体验，主要做了以下几方面工作：（1）尽职管理信托产品，定期做好产品的信息披露工作，报告期内信托产品全部实现到期安全兑付，帮助投资者实现绝对投资收益；（2）提供高品质的增值服务，先后举办财富传承沙龙、2013 年首届中国家族信托年会、经典歌剧赏析、奢侈品鉴赏展、艺术品品鉴会等一系列高端、专业的客户活动；（3）大力发展网上信托，公司网站全新升级，网上信托功能全面开通，同时开发了手机移动终端软件，并初步实现微信单项发布和推送功能，进一步提供客户查询和交易的便捷；（4）完善营销布局，新天地财富中心和新虹桥财富中心先后开业，并设置不同的定位，一方面满足了客户就近办理业务的实际需要，另一方面也为不同区域客户群体提供了差异化的理财体验。

在保障员工权益方面，公司认真听取员工意见，关注员工成长，建立科学的培训体系，不断扩展培训的覆盖面，丰富培训内容，除了新员工入职培训、领导力综合培训等常规内容外，还定期增加了系列业务讲座，内容涵盖财务制度、运营流程、案例介绍、宏观分析、人文素养等方面；同时，在全公司范围内开展读书活动，倡导开卷有益的学习型文化。在搭建员工交流平台方面，公司领导定期与基层员工进行面对面的交流座谈，在中秋佳节当天与青年异地员工共度团圆夜，持续开展足球、篮球、乒乓球、羽毛球、瑜伽、棋牌等健康向上的文体活动，同时还组织了参加好八连学习、健康长跑等团队学习建设活动，并成功举办员工才艺表演活动，通过各种上下互动的团队活动，努力搭建员工沟通交流和展示的平台。

四、2014 年发展规划

2014 年，面对复杂多变、机遇与挑战并存的国内外经济环境和市场变化，公司将紧扣全面深化改革的指导思想，以市场化、专业化、国际化为导向，把加快创新转型贯穿于公司发展的各个领域，增强公司发展的内生动力，全力推进公司的可持续发展。

在信托主业方面，一方面要全力提升既有业务核心竞争力，继续推进房地产、基础设施等重点产业领域的基金化业务，对现有投资方式进行转型升级；另一方面加快创新成果向现实生产力的转化，提升核心投资配置能力，全力实现 QDII 业务、海外信托业务、家族信托业务与大类资产配置业务的协同联动；同时对消费金融业务、土地流转信托业务等新的业务机会进行高度关注，并争取实现突破。

在自营业务方面，要密切关注 CPI 和利率市场走势，不断优化固有业务的资产配置，提高固定收益产品的配置比例，灵活把握股票市场的投资机会，积极推动自营投资业务的创新，并加强流动性管理和对信托业务的支持，充分发挥自营业务和信托业务的协同效应。

在财富管理方面，要继续探索财富管理的发展方向，突出财富管理先行者的品牌优势，加强“信睿”等高端财富业务的推进，逐步实现客户的全市场配置，同时进一步提升客户营销服务的水平，成立客户服务中心，完善网上支付、手机终端、微信等现代服务功能，拓展多元化的资产配置产品线和金融产品，全力打造公司在财富管理领域“专业化、差异化”的核心竞争力。

在经营管理方面，进一步提高风险控制水平，完善内控体系建设，优化升级新业务系统功能，促进公司大运营组织架构转型，提升整体运营效率，全面构筑长效保障机制。

中国对外经济贸易信托有限公司

一、2013 年经营概况

2013 年，中国对外经济贸易信托有限公司（以下简称公司）认真贯彻落实年初的总体部署，牢记创业的使命和责任，以创新为突破口，以创业队伍为依托，加快推进战略转型，持续提升管理的有效性和品牌影响力，不断提升细分领域的市场地位。经过一年的努力，公司的经营业绩和资产规模已经站在了新的起点上，企业文化和员工精神面貌呈现出崭新的气象，而清晰的战略定位和对行业发展方向的准确把握预示着公司即将迎来新的未来。

（一）积极应对环境变化，各项指标再创历史新高

2013 年，在宏观经济增速放缓、信托行业进入高位盘整期、同业竞争日益激烈的外部环境下，公司积极采取应对措施，不断夯实管理基础，努力追求卓越业绩，在稳健、合规经营的前提下实现了又好又快的发展，整体盈利再创历史新高。2013 年，公司实现营业收入 20.30 亿元，同比增长 23.11%；税前利润 17.01 亿元，同比增长 22.98%。

公司充分发挥信托“受人之托，代人理财”的制度优势，在严控风险的前提下，努力拓展业务。2013 年，公司秉持转型升级理念，不断提升细分领域的市场地位。截至 2013 年末，公司管理的信托资产规模达到 3092.85 亿元，信托业务收入达 12.07 亿元。信托主业日趋成熟，在整个收入结构中，信托业务收入的占比提高至 59.46%。

公司业务板块不断丰富，业务结构日趋均衡。2013 年小微金融信托、基础设施信托、资产证券化信托、家族信托、定向增发等业务板块逐渐成熟，成为除自营业务、证券类信托、房地产信托、银信合作等传统业务之外的重要利润来源。逐步多元化的信托业务，不仅增强了公司抵御市场风险和政策风险的能力，有效分散了业务风险，也平滑了业绩波动，提升了收入的稳定性。

凭借在理财市场的卓越表现，公司的品牌得到了投资者和社会各界的广泛肯定。2013 年，在《上海证券报》主办的第七届“诚信托”奖颁典礼暨 2013 中国信托业峰会上，公司第七次蝉联“诚信托·卓越公司奖”，同时获得“诚信托·价值信托产品奖”。在《21 世纪经济报道》主

办的“2013年21世纪资产管理年会”暨“第六届中国资产管理金贝奖颁奖典礼”上，公司荣获“2013最佳综合服务信托公司奖”。在《证券时报》、《新财富》杂志联合主办的“创新·突围——2013中国信托业峰会暨第六届优秀信托公司评选颁奖典礼”上，公司荣获“中国优秀信托公司”、“优秀理财管理团队”、“最佳证券投资类信托计划”和“最佳房地产信托计划”四项大奖。在《2013中国金融机构理财力白皮书》发布会暨“第四届中国金融机构理财力TOP10总评榜——金貔貅奖”颁奖典礼上，公司荣获“2013年度金牌发行力信托公司”和“2013年度金牌服务力信托公司”两项大奖。

（二）全面推进多项改革，加快公司转型升级

1. 风险管控与时俱进。公司进一步完善风险管理制度和流程，严格项目评审标准和过程管理，提高项目审核效率及细化项目执行管理细则，确保信托项目安全兑付。2013年，公司结合整体发展战略，综合分析各类项目的风险状况，着重建设过程管理标准化监管体系，初步建立房地产、基础设施、小微金融等重点信托业务的标准化监管指引、监管流程及报告模式。同时，积极推进差异化风险管理，提升项目审核质量和效率，加强对公司风险管理工作的全面指导，加大对投资银行类、创新类业务以及区域总部的支持力度。

2. 组织结构不断优化。2013年，公司适时调整健全组织架构，对13个部门进行了更名和职责定位调整，以管理提升促进业务发展。在原内控稽核部的基础上，设立审计稽核部，突出全面质量管理，强化审计稽核功能；计划财务部更名为财务管理部，增加财务内控职能，负责净资本管理；成立金融产品业务发展部、房地产业务发展部以及创新发展部，以适应行业快速发展和公司战略转型的需要，强化对创新业务的孵化功能；成立证券信托事业部，以支持证券信托的快速发展；成立小微金融事业部，以支持小微业务的快速发展；成立房地产运营管理部，隶属于房地产信托总部管理，强化专业化过程管理；财富管理中心内部分工进行优化调整，明确财富条线的前中后台职责，保障产品发行。

3. 区域战略逐渐深入。公司在建立四大区域总部的基础上，经过一年的实践和摸索，区域总部的管理模式逐步得到优化。2013年下半年，为有效地突破公司在人才、资源方面的瓶颈，形成区域化特色经营的示范效应，结合上海自贸区的开发开放，公司在上海进行了第二总部建设的先行先试。

二、创新业务案例

（一）发行国内首单私人银行家族信托

2013年，公司发行了国内首单私人银行家族信托，开创了回归信托本源、服务财富传承的

先河，随后公司迅速实现了对家族信托产品的批量化复制和推广，进一步扩大了先发优势，巩固了行业地位，截至12月末，已完成11单家族信托合同的签订。

（二）提高自主管理能力

公司继续加大对主动管理型信托产品的拓展力度，不断提高主动资产管理能力，丰富信托业务的产品线，实现从卖产品到为客户提供财富管理、资产配置服务的转变，丰富了客户的投资品种，提升了公司品牌形象。2013年9月，公司首个自主管理的现金管理型产品“外贸信托·五行荟智集合资金信托计划”正式成立。

（三）积极拓展小微金融领域

2013年，公司在已有的消费金融信托业务基础上，积极调整发展策略、拓宽业务渠道，产品线日趋丰富，目前已成功打造3只“汇金”系列小额信贷产品，信托规模同比增长迅速，截至12月末，信托规模已超过50亿元。目前已形成针对不同客户群体的多条成熟的业务线，全面覆盖了消费信用贷款、小额抵押贷款、中小企业贷款等领域。

三、社会责任履行情况

作为中化集团金融业务板块的骨干企业之一，公司继承了中化集团优秀的企业文化，并在长期的信托行业实践中，形成了“稳健思变，诚客礼才”的核心价值观，并把对股东、对客户、对员工、对社会负责的理念融入到公司的核心价值观之中。2013年，公司继续践行作为“企业公民”的社会责任。

对于股东，公司积极应对市场和政策变化，主动调整业务结构，通过全体员工的共同努力，超额完成了全年经营目标，经营业绩快速均衡增长，顺利兑现了对股东的承诺。

对于客户，公司贯彻“全面风险管理”的理念，通过风险管理覆盖公司所有部门、所有岗位和全体人员的方式，坚守合规底线，严格防范市场、信用、操作等各方面风险。2013年，公司信托业务风险得到有效控制，项目均正常兑付清算，为受益人的合法权益提供了有力保障，为维护金融市场秩序的稳定作出了应有的贡献。此外，公司从客户服务出发，以全新打造的客户关系管理（CRM）系统为主线，为客户提供全方位、体系化的财富管理增值服务。

对于员工，公司建立了多元化的补充福利及保障体系，注重激励机制的变革，为员工提供富有竞争力的薪酬体系和职业发展路径。

对于社会，公司始终严格遵守国家法律法规及公司相关规范，坚持诚信经营，自觉履行纳税义务，恪守社会公德和商业道德，自觉遵守信托业自律规则和业务相关领域的各项规定，积极参与爱心捐助、投资者教育等社会公益活动，认真维护信托业市场的良性竞争秩序，赢得了优秀的行业声誉和品牌形象。

四、2014 年发展规划

2014 年，公司秉承“全球视野、中国市场、细分领先、创业情怀”的核心理念，围绕“产品、财富、区域、管理”四大战略重点，巩固、聚焦、延伸主营业务，持续培育创新型本源业务，秉持转型升级理念，不断提升细分领域的市场地位，打造全面有效的管理保障体系，加速核心竞争力的形成，努力成为信托业具有若干细分领先优势的领军企业。

在产品战略上，一是聚焦资产证券化与家族信托，不断提高银行业信托服务的专业能力，将传统的通道类业务转型成为可持续发展的服务模式。二是在证券业务方面，以清算和交易服务为主，不断提高信息化和风险管理水平，成为优秀的证券信托综合服务商；并通过专注而持续的经营，提高核心投研能力和盈利能力，成为定增投资细分市场领先的机构投资者与资产管理者。三是持续优化房地产、基础设施、小微金融等现有业务模式和客户结构，并进一步向企业融资阶段的上下游拓展。四是在现有核心业务的基础上，着力推进 PE 投资、新的工商领域信托投融资等创新业务的开展。

在财富管理方面，坚定地走财富管理转型升级之路，构建“五行财富”系列化产品策略，差异化拓展客户，构建特色营销模式，打造完善高效的运营体系，力争成为信托行业内“具备良好的产品研发能力、较好的品牌声誉、最好的金融服务体验”的专业私人财富管理机构。

在区域建设方面，继续推进第二总部建设，在不偏离总部核心产品战略的前提下，充分发挥各区域总部触角作用并进行有效延伸，挖掘区域客户和区域型业务机会以及结构性增长机会，同时完善各项管理职能，形成区域化特色经营的示范效应。

在管理提升方面，着力打造全面有效的管理保障体系，加速核心竞争力的形成。一是落实差异化风险管理理念，完善风险管理制度和流程，坚守合规底线把控实质风险；二是建立“全过程、全方位”的质量管理和内部控制体系，严抓运营执行质量，推动体系持续改进；三是大力推进人才配置，加速队伍的专业化进程，优化绩效激励机制，打造一支富有战斗力和创业精神的人力资源队伍；四是在信息化建设方面，做好系统建设、投产运维两大工作，使 IT 系统成为公司的核心竞争力之一。

安徽国元信托有限责任公司

一、2013 年经营概况

2013 年，安徽国元信托有限责任公司（以下简称公司）承续良好的发展势头，牢牢把握稳中求进的工作总基调，统筹稳增长、保兑付、调结构、促转型，努力化解公司发展过程中的挑战，成功实现了管理资产总规模、经营利润的“两个稳步增长”和人才队伍建设、精细化管理水平、创新转型意识的“三个不断提升”，保持了平稳较快增长的良好态势，圆满完成年度各项经营管理目标任务。

管理信托财产规模和实现信托收入再攀历史新高。公司严格执行政策规范，抢抓市场阶段性热点，规范开展银信合作、审慎开展信政合作、大力开展服务实体信托业务、着力推进创新业务，保持了信托主业较高水平的增长速度，实现了管理信托财产规模和信托收入的较快增长。截至 2013 年末，公司管理信托财产规模达 1905.33 亿元，较年初增长 67%。全年实现信托业务收入 6.42 亿元，较上年增长 30%，占总收入的 74%。公司信托业务规模和盈利能力不断提升，已经成为公司完成经营目标、实现良好效益、参与同业竞争的立足点和支撑点。

固有资产科学运作、稳健增值。2013 年，公司确定重心、收放并举，稳健做好公司固有资产的保值增值。截至 2013 年末，公司固有资产规模达 43.18 亿元，较年初增长 13%，优质资产占总资产 99.67%。其中，金融股权 28.86 亿元，占总资产 66.73%；净资产 41.20 亿元，较年初增长 12%；实现固有业务收入 2.31 亿元。公司资本和权益不断增厚，资产结构合理、质量优良，资源配置较好。

经济效益、创利水平再上新台阶。2013 年，公司实现各项业务收入 8.73 亿元，较上年增长 31%；利润总额 6.82 亿元，较上年增长 32%；净利润 5.41 亿元，较上年增长 32%。

严守风险底线，到期项目全部实现安全兑付。2013 年，公司新增信托项目 600 个，规模达 2 036.83亿元，较上年同期增长 66.23%。同时，公司全年共清算信托项目 367 个，资金规模为 1 272.33 亿元，全部到期安全兑付，没有发生兑付风险，为公司业务稳健快速发展奠定了坚实的基础。

发挥功能优势，服务地方建设和实体经济发展。国元信托积极贯彻国家宏观调控政策，紧扣安徽加速崛起时代步伐，发挥信托灵活高效的功能优势，精选、优选项目，大力发展债权投资、股权投资、贷款等品种信托项目，科学运用信托功能支持地方建设发展。全年，公司发行支持安徽省地方建设信托项目131个，募集资金559.68亿元，资金占比新增信托资金规模的27.48%。其中，发行支持“皖江城市带”建设项目95个，募集资金471.48亿元；发行支持“合芜蚌”建设系列项目73个，募集资金441.18亿元；发行支持“皖北”建设项目25个，募集资金76.06亿元。

同时，积极响应政策号召，大力开发信托项目支持实体经济和“中小微”企业发展。一方面，落实差异化政策，大力发展此类信托产品；另一方面，积极适应形势变化，探索业务创新、提高服务能力，提升专业化水平。公司在贷款基础上，大力发展股权投资、债权投资、信贷资产转让、买入返售等类型信托产品，同时积极探索以系列化、开放式的方式发行一揽子计划，支持多家小微企业发展。2013年，公司发行支持实体经济信托项目333个，募集资金733.30亿元，较上年同期增长24.41%；发行支持中小微企业发展信托项目207个，募集资金522.71亿元，较上年同期增长214.30%。截至2013年末，公司存续支持实体经济和“中小微”企业发展信托资金规模为1 088.37亿元，占比存续信托资金总规模的57.12%。其中，“合肥市‘滨湖春晓’高新区中小企业贷款集合信托计划”，募集资金5 900万元，以贷款方式用于合肥高新区内18家中小微企业，融资企业包括电子信息、教育、制造业、农业、服务业等，均属高新技术企业或园区扶植中小微企业。该产品在2013年4月《理财周刊》和第一理财网联合举行的“2013年度信托产品评选”中，荣获“2013年度最具创新产品奖”。

二、创新业务案例

2013年，公司设计发行了“天津渤海租赁有限公司债权投资集合信托计划”、“正奇安徽金融控股有限公司债权受益权集合信托计划”等产品，以债权受益权为投资标的开放式信托产品。设计发行了“国元信托·民生银行短期融资券投资集合信托计划”，该产品累计募集信托资金125亿元，采取伞形信托的交易模式，以开放式设计将信托资金投资于银行间债券交易品种，以多样的投资标的，有效降低产品市场风险，丰富公司业务品种。

三、社会责任履行情况

2013年，国元信托在实现良好经营成绩的同时，积极履行社会责任。4月，我国四川省芦山发生里氏7.0级强烈地震，公司积极响应国家号召，向四川雅安市捐款30万元，用于抗震救灾和灾后重建；捐资10万元帮扶金寨县郭店村美好乡村建设，支持贫困地区发展；组织全体员工为国元证券优秀党员张艳同志捐款2.59万元，表达对张艳同志敬业奉献的深切敬意；积极参加爱心献血活动，彰显公民爱心；组织参加“低碳环保我参与”签名活动，树立环保意识，体现社会责任。

为积极履行社会责任，帮助革命老区希望小学改善办学条件，自2011年起，公司将安徽金寨县斑竹园镇沙堰希望小学作为公司党员捐资助学的联系点。3年来，公司共向该校捐资40万元用于修葺学校操场、硬化水泥道路、配置多媒体教室电脑、购置少先队鼓号队用品、建设健身室，并更换了全部课桌椅和老师办公桌椅。同时，积极帮助改善学生住宿条件，为100名寄宿学生更换了铁制上下床架，添置储物柜，并赠送每位寄宿学生一套床品。此外，积极发动党员力量开展捐资助学活动。2011年，党员捐款1.5万元，购买了一批图书、学习字典和体育器材赠与该校；公司30名党员连续三年对贫困学生进行“一对一”的帮扶活动，累计捐款已达5.9万元。经过公司连续三年的捐资援建，目前，该校已经彻底摆脱了“晴天一身灰，雨天一腿泥”的状况，教学条件大为改观，同学们有了属于自己的图书室、电脑室和健身室，学校的基础条件已经达到县乡最好的小学之一。

四、2014年发展规划

（一）2014年经营目标

2014年，实现总收入、利润总额分别增长11%和12%，实现总收入9.64亿元，其中信托业务收入7.26亿元；利润总额7.6亿元，净利润6亿元；集合信托规模220亿元。

（二）2014年主要工作

1. 严守风险底线，确保项目安全兑付。要切实履行受托人职责，做精做实项目管理和到期兑付各环节工作。以自省、自律、自觉的工作要求，高度重视并扎实做好到期信托产品安全兑付。同时，做好兑付风险处置方案设计，妥善应对潜在兑付风险。

2. 正确认识当前宏观经济形势，在稳健做好规范增长、提质增长和效益增长的基础上，积极调整产品结构，实现转型创新发展。要科学处理好速度与风控、规模与管理、效益与质量的辩证关系，以强化风险防控和管理措施为基础，实现有质量的发展。一是加强传统业务的开发力度。继续发挥公司优势为地方经济做好服务；继续坚持分散、多元、限额、流动、兑付的原则开展传统业务；继续发挥渠道优势与银行等各金融主体加强密切合作。二是加速新型业务的转型。公司要以强烈的危机感和紧迫感，以切实的行动推动创新转型取得成效：以资产证券化业务为突破口，在合作单位、发行数量、经营效益等方面，实现零的突破；推进安徽土地流转制度改革的信托方式的运用；启动家族信托和高端客户财富管理等探索。三是积极开展支持实体经济和小微企业发展信托服务。发挥信托独特的功能优势，丰富公司产品线，为实体经济和中小微企业等的发展贡献应有力量。

3. 加强重点领域风险防范。公司将继续把风险防范摆在突出重要位置，坚定不移地贯彻落实依法合规、稳健经营的理念，坚守政策和经营风险底线，加强重点领域的风险防范，不断提升公司风险控制水平。高度重视房地产、平台贷款和银信合作等重点业务领域风险防范工作；关注房地产行业在当前和未来一两年内的系统性风险和到期流动性风险；严格按照监管政策，暂缓平台贷款项目，确保实现“降旧控新”；科学开展符合监管政策要求的银信合作业务。

长安国际信托股份有限公司

一、2013 年经营概况

2013 年，长安国际信托股份有限公司（以下简称公司）经营层围绕董事会下达的各项目标任务，理清工作思路，严格风险控制，狠抓基础管理，各项工作有序开展，并着重在经营层管理加强、整体运营优化、信息系统环境改善、功能性部门建设提速以及财富中心取得长足进步等做大公司，做强总部方面实实在在地落地了一系列具体工作，为公司业务的长期发展奠定了坚实基础。

截至 2013 年末，公司管理的信托资产规模为 2133. 94 亿元，公司总资产 39. 88 亿元；净资产 30. 90 亿元；实现营业总收入 23. 29 亿元，完成年度目标的 96. 86%。其中，实现信托收入 21. 18 亿元，完成年度目标的 96. 08%；固有业务 2. 11 亿元，完成年度目标的 105. 46%；实现净利润 9. 17 亿元，完成年度目标的 101. 85%；2013 年为地方财政上缴各项税金 5. 74 亿元。与 2007 年相比，信托资产规模增长了近 89. 81 倍，总资产增长了 10. 76 倍，净资产增长了 8. 96 倍，营业总收入增长了 63. 69 倍，净利润增长了近 31. 75 倍，上缴税金增长了 43 倍。（注：以 2013 年公司审计报告为准）

二、创新业务案例

公司在 2013 年持续提升创新业务研发力度，用业务创新推动业务转型，在创新中寻找新的业务增长点。2013 年公司在行业内部推出 4 项创新业务模式。

一是现金管理类创新业务模式，该模式是针对特定客户需求所开发的创新产品，遵循安全性、流动性、收益性三大原则，在确保信托资金安全的前提下进行投资，并以短期投资为主，以保持充足的流动性，同时兼顾收益。每一个信托项目对应不同的委托人，各项目彼此相互独立核算。为企业提高资金运营效率，在一定程度上提升企业在整个市场中的竞争力。

二是非标资产投资创新模式，该模式是在中国银监会下发《中国银监会关于规范商业银行理财业务投资运作有关问题的通知》的背景下应运而生的。公司主动与商业银行进行探讨，针对商业银行非标资产出表这一需求进行深度合作，通过业务模式创新帮助商业银行实现非标资产余额达标，得到了金融同业的高度认可。

三是债券投资伞形信托创新业务模式，该模式采用“伞形信托”的架构，提高了信托公司债券投资账户的使用效率，同时每笔资金单独估值、单独交易、单独清算在业内具有首创意义。

四是保险资金对接财产信托业务模式创新，该模式最大的创新点在于资金端引入具有对接保险资金资质的信托公司，同时项目端通过设立财产信托。该模式在信托行业中具有首创意义，同时方案中对于财产信托标的管理也实现了真正的转移，登记在公司名下。是对于传统财产信托业务及未来对接保险资金类业务的一次巨大突破与创新。

上述 4 种创新业务模式是公司在 2013 年复杂的经济形势下，积极探索、主动创新的智慧结晶。同时，这些创新成果在公司内部及行业内具备可复制性和大范围推广价值。

三、社会责任履行情况

长安信托始终将“回报社会”作为企业重要发展理念，严格履行法定社会责任，积极履行道义社会责任，把实现经济效益和社会效益统一起来，努力塑造优秀企业形象。2013 年，长安信托分别在在反洗钱、设立公益信托、开展公益活动等方面积极履行社会责任，服务和回报社会。

（一）多种形式开展反洗钱宣传

公司持续通过举行反洗钱宣传活动，在办公场所悬挂反洗钱标语、海报，向客户发放反洗钱宣传手册、宣传页并进行讲解，滚动播放国家反洗钱法律法规及相关制度，公司网站首页滚动播出反洗钱标语并刊载反洗钱法律、法规等方式开展日常反洗钱宣传。

（二）公益信托将“爱心”经营

2013 年奖学金公益信托规模 10 万 ~ 30 000 万元，由公司向社会公众募集善款，并实时开放，信托资金指定用于奖励西安交通大学经济与金融学院优秀全日制在校研究生（含硕士、博士生）。目前，已经得到了陕西银监局非银处和陕西省民政厅民间组织管理局的批准，并于 2013 年 11 月 28 正式成立了“长安信托奖学金公益信托”。

（三）“山间书香”熏陶明天的花朵

长安信托/长安财富原创大型公益活动“山间书香公益行”于 2013 年 12 月 13 日在陕西省

渭南市临渭区两所贫困山区小学成功启动。"山间书香"于2013年9月进行初步酝酿，财富中心多次组织专题讨论，经过数轮调研及商讨，前期实地调研，安排活动流程等；由公司财富中心各个部门邀请客户携带适龄子女参与，由客户自愿准备所捐物品（主要为图书及体育用品），公司及财富中心则出资提供标准书柜。根据目前的规模，长安信托/长安财富未来在全国范围内建立100所"长安信托·长安财富山间书香公益教室"，其中陕西地区为30所，并有可能成为财富中心2014年最重要的会员活动内容。

通过一系列公益信托的实施，能够帮助部分弱势群体，奖励先进，同时也拓宽了民众参与慈善的途径，促使公司更好地履行社会责任。星星之火可以燎原，让公益事业和社会责任从你我做起，让公益信托在大家的共同努力下不断发展壮大。

四、2014年发展规划

2013年，公司在信息系统建设、业务流程梳理、档案管理规范、风险管理机制完善等夯实基础管理工作上下了不少工夫，为2014年经营工作的开展奠定了良好的基础，2014年经营工作的指导思想是："继续稳中求进，扎实防控风险，大力提倡创新，稳步推动转型，保持适度增长"，具体要认清面临的形势和挑战，强化全员风控体系建设，完善风险控制机制，切实提升风险化解处置能力；在创新和转型工作上取得实质突破，为公司长远发展打好桩，夯好基；顺应互联网金融的新趋势，寻求信息化支持公司发展的新途径，新举措；强化公司总部建设，全面提升总部的运营、规划、管理和服务职能；加强公司文化体系建设，提升公司软实力。

国投信托有限公司

一、2013 年经营概况

2013 年，国投信托有限公司（以下简称公司）积极应对信托业复杂经营形势的挑战，在股东会、董事会的领导下，创新求变，致力发展，圆满完成各项年度经营指标与重点任务，为新三年规划的全面实施书写了良好开端。

2013 年公司完成经营收入 6.2 亿余元，实现利润总额逾 4.8 亿元，同比分别增长 52% 和 53%。截至 2013 年末，公司合并资产总额 33.92 亿元，实现合并利润逾 6 亿元。

（一）战略先行，重大事项取得进展

2013 年，公司制订了新的战略规划，并强化行业对标体系，在实施路径、配套资源等方面，提出了切实可行的措施建议。

公司根据规划制订了新的薪酬与绩效考核方案，修订了相关配套制度。新的薪酬体系全面系统、逻辑清晰、预期明确、责任落实，将为公司发展提供强大动力。

（二）各项业务健康有序开展

在新规划的引领下，公司各重点业务板块全面推进，取得了良好的经营业绩。

信托业务全面加速，业务规模与收入双双大幅提升，增速高于行业平均水平。截至 2013 年末，公司管理信托资产规模 1800 多亿元，较年初增长 56%；全年实现信托业务收入同比增长 84%，在收入结构中占比达 68%，主营业务对利润贡献度进一步提高。

在做大规模、提高收入的同时，公司着力推进业务转型，加大培养主动管理能力。设立创新业务总部，加强对战略性新兴业务的研究，同时根据发展需求整合优化业务组织体系，成立金融市场业务总部，并在深圳设立了信托业务五部，区域布局稳步推进。

在业务开展过程中，信托项目的管理能力、风险管控能力不断加强，公司存续项目运作良好，到期项目全部正常清算。

1. 财富管理业务稳步开展。在产品营销过程中，积极寻找发行渠道，以券商、中小型银行作为重点合作目标，为公司主动管理的集合信托落实稳定资金源。同时，通过渠道数据库的建立整合有效资源，促成项目端与资金端的对接，成功开展了首单投资银行业务。

2. 固有业务取得良好收益。通过扩大配置比例、主动开发项目、运用杠杆等手段加大场外金融产品投资力度，同时积极开拓中间业务、丰富现金管理业务种类，提高公司固有资金收益水平。全年固有业务收入超额完成年度经营目标任务。

3. 管理提升取得明显成效。2013 年在日常工作过程中，公司特别强调狠抓管理，苦练内功，注重管理提升和创新，以管理促效益，以改革促发展。

（1）加强班子建设与员工队伍建设。根据公司的发展需要聘任了总经理，增聘财务总监一名，健全了治理结构，提高了班子合力；进一步加强了员工队伍建设，创新培训和招聘模式。

（2）强化风险管理，健全内控体系。全年累计新增、修订制度 30 项，逐步建立起“制度—标准—参考”的业务制度层级，搭建业务风险管理体系。结合股东要求认真开展内控评价，加大对制度流程执行的监督检查力度；全年开展各项业务及专项管理审计共 15 项，有效地发挥了内部审计的监督作用。

（3）信息化建设实现登高目标。2013 年公司持续开展业务系统优化升级，完善新 OA 系统应用功能，提升信息化风险管控水平，在集团组织的信息化水平评价中，公司成功晋升 A 级。

（4）基础管理不断加强。2013 年大力推进业务档案的整理归集保管工作，严格遵照集团要求，实行办公费用制度化，大幅降低日常经营成本。财务管理及动态经营分析工作不断提升精细化水平，公司连续获得纳税信用 A 级企业称号、集团财务报告编报工作先进单位称号。

（5）党的建设进一步加强。按照集团统一部署，深入学习贯彻党的十八大精神，组织参加集团轮训讲座与知识竞赛；严格落实中央八项规定要求；扎实开展党的群众路线教育实践活动；继续加强反腐倡廉宣传教育，参加“廉洁国投”宣传月活动。通过这些工作，切实转变工作作风，密切干群关系，使公司的凝聚力得到进一步增强。

二、创新业务案例

（一）国投信托××中小企业成长之星集合资金信托计划

2013 年公司继续支持北京市小微企业的信托计划，通过××中小企业成长之星集合资金信托计划，向北京市辖区范围内有资金需求的、符合条件的中小企业发放贷款。截至 2013 年末，已为多家中小企业发放信托贷款金额超过 3.2 亿元。

（二）国投信托××文化产业基金（一期）集合资金信托计划

公司于2013年9月成立的“国投信托××文化产业基金（一期）集合资金信托计划”，将募集的5亿元资金用于投资国家级数字电影产业园。

2013年末，公司已开始积极推进国内真正意义上的首只公益信托产品，计划于2014年第一季度发行。

三、社会责任履行情况

作为中央企业控股的信托公司，公司将履行社会责任融入到经营管理活动中。在业务方面，相继推出多期支持中小企业发展的集合资金信托计划。截至2013年末，已为多家中小企业发放信托贷款金额超过3.2亿元。2013年全面完成各项经营指标，不良资产率保持为零，切实维护投资人权益，审慎管理信托资产，及时进行信息披露。2013年所有到期资金信托计划全部顺利兑付，切实保障了投资者的利益。

公司不仅把“为出资人、为员工、为社会”的三为理念融入经营活动，还积极承担社会责任。四川雅安市芦山县发生地震后，公司通过信托业协会向灾区捐助抗震救灾款30万元，帮助灾区人民重建家园。

公司重视和保护员工的合法权益，保障员工福利待遇。在常规培训之外，首次尝试领导力培训、员工心理解压培训等多样化培训模式，促进员工团队综合素质的提升。

公司还依法履行纳税义务，被北京市国家税务局和地方税务局联合授予“纳税信用A级企业”称号。

四、2014年发展规划

2014年公司将深入贯彻落实党的十八届三中全会精神，以集团年度工作会议精神为指导，按照新三年规划的战略部署，解放思想，加快转型，升级创新与管理，进一步提高发展质量与效益，提升公司可持续发展能力，推动公司各项经营管理工作迈上新台阶。

公司重点工作有以下五个方面。

1. 加强与监管机构和各方股东的沟通，完成增资扩股申请报批及后续相关工作。

2. 信托业务要加快推进转型发展，确保实现收入6.8亿元，信托规模与行业发展速度相匹配。以结构调整为目标，在适度拓展低风险通道业务、保持一定规模贡献度的基础上，加大对主动管理型集合信托的开拓。注重渠道与客户资源积累，增强资金募集能力，为信托业务重心从项目端向资金端的转变奠定基础。持续研究创新业务模式，促进信托业务未来可持续发展。

3. 充实业务力量，积极开创财富管理新局面。建立一支与业务发展规模相匹配的财富管理队伍，继续加大直销力度，积极开拓高端个人客户。依托、整合股东资源优势，建立并强化与银行、保险、证券公司等金融机构的战略性合作，形成稳定的销售渠道，提高对信托产品发行的支持能力。

4. 固有业务要以提升资产管理能力为动力，努力提高自营投资收益。

5. 深化管理提升，建立长效机制。加强品牌建设，树立公司良好形象，扩大公司品牌知名度。

细化落实公司新的薪酬方案和绩效考核方案，提高人力资源管理的市场化水平，打造专业高效、相对稳定的核心团队，增强公司发展的核心动力。

不断健全内控体系，强化风险管控，还要结合自身实际情况不断完善各项基础管理制度及流程，以问题为导向及时找出薄弱环节，并随时加以改进，以切实提高管理水平，强化管理能力，真正建立起管理提升工作的长效机制。

杭州工商信托股份有限公司

一、2013年经营概况

2013年，杭州工商信托股份有限公司（以下简称公司）坚持“有所为，有所不为”的业务策略与“基金化、投资化、中长期化、产品化”的业务战略方向，坚定信心，稳中求进，风险管理与合规管理稳健有效、管理信托资产规模稳健增长且在行业内具有独特的资产管理特点、经营业绩再创新高，公司继续保持可持续发展的势头，为核心竞争力的构建、发展战略的进一步实施奠定坚实的基础。

（一）盈利能力有所提升

截至2013年末，公司总资产14.36亿元，净资产12.09亿元。2013年，公司实现总业务收入68 567万元，同比增长32.67%。其中，信托业务收入59 447万元，同比增长37.66%；主营业务收入占比（信托业务收入/总业务收入）86.70%；实现利润总额45 132万元，净利润33 737万元，同比增长40.54%。2013年，公司的资本利润率为30.89%。

（二）信托资产规模稳步增长

截至2013年末，公司管理的信托资产规模为226.32亿元，同比增长52.54%。其中，集合信托产品43个，合计规模199.39亿元，同比增长62.83%；单一信托规模26.93亿元。

（三）资产管理业务特点鲜明

公司主营业务突出，信托业务收入占比已连续五年保持增长，且远高于行业平均水平，2013年末信托业务收入占比达86.70%。

2013年，公司以服务受益人为己任，严控风险底线，推进战略实施与业务转型，加强基金化产品的精细化管理，组建跨部门运作的财富俱乐部平台。2013年是公司实施业务发展战略的“基金年”，当年新增基金化产品规模占比、期末存续基金化产品规模占比均创新高。2013年，公司新增基金化产品（不包括存续新增）占新增集合信托业务比重达53%；截至2013年末，存续集合信托业务中，基金化产品规模占比达66%；存续信托业务中，主动管理型信托业务规模占比达90%。2013年，公司受托管理的信托资产规模显著提高，主动管理特征鲜明，资产结构进一步优化。

（四）信托业务清算情况

2013年，共清算信托项目本金63.55亿元（未包括存续项目部分兑付），其中，完全清算兑付22个集合信托，共计58.93亿元，受益人加权平均实际年化收益率为12.88%；完全清算6笔单一信托，共计4.62亿元，受益人加权平均实际年化收益率为13.41%。

（五）风险管理进一步加强

从2010年开始，公司制定了《房地产信托业务指引》并逐年更新，定期评判房地产市场后期的发展趋势并明确来年房地产信托业务的发展思路，用以指导各项目团队开展业务。2013年，公司对存续房地产信托项目按月开展风险排查、按季进行压力测试，对整体房地产项目和交易对手的流动性风险状况以及投资类项目的运作情况进行了总结和分析，并梳理了各项目后期管理的主要风险控制措施，并逐条部署实施。

公司管理层坚持开展“合规午餐”，通过与员工的沟通互动，培养全员合规意识。此外，专项合规培训与新员工合规培训成为常态，公司合规风险管理质量得到监管机构和客户的认可。

二、创新业务案例

推出带有“公益资金”设计的集合信托产品。

2013年8月30日，杭州工商信托推出的“杭信·阳光1号建工地产欧美金融城投资项目集合资金信托计划”（以下简称“阳光1号”）正式成立，产品期限为5年，多轮发行，首轮募集2亿元，总规模为3.5亿元。

“阳光1号”信托产品拟通过受让股权或股权权益和受让债权的方式，参与欧港置业所开发的位于杭州市余杭区余政储出［2012］85号地块的欧美金融城项目建设，为受益人获取投资收益。该集合信托产品的亮点在于：在满足信托计划所约定的公益资金（用于公益用途的资金）提取的条件下，该信托计划的部分投资收益及受托人的部分佣金将被提取为公益资金，由受托人以自己的名义，为公共利益之目的，通过捐赠公益慈善组织、捐赠公益项目、捐赠符合条件的机构或个人等方式，主要用于与服务青少年儿童健康成长和促进青少年儿童全面发展相关的公益事业，包括但不限于青少年儿童的教育扶持与帮困、青少年儿童的心理成长辅导、青少年儿童的医疗援助等青少年儿童公益事项。

“阳光 1 号”是公司探索运用信托功能，支持公益事项的一个尝试。

三、社会责任履行情况

公司作为杭州市社会责任先进企业，一直以“服务于社会、奉献于社会”为己任，积极参加公益活动，勇于承担社会责任。

在历年的市场化运作中，杭州工商信托始终秉承“诚实、信用、谨慎”的经营方针，坚持诚信对待客户，并将此理念贯穿在信托业务各个环节。公司一直强化公司治理和风险控制，服务广大客户，支持公益事业，已连续多年参与了“联乡结村”、“春风行动”、抗震救灾捐款、助学捐赠等公益活动，通过各种途径反哺社会，履行社会责任。公司曾先后开展“走进三都·托起未来”助学捐赠活动、为杭州的进城务工人员子女学校——杭州市明珠实验学校建立爱心书屋。公司曾先后被评为杭州市红十字抗震救灾先进单位、社会责任建设先进企业、杭州市模范集体。

1. 2013 年，公司积极响应中国信托业协会发起的活动倡议，参与“四川芦山赈灾公益信托”活动，捐款 30 万元，以实际行动为灾区人民尽快摆脱地震灾害、重建美好家园贡献一份力量。

2. 2013 年 8 月，公司推出“阳光 1 号”集合资金信托产品，希望通过结合信托业务，为借助信托制度与功能优势、持续援助公益事项、关爱需要帮助的青少年积累一些经验。

3. 在信托业务发展过程中，公司始终认真坚持“专业、精致、恒久”的经营理念，贯彻“业务发展，风控优先”的原则，通过严格筛选项目，充分地进行尽职调查，采取严密有效的风险控制方式，对项目进行全程管理，确保信托财产处于风险可控的状态。2013 年，公司清算兑付的集合信托计划受益人的加权平均实际年化收益率为 12.88%，排名行业前列，信托产品的规范运作及历年产品的良好收益为公司赢得了良好的口碑。

4. 2013 年，为保障公司持续稳健经营，保持激励机制和风险管理的合理平衡，在公司股东的支持下，公司建立了风险承担机制。

5. 除每年对“联乡结村”帮扶单位桐庐合村乡落实到位帮扶款 25 万元外，2013 年公司出资采购一批排灌设备专项用于桐庐县合村乡的抗旱工作，为结对对象提供实实在在的帮助。

6. 连续两年，公司组织员工参加由杭州市政府组织的春季绿化造林和义务植树活动。2013 年植树地点位于杭州花圃，员工们挥锹铲土、填泥浇水，在这里栽下一棵棵希望之树，为推进“生态浙江”、“美丽杭州”建设挥锄添绿。

7. 2013 年 7 月 11 日，公司党委第三支部组织党团员参加了新火车东站志愿者服务活动。第三支部的党团员们分别被分派到志愿者调度中心、出发层候车大厅、地下层售票处及流动咨询等不同岗位，为过往旅客提供指引、答疑等帮助，用实际行动弘扬了“奉献、友爱、互助、进步”的志愿精神。

8. 2013 年，公司及全体员工参与杭州市“春风行动”活动，为社会困难群体献出一份爱心。公司已连续十二年人人参加该活动。

9. 公司与驻杭空军部队开展军民共建活动，为部队官兵送去文体用品等慰问品，丰富子弟兵的业余文化生活。公司已连续十六年开展该项活动。

四、2014 年发展规划

2014 年，公司将坚持以服务受益人和实体经济为己任，积极寻找经济转型中的信托切入契机，坚持“基金化、投资化、中长期化、产品化”的业务战略方向与“有所为，有所不为”的业务策略，顺势而为，稳中求进，加强金融基础设施建设，提升全面管理能力，提高金融服务水平，逐渐建立起与以客户为中心相匹配的服务模式、与业务发展战略相匹配发展模式、与精细化管理转型进程相匹配的管理模式，为公司打造核心竞争力、实现可持续发展奠定基础。

1. 投资领域。加强业务拓展，提升投资管理能力。包括：进一步推进机构间的深度合作，尤其是与战略投资者加强合作；在加强研发的基础上，进一步扩大投资领域。通过团队重组、人员配备、资源整合，推进收购兼并业务的拓展；契合国内经济结构调整、产业升级的发展趋势，整合公司内外部资源，密切关注收购兼并、新三板、资产证券化、新型城镇化建设等领域的进展，积极做好人员准备、研发准备、业务准备。

2. 资产管理领域。深化“产品化”战略，积极进行资产配置。深化战略实施，提高基金化产品的资产配置与管理能力。加强基金化产品的精细化管理。

3. 财富管理领域。打造更为丰富的营销体系，提升服务水平。包括：加强客户分类工作；拓展财富管理业务；建立并完善以客户开发和客户服务相对分离的营销体系；在现有基础上，逐步打造多层次客户结构体系。

4. 房地产领域。深化业务模式，推动战略合作，包括加强与优势房地产商合作；深化房地产信托业务，尤其注重房地产投资信托业务开发，在已有的客户基础与经验积累的基础上，进一步向纵深化延伸；根据政策与市场变化，完善《房地产信托业务指引》，提高项目选择标准与风险管控要求，提高产品设计与创新能力。注重提高信托产品附加值，提高投资及基金化业务比重。

5. 内部管理。全面管理升级，打造精英团队。包括：强化目标考核与管理；启动全面管理升级工作；加强品牌维护与推广；发挥财富俱乐部整合内部资源的功能；强化风险及运营管理，推进风险管理与运营管理相结合的大运营模式的构建。

华能贵诚信托有限公司

一、2013 年经营概况

2013 年，是华能贵诚信托有限公司（以下简称公司）信托重组之后的第五个发展年度，也是公司在业务发展与创新方面取得突出成绩的一年。

经过前四年的发展，公司初步实现了从长期停滞向正常发展的“一次跨越”目标，公司信托业务规模和经营管理能力逐年增强。从 2013 年起，公司开启“二次跨越”进程，主要工作任务是通过两年的努力实现“双十”发展目标，即信托管理规模跻身行业前 10 位，年度实现利润超过 10 亿元。围绕这个目标，公司上下加强团结，励精图治，创造性地开展工作，带动公司业务发展和管理工作迈上新台阶。2013 年新增信托规模 2281. 4 亿元，结束信托规模 1040. 6 亿元，到年末存续信托规模达到 2961 亿元，较上年增长 72. 15%；全年实现利润 11. 15 亿元，较上年增长 37. 94%。

2013 年公司的主要工作包括以下几个方面。

1. 围绕实施“走出去”业务发展战略，突出抓好业务创新工作。根据行业发展的新特点，坚持以规模拓展为依托，以结构调整为主线，以业务创新为抓手，重新嫁接新的银信合作、信保合作、信企合作、信政合作通道，推动业务发展不断取得新的突破。

在资金来源方面，2013 年公司累计与 52 家银行开展合作，全年累计合作规模 1684 亿元；累计与 57 家保险机构建立业务联系，成功合作项目 11 个，累计合作规模 82 亿元，在保险行业信托投资的占比超过 10%；2013 年末公司管理的高净值个人客户数达到 1. 8 万人。

在业务结构调整方面，2013 年公司为基础设施和基础产业发展提供投融资 915 亿元，占当年新增规模的 40%；2013 年公司自主管理的集合信托计划累计发行规模为 639 亿元，占当年新增规模的 28%。

在业务创新方面，2013 年公司不仅获得了信贷资产证券化特定项目的受托人资格，也广泛开展了类资产证券化业务，积极尝试高端私人财富管理，成功创设了第一单家族信托，为家族财富的传承与管理做好守夜人。

固有投资与信托业务相匹配，在整个资本市场持续低迷的情况下，有效配置权益类投资与固定收益类投资，科学操作，进退有据，继续为公司贡献投资收益。

2. 围绕增强防范风险能力，突出抓好风险防控体系建设。风控工作既是公司的生命线，也是公司发展的生产力。作为后起的金融企业，公司始终坚持把风险防控工作摆在经营管理的突出位置，始终把风控工作的立足点放在加强自身管理上，全面加强公司风险管理体系建设，促进公司又好又快发展，风控工作也逐渐成为推动公司发展的“一张名片”和“看不见的竞争力”。一是把华能关于安全第一的理念与金融监管的合规要求有机地结合起来。坚持“安全第一，科学发展”的理念和“进攻中防守”的工作方针，以市场为中心，以业务为主线，推动合规风控工作防线有效前移。二是通过完善制度，优化流程，强化执行力和责任意识，形成了一套比较完善的风险控制机制，做到靠制度防控风险。建立了涵盖决策、执行、监督、反馈在内的比较完善的公司管理制度框架，规范业务活动；以业务经营为主线，建立了前中后一体化的风控体系，实行业务经营与风险控制平行作业，嵌入式管理，实现对业务经营全过程控制；对所有项目，严格按公司流程实行投前调查、投中审查、投后监管的一条龙管理体制，建立清晰的风险管理路线图；凡是涉及风险的事项，所有权限集中于公司，不对任何部门下放。三是有计划、有目标地建立可行的风险评估体系，提高风险识别能力，不断完善风险管理手段和方法。四是建立了风控部门与业务部门、内部机构与外部机构共同参与、协调运作、形成合力的风险管理工作体系，保障了公司风险管理体系的有效实施。通过五年来的不断积累，推动公司风险管理工作从被动防御向主动管理转变：在管理层次上，由经营管理层提升到公司治理层；在管理环节上，由孤立的点控制提升为业务全过程控制；在管理理念上，由简单的控制风险提升为积极管理风险；在管理模式上，由分散管理提升为集中管理；在管理人员上，由单纯的风控部门参与提升为全员参与。

3. 围绕壮大公司发展基础，突出抓好增资扩股工作。为适应公司“二次跨越”的需要，经股东会批准，2013 年公司启动了重组后的第三次增资扩股工作。在各股东单位的积极支持下，在中国银监会、贵州银监局、集团公司、省国资委的热情帮助下，经过努力，新增资本金于年末全部到位，公司的注册资本由 20 亿元增至 30 亿元。增资工作的完成，壮大了公司的发展基础，为下一步公司业务拓展提供了更大的空间。

4. 围绕激发业务创新能力，突出抓好人才兴企工作。在注重发挥原有人才优势的基础上，公司加大各类人才的引进力度，推动公司人力资源配置工作取得进步：一是全年公司共引进人才 54 人，新组建业务团队三个，增强了公司业务拓展的实力。二是在强化原有业务联络处功能建设的同时，完成南京业务联络处筹建工作，实现当年开业当年见效。三是加强培训体系建设，采取建立职业导师、内部培训师制度等办法，增强培训工作的针对性和实效性，提高了员工队伍的整体素质。

5. 围绕增强发展活力，突出抓好公司内部改革。首先，按照工作成绩、自身意愿和发展潜力，公司将一线业务部门划分为准事业部、业务部门和业务团队三个发展层级，实行责、权、利相匹配的差异化管理模式，真正建立起有职有权、让业绩说话的公司管理体制。其次，建立量化分析的工作评价体系。认真总结公司重组以来管理工作中的成功做法，借鉴其他公司先进管理经验，实行“一把尺子”的量化管理手段。再次，做到精细化管理。改变以往年度工作安排中只注重下任务、下指标而缺乏检查督促的做法，强化责任制，做到责任到部门，责任到人，每项工作都有明确的时间表和具体的工作措施，使年度工作任务书真正成为部门和员工必须遵守的工作指引。最后，根据信托行业特点及公司自身实际，制定了公司员工行为规范的“三大纪律、八项注意”，实现个体的差异化发展与公司战略一体化的高度统一。

由于2013 年公司业务快速发展和经营管理水平的提升，使公司连续五年实现了持续快速健康发展，推动公司面貌发生新的转变。

2009 年公司业务从零起步，到 2013 年末，信托管理规模连续五年增长率达到 90%，高于行业平均增长率 40 多个百分点；累计完成信托规模达 5 716 亿元，年均增长 124%；五年累计实现利润 26. 8 亿元，年均增长 83%；公司净资产从重组时的 8. 26 亿元增加到 2013 年末的 54 亿元。

五年来，通过委托理财，公司共为客户提供收入和为合作银行创造中间业务收入总计达 327 亿元。由于公司业务的快速发展和风控能力的不断加强，中国银监会批准公司可从事信贷资产证券化等特许经营资格，为公司未来业务发展创造了更加有利的条件。

二、社会责任履行情况

作为中央企业控股的信托公司，2013 年，公司坚持把支持贵州地方经济发展作为首要政治任务，优化融资方式，拓宽融资渠道，为贵州 70 个项目提供资金支持 370 亿元，占当年新增规模的 16%，其中 69% 为引资入黔，当年从省外为贵州经济建设引入资金 255 亿元。至此，五年来，公司分别为贵州 149 个项目提供融资服务，累计融资总额达 693 亿元，其中 463 亿元为黔外融资。融资规模年均增长率达 142%，高于公司业务增长水平，也高于全省融资增长水平。与此同时，作为总部在贵州的地方金融机构，五年来累计为贵州地方财政贡献税收达 10. 24 亿元。按照省委、省政府的指示精神，公司积极参加对口帮扶、抗旱救灾、资助贫困学生等社会公益事业。由于公司为贵州经济建设所作出的贡献，2013 年，贵州省人民政府正式行文对公司进行表彰奖励。

4 月 22 日，根据《中国信托业协会发起支援四川芦山抗震救灾活动倡议书》及公司党委捐赠决定安排，公司工会具体组织了员工向四川芦山等地震灾区捐款活动，185 名员工认捐共计 257 160 元。本次员工捐款中安排 207 160 元交付中国信托业协会支付地震灾区，预留 50 000 元作为当地政府部门等安排的其他捐款活动支出安排。

9月16日，受公司党委委托，纪委书记、工会主席周英序等一行前往公司扶贫联系点——贵州省雷山县西江镇长乌村考察扶贫项目落实、扶贫资金使用和2013年扶贫项目计划情况。公司支助该村的20万元扶贫资金对该村发展起到了极大的促进作用。

11月中旬，公司《关于扶贫点对口帮扶有关工作的通知》发出后，各党支部积极行动，全体员工积极奉献爱心，踊跃捐款，其中，一支部84名党员干部捐款13.14万元；二支部39名党员干部捐款2.58万元；三支部44名党员干部捐款1.97万元。这次活动是优秀的华能企业文化在公司的一次生动体现，展现了公司广大干部职工、扶贫济困、积极履行社会责任的良好思想境界。

三、2014年发展规划

2014年，是公司工作的质量“双十”年，公司发展的主要任务是在实现数量“双十”的基础上，把工作重心转移到质量“双十”的发展上，通过提升优质基础资产的获取能力和建立统一协调、多层次、供需互动的营销体系，进一步夯实“双十”基础，通过创新加快公司结构调整和业务转型，为有计划、有步骤地进入资产管理领域和私人财富管理领域做好前期准备，创造有利条件。

公司全年的发展目标是：（1）信托管理规模行业排名继续保持前10位；（2）全年信托业务实现收入不低于18亿元，其中自主管理类业务和创新类业务收入在新增业务收入中占比不低于50%；（3）全年确保实现利润13亿元，争取达到15亿元。

全年公司工作的指导方针是：调结构、促转变、重改革、增活力。

主要工作措施是：（1）通过开展“优质客户建设年活动”，快速提升公司获取优质基础资产的能力和资产配置资金的能力，扩大自主管理类和创新类业务的收入占比，加快公司结构调整和业务转型。（2）创建统一协调、多层级、供需互动的营销体系，升级对银行、非银行金融机构、机构投资者和有风险承受能力的个人高净值客户的产品销售与服务，根据市场需求创设产品，提高公司产品的吸引力和知名度，提升公司资产配置资金效能和私募投资银行业务的撮合能力。（3）继续强化全员合规风控意识，加快完善定量控制为主、定量与定性相结合的风险控制体系建设，推动公司合规风险管理由被动控制向主动管理转变。（4）大胆启用有理想、有激情、有责任心的年轻同志担当重任，为公司事业发展注入青春和活力；要继续加大优秀人才的引进力度，坚持能上能下、能进能出的市场化用人机制，不断增强公司的人才竞争力；要用先进的企业文化理念吸引人、感召人，使公司成为勇于进取、砥砺前行、开放包容、充满生机与活力的集体。

华融国际信托有限责任公司

一、2013 年经营概况

2013 年，在监管部门的指导下，在华融国际信托有限责任公司（以下简称公司）三会一层的的正确领导下，公司牢牢把握“底线思维、稳中求进”的主基调，顺应监管政策导向，提升发展质量，抢抓机遇、奋力拼搏，各项工作取得积极成效。

（一）盈利水平保持稳步增长

2013 年以来，公司沉着应对大资产管理时代激烈市场竞争带来的经营压力，盈利水平保持稳步增长态势，各项指标较 2012 年又上了一个台阶。公司 2013 年实现营业收入 19.46 亿元，同比增长 15.93%；主营业务突出，实现信托业务收入 17.56 亿元，同比增长 16.08%，占营业收入之比超过 90%；实现利润总额 10.74 亿元，同比增长 27.40%；实现净利润 8.01 亿元，ROE 回报达到 26.18%，创历史新高。公司 2013 年在国内各类重要的行业评选中荣获“年度金牌成长力信托公司”、“金牛集合信托公司奖”、“价值信托产品奖”、“优秀理财管理团队”、“最佳证券投资类信托计划”、“最佳基础设施投资信托计划”等多个奖项，发展成绩得到业界肯定。

（二）资产结构持续优化

截至 2013 年末，公司管理存续信托资产规模 970.50 亿元，以占行业 0.9% 的信托资产规模实现了占行业 2.3% 的营业收入，源于公司管理信托资产大部分是自主管理项目，资产管理含金量高，资产管理方式丰富，2013 年重点发展专业性强、技术含量高的投资银行业务和投资类业务，公司的股权投资信托、证券投资信托品种更加丰富，产品种类从之前的单一有限合伙模式扩充到有限合伙、二级市场、伞形基金、债券投资等多元化结构，投资管理能力得到长足发展。

在高质量的资产管理工作下，公司资产结构均衡，资产质量良好。管理的存续信托资产中，投向工商企业比例最高，占 35.52%，其余投向基础产业、证券投资、金融企业、房地产和其他领域之比分别为 19.38%、15%、12.47%、9.71% 和 7.91%，资产的行业分布较为均衡，避免了资产向高风险领域和单一领域过于集中，有利于风险分散和资产安全。

（三）财富管理品牌效应逐步显现

公司始终立足于“受人之托，代人理财”的信托本职，着力打造公司特色财富管理服务，自主资金募集能力得到大幅提升。截至2013年末，公司自主募集资金达143.62亿元，为65户新增机构投资者受托理财规模56.3亿元，规模增幅191%，其中17家机构投资者委托金额超亿元。当年新增自然人客户1840个，委托资金56.82亿元，自然人客户个数和规模分别同比增长20%和27%。财富管理中心客户经理人均累计服务客户数已达227人次，人均年募集资金额7.18亿元，自主服务客户粘性进一步提升，在认购公司理财产品的自然人客户中，重复购买率达60%，公司财富管理品牌效应逐步显现。

（四）风险控制核心竞争力进一步增强

公司因市场而变，因客户需求而变，根据外部形势变化，继续深入打造风险控制核心竞争力。一是建立平行审查制度，主动、积极介入，推动建立全流程的风险管理机制。推动中后台风控职能向前延伸，由风险合规部、业务审查部、法律事务部共同参与项目方案会签，平行审查。二是严把准入审查关，提高审查的专业性，加强行业发展趋势研究，为公司发展提供有力支持。紧紧以第一还款来源充分、有效的担保措施为两个基本点，结合市场风险、行业风险及融资人信用风险进行审查分析，注重并加强项目财务分析及现金流预测的审查工作。三是夯实风险管理基础，丰富日常管理手段，提高全员的资产管理能力。针对行业和区域风险隐患、抵质押办理操作风险、地方政府融资平台贷款风险、客户集中度风险、房地产行业整体财务风险等进行书面风险提示；加强对项目后期管理工作的监督，完善风险评价与风险问责等考评机制，进一步优化项目风险预警及处置流程。2013年公司到期清算信托项目105个，分配信托本金362.02亿元，分配信托收益46.06亿元，均实现了按期兑付，切实保障了投资者利益。

二、创新业务案例

（一）H集团股权收益权投资集合资金信托计划

H控股公司拟并购A化工股份（上市公司），并购方式采取A化工股份向H控股旗下全资子公司S集团定向增发股票来实现。并购资金总额约19.72亿元，其中13.12亿元需对外融资，以质押核心业务集团股权为担保条件，同时，追加质押并购完成后取得的A化工股份；剩余部分6.60亿元由收购方H控股公司以自有资金补充。

在该项目的运作过程中，公司接连攻克了无有效抵（质）押物、增发股份质押登记空档期和信托资金退出期限较长三大难题，实现了客户领域、交易结构和退出机制三大创新。

1. 创新客户领域。本项目交易对手所处石油化工行业资产主要为流动资产，属于轻资产类型公司。首先需要解决的就是无有效抵（质）押物的难题。对此，公司在信托产品发行端采用了结构化设计，分优先 A 级、B 级和次级三类受益权，次级由融资企业股东以现金认购，发挥了企业有限资产的最大效用，突破对信托公司优质的轻资产公司融资瓶颈。

2. 创新交易结构。本项目的核心风控措施除交易对手股权质押外，公司更看重的是追加质押并购完成后取得的 A 化工股份，但提供融资和股票质押登记有空档期，存在潜在风险。对此，本项目把证券公司设计进产品交易结构中，信托优先 B 级受益权由托管券商 T 证券公司安排资产管理计划认购，并由其提供股票质押监管服务，解决了增发股份质押的空档期风险敞口问题，对解决先借钱后押股类并购融资难题有重要的借鉴意义。

3. 创新退出机制。本项目 3.5 年的信托期限较长，影响发行效率和资金成本，进而影响到项目成功率。对此，公司设计了由 T 证券公司在两年期满前采取股权质押式回购方式为 S 集团提供融资实现信托计划退出的机制，实现了期限拆分，有效加快了发行效率，进一步推动了项目的顺利实施。

本项目的成功实施，使得 S 集团成为我国资本市场首个通过现金认购定向增发股份实现对上市公司绝对控股的企业，是公司运用创新思维满足企业融资需求的典型代表案例。

（二）X 资产单一资金信托

X 资产公司以 100 亿元保险资金委托公司向 Z 公司发放信托贷款，期限 7 年，满 5 年可提前结束。这是公司首单信保合作项目，项目运作的主要难题集中在委托人希望购买信托计划的全部受益权份额，即设立单一资金信托，而中国保监会对保险资金投资信托产品有着“只能投资集合资金信托计划，且投资金额不得高于该产品发行规模的 20%”的规定。针对这一政策性难题，公司经与中国保监会进行充分沟通，阐明采取单一信托模式契合中国保监会保障资金安全的最终目的，且这一方案能够为资金安全提供更为有效的保障，加之资金运用方 Z 公司财务状况和企业信誉良好，偿债能力强，最终得到中国保监会的个案批准。

本项目作为国内首单由保险公司委托信托公司设立单一资金信托的项目，在业内开创了保信合作的新模式，具有极大的创新意义。

三、社会责任履行情况

公司高度重视注册地经济社会发展，积极支持新疆经济发展和社会进步，2013 年就为新疆经济建设新增融资60亿元，支持了新疆城市基础设施建设、新能源、煤化工和精细化工、纺织等行业和领域；重组至今向新疆缴纳各项税费突破10亿元。在追求自身发展的同时，主动履行社会责任，贯彻落实自治区党委政府相关文件精神和要求，积极做好对口扶贫、社区共建及维护社会稳定等工作，认真履行社会责任，2013年春节捐款20万元解决对口扶贫的两个村90户贫困农牧民过冬的生活必需品；2013年4月，华融国际信托有限责任公司全体员工向四川雅安地震灾区捐款104356元，公司先后向灾区捐款20万元，积极支持灾区震后重建。

公司党委书记周伙荣一行拜访新疆自治区党委常委、自治区人民政府常务副主席黄卫时，常务副主席黄卫高度评价了公司取得的卓越成绩及支持新疆跨越式发展作出的突出贡献。新疆银监局对公司的治理结构、业务发展、风险管控、对监管工作的支持和配合也给予了较高的评价。2013年，公司连续第6年被授予新疆自治区“精神文明单位”称号。

四、2014年发展规划

2014年是公司深入推进转型发展，迈上新征程的关键一年。面对市场环境和客户的新变化，公司将充分发扬开拓创新的进取精神及和谐奋进的团队精神，深耕资产管理市场，加大产品创新力度，以结构化产品、并购重组业务、基金化业务等创新业务，拓宽公司盈利领域；重点打造自主财富管理核心竞争力，继续推进异地营销中心建设，进一步拓展资金渠道；充分认识金融领域存在的潜在风险，加强项目全过程风险管理；努力将公司建设为治理优良、经营规范、创新突出、特色明显、风险管控能力强、主要经营业绩达到信托行业前列的国内一流信托公司。

江苏省国际信托有限责任公司

一、2013 年经营概况

2013 年，江苏省国际信托有限责任公司（以下简称公司）及时调整思路，主动应对挑战，全力以赴推进公司的各项管理和经营工作，在信托业务方面转变发展思路，在固有业务方面注重发展质量，在内部管理方面提炼发展内涵，公司信托规模与效益并升，固有业务再创佳绩，内部管理井然有序，公司整体面貌焕然一新，各项工作呈现出良好局面。2013 年公司实现利润总额 12.07 亿元，年末信托存续资产规模为 1028.91 亿元，全年完成信托手续费收入 4.62 亿元（以上数据未经审计），经营规模连续迈上新台阶，经营效益继续保持稳定增长。在中国银监会监管评级和省属金融企业绩效考评中公司均获得了优秀成绩。

2013 年，公司在信托主营业务方面注重发展质量和发展效益的双提升。一是信托规模再上台阶。在激烈的市场竞争环境下，公司降低对特定业务渠道的依赖性，增强低风险业务自主管理能力、议价能力和盈利能力，积极提升资产管理规模。截至 2013 年末，公司信托存续规模首次突破千亿元大关。二是业务结构进一步调整。公司持续加强集合信托业务的发展转型，加强低风险业务的市场开拓。经过深入分析市场，公司在加强对风险度较高的房地产信托业务管控的同时，将业务重点转向风险可控的保障性住房、基础设施等领域，积极与实力强、现金流好的省内地方政府平台公司合作。三是产品创新得到加强。在规模增长同时公司注重业务创新，深度挖掘市场机会，优化产品方案，首次通过将信托资金的收益率与项目销售收入直接挂钩，将标的债权买断转为信托财产等，提高单个项目净收益。四是服务深度不断提高。公司充分发挥现有人员的能动性，积极开拓客户市场，顺利完成了发行任务，直销比例超过 90%，且发行成本低于市场同类产品。同时，公司以客户为中心开展针对性营销，努力探索尝试客户专属理财，拓宽了财务公司、保险公司合作渠道，实现常态化营销，扩大公司影响力。

2013 年，公司以金融股权和资本市场为主线，通过加强主动管理，用好用活自有资金，有效地提升了固有业务效益。一是金融股权效益显著。除了江苏银行收益继续保持稳定增长外，公司投资的省内多家农村商业银行经营状况良好，股权投资收益也开始逐步体现，实现了良性发展。二是信托资产配置灵活。在公司自有资金投资公司信托产品中，灵活配置资金提高收益。在认购中长期信托产品基础上，抓住市场利率上升的机会，充分借助资金池产品，短期资金收益明显。三是证券投资盈利增长。2013 年上证股指全年跌幅为 7.6%，公司抓住机遇主动交易，全年实现证券市场盈利较上年同期增长约 1 倍。四是创投业务管投平衡。在存续业务管理方面，加快已投资创投项目的回收工作，促进基金资产的良性循环；积极推进投资项目上市相关工作，加强项目的整体梳理，及时把握已投资项目的整体运营动态。在新基金投资方面，积极推进江苏海外产业投资基金、名信中国成长二期基金等新基金设立的各项工作，为创投工作的进一步发展奠定基础。

二、创新业务案例

2013 年，公司充分发挥信托灵活多变的优势，将政府、企业、银行等资源合理整合，通过集合信托、单一信托的信托方式，根据合作方的实际需求，创新信托业务模式，灵活运用股权投资、收益权投资、信托贷款等方式为合作方量身设计投融资方案，为政府、企业、银行提供金融服务，解决其各类投融资问题。

1. 恒盛江旭南京三汊河项目特定资产收益权集合资金信托计划引入了不固定预期收益的概念，首次将信托资金的收益率与项目销售收入直接挂钩，体现了创新思路。

2. 六合双客厂项目债权投资集合资金信托计划是公司首单债权买断型信托产品，将上中下游联为一体，在传统的融资手段中另辟蹊径，充分发挥了信托公司作为受托管理平台的信托中介功能，解决了交易对手的实际需求。

三、履行社会责任情况

（一）服务公益慈善机构理财

公司发挥自身专业理财功能，为国内外多家公益慈善机构，包括唐仲英基金会、江苏法律援助基金会、江苏陶欣伯助学基金会等提供专业理财服务，实现了公益慈善财产的保值增值，促进了社会公益慈善事业的发展。

（二）支持社会文化教育事业

公司一直以来都关注和支持江苏社会文化事业和体育事业的发展，继续出资赞助江苏舜天足球俱乐部 2013 年的比赛和训练，履行社会责任，进一步提升了公司的社会影响力。

（三）助力地方经济和新农村建设发展

公司充分发挥信托灵活多变的优势，整合政府、企业、银行等各方资源，推出“江苏沿海开发”、“江苏县域发展”、“江苏城镇化”等系列产品，有力地支持了江苏地方经济和新农村建设发展。

四、2014 年发展规划

2014 年，从经营挑战上看，宏观经济增长仍面临诸多不确定因素，经济发展中不平衡、不协调、不可持续的矛盾和问题仍然突出。比如，在泛资产管理时代如何找准定位赢得竞争，在行业收益水平下降时如何保持可持续增长等，公司未来经营发展的压力将会不断增大。从发展机遇上看，十八届三中全会提出的众多具体改革措施的推进情况，与公司的改革转型发展息息相关，公司必须及时研究和采取适宜的应对之策，抓住改革红利，开拓公司市场化转型发展的商机，做强主业、做大利润、做响品牌，不断增强可持续发展能力。

面对经营环境的变化，结合公司的实际情况，2014 年公司经营工作的基本指导思想是：以进一步深化转型为发展主线，狠抓效益提升和风险防范两大重点环节，不断增强市场开拓能力、产品创新能力、资产管理能力和客户服务能力，持续推进公司内涵发展，持续提升公司行业地位，确保完成全年各项经营任务。

交银国际信托有限公司

一、2013 年经营概况

2013 年，交银国际信托有限公司（以下简称公司）净利润、营业收入、管理资产规模等核心指标大幅提升，公司经营绩效、综合实力和发展基础迈上新的台阶。公司 2013 年主要工作成绩及业务运行特点如下：

（一）经营实力迈上新台阶

2013 年公司累计实现营业收入 10.05 亿元，较上年增加 2.94 亿元，同比增幅 41.35%。实现净利润 5.05 亿元，较上年增加 1.67 亿元，同比增幅 49.4%。管理总资产（AUM）达到 2837.1 亿元，较上年增加 1244.75 亿元，增幅 78.17%。

（二）主业发展迈上新台阶

平均实收信托规模 2168 亿元，较上年增加 992.73 亿元，增幅 84.47%。年末存续信托规模 2785.5 亿元，同比增幅 78.1%。全年实现信托业务收入 7.98 亿元，同比增幅 43.78%。

（三）产品创新迈上新台阶

积极研发并购基金信托、投资基金信托、国内贸易应收账款信托、类资产证券化信托等多项创新产品，建立了融资类、投资类和受托管理类三大产品体系，形成具有银行系特点的完整信托产品线。2013 年成立了首个自主管理类固定收益产品，成功中标中国邮政储蓄银行首单个人住房抵押贷款证券化业务。

（四）风险管理迈上新台阶

牢固树立风险理念，严守兑付和合规底线，强化事前风险控制机制，注重关键风险点的管控，严抓基础环节业务管理。全年累计清算信托资金规模 671.74 亿元，全部实现安全兑付，信托赔付率和固有业务不良资产率持续保持“双为零”，未发生重大风险事件，未出现兑付风险暴露，在行业中享有良好声誉。风险合规管控的理念、方法、质效、系统更贴近市场，风险管控能力受到投资者、交易对手和监管的广泛认可。

（五）品牌形象迈上新台阶

在监管评级中保持三级，盈利能力和资产管理能力指标较上年均有较大幅度提升。在多家权威媒体举办的行业评选活动获得重要奖项，取得公认行业领先地位，品牌效益日益显现。荣获《上海证券报》颁发的诚信托评选“卓越信托公司奖”，首次进入信托公司十佳行列，无形资产大幅提升。还荣获了2013年领航中国金融行业“最佳信托公司奖”、“最佳信托品牌”、“最佳客户服务奖”，《证券时报》颁发的“最佳基础设施信托产品”、“最佳矿产能源类信托产品”等多项重要奖项。

二、创新业务案例

（一）投资基金信托业务

投资基金信托可采取公司制、有限合伙制两种主要方式。在有限合伙模式下，公司与基金管理公司共同设立有限合伙企业，其中公司以其发起设立的信托计划作为有限合伙企业的有限合伙人（LP）；基金管理公司作为普通合伙人（GP），通常由大型企业集团以不同方式设立。有限合伙企业以股权、债权或者股权加债权等不同方式投资于其他公司或者项目，未来有限合伙企业获得的投资收益优先用于向信托计划（LP）进行分配，普通合伙人（GP）将获得剩余超额收益。

（二）类资产证券化信托业务

公司积极尝试类资产证券化业务，设立“交银国信·类资产证券化1号资金信托”，严格筛选符合条件的多个优质客户，将发放的多笔信托贷款或投资权益资产打包设立独立的资产池，运用资产证券化技术，测算资产池在不同时段产生的现金流，匹配对接不同类别、期限与收益率的委托资金。该业务模式深化信托服务辐射功能，解决了部分企业因融资规模较小不能独立开展信托融资的矛盾，实施现金流重整熨平，降低企业融资门槛和融资成本，也使得资金的综合成本更加稳定，交易各方实现共赢，具有较强的复制推广价值，为公司提高主动管理能力和开展资产证券化业务做了有益的探索。

（三）国内贸易应收账款投资信托业务

公司设立“交银国信·聚信Ⅱ系列国内贸易应收账款投资001号单一资金信托”，对外募集资金，委托人指定公司将信托资金以买断方式投资于应收账款转让方在国内贸易过程中形成的应收账款，该笔应收账款约定采用国内延期信用证形式进行结算与支付。转让方委托国内信用证管理人代为审查、保管应收账款项下基础合同、作为应收账款结算方式的信用证及相关单据，代为收取并将通过信用证结算方式取得的应收账款实现价款划付至信托财产专户。相应应收账款清偿或信托期限届满时，受托人对扣除信托费用后的信托财产按现金为限，向受益人分配信托利益。该业务模式具有较强的可复制及推广性，符合信托资金支持实体经济的政策方向，具有较低的信用风险和市场风险。同时充分发挥了银行系信托公司的协同优势，为优质客户提供多样化的融资渠道，实现企业存量资产盘活，实现资金使用效率最大化。

（四）供应链信托业务

针对大型工程机械设备企业的产品单价较高，工程建设方难以一次性付款的市场特点，公司打造供应链金融服务方案，促进企业与财务公司、下游经销商和终端用户的战略协同。供应链中的核心企业委托公司设立资金信托，由公司负责信用评审和贷款发放，为供应链上游供应商或下游批发商提供流动资金支持，链属企业在按期归还本息后，向核心企业分配信托利益。该项目业务模式充分利用信托风险隔离制度，将单个企业的不可控风险转变为供应链企业整体的可控风险，既有效防止了链属企业欠账，又支持了链属企业发展，加快物流、资金流和信息流的循环，提升产业链的整体竞争力。

三、社会责任履行情况

（一）服务地方经济发展，支持中部崛起战略

公司充分发挥信托平台创新优势，积极服务地方经济发展，重点开拓基础设施建设和民生工程等项目，项目地区辐射武汉城市圈、长株潭城市群、中原城市群、皖江城市带4个中部的城市群，为中部地区经济发展和结构调整作出了突出贡献。2013年公司在湖北地区新增信托融资规模85.38亿元，存量资金规模108亿元。全年为地方创造税收2.64亿元，同比增幅50%，创税能力显著增强。

（二）支持中小企业发展

2013年，公司成立“交银国信·深圳中小企业私募债天合1号单一资金信托”，共募集资金

8000万元，用于投资购买深圳中小企业集合私募债。彰显了公司响应国家政策号召、切实加强对中小企业贷款支持的社会责任，体现公司深化中小企业金融服务的发展思路。

（三）支持民生建设

公司按照“依托政府、优选项目、合规运作”的原则，继续加大对保障性住房建设的支持力度，在房地产资源配置中，优先考虑保障性住房项目的资金需求，支持项目涵盖国家推出的经济适用房、棚户区改造、公租房等各种保障性住房形式，主要有“交银国信·哈尔滨保障房建设项目单一资金信托”、“交银国信·博麟上海城建保障房单一资金信托”、“交银国信·株洲芦淞棚改贷款项目集合资金信托计划”和“交银国信·无锡市保障房建设项目单一资金信托”等信托。

四、2014年发展规划

2014年公司经营管理工作总体思路是：继续坚持“多元化、低风险、轻资本”发展策略，通过创新驱动和机制推动，继续巩固提升融资业务、积极扩展资管业务、精心培育受托业务，严守兑付和合规底线，全面推动公司向着成为信托行业领跑者的发展目标而迈进。公司2014年重点工作任务和经营措施如下：

一是继续巩固传统融资业务优势。二是大力拓展资产管理业务。三是精心培育信托本源受托业务。四是强化渠道与客户队伍建设。五是强化集团渠道建设。六是积极探索多元化经营，加快推进股权投资，拓宽自营投资渠道，持续提升固有业务收益水平。七是有的放矢，全面提升风险管理工作质效。持续加大对前台展业的指导和后续监控力度，严守合规与兑付底线。八是继续夯实人才、创新、机制和IT基础，提升可持续发展能力。九是持续贯彻党的群众路线教育实践活动总体要求，建立长效机制，把教育实践活动引向深入。

昆仑信托有限责任公司

一、2013 年经营概况

2013 年，昆仑信托有限责任公司（以下简称公司）求真务实，稳中求进，凝聚力量，妥善应对各种挑战，有序推进各项工作，风险控制更加严格，产融结合更加紧密，市场开拓更加稳健，党的群众路线教育实践活动成效显著，干部队伍作风更加务实，公司发展质量和效益稳步提高，具有中石油特色的信托公司初步形成。

（一）质量为本，效益为先，发展能力稳步提高

2012 年以来，面对世界经济复苏缓慢、增长乏力，国内经济深度调整、增速下滑的不利局面，公司上下统一思想，转变观念，抓住机遇，应对挑战，从注重发展速度和规模向注重发展质量和效益转变。2013 年实现收入 13.3 亿元，利润总额 11.2 亿元，净利润 8.4 亿元，信托规模达到 1688 亿元，上缴税费 3.9 亿元。公司各业务部门全面完成了预算指标，中台部门积极参与业务开拓，取得良好业绩。

2013 年，公司以效益为中心推进业务发展，与中央企业、地方大型国企、实力较强的民营企业以及各类金融机构等优质交易对手深入合作，充分利用公司优势资源，研究设计特色产品。融源基金投资冀东中国石油天然气集团公司（以下简称集团）项目平稳退出，年化收益率达到 8.96%；固有资金投资的福新能源项目，在香港地区顺利上市，实现浮动盈利 13%。

2013 年，公司积极拓宽固有资金运用渠道，证券投资坚持稳健策略，以低风险品种为主要投资方向；积极开展股权投资和融资业务，投资参股中意资产管理公司；继续开展信托受益权转让回购业务，加速资金周转。固有业务全年实现收入 4 亿元，占公司收入的 30%。

（二）扩大开放，提升层次，产融结合凸显特色

一是创新设计“信托 + 基金”模式，做大做强国联能源产业基金，通过成立资金信托计划成功引入银行、保险、民营、社会等各类资金 300 亿元，投资西气东输一线、二线、三线管道建

设240亿元，投资未动用储量开发项目20亿元，实现了国有资本、民营资本和社会资本的共赢，履行了社会责任，优化了集团公司资产负债结构，有效提升了股东价值。二是继续为中石油“民生工程”提供资金保障，累计为大庆油田等14家矿区企业融资183.6亿元，建设住宅面积1 276.6万平方米，惠及员工8.5万户。三是做好装备制造、储备油等项目的融资，装备制造项目顺利结束；储备油项目新增规模46亿元，累计提供资金106.2亿元。公司产融结合业务模式在探索创新中逐步形成特色。

（三）坚持探索，勇于开拓，业务创新实现突破

一是发行国内第一只企业年金养老金产品——“海富通昆仑信托型养老金产品”，首创信托公司与公募基金联合设计发行标准化金融产品的全新业务模式，规模已达100亿元；二是经中国银监会批复获得了信贷资产证券化受托机构资格，为公司未来创新业务的开展打下基础；三是顺利完成投资山东信托工作，双方将实现全方位业务互动、优势互补，行业内话语权和地位得到明显提高；四是加强资金池管理，促进资金池和项目池的对接，提高了资金的运作效率。

（四）内强素质，外树形象，营销业绩大幅提升

一是继续加强与银行、券商、保险等外部机构合作，拓宽资金和客户渠道。二是加强营销队伍建设，多方面提升营销人员综合素质和业务水平。三是组织适合客户需求的个性化活动，加强高净值客户维护。四是开发CRM客户管理系统，提升了客户管理和服务能力。五是与金融机构合作，开发短期理财产品，减少客户资金闲置期损失。公司累计发行“昆仑财富”系列产品45个，合格投资者达到7120人，其中1 000万元以上合格投资者超过800人；全年自主销售达到285亿元。公司品牌形象不断提高。

（五）持续完善，有效改进，风险管理更加精细

公司坚决贯彻“低风险偏好、零风险容忍”理念，促进风险管理精细化。一是根据执行情况，及时修订《交易对手参考标准》；二是启动风险管理成熟度评价体系建设，全面风险管理体系日趋完善；三是开展《内控手册》的自我测试和全面修订；四是完善项目全过程管理体系，提高、细化尽职标准，落实管理责任，风险管理更加精细化；五是加强项目合规审查和检查，提升法律支持服务力度；六是全面修订公司规章制度126个，汇编公司制度手册；七是有效发挥稽核审计职能，开展关联交易等专项检查，落实征信和反洗钱措施。八是加强声誉风险管理，制定《公司舆情监测报告处置管理办法》，主动、有效地防范声誉风险。

（六）完善机制，强化执行，基础管理不断规范

在公司治理方面，顺利完成董事会、监事会以及董事会各专门委员会的换届工作，审议通

过修改公司章程、股东会议事规则等30多项议案；及时披露相关信息；加强宏观形势和监管政策研判，提高了公司的应对能力。

在财务管理方面，加强预算执行分析、财务信息应用和经营活动分析，增强了决策支持能力；信托财务工作以项目审核与核算为核心，参与并强化项目的全过程管理。公司接受了国家审计署专项审计、宁波银监局现场检查、集团公司巡视组检查、工会经费审查等多项审计检查，均获高度评价。

在选人用人方面，坚持德才兼备，突出以德为先，严格按照程序聘任干部；加强中层干部培训，聘请专家、教授开展培训五期，科学评估培训效果；组织职称评定，发挥人才评价的激励作用。

在队伍建设方面，与北京大学经济学院签署实习基地协议，加大优秀人才引进力度；制定《轮岗管理办法》，促进人力资源的合理配置；优化公司培训体系，全年完成培训项目50余个，开展专题培训13次，累计培训980余人次；完善绩效考核体系，突出薪酬与利润的联动关系，形成了一套简便、实用、有效的薪酬激励机制。

在信息化建设方面，昆仑瑞飞管理信息系统、新一代证券投资与估值系统、新一代外部门户网站、移动办公、高清视频会议系统等一批信息系统上线运行；开展了“两地三中心”灾备系统信息安全风险评估，进行灾备恢复应急演练，信息安全保障体系更加完善。

在综合管理方面，强化服务理念和精品意识，圆满完成了各类活动的策划组织；信息传递和督办落实更加高效，内部沟通协调更加顺畅；修订公司《档案管理办法》，推进档案工作信息化；严格控制办公费用，费用支出大幅降低。

（七）强化保障，转变作风，教育实践活动效果显著

一是加强党建，转变作风。组织干部员工深入学习党的十八大精神，进行了五次专题讲座；扎实开展党的群众路线教育实践活动，按照“照镜子、正衣冠、洗洗澡、治治病”的总要求，以贯彻落实中央八项规定和集团公司二十项规定为重点，提高了党员干部的思想觉悟和理论水平，改进了文风会风，简化了公务接待，降低了职务消费，密切了党群干群关系；组织到西柏坡参观学习“两个务必”，涌现了一批先进党组织和优秀党员；组织党风廉政警示教育、廉洁自律专题学习讨论，有效地规范了行为、维护了纪律、保持了形象；加强党组织建设，完善党建制度，规范党建基础，发展7名同志加入党，公司党员比例达到60%以上。

二是以人为本，凝聚力量。规范职工大会制度和员工提案制度，推进了民主管理；积极开展送温暖活动，全年走访慰问84人次，发放慰问金30多万元；积极参与社会公益，组织员工为雅安地震灾区捐款47800元，为辽宁水灾捐赠衣物272件，培养和展现了员工的社会责任感；落实“快乐工作，健康生活”理念，广泛开展各类文体活动，为员工办理公园卡等，丰富了员工

的业余文化生活。

三是丰富内涵，彰显文化。广泛开展“做金融街上的石油人”主题教育活动，组织学习大庆新铁人李新民、石油报国英模孙波等先进事迹；通过新员工入职教育、总结汇报、媒体推送、理财产品推介等形式，广泛宣传公司“信”文化，以“信”文化教育员工、凝聚力量、展示形象。

二、创新业务案例

2013 年 5 月 23 日，中华人民共和国人力资源和社会保障部对“海富通昆仑信托型养老金产品”予以确认，登记号为 99PF20130010。该信托型养老金产品由昆仑信托有限责任公司与海富通基金管理有限公司联合发行，资金于 2013 年 6 月 18 日正式投资于中石油管道联合有限公司，规模 50 亿元。该产品是中国企业年金市场中养老金产品的第一单，开创了企业年金通过养老金产品渠道投资实体经济、国家级重点基础设施项目的先例，对拓宽企业年金投资范围的进行了积极探索，为企业年金受益人带来较高的稳定收益。

同时，该产品的设立和发行，创造了国内信托公司与公募基金联合设计发行标准化金融产品的全新业务模式，为信托公司通过公募基金标准化产品渠道进入企业年金投资市场，开拓了新型的稳定融资渠道，为信托公司的持续稳定发展提供了稳固的资金保障。以专业公募基金设立发行信托型养老金产品、由投资管理人按份额认购的业务模式，确保企业年金基金在获得信托产品较高水平固定收益的条件下，通过信托型养老金产品发行主体的专业化管理，实现了对信托产品总体风险的识别和控制；通过投资管理人按份额认购、实现了信托产品投资风险的有效分散，为实现信托业和公募基金业长期合作、实现共赢闯出了一条新路。

三、社会责任履行情况

2013 年，公司积极履行社会责任，一是通过公益信托，建立“昆仑信托慈善基金”，捐助北京太阳村和四川泸定中小学教育事业；开展了“慈善一日捐”、扶贫帮困、无偿献血等多项公益活动，树立了良好的社会形象。二是关心员工成长，重视人才培养，与北京大学经济管理学院签署实习基地协议，建立轮岗机制，优化公司、部门、员工三个层面的培训体系，鼓励“能人举手”，为员工搭建公平竞争的平台。三是组建社会责任管理团队，明确管理组织、工作机制和工作要点，明晰履责目标、履责思路和关键履责领域，配合信托业协会完成行业社会责任报告的编写，探索构建社会责任长效工作机制。四是积极宣传社会责任理念、先进履责事迹，提高员工对社会责任工作的认识，在企业内部营造社会责任工作氛围；重视投资者教育，普及金融知识，通过主流媒体和网站传播公司的社会责任理念和实践经验，扩大社会责任影响力。

四、2014 年发展规划

2014 年，公司要紧紧围绕“严控风险，助力主业，提升质量，稳健发展”的总体要求，在“两个稳健”指导下，开拓创新、稳步前进。公司重点发展规划包括以下几个方面的工作。

（一）严控风险，依法合规，保障公司稳健经营

一是继续坚持“低风险偏好，零风险容忍”理念，以业绩论英雄，以风险论成败，强化风险意识，筑牢风险防线，只要项目到期兑付出了问题，就意味着失败。二是加强对宏观经济和行业风险研判，对潜在风险较大的行业和区域，谨慎开展业务。三是强化存续项目风险管理，继续完善项目中后期管理，对存续项目进行风险评估。四是制订公司的“生前遗嘱计划”并报董事会、股东会审议，建立风险缓冲及应急机制，在产品期限和分级设计、同业互助、资产处置等方面，采取有效措施，缓释并化解流动性风险。五是落实风险负责制，首席风控官对项目拥有一票否决权，必要时可以聘请外部专业机构对项目风险进行评估；第一责任人和分管领导要对项目风险负责，项目出了问题，要层层追究责任。六是建立薪酬与风险挂钩机制，根据信托财产五级分类，凡是被列入关注及以下级的项目，年末冻结部门奖金，待项目顺利结束或风险处置完毕后发放。七是加强道德风险教育，防止因道德风险导致风险事件的发生。八是坚持依法合规，在全公司范围内进一步强化合规意识，坚决不越红线；持续进行定期合规检查，保证公司各项工作合规运行。九是继续发挥好审计监督作用，坚持审计关口前移，同时做好反洗钱和征信工作。

（二）产融结合，助力主业，服务集团发展战略

一是坚持“信托＋基金”模式，继续做大做强国联基金，做好西一二三线、未动用储量等已投项目的中后期管理和信息披露，为投资者提供真实、完整的信息；同时做好集团公司煤置气、未动用储量以及页岩气等重点投资项目的融资工作。二是进一步规范国联基金运作，优化公司治理结构，研究制定发展战略规划，完善管理制度，加快完成机构设置和人员配备。三是推进集团公司管道项目信托受益权的资产证券化工作，盘活集团存量资产，优化资产负债结构，争取实现突破。四是继续为矿区职工住宅建设项目提供融资，做好项目对接工作。五是挖掘集团公司内部项目的资金需求，做好储备油等重点项目的融资服务。六是做好集团公司企业年金投资信托工作，优选风险可控、期限较长、收益稳健的项目进行对接。七是对石油等能源资源行业开展深入研究，特别是对能源金融进行系统研究，提升公司的在能源金融领域的专业能力。

（三）开拓市场，不断创新，提高核心竞争能力

一是要继续加大市场开拓力度，优化业务结构，在风险可控的前提下，优先做净资本占用较低的项目，提高公司业务发展质量。二是提高产品设计能力，根据不同风险偏好投资者的需求，分级设计产品，做到收益与风险匹配。三是丰富产品类型，加大对股票、债券市场的研究力度，适当提高标准化产品比重，通过多样化的产品来满足市场需要。四是申请股指期货业务资格，目前已将材料报至宁波银监局，争取上半年取得资格并开展相关业务。五是提升公司在市场化业务特定领域的专业能力，与行业领先交易对手、研究机构建立合作，提高团队专业化水平。六是继续围绕信托本源业务开展创新，持续推出公益类信托产品，履行信托公司社会责任；同时在土地信托、遗产信托、家族财富管理以及房地产信托基金等领域开展探索，提升公司持续发展能力。

（四）提升品牌，加强营销，服务财富管理需求

一是坚持独立营销，禁止通过第三方理财销售产品，适时建立独立的财富管理品牌，进一步提高公司在内部石油员工和外部财富管理市场的知名度和影响力。二是提升产品开发能力，根据投资者的财富管理需求，开发不同类型、不同期限、不同收益率、不同风险偏好的产品，做好产品开发与营销的衔接。三是与私人银行建立合作关系，扩大高净值客户开发渠道。四是加大低成本资金的营销力度，加强与保险、社保等渠道的战略合作，获取长期稳定的资金来源。五是做好客户服务与维护，对细分客户开展有针对性地服务，抓紧开发客户维护系统。六是继续提升销售队伍素质，引进专业人才，开展专门培训，提高营销水平。七是继续加强投资者教育，对于凑钱购买信托的投资者，要在信托合同里揭示风险。

（五）强化基础，提高效率，实现公司管理提升

在公司治理方面，按照新一届董事会、监事会的要求，保障董事、监事正常履职，发挥好董事会各专门委员会的作用。与中国银监会、宁波银监局保持密切联系，根据新的监管评级办法，做好公司的评级工作。

在财务管理方面，要做好司库体系上线运行工作，发挥资金管控职能。强化预算考核，以效益为中心，促进年度预算与季度预算有效衔接。加强资金管理，配合业务开展统筹运用资金，提高使用效率，减少沉淀浪费。规范财务报销，切实降低公司的经营成本。信托财务方面，要继续做好项目前期财务审核，确保资金安全，继续提高监管报表报送质量，完善信托财务制度建设。

在信息管理方面，要以完善灾备系统为重点，逐步建立较为完善、保障有力、运作有效的

信息安全机制；以增强专业技术能力为依托，有效提升信息技术支持和维护服务能力；以应用系统建设为核心，打造安全、稳定、高效、智能的信息化管理平台。

在人力资源管理方面，要完善员工管理信息系统，继续提升人力资源管理效率；进一步优化简单实用的绩效考核办法和薪酬管理体系，提升激励作用；继续创新培训形式，提升培训效果，建设合理的人才梯队；开展业务知识竞赛，促进员工自主学习，建设学习型组织；加强与人力资源服务机构及高校合作，引进优秀人才，为公司的发展提供充足的人力资源保障。

在综合管理方面，要以业务档案信息系统上线为契机，提高档案数字化率和管理效率；强化物资管理，开展节能降耗，降低办公费用；提高办文、办会、调研、接待等工作质量，杜绝铺张浪费，全面提升综合管理效率和水平。

（六）落实整改，加强党建，巩固教育实践活动成果

一是统一思想，切实把广大干部员工的思想和行动统一到党中央和集团公司党组的精神上来，统一到公司落实党的十八大、十八届三中全会确定的目标和任务上来。二是加强学习，坚持“每周一学”制度，保证党委中心组集中学习时间累计不少于12天/年，党员集中学习不少于12次/年。三是落实整改，巩固党的群众路线教育实践活动成果，认真整改查摆出的“四风”问题，按照整改方案，逐项落实整改措施，形成转变工作作风、密切联系群众的长效机制。四是加强党建，强化战斗堡垒作用，加强基层党组织建设；强化先锋模范作用，加强党员队伍建设，强化纪检监察基础工作，加强反腐倡廉宣传教育。五是强化教育，继续开展“形势目标任务责任”主题教育，深入推进“做金融街上的石油人”活动，深入推进厂务公开民主管理。六是推进文化建设，持续开展大庆精神、铁人精神的再学习、再教育、再深入活动，以大庆精神、铁人精神为灵魂，以“我为祖国献石油”为核心价值观，不断丰富发展体现时代特征、具有石油特色的金融企业文化。七是发挥群团作用，引导工会会员、团员青年、女职工为企业发展建功立业。八是以人为本，扶危助困，深入细致地做好员工特别是青年员工的思想政治工作，深入扎实地做好对困难员工的帮助工作。

山东省国际信托有限公司

一、2013 年经营概况

2013 年，山东省国际信托有限公司（以下简称公司）紧紧围绕年度经营目标和监管部门要求开展工作，积极应对市场竞争，注重风险防范，稳妥推进业务，实现了健康稳健运行，经营发展与各项业务工作又有新的进步。

（一）资产状况进一步优化

引进战略投资者工作取得阶段性成果，目前正在办理相关报批手续。截至 2013 年 12 月末，公司固有合并资产总额为 47.23 亿元，负债总额 13.56 亿元（含增资扩股款 11.27 亿元）。

（二）顺利完成了各项经营指标任务

2013 年实现合并利润总额 9.57 亿元，净利润 7.32 亿元。其中，信托本部实现利润总额 9.34 亿元，净利润 7.17 亿元。信托报酬收入贡献率明显提高，占比由 63.67% 提升至 81.88%，发展可持续性进一步增强。

（三）信托业务实现了平稳持续发展

新增信托业务规模、信托资产余额、信托报酬收入等主要指标达到历史最好水平。2013 年，公司新增信托业务规模 3 668.98 亿元，同比增加 1 555.52 亿元，增幅 73.6%。截至 12 月末，公司信托资产余额为 2 994.21 亿元，较年初增长 57.83%。努力提升自主管理能力，尊岳进取 2 号证券信托产品净值为 1.24 元，客户实现资产增值 18%；艺术品信托逐渐形成品牌和规模；过户式股票质押、白酒现货收益权等新的业务模式得以尝试，专业能力和服务水平继续提升。加快推进异地业务部建设，新成立了南京、西安业务部，业务覆盖区域进一步扩大。加大了自主营销工作力度，自主发行信托产品 66 只；有序推进异地营销中心建设，采取合作共建的形式设立了上海、深圳理财中心。

（四）自营业务有序向前推进

截至2013年12月末，自有资金涵盖基金、证券、银行、保险、租赁等行业，项目分红全年共计3462.63万元。进一步加强了泰信基金公司管理，截至2013年末，泰信基金共发行15只基金产品，管理资产规模80.58亿元；成立了全资子公司——上海锐懿资产管理有限公司，截至目前业务开端良好。

二、创新业务案例

（一）山东信托·鼎鑫7号（溪山行旅）艺术品投资集合资金信托计划

通过发行"山东信托·鼎鑫7号（溪山行旅）艺术品投资集合资金信托计划"定向募集资金，按照投资顾问发出的"有效投资建议"进行投资操作，主要用于支持"溪山行旅——中国画写生课题组"写生，写生作品由泰山文化艺术品交易所保管和投资运作，在信托期限内以转让、拍卖、私人交易等方式处置艺术品实现收益。自2013年7月17日成立至今，公司作为管理者积极监测标的艺术品的市场动向、价格波动情况，选择适当时机将活动获得的回报作品运作变现，充分保障投资者利益。公司运用自身金融力量助力文化产业繁荣发展，为文化产业发展贡献了自己的力量。

（二）山东信托·鲁金系列集合资金信托计划

"山东信托·鲁金系列集合资金信托计划"是国内首支结构化伞形股票质押融资信托计划，信托资金定向募集，优先信托单位由浦发银行认购，一般信托单位由国金证券认购。信托资金用于上市公司股票质押融资项目，产品结构灵活，满足单一资金方投资多个项目并实现结构化的要求，大大提高了单支信托计划的规模，提高了对上市公司股东的融资效率，简化了操作流程，更好的服务了实体经济。

三、社会责任履行情况

2013年，公司将追求经济效益与承担社会责任有机结合，立足信托制度优势，践行社会责任，做合格的企业公民。2013年累计结束信托产品584只，支付受益人信托收益179.07亿元，是公司自身信托报酬收入的18.85倍，履行社会责任成效明显。

与此同时，紧紧围绕服务地方经济发展、保障社会民生的目标开展工作，有效配合国家宏观调控政策，引导、归集社会资金服务实体经济发展。截至2013年12月末，公司工商企业融资余额为1201.75亿元，占比40.17%；基础产业信托余额337.02亿元，占比11.26%；形成恒富、恒丰、信元、弘毅、远投、长江富源系列等多只产业信托品牌。

2013年4月23日，通过中国信托业协会向四川芦山地震灾区捐款1，042，450元（其中以单位名义捐款100万元，职工自发捐款42，450元），用于协会集中采购物资，为灾区人民献上了公司人的一份温暖。

四、2014年发展规划

2014年公司将深入贯彻落实党的十八届三中全会精神，结合公司实际，稳中求进，巩固传统业务，夯实内部管理，加大对业务转型的研究和支持，为公司全面转型奠定基础。在严格控制项目风险和合理控制业务规模的情况下，努力实现信托报酬收入和信托项目收益率双提升。

一是巩固发展传统业务。巩固在产业信托、证券信托、上市公司股权质押融资信托、基础设施信托等方面的先发优势，进一步丰富和完善信托产品链条，大力发展集合信托和净资本占用较少、信托报酬率较高、能够提升自主管理能力的业务，努力打造自主管理的品牌产品。

二是加快业务转型尝试。加快资产证券化业务资格申请步伐，做好市场和客户细分，探索发展资产管理等收费型业务，探讨参与推动产业转型升级和企业并购重组。深入挖掘信托在生活保障、财富传承、教育创业、企业激励福利和公益事业等方面的巨大作用。

三是提升自主营销能力。进一步充实自主营销队伍，提升营销人员综合素质。在深入了解客户需求的基础上，为客户量身打造个性化的综合理财服务方案，探索建立理财客户信托账户，实施账户式管理，进一步提升客户管理水平。

四是健全风险管控体系。对公司现有风险管理和内部控制体系进行全面诊断，开展全面风险评估，进一步优化风险管控流程。切实推进全面风险管理各项工作的落实，高度重视潜在的信用风险和流动性风险。进一步推进信托业务标准化建设，制定完善各个业务环节的操作规程和指引，规范员工操作行为，严防各类操作风险和道德风险。

五是切实提升内部管理水平。将2014年确定为公司“内部管理加强年”，重新梳理公司内部管理制度规范，细化制度指引，提高内部管理精细化水平，适应业务快速发展需要。加大培训工作力度，创新培训形式和考核方式，增强培训效能。

山西信托有限责任公司

一、2013年经营概况

2013年，山西信托股份有限公司（以下简称公司）坚持以党的十八大精神为引领，以公司五年发展规划和《2013年业务发展指导意见》为指导，紧紧围绕年初制定的经营目标，坚持一手抓风险防控，一手抓业务创新，团结一致，迎难而上，奋勇拼搏，取得了优秀的经营业绩，圆满完成了各项经济指标，业务创新与拓展能力持续增强，基础管理进一步夯实，风险控制能力得到有效提升，重点工作进展顺利，为实现跨越发展奠定了坚实的基础。

（一）各项主要经济指标完成情况

2013年，公司实现营业收入5.90亿元，同比增长43%。其中，信托手续费收入5.09亿元，同比增长67.69%，占比86%；实现利润总额3.02亿元，同比增长61%；净利润2.06亿元，同比增加55%。截至2013年末，公司固有资产总额为19亿元；信托业务规模为672亿元，同比增长42%。

（二）主要业务开展情况

1. 2013年，公司根据确定的业务发展思路和方向主动出击，在困难中找出路，在市场中寻机会，积极开展各类信托业务，使公司信托业务规模与收入实现稳步增长。截至12月31日，公司信托规模同比增长42%，集合资金信托规模同比增长39%，单一资金信托规模同比增长48%；信托业务收入实现同比增长68%。一是根据国家“金融业服务实体经济”总体要求，积极开展符合国家政策、监管导向和市场需求的各类信托业务，特别是加大对房地产以外的其他工商企业的投融资力度，全年该类业务规模达378亿元，较上年增长66%，为公司带来2.13亿元的收入，占比43.35%。二是积极履行社会责任，充分发挥信托职能优势，进一步支持政府的民生、公益项目。其中，继2012年向太原市公交控股（集团）公司提供1.9亿元的贷款后，公司2013年继续向其提供了2亿元的资金支持，用于太原市公共自行车建设项目，改善省城交通环境取得实效。

2. 公司固有业务继续保持平稳发展，截至 2013 年 12 月，公司自有资金收入共计 8170 万元。一是自有资金管理部门通过合理配置资金资源，投资收益较高的信托计划，获得 2362 万元收益。二是进一步加强对自有资金的管理，通过同业往来，有效地提高了自有资金的使用率和收益水平，全年共获得利息收入 1438 万元。

3. 公司信托产品柜台直销规模再创新高。截至 2013 年 12 月末发行信托集合理财产品，募集资金规模达 72 亿元，其中，柜台直销 45 亿元，同比增长 42%，占比 62.5%，公司柜台直销募集资金能力大幅增强，服务客户水平进一步提高，有效地助推了公司业务发展。

（三）管理工作情况

1. 夯实内部管理制度，确保公司规范经营。2013 年，公司根据业务发展需要，从规范经营、严控风险的角度出发，进一步加强内部制度建设。一是制度和流程修订小组对现有所有制度进行了全面梳理和修订。二是公司制定出台《履职过失问责办法》（试行），进一步明确了项目责任到人，督促公司员工履职尽责，维护公司、股东和投资人权益。

2. 加强项目管理，严防项目风险。2013 年，公司严控项目风险，进一步加强项目的审议和管理，严把项目合规准入关，加强项目事中管理检查，并做好项目事后跟踪监督。一是编撰《合规工作手册》，为公司项目的合规开展和审查起到了积极的促进作用。二是公司信托风控委严把项目评审关，进一步加强项目评审的专业性。三是加大对项目的事中管理和检查力度，确保项目安全运行。四是召开合规风控专题会议，要求全体员工要坚持防范风险的原则，持续增强风险防控意识。

3. 调整内设机构优化资源配置，加强员工培训提升专业素质。公司根据业务发展的实际需求，及时对内设机构进行调整，优化人力资源配置，加大员工培训力度，提高核心竞争力。一是调整内设机构，优化人力资源配置。二是采取“请进来，走出去”的方式对员工进行分层次、差异化培训，邀请业内知名专家授课；按照信托从业教材培训安排，组织业务骨干分批参加中国信托业协会组织的从业人员培训，并全部通过考试；举办内部培训，由具有扎实理论功底和丰富从业经验的管理人员为公司员工进行专题授课。

4. 完成公司股份制改造，有序推进增资扩股工作。2013 年，公司圆满完成了股份制改造工作，并继续有序推进战略投资者的引进工作。2013 年 4 月 17 日，公司获得中国银监会核准了关于公司变更组织形式及名称等有关事项的申请（银监复［2013］183 号），经中国银行业监督管理委员会《中国银监会关于山西信托有限责任公司变更组织形式及公司名称等有关事项的批复》（银监复［2013］183 号）批准，公司整体变更为股份有限公司，同时更名为山西信托股份有限公司，变更后公司注册资本为 135，700 万元；4 月 28 日公司在山西银监局换领了新的金融许可证；5 月 10 日，公司召开了山西信托股份有限公司发起人大会暨第一次股东大会、董事会和监事会；5 月 27 日公司在山西省工商行政管理局换领了新的企业法人营业执照；5 月 31 日，公司对该重大临时事项进行了公告。目前，公司已完成增资扩股的资产评估工作，并已将评估报告向山西省财政厅进行了报告备案，同时，继续与拟入股股东进一步加强沟通联络。

5. 制定公司五年发展规划，明确公司发展方向和任务。在广泛征求各方意见和建议的基础上，公司 2013 年完成了《五年发展规划（2013—2017）》的制定工作，并印发至各个部门学习和遵守。公司五年发展规划确立了公司的主要目标，指明了发展方向，明确了工作重点，将引导公司的经营行为，是公司未来五年发展的指导性文件。

6. 推进信息系统建设，有效支持业务发展。2013 年，公司大力推进信息系统建设，力争通过信息系统一体化建设，实现财务数据、管理信息的共享，理清前台、中台、后台职能，提高中后台管理质量，积极促进公司整体运营效率。

二、社会责任履行情况

公司充分发挥业务跨越货币市场、资本市场、产业市场的独特优势，2013 年积极履行社会责任，有效地服务地方经济建设，获得了良好的社会声誉。一是在项目选择上，积极响应国家号召，结合自身的实际情况，大力推进绿色、环保、民生项目。二是在项目风险控制上，严把合规准入关，坚决不涉及国家政策允许外的项目，同时加强项目事中检查与事后跟踪监督，保证项目安全运行，资金安全使用，到期安全兑付，公司自成立以来，始终保持了百分之百的履约率和兑付率。三是在产品销售方面，始终从严落实有关理财业务的各项监管要求，将风险防控放在首位，严格规范理财产品宣传，加强对理财产品的设计、销售和资金投向管理，确保理财业务资金来源合法，归集运用合规，产品到期兑付。同时拓宽营销渠道，加强理财产品宣传、信息披露及消费者投资风险教育工作，并针对不同客户群体的风险偏好和投资需求，努力为其提供个性化、差异化理财服务，为高端客户提供信托财产的增值服务，满足广大客户的理财需求。四是严格遵守《劳动法》等法律法规，不断完善用人制度，进一步完善激励机制，保障员工合法权益，为员工提供更多的发展机会，加大职业培训力度，注重员工自身成长。五是在公司党委组织的“爱心帮困”的捐款活动中，公司员工积极捐款，共募集 16860 元，为贫困群众献上一片爱心。

三、2014 年发展规划

2014 年，公司将牢牢把握住泛资产管理时代来临的发展主动权，实现健康持续发展。2014

年，公司的具体目标是实现收入6.3亿元，实现利润3亿元（不包含减值准备6000万元），信托资金规模达到700亿元，并具体做好以下几个方面的工作。

（一）管理工作

公司将积极贯彻落实“2013年中国信托业年会”会议精神，以会议提出的“八项机制”为指导，有效提升管理工作水平，为业务发展提供有效的软硬件支撑。

一是尽快集中精力优选符合监管机构要求，投资意向强烈，综合实力较强的企业作为公司的战略投资者，力争完成增资扩股工作。

二是继续推进信息系统建设，达到进一步优化公司内部控制目的，建立健全信息安全体系，确保信息系统服务到位，为公司业务与工作开展提供有效的信息科技支撑。

三是进一步加强营销人员队伍建设，做好公司业务网点的全国布局工作，深度挖掘异地市场潜力，为客户量身定制资产配置计划与财富管理方案，有效地延伸公司业务触角。

四是继续对现有制度和流程进行梳理、修订和完善，以规范科学的制度和流程促进公司发展。特别是要建立起以薪酬回吐与延迟支付机制为核心的项目风险缓释制度。

五是继续严把项目评审关，强化评审专业性，同时继续加大对项目的事中管理及检查力度，实现检查工作常态化、严格化与标准化，保证项目不出风险。

六是强化员工培训，加大员工教育经费支持力度，采用外部引进专家辅导和内部员工交流自学相结合的方式，提升员工专业素质，有力推进业务发展。

（二）业务方面

2014年，公司一方面将积极抢抓机遇，围绕服务实体经济，充分发挥信托制度优势，继续大力开展符合国家政策和监管导向、市场需求的各类信托业务，进一步将业务模式向主动管理型转变，提高公司自主管理能力，优先发展主动管理类业务，提升公司市场竞争力。另一方面，积极探索信托本源业务，抓住有利时机，把信托本源业务做成强项，着力提升财富管理能力和资产管理能力；开展农村土地流转信托业务，同时继续做好公益信托项目，积极参与节能减排、绿色环保、民生工程等项目建设。

苏州信托有限公司

一、2013 年经营概况

2013 年，苏州信托有限公司（以下简称公司）完成营业收入 66809 万元，实现利润 47215 万元，分别完成全年目标的 111. 35% 和 122. 64%，是 2012 年同期的 1. 5 倍和 1. 3 倍。全面完成年初董事会下达的各项经营指标。信托业务取得了可喜的成绩，全年总计成立项目 149 个，新增信托规模 469. 63 亿元。其中：集合类信托项目 56 个，规模 229. 85 亿元；单一类信托项目 93 个，规模 239. 77 亿元。截至 2013 年末，信托业务存续规模达到 626. 40 亿元，取得了历史性突破，比 2012 年同期增加 307. 68 亿元，同比增幅 103. 59%。2013 年 1—12 月共清算信托计划 79 个，实现受益人收益 32. 52 亿元。所有信托计划均正常运营，无一发生兑付风险。

二、创新业务案例

公司充分发挥自身创新意识，具有业务基础良好、资产质量优良、市场化程度高、区域经济快速发展等多方面的优势，形成了以基础设施、公用事业和基础产业为方向，以融资代建、BT 等投融资方式为主的业务模式。根据董事会年初制定的战略转型和信托业务创新目标，公司加大创新力度，创新业务规模合计 56. 7 亿元，占到新增总规模的 12. 07%。通过业务创新，优化交易对手，提高合作层次，完善了产品线布局，提升了公司的核心竞争力。

1. 推动城市发展基金、房地产投资基金等基金型信托产品的发展，年度内设立城市发展基金、城镇化股权投资、房地产投资基金等基金型信托产品合计 4 个，规模为 26. 75 亿元。

2. 积极探索和推动财富管理业务的发展，目前已经建立起追求长期主动管理的华实系列，开放式 TOT 的华荣系列，专户理财服务的华丰系列等财富管理产品体系，存续管理的三大系列财富管理类信托计划总计 18 个，管理信托规模共计 29. 95 亿元。

三、履行社会责任情况

公司组织和开展了“为全市各区老年人、残智障人士特种人群赠送‘助老送餐车’和‘光动力治疗机’活动”、“雅安地震赈灾捐赠活动”等一系列公益活动。向雅安灾区捐款共计30万元。

四、2014年发展规划

2014年，从信托行业来看，信托财产规模已经超过10万亿元，在前几年高速增长过程中积累的风险因素或将逐渐释放。事实上，2013年已经有多家大型信托公司被媒体报道出现信托产品兑付风险。而随着地方政府债务风险升级，商业地产风险预警，以及部分区域房地产泡沫破裂，预计未来兑付危机将不再是个案。

2014年，随着十八届三中全会以后金融改革的推进，利率市场化和汇率市场化进程的加快，银行、券商、基金、保险公司纷纷进入资产管理市场，以及互联网金融的兴起，金融行业或将发生一系列颠覆性的变革，信托公司传统优势和牌照优势随之不断弱化。由此判断，2014年公司将面临更为多变的经营环境，更加激烈的市场竞争和更为复杂的监管环境。

2014年，公司将紧紧围绕加快转变发展方式这一主线，通过自身的发展转型，努力提升信托服务的专业性，多样性和有效性，将资源真正用于满足实体经济的有效需求，结合经济运行的周期性特征进行科学调整，加强与国家宏观调控政策、产业政策、监管政策的协调配合，不断优化业务结构。具体措施：一是进一步夯实公司治理，内部控制，业务团队，系统建设等发展基础，不断提升内部运营效率；二是继续回归信托本源业务，开展三大业务板块；三是加快创新型业务发展速度，把握市场机遇，开拓新的业务增长点；四是在合规前提下，把握好业务规模快速扩张过程中的资产质量风险问题。

天津信托有限责任公司

一、2013 年经营概况

（一）主要经营指标超额完成

2013 年末，天津信托有限责任公司（以下简称公司）管理资产总额为 1022.4 亿元，比年初 710.4 亿元增长 43.9%。其中，自营资产总额为 27.4 亿元，比年初 22 亿元增加 5.4 亿元；信托资产总额为 995 亿元，比年初 688.4 亿元增长 44.5%。全年实现各项预算收入 11.75 亿元，完成全年预算 6.41 亿元的 183.3%，同比增长 83.6%；实现税前利润 6.52 亿元，同比增长 93.5%；不良资产余额为零，比年初减少 304.6 万元。

2013 年末，公司实现信托业务收入 9.7 亿元，同比增长 73.2%，信托业务收入占营业总收入 86.6%。其中，自主管理的信托资产规模为 529 亿元，占比 53.2%，比上年增长 54 亿元。

（二）信托业务快速发展，成效显著

通过开展财产权信托业务加强对大型企业集团、部分金融机构的服务，全年新增客户资源 102 户。年末，单一信托业务资产总额 694.3 亿元，比年初增加 322.1 亿元，增长 86.5%。其中，单一资金信托业务资产 448.2 亿元，较上年末增加 191.3 亿元；财产权信托业务资产 246.2 亿元，较上年末增加 130.9 亿元。全年单一信托业务手续费收入 1.37 亿元，比上年同期增长 84.7%。

2013 年公司新发行集合资金信托计划 65 个，募集资金总额 179.4 亿元，募集资金总额较 2012 年下降 22%。公司自主营销的规模为 161 亿元，同比增长 57.8%，占总发行规模的 90%。2013 年末，存续集合信托项目 129 个，集合信托资产总额 300.65 亿元。集合信托业务手续费收入 8.22 亿元，占总手续费收入 85.6%。

公司稳定和新发展了 100 万元以上的高端客户 3 434 人次（含法人客户 277 人次），其中，300 万元以上客户 1 762 人次。凭借稳健、规范、诚信、专业的管理风格和经营理念，公司先后

获得2013年中国资产管理金贝奖“最佳品牌建设信托公司”和东方财富风云榜“2013年度最佳信托公司奖”。

（三）自营资产投融资大见成效

2013年，公司运用自营资金23.7亿元，比上年同期增加7.9亿元。实现各类自营业务收入总额15 139万元，同比上年增加7 064万元，增长87.5%。累计发放自营贷款14.9亿元，累计收回11.75亿元，累计实现自营贷款利息收入9 417.6万元，同比增长57.7%，达到历史最好水平。制定出台《自营资金配置平台管理办法》，建立自营资金台账，对全年资金运作及到期情况进行记录和规划，合理安排资金结构，提高资金的效益。

2013年6月，公司控股的天弘基金率先与阿里巴巴旗下的支付宝（中国）网络技术有限公司合作推出了“增利宝”货币市场基金产品，该基金产品自上线交易以后，客户数量和基金规模屡创新高，基金收益率在较高水平上维持稳定。年末，“增利宝”货币基金规模高达2 500多亿元，创造了中国基金业新的历史纪录。同时，引进阿里巴巴作为战略投资者的工作也在向前推进。

（四）风险管控更加有效

公司继续做好合规管理的制度审视、完善工作，2013年下发了57项业务管理制度；重塑合规管理的组织架构，合规管理由团队管理转变为专业管理；建立起责任到人的业务责任追究机制。继续发挥公司预审制度和项目审查委员会重要作用，全年共召开了61次项审会，审议各类投融资项目152笔，金额为408亿元；制定和修改《项目经理名单式管理办法》、《抵（质）押管理办法》等制度文件；重新梳理押品管理的全部流程，建立并逐步完善了押品的复核、催办和全程监控；完成对32个项目、67亿元的现场风险检查工作，审查各类业务出账315笔，金额约766亿元。

公司受托管理实现规范化、制度化。2013年完成集合资金信托项目发行65个，签订信托合同3 434份；完成项目或投资组合的清算兑付168个，兑付信托资金196.93亿元；完成130个信托项目的中期分配，为受益人支付收益近11.84亿元。严格按照《集合信托项目托管工作操作规程》的要求，对各类管理报告进行认真分析，共审阅各类报告655个。

（五）综合管理能力进一步增强

公司完成所有部门的《部门（岗位）职责》和66个岗位的《岗位说明书》的编制工作；根据修订的岗位职责、岗位说明书的内容，完成管理人员按岗定薪工作，人力资源管理开始实现质的跨越。

严格遵守规章制度，准确、全面、及时进行会计核算和经营活动分析。深化财务管理工作，落实年度预算目标要求，严格控制费用支出，加强日常财务管理和监督，确保公司严格遵守执行国家财经法律法规、财经纪律。

完成信托托管管理工作平台、电子档案管理系统、部门费用管理台账等系统的开发工作和上线运行工作。编制了《2013—2015 年信息化建设规划要点》。

紧紧围绕公司制度执行和监管部门的检查重点开展工作，全年共开展现场稽核 11 个项目和 3 项非现场稽核项目，形成稽核报告 19 篇，提出稽核意见、建议 31 条。

二、创新业务案例

（一）示范小城镇建设股权投资基金业务

2013 年 5 月 28 日，公司运用天津银行提供的受托资金 15 亿元，与天津国通基金管理有限公司共同发起设立天津市信通滨丽投资合伙企业（有限合伙）（以下简称信通滨丽）。信通滨丽对军粮城示范小城镇北区建设项目主体——天津市滨丽小城镇建设开发有限公司实施增资，从而解决了北区建设项目缺乏资本金的难题。

（二）村镇银行股权代持业务

公司设立规模 6 000 万元、期限 3 年的事务管理类他益信托计划，代替天津蓟州新城建设投资有限公司持有蓟县村镇银行的股份。此项业务以信托代持的创新方式，为村镇银行的股权改制提供了可供借鉴的模式。

三、社会责任履行情况

2013 年，公司充分发挥信托优势，通过单一信托和集合信托模式，运用多种灵活方式，募集社会资金为天津市及区县政府的重点项目（包括园区建设、保障房建设、基础设施建设、教育和高新技术等）提供信托资金支持，为大型国企集团提供金融信托服务，有力地支持了天津市经济社会发展。

2013 年，公司信托项目累计实现收入 65.7 亿元，同比增加 21.2 亿元；信托项目净利润 53.5 亿元，同比增加 16.6 亿元；累计利润分配 56.3 亿元，同比增加 26.1 亿元；为委托人创造了稳定的信托收益，增加了天津居民和企业的财产性收入。

2013 年，公司发行集合资金信托计划募集资金总额中，近 67% 的集合信托计划资金用于天津市实体经济和重点项目。2013 年，共完成 168 个项目或投资组合的清算兑付，兑付信托资金 196.93 亿元；完成 130 个信托项目的中期分配，支付信托收益 11.84 亿元。所有到期终止和中期分配的信托项目全部按时兑付本金、支付收益，没有逾期。

2013 年，公司严格执行国家宏观调控政策，遵守监管各项规定。加强地方政府融资平台、房地产开发、落后产能淘汰等风险高、流动性低项目的准入和管理。严格控制监管套利项目的准入和报备程序，不绕政策弯子、不打“擦边球”。

2013 年 4 月 28 日，公司和公司员工分别为发生 7.0 级强烈地震四川雅安芦山县灾区捐款。公司通过信托业协会为地震灾区捐款 35 万元，147 名员工通过天津市慈善协会为地震灾区捐款 4.3 万元，以表爱心。

2013 年 5 月 20 日，公司响应天津市文明办号召，与静海县西港村开展精神文明“双百共建”活动，公司出资 30 万元援助西港村村街建设。

2013 年 8 月 28 日，按照天津市委统一部署，公司选派 6 位员工，组成两个工作组，分别驻天津市静海县唐官屯镇良辛庄村、马集村和烧窑盆村，落实结对帮扶困难村工作。

四、2014 年发展规划

公司 2014 年总体经营目标为：管理资产总规模确保 1 000 亿元，并使资产结构得到较大优化，营业收入力争达到 6.7 亿元，实现利润确保 4.5 亿元，力争实现 4.8 亿元。不良资产率控制在不高于 2% 的水平。

（一）做好做实信托业务，转型创新上新水平

1. 发展传统业务优势，努力服务天津建设。2014 年，公司将继续坚持满足市场投资者需求、支持实体经济生产建设需要、提高项目风险管控能力 3 个基本原则，努力将传统信托投融资业务做大做强，要进一步提高获取好项目大项目的能力，力争使自主管理业务比重和大项目比重双双提高。公司投融资重点将放在天津市重点基础设施建设、重点区县区域经济发展、保障房和新型城镇化、国际港口城市的航空航运、企业集团经济结构调整、金融同业或大型产业集团系列合作、优质科技小巨人和小微企业投融资以及文化产业、现代制造业、制药业、物流业、新型能源等领域。

2. 紧跟市场需求导向，加快产品转型创新。公司将大力发展房地产信托股权投资基金信托业务和“天信·聚富”产品，大力发展进一步扩大金融同业合作的业务规模，努力为企业集团改革重组、调整合并、改善财务结构、优化资产整合等方面提供更加全面的金融服务，积极开展资产证券化业务。

3. 坚持市场需求导向，努力发展自主营销。公司将牢固树立投资客户就是衣食父母，市场需求是众多投资客户趋同性表象的理念，努力打造高水平的自主营销团队，进一步强化公司在营销方面的核心竞争力。公司将成立天信财富中心，分别向机构客户、自然人客户提供更加有针对性的专业化服务。天信财富中心将及时、准确、全面了解市场需求和变化，及时反馈市场情况，据以调整产品设计和营销策略，不断赢得市场竞争的主动权。

（二）做好做实自营业务，投融结合上新水平

公司自营资金继续坚持配置平台制度，寻求流动性安排和资金运作效率的最佳结合点，努力实现综合效益最大化。金融股权投资要取得新的效益增长点，努力推动与阿里巴巴的合作及其入股天弘基金的工作，继续做好其他存续金融股权投资的规范管理工作。继续坚持低风险运作、取得适当利息收入的思路，进一步提高自营资金贷款运作水平。

（三）做实各项管理工作，风控能力上新水平

公司将实施更加严格的风险管理，加强项目准入和贷后尽职管理，严格净资本管理，加强内部稽核检查。进一步严格财务管理，进一步提高人力资源管理效率。积极进行信息技术开发，进行反洗钱和案件防范，不断提高办公行政管理能力。

兴业国际信托有限公司

一、2013 年经营概况

2013 年，兴业国际信托有限公司（以下简称公司）在中国银监会及其福建监管局以及兴业银行党委的正确领导下，认真贯彻落实国家宏观经济政策和金融监管要求，紧紧围绕建设“综合性、多元化、有特色的一流信托公司”的发展战略目标，扎实推动业务转型和结构调整，持续加强全面风险管理和内部控制，着力强化主动管理能力和业务创新能力，各项业务持续、快速、健康发展，盈利水平不断提升，取得了较为显著的经营管理成果。截至 2013 年末，公司固有资产总额 53.84 亿元，所有者权益 50.04 亿元；2013 年累计实现营业收入 20.54 亿元，利润总额 14.67 亿元，净利润 11.06 亿元，分别同比增长 42.10%、42.22%、43.20%；平均加权净资产收益率达 24.80%，各主要指标均符合监管要求。主要体现在以下方面。

（一）扎实推动业务转型与结构调整，各项业务保持持续、健康、快速发展

信托业务规模继续增长，业务转型初见成效。截至 2013 年末，公司存续信托项目 1 757 个，信托业务规模 5 632.86 亿元，位居全国信托行业第二位；全年新增集合类信托项目 134 个，新增集合类信托业务规模 193.49 亿元，同比增长 26.77%；全面加强与金融同业的业务合作，截至 2013 年末，公司已与 50 多家商业银行、20 多家证券公司等金融机构建立业务合作关系，并与其中 21 家商业银行、12 家证券公司签署了全面战略合作协议。股指期货业务起步良好，创新发行艺术品信托，着力发展信贷资产证券化业务，并启动 QDII 业务资格申报工作，信托业务创新能力得到有效提升。自营业务收益良好，综合化经营持续推进。2013 年公司固有业务累计实现收入 4.24 亿元，同比增长 16.56%。投资参股的紫金矿业集团财务有限公司、华福证券有限责任公司经营情况良好，参股并负责经营的重庆机电控股集团财务有限公司、全资拥有的兴业国信资产管理有限公司均顺利开业并当年实现盈利。

（二）健全组织架构网络，强化风险管理与内部控制，经营管理质量有效提升

组织架构方面，着力延伸前台业务与服务网络，强化中后台的集中、专业化管理。2013 年

新增设16个省市二级业务部，实现了对全国主要经济发达省市的业务和服务全覆盖；调整优化业务审批部、风险与合规部内设机构；将证券信托业务存续期间的运营管理职责集中调整由运营管理部承担，实现证券信托项目中后期事务集中管理；成立信托财务部为二级部门，并按信托业务类别提供财务支持；在董事会办公室下设股权投资与管理科，加强对外股权投资项目的统一规范管理。制度建设方面，结合公司业务转型发展、组织架构调整及市场变化，进一步梳理规章制度体系，2013年新制定制度41项、修订制度18项；持续改进经营部门和管理部门的考核评价体系；加强对信托业务的统一指导和协调，全面梳理信托项目中后期管理流程，并成立业务定价委员会，提高业务定价的科学性。风险管理与内部控制方面，调整优化业务评审委员会组成、工作规则及评审流程，全面梳理修订信托业务操作规程，及时出台或修订多项业务指引，认真组织开展风险合规检查，加强舆情的日常监测管理，同时建立起有效的声誉风险事件应对机制。2013年公司各项监管指标符合监管要求，资产质量良好，到期的信托计划均按时足额兑付。积极发挥内部审计监督作用，2013年共实施信托业务审计、内控审计、离任审计等审计项目22项，覆盖了公司全部信托业务部门和部分管理部门，审计中发现的问题均都得到有效的整改落实。

（三）运营支持保障水平稳步提升，企业形象和品牌建设取得新成果

深化人力资源改革，队伍专业素质不断提高。截至2013年末，公司员工总数达344人，其中硕士及以上学历占比达60%；在行业内率先推行信托经理持证上岗制度，人力资源管理进一步科学规范。信息科技建设进一步加强，2013年成功上线合同登记系统、电子传真系统、反洗钱系统等，全流程业务系统已能支撑绝大部分信托业务集中运营管理，信息科技对经营管理的支持保障作用更加显著。加强品牌宣传的主动性和系统性，在行业内率先设立官方微博、官方微信，品牌形象和市场影响力进一步提升。2013年，公司先后在各类权威行业评选活动中荣获"中国优秀信托公司"、"中国最具实力信托机构"、"卓越信托公司奖"、"最佳信托公司"、"信托公司最佳品牌奖"、"最受欢迎信托公司"、"最具创新力金融服务企业"、"中国最佳证券类信托管理机构"等多项荣誉，"兴业信托·东北证券项目投资集合资金信托计划"荣获"最佳证券投资类信托计划"。

二、创新业务案例

（一）兴业信托·紫玉金砂天甲1号艺术品投资集合资金信托计划

兴业信托·紫玉金砂天甲1号艺术品投资集合资金信托计划（以下简称"紫玉金砂天甲1

号”）是国内第一只投资紫砂壶艺术品的信托计划，属于主动投资型管理类艺术品信托。

“紫玉金砂天甲1号”在设计方面降低了投资风险，为优先级投资者设置了2：1的资金安全垫；首创了由签约工艺师购买产品中间级份额的做法，保证优先级收益及紫砂艺术品的质量。同时，组建了一套完善的“产、存、销”流程，同时引入银行保管箱、保险、担保等创新做法，通过富有成效的市场运作和策划宣传，提升所投资的紫砂艺术品的市场认知度，最终实现增值退出。该产品即为高净值客户提供了投资金融产品的机会也为其提供了投资紫砂艺术品的机会。

（二）兴业信托·博道1期量化投资单一资金信托

兴业信托·博道1期量化投资单一资金信托（以下简称博道1期）是量化对冲高频交易信托产品，属于行业内首单既实现了事前、事中、事后风控，又满足了量化对冲高频交易需求的信托产品。博道1期通过每日事前设置风控参数、事中适时跟踪交易状态，事后数据归拢，较好的解决了个性化第三方软件的有效利用和交易、风控及时性的兼容问题，产品具有相当的市场推广价值。

（三）兴业信托·兴盛稳赢单一资金信托（5期）

兴业信托·兴盛稳赢单一资金信托（5期）（以下简称兴盛稳赢5期）以信用卡资产中分期付款的消费贷款为基础资产，委托资产转让行作为贷款服务机构，开展信用卡债权资产类证券。兴盛稳赢5期将传统银信合作业务中的信贷资产转让业务拓展至银行信用卡债权资产，是在银信合作领域的全新尝试，也是首次在类资产证券化领域的探索，为信用卡资产证券化业务探路。

三、社会责任履行情况

公司作为企业法人机构，一直在倡导公益性企业文化的建设，将企业文化与公益事业相融合，用实际行动践行一个企业公民的社会责任。

2013年初，公司与福建省青少年发展基金会合作，到福建省闽西、闽北等多个贫困地区进行实地走访和考察，并出资100万元通过福建省青少年发展基金会分别对南平市浦城县管厝乡官田小学和龙岩市连城县宣和乡中心小学开展捐资助学公益活动。捐资款项主要用于撤除危房、搭建新校舍、配备相关教学设备和设施、改善学生的读书学习环境，进一步提升学校的办学能力，提高学校教学质量。

为切实履行企业社会责任，加大公司对社会公益事业的践行力度，自2013年3月起，公司在全公司范围内组织开展常年向贫困地区希望小学捐赠活动，向公司全体员工发出倡议书，号召公司员工捐献个人闲置的书籍、电子产品、生活用品等，截至2013年末，共收到员工捐赠物品、书籍及各类生活用品共计149件，并定期组织捐赠给贫困地区希望小学。

公司充分利用信托制度的先天优势，发挥财产隔离信托制度功能，将履行社会责任与金融创新相结合，探索发行设立公益信托的形式帮助委托人管理、运用善款。2013年8月，公司与四川省慈善总会合作举办了第九届“放飞梦想，托起四川希望的明天”——2013四川慈善·帮困助学公益活动。将此前面向社会发行的“兴业信托·慈善基金信托计划”所募集的111万元资金将专项用于此次帮困助学公益活动，向雅安及周边地震灾区222名被大专以上院校录取的大学新生，按照每人5 000元标准提供资助。

此外，公司工会以及团支部与公司捐助的希望小学共同开展“学雷锋，树新风”、“放飞梦想，共建绿色家园”等各类主题活动，不断提高和丰富山区孩子的课余文化生活；开展年度“三好学生”、“优秀教师”等奖金奖励活动，为山区师生送去节日的温暖与祝福。公司团支部组织公司福州地区16名青年团员开展了“五四青年节”植树活动，种植了近百株树苗成为“绿色海西”防护林中一道美丽的风景。公司还向“海峡西岸建设林”金融园建设项目捐资，助推海西经济金融服务建设。2013年12月，公司参加“2013第一财经·中国企业社会责任榜(CSR)”评选活动，评委对公司充分发挥信托制度的灵活性和信托财产的独立性功能，为中国公益事业的发展作出的积极贡献给予高度肯定，授予公司“2013年度优秀实践奖”。

四、2014年发展规划

2014年，在中国银监会及其福建监管局以及兴业银行党委的正确领导下，公司将围绕建设“综合性、多元化、有特色的一流信托公司”的战略目标，积极把握和应对“泛资产管理”时代带来的新机遇和挑战，以深化转型、强化创新和优化管理为主要抓手，着力提升主动管理能力、业务创新能力和管理服务能力，进一步深化推进业务转型和结构调整；全面加强风险管理和流程管控，促进各项业务集约化发展管理，着力提升业务发展质量和保障项目平稳运行；加快建立具有市场竞争力的财富管理板块，全面提升客户服务水平，为广大客户提供更加优质高效的信托金融服务和财富管理服务；深入推进公司综合化经营战略布局，进一步加强对外股权投资、完善子公司管理，构筑横跨金融市场、资本市场和货币市场三大板块的集团化发展，塑造形成具有公司特色的经营管理体系和核心竞争力，推动各项业务持续、快速、健康发展，促进公司发展成为综合性、多元化、有特色的国内信托行业领军者。

中诚信托有限责任公司

一、2013 年经营概况

2013 年，中诚信托有限责任公司（以下简称公司）紧紧围绕“保兑付、调结构、促发展”的主线，通过公司上下的齐心协力，顺利完成了董事会确定的经营考核目标。截至 2013 年 12 月末，公司固有总资产 129.10 亿元，较年初增长 11.27%；净资产 112.27 亿元，较年初增长 11.76%；全年累计实现营业收入 32.94 亿元，实现净利润 20.45 亿元；净资产收益率 19.23%。从收入构成看，信托手续费及佣金净收入 20.57 亿元，占总收入比重 62.43%；自营业务收入 9.37 亿元，占总收入比重 28.44%；权益法核算的长投收益 3.01 亿元，占总收入比重 9.13%。

二、创新业务案例

2013 年中诚信托中飞租债权集合资金信托计划（以下简称信托计划）是公司于 2013 年末推出的人民币集合资金信托计划，信托计划资金总额为不超过 40 亿元，其中，首个推介期间募集资金规模不超过 9 亿元、不低于 6 亿元。信托计划期限为 12 年。

首个推介期募集的信托资金主要用于受让中飞宝历租赁（天津）有限公司对中国国际航空股份有限公司的应收租金（美元）请求权以及向中飞租融资租赁有限公司发放贷款。

信托计划风险控制：通过优选交易对手，规避信用风险和管理风险等相关风险。针对应收租金为美元资产导致的换汇问题及汇率问题，通过引入资产服务机构进行换汇并通过该机构与大型商业银行进行套期保值来规避。通过相关的交易安排，信托计划获得中诚信授予的 AAA 信用评级。

创新点：业务领域新，飞机租赁业务是空间巨大且专业性强的领域，未来有望成为信托公司的一大业务领域；间接运用套期保值等现代金融工程技术，为规避汇率风险奠定了坚实的基础。

三、社会责任履行情况

2013 年 5 月，公司响应中国银监会号召，继续捐出 50 万元支持定点扶贫工作。

公司响应中国信托业协会的号召，向发生了里氏 7.0 级强烈地震的四川省芦山灾区捐赠了 100 万元，用于支援灾区人民的抗震救灾和灾后重建工作。

四、2014 年发展规划

2014 年公司要围绕以下五个工作重点，坚持稳中求进，优化内部体制机制，大力培育提升理财核心能力，在实现公司业务稳健发展的同时，力争在创新转型上取得坚实的进步。一是要完善风控体系，继续加强存续项目和新增项目的风险管控，保持公司平稳运行。二是要完善基金化运作平台功能，加快业务转型，在实践中不断积累和提升专业理财能力。三是要建立内部资金的集中统筹管理和有偿使用机制，鼓励业务前台积极开拓优质项目，释放产能，提高效益。四是要继续优化激励考核机制，改进内部管理，提高信息化水平，为转型发展提供有力的支撑。五是要在努力扩大业务的同时，加强公司品牌宣传。

中海信托股份有限公司

2013年，中海信托股份有限公司（以下简称公司）面对宏观经济下行，政策多变，竞争加剧等诸多不利因素，坚持合规稳健的经营理念，强化风控，通过加快业务转型步伐，推进和完善制度流程建设，优化人力资源管理，使公司在稳健转型中获得新的发展。

一、2013年经营概况

2013年，公司资产总额49.14亿元，净资产38.08亿元，公司资产继续保持高质量。

2013年，公司实现营业收入12.07亿元，实现利润总额10.25亿元，人均净利润659.95万元。

在风险可控的前提下，公司资产管理能力不断提升，2013年公司累计管理信托资产规模达3 283.89亿元。截至2013年末，公司存续信托项目共276个，其中新增信托项目108个；管理存续信托资产规模为1 774.44亿元，规模较年初上升41%。

二、创新业务案例

公司视创新为发展的动力，坚持以市场为导向，以客户为中心，充分利用跨市场配置的信托制度优势进行产品和业务创新。2013年，在保证稳健发展、风险可控的前提下，公司审慎开展创新业务，侧重中长期项目规划，为未来布局，以谋求可持续性发展。

为积极响应监管部门关于信贷资产证券化创新业务的开展，公司继2012年开展“交银2012年第一期信贷资产支持证券”后，于2013年3月成功发行“工元2013年第一期信贷资产支持证券”项目。该项目由中海信托和中国工商银行担任发行人，中金公司、中信证券等担任联席主承销商，发行规模超过35亿元。第二单资产证券化业务的发行，标志着公司资产管理能力再上一个新的台阶。

三、社会责任履行情况

公司坚持把企业社会责任建设与公司企业文化融合贯通，积极履行国有金融企业的社会责任。

（一）为投资者提供安全可靠的金融理财产品，维护金融市场稳定，打造委托人信得过的信托理财平台

公司在实现高效、高速发展的同时，始终把维护委托人的利益放在首位，不断优化风险控制体系，切实承担起国有金融企业维护金融稳定的社会责任。自2004年以来，公司累计管理信托资产规模达到22 000亿元，连续十年未发生一笔信托不能到期兑付的情况，未发生一笔任何损害委托人、受益人利益的情况，未新增任何不良资产，得到委托人和市场的高度认可，成为委托人信得过的信托理财平台。

（二）持续提升品牌影响力，服务地方经济发展

公司以稳健经营和专业理财能力树立起良好的社会形象，中海品牌的市场影响力不断提升，2013年获得以下殊荣：

2013年3月，公司荣获“2012年度上海市黄浦区经济发展突出贡献100强企业第14位”荣誉称号，较2012年提升4位。

2013年6月，公司荣获上海证券报社、中国证券网联合举办的第七届诚信托评选“诚信托——卓越公司奖”。

2013年7月，公司荣获证券时报社、《新财富》杂志联合主办的“创新·突围——2013中国信托业峰会暨第六届优秀信托公司评选”——“中国最具区域影响力信托公司”奖。公司已连续多次获得以上活动奖项。

四、2014年发展规划

2014年，为应对当前复杂严峻形势，公司将紧盯市场变化，持续强化风险管理，夯实发展基础，推进发展方式转变，提高核心竞争力，提升公司综合实力，并将重点在以下方面取得突破。

（一）加强主动管理，提升核心竞争力

公司积极应对新的监管要求，在继续发挥传统优势的同时，提高主动管理能力，坚持业务

创新，提升可持续发展的核心竞争力。2014 年，公司进一步将投融资业务相结合，探索形成具有公司特点的差异化的盈利模式。在调整优化业务结构中争取主动，把握市场机遇，提高经营质量和效益。

坚持创新业务拓展，推进业务发展模式转变。通过提高公司产品开发能力和资金募集能力，加强主动管理，保持稳健发展。以创新手段重点开拓资产管理业务，继续发展结构化证券投资业务，重点围绕结构化优先级证券投资产品开发相关固定收益类组合管理产品，形成可持续的产品线，提升资产管理规模和主动管理能力。探索阳光私募业务标准化，提升公司专业化被动受托管理能力，打造公司相对稳定的基础赢利模式，借鉴行业创新业务尝试，对可能形成稳定盈利模式的业务进行复制和完善，形成符合公司风控要求的产品线，布局未来。

（二）加强风险管控，强化制度执行，确保合规经营

公司将从加强全程风控，完善量化风控标准入手，着重提高项目管理各环节的风险防范。根据宏观形势及政策变化，及时调整业务风控侧重，加强对突发事件的应急处理能力，确保在业务开展过程中不因市场变化而出现风险暴露点。针对市场变化，提高风控管理水平，公司将在风险管理模式和手段上进行适当调整。从重点关注业务风险向公司整体风险管理转变，风险控制手段从以定性指标为主向定性指标和定量指标相结合转变等。

加强制度执行力，培育合规与风控文化。公司将侧重于制度执行力的提升，通过开展多形式、多层次的培训和新政策的宣贯，督促各条线严格遵守规章制度，合规操作，落实工作职责，使风险管理工作制度化、常态化、具体化，进一步增强全体员工的风险意识，提高公司依法合规经营水平和风险管理能力。

充分发挥审计监督职能，强化基础管理，为公司正常经营发挥保障机制促进作用。以纪检监察为龙头、以内部审计为着力点、以内控评价为突破口，统筹监督资源配置，发挥监督合力。同时，拓展监督思路，创新监督手段，围绕项目运作的合法合规性开展稽核，及时揭示项目管理及资金运作中的风险。正确对待审计发现的问题，提高责任感。

（三）加强队伍建设，强化基础管理，确保转型顺利实施

让全员充分认识“强化基础管理，夯实发展根基”的重要性，提高思想认识，增强责任心和使命感。集中精力，扎实工作，坚持以建设“一流的资产管理公司”为目标，为实现“二次跨越”发挥金融服务的作用。

努力打造一支过硬的专业管理团队，满足转型需要。公司将持续推动和完善薪酬约束激励机制，激发员工主观能动性，营造良好的环境，完善人才培养长效机制。同时，公司继续引进关键岗位的专业人才，做好创新业务高端人才储备，提高团队专业能力，加快推进业务转型步

伍。通过明确责任、落实任务，建立一支技术过硬、品德过硬、作风过硬的资产管理队伍。

（四）加强企业文化建设，切实改善工作作风

持续推进企业文化建设，弘扬公司特色企业文化，提振员工对公司的发展信心，切实增强企业凝聚力和全员的归属感。解决基础管理工作中存在的薄弱环节和突出问题，牢牢把握发展质量和效益，加强风险管控，不断提升企业的核心竞争力和可持续发展能力。

公司将加强对从业人员的职业道德教育、廉洁从业教育和案件警示教育，把反腐倡廉建设和惩防腐败体系建设植入公司内部控制和风险管理制度中，进一步融入到公司日常经营管理体系中。

中航信托股份有限公司

一、2013 年经营概况

2013 年，中航信托股份有限公司（以下简称公司）在“精诚合作、积极进取、知行合一”的企业精神引领下，紧紧围绕年初制定的工作目标及重点，依法合规开展业务、持续加强风险控制和管理，紧抓机遇、危中寻机，超额完成了年度目标任务，经营指标创历史新高。

（一）公司资本实力与盈利能力进一步提升

2013 年，面对复杂多变的经济金融形势，公司采取专业化和差异化的经营策略，准确把握市场节奏，大力发展各项业务，实现了较好的经营业绩。全年实现营业收入 15. 37 亿元，同比增长 19. 33%；利润总额 9. 83 亿元，同比增长 17. 74%；实现净资产收益率 23. 52%，人均税前利润 486. 7 万元。

为提升公司资本实力与抗风险能力，公司完成第三期增资扩股。2013 年 12 月，公司股东溢价追加资本投入 8 亿元，使公司注册资本由 15 亿元增至 16. 864852 亿元，年末，资产规模达到 43. 15 亿元，股东权益迅速上升到 38. 39 亿元。

（二）业务实现持续增长、业务发展模式逐步形成。

2013 年，在严控风险的前提下，公司各项业务规模持续攀升。

信托业务方面，年末，公司管理的信托规模为 2 200 亿元，与上年 1 382 万元相比，增长 59%；年内新增信托项目 543 个，新增信托资产规模 1 503 亿元。目前，公司已形成较为丰富的产品线，信托产品投资范围涵盖了基础设施、房地产、能源、证券、文化等各个领域；信托产品设计包括了股权投资、债权融资、BT、有限合伙投资、应收账款收益权、基金化等多元化的业务结构，构建了包括不同风险收益配比、不同期限结构的产品体系，切合不同高端客户的投资需求，得到市场各方的广泛认同。

固有业务方面，在保证自有资金安全性、流动性的基础上，尝试开展股票型指数基金及网下申购的证券投资业务，出资3 000万元作为第一大股东发起设立嘉合基金管理公司，增持了第5家地方商业银行的股权，固有资金投资运作及管理能力得到提升。

（三）依法合规经营，严控业务风险

在业务开展过程中，公司依法合规经营、始终坚持“业务发展、风控先行”的文化理念。2013年，信托全行业风险项目频发，刚性兑付受到质疑、多项业务受到监管调控，给机构运营及行业声誉带来一定的影响。在这一背景下，公司董事会和管理层高度关注风险管理、持续加强合规与风险管理。

公司积极构建并推进实施全面风险管理体系，分别在风险管理组织体系、风险管理报告、常态化风险评估机制、专项风险管理、内部控制、风险管理考核评价、风险管理文化等各方面形成了较为完整的风险管理运营机制。在具体的信托项目运作层面，公司加强对信托项目的全程化风险控制，在依法合规的基础上，通过严格甄选项目及交易对手、细致认真地开展尽职调查、严格执行项目决策流程、项目存续期集中管理、外派现场监管人员、定期召开项目风险分析会等多项措施，切实加强风险控制与管理，积极履行受托人的职责与义务，切实维护受益人的合法权益。

二、创新业务案例

公司不断创新产品设计，积极开发新的业务模式。2013年，公司根据国家和产业新的政策导向推出了廉租房、经适房等保障性住房项目、按照新型城镇化要求开发的城市周边建设项目；深化与宜信公司合作，发行了天宜、天惠、天驰系列产品，以结构化的信托设计和不同期限的产品组合，有效地支持了个人信用贷、车辆抵押贷融资需求；通过灵活的分层、股债结合方式，发行了并购贷款信托计划，为并购方提供项目贷款和夹层融资等；开发设计了类年金管理信托计划天福系列产品，为交易对手提供了投资多样化、账户管理系统化的服务，切实提升了合作企业的员工福利水平、员工稳定度及人才吸引力；成立了合智金融与法律研究促进基金集合资金信托计划，采用基金化的管理方式，产生收益指定用于资助金融与法律方面的整合研究，具有一定的社会公益性。

三、社会责任履行情况

公司以“做受人尊敬的信托公司”为企业梦想，积极履行作为企业公民所应承担的社会责任。

一是积极促进机构发展，服务实体经济发展。公司坚持以国家政策导向与监管政策要求确定业务发展方向，不仅实现了机构自身的快速发展，而且探索设立了城镇化建设项目、保障房建设项目、节能减排项目、中小企业股权投资项目等，99%的信托资金均服务于实体经济发展。在由证券时报社、《新财富》杂志联合主办的第六届中国优秀信托公司评选活动中，公司再次获评“中国最具成长性信托公司”。

二是依法纳税，支持江西地方经济发展。2013 年共缴纳税费 4.06 亿元，被评为“中航工业纳税先进单位”，与此同时，公司坚持“立足江西、依托航空、面向全国”业务拓展思路，积极支持江西省“鄱阳湖生态经济区”与“赣南等原中央苏区振兴”发展战略，先后为多家企业提供投融资服务，有利地支持了当地经济发展。

三是依法合规经营，提升客户服务与管理，稳健审慎地开展业务。2013 年，公司累计清算信托项目 208 个，清算信托规模 918 亿元，未出现延付兑付、未出现重大风险项目与责任事故。公司重点推出“中航财富”服务品牌，通过营销服务平台、呼叫中心、IPAD、微信等多渠道服务平台建设，举办多种形式的文化主题客户尊享活动，在积极维护了金融市场秩序的同时，也很好地维护了股东的利益与受益人的利益。

四是发展社会公益事业，积极回馈社会。积极开展社会公益活动和青年志愿者服务活动，帮助弱势群体，关爱农村儿童，开展省级定点扶贫工作，树立了良好的社会形象。年初，公司总经理姚江涛率领相关人员到南昌小蓝经济技术开发区，走访慰问孤寡老人和留守儿童；公司“一对一助学”活动志愿者，赶赴萍乡市上栗县鸡冠山乡为中航信托希望小学的孩子们捐助新棉衣、书籍、文具等物品；公司向萍乡中航信托希望小学援助 30 余万元的 150 套课桌和书籍，并携手萍乡希望小学开展航空科普宣传活动；公司援建的安福县洋门乡沛溪村村民活动中心顺利落成；与江西日报合作开设了具有公益性质的“江西人文大讲堂”；公司团委与江西银监局团委、华融资产管理公司江西省分公司团委共同开展“关爱星星的孩子，托起明天的太阳”主题活动，携手走进江西慧聪儿童康复训练中心，为“自闭症”的孩子们送去文体用品、乐器等用品，送上温暖和关怀。四川省雅安地震发生后，公司心系灾区，在党委、工会、团委的具体组织下，开展爱心募捐活动，捐献善款十余万元，帮助雅安人民重建美好家园。

五是保障员工权益，促进员工发展。建立职工代表大会制度，完善职工参与公司管理的体制机制；分别召开了新员工座谈会、员工代表征求意见座谈会，认真听取员工意见和呼声；不断改善员工工作环境，丰富员工业余文化生活，开展员工趣味运动会、猜灯谜、演讲比赛等系列活动；针对不同层次员工开展有针对性的培训，支持员工职业生涯发展。

四、2014 年发展规划

随着弱经济周期、大资产管理时代的到来及制度红利的逐渐消失，信托行业经历了前几年的快速发展，原有的粗放式、机会型业务增长模式难以为继。为谋求可持续发展，公司结合发展实际，坚定了战略转型的发展方向，确定了公司转型发展期的目标、定位、三大战略业务及转型路径。

总体经营思路：公司将2014年定位为“转型发展年”，以转型强内功、以改革促发展；以业务转型为重点，积极构建私募投行、资产管理、财富管理三大核心业务体系；以提升能力和改进管理为根本，努力强化风险管控、提升专业化能力、改善发展质量、推进精细化管理，实现公司健康可持续发展。

业务方向：私募投资银行业务以“专业化”导向为抓手，通过差异化发展，提升在行业细分与产品创新方面的专业能力，培育核心竞争力；单独组建资产管理部，开发系列资产管理产品，提升公司资产配置能力、投资管理能力与投后管理能力；筹备设立私人银行部功能，借助境外战略投资者的股东优势，学习新加坡银行先进的财富管理经验，着力为国内的高净值客户提供个性化、定制式的财富管理服务。

拓展领域：从基金化、结构化为切入点，围绕房地产、基础设施信托、中小企业股权投资基金、个人消费金融、证券投资信托、对冲基金信托、土地信托、家族信托、资产证券化、互联网金融等领域，积极培育和开展创新型业务。

配套措施：优化组织结构，促进组织能力提升；深化合规与风险管理理念，积极落实风险的全面化与全程化管控，建立专业化的评审机制；改进公司业务、客户、财务、人力资源等信息技术平台建设；丰富员工培训，优化绩效考核；引进专业研究人才，提升研究实力与产品创新能力；培育优秀的企业文化，加强公司品牌定位、规划、推广管理，以高素质人才队伍和良好的运营机制保障公司转型发展。

2014年，公司将始终坚持风险底线，深化各类资源整合、加速业务结构调整，推进公司业务转型、打造公司专业化与差异化核心竞争力，确保公司各项事业更上一个台阶。

中融国际信托有限公司

一、2013 年经营概况

2013 年，中融国际信托有限公司（以下简称公司）在全体员工的不懈努力下，完成了年初部署的年度经营目标。年度内，公司受托资产管理规模持续攀升，盈利能力保持强劲，业务结构不断完善，风控能力稳步提升，各项管理持续加强，各项经营指标位居行业前列。

（一）资产管理规模稳中有增，经营指标居行业前列

2013 年末，公司管理资产 4，882. 23 亿元，其中信托资产 4，785. 35 亿元，自有资产 96. 88 亿元，较年初分别增长 59. 79% 和 55. 6%，资产管理规模实现大幅增长。2013 年公司实现营业总收入 48. 98 亿元，实现利润 27. 08 亿元，净利润 20. 18 亿元。较上年末，公司收入和净利润分别增长 10. 89 亿元和 4. 93 亿元，公司收入和净利润均位居行业第二。

（二）净资本实力提升，风险抵御能力进一步增强

截至 2013 年末，公司净资本各项数值均持续达标。公司净资产 76. 45 亿元，净资本 69. 48 亿元，净资本覆盖率（净资本/各项业务风险资本之和）143. 81%，净资本盈余 21. 17 亿元。公司净资产因年度内业绩表现良好、年初 10 亿元增资而实现了大幅增长，抗风险能力持续增强。

（三）信托兑付情况良好，实现投资者利益最大化

2013 年，公司共兑付 359 个项目，实收信托 985. 16 亿元。其中，集合类项目 157 个，实收信托 367. 15 亿元，加权平均实际年化收益率为 9. 49%；单一类项目 106 个，实收信托 422. 24 亿元，加权平均实际年化收益率为 7. 46%；财产管理类项目 96 个，实收信托 195. 77 亿元，加权平均实际年化收益率为 8. 43%。2013 年所有到期项目均实现按期、足额兑付，累计为投资者分配信托收益 98. 87 亿元，

（四）财富管理能力提升，市场影响力持续扩大

年度内，公司通过中融财富中心加大了直销力度，不断提升客户管理及财富管理能力。截至2013年末，公司拥有自然人客户35 000人，委托资金1 000余亿元；机构客户980余家，委托资金3 300余亿元。通过专业、优质的资产管理能力，公司在客户群里树立了良好的形象，并获得市场的高度认可。2013年，公司相继获得由《21世纪经济报道》、《中国证券报》、《证券时报》、人民网等颁发的各类奖项十余项，所获荣誉涵盖公司品牌、风控、创新研发、财富管理等方面。

二、创新业务案例

2013年，公司以创新驱动增长，以变革引领发展，在充满机遇与挑战的资产管理市场上，不断推动业务结构转型。继2012年获得股指期货业务资格以来，公司逐步突破传统证券业务模式，深入探寻在主动管理方式下操作股指期货这一新型证券衍生业务，并于2013年初推出了公司第一款创新型证券投资产品"中融—冰剑1号证券投资集合资金信托计划"。股指期货业务的推出，为机构投资者提供了避险工具，有助于增加A股市场的流动性，并能长期降低市场波动性。

该产品面向高端客户募集资金，投资于在沪、深交易所交易的A股股票、中国金融期货交易所股指期货、证券投资基金、债券、银行存款及法律法规允许投资的其他金融工具。在资产运用方式上，公司与专业的投资管理公司合作，设计完备的套期保值/套利操作方案，包括按照政策面、资金面和技术面等反映出股票市场的波动情况，科学地设置买卖期货合约的规模，控制套保业务的期限，并根据市场变化情况以及股票持仓与股指期货的相关度，及时评估股指期货套期保值的有效性，调整股指期货套期保值的规模。

该产品聘任了投资经验丰富、历史业绩优异的绍兴冰剑投资管理有限公司担任投资顾问。冰剑投资管理有限公司在具体的投资管理过程中，设定了规范的投资业务流程，通过其下设的投资决策委员会、基金团队、风险控制委员会全面控制风险。其中，产品投资决策委员将定期对股指期货套期保值方案进行调整；基金团队应在投资决策委员会决议的基础上，根据股票持仓和股指期货的相对度，及时对方案进行调整，从事前的角度严格控制股指期货套期保值风险。根据市场变化以及股票和股指期货的持仓情况，做好股票和股指期货间资金调拨计划和协调工作；综合部资金专员具体负责股票和股指期货间资金调拨的实际操作；在每个交易日，风险控制委员会指派专人对股票和股指期货持仓的情况进行实时监控，确保产品的各项风险指标符合公司的相关要求；基金团队定期向投资决策委员会和风险控制委员会提交股指期货持仓的专项

风险报告，对股指期货套期保值的持仓规模、频率和有效性等进行评估和报告。通过系统化、专业化的运作管理和监控措施降低操作风险。

在该产品成功运作后，公司陆续推出了多款股指期货的证券项目，一方面继续维持原有结构化、管理型证券业务规模；另一方面持续加强对证券衍生业务的风险审核力度和过程监督力度。在未来主动管理业务转型的趋势下，新型股指期货业务将使进一步丰富公司的产品线，使公司在传统业务领域的基础上获得新的突破。

三、社会责任履行情况

公司坚持“诚信、创新、高效、包容”的价值观，致力于成为综合实力强、社会认可度高、客户信任和员工爱戴的知名金融企业，一直较好地履行了企业社会责任。一是积极履行受托人职责，努力实现受益人利益最大化。公司注重风险防范，坚持合规经营，至今未发生重大兑付风险，所有到期清算信托计划均全部实现安全。年度内，公司累计到期清算信托计划359个，实收信托985亿元，全部实现足额、按期兑付。二是积极贯彻国家产业发展政策，以多种类型的信托计划为工具，在支持保障房建设、能源产业发展和文化产业发展等领域，有效地引导社会资金投向国家政策鼓励发展的产业。三是依法履行纳税义务，增加就业机会。公司2013年全年共缴纳各种税金11余亿元。2013年，公司新增就业岗位679人，其中社会招聘537人，校园招聘142人。四是踊跃参加各类公益活动，大力支持老少边穷地区发展。近几年，公司社会捐赠现金累计达千万元。

2013年，公司为雅安地震灾区捐款60万元，帮助灾区人民渡过难关，重建家园；向中国检察官教育基金会捐款100万元，用于支持我国西部老少边穷地区的检察官教育事业；独家赞助“与经济观察报同行2013年大学生暑期训练营”公益活动30万元，用于支持大学生社会实践相关的教育活动；向北京红十字会基金会捐款70万元，为社会公益事业持续贡献力量。

四、2014年发展规划

公司的总体发展战略为：深耕传统信托业务，审时度势把握新的业务机会；凭借信托业务制度特质，挖掘信托本源业务；整合金融同业资源，深化金融同业合作；加强客户关系维护，大力拓展机构委托人客户；加大金融股权投资力度，做好综合业务布局。

2014年，信托行业面临的经营环境将更加复杂，竞争更加激烈，公司将巩固优势，加快创新，整合资源，全面提升公司综合能力。

（一）大力开展业务创新

公司将持续、密切关注市场变化，探索并尝试新业务、新领域、新模式，并通过创新业务形成新的利润增长点。2014 年，公司将完善课题组研究机制，推动并购业务、不良资产收购业务、房地产私募基金及并购直投业务等课题研究成果落地，试点推广创新业务，继续探索产业基金业务、资产证券化业务、家族信托业务、土地流转业务等。

（二）结合政策搭建直销渠道

2014 年，公司将根据监管政策、结合市场情况，重新搭建中融财富直销团队，主要包括：一是建立由公司统一管理的直销团队，从人员招聘、营销技术培训、营销行为规范到客户服务内容等完全由公司相关部门统一负责，强化团队纪律，提高人员整体素质；二是建立产品采购系统，直销团队销售的产品将不限于公司内部产品，同行业其他信托公司的产品也将可能通过遴选进入直销团队的营销范围；三是建立完善的客户管理和服务系统，实现零距离接触客户，了解客户的财富管理需求，为高净值客户量身打造理财产品，提供有价值的客户增值服务。

（三）积极拓宽金融服务领域

一方面，公司将依托自身的资产管理能力，与银行、券商、保险等外部金融机构建立新的合作模式，探索非通道功能的机构合作；另一方面，公司将最大限度利用自身已经搭建的 PE 平台—北京中融鼎新投资管理有限公司及基金公司平台—中融道富基金管理有限公司，深化在金融服务领域的探索，努力发掘与 PE 公司、基金公司互利共赢的新型合作模式，为客户提供更全面、更高层次的金融服务。公司将研究新出台的《香港信托法》、上海自贸区及深圳前海现代服务业合作区相关优惠政策，在上述区域择机设立资产管理公司、财富管理公司、股权投资公司等专业子公司，积极参与国际金融服务市场，推进公司多元化发展。

百瑞信托有限责任公司

一、2013 年经营概况

在各级政府部门的支持和帮助下，在监管部门的监管指导下，百瑞信托有限责任公司（以下简称公司）充分发挥信托行业制度优势和自身研发创新能力，积极顺应行业发展趋势，认真贯彻落实科学发展观，紧紧围绕年初制定的工作目标及重点，以“强风控、稳规模、促转型”为抓手，有序推进各项工作开展，取得了较好的工作成效。

（一）业务开展方面

信托业务方面。一是规模突破千亿元大关。公司全年新增信托项目 179 个，规模达 757.64 亿元，同比增加 272.71 亿元，增长 56.24%。截至 2013 年 12 月末，公司管理信托规模达 1 123.03亿元，比年初增加 402.59 亿元，增长 55.88%。二是稳步推进业务转型。以提升自主管理能力和拓展创新业务领域为方向，公司在传统业务的基金化改造及创新型业务拓展方面进行了积极探索，运作效率也得到明显提升。截至 2013 年末，公司已累计设立房地产基金、基础设施基金和 TOT“聚金”、“聚宝”系列项目 77 个，规模合计 140.51 亿元；资产证券化业务方面有 3 个项目完成上报，并在并购信托、资产证券化、内部信托、公益信托等方面积累了一定经验。三是大项目实施稳步推进。兰州新区城市投资发展基金、中原航空港产业投资基金、中以产业基金 3 个代表公司未来业务发展方向的大项目进展顺利。

自有业务方面。一是在贷款规模进一步下降的同时，长期股权投资和可供出售金融资产占比稳步提升，流动性资产的综合收益水平也从 7% 提升到 8%，资产配置更加合理。二是公司通过实施过桥贷款项目，直接解决信托流动性资金 19 150 万元，自有资金“备付”功能得到进一步发挥。三是继续推进综合投资银行业务。公司全年综合投资银行业务累计投资金额 4.8 亿元，平均年收益超过 18%，并通过自有和信托联动销售信托项目 3 个，营销规模 7.45 亿元。

同时，在产品销售和异地业务拓展方面，公司也取得了积极成效。2013 年，公司实现营销规模757.64亿元，同比增加272.71亿元，增长56.24%，并在原有北京、上海、深圳3个异地部门的基础上，增设了西安、成都、杭州3个异地部门。

（二）风险管理方面

在行业竞争日益加剧，兑付工作面临巨大压力的情况下，公司更加重视风险管理工作，并着力从三个方面致力于提升公司整体风险管理水平：一是提升认识，审慎决策。公司明确将风险控制作为业务开展中的首要考虑因素，并在项目审批中坚决贯彻审慎决策原则。二是从事前、事中、事后各个环节着手，着力构建更加完善的全流程风险控制体系。三是从组织、制度层面等各个层面着手，在全力化解实德等4个项目风险的同时，逐步构建起符合公司实际、切实有效的项目风险化解长效机制。

（三）研发方面

作为公司的一张名片，2013年公司研发实力得到进一步增强。一是通过加强行业研究，主动向社会各界免费提供研发成果，逐步确立了公司在信托基础研究领域的领先优势。二是整合行业资源，推动联合研发，相继与中科院金融研究所、北京大学汇丰商学院建立起全面战略合作关系。三是从创新业务研究和直接负责相关业务开展两个方面着手，在推动研发更好地服务业务开展方面取得积极成效。

（四）公司内部管理方面

2013年，公司从规章制度建设与执行、人力资源管理、信息系统和品牌建设等方面着手，进一步提升了公司内部管理的规范化、精细化程度。全年开展规章制度全面梳理优化2次，发布规章制度建设通报69批次；新的薪酬体系正式实施，并在培训品牌化建设和分层式培训的实施方面取得一定成效；在信息系统建设方面如期完成招商银行代销接口、固定资产管理、EAST系统二期等系统的建设工作，并在下半年启动了服务器虚拟化和桌面虚拟化两项云平台建设的先导性工作；品牌建设咨询方面也顺利完成前两个阶段的咨询工作，后三个阶段的工作正在同步推进中。

（五）经营业绩完成情况

2013年，公司实现收入总额117 058万元，同比增加35 707万元，增长43.89%。其中，自有业务收入27 278万元，同比增加7 118万元，增长35.31%，信托业务收入89 780万元，同比增加28 589万元，增长46.72%；实现利润总额86 015万元，同比增加23 663万元，增长37.95%；净利润64 217万元，同比增加17 444万元，增长37.30%。截至2013年末，公司资产总额33.94亿元，比年初增加6.56亿元，增长23.96%；权益总额30.65亿元，比年初增加6.83亿元，增长28.67%。

二、创新业务案例

（一）百瑞富诚158号集合资金信托计划（兰州新区城市投资发展基金）项目

1. 项目概况。公司以“充分发挥信托专业优势、全力支持甘肃省重点项目建设”为出发点，发起设立了“百瑞富诚158号集合资金信托计划”（兰州新区城市投资发展基金），信托计划分期成立，以实际发生的信托规模为准，总期限不超过8年。募集信托资金作为LP加入由北京富诚宝鼎投资基金管理有限公司（以下简称宝鼎基金管理公司）作为GP的“兰州新区城市投资发展基金”（以下简称兰州新区基金），然后信托基金再与兰州新区管委会指定的第三方兰州新区城市发展投资有限公司共同发起设立兰州瑞建投资发展有限公司（以下简称瑞建公司）。由瑞建公司根据兰州市、兰州新区及周边地区的整体规划，作为实施方参与上述地区的综合基础设施建设、城镇化建设、民生工程与其他项目建设。

2. 项目特点。

一是二元结构，公司通过发行信托计划作为LP加入有限合伙基金，随后资金在有限合伙基金层面进行运用，可充分发挥有限合伙企业的灵活性及监管优势。

二是公司通过信托计划发起设立宝鼎基金管理公司作为GP，对兰州新区城市投资发展基金进行深度管理。

三是项目公司董事长及高管均由公司选派，信托经理直接派驻兰州进行现场管理。

四是该项目开创了新的城建基金操作模式，且具有较强的可复制性。

五是该项目规模大、期限长、整体收入水平较高，且有利于把握区域客户，形成优质客户资源群。

3. 项目运营情况。

信托计划已于2013年10月30日成立，首期信托规模5亿元，后续正协调浦发银行总行以及兴业银行总行的资金通过信托计划加入兰州新区城市投资发展基金。

目前宝鼎基金管理公司及瑞建公司均已成立，瑞建公司已开始进行兰州新区内项目开发的前期准备工作。兰州新区基金工商注册也已于2013年12月完成，随后将正式增资瑞建公司。预计最终瑞建公司注册资本将达到30亿元，信托基金将出资24亿元，持股80%。

（二）聚金（短期）系列信托计划

1. 项目概况。

聚金（短期）系列信托计划是公司为丰富公司信托产品线，满足客户短期理财需求而推出的创新型信托产品。每期信托规模 2 000 万 ~ 50 000 万元，可以发行多期，但每期产品独立核算，拥有独立信托账户。信托计划期限为 12 个月，受益人持有信托受益权期限满 90 天、180 天以下简称赎回日时，可以选择提前赎回，退出信托计划，也可以选择持有至信托计划到期。信托计划成立后，受托人按照委托人意愿，将信托计划本金以包括但不限于贷款、股权、有限合伙（LP）出资、权益投资、金融产品投资（包括认购信托计划、单一信托或信托项下受益权投资）等方式进行投资。信托计划存续期间闲置的信托资金可以用于存放商业银行、投资于银行间债券市场、货币市场基金、信托计划以及受托人认为低风险的其他金融产品。本类信托财产运用在实际操作中优先考虑投资百瑞聚宝二期集合资金信托计划，进行资金的统一运用，实行基金化管理。

2. 项目特点。

一是灵活的期限安排。该产品能够很好地满足理财需求为 1 年期、90 天和 180 天的客户理财需求。

二是通过投资聚宝二期信托计划进行流动性管理和组合投资。为解决聚金（短期）系列信托计划的高流动性要求和投资标的资产长期限之间的矛盾，公司配套发行了聚宝二期信托计划，聚金（短期）系列信托计划首先加入聚宝二期信托计划，通过聚宝二期的投资运作对聚金（短期）系列信托计划的流动性进行管理。

三是通过将不超过 90% 的信托资金投向公司发行的其他信托计划，可解决公司发行的其他长期限信托计划的资金募集问题。

3. 项目运营情况。

首期聚金（短期）信托计划成立于 2013 年 6 月 8 日，截至 2013 年 12 月末，公司已发行聚金（短期）系列信托计划 44 期，规模为 45.42 亿元。

三、社会责任履行情况

“有担当的企业才能走得更远。”对于社会责任，公司有着比其他金融企业更深刻的认识。正是基于这样的正确认识，在努力成长为国内一流信托公司的同时，公司也一直勇于承担社会责任，致力于为地方经济社会发展作出应有的贡献，努力践行企业公民责任。

一方面，公司紧紧抓住中原经济区建设全面启动的大好时机，充分发挥行业制度优势和行业领先的研发实力，积极推动公司为中原经济区、郑州都市区建设提供资金支持和其他专业金融服务，累计发行信托计划670余只，为郑州等地的城市建设及企业发展募集资金近2 000亿元，向投资者分配信托收益近超过150亿元，为地方经济社会持续稳健发展作出了积极贡献。

另一方面，在参与各类慈善公益活动方面，公司也一直努力走在行业的前面。截至2013年末，公司已累计参与各类慈善公益活动30余次，捐款捐物总额近1 000万元，并逐渐形成以公益信托模式进行偏远地区教育事业援助的特色捐赠模式。

2013年末，公司推出国内第一个致力于脑瘫儿童救助的准公益信托计划——百瑞仁爱·天使基金1号集合资金信托计划，在12月30日举行的启动仪式上，共有9家爱心企业宣布加入该计划，募集资金规模超过1500万元。该计划运作模式如下：公司接受委托人（救助中心、基金会、企业/高净值个人等合格投资者）委托设立开放式集合资金信托计划，通过对信托资金的投资运作，实现信托财产的保值增值，信托收益全部用于脑瘫儿童救助事业。该计划的成功设立，不仅在国内创新型公益实践新渠道的开拓方面作出了积极有益的探索，而且就提升中国整体公益事业发展水平来说，也具有非常重要的现实意义。

2013年4月四川雅安地震发生后，公司积极响应信托业协会倡导，第一时间通过信托业协会和郑州市慈善总会向地震灾区捐款55万元。

四、2014年发展规划

在认真总结2013年各项工作经验与教训的基础上，基于对2014年信托行业整体发展趋势的深入研判，公司确定了2014年的整体工作思路，即以追求有质量的发展为主线推进各项工作开展，并以是否实现有质量的发展来作为对所有工作的评判标准。

（一）业务开展方面

1. 推进业务转型升级，为有质量的发展提供强劲动力。

面对来自政策和市场的双重压力，主动适应变化，推进业务转型升级已经成为整个信托行业的共识。2014年，公司将在进一步做实研发的同时，着力以创新为引导推进业务转型升级。

一是要实现理念创新，在业务开展中争取少一些短期产品，多一些长期项目；少一些“一锤子”买卖，多一些长期合作伙伴；少一些因循守旧，多一些自主创新。同时，提升对研发工作重要性的认识，并通过提升研发水平和促进研发与业务的良性互动为创新能力的培育提供智力支撑。

二是要通过模式创新进一步提升信托业务水平。一方面要做实“红海”业务，通过基金化改造提升公司在基础设施信托、房地产信托领域的自主管理能力；另一方面要大力拓展“蓝海”

业务，积极探索和尝试并购、资产证券化、内部信托、公益信托等创新型业务，努力打造业务新模式。

三是通过强化现金管理和优化业务布局，进一步提升自有业务水平。一方面要做好现金流管理，更好发挥“备付”功能；另一方面还要谋求长远布局，通过优化资产配置结构不断提升自有资金使用效率。同时，要更加强调自有和信托的互动，通过开展综合投资银行项目，致力于为重点客户提供更加多样化的资金支持。

四是继续加强与集团的业务对接。2014 年，公司将继续依托信托行业制度优势和自身研发优势，围绕集团闲置资源利用、财富管理服务、金融平台间合作等几个方面与集团各层级进行对接，针对具体需求提供个性化的资金解决方案，并积极推进项目落地实施，为集团产融结合作出应有的贡献。

2. 加强异地业务布局和营销拓展，为有质量的发展创造有利条件。

异地业务布局方面，公司一方面将推动北京、上海、深圳 3 个业务总部充分依托区位优势，着力拓展和各金融机构总部的业务往来，与其建立稳定有效的业务关系，尽快理顺金融机构销售渠道，为公司信托规模的保持和继续扩大提供有力支撑；另一方面，公司还将要求成都、西安、杭州 3 个业务总部在严控风险的基础上审慎开展业务，在加大公司在新地区辐射力度的同时，力争成为新的利润中心和公司坚强的“桥头堡”。同时，公司还将根据业务发展的需要，适时启动新的异地部门的设立工作，争取尽快完成全国范围内的业务布局。

营销拓展方面，公司一方面将在逐步形成对公对私营销两条腿走路的基础上，推动机构业务部强化政策研究，在公司和银行、券商、基金公司等金融机构间搭建起合规且有效的合作桥梁，保持和继续提升公司现有的信托业务规模；另一方面，公司还将推动理财中心与各异地部门紧密配合，加大全国布局力度，创新客户挖掘与维护方式方法，为自主营销的爆发性增长打好基础。

3. 强化风险管理，为有质量的发展提供有效保障。

从制度、组织、关键环节等各个方面着手，通过强化对风险的识别预警、完善全流程风险管理体系和建立项目风险化解长效机制等，进一步提升公司整体风险管理水平，确保不出现项目风险。

（二）内部管理方面

2014 年，推进管理的规范化和精细化将继续成为年度工作的重点，公司将在进一步强化制度建设、文化传承以及提升服务意识的同时，着力提升信息系统和品牌建设整体水平。具体而言，在信息系统建设方面，将着力推动新系统的建设和云平台的搭建，在品牌建设方面，则将以推动 VI 全面应用为抓手，结合公司实际和行业发展趋势制定切实可行的年度传播规划并强化落实，力争使品牌建设成为推动公司继续保持快速稳健发展的重要推手。

北方国际信托股份有限公司

一、2013 年经营概况

截至 2013 年末，北方国际信托股份有限公司（以下简称公司）资产总额 2 974.56 亿元，较年初增加 1 342.99 亿元，增幅 82.31%。其中，自营资产 32.14 亿元，较年初增加 6.76 亿元，增幅 26.64%；信托资产 2 942.42 亿元，较年初增加 1336.23 亿元，增幅 83.19%。股东权益 27.41 亿元，较年初增加 5.22 亿元，增幅 23.52%，全部源于税后利润。自营资产中，贷款 13.63 亿元，货币资金 11.31 亿元，股权投资 3.86 亿元，证券资产市值 3.09 亿元，其他资产约 0.25 亿元，不良资产余额 1 831 万元，不良资产率 0.55%，较年初下降 0.43 个百分点，不良资产拨备率 211%，拨备充足。信托资产中，集合资金信托 70 个，规模 183 亿元；单一资金信托 439 个，规模 2 605 亿元；财产信托 45 个，规模 154 亿元。全年兑付或缩减信托 409 个，金额 2 843亿元，全部安全兑付。

2013 年，公司信托业务实现收入 168 亿元，支出 26 亿元，为委托人创造收益 142 亿元；公司自营业务实现收入 11.38 亿元，支出 4.48 亿元，税前利润 6.91 亿元，税后利润 5.22 亿元。公司全年上缴税金 2.97 亿元，净资产收益率 21.04%，公司人均创利 424.24 万元，人均创税 241 万元。

（一）信托业务激流勇进，再次刷新历史记录

2013 年，在宏观经济增速放缓、监管政策复杂多变和资产管理业务竞争全面升级的困难局面下，公司信托部的同志们直面困难，灵活应变，奋力拼搏，再次刷新公司信托业务发展的历史记录。不但保证了所有到期信托的安全兑付，大幅度超额完成年度任务指标，继续担当着公司创收的主力军，而且在团队建设、部门管理、规范操作水平方面有新提升，在集成金融功能、整合社会资源的业务探索中有新进展。

信托产品销售方面，公司全年自销集合信托和资管计划共计 28.5 亿元，组织代销信托产品 2 亿元，在维护原有客户、提高服务水平方面做了大量工作，同时积极寻求合作渠道，成功完成

公司第一笔居间合作业务。

（二）自营业务运营稳中有升，证券信托业务突破前期

2013 年，公司全年累计发放贷款 17.84 亿元，收回贷款 20.33 亿元，新增贷款无不良，完成了对长城嘉信资产管理公司的股权投资、存续股权投资管理等工作。

证券信托业务团队为公司寻求新的业务增长点作出了贡献，超出了公司的预期，全年实现收入 7 107 万元，其中最大的亮点是证券信托实现佣金收入 6 309 万元，大幅度超额完成目标任务，证券信托规模达到 496 亿元，全年债券交易量约 4 500 亿元，衍生产品业务实现了零的突破，自营债券实现收益 1 300 万元，超额完成任务，全年完成债券交易 268 笔，交易额 112 亿元，年化收益率达到 5.65%。

（三）整合社会资源为主线稳步推进银信合作业务的发展

在整合资金资源方面，针对 2013 年银行同业市场发生的新变化，公司开展了包括银行自有资金运用、卖出回购、新型财产权等在内的创新型业务模式，业务市场化水平进一步提高，业务方案设计能力进一步增强，资产收益能力进一步改善。在 3 月出台的限制商业银行理财资金投向的“8 号文”后，公司迅速作出反应，果断将工作重心转移到利用银行自有资金对接项目上来，同时总结了同业市场中银行间交易模式，着手替资金方储备了交易对手资源，为下半年创新同业业务的发展奠定了坚实的基础，取得了良好的效果。在整合信用资源方面，公司继续深化与国有大型增信机构的合作。在公司的牵头协调下，搭建起“银行授信、信托增信”的业务合作模式，促成天津滨海农村商业银行向中投保的授信合作，实现了与中合中小企业担保的初步合作。在整合融资资源方面，公司在正视资产管理行业的变革为信托行业带来挑战的同时也积极从中发掘机遇，在房地产、公共融资领域，与券商、基金子公司协同合作，极大地简化了业务环节，提高了决策效率，提升了信托价值。2013 年，公司全体员工精诚团结、励精图治实现资源整合类业务规模超千亿元，业务收入过亿元的骄人业绩。

二、社会责任履行情况

企业文化建设一直是公司发展之本、成长之源。公司企业文化核心强调了社会责任的理念，在公司使命中强调：用企业员工的勤劳与智慧精心理财，创造价值，造福社会；在公司愿景中提出：成为团队素质一流、人文环境一流、创新能力一流、质量效益一流、品牌价值一流，让客户信赖，受社会尊敬的企业。

公司在积极开展企业文化建设活动中，结合群众路线教育的主题思想，认真学习公司核心

文化体系内容，并在工作实践中对其内涵和核心价值体系进行了深刻的理解和践行。其中：

1. 2013 年多次召开公司年轻员工企业文化座谈会，大家畅谈了对企业文化的理解和体会，回顾了公司几年来走过的艰辛历程和公司新一届领导班子取得的巨大成就。

2. 2013 年 9 月以年轻员工为主、新老员工相结合，在公司举办了“北方信托中秋联谊会”。员工自编自演，节目丰富多彩，充分调动了全员的参与性并体现出较高的企业文化韵味，紧密结合企业文化精髓和年度主题活动思想，受到公司全体一致的好评。

3. 2013 年 11 月在蓟县野战军坦克部队举办了主题为“培养核心文化体系，永葆公司基业长青”的军营训练活动，公司全体员工积极参与，深入其中。

在抓好各项业务和制度建设中，公司处处体现信托公司作为高端理财机构的社会责任理念。在业务风险控制建设，公司规章制度建设等多方面做了大量工作。重新调整修订了多项符合公司业务发展的风控制度，进一步深化、细化、科学化公司的各项规章管理制度。

在加强员工教育和社会责任制度建设的同时，公司积极履行社会责任。其中：

（1）2013 年 4 月 20 日，我国四川省雅安市芦山县发生 7.0 级强烈地震，造成人员财产损失巨大。公司全员心系灾区，充分发扬中华民族“一方有难，八方支援”的传统美德和北方信托人团结互助、友情奉献精神，以友情之心，伸出援助之手。截至 2013 年 4 月 24 日，全员个人自愿为灾区捐款总额达到 39 160 元，全部捐至天津市民政局接收救灾工作站，同时，公司响应中国信托业协会的倡议，向灾区捐款 35 万元。

（2）2013 年 6 月，作为天津市市直属金融机构，积极参与了由天津市政府、金融办主办的第七届中国企业国际融资洽谈会，设计搭建高端大气的参会展台，向参会企业宣传金融信托知识与产品，实践公司社会责任价值。

（3）8 月 20 日，按照《关于市级机关、市属企事业单位开展联系群众结对帮扶困难村工作的实施意见》的要求，公司安排由副总经理田以林担任公司结对帮扶困难村工作分管领导，并组建以池玉明为组长，张虹、付饶为组员的驻村工作组。

（4）理财服务中心作为理财产品销售部门，在与理财客户进行业务联系与沟通中，加强了相互理解与支持，同时组织相关活动加强社会责任感。2013 年 8—9 月举办高端理财客户摄影竞赛活动，取得了较好的社会成效。

三、2014 年发展规划

（一）指导思想和目标任务

2014 年，公司继续坚持原有的指导思想，即坚守公司使命、愿景和核心价值观，坚持既定的经营思想、管理理念，继续围绕提升核心竞争力这一中心，进一步优化业务布局、组织架构与工作流程，抓好制度建设、队伍建设和企业文化建设，加快“转型、升级”步伐，加大防范风险力度，苦练内功、夯实基础、稳中求进、创新发展，为跻身于全国一流的信托公司迈出新的步伐。

目标任务包括以下几个方面。

（1）年末信托资产总规模稳定在2 500亿元左右。

（2）完成各项收入12.3亿元。

（3）实现利润总额7亿元。

（4）自营资产结构进一步优化，不良率控制在1%以下。

（5）在制度建设、规范管理、运行效率、风控能力方面有新进步；员工队伍和企业文化建设有新成果，公司核心竞争力和品牌价值有新提升。

（二）主要措施

1. 以做大做强信托业务为主导，构建可持续的业务发展模式。

（1）调整一线业务部门组织结构，突出信托业务的主导地位。将证券投资部的证券信托业务分离出来成立第三信托部；自营证券投资业务并入自营资产部，同时设立第四信托部。各信托部门独立开展各项信托业务，包括项目信托和证券信托。各信托部门按照项目质量优先、时间优先的原则，均可有偿利用公司的自有资金，今后公司用于投融资的自有资金，全部交由各信托部门，最大限度地发挥自有资金促进信托业务的杠杆作用。

（2）创新一线业务部门管理机制，进一步释放业务发展活力。优化部门内部组织形式，达到公司规定标准的部门，内部可设分部，实行总分部制，并可配备相应的职数、享受相应的待遇；公司对不同部门实行分类分级管理，新设部门在1~2年内设培育期，对发展到总部级的部门公司在用人、薪酬分配、费用开支方面赋予其更多的权力；破除部门内部的大锅饭和铁饭碗，公司对部门主要负责人，总部对分部主要负责人，分部对高级信托经理和信托经理，分层级实行聘用制，一年一聘，能上能下，同时在一线部门与二线部门之间，一线部门与一线部门之间，所有岗位的人员均可在双向选择的基础上，自由流动、能进能出。

（3）调整业务布局，进一步优化业务结构。积极拓展投行类中介性业务，稳步提高自主管理类信托比重；积极拓展新的行业投资领域（包括制造业、贸易服务业、高科技型企业），在做精传统行业领域的同时，逐步实现投资领域的多元化；巩固天津市场，积极拓展异地市场，逐步实现业务区域的全国化。对符合业务结构调整方向的项目公司在资金定价、营销费用方面予以倾斜支持。

（4）努力提升“四项能力”，推动公司业务可持续发展。一是开发项目和客户资源能力，即

获取资产的能力；二是产品或业务模式的设计能力；三是产品和服务的销售能力；四是风险防控能力

2. 继续以“五项建设”为抓手，全面提升员工队伍综合素质和公司内部管理水平。

（1）抓员工队伍建设。公司百年大计，人才为本，抓员工队伍建设是公司必须长期坚持的大政方针。制订人力资源规划，确定公司中长期内人才需求数量和类型；结合员工职业生涯规划，为员工量身定制学习培训计划，特别是对年青员工要加强培训教育；完善专业技术职务评定、聘用管理办法，明确员工在职业生涯中的晋升通道；支持员工跨部门、跨岗位流动，最大限度地为员工提供发现自我价值的机会；采取特殊措施引进业务领军人才和重要岗位的专业人才。

（2）抓企业文化建设。继续以“培育核心文化体系，永葆公司基业常青”为主题，向纵深推进公司的文化建设。继续精心提炼公司核心文化体系的内容；通过形式多样、生动活泼的教育引导，让公司的核心价值观在员工队伍心灵深处落地生根；构建践行公司核心文化理念的长效机制，将公司先进的文化理念固化于制、融入管理、落实到每个员工的实际行动之中。

（3）抓激励约束机制建设。完善薪酬管理制度，使公司的薪酬体系更加符合公司的实际，符合行业实际；完善考核奖惩办法，使各部门的任务指标体系更加合理，考评更加公正，奖惩更加分明；完善人力资源管理制度体系，包括员工个人考评体系、技术职称和行政职务系列的设置，以及晋级晋升办法，为员工的正常晋级晋升和成长进步，设置明确的通道。

（4）抓风控体系的建设。公司资产规模越大、业务越发展，所承担的风险越大，越是需要加强风控体系的建设。进一步加强全员风险意识教育；进一步强化防控风险的部门责任制和岗位责任制；进一步提高对各类风险的识别、判断和评估能力；建立风险预警、处置的快速反应机制，将公司的风险管理水平提升到一个新的高度。

（5）抓业务流程优化与 IT 系统的建设。进一步梳理各项业务工作流程，并进行整合优化，确保公司各项规章制度和决策的有效执行，确保跨部门、跨岗位的各项工作能够相互衔接；加快 IT 系统改造升级工作，尽快实现系统升级的预期目标。通过优化业务流程和 IT 系统的改造升级，全面提升公司的管理水平和营运效率。

五矿国际信托有限公司

一、2013 年经营概况

2013 年，是五矿国际信托有限公司（以下简称公司）改革发展的第三年。一年来，公司紧紧围绕年初制定的“稳健经营，长远发展”的经营思路，抢抓机遇，奋勇拼搏，不断完善公司内部制度流程，推动公司经营管理水平持续提升，经营业绩再次实现跨越式发展。

（一）创造优异经营业绩，稳步提升行业地位

2013 年，公司实现营业收入 122 029 万元，完成全年预算的 110%，较上年同期增加41 439 万元，增幅 51%；利润总额 86 107 万元，完成全年预算的 108%，较上年同期增加 23 387 万元，增幅 37%；净利润 76 708 万元，成本费用利润率为 236. 8%；净资产收益率为 24. 82%。

截至 2013 年 12 月末，公司信托资产规模 1 960. 67 亿元，较年初增加 760. 51 亿元，增幅 63. 37%。公司存续单一项目 276 个，资产规模 1 086. 21 亿元，集合项目 118 个，资产规模 874. 46 亿元。2013 年增资完成后，公司总资产 45. 26 亿元，净资产 42. 44 亿元。

截至 2013 年 12 月底，公司净资产排名行业第 17 位，较今年初上升 28 位；信托资产规模行业排名第 20 位，较年初上升 5 位；集合信托规模行业排名第 7 位；净利润排名行业第 20 位；信托业务收入排名第 16 位，较年初上升 1 位；信托手续费收入排名第 16 位，主要数据均已超过行业平均水平，稳步向行业前列迈进。

（二）资本实力持续增强，公司治理不断完善

2013 年，公司完成增资扩股工作，注册资本增至 20 亿元，净资产 42. 44 亿元。增资工作的完成，为提升公司净资本规模、获取新业务资质以及拓展利润空间奠定了更加坚实的基础。

2013 年，公司顺利完成董事会、监事会及高级管理层的首次换届工作，完成新任董事、监事聘任及各专业委员会委员选举。同时，进一步明确“三会一层”的职责边界与运作规范，有效地提升了公司治理的规范性与科学性。

（三）优化调整组织架构，健全完善治理结构

2013 年，公司对组织架构进行了优化调整，进一步完善了内部管理架构，提升了经营管理能力。

前台业务部门实现团队负责人的分层管理。新成立两个一级业务部门，部门结构更趋合理，在推动公司业务快速发展的同时，减轻了公司的管控压力。中台部门根据业务需要进行合理调整。在原有合规与风险管理部的基础上，成立合规法务部、风险控制部及运营管理部，进一步推动了公司全面风控体系建设，有助于建立形成符合公司长远规划的风控合规文化，风险预判、防范以及化解能力得到有效提升，项目中后期管理能力得到全面加强。

根据监管要求，专门在董事会下设董事会办公室，进一步完善了公司治理结构，适应未来持续快速发展的要求，为确保公司稳健经营、科学发展奠定了坚实的基础。

二、社会责任履行情况

2013 年，公司在稳健快速发展的同时，积极履行作为中央企业的社会责任，并将社会责任视为公司核心价值内涵。

（一）稳健提升风控水平，全力维护各方权益

2013 年，为完善公司全面风控体系的建设，公司修订了业务审查委员会的议事规则，对信托业务审批委员会的人员构成和组织方式进行调整，吸收了具有较高专业素质和责任心的业务团队负责人担任非常任委员，增强了业务审批决策工作的专业性和有效性。同时，公司先后制定和修改了《五矿国际信托有限公司外聘法律中介机构管理办法》、《五矿国际信托有限公司放款审查管理办法》、《五矿国际信托有限公司自营证券投资业务管理办法》等业务相关管理办法，有效地指导了业务人员高效开展固有业务和信托业务，增强了业务运作规范性，防范了风险的发生。

2013 年，公司把握市场机遇，积极推动业务结构与盈利渠道的多元化发展，丰富产品组合，提升附加值，实现真正资产管理者角色的回归，实现国有资产的保值增值，为投资人、股东等提供稳定的投资回报。

（二）主动投身民生改善，积极开展公益活动

1. 保障性住房建设是民生工程，也是国家住房建设政策的重点支持领域。公司成立包括“五矿信托——房信大寺保障房项目单一资金信托”、“万家共赢——上海杨浦保障房项目单一资

金信托”等多个项目为保障性住房建设提供资金支持，惠及天津、上海、宁波等多个城市，受到当地政府的高度重视。

2. 2013 年，公司认真贯彻落实党中央、国务院关于农村金融工作战略部署，在中国银监会的指导下着力解决农村金融服务薄弱环节，大力改善农村金融服务质量和水平，为实现“三农”金融服务再上新台阶贡献力量。公司成立“五矿信托——凤炎农业信托贷款单一资金信托计划”，募集资金规模为 2990 万元，用于向太仓市凤炎农业投资有限公司发放信托贷款，体现出了公司支持农业建设的政策考虑。

3. 2013 年 4 月雅安地震发生之后，公司积极响应信托业协会和五矿集团号召，第一时间向雅安地震灾区捐款 30 万元。9 月，公司员工参与了五矿集团组织的献血活动，光荣地完成了年度献血任务，以实际行动体现出无私奉献，勇担社会责任的高尚精神。

三、2014 年发展规划

（一）坚持深耕细作，提升主动管理能力和创新能力

2014 年，公司将以增资扩股为契机，着眼于市场发展变化，全面提升主动管理能力。在传统业务领域内，要在严控风险的基础上探索从通道类信贷业务向主动管理类信贷业务转换。在创新业务方面，要积极探索金属产品投资类项目、个人消费金融业务、资产证券化业务、土地流传信托、家族信托、公益信托等新业务模式，进一步提高主动管理型业务占比，不断拓展新的盈利渠道和成长空间。充分发挥信托本源优势，提升业务规模和内涵价值，增强可持续发展能力。

（二）围绕监管要求，严格防范和化解刚性兑付风险

2014 年，公司将继续完善项目评审流程和中后期管理，进一步加强防范刚性兑付风险。通过项目类型分类对评审流程进行调整，提升工作效率。动态了解公司当前风险状况，房地产、政信等刚性兑付项目做好风险审计。同时，要做好风险项目的中后期管理和风险处置工作，对于重点监控的项目要实地调研、监督检查，了解融资方的经营状况、现金流情况等，争取尽早发现、解决问题，维护好公司和客户的权益。

（三）重视监管评级，提升合规风控标准

2014 年，公司要充分利用监管评级的机会，查漏补缺，完善和细化各类业务指引和事务管理制度，进一步加强合规风险管理体系建设。明确合规思路和标准，争取将管理评审工作标准

化、科学化、定量化，努力做到风险可测、可控、可承受。对于业内出现的新产品、新业务模式要做好研究工作，做到具体问题具体分析。同时尽快完善授权体系建设，进一步提升合规风控效率。

（四）强化服务意识，提升财富管理水平

2014 年，围绕客户体验，公司财富管理建设要力求进一步增强客户黏度，通过客户为导向的业务模式不断强化、优化、深化公司的平台功能，力争形成产品销售与业务拓展互动共进的良好局面，不断提升自身价值生产力。建立网上营销系统，以客户需求为出发点，使产品宣传、销售、服务工作水平再上一个新台阶。努力提高销售人员的单兵作战能力，建立一支服务意识佳，工作能力强的精英销售队伍。

（五）构筑坚实保障，提升基础管理质量

2014 年，要进一步调整、明确部门职责边界，优化完善信息系统支持和健全规章制度体系，避免多重管理、重复审核现象，持续提升运营效率。

在人力资源方面，要进一步健全激励约束机制，加强人才队伍的专业化、梯队化建设，做好人员的定岗定编和绩效考核工作，严把选人用人关，强化考核力度，合理控制人员规模。品牌建设方面，要有计划、有重点地开展品牌宣传工作，逐步实现公司品牌宣传和声誉管理工作的制度化、规范化、系统化，为公司发展营造良好的舆论环境，进一步强化公司的企业文化影响力和辐射力。

中铁信托有限责任公司

一、2013 年经营概括

2013 年，中铁信托有限责任公司（以下简称公司）秉承“稳健、进取、合作共赢”的企业精神，确定符合自身特点与资源优势的市场定位，围绕“创新与提升”的主题，坚持以成本优化为核心，推动业务拓展、营销提升、风险控制和精细化管理的“新能力、新动力”建设，大力支持实体经济发展，大力推进业务结构优化，稳步推进业务创新，充分发挥信托制度优势与银行、证券等建立了良好合作伙伴关系，为全国上千家企业提供了快捷、高效的金融服务，积极履行央企社会责任，合作共赢、创新求进，各项工作卓有成效、再创历史佳绩，为实体经济发展和信托业繁荣作出了积极贡献。

2013 年末，公司信托资产管理规模首次突破 1 500 亿元，全年新增信托规模 1 397. 3 亿元、项目 353 个。其中，集合资金信托 167 个、规模 425. 9 亿元，规模同比增长 15. 42%；单一资金信托 174 个、规模 943. 9 亿元，规模同比增长 95. 42%；财产管理信托 12 个，规模 27. 4 亿元。公司注册资本从 12 亿元提高到 20 亿元，监管评级、专业能力等综合实力继续处于行业第一方阵，连续四年蝉联“中国优秀信托公司”称号，被四川银监局表彰为“统计调研工作监管统计单位一等奖”，被中国中铁股份公司授予“四好领导班子”称号，还荣获了“年度最佳信托公司”、“年度最佳理财服务品牌”等各项荣誉。同时，公司积极参与中国信托业协会工作，充分发挥博士后创新实践基地的作用，承担完成了信托业协会的《资产管理制度顶层设计研究》、《信托支持实体经济实证研究》两项重点课题，参与行业建设，积极营造行业良好的发展环境。

二、创新业务案例

2013 年 7 月 5 日，国务院下发的《关于金融支持经济结构调整和转型升级的指导意见》所呈现的“盘活存量、用好增量”，无疑为金融机构服务实体经济提供了明确的指引方向。在服务实体经济方面，信托公司能够在当前宏观政策下发挥自身独特优势，充分把握产业结构调整，有针对性地对各产业、企业提供综合的金融服务来积极促进中国经济结构的转型。同时，信托公司亦需要寻找新的发展投资领域，一方面，使得信托行业与实体经济的发展相结合；另一方面，为信托行业未来发展寻找新的着力点。

公司通过研究发现，水务行业是适合信托服务实体经济特性的产业，并着手进行业务拓展，发行相关的信托产品。

水务行业包括从原水、供水、节水、排水、污水处理及水资源回收利用的完整产业链。从业务维度分，可以分为自来水供应和水处理子行业，其中水处理包括给水处理和污水处理。随着社会的不断发展，水务行业已成为社会进步和经济发展的重要基础性行业。《“十二五”全国城镇污水处理及再生利用设施建设规划》中，新增投资额约4 210亿元，总投资将超过“十一五”的3 700亿~3 900亿元。近20年来，水务市场取得了快速的发展，然而随着水资源战略性的突出显现以及法规要求和中国城镇化的快速推进，水务市场仍将持续快速发展，也为金融资本参与水务市场提供了广阔的空间。

水务行业具有自然垄断性、弱周期、现金流稳定等特点，是一个毛利率和净利率都很高的市场，但整体市场规模偏小，整体行业处于产业化转型阶段。水务产业投资需求巨大，具有良好的投资前景，我国水务市场巨大，而且我国正处于城市化高速发展时期，未来的投资需求更大。

经过长期的发展，我国目前已有一批水务公司长期耕耘水务市场，且市场集中度不高，水务市场高利润率高投入、充沛的现金流以及较好的退出渠道都为信托公司深度参与水务市场提供了保障。鉴于水务行业具有良好的市场前景，信托公司与水务市场有着良好的契合度，信托公司以水务产业基金的模式既有利于水务市场的发展和完善，也有利于信托公司自身转型和发展的需要。

三、社会责任履行情况

一是2012年12月28日公司与四川省慈善总会共同发起设立了“四川省慈善总会·中铁信托爱心基金”的企业冠名慈善公益基金计划。2013年是四川省慈善总会·中铁信托爱心基金成立以来的第一年，全年共筹集善款250.45万余元，成功实施了青羊区助老项目、德格县助教、青白江助学、蒲江助学助教、阆中革命老区农村道路建设等五个慈善项目，开展了成都市青羊区西御河街道困难群众新春慰问活动，共使用善款120.7万元，有效地发挥了爱心基金的扶贫济困、助学兴教、赈灾救助的慈善公益作用，搭建了企业、员工、合作伙伴与困难地区、困难群众的关爱互动平台，充分展现了央企的社会责任。2013年庐山地震后，公司积极参与抗震救灾，捐赠20万元；在中国信托业协会的指导下全程参与了协会组织的行业救灾救援活动，四进灾区运送救灾物资、慰问受灾群众、洽谈援建项目，获得了各方好评。同时，公司首次在《证券时报》、《成都商报》公开发布《中铁信托2012年度社会责任报告》，是信托行业内首次、主动发布社会责任报告。

二是公司本着对投资人尽心尽责的工作态度，凭借专业的投资管理能力和风险管控能力，实现了到期的信托产品100%兑付，并且全部实现了预期收益率。公司全年为投资者客户创造信托收益超过107亿元，充分体现了公司卓越的管理能力和专业的理财水平，为广大投资人提供了优质的信托理财产品，满足了广大投资人日益增长的理财需求。

三是强化对金融消费者权益的保护。公司高度重视投资客户的权益，按照监管要求坚决整治不规范经营，建立完善了客户投诉建议处理机制；加强了反洗钱系统建设，完善了相关运营制度，强化个人信息安全保障；积极开展了“金融知识进万家”和“金融知识普及月”活动，强化金融理财知识的宣传普及。同时，公司新办了《中铁财富》内刊，每季度向公司客户传递行业最新动态、投资理财建议以及公司最新资讯，建立了公司和投资者沟通的良好桥梁。

四是公司与地方发展相伴成长，伴随着蓬勃发展的四川经济建设，公司先后为四川省重大工程项目、基础设施建设、能源交通、保障房建设等募集资金规模超过240亿元，公司总部上交各类税金达到3.86亿元，并成功进入四川服务业企业32强，较2012年排名大幅上升。公司积极创新信托模式，重点服务地方重大工程项目、基础设施建设、市政工程、能源交通、工业园区建设、保障房建设、文化产业、环保事业等多个体经济领域，为众多企业提供了全方位的综合金融服务，实现了合作共赢。

四、2014年发展规划

2014年，将继续面临错综复杂的国际国内经济形势，也将面临监管政策趋严、行业竞争加剧、发展风险压力加重的形势。公司将认真贯彻落实监管要求，围绕“创新、提升、转型”的主题，按照“市场前端放开搞活、业务中台优化加强、管理后台创新稳定”的思路，以加快向现代化金融企业转型为目标，以市场化的管理机制和支持创新的环境机制建设为突破口，以提高风险管控能力、销售能力、投资能力、成本管控能力为核心，深入推进全员拓展、全员营销、全员风控战略，不断夯实公司可持续发展能力和综合竞争力。同时，公司将切实增强服务实体经济的本领，提升投资理财能力，努力为广大企业客户提供更加优质、更加高效、更加低成本的全面金融服务，为广大投资客户提供安全稳健、丰富便捷、尊享专属的理财服务，力争在支持地方经济建设、活跃地方金融市场、促进民间资金向民间资本转化等方面作出新的更大贡献！

安信信托投资股份有限公司

一、2013 年经营概况

2012 年末，安信信托股份有限公司（以下简称公司）新一届董事会和管理层走马上任，2013 年初公司重大资产出售事项顺利完成，公司继续完善法人治理，优化资产结构，提高项目风险的把控能力，继续加强团队建设、拓展营销渠道、提升项目流程控制和风险控制能力，为公司的可持续发展奠定了基础。

2013 年 1 月 28 日，公司重大资产出售暨关联交易事项实施完毕，公司非金融股权和投资性房地产等实业资产清理完毕。

2014 年 2 月 13 日，根据中国银行业监督管理委员会《关于安信信托投资股份有限公司变更公司名称和业务范围的批复》（银监复［2014］14 号），上海银监局为本公司核发了新的金融许可证。

报告期内，公司稳健经营，努力优化业务结构，加大现有公益性、类基金型及其他私人信托产品的研发力度，巩固公司核心竞争力，稳固公司经营绩效，提升管理能力。公司 2013 年共实现营业总收入 87 925 万元，归属于母公司的净利润 27 960 万元，归属于母公司的所有者权益为 86 476 万元。

（一）固有业务方面

1. 截至 2013 年期末，公司总资产 16 亿元，比上年末增加 6.49 亿元，增幅为 68.27%，负债总额 7.36 亿元。

2. 公司执行固有业务管理制度，固有资金的运用均履行严格的评审程序，所有固有贷款均落实风控措施，并实行持续的贷后跟踪管理。截至 2013 年 12 月 31 日，固有资产拨备充分，无不良资产。

（二）信托业务方面

1. 截至 2013 年期末，存续信托项目 297 个，受托管理信托资产规模 1 158.15 亿元；已完成清算的信托项目65个，清算信托规模195.71亿元；新增设立信托项目259个，新增信托规模979.35亿元。其中，新增集合类信托项目20个，实收信托规模155.03亿元；新增单一类信托项目237个，实收信托规模为820.63亿元；新增财产管理类信托项目2个，实收信托规模为3.69亿元。

2. 信托资金投向。公司2013年信托资金主要投向涉及基础产业、房地产、证券投资、实业和其他。与2012年末相比，房地产类占比从17.14%下降至9.36%，实业类占比从44.98%上升至64.13%。在保持温和发展的态势下，公司继续向非房地产领域进行业务拓展，调整业务结构，加大其他领域的拓展力度。

3. 集合资金信托业务。集合资金信托业务占信托资产总规模比例为20.47%，信托规模有一定提升，公司自主发行能力和主动管理能力继续增强。

4. 信托业务风险方面。公司执行各项信托业务管理制度，信托业务的开展及后续管理均严格以受益人利益最大化等为宗旨依法操作。

（三）继续完善和提升公司治理水平，规范上市公司运作

严格按照《公司法》、《证券法》、《信托法》及中国银监会、中国证监会有关法律法规的要求，不断完善公司法人治理结构、规范公司运作。根据公司发展及经营环境的变化，公司及时梳理制定相关制度，报告期内，为规范固有资金投资运作和管理，董事会审议通过了公司《证券投资管理办法（暂行）》；为提升反洗钱和反恐怖融资工作的有效性及合理确定客户洗钱风险等级，董事会审议通过了《洗钱和恐怖融资风险评估及客户分类管理办法（试行）》。

（四）继续加强项目合规、风险控制和管理

1. 继续贯彻“合规先行”的原则，动态监测项目风险。报告期内，公司为了更好地实现项目全过程风险控制，成立了投资监管部，将检查工作延伸到现场，对公司多个存续集合资金信托项目进行了投贷后检查工作；对可能存在的市场风险、信用风险和流动性风险保持动态监测，并及时出具风险提示函进行风险警示。

为进一步完善业务评审委员会的结构，提升专业性，公司引入外部专家委员，针对业务所涉及的新兴或陌生领域提出专业的评审意见，弥补了公司评审委员会专业知识体系的不足，提高了公司业务评审能力和专业水平，从源头上对项目可能存在的风险进行了有效把控。

2. 努力做好制度建设，及时优化业务流程。及时优化各类业务报告模板，及时规范项目报送、评审流程和可研报告编制格式，科学梳理报送流程和可研报告提纲。报告期内，公司信托业务系统正式上线，随着信托业务系统的建立和完善，公司信托业务日常运营和管理流程的规范化、监管报送的自动化、业务的量化分析都得到了显著提升。

（五）着力培育合格投资者，提升公司主动服务的管理能力

2013 年，公司在客户拓展和维护方面取得了较好的成绩，合格投资者数量持续增长。公司一如既往地注重了解投资者各类风险偏好，积极帮助客户寻找适合的金融产品，满足不同客户的投资需求。面对日趋白热化的理财市场竞争，公司组织建立产品发行定价小组，加强信息沟通的及时性，以产品发行定价市场化为原则，选择最佳的营销策略，确保发行工作有序、及时地完成。同时，公司积极与金融机构、各大企事业机构接洽，建立发行推介、资金对接等多元化的合作模式。

二、创新业务案例

公司落实各项监管要求，提高业务创新能力，推进中长期信用服务。2013 年，公司加大了类公益型、类基金型等既符合国家政策导向又能体现信托公司资产管理能力的产品研发力度，发起设立慈善与金融相结合的类公益信托计划，进一步拓展与各慈善基金会的合作领域，结合公司资产管理优势将公益落到实处。

（一）关爱系列"阳光三号·百姓爱心"系列产品

2013 年 1 月，安信在社会各界及监管机构的大力支持下，关爱系列"阳光三号·百姓爱心"系列集合信托资金计划，携手上海市慈善基金会成立"安信信托百姓爱心专项基金"。专项基金主要用于助困、助医、助学及维护百姓医疗健康权益的慈善公益事业。

安信·关爱系列"阳光三号·百姓爱心"系列集合资金信托计划为公司利用自身在金融领域的人才、信息及管理优势，发挥受托人专业信托财产管理职能，并努力将投资者利益与社会公益事业相结合而设立的一个集合资金信托计划组合。

根据"阳光三号"系列产品的信托文件规定，该系列集合信托计划由公司集合运用信托资金，采用股权、债权、TOT 及组合投资方式，将信托资金主要投资于包括资源/新材料/新能源/新科技、民生项目（包括但不限于科技教育、健康医疗、食品安全、环保等）、政府项目融资平台类项目、动产/不动产/基础设施在内的多个领域。且除非另有规定，该系列项下的各个集合资金信托计划均将按照上述投资原则投资于对应的各个具体项目。

作为该系列集合信托计划项下受托人，公司以投资者最大利益为原则，管理、运用和处分信托财产，为投资者获取投资收益。在为投资者获取投资收益的同时，信托计划将通过公益捐赠、对社会民生和公益福利项目实行低成本资金支持等方式参与公益慈善事业，以促进社会和谐，从而实现信托事业与公益事业的双赢结合。

（二）“金汇一号”新农村发展基金集合资金信托计划

公司“金汇一号”新农村发展基金集合资金信托计划，充分发挥公司在主动管理型信托产品的创新能力和行业整合优势，将募集资金以股权、债权、可转股债权、受让资产收益权、受让信托受益权、设立SPV或其他符合法律法规的投资工具用于上海市奉贤区金汇镇区域内的新农村项目建设，一方面作为对《奉贤区推进社会主义新农村建设2010—2012年三年行动计划纲要》的延续，通过对片区内北行村、南行村的相关改造，旨在改善当地农民的生活条件（包括居住、教育、医疗、服务等），进一步配合提升南桥新城的整体居住与商业氛围，并以此为契机，吸引各类企业平台的关注，为农村创造更多更好的就业机会制造条件，丰富农村收入来源，实现社会效益；另一方面作为信托受托人的职责所在，通过投资实现社会金融资源的合理配置、优化及价值提升，在保持资金的低风险、高效率的基础上，发掘价值增长点，在创造社会效益的同时，为投资人获得良好的投资回报。

三、社会责任履行情况

（一）强化经营管理，提高企业效益，为社会经济作贡献

公司坚持“专业化、差异化”的经营策略，落实各项监管要求，在加强风险识别、防范和管控能力的同时，不断提升主动管理能力，保证业绩的持续稳定增长。报告期内公司信托业务模式正逐步从传统融资项目向产融结合方向发展，为国民经济增长、实体经济发展作出自己的贡献。

（二）坚持依法诚信纳税，积极履行企业公民的法定义务

公司作为企业公民依法纳税、积极履行代扣代缴税款的法律义务；依法进行税务登记、设置账簿、保管凭证、纳税申报；如实向税务机关反映公司的生产经营情况和执行财务制度的情况，按有关规定提供相应的报表和资料，没有瞒报、漏报、误报，偷税漏税的行为。2013年公司实现基本每股收益0.6157元，向职工支付工资、社保、福利费用、缴国家税收等共计16 748万元，根据以上口径统计公司每股社会贡献值为0.98元。

（三）维护金融稳定，做好存量项目的管理和兑付清算工作

报告期内公司在做好新业务拓展的同时，对存量业务的管理工作同样予以高度重视。

1. 做好存量项目的兑付清算工作。报告期内共完成65个信托项目的到期清算工作，清算规

模近 195.71 亿元。确保了信托项目实现正常、足额清算。

2. 做好存量项目的日常信息披露工作。

3. 做好存量项目的风险化解工作。

4. 随着公司信托业务的拓展，信托规模逐年增长，为了使公司固有业务当期损益及净资产水平与信托业务规模相匹配，增强抗风险能力；同时，也为了提供更加可靠、相关及可比的会计信息，公司决定改变信托业务准备金的计提方法。

（四）规范公司治理，注重保护股东和债权人的合法权益

公司坚持为股东创造价值，以良好的业绩回报股东。通过公司治理、业务运营、风险控制、企业文化建设等各方面层层推进，保障了战略目标的实现。

（五）重视人力资源建设，切实保护职工的合法权益

报告期内公司加强储备自己的人才库，在社会上招贤纳士的同时，重视对人才的留驻能力。积极为员工营造和谐健康的成长环境，坚持企业和员工共同成长的发展理念，让员工拥有一个体现自我价值的平台。

（六）推进金融创新，关爱社会，助推类公益信托

“关爱系列信托计划”是公司根据特殊人群家庭的实际需求，量体裁衣而设定的信托产品。目的是希望能为残疾人士、残智障儿童等特殊需求的群体提供信托理财金融服务，充分发挥信托在理财、生财、护财、传财等方面所具有的资产管理、风险隔离等独特金融功能，实现对特殊人群的扶助、关爱，并以此实现公司对社会的回馈。公司将继续深入研发慈善与金融相结合的类公益信托计划，进一步拓展与各慈善基金会的合作领域，结合公司资产管理优势将公益落到实处。

（七）注重环境保护，坚持可持续发展原则

公司倡导企业和员工爱护环境，绿色办公，共同创造美好节能的工作生活环境，建设节约型社会。公司在管理上节约成本、降低能耗，利用资源共享建立 OA 办公系统，利用现代信息技术手段，推进公司无纸化办公；提升资源的循环利用，减低办公能耗；提高公司和员工的环保意识，从节约每度电、每滴水、每张纸开始坚持降低资源消耗。

（八）关注民生热点，主动承担社会责任

食品安全问题已经牵涉到千家万户老百姓，尽管政府已经为此投入了大量人力、物力和财

力，依然无法解决日益严峻的食品安全问题。为了让广大上海市民吃上无污染且符合国家食品监测体系的放心菜，本着反哺社会，承担企业社会责任，公司在上海市商委的鼓励支持下，联手上海市蔬菜（集团）有限公司，选择符合食品安全要求、生产组织化程度高的无污染蔬菜生产基地，并选取上海市民蔬菜食用量最大的黄瓜、西红柿等几大品种，从源头播种开始到流通领域的整个流程，实施严格检测和管理。2013 年 7 月 5 日，公司"蔬菜食品安全·放心菜"公益项目正式启动，让"安信信托·放心蔬菜"进入上海市民，尤其是老年人的餐桌。

公司组织和开展了"为全市各区老年人、残智障人士特种人群赠送'助老送餐车'和'光动力治疗机'活动"、"雅安地震赈灾捐赠活动"等一系列公益活动。

四、2014 年发展规划

2014 年，公司将在巩固上一年度已取得的经营成果的基础上，虚心认真地接受监管机构的指导，在董事会科学领导下，继续做好风险管控、产品创新、知名度提升、规模扩张、可持续发展及内部管理等各方面工作。公司力争实现目标营业收入 15 亿元，力争实现目标净利润 8 亿元。

（一）启动增资扩股方案，增强公司实力

2014 年 2 月 11 日七届董事会第九次会议审议通过了公司非公开发行股票的预案，本次非公开发行拟募集资金总额不超过 33 亿元，所募资金将用于扩充公司的净资本，为公司展业提供资本保障，提升盈利水平。由于公司业务规模的不断上升，各项业务风险资本之和将发生动态变化，对净资本的要求也将不断增加，公司扩充净资本后，可以确保公司固有资产充足并保持必要的流动性。此外，对公司净资本的扩充还能有效地提升公司在财富管理市场和资本市场的品牌形象，从而推动产品的销售和吸引更多的潜在投资者。

（二）继续深入业务转型和产品创新

公司将继续加大类公益型、类基金型等既符合国家政策导向，又能体现信托公司资产管理能力的信托产品研发力度，为公司开展基金型、资产管理型信托业务奠定基础。继续深入探讨业务转型，探索产融结合模式，构建可持续发展的基金化新模式，筹划尝试产业基金的设立。

（三）升级自己的营销团队，提升销售和服务能力。一方面维护好现有客户，努力提升客户对公司的忠诚度；另一方面，为了适应大资产管理时代的激烈市场竞争，升级营销团队，升级公司投资管理服务水平，深入研究客户的投资偏好、购买动因、监管限制等，更有针对性、更高效地为客户定制产品，提供科学财富管理方案。

（四）完善公司法人治理，优化内部控制体系，进一步加强风险管理

继续完善法人治理，在科学的公司治理框架下，建立和完善风险管控相关制度；加强各类项目的评审和贷后管理，关注细节，从源头上对风险进行严格把控；建立从上到下的风险文化。同时，进一步充实公司风险管理方面的专业人员。

（五）实现人力资源的优化配置，提升员工归属感

补充与公司业务拓展相匹配的各类专业人才，包括但不限于市场营销、风险管理、财富管理、资产管理、贷后管理、法律合规等。建立与行业、市场接轨的薪酬与绩效考核管理体系，既能吸引外部优秀人才，又能提升现有团队的归属感。

渤海国际信托有限公司

一、2013 年经营概况

2013 年，面对严峻的形势，渤海国际信托有限公司（以下简称公司）励精图治，勇于担当，通过开展业务转型升级、加强业务渠道开拓、激发新老团队活力、优化内部管理机制等一系列措施，凝心聚力，攻坚克难，抢抓机遇，开拓进取，经营业绩实现了跨越式增长，各项工作取得了长足进步。

（一）经营业绩大幅提高

2013 年公司实现营业收入 100 598 万元，同比增长 43. 17%；实现净利润 50 868 万元，同比增长 22. 46%。到 2013 年末，公司管理信托资产规模达到 1 878. 28 亿元，同比增长 87. 74%。

（二）风险管控质效提升

2013 年公司以业务转型升级为契机，创新风险管控措施，调整风险管控制度，风险管控水平有了稳步提升；实施项目预审制度，有效地防范了集合资金信托业务的风险；探索实践出了公平有效的合同框架体系，使项目操作及存续期间的管理更加规范、有效；加强对项目的过程管理，确保了项目的平稳运行。

（三）公司影响力显著提高

2013 年公司分别与中信银行石家庄分行、中信银行杭州分行、财达证券、河北融投、潍坊银行签署了《战略合作协议》，被浦发银行评定为 A + 级信用企业，在中国建设银行的评级提升至 A 类，极大地拓展了业务渠道；先后荣膺“中国最佳管理信托公司”、“中国最具区域影响力信托公司”等称号，公司影响力得到了进一步增强。

（四）信息化建设富有成效

2013 年公司继官网、信托财务系统、信托 TA 系统、网上查询系统、固有证券投资系统陆续投产之后，搭建了信托业务管理平台、贷款业务管理系统、EAST 数据报送系统和内网门户系统，打通了信托计划设立、资金募集及投资运用的通道，全面实现信息共享、业务流程电子化，使公司的信息化水平上了一个新台阶，达到业内领先水平。

（五）品牌形象不断提升

2013 年公司修订完善了品牌宣传制度及 VI 系统；成立了“渤海财富俱乐部”并成功举办首届客户沙龙活动；在《董事会》等报刊及网络媒体共发布了多篇新闻稿和若干品牌宣传图片；与《当代金融家》杂志社共同举办了“2013 年中国中小银行发展高峰论坛暨第二届最佳中小银行评选颁奖典礼”；与《燕赵都市报》共同举办了“渤海信托杯”2013 我的理财故事有奖征文活动；参加了“2013 中国石家庄金融服务和产品创新推广节”；成功举办了“渤海信托第三届财富管理研讨会”，有效地推广了公司品牌。

（六）创办《渤海信托》月刊

2013 年公司为进一步加强企业文化建设，传播信托服务理念，提高公司的社会认知度和影响力，于上半年开始着手《渤海信托》月刊的创办工作，在各级领导及相关部门的协助支持下，最终在 2013 年 12 月初获得了批准，为信托行业文化建设和社会精神文明建设贡献了一份力量。

（七）进一步强化培训力度

2013 年公司共组织各类培训近 50 个班次，人均培训约 16 课时，人均培训投入约 3 100 元，有针对性地解决了实际问题，提高了干部员工的各项专业能力。同时，通过与中国信托业协会、清华大学、名家讲堂等机构合作，组织工商管理总裁高级研修、信托高管赴英研修、信托高层管理研修等特色培训，切实提升了管理干部的综合素质。

（八）制订完善长远战略规划

围绕差异化发展模式，以回归信托本源、服务社会经济发展、沉淀公司长远价值为目标，公司组织制订出了包括战略定位、战略举措、业绩指标、未来保障措施在内的公司未来五年发展规划，为公司的快速健康持续发展奠定了基础。

二、社会责任履行情况

（一）促进企业发展，维护客户利益

公司致力于信托受益人、股东、企业权益的和谐统一，通过有效的管理体系、正确的舆论导向、充分的信息披露，为广大投资者提供了可信赖、高质量的信托理财服务，实现了投资人、受益人利益最大化的经营理念，促进了企业发展，承担了应有的社会责任。

（二）合规稳健经营，严控项目风险

在各项业务快速发展的同时，公司保持了总体经营稳健和风险可控。2013 年共清算结束了 222 个信托项目，清算资产规模合计 661.27 亿元，实现了到期项目的 100% 兑付，未发生不能按照合同到期清算的风险事件，在信托市场和投资人心中树立了稳健可信的企业形象。

（三）支持实体经济，助力地方发展

一直以来，公司坚持把支持实体经济、服务经济发展作为重要的责任和任务，不断加大对相关产业的资金支持。2013 年，公司充分发挥信托功能，解决了众多企业的经营性资金需求，总计为河北省企业融资 238.77 亿元，较上年末增加了 143.95 亿元，增幅 151.81%，为河北省 88 家中小企业融资 48 亿元，较上年末增加 31 亿元，增幅 184.3%，为促进河北中小企业发展发挥了积极作用，得到了社会各界广泛好评并受到了河北省政府领导的亲切接见。

（四）心系地震灾区，履行社会责任

公司积极响应中国信托业协会的捐款倡议，组织公司员工参与“芦山赈灾公益信托”活动，共募集善款 20 万元，以实际行动履行了社会责任，为支援灾区抗震救灾作出了实实在在的贡献。

（五）注重环境保护，共建美丽中国

公司高度重视低碳经济，积极发展绿色金融，向黑龙江华本生物能源股份有限公司提供 1.8 亿元的资金支持，定向用于生物质（垃圾）资源化项目，解决了垃圾填埋占用土地、污染环境、温室效应等一系列民生难题；大力实施绿色办公，积极推行“环保办公、节约办公、绿色办公”，合理配置各类办公设备，提倡办公用品循环使用，努力减少公司运营对环境的影响；广泛开展绿色公益，参加“春风·绿动”主题活动，积极认购树苗，种植公益林，以实际行动展现

了公司积极投身绿色环保、为社会尽责任的风采。

三、2014 年发展规划

2014 年是公司全面推进转型发展、差异发展、跨越发展的关键年、攻坚年。在新的征程上，公司将不断提升资产管理能力和自有资金投资能力，持续加强风险控制建设，深入挖掘信托的平台价值，推动公司的发展壮大。

（一）加快业务转型与创新，增强公司核心竞争力

加快业务转型，加强集合信托业务的开拓，推动公司信托业务由单一项目融资型向组合型、基金型产品结构转变，进一步丰富公司的信托产品线，开展并购业务和证券投资基金信托业务，不断拓宽信托资金管理运用方式和范围，提升公司信托专业管理和投资组合运作能力。

（二）加强队伍建设，加强市场开拓

提升新团队业务拓展能力，加强中后台人员配置，加强业务团队建设，加强区域市场的开拓，充分发掘资源团队业务资源。

（三）拓展自主营销渠道，提高产品直销能力

继续推进以多渠道营销为主体，提高客户直销规模为目标的营销服务体系的建设；重新梳理、诠释公司集合信托产品品牌，推出公司系列化、个性化、标准化理财产品；利用媒体资源和公司信息渠道，宣传公司品牌。

（四）为客户提供综合金融服务

以大投资银行业务为方向，充分发挥公司资金优势、跨市场的业态优势、团队的专业优势，利用牌照上批准的各种业务范围和多年来沉淀的业务渠道，为客户提供融资、增信、居间服务、财务顾问等综合金融服务，提升公司价值，实现公司和客户的双赢。

（五）严守稳健经营底线，健全风险管理体系

认真梳理现有制度，细化风险控制点，向标准化风险控制体系迈进；开展多种方式的培训，提升风险管理员工的整体素质；营造风险控制的文化氛围和职业环境，使公司全员敏锐的感知风险、分析风险、防范风险。

（六）加强信息化建设

在完成客户管理系统（CRM）、流程监控系统建设的同时，发力投资类系统建设，帮助公司消除技术性业务壁垒；聚焦互联网金融，逐步打造公司的微博、微信及移动办公平台；在原有基础上继续深化及丰富风控系统，配合公司风险管理体系建设。

（七）强化社会责任，服务实体经济

继续弘扬“为社会做点事，为他人做点事”的企业文化精神，通过优异的经营业绩，服务实体经济，支持中小企业发展，逐步推进公益信托，实现国家利益、社会利益、员工利益和股东利益的共同增长。

长城新盛信托有限责任公司

一、2013 年经营概况

2013 年以来，长城新盛信托有限责任公司（以下简称公司）严格遵守国家各项法律法规，认真执行监管部门的各项规范要求，加强队伍建设，提升风险控制能力，大力拓展信托业务，积极运用固有资金，打开了公司自复牌重组后的新局面。2013 年公司实现营业收入 1.54 亿元，同比增长 251.07%；净利润 5704.73 万元，同比增长 361.31%。其中，固有业务实现收入 0.2 亿元，信托业务实现收入 1.35 亿元。2013 年新增信托项目 38 个，新增信托资产规模 139 余亿元。

二、社会责任履行情况

作为在新疆注册的金融企业，公司与新疆自治区政府签订了战略合作协议，加大各项具体工作的落实力度，积极支持新疆自治区实施优势资源转换战略和新型工业化、农业现代化及城镇化的发展方向，在成本可算、风险可控的基础上，饮水思源，加大新疆地区的业务规模，共享新疆跨越式发展的成果。

（一）主动投身民生改善，支持保障性住房建设

公司致力于住房建设项目的开发工作，尤其是保障性住房、廉租房以及棚户区改造等与广大民众生活息息相关的实践工作。自公司重组大力发展信托业务以来，一直将开发保障性住房建设项目作为项目开发的重点内容。通过公司前台业务部门的努力，公司已储备、立项了多笔该类型项目。为国家“十二五”计划中的惠及民生工程贡献了自己的力量。

（二）创新推动“三农”发展

公司通过出台产品标准，积极引导业务团队发掘开展土地流转、发展现代化农业等促进城

乡统筹发展的相关项目，通过信托特有金融服务能力支持“三农”发展，现已在相关制度及产品储备上取得了一定的进展。

（三）公司严格按照法律、法规以及监管部门的要求，有条不紊的开展业务

2013 年建立了较为完善的合规管理体系，并将各项制度落实到实际经营过程中。公司全年无贪污腐败及金融犯罪案件发生。为加强反腐倡廉建设、防范金融犯罪风险，公司采取了一系列的管控措施，制定相关管理制度，大力开展反腐倡廉和防范金融犯罪的思想教育工作，共开展反腐倡廉教育活动 3 次，每次参与人数均达 50 人以上。开展合规培训及反洗钱培训工作，共计培训 300 人次。

（四）热心公益慈善

2013 年 4 月 20 日，四川省雅安市芦山县发生地震，公司积极开展抗震救灾活动。公司层面向灾区捐款共计 10 万元，员工自发组织捐款共计 2. 33 万元。

（五）推进绿色金融

通过制定产品标准等相关工作，公司大力支持业务团队开展新能源及节能减排产业，推动环境保护的项目开发工作。多次召开绿色信托培训及环保培训。

（六）践行绿色办公

公司积极响应世界自然基金会提出的“地球一小时”倡议，于每个工作日 12：00 至 13：00 熄灯一小时，以激发员工对保护地球的责任感，以及对气候变化等环境问题的思考，表明对全球共同抵御气候变暖行动的支持。通过熄灯活动，每日节约用电约 20 度，全年节约用电共计 4 440度。公司会议全面推行视频会议、电话会议等方式，减少公务出行，以降低碳排放量。为减少纸张浪费，公司打印文件及资料尽可能选择双面打印，并设置二次纸回收盒，非重要资料打印选择使用二次纸。每周节约纸张约 100 张，全年节约纸张 4 800 张。

三、2014 年发展规划

根据信托行业当前面临的新形势、新机遇和新挑战，公司结合自身特点和实际情况，将继续按照“治理科学、管理规范、功能互补、特色鲜明、品牌优良、协同发展”的总体要求，坚持依法合规、讲求效益、稳控风险的基本理念，坚持发展主动理财模式的信托主业不动摇，发挥资源优势，进行准确市场定位。

一是在管理体制方面，坚持市场化运作，以制度规范和有效激励作为公司发展的基础；在业务发展方面，坚持自主管理方向，有效整合股东资源以及市场资源的开发。

二是强化风险意识，提高风险识别和管理能力。公司将继续加强审核把关和风险防控，并根据业务运作的实际需求，以提高风险识别和完善风险防控为核心，建立起公司后期管理模式。

三是进一步加强人才队伍建设，打造专业精英团队。继续做好优秀人才的引进工作，同时公司秉承“以人为本”，加强对现有员工的培养、选拔和任用，有效激励骨干人才。加大员工培训力度，全面提高员工的业务技能。完善培训考核评估机制，保证培训工作的长效性。进一步推进员工对外学习与交流，多向金融同业单位学习，以取长补短。

四是加强企业文化建设与员工廉洁自律作风建设。进一步稳固公司健康向上的企业文化，开展内部文化熏陶及宣传教育，制定并完善相关制度流程，做到防范于未然，从制度上避免道德风险出现的可能性。

重庆国际信托有限公司

一、2013年经营概况

2013年，重庆国际信托有限公司（以下简称公司）紧密围绕“以信托业务为根本，以金融控股集团为目标”的发展战略，大力拓宽信托主业的业务领域，不断提升金融创新能力，推动信托规模持续稳步增长。同时，着力加强公司治理，为公司多元化、多领域、跨地域发展打下坚实基础。

（一）凝神聚力促发展，经营业绩创新高

2013年，在国内外复杂的经济形势下，公司坚持可持续发展策略，严格把控风险，业务规模稳步增长，经营业绩再创新高。

截至2013年12月31日，公司总资产124.79亿元，净资产93.66亿元，全年实现利润总额14.87亿元，净利润12.85亿元，净资产收益率14.71%，人均净利润1 472万元。

（二）开拓创新求突破，信托主业稳定增长

2013年，公司严格按照市政府、监管部门的指导，顺应经济形势变化，克服行业竞争不断加剧等不利因素，加强风险意识，不断开拓创新，凭借优质的运营模式和理财能力，实现了信托主业的又好又快发展。公司严格按信托合同的约定，审慎、高效地管理信托财产，专业理财能力得到委托人的充分肯定，信托业务规模稳步增长。截至2013年12月31日，公司实收信托余额1 251.22亿元，较年初增加618.63亿元，增长了97.79%；公司信托项目全年实现业务收入65.69亿元，净利润54.45亿元。

（三）经营理念清晰，投资企业业绩优良

2013年，公司根据市场情况与企业的发展需要，以清晰的经营理念认真履行股东相关职责，帮助参控股企业取得了斐然的业绩，有效维护了公司、股东和投资者的合法权益。

（四）建立风险管理文化，所有项目顺利兑付

2013 年是信托产品集中兑付的多事之秋，业内多家公司发行的信托产品爆出风险事件，引起公众与监管当局的关注。公司坚持“诚信、稳健、创新、求精”的经营理念，全面强化员工的合规意识，秉承优良的风控传统，处理好追求经济利益与控制风险的关系，有所为有所不为，公司内部形成了良好的合规文化和风控理念。公司经营管理层坚持“宁可错过，不可做错”的风控理念，审慎开展房地产、政府平台项目，严格执行从“业务部门到四部会审、项目审查委员会复审、风险控制委员会批准、重大事项通过董事会、股东会审批”的项目决策流程，从各个环节严控风险。加之对宏观经济趋势的准确判断，截至 2013 年末，公司所有项目顺利兑付，未发生客户及信托当事人投诉及群访事件。全年到期信托项目共 103 个，全部按合同约定如期兑付，到期清偿率达到 100%。

（五）顺应政策变化，持续推进银信合作

2013 年，金融监管政策趋严、监管力度加强，银信合作项目难度加大。公司认真贯彻各项监管政策，主动创新银信合作方式，不断扩大合作半径，拓宽业务交流领域。借助银行募集资金的便捷条件，充分发挥信托公司资金运用灵活、投资渠道广的特点，实现优势互补，使传统银信合作业务由粗放式向精细化方向转变。通过对传统银信合作项目的深耕细作，2013 年公司在银信合作方面取得了较为显著的成绩。安泰盈丰系列信托被评为民生银行总行“2013 年度创新类金融产品”。

（六）实现资源共享，开拓信证、信保合作新空间

为应对资管市场竞争加剧的挑战，公司深刻领会政策导向，积极主动推陈出新，在竞争中求发展，大力开拓券商渠道，主动加强信保合作，着力打造全方位的金融服务，深挖信托公司的金融服务内涵，形成了互利共赢的新型业务合作模式。

（七）助推社会经济全面进步，支持中小企业快速发展

近年来，公司积极支持中小企业发展，全面落实相关政策，努力提升公司金融服务实体经济的力度，为中小企业发展提供了有力的支持。其中，“中小企业融资 1 号集合资金信托计划”是公司支持重庆市中小企业发展的重要项目之一，通过募集信托资金 5200 万元，向重庆顺越实业集团有限公司等中小企业发放信托贷款，用于支持企业流动资金周转、购置设备及原材料采购等经营流程，及时弥补了企业的资金缺口，为加快中小企业建设、支持地方经济发展作出了应有的贡献。公司将继续响应提振实体经济的号召，灵活运用信托工具为中小企业提供全方位

的投融资服务。

二、社会责任履行情况

公司深知回报社会是企业应尽的责任，在加快自身发展的同时，不忘热心社会公益事业，勇于承担社会责任，积极为社会作贡献。

（一）专业理财服务诚信回馈投资者

公司秉承服务至上的宗旨，坚持从客户利益出发，根据客户不同的资产状况与需求，量身打造各类单一信托产品，同时充分发挥主观能动性，合理研判市场变化趋势，大力推进集合信托业务发展，提升自主管理能力，致力于为客户提供全方位的专业金融服务。公司充分利用信托优势，通过创新投融资领域，丰富资金运用方式，积极提升信托资金的使用效率等途径，严格履行受托人尽职管理职责，勤勉尽责，为客户实现投资收益最大化。2013 年公司管理信托资产总额 1 263. 12 亿元，信托项目实现业务收入 65. 69 亿元，已为老百姓创造财产性收入 58. 53 亿元。

（二）发挥信托优势，助推地方经济发展

2013 年，公司以高度的使命感和责任感主动践行社会责任，为地方经济社会平稳、较快发展作出较大的贡献。公司继续以提振实体经济、改善民生为方向，坚持服务地方经济为原则，在支持城市轨道交通、公租房、棚户区、危旧房改造和两江新区建设等方面提供全方位的金融服务。2013 年，公司的重庆本地业务依旧占据主导地位，通过开展“走进北碚”、“走进荣昌”、“走进大渡口”等活动，在公司领导的带领下，赴区县开展业务考察与交流，为支持壮大区县经济、稳步推进城乡统筹作出了有力贡献。

（三）履行社会责任体现社会价值

2013 年，公司继续积极履行社会责任，热心公益事业，为雅安庐山地震捐款 10 万元，支援灾区建设；为酉阳县天馆乡魏市村 10 名贫困老人发放了慰问金 6 000 元，为魏市村整村脱贫捐赠资金 50 万元，展现了公司作为地方金融企业扶持地方经济、热心社会公益的决心和行动力。

（四）发挥专业优势奉献社会公益

公司发起设立了全国首个以救助公安民警、武警部队英烈及其家属为目的的“金色盾牌”公益信托，截至 2013 年年末，信托基金总额已达 2. 74 亿元，投资收益 5017. 68 万元，累计慰问

人民警察、武警部队英烈及其家属超过 8 000 余人次，充分展示了公司作为信托受托人的管理业绩及社会责任。

三、2014 年发展规划

（一）进一步完善公司法人治理结构

借中国人寿此次加盟公司的契机，根据《公司法》、《信托公司治理指引》等法律法规要求，进一步完善公司章程，明确“三会一层”的职责、权利和义务，构建完善的法人治理结构，做到责权明晰，相互制衡又紧密配合，为公司健康持续发展提供坚实保证。

（二）加强风控机制，形成核心竞争力

某些领域投资风险的逐步显现以及同业信托公司兑付危机的发生，警示公司在泛资产管时代，要严守风控红线，树立严谨踏实的工作作风，培养审慎的金融从业人员，深挖公司制度建设和企业文化建设，形成核心竞争力理。公司将借鉴同行业的风控经验，结合自身实际，不断推进风控体系建设，完善项目审批、管理流程，为公司业务发展保驾护航。

（三）创新银信合作，加深信保合作

公司将顺应监管环境变化，主动配合监管走向，创新银信合作项目领域和模式，积极探索信保合作方式，领跑行业前沿，实现业务类型的转型升级。特别是通过新股东国寿投资控股有限公司这一平台，实现与险资的充分、深度对接，为公司业务发展提供稳定、充足的资金来源，同时也为保险资金拓宽投资渠道、获取较高资产收益，实现互利共赢。

（四）扩大对外投资优化资产结构

公司将加大对自有资金投资方向的探索力度，积极寻找优质资产，完善投资渠道和资金运用方式，结合信托公司自身理财服务经验，做好自有资金的运作规划，确保资产的保值增值，逐步实现金融控股集团的发展目标。

（五）响应政策号召，探索业务发展新领域

十八届三中全会通过了《中共中央关于全面深化改革若干重大问题的决定》，明确了完善税收及土地制度改革的发展方向，提出赋予农民更多的财产权，促进农村集体建设用地的流转等改革方向。公司积极响应政策号召，计划在土地制度改革方面，尝试和发展土地信托业务，进

而主动思考城镇化、商业地产等社会发展新变化；对家族信托和养老信托等新业务领域进行有益的探索，进一步拓展信托服务外延，不断回归信托服务的本源。同时，随着互联网金融的异军突起，公司将紧跟时代步伐，迎接微金融时代的竞争与挑战，努力创新业务模式，加速公司业务变革。

（六）加强员工队伍建设，打造具有综合竞争实力的优秀团队

2014 年，公司将继续坚持“人才强企”战略，高效引入优秀人才，为公司发展注入新活力。公司将从培训机制和激励机制两方面入手，进一步夯实团队建设基础、健全人力资源管理体系，为公司的可持续发展提供力量源泉。

大业信托有限责任公司

一、2013 年经营概况

（一）财务状况及经营指标完成情况

2013 年是大业信托有限责任公司（以下简称公司）转型发展的关键一年。放眼外部，监管的变化和泛资产管理的跨行业竞争侵蚀着信托的政策红利；着眼内部，近年来信托粗放式的扩张和多元化的客户需求使企业的内部管理越来越复杂。面对这种形势，面对这种形势，大业信托上下一心、团结一致，发扬艰苦创业的精神，坚持“稳健经营、持续发展”的理念，形成了“一心一意抓收入、千方百计求发展”的良好工作氛围，各项工作均取得明显成效。

2013 年，公司实现营业收入 53 919 万元，其中信托业务收入 48 606 万元，固有业务收入 5 313万元。全年实现净利润 25 426 万元，利润预算目标完成率达 132%，大幅超额完成年度经营任务，同比 2012 年增幅达 35%。公司成立至今，累计实现净利润 5.3 亿元，加权 ROE 回报达到 36% 左右，实现了资本的快速升值和股东的良好回报。

（二）信托业务开展情况

1. 业务发展概况。2013 年，公司积极适应宏观调控政策和市场形势，主动调整信托业务结构，压缩融资类银信合作业务规模，控制房地产信托业务规模与速度，稳健推进基础产业、工商企业、制造业、能源环保业、文化产业等领域的业务发展，信托业务结构持续优化，呈现多元化发展格局。根据监管层的政策指引，公司顺应市场趋势逐步向财富管理企业转型，不断提升公司对项目的主动管控能力，积极拓展投资类项目，大力推动结构金融业务向集合化、基金化、长期化发展，初步形成了以主动管理业务为主导的业务发展模式，全年推出多个主动管理、整合多方资源信托主导的综合项目，大大提升了公司自主管理能力，展现了信托作为系统集成商的优势。截至 2013 年末，公司主动管理的产品规模达 278 亿元，占存续信托资产余额的 54%。目前，公司信托业务类型已经涵盖市场上的主要信托品种，其中房地产信托业务在业内已具有一定的影响。

2. 信托产品发行情况截至2013年末，公司已累计成立339只信托产品，总规模近千亿元，已清算信托项目产品181只，清算及部分清算规模471亿元；存续信托产品158只，存续信托资产余额523亿元，其中2013年新成立信托产品114只，信托规模482亿元，在投向上主要以房地产、工商企业、基础产业为主。2013年，在行业内风险事件频发的形势下，公司正常兑付信托项目82个，清算项目信托本金179.86亿元（不含部分清算项目），累计向各类受益人分配信托净利润31.61亿元，实现了对委托人的"受人之托，忠人之事"的庄严承诺。2013年末，公司存续信托资产余额523亿元，具体分布情况如表1所示。

表1　公司存续信托资产分布情况

资金来源分类	存续信托资产（亿元）	规模占比（%）
集合资金信托	286	55
单一资金信托	175	33
财产信托	62	12
合计	523	100
功能分类	存续信托资产（亿元）	规模占比（%）
融资类信托	240	46
投资类信托	166	32
事务管理类信托	117	22
合计	523	100

存续信托资产投资行业分布主要情况如表2所示。

表2　存续信托资产投资行业分布情况

投资行业	存续信托资产（亿元）	2013年末规模占比（%）	2012年末规模占比（%）
房地产业	141	27	29
工商企业	98	19	25
基础产业	50	10	18
金融机构	47	9	1
其他行业	187	35	27
合计	523	100	100

（三）固有业务开展情况

2013年，国内金融市场发生了深刻的变化，新一届中央领导集体以"优化金融资源配置，用好增量、盘活存量"为指导原则，加强金融对实体经济的支持力度，货币政策开始由简单的数量调控逐渐转向质量和结构的优化。加之宏观经济形势严峻，同业存款以及信托产品的收益率出现较大幅度的回落，这些都对公司固有资金的投资形成了严峻的挑战。根据这一系列变化，结合资金状况以及业务发展情况，公司审时度势，调整了固有业务发展思路，即在确保公司流动性的基础上，维持固有业务基本收入，同时支持信托业务的发展。

2011 年，公司固有业务收入 1 543 万元，占公司全年营业收入的 8%；2012 年，公司固有业务全年实现收入 3 669 万元，占公司全年营业收入的 9%；2013 年，公司固有资金实现平均资本收益率（按年初净资产）约 9. 24%，固有业务全年实现收入 5 313 万元，较 2012 年同比增长 45%，全面超额完成考核任务。同时，公司固有业务部门与九个信托业务部门开展合作，投资公司信托产品 27 个，累计金额 24 亿元，很好地支持了公司信托业务的发展。

2013 年末，公司流动资产总额 53 021 万元，流动负债总额 48 037 万元，流动比例 110%，整体上较好的控制了流动性风险。具体来看，公司固有资产配置中能随时变现的资产达到 41%，流动性较强，风险可控。

二、社会责任履行情况

公司以“盛德大业、至诚信托”的立业宗旨和“忠诚、专业、进取、务实”的价值观作为公司实现社会价值、股东价值、员工价值和客户价值的精神内核，通过加大对地方经济发展的支持，加大服务社区和社会捐助力度，打造环保型公司形象等措施，对股东、客户、员工、商业伙伴、社区、环境等利益相关者承担责任和义务，维护和增进社会利益，实现公司和社会协调发展，努力将大业信托建设成为受人尊敬的富有社会责任感的公司。

2013 年，公司一如既往地履行应尽的社会责任，公司上下全面强化社会责任意识，大力倡导善行义举，将社会责任意识和慈善理念进一步融汇到公司的各项经营活动中去，并不断完善社会责任管理体系，明确目标，细致规划，认真贯彻，切实维护国家、股东、员工、投资人、社区等利益相关者的合法权益，促进经济、社会与环境的可持续发展，为建设和谐社会贡献力量。

公司本着为投资客户负责的专业态度，以卓越的管理能力和专业的理财水平，与广大投资客户携手并进，到期的信托产品均实现了 100% 的兑付率，2013 年公司正常兑付信托项目 82 个，清算项目信托本金 179. 86 亿元（不含部分清算项目），累计向各类受益人分配信托净利润 31. 61 亿元，在为广大投资者提供优质信托产品以满足其理财需求方面发挥了独特而积极的作用。

公司依法诚信纳税，积极履行代扣代缴税款的法律义务，如实向税务机关反映公司的生产经营情况和执行财务制度的情况。2013 年上缴各种税金超过 1. 44 亿元，为国家财政收入和经济发展做出了应有的贡献。

三、2014 年发展规划

展望未来，公司将面临更加严峻的外部环境带来的挑战，面临监管政策不断收紧带来的挑战，面临市场竞争日趋激烈而自身核心竞争力有待加强带来的挑战，更面临着信托业快速发展所带来的难得历史机遇。2014 年是大业信托新一个三年发展规划的开篇之年，公司上下正团结一心，力争再创佳绩，为三年发展规划打下良好的基础。具体而言，公司将努力抓好以下几个方面的工作。

（一）业务拓展

公司将明确业务开展思路，优化业务发展模式，积极顺应银监会所倡导的“提高主动管理能力，实现行业内涵式发展”的二次转型的要求，继续开拓自主管理类业务，在“稳健”上做文章，在“求进”上下工夫，积极探索净资本约束下公司实现可持续发展的新模式，努力实现“三个转变”：从广种薄收、以量取胜的外延式发展，向精耕细作、提升业务技术含量和产品附加值的内涵式发展转变；从单纯为企业或项目提供资金支持的资金管理型，向融资链条上游的资产管理、财富管理型转变；从单一的项目融资型，向多元化投资类的产业基金型转变。

（二）风险控制

公司将坚守底线，全面提高风险管控能力。按照李建华主任讲话的要求，推动风险管理模式向精细化管理转型。一是要严格履行尽职管理职责，从项目尽职调查、风控措施、后续管理和风险处置等环节入手，提升对基础资产的动态估值能力和对资金流向、资金使用的管理能力；二是要按照银监会杨家才主席助理在 2013 年中国信托业年会的讲话中所要求的，制订“生前遗嘱”计划，建立激励性薪酬的回扣制度，红利回拨或限制分红制度，以及业务的分割与恢复安排制度；三是要建立流动性支持和资本补充机制；四是要积极稳妥的做好资金池业务管理，及时对非标准化理财资金池等具有影子银行特征的业务进行摸底，根据自身情况建立资金池业务整改方案，并向监管部门报告。

2014 年是公司产品集中兑付的高峰期，兑付压力很大。加之面临宏观经济环境的复杂多变和不确定性，风险管控工作任务更重，压力更大，难度也更大。公司将把风险管控作为各项工作的重中之重，坚守风险底线，践行科学发展，多创利润添后劲，严控风险保安全，实现更加安全稳健的发展。

（三）团队建设

公司将继续加强队伍建设，培养创新研发能力。公司成立以来，已经成立了三个业务管理总部，十一个业务部门，初步建立起支持公司业务发展的经营团队和完整的中后台体系。公司将继续加强队伍建设，严格人员招聘选拔标准，选择经验丰富的人员充实业务一线，优化前台、中台、后台的人员配置；加强全员培训，加强部门间的合作和人员交流，切实提高人员效率和业务运作水平。同时，公司将大力引进和培养业务研发人才，努力提高对宏观经济政策的研判和把握，提高对市场掌控的主动性和前瞻性，提高对监管意图的领悟能力，组建一支能够将市场、行业和监管政策研究成果迅速转化为决策和业务操作指南的研发团队，不断提升公司产品的创新能力。

东莞信托有限公司

一、2013 年经营概况

2013 年，东莞信托有限公司（以下简称公司）致力于成为值得信赖的专业资产管理金融机构，以实现股东和委托人利益最大化为目标，紧密围绕公司发展规划（2011—2015 年）和年度任务，以提升资产管理能力和抗风险能力为立足点，以打造风险管理、营销管理、信托业务管理三大中心为工作重点，找准市场定位，发挥自身优势，各项工作取得显著成效。

截至 2013 年末，公司净资产 27.82 亿元；管理信托资产 413.25 亿元，比年初增长 27.55%；续存信托项目 201 个，比年初增长 28.03%。全年为投资者实现收益 26.50 亿元，同比增长 35.90%；实现营业收入 6.99 亿元，全年实现利润总额 5.32 亿元，净利润 3.97 亿元，缴纳税款 1.90 亿元；客户总数 6 353 户，比年初增长 49.51%。

增强资本实力。2013 年 5 月，公司以原股东现金增资方式以每股 2 元价格完成了增资扩股，注册资本金由 5 亿元人民币增加至 12 亿元，净资产增加了 14 亿元。截至 2013 年末，公司净资产 27.82 亿元，公司净资本实力进一步增强，为信托业务发展提供资本支持，抗风险能力进一步提升。

提升风控能力。坚持按照“风控优先，本地优先，效率优先，效益优先”的原则选择客户，根据市场特点制定风险政策，关注政策走向提前应对。把好项目准入关，提高准入标准。坚持提前介入，全程参与项目设计，双线尽职调查。注重过程控制和项目后续管理，加强异地项目监控，着重对实质风险的分析和防控。完善风险管理模式，强化风控委员会职能。整合制度流程、简化业务操作、优化项目评审流程。丰富资产配置类别，增强抗风险能力。建立全员风险合规教育的长效机制，建立全员风险合规文化。

强化内控建设。坚持把做系统、做流程、完善制度建设作为提升基础管理水平的重点工作。对信托业务操作细则、内部管理制度等工作流程逐项梳理并要求业务人员通过考试上岗。招聘稽核专业人士，按第三方审计机构的视角全面审视公司内控，对 2010—2012 年财务管理情况、自营业务、信托业务、合规专项、薪酬专项进行专项稽核并整改。推动信息化建设，资产管理系统、EAST 二期上线、证券估值系统切换和 CRM 系统开发，实现管理升级。

强化金融服务。坚持保护投资者合法利益，按照监管要求及时准确信息披露和风险披露，强化客户安全保障，为投资者带来符合其预期偏好的风险收益。提升服务水平，上线客户信息管理系统，实现销售管理模式转变；设置客户服务热线，健全客户投诉、建议处理机制；强化投资者教育，增强风险意识，得到客户的高度认同。

人才团队建设。以实现股东利益与员工利益双赢为着眼点，稳步推进员工薪酬市场化。以事业留住人才，以绩效挂钩激励人才，坚持任人为贤，采取引进金融机构专业人才、应届毕业生自主培育等多种方式结合，不断优化人才结构，提高核心竞争力。截至 2013 年末，公司在岗员工 138 人，其中超过 70% 员工金融行业从业年限在 5 年以上。

二、创新业务案例

公司发起设立“东莞信托·汇信－泓德系列集合资金信托计划”，募集的信托资金主要用于聘请投资顾问进行证券投资，由我公司全程参与监督管理。该项目创新性在于以下几个方面。

（一）多维度选择投资顾问

甄选优秀投资顾问是公司产品设立的起点和核心，在选择投资顾问时，公司主要遵循四个原则：要有严格纪律性和稳健性的证券投资风险控制系统，能通过仓位控制、止损等风险控制手段达到风险与收益的平衡；投资经理必须资历深厚，品德良好，从业经验丰富，过往业绩记录优异，业绩波动性低；研究团队必须具备强大的投研实力，对投资经理具有重要的支持；投资经理具有很好的专业素养和心理素质，能够专注于股票投资。

（二）产品交易结构设计

该系列产品由公司进行资金募集，再交由专业的投资顾问和受托人共同尽职管理，加上良好的激励机制，投资顾问（东莞泓德）专注于投研工作，以求为投资者获得绝对收益。

（三）投资者享受专业服务

一般的个人投资者并不具备专业的投研能力，通过信托计划对接专业投资顾问，个人投资者能够以低门槛、低费率享受专业的高端理财服务，把握住证券市场的投资机会。

（四）拓宽民营资本投资渠道

吸引了东莞的民营资本投资该信托计划，除了传统投向于房地产、实业等领域外，拓宽了民营资本的投资渠道，为民营资本提供了高品质的组合配置型资产管理服务。

三、社会责任履行情况

不断深化对企业社会责任的认知和实践，将企业社会责任融入公司发展战略、品牌建设、治理结构、企业文化和业务流程中，建立履行企业社会责任的长效机制。开展扶贫帮困活动，组织开展党员干部到对口帮扶贫困村镇，解决其经济发展中面临的困难和问题，实现“输血式扶贫”向“造血式扶贫”的转变。为优化生态环境、共建文明社区，全员积极参加植树造林活动。其中，东莞市中心区广场的桂花园作为公司常年赞助的绿化园区，绿化面积为4 000平方米，种植各种桂花700株。

2013年4月，公司响应中国信托业协会倡议，向四川省芦山地震灾区人民捐款20万元。

四、2014年发展规划

2014年，针对行业发展和监管环境的变化以及存在的问题，公司将以“调结构、促转型”为工作总基调，积聚持续发展动力，增强持续发展能力，在经营管理上努力实现“六个新突破”。

（一）在业务结构调整上要有新突破

以融资类业务为基础，继续加大投资类业务发展比重。融资类业务的客户“去劣增优”，逐步剔除一些不符合要求的客户，增加优质客户；继续坚持发展投资类业务，坚持经实践证明正确的以选择优秀投资管理人合作的模式发展证券类投资业务，设立专门部门拓展商业地产投资类业务；适时关注并购性投、融资业务；增设机构，争取年内在珠三角、长三角等发达地区增设2～4个异地团队，业务扩张要与自身管控能力相匹配。

（二）在风险管理上要有新突破

加强对整体市场风险的研究、预判，把控好准入风险，做好负面项目清单管理；探索设立警示信号灯制度，继续深化风险处置机制；加强流动性管理，提升风险事件处置、应对能力；严格合规经营，加强合规意识培养；加强资金运用后管理；关注房地产市场和其他信托公司的风险案例，及时根据市场变化对公司业务状态作出调整安排。

（三）在产品销售上要有新突破

从卖产品到卖价值转变，深化客户的服务体验；丰富产品类别，从配置资产的角度去了解客户的需求，提供上下游一体的资产配置金融服务；继续深耕东莞本土市场，在市区市场基础上重点开拓长安、虎门、厚街、塘厦、凤岗等发达地区市场，以及商会、村镇集体、高档小区等；加强信息系统支持提升客户服务，加强产品信息披露，加强公司形象和产品宣传。

（四）在内部管理上要有新突破

深入推进“风险管理、营销系统、信托管理”三大中心建设，打造强大总部，为公司走向区域以及全国市场提供中台、后台支持；进一步完善激励约束机制，不折不扣落实刚出台的处罚细则，提升执行力；建立严格的督办制度，并对各部门工作落实情况进行考评，考评结果与绩效挂钩；建立制度后评价机制，及时修订、完善；优化信息系统，启动信息系统三期建设；优化现有业务流程，提高中后台管理效率，支持创新型业务发展。

（五）在提高员工综合素质上要有新突破

多渠道引进人才，合理设置岗位架构，明确岗位职责，做到人岗匹配；建立岗位责任、完善岗位的评定、考核和调整机制，建立公平、公正、公开的晋升环境；进一步实施风险工资，在之前对某些信托业务部门实施过风险工资基础上，继续完善；重视员工培训，促进员工岗位技能和人员素质的提升；加强与员工的沟通，了解员工的思想动态，关心员工的身心健康；定期组织履职评价和进行绩效考评，掌握员工工作履历、工作业绩、知识技能和工作状态。

（六）在履行社会责任上要有新突破

坚持从投资者利益作为公司业务发展的出发点的经营原则，加强产品信息和风险信息披露，努力为投资者带来符合其预期偏好的风险收益；深化对企业社会责任的认知和实践，将企业社会责任融入到公司发展战略、品牌建设、治理结构、企业文化和业务流程中，建立履行企业社会责任的长效机制，提升公司可持续发展能力。

方正东亚信托有限责任公司

一、2013 年经营概况

2013 年方正东亚信托有限责任公司（以下简称公司）坚持“以内涵提升和外延扩张两个方面为着力点”的方向，进一步优化战略布局，业务稳健发展，进一步完善了组织结构、充实了人员力量，品牌影响力和社会影响力继续提升。

一是超额完成各项经营指标。2013 年公司全年实现营业收入 12.66 亿元，完成全年目标的 121%，同比增长 68%。全年利润总额 9.52 亿元，完成全年目标的 129%，同比增长 82%。全年实现净利润 7.02 亿元，完成全年目标的 124%，同比增长 77%。全年实现人均净利润 439 万元，同比增长 186%。2013 年公司各项经营指标均超额完成。

二是各项业务全面发展。信托业务方面，2013 年公司新增信托项目 225 个，新增信托规模 837.62 亿元，年末存续信托项目 327 个，存续实收信托规模 1 106.27 亿元，同比增加 391.40 亿元，增幅 55%。固有业务方面，全年新增项目 42 个，全年运用自有资金发放的贷款均贷后管理正常，已到期贷款项目均已结清本息，未到期贷款项目运营正常、结息及时，不良贷款余额为零。

三是产品销售能力稳步提升。2013 年，公司打造核心营销团队及完善内部管理机制，财富管理中心参与销售项目 59 个，完成销售额 141 亿，同比增长 212%，新增客户 4 701 人。财富管理中心直销团队完成销售额 47 亿元，占财管销售总额的 33.33%，同比增长 168.6%。

四是有效防范业务风险。2013 年，公司清算信托项目 138 个，清算信托规模 446.23 亿元。其中，清算单一信托项目 103 个，清算信托规模 320.35 亿元；清算集合信托计划 32 个，清算信托规模 113.22 亿元；清算财产类信托项目 3 个，清算信托规模 12.66 亿元。所有到期信托项目均顺利兑付。

五是完善公司战略布局。2013 年公司重点引进高素质业务人才，扩充信托业务人员、研发人员、风控人员等。截至 2013 年末，公司共有员工 160 人。2013 年公司新成立了五个业务部门，包括固定收益部、金融市场部、重庆事业部、山东事业部、信托业务五部，加强固定收益业务、金融市场业务和信托业务的发展，区域扩展到深圳、重庆、山东等。另外，公司申请获得了银行间市场同业拆借资格。

六是品牌建设成效显著。2013 年公司获得了众多奖项，包括“最具成长性信托公司”、“诚信托——成长优势奖”等；与第一财经研究院合作每月发行《信托行业研究报告》，获得了业内认可；推动公益事业发展，组织方正东亚信托“爱·共成长”公益活，体现了公司的社会责任感。

七是依法合规稳健经营。2013 年末，公司净资本为 19.03 亿元，风险资本为 13.40 亿元。“净资本/各项业务风险资本之和”为 141.95%，“净资本/净资产”为 87.05%；“银信合作融资类信托规模/银信合作信托规模”为 24.51%；“集合资金信托贷款类规模/集合资金信托规模”为 24.03%，均符合监管要求。

八是严格加强风险控制。2013 年公司严格加强风险控制，重点监控到期集合项目，建立台账及兑付预案；重点完善各项操作流程，建指引、严尽调、重审计、强整改；重点建设风险量化体系，信托项目评级系统，并针对重点项目出具了《信托项目风险评估报告》。2013 年公司新订制度 11 项、修订制度 23 项，2013 年末已有制度 113 项，覆盖了公司现有经营活动各环节，满足当前业务开展与风险管理的需要。

二、创新业务案例

2013 年公司积极探索切合市场需求的长期业务品种和运作模式，着力于推进业务模式的创新。

一是提高房地产、工商企业等传统业务的投资属性比重，发行了“东兴 18 号股权投资集合资金信托计划”、“高新正行项目一期集合资金信托”等一系列产品，开展股权加债权、股权投资、投资基金等多种模式，积极推进产品属性逐步从融资类向投资类转变，有效促进了公司自主投资能力的提升。

二是优化与金融机构的合作模式。如发行“西安明珠家居贷款集合资金信托计划”等产品，积极推广对于优质商业物业项目与商业银行组合投融资的业务模式，灵活设计交易结构，更好地满足客户需求。如发行“东银实业债权投资集合信托”，与资产管理公司深化合作，信托资金投资相关公司已发放委托贷款的债权，自主选择进入项目资产池的优质债权，与资管公司优势互补、专业分工、风险分担。

三、社会责任履行情况

截至 2013 年末，公司累计管理信托资产规模达 2112 亿元，其中 80% 以上信托资金投向实体经济。2013 年公司继续发挥信托投融资功能，助力地方经济发展。全年新增湖北省境内项目 11 个，信托规模 23 亿元。年末存续湖北省境内项目 23 个，信托规模 104 亿元。公司连续三年荣获“金融机构支持武汉经济发展贡献奖”。公司还获得湖北省国家税务局、湖北省地方税务局共同评定的“全省纳税信用 A 级纳税人”荣誉称号。

2013 年公司致力于投身社会公益事业。“方正东亚信托‘爱·共成长’公益项目”于 9 月启动，公司与武汉市黄陂区政府携手，开启教育公益活动，主要针对小学至初中的特困学生，不仅给予孩子们物质上的帮助，更注重通过各种形式对孩子们精神上的帮助与鼓励。

四、2014 年发展规划

2014 年，公司将按照信托业务治理体系建设的八项机制提升管理和经营能力，优化公司治理状况、风险管理水平、人才团队建设和软硬件支撑等，按照分类经营机制，争取达到发展类标准。

公司将进一步确立“一、二、三、四”发展战略，全力培育核心竞争力，打造持续盈利能力。一是树立一个核心：以风险控制为核心；二是围绕两项策略：专业化策略、差异化策略，形成具有公司特色的产品策略；三是打造三种能力：产品开发能力、资产管理能力和自主营销能力，形成公司的核心竞争力；四是构建四大板块：投资类信托、自营投资、房地产基金、金融合作，打造公司的持续盈利能力。

（一）经营思路

公司 2014 年要切实推动业务模式转型，从融资类业务向融资类和投资类业务并重转型，依靠自身的实力，围绕产品设计形成专业化和差异化优势，并逐步培育具有行业领先水平的构建和管理投资组合的能力以及专业的资产配置能力，逐步把公司培养成为“资产管理高手、财富管理专家”。

2014 年公司信托业务要多条腿走路，分散经营风险；要进一步加强风险控制，在继续培育业务拓展能力的同时，更要谋求专业受托能力的提升。在传统信托业务巩固的基础上，坚持深耕细作，实现融资转投资，推动投资类信托、固定收益产品、房地产基金和基金化产品的发展，同时进一步配备业务人员，拓宽业务类型的覆盖面，实现业务专业化和差异化。

2014 年要继续审慎开展固有业务，进一步完善自有资金的投资组合。在确保安全性的前提下，保持自有资金的流动性，积极拓展股权投资业务，支持公司业务转型。

（二）总体目标

2014 年，公司净资产达到 30 亿元，预计管理信托规模 1 400 ~ 1 600 亿元。

（三）营销计划

2014 年财富管理中心的总体工作思路为“扩充人员，合理配比，细化分工，逐步转型”，具体而言就是前后台人员数目合理配比，工作流程专业分工，继续加强直销能力，弱化对三方渠道的依赖，开拓金融机构的代销合作和自有资金购买。

（四）队伍建设

2014 年将继续充实财富管理中心和业务人员力量，保证销售和业务团队的人才支持。推动销售团队大区制，以武汉总部为基础，在进一步强化总部的管理职能的基础上，重点依托武汉、上海、北京、深圳四个团队，设置华东、华南、华北、华西四大区域分中心。

（五）风险管理

2014 年公司仍然坚持“宁失效益、不失风控”的工作原则，始终把风险控制工作放在公司经营活动的首要地位。强化规章制度的执行力度，对违反公司制度行为进行惩处，保证各项业务在制度框架内有效开展，确保公司员工严格按公司制度履行工作职责。加强对信托项目运作的过程管理，及时预警风险，防范兑付风险发生。

（六）信息化建设

2014 年公司将强化 IT 基础建设，做好主机房扩容改造、弱电综合布线改造、高清视频会议系统建设等；优化业务系统建设，完成财管新呼叫中心系统、财管新 CRM、移动销售系统第二期、档案管理系统、网上自助信托系统的改进、新 OA 的二期等的建设。

甘肃省信托有限责任公司

一、2013年经营概况

2013年在甘肃省、委省政府的正确领导下，在甘肃省政府金融办等部门的关心、帮助和大力支持下，甘肃省信托有限责任公司（以下简称公司）立足甘肃，放眼全国，着眼于长远，在“调结构、保增长”上做文章，在“抓管理，促发展”上下工夫，用发展的眼光看待存在的问题，在发展中克服困难和调整完善。公司坚持用好、用活、用足信托融资优势，在不断提高经济效益的同时，积极支持和服务地方经济发展。通过全体干部职工的不懈努力，公司改革发展稳定工作取得了优异成绩，各主要经营指标连续两年大幅增长，营业收入首次突破3亿元达到3.68亿元，人均利税首次突破300万元、达到316万元，利润总额等多项指标创造公司历史最好水平，公司股权转让和援藏、双联等重点工作顺利推进，较好地完成了省政府金融办下达的各项考核指标及重点工作任务，实现了持续、快速、稳健发展。

（一）主要经济指标完成情况

实现营业收入36 842.04万元，完成年计划26 782.44万元的137.56%，同比增加51.27%；完成利润总额29 408.82万元，完成年计划18 710.79万元的157.18%，同比增加61.94%，实现人均利税总额316.22万元；实现净利润21 898.90万元，完成年计划13 951万元的156.97%，同比增加61.73%；上缴营业税金及附加2 014.02万元，完成年计划1 513.65万元的133.57%，同比增加780.97万元；为全省162户企业提供融资余额275.02亿元，其中，本年新增143.15亿元。

截至2013年末，公司资产总额15.7亿元，同比增长13.19%；负债总额0.85亿元，同比减少26.13%；所有者权益14.85亿元，同比增长16.76%；净资产收益率达到15.89%，同比增长46.43%。

（二）开展的主要工作

2013年是公司改革发展的关键一年，面对复杂的内外部形势，公司坚持以“全力推动主业发展，狠抓内部管理提升，努力提高行业地位”为工作主线，创新思路，扎实工作，开展了大量的艰苦细致和富有成效的工作，主要包括以下几个方面。

1. 信托主业持续发展。2013 年，公司根据行业发展趋势，采取了以增强自主管理能力为重点的发展策略，实现了从以平台类业务为主导向主动管理业务为主导的逐步转型。2013 年末，公司管理的集合产品规模超过 23.58 亿元，并通过加深对客户的理解和对客户需求的不断满足，提升了客户忠诚度。全年新增单一类信托资产 153 笔、金额 334.44 亿元，集合类信托资产 11 笔、金额 11.65 亿元；顺利发行“黄河中小企业发展集合资金信托计划”5 期，募集信托资金 16 271 万元，全部用于省内中小微企业发展。公司不断深化与省内外银行的全面合作，通过股权投资、债权投资、资产收益权投资、银团贷款等多种方式，吸引更多的外部资金支持甘肃经济发展。公司成立由主要领导任组长的业务合作领导小组，积极与光大银行等金融机构开展业务合作，对业务开展的各个环节进行整体部署和安排，有力地推进了公司业务发展。截至 12 月底，已过会的光大银行项目 46 个，规模 78.66 亿元，已交割项目 18 个，规模 31.1 亿元，业务基本覆盖全国各光大银行省级分行。

2. 服务地方经济发展职能进一步深化。在大力发展信托主业的同时，公司将投资银行业务作为支持地方经济发展的重要抓手，充分发挥信托投融资优势，积极挖掘项目资源，加强项目储备、调研和开发，积极对接省属企业开展信托融资，为全省 79 户企业提供融资 143.15 亿元。公司积极联合省属金融机构搭建股权投资平台，多渠道提高甘肃省直接融资比重，更好地发挥金融信托服务职能，支持和推动更多省内中小企业早日进入资本市场，2013 年以自有资金1 000 万元投资金城新三板市场股权投资基金。在服务“三农”发展方面，公司加强对省农发办参股的五户农业龙头企业的支持和服务，2013 年共上缴入股分红款 36.41 万元；在援藏工作方面，向迭部县高级中学项目援建资金 220 万元，累计投入援建资金 240 万元，主要用于高级中学实验室建设；在切实履行社会职责方面，组织全体员工向地震灾区捐款 6 700 元；在“联村联户，为民富民”行动中，向漳县盐井乡人民政府无偿出借公务用车一辆（甘 A75833），并向联系村漳县盐井乡杜家庄村投资帮扶资金 30 万元，组织员工捐款 22 100 元。

3. 固有业务稳健发展。至 2013 年末公司资产总额 15.7 亿元，其中，投资 5.33 亿元，占比 33.95%；贷款 3.57 亿元，占比 22.74%；证券 2.79 亿元，占比 17.77%；固定资产及其他 0.83 亿元，占比 5.29%。股权投资余额 3.52 亿元，实现投资收益 657.62 万元。其中，金川财务 5 000万元；宏良皮业 2 860 万元；兰石重装 2 832 万元；兰州银行 1.46 亿元；瑞源基金（投资白银公司）5 000 万元；东方富海基金（投资拟上市企业）5 000 万元。公司积极探索固定收益业务。公司于年初设立了固定收益部，积极探索固定收益业务，紧盯银行间债券市场的走势和动向，大量储备客户资源，积极熟悉业务操作模式，为下一步全面开展债券投资业务、盘活公司沉余资金做了积极的准备。

4. 证券业务实现大幅盈利。通过不懈努力，截至12月底，实现证券投资收益5 450.40万元，同比增加10 068.10万元，证券业务扭亏为盈。一是借助券商平台的研究成果和人脉，协调上市公司和机构投资者关系，重点投资，长期持有；二是加强同上市公司和机构投资者的密切交流；三是加强调研工作，提出“新型城镇化+战略新兴产业将成为2013年市场最大的投资主题”的思路并加以实施。截至12月底，共调研公司约30次，完成研报195篇。

5. 大力推进业务创新。为突破公司发展瓶颈，破解市场条件制约，推进公司持续全面发展，7月19日，公司召开2013年上半年工作总结暨信托业务研讨会，以研究讨论的方式，对完善项目风险管理、合规经营与信托创新、信托财务核算与监控、信托费用列支等十二个课题进行了研讨，最终对业务数据统计、项目预评估、异地业务人员办公、股权信托管理等问题进行了探讨并形成决议，尤其是对公司单一资金信托业务定价与决策采取了灵活的定价原则，在确定单一资金信托业务收费标准指导价格不变的前提下，对确有需要下调的业务根据市场价格变化适当调整，以便更好地支持信托业务发展。

针对市场空间缩小、行业竞争日趋激烈的现状，公司进一步巩固现有客户群体，拓展项目资源储备，通过信托业务与固有业务间的联动共享，建立“项目池”，提高市场风险抵御能力。在提升自主发行集合产品能力，继续加大“黄河”系列信托产品的发行力度的同时，积极加强项目的调研、论证，储备优质项目资源，建立公司自己的“项目池”，解决亲周期式发展弊端，并通过信托业务部门与固有业务部门间的交流沟通、资源共享，对项目的实施形式进行优化选择，实现效益最大化，例如，信托业务部门与投资银行部合作开展的T+0项目，为公司带来了低风险、高收益的项目收入。针对信托理财产品流动性存在的问题，公司积极创新思路，采取以自有资金回购的方式，不仅有效解决了客户流动性需求，也为信托理财产品的发行、流转、回购等开辟了新的的渠道，从而进一步树立了良好的公司品牌形象。

6. 风险管理逐步夯实。逐步完善了覆盖业务全流程并相互制衡的内控、合规与风险管理体系，项目管理水平进一步提升。在项目前期，公司通过信托项目审核制度和业务及项目准入指引，提高了项目的风险识别和筛选效率。与此同时，公司风控进一步前移，风险审查人员提早介入项目，大大加强了内部监督；在项目后期，风控部门定期收集并审核业务部门提交的后期风险管理资料，实现对项目的非现场监控。为全面排查项目风险，公司于12月成立风险排查领导小组，按照监管部门的相关要求，组织所有部门开展了全面风险排查工作。

7. 股权转让工作顺利开展。为提升公司治理水平和创新能力，进一步拓展公司发展空间和业务增长点，经甘肃省政府研究同意引进具有中央企业背景和实力雄厚的企业作为公司的战略投资者，优化公司的股权结构，引进先进的管理理念和多元化的业务渠道，推动公司健康快速发展，从而更好地服务甘肃省经济发展。为此，省政府于2012年11月20日成立了甘肃信托股权转让领导小组，并于12月4日正式启动公司股权转让工作。2012年12月22日，公司完成了清产核资。2013 年 1 月 9 日，省国资委对公司资产评估结果予以核准。经省政府同意并经公司股东会审议批准，甘肃省国有资产投资集团有限公司就拟转让的其持有公司 51% 的股权项目，提交甘肃省产权交易所进行挂牌交易。经甘肃省产权交易所最终确认，光大集团为该股权的受让方。根据有关监管法规，目前，公司股权结构调整审批事项已上报甘肃银监局核准。

二、社会责任履行情况

公司积极履行社会责任，截至 2013 年末，公司公益信托专户已支付“迭部县高级中学附属设施建设项目”援建资金 220 万元，香巴拉艺术节捐款 20 万元，累计援建资金 240 万元。目前已经到位的援建资金有 220 万元，主要用于高级中学实验室建设 219 万元，余额 1 万元。其中，93 万元用于两个物理实验室建设，63 万元用于两个化学实验室建设，63 万元用于两个生物实验室建设，六个实验室建设均通过公开招标，实行政府采购，目前已全部通过县级验收，并投入使用。

三、2014 年发展规划

一是鼓励创新协同，推动业务升级。2014 年公司将通过协同发展、专项业务发展等相关重点工作任务，推出具有高度可复制性的创新型产品，进而提升公司的行业影响力。同时深化信政、信银和信企合作，做精投资，积极支持省内经济发展，进一步深化与企业的沟通合作，充分发挥信托金融中介职能，搭建信企快速融资渠道，深化与省内外银行的全面合作，通过股权投资、债权投资、资产收益权投资、银团贷款等多种方式，吸引更多的外部资金支持甘肃经济发展，重点是做好兰州新区、轨道建设等政府重大项目的配套融资工作。二是明确组织模式，实施流程优化。为了适应业务发展的需要，公司将通过公司业务综合管理系统项目建设、精益管理等手段来实现部门、岗位职责的明确，基础工作跨部门流程的无缝对接，由北京辐射兰州、上海、深圳，实现各项业务的统筹发展。2014 年，公司将 9 个信托业务团队增设为 12 个，并通过外挂方式招募更多的信托人才，有效扩充资源，立足甘肃，走向全国。三是提升风险管理，完善系统支持。2014 年公司将继续提升风险管理，在各财富管理中心配置合规与统计人员，实现风控进一步前移，同时强化中台风险控制措施，完善风险管理规章制度体系，通过全方位、全过程、全员的风险管理来提升项目管理效率和质量，实现风险管理与日常业务监督常态化，为公司业务的长期稳定健康发展保驾护航。四是优化考核体系，调整激励方式。为了引导业务发展、促进战略落地，公司将通过全面完善绩效与薪酬发展体系，灵活调整财务兑现制度，鼓励团队创收和各部门重点工作任务的完成，有效支撑公司战略的实现。五是做好改制工作，确保平稳发展。在省政府公司股权转让领导小组的领导下，积极配合金融办、大股东、中介机构和光大集团做好后续工作，确保股权转让工作顺利进行。同时，切实加强公司内部管理，确保职工队伍稳定、经营业绩稳定，开创改革稳定发展新局面。

广东粤财信托有限公司

一、2013 年经营概况

2013 年，广东粤财信托有限公司（以下简称公司）按照年初制定的工作方针，发掘业务增长点、拓宽内外合作面、严守风险高压线，业务能力与内部管理能力同步提升，信托规模与盈利能力持续增长。

截至 2013 年 12 月 31 日，公司自营业务资产总额 33.29 亿元，比年初增长 19.9%；净资产 31.98 亿元，比年初增长 18.1%；信托资产规模 2 294.59 亿元，增长 38.6%。公司营业收入 7.93 亿元，比上年同期增长 36.9%，其中手续费及佣金收入 6.20 亿元，投资收益 0.98 亿元。手续费及佣金收入占营业收入的比重为 78.30%，较上年的 69.54% 提高 8.76 个百分点。2013 年公司实现利润总额 6.71 亿元，比上年同期增长 39.1%；实现净利润 5.25 亿元，比上年同期增长 35.1%。

（一）发挥专业优势，服务实体经济发展

1. 公司在信托业务拓展中坚持以服务实体经济发展为核心，截至 2013 年末对实体经济融资额达 1860.94 亿元，占存续信托规模的 81.1%，取得良好的社会效益与经济效益。

2. 2013 年，公司继续开展由省财政厅委托的广东省亚行节能减排促进项目资金信托，并通过完善的项目管理流程、严格的风控措施屡次获得亚洲开发银行的赞许与奖励。2013 年 8 月，该项目第一批次完工项目获得亚洲开发银行（以下简称亚行）“2012 年度高度满意完工项目奖”；第二批次项目又从亚行在建的 75 个项目中脱颖而出，被授予“2012 年度最佳表现贷款项目”殊荣，相关信息获多家权威媒体登载，有效提升了公司的品牌形象，并带动其他金融机构加大对节能环保项目的投入。

3. 2013 年，公司积极开展中小企业贷款集合资金信托、与银行机构合作开展个人经营性贷款信托等，截至年末，对中小微企业贷款余额达 349.08 亿元，有效扶持了中小微企业发展。

（二）加强金融创新，推动信托业务转型升级

1. 提升银信合作自主管理能力。面对政策环境的变化，公司通过多种方式推动银信理财合作业务转型升级。一是更多地承担了产品流动性测算、资金成本及投资收益分析、资产配置等主动性的管理审核，加强了资金资产期限的匹配，并为实现产品投资运作收益的最大化积极地进行资产推荐和配置；二是大力开拓同业合作机构范围，积极推动合作银行间进行跨区域的资金与资产的撮合，整合同业市场业务资源；三是努力开拓投资类、财产信托类银信理财合作业务，为公司提供了合理比例的低风险业务来源；四是建设完善了业务系统中的产品代销模块，实现与相关银行的直接数据导入，提高与银行的合作效率。

2. 强化证券信托核心竞争力。2013 年，公司债券类信托受银行理财监管新规影响大幅减少，同业竞争越发激烈；面对困难，公司及时调整产品结构，加快产品创新与渠道拓展，截至 2013 年末，证券信托业务规模 118.47 亿元，与年初基本持平，并在部分领域取得新突破：一是大力拓展伞形信托业务，通过提高服务质量、优化产品结构、简化交易环节、提高业务效率等方式，合作券商、产品存续总规模均较年初大幅上升，信托报酬率也有所提高；二是大宗交易过户融资业务得到进一步拓展，与多家证券公司搭建了大宗交易过户融资平台；三是在阳光私募产品市场通过在产品设计和交易系统上提高定制产品要素的能力、大力研发 MOM 产品等方式，阳光私募产品新增规模 12.28 亿元，并继 2009 年之后再次有产品收益率居全国私募基金之首。

3. 积极研发多层次资本市场创新业务。2013 年，公司结合党的十八大后国家出台的多项改革措施，就资产证券化、房地产私募股权投资基金、医疗产业投资信托基金、家族信托、养老信托及土地流转信托等未来信托业发展重点方向进行深入调研和积极筹备，同时筹建财富中心专司营销及私人财富管理工作，力求拓展公司营销渠道，提高公司自主营销能力及议价能力，为公司发展寻求新突破。

在房地产基金化业务方面，公司利用已有房地产私募股权投资基金业务优势，深化与保利基金等 4 家房地产基金企业的合作，在 2013 年新增成立 4 个房地产基金项目，成立房地产基金规模 11.17 亿元，存续基金类项目管理规模 22.93 亿元。

（三）提高内部管理能力，严守风险底线

1. 做好风险分析预警及分类排查。一是密切关注各类风险动态，及时进行分析预警；二是对存量信托业务进行内部审计、风险排查，及时发现和消除潜在风险隐患。从排查情况看，项目风险可控。

2. 加强内部审计及业务流程管理。一是大力加强内部审计，充实内部审计人员，加大审计

频率，及时发现产品管理缺漏环节并补充完善；二是查补管理漏洞，通过制作产品管理要素表等方式，确保前台、中台、后台人员对产品的管理要素理解一致，并相互督促检查；三是加强信息披露复核工作，切实提高信息披露的准确性和完备性。

3. 及时应对突发事件冲击。一是及时应对雅安地震影响。“4·20”雅安地震后，公司按照应急预案第一时间与合作银行联系跟踪了解项目情况，测算项目可能的损失，做好信息披露工作，最终经核查相关项目情况正常，投资者情绪稳定，公司形象未受影响。二是有效应对银行同业市场“钱荒”。在2013年银行同业市场发生“钱荒”期间，公司严格做好项目标的“盯市”工作，督促交易对手履行合同义务，同时迅速清查公司资金池产品的期限结构，调整公司短期资产结构，加强交易对手风险审查，做好流动性安排。

4. 切实防控信息技术风险。一是公司在2013年实现了证券交易系统的本地实时系统备份及异地备份，并开展了容灾演练，切实防范交易系统崩溃的风险；二是针对系统上线测试、资产管理软件岗位权限梳理和流程优化，强化系统风险管理；三是完成公司新网站的升级改造，在强化信息披露工作、提高网站宣传效果的同时，也进一步提高了网站的安全性。

二、创新业务案例

（一）稳步推进资产证券化业务

在2013年，首先，公司完成了“广发银行2013年第一期信贷资产证券化信托”的方案设计和项目申报，预计发行规模为30亿元；其次，成功中标广东顺德农村商业银行信贷资产证券化试点项目，预计项目规模15亿元；再次，与银行机构合作推进信托型企业资产证券化（ABN）试点项目；最后，公司正积极研发信贷资产证券化系统，将进一步增强公司在该项业务的竞争力。

（二）积极推动省财政经营资金转为信托股权投资

公司在广东粤财投资控股有限公司的支持下，积极向有关部门推介广东省财政经营性资金通过信托方式实施股权投资的业务模式，并获得广东省经信委战略性新兴产业发展专项资金和广东省节能循环经济专项资金的股权投资的受托人资格。公司现已对部分企业开展尽职调查，正联系审计和资产评估等事宜，并形成了投资方案建议报告广东省财政厅和行业主管部门。

三、社会责任履行情况

公司一直关注社会发展与环境问题，致力于履行社会责任，并通过融合各方资源渠道，为重大基础设施建设、中小企业融资、节能环保、农业综合开发、省财政经营性资金管理方式转型等提供专业服务。一是创新业务模式大力开展中小微企业融资服务，截至年末对中小微企业贷款余额达349.08亿元，帮助中小微企业解决融资难问题；二是以广东省亚行节能减排促进项目资金信托为依托大力促进绿色信托业务的开展，向节能、低碳企业提供金融支持；三是积极开展“广东省农业综合开发项目”，通过投资参股、发放贷款等方式扶持多个地区的农业综合开发企业，截至2013年存续规模为2231.5万元，为优化农业和农村经济结构，提高农业综合生产能力和综合效益提供助力；四是配合广东粤财投资控股有限公司发起全体员工募捐并成立了“粤财扶贫基金单一资金信托”，资产规模达7800万元，专项用于扶持省内对口扶贫地区，公司员工也积极参与到扶贫志愿工作中去。此外，公司还多次组织开展对省内贫困地区的扶贫济困献爱心活动。

四、2014年发展规划

2014年，公司将继续坚持稳中求进的工作方针，在严守风险底线基础上大力推进业务创新与内部体制改革，积极发掘改革与社会转型的红利，努力推动公司业务规模及收入稳步提升，并为公司未来竞争发展夯实基础。

（一）拓宽合作渠道，推动业务转型升级

一是根据国家宏观政策与监管政策的变化，适时调整业务的发展方向与业务类型，开发新的业务合作模式与产品类型；二是努力提升自主管理能力，提高公司在合作业务中的地位，增强议价能力；三是进一步拓宽合作机构的区域范围与行业范围，争取为保险公司等新的合作机构量身打造长期的、合适的产品平台，深度开展后续的业务合作。

（二）加强产品研发，推广新兴领域信托产品

2014年，公司将在前期与相关银行、企业沟通的基础上，一是全力争取广发银行、顺德农商行、广汽汇理信贷资产证券化、信托型资产支持票据（ABN）等项目成功实施；二是积极推进家族信托、养老信托业务的研究，力争早日落地；三是为重点优质客户提供更个性化的服务，如进一步积极探索员工福利信托、股权（薪酬）激励信托、机构理财等新业务模式。

（三）拓渠道促创新，做强证券投资信托业务

2014年，公司将在加强产品管理和风险管控、切实防范各类风险的基础上，一是积极拓展合作证券公司范围，拓宽资金来源，全力推进伞形信托、过户融资、阳光私募等产品上规模、

稳增长；二是努力扩大与证券公司和基金公司在资产管理业务方面的合作，加大 Manger of Manger（MOM）管理模式信托及其他创新业务的推广工作；三是积极申请股指期货业务资格，尽早落地交易型开放式指数基金（ETF）等对冲基金类和保本收益类的信托产品，并充分发挥券商渠道资源，开发其他创新类信托业务。

（四）推进精细管理，提升业务及风险管理水平

一是继续做好自营股权投资项目的管理，推进同业拆借资格申请，关注 IPO 市场重启及同业存单市场机会，在保证公司流动性需求的前提下提高资金收益率；二是加快完成财富管理部门的组织及激励机制设计、营销团队组建、场地建设、客户关系管理（CRM）系统的上线使用等工作，探索建立与公司业务模式相匹配的营销方式；三是继续提升业务风险管控水平，逐步完善各类风险控制指标，逐步建成信托纠纷案例分析库，进一步加强公司风险管理部门对信托方案设计、合同审查、放款审查、分析排查、项目跟踪检查等各环节的全流程监控；四是加强信息系统建设，尽快完成公司运行监控系统、净资本管理系统等建设工作，并正在研发电子档案系统、铭创估值系统、股指期货系统、身份认证等系统，为业务发展提供有力支持；五是加强对公司员工的专业培训，切实防控因专业知识、经验欠缺导致的潜在风险。

国联信托股份有限公司

一、2013 年经营概况

2013 年国联信托股份有限公司（以下简称公司）在董事会的领导和大力支持下，扎实推进各项工作的开展，在业务开拓、渠道建设、内部管理以及团队建设方面都取得了一定的进展。

公司 2013 年度实现营业收入 46 043 万元，同比增长 29.26%。其中自营收入 17 615 万元（含投资收益 15 283 万元），占营业收入的 28.26%；信托业务收入为 28 428 万元，占营业收入的 61.74%。2013 年实现利润总额 40 183 万元，同比增长 32.47%。

截至 2013 年 12 月底，公司的信托资产规模为 453.21 亿元，比年初增长了 46.60%，实收信托规模为 437.54 亿元。目前存续信托项目总数为 197 个，其中单一信托项目 129 个，集合资金信托计划规模为 222.16 亿元，规模占比 50.77%；集合信托项目 68 个，单一信托计划规模为 215.38 亿元，规模占比为 49.23%。

二、社会责任履行情况

主动承担社会义务、促进社会和谐发展是现代企业走向成熟的重要标志，也是公司作为金融机构义不容辞的责任。公司自成立以来，始终坚持合规经营、诚实守信的基本原则，并以维护良好的金融市场环境为己任，不断提高社会责任感。根据地区经济发展的要求，发挥联结三个市场的独特作用和信托制度的优势，积极投身地方经济建设和社会事业的发展，通过引导和培育居民投资意识和财富管理理念，实现地方经济发展与公司业务拓展、居民收入增长的有机结合。

公司立足地方，支持区域经济发展，将自身成长与地方经济发展紧密结合起来，大力促进经济结构调整和产业转型升级，积极扶植中小企业发展和科技创新，为地方经济持续、健康、协调发展提供了有力的金融支持。2013 年，公司累计为无锡地方经济建设募集资金 80 多亿元，用实际行动呼应了无锡“城市转型、产业升级”的理念。

公司始终秉承客户价值领先理念，强调以客户为中心，不断努力提升服务水平。我们不断探索业务模式的创新，依托国联综合金融平台，开辟了“投＋保＋贷”的一条龙金融服务模式，在为企业量身定制一揽子金融产品和服务的同时，为地方百姓的财富收入增长提供了重要的投资渠道。

公司积极响应国家宏观调控，主动加强对房地产信托业务的风险综合控制，坚持节能减排，控制“两高”行业的融资；积极投身社会公益事业，组织广大干部员工开展“慈善一日捐”活动；支持教育事业发展，关心弱势群体，努力推动经济、社会与环境的和谐发展。

三、2014 年发展规划

宗旨：建立以信托为基础的综合金融服务体系，为受益人、客户、股东、员工和其他利益相关者创造价值，并以此促进中国信托事业的发展，为社会财富的传承和积累作出贡献。

愿景目标：致力于发展成为一家以信托为基础，以银行、证券等金融机构为一体，能综合运用金融市场资源、提供综合金融服务，在行业内具有一定影响力的专业化金融公司。

2014 年工作计划：信托行业经过这几年的快速扩张后，随着兑付高峰的到来和个别风险事件的警示，将逐渐步入到休整期和整固期。2014 年，乃至今后较长的时期内，公司都将立足自身比较优势和所在区域市场特点，加快市场化进程，强化内部基础建设，提升资产管理能力和风险管理能力，加强人才队伍建设和机制体制改革，不断增强可持续发展的内生动力。

2014 年公司具体经营目标为截至 2014 年末信托规模达到 500 亿元；2014 年全年实现营业收入为 4. 38 亿元，其中手续费收入为 3. 2 亿元，实现利润总额 3. 74 亿元。

国民信托有限公司

一、2013 年经营概况

2013 年，国民信托有限公司（以下简称公司）秉承“打造中国一流的信托金融服务机构”的战略目标，坚持以完善内部控制、强化风险管理为保障，以差异化的研发能力和高端资产管理服务建立核心竞争力，逐步创建公司品牌，致力于客户利益、股东价值、员工满足感的最大化，践行社会责任，努力成为市场领先、客户信赖的综合金融服务商。公司董事会、经营管理层认真研究分析国际国内金融市场发展趋势和行业监管政策导向，积极推进公司完善治理架构，进一步扩大业务团队，充实管理力量，拟订公司中长期发展战略规划，大力拓展信托业务。公司各项操作均符合法律法规、监管政策以及公司的各项制度规定，未发生影响信托财产安全及受益人利益的情形，整体向好的方向发展。

（一）完善公司法人治理结构和内控体系

1. 持续完善法人治理工作。2013 年，董事会严格按照《公司法》、《信托法》等法律法规的规定，结合公司运行实际情况，修订了章程、三会议事规则及董事会下设各委员会议事规则，不断完善公司法人治理结构，认真落实监管部门的意见，厘清了董事会及董事会下设各委员会的职权。

2. 进一步优化内控体系。2013 年，为进一步加强操作风险管理，公司加大了制度的修订和完善工作。在原有制度基础上，公司重新编制并颁布了《风险管理制度手册（试运行稿）》、《融资类信托业务管理制度手册（试运行稿）》、《投资类信托业务管理制度手册（试运行稿）》、《事务类信托业务管理制度手册（试运行稿）》、《自营业务管理制度手册（试运行稿）》、《信托财务管理制度手册（试运行稿）》、《全面预算管理制度手册（试运行稿）》、《公司会计管理制度手册（试运行稿）》、《公司资金管理制度手册（试运行稿）》及《税务管理制度手册（试运行稿）》等，涵盖自营业务操作流程、信托业务管理、财务预算管理等，涉及股权质押、房地产信托、证券投资等各业务领域。

3. 加强内部稽核审计监督。2013 年公司内部审计部门从计划审计、项目常规审计、专项审计以及临时审计四个层面入手，对公司业务经营及内控管理实施全面审计，共计 76 次，其中，计划审计 7 次、常规审计 57 次、专项审计 2 次和临时审计 10 次。审计范围覆盖了公司业务及营运的各方面，其中 2013 年新成立的集合信托项目常规审计覆盖率为 82%，2013 年新成立的单一信托项目常规审计覆盖率为 48%。

（二）信托业务方面

信托业务方面，2013 年公司信托业务收入为 26 990.53 万元。截至 2013 年末，公司存续信托资产总额为 4 251 543.51 万元，本年新增信托项目规模 3 599 303 万元，信托资产不良率为零。截至 2013 年 12 月 31 日，公司管理的信托项目共计 148 个，信托项目的实收信托资金金额为 417 亿元，较 2012 年末的实收信托资金金额人民币 56 亿元上升了 645%。2013 年内到期信托项目为 5 个，均正常清算分配。

2013 年，公司积极开展信托业务，在加大力度开展业务的同时，结合公司业务发展状况，严格项目立项控制，修改完善了《房地产信托业务风控指引》和《基础设施信托业务风控指引》，新增《棚户区改造股权投资类房地产信托业务风控指引》和《股权投资类房地产信托业务风控指引》，并严格执行，防范风险。2013 年，未发生影响信托财产安全及受益人利益的情形，各项操作均符合法律法规、监管政策以及公司各项制度规定。

（三）固有业务方面

2013 年，公司实现净利润 19 463.57 万元，同比下降 41.62%。累计实现营业收入 41 062.30 万元，同比下降 22.36%。截至 2013 年 12 月 31 日，公司固有资产总额 200 132.89 万元，负债总额 30 886.61 万元，公司净资产为 169 246.28 万元，股本回报率（RoE）为 12.21%。净资本为 148 893.95 万元，净资本/净资产的比率为 87.97%；净资本/各项风险资本之和的比率为 211.35%，均远高于 40% 及 100% 的监管标准。公司的净资产保持稳定和充足，公司资产保持很高的流动性水平，为公司下一步大力拓展业务奠定了良好的基础。

（四）加快团队建设、完善员工绩效考核机制

公司加快业务团队建设，逐步完善中后台关键岗位设置。2013 年，公司前台业务团队为 49 人，较 2012 年增长了两倍多；公司风控总监和财务总监于年内到任履职，公司中台风控、合规团队为 14 人较 2012 年翻了 1 倍。为了进一步吸引和保留核心人员，公司制定并颁布了《2013 年信托业务部门绩效考核管理暂行办法》、《财富管理中心理财经理管理办法》，对信托业务部门、财富管理中心部门员工的工作业绩进行量化衡量，并采用年终绩效考核的形式予以考核。

2013 年，公司在平稳快速发展传统信托业务的同时，关注可持续发展，加大创新投入，于 12 月成立了产品研发部，主力创新产品研究，协助业务部门开展创新业务。

二、社会责任履行情况

公司坚持把履行社会责任融入日常经营管理活动中，依法经营、规范运作，审慎管理信托财产，切实维护受益人的合法权益。公司积极承担社会责任，自觉履行纳税义务，认真履行《信托公司社会责任公约》，积极维护信托业市场竞争秩序、行业声誉和良好社会形象。

2013 年，公司响应信托业协会发起"芦山赈灾公益信托"活动，切实履行社会责任，为支援灾区抗震救灾捐款人民币 15 万元。

三、2014 年发展规划

（一）以传统业务为基础，力求开拓新型业务

2014 年将是公司稳固发展基础的关键一年，在确保信托业务上一定规模的同时，不断提升信托收益率，借鉴市场成熟业务模式，拓展主动型信托业务领域，提升公司利润水平。同时，公司面临着"控风险、求创新、促发展"的大挑战，面对行业转型的大趋势，公司应当抓住时机开展业务创新，根据行业发展变化及公司实际情况，探寻公司特色业务，建立保障创新的工作机制，为开展创新业务创造条件，争取在"以房养老"、"土地使用权流转"、"公益信托"等方面推出创新产品。

（二）研究制订并着手落实财富管理中心发展战略

面对公司信托产品类型单一、直销客户较少和信托业销售渠道整肃在即的内外部环境，以及实现公司向市场提供以客户为中心的私人财富管理和机构资产管理为主的信托金融服务战略目标，2014 年公司将重点关注财富管理中心发展模式、战略的研究、落实。

1. 针对客户拓展、客户服务，公司奉行"以客户关系为核心，以服务体验为主线"。随着公司信托产品类型的多元化，根据不同客户群体的风险偏好和投资需求，为其提供个性化的产品设计服务，为客户提供量身定制的高端理财服务。

2. 面对客户越来越个性化的需求，公司应加强财富管理团队和资产管理团队沟通协调与合作，为客户提供整体的解决方案，发挥团队作业优势。

3. 财富管理是信托公司从"融资方融资需求"服务转型到"投资方投资需求"的标志。公

司关注培养造就一支高素质、专业化、复合型的财富管理团队，制定规范的客户服务流程标准、做好客户信息档案的维护，明确将其纳入商业秘密管理范围，防范操作风险和道德风险。

4. 推进私人财富管理系统建设。2014 年，公司计划在完成 Temenos 财富管理系统二期运行上线后，配合财富管理中心完成数据迁移（客户数据、信托产品净值、交易信息）等工作，并持续完善 Temenos 系统，全力保障公司财富管理工作有效实施。

（三）持续完善内控体系建设，为公司业务发展提供有效保障

2014 年公司将围绕风险管理策略目标，制定或完善针对公司产品研发、市场运营、财务、内部审计、法律事务、案件防范、人力资源、采购、IT 支持、环境保护等各项业务管理及业务流程的具体规章制度、程序和措施，提高风险管理效率。特别是针对公司的业务发展情况以及信托业务发展趋势，完善已有的业务制度和风控标准，及时增补新的业务风险控制标准，形成较为完善的产品风险控制方案，实现对信托业务的有效指引。

公司将大力培育和塑造“实诚守信、稳健经营、恪尽职守”的内部控制文化。董事和高级管理人员应在培育内部控制文化中起表率作用，重要管理及业务流程和风险控制点的管理人员和业务操作人员应成为培育风险管理文化的骨干，增强全体员工法律合规以及内部控制意识，培育良性风险文化，形成人人讲道德诚信、合法合规经营的内部控制文化。

湖南省信托有限责任公司

一、2013 年经营概况

2013 年是湖南省信托有限责任公司（以下简称公司）公司夯实基础、创新发展之年，公司按照“统筹兼顾、创新转型、稳中求进、全面发展”的工作方针，着力推业务、抓管理、调结构、促转型，各方面工作取得了较好的成绩。

（一）服务能力持续增强。

全年围绕全省发展大局和政府政策导向，利用信托的功能为经济社会发展提供投融资服务。并忠实代人理财之托，尽职履行服务职能，保障客户资金的安全与增值。全年新增信托规模 421 亿元，其中为湖南省内经济建设筹资 174 亿元，纳税 2.03 亿元，为投资者实现收益 53 亿元。在省金融办组织开展的金融机构支持地方经济发展目标考核和支持中小微企业融资目标考评中，公司均获得省政府有关部门的认可和奖励。

（二）经营业绩稳步提升。

全年实现收入 87，397 万元，比上年增长 39%，完成预算的 109%；利润总额 62 613 万元，比上年增长 40%，完成预算的 113%；净利润 49 240 万元，比上年增长 45%，完成预算的 121%。全年人均创利 465 万元，增长 15%；收入利润率 72%，较上年提高 2 个百分点；资本利润率 30%，提高 1 个百分点，国有资产保值增值率 136%。

截至 2013 年 12 月 31 日，公司资产总额 244 149 万元，同比增长 48%；负债总额 43 935 万元，同比增加 35%；净资产 200 213 万元，同比增长 52%；资产负债率为 18%，同比降低 2 个百分点。

2013 年发行信托计划 184 个，金额 421 亿元；全年兑付本金 271 亿元，兑付收益 53 亿元；截至 2013 年末受托管理的信托资产规模 664 亿元，较年初增加 150 亿元，增幅为 29%。

2013 年末净资本 156，914 万元，净资本与各项风险资本之和的比例为 180%，净资本与净资产之比为78%，各项指标均符合中国银监会关于净资本管理的监管要求。

二、创新业务案例

（一）公司发展

一是传统业务得到巩固。基础设施、房地产（含保障性住房）、金融合作为主的通道业务得到巩固和继续推进。与株洲市人民政府、宁乡金州区政府等地市建立了全面合作关系，在浏阳等地开展了安居宜居工程建设业务，与华融湘江银行等金融机构的合作得到进一步加强。2013年为市政基础设施筹资69亿元，为工商企业融资140亿元，为安居宜居工程和商业地产融资13亿元。二是异地业务快速发展。2013年，公司在上海、深圳、杭州新设了业务团队，完成了可辐射全国的业务布局。全年异地办事处共实现收入8 838万元，占信托业务收入的12.5%。三是固有收益不断提高。坚持固有业务、信托业务齐头发展，多渠道提升自有资金投资收益，基本形成了自有资金贷款、固有股权投资、金融产品投资、证券投资的固有投资板块。2013年，公司实现固有收入16 573万元，占公司总收入的19%。四是营销能力显著提升。2013年公司建立了财富管理中心，开展了系列营销宣传和客户维护工作，确定了全员营销激励机制和异地营销开展思路。全年共引进机构客户180个，较2012年增长300%，新增300万元以上客户376个，自主销售规模为63亿元，自主销售比例为83%，保障了公司产品的自主发行。五是内部管理更加规范。从制度健全、流程优化、执行运转等方面推行管理的精细化、规范化。对制度执行情况作了全面梳理，新建或修订了近50项业务开展、风险控制、综合管理方面的制度。

（二）业务创新

创新是以经营目标和发展战略调整为起点，全面推动核心业务成长，提升企业经营绩效和长期可持续发展能力的战略性举措。

2013年，公司以满足客户的需求为导向，不断丰富公司的金融产品线、降低经营风险、拓宽投资渠道、提高收益水平。在风险管控、交易结构、流程再造等方面，汲取同业经验，努力探索创新。同时，公司积极争取新业务资格，先后获得了中国银行间市场交易商协会会员、资产证券化、全国银行间同业拆借业务等资质；出台了《房地产股权投资业务指引》等一系列制度办法；发行了租金收益权项目；积极做好证券、债券信托业务项目储备；不断探索公益信托，并取得积极进展。经过努力，公司业务领域更加广泛、业务模式更加多样，创新转型迈出了重要的一步。

三、社会责任履行情况

一是坚持服务地方经济建设，有效利用信托优势，积极支持全省市政基础设施建设、园区建设。2013 年 6 月，公司和株洲市人民政府签署战略合作协议，以支持株洲市基础设施建设、保障性住房建设、棚户区改造、园区建设、节能环保和实体经济的发展；2013 年 9 月，公司和宁乡新洲区签订战略合作协议。全年，公司共为省内基础设施建设融资 51 亿元。

二是支持保障性住房建设。公司先后与湘潭市、宁乡县、浏阳市、昭山“两型社会”改革示范区等地开展了保障性住房建设合作。2013 年，公司共发行棚改、保障房集合资金信托计划 9 个，信托规模 17.1 亿元，覆盖区域包括长株潭及其周边岳阳、常德等地区。

三是支持中小企业腾飞。在服务大企业的同时，公司积极尝试股权投资、夹层融资等新的投融资形式，加大对中小企业的支持力度。

四是创新推动“三农”发展。公司积极开展农村土地流转的相关研究，并多次与中南大学有关专家沟通交流，探索了农民福利信托计划，积极推进农业产业化，2013 年累计投向农业资金 27 069 万元，有效地支持农业企业的发展。

五是关注教育医疗事业。公司积极服务教育事业的发展，为支持学校发展及周边环境整治建设，发行株洲职教城校际公路及配套建设项目的集合信托计划 15 000 万元、发行无锡雪浪科教集合信托计划 30 000 万元用于支持无锡雪浪科教产业投资发展有限公司的发展。

六是 4 月 20 日，我国四川雅安芦山县发生里氏 7.0 级强烈地震，给灾区人民的生命和财产造成重大损失。为支持配合救灾和重建工作，在中国信托业协会倡议下，公司通过中国信托业协会向灾区捐赠 30 万元。

四、2014 年发展规划

2014 年是全面贯彻十八届三中全会精神的起步之年，国家将深化各领域改革，信托行业处在转型发展的拐点时期，面临的竞争将更加激烈。新形势下，公司将认真贯彻落实十八届三中全会和中央及省委经济工作会议精神，坚持科学发展观，准确把握国家政策和宏观、行业形势，围绕全省发展大局和湖南财信“金融控股”战略，以“创新转型、规范管理、稳中求进、健康发展”为目标，坚持业务的均衡发展和管理的统筹兼顾，实现公司全面、协调、可持续发展。重点做好以下几个方面的工作。

（一）推进业务均衡发展

全力实施三个“巩固加强、大力发展”。即巩固加强“本地业务”，大力发展“异地业务”，立足湖南，以国家宏观经济政策为导向，以深厚的政府背景为依托，充分发挥公司的独特功能和区域优势，整合优质资源，服务全省经济发展，同时，大力拓展异地业务，提高市场竞争力；巩固加强“现有业务”，大力发展“创新业务”，在做好现有业务的基础上，以财富管理和资产管理为转型方向，积极探索、发展新的业务领域和盈利模式，逐步形成更多的利润增长点，推进公司向财富管理和资产管理的转型升级；巩固加强“信托业务”，大力发展“固有业务”，坚持信托业务和固有业务双轮驱动、均衡发展。

（二）加快创新转型步伐

积极开展产品基金化、资产证券化、真实股权投资、债券、证券类信托业务；研究探索土地流转信托和家族信托业务的模式。

（三）大力提升募资能力

加快向财富管理的转型，以客户为导向切实增强理财能力和客户维护能力。强化金融合作，拓宽融资渠道，提高直销能力。完善营销激励机制，加强营销队伍建设，提升营销水平，积极推进异地营销。

（四）切实加强风险防控

坚持践行“风控优先、稳健经营”理念，科学把握风控与创新的关系，既要有效控制风险，又能助推创新实质开展。密切关注国家宏观经济政策，严密防范区域风险和兑付风险。强化风险管控机制，加强项目主动管理能力，有效落实风险预警，全面推行风险考核和责任追究，确保公司健康发展。

（五）规范内部管理

一是健全完善制度体系，巩固制度管理，健全协调运转、有效制衡的运行机制。同时，切实加强执行力。二是持续践行“精细、严格、规范”的管理目标，强化财务管理和全面预算管理。三是强化信息化管理，规范系统管理行为，着力提高信息技术水平。

（六）不断加强品牌建设

一是深化“自力、感恩、和谐”的企业文化建设，努力增强员工的主人翁意识和社会责任感，激发员工的工作积极性和创造性。二是增强对项目单位和社会投资者的双重服务质量，积极回应诉求，提升客户满意度。三是积极服务基层医疗、农民增收等公共服务，关注贫困儿童发展，增强企业社会责任。四是加强工作落实，多措并举强化品牌宣传力度。

华澳国际信托有限公司

一、2013 年经营概况

2013 年，华澳国际信托有限公司（以下简称公司）在上级监管单位、董事会的悉心关怀和指导下，在全体员工的共同努力下，围绕“夯实基础、严控风险、团结奋进、乘势而上”的工作主线，推动了公司持续快速健康的发展。2013 年，公司资产管理规模快速增长，收益稳步提升，风险管理和内部控制不断加强，团队能力持续提升，超额完成了董事会下达的指标任务，公司发展呈现出稳中向优的良好态势。截至 2013 年末，公司资产管理总规模约 506 亿元，其中单一信托业务规模 347 亿元，集合信托业务规模 154 亿元，事物管理类信托规模 5 亿元，实现税前利润 3. 05 亿元。

（一）规模收入显著增长

2013 年，在行业竞争加剧，行业平均增速放缓的背景下，公司不仅如期完成项目清算，还成功实现了管理信托资产规模的翻倍增长。在资产管理规模快速增长的同时，公司注重效益的同步提升，较好地完成了收益指标任务。

（二）产业结构不断优化

2013 年，公司协调推进传统类和创新类业务，不断优化产品投资结构，积极开展创新类产品研究，着力推动成熟产品的落地。公司顺应经济结构调整的趋势，主动调整项目资金投向，加大对实体经济和中小企业发展的支持力度；并继续加强对宏观经济、信托市场和产品的前瞻性研究，密切跟踪市场和同业发展趋势，及时调整业务发展方向和产品结构。同时，为进一步提升业务团队专业性，公司推出了《风险管理资讯》等风险分析专业内刊和业务发展专题研究，包括阳光私募证券投资基金、交易所基金、财产权信托、和田玉股权投资基金、影视投资基金、地产投资基金等的发展提供指导。

（三）加强财富管理，销售能力显著提升

一是以提升人均产能为切入点，以开拓核心客户为着力点，大力提升了团队的直销能力。二是逐步调整完善了相应的销售和考评体系，从人员、渠道、日常基础工作三个方面，出台相关制度，逐步完善财富中心的管理，全力打造财富品牌。三是利用金融联盟的合作平台，推动了银信合作类业务迅猛发展。2013 年，公司在西宁举办了“合作共赢，臻享未来——华澳国际信托有限公司新形势下的金融同业合作研讨会”，并成立了“青海湖金融联盟”，与来自全国的几十家银行、券商、基金、保险、财务公司、资产管理公司等有关金融机构签署了战略合作协议，深入开展“总对总”战略合作，实现了优势互补。

（四）风险管理水平全面提高

公司按照严控风险的要求，进一步提高了风险管理水平，重点加大了信用风险、操作风险的防控工作。一是不断加强风险管理制度建设。公司通过不断完善风险管理制度，优化项目评审流程，提高审批效率，为业务稳健发展提供了有力保障。全年共制定、修订风险管理制度办法二十余个。二是启动了“内控体系建设咨询项目”，聘请德勤企业风险咨询服务团队实施，通过本咨询项目逐步建立适应公司业务发展和需要的内部控制自我评估体系，全面提升公司内部控制规范化管理的能力和水平；并建立以风险控制为导向，综合考虑成本、风险、收益的风险资产计量和配置体系，打造行业领先的内部控制和风险管理体系。三是不断强化项目全流程风险管理，优化相互协调制约机制。

公司合规稽核管理水平稳步提升，继续本着坚守合规底线与促进业务开展的原则，对新增业务项目及存续业务项目进行合规以及法律文本审核，并开展法规政策宣导。高度重视合规销售，切实规范操作管理。通过专项培训，向市场营销条线人员，系统地宣传合规销售的有关要求，从委托人与信托财产、合格投资者、信托计划的推介、信托受益权的转让与继承以及投资者保护五个方面进行具体讲解。

稽核内审扎实开展，点面结合不留死角，重点地开展全面审计，加强和规范内部控制管理。

（五）人力资源管理水平不断深化

2013 年，公司增设了北京信托业务四部、上海信托业务六部、证券投资部、产业金融研究所。面对行业竞争日趋激烈的现状，公司通过不断优化和完善人力资源各模块来保障公司人才供应的体系，为公司进一步发展打下了良好的人才基础。

（六）主动引导资金投向，支持实体经济发展

2013 年，公司顺应经济结构调整的趋势，主动调整项目资金投向，加大对实体经济和中小

企业发展的支持力度。截至 2013 年末，公司投向商业服务类的项目个数和规模均占公司存续业务的首位，共计 40 个项目，规模占比 33%。在兼顾净资本利用效率和收益的同时，有效降低资金投向的行业集中度，严控投向高污染、高耗能、产能过剩等国家限制行业的项目，以力推中小企业发展基金模式为工作重心，共发行了 23 期中小企业优选基金系列产品，信托规模共计 10 亿元，4 期中小企业发展/投资基金系列产品，信托规模共计 1.9 亿元。截至 2013 年末，中小企业类投向产品共计 26 款，存续规模 18 亿元，比去年同期存续规模增长了 70%。

（七）有效加强产品风控，积极助力创新业务

风控创新。自 2008 年以来，中国信托业飞速发展，信托资产规模不断刷新纪录。但多数信托公司在内部控制、风险配置方面经验不足，使得信托行业面临极其严峻的挑战。为维持可持续发展的态势，分享信托业高速增长过程中带来的高收益，公司管理层清晰地认识到，提升风险管控、资产管理的效率与效果已成为信托公司的核心竞争力之一，进而适时提出了不断提升公司在内部控制、资产配置和风险定价等方面的风险管理能力的要求。

此次公司基于对内部控制的管理需求，聘请国际四大会计师事务所之一德勤企业风险咨询服务团队实施内部控制流程优化咨询项目，旨在通过本咨询项目建立适应于公司业务发展和需要的内部控制自我评估体系，全面提升公司内部控制规范化管理的能力和水平；并建立以风险控制为导向，综合考虑风险、成本、收益的风险资产计量和配置体系，打造行业领先的内部控制和风险管理体系。项目包括内控自我评估体系建设、资产配置方法和模型建设两个模块。内控自我评估体系建设模块对公司现有的内部控制管理架构和体系进行了评估及优化，对关键业务流程和主要管理流程进行了梳理和提升，建立了内部控制自我评估体系和内控优化长效机制，实现了经营战略目标，为长远发展提供支持和保证。项目成果包括内部控制风险列表（涵盖 337 个风险点和 649 个风险事件）、内部控制矩阵 18 套（涵盖 93 个子流程）、内部控制流程图 104 张、内控缺陷改进点 82 个以及改进建议表、内部控制报告、内部控制自我评估管理手册、内控控制自我评估手册等。资产配置流程优化模块为公司建立了资产配置方法，在风险约束、资本约束、监管约束、成本约束、业务发展约束的前提下，优化了资产配置方案，建立了风险评估模板及资产配置模型，建立系统性的风险度量体系和资产配置决策支持体制，为公司资本预算、资产配置等管理活动提供决策依据。

业务一体化系统平台建设创新。随着深化金融创新、业务发展及产品种类升级，如何以业务为导向，实现业务系统数据与流程一体化管理，是公司所面临的最迫切问题。公司确定了“建设业务一体化信息平台”的思路与方案。

1. 在业务一体化的建设思路下，遵照公司三年信息系统功能建设规划，采用“三加三平台”系统架构，统一规划、分步实施完成。

2. 一体化平台建设主要分三步走：首阶段主要建设六个相互协作的子系统，支持正常信托业务全生命周期的日常操作，具体包括业务综合管理与展现平台、委托人登记过户工具、信托资产管理工具、估值与会计核算工具、资金清算工具、营销管理工具。次阶段重点打造网上信托与监管报表平台，提升客户服务能力与数据整合能力。末阶段将建设数据仓库、开展商业智能分析，持续支持信托业务发展需要。

3. 业务一体化系统平台有效支持业务创新。

（1）提升业务创新能力：平台采用了松耦合结构，缩短新功能处理的开发部署时间，可更加速相应业务发展需求，为提升主动管理能力、向专业财富管理转型提供保障。

（2）提升项目运营效率：平台将信托产品全生命周期所需系统功能相互协作，形成立体的运营框架。

（3）提升业务风控管理：平台通过固化业务审批流程，利用系统工具固化风险管理需求，解除了业务创新的后顾之忧。

业务一体化系统平台有效支持业务创新与产品设计，将公司打造成高度信息化的专业财富管理、资产管理现代化金融公司。

营销创新。2013 年 5 月 16 日，华澳国际信托有限公司财富中心暨“华澳·臻财富”品牌正式揭牌成立。

财富管理中心的职能定位是为高端客户提供财富管理服务，从客户需求出发，为客户创造价值，并进行全方位的财富规划从而实现保值、增值。“华澳·臻财富”汇聚了公司集体智慧和专业经验，是对财富管理真谛的概括和诠释，体现了至臻至诚的不懈追求，其口号“如您所托，臻享未来”，充分反映了公司与客户心心相印、共同创造与成长的美好愿景；其独特而灵活的形象设计，凸显了财富无限、永恒发展的财富与价值管理主题。“华澳·臻财富”的成立，是公司从传统投融资业务向全面的资产管理和财富管理转型的重要战略举措，也是全力培养自身财富管理品牌的重要里程碑。

为统一品牌形象，提高客户体验，公司在全国七个城市设立了财富中心，配备了相应的财富中心公共接待区域、会员接待区域和专门的 VIP 室以及专职接待人员。公司对财富管理师团队进行了分级和培训，提高了财富管理师团队的业务水平和专业技能，以期为 VIP 俱乐部会员和普通会员提供有针对性的服务。

2014 年，“华澳·臻财富”将以客户为核心，依托国际化、综合化资源优势，致力于为投资者提供专业化、立体化和综合性的资产配置和理财服务解决方案，努力使个人理财咨询专业程度、客户资产增值幅度、客户满意度和留存度等达到业内先进水平。

华澳信托 VIP 俱乐部是公司客户长期忠诚度计划的第一部分，旨在为公司现有的客户提供长期激励计划与增值服务，给客户提供差异化、高价值的客户体验，建立以客户需求为中心的产品创新、营销服务创新体系，提升公司在市场上的长期竞争力。同时，华澳信托 VIP 俱乐部将以“完美人生，臻享财富”为主旨，为 VIP 客户提供理财沙龙、个性化的理财服务、品味生活、高雅艺术、健康体检等一系列增值服务，以满足高端客户的多种需求，丰富客户体验。

二、创新业务案例

2013 年，公司协调推进传统类和创新类业务，不断优化产品投资结构，积极开展创新类产品研究，着力推动成熟产品的落地。创新产品研究上，在资产证券化、金属交易所、中小企业基金及农业基金等方面均取得新进展，针对跨平台合作、信托与券商合作、信托与交易商协会合作、信托与产权交易所合作、资产证券化等进行了专题研究，形成研究结果与报告文章 10 余篇。创新产品实践上，2013 年，公司共发行 11 个投资类产品，总规模 31 亿元，比 2012 年末增加了 30%；事务管理类项目 2 个，总规模 3 亿元，实现了该类型项目零的突破。针对中小企业、金属交易所、银信合作等不同的合作平台创建了不同的产品系列：在 2013 年末成功发行的华澳——泛亚稳健策略产品（第一期）集合资金信托计划，不但实现了公司内部的创新，更是成为了业内首单现货商品交易市场挂钩套利产品。澳浦中小企业精选系列、中小企业风险投资基金系列、中小企业优选投资系列等创新型信托产品发行成功，得到了市场的青睐，帮助公司开拓了庞大的客户群，为后续创新型信托系列产品发行打下了良好的市场基础。

三、社会责任履行情况

公司不断完善公司治理机制，全面深化改革，推进新体制、新机制的有效运行，主动适应经济金融形势变化，加快业务转型步伐，增强可持续发展能力，通过卓越的价值创造回报社会，承担社会责任、关怀社会民生、关注社会发展，做品格健全受人尊敬的优秀企业公民。

业务支持社会发展。公司在开展业务的过程中，向国家政策支持的绿色产业、生态农业、节能环保、保障房、中小企业等领域靠拢，以实际行动支持社会可持续发展。

开展公益基金项目。公益事业是支持社会发展的重要力量，也是公司的重要发展目标。公司从信托业务收入中提取资金，发起设立“华澳信托公益基金”。华澳信托公益基金致力于关注贫困地区青少年成长，发展青少年文化教育事业，关怀社会贫困弱势群体，参与本地社区建设。

截至 2013 年末，公司共在云南、广西、四川、安徽、河南、河北、北京等省市建立了 12 座“华澳信托爱心图书室”，为数千名师生提供了一座座知识宝库，有力支持了乡村阅读教育的发展。

四、2014年发展规划

2014年，将是资产管理行业异常关键的一年，我们将面临着前所未有的压力和挑战。一方面，当前实体经济面临着极大的困境，调结构和转型升级势在必行，服务于实体经济的资产管理行业并不能独善其身。未来利率市场化有可能在很短的时间内全面完成，资产管理行业过去发展所依赖的制度红利有可能很快消失。另一方面，国家规范虚拟经济发展和加强金融监管的力度不断加大。银监会关于完善信托业治理体系的八项机制（完善的公司治理机制、产品登记制度、分类监管、分级经营机制、以净资本管理为基础的资本约束机制、社会责任机制、以生前遗嘱计划为核心的恢复与处置机制以及行业稳定机制和监管评价机制）为信托公司未来的发展指明了方向：就是必须把发展建立在风险可测、可控和可承受的基础上。在新的监管机制下和监管环境下，信托公司的业务方向、投资行为、产品性质、合作渠道均面临着更高的合规要求。为此，我们必须准确判断宏观经济走势，充分把握行业竞争和行业监管的总体格局，按照董事会的统一部署，以“精耕细作、加快创新、巩固基础、提升品牌，全面推进公司战略转型发展”作为全年工作主线，制定行之有效的工作措施，为公司未来的可持续发展开辟崭新的道路。

（一）加快形成核心业务发展模式

2014年，公司要围绕董事会计划任务，兼顾传统与创新业务，有针对性地、有重点地、有步骤地加快形成核心业务发展模式。要坚定不移地实施创新，通过业务创新改善整体业务结构，通过管理创新提升发展效率，通过产品创新探索形成公司核心竞争力。一是着力打造以行业研究为核心的业务发展体系，深耕现代农业、高科技产业、现代医疗、文化传媒、节能环保等重点行业，通过对产业链上下游的深入理解，发现机遇，指导信托团队快速捕捉业务机会。二是推进基金化、投资类产品实践推广。各团队应主动创新和推广中小企业发展基金业务模式，2014年在全国主要省份实现落地，实现规模效应。结合行业研究成果，在1～2个重点行业实现产业基金投资类产品落地。三是强化重点产品的落地效率，优化公司产品线。针对土地流转信托、家族信托、公益信托、资产证券化等重点业务和产品需求编制和更新具体而有可操作性的产品说明书，将研究成果迅速复制和转化为效益。四是拓展“总对总”合作范围和内涵，在2013年“总对总”合作取得成果的基础上，根据监管的最新要求，提炼出与银行、证券等金融机构更加深入而紧密的合作模式，同时探索与产业链核心企业的合作模式。五是鼓励创新模式的管理探索。2013年将针对创新业务提升信托团队激励比例，并在KPI考核中增加指标要求。各职能部门应积极配合，主动想办法出点子服务公司信托业务创新转型。六是大力推进创新研究平台建设。公司将继续加强研究力量，为创新业务发展提供专业指导参考。研究工作的总体思路是配合公司全面推进业务创新的战略安排，充实信托产业金融研究所，将研究资源聚焦到创新型业务的产业研究、产品研究、同业研究和管理研究上，组建研究团队，搭建研究平台，落实研究任务。

（二）着力打造财富管理品牌

一是探索“华澳·臻财富”的发展方向，提升财富中心品牌的知名度和美誉度。按照“一个客户、多个产品、一站式服务”的理念，以客户财富保值增值为目标，建设业界知名的财富管理中心和团队。二是提高销售人员直销能力。继续围绕做大直销这一核心，以客户积累、提高三方转化率、提升产能、加强团队建设几个方面为发展方向。三是创新销售手段。以公司发展创新型业务为契机，搭建与之相配套的销售流程、销售方式。转变对固收类产品过度依赖的局面。销售模式上，在现有普通直销、渠道推荐的基础上，积极尝试开展网销、电销、微信营销、微博营销等多元化营销模式，从广种薄收向精准营销迈进。四是扩大金融联盟影响力，深化渠道建设。以金融联盟论坛为载体，与各联盟成员机构建立高效互动的机制，将金融联盟打造为颇具影响力与实际价值的组织。深入推进与包括银行、保险、证券、基金、期货、租赁、资产管理公司、财务公司在内的金融机构合作。积极开拓思路，保证合作渠道从高层向下层支持合作的发展，重点开拓银行渠道，进一步引导银信合作业务效能化、精益化发展。

（三）扎实推进管理项目落地，巩固现有管理基础

2014 年，公司将推进一系列管理专题项目的落地实施，以之作为全面转变管理方式，提升管理效率，促进业务发展的重要抓手，使公司综合管理实力达到行业领先水平。一是推进人力资源优化项目，构建核心能力体系，努力建设一支综合素质高、业务本领强、创业劲头足的精英团队。根据行业环境和公司战略，建立公司的核心能力模型，并依据模型在招聘管理、培训发展、职业发展、绩效管理、薪酬管理、组织架构等方面进行改进，以加强公司上下对核心能力的认知，形成统一的语言与文化，最后制定阶梯式的培养计划，实现分类发展、共同进步。进一步开发 E－HR 系统，增加如绩效考核系统、员工积分管理系统等功能。改进绩效管理体系，完善对信托业务、市场营销等重要条线的风险指标、成本指标、约束指标等设置。完善现有福利体系，通过新增补充公积金、类年金或其他长期激励等方式，细分各层次人员的不同需求，优化公司整体薪酬福利体系。二是推进内控体系建设管理项目，建立以风险控制为导向，综合考虑风险、成本、收益的风险资产计量和配置体系，全面提升公司内部控制规范化管理的能力和水平。三是推进“一体化平台”系统功能完善，深化风险管理、稽核管理、CRM、信息科技等系统项目建设，开发和优化现有系统的后续模块功能，实现业务功能操作、风险管控、

稽核审查、数据管理、流程审批、统计分析、风险管理等多维度、多层次的效率提升。四是推进管理会计项目，从财务角度及时发现业务发展中出现的情况，为管理决策提供分析与参考，实现规模、风险与收益的合理配比。

（四）大力加强公司管理文化建设

一是打造合规文化，切实加强合规风险管理。在公司牢固树立坚守“合规底线”的原则，让合规成为一种习惯。继续以新法规解读、法规培训、案例分析等形式，宣导各类政策法规，在员工中要强化三种意识：其一要强化合规办事意识，坚决摒弃凭经验、感觉、习惯做业务的行为，防止片面强调业务发展忽略合规要求的错误观念；其二要强化责任意识，员工应当本着对公司、业务、同事、家庭、自己负责任的态度，认真执行各项法律法规，将合规经营贯穿于业务始终；其三要强化监督意识，相互之间不能以信任取代制度，信任必须建立在合规操作的基础上，形成自觉监督的意识，养成相互监督习惯。二是培育创新文化。业务发展上，在公司内部营造研究氛围，培育创新文化，努力推动形成业务条线和研究部门之间的有效互动。三是形成销售文化。持续完善制度建设，全面推进市场条线的合规销售。实现日常销售的三化管理（系统化、制式化、规范化）。整合现有的各项制度以及管理规定，形成简洁、易操作的“三法”制度体系（销售人员基本法、业务品质管理办法、渠道管理办法）。四是丰富廉洁文化。通过建立健全内控监督体系，加大内控稽核审查力度，不断推动廉政风险的防控研究，并加强工作作风建设。五是建立风控文化。建立和传导适合公司自身发展的风险管理理念、风险偏好、管理目标、管理框架、管理方式，在项目生命周期的整个管理过程中都体现出这种文化理念。六是培养育才文化。首先，在明确公司核心能力的前提下，培养核心人才。根据公司实际需要，开发特色课程，培养与企业价值观一致、能力符合要求的人才。其次，结合公司所需要的核心能力，构建培养路径、学习方式，技能与能力相结合的培训体系，多角度的培养。最后，立足人才梯队建设。通过对初入职者、骨干、资深人员、核心管理人员的划分，匹配不同的培养计划，以帮助公司搭建人才层次，构建良性人才结构。2014 年拟对现有福利体系继续予以完善。通过新增补充公积金、类年金或其他长期激励等方式，细分各层次人员的不同需求，夯实公司整体薪酬福利体系，并对吸引外部人才以及保留内部人才起到积极的作用。七是缔造服务文化。各管理部门应当结合本部门岗位工作特点，构建与之匹配的管理服务文化。在推动业务的发展中，强化服务意识，在服务中实现管理，在管理中优化服务。

（五）有效推动品牌形象系统建设

优化目前的公关关系维护体系，拓宽外部媒体合作渠道，提升信息宣传报道质量，提高主动管理外部舆情的能力，有效管理声誉风险。以视觉识别系统 VI 的设计成果来重构目前公司的整体外在形象，推进外部网站的后续视觉和功能设计，多途径传播公司专业、创新、国际化的企业形象和品牌内涵，不断提升公司的知名度和影响力。

华鑫国际信托有限公司

一、2013 年经营概况

2013 年，华鑫国际信托有限公司（以下简称公司）在集团公司和公司董事会正确领导下，以“双提升，创一流”活动为主线，奋力开拓，加快发展，资产管理规模大幅增长，业务平台进一步扩宽，盈利能力和经济效益再上新台阶，管理提升与业务创新扎实推进，人才队伍建设等取得显著成效，党的建设全面加强，公司保持健康发展的良好态势。截至 2013 年末，公司管理资产总规模达 1 518 亿元，较年初增长 71.5%。2013 年，公司实现各项业务收入 9.07 亿元，较上年增长 23.6%。全年实现利润总额 6.53 亿元，较上年增长 22.74%，实现净利润 5.08 亿元，达到一个新台阶。公司未发生公司和员工违法和严重违纪案件，未发生对公司稳定和形象造成不利影响的事件。公司各项监管指标都符合监管部门的监管要求。

公司强化对市场的前瞻性判断和对业务的准确把握，积极探索业务模式和产品的创新方向，优化升级各类业务，全力培育主动管理能力。一是信托业务稳中求优。全年新增信托规模 979 亿元，主动管理类的信托规模占比达 49%，进一步凸显了做强信托主业的发展态势。各部门不断强化自主管理能力，重点开展以矿业能源和发达地区融资平台为主要领域的集合类信托业务，公司全年新增集合信托规模超过 205 亿元；公司还灵活运用信托工具，根据客户不同资产状况和需求，量身打造各类单一信托产品，公司全年新增单一信托项目规模 773 亿元。二是重点拓展以结构化定向增发为主的固有业务。公司抓住资本市场的有利商机，积极探索定增类业务发展模式，全年新增结构化定增投资项目 4 个，投资金额 9.4 亿元，进一步确立了公司在结构化定增市场中的领先地位。全年共发起设立定增类信托产品 9 个，新增信托规模 22.5 亿元。三是业务创新领域进一步扩大。公司以结构化产品作为有价证券投资信托主攻方向，根据市场变化要求，设计研发了第一支伞形证券信托产品；积极探索大数据时代开拓互联网金融的商业机会，发起设立首个消费类产品—展业融通项目；公司还通过与有实力的担保机构合作开展中小企业融资类信托；公司积极应对“大资管”时代的挑战，稳步推进信保合作业务，与 40 余家保险资管机构开展业务对接。四是营销规模再创历史新高。全年直销产品 13 期，销售金额突破 20 亿元，同比增长 73%，自主营销能力稳步提升。

二、2014 年发展规划

公司 2014 年将以战略目标为引领，以创收创效为重点，以队伍建设为手段，以业务创新为主线，以风险管控为保障，更新观念，加快发展，大力拓展市场，为建设一流信托公司努力奋斗，力争实现新的跨越式发展。

（一）控风险、守底线，切实提高风险管控的能力

公司上下将把风险管控作为各项工作的重中之重，视其为公司经营的“生命红线”，坚守风险底线，践行科学发展，实现更加安全稳健的发展。一是建立良好、有效的风控文化，切实严控信用风险。二是构建“大风控”的管控体系。重点建立一整套业务风险内控规程，进一步落实项目尽调、审查审批、投放条件审核、资金收回、后期管理不同阶段、不同部门、不同岗位的风险责任。三是严把新增自主管理项目准入关。对新增自主管理项目严格风险审查标准，防止带病准入。四是优化绩效薪酬扣除和追索机制。进一步建立完善收益率、经营风险和资产质量相统一的考核指标体系，实现“收益、风险、资本”三者平衡，实施项目风险问责。

（二）拓市场、抓重点，切实提高盈利创效的能力

公司业务工作将重点围绕“扩大资产总规模、提高信托报酬率”两大目标，按照稳健型经营、集约式增长、可持续发展的要求，把业务发展的重心转移到质量和效益上来。一是在业务类型方面。继续通过差异化和效率竞争拓展和抢占单一类信托市场。二是在资金源和项目源方面。坚持投资、投行、资管，三轮驱动，积极开展易变现、风险可控的权益类信托业务、基础设施类信托业务。三是在基础资产层面。既要注重开拓新客户，扩大增量资产，更要注重维护老客户，盘活存量资产。四是在业务策略方面。在立足现有业务的基础上，密切跟踪市场，加强学习研究，根据自身优势和特长，选择新的业务增长点，切实在交易对手和项目选择上、在自主管理能力上下工夫，打造部门的核心竞争力。

（三）调结构、推创新，切实提高持续发展的能力

公司上下将强化创新意识，以特色化、差异化发展为目标，把握市场变化脉搏，研发跨领域、可复制性强、收益率较高的产品，形成有华鑫特色的产品与服务，打造公司在细分市场的专业化优势。一是抓好信托业务创新。整合专业力量，加快建立创新研发部门，重点是创新交易结构，研发标准化产品。二是抓好固有业务创新。要做强融资业务、资本市场投资、战略投

资业务、支持信托业务4个板块。三是抓好市场营销创新。要把财富管理业务和市场营销作为加快业务转型和完善业务结构的重要突破口。加快营销体系建设，推进财富管理中心搭建，构建集融合客户营销、项目推介、产品发布为一体的财富管理业务平台和对网络产品销售平台。

（四）夯基础、促管理，切实提高强基固本的能力

公司将按照建设“强大的前台、高效的中台、稳健的后台”的总要求，重点在“精细管理、尽责到位、强化执行、协调配合”上下工夫，在公司“基础管理年”和“双提升、创一流”活动基础上实现新的管理提升。中后台部门作为风险管控、运营管理和服务支撑的中心，既要一线服务，提高效率；又要严格管理，强化督导。一是要优化流程审批，实现流程再造。二是要优化整合运营管理。三是要抓好全方位对标精细化管理。四是完善各项规章制度。五是提升信息科技支撑。六是进一步强化基础管理工作。

（五）抓队伍、增素质，切实提高人才支撑的能力

公司将大力实施“人才强企”战略，坚定不移地实行市场化选人用人思路，总结完善三年来人才管理机制，增强人才在市场中的竞争力。全面落实人才队伍建设规划，深化市场化选人用人、绩效考核管理、内部分配制度改革，建立适应公司发展战略要求、富有生机和活力、与行业接轨的人力资源管理体系和运作机制，努力提高人力资源管理科学化水平。一是以推进市场化选人为重点，大力加强高端人才引进力度。二是以建立“能人举手”机制为契机，拓宽人才发展渠道。三是要进一步突出绩效管理的价值导向。推进差异化、精益化考核，增强考核的科学合理性，促进薪酬向关键岗位和一线员工倾斜。四是要以“有效、实用”为原则，扩大培训覆盖面，健全完善培训机制。

吉林省信托有限责任公司

一、2013 年经营概况

2013 年，吉林省信托有限责任公司（以下简称公司）主动调整业务结构，加大风险管控力度，资产质量和整体抗风险能力显著提升。到 2013 年末，公司管理资产总额 461 亿元，其中管理信托资产 422 亿元；所有者权益 33 亿元；不良资产占比为 0；实现总收入 72 538 万元；实现净利润 43 293 万元；人均实现净利润 227 万元。

二、创新业务案例

（一）券商资管计划与信托对接的创新模式

以资产管理市场的混业为背景，将定向资产管理计划与股票托管相结合、将限额特定资产管理计划与券商保底相结合、将定向增发项目与定向资管计划相结合、将股票质押类定向资管计划与信托接盘相结合，创新性地提出了信证合作的四种全新模式。代表案例为“吉信·国吉 2 号定向资产管理计划投资单一资金信托计划”等。

（二）信托受益权质押开信用证模式

针对银行的大客户中有理财需求的客户，为其定制单一资金信托计划，信托计划成立后，可以在合作银行中用信托受益权质押开信用证，即实现了客户的理财需求，同时满足了客户开信用证的需求。代表案例为“吉林信托·光大环保贷款单一资金信托计划”等。

（三）银行不良资产盘活模式

针对银行的不良资产结构，为其量身定制事务管理类的盘活方案，优化资产配置，盘活不良资产的同时获得稳定收益，降低不良率并逐步对无法收回的不良资产进行核销。代表案例为

"吉林银行不良资产单一事务管理类信托计划"。

三、社会责任履行情况

履行社会责任与企业自身可持续发展是协调统一、相辅相成的，公司始终坚持把追求经济效益与切实履行社会责任有机统一起来，遵循"面向市场、规模适度、资本充足、风险最小、效益最大、回报最高"的宗旨和"恪尽职守、诚信为本、客户至尊"的经营理念，这既是构建和谐社会的重要举措，也是提升企业竞争力、促进企业健康可持续发展的客观要求。2013 年，公司严格履行自身的社会责任。

第一，严格贯彻国家、监管部门、规范性文件等有关法律法规的规定，公司的各项制度均以《公司法》、《中华人民共和国信托法》、《中华人民共和国银行业监督管理法》等法律法规为准绳。切实遵守法律法规做到依法合规经营。公司的各项业务均在各项法律法规规定的范围内开展。

第二，认真执行有关信托行业金融和货币政策，落实《信托公司管理办法》、《信托公司集合资金信托计划管理办法》、《信托公司净资本管理办法》等有关法规，在经营过程中，认真遵守行业政策，促进公司规范运作和健康发展，有效防范和化解金融风险，最大限度地保护股东、受益人及其他利益相关者的合法权益。

第三，公司积极营造合规文化氛围，组织员工学习法律法规和公司内部规章制度，并定期组织考试，公司上下形成了良好的合规文化氛围，充分体现公司对合规价值的鼓励和重视。定期组织反洗钱、征信及政策监管政策培训，定期对国家宏观政策和产业政策进行分析，并形成专题报告，组织全员学习。对公司制度进行维护性修订，并组织员工集中阶段性时间学习。

第四，公司加大内部控制力度，完善法人治理结构，形成权力机构、决策机构、监督机构和管理层之间的相互制衡机制。通过建立权责明确、关系清晰的组织结构和科学的决策系统，制定科学的激励与约束机制，完善制度体系建设，公司治理机制运行合理、执行有效，切实保障了委托人、受益人和出资人合法利益的顺利实现。

第五，公司纪委负责党风廉政建设与反腐倡廉工作，充分发挥董事会、监事会的领导和监督作用，整合审计稽核、纪检监察的力量，董事会和监事会、审计和稽核、纪检和监察"三位一体"的纪检监察工作格局。

第六，公司党委把治理商业贿赂工作纳入党风廉政建设的责任体系，实行党委统一领导、党政齐抓共管、纪委组织协调、部门各负其责、依靠群众监督和参与的治理商业贿赂工作领导机制。

第七，公司严格贯彻银监会"七不准"的规定，遵守商业道德，合理收费、合理定价，严格杜绝变相抬高擅自设立融资关卡、提高收费水平、欺瞒客户等行为。按照有关信息披露的规定，及时、准确、完整地披露有关财务会计报告、公司治理、业务经营、风险管理、关联交易、产品信息及其他重大事项等情况。

第八，主动投身民生改善，支持保障性住房建设，创新推动“三农”发展，关注教育医疗等民生事业。

第九，注重客户权益的保护，提升客户服务水平，将财富管理工作抓到实处，强化产品服务创新，通过产品创新以更好地服务于客户的不同偏好的投融资需求，注重投资渠道的拓展。

第十，热心参与社会事业，探索公益信托的可行性，热心参与公益慈善事业，积极推进绿色金融、践行绿色办公，为建设美丽中国贡献自身的力量。

四、2014 年发展规划

（一）根据自身特色寻找发展定位

随着国内资管市场的快速发展，信托业的制度红利正在逐步弱化，未来信托公司将逐渐走向分化，依据各自不同的资源禀赋形成不同的转型策略，主要有五个方向：一是向具有庞大高端客户和专业资产管理团队的私人财富管理机构转型；二是向主打资产托管的信托机构转型，这需要具备特定的展业资格，主要履行受托人职责；三是向真正以自主投资管理能力为主的信托机构转型，这主要依赖于在一个或几个特定产业领域的投资管理能力；四是在资本实力、专业团队建设、营销能力、资源整合等方面拥有突出综合能力的信托公司将向综合性大型信托机构转型；五是布局完备的信托公司将向金融控股集团转型，即在经营信托主业的同时，通过投资或收购商业银行、证券公司、基金公司、保险公司等其他金融机构，整合各类金融资源，形成以信托公司为控股主体的金融产业集团。

（二）抓住新一轮土改机遇，开拓涉农信托市场

根据十八届三中全会发布的《中共中央关于全面深化改革若干重大问题的决定》（以下简称《决定》），未来农村土地承包经营权将保持稳定并允许承包经营权流转，这将促使大规模开展土地流转信托的条件逐步成熟。随着宏观政策利好和信托制度优势的深度结合，土地流转信托有望成为信托业的重要业务领域。目前业内已有多家信托公司进行了土地流转信托项目的探索、储备和实践。

（三）顺应扩大内需政策，开拓消费信托市场

中信信托试水了首单消费信托，这是业内大胆的创新思路，也是一个很有潜力的待开发市

场。在消费信托中受托人有三个独特的作用：一是帮助客户选择性价比更高的消费者商品和消费类型的服务。二是建立消费品和消费服务的标准。三是帮助保护消费权益。消费信托所构建的不止是一个品种，而是一种定制的生活方式。业内对消费信托的实践刚刚开始，随着中央坚定地实施扩大内需政策，未来中国将拥有全世界最大的消费市场，从而为消费信托发展提供了广阔的空间。近几年中国人的消费意识不断觉醒，在这样的背景之下，相信接地气的中国信托业能够把握时代大潮，在消费信托领域开创新的天地，发挥新的功能。

（四）发掘高净值客户个性化、多元化需求，开拓私人财富管理市场

近年来中国的高净值人群数量迅速膨胀，随之产生了个性化、多元化的财富管理需求，如财富保值增值需求、财富传承需求、家族成员生活保障需求、慈善和发展个人爱好的需求、提高生活品质的需求、扩张社会资源的需求等，具有高度灵活性的信托业可以满足这些个性化的需求。《决定》将对民营企业家财产权的保护提高到了一个前所未有的高度，明确提出“公有制经济财产权不可侵犯，非公有制经济财产权同样不可侵犯”，这种政策和市场需求共振必将推动私人财富管理业务成为信托业务中的蓝海。

（五）抓住经济结构调整机遇，拓展新的优势产业领域

《决定》指出了产业升级手段和方向，并以市场为手段引导产业结构的升级调整。未来，大宗商品、资金等生产要素的价格将由市场决定，煤炭、电力价格的双轨制将终结，不同的市场主体将公平地享用生产要素的价格，从而打造公平的市场环境。部分传统行业中落后的重工业以及高耗能高污染的行业将需要付出较大的要素成本而被市场淘汰，新兴产业比如生态、环保、新能源、新技术、文化等领域则会得到政府更多的支持。这些产业的投资机遇，也为信托公司发挥自己的制度功能积极参与产业结构调整提供了的历史机遇，信托可以发挥与其他金融机构差异化的功能，运用方式灵活的优势，奠定新兴产业领域资管业务的比较优势。

（六）顺应多层次资本市场体系，搭建综合性金融服务平台

《决定》明确要健全多层次资本市场体系，推进股票发行注册制改革，多渠道推动股权融资，发展并规范债券市场，提高直接融资比重。未来股票发行将进行注册制改革，二级市场可能大幅扩容，这极有可能导致证券市场的两极分化，资本市场的变化要求以股票为投资标的的传统证券信托业务也需要因时而变，主要针对市场分化加剧、风险增大采取应对措施。未来债市将呈加速度发展，为投资者创设流动性和风险管理需求也将大大攀升。未来信托公司将更好的发挥其联通各个市场、融合各种资源的优势，将更多地定位于风险管理者，充分发挥资产隔离和市场整合作用，在产品中更多地引入风险管理工具，应用衍生品、结构化等手段进行风险

对冲，强化对风险管理的量化措施。

（七）国企改革带来新的业务机遇

从《决定》的表述看，依然强调了国有企业的主导地位，但国有企业的生态将会出现新的变化。一方面，是将建立一批国有资本运营基金；另一方面，是将放开竞争性行业，允许民营经济参与到国有企业之中。基于此，信托公司可以开展国有资本运营信托服务，将国有资产通过信托方式转移到非行政化的受托人名下，使国有资产有明确具体的、市场化的产权主体，从而最大限度地维护国家利益。混合所有制的发展中，信托公司可以接受委托，更可以积极参与国有资本投资管理和国企转制的过程，在企业托管、企业收购、基金代管、债务重组等领域寻求发展空间。

总的来说，十八届三中全会开启的新一轮改革将为信托公司提供极为广阔的空间与机遇。下一步，公司应当结合自身资源禀赋，确定相应的业务重点，抓住改革机遇，加快自身的转型发展。

建信信托有限责任公司

一、2013 年经营概况

2013 年，建信信托有限责任公司（以下简称公司）积极应对复杂多变的内外部经营形势，把握“稳中求进，加快发展”主基调，加快业务发展，调整结构，持续创新，积极构建多元化业务体系，公司自主管理和转型发展能力进一步增强，具有自身特色的盈利模式进一步清晰，实现了经营发展的主要预期目标。

2013 年，公司实现营业收入 11.45 亿元，实现利润总额 8.65 亿元、净利润 6.50 亿元。年末，公司净资产规模 63.88 亿元、信托资产规模 3 258.16 亿元。

（一）强化自主管理，提升信托业务经营能力

2013 年，公司顺应信托行业发展趋势，通过积极对接实体经济需求，以银行授信客户特别是“三大一高”客户为重点，持续优化结构，加强自主管理，提升项目运作效率，推动主动信托规模快速增长，自主管理能力持续提升。年末，主动管理类信托业务规模达到 881 亿元，较上年增加 479 亿元，增长率 119%；新设主动管理类规模 763 亿元，较上年新增 386 亿元。全年信托业务收入 7.49 亿元，占公司全部业务收入的 66%，较上年增长了 1.75%。

（二）拓展多元化渠道，市场营销能力持续提升

2013 年，公司在广州、成都、南京和西安先后派驻了信托业务团队，加强对上述地区的业务拓展，“立足北京、辐射全国”的市场拓展格局进一步打开。通过抢抓险资年金投资新政机遇，成功营销 30 多家保险机构及年金投管人参与认购天津滨海交通枢纽项目等 28 个信托产品，累计金额 267 亿元，市场份额领先同业；继续深化与民生银行、光大银行的合作，新开发招商银行、中国银行、农业银行等多家商业银行的销售渠道，基本形成了多家银行渠道共同推进公司产品销售的良好局面。此外，不断加大对高净值客户直销力度，逐步培育核心客户资源，对公司产品发行起到了有效补充作用。

（三）优化固有资产结构，增强资产管理能力

2013年，公司根据整体发展战略，进一步加大了固有业务资产配置调整力度，优化固有资产结构，兼顾当期收益与长远发展。在盘活低收益资产、提升流动资产配置效率的同时，稳健开展优质长期股权投资。一是积极落实集团综合化经营战略，经中国证监会批准同意，增资3.36亿元持有上海良茂期货公司77.07%的股权；二是作为战略投资者出资8 000万元成功参与设立陕西延长石油财务公司，完成了对厦门国际银行的投资入股工作；三是积极拓展新的业务模式和思路，与信达资产、深圳国资委合作设立并购基金，为下一步拓展并购业务奠定了基础。

（四）搭建全面风险管理体系，强化风险管理能力

2013年，公司在不断完善业务准入标准、细化风控措施、加强项目风险管理的同时，积极构建全面风险管理体系。通过引领全员参与、加强责任约束、完善内部制衡、强化整体管控，逐渐形成覆盖全员、全公司和主要风险类别的风险管理架构，有效地增强了风险管控效果。年末，公司业务整体经营稳健，不良资产余额为0万元，不良资产率为0。

（五）加强团队建设，逐步优化考核激励机制

2013年，公司不断加大人才引进力度，全年共引进高层次专业人员47人，硕士研究生及以上学历占77%；加强员工培训工作，全年组织各类培训17次，培训人员231人次；公司先后制定了《薪酬管理办法》、《员工岗位档位初始化实施细则》、《公司员工年度考核管理办法》等办法，进一步规范了薪酬管理及考核机制；调整和细化了绩效挂钩政策，强化对信托业务部门负责人考核，明确风险控制考核政策，促进了公司价值创造能力的提升。

二、创新业务案例

2013年，公司在业务创新方面继续深入探索，为转型发展和可持续增长创造有利条件。积极开拓资产证券化、企业年金、养老金等领域的业务合作与产品创新，推进与大型中央企业合作的产业基金项目，综合化、多元化的产品体系不断丰富。

案例如下：

产品名称：中铁建信产业投资基金集合资金信托计划（1号）。

信托类型：集合资金信托计划。

成立日期：2013年9月。

信托规模：18.5亿元。

信托期限：期限3年。

投资方向：本信托计划作为有限合伙人，与中铁建信（北京）投资基金管理有限公司共同设立合伙企业，通过合伙企业对外投资取得收益。

创新亮点：采用“有限合伙”模式，通过普通合伙人和有限合伙人的灵活股权安排，与大型企业集团实现良好对接。一方面，充分发挥大型企业集团品牌好、项目资源丰富以及管理团队成熟的优势；另一方面，充分利用信托公司资金募集能力和资产管理能力，实现优势互补，互利共赢。

三、社会责任履行情况

2013年，公司认真贯彻国家产业发展政策，充分利用信托功能优势，设计并推出多支信托产品支持保障房建设、中小企业发展、农村土地复垦、农业基础设施建设等，有效引导社会资金投向国家政策鼓励发展的领域，被合肥市人民政府授予“2012年度信托业优质服务奖”。

公司始终坚持依法合规、稳健经营，不断完善风险防控体系，严格履行信息披露职责，切实维护受益人利益。所有到期信托产品均实现了按期清算、足额兑付，全年共为受益人创造收益571002.95万元。

2013年，公司积极履行企业纳税义务，全年缴纳各类税款共计3.15亿元，被合肥市庐阳区委、区政府授予“庐阳区2012年度财力贡献突出企业”荣誉称号。

四、2014年发展规划

主要经营目标：信托资产规模行业排名力争领先；全年新设立主动管理类信托规模750亿元；实现营业收入14.40亿元，利润总额10.72亿元，净利润8.04亿元。

总体工作思路：坚持“一个核心、四项能力、五个意识”，坚持市场化改革方向，加快经营管理转型升级，加强内控建设，守牢风险底线，提升精细化管理水平，全面完成年度综合经营计划。

第一，着力提升业务发展质量，增强盈利能力。一是以收益为导向，着力提高整体信托报酬水平；二是持续优化固有资产配置，加强与信托业务联动，提升固有业务收入水平；三是加大重点产品创新研发力度，构建多元化产品结构，推进公司业务转型。

第二，狠抓项目营销和产品销售，大力推动业务发展。一是切实提高项目营销的质量和效率，彻底扭转优质客户贮备和优质资产营销不足的局面；二是进一步巩固扩大多元化产品销售渠道，力促审批通过项目有效落地；三是加强专业销售队伍建设，深挖销售资源。

第三，深入推进全面风险管理体系建设，守牢风险底线。坚持“风险内控管理与公司发展实际有效平衡”的总体原则，进一步推进全面风险管理体系建设。细化完善各类风险管理，建立健全风险评估与评价机制，定期对全面风险管理体系进行梳理，促进经营能力和风险管控能力同步提升。

第四，改进薪酬考核机制，加强人才队伍建设。改进完善薪酬管理和绩效考核政策，探索建立更加市场化的员工队伍管理机制，加大管理岗位人员的选拔和考核力度；进一步加强企业文化建设，推进公司企业文化呈现新的面貌。

陆家嘴国际信托有限公司

一、2013 年经营概况

2013 是陆家嘴国际信托有限公司（以下简称公司）复业以来第二个经营年度，面临的展业背景是我国经济处于增长速度换挡期、结构调整阵痛期、前期刺激政策消化期，机遇与挑战并存，动力与压力同在。公司在以开业首年取得良好开局的基础上，继续攻坚克难，奋发有为，经营业绩实现大幅增长，全面超额完成年度各项经营目标。

2013 年全年公司实现净利润 2. 70 亿元，完成年度指标 2. 17 亿元的 124. 25%，较上年 1. 22 亿元同比增长 121. 75%；实现信托业务收入 5. 03 亿元，完成年度指标 4. 2 亿元的 119. 73%，较上年 2. 65 亿元同比增长 89. 96%；截至 2013 年末，存续信托计划 169 个，存续信托规模 672. 56 亿元，完成年度指标 600 亿元的 112. 09%。

全年工作成效主要体现在以下四个方面。

（一）大力发展信托主业，提升业务拓展质量

在业务团队管理方面，公司积极实施业务部门集约化分类管理，突出各业务部自身专业特点，在保持组织机构的灵活性的同时充分提升了业务团队的专业化水平和经营效率。在信托业务结构方面，公司努力优化信托资产结构，有效提升了公司信托业务的整体质量。在业务模式创新上，公司把发展主动管理型现金管理产品作为公司重点创新业务进行培育，并专门成立了产品中心，创新驱动的理念扩展到公司业务发展的全过程中。在营销方面，公司参与发起设立陆家嘴财富管理有限公司，实现了营销渠道和方式上的进一步拓展。

（二）完善内控制度建设，强化风险管控能力

1. 进一步加强制度建设，完善业务流程。在公司已颁布 91 项规章制度的基础上，2013 年又制定了 42 项制度（同时废止了 7 项），主要包括《重大事项决策委员会工作规则》、《资产风险分类管理办法》、《财务审查委员会议事规则》等。为规范业务开展，公司还建立了业务类合同

参考文本库，制定了主动管理类现金产品、房地产投资类、担保公司合作类等业务操作指引，发布了项目尽调清单及模板、压力测试模板等，优化了用印审批、信息披露等流程，建立了项目兑付、还本付息、交易账户管理、场内外交易等10个管理台账，从流程上提升信托存续期间管理操作的规范性和适用性。

2. 严守风险底线，强化风控措施。根据公司评审会工作规则和业务审批权限，对固有、信托业务评审会的召开方式、评审委员及授权审批进一步作出明确规定，进一步提高评审效率与质量。针对行业内相继发生的风险事件，公司强调绩效第一，风控优先的理念，进行了房地产项目、政信项目、营销管理、保证资产、资料归档等专项检查，按月度和季度开展非现场检查，开展项目实地走访检查，努力做到尽早识别风险、控制风险、化解风险。在自查的基础上，公司还接受了青岛银监局审慎性监管两次现场检查、人民银行青岛市中心支行人行重大事项和金融稳定稳健性两次现场检查。公司以外部检查为契机，不断完善内控措施，有效防范和控制业务风险。

（三）完善财务职能建设，提升信息保障能力

2013年公司进一步完善财务制度体系建设，颁布《会计核算基本制度》、《金融工具会计制度（试行）》等基本制度，起草《公司运营成本管理办法（讨论稿）》。实现了OA系统财务预算管理功能，有效提升预算事中控制自动化。在信息系统建设方面，公司颁布了包括网站管理、计算机安全、系统权限、数据管理等在内的一系列规章制度，基本涵盖了信息化建设和日常维护的重要环节。编制《信息系统应急手册》，加强风险防范意识，提高应急水平。下半年重点完成了异地灾备建设，信息数据中心将与灾备中心实现相互备份，进一步提升公司的安全抗灾能级，确保公司各项业务持续稳定运营。

（四）提升公司品牌形象，激发企业经营活力

2013年，公司与权威媒体建立了良好互动关系，分别在《上海证券报》、《青岛日报》刊登年报点评及访谈稿件；在《青岛日报》刊登公司周年志庆暨招聘启事，宣传“笃行，由一季谋百年；精进，积小胜至大成”的信念；获得《青岛日报》“2013年度青岛最佳财富管理中心”称号，取得了良好的社会反响。

公司继续强化人事管理的规范性和有效性。2013年，公司员工人数由年初104人增至151人，具有信托从业经历的员工占比58%，进一步优化了员工结构，建立起专业人员梯队。

二、社会责任履行情况

2013年，公司始终积极追求企业与员工、社会、自然的和谐发展，努力履行企业社会责任，

维护国家金融稳定、服务实体经济、参与公益事业，努力实现企业自身与社会发展的良性循环。

年内，公司制定了《陆家嘴国际信托有限公司履行企业社会责任准则》，界定和规范了公司及公司员工对国家和社会的和谐发展、公共利益实现、自然环境保护和资源科学利用，以及政府、委托人、受益人、股东、员工、客户、同行等利益相关方所应承担的责任。

在信托主业方面，公司根据国家政策导向，积极关注“三农”、保障性住房领域，有针对性地发行了多项相关信托计划，取得了良好的效果。在服务中小企业方面，公司持续研究中小企业融资需求，不断地推出新的信托合作模式，通过应收账款收益权投资、股权投资及债权投资多种模式，在2013年发行了80多款（期）信托计划，总金额超过220亿元，为69家中小企业提供了融资服务，为中小企业经营发展及促进当地的就业都起到了明显的助力作用。

此外，为贯彻实施国务院《国家环境保护“十二五”规划》主要精神，公司积极寻找环境保护相关行业的投资项目，努力开展对污水处理、大气治污、固废处理等行业进行研究，2013年成功发行9.96亿元环境保护行业相关的资金信托，取得了良好的社会效益。

在公益捐助方面，2013年4月，四川雅安发生强烈地震，公司积极响应信托业协会发起的《支援四川省雅安市抗震救灾活动倡议书》，及时向灾区人民捐款30万元，展示了公司的良好企业责任和形象。

三、2014年发展规划

2014年，公司将认真分析国内外经济形势变化对公司转型发展的新要求，以产品、业务“双轮驱动”提升发展能级，加强对改革转型的应变能力，提升对产业调整的风控能力，强化对政策调整的适应能力，培育对业态演变的创新能力，实现公司跨越式发展，做市场认同的受托人。

公司将重点做好以下五个方面的工作：

一是发挥机制保障作用，提升业务发展能级。公司将新设信托业务管理部，积极发挥服务性和驱动性的作用。将完善分类管理机制，布局关键区域。将进一步充实业务团队，鼓励业务团队实现专业化、集约化发展。

二是切实落实双轮驱动，形成业务专属区域。在非资本市场业务方面，积极创新业务模式，形成公司整体的特色业务。在资本市场业务方面，完成主流证券信托产品模式的研发工作，适时进行主动管理TOT基金产品研发工作。在创新业务方面，打造资金平台，做大现金管理产品。构建多层次的资金来源，建立金融机构销售能力的共享平台，实现销售突破。

三是优化配置自有资金，追求稳健持续增长。固有业务总体工作目标是协同支持信托主业，培育主动管理能力，在适度风险下追求稳健、可持续的投资收益。

四是完善合规风控体系，强化项目存续管理。根据公司战略及经营发展需要，公司将进一步细化授权体系，完善各类业务指引、规章制度。公司还将探索“大运营”管理的机制，实现项目发起与存续管理的相互分离，提高服务和支持力度。

五是完善服务保障功能，提升管理协同水平。公司将继续完善财务管理制度建设，信息系统建设，并着力加强企业文化建设，努力夯实公司的管理基础。

陕西省国际信托股份有限公司

一、2013 年经营情况

2013 年，陕西省国际信托股份有限公司（以下简称公司）上下紧紧围绕年度目标任务，积极应对经济下行和行业发展环境变化带来的诸多经营压力，克难攻坚，深化改革，强化经营，取得了较好的发展绩效。全年实现营业收入 8. 33 亿元，比上年增长 44. 5%；实现利润总额 4. 18 亿元，比上年增长 20. 23%；实现净利润 3. 13 亿元，比上年增长 20. 12%；新增信托项目 99 个，合计规模 276 亿元。截至 12 月底，公司存续信托规模 896 亿元。新增省内投融资 169. 84 亿元，超额完成了省政府下达的 150 亿元目标任务。

（一）应对挑战，推动发展，稳住持续增长势头

2013 年，经济下行压力加大，信托公司业务空间受到券商、基金子公司挤压，加之实体经济运行困难使得信托公司的项目风险也开始显现。面对诸多挑战，公司在 5 月下旬和 7 月初连续组织召开两次经营形势分析会，在认真研判发展形势的基础上，积极调整展业策略，加大与金融同业的合作力度，强化风险防控措施，组织高管人员深入业务一线带动工作，经过上半年的调整后，第三季度逐渐走上快速发展轨道，下半年新增信托规模 168 亿元，比上半年增长 55. 6%，公司业务发展继续向好。2012 年为裕丰项目计提 1. 5 亿元的风险减值准备金后，实现利润总额 4. 18 亿元，若无此项计提，则利润总额同比增长 63. 2%。

（二）多措并举，较好地保持了信托业务持续发展态势

公司 2013 年末的存续信托规模比年初下降 110 亿元，如果剔除证券投资信托业务中 270 亿元债券类业务到期因素，其他类业务规模相比年初净增加近 50 多亿元。全年新增的 99 个信托项目中，单一类规模 204 亿元，集合类规模 72 亿元，集合类占比 26. 1%，相比上年提高 16%；存续的 896 亿元中，单一类 721 亿元，集合类 175 亿元，集合类业务占比 19. 5%，相比上年提高 2. 7%。为此，公司采取了一系列措施：一是充分调动积极性，引导各部门竞相发力，促使经营

效益稳步提升。证券信托业务总部连续两年收入过亿，投资银行部跨入亿元部门行列。二是有序推进全国布局，新设异地部门稳步发展。三是积极拓展金融同业合作渠道，及时调整净资本管理策略，以单一信托为重点促进规模增长。四是积极回馈受益人，公司理财产品品牌价值逐步彰显。2013 年，全年到期清算集合资金信托项目 130 个，信托规模 245 亿元，到期清算项目全部实现了预期收益，并顺利兑付，全年累计向受益人支付信托收益 58.1 亿元，有效增加了广大信托投资客户的财产性收入。尤其是通过自有资金受让信托受益权方式解决了裕丰项目的兑付问题，切实履行了信托责任、社会责任。

（三）多元运作自有资金，努力实现综合效益

采取多种措施强化了自有资金运作。一是重点围绕西咸新区、高新区、阎良航空高技术产业基地等开展融资业务，总体收益较好；二是着眼于战略规划落地和业务结构调整，积极调研、捕捉金融股权投资，上市公司定向增发等投资机会，为下一步实际运作奠定了基础；三是对可交易性金融资产进行了运作，取得了 7 200 多万元的良好收益；四是加大了自营证券的运作力度，年内实现了 20% 的收益率；五是统筹运用资金，在解决裕丰项目问题后，对用于保证流动性的资金开展了银行理财等操作，提高了资金效益。经过努力，全年自有资金实现收入近 2.7 亿元，比上年增长 42%，有效支撑了公司业绩。

（四）紧贴“三个陕西”建设拓展业务，服务省内经济建设的能力进一步提升

认真贯彻落实省委、省政府“稳增长”和“三个陕西”建设的战略部署，紧贴省内经济热点拓展信托和自有资金投融资业务。一是紧紧围绕省内重点企业和重点项目拓展业务。通过信托贷款、股权投资等形式先后投放资金 80 多亿元。二是多种方式服务西咸新区建设。全年累计为西咸新区提供建设资金近 10 亿元。三是持续支持陕北能源化工产业发展。先后为能源企业和能源化工升级项目提供投融资服务 10 亿元。四是全力为旅游文化产业和民生工程提供投融资服务。向文化旅游产业提供资金 22 亿元；向旧城区改造、保障房建设等提供资金近 5 亿元。五是持续为基础设施建设提供投融资服务 10 多亿元。六是创新性地开发小微企业发展基金，与长安银行合作，推出了“陕国投·塞上明珠小微企业发展基金”，引导社会资金扶持榆林地区发展。

（五）以深化改革为着力点，进一步优化了机构设置和人力资源配置

2013 年 3 月，公司启动了新一轮深化改革工作。一是通过充实中台，优化一线业务力量等举措，有效强化了风险管理的薄弱环节。二是在继续推行全员竞争上岗的同时，适度加大组织统筹协调力度，均衡配置，避免强强结合、弱弱结合，有效增强了部门整体实力。三是加大年轻干部选拔力度，大胆选拔了一批政治素质高、业务能力强的管理干部，较好地解决了一线骨

干力量短缺的问题，人才梯队建设趋于合理。四是获批设立博士后科研工作站，以求创设引领人才创新、业务创新的新机制。

（六）深入总结反思，强化风险管控，确保公司稳定发展

裕丰项目风险暴露后，一方面，公司启动应急预案，创造有利条件采取了司法查封、资产保全措施。与此同时，为维护公司信誉等，公司以自有资金受让信托受益权方式解决了信托兑付问题，维护了金融社会稳定和公司声誉，确保了信托主业的持续发展。另一方面，公司深刻汲取教训、举一反三，结合改革等强化了管理的薄弱环节：一是增强了全员的风险意识；二是落实责任，适时问责；三是增设了业务管理部，强化了放贷审核、抵（质）押监督和项目的贷后跟踪管理；四是优化了公司业务流程和项目评审决策制度，完善了项目评审标准等；五是加强了对重点项目的贷后核查、审计和风险排查，做到了贷后管理督导的常态化。

二、创新业务案例

公司积极推动服务省内经济投融资形式及信托业务模式的创新，主要的创新有以下几个方面。

一是开发了伞形结构化信托基金的创新模式，推出“陕国投·塞上明珠小微企业发展基金”，引导社会资金扶持榆林地区发展。目前发行了第 1 期，规模 2 亿元，为榆林神木地区近 60 户小微企业提供了资金支持，缓释了区域金融市场动荡后榆林神木地区民营小微企业的融资困难，一定程度上促进了该地区金融生态环境的改善。

二是创新性地开发了夹层信托，通过多层次的结构化分级信托设计参与定向增发，引入优先 B 类受益权（B 类信托受益权），从而放大了劣后委托人（C 类）的资金杠杆比例，满足了优先委托人（A 类）等各方资金杠杆比例的市场要求。目前，公司已开始运作的夹层信托有盛唐 17 号、开元 2 号两个信托项目，总规模 2 亿元，均为参与证券市场定向增发项目。

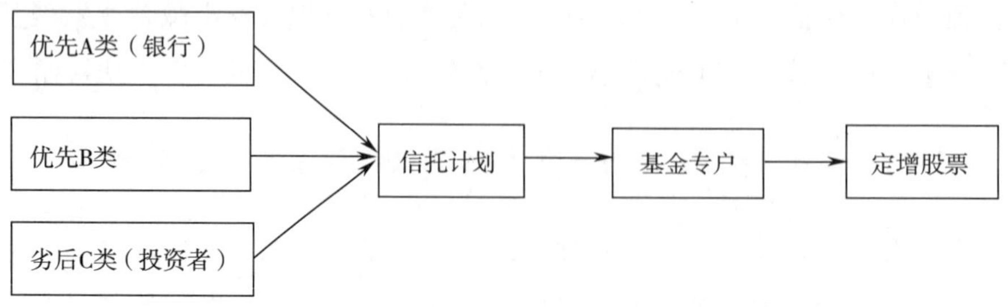

三、社会责任履行情况

（一）公司治理

1. 完善公司治理架构。2013 年，公司完成了第六届董事会换届选举工作，践行独立董事提名和选聘机制，完成了董事会选聘高级管理层工作，公司治理架构进一步调整和优化，董事会在公司治理中的核心作用得到充分发挥。目前，公司第七届董事会由 6 名董事组成，其中 3 名独立董事；董事会下设战略发展委员会、薪酬与考核委员会、风险管理与审计委员会、信托委员会、提名委员会五个委员会。监事会现有监事 3 名，其中外部监事 2 名，职工监事 1 名。

公司“三会一层”运作规范，决策边界和程序明晰，各司其职，保持相互之间的独立、制衡和协调，从制度上、程序上和操作上有效保障了公司治理的合法合规和高效运行。董事会、监事会及各专门委员会各司其职，勤勉尽责，科学决策，报告期内共召开股东大会 1 次，临时股东大会 2 次，董事会会议 6 次，监事会会议 5 次，审议议案内容涵盖战略发展、资本规划与管理、全面风险管理、年度经营情况与财务报告、内部控制与外部审计、高管薪酬与激励、关联交易管理等一系列对公司持续经营发展具有重要意义的事项。

2. 提升投资者关系。公司坚持以投资者为中心，以积极、主动、开放的态度开展投资者关系沟通活动；通过召开业绩说明会、接待股东来访、走访机构投资者、接听投资者、分析师咨询电话、处理投资者网上留言和电邮咨询等多种形式向投资者及时、全面、客观地传递公司战略、经营业绩、业务亮点及投资价值，进一步提升公司透明度、改善投资者体验、提高投资者信息满意度。

3. 切实履行信息披露义务。公司严格按照《上市公司治理准则》、《上市公司信息披露管理办法》等规定对外进行信息披露；同时，根据公开、公平、公正原则，不断完善公司信息披露内部控制制度，提高信息披露标准和质量，增强公司治理和经营管理的透明度。2013 年，公司完成定期报告和临时公告披露共 61 次，定期报告 4 份，较好地履行了上市公司信息披露义务。报告期内未发生一起因疏忽或数据有误造成的更正公告，为投资者全面了解公司经营状况，正确引导社会舆论和投资者的投资行为，防范和化解声誉风险创造了良好条件。

（二）全面风险管理

公司高度重视风险管理，坚持全面、审慎、及时、独立的风险管理原则，结合实际制定风险管理政策，力求覆盖公司各项业务、各个部门和员工，并将风险管理的精神贯穿到决策、执行、监督、反馈等各个环节，不断健全事前防范、事中控制、事后监督的运行机制，确保公司持续、稳健、规范、健康发展。

（三）加强内部审计

2013 年，公司内部审计工作坚持“风险导向审计”理念，继续实施审计关口前移，加大事中审计力度，突出重点，将主要审计资源用在项目运作风险防范的督促检查上，力求以审计防风险、强管理、出效益、促发展。

2013 年公司主要审计事项：就公司风险排查中关注类的 18 个项目所提出的风险防范措施落实情况进行了专项审计；对大连业务部、深圳业务一部、重庆业务部三个异地部门业务管理情况审计；对 33 个期限届满信托项目提前 3 个月清算事宜安排情况进行了专项审计；对公司 2012 年第四季度，2013 年度第一季度、第二季度和第三季度募集资金存放与使用情况进行了专项审计，审计报告提出审计问题及建议 81 条，对提高管理水平起到了积极作用。

（四）防范金融犯罪

公司积极贯彻国家金融政策，切实防范各类金融犯罪，保障国家利益、社会公共秩序和受益人合法权益。

1. 通过严格执行制度流程、业务规范流程，强化监督制约机制，提升员工对金融犯罪防范程序的理解，保证决策科学规范、业务开展依法合规，资金流向体现效益性、安全性原则，降低发生金融犯罪的可能性，确保各项工作合法有序开展。

2. 公司坚持履行反洗钱义务，努力提高反洗钱工作水平，积极践行社会责任。2013 年，公司进一步加强反洗钱内控制度建设，及时修订反洗钱相关制度，认真组织反洗钱工作；严格执行客户身份识别及交易记录留存制度，严格执行大额和可疑交易报告制度，按时报送报告、报表；积极开展反洗钱宣传、培训活动，反洗钱工作取得良好效果。

2013 年 9 月 21 日至 9 月 30 日，公司开展了“反洗钱宣传周”活动，通过室外广告、网站专栏、办公系统滚屏等多种方式加强反洗钱宣传；向社会公众发放反洗钱宣传材料 500 余份，调查问卷 200 余份，收回有效问卷 149 份；9 月 28 日在西安市高新区金桥国际广场设立宣传点，摆放宣传咨询台、宣传展板，接受群众现场咨询。通过活动开展，有效帮助群众提高了对洗钱危害的认识和自觉参与反洗钱工作的意识，营造了社会公众参与反洗钱工作的良好氛围。

3. 开展廉洁从业教育。2013 年，公司以党的群众路线教育实践活动为契机强化作风建设，开展了多种形式的廉洁从业宣传和教育活动。通过党委中心组专题学习、开办讲座等形式，学习《国有企业领导人员廉洁从业若干规定》以及党委关于廉洁自律的有关要求，提高领导人员的廉洁自律意识；与全体员工签署《廉洁从业承诺书》，开展员工职业操守的教育，促使员工依法合规、遵章守纪；通过开展反腐倡廉宣传教育月活动、安装廉政网络专线电视、网站“反腐倡廉宣传教育月活动专栏"，营造反腐倡廉、合规经营的氛围；组织员工参加廉政书画摄影展、"国企清风"演讲比赛等，进一步强化了全体员工的廉洁从业意识，公司连续多年保持违法案件零案发率。

（五）履行经济责任

1. 支持地方经济建设。公司立足陕西，充分发挥信托功能优势，紧贴省内经济热点拓展信托和自有资金投融资业务，2013 年累计为省内经济建设提供投融资服务 169.84 亿元。通过信托贷款、股权投资等形式先后为省煤业化工集团、有色集团、地矿集团等省内重点企业和重点项目提供资金 78 亿元；在前期投融资 20 多亿元的基础上，2013 年 7 月，公司与西咸新区管委会签署了《重点项目融资银企合作战略协议》，全力支持西咸新区基础设施、旧城拆迁、民生工程、重点产业和园区建设，采取股权投资、收益权转让等模式，全年累计为西咸新区提供建设资金近 10 亿元。先后为西安基投集团、榆林城投、浐灞生态区管委会等一批基础设施建设主体和项目提供投融资服务 10 多亿元。

公司发行西安高新草堂发展项目贷款单一资金信托，为三星电子园区建设服务主体草堂科技产业基地公司提供资金 3 亿元，有力地支持了园区配套基础设施建设，有利于推进该战略性高新科技产业项目早日落地西安，推动陕西经济结构调整和产业发展。

2. 支持产业优化升级。公司关注矿产能源行业资源整合及产业升级，在矿产能源产业整合与发展中寻找并扶持优秀企业做大、做强，为矿产能源企业提供融资服务。近年来，公司持续支持陕北能源化工产业发展，积极推动陕北煤炭能源产业结构调整，2013 年，在严控信贷风险的前提下，先后为华富新能源、陕西恒源煤电、神木电石集团和榆神工业园区管委会等能源企业和能源化工升级项目提供投融资服务 10 亿元。

3. 支持文化产业发展。公司积极响应国家文化产业政策，在保证信托资金安全和投资人利益最大化的基础上，全力为旅游文化产业和重点项目提供投融资服务。先后向大明宫遗址保护区、大唐西市置业、太白山集团、汉中文化旅游集团等文化旅游产业提供资金 22 亿元，项目涉及文化生态广场、景区建设以及索道、旅游公路等景区配套设施建设等，有力地促进了秦岭北麓文化旅游休闲产业带的发展。

公司募集信托资金 5 亿元支持大唐西市项目的开发建设，该项目是全国唯一在原址上重建，以盛唐文化、丝路文化为主题的国际商旅文化产业项目，对于保护开发历史资源、打造特色旅游经济、促进西安历史文化资源优势转化为社会经济发展优势具有重要意义。

4. 支持保障性住房建设。公司利用投融资优势，组织社会资金投入保障性住房建设，推进和谐社会建设。2013 年，持续为省内廉租房、公租房、经济适用房、棚户区（城中村）改造等保障性住房项目的建设提供融资服务，向旧城区改造、保障房建设等提供资金近 5 亿元。

陕国投·玉龙公司私人股权投资单一资金信托项目募集信托资金5亿元，为西安航天城夏殿村城中村改造项目拆迁安置补偿、一级土地开发整理、基础设施建设等提供融资支持，为改善航天基地辖区内城中村村民生存现状，提高村民幸福指数，解决阻碍城中村长期发展所面临的问题，实现城乡统筹发展起到了积极作用。

5. 助力小微企业发展。2013年，公司继续加大对小微企业的支持力度，为小微企业的发展提供长期、稳定的资金支持。针对小微企业特点和融资需求设计信托产品，以创新的信托经营模式、灵活的产品设计及严密的风险控制措施，多渠道、多方式地满足小微企业融资需求，有效地解决了小微企业融资难问题。

公司开发了伞形结构化信托基金的创新模式，推出“陕国投·塞上明珠小微企业发展基金”，引导社会资金扶持榆林地区发展。目前发行了第1期，规模2亿元，为榆林神木地区近60户小微企业提供了资金支持，缓释了区域金融市场动荡后榆林神木地区民营小微企业的融资困难，一定程度上促进了该地区金融生态环境的改善。

6. 积极回馈股东。公司大力强化经营管理，确保公司稳健发展，努力创造财富，积极回馈股东。为了更好地回馈股东和广大股民，2013年5月，公司董事会进行了10送1转10的高送转，同时10股派0.35的现金分红。高送转后公司注册资本增加到12.15亿元，业务空间和业务领域大幅拓宽，资本实力和抗风险能力显著提升，公司的基本面发生了根本改变。

（六）保障客户利益

1. 维护客户财产安全。公司在建立和完善内部风险管理体系和控制体系的基础上，不断提升服务水平，维护客户权益，保障金融安全。

一是加强信托产品销售行为监管，确保合法合规地开展产品推介，在产品推介过程中，向委托人充分揭示风险，确保投资人在全面准确了解项目风险的基础上，作出投资决策。

二是对投资人进行细分，确保投资人具备与项目风险相匹配的承受能力。

三是严格遵守受益人利益最大化原则，以受益人利益为根本出发点，尽职尽责管理好信托财产。

四是在信托计划执行过程中遇到涉及投资资金安全等事项及时向投资者予以沟通。

2. 提升客户服务品质。公司扎实推进服务体系建设，完善配套机制，扩大服务涵盖范围、优化服务环境，持续提升服务品质，不断创新金融产品，满足客户不断变化的需求。

（1）个性化综合金融服务。公司充分利用信托制度的优势，创新投资品种，探索财富管理领域，根据投资者财富增值的实际需求和偏好，为投资者量身打造全面、专业的资产配置规划，为其提供个性化的综合金融和增值服务方案。

（2）提升服务能力。为更好满足客户的金融服务需求，除为客户提供接待、日常咨询、寄送对账单及相关资料等服务外，不断加强客户管理系统建设，开通了“400”电话专线，开设销售预约功能，并按照上市公司管理有关规定，通过报刊、网站等渠道向客户及时披露公司经营状况、信托资产管理状况等信息。

（3）加强服务管理。强化服务监督管理和员工服务培训，大力培育优质服务文化，坚决杜绝欺诈客户、索要钱财等违法违规行为，建立了独立的客户投诉问题分析和处理机制，及时、高效地处理客户投诉，保障客户权益，提升服务品质。

（4）开展投资者教育。为普及信托知识，帮助投资者正确认知信托、了解风险并进行理性投资，培育良好的投资环境，公司通过金融知识宣传、银行业公众教育服务、VIP 客户做信托投资分析研讨等多种形式开展投资者教育活动，帮助社会公众了解信托业发展状况、信托制度与功能、合格投资者概念、信托投资风险等，搭建信托公司和投资者良好的互动交流平台，推进健康的投资环境的创建。

3. 实现客户增收。2013 年，公司积极履行受托人责任，为广大受益人创造了理想收益。全年到期清算集合资金信托项目 130 个，信托规模 245 亿元，到期清算项目全部实现了预期收益，并顺利兑付，全年累计向受益人支付信托收益 58. 1 亿元，有效增加了广大信托投资客户的财产性收入。

（七）公益回馈社会

公司与社会分享发展成果，致力于扶贫济困、回报社会，用爱构筑温馨和谐的社会大家庭。

1. 积极参加省上组织的“结对帮扶、传递爱心”活动。多年来，公司持续开展扶贫帮困活动，先后帮助永寿县、华阴市、渭南市多个定点扶贫村，研究制订致富及新农村建设规划，捐款用于饮水工程、公路、学校设施等建设，组织员工为困难户募捐钱款、衣物、书本等，定期看望慰问困难群众。2013 年在完成省上下达第二批扶贫帮困任务后，公司又开始了第三批扶贫帮困工作，公司积极帮助村上制定脱贫致富规划，实施乡村道路改造工程。

2. 组织员工进行爱心捐款，帮助灾区重建。在自然灾害侵袭时，公司迅速行动，积极组织员工捐款献爱心，帮助恢复重建，在延安遭受暴雨灾害时，公司及时组织了向延安灾区募捐活动，172 位员工共捐款 5. 3 万多元，积极支持延安老区的灾后重建。

3. 积极参加社区活动。公司积极组织并参与社区活动，与业界及不同社团保持良好沟通，充分发挥公司内部政协委员的作用，多渠道主动收集地方政府和社区意见，实现企业与社会的和谐互动。

2013 年，公司积极开展扶贫工作，先后 6 次赴对口扶贫单位澄城县赵庄镇高塬村实地调研、捐赠和慰问。公司主要领导多次到村上考察，帮助落实扶贫项目指标，确保扶贫工作落到实处。春节前，公司党委领导代表公司走访了该村 20 多个困难村户，送去节日祝福、慰问品和慰问金等。此外，公司组织员工积极开展“关爱工程进校园，我为孩子捐本书”活动，使该村 122 名中小学生用上了崭新的书籍、书包和文具；为解决交通基础设施发展滞后问题，公司筹资 30 多万元支持该村巷道建设。公司的扶贫工作得到村民一致好评，该村干部、群众送来锦旗，对公司为村民做实事、做好事表示感谢。

（八）关爱员工发展

员工是企业发展的基石，公司始终坚持以人为本，把人才战略作为企业发展的重点，充分保障员工的利益，尊重员工的价值，重视人才培养，为广大员工提供舒心稳定的工作环境，实现员工与企业的共同成长。截至 2013 年末，公司从业人员 216 人。

1. 不断完善薪酬福利机制。公司严格执行国家有关规定，实现了劳动合同、社会保障的 100% 覆盖，同时建立补充保险，健全企业年金方案，提高保障水平；公司建立了符合岗位工作需求、明确岗位工作标准和突出岗位工作业绩的员工基本工资制度和绩效考核制度，有效激发了员工工作积极性。

2. 保障员工民主权利。不断强化工会制度，开展司务公开，充分发挥工会参与公司管理的民主决策、民主管理、民主监督等职能作用。同时，通过开展座谈会、网络调查等形式，积极听取并实现员工诉求，解决员工实际困难。

3. 建立健全人才培养体系。公司持续优化员工培训，为员工提供成长发展的平台。2013 年，公司适时启动了新一轮深化改革工作，继续推行全员竞争上岗，加大年轻干部选拔力度，进一步畅通了员工成长渠道；制订人才培养计划，按比例提取员工教育经费，加强对公司现有人才的专业知识和技能培训，提高全体员工的开拓创新和业务拓展能力；组织了形式多样的培训，如员工岗前培训、反洗钱专员内部专题培训和法律法规专题培训等，并在公司 OA 系统中开设在线培训平台；支持员工参加业余进修培训，选派部分董事、监事、高管和员工参加与公司业务有关的各种培训班，不断提高员工整体素质；获批设立博士后科研工作站，以求创设引领人才创新、业务创新的新机制。

4. 关心员工生活。公司关心员工生活，及时了解并帮助解决生活困难，建立了困难职工档案，通过发放生活补助、节庆日送温暖等活动，促进企业向心力和凝聚力的提升，激发员工工作热情；重视丰富员工的精神世界，开展了内容丰富的文体活动凝聚员工精神力量，组建了羽毛球队、登山、声乐、舞蹈、朗诵等兴趣小组，组织参加了省国资系统书画大赛、陕西上市公司第四届羽毛球赛，举办了与中国进出口银行陕西省分行第一届贺岁杯羽毛球友谊赛、庆祝公司上市 20 周年“财富杯”羽毛球赛、2013 年新入职员工联欢晚会等活动；以建党 92 周年为契机，组织员工开展了参观延安革命纪念馆和枣园革命遗址，观看《延安颂》等一系列主题活动；关爱女职工，开展了以“爱护环境、关爱健康”为主题的三八妇女节户外登山活动，并积极组织参加省金融工会巾帼建功等活动；重视员工健康与安全保障，推行员工体检常态化，提倡科学的生活方式，长期为员工租赁羽毛球活动场地。

（九）促进环境保护践行绿色信托

公司积极践行环保理念，倡导绿色可持续发展，尽可能降低自身运营对环境影响，推动资源节约型、环境友好型社会建设；探索绿色金融服务模式，引导资源的优化配置。

1. 节能环保责任。公司倡导绿色环保的经营方式和工作方式，号召全体员工将节能环保理念融入工作、生活的每一个细节，从而打造低碳金融机构，培育绿色文化。绿色办公方面：实现无纸化办公，配备使用无纸化传真系统、办公 OA 系统等电子化网络化运营模式，推进节约型社会建设。能耗管理方面：进行节能灯管改造、控制办公区域照明时间、设置空调运行温度限制等措施加强用电、节电管理；开展水、电、汽油消耗量定期统计工作；使用电话、邮件、视频会议系统等沟通方式，减少商务差旅。

2. 绿色金融责任。公司积极发挥功能优势，探索节能减排、循环经济、产能升级、清洁能源等绿色金融服务模式，引导社会资源支持低碳经济和绿色经济发展；在拓展业务过程中，积极贯彻国家环保政策导向，重点围绕低碳经济等重点项目提供投融资服务，严格控制“两高一剩”行业的资金投放。

四、2014 年发展规划

（一）总体要求和奋斗目标

全面深入贯彻党的十八大、十八届三中全会、中央经济工作会议精神，以省委、省政府“稳中有为，提质增效”战略为指导，以全面深化改革为统领，坚持“转型升级、稳中求进”的主基调，牢牢把握抓改革、抓市场、抓风控、抓落实主线，以稳健运营、持续发展为基础，加快推进体制机制创新，加快推进人才队伍建设，加快推进业务转型升级，持续提升项目开发与管理能力、提升整体发展质量、提升经济效益，努力实现公司的持续健康发展，做强做优上市信托品牌。简称“一个基调、一条主线、一个基础、三个加快、三个提升”。

（二）主要工作措施

1. 大力拓展市场，积极创新主业，转型升级提质效。一是在继续做好传统信托投融资业务的基础上，探索转型之路。继续深耕针对基础设施、房地产、政府融资平台、工商企业等的投资、贷款、融资租赁等业务，把“一二线”城市、省市级平台、实力型企业等作为重点区域和方向，密切关注服务业、为消费服务的基础设施、现代制造业、一二线城市房地产。大力强化与银行、保险公司、证券公司、基金公司等金融同业在总部层面的合作，在深度合作中实现传统信托主业的突破性发展。此外，继续发挥公司在证券投资信托业务领域的品牌服务优势，通过夹层信托等创新方式谋转型，促进该业务在行业内继续保持影响力。二是因应政策和市场变化，潜心开发符合政策导向、具有信托本源属性的自主管理型创新业务。以强烈的改革创新意识和强有力的机制保障，推动资产证券化、现金管理、土地流转信托、公益信托、消费信托、家族信托、并购基金等创新业务实现零的突破，有效增强公司的创新能力，为公司升级发展奠定基础。三是实施积极的跟随策略，加强行业跟踪研究，积极探索更多的“蓝海”业务。

2. 长中短相结合，用好自有资金，调优结构创效益。自有资金运作的重点在于，统筹规划资金、积极盘活存量、扩展运作方式、强化资产配置、优化业务结构、保适当流动性。一是要保持贷款的合理比重，确保当期效益。二是抢抓资本市场机遇，一方面，积极参与优质的定向增发等项目，为明年业绩布局；另一方面，运作好自营证券和长期证券投资业务，在结构行情中博取较高收益。三是从战略层面考虑金融股权、PE 子公司等的投资问题。四是根据公司实际，在保证流动性的前提下，强化短期资金的统筹运作。从而构建起层次丰富、结构合理的自有资金运作体系。

3. 坚持差别定位，紧盯陕西经济，围绕省内强服务。从年初开始即把省内投融资任务作为重点之一，积极破局。一是重点盯紧重点区域、重点企业、重点项目做工作。以丝绸之路经济带新起点、西咸新区、省属国有企业等为重点对象。二是把握城镇化等机遇，重点拓展基础设施、房地产、新能源、小微企业等信托业务。三是在资产证券化、科技成果引导转化、公益信托等方面做新文章、大文章。

4. 优化风控机制，强效管理风险，严守底线抓稳健。2013 年风险管理的重点：一是进一步加强风控文化建设，使风险控制人人有责、人人有份，进一步完善风险保证金共济共担机制；二是进一步严格落实风险责任制；三是结合风险项目排查、内控审计、财务审计等全面梳理风险点，举一反三，提出强化管理的具体措施并有效落实；四是新设资产管理部，专门负责处理风险项目，以使公司集中主要精力抓业务拓展；五是将考核与问责相结合，对处置风险资产有功人员给予多方面奖励。

5. 着力提升品牌，强化营销能力，打破瓶颈促主业。全面推行营销体制机制改革，一是实施公司整体品牌营销战略，使公司信托理财品牌进一步深入人心；二是对财富管理体制进行改革创新，在西安增设一个财富管理中心，根据情况在外地设立分中心，在业务部门试点营销岗或营销分部；三是全面试行费用包干的营销人员薪酬与考核市场化制度，激励营销人员深入市场开发客户；四是积极利用信息技术和微信等新媒体开展产品推介等，探索互联网金融与信托营销对接融合的有效方式；五是统筹做好宣传、客户维护等工作，组织开展多种形式的客户理财沙龙、联谊、业务研讨、论坛、公益捐赠等活动，树立公司在高端客户中的全新形象，更好地打响公司信托理财品牌。

6. 深化改革创新，持续提高效能，强化管理提素质。围绕转型实施内部管理的升级。一是大力实施人才强企战略，有效做好新一轮专业骨干人才招聘工作，积极延揽高素质的业务骨干，有效充实前中后台力量。同时，对现有人员进行适当的优化组合和调整。二是适度稳妥地扩充业务部门，增加新的利润生成点。三是进一步优化经营层和部门两个层面的薪酬与考核机制，突出挂钩联动和长效机制，在激励中强化约束，不断提升发展活力。四是以新设立博士后工作站为载体，有效整合研究力量，引领和支持业务创新等。五是推进资产证券化业务等资格组织申报工作。六是进一步实施流程再造，提升整体的运营效率和效能。七是打造“信息化陕国投”，有效引领、支撑和助推业务发展、效益提升。

上海爱建信托有限责任公司

一、2013 年经营概况

2013 年是上海爱建信托有限责任公司（以下简称公司）重新登记后的第一个完整年度，公司围绕“强管理、增效益、促发展”的指导思想，积极应对资管行业格局变化和资金市场大幅波动带来的挑战，经营业绩显著增长，内部管理持续改进，整体发展水平呈现良好发展态势。2013 年，公司实现营业收入 6.58 亿元，同比增长 55.19%；净利润 3.65 亿元，同比增长 58.83%。

（一）业务规模稳步增长

1. 信托业务实现跨周期发展。

（1）提高交易对手层级、加强业务合作深度。2013 年，公司在发展不动产、政府信用等传统业务时，提高了选择交易对手的精准度，同时加强合作深度，转变以往零敲碎打的业务开拓模式，从公司战略角度形成与之稳定的合作发展模式，提高投入产出比。

通过以上举措，公司信托业务实现跨周期发展，创新能力得到提升，业务结构进一步优化，业务规模迅速增长，年内新增信托项目 98 个，规模 287.62 亿元，其中新增单一信托项目 59 个，规模 170.30 亿元；新增集合信托项目 39 个，规模 117.32 亿元。

（2）提升信托业务创新能力。2013 年，公司通过把握宏观经济、政策重点，加强对产业结构、发展趋势的理解，跟进、准入、设计并尝试一些创新业务、业务模式。

在业务模式方面，公司在严守风控底线的前提下，以成立工作小组的形式对不动产股权投资业务模式开展了风险研判、市场方案、结构设计等全方位立体化的设计，并在监管部门认可的基础上实现了此类业务的开展，为公司获得了较高的信托报酬；为提高公司政府信用类业务的竞争力，公司成立政信业务政策工作小组，对于“城市发展基金”业务模式展开研究与讨论，以此提高公司政信业务在市场中的竞争力。

在创新业务方面，公司着重建设现金汇裕产品线并已正式上线，开始对外募集；2013 年上半年完成了证券板块构架搭建工作，前移固定收益部和证券信托部，筹备研究发展部，重启证券信托业务。

此外，公司从战略角度考虑，设立自贸区业务总部，积极探索发展上海自贸区相关业务，并进一步探索设置自贸区的合资子公司等工作，架设海外投资的桥梁和纽带，探索引入境外资金对接信托或类信托资产，进而标准化金融资产对接等。

2. 固有业务重风险、讲策略、增效益。

（1）自营贷款业务。公司将自有资金安全性始终放在首位，各项目保障程度较高。截至2013年12月底，公司新增12个项目，累计发放贷款23笔，共计20.3亿元；累计回收贷款15笔，项目顺利结束12个，共计15.9亿元；存续的贷款项目为14个，贷款余额为16.95亿元，日均贷款余额为15.51亿元。

（2）固定收益业务。2013年，公司在固有资金运作上充分考虑宏观经济政策与市场环境变化，相机抉择，采取了灵活的投资策略，在保证资金安全的基础上努力实现收益最大化，较好地完成了年度目标。

（二）营销能力稳步提升

2013年，公司制定了以强化直销能力、建立多渠道销售模式、提高客户满意度的营销体系建设主要目标，并完善营销架构，建立有效的激励考核机制，营销能力获得提升。

1. 完善客户服务。公司将松散的活动整合为有效的整体，提高客户满意度，形成对爱建信托的服务依赖，成为公司的忠实客户。

2. 营销机制逐步完善，确保合规推介有效激励。公司始终关注销售合规性的内部控制，制定了一系列合规营销基本制度，通过完善营销管理流程，建立内部督导、约束、改进机制。

3. 建立合理的营销激励机制。为了激发销售团队的潜能，公司制定了富有竞争力的、透明的激励机制。合理的营销激励机制使得公司在市场中吸纳了优秀人才，稳固了直销团队。

（三）树立全面风险管理理念

1. 树立全面风险管理理念。2013年，公司全面风险管理的指导思想为强化内部控制环节，明确项目分段评审职责；从严设置合同条款，提高风险处置能力；规范市场营销环节，细化专业培训计划，强化中台建设机制。

（1）公司成立了证券、房地产、信政、金融机构合作四个风险政策工作组，为风险政策、业务、制度能有效链接提供了平台；同时制定组合风险管理政策，指导业务开展，为业务的标准化创造条件。

（2）公司通过落实了评审委员问责机制，再造项目审批流程，建立预审退回机制，进一步推进风险管理执行体系建设来提升项目评审质量。

（3）公司规范了单一信托和金融机构合作业务模式；推进不动产投资类业务的管控模式化和风控政策；调整了政信合作业务风控政策；完成集合信托业务管理、外派人员管理、信托业务应急处理、业务审批制度的草案拟订和征求意见、资产证券化业务管理细则等制度的建设。

（4）公司设置了风险处置委员会，并要求信托业务部门和运营管理总部在项目的事中、后续管理中加强项目跟踪监控力度，对交易对手风险状况持续评估，确保及时发现风险并第一时间上报至风险处置委员会，争取第一时间化解风险。

2. 运营管理强化事中监督。建立运营管理的配套制度，强化运营管理职能，加强前台、中台、后台协调配合，提高业务效率，加强对业务部门的专业服务与支持；同时，通过前台与中台分离，达到对业务部门的制衡与监督，实现信托业务交易实施、业务流程管理的专业化，降低操作风险与道德风险，降低受托人的责任风险。

3. 流程重塑升级管理效率。公司建立了流程绩效评估机制，同时细化了部分授权制度，覆盖公司所有操作环节与业务领域；完成了公司项目审批和文本审核的一级、二级流程的梳理及上线运行的再造流程；基本建立了完整、业务全覆盖的业务处理系统，新的业务处理系统与流程重塑相勾连，降低了操作风险，提升了公司整体效率。

（四）提升内部管理能力

1. 完善法人治理结构。2013 年，公司进行了董事会、监事会的换届以及经营管理层的重新聘任工作；根据公司章程的有关规定及控股股东的管控要求，适时调整授权方案，并严格执行；进一步梳理内部管理制度。

2. 调整组织架构。为进一步提高组织运行效率，公司围绕“提高业务运作能力，突破营销瓶颈，强化中台管理能力”的指导思想实施了一系列的组织架构调整。

3. 优化人力资源配置。为支持业务发展及强化内部管理，公司通过网络招聘、内部选拔、外部推荐等多种方式，进一步优化人员结构，提升公司活力。录用人员基本具有注册会计师、律师、金融风险管理师等专业资质，并拥有较为丰富的金融从业经验。

4. 开展内控检查整改。公司按照监管和公司制度要求开展稽核审计工作，对终止集合资金信托计划房地产项目的审计做到基本全覆盖，并对发现的问题开展了跟踪检查。

（五）推进企业文化建设

2013 年，公司党政工团积极贯彻上级党组织的精神，与时俱进地开展各类主题教育活动。5 月，为弘扬民族精神，激发爱国主义情怀，公司团总支组织团员青年前往鲁迅故里——浙江绍兴，开展“寻访足迹”活动，使青年党员们进一步拓宽了视野，提升了政治素养；从 8 月开始，公司积极配合控股股东有序推进党的群众路线教育实践活动，还组织员工参加相关征文、学习报告会、陈列室参观等活动；为丰富员工的培训教育活动，将企业文化建设与公司的具体经营管理工作相结合，配合工会开展女职工保护法律法规知识竞赛、礼仪服务类培训、四季养生类培训、羽毛球比赛等一系列活动。

二、社会责任履行情况

2013 年，公司在各项工作任务重、压力大的情况下，切实履行应尽的社会责任，为各方面的可持续发展作出了不懈努力。

公司在 2013 年为股东创造了 3.65 亿元利润的基础上，为国家创造税收 1.8 亿元，向员工支付工资 7 700 万元，交纳社会保险统筹金 590 万元，为员工健康体检支付 12 万元，向公司退休员工中的困难群体送上了 5 000 元补助金。

2013 年，公司为信托受益人累计分配信托利益 115.86 亿元。2013 年，公司推出的集合信托产品预期收益率较高，风控措施到位，受到众多客户的追捧，产品推介发行顺利。年内公司清算信托项目 39 个，共计 89.36 亿元，其中集合资金信托计划 18 个，共计 49.53 亿元，以上兑付的集合信托计划均达到预期收益。

根据公司“2013 年度人力资源配置计划”，人力资源部通过以外网招聘为主、内部选拔为辅的方式开展了多轮阶段性招聘工作，共引进新员工 66 名。此外，为了进一步丰富用工形式，公司与外服公司合作，以劳务派遣制形式录用了理财经理岗位的直销人员，进一步扩大公司营销队伍，开辟更为顺畅的机构和个人投资者的营销渠道，为公司的可持续发展积蓄能量。随着公司员工队伍的不断壮大，为更多的金融人才创造了施展才华的舞台，2013 年公司的业绩也随之蒸蒸日上。

三、2014 年发展规划

（一）指导思想

2014 年，公司将围绕“跨周期、讲责任、增效益、促发展”的指导思想，积极应对行业格局变化带来的挑战，着重建设“三个核心能力”（深化资产管理能力、全面风险管理能力、自主营销能力），扎实推进“三个体系”（风险管理体系、营销体系、研发体系）建设，着力探索“三个机制”（公司治理机制、绩效激励约束机制、人才培养引进机制），实现“两个突破”（创新能力、经营业绩）。

（二）工作重点

1. 全面提高公司品牌形象。2014 年，公司将加大品牌建设的投入，同时应用新兴技术推广方式，提升品牌形象。在终端客户、封闭式渠道、资产端客户中树立良好的企业形象。

2. 深化资产管理能力。2014 年，公司将重点建设三条产品线：不动产信托投资业务产品线、政府信用业务产品线和创新业务产品线。

3. 提升营销能力。加快人员招聘；突出创新产品职能，强化市场策划、产品作业、户外推广、企业形象等职能，做好客户的储备工作；确保合规推介有效，进一步完善营销管理流程，建立内部督导、约束、改进机制；加强封闭渠道拓展，建立公司层面的渠道沟通协调平台。

4. 研发体系建设。明确固定收益总部、研究发展部、产品创新部、证券业务部职能边界，各司其职，研发全覆盖微观、中观、宏观领域，对公司创新产品研发、产业发展跟踪、战略发展依据等创造价值。

5. 固有业务投资和流动性管理。2014 年，公司将审慎开展固有资产投资：严守风控底线，深入挖掘市场机会，合理配置固有资产，增加固有资产投资收益；做好人力储备，进一步加强投资能力；流动性管理方面，一是为公司固有资产做好流动性管理，二是研究合理的投资策略。

6. 风控合规、运营托管体系建设。建立协同管理新架构，加强中台部门对业务的支持；清晰各自职责，彼此支持配合，为流程总目标服务。2014 年的重点工作为协同架构细分，多向沟通整合，提高流程绩效；建立中台岗位操作风险识别评估机制，提高操作风险管理能力；进一步完善全面风险管理架构，提升风险合规文化意识，风险交互信息通畅。

7. 人力资源建设。以组织架构调整和管理深化为依托，明确公司价值链各环节的贡献权重，建立长效考核激励机制；持续招聘，储备人才，计划 2014 年末公司人员扩充至 195 人；进一步完善公司法人治理结构及加强经营班子建设。

四川信托有限公司

一、2013 年经营概况

2013 年，四川信托有限公司（以下简称公司）以“机制与管理并行，风险与发展并重，合规与拓展并存，创新与监管相融”为指导思想，秉承“川汇沧海，信达天下”的企业文化，恪守“实现受益人利益最大化，为股东创造财富，为社会作出贡献，为员工创造价值”的经营宗旨，围绕“巩固、提高、创新、发展”的工作方针，稳健开展信托业务，准确把握市场规律，持续学习创新，取得了良好的经营业绩，各项经营管理工作稳步推进。2013 年公司净资产突破 30 亿元，经营收入突破 20 亿元，净利润突破 10 亿元，信托资产规模突破 2 000 亿元，主要经营指标排名进入行业前列。

1. 收入利润情况。2013 年，公司本部累计实现收入 20.91 亿元，同比增长 35.16%。其中，信托业务收入 19.06 亿元，固有业务收入 1.85 亿元。利润总额 13.96 亿元，净利润 10.52 亿元。

2. 固有业务情况。2013 年，公司在确保自有资金安全性、流动性的前提下追求风险可控的收益性，实现自有资金的保值增值。全年公司本部固有业务实现收入 18 534.63 万元，同比增长 111.36%。

3. 信托业务情况。截至 2013 年 12 月 31 日，公司管理信托项目 730 个，规模 2 163.93 亿元，同比增长 59.48%。年内新成立信托项目 537 个，规模 1 506.64 亿元；清算项目 217 个，规模 699.66 亿元，全部实现安全兑付。

4. 净资本情况。截至 2013 年 12 月 31 日，公司净资产 32.37 亿元，净资本 28.89 亿元，净资本覆盖率为 194%，实现净资本达标。

二、创新业务案例

2013 年，公司继续秉承“风险第一、收益第二”的经营理念，在“项目合法合规、实质风险可控”的前提下，以“巩固、提高、创新、发展”为原则，不断创新业务模式，推动公司持续稳定健康发展。

2013 年 4 月 20 日，四川芦山地震后，中国信托业协会（以下简称协会）发起《支援四川芦山抗震救灾活动倡议书》，收到救灾捐款后，采购急需物资送往灾区，之后尚有余款。2013 年 5 月 31 日，协会组织各捐款信托公司召开现场会议。会议决定以剩余捐款发起设立中国信托业公益慈善信托，以继续支持灾后重建。根据方案，协会作为倡议人，各捐款信托公司作为委托人，公司与北京国际信托有限公司等八家信托公司作为共同受托人，设立了川信·公益慈善——定向捐赠信托计划。公司作为牵头受托人，深度参与了该公益信托产品的研发管理以及与监管部门协调的工作，以捐赠人身份与四川省慈善总会签署了《定向捐赠协议》，将信托财产捐赠给四川省慈善总会。该公益慈善项目于 2013 年 12 月 28 日正式设立，大力推动了以信托公司为主体的管理机构参与公益慈善事业的发展。

除此之外，公司于 2013 年还推出了员工股权激励信托产品“川信——广发图强长效计划单一资金信托”，并启动了农村土地流转信托项目筹备工作。

公司在 2014 年将继续加强创新业务领域的研究，努力申请创新业务受托人管理资格，积极推动创新业务落地开展实施，以最终实现“转型升级”的经营管理目标。

三、社会责任履行情况

（一）支持实体经济

1. 积极助力西部金融中心打造，支持地方经济发展。作为本土企业，公司始终坚持“立足四川、面向全国”的经营定位，把服务四川、支持省内经济发展作为己任，积极为省内重点企业和项目提供综合金融方案，解决资金需求。2013 年，面对成渝经济区域建设、成都西部金融中心打造、城乡统筹规划、天府新区建设等历史机遇，公司充分发挥信托制度优势，大力拓展信托业务，年内开展了乐自高速、成都地铁、天府新区建投等信托业务，年末投向实体经济资金规模达到 1 453. 20 亿元，占比 67. 15%；年末四川省内业务规模 650. 33 亿元，占比 30. 05%，新增占比 31. 15%。

2. 积极扶持中小企业发展，着力破解融资难问题。中小企业在经济和社会协调发展方面发挥着巨大的作用。公司坚决落实国家对中小企业的扶持政策，创新服务模式，提升服务效率，加大信贷投放，帮助中小企业度过难关，为扩大城乡就业、促进经济增长、维护社会稳定作出积极贡献。2013 年 10 月 17 日，公司联合云南省工商联举办了以“携手并进、共赢发展”为主题的服务民营经济信托业务对接会，并现场签署了《战略合作框架协议》，以专业、高效、创新的金融产品和服务，为民营经济及社会发展提供支持。

此外，川信还就如何解决中小企业融资难的问题，初步与省内各家大型国有银行、股份制银行及资产管理公司建立了全面的合作关系，扬长避短优势互补，为中小企业的融资搭建银信通的桥梁。2013 年，川信累计为中小企业提供资金支持565 亿元。

3. 深化与小微企业之间合作，促进企业快速稳健发展。2013 年，公司积极参与省金融办组织的“送金融走基层”活动，指派多名业务骨干深入巴中、宜宾等地的中小企业实地走访，开展专题培训宣传信托知识、服务政策、产品类型等，并接受现场咨询，主动拉近与企业之间的距离，深化双方合作。除此之外，公司还就如何解决小微企业融资难的问题，初步与省内各家大型国有银行、股份制银行及资产管理公司建立了全面的合作关系，扬长避短优势互补，为中小企业的融资搭建银信通的桥梁，实实在在地为它们提供更深入、高效的金融服务，助力发展。2013 年，川信累计为小微企业提供资金支持 29. 78 亿元。

4. 忠实履行企业公民义务，依法诚信纳税。依法纳税是每一个公民的责任和义务。公司作为企业公民依法按时缴纳税款、积极履行扣缴义务人代扣代缴税款的义务；依法进行税务登记、设置账簿、保管凭证、纳税申报；如实向税务机关反映公司的生产经营情况和财务制度执行情况，并按有关规定提供报表和资料，没有隐瞒和弄虚作假。2011 年及 2012 年，公司连续两次荣获“四川省纳税大户”称号；2013 年，公司缴纳各种税款总额 5. 4 亿元，为四川经济社会的发展作出了积极贡献。

（二）支持公益事业

公司始终坚持服务社会、奉献社会、回报社会。2013 年，公司向四川老少边穷贷款 1. 1 亿元，向甘孜州德格县定向捐款 20 万元。除此之外，公司员工也用捐物捐书等方式，为边远地区儿童献上爱心。2013 年 4 月 20 日，四川雅安芦山发生里氏 7. 0 级大地震，造成人民生命、财产重大损失。灾情发生之后，公司立即捐款 30 万元，更在第一时间赶赴现场运送生活物资并参与救援。年内信托业协会以支持我省芦山抗震救灾为契机，以救灾捐赠款为初始信托资金，委托公司发起设立了“中国信托业协会公益慈善定向捐赠信托计划”。成为了公司服务社会事业的重要举措，有效促进了四川公益慈善事业的健康发展。

（三）支持绿色环保

1. 认真落实环境保护政策法规，推进低碳金融。公司认真贯彻落实国家有关节能减排和环境保护的政策法规，将“低碳金融”理念融入到信贷政策、制度和信贷流程中，支持低碳经济发展。在授信审批中提高对高耗能、高污染行业的信贷准入标准，明确节能减排的具体要求，实行“环保”一票否决制。积极向商业伙伴传递相关环保理念，督促贷款企业重视环境保护，积极开展节能减排工作。

2. 持续推进节能减排管理，努力打造绿色信托。公司重视加强内部节能减排管理，积极推行环保办公、节约办公，号召员工节约用电，养成电灯不用时随手关闭、下班关闭所有电源的习惯；无人使用的会议室及时关闭电灯及空调，打造低碳工作环境。提倡办公用品循环使用、纸张双面使用；优化OA办公系统，减少纸质文件的印发量；完善视频会议设备，有效减少会议成本和碳排放量。办公区域内放置适度的绿化、空气净化器，改善空气品质和舒适度；禁止在办公区域吸烟；放置废旧电池回收箱，提高员工环保意识。

（四）金融消费者、员工、股东权益保护

1. 金融消费者权益保护。公司针对金融消费者缺乏专业知识，风险防范能力薄弱现状，积极推进公众教育。面向社区、企业、校园等不同金融消费者，开展形式多样的教育、培训、宣讲活动，增强消费者金融知识，提高风险意识和风险识别能力，切实保障金融消费者权益。

2. 员工权益保护。公司坚持以人为本，把人才战略作为企业发展的重点，充分尊重员工权利，高度重视人才培养，努力实现员工与企业的共同成长。妥善安置重组企业员工，维护社会稳定；积极发展工会党委等组织，维护员工权利；进一步完善人员选聘、考核及人事制度，保障员工权益；进一步加强员工培训，关注员工发展；积极组织各类文化活动，丰富员工生活。

3. 股东权益保护。

（1）重视投资回报，保障股东权益。在实现自身可持续发展的同时，公司坚持将发展成果惠及股东。2013年11月，公司召开2013年第一次临时股东会议，实施了总额7亿元的2013年红利分配，保障股东获得稳定的收益。

（2）加强信息披露工作，维持良好的投资者关系。2013年，公司严格按照信托公司信息披露法律法规的要求，及时、准确、真实、完整地披露公司2012年度报告摘要，接受社会各界的监督检查，切实维护了客户和相关利益人的合法权益。此外，严格按照监管部门要求，规范开展信息披露，进一步完善公司信息披露制度体系，有序开展积极推进定期管理报告和临时公告编制工作，2013年累计发布各类报告913项，未发生重大会计差错更正、重大遗漏信息补充以及业绩预告修正等情况。

四、2014年发展规划

2014年，信托行业形势空前严峻，竞争空前激烈，市场化全面来临。公司经过三年多的发展，初步形成了良好的法人治理、内部控制和风险管理体系，积累了一定的业务基础、管理经

验、客户资源和市场口碑。面对全新的挑战和困难，公司将严格按照四川银监局的各项要求及董事会的各项部署，经营班子带领全体员工围绕“强化管理、转型升级、服务发展”的工作指导方针，统一思想，认清形势，齐心协力，攻坚克难，做好日常经营管理各项工作的安排部署，确保各项目标任务的完成，走出川信特色的发展之路，实现五年发展战略规划的宏伟目标。

万向信托有限公司

一、2013 年经营概况

2013 年为万向信托有限公司（以下简称公司）开业后的首个完整运营年度，公司秉承“诚信、专业、精致、协作”的经营理念，以高度的责任感、良好的专业度为投资者提供财富管理解决方案和全方位优质服务，公司可持续发展能力逐步增强。

（一）成功实现稳步、较快发展

截至2013 年末，公司总资产14.09 亿元。全年累计实现营业收入16 807 万元，净利润6 776 万元。

截至2013 年末，公司已成立信托计划97 个，累计运用信托资金169 亿元（其中，存续信托资产管理规模 158.9 亿元，已清算信托规模 10.1 亿元）。期末，公司净资本余额 121 101.83 万元。

全年，公司无任何业务、声誉等风险情况发生，到期项目均按期、顺利完成清算，并经盘查，目前存续期项目无风险隐患。固有资产和信托资产状况良好。

（二）资产管理体系初步构建

公司在展业第一年不断丰富深化经营内涵，系列化业务产品线基本形成，部分创新业务模式也不断成熟，为公司未来整体盈利增长奠定了坚实的基础。

1. 系列化信托基金模式基本形成。公司持续构建基础设施建设信托基金、房地产信托基金、产业投资信托基金、证券投资信托基金、资产流动类信托基金等六大类信托基金业务类型，经过一年的努力，公司固定收益类产品线基本健全，为业务条线的可持续推进和后续创新发展奠定了基础。

2. 创立特色业务和细分领域优势。在六大类基金模式的基础上，公司推动金融和实体产业的互动融合，通过水务产业基金、土地信托模式及资产证券化研究尝试等推动业务创新，挖掘新的业务模式和新的利润增长点。

（三）财富管理体系初步见效

2013 年，公司在自主设计并成功设立家族教育信托基金、股权激励信托等创新性私人定制信托服务的基础上，专程赴美国纽约私人银行与信托公司考察，学习其成熟的财富管理体系和财富管理模式，同时引进其在私人财富管理服务和资产配置策略等方面的先进理念和技术，促进公司财富管理和服务水平的有效提升。

经过一年的时间，公司私人客户数量和质量不断提升，市场占有率不断提高，客户对公司品牌的认可度不断增加，公司品牌价值逐步显现。

（四）公司品牌及社会声誉提升

公司的发展得到了政府机关、监管机构、业界同行、主流媒体及学术机构等方面的广泛认可。2013 年，公司获得“最具成长性信托公司”、“浙商最信赖信托公司”等荣誉和奖项。

（五）运营、风控和人才建设进一步完善

公司持续贯彻实施“政策制度化、制度流程化、流程 IT 化”的运营管理模式，坚持“合法合规、风控优先”的风险管理原则，运营管理水平和风险管控能力得到有效提升。

截至 2013 年末，公司共有员工 86 人，硕士及以上学历占 50%。多数成员拥有 FRM、CFA、ACCA、注册会计师、律师等各类专业牌照。

二、创新业务案例

2013 年，公司在家族教育信托、股权激励信托、水务及文化旅游产业基金信托等领域进行了众多的创新。

（一）家族教育信托

2013 年 12 月，公司推出“万向信托私人定制系列——家族教育信托”。该信托初始资金 1 000万元，信托的收益主要用来支付孩子受教育需要的学费、其他教育支出、国内外求学时所需基本生活费用，和当孩子获得学位、取得专业资格证书及执业资格或者达到委托人选定的目标时给予一定的奖励。

信托财产由父母给孩子单独设立，在孩子 25 岁之前，收益用于求学，25 岁之后，孩子可决定提取这笔钱来开创自己的生活或事业，或者将信托留给他自己的孩子按照同样的方式运作来

支持孙辈的教育成长，从而实现家庭财富传承和财产保护的目的。

（二）股权激励信托

2013年12月，公司推出“万向信托—事务管理信托基金—员工股权激励信托”。信托设立时的规模为7 500万元，信托期限为7年，信托资金用于获得股权并满足公司实施股权激励计划的需要。

在激励计划授予期内，公司向批准加入本激励计划的激励对象授予激励标的（信托单位）；在信托存续期间，公司可根据激励计划的规定调整员工持有的信托单位份额、分配信托持有公司股权的全部或部分红利；信托终止时，受托人根据激励计划规定将信托股权过户给激励对象或委托人。

（三）水务及文化旅游产业基金信托

2013年下半年起，公司推出“浙江省水务产业基金”、“旅游文化产业基金”等特色产业基金业务。

以浙江省水务产业基金为例，目前该基金所管理的7亿元资金，分别投向了城市供水扩建、城市一体化管网建设、污水处理等项目，通过收益权投资、股债结合、融资租赁等方式，发挥了基金综合投资优势。

三、社会责任履行情况

公司以受益人利益最大化为原则，为客户提供财富管理解决方案和全方位优质服务，为股东创造理想投资回报，为员工打造和谐发展平台，积极履行作为企业公民所应承担的社会责任。

2013年4月22日，在“4·20”四川雅安地震发生后，公司响应中国信托业协会的倡议，积极参加中国信托业协会组织的抗震救灾活动，捐助款项共计20万元。所捐款项与其他信托公司的捐助款项一起由中国信托业协会统一用于购买救灾物资及设立公益信托基金等用途。此次援助抗震救灾活动充分展现了全体员工对灾区人民的关爱之心，公司也以实际行动履行了在大灾大难面前一家企业应尽的社会责任，树立了良好的企业形象。

2013年5月24日至26日，公司精彩亮相在杭州世贸中心举办的第八届浙江省金融理财博览会。在展会现场，公司秉承“诚信、专业、精致、协作”的经营服务理念，向投资者和参展观众进行了信托常识、信托理财投资、金融理财风险防范等知识普及，并进行了有奖问答等丰富多彩的活动。此次参展进一步展现了公司的产品特色、风控理念和企业形象，履行了金融机构做好行业知识普及及文化宣传的社会责任。

2013 年 11 月，公司全体员工积极参加公司控股股东中国万向控股有限公司组织的“送温暖献爱心”捐款活动，捐款金额近万元。所捐款项用于资助贫困地区建设学校和敬老院，展现了公司员工关爱他人、乐善好施的传统美德。

公司业务植根和服务于地方经济，所发行的信托产品在支持社会保障性安居工程建设、城镇化工程建设、民生工程建设、社会基础配套建设、支持工商企业发展等方面发挥了重要作用，构建起了公司、政府及投资者的桥梁，服务和支持地方经济的发展。

四、2014 年发展规划

2014 年，公司将在实施完成“运营管理基础年”的基础上，着力搭建产能部门，提升公司产能，做好“产能扩张年”工作。

（一）资产管理端

1. 强化系列化信托基金产品的设立及发行，实现常规产能扩张。

2. 着力推动公司专业化投资管理能力建设，力求在房地产金融、水务产业、旅游文化产业领域率先取得突破。

3. 构建另类投资部门，培育另类投资能力。

（二）财富管理端

1. 加快销售网络建设，搭建财富管理体系。

2. 搭建私人信托账户管理体系，推动私人信托业务。

（三）风险管理端

1. 加强风险管理团队建设，提升风险管理、合规管理水平及法务能力，满足“常规产能扩张年”的业务风险需要。

2. 进一步完善常规业务风险评审标准，探索建立金融产品风险评审标准体系。

3. 尝试建立交易对手信用评级体系和产品评级体系。

4. 通过净资本管理，引导业务部门进行自主管理，发挥净资本管理效能。

5. 加强项目尽调期和存续期的风险管理，通过提高现场复核频率等方式识别、控制项目风险，确保 2014 年到期产品的顺利兑付。

（四）品牌管理端

1. 企业品牌建设。通过媒体宣传、行业活动、专业论坛、社会公益等方式传播公司企业文化，树立公司品牌的市场认可度和美誉度，扩大品牌知名度和影响力。

2. 人才品牌建设。通过引进知名专业人才，打造明星信托经理和营销经理，举办高端人才引进洽谈会等方式，宣传推广公司人才观和人才战略，引进培养优秀人才，确保公司可持续发展。

3. 产品品牌建设。通过举办多层次产品宣传推介会、产品营销活动、客户联谊活动等方式，宣传推广公司信托产品尤其是有独创性和创新性的产品，提高公司产品的市场曝光率，提高市场对公司产品的认知度和认可度。

（五）研发管理端

1. 建立市场产品库，熟悉了解市场现有产品的设计原理、交易结构和运作方式，为业务部门进行产品创新和升级提供方案和技术支持。

2. 根据国家经济环境、市场需求、行业政策调整等因素，积极研发新型产品类型，创新交易结构，研制个性化需求产品，满足特定机构和群体的需求，如土地流转、黄酒等另类投资领域。

（六）固有业务端

公司将继续积极寻找优质的低风险金融股权投资机会，提高沉淀资金使用效率，提高自有资金综合收益，以确保资金使用符合净资本管理要求。

（七）人力资源管理端

1. 团队建设方面，进一步强化团队骨干力量，在稳定3个产能部门的基础上，再组建引进3个新产能部门，同时争取再培育3支新产能团队，为实现常规产能扩张的目标做好人力支持工作，建立进退可控的用人体系。

2. 薪酬绩效方面，完善薪酬制度与现有考核体系，改进、优化各部门及员工的绩效考评指标和标准，细化KPI等量化指标，建立直观的IT化薪酬绩效管理体系，分配向前台倾斜、向骨干倾斜，创造和分配挂钩。

3. 企业文化建设方面，强调精神引导，注重万向文化在公司内部的贯宣，通过先进企业文化的引导，留得住公司战略架构下的核心人员。

（八）运营管理端

继续全面实施“政策制度化、制度流程化、流程IT化、运营电子化、管理标准化”的运营管理理念，修订、完善、理顺各项运营管理制度，优化各项管理和业务流程，推进各个系统深度开发及优化升级，解决现有制度和流程间可能存在的冲突与矛盾，为公司规范运营和各项工作的有序开展提供制度和技术保障，提高运营管理效率。

西部信托有限公司

一、2013 年经营概况

截至 2013 年末，西部信托有限公司（以下简称公司）总资产达到 529. 25 亿元，比年初增长 61. 47%；其中固有资产总额 17. 78 亿元，比年初增加 2. 2 亿元；净资产 15. 08 亿元，比年初增加 1. 6 亿元；管理信托资产 511. 37 亿元，比年初增加 199. 83 亿元；实现各项收入 3. 71 亿元，完成全年计划的 115. 58%，其中实现信托报酬收入 2. 76 亿元。各项费用支出 1. 18 亿元，完成全年计划的 95. 41%。实现利润 25286 万元，完成全年利润总额任务的 128. 23%。利润、总资产和管理信托资产指标，均达到了历史最好水平。

2013 年，公司信托资产规模由年初 312 亿元增至年末的 511 亿元。其中，发行集合类项目 18 个，金额 43. 51 亿元；发行单一类信托项目 84 个，金额 276. 7 亿元，比上年发行数量增加 44 个，金额增加 49. 4 亿元。全年管理信托业务整体运行情况良好，到期项目共 47 个，到期资金 113. 2 亿元，均全部完成兑付。

二、业务创新案例

公司长期以来致力于业务创新，在每年的工作安排中，都把业务创新作为重要的议事日程。2013 年创新项目“西部信托·稳健人生系列伞形结构化 1 期证券投资集合资金信托计划”（以下简称伞 1）。该信托计划于 2013 年 1 月 7 日成立，成立规模 1. 89 亿元，2013 年全年累计总规模 13. 285 亿元，截至 2013 年 12 月 31 日存续规模 6. 85 亿元。目前，项目运行稳定，净值表现优于同期上证指数。该项目是公司成立以来，设立的第一个伞形证券信托产品。它不仅标志着公司证券类信托产品有了一个新的业务品种，填补了公司整体产品线，同时也促进了公司作为核心业务之一的证券信托业务的可持续发展。

三、社会责任履行情况

公司于2013年5月向四川雅安地震灾区捐款20万元。

四、2014年发展规划

2014年公司将以“加强管理保存量兑付，开拓创新谋业务发展，苦练内功创业务特色”为指导思想，结合公司实际情况，本着实事求是的态度，制定了年度经营目标。2014年公司计划实现收入33 300万元，其中信托报酬收入22 622万元，固有业务收入5 960万元，年末实现利润1.81亿元。主要工作重点包括以下几个方面。

（一）高度重视存续项目，积极做好项目风险排查

公司全体人员尤其是业务一线人员要统一思想，把存续项目风险防控作为政治任务放在第一位。2014年公司需要兑付的信托项目总金额约242亿元，其中集合类为42亿元，单一类为200亿元。在经济形势未见好转的情况下，善始善终地结束项目，确保资金兑付，就成为全年经营头等大事。公司将继续着重开展存续项目风险排查活动。由各分管领导负责，部门经理、项目经理、风控人员、合规人员、审计人员等组成的排查小组，对公司集合类项目进行排查。经营部门对于年内到期项目，按时填写存续项目还款统计表以及项目现场检查计划表，项目经理专人实地了解企业经营情况和项目运作情况，按期向公司提供相关管理报告，落实还款措施，确保每笔信托计划的还款资金按时到位，确保不出现兑付风险。此项工作将作为一项重要指标纳入总体考核。

（二）密切关注行业发展，更加审慎开展信托业务

面对行业风险频发的现状，我们在开展业务过程中要更加的谨慎。第一，在选择交易对手时，尽可能选择信用好、知名度高以及有过良好合作的交易对手；第二，进一步加强项目尽职调查工作力度，在尽调时间、内容和宽度上都要有更多的措施和手段；第三，根据融资方的企业情况及融资需求，注重信托产品交易模式的设计，减少项目后期实际运作过程中的操作风险；第四，注重项目流动性风控措施的设计和安排，尤其是项目到期前流动性风险的预警、防范及化解。第五，对监管部门重点关注的房地产项目和政府平台项目要谨慎开展。

（三）积极开展业务创新

随着行业发展细化，主动管理型信托业务成为信托公司获取较高收益、有效控制风险的主

要模式，尤其在房地产信托中表现的更为突出。通过股权投资、合伙基金、结构化产品来加强对业务的主动管理能力将是下一步工作的重点。在经营环境变化的情况下，公司要逐步改变目前债务融资的业务模式，业务部门应积极开展创新业务，特别是由投资人自担风险、期限更长的股权投资、合伙制企业、财产信托、结构化产品等。公司将对业务创新的类型、数量及成效等制定出相应的考核办法，作为经营绩效的重要衡量标准。

（四）努力提高信托业务收入和扩大规模

公司集合信托业务要依照监管要求，在业务方向、业务模式和规模收益上作深层探索，在节能减排、低碳环保、水电开发、能源产业、天然气、廉租保障房建设以及结构化证券信托产品等方面加强业务开发力度，稳健推出信托产品。加大开发异地信托产品力度，着眼点放在经济发达地区和国家重点扶持行业，并尽可能多地实现项目和资金来源当地化。加大与其他金融机构的合作，努力把握市场机会，在共赢的基础上，创造出更多的合作机会，从产品合作向客户共享转变，从通道依赖向共同开发转变，从简单代理向资源配置转变，综合各家之长，创造出新型的合作关系与业务模式，力争将公司信托规模提升到新的水平。

（五）完善营销体系，为信托产品顺利发售提供支持

公司要建立以自主营销为核心，以其他机构代销为辅助的营销体系，努力提升营销能力，为信托业务的发展奠定基础。自主营销方面，要进一步完善现有的考核与激励机制，搭建营销管理信息平台，引进高水平的营销专业人才，做好外围宣传等持续性营销工作；同时，在政策许可的条件下，尝试异地设立营销分支机构，拓展公司的营销范围和客户资源。代销方面，与银行、证券公司等强化合作，努力建立较为可靠、稳固的信任与合作关系，充分利用它们的渠道资源。总体目标是在确保完成全年营销任务的基础上，自主营销额力争超过 20 亿元，确保 18 亿元；新增直销客户数达 20% 以上；机构客户数达到 40 个，300 万元以上客户达到 400 个；客户满意度达到 100% 。

西藏信托有限公司

一、2013 年经营概况

截至 2013 年 12 月 31 日，西藏信托有限公司（以下简称公司）存续信托产品总数 388 个，余额 1 289.57 亿元，其中单一信托计划 325 个，受托资产余额 1 135.53 亿元；集合信托计划 47 个，受托资产余额 108.22 亿元；财产权信托计划 16 个，受托资产余额 45.82 亿元。公司总的受托资产余额 1 289.57 亿元，较上年末增长 120.77%，高于行业增长速度。

公司全年累计业务发生额 1 120.75 亿元，累计分配信托利益 427.41 亿元，其中本金 404.60 亿元，收益 22.81 亿元，客户平均收益率 8.103%。

公司全部受托资产中，按照功能分类，融资类占 8.71%，投资类占 18.30%，事务管理类占 72.99%。

按照运用方向分类，信托贷款类占 48.51%，股权投资占 8.1%，财产权 3.88%，理财产品投资占 19.48%，股权收益权占 1.10%，债权收益权占 4.11%，证券投资占 1.28%，其他合计占 13.25%。

按照投向的行业分类，工商企业占 20.74%，基础产业占 26.83%，房地产占 2.7%，金融机构占 30.80%，证券占 1.28%，其他合计占 17.65%。

2013 年，公司实现主营业务收 2.41 亿元，利润总额 1.88 亿元，所得税 2 961.42 万元，税后利润 15 868.95 万元。

公司年末总资产 10.45 亿元，较年初增长 43.15%，增长原因主要是营业利润增加 1.59 亿元以及预收收入增加带来的资产增加为 1.57 亿元。总负债万元，较年初增长 116.92%，主要原因是预收账款增加和应付员工薪酬增加。公司净资产亿元，较年初增长 26.62%，主要原因是利润增加。

本年预算完成情况良好，实际业务收入较预算业务收入增加 30.94%，利润总额较预算增加 56.92%，净利润增加 55.58%。

在公司治理方面主要做了以下几个方面。

（一）强化制度建设。

结合公司的发展需求及监管要求，2013 年公司加强了多项制度建设。在 2012 年恒生业务系统上线后，2013 年梳理、完善了立项审批、用印审批、资金运用划款、收益分配等多项业务流程。银监局领导在 2013 年的检查中对公司业务管理、内部治理、流程管理、风险控制等多个方面提出了更全面的改进意见，公司也在工作中不断完善。

（二）重新划分组织结构，加强中后台的支持和监督作用。

根据公司信托业务的发展需求，增设、合并了相关部门，公司组织架构趋于完善，对于信托业务、自有业务以及前台、中台、后台的分工、合作、监督将会发挥更好的作用。

（三）继续加强团队建设，通过招聘新人和业务学习提升业务能力。

随着公司业务规模的不断扩大以及公司团队的不断扩充，公司自去年下半年开始即重新探讨公司部门设置及部门职责权限的划分。目前已初步确定公司设置 12 个一级部门，自营业务部门与信托业务部门的分别设立，并由不同高级管理人员负责管理。2013 年公司新入职员工 14 人，其中业务部门增加 6 人，中后台支持部门 8 人，在公司的整体人员配备上日趋完善。

2013 年公司组织员工参加信托业协会组织的从业资格培训，在 4 次培训中公司均派员工参加，并取得合格的成绩。员工多次参加行业中的交流学习专题培训，同时公司也不定期的组织对时事热点问题的分析讨论，加强金融风险防控。

（四）继续加强与各金融机构的合作。

截至 2013 年末，公司共与 80 余家总分金融机构建立了合作关系，业务占比超过 90%，类型多以单一通道类为主。

在与同业合作的业务中，由于资金和项目大多来源于同业机构，对于信托端来说更多需要的是做好相关配合工作，在这一点上，公司发挥了流程短、效率高、服务好的优势，前台、中台、后台配合高效快速，得到了同业机构的一致肯定，并由此得到了很多同业推荐。

（五）继续推动信息技术促进业务发展。

公司于 2012 年完成了一整套核心业务系统的初步上线工作，基本实现了全部业务流程的电子化。2013 年主要是根据公司内部磨合使用情况的反馈，并结合本公司业务特点进行了全部系统升级，解决了自正式上线以来所有的改进性需求（涉及 5 个业务系统，共计 30 个需求），更好地满足了目前公司对于业务核心各个系统的功能要求。有力地支持了公司业务发展，为业务创新提供了 IT 方面的保证和储备。

在 2013 年末公司网上信托及数据中心系统的正式上线。实现了认购公司产品的全体委托人均可以通过公司网站，登录查询其持有公司信托产品及收益分配明细情况。为公司维护并进一步发展扩大直销客户群体，提供更优质客户服务和使用体验做好了超前的准备工作。更加促进了公司在客户服务方面的专业化和正规化。

二、2014 年发展规划

公司 2014 年的规划目标是结构转型应对行业变化，培养人才队伍塑造公司长期竞争力。

1. 重点发展投资银行部的工作，继续加强与地产基金、资产管理公司等机构投资人的合作，逐渐建立与大型地产企业的直接合作关系，建立长期的合作联系。以行业研究、行业分析带动客户积累和客户判断。

以现有人员配置为基础，搭建以渠道划分的业务团队班子，由公司领导直接分管，逐步完善投资银行部的渠道建立、渠道维护、项目筛选、项目评议、团队建设、人员考核等流程与要素的细化工作，争取在 1 年的时间里搭建完成核心团队班子，为投资银行部的发展奠定制度化的框架基础。

确定投资银行部以热点行业为主要投融资方向的部门战略，继续保持对房地产行业的关注，加强与藏山资本、稳盛基金、信保基金等地产类基金，与东兴投资、农银国际、东方资产等资产管理公司及机构投资人的合作，逐渐建立与融创中国、朗诗地产、中弘集团等大中型地产企业的直接合作关系，争取在一年时间里与现有及更多的合作伙伴建立更加长期、稳健、互惠互利的合作联系。通过新的一年的投资实践，逐步积累投资银行部对地产行业的认识与理解，细化判断地产项目可行性的标准与流程，以行业研究及行业分析的专业性带动客户积累并帮助项目判断，树立专业的地产投资者形象，掌握一定的行业话语权。同时重点关注其他行业的机会型项目，加强对其他行业的研究与预判，把握未来产业升级与科技进步带来的行业发展方向，重点介入环保产业、新能源产业、健康养老产业、医疗产业，并力争成为该领域的有影响力的市场参与者。

2. 大力发展资本市场的资产管理能力，做好主动管理型二级市场证券投资信托产品蕴泽 1 号、蕴泽 2 号的管理，争取排名在目前前 20% 的基础上，能进入前 10% 甚至前 5%。争取在对冲产品上有所突破。择机成立公募基金管理公司。巩固和发展公司在货币市场、银行间债券市场、协议存款市场的优势，就可以完成现有现金管理类客户的基金化或专户化。实现股票质押类业务的专业化分工。

3. 拓展自有资金运用渠道，力争年内完成设立公募基金管理公司，择机进入对冲基金、套利基金、地产基金领域。

4. 大力拓展募资渠道，建立成都、拉萨办事机构，拓展直销渠道。考虑谋划、建立上海、深圳以财富管理为主的办事机构。在私人银行领域，探索并推广对高净值客户进行专户管理，系统配置资产；并通过互联网实现客户可跟踪、可查询，不断积累高净值客户，力争在2014年末前达到3亿元以上规模。在客户服务方面，完善现有的客户服务模式，实现系统的二次营销，推动客户信息管理系统的上线。

5. 继续利用信托公司的平台优势，做好银行金融机构同业的服务工作，提升托管资产数量，提高服务质量，保持一定的托管资产余额，为公司的长期发展提供稳定的收入来源；深入维护、细致区分当前优质客户的类别、偏好、巩固并发展业务优势。从维护现有的通道业务入手，上升到推荐项目、合作项目等财务顾问业务，定期组织研讨会、策略会等活动，以专业能力提升客户粘度。通过动态分析合作机构的特点，将被动接受传统的通道业务，逐步发展为具有互动性的准投行业务，提升合作价值。

6. 继续保持高素质人员的适度增长，加强人员培训力度，适当扩大团队、强化队伍建设，不断提升公司的员工凝聚力和战斗力。

截至2014年3月31日，公司有正式员工42人，其中前台业务人员12人。后台各职能人员已基本到位，2014年的重点是针对细分后的各业务部门配置、培养合适的专业人员。

对于现有的团队建设重点加强以下三个方面的内容：专业能力、管理能力和团队合作。通过增加员工到实地考察项目的机会、固化公司内部业务交流、外派参与一些专业培训等方式加强专业能力的培养；为员工提供更多的培训机会，尤其是在管理培训方面，主要借助外部专业机构提供的课程，对于核心管理及骨干人员，加强其管理能力的提升。团队建设方面，在上述两者提升的基础上，每个部门每个月都会有一次不同形式的团队建设活动，同时，公司也会加强组织各类体育、户外、文艺等方面的员工活动，增强员工凝聚力。在延续公司良好的团队文化的基础上，进一步提升员工对企业的归属感。

7. 进一步加强风险控制，完善风险评审机制，逐渐完善前后台分离的独立评审流程，建立以公司高管、主要业务线负责人、专家组成的风险评审团，进一步明晰项目立项、用印审批流程，强化人员、落实流程控制和项目的贷后跟踪、检查。充分发挥稽核审计部的职能作用，落实内审制度，形成内审定期化。

8. 结合西藏地区特色，加大对西藏的区域建设的贡献力度。

9. 积极探索自有资金的多元化投资运用途径。

10. 进一步完善法人治理结构，切实发挥股东会、董事会及董事会专门委员会、监事会以及各职能部门的作用。

公司严格遵守《公司法》、《信托法》、《信托公司管理办法》、《信托公司治理指引》等法律法规，认真落实监管部门关于公司治理的有关规定，进一步完善公司治理结构，增强公司治理机制的有效性，提高公司决策的科学性。为规范股东会、董事会及其各专门委员会、监事会的规范运作，公司将制定《股东会议事规则》、《董事会议事规则》、《监事会议事规则》以及董事各专门委员会的议事规则，并予以充分落实。同时，进一步明确划分各职能部门的职责，并就部门职责制定相应的制度，充分发挥各职能部门的作用。

厦门国际信托有限公司

一、2013 年经营概况

2013 年，厦门国际信托有限公司（以下简称公司）紧跟市场机会，整合资源配置，积极主动转型，适时调整业务结构，严守风险底线。在政府各相关部门、股东及监管部门的关心和大力支持下，公司固有资产实现稳步增值，信托业务继续实现规模和收入增长，进一步提升了风险控制水平和综合管理效率。截至 2013 年 12 月 31 日，公司实现总收入 80 393.44 万元，其中固有业务收入 24 907.72 万元，信托业务收入 55 485.72 万元；实现利润总额 57 217.57 万元，实现税后净利润 45 780.77 万元；创造税收 19 131.07 万元；净资产收益率 22.74%；人均创净利 369 万元；风险准备拨备全部到位。公司期末总资产 1 350.05 亿元。其中，自有资产总额 25.65 亿元（含委托业务 0.33 亿元），净资产 23.52 亿元；管理的信托资产总额达 1 324.40 亿元，较上年增长 17.30%。

（一）自有资产业务方面

2013 年，在董事会下达的授权范围内，公司继续将金融产品投资列为自有资产重点运作领域，提升了自有资金运作效益，截至 2013 年 12 月 31 日，公司投资金融产品金额为 113 336 万元。公司继续加强对南方基金公司、华夏电力、申银万国证券公司、象屿期货公司及省能源财务公司的股权投资项目的跟踪、反馈、预警、应对等日常管理工作。截至 2013 年末，公司长期股权投资余额 61198.15 万元。通过对不同项目的投资收益测算，进行差异化的管理。针对象屿期货的经营情况及根据对期货公司股权市场价格的调研，决定与象屿期货控股股东象屿集团整体转让象屿期货，目前已公开挂牌。华夏电力股权属实业投资，其将于 2014 年到期。由于该股权收益良好，保留该股权意义重大。公司已向监管部门提出保留华夏电力股权的请示并进行了良好的沟通。公司根据自有资金投向多元化的原则，在自有资金可支配额度内，按照董事会的授权稳妥开展贷款类业务。截至 2013 年末，自有资金贷款余额 31500 万元，在注重自有资金运作的安全性的同时也兼顾了收益性。2013 年 11 月 28 日，公司作为第一发起人与台湾永丰证券投资信托有限公司合资设立圆信永丰基金管理有限公司顺利获证监会核准设立，并已获商务部核发的外商投资企业批准证书。

（二）信托业务方面

2013 年，公司顺应形势加快转型，在风险可控的前提下适度加大集合类、投资类信托业务的开发力度，调整优化业务结构，将金融股权、股票受益权、保障房、国有企业等融资信托业务，及股权投资和证券投资等投资信托业务作为自主管理的重点方向，提升自主管理能力。2013 年，公司加大创新力度，通过推进特定目的信托受托机构资格、股指期货业务资格申报工作，探讨新业务方向和模式；通过成立研究发展部，引进金融高学历人才，为公司持续创新提供理论支持。同时，公司加大建立自主营销团队力度，通过多项举措，保证了信托业务的平稳增长。截至 2013 年 12 月 31 日，公司管理的信托资产为 1 324. 40 亿元，较年初 1 129. 07 亿元增加了 195. 33 亿元，增长幅度为 17. 30%。截至 2013 年 12 月 31 日，公司存量信托项目个数为 516 个，单个信托项目平均规模约为 2. 57 亿元。期末信托项目个数较年初净增加了 49 个。全年安全、及时、准确实施信托财产到期交付的资金信托项目 218 个，减少实收信托金额是 668. 55 亿元。公司在管理信托财产过程恪尽职守履行受托职责，全年未有委托人投诉情况。截至 2013 年 12 月 31 日，公司可用净资本符合监管要求。

（三）内部控制与风险管理方面

公司始终注重提高全员风险意识，建立良好的风险管理和合规文化，将严守风险底线作为各项工作的重中之重。2013 年，基于对经济形势、产业政策和行业特性的分析和判断，根据监管政策导向和要求，高度重视监管关注的重点业务领域运作。公司进一步梳理风险薄弱环节，完善各种内控制度，先后发布或修订了 30 余项制度。同时，继续强化制度执行力和操作风险管理，强化事前控制、事中管理和事后监督。不断完善风险评审流程和标准，项目前期增加评审成员实地考察项目的机会，项目后期增加评审成员实地调研项目运行情况的机会，提高其风险判断的能力和准确度。要求各有关部门应充分认识项目后续管理重要性，按照监管要求审慎管理已设立的信托项目，谨防信托项目风险。强化信托管理一部、信托管理二部职责，使其与各业务部门通力合作，互相配合，继续强化项目后续跟踪与管理，加强对抵质押物市场价格变化的跟踪，重点关注内控制度执行力和风控措施的落实，按照厦门银监局监管意见和内审意见进行积极整改，确保各类风险“早发现、早预警、早报告”。公司通过与各部门签订《2013 年度案件防控和安全保卫工作责任书》和《廉洁自律责任书》的方式，将案件防控责任细化分解到各部门、各级员工，形成了一级抓一级、一级盯一级的全员案防工作机制。根据厦门银监局下发的案件防控相关指导文件，修订完善案件防控机制体系建设。同时，加强对员工的合规管理、风险识别、行业专业知识、案防意识的培训。风险管理部、法务合规部和业务一线的部门纷纷走上讲台，将他们在实操层面的宝贵经验和领悟传递给员工，有效地提升了全员风险意识和案防能力。

二、创新业务案例

公司天首分层1号证券投资集合资金信托计划为公司2013年推出的证券投资集合资金信托计划。该信托计划共募集资金18000万元，投资于上海和深圳证券交易所上市交易的股票、基金、债券，银行存款以及经委托人、受托人书面同意且法律法规允许投资的其他品种。该信托计划在结构化产品的基础上，进一步在优先级内部提供信用增级，将优先级划分为A类与B类。具体而言，优先信托单位总份数和一般信托单位总份数的比例为5:1，A类优先信托单位份数与B类优先信托单位份数的比例为9:1，“夹层”模式更为有效地满足了对风险和收益有不同偏好投资者的需求。

三、社会责任履行情况

2013年，公司依照“诚信服务社会、有效回报股东、实现员工价值”的企业使命，诚实守信，合规经营，依法纳税，维护受益人的利益。严格按照《信托公司社会责任公约》的约定，积极维护信托业市场竞争秩序、行业声誉和良好社会形象。公司热衷公益活动，积极派员参与绿化植树、无偿献血等各类活动；关注儿童成长，赴厦门翔安同心儿童院（孤儿院）慰问；积极参与公益信托等公益研究，努力履行作为一名企业公民所应承担的社会责任。

四、2013年发展规划

（一）发展愿景

“成为值得信赖的财富管理人”。

（二）公司使命

“诚信服务社会、有效回报股东、实现员工价值”。

（三）经营宗旨

“稳健经营、诚实信用、开拓创新、有效回报”。即以稳健经营为前提，以诚实信用为根本，以开拓创新为动力，以有效回报为目标。

（四）总体发展战略

依托国务院关于支持福建省加快建设海峡西岸经济区的发展契机，在集团金融发展战略指引下，以开拓创新为先导，以专注主业为核心，以风险控制为保障，加强与银行、政府、集团成员机构以及海峡两岸其他金融机构和第三方机构之间开展各种形式的合作，逐步实现信托业务从平台型为主向自主管理型为主的转变，增强企业竞争力，提升公司在集团金融板块的行业价值；建立健全有效的激励和约束机制，实施有效的人才战略，为公司可持续发展创造条件；着力提升公司的投融资能力、项目开发能力、资产管理能力和市场营销能力；在确保安全性的前提下适当调整自有资产结构，提高自有资产的运作效益，成为集团金融资源整合的重要平台；积极获得股东支持，通过增资或引进战略投资者方式，提升公司净资本水平；规划期内确保在信托业务主要指标行业排名上有所进步，推动公司业务规模、经营效益、管理水平的全面提升，初步形成自身的核心盈利模式并成为国内具有一定竞争力的信托机构。

新华信托股份有限公司

一、2013 年经营概况

（一）年度经营和业务指标完成情况

2013 年，新华信托股份有限公司（以下简称公司）共实现业务收入 18.25 亿元，其中信托业务收入 17.18 亿元，固有业务收入 1.07 亿元。税后利润 5.30 亿元，每股收益 0.44 元，为国家贡献税收约 3.3 亿元。2013 年末管理的信托规模达到 1 622.97 亿元，较年初增长 74.53%；2013 年到期清算规模为 502.44 亿元，各项数据均为历史最高水平。

（二）业务发展情况

加大投资类业务力度，推出上海东方花园项目，作为主动管理项目，采用真实的股权投资模式参与超额收益的分配；研究设立鹏程系列，除了限定绝对优质合作客户、发挥主动管理能力外，还在产品营销、刚性兑付等方面进行了一定尝试。

顺应形势，开发相对应的产品。加强公司级产品的推广，如鼎石系列、点金石系列、磐石系列等。业务支持初见成效，逐渐改变单兵作战方式，形成合力，发挥资源整合优势，实现效益最大化。

积极推行国际业务，与知名机构建立了战略合作关系，在境外地产业务上取得了一定突破，并与金融机构加强联系，在新产品开发和服务升级上交流合作。

（三）业务调整情况

调整信托资产结构，针对向主动管理业务转型过程中出现的情况，适时增加管理力量。升级股权投资项目，建立股权项目风险控制机制，学习同业典型案例，提升文本审核质量，强化项目后续管理力量。

提高交易对手准入标准，总结风险处置经验，建立有效的风险识别和管理体系，切实降低公司经营风险。制定《信托业务区域展业管理办法（试行）》，出台相关动态指引，加强对交易对手的信用风险及项目流动性风险的预判。

（四）公司建设情况

1. 成立华中业务总部、南京业务部和直属业务五部，有效延伸和拓展公司业务；新设中台一级部门营销管理部，加强公司销售力量，统筹公司的营销管理和客户服务。

完善法律事务部职能，推动资产保全工作，加强内部管控力量；已制订资产保全、风险处置相关制度，并启动风险项目资产保全相关工作。

完成公司所有制度梳理及修订工作，明确制度文种，统一制度格式，业务流程进一步规范化。

2. 截至2013年末，公司共有员工639人（含劳务派遣员工），较年初增加66人，人员分布情况为前台人员259人，占比41%；营销人员171人，占比27%；中后台（含经营班子及其他）人员209人，占比23%；离职员工率（不含劳务派遣）为9%。部分完成公司薪酬体系和职称职务体系的落地实施。完成了2013年前台、中台、后台管理人员职称评定工作和信托经理任职资格评聘工作。

3. 办公迁址、基建工作有条不紊进行。公司已完成金融许可证、营业执照、组织机构代码证等相关证照的办公地址变更工作。

4. 使用先进的信息系统，搭建整合公司业务流、数据流和信息流的数据支持平台，为快速发展夯实基础。目前公司IT系统建设发展迅速，人力资源管理系统、财务在线报销系统初见成效，恒生综合业务系统已经上线并发挥作用。

5. 开展合规知识培训，树立“合规创造价值”理念；践行人才战略，加大人才培养力度，组织全员参加制度培训，每周定期通过邮件向全员发送“新华分享e周末”，普及学习分享理念。

6. 进一步重视内审工作，要求内审人员有高度的责任感、使命感和大局观，强化审计认识，增强审计独立性，提升审计权威性，建立一套功能齐全、运转协调、监督有力、服务到位的内部审计体系。

二、创新业务案例

2013年公司继续提升产品设计能力，创新业务主要包括普天核心资产并购基金、普天东方核心资产投资基金集合资金信托计划以及应收账款的现金宝产品。

普天核心资产并购基金有效借鉴新华普天系列产品、汇源并购系列产品等项目甄选、风险控制，以及运营管理经验，着眼于产业投资领域内的优质投资机会，继续贯彻严格的投资策略及投资标准充分利用结构化设计，在满足融资方资金需求的同时，合理分配了各类投资者的收益及其应承担的风险。

普天东方核心资产投资基金集合资金信托计划，将信托和有限合伙模式结合起来，开创了新型投融资结构。通过整合不同金融机构之间的资源，实现优劣势互补，打造大战略合作平台。产品构建能有效分散风险的资产组合，构建基金化、主动化运营管理的核心资产并购基金，在严格把控投资风险的前提下，为投资者提供具有优先股性质的投资产品，使高净值客户能够分享稳健收益。

此外，还研究创新了应收账款的现金宝产品，为短期资金提供稳定可靠的投资渠道。通过发展应收账款类信托产品，支持实体经济发展，盘活企业资金，将应收账款提前利用，增加现金流入，提高企业的资金周转效率和运营效率。

三、社会责任履行情况

（一）认真履行法律规定的受托人责任

严格遵守“一法三规”及信托文件规定，切实履行“诚实、信用、谨慎、有效管理”的受托人义务，通过事前项目甄选、事中严格风险管理和事后按时兑付等措施，争取受益人（委托人）利益最大化。2013 年到期兑付项目 138 项，清算规模 502.44 亿元，为受益人（委托人）带来了丰厚的收益。

（二）调整业务方向，落实国家宏观调控及产业政策

1. 严格按照“把控节奏、严控增速”、“规模实现稳中有降”的政策精神，通过采取对新增房地产业务实施总量控制、调整正在发行的房地产信托业务、放缓正在审批的房地产信托业务、实行名单式管理等措施，放缓房地产项目节奏，防范房地产业务可能带来的系统性风险。

2. 按照“保在建、压重建、禁新建”的总体思路，将有限的信贷资源着重用于生产经营性的项目建成完工和投产上，通过采取平台“名单制”管理、建立报告制度和对台账定期监测分析等措施，严格按照监管政策的要求管控新增平台业务，以实现全年“降旧控新”的总体目标。

3. 按照国家产业政策，加大对“三农”产业的扶持力度，积极引导信托资金进入农业领域，推进支持农副产品加工基地、农业示范园区等项目。继续加强对保障性住房建设资金投入力度，进一步改善人民群众的居住条件。推进城乡统筹，提高支农服务水平。

4. 坚持把热心公益事业纳入社会责任管理。2013 年，四川雅安发生 7.0 级地震，公司积极

响应中国信托业协会倡议，捐款 80 万元。公司工会组织员工捐款 138 700 元，采取直接定点支援的方式，落实具体支援项目。

2013 年，公司在公益信托道路上积极探索，发行了普照系列、蒲公英系列、火炬系列等一系列公益信托，总规模为 1.32 亿元。其中，普照一号募集资金近 800 万元，主要在公司内部发行，并将因此产生的全部信托收益用于包括但不限于配合教育机构设立奖学金计划对特困学生和贫困学生进行教育资助，以及对地震、洪涝等自然灾害地区进行救灾资助和灾后重建进行捐助等。

（三）严格履行纳税人职责

2013 年，公司严格按照国家法律法规要求，积极申报并按期缴纳各种税款。自 2008 年起，公司已 4 次被评为“A 级纳税人”荣誉称号，并获得 2012 年度重庆市独立企业纳税 50 强称号。2013 年公司为国家贡献税收共计 3.3 亿元，实现 12 年连续增长。

四、2014 年发展规划

2014 年公司发展的总体思路：理顺机制，符合客观，完善法人治理；严控风险，狠抓薄弱环节，提高资产保全能力，加强资产处置力度和速度，盘活资产；加快转型，培育新的利润增长点；集合各种资源，确保项目风险化解，保证项目顺利兑付，实现公司可持续发展。

（一）业务发展方向

1. 对于符合公司要求的单一项目，减少审批环节，提升审批效率；对于集合项目要优中选优，提高标准，寻求与优质交易对手深度合作，提高业务品质；通过产品创新、拓宽信托投资范围、丰富信托产品形式，在传统业务发展受限的影响下，开拓新的业绩增长点。

2. 并购是未来信托业务转型的一个突破口。公司将选择优质的交易对手，以设立并购基金等形式，围绕其上下游企业，为其提供优质的金融服务。

3. 升级通道业务，在通道业务中增加主动设计思路，根据委托方需求适时设计产品，集合业务逐步向非刚性兑付的产品转型。做好主动管理型产品，在风险可控的前提下，提高收益水平，积极申报各类业务资格，争取获得资产证券化等创新业务资格，开展相关业务。

（二）内部管理

1. 调整结构：前台业务部门制定准入标准，加强大区管理，探索新产品的同时加快推进成熟业务的标准化进程；中后台部门打造“三个中心，一个部门”，即合规与风险管理中心、业务发展支持中心、信托业务运营中心和法律事务部，完成上海管理中心、资产保全部、产品规划部、直销体系建设；后台部门在IT系统搭建、系统审计、对外关系、防范税务风险以及人才培养上稳扎稳打，为公司发展做好支持工作。

2. 理顺机制：优化治理结构，界定和理顺董事会、经营层的职责边界，妥善完成高管分工和授权；完善激励机制，调整激励考核办法，建立健全信托项目的责任奖惩机制；

3. 加强人才培养：前台部门提高主动管理专业人才比重，中后台部门建立一支既熟悉法律又精通金融的队伍，提升公司中高层管理及专业水平。

4. 强化内部监督与考核，体现审计出效益、审计防风险、审计强管理、审计促发展，使审计步入系统化、专业化、规范化、科学化的发展轨迹，有效保障审计工作的质量，充分发挥其监督和稽核的积极作用，健全和完善公司治理。

5. 控制风险及资产保全。存续项目建立和完善风险项目处置相关方案及细则，加大资产保全人员配置和明确资产保全激励政策；后续项目提升准入标准，挑选优质的交易对手，继续补充后续管理人员，更深地介入项目后续管理。规范业务流程，加强员工制度执行力建设，防范操作风险。

6. 完善营销体系：明确具体营销策略，完善营销体系建设。及时了解市场需求，加大直销体系建设力度，继续深化和拓宽与银行、证券、保险、信托公司等合作关系，建立稳定的分销体系，深入分析营销统计报表，细化客户分类标准，提供有针对性的服务，提高客户满意度。

7. 加强声誉风险建设：培养以声誉为导向的公司文化，树立“声誉创造价值、声誉人人有责”的理念；建立完善的合规体制与制衡机制，主动避免违规事件发生；与监管机构、公司客户、合作伙伴、新闻媒体等方面建立起良好互信关系，逐步形成有效的危机管理机制。

8. 推行企业文化建设：始终坚持受益人利益最大化原则，秉行“兼容并包、崇尚道德、有责任感和使命感”的理念；以打造金融行业百年老店为目标，塑造良好公司品牌形象；做深员工培训，使公司真正成为组织有序、管理优秀、有凝聚力、有战斗力的现代化企业。

新时代信托股份有限公司

一、2013 年经营概况

2013 年，新时代信托股份有限公司（以下简称公司）注册资本增至人民币 12 亿元。公司秉承审慎合规的经营理念，以内涵型深耕式发展为指导思想，以主动管理信托资产为基本原则，以净资本管理风险指数为发展导向，打造投融资等多种手段组合的竞争优势，构建集约化、专业化、规模化、基金化和高附加值信托产品线为支撑的业务模式，整体业务驾驭能力、投资决策能力，以及风险识别、判断、防范和控制能力不断加强，资产实力与经营效益持续提升。

截至 2013 年 12 月 31 日，公司自有资产总额 329 838.05 万元，负债总额 9 683.06 万元，股东权益 320 154.99 万元。

作为中国信托业内一名成员，公司忠实而积极地践行信托制度，坚持以高标准、高起点、专业化服务和对客户负责的理念开发信托产品，精心构筑信托产品结构和生产线，审慎规范运作，成功打造锦程系列、慧金系列、聚金系列、嘉盛系列、鑫业系列等信托产品，具有较强市场影响力和竞争力的信托产品品牌，丰富了金融理财和投融资市场，在金融市场树立了良好的口碑。截至 2013 年末，公司存续信托计划 683 个，管理的信托资产总规模 1 578.75 亿元。极大地丰富了金融理财产品，有力地支持了经济建设和发展。

公司将继续坚守金融服务理念，坚定社会责任，勇于开拓创新，不断超越，努力塑造良好的社会形象，精心培育核心竞争力，致力于建设理念先进、制度科学、技术领先、影响广泛的专业信托公司。公司愿与社会各界精诚合作、共谋发展，携手开创公司的美好未来！

二、社会责任履行情况

在持续健康稳步发展的同时，公司更加注重践行社会责任，助力和谐社会建设与发展。通过大力拓展信托业务，积极支持城市基础设施建设和产业发展；尽可能把信托资金更多地投向战略性新兴产业、中小企业、低碳经济等领域，努力为机构和社会公众提供多元化金融服务。

公司严格履行依托合同，切实保证信托项目的安全运营和信托资金的安全。2013 年，公司到期信托产品全部达到了预期收益，并全部按期兑付了本金和分配了收益。

为稳定金融秩序，提高社会公众金融投资意识，普及金融知识，公司认真履行公众教育服务的社会责任和义务。2013 年，公司参与监管部门组织的各类公益活动，开展打击非法集资宣传、反洗钱宣传和金融知识宣传等公众教育活动，提升公众金融安全意识。

公司与包头市固阳县乡镇结成帮扶对象，长期给予经济援助，支持新农村建设，多次得到市县政府部门的称赞和表扬。2013 年，公司资助贫困山区 5 万元，用于新农村建设；2013 年 4 月，响应共青团包头市委的号召，参与“真情关爱青少年，法制宣传进校园”主题活动，为包头市中小学生捐资 2 万元，购买法律图书 1000 册。

三、2014 年发展规划

公司将继续发挥金融信托的独特优势，有效拓展公司的业务领域，培育核心盈利模式和盈利能力。依托内蒙古自治区资源型区域经济优势，有效地将金融服务优势和内蒙地区资源优势结合起来，发挥强强效应，逐步形成“金融服务 + 资源”、具有公司特色的业务发展方向和模式，形成“立足内蒙、辐射全国”的业务和发展格局；公司将树立“审慎经营、内控优先”的意识，建立决策科学、运营规范、管理高效的公司组织、制度建设体系，形成完善的员工培育和发展模式，促进员工向个性化理财专家方向发展，始终保持公司持续、稳定、健康发展，为将公司建设成一个全国一流的信托公司不断努力。

（一）以科学发展观引领公司构建核心竞争模式

坚持贯彻执行国家宏观调控政策，高度重视各级监管部门的监管指导意见，并在经营实践中认真逐项地落实，促进公司内控长效机制不断健全和完善；努力保持与国家产业政策、监管政策步调一致，不断优化公司业务结构，关注市场变化，明确合理的公司市场定位，积极寻找适合公司自身发展的利润增长点；坚持以客户为中心，培育公司忠实的核心客户群，进一步提升信托产品的创新能力，深化对金融消费者的服务能力，积极发挥公司现有业务优势，不断提升公司业务向专业化和精细化发展。

（二）强化风险理念和合规意识，筑牢风险底线

坚守风险底线，确保公司持续稳健运行。首先，要严格项目审批、确保业务发展质量、甄别并安全开展项目。其次，要高度重视潜在的可能风险，着力加强风险防范的前瞻性；保持对信托产品到期清算的警觉性；增强到期清算工作的主动性；继续强化信托项目台账制度，彻底

弄清项目的可能风险点，加强风险预测预判预警，及时制订妥善处置预案。特别要高度重视房地产、银信合作、政府融资平台及矿产艺术品另类投资信托业务的行业风险，有针对性地开展项目检查。严守这一底线，维持公司稳定运行。

（三）夯实公司基础管理工作，促进公司深化改革和创新发展

大力加强基础建设，进一步夯实公司治理、内部控制、业务团队、系统建设等工作。从人才入手，积极开展对内、对外学习，提高公司各个业务模块和团队的创新能力，强化公司的资产管理能力，开展高附加值的信托业务，提高公司自主管理能力和在资产管理市场的核心竞争力，促进公司深化改革与创新发展落到实处。

云南国际信托有限公司

2013 年，云南国际信托有限公司（以下简称公司）以稳健拓展各类业务为中心，以控制经营管理风险为根本要求，持续完善公司内部管理体系，努力提升资产管理运营能力、提高经营管理水平。年内，公司各项业务运营正常，截至 2013 年末，公司主要经营指标较去年同期有大幅提升，超额完成了董事会制定的全年工作任务和暨定的工作目标。

一、2013 年经营概况

（一）自营业务经营概况

2013 年，公司营业收入为 52 996 万元，实现净利润 23 996 万元，较上年同期分别增长了 71.75% 和 54.32%。截至 2013 年末，公司净资产总额为 140 095 万元。

（二）信托业务经营概况

截至 2013 年末，公司管理各类信托资产 22 516 187 万元，较年初增加 14 714 312 万元，增幅 188%；信托业务收入 45 025 万元，较上年同期增加 20 350 万元，增幅 82%。

公司 2013 年新增信托项目 544 个，终止清算信托项目 177 个，年末存续信托项目共计 605 个，其中，集合资金信托 84 个、单一资金信托 502 个、财产信托 19 个。

1. 公司经营基本概况。

（1）完成增加注册资本金登记。公司于 2013 年 5 月 29 日召开股东会审议通过了《关于利润转增资本金方案的议案》，并于 11 月完成了增资工商登记，增资后公司资本金为 10 亿元，达到了监管机构对信托公司开展部分业务的资本金门槛限制。

（2）合理调度和运用自营资金，提高自营资金使用效率。2013 年，在确保公司自营资金安全和风险可控的前提下，公司年内在自营过桥业务、公司结构化信托产品优先级受益权投资业务、现金增值管理业务等方面进行了努力，公司自营业务转型取得一定突破，自营业务营业收入超额完成预算。

（3）大力拓展信托业务，确保信托收入、规模实现双增长。2013 年虽然信托行业资产管理突破了 10 万亿元，但信托制度红利优势越来越小，行业业务转型压力越来越大。在此背景下，公司抓住市场机会，努力拓展各类信托业务，丰富信托产品线，加大与各类金融同业机构间合作的深度和广度，提升服务质量和效率，实现了信托业务收入和资产管理规模双增长。2013 年公司所涉及的业务领域包括银信合作单一资金信托业务、证券投资类信托业务、基金化信托业务、股权类信托业务、财产权信托业务以及与银行合作的集合类信托业务。

（4）加大行业研究力度，加快创新型信托产品研发。公司根据战略发展目标，自身风险偏好以及专业能力等因素，2013 年分别成立了"资产证券化项目研发小组"、"房地产信托项目研发小组"、"基金化信托项目研发小组"等多个课题组，同时借助市场三方研究机构，对行业当前发展情况做了深入研究，并形成相关报告，对公司未来拓展相关项目提供可研分析。

（5）积极申报各类业务资格，拓宽业务开展空间。为适应市场需求，开拓业务空间，提升品牌形象，公司在 2013 年积极申报各类业务资格，股指期货业务资格的申报材料已于 2013 年 9 月 12 日正式提交给云南省银监局；在自营业务方面，公司也积极向人民银行申请同业拆借资格，向兴业银行、邮储银行等金融同业开展授信申请工作。

2. 公司内部管理概况。

（1）适时调整组织构架，全面推进人力资源建设。2013 年经公司第四届董事会第四次会议审议通过，公司对原组织构架进行调整和梳理，调整后公司共设 5 个前台信托业务部门，7 个中后台职能管理部门，同时进一步明确了各部门职责，并统一了部门称谓。公司在 2013 年内共招聘正式员工 46 人，其中前台业务人员 30 人，中后台职能管理人员 16 人。截至年末，公司在职员工 121 人，其中高管 5 人，前台业务人员 54 人，中后台职能管理人员 62 人，前后台人员比约为 47:53，平均年龄约为 32 岁。

公司在 2013 年上半年完成了薪酬管理制度改革，此次改革明确了部门岗位设置，建立了具有竞争力的市场化薪酬结构，并健全了相应的薪酬管理制度，同时对公司人员以岗定级，以级定薪。在绩效考核方面，公司董事会通过了《云南国际信托有限公司业务激励方案》，该方案对自营业务、信托业务以及中后台的绩效激励政策进行了区分；在董事会通过的激励方案的整体框架上，公司在 2013 年制定了《云南国际信托有限公司信托业务绩效考核实施方案（2013 年度）》，该方案针对业务部门建立了 KPI 考核体系，对除经营指标外的创新类业务开展、合规性、管理效率等指标分别进行考核，使业务部门在拓展业务的同时，也注重内部管控。

2013 年公司继续与中国信托业协会、信泽金、中国法律教育培训中心以及其他机构保持着良好的合作关系，定期组织员工参与对方提供的专业培训活动；在内部培训方面，公司与国金证券研究所建立了日常专题培训课程，年内开展专题培训 10 余次。通过培训活动的开展，公司各部门已逐渐形成良好的学习氛围，员工自我学习、提升素质的氛围越来越浓。

（2）注重风险管理，建立业务规范操作指引。2013 年，公司继续将严控风险放在首位，在拓展各类业务的同时，也致力于风险控制与中后台运营能力的提升，不以降低风控标准换取业务机会。为此，公司一方面加强内控制度建设，另一方面制定了标准化业务流程，为持续提升公司风险管控能力和水平，实现公司风险可控、持续发展的目标提供支持。

制定《单一事务管理类信托项目操作指引》。该指引进一步规范和加强公司单一事务管理类信托项目的操作流程，有效防范和控制了流程期间风险，有利于促进公司信托业务有序健康发展。同时，公司建立了相关考试制度，前台从业人员须通过相关培训及考试才能开展业务。

制定《云南国际信托有限公司合规风控战略管理指引》。该指引规范了公司内部各层级主体的风控职责，通过建立健全合规风险管理框架，实现对合规风险的有效识别和管理，促进全面风险管理体系建设，确保依法合规经营。

定期与各级监管机构进行汇报、沟通和交流。公司在开展业务的过程中，持续加强与各级监管部门的沟通，对各项业务的开展均适时进行汇报。公司定期向银监会报送“1104”报表，向人民银行报送各项统计数据，同时积极履行金融机构反洗钱义务。

（三）贯彻三会会议制度、健全治理长效机制

2013 年，公司按照法人治理要求，定期组织召开股东会、董事会和监事会，会议形成的多项决议，对公司重大经营事项的决策和实施具有指导意义。

（四）推进 IT 信息系统建设，打造公司核心竞争力

金融机构管理能力的竞争，很大程度上取决于 IT 系统的建设能力。2013 年，公司着手实施恒生全套解决方案，针对用友 NC 财务系统实施升级，建立信托业务运转流程审批系统，搭建 EAST、1104、人民银行监管数据报送平台；同时，针对公司未来信息系统建设做了规划，推进办公虚拟化、一体化信息系统建设。

党建工作和企业文化建设。2013 年，公司党委带领全体党员，坚持以邓小平理论、“三个代表”重要思想和科学发展观为指导，认真学习贯彻党的十八大精神，进一步解放思想，转变观念，开拓创新，以构建和谐企业为目标，紧紧围绕公司业务经营开展工作，充分发挥党委在企业的政治优势，结合开展群众路线教育实践活动，加强党的思想建设、组织建设、制度建设和作风建设，充分发挥党员先锋模范带头作用，做到“五个好”、“五带头”工作，为公司经营业绩的提升提供有力的政治、文化、思想保障。

公司工会充分发挥组织桥梁纽带作用，认真履行基本职能，增强企业工会组织活力，为促进企业改革发展稳定作出了积极贡献。工会长期组织员工开展多样的文体活动，定期开展羽毛球、足球等体育活动，多次组织员工参加集体户外活动，组织员工参加云南省银行业第五届运

动会，充分展示了公司员工团结、拼搏的企业文化精神；同时，组织员工定期开展各类主题日活动，坚定员工理想信念，激励员工立足本职，勇于创新，努力工作，与企业共同成长，为创造美好未来而奋斗。

二、创新业务案例

2013 年，公司在证券投资领域，推出了以“瑞匯系列”、“私募工厂项目”为代表的具有市场竞争力的差异化证券投资类信托产品。

“瑞匯系列”产品、“私募工场项目”利用 IT 系统支持，创设了独特的交易及风控指标，为投资人的投资决策提供了差异化指导和服务，此类产品不仅仅是信托产品的创新，同时为证券投资类信托业务的拓展开启了思路，为后续大力推进证券投资类业务的开展奠定了良好的基础。

三、社会责任履行情况

公司积极倡导志愿者活动，组织开展社会公益活动。2013 年 12 月 10 日，为大力宣传、赞扬和倡导志愿者（义工）为社会义务服务的重要性与奉献精神，公司响应上级号召，共组织了 18 名志愿者来到昆明市南屏社区，开展志愿者服务活动，活动内容包括清扫南屏步行街、慰问空巢老人和特困家庭。志愿者服务活动是企业文化建设的重要内容，公司党委、工会将继续积极倡导、支持和组织志愿者开展各项社会公益活动，鼓励广大职工为社会奉献爱心，促进公司精神文明建设。

四、2014 年发展规划

（一）业务发展规划

1. 继续深化金融同业合作，把握业务机会。公司近年来在同业单一事务管理类信托业务方面积累了丰富的经验和良好的合作机构资源，促进了公司资产管理规模及信托业务收入的大幅增长。2013 年以来，市场政策环境不断变化，公司一方面将继续加强“银信合作”、“证信合作”，实现各方优势互补与盈利模式整合，保障基础收入的实现与增长；另一方面将加强对金融同业的业务产品创新研发，把握创新项目合作机会。

2. 提升证券类信托业务的规模与能力。证券投资类信托业务始终是公司极具竞争力的核心业务，公司多年在证券投资类信托业务上的耕耘，积累了大量运营管理经验，并具备一定的市场拓展能力。

公司将加强对阳光私募平台业务、结构化证券、大宗交易、债券投资等证券类信托业务的开发，通过团队延伸、市场拓展、业务创新等多种方式，大力开拓公司证券类信托业务的管理规模，提高收入水平。同时，将尝试在股指期货、量化对冲、定增、融资融券等业务领域进行新的研究及探索，开拓更多的创新型产品，开辟新的业务收入增长点。

公司就证券市场业务方向制定专项业务发展规划，力争通过1～2年的培育，将该类业务发展成为公司具有稳定收入的业务线。

3. 加强信托业务创新力度，努力尝试业务转型。经过几年的高速发展，信托公司面临着持续增长能力逐步下降，业务需要调整和转型的市场挑战，公司目前约90%的业务均为银信合作类单一业务，盈利能力及持续发展能力严重受制于监管政策及市场波动。为此，在符合股东及董事会对公司经营风险管控的前提下，加强业务创新及研发，努力尝试业务调整和转型，积极探索符合公司发展的业务模式，将是未来一段时期公司的工作重点。

4. 实现自有资金稳定增值。在董事会授权框架内，在控制风险和流动性的前提下，实现自有资金的保值增值。

（二）内部管理建设规划

实施人力资源管理战略规划，继续加大人员招聘力度，提升人力资源管理效率。

（1）巩固现有招聘渠道及合作网络，积极发展与北京、上海、深圳等发达城市猎头机构的合作关系，加强校园招聘力度。

（2）在人才引进方面，加大高级人才的招聘力度，尤其是针对前台业务管理人员、具体业务操作人员以及合规风控人员的招聘，根据业务发展进度匹配中后台职能部门人员。

（3）在人才培养方面，建立公司岗位素质模型，分层级建立员工培训方案，提升员工整体素质；

（三）强化任务指标考核及绩效评估对提升经营管理的核心作用

1. 对业务部门及人员，制定明晰的任务指标及考核体系，紧扣“以激励体现业绩，以激励推动业务发展”的考核重点，同时，用KPI考核指标对合规、风控、制度遵守等予以综合考量，防范操作风险。

2. 对中后台部门及人员，根据年度工作重点与日常工作完成情况，结合服务质量、合规及团队建设等情况，予以考评。

（四）完善公司信息系统建设，提升办公自动化工作效率

在办公信息系统建设方面，搭建IP电话以及视频会议系统，实施邮件系统改造升级，采用

公司统一文件管理系统，提供移动设备支持服务，提升办公自动化工作效率，降低办公使用成本；同时，进一步完善昆明、上海两地机房建设，按需更新基础硬件设施，保证网络线路稳定，维持系统正常运转。

在业务生产系统建设方面，完善各类业务系统的操作性及数据支持性，推动业务信息的电子化进程，建立信托业务财务数据中心，提高业务统计的工作效率；同时在证券投资风控技术管理方面，加强证券风险监控平台建设，保证证券交易系统稳定运营。

（五）加强企业文化建设，促进企业和谐发展。

充分发挥党委、工会联系群众，服务群众的功能，开展形式多样的企业文化活动，构建积极向上的企业团队，增强企业凝集力，注重培养员工归属感。

在合法合规的前提下，扩大企业宣传，增加与当地主流媒体的沟通与合作，积极参与全国性金融媒体的各项活动，配合市场第三方研究机构的数据统计工作，及时处理负面报道和危机公关，形成良好的媒体关系。利用公司网站、《云信视野》、企业微博等公司自有媒体平台，宣传企业亮点及业务特色，提高企业在行业内的知名度和美誉度。

浙商金汇信托股份有限公司

一、2013 年经营概况

2013 年，浙商金汇信托股份有限公司（以下简称公司）紧紧围绕“稳中求进、开拓创新”的年度工作主基调，按照既定战略方向，在合规经营和严控风险的基础上，稳健拓展信托投融资业务，努力探索战略性培育业务，不断加强内部管理、系统优化、团队磨合以及内控建设等方面的工作，公司总体运行平稳有序。

2013 年公司实现营业收入 2.21 亿元，利润总额 8 081 万元；截至年末公司管理的信托规模余额 216.13 亿元。

二、创新业务案例

2013 年，公司根据自身业务战略安排，继续加大业务创新力度，年内公司通过“私募股权投资俱乐部”等模式顺利完成第一单私募股权投资项目；作为主承销商和财务顾问，设计推出塔牌手工原酒（庚寅典藏）投资私募债券，该债券在浙江股权交易中心挂牌交易。

三、社会责任履行情况

2013 年 4 月，公司响应中国信托业协会倡议发起“芦山赈灾公益信托”活动，为地震灾区捐款人民币 20 万元。

四、2014 年发展规划

2014 年公司将按照既定的战略方向，毫不动摇地坚持市场化的体制机制，积极倡导“信任、包容、分享”的内部合伙人文化导向，紧紧围绕“管理提升、创新驱动”的工作主基调，以底线思维和合规经营为立足点，以强化创新能力为导向，通过管理提升强基础，依靠创新驱动谋发展，积极打造核心竞争力，努力推进各项工作再上新台阶，力促全年目标的圆满实现。

2014 年公司的重点工作：一是以制度建设为先导，以流程优化为重心，深入开展管理提升活动，不断夯实内部管理基础；二是总结经验，完善策略，继续稳健开展信托投融资业务，努力推进债券投资、股权投资等战略性培育业务；三是顺应深化改革和行业发展趋势，着力于业务领域、产品模式、交易结构的探索创新，努力培育新的业务增长点；四是与业务发展相适应，切实加强自主营销能力和客户管理体系建设；五是全力抓好存续信托项目的运营管理，保障到期项目按时清算交付；六是加强团队建设和人力资源管理，进一步完善激励约束机制。

中国金谷国际信托有限责任公司

一、2013 年经营概况

2013 年，中国金谷国际信托有限责任公司（以下简称公司）在监管机构和行业协会的帮助和指导下，在公司董事会和管理层的正确领导下，围绕“上规模、调结构、出产品、创效益、强管理、控风险、建队伍、树品牌”八项任务开展各项工作，公司业务发展和经营管理取得较好成果。

（一）以提高信托业务发展质量为核心，在做好传统信托业务的基础上，全力推进创新业务

一是改善业务布局，在整体经营方向上，以国家产业政策为导向，切实为实体经济服务，不做“两高一剩”行业的项目。二是突破重点项目，公司在项目选择上坚持“三选”原则：选择目标市场、选准目标客户、选定业务切入点，在此基础上，挖掘大项目。三是优化客户战略，积极寻求与实力雄厚的企业和机构建立合作关系，2013 年公司与云南省金融办、北京城建集团等多家机构签署了战略合作协议。四是强调业务创新，2013 年公司经营层明确提出在创新问题上坚持“不动摇，不观望”的原则，将业务创新上升为公司意志，并取得相关成果，成功获批资产证券化业务资格，成功竞标取得第一单资产证券化业务。

（二）以防范和化解风险为保障，提升公司整体风险管理能力

一是加强对存续项目的风险排查工作，全年进行了两次风险检查，检查范围覆盖所有存续信托项目及固有项目。二是调整审批机制及规范业务操作，从源头防范风险。公司提高对项目尽职调查的严谨性，加强对项目实际控制人的审核，开展新项目时要求业务部门充分考虑地域风险、行业风险、交易对手实力、风控措施设计等因素，完善部分项目的操作指引，力争从项目源头杜绝风险隐患。三是加强公司内控建设，控制经营风险和操作风险。2013 年 3 月，公司通过了 ISO 9001 质量管理体系外部认证，通过标准化的形式将各个流程控制节点以记录表单的

形式固化在业务流程内，同时期间管理和审计监督等工作日益加强。

（三）以调动员工积极性为着力点，加强公司人力资源建设

2013年公司新招聘员工共80余名，截至年末，公司正式员工已达到213名。市场化人才的引进，使公司人员结构得到了优化，为公司的高质量发展奠定了基础。同时，公司坚持将“人才强司”作为公司发展战略，通过成立“专业人才库”及“博士服务团”，盘活人才存量，充分发挥公司高端人才资源优势。

（四）以增强公司发展实力为目标，完成10亿元增资工作

公司于2013年末完成了10亿元增资工作，注册资本由12亿元增至22亿元，净资产达到30亿元以上，公司实力得到较大提升，为业务持续发展奠定坚实基础。

（五）以提升公司形象、打造文化软实力为出发点，推进公司企业文化和品牌建设

2013年适逢公司成立二十周年，公司以此为契机，加大宣传力度，推进品牌建设。一是开展“中国金谷二十年”征文活动，激发员工“热爱金谷，建设金谷”的热情。二是《中国妇女报》于10月30日对公司进行了整版专题报道，还特别刊载了公司举办的《放飞梦想、展望未来——我心中的中国金谷》征文活动中的两篇优秀作品。三是在首都机场T2航站楼进港办票大厅显要位置设置公司广告牌，宣传金谷品牌，提高公司知名度。四是筹备编写公司内部刊物——“中国金谷”季刊，展示员工才华，提升企业文化价值。

（六）创新业务主要工作

一是制定了《创新业务管理办法》，为创新业务的开展提供了制度保障。

二是创新业务获得实质性进展。公司2013年顺利取得资产证券化创新业务资格，并成功竞标第一单中国银行资产证券化业务。

三是优化了公司既有创新产品。向日葵系列中小企业发展信托计划是公司这两年的创新实例，2013年公司对中小企业信托融资业务指引进一步进行了完善，通过交易结构的创新进一步规避风险，以利于今后公司更规范化、规模化开展此类业务。

二、社会责任履行情况

公司始终坚持“胸怀服务社会理想，坚守诚信为本理念”，作为国有金融公司，诚信经营，依法纳税，在支持实体经济发展、服务中小企业方面，在抗震救灾、慈善公益方面，做实事，

出实效，积极履行社会责任。

（一）利用信托工具，提供金融服务，支持实体经济发展

1. 为加快改善低收入群体居住条件，支持保障房建设，公司在严格遵守国家相关政策要求的基础上，推出“和谐号”安居工程系列产品，为增加城市住房容量、改善市民居住条件、营造和谐城市，作出应有的贡献。例如，公司与全国社会保障基金理事会合作，设立金谷·和谐3号保障房单一信托，信托资金用于安徽省六安市保障房建设。

2. “向日葵”中小企业发展信托基金系列产品致力于解决中小企业融资难问题，通过向优质的中小企业注入资金，帮助企业渡过经营难关，从而促进地方实体经济发展，为地方经济的稳健发展做出了积极贡献。

3. 为国家重点项目提供金融服务，助力实体经济发展。公司设立的“金谷·紫光展讯股权投资单一资金信托”，对我国芯片行业的发展、自主研发能力的提高和保护以及国家通讯安全具有重要意义，得到了国家发展改革委、工信部和商务部的大力支持。

4. 为切实保护国家非物质文化遗产，体现现代化企业的社会责任，公司通过设立“中国金谷·凤凰Ⅰ号——叶水云西兰卡普艺术品信托”，为实现土家织锦的传承和保护探索出了一条经济可行的途径。

（二）抗震救灾、热心公益，积极践行社会责任

1. 二十年前，时任全国人大常委会副委员长、全国妇联主席的陈慕华大姐倡议筹办公司，“金谷”谐音“巾帼”，公司成立的初衷即支持和服务全国妇女儿童事业。公司成立以来，一直关注和致力于妇女儿童事业的发展。2013 年，公司向妇女儿童事业捐款 1 000 万元。

2. 2013 年，公司向四川雅安地震灾区捐款 56. 8 万元。2013 年 4 月 20 日雅安地震发生后，公司发扬“一方有难，八方支援”的人道主义精神，开展“情系雅安”抗震救灾捐款活动，公司员工积极响应，短短半天时间募集捐款 68000 元，由公司工会上交中国信达工会统一汇往灾区，为雅安奉献一份力量。同时，公司以公司名义捐款 50 万元，支援灾区建设。

3. 2013 年 11 月，公司向中国下一代教育基金会“穿新衣、读新书、看新剧”项目捐款 20 万元。

三、2014 年发展规划

2014 年是公司转型之年、攻坚之年、决战之年、关键之年。面对困难与挑战，公司 2014 年经营工作的重点将集中在以下几个方面：

一是在传统业务的开展方面要强化业务标准，做到宁缺毋滥、优中选优，围绕着高端客户、经济发达区域、国家重点扶持行业及发展迅速行业开展业务，同时充分利用中国信达资产管理股份有限公司的股东优势，依托其遍布全国省会城市的分公司网络，拓展客户资源和资金渠道。

二是继续优化业务结构，逐步将业务种类由融资业务向投资与事务管理类型转型。加大创新业务的研发力度，充分利用已取得的资产证券化业务开展资格，创新信托服务功能，发展创新型信托业务。

三是不断提高自主营销能力，加强财富管理中心建设。通过自主营销能力的提升，积累高净值客户群，逐步实现信托本源下的财富管理功能。

四是不断完善风控体系，把握风险底线，构筑事前严格尽调、审批严格把关、期间尽职管理，以及建立预警和应急处理机制等。

五是夯实发展基础，积极推进战略规划制订、信息系统建设、员工队伍建设及内控建设等工作。

2014 年，公司将在做好上述工作的基础上，稳健经营，创新突破，严控风险，全面提升业务发展质量和经营管理水平，不断塑立公司在信托市场和客户心中的良好形象，逐步打造“金谷信托值得重托”专属品牌，以良好的经营业绩服务客户、回馈股东、回报社会。

中国民生信托有限公司

一、2013 年经营概况

2013 年 4 月 16 日中国民生信托有限公司（以下简称公司）取得中国银监会关于公司重组及重新登记的批复，于 4 月 28 日开业，成为第 68 家持牌的信托公司。自正式展业以来，公司面临国内外错综复杂的经济形势，秉承“敬业、守信、忠诚、奉献、开拓、创新、立志、图强”的企业精神，认真贯彻落实金融监管要求，在股东和董事会的支持下，积极克服初创时期的各种困难，制定了基本管理制度，整体搭建了业务和管理流程，基本满足公司的经营及内控需求，较好地完成了新员工的招聘和各部门组建工作，各项业务顺利开展并取得了相应成果。截至 2013 年末，公司实现总收入 16 619 万元，净利润 5 640 万元，各项经营指标均呈良好的发展态势。

制度治理方面，公司审议通过了股东会议事规则、董事会议事规则、监事会议事规则以及独立董事制度。股东会作为最高权力机构对公司拥有最终的控制权和决策权。董事会及下设的信托委员会、风险控制委员会、投资决策委员会、提名与薪酬委员会、审计委员会均按规定制度有序开展工作。高级管理层对董事会负责，在章程和董事会授权范围内行使职权；职能部门负责各项工作的组织、协调和保障工作；业务部门承担一线管理职责，按照公司管理制度与业务操作流程开展自营和信托业务。

公司明确界定各部门、各岗位的目标、职责及权限，已建立相应的授权、检查和问责制度，确保其在授权范围内履行职能；已建立较为完善的内部控制体系，并制定各层级之间的控制程序，保证董事会及高级管理人员下达的指令能够被正确执行。

业务拓展方面，初步建立了与招商银行、民生银行、平安银行等众多股份制商业银行及上海农商银行、广东农商银行等城商行的业务合作，积极发展与各行业中的大型优秀企业合作，通过项目的推进扩大公司在行业中的影响。此外，公司还通过建立官方网站、开通 400 客服电话等形式，逐步展示公司的品牌形象。

风险管理方面，公司以体系化、制度化为主要目标，以净资本管理为主要抓手，以风险组织架构的设计、风险政策和内部流程的制定与完善等管控模式为主要手段，助推加强全面管控，严守风险底线，为保障公司合规运营，稳健发展做了大量的工作。（1）根据业务发展及风险防控的需要，积极完善内控制度及流程，制定了《事务管理类信托项目的执行标准》、《房地产业务操作指引》等条例引导业务拓展。（2）定期组织中台和业务部门对前期已成立项目运营管理情况进行梳理，对后续管理工作在项目季度管理报告、后续监督与审核等方面存在的相关问题进行分析，从各角度排查风险。（3）审计稽核部门坚持发挥抓手作用，通过中期审计和已成立项目的现场审计，及时发现在控制活动执行方面、信托业务管理方面存在的问题，确保风险可控。

基础管理方面，公司第一届董事会审议通过并颁布了基本管理制度汇编（试行）及授权体系。汇编涵盖90余项制度，详细梳理了业务和管理流程，基本满足经营及内控需求。

人力管理方面，公司已建立较为完善的人力资源管理体系，并通过培训等方式促进新团队的融合。人才队伍基本形成，团队效能得到了迅速的提升。

财务管理方面，公司已完成会计核算、财务管理、资金管理、统计管理四大方面的财务制度架构建设工作，对信托资金的流转环节也制订了具体的操作流程。

信息化管理方面，公司陆续完成机房、硬件设备、内外网网络环境的建设部署工作，搭建了信息化基础运行平台。目前，信托业务系统已承载起公司全部信托项目从立项评审至项目结束的全生命周期管理。管理信息系统中的计划财务管理系统、预算报销管理系统已经完成开发并上线，协同办公管理系统、人力资源管理系统已经部署应用。

二、社会责任履行情况

公司积极配合信托业协会开展工作，以实际行动响应信托业协会的“自律”号召，高度深化“自律”意识，自觉加强风险控制措施，坚决恪守行业公约与业务准则，树立了良好的形象。

公司严格履行对客户资金安全、社会经济稳定的责任。注重维护股东权益，秉承“稳中求进，严控风险”的经营管理思路，坚持稳健发展，在风险可控的前提下，完善现有的业务模式并积极开发新业务。展业以来，公司在资产规模快速增长的同时，各类风险监管指标也能保持良好态势。高净资本覆盖率使公司具备较强的风险抵御能力，切实保障了股东及受益人的权益。

公司积极践行对环境保护的社会责任，号召全体员工乐享“低碳生活”，两次组织开展“奥森公园健走挑战10公里”活动，在提高员工身体素质、增强集体凝聚力的同时，强化提升了员工的环境保护意识。公司对内倡导“绿色金融”，加强内部节能减排管理，逐步开发使用OA协同管理系统、信托业务系统等，基本实现公文电子化。此外，公司提倡双面复印、打印文档，并鼓励采用视频会议、电话会议等绿色办公方式。

开业以来，公司坚决维护全体员工的合法权益，认真履行员工责任，通过社保参保、补充保险和定期体检等方式保障了员工的身体健康。公司还组织各类拓展与培训活动，提高员工的综合素质和展业技巧，帮助员工制订个人的职业发展规划。

三、2014 年发展规划

中央经济工作会议指出，我国的经济形势“稳中有进、稳中向好”，但经济运行存在下行压力，部分行业产能过剩问题严重，宏观债务水平持续上升。2014 年国家将继续实施积极的财政政策和稳健的货币政策，保持货币信贷及社会融资规模合理增长，改善和优化融资结构和信贷结构，提高直接融资比重，推进利率市场化和人民币汇率形成机制改革，增强金融运行效率和服务实体经济能力。控制和化解地方政府性债务风险成为经济工作的重要任务。

根据中央的指导精神，2014 年，公司计划在整体经营管理上稳中求进、严控风险、提高效益、夯实基础，积极应对未来产业环境、客户偏好、监管政策等方面的变化，在项目研发、项目管理、风险控制等方面做到与时俱进，有所作为。

2014 年，公司将进一步完善经营和管理举措。一是要加强市场形势和竞争环境变化的整体把握能力，打造项目“揽、做、销”的综合能力，稳步提升经营效益。二是要注重营销网络建设，扩大集合产品发行规模，规范销售渠道的管理。三是要丰富对项目全过程的风险管理手段，提升全面风险管理能力。四是要加强团队建设、人才培训和员工关怀。五是要认真学习信托业监管法律法规并严格执行，持续完善治理制度，优化管理流程。六是加强研发，适应新形势、新业务的要求。

2014 年，公司继续以保障委托人的合法利益为最高准则，秉承合规、稳健的经营思路，着力开发优质项目，推行严格、高效的风险控制措施，保持适度且健康的增长规模，提高效率和效益，扎扎实实打基础，稳进有为，厚积薄发，为客户创造价值，为中国金融业的创新发展作出贡献。

中建投信托有限责任公司

一、2013 年经营概况

2013 年，是中建投信托有限责任公司（以下简称公司）发展战略第一阶段目标的实现之年。围绕年初确定的经营方针，公司坚持把发展作为第一要务，以“争先进位”为核心目标，着力优化完善管理机制，加强组织机构和人才队伍建设，立足浙江、深耕长三角、拓展京津唐和珠三角等重点区域，实现信托财产规模的快速提升和盈利水平的持续提高，综合实力和业务能力显著提升。

2013 年，公司实现营业收入 10.2 亿元，同比增长 92%，其中，信托业务收入 7.2 亿元，占比 71%，同比增长 142%；固有业务收入 3 亿元，占比 29%，同比增长 28%；实现净利润 5.3 亿元，同比增长 83%。公司管理的信托资产规模首次近千亿元，新增集合资金信托规模达 192 亿元。

2013 年，公司信托业务迎来一个快速发展时期。集合资金信托计划规模创新高，信托业务收入结构持续优化，异地展业布局成效明显，逐步形成杭州、北京、上海、深圳四大重点展业区域市场齐头并进的业务格局。同时，公司固有业务始终坚持以提升中长期价值增长为核心，兼顾核心竞争力的培育与当期营收的实现，不断深化固信联动，加强同业合作与货币资金管理，持续拓展股权投资业务。

公司信托业务坚持以投资类业务为重点，以融资类业务为基础，以服务类业务为补充的原则，加快业务转型升级，加强探索与大企业、大金融机构的战略合作，深度挖掘产业投资机会，创新产品模式，提升投资能力和价值研判能力，加快向以投资型业务为主的业务结构转变。

二、社会责任履行情况

2013 年，公司继续秉承“受人之托，代人理财”的信托宗旨，积极探索公司与股东、员工、客户、社会的共同发展，努力承担着建立和谐劳动关系和公平竞争市场、可持续发展环境的法律责任和道德责任。

（一）股东回报稳定，国有资产保值增值

2013 年，公司实现了经营业绩的全面快速提升。公司营业收入、净利润、信托业务收入和信托业务规模均同比实现了翻一番甚至更多。公司连续 7 年保持快速向上的发展势头，行业影响力和竞争力不断巩固和提升。股东获得良好投资回报，有效实现国有资产的保值增值。

（二）增强综合实力，促进企业可持续发展

公司将 2013 年定位为“能力建设年”，集中力量增强公司综合实力，加大在公司治理、业务发展、行业研究方面的投入，并取得显著成效。2013 年，公司获浙江日报集团颁发奖项“年度金牌理财团队”，成为除银行机构外唯一一家获奖的信托公司，获《商业评论》评出的全国 7 个优秀管理奖其一，获《华夏周报》评出的“最具创新研发能力”的奖项。随着公司综合实力的不断增强，公司在促进自身可持续发展的同时也为促进区域经济发展贡献一份力。

（三）提升员工关怀，搭建良好职业平台

2013 年，公司继续坚持以人为本，倡导团结合作，相互包容，进一步构建和谐关系，在公司形成了良好的工作氛围，在员工之间建立了共同的价值观。公司重视与各级员工的沟通交流，及时了解员工思想动态，共同探讨公司业务发展等问题。努力为员工提供差异化的培养渠道，初步建成激励约束机制，为员工搭建起展示个人能力的良好平台。

（四）宣传金融知识，大力保护投资者权益

公司牢固树立“诚信为本，合规经营”的公司核心理念，大力倡导“居实处厚，知明而行”的公司核心价值观。2013 年，公司响应省银监局号召，积极参加“提升信用品质、金融知识进万家”宣传服务月活动，开展信托投资者教育和金融风险教育活动，大力向公众普及信托知识，提高投资者金融知识和风险防范意识。

（五）融资中小企业，推进绿色金融发展

公司高度重视中小企业，特别是绿色产业类企业的融资需求，在实际展开信托业务过程中将区域经济发展和环境评估纳入考量，积极加强与这类企业的信托业务合作，帮助解决中小企业中长期融资难问题。2013 年，公司向现代农业综合工程倾斜信托资源，大力推进绿色金融发展，与以花卉、园艺为核心主业的园林绿化及农林科技示范企业森禾种业达成融资合作，为其提供资金支持。

（六）参与公益事业，向社会伸出援助之手

2013 年 4 月 20 日，四川省雅安市芦山县发生里氏 7.0 级地震，芦山县及周边其他地区都受到重大影响，造成人员重大伤亡和财产重大损失。公司党委、董事会在第一时间行动起来，开通绿色通道，向灾区捐款人民币 26 万元，将善款划转至信托业协会指定账户。

（七）积极依法纳税，支持当地经济社会发展

公司作为企业公民，依法按时向政府缴纳税款，积极履行扣缴义务人代扣代缴税款的义务，如实向税务机关反映公司经营情况和财务执行制度情况。2013 年，公司共上缴税收达 2.76 亿元。

三、2014 年发展规划

2014 年，是公司发展战略规划第二阶段的起步之年。公司将始终把发展作为第一要务，以争先进位为核心目标，深入研究外部经济金融环境和行业趋势，加快创新转型步伐，推动公司实现健康、持续、科学发展。

（一）2014 年工作基本思路

坚持以科学发展观为统领，深入贯彻落实公司 2011—2020 年发展战略，以实现公司“跨越”和“转型”为目标，进一步夯实公司基础管理，努力实现公司发展战略第二阶段目标任务。

（二）2014 年工作重点

围绕这一目标，公司将重点做好以下五个方面的工作。

1. 加强业务拓展。一是在坚持维护和开发大型客户的基础上，进一步增强营销拓展能力，谨慎开发限制级客户，拓宽市场范围，逐步形成具备可持续发展特征的信托业务模式。二是加大对新型信托产品的开发力度，顺应行业未来发展趋势，设立投资银行部，改造固有资产管理部，高度重视 PE 公司，积极跟进土地信托、家族信托等创新产品，建立公司的投资能力和价值研判能力。

2. 壮大财富管理。启动研究建立公司财富管理业务的客户开发和服务体系，培育公司以差异化和专业化为特征的财富管理业务能力，实现对个人客户的财富管理方式转变，从以个人客户为主转向个人客户和机构渠道并重，扩大营销活动广度，挖掘营销深度。

3. 强化风险管理。落实专业审批人制度，配套建立审批管理办法，细化对各业务部门的风

险审批指引，进一步完善风险管理体系。

4. 加强运营保障。一是明确运营工作机制，加强运营部对前台业务部门的服务支撑工作和信后管理工作。二是要进一步提升信息技术水平，在明确公司需求的基础上，完善客户系统，逐步形成以市场为导向、以客户为中心的信息技术服务。

5. 夯实人力资本。加大人员培训深度和广度，坚持以“拓思路、增素质、提能力”为原则，组织开展各层次专业培训，重点提高培训成果吸收转化效率。

中江国际信托股份有限公司

一、2013 年经营概况

（一）经营利润

中江国际信托股份有限公司（以下简称公司）全年实现营业收入 11.96 亿元，实现利润 7.76 亿元，分别较上年增长 20.39% 和 22.95%。

（二）资产情况

截至 2013 年 12 月 31 日，公司总资产为 41.03 亿元，较年初增长 17.33%；净资产 37.9 亿元，较年初增长 32.99%。

二、创新业务案例

案例 1：银、证、信三方合作新的 TOT 模式

基本模式：委托人基于对受托人的信任，将其合法享有所有权的资金委托给受托人，受托人根据委托人的意愿，将信托合同项下的信托财产全部用于投资金融市场投资工具等，包括但不限于银行间市场债券、中央银行票据、货币市场基金、银行理财产品、债券回购、定向资产管理计划、定向资产管理计划受益权、信托计划、信托计划受益权、信托贷款、信贷资产、债权以及租赁权等。由受托人在信托文件确定的权限内对信托财产进行管理、运用或处分，并将由此产生的利益分配给受益人。

案例 2：伞型信托

基本模式：委托人（优先 + 一般）将信托资金加入伞形信托并由信托公司和托管银行将委

托资金按规定划付到证券公司证券账户，并指定由一般委托人（如有投资顾问则指定投资顾问）通过委托人指令及软件系统将信托资金投资于上海证券交易所和深圳证券交易所上市交易的A股股票、中国证监会许可发行的交易所基金和债券品种、在证券发行市场申购新股和债券、银行存款和经受托人及受益人大会同意的其他金融品种，并通过受托人的专业管理谋求信托财产的稳定增值。

案例3：信保合作信托模式

基本模式：委托人（保险公司及其他委托人）将信托资金加入××省城镇化建设投资基金集合资金信托计划，受托人将本信托计划资金主要投资于××省范围内的城市基础设施建设、民生工程、城乡统筹及新农村建设、园区建设、土地收储等城镇化建设项目；信托专户内资金闲置时可投向非××省城镇化建设的项目，或用于银行存款、购买国债，但不得超过信托总规模的20%。受托人按期向受益人分配信托收益。

案例4：合伙制企业信托模式

基本模式：按委托人指定，投资成立合伙企业（有限合伙）（简称合伙），受托人通过加入合伙并成为唯一的LP。合伙以信托资金参与备选项目，以股权、债权等形式进行投资。信托存续期间，信托资金投资退出所收回资金可进行循环投资；收回投资后如无合适的再投资机会，受托人有权决定提前终止信托计划。到期如有项目未结束，即自动延续到项目终止为止。

收益来源：以投资企业的收益为来源，如每季度实现收益不足预期，则由被投资企业每季度提供保证金补足。

案例5：融资租赁信托模式

基本模式：委托人基于对受托人的信任，将其拥有合法支配权的资金委托给受托人，受托人按照委托人的意愿，以受托人的名义，按照相关合同的约定，将信托资金以融资租赁模式运用，即受托人将信托资金用于购买融资人的固定资产，再回租给融资人，融资人按约定归还信托融资本息和回购资产，公司从中实现信托收益。

三、社会责任履行情况

作为地方金融机构，公司自2004年新班子成立以来，积极履行社会职责，始终坚持“突出金融主业、服务地方经济”的经营宗旨，运用多种金融工具，发挥直接融资功能，在风险可控的前提下提供更多的信托融资资金。2013年，公司为省内各级政府、重点项目、上市公司，大型、中型、小型企业等提供信托融资 213.67 亿元；此外，在支持公路建设、学校建设、扶危济困等方面作出了积极贡献，全年共捐赠金额 649 万元。

四、2014 年发展规划

（一）指导原则

坚持解放思想、创新创造，立足稳健经营、持久发展，进一步发挥混合所有制优势和金融控股的优势，增强发展活力；进一步发挥业务网络和资源优势，谋求更大的发展空间；进一步发挥中江国际的企业文化优势，激发广大员工的创业热情，构建更加开放、更加强盛、更加稳健、更加充满活力的中江国际。

（二）总体目标

1. 实现信托收入 7 亿元以上，利润总额 4 亿元以上。

2. 年末信托资产余额不低于 1 600 亿元，当年新增信托资产 600 亿元，累计管理资产 5 300 亿元。

中粮信托有限责任公司

一、2013 年经营概况

2013 年，中粮信托有限责任公司（以下简称公司）积极适应国内外经济形势变化，坚持以创新为驱动，产融结合为依托全面完成预算，各项经营指标较 2012 年均有稳步增长：营业收入 4. 19 亿元，利润总额 2. 80 亿元，净利润 2. 04 亿元。

（一）信托业务发展迅速

自主管理能力稳步增强，业务结构更趋合理和多元化。资金投向更趋合理，合作对手不断丰富，涉及信银、信消、信房、信券、信投及信农等多个领域。信托收入、信托业务报酬率平稳增长。

2013 年末农业金融业务累计近 31 亿元，发展初具规模，形式更加多样，已经具备连续发行、规模化发展的实力；2013 年续签了五里明土地流转信托，本期规模 3 600 万元，标志公司土地流转信托模式经过几年探索目前已运行成熟。目前公司累计农地受托面积 30 万亩，惠及农户近 14 000 户。2013 年复制成熟五里明土地流转信托模式，开发了林甸谷丰土地流转信托，涉及土地 21 800 亩，信托期限 10 年，财产权信托规模估值 6 540 万元。服务对象从农民合作社扩展至农业种植企业，标志着土地流转信托业务有着复制推广的美好前景，更加具备现实推广意义。

分布推进全国布局，构建多维度、立体化的经营体系。目前已在上海、山东、深圳、湖北等地设置分支机构，并将适时拓展其他重点区域。为进一步开发重点市场、服务区域客户打下扎实基础。

（二）固有业务稳健增长

固有业务包括金融股权投资、配比信托和现金管理。股权投资注重农业金融股权投资、农业产业基金的协同合作，有助于公司提高差异化的资产管理和财富管理能力；配比投资信托项目，积极支持信托业务发展；现金管理基于“流动性、安全性、收益性”原则，根据市场状况灵活配置，目前公司已取得银行间本币市场参与资格和新股网下询价资格，拓宽了投资渠道。

（三）合规风控助力公司稳健发展

公司坚持，合规优先，加强内控；制度先导，细化流程；依托系统，全程监控；业务开展注重稳健，以安全性为首要目标；动态管理的风控原则。适时修订了《中粮信托有限责任公司信托业风险控制操作指引（2013年7月修订版）》，详细说明了信托业务的选择范围与标准、信托业务尽职调查的基本要求和方法，各类业务的风险控制标准和流程，完善了信托项目的事前、事中、事后全过程的动态管理，有力地保障了业务开展。

（四）人力资源

团队有序扩张，2013年末达到119人。

在集团指导下，公司结合自身发展阶段持续优化激励约束机制，将公司关键人才利益与公司战略目标相结合。广泛开展各类培训，创立忠良晨课平台，共享组织知识，传递企业文化，打造学习型组织；推动BMO－CEDP项目，组织协调三个阶段分层次培训工作；实施导师制培养项目，重点培养有经验的基层员工，打造梯队人才。

（五）成功完成增资工作

2013年末，获得中国银监会关于公司增加注册资本并修改公司章程的批复（银监复［2013］663号），并于年末完成相关工作，增资后的注册资本为23亿元，满足监管层对信托公司注册资本的要求，提升公司风险管理水平，提高在财富管理领域的竞争能力，促进公司安全、稳健发展。

二、2014年发展规划

（一）提升风险把控水平

公司优先发展风控能力，业务发展始终处于风控覆盖下，减少公司运营风险。

建立以律师、注册会计师和有信托业务经验人才为主的合规风控专业团队；不断总结风险管理工作的经验和教训，定期组织同业交流，学习同业先进工作经验和团队建设经验。进一步细化和完善《信托业务审查与风险控制标准及操作指引》，完善证券业务、信政业务、消费类信托、实业股权投资等内容，制定相应的审批标准和流程。

（二）信托业务

1. 2014 年产品发展规划。保持信银、发展信券、推动信消、适度信政、优化信房、发力信消、开拓信保，大力推动农业金融。提升信托业务资产管理能力，以特色化业务模式构建差异化资产管理能力。主要包括强化农业金融的特色化业务、公募资产证券化业务资质及能力，以及消费金融的先行优势，同时通过动态跟踪、实时监控，进行项目运营与分析、基础信息管理、兑付清算管理，加强项目中后期动态管理。

推进产融结合。打造更为专业化的农业金融团队，服务集团产业链，促进业务协同，为粮油食品企业提供投融资及财富管理服务；拓展与集团外涉农企业的合作，突出公司在农业金融，产融结合中的优势，在产业链管理、补充融资、高端农业投资、报表优化、协同投资等模式下开展具有中粮特色的农业金融。

加紧复制已成熟信托产品，将成熟的农业金融模式在行业内复制，建立稳定的农业金融服务模式。结合信托模式和集团各业务单元需求在 2014 年适时推出 1 ~2 个创新产品。

2. 营销体系重点工作。规范完善现有制度及销售流程，拓宽与客户接触的维度，形成品牌和固定客户群，搭建组合销售体系。建立客户关系管理体系，推进 CRM 系统，逐步实现客户（包括渠道）的分级管理，建立有特点和技术先进的客户沟通和产品路演体系，继续推行“千行计划”。

（三）固有业务

提升固有资产管理能力，继续坚持金融股权投资、支持信托业务发展和现金管理三个主要业务方向。配比信托方面，把支持信托业务发展放在重要位置；遵循从“被动支持”到“主动配置”，从“初级”到“高级”，从“公司”到“行业”的发展逻辑，逐步提升对信托业务的支持力度。在严控风险的前提下，实行多元化的股权投资策略，提升自主资产管理能力，获取财务回报；现金管理维持固有资产流动性、提高收益性；建立并完善资金池、资产池的业务模式，遵循“循序渐进”、“逐步成熟完善”、从“被动管理”向“主动管理”的发展路径，最终实现多类资产、跨市场、主动组合投资的业务模式。

中泰信托有限责任公司

一、2013 年经营情况

2013 年，中泰信托有限责任公司（以下简称公司）以积极的精神面貌开拓进取，使公司 2013 年各项主要经营指标的增速，都明显高于行业平均水平，绝对量也达到建司以来的历史新高。

（一）主要业务指标

截至 2013 年 12 月 31 日，公司管理的信托资产规模 622 亿元，比 2012 年末的管理资产规模 316 亿元增长了 96.84%。公司实现营业收入 68 354.42 万元，比 2012 年增长了 113.56%。其中，信托业务收入完成 35 145.67 万元，比 2012 年增长了 190.54%。公司 2013 年全年实现利润总额47 520.81万元，比 2012 年增长 70.6%。

（二）管理机制建设成效显著

1. 人力资本体系的构建。公司将人力资本作为企业长远发展的关键要素，2013 年平衡推进前台、中台、后台的团队建设，基本形成了个体素质良好、团队组建合理、结构支撑到位、管理协同高效的人力资本格局，为公司的加速发展和稳健运行奠定了较好的基础。

在具体实施过程中，首先是对公司组织架构进行调整和优化；其次是对薪酬和绩效考核制度进行市场化改革；再次是加速扩充工作团队，启动“异地分中心”布局；最后是以企业文化促进新老团队的融合。

2. “大风控”体系的构建。为有效控制经营风险，公司 2013 年提出了构建“大风控”体系的思路。“大风控”体系强调，业务运行的每个环节和涉及的每个人都是重要的风险发现点和控制点。通过风险控制职能的前移后延，形成全员参与，覆盖前台、中台、后台各部门，贯穿业务运行全流程的风险控制体系，并逐步塑造严谨、统一的风控文化。

3. “大运营”体系的构建。在信托行业管理资产规模突破 10 万亿的情况下，构建“大运营”体系，实施存续项目集中管理，成为信托公司有效控制运营风险，进一步提高管理能效的重要策略。

4. 制度建设。公司把制度建设作为提升公司管理水平的重要抓手，围绕构建三大体系的目标，对各个岗位和条线的基本职能、工作路径和发展空间进行梳理，合理设定管理制度和工作约束机制，在强化规范的同时，又使员工的灵活性和主观能动性能够得到充分发挥。

5. 执行力建设。公司 2013 年围绕提高管理效率这一目标，从决策落实和文件批处督办两方面，大力加强执行力建设。

在各职能部门的共同努力和积极配合下，通过 2013 年的磨合和优化，公司行政流程上的工作效率和执行力有了较大提升，各项决策和部署的工作落实情况有了明显改善。尤其是在信息报送的及时性和数据质量方面，公司 2013 年在“上海市金融家问卷调查”工作评比中获得一等奖；在“中资金融机构 2013 年度统计工作”考核中荣获三等奖；还有一位同志荣获“2012 年度征信系统数据质量工作优秀个人”称号。这些荣誉的取得，表明公司在全面深化细节管理、加强执行力建设方面取得了显著的成效。

二、社会责任履行情况

公司始终坚持市场化、差异化、规模化的发展路线，致力于在明晰的发展战略指导下，依托优秀的企业文化和价值观、人力资本体系、法人治理结构，构建运转流畅的资产管理体系、风险运营体系和财富管理体系，将公司打造成为可持续创新的综合性金融服务平台。

公司通过资金信托、财产权信托等方式涵盖信托贷款、金融租赁等法律法规所许可的全品类。目前公司已经与越来越多的金融机构开展更为紧密的合作，业务条线齐全，布局合理，全面覆盖资本市场、货币市场、实业投资市场各产品，包括加工制造业、新型能源等实业领域及房地产、基础设施和新型城镇化，为机构客户及个人客户提供投资回报有竞争力的产品。

截至 2013 年 12 月，公司以及下属企业受托管理客户资产规模总计超过 1 500 亿元。2013 年内公司为投资人实现信托收益 27. 62 亿元，目前公司所管理的信托计划全部如期兑付，长期以来为集合项目投资者提供了平均 10% 左右的投资收益。

公司倡导将企业的发展与社会责任的承担相结合，积极投身公益事业。2013 年“4・20”雅安地震发生后，公司率先响应中国信托业协会号召，深入灾区捐助救灾物资，支援灾后重建工作及其他社会公益事业。

三、2014 年发展规划

1. 进一步提升规模和收入，优化产品构成。公司将在扩大规模的同时，按照监管政策要求，主动优化产品构成，通过提升技术和管理能力，逐步突破产品分布上的瓶颈，为公司的长远发展创造更好的条件。

2. 继续夯实基础，以合理的薪酬和绩效考核体系引导创新转型。在绩效考核体系方面，在继续采用收入和规模两大核心量化考核指标的基础上，引进风险资本考核指标，使绩效考核体系既符合公司现阶段稳健经营的需求，又体现出对业务创新转型的长远导向；在薪酬体系方面，对于中台、后台部门，公司2014年将继续按照市场化的原则，在广泛调研的基础上，对固薪水平和薪酬结构进行调整优化；在人才梯队建设方面，公司将研究引入管理培训生机制的可行性。

3. 大力提升风险评判和管控能力，通过业务分类提高流程效率。2014年，公司将继续深化"大风控"和"大运营"体系建设，对交易主体、风控措施、风险模型和风险量化等问题进行系统研究，逐步形成以风险为核心要素的项目评价和运营控制体系，推进风控机制全覆盖和运营管理纵深发展，提高公司对风险的管理和控制能力，提升产品的社会认可度。在切实提高风险评判能力的基础上，公司将基于不同的业务类型划分，对业务评审机制进行调整和优化，提高流程效率。

4. 优化业务团队组成，促进业务团队的整合和优势互补。2014年，公司将进一步优化业务团队的组成。一方面，将根据开展创新型业务的需要，有针对性地引进专业能力突出的新业务团队，适当扩大业务团队基数。另一方面，将通过政策引导，促进现有业务团队之间的分工协作，加强资源共享和优势互补，进而推动业务团队的整合，形成几个规模较大、实力较强的专业化团队，并逐步向大事业部模式演进。公司将对这些整合形成的较大的业务团队进行统筹安排，加强与研发部门的联动，在公司引导下实现前瞻性转型，争取在新型城镇化建设、国有企业改革、区域发展基金、行业并购基金等类型的产品上有所突破，形成更有利的展业格局。

5. 继续加强财富中心建设，大力提升产品营销能力。2014年在经营管理层面，公司将考虑从渠道开发、同业合作以及营销分中心布局三个方面入手，按照"大营销"的思路和"利润中心"的定位，全面加强财富中心建设。

中原信托有限公司

一、2013 年经营概况

2013 年，中原信托有限公司（以下简称公司）认真研究宏观形势，努力把握行业趋势，着力调整业务结构，创新业务模式，严格风险控制，超额完成年度经营目标。截至年末，公司全年共实现收入 96 694 万元，比上年 60 186 万元增加 36 508 万元，增长 61%；实现利润总额 73 586 万元，比上年 42 712 万元增加 30874 万元，增长 72.28%；全年上缴各项税金 23 228万元，实现净利润 55 774 万元，比上年 32 333 万元增加 23 441 万元，增长 72.5%；净资产比年初增加了 39 477 万元，增长 19.96%；净资产收益率达到 25.65%，比上年提高了 7.79 个百分点。

（一）信托业务快速发展，主业地位更加突出

2013 年，公司继续坚持“合作、转型、走出去”战略，促进业务快速发展。在“合作”方面，一是合作区域进一步扩大，业务足迹已经遍布全国大多数省市；二是合作主体不仅有国有银行、股份制银行等银行类金融机构，还有证券公司、资产管理公司等非银行金融机构；三是充分利用不同类别金融机构的功能，取长补短，创新金融产品，服务经济发展。在“转型”方面，抓住中原经济区和航空港区上升为国家战略的政策机遇，加大对河南省经济的支持力度，优化业务地域结构。全年累计新增省内信托规模 181 亿元，比上年增加 56 亿元，增长 43%。特别是在郑州航空港区急需启动资金的情况下，及时投放信托融资 20 亿元，引导带动了上百亿元银行信贷资金的后续投入，赢得了较好的社会反响。在“走出去”方面，按照立足河南、面向全国的“走出去”战略，积极拓展省外信托业务，参与全国范围内的市场竞争。2013 年，公司在广州和成都分别设立了信托业务部，基本完成了以河南为中心，以北京、上海、广州、成都信托业务部为支撑，业务覆盖华北、华南、中原、西南和长三角区域的全国化发展格局。公司全年累计新增信托规模 996 亿元，比上年同期增加 321 亿元，增长 48%；信托规模突破千亿元大关，年末信托规模余额达到 1 175 亿元，比年初增加 383 亿元，增长 48%；实现信托业务收入

81 130 万元，比上年增加 30 012 万元，增长 59%。

（二）固有业务稳健发展，高效利用固有资金

2013 年，固有业务按照“解放思想，开阔视野，综合运用公司资源开展业务，打开运作空间，增加创利点”的总体思路，综合运用公司资源和信托制度优势，取得了较好收益，全年实现收入 15563 万元，同时保障了大额备付等应急流动性需求。

（三）坚守风险管理底线，确保项目安全运行

一是严把业务准入关。不开展高污染、高耗能、产能过剩领域的业务和政策限制开展的其他领域业务。二是严守评审决策关。修订完善项目审查制度等内控制度，完善各类业务授信原则和风险控制标准，增强项目评审针对性。严格审核项目成立条件，落实项审会和经营班子决策意见，防范业务操作风险。三是严控重点业务风险。完善风险排查机制，根据项目的特点，实行不同的风险排查频率，加强薄弱环节的风险管理。严密监控股票质押项目价格变化情况，对股价接近或触及保证金追加线的项目，督促交易对手追加资金或质押物。及时跟踪房地产项目建设情况和销售进度，监控房价和抵押物价值变化，有针对性地做好管理工作。四是深化合规管理。加强合规培训和警示教育，夯实“不想违规”的思想基础。梳理各类业务的合规要求，形成全覆盖的合规体系，建设“不能违规”的制度环境。加大绩效考核和审计问责等力度，强化“规则牢不可破”的执行机制。

二、创新业务案例

业务创新：一是在投资型信托方案设计上，采取向项目公司委派董事且在董事会上享有一票否决权的措施，体现了自主管理理念，提高了项目的风险控制能力。二是通过有限合伙企业的形式引入银行理财计划投资于定向增发项目，实现了真正意义上的信托投资，也丰富了银信合作模式。三是借鉴银行同融资租赁公司保理业务模式，实现了信托公司、融资租赁公司优势互补，专业分工，风险分担。

管理创新：一是开展精细化管理，针对各部门、各岗位、各流程，明确标准，严格执行，促进管理水平提升。二是成立信息技术部，加大对信息科技的投入，保障信息安全，支撑业务发展。三是出台了不同业务类别的标准化法律合同文本，提高了文本制作质量和效率，防范了法律风险。

三、社会责任履行情况

（一）管理和服务责任

一是落实“三重一大”制度，完善分工合理、制衡有力、监督到位、运行顺畅的法人治理结构。二是按照“行为有规、授权有度、检查有力、控制有效”的内控合规总体要求，健全内控体系，实现了对风险进行事前防范、事中控制、事后监督。三是坚持“以客户为中心”的服务理念，竭诚为客户提供优质、高效的服务。公司全年累计清算到期或部分到期信托项目511个，按时足额向受益人交付信托财产613亿元，分配信托收益78亿元。自主开发信托项目到期清算率、信托收益兑付率继续保持100%，信托资产不良率继续保持为零。

（二）经济和服务责任

一是紧抓“中原经济区”建设机遇。公司围绕河南省内基础设施、能源交通、节能减排、产业转型等重点建设项目深入挖掘中原经济区和郑州航空港经济综合实验区建设发展机遇，全年累计新增省内信托融资181亿元，比上年增加56亿元，增长43%。与郑州航空港区建设项目紧密结合，及时投放信托资金20亿元，引导带动了大批后续资金投入，为区域经济发展作出了贡献。二是落实反腐倡廉建设各项工作。加强反腐倡廉教育，增强拒腐防变的意识和能力，夯实道德和法纪防线，落实民主监督机制。三是荣获多项荣誉，得到社会各界认可。公司蝉联“大河财富（中国）论坛”评选的“助力中原十大活力金融企业”，并先后获得“优秀理财管理团队”、“领航中国信托行业最佳客户服务奖”和“中国金融机构金牌榜——2013年度最佳稳健增长信托公司”等奖项。

（三）员工责任

一是保障员工基本权益，关注员工身体健康。在招聘、录用、岗位调动、薪酬待遇、职业规划各环节，对全体员工一视同仁，保障员工重大事项的知情权、参与权和监督权。为全体员工提供健全的保险保障，定期组织员工进行体检。二是加强员工专业培训，丰富员工业余生活。全年共组织员工集中培训41期，包括岗位合规培训、信托业务法律培训等专业培训。倡导并组织员工参与形式多样的文体活动。三是关爱退休员工，积极组织退休员工参与活动。如重阳节登高、健步走等，坚持对老员工和困难员工“三必访”和节假日拜访，为其提供生活保障和关爱。

（四）环保和公益责任

1. 推行绿色金融，支持低碳经济。积极倡导绿色金融，支持节能减排项目建设，对高耗能、高污染和落后产能项目实行“一票否决”；加强内部节能减排管理，降低水、电、汽油消耗，努力减少自身运营对环境的影响，进一步完善升级了OA公文处理系统、信托业务系统等，并打造了手机OA便捷管理APP软件，实现了电子公文、信息文档、盖章签报电子流转、手机公文办理，提倡双面打印、双面复印，鼓励使用视频会议、电话会议等绿色办公方式。

2. 慈善捐赠回馈社会，“结对帮扶”奉献爱心。公司秉承“回馈社会、服务社会”的宗旨，积极履行信托公司社会责任，捐赠400万元用于公益事业；“结对帮扶”协助灵宝市西闫村文化大院建设，获得省直文明委及帮扶村的高度评价和赞扬，为社会主义新农村建设做出贡献。

3. 公益服务社区，普及信托知识。2013年7—9月，在中国银监会和河南银监局的全力支持下，积极开展“金融知识进万家”宣传教育活动。一是联手《郑州晚报》，开设了“信托金融理财知识大讲堂”系列栏目，于7—9月在《郑州晚报》理财专版刊登。二是携手《大河报》开展了投资者调查问卷活动。三是举办了“中原精英理财沙龙”客户理财讲座，解答客户在日常投资理财中遇到的各种问题，提示广大消费者理财风险。四是深入群众，开办“总裁大讲堂”。9月16日，公司举行了“金融知识宣传月——中原理财大讲堂”总裁宣讲课程。崔泽军总裁亲自任讲师，从信托的起源、特点，信托产品的种类、特点，消费者风险解读，公司产品特色等四个板块向客户做以讲述，并在演讲后与投资者们积极互动，细致全面地解答投资者们提出的问题。五是举办“副总裁接待日”活动。9月20日，薛怀宇副总裁在信托理财服务中心设立接待展台，为当日前来咨询信托产品的投资者们做一对一的信托理财服务，向客户分发宣传资料，了解客户投资意愿，并根据客户的风险偏好为其推荐相适应的理财产品。六是走进社区，贴近百姓生活。在集中宣传活动中，公司信托理财服务中心组成“中原信托金融知识进社区服务队”，走访郑州社区向居民发放宣传单页，解答居民提出的理财问题，活动期间共发放宣传折页2 700余份，接受咨询约1 320人次。

四、2014年发展规划

（一）研究行业发展规律，加大创新力度

在新的年度，公司将加强与同业以及监管部门的沟通，认真研究行业发展动向，把握好新出现的业务机会，寓创新于学习之中；加强与证券公司、金融租赁公司、资产管理公司等各类金融机构的接触，寓创新于合作之中；加大自主开发、自主管理项目的拓展力度，努力调整业

务结构，寓创新于转型之中。

（二）抓好信托业务主线，创新固有业务发展思路

2014年，公司把提高自主开发能力作为工作重心之一，加大了向各信托业务部门下达自主开发业务指标的力度，各职能部门也要加大对自主开发项目的支持力度，特别是在项目评审、法律文本制作等环节给予优先安排。在新的一年里，固有业务部在维护好股东关系、行使好出资人职责的同时，充分挖掘公司股东和所投资金融企业在项目、渠道、购买信托产品等各个方面的业务机会，全方位支持公司发展。

（三）提高风险管理水平，强化风险控制能力

一是把好两个关口、做到两个确保、守住一个底线。即把好项目准入关，在项目挑选、尽调、评审和法律文本制作方面严格把关；把好执行操作关，严格按制度、流程和项审会评审要求办理，不走样；确保存续项目到期正常清算；确保新增项目质量；不出现项目损失。二是增强项目筛选和评审能力。通过专业培训、业务交流等措施，提高信托经理对项目的甄别、判断能力，确保选到好项目，努力从源头上控制风险；进一步促使项目评审人员更加专业、敬业，不断提高对风险与收益的平衡能力。三是防范中介风险。对提供项目的中介机构进行评估，坚持“亲自”原则，亲自谈判、亲临项目所在地调研、亲自制作方案、亲自办理抵（质）押手续、面签相关法律文本。四是严防操作风险。严格按照业务流程和制度要求办理业务，不因业务量增加而简化流程。五是提高风险处置能力。在项目方案中设计风险处置预案，在项目管理过程中建立风险预警机制，出现风险苗头时及时制定应对措施，在风险暴露后将风险控制在最小范围。

（四）增强营销能力，做强产品销售工作

一是要加大公司形象和品牌的推广宣传力度。提高认识，树立品牌宣传理念，加大投入，主动策划，构建全面品牌宣传体系，有计划、有步骤地持续推广宣传，扩大公司知名度和影响力。二是实施“走出去”销售战略。将理财中心更名为财富管理中心，并设立财富管理中心北京业务部和上海业务部，充分挖掘北京和上海金融机构多、高端客户基础好的优势，形成中原、华北、华东三个区域销售中心。

（五）优化流程，整合资源，向管理要效率

按照“化繁为简、讲求实效”的原则，继续优化项目立项、评审、审批、报备、成立、划款、清算、分配操作流程，需完善的环节予以完善，加强管控；能简化的程序进行简化，提高

效率。

2014 年，公司将努力把握经济运行趋势和行业发展态势，挖掘产业结构调整、城镇化和中原经济区建设带来的机遇，加强项目开拓和营销能力建设，继续深入推进业务转型和结构调整，严守风险底线，建设适应业务发展的管理能力和效率，稳中求进，确保公司持续健康发展。

紫金信托有限责任公司

一、2013 年经营概况

2013 年，紫金信托有限责任公司（以下简称公司）面对复杂的市场竞争环境，抢抓市场机遇，大力开拓业务，强化风险控制，探索产品创新，优化运营管理，打造品牌形象，全面超额完成了年度经营目标。全年实现营业收入 3.76 亿元，利润总额 2.50 亿元，净利润 1.87 亿元，净资产收益率达 23%。

2013 年 10 月，经中国银监会批准，通过原股东同比例增资方式，公司注册资本（实收资本）从 5 亿元增加至 12 亿元，为进一步发展打下了坚实基础。

（一）规模稳步增长，结构日益优化

公司充分发挥信托作为综合金融服务供应商的制度优势，在严控风险的前提下大力拓展业务。截至 2013 年末，信托资产规模 390.87 亿元，较 2012 年增长 70.05%。与此同时，业务结构日益优化。信托运用方式更加多样，行业分布逐步扩展，业务集中度风险进一步降低。在存续信托项目中，盈利能力较强的集合信托项目占比达 44.77%，确保了公司利润保持较高增长水平。2013 年，公司从战略高度进行发展布局，北京、上海、苏州异地团队建设稳步展开，公司异地队伍管理经验逐步积累，跨区域发展能力大大增强。

（二）优化客户服务，提升客户体验

公司根据不同流动性要求、收益期望等，为投资人提供丰富多样的信托投资产品和量体裁衣式的财富管理服务。公司产品线横跨基础设施建设、房地产、证券投资、消费信贷多个市场领域，构建了包括不同风险收益配比和期限结构的产品体系，并根据客户需求不断展开产品创新，在家族信托产品等领域展开有效探索，契合了不同高净值客户的多样化投资需求，得到了市场各方的广泛认可。同时，公司通过各种技术手段完善平台建设，提升客户体验，新增开通微信公众号，完成以营销为中心的网站改版上线，力求为客户提供更便捷的全方位金融服务。

2013年，在现代快报主办的（第四届）南京金融风云榜评选中，公司荣膺“最佳理财服务奖”。

（三）强化风险管理，坚持稳健经营

公司紧紧围绕“恪尽受托人职责，为受益人创造价值”，构建了一个纵向以业务生命周期为经线，覆盖项目投前、投中、投后，横向以风险类别为纬线，覆盖信用风险、市场风险、操作风险、声誉风险的全面风险管理体系。

项目实施前：一份指引，所有重点业务都有具体指引，内容涵盖交易对手、募投项目、交易结构、前期谈判要点、合同撰写要点、存续管理要点等；两重尽调，内部尽调为信托经理进行交易对手经营和财务信息调查，外部尽调为聘请专业机构进行法务调查和市场风险调查；三方审核，项目申报须分别经过风险管理部、法律合规部和财富管理中心审查，实现了充分识别风险和客户的风险适当性；四轮审批，项目分别经过立项、信托业务评审委员会审议，总裁行使一票否决权，重大项目需经董事长特别审批。

项目实施后：一个抓手，在日常存续管理中以定期完成存续管理报告为抓手，实现对风险的持续防控；两份台账，通过普通台账和特殊台账分别对项目常规管理事项和特别管理事项进行精细化管理；三个重点，即把信息披露、现场检查和早期预警作为存续管理工作的三个重点工作来抓；四个主体，存续管理工作由信托业务部门、资产管理部、稽核审计部、外部跟踪审计机构（包括财务和工程造价）共同完成，有协作、有监督。

截至2013年末，公司所有已到期项目均按合同约定顺利兑付，全部固有、信托财产安全受控。

（四）重视创新能力，抢抓发展机遇

公司认为创新是发展的源泉，从战略、制度、组织层面努力推动创新实践。在2013年初，公司即对创新工作进行了总体部署，明确年内开展业务创新的工作重点。同时，为了激励前台部门开展创新的积极性，公司在绩效指标中增设了创新专项指标，用以评价各业务部门创新工作的开展成果。公司还成立了由前台、中台、后台人员共同组成的跨部门“业务创新小组”，动员全公司力量开展创新研究。2013年，业务创新小组就土地流转信托等行业内重大创新进行了深入研究，并形成了初步实施方案。

（五）加强队伍建设，打造精英团队

在“责任·专业·开放·分享”的企业文化指导下，公司积极通过市场化招聘严格优选人才。同时注重员工培养，一方面，通过培训、团队建设等多种方式提升员工的综合能力；另一

方面，为员工未来晋升发展提供多种通道，不断增强团队的凝聚力和战斗力，打造了一支市场意识强、专业素质高的员工队伍。

一是建立“好人举手”用人机制。通过团队负责人竞聘上岗和非管理岗位员工双向选择，为员工个人能力展示提供了机会，优化了员工发展道路，有利于公司内部人才的合理流动和人员的优化配置。二是完善科学绩效考核机制。根据不同团队的工作性质，分别制定绩效考核目标，具体落实到每一位员工，将考核结果与薪酬直接挂钩，充分调动员工主动性、积极性。三是加强员工培训。倾力打造紫金学堂，针对前台、中台、后台部门定制个性化培训课程，努力提高培训的针对性、实用性，提高团队专业素养；不断完善配套培训体系，同时鼓励广大员工结合自身工作需求选择不同的培训或进修学习。

二、创新业务案例

信用卡信贷资产准证券化业务。2013 年，公司与兴业银行合作设立了信用卡信贷资产准证券化业务，信托资金用于受让兴业银行持有的信用卡持卡人因申请账单分期、消费分期、现金分期付款业务形成的信用类债权资产。该类项目是公司在信贷资产证券化领域的一次创新实践，也是信托业在信用卡应收账款证券化方向的先行探索。

股加债模式房地产信托业务。2013 年，公司成功设立了主动管理型房地产信托，以股权投资与债权融资相结合，派出专业团队实施项目现场监管，创新业务模式。

信托业务风控模式创新。公司在部分信托项目中首次尝试了两个信托计划关联互保的模式，通过结构化设计，既提高了风控有效性，又更好地满足了融资方需求。

三、社会责任履行情况

“责任”是公司文化理念的根基。公司秉承“责任·专业·开放·分享”的企业文化，认真贯彻各项法律法规的要求，严格履行受托人职责，坚持为客户提供最佳增值，为股东创造最大价值，为员工搭建实现自我价值的平台，为社会作出最大贡献，将社会责任理念和要求融入公司发展过程中。

（一）关爱社会弱势群体，践行企业公民社会责任

公司与南京市慈善总会及监察机构、信托资金保管银行通力合作，创新设立江苏省首例公益信托计划——“紫金·厚德系列”公益信托。厚德 2 号公益信托，2013 年对南京市 40 名困难家庭罹患大病的儿童进行了救助。在此基础上，“紫金·厚德 3 号”公益信托计划接力延续爱

心，新的合作伙伴南京市儿童医院加入。自2013年11月28日成立以来，已募集资金80万元（来自79位捐赠人），继续用于救助困难家庭罹患大病儿童。

9月13日，公司党支部联合南京市慈善总会，共同举办“爱在中秋，‘心’团圆”活动，为生活在南京市高淳区社会福利院的380多名儿童送去了节日的关怀和温暖。

2013年4月，公司切实响应党和国家关于积极支持四川灾区抗震救灾号召，通过中国信托业协会向四川芦山地震灾区捐款，为灾区人民战胜灾害贡献力量。

（二）积极支持实体经济发展，履行金融机构责任

公司充分运用信托横跨资本市场、货币市场和产业市场三大领域的制度优势，将金融资本引入实体经济，促进社会资本与优质项目高效对接。2013年，公司为实体经济融资276.35亿元，成立相关信托项目94个，涉及领域涵盖水利、环境和公共设施管理业，房地产业，信息传输、计算机服务和软件业，建筑业，租赁和商业服务业，批发和零售业，制造业，住宿和餐饮业等。尤为值得一提的是，为缓解中小企业融资难题，公司积极探索创新融资模式，以信托为纽带，以财政资金为先导，引入社会资金，用市场化手段放大政府对中小企业的支持力度。2013年，公司成立13笔“紫金·成长”系列中小企业集合信托计划，为17家中小企业解决了融资难题，在有效的风险控制措施下，为中小企业发展保驾护航。

（三）稳健经营，忠于所托，严格履行受托人责任

公司严格履行受托人职责，不断加强全面风险体系建设，确保委托人利益。截至目前，公司所有项目均按合同约定顺利兑付，未发生任何风险。

（四）与员工共成长，履行企业对员工的责任

人才是企业的生命和未来，是企业长久发展的基础。公司将人才视为企业最有价值的财富，注重员工权益和员工个人成长。

一是支持员工成长。公司建立了“以人为本、共同成长”的人才发展战略，从职业发展规划、发展通道、员工培训、团队建设等方面建立了完善的员工培养机制，关心员工成长。二是注重员工关爱。公司关注员工身心健康成长，组织年度体检，举办丰富多彩的文体活动，共建温暖、和谐的工作环境。三是维护员工权益。公司加强工会建设，定期开展民主生活会，积极倾听员工诉求，维护员工各方面的权益，保障员工在开放、团结、协作的公司氛围中不断进步。

四、2014年发展规划

2014年是公司第二个三年规划的开局之年，也是公司转型发展、从规模扩张转向质量提升、

为未来可持续发展打下坚实基础的升级之年。公司将坚持“为客户提供定制式服务的财富管理人”的战略思想，跟随主流市场的同时积极创新，做强基石业务，发展创新业务。同时，以“成为中小金融机构产品供应商，中产阶级理财好伙伴”为目标，拓展基石客户群。在当前复杂多变发展背景下，坚持“稳中求进”的整体发展思路，从“稳增长、调结构、控风险、微创新”等方面推动公司各项工作有序展开。

专题研究与思考

解读十八届三中全会总体精神

国务院发展研究中心副主任　张来明

很高兴来到杭州，同最可信任、最可托付的金融界的精英们交流学习党的十八届三中全会的体会。现在全党全国都在学习《中共中央关于全面深化改革若干重大问题的决定》（以下简称《决定》），这个《决定》确实非常重要，它是我们国家进入改革新的阶段出台的一个综合性指导文件，将对我国今后相当长一段时间内事业的发展起到重要的作用，所以花精力来学习它、领会它确实很值得。

举国关注、举世瞩目的党的十八届三中全会已经开了一个多月了，这段时间我关注了一下社会的反映，包括国内和国外，总体上都很正面，可以说是好评多多。比如美国人就很关注，奥巴马总统派了他的特别代表、财政部长雅各布·卢来到中国，他来的目的就是深入了解中国雄心勃勃的改革攻略，11 月 15 日习主席见了他，谈完之后他表示回去后将把中国改革的思路和举措向奥巴马总统汇报。他还明确讲到，美方认为这次会议标志着中国的改革又向前迈出了重要的一步，美方支持中国继续推行市场机制改革，因为这对美国和对世界都很重要。三天之后，美国的前总统也来了，他也很关注这次全会，习主席也见了他。会见之后他说："三中全会的一些改革举措，符合中国的长远利益，也符合国际的利益。"他还热心地建议"中国不要重蹈美国的覆辙"。为什么？他说："之前美国的经济增长的驱动力主要是金融业与房地产业，但这些行业并没有提供多少工作机会，大多数的经济收入集中在少数人手中。如果贫富差距太大，国家的发展能力就会受到限制。21 世纪的核心在于如何创造一个有活力和创造力的经济，同时又使经济成果得以被全民分享，实现真正的社会团结和社会福利。"这番话讲得很有见地，实际上和我们现在追求的目标很相似，同时让人民享受到改革发展的成果。再后来，美国的副总统拜登也来了，除了谈东海防空识别区外，最关心的也是三中全会。据我了解，美国对我们党的三中全会表现出如此高程度的关注，这是空前的。

在三中全会召开之前，国内外的猜测很多，议论也很多。现在看了《决定》后，大家都认为超出了预期。现在工作单位的高级知识分子比较多，也比较挑剔，这一次大家对三中全会的决定，评价都很高，议论来议论去觉得突出的亮点很多。第一个亮点是坚持了问题导向，就是考虑问题不是从理论出发，不是从概念出发，而是从实践出发，从现实问题出发，对我们体制弊端的脉络摸得很准，并且能够对症下药。第二个亮点是强调中国改革的系统性、整体性、协调性，这是一个全面总结改革经验、全面规划六个方面体制改革的文件。我把它称为“两全其美”，一个叫全面总结，一个叫全面规划。总结出来四个坚持的改革经验极其宝贵，也是我们进一步推进改革的灵魂。四个坚持的改革经验，与经济、政治、文化、社会、生态文明、党的建设六个领域的体制改革的部署相互联系，相互照应，浑然一体，这无疑会极大地增强改革的互动互促，取得1+1>2的效应。正如习近平总书记指出的，制定出一个好文件，是万里长征走完的第一步，关键在于落实文件。这个决定是指导改革的纲领性文件，最大的价值在于阐明了推进改革的指导思想、战略思路、重大举措、工作方法，这些都至关重要，但还不够，还需要具体配套改革实施方案来细化、来坐实。比如咱们信托业怎么改革，并没有具体的内容，细化工作做起来难度同样不小，还要有具体的方案、具体的东西来操作，这是下一步要做的事情。

细化工作做起来难度不小，因为改革方案越细化，遇到的利益矛盾就越大，作决策的难度也就越大。各地区各部门必须结合自己的实际，根据自己的轻重缓急确定自己的改革框架和路线图、时间表，采取自身能够承受的力度。有了这些还是不够，还要组织各方面的力量来实施，在实施过程根据实践的效果来完善，调整改革的步速，不断地把改革推向前进，这些都要环环相扣、步步为营地去做，一步一个脚印地去做才能不断取得成效。所以总书记提醒我们，文件出台是万里长征走完第一步，这个思想很重要，可以帮助我们防范和克服急功近利的浮躁心态，增强我们稳扎稳打的理性思维。在改革上态度要积极，但具体操作必须稳妥，讲究科学合理。

最近总书记在山东考察工作时，对贯彻落实党的精神进一步提出要求，他强调，学习贯彻党的十八届三中全会精神，重在结合实际，抓好中央重大改革措施细化与落实。一是要正确推进改革，坚持改革是社会主义制度自我完善和发展。二是要准确推进改革，认真执行中央的要求，不要事情还没弄明白，就盲目地推进。三是要有序地推进改革，什么叫有序，就是该中央统一部署的不要抢跑，该尽早推进的不要脱档，该试点的不要仓促地推开，该深入研究后再推进的不要急于求成，该得到法律授权的不要超前推进。四是协调推进改革，注重改革的关联性和吻合性，把握全局，力争最大的效益。五是善于把自觉维护中央大政方针的统一性、严肃性和因地制宜充分发挥主动性结合起来。总书记提出的这五条要求就是针对现在怎么推开这些举措的，所以学习领会好三中全会决定精神，对于把握以习近平同志为总书记的党中央关于全面深化改革的顶层设计，把思想认识统一到党中央关于全面推进改革的战略思考和决策步骤上来，搞好本地区、本部门的改革，具有前提性、基础性的意义。

我重复学习了这个文件，觉得其中蕴含着的新思想、新观点、新论断很多，需要花很大功夫来细细研读、深刻领会。从大的方面讲，我以为重点要深刻领会以下几方面的精神。

一、深刻领会全面深化改革的重大意义

改革对于我们的党、我们的国家、我们的人民、我们的民族，确实太重要了，重要到什么程度？四个字“生死存亡”！1992 年，邓小平同志在南方谈话中告诫全党全国人民：“不坚持社会主义，不改革开放，不发展经济，不改善人民生活，只能是死路一条。”这个话把改革的意义讲到底了，还有什么话能比这个话更振聋发聩、发人深省吗？这个话有力量，不在于它的字面上给人以震撼，而在于事实确实如此。这些年来，我们看到了不少“死路一条”的例子：苏联走了一条死路，解体了；苏共走了一条死路，自杀身亡了；东欧原来那几个社会主义国家走了一条死路，社会主义政权被葬送了；后来，遭到“颜色革命”袭击，发生政权更迭、政局动荡中亚、中东国家，从大的道理上说，之所以发生那样的国家灾难、人民灾难，最终也是由于执政者违背潮流，违反民意，因循守旧，故步自封，不图革新，不图进步，结果人民生活长期得不到改善，弄得天怨人怒，走入死胡同。这些例子，证明邓小平同志确实富有远见啊！

回顾一下，我们是在什么情况下踏上改革征程的。经过 10 年“文化大革命”，国民经济到了崩溃的边缘，人民普遍贫困，吃不饱穿不暖，政治上，民主和法治都遭到极大破坏，人民的主动性、积极性、创造性受到极大压抑，文化被革命，斯文扫地，知识分子不受重视，人民精神文化生活极端贫乏。这样一幅图景离开我们并不久远，也就三四十年。如果没有邓小平同志带领党和人民搞改革开放，把党和国家的中心转移到经济建设上来，国家能有今天这样的好局面吗？人民能有这样的好生活吗？我们党能有今天这样的好形象吗？答案是很明确的。

事实最有说服力，事实的比较更能说服人。与改革开放前的中国相对比，与世界上 35 年来的发展速度相对比，我国国内生产总值年均增长 9.8%，世界同时期数据是 2.8%，我们国家是世界水平的 3 倍多，而且连续 35 年，哪个国家能做到！仅凭这些，就可以看出我们的改革开放是多么重要、多么伟大、多么成功！

现在，有一个很怪的现象，外国普遍对我们的改革开放叹为观止，认为是世界上的一个奇迹！而我们国内有些人反而讲了不少泄气话，说改革这也不够好那也不够好。客观认识我国改革，领会全面深化改革的重大意义，确实是一件需要抓好的事情。

1985 年，邓小平同志语重心长地说过：“现在我们干的是中国几千年来从未干过的事。这场改革不仅影响中国，而且会影响世界。”这是从正面讲的，讲得多深刻，讲得多有预见性。35 年后的今天，我们可以说，中国的改革极大地改变了中国，也极大地影响了世界。

习近平同志挑起党的总书记这副重担伊始，就明确表态：“我国过去 30 多年的快速发展靠的是改革开放，我国未来发展也必须坚定不移依靠改革开放。只有改革开放才能发展中国，发展社会主义，发展马克思主义。中国特色社会主义在改革开放中产生，也必将在改革开放中发

展壮大。”这段话，既从历史事实上揭示了改革的重大意义，也从未来前途上阐明了改革的重大意义。而且，总书记用自己的行动诠释了对改革开放的极端重视，第一次到外地考察工作，就选择了改革开放的先行地和前沿广东，第一站到的是深圳，向邓小平同志的雕像敬献了花篮，并在现场铿锵有力地表示：“党中央作出的改革开放的决定是正确的，今后仍然要走这条正确的道路，强国之路、富民之路要坚定不移地走下去，而且要有新开拓。”这个信号多么强烈！国内外有识之士都接收到了这一信号，也领会了这一信号。最近，在党的十八届三中全会上，习近平总书记更是明确讲到：“面向未来，要破解发展中面临的难题，化解来自各方面的风险挑战，推动经济社会持续健康发展，除了深化改革开放，别无它途。”

现在，我们国家在发展过程中确实遇到了不少问题，习近平总书记在全会上作说明时列举了11条：发展中不平衡、不协调、不可持续问题依然突出，科技创新能力不强，产业结构不合理，发展方式依然粗放，城乡区域发展差距和居民收入分配差距依然较大，社会矛盾明显增多，教育、就业、社会保障、医疗、住房、生态环境、食品药品安全、安全生产、社会治安、执法司法等关系群众切身利益的问题较多，部分群众生活困难，形式主义、官僚主义、享乐主义和奢靡之风问题突出，一些领域消极腐败现象易发多发，反腐败斗争形势依然严峻。这些问题都是发展过程中出现的问题，是邓小平同志讲的发展起来后出现的问题，而不是改革开放本身引发的问题。更重要的是，这些问题只能通过深化改革来解决，停顿观望不能解决问题，即便退回去走回头路也不能解决问题。

总之，我们既要从过去的成功实践中认识重大意义，也要从开创未来的客观需要上认识重大意义，既要看到对中国的重大意义，也要看到对世界的重大意义，既要看到对坚持和发展中国特色社会主义的重大意义，也要看到对坚持和发展马克思主义的重大意义。

二、深刻领会35年来改革开放的重要经验

全面深化改革，是在过去35年改革开放的基础上继续向前走，过去的实践经验，不论正面的还是反面的，都很宝贵，都对把下一步搞得更好具有指导意义。学习领会35年来改革开放的重要经验，是科学认识改革的需要，也是顺利推进改革的需要。

实践最有发言权，实践最有说服力，实践经验最有指导意义。学习领会35年来我们党领导人民进行改革开放的伟大实践和成功经验，一来可以增强我们的信心，我们在改革上取得了伟大成就，今后也一定能够取得新的更大的成就，二来可以增加我们的智慧，我们在改革过程中经过探索、反复、比较，已经形成了一整套有效做法和成功经验，这些无疑能让我们在未来的改革征途上走得更稳当、更顺当。

《决定》概括出了“四个坚持”的重要经验：一是坚持党的领导，二是坚持解放思想、实事

求是、与时俱进、求真务实，三是坚持以人为本，四是坚持正确处理改革、发展、稳定的关系。这四条经验都是最大的经验，具体的经验还很多。可以说，我们全面深化改革的目标能不能实现，关键在于我们能不能坚持成功经验。因为，改革并不必然成功，过去、现在世界上搞改革的国家很多，但不是都成功啊！戈尔巴乔夫的改革还不是失败了！我们的成功也来之不易啊，其中曲折、斗争、折腾也不少，邓小平同志讲过："对改革开放，一开始就有不同意见。"习近平总书记在这次全会上也讲到："35 年来的改革历程也不是那么一帆风顺的，也经过曲折。"我们都是这个过程的亲历者，知道这些话的分量。

我以为，在未来的改革征途上只有始终牢牢坚持这四条重要经验，才不会在改革问题上犯颠覆性错误。反过来说，不坚持这四条，就可能会犯颠覆性错误。什么叫颠覆性错误，就是戈尔巴乔夫犯的那种错误，党的领导被颠覆，社会主义制度被颠覆，那就不能叫改革，而应该叫"革命"，诸如格鲁吉亚的"玫瑰革命"、乌克兰的"栗子花革命"、伊拉克的"紫色革命"、吉尔吉斯斯坦的"郁金香革命"、突尼斯的"茉莉花革命"、缅甸的番红花革命，等等，这些都是反面经验。我们只有深刻认识和领会改革经验，才能真正做到既敢于改革又善于改革。

三、深刻领会全面深化改革的出发点和落脚点

《决定》明确指出，全面深化改革，"必须以促进社会公平正义、增进人民福祉为出发点和落脚点"，点出了全面深化改革的主攻方向和需要着力解决的根本问题。我们共产党人搞革命、搞建设、搞改革，最终都是为了提高社会公平正义水平，增进人民福祉。回过头来看，一开始搞改革开放，最为突出、最为紧要的压力是解决人民群众温饱问题。所以，我们的改革是以促进生产效率提高为着重点的，一个响亮的提法就是"效率优先，兼顾公平"。过去采取这一改革大思路，无疑是正确的。一方面是由于我们国家经济太落后了，生产效率太低，各项事业发展的物质基础太薄弱了，通俗地讲就是"蛋糕"太小了，无论怎么公平地去切，摊到每一个老百姓头上也解决不了什么大问题，把"蛋糕"做大是第一位的任务。还有，当时人们长期形成的平均主义、吃大锅饭的分配观念根深蒂固，人民的工作积极性、创业劲头、竞争意识都有待激发，否则改革就迈不开步伐，人们还是等、靠、要的态度，还会是坐吃山空，那还有什么改革！所以，鲜明地提出效率优先，就可以极大地调动人民群众的积极性、主动性、创造性，就可以激发全社会的创业热情。邓小平同志说："在经济政策上，我认为要允许一部分地区、一部分企业、一部分工人农民，由于辛勤努力成绩大而收入先多一些，生活先好起来。一部分人生活先好起来，就必然产生极大的示范力量，影响左邻右舍，带动其他地区、其他单位的人们向他们学习。这样，就会使整个国民经济不断地波浪式地向前发展，使全国各族人民都能比较快地富裕起来。"实践证明，这个大思路是正确的，因为改革开放 35 年来我国综合国力提高得很快，

人民生活水平也提高得很快。2013 年 11 月 6 日，国家统计局发布报告称：2012 年城镇居民人均可支配收入 24 565 元，比 1978 年增长 71 倍，年均增长 13.4%；农村居民人均纯收入 7 917 元，增长 58 倍，年均增长 12.8%。社会上对有关数据有不同看法，有专家提出这个数据没有考虑物价上涨因素，扣除价格因素后，我国城镇居民人均可支配收入的年均增长为 7.5%。农村居民人均纯收入年均增长 7.4%。但是，就是这个数据也足够亮丽了。

当然，我国在快速发展中也出现了新情况、新问题，一个比较大的问题就是收入分配差距拉大。2013 年 1 月 18 日，国家统计局首度公布我国基尼系数，2012 年是 0.474，按照国际一般标准，0.3 ~0.4 相对合理，0.4 以上表示差距加大。由此可以判定，目前我国居民收入差距已经比较大了。再加上其他社会不公问题、社会消极腐败现象，公平正义已经成为一个影响经济社会发展和社会和谐稳定的全局性问题。特别是随着我国经济社会发展和人民生活水平不断提高，人民群众的公平意识、民主意识、权利意识不断增强，人民群众对社会不公问题反映越来越强烈。中央全面审视和科学分析我国经济社会发展的现状和态势，认为这个问题不抓紧解决，不仅会影响人民群众对改革开放的信心，而且会影响社会和谐稳定，损害经济社会持续健康发展的基础。

应该看到，实现社会公平正义决定于多种因素，最主要的还是经济社会发展水平。为此，要继续把精力集中在进一步做大“蛋糕”上，以不断增强保障公平正义所需要的物质基础；同时，要把“蛋糕”分好，努力克服人为因素导致的不公平。为此，就要加紧建设对保障公平正义具有重大作用的制度，逐步建立起以权利公平、机会公平、规则公平为主要内容的社会公平保障体系，努力营造公平的社会环境，保证人民平等参与、平等发展权利。总之，就是要在推进发展的基础上把促进社会公平正义的事情做好，既要尽力而为，又要量力而行，努力使全体人民在学有所教、劳有所得、病有所医、老有所养、住有所居上持续取得新进展。

四、深刻领会全面深化改革的总目标

《决定》确定了全面深化改革的总目标，这就是“完善和发展中国特色社会主义制度，推进国家治理体系和治理能力现代化”。这个总目标，为我们国家的未来改革指明了努力的方向。我们的目光必须牢牢盯准这个目标，不能游离，更不能背离。

单就“完善和发展中国特色社会主义制度，推进国家治理体系和治理能力现代化”这句话来讲，我想这是一个递进的目标，是一个特定阶段目标达到后还要接着往下干的目标。即使到 2020 年形成了系统完备、科学规范、运行有效的制度体系，各方面制度更加成熟、更加定型了，中国特色社会主义制度还要继续完善和发展下去，社会主义中国的国家治理体系和治理能力现代化进程还要继续进行下去。

当然，这不是说某一个时期的制度建设就没有具体目标了。不是的，一定时期一定会有一定的目标。当前和今后一个时期，我们国家制度建设的具体目标就是经济、政治、文化、社会、生态文明和党的建设六个领域“六个紧紧围绕”的深化改革目标：推动经济更有效率、更加公平、更可持续发展；发展更加广泛、更加充分、更加健全的人民民主；推动社会主义文化大发展大繁荣；确保社会既充满活力又和谐有序；推动形成人与自然和谐发展现代化建设新格局；为改革开放和社会主义现代化建设提供坚强政治保证。这些目标要求，基本上是过去都讲过了的，这次集合在一起讲应该算做集成创新。

除了集成创新，《决定》也有原始创新的提法，这就是“推进国家治理体系和治理能力现代化”。国家治理体系和治理能力是一个国家制度及其执行力的集中体现。我们的国家治理体系，是在党领导下人民管理国家的制度体系，包括经济、政治、文化、社会、生态文明和党的建设等各领域体制机制、法律法规安排，是一整套紧密相连、相互协调的国家制度；国家治理能力则是运用国家制度管理社会各方面事务的能力，涵盖改革发展稳定、内政外交国防、治党治国治军等各个方面。为什么要把国家治理体系和治理能力连在一起讲，是因为它们是一个有机整体，没有脱离治理体系的治理能力，同样也没有不具备治理能力的治理体系。有了好的国家治理体系，才能提高国家治理能力；提高了国家治理能力，才能充分发挥国家治理体系的效能。

毋庸讳言，对社会主义国家治理体系和治理能力问题，过去没有解决得很好。我们党在全国执政后，就在不断探索这个问题，也发生过严重曲折，但积累了丰富经验，取得了重要成果。改革开放35年来，我国政治稳定，经济发展，社会和谐，民族团结，同一些国家和地区的经济凋敝、政治混乱、社会动荡形成了鲜明对比。实践证明，我们的国家治理体系是科学的，治理能力也是强的，它们同国家发展进程总体上是适应的。我们应该牢固树立制度自信。但是，自信不是自傲，更不能导致固步自封。因为我们懂得，任何制度都不是完满无缺、不用完善的。恰恰相反，我们从来都讲我们制度还不完善，必须随着实践发展而发展。相比我国社会发展要求，相比人民群众新期待，相比日趋激烈的国际竞争，相比国家长治久安的良好局面，我们在国家治理体系和治理能力现代化建设上还有许多不足，还需要加大工作力度，以充分发挥社会主义制度优越性。

怎样来推进国家治理体系和治理能力现代化？总的要求就是：要适应时代变化，既改革不适应实践发展要求的体制机制、法律法规，又不断构建新的体制机制、法律法规，使各方面制度更加科学、更加完善，实现党、国家、社会各项事务治理制度化、规范化、程序化；要更加注重治理能力建设，增强按制度办事、依法办事的能力，善于运用制度和法律治理国家，把各方面制度优势转化为管理国家的效能，提高党科学执政、民主执政、依法执政水平。

五、深刻领会全面深化改革的重点任务

我们搞改革，不是为改革而改革，不是为了好玩，也不是为了好看，不是为了博得别人的赞赏，而是为了完成一定的历史任务。任务完成得好，改革才算成功。前提也好，指导思想也好，总体要求也好，根本目的也好，总目标也好，最终都要落实到具体任务上。这个任务也有分野，既有近期的，也有中长期的，还有不断延续的，关键是要提得适当，这个适当既有因地制宜的要求，也有因时制宜的要求。

这次全会决定在全面把握我国改革发展稳定大局的基础上，提出了六大领域体制改革的任务，也就是“六个紧紧围绕”：一是紧紧围绕使市场在资源配置中起决定性作用深化经济体制改革；二是紧紧围绕坚持党的领导、人民当家作主、依法治国有机统一深化政治体制改革；三是紧紧围绕建设社会主义核心价值体系、社会主义文化强国深化文化体制改革；四是紧紧围绕更好保障和改善民生、促进社会公平正义深化社会体制改革；五是紧紧围绕建设美丽中国深化生态文明体制改革；六是紧紧围绕提高科学执政、民主执政、依法执政水平深化党的建设制度改革。这“六个紧紧围绕”相互联系、浑然一体，体现了中国特色社会主义事业五位一体的总体布局，也体现了中国特色社会主义伟大事业和党的建设新的伟大工程的紧密结合。

我想把这六项任务看做一列运行中的火车。这列火车中，经济体制改革是火车头。这就是决定提出的“经济体制改革改革是全面深化改革的重点”，“全面深化改革，必须立足于我国长期处于社会主义初级阶段这个最大实际，坚持发展仍是解决我国所有问题的关键这个重大战略判断，以经济建设为中心，发挥经济体制改革牵引作用，推动生产关系同生产力、上层建筑同经济基础相适应，推动经济社会持续健康发展”。在一列火车中，起牵引作用的就是火车头。

怎样来认识这个改革重点呢？或者说为什么要以经济体制改革为重点呢？我想，个中缘由很明白，是由“经济”这两个字的地位决定的，在各项建设中经济建设是中心，在各方面体制改革中经济体制改革是重点，这是相互匹配的。具体可以从以下角度来进一步理解。

第一，这是经过实践检验证明了的真理，是历史的选择。我们国家的改革是从经济领域开始的，然后次第拓展到其他领域。实践证明，这样的改革路径很稳定，也很成功。有的国家搞改革，从政治上入手，结果搞乱了自己的阵脚，政权搞丢了，国家搞散了，人心搞乱了，经济不是搞上去而是搞下来了，老百姓生活没有得到改善，他们还怎么会支持你的改革呀？戈尔巴乔夫就是那样干的，结果搞得亡党亡国！我们如果像他那样搞，结果肯定也好不到哪里去。现在，就连比较客观、理性的国外研究人员都认为，中国改革路径是正确的，渐进改革的方法也是正确的。2013 年 10 月 29 日英国《金融时报》网站登载了曾经担任国际货币基金组织中国区主管的美国康奈尔大学教授、布鲁金斯学会高级研究员的一篇文章，这篇文章的题目为《中国

谨慎改革的智慧》。他很是诚恳地写到，中国长期推行的谨慎改革方式尽管略显缓慢，却稳健有力，这种符合国情的改革方式体现了经济与政治智慧，值得其他国家借鉴采纳。在他的观点中，我最欣赏的一点，就是他提出了改革的智慧问题。改革要想搞得成功，勇气必须有，智慧同样也必须有。当年苏联搞为时500天的“休克疗法”，够大胆的了，结果怎么样呢？结果一塌糊涂！一个国家的经济体制能在500天内脱胎换骨，那还不是天方夜谭！

第二，这是客观需要，是符合国情和人民要求的现实选择。必须看到，我国仍处于并将长期处于社会主义初级阶段的基本国情没有变，人民日益增长的物质文化需要同落后的社会生产之间的矛盾这一社会主要矛盾没有变，我国仍然是世界最大发展中国家的国际地位没有变，发展仍是解决中国所有问题的关键。我们抓建设、抓改革，还是要抓主要矛盾、抓根本问题。否则，就会捡了芝麻丢了西瓜。改革的主要任务依然是解放和发展社会生产力。最近，习近平总书记对这个问题讲得比较多。在全国宣传思想工作会议上，他强调“坚持以经济建设为中心，不能也不应该改变”；在湖南考察工作时，他强调“我们这么大个国家、这么多人口，仍然要牢牢坚持以经济建设为中心”；在党的十八届三中全会上，他明确提出“坚持以经济建设为中心不动摇，就必须坚持以经济体制改革为重点不动摇”。

需要特别明确一点，就是深化改革不能把别的改革作为重点，至少当前不能。我们要搞其他方面的改革，但要在经济体制改革牵引下，这个要求在《决定》中讲得很明确。还要看到，现实生活中，也不是经济体制改革已近大功告成。当前，制约科学发展的体制机制障碍不少还集中在经济领域，经济体制改革任务远远没有完成，经济体制改革的潜力还没有充分释放出来。

第三，这也完全符合马克思主义基本原理。马克思主义经典理论告诉我们：经济基础决定上层建筑，政治是经济最集中的体现。马克思在《<政治经济学批判>序言》中说：“人们在自己生活的社会生产中发生一定的、必然的、不以他们的意志为转移的关系，即同他们的物质生产力的一定发展阶段相适合的生产关系。这些生产关系的总和构成社会的经济结构，即有法律的和政治的上层建筑竖立其上并有一定的社会意识形式与之相适应的现实基础。”经济体制是其他各方面体制机制的基础，其他各方面体制机制都是基于经济体制来设计和构建的。以经济体制改革为重点，要求我们在设计和推进全面深化改革时必须坚持以经济体制改革为主轴，突出经济体制改革这个重点，以此牵引和带动其他领域的改革，使各方面改革协同推进，形成合力。全面深化改革是交响乐的话，深化经济体制改革就是其主旋律！

以上我讲的五个方面是总结性体会。下面跟大家交流一下有关深化金融体制改革方面内容的一些初步体会。隔行如隔山，金融问题是专业问题，关于这方面的内容周小川同志有过很好的解读，出了两本书，对金融体制改革，我的朋友于刚同志也有很好的解读，所以没有比他们更权威的了，大家可以回去看他们的文章。

信托是金融的一个分支，在党中央的文件里面不可能讲得那么具体，就信托业怎么改革，不可能讲得那么细，但是在实践当中，信托业不可能不改革、不发展，只有在大的国家有关金融体制改革宏观设计之下来细化坐实信托业的改革，这就要靠我们去努力。信托业一步一步怎么发展过来，你们深有体会，最有发言权，现实发展当中的要求是什么，往哪个方向努力，在文件精神指导下进行探索和完善。信托业不得了呀，我了解了一下，发展速度不得了，2012 年还是 7 万多亿元，今年要到 10 万多亿元，这是方兴未艾大的事业，获利很强。实际上你们当中很多人作出了努力，昨天晚上 11 点钟到宾馆，在你们的一叠书里面，看到了蒲坚同志写的那本书——《解放土地》，其中涉及新一轮土地信托化改革，这抓得很准，因为现在国内外都在关注土地制度改革，农村土地制度改革是这一轮改革当中一个很重要的亮点或者重点，相应各方面包括金融财政一定要和这个体制去互动联系，所以一定要作出努力。像这样的领域，要想知道我们应该怎么一步一步去做恐怕要花很大的功夫。

昨天我碰到咱们协会的同志，他们问我两个问题。第一个问题是，他们感觉到金融体制改革的步子不是很大，我说步子不是很大，但是很稳，为什么？因为金融是非常复杂的一个事情，而且还不能犯错的一个事情，要求必须看准才能去改，方法上更要坚持胆子要大、步子要稳，看准了就要去做。在我看来，这一次金融体制改革里面，这些举措一方面坚持创新、防范风险和监管，这种平衡点把握的是很好的。要仔细发掘里面的创新点还很多，包括多层次的资本市场建设方面。后来三中全会结束后，各相关部门，包括证券、包括保险一系列的举措都正在推出，所以不要着急，一步一步地往前走。第二个问题是新的增长点在哪里？新的增长点很多，刚才蒲坚同志看到的就是一个新的增长点。随着现在的经济大势而动，大家都是大企业家，都是大的设计者，不是微观的。要想着经济发展的大趋势、经济改革的大趋势给本行业带来的发展机遇和发展机会，市场化程度的提高给我们带来很大的机遇，整个经济体制改革方向就是市场在资源配置当中起决定性作用，市场化改革方向的这种推进本身带来巨大机遇。具体机遇刚才讲了，比如农村土地制度改革肯定是一个大的方面，还有国有企业改革，从管理企业到管理资本的改革，从改革国有资本授权经营体制，我想金融包括咱们信托业都会带来很多新的增长点和增长机遇。

整个金融体系里面的一系列制度安排也是这样，所以小平同志在南方讲话当中讲“金融很重要，是现代经济的核心，金融搞好了，一盘棋活全盘皆活”，因此中央对金融很重视，对金融抓得很紧，花的精力很大。这一次三中全会对金融体制改革作出了明确部署，明确提出扩大金融业对内对外开放，确定了改革的重点工作和重要举措，总的思路是要紧紧围绕服务实体经济的根本要求，牢牢把握使市场在资源配置中起决定性作用的改革方向，正确处理金融创新和金融监管关系，提高金融体系竞争力，加快完善种类齐全、结构合理、服务高效、安全稳健的现代金融市场体系，提高金融服务实体经济能力，促进实体经济的资源优化配置，维护宏观经济稳定。金融体制改革要落实到两个方面上，一是提高金融本身的发展能力和抵御风险能力，二是要提高金融服务实体经济的能力，就这两大任务。这两大任务现在看起来，明年要面临的挑战还是很多的。现在搞金融体制改革，我们国际化水平很高了，要求我们把握的是智慧，改革不仅要有经验，还要有智慧，这是很难的一件事情，为什么？因为，现在在经济全球化的条件下，在国际金融联系紧密的情况下，国外对国内改革的影响力度是空前的。比如，周四美国的联邦公开市场委员会宣布把每月的长期国债购买规模削减50亿美元，QE开始收缩，这对整个国际市场冲击很大，无疑对我国的金融冲击也很大。如果一个方案定得很具体，难以适应这种大变化的国际环境。所以说我们的金融体制改革要有世界的眼光，不是一个国家内部能够考虑到的问题，所以是很重要的。

金融改革面临复杂的环境，总的来讲，我认为我国的金融体制改革应该坚持以下原则：

（1）市场化原则。就是围绕市场资源配置起决定性作用来进行，充分发挥价格信号的导向作用，建立健全金融交易市场化价格形成机制，包括利率和汇率的市场化形成机制。

（2）服务实体经济。实体经济是金融行业生存和发展之本，国际金融危机提供的教训之一就是金融业务的发展严重脱离实体经济。为此，要把服务实体经济作为金融发展的根本目的，做到依靠实体经济，服务实体经济，支撑实体经济。

（3）维护金融安全原则。维护金融安全是改革必须把握的关键原则，金融体制改革既是校正原有体制弊端的过程，也是化解内生风险的过程。金融体制改革应该重视风险管控，并有利于促使我国金融体系更加健康稳健运行，更有能力抵御风险。

（4）统筹协调能力。金融体制改革涉及政府、市场、机构各个方面，围绕市场在资源配置中发挥决定性作用，更好地发挥政府作用，搞好顶层设计，统筹考虑各种因素，加强金融监管协调。

（5）稳固推进。我国金融改革所面临的条件与其他国家不同，需要结合具体的国情，从现有条件出发，分步实施，逐步推进。

2014年是伟大的中华人民共和国65岁华诞，衷心祝愿大家在新的一年里身体健康，心情舒畅，工作顺利，生活美满，谢谢大家！

非常高兴能够应邀来参加信托业的峰会。我认为在中国金融业发展的整个框架之下，信托业能够呈现出“经济冷了，但是信托火了”这样一种局面，是由中国金融业发展的一个特定阶段所决定的。也就是说未来中国金融业发展最大的蓝海是财富管理，而信托是财富管理的主要法律形式和产品形式。今天，我就借信托业峰会的这个机会，讲一讲中国财富管理市场的发展与相关法律体系建设和完善。

（本文选自2013年中国信托业年会主旨演讲）

政策与市场之间的自信游刃

——2013 年第一季度中国信托业发展评析

中国信托业协会专家理事　周小明

一、疑云下的满意答卷

信托公司 2013 年的发展可谓疑云重重。2012 年下半年资产管理“新政”开启的“泛资产管理时代”对信托公司到底有无实质性挑战？财政部等四部委 2012 年末发布的规范地方政府融资行为的“463 号文”对信托公司的政信合作业务影响几何？2013 年 2 月国务院关于房地产调控的“新国五条”对信托公司房地产信托业务会产生什么样的影响？2013 年 3 月中国银监会规范商业银行理财业务投资运作的“8 号文”对信托公司银信理财业务又有什么样的影响？信托公司在经济下行通道中（2013 年第一季度 GDP 增速为 7.7%）有无系统性风险？所有这一切使信托业一直处于社会的关注热点之中。不少人发出了信托业发展的“拐点论”，甚至认为信托业又站在了发展的“十字路口”上。令人欣慰的是，中国信托业协会新近发布的“2013 年第一季度末信托公司主要业务数据”表明，信托公司再次在重重疑云之下交出了满意的答卷。

（一）信托资产规模再创历史新高

2013 年第一季度末，信托公司全行业信托资产规模为 8.73 万亿元，与 2012 年第一季度末 5.30 万亿元相比，增长 64.72%；与 2012 年第四季度末 7.47 万亿元相比，增长 16.87%。从信托财产来源看，单一资金信托占比 69.81%，集合资金信托占比 23.99%，管理财产信托占比 6.21%；从受托人管理功能看，融资类信托占比 48.79%，投资类信托占比 33.76%，事务管理类信托占比 17.46%；从资金信托的投向看，工商企业占比 27.75%，基础产业为 25.78%，证券市场占比 11.11%，金融机构占比 9.43%，房地产占比 9.40%，其他占比 16.53%。第一季度末，信托资产上述结构比例的排位与 2012 年相比没有发生变化，仍然以单一资金信托、融资信托与工商企业运用为主，但具体比例与 2012 年相比有一定变化，这是信托公司在政策与市场之间进行适应性选择的结果。

（二）固有资产规模继续稳步增加

第一季度末，信托公司全行业固有资产规模为 2 377.43 亿元，与 2012 年第一季度末 1 867.35亿元相比，增加 27.32%，与 2012 年第四季度末 2 282.08 亿元相比，增加 4.18%。全行业实收资本总额为 1 002.21 亿元，与 2012 年第一季度末总额 873.50 亿元相比，增加 14.73%，与 2012 年第四季度末总额 980.00 亿元相比，增加 2.27%。第一季度末全行业所有者权益总额为2 145.09亿元，每股净资产为 2.14 元，与 2012 年第一季度末总额 1 698.10 亿元和每股净资产 1.94 元相比，分别增加 26.32% 和 10.31%，与 2012 年第四季度末总额 2 032.00 亿元和每股净资产 2.07 元相比，分别增加 5.57% 和 3.38%。

（三）经营效果持续保持良好势头

第一季度末，信托公司全行业经营收入总额 152.41 亿元，其中信托业务收入占比达到 78.11%，与 2012 年第一季度末 106.17 亿元收入总额和 49.38% 的信托业务收入占比相比，收入总额同比增加 43.55%，信托业务收入占比同比提高 28.73 个百分点。全行业实现利润总额 110.68 亿元，行业人均利润为 71.30 万元，与 2012 年第一季度末 77.18 亿元利润总额和 62 万元人均利润相比，利润总额同比增加 43.41%，人均利润同比增加 15.00%。就已清算信托项目实现的平均年化综合信托报酬率和年化综合实际收益率而言，第一季度末也创新高，分别为 0.85% 和 6.62%（以 2 月清算信托项目为样本），相比 2012 年第一季度末的 0.46% 和 5.67%，同比分别提高了 0.39 个和 0.95 个百分点，相比 2012 年第四季度末的 0.75% 和 6.33%，环比分别提高了 0.1 个和 0.29 个百分点。

二、资产管理新政凸显“双重效应”

2012 年下半年开始，中国证监会、中国保监会发布一系列资产管理“新政”，允许证券公司、基金管理公司、保险资产管理公司等资产管理机构可以更多地以信托公司经营信托业务的方式，开展与信托公司同质化的资产管理业务，意味着资产管理“泛信托”时代已经到来。资产管理“泛信托化”，一度被预判为信托业的致命挑战，不少人据此认为信托业自 2013 年起，将结束高速增长的势头而面临发展的拐点，甚至认为信托业再次站在了发展的“十字路口”。然而，第一季度末信托公司的经营数据显示，信托资产规模再创新高，达到了 8.73 万亿元，继续保持了快速增长，资产管理新政的挑战远没有想象中的那么严重，对信托业的实际影响而是凸显“双重效应”——挑战和机遇并存，而且机遇大于挑战。

（一）资产管理新政的挑战效应

资产管理新政确实给信托业带来了竞争，构成了挑战。竞争和挑战来自两个层面：一是业务层面，二是人才层面。在业务层面，通道型的“银信合作单一资金信托”已经具有明显的挤出效应，大量被“银证合作”和“银基合作”所取代。虽然自2010年下半年中国银监会出台一系列规范银信合作的监管文件以来，“银信合作单一资金信托”的比例一直在下降，但资产管理新政的实施，显然加快了下降的幅度。2011年第四季度末，“银信合作单一资金信托”占比为34.73%，2012年第一季度末占比为33.83%，环比仅下降0.9个百分点；而2013年第一季度末，“银信合作单一资金信托”占比已经下降到24.20%，与2012年第四季度末的27.18%占比相比，则下降了2.98个百分点。此外，上市公司股票质押融资业务也由原来银行和信托公司二分天下的格局，演化成为银行、信托、证券和基金四分天下的局面，2013年第一季度以来，大量到期的股票质押融资业务，其后续融资已经从银行和信托公司的手里转移到了证券公司和基金子公司处。在人才层面，信托公司的业务人员甚至管理人员，2013年以来遭到了来自证券公司和基金子公司的“挖角”，后者以更高的职位、更吸引人的薪酬、更稳定的机制，吸走了一批信托公司的业务人才，有的基金子公司的主要业务人员几乎清一色地来自信托公司。而信托公司管理层的不稳定也进一步导致了人才的流失。据不完全统计，自2012年下半年以来，近四分之一的信托公司的高管层因不同原因发生了变动。如何维护现有团队的稳定并吸引新的人才加盟，随着资产管理新政的实施，已经成了信托公司必须高度重视的问题。

（二）资产管理新政的机会效应

资产管理新政固然对信托业带来了挑战，但也带来了新的机遇。

首先，资产管理新政壮大了“非银信理财单一资金信托”的客户基础。随着新政的实施，证券公司、基金子公司的资产管理计划也加入了信托资产的配置行列，“竞争中合作、合作中竞争”将成为各资产管理机构之间的常态。第一季度末，信托公司全行业单一资金信托占比高达69.81%，比2012年第四季度末68.30%的占比，提高了1.51个百分点，其中，银信合作单一资金信托占比与2012年第四季度末相比，从27.18%下降到24.20%，而非银信合作单一资金信托占比则从2012年第四季度末的41.12%提高到45.61%。单一资金信托结构的上述此消彼长，虽然还没有精确的数据表明直接来源于资产管理新政带来的机会，但从不时现身于信托业务之中的证券公司和基金子公司的资产管理计划的实际来看，无疑是推动“非银信合作单一资金信托”规模走高的因素之一。

其次，资产管理新政促使信托公司加快了转型和创新的步伐。第一季度有三个重要的业务创新，已经显示了其良好的发展趋势。一是开放式信托计划明显增多。第一季度以来，多家公司发行了现金管理类开放式信托基金，不仅增强了信托产品的流动性，满足了流动性偏好的投资者，而且替代了原有不规范的“资金池信托业务”。二是布局“全市场配置”型财富管理信托产品。第一季度以来，多家公司推出了具有品牌标识的“全市场配置”型财富管理产品，力图构建覆盖流动性管理、融资、投资等多方式运用，且跨期限、跨领域和跨标的配置的系列化、标准化财富管理产品线，以满足不同偏好的投资者需求，提升资产管理能力。三是探索家族财富管理信托。2013 年初，平安信托推出了国内首款家族信托，信托规模为 5 000 万元，信托期限 50 年，标志着家族财富管理信托在中国的正式起航。家族财富管理和传承已经是第一代成功创业者迫切需要解决的棘手问题，深度挖掘信托的制度优势，满足家族财富管理需求，无疑有着巨大的市场前景。

依托成长的资产管理市场，利用信托制度的灵活安排，发挥信托业务的先发优势，信托公司总能在面临挑战时适时创新，在竞争中把握新机遇，这正是第一季度信托业能够继续保持快速增长的内在原因。由此，在资产管理市场自身的发展拐点没有真正到来之前，单单因为某些政策的变化，就轻言信托公司的发展拐点，显然为时过早。

三、政策与市场互动下的结构变化

（一）“463 号文”与政信合作业务

2012 年 12 月 24 日，财政部等四部委联合发布《关于制止地方政府违法违规融资行为的通知》（财预［2012］463 号），被认为是对政信合作业务的一记重拳。然而，第一季度末数据表明，政信合作业务不降反升。第一季度末，资金信托对政府主导的基础产业配置比例为 25.78%，相比 2012 年第一季度末 21.85% 的配置比例，提高了 3.93 个百分点，相比 2012 年第四季度末 23.62% 的配置比例，提高了 2.16 个百分点。其中直接的政信合作业务第一季度末为 6 548.14亿元，占全行业信托资产规模的 7.50%，相比上年第一季度末 2 510.30 亿元和 4.74% 的占比，在规模上同比增长了 160.85%，在占比上同比提高了 2.76 个百分点，相比去年 4 季度末 5 015.50 亿元和 6.71% 的占比，在规模上环比增长了 30.56%，在占比上环比提高了 0.79 个百分点。这种现象是怎么发生的？是信托公司违规操作所致，还是“463 号文”执行不力所致？其实，事实的真相并非如此。

政信合作业务在 2013 年伊始获得较大发展，得益于三个因素：一是政府的持续性融资需求。中国的经济发展结构在相当长的时间内离不开政府的投资功能，而金融压抑下的政府融资渠道则受到巨大限制，越抑制，需求越旺盛，由此政府将长期为信托公司提供巨大的融资市场。二是“463 号文”本身并非直接禁止政信合作业务，而是规范。该文对政信合作业务的影响仅局限于通过 BT 方式为法律和国务院允许之外的政府项目融资、通过信托方式为法律和国务院允许之外的公益性项目融资以及禁止政府违规担保。而事实上，政府的大量项目并非属于 BT 项目，也非纯粹的公益性项目，信托公司涉足其中并无法律和政策上的障碍。三是信托公司适时的产品创新。对于具有直接经济效益的政府项目，信托公司通过加强项目的风险管理，本身就可以减少对政府信用的依赖；对于兼具经济效益和社会效益的政府项目，信托公司也可以通过整合市场资源、政府资源和寻找期限、收益匹配的投资者来减少对政府信用的直接依赖；而对于纯粹依赖政府信用的公益性项目，本身就非信托公司关注的重点。

（二）"新国五条"与房地产信托业务

近年来，持续的房地产宏观调控措施，使信托公司资金信托对房地产领域的配置比例自 2010 年以来一直呈现下降趋势：2010 年为 14.95%，2011 年为 14.83%，2012 年下降为 9.85%，2013 年第一季度末为 9.40%，而且在规模上 2012 年第一季度和第二季度一度出现了负增长，2011 年第四季度末资金信托对房地产的配置规模为 6 882.31 亿元，到 2012 年第一季度末降为 6 865.70亿元，2012 年第二季度末进一步降为 6 751.49 亿元，从 2012 年第三季度开始，才恢复正增长，当年第三季度末为 6 765.12 亿元，当年第四季度末为 6 880.69 亿元，但一直是小幅增长，而且一直没有恢复到 2011 年第四季度末的规模。然而，2013 年第一季度末资金信托对房地产的配置比例虽然继续下降，但是规模却有较大增长，达到 7 701.79 亿元，与 2012 年第一季度末相比，增长达到 12.18%，与 2012 年第四季度末相比，增长达到 11.93%，这是自 2011 年末以来从没有过的增长速度，而且重新站在了 2011 年末的规模之上。

2013 年第一季度房地产信托业务的恢复增长与房地产市场的复苏有关。此外，2013 年 2 月 20 日国务院发布的最新五项房地产调控措施（"新国五条"），虽然是为了调控复苏的房地产市场，但是其中两条则被普遍看做是对房地产开发的利好：一是增加普通商品住房及用地供应，催生了新一轮的拿地热，由此带动了房地产的新一轮融资需求，给信托公司提供了新的市场空间；二是二手房交易缴纳 20% 的所得税，平抑了房地产二级市场的过度交易，却利好于房地产一级市场的交易，而信托公司房地产信托业务的主战场一直是在一级市场，而不是在二级市场，一级市场的活跃自然有利于信托公司的风险控制。再者，新一届政府推行的"小城镇"国家战略，也为信托公司开展房地产信托业务提供了新的机遇。实践中，已有不少信托公司已经在研究、开发、实施与小城镇战略配套的房地产信托产品。

（三）证券开户解禁与证券投资信托

2007 年以来，我国资本市场持续低迷，期间，信托公司信托业务的证券开户又被中登公司叫停，与此相适应，无论是主观上还是客观上，抑制了信托业对证券资产的配置比例。多年来，信托公司对证券资产一直采取低配置策略，虽然绝对规模有所增加，但占全行业资金信托的比例，在2012年第二季度以前一直在9%～10%徘徊。就证券投资占同期全行业资金信托的比例看（按照投向口径统计）：2010年第四季度末为2 745.11亿元，占比9.49%；2011年第四季度末为4 205.85亿元，占比9.06%；2012年第一季度末为4 596.31亿元，占比9.02%；2012年第二季度末为5 313.00亿元，占比10.08%。

2012年8月，中登公司发文对信托开立证券账户予以解禁，资金信托配置证券资产的限制客观上消除，由此，证券投资信托业务开始恢复性增长，并逐渐发展成为资金信托仅次于工商企业和基础产业的第三大配置领域。2012年第三季度末为6 741.58亿元，占比为11.30%；2012年第四季度末为8 065.17亿元，占比为11.55%。到2013年第一季度末证券投资信托规模又增加为9 096.82亿元，占比为11.11%，虽然占比相比2012年第四季度末有所回落，但相比2012年第一季度末同比提高了2.09个百分点，而规模相比2012年第一季度末则增加了97.92%，相比上年第四季度末增加了12.79%。可以预见，随着信托公司全市场配置信托产品的发展以及资本市场的回暖，证券投资信托业务将获得进一步的发展。

（本文选自中国信托业协会网站季度评述）

逆周期增长下的结构之变

——2013年第二季度中国信托业发展评析

中国信托业协会专家理事　周小明

一、为什么还在增长

本文标题所说的“逆周期”，是指自2012年开始的我国经济增速放缓的下行周期。自2012年开始，我国经济结束了近30年几乎高达10%以上的高速增长期，开始步入了以大结构调整为主基调的增速放缓的下行周期。2013年上半年，GDP同比增速已放缓到7.6%。由于改革进入了深水区，预计此轮经济调整周期不会太短，这已经是一个共识。2013年第二季度末信托公司主要业务数据表明，在经济逆周期时期，信托行业依然实现了远超经济增速的增长，这不仅表现在规模方面，突出表现在效益方面。

（一）信托资产规模同比增高，环比增速放缓

截至2013年第二季度末，67家信托公司管理的信托资产规模为9.45万亿元，相比2012年第二季度末的5.54万亿元，增长70.72%，绝对规模已逼近10万亿元大关，进一步巩固了信托业作为我国第二大金融业态的地位。但相比2013年第一季度末的8.73万亿元增长8.29%，相比2013年第一季度对2012年第四季度16.88%的环比增速来看，2012年第二季度的环比增速有所下降。1～6月月度环比增速更是从5.2%下降到0.44%，信托业正在稳步前行。

（二）固有资产规模继续稳步增加

截至2013年第二季度末，67家信托公司固有资产规模2 517.29亿元，相比2012年第二季度末的2 003.51亿元，增长25.64%，相比2013年第一季度末的2 377.43亿元，增长5.88%。全行业所有者权益2 248.72亿元，相比2012年第二季度末的1 806.83亿元，增长24.46%，相比2013年第一季度末的2 145.09亿元，环比增长4.83%。其中，全行业实收资本为1 014.78亿

元，平均每家15.15亿元，相比2012年第二季度末的913.56亿元总额和平均每家13.84亿元（按66家信托公司计算），分别增长11.08%和9.47%，相比2013年第一季度的1 002.21亿元总额和平均每家14.96亿元，分别增长1.25%和1.27%。固有总资产规模和净资产的增加，进一步增强了信托公司的行业风险抵御防线。

（三）信托经营效果持续保持骄人业绩

2013年上半年67家信托公司实现经营收入350.79亿元，相比2012年同期的259.00亿元，同比增长35.44%，.相比2013年第一季度的152.41亿元，第二季度营业收入环比增长30.16%。其中，上半年共实现信托业务收入267.76亿元，占比达76.33%，相比2012年同期的180.99亿元，同比增长47.94%，相比2013年第一季度的119.05亿元，第二季度信托业务收入环比增长24.91%。上半年67家信托公司实现利润总额257.76亿元，人均利润155.66万元，相比2012年同期189.96亿元的利润总额和142.76万元的人均利润，利润总额同比增长35.69%，人均利润同比增长9.04%，相比2013年第一季度110.68亿元的利润总额和71.30万元的人均利润，第二季度利润总额环比增长32.89%，人均利润环比增长18.32%。就已清算信托项目为受益人实现的年化综合实际收益率而言，第二季度也创历史新高，6月清算的项目年化综合实际收益率达到了7.80%，相比2012年6月的6.52%，提高了1.28个百分点，相比2013年3月的6.62%，提高了1.18个百分点。可以说，信托公司成了近年来最能为投资者赚钱的金融机构。

在我国经济步入逆周期时代，为什么信托业仍然能继续保持逆势高速增长？这是正常的还是不正常的现象？不从认识上解决这个问题，围绕在信托业之上的种种不利猜疑就不会散去，对信托业高速增长的担忧就不会解除。笔者在2012年关于中国信托业季度发展的几篇评析文章中，均一再指出，我国信托业的高速增长有其内在原因，是一种再正常不过的市场现象，不必将其视为洪水猛兽而妄加猜测和担心。其实，催生信托业高速增长的信托市场，其规模取决于财富积累的厚度，与经济发展周期不存在简单的正相关关系。社会财富底子薄，信托市场不会因为经济高速增长就简单扩大其规模，这就是我国改革开放后最初20年虽然经济高速增长也没有形成深厚信托市场的原因。相反，社会财富底子厚，信托市场也不会因为经济发展处于弱周期就简单缩减其规模，当社会财富积累到相当程度后，经济下滑反而会更加催生人们通过信托等方式进行理财，从而实现财富保值增值的强烈需求。我国经过30多年的高速发展，已经积淀了深厚的社会财富，形成了巨大的信托需求和信托市场，而包括信托公司在内的理财服务供给则仅仅在近10年间才得以初步发展，还远远不能满足巨大的理财需求。即使在经济增速放缓的背景下，供给不足仍然是当前我国理财市场的主要矛盾，甚至加深了这一矛盾，理财市场的巨大需求还远未得到释放，这决定了包括信托业在内的理财行业的发展拐点还远未到来。这就是信托业实现逆周期增长最深厚的内在原因。而规范的信托法律制度和灵活的信托财产经营体制，使信托业总能适应不同的市场环境，适时创新信托产品，从而使信托业在保护投资者利益、满足投资者多层次的理财需求方面总能赢得相对的竞争优势，这又恰恰构成了信托业实现逆势增长的外部原因。“成长的信托市场 + 灵活的制度安排” 就是信托业保持高速增长的秘诀。

二、信托投向的五大领域

从信托财产的运用领域来讲，信托公司以其“多方式运用、跨市场配置” 的灵活经营体制，总能根据政策和市场的变化，适时调整信托财产的配置领域。前两年火爆的矿业信托、艺术品信托、酒类信托等，由于煤炭市场和艺术品等另类市场的低迷，2013 年上半年已难得见其踪影。第二季度数据表明，就 8. 91 万亿元的资金信托投向看，主要分布在以下五大领域。

一是工商企业。工商企业是资金信托的第一大配置领域，同时占比创历史新高。截至第二季度末，资金信托运用于工商企业的规模为 2. 62 万亿元，占比高达 29. 40%，相比于 2012 年末 1. 86 万亿元的规模和 26. 65% 占比，规模增长了 40. 86%，占比提高了 2. 75 个百分点。这说明信托公司抓住经济结构大调整的历史性机遇，加大了对实体经济的支持力度。

二是基础产业。基础产业是资金信托的第二大配置领域，而且占比体现出恢复性增长。2011 年之前，基础产业一直是资金信托的第一大配置领域，但占比一直呈现下降的趋势。2012 年第二季度开始，基础产业退居资金信托的第二大配置领域，但占比恢复提升。2012 年末占比为 23. 62%，相比 2011 年末的 21. 88% 占比，提升了 1. 74 个百分点。2013 年第二季度末，资金信托对基础产业的配置规模达到 2. 39 万亿元，占比进一步提高到 26. 84%，相比 2012 年末 1. 65 万亿元的规模和 23. 62% 的占比，规模增长了 44. 87%，占比提高了 3. 22 个百分点。第二季度末政信合作业务规模为 8 041. 88 亿元，相比 2012 年末的 5 015. 50 亿元，更是增长了 60. 34%。基础产业信托和政信合作业务在 2013 年上半年获得较快发展，得益于政府的持续性融资需求以及国家规范政府融资行为后信托公司的产品创新，表明信托公司加大了对地方经济的支持力度，但同时也应高度警惕政府过度融资背后的风险。

三是证券投资。证券投资是资金信托的第三大配置领域，规模增长较快。2012 年之前，由于信托公司证券账户的冻结以及证券市场的持续低迷，证券投资信托规模一直居于房地产信托之后。自 2012 年以后，随着信托公司证券账户的解封以及证券市场长期低迷后逐步开始显现的投资价值，加上结构客户对现金流管理的需求，信托公司加大了证券投资信托的力度，2013 年上半年有多家信托公司开始密集发行系列化现金流信托管理产品和证券投资信托产品，使证券投资信托规模有了较大的增长，成为资金信托配置的第三大领域。第二季度末，证券投资信托规模达到了 9 765. 85 亿元，占同期资金信托规模的 10. 96%，比 2012 年末的 9 022. 18 亿元，增长了 8. 24%。

四是金融机构。金融机构是资金信托的第四大配置领域，主要运用方式是存放同业。第二季度，资金信托对金融机构的运用规模为9 512.86亿元，占比为10.68%，相比2012年第二季度末的6 362.03亿元，增长49.53%，相比2013年第一季度末的7 720.18亿元，增长23.22%。资金信托对金融机构配置规模的较大增加，是信托公司加强信托产品流动性和安全性管理的结果。

五是房地产。房地产是资金信托的第五大配置领域。2012年之前，房地产一直是资金信托仅次于基础产业和工商企业的第三大配置领域，2012年以前占比一直在10%以上。由于国家对房地产的宏观调控以及房地产市场风险的加大，2012年开始，房地产信托占比降到10%以下，并退居到资金信托的第五大配置领域。截至第二季度末，房地产信托规模为8 118.63亿元，虽然相比2012年末的6 880.69亿元，有较大增长，增幅达到了17.99%，但占资金信托的比例则进一步从2012年末的9.85%下降到了9.12%，占比下降了0.73个百分点。2013年上半年房地产信托的规模增长，与上半年房地产市场的回暖有关，但占比的继续下降，表明信托公司对房地产行业持谨慎的态度。

三、信托业务的结构之变

虽然信托公司存在逆周期增长的内在和外在原因，但在经济下行轨道中，其经营模式也面临调整和转型的需要，这种转型已经开始反映在信托公司悄然发生的业务结构的变化之中。

（一）信托客户的高端化

第二季度，信托公司全行业9.45万亿元的信托资产规模中，资金信托为8.91万亿元，占比高达94.2%。资金信托一直是驱动信托业增长的主要信托品种，但其客户结构已经发生了质的变化，日益呈现出高端化的发展趋势。自2008年信托业进入快速增长轨道以来，资金信托的客户一直由低端的银行理财客户（对应“银信理财合作单一资金信托”）、中端的合格投资者客户（对应“集合资金信托”）和高端的机构和个人客户（对应“非银信合作单一资金信托”）三驾马车构成，但其占比经历了一个由低端向高端演变的发展历程。2010年之前，低端银行理财客户主导的“银信理财合作单一资金信托”占比第一，中端合格投资者主导的“集合资金信托”占比第二，高端机构和个人客户主导的“非银信合作单一资金信托”占比第三；2011年，“银信理财合作单一资金信托”占比第一，“非银信合作单一资金信托”占比越居第二，“集合资金信托”占比退居第三；2012年至2013年第一季度期间，“非银信合作单一资金信托”占比跃居第一，“银信理财合作单一资金信托”退居第二，“集合资金信托”仍居第三。到了2013年第二季度，占比位次再一次发生变化：“非银信合作单一资金信托”占比48.78%，仍然位居第一，且比例一直在提高；"集合资金信托"占比23.37%，第一次位居第二；"银信合作单一资金信托"占比22.05%，第一次退居第三，而且由于规范银信合作的监管措施的持续实施以及6月发生的"钱荒"事件影响，可以预见其占比还会继续下降。

由此可见，到2013年第二季度，信托公司资金信托的客户结构占比，终于完成了由此前的"低端—中端—高端"到"低端—高端—中端"再到"高端—低端—中端"的非正态分布结构、再到目前的"高端—中端—低端"的正态分布结构的转型。这标志着信托业客户结构的一次质的变化。

（二）信托财产的多样化

从信托财产的形态看，相比于资金信托而言，财产信托的发展一直比较缓慢。2010年末，财产信托规模仅为1 477.33亿元，2011年小幅增长到1 706.26亿元，同比增长仅为15.50%，增幅远低于同期高达58.27%的信托资产总规模的增长率。但这种情况，在2012年开始得到巨大改变，截至2012年末，财产信托规模快速增加到4 856.06亿元，同比增幅高达184.6%，远高于同期55.27%的信托资产总规模的增长率。2013年上半年，财产信托规模继续增加，第二季度为5 480.46亿元，相比2012年末又取得了12.86%的增长。虽然财产信托在信托总规模的比例仍然很小，第二季度占比仅为5.80%，但其发展前景巨大。随着信贷资产证券化的常态化以及企业资产证券化的推广，财产信托的规模必然进一步得到提升，特别是随着今后信托登记制度及信托税收制度的完善，真正意义上的不动产在我国不远的将来也势必会得到大的发展。可以预见，不动产信托将推动财产信托再上一个台阶。

（三）信托功能的服务化

从信托功能来看，信托公司的信托业务目前仍然以理财信托为主，包括融资类信托和投资类信托。第二季度数据表明，融资类信托规模为4.59万亿元，占比48.52%；投资类信托规模为3.11万亿元，占比为32.94%。2011年之前，信托公司融资类信托业务占比一直在50%以上，2012年第一季度，融资类信托占比首次降到50%以下，为49.65%，此后一直在50%以下小幅减少，而投资类信托则于2011年第二季度首次升到30%以上，为35.81%，此后一直在30%~40%徘徊。

相比于理财信托而言，服务信托的发展则一直比较缓慢。服务信托的主要功能不是投资理财，而是利用信托的制度优势为客户提供财产的事务管理，统计口径上表现为事务管理类信托。2010年末，信托公司全行业服务信托的规模仅为5 201.29亿元，2011年小幅增长为6 135.37亿元，同比增幅仅为17.96%，远低于同期高达58.27%的信托资产总规模的增长率。与财产信托一样，服务信托从2012年开始也进入快速增长轨道。2012年末，服务信托的规模达到了1.14

万亿元，首次突破万亿元，同比增长达86.10%，占同期全行业信托资产规模的比例也由2011年的12.75%提升到15.28%，增幅远高于同期55.27%的信托资产总规模的增长率。截至2013年第二季度末，服务信托规模继续增加到1.75万亿元，占同期全行业信托资产规模的比例进一步提升到18.54%，与2012年末相比，增幅高达53.50%，同样高于同期信托资产总规模的增长率。可以预见，随着企业年金信托、公司管理服务信托、公益信托特别是家族财富管理信托的开展，信托的服务功能将进一步得到发挥，服务信托也将进一步得到发展。

（本文选自中国信托业协会网站季度评述）

信托业的“拐点”到来了吗

——2013年第三季度中国信托业发展评析

中国信托业协会专家理事　周小明

一、固有业务呈现良性发展态势

（一）资本和权益不断增厚

自2011年起，监管部门对信托业实行了净资本管理，推动信托公司近年来不断增资扩股，资本实力不断增强。2013年第三季度末，全行业（67家信托公司）实收资本为1 053.03亿元，平均每家公司15.72亿元，相比2012年第三季度末的934.94亿元总额和平均每家（当时为66家公司）14.17亿元，分别增长12.63%和10.94%，相比2013年第二季度末的1 014.78亿元总额和平均每家15.15亿元，增长3.77%。

此外，得益于信托业的良好经营业绩，行业所有者权益和每股净资产也不断增厚。第三季度末，全行业所有者权益为2 355.56亿元，平均每家公司达到35.16亿元，每股净资产平均达到2.24元。相比2012年第三季度末的1 892.15亿元权益总额、每家（当时为66家公司）28.67亿元的平均额和每股2.02元的平均净资产，分别增长24.49%、2 2.64%和10.89%；相比2013年第二季度末的2 248.72亿元权益总额、每家（当时为67家公司）33.56亿元的平均额和每股2.22元的平均净资产，分别增长4.75%、4.75%和0.9%。

毫无疑问，全行业实收资本和所有者权益的不断增强，进一步增强了信托公司的行业风险抵御防线，提升了信托行业的资本信誉，为信托业的健康、快速发展构筑了良好的经营基础。

（二）固有资产结构日趋合理

第三季度末，67家信托公司固有资产规模为2 621.80亿元，相比2012年第三季度末的2 082.93亿元，增长25.87%，相比2013年第二季度末的2 517.29亿元，增长4.15%。在固有资产的结构分布上，多年来货币类资产一直在20%上下略有增减，第三季度末占比为17.75%，平均每家公司持有现金类资产高达6.95亿元，资产流动性较好。相比之下，贷款类资产一直呈下降趋势，而投资类资产则一直呈稳步上升趋势。贷款对全行业固有资产的占比：2010年末为16.04%，2011年末为14.79%，2012年末为13.49%，2013年第三季度进一步下降为12.12%；投资对全行业固有资产的占比：2010年末为57.47%，2011年末为55.98%，2012年末为57.03%，2013年第三季度则提升为58.80%。

虽然全行业信托业务目前仍表现为融资信托为主，但固有业务则一直表现为投资管理为主，信托公司由此积累的投资经验和技能，有助于推动下一个发展阶段信托业务由融资管理模式向投资管理模式的转型。

二、经营业绩继续保持良好效果

（一）经营收入持续提升，主营模式不断巩固

截至2013年第三季度末，67家信托公司实现经营收入539.39亿元，相比2012年第三季度末的400.39亿元，增长34.72%，相比2013年第二季度末的350.79亿元，环比增长53.76%。其中，实现信托业务收入398.71亿元，相比2012年第三季度末的292.52亿元，增长36.30%，相比2013年第二季度末的267.76亿元，增长48.91%。就信托业务收入占经营收入的比例而言，自2010年末首次超过50%以来（58.76%），已经连续三年保持在70%以上，2013年第三季度占比为73.92%；同时，信托公司实现的平均年化综合信托报酬率也一直比较平稳地保持在0.7%~0.8%，2013年第三季度为0.76%。这说明信托公司主营信托业务的盈利模式得到持续巩固。

（二）利润总额不断增加，成本控制合理得当

第三季度，67家信托公司实现利润总额389.84亿元，实现人均利润217.06万元，相比2012年第三季度末288.05亿元的利润总额和202.47万元的人均利润，利润总额同比增长35.34%，人均利润同比增长7.21%，相比2013年第二季度末257.76亿元的利润总额和155.66万元的人均利润，利润总额环比增长51.24%，人均利润环比增长39.44%。

就利润率和成本率而言，近年来信托行业的利润率（利润总额与经营收入之比）一直呈现上升趋势：2010年末为55.91%，2011年末为67.97%，2012年末为69.14%，2013年第三季度进一步提高为72.27%；而成本率则一直呈现不断下降态势：2010年末为44.09%，2011年末为32.03%，2012年末为30.86%，2013年第三季度进一步下降到27.73%。这说明信托行业的成

本控制日趋合理得当。

（三）受益人回报稳中有升，优秀财富管理者地位凸显

就已清算信托项目为受益人实现的回报而言，近年来信托行业不仅给投资者带来了正收益，而且受益人的年化综合实际收益率也呈现了稳中有升的态势。2010 年末为 4.63%，2011 年末略降，为 4.30%，2012 年末则大幅提高到 6.33%，2013 年第一季度略升到 6.62%，第二季度则提高到 7.80%，第三季度略降，为 7.46%。信托行业作为社会财富优先管理者的地位由此得以确立。

三、信托资产规模增速明显趋缓

（一）信托资产规模再创历史新高

截至 2013 年第三季度末，67 家信托公司管理的信托资产规模为 10.13 万亿元，突破了 10 万亿元大关，再创历史新高。与 2012 年同期的 6.32 万亿元规模相比，同比增速高达 60.3%；与 2012 年第四季度 7.47 万亿元规模相比，又取得了 35.61% 的增长。从信托财产来源看，单一资金信托占比继续提高，首次超过了 70%，达到 71.28%。其中，低端客户驱动的银信合作单一信托占比继续下降为 21.39%，高端客户驱动的非银信合作单一信托占比继续提升为 49.89%；集合资金信托占比 23.28%，与第二季度占比基本相当，中端客户继续成为信托增长的第二动力；管理财产信托占比为 5.44%，相比第一季度的 6.21% 和第二季度的 5.80%，占比略有下降。从信托功能看，融资类信托占比 48.15%，投资类信托占比 32.67%，事务管理类信托占比 19.18%，与第二季度占比基本相当。从 9.58 万亿元资金信托的投向看，前五大领域占比依次是：工商企业 29.49%，基础产业 25.97%，金融机构 11.38%，证券市场 10.78%，房地产 9.33%，与第二季度相比，占比幅度没有太大变化，但金融机构投向占比名次从原来的第四位上升为第三位，证券市场投向占比名次则由原来的第三位降为第四位。

（二）信托资产规模环比增速连续下降

第三季度，虽然信托资产总规模继续创新高，但季度环比增速已经连续 3 个季度下降。在整个 2012 年度，季度环比增速除个别季度外，一直呈现稳步上升趋势：2012 年第一季度为 10.19%，第二季度为 4.46%，第三季度为 14.12%，第四季度为 18.20%。但是，自 2013 年起，全行业信托资产规模季度环比增速一直呈现下降趋势：2013 年第一季度为 16.86%，相比 2012 年第四季度 18.2% 的环比增速，下降了 1.34 个百分点；2013 年第二季度为 8.30%，相比第一

季度更是大幅下降了8.56个百分点；2013年第三季度为7.16%，相比第二季度又下降了1.14个百分点。

（三）新增信托资产规模出现负增长

在2010年第三季度至2013年第一季度之间的两年多时间，全行业季度新增信托资产规模（计算公式：本季度末全年新增总规模—上季度末全年新增总规模）除个别季度外，一直表现为正增长趋势。2010年第三季度新增0.37万亿元，第四季度新增0.44万亿元；2011年第一季度新增0.52万亿元，第二季度新增0.85万亿元，第三季度新增0.76万亿元，第四季度新增1.04万亿元；2012年第一季度新增0.85万亿元，第二季度新增1.03万亿元，第三季度新增1.12万亿元，第四季度新增1.53万亿元；2013年1季度新增1.65万亿元。但是，从2013年第二季度开始，首次出现了连续两个季度的负增长：第二季度新增1.50万亿元，相比第一季度减少0.15万亿元；第三季度新增1.31万亿元，相比第二季度又减少了0.19万亿元。

四、信托业的"拐点"到来了吗

从信托资产规模季度环比增速看，2013年以来，已经连续3个季度下降，而且自第二季度以来，新增信托资产规模连续两个季度负增长，这是否意味着信托行业的成长周期已经结束，信托行业的发展拐点已经到来？对此，本人认为，应当辩证地看待信托业的"拐点论"。

（一）信托行业的成长拐点尚未到来

信托资产增长的快与慢、信托规模的大与小，从中短期看，会受政策取向转变与经营环境变化的影响，但从长期看，最终还是要取决于理财市场的需求规模。得益于不断深化的市场化改革和中国经济的持续增长，形成了多元化的利益主体并积聚了巨额的财富，由此催生了巨大的资产管理需求，形成了长期增长的资产管理市场。从发达国家（美国和日本）的经验来看，信托资产的规模与GDP的规模具有正相关关系，一般是GDP规模的2倍上下。照此推演，我国资产管理市场的规模起码应该在百万亿元以上。而目前，加上信托业在内的资产管理规模也不过才接近40万亿元（据有关方面统计，银行理财规模2013年上半年约为15万亿元，基金业管理的资产规模2013年第三季度为3.85万亿元，证券公司的受托资产规模2013年第二季度为3.42万亿元，保险资产管理公司管理的资产规模2013年上半年约为6万亿元）。据此，中国的理财市场仍然处于成长周期之中，理财需求规模的拐点还远没有到来。这预示着信托业长期增长的周期还没有结束，在未来的相当长时间内，信托业规模的快速增长仍然可以期待。

（二）信托行业的经营拐点已经到来

应当看到，支撑信托业过去几年快速增长的主导业务模式是非标准化的私募融资信托，而这种增长方式主要是依靠“机会推动”而非能力推动，因而天然地带有特定历史烙印的粗放性。什么是机会推动？一是“多方式运用、跨市场配置”的制度红利；二是金融压抑下巨大的优质私募融资市场；三是经济长景气通道中融资项目的弱宏观风险。这可谓是“时势造英雄”，信托行业以私募融资信托模式，抓住了历史性机会，并成就了自身的高速增长。然而，自 2012 年下半年开始，“泛资产管理”政策日益削弱了信托行业的制度红利，加上金融自由化的改革取向和经济下行周期的开始，使私募融资市场呈现出需求递减、风险递增、竞争加剧的中长期趋势，由此也动摇了信托业私募融资信托经营模式的市场基础。这就是今年以来信托业增速明显减缓的根本原因。

虽然信托业发展的理财市场基础依然雄厚，但从 2012 年开始的政策取向调整和经营环境的变化，意味着信托业再也不能简单依赖过去机会驱动的私募融资信托经营模式来抓住成长市场中的巨大未来发展机会。换言之，信托行业的成长拐点虽然没有到来，但经营拐点确实已经到来了。从这个意义上讲，探讨信托业是否存在拐点，哪里存在拐点，怎样走出拐点，现实意义无疑是巨大的。

（三）信托行业的转型之路

探寻能够抓住未来市场发展机会的信托业务经营模式，就会觉得，信托公司未来业务的逻辑起点必须进行切换，从融资方的融资需求切换到投资方的投资需求上来，即更多地立足于委托端客户的理财需求开发、设计相适应的信托产品。信托行业未来的转型之道不外乎三种形式：一是基于私募投行定位的业务优化；二是基于资产管理定位的业务转型；三是基于财富管理定位的业务转型。相应地，未来驱动业务发展的核心因素将不再是简单的外部机会，而是精细的内部专业化能力。

事实上，信托业从来就没有停止过对适应市场变化的业务模式的探索。近年来，信托公司不断推出具有资产管理性质的投资信托产品和具有财富管理性质的服务信托产品。比如，多家公司开发了现金管理类开放式信托基金，满足了流动性偏好的投资者需求；一些公司推出了具有品牌标识的“全市场配置”型资产管理信托产品，力图构建覆盖流动性管理、融资、投资等多方式运用，且跨期限、跨领域和跨标的配置的系列化、标准化资产管理产品线，以满足不同偏好的投资者需求；一些公司在证券投资等传统投资领域以及不动产投资、私募股权投资、实物资产投资等另类投资领域尝试了具有组合管理特点的信托产品；不少公司还推出了“TOT（信托中的信托）”、“TOF（基金中的信托）”、“FOF（基金中的基金）”等基金组合管理的信托产品；许多公司也一直在探索“家族信托”等高端私人财富管理业务。

我们相信，信托行业只要践行一贯的变革和创新精神，必将能够找到适应未来发展大机遇的新的经营模式。信托行业资产规模增长的放缓，将只是长期增长进程中反复出现的一段波折而已！

（本文选自中国信托业协会网站季度评述）

增长周期下的挑战和转型

——2013年度中国信托业发展评析

中国信托业协会专家理事　周小明

一、良性发展态势的持续

2013年，信托业发展的外部环境充满了前所未有的不确定性。经济下行增加了信托公司经营的宏观风险，利率市场化加大了信托公司经营的市场风险，年中和年末的两次“钱慌”引发了对流动性风险的担心，频繁发生的个案风险事件引起了对信托业系统性风险的担忧；继2012年“资产管理新政”以来，2013年商业银行和保险资产管理公司资管计划的推出，全面开启了“泛资产管理时代”，进一步加剧了竞争；财政部等四部委2012年末发布的规范地方政府融资行为的“463号文”以及2013年3月中国银监会发布的规范商业银行理财业务投资运作的“8号文”，增加了信托公司政信合作业务和银信合作业务的不确定性。所有这一切使信托业一直处于社会的关注热点之中，不少人认为信托业又站在了发展的“十字路口”上。令人欣慰的是，2013年末信托公司主要业务数据表明，信托业经受住了上述考验，继续保持了良性的发展态势，再次在重重疑云之下交出了满意的答卷。

（一）信托资产规模再创历史新高

2013年，信托公司信托资产总规模为10.91万亿元，与2012年7.47万亿元相比，同比增长46.00%。从信托财产来源看，单一资金信托占比69.62%，同比增加1.32个百分点；集合资金信托占比24.90%，同比减少0.3个百分点；管理财产信托占比5.49%，同比减少1.01个百分点。从信托功能看，融资类信托占比47.76%，同比减少1.11个百分点；投资类信托占比32.54%，同比减少3.3个百分点；事务管理类信托占比19.70%，同比增加4.42个百分点。从资金信托的投向看，工商企业占比28.14%，同比增加1.49个百分点；基础产业为25.25%，同比增加1.63个百分点；金融机构占比12.00%，同比增加1.79个百分点；证券市场占比

10.35%，同比减少1.2个百分点；房地产占比10.03%，同比增加0.18个百分点；其他占比14.23%，同比减少3.89个百分点。2013年，信托资产结构仍然以单一资金信托、融资信托与工商企业运用为主，但具体比例与2012年相比略有变化，这是信托公司在政策与市场之间进行适应性选择的结果。

（二）固有资产规模继续稳步增加

2013年，信托行业固有资产总规模为2871.41亿元，与2012年2 282.08亿元相比，增加25.82%；平均每家固有资产42.23亿元，与2012年平均每家34.58亿元相比，增加22.12%（2013年68家，2012年66家）。全行业实收资本总额为1 116.55亿元，与2012年980.00亿元相比，增加13.93%；平均每家实收资本为16.42亿元，与2012年平均每家14.85亿元同比增长10.57%。2013年，全行业所有者权益总额为2 555.18亿元，每股净资产为2.29元，与2012年总额2 032.00亿元和每股净资产2.07元相比，分别增加25.75%和10.63%；平均每家净资产37.58亿元，与2012年每家30.79亿元相比，增长22.05%。

（三）经营效果持续保持良好势头

2013年，信托公司全行业经营收入总额832.60亿元，平均每家12.24亿元，与2012年638.42亿元总额与每家9.67亿元相比，分别增长30.42%和26.58%；经营收入中，信托业务收入占比达到73.44%，同比略减0.48个百分点。全行业实现利润总额568.61亿元，实现人均利润305.65万元，平均每家实现利润8.36亿元，与2012年441.40亿元利润总额、291.30万元人均利润和平均每家6.69亿元相比，利润总额增加28.82%，人均利润增加4.93%，平均每家利润增长24.96%。2013年，全行业实现的净资产收益率为22.25%，同比增加0.53个百分点。就已清算信托项目实现的平均年化综合信托报酬率和年化综合实际收益率而言，2013年分别为0.71%和7.04%（以12月清算信托项目为样本），相比上年的0.75%和6.33%，信托公司实现的平均年化综合报酬率同比降低了0.04个百分点，但受益人实现的年化综合实际收益率则提高了0.71个百分点。

信托公司2013年之所以能够在复杂多变的经济、市场和政策环境下，继续获得规模与效益的双丰收，保持良性发展态势，仍然得益于信托业务在制度安排上的灵活性以及理财市场的成长性。灵活的制度安排和雄厚的市场基础，不管是在过去，还是在现在和未来，都将一直是信托业保持发展活力的根本源泉。

二、多种挑战下的发展疲态

（一）信托资产规模增速趋缓

2013 年，信托业信托资产规模虽然再创历史新高，但增速已有趋缓之势，发展开始显现疲态。就同比增速而言，2013 年为46.00%，较2012 年55.27%的增速下降了9.27 个百分点，首次结束了自2009 年以来连续4 年超过50%的同比增长率。就季度环比增速而言，2013 年前3 个季度环比连续下降，这是信托业自2010 年进入快速发展阶段之后从未出现过的情况，2013 年第一季度环比增速为16.86%，较2012 年第四季度18.20%的环比增速下降了1.34 个百分点；2013 年第二季度环比增速为8.30%，较第一季度更是大幅下降了8.56 个百分点；2013 年第三季度为7.16%，相比第二季度又下降了1.14 个百分点；虽然第四季度环比增速回升到7.66%，与第三季度相比也仅小幅回升了0.5 个百分点。季度新增信托资产规模方面，在2010 年第四季度至2013 年第一季度之间的两年多时间，全行业季度新增信托资产规模除个别季度外，一直表现为正增长趋势，但从2013 年第二季度开始，首次出现了连续两个季度的负增长：第二季度新增1.50 万亿元，相比第一季度减少0.15 万亿元；第三季度新增1.31 万亿元，相比第二季度又减少了0.19 万亿元；虽然第四季度重新获得了正增长，新增1.54 万亿元，但较第三季度仅小幅增长了0.23 万亿元。

（二）增速趋缓的挑战因素

2013 年信托业开始显现的发展疲态，根本原因是支撑信托业快速发展的主流业务模式，即发挥私募投行功能的融资信托业务模式（私募投行业务）在新的经济背景下开始遇到不可避免的挑战。信托公司虽然一直不乏信托业务的产品创新，但多限于在私募投行业务模式下对融资交易结构安排与融资风险管理方面的创新，涉及产品功能方面的创新则较少。2013 年信托公司主要业务数据表明，虽然从功能口径统计的融资类信托占比不足50%，为47.76%，但从资金信托运用方式口径的统计看，以贷款、可供出售及持有至到期投资、买入返售三种方式运用的信托资金，在实际操作层面，基本上可以归口为融资信托资产，此三种方式运用的信托资金规模达到6.96 万亿元，占资金信托总规模的比例则高达67.49%，其中，贷款占比47.13%，可供出售及持有至到期投资占比18.52%，买入返售占比1.84%。

以融资信托为产品表现形式的私募投行业务之所以能够成为制度重构后信托业的主流业务模式并支撑近年来信托业的快速增长，主要原因有两个：一是制度因素。现行信托公司的制度安排，不仅许可信托公司创设单一信托产品和集合信托产品，还允许信托公司采取包括贷款在内的多种融资方式直接将信托资金运用于特定企业和项目，这就是通常所说信托业务具有的“多方式运用、跨市场配置”的特点。而且，在2012年下半年之前，在所有的资产管理机构中，制度上只允许信托公司的理财产品即信托产品具有私募投行业务性质的融资功能，这使得信托公司长期以来几乎成为唯一可以从事私募投行业务的资产管理机构。二是市场因素。长期以来，我国处于金融抑制状态之中，以银行贷款为主导的间接融资和以资本市场为主导的直接融资，均无法充分发挥市场化的融资功能，导致大量优质企业和项目的融资需求不能从正常的银行体系和资本市场获得满足，信托公司以融资信托方式开展的私募投行业务正好满足了这一需求。结果是，塑造了一个规模巨大的具有私募投行业务功能的融资信托市场。在信托业快速增长的这几年间，融资信托市场不仅规模大，而且风险相对小。这是因为：一方面，这一期间融资信托的交易对手，主要是那些本来具备银行和资本市场融资资质而仅因为金融压抑而无法获得融资的优质企业和优质项目，因而，融资信托基础资产的微观风险较低；另一方面，这一期间，我国经济处于长期的景气增长通道之中，融资信托基础资产的宏观风险也相对较小。

私募投行业务之所以发展成为目前信托公司的主要增长模式，而且总体风险处于可控状态，根本原因乃是上述制度因素和市场因素所带来的历史性机遇，信托公司只是适时把握了这种机遇。然而，信托业流行至今的私募投行业务模式目前已经面临巨大的挑战。这是因为自2013年开始，支撑过去信托业增长的私募投行业务模式，其基础已然开始发生变化，从长远看，必将动摇、瓦解。变化的因素来源于三个方面。

一是金融环境的变化。金融自由化的改革大幕已经渐次拉开，银行信贷融资市场化和资本市场融资市场化是金融自由化的题中应有之义，主流融资环境（银行贷款为主体的间接融资和资本市场为主体的直接融资）势必日益宽松，历史上通过信托融资的优质企业和优质项目将渐次回归银行和资本市场，真正需要通过信托融资的客户资质将逐渐降低，甚至主要表现为“垃圾债”。其结果就是，未来融资信托市场将呈现一个需求规模递减而微观风险递增的趋势。

二是经济环境的变化。2012年开始，我国经济增长结束了过去平均高达2位数的增速，开始步入了一个调整的下行通道之中。新的增长动力的形成涉及政治、经济、技术、文化、社会等方方面面的进一步改革，其过程将充满着艰险。可以预见，在未来相当长的时间内，我国的经济增长在宏观上将处于一个弱增长周期之中。这意味着，未来信托公司以融资信托方式从事私募投行业务时，其基础资产的宏观风险与过去相比，将大大放大。

三是经营环境的变化。2012年以前，信托公司从制度安排上讲，几乎是唯一能够从事私募投行业务的资产管理机构，享有制度红利。但是，2012年下半年各监管部门陆续推出了资产管理“新政”，赋予其他资产管理机构的理财产品具有不同程度的类似信托产品的私募融资功能，资产管理“泛信托”时代已经到来。这意味着在私募投行业务市场上，信托公司将面临多方面的竞争。

上述三方面挑战，对信托公司私募投行业务模式的影响，可以用一句话概括：需求递减，风险递增，竞争激烈。在此背景下，虽然从短中期来看，私募投行业务仍有相当的市场基础，但从长期来看，私募投行业务的市场基础将日益萎缩，如果信托公司主流业务模式不适时进行战略转型，信托业发展趋缓之势就是一个大概率事件，2013 年开始显现出的发展疲态已经说明了这一点。

三、风险事件背后的真实隐忧

（一）被夸大了的系统性风险

2013 年个案信托项目风险事件时有发生，引发了社会对信托业系统性风险的担忧。据统计，2012 年信托行业到期清算出现问题的信托项目大约有 200 亿元，相比当时 7.47 万亿的信托资产总规模，不良率仅为 2.68‰；2013 年被媒体曝光的信托项目风险事件又有 10 多起，问题项目的总金额也有所上升，但是相对于十万亿元的规模而言，不良率仍是非常低的。由于信托项目实行独立的信息披露制度，信托行业的风险事件很难被隐瞒，尽管经济下行通道中包括信托资产在内的金融资产不良率会有所提升，但从已经披露的问题信托项目看，仍然属于个别事件，不属于普遍现象。况且问题资产不等于损失资产，从实际情况看，近年来发生的问题信托项目最终都得到妥善解决，几乎没有发生实际损失，也没有出现具体信托公司因个案信托项目风险事件而陷入经营困境的情况。而且，由于监管部门长期以来对信托业实行信托赔偿准备金制度和净资本约束制度，信托行业的风险抵御能力也不断增强。截至 2013 年末，全行业计提的信托赔偿准备金已达 90.60 亿元，可以覆盖 200 亿元问题资产的 45.30%；全行业净资产高达 2555.18 亿元，是 200 亿问题资产的 12.78 倍。因此，信托资产质量到目前为止总体表现相当优良，不可能发生系统性风险，所谓的系统性风险显然是被夸大了。

本来，在市场经济环境下，个案信托项目出现风险事件是再正常不过的事情，只要在正常的风险敞口之内、不会引发系统性风险，就不应该被过度关注，人为引起恐慌。信托行业个案风险事件之所以屡屡被过度关注甚至被不恰当放大，乃在于时至今日，社会对信托业仍然普遍缺乏正确的认识，存在着这样一条错误的认识逻辑链条，即信托项目是高风险项目—信托公司缺乏风险管理能力—信托项目风险需要“刚性兑付”—信托公司缺乏清偿能力—信托业容易发生系统性风险。而上述认识逻辑链条上的每一个环节，均是对信托业的误解和误读。信托项目有风险，但不等于是高风险项目；信托公司风险管理能力有待提升，但不等于没有风险管理能力；信托项目风险存在“刚性兑付”现象，但本身不是制度约束，而是信托公司基于声誉维护、受托人职责履行和自身能力等因素考虑下的策略选择；信托业的责任机制不以负债业务为基础，而是以不尽职管理的赔偿责任为基础，信托业在净资本约束下完全具有与自身责任机制相匹配的清偿能力；信托公司经营的信托业务是受托理财业务，业务风险奉行“买者自负原则”，在制度安排上，信托业恰恰是最不容易发生系统性风险的金融行业。因此，对信托行业的风险评估，需要对于信托业务的性质和信托公司的责任机制能够准确认知，否则，就容易发生误判，误导投资者，引发不必要的恐慌。

（二）风险事件的警示效用

虽然信托业发生系统性风险的可能性不大，但频繁的个案信托项目风险事件的发生，确实也暴露出许多令人担忧的问题，对行业经营者和监管者敲响了警钟。风险事件的警示作用是明显的，起码有三个方面需要予以足够重视。

一是全面的尽职管理意识和能力。信托公司近年来发生的个案信托项目风险事件，暴露出的最大问题有两个：一是全面尽职管理意识不足，对于一些项目特别是来自银行的项目，尽职管理意识比较淡漠，粗放决策，疏于管理；二是全面尽职管理能力有待提升，管理重心过于集中于项目本身，缺乏基于行业分工的行业总体研判能力，导致行业发展周期风险管理能力的缺失。无论是对受益人负责，还是对自身负责，信托公司风险管理的第一道防线乃是全面的尽职管理意识和能力，这是信托行业长期健康发展的生命线。所幸的是，无论是行业经营者还是行业监管者，对这一点均已有充分的认识和重视。

二是理性的“刚性兑付”策略。“刚性兑付”虽然不是制度约束，乃是信托业基于多种因素考虑所采取的经营策略，这对制度重构后信托业的起步发展阶段起了重要的支撑作用，但其负面作用也开始日益显现：一是不利于信托产品投资者的成熟；二是不利于信托公司全面尽职管理能力的提升；三是招致行业风险的过度关注和不恰当猜想。从信托业长期健康发展角度，信托公司必须理性对待“刚性兑付”策略，对具备条件的信托项目，应该逐步排除“刚性兑付”的魔咒，虽然短期会有阵痛，但只有破刚，才会有行业持续健康的长远未来。

三是可行的行业稳定机制。尽管信托业发生系统性风险的可能性很小，绝大多数公司对于个案信托项目风险事件也有处置能力，但是在经济下行周期中，也不排除个别管理能力弱、财务实力不强的信托公司因为单体信托项目风险事件（不管是出于“刚性兑付”策略选择而承担风险，还是出于不尽职管理而承担赔偿责任）发生公司危机甚至倒闭、破产的情形。如何防范因个别公司的危机而波及行业发展的稳定，是信托业未来健康发展的一个重要课题。这就需要建立可行的行业稳定机制。在2013年信托行业年会上，监管部门明确提出了加快行业稳定机制的建设问题。行业稳定机制的建设尚需全行业群策群力！

四、悄然开始的转型之旅

（一）信托业发展的“拐点”到来了吗

如前所述，支撑信托业过去发展的私募投行业务模式在新的经济形势和经营环境下已经遭遇到严峻挑战。这种挑战已经在2013年全行业增速趋缓的事实中反映出来。这是否意味着信托业的成长周期已经结束？信托业的发展拐点已经到来？对此，2013年第三季度中国信托业发展评析中已经作了专题分析，即信托业的成长拐点尚未到来，信托业的经营拐点已经到来。

说信托业的成长拐点尚未到来，是因为信托业发展的市场基础依然雄厚。信托业的发展，从中短期看，会受政策取向转变与经营环境变化的影响，但从长期看，最终还是要取决于理财市场的需求规模。得益于不断深化的市场化改革和中国经济的持续增长，形成了多元化的利益主体并积聚了巨额的财富，由此催生了巨大的资产管理需求，形成了长期增长的资产管理市场。从发达国家（美国和日本）的经验来看，信托资产的规模与GDP的规模具有正相关关系，一般是GDP规模的2倍上下。照此推演，我国资产管理市场的规模起码应该在百万亿元以上。而目前，加上信托业在内的资产管理规模尚不足40万亿元（据有关方面统计，银行理财规模约为10万亿元，基金业管理的资产规模为4.2万亿元，证券公司的受托资产规模为5.2万亿元、保险资产管理规模为8.3万亿元）。据此，中国的理财市场仍然处于成长周期之中，理财需求规模的拐点尚远未到来。这预示着信托业长期增长的周期还没有结束，在未来的相当长时间内，信托业规模的快速增长仍然可以期待。

说信托业的经营拐点已经到来，是因为支撑信托业过去几年快速增长的主导业务模式即非标准化的私募融资信托，在多种因素挑战下，将呈现出日益需求递减、风险递增、竞争加剧的中长期趋势，这意味着信托业再也不能简单依赖过去机会驱动的私募融资信托经营模式，来抓住成长市场中的巨大的未来发展机会。换言之，信托业的成长拐点虽然没有到来，但经营拐点确实已经到来了，信托业要抓住未来发展的大机遇，经营模式确实迫切需要提升和转型。

（二）信托业的转型之路

探寻能够抓住未来市场发展机会的信托业务模式，就会觉得，信托公司未来业务的逻辑起点必须进行切换，从融资方的融资需求切换到投资方的投资需求上来，即更多地立足于委托端客户的理财需求开发，设计相适应的信托产品。由此出发，信托业未来的转型之道不外三种。

一是基于私募投行的业务优化。投行业务的功能是把企业和项目的融资需求创设为可投资的金融产品。虽然长远来看，信托公司私募投行业务的市场前景将日益萎缩，但这是一个缓慢的过程。从短中期来看，仍有相当的市场基础，信托公司仍有必要凭借其先发优势，继续开展。但是，未来信托公司开展的私募投行业务，必须进行模式优化。首先，要建立起与对应融资基础资产类型（信用融资、资产融资和项目融资）相适应的体系化风险评估和风险管理能力；其次，要综合运用受益权分层、受益权流动化等金融技术，以降低优质融资对象的综合交易成本，使融资信托产品在成本上具有竞争力；再次，要逐步建立以行业为基础的组织化的专业融资管理能力，以避免行业周期波动带来业务不定性和风险性。优化的目的，乃是改变过去市场机会驱动的粗放式发展模式，转移到以专业能力驱动的精细化发展模式上来。

二是基于资产管理的业务转型。资产管理业务的功能是把投行创设的金融产品按照特定的投资策略构建为投资组合驱动的理财产品。资产管理业务创设的理财产品，通过特定投资组合的构建，一方面进一步丰富了理财市场上的可投资金融产品，可以更好地满足投资者多样化的需求，另一方面也缓释了理财产品本身的风险集中度，起到分散风险的作用。近年来，信托公司已经在尝试创设以投资组合驱动的具有资产管理性质的信托产品，但尚未形成体系化的产品策略和匹配的投资管理能力，因此，难以满足不同投资偏好的投资者需求。这是未来信托公司应当着力加强之处。

三是基于财富管理的业务转型。财富管理业务的功能是，针对特定投资者的需求，帮助其构建个性化的资产配置方案并筛选相应的投资产品，同时，还可以提供诸如财务税收规划、财富传承安排、慈善捐赠安排等辅助服务。根据胡润研究院与群邑智库联合发布的《2013 中国财富报告》，2012 年末中国大陆千万富豪人数已达 105 万人，其中亿万富豪人数达 6.45 万人。显然，私人财富管理已经成为一个巨大的市场，而信托因具有信托目的灵活性、信托财产独立性、配置方式多样性等特点，恰恰是最适合进行私人财富管理的一种制度安排。因此，信托业向财富管理业务转型，可谓前景无限。信托业向私人财富管理业务转型时，应当着重培育三大能力：理解客户需求并将其类型化的能力、个性化资产配置方案及其辅助服务的设计能力、资产配置方案的实施能力。

（三）信托业转型的经营基础

信托业的转型之路必将充满新的挑战，需要重新建构业务模式，打造新的业务能力，并进行相应的组织变革。但是，信托业的转型本身并不是空中楼阁，不是水中月、雾中花，除了成长的理财市场这一重要基础外，本身也具有可支撑成功转型的雄厚经营基础。十多年基于私募投行业务的发展之路，信托业已经建立了比较健全的组织体系、控制体系、流程体系和激励约束机制，初步锻造了从融资到投资到服务的风险管理能力、投资管理能力和客户服务能力，积累了包括投资端客户、交易端客户和合作端客户在内的庞大客户群体，打造了一支 1 万多人的行业从业队伍。所有这些都是信托业能够成功转型的现成抓手，所需要的只是决心和勇气以及变革的执行力。

事实上，信托业从来就没有停止过对适应市场变化的业务模式的探索。近年来，信托公司不仅在传统私募投行业务领域不断创新融资信托产品模式，持续改进风险管理水平，不断提高尽职管理能力，而且在资产管理业务领域，也不断推出了具有组合管理性质的基金化投资信托产品。比如，多家公司开发了现金管理类开放式信托基金，满足了流动性偏好的投资者需求；一些公司推出了具有品牌标识的“全市场配置”型资产管理信托产品，力图构建覆盖流动性管理、融资、投资等多方式运用，且跨期限、跨领域和跨标的配置的系列化、标准化资产管理产品线，以满足不同偏好的投资者需求；一些公司在证券投资等传统投资领域以及不动产投资、私募股权投资、实物资产投资等另类投资领域尝试了具有组合管理特点的信托产品；不少公司还推出了“TOT（信托中的信托）”、“TOF（基金中的信托）”、“FOF（基金中的基金）”等基金组合管理的信托产品；在财富管理业务领域，信托业也从没有停止过探索和创新步伐，不断延伸和深度挖掘信托制度本身具有的灵活服务功能，推出了资产证券化信托、企业年金信托、土地流转信托、消费服务信托、公益信托、私人财富管理信托、家族信托等一系列功能全新的信托产品和信托服务。

我们有理由相信，信托业只要践行一以贯之的变革和创新精神，必将能够成功转型，及时抓住未来发展的新机遇，并推动行业迈上一个新的发展台阶！

（本文选自中国信托业协会网站季度评述）

信托论

中信信托有限责任公司　中国国际经济咨询公司　王苏星　吴兰

都说要金融转型和变革，都说要顶层设计以推动金融创新，都说要发展银行、证券、保险、小贷、农村金融等去满足嗷嗷待哺的中小企业和弱势群体，金融业似乎有许多事要办，究竟是怎么个取向一直让人关注。其中金融混业大合唱的呼声此起彼伏，一浪高过一浪，似乎占据了主导地位，“混业金融的大时代”之声不绝于耳，采取所谓的国际金融业发展的主导趋向金融混业经营，让银行、证券公司、保险公司等机构的业务互相渗透、交叉，而不仅仅局限于自身分营业务的范围，换句话说变成银行—证券—保险公司、证券—银行—保险公司、保险—银行—证券公司，或者简而化之，“金融公司”似乎无可阻挡，成为中国金融业的唯一！

虽然金融混业还未在银行、证券、保险中大规模展开，但是在信托业却呈现了少有的混业经营鲜活案例。当2013年在人们眼前逐渐走过，全中国的大地上已经满世界飘扬着“大资管”或“泛资产”的大旗，有证券系资管、基金系资管、保险系资管、银行系资管，好不威风，好不热闹，监管机构也纷纷当仁不让地迅速颁布新的业务规则，效率如此之高既让人惊喜，又让人糊涂和困惑：金融业改革各子行业难道都要去吃“大资管”这碗饭？为什么各个金融子行业都宣布要进入该领域？这是一块没有金融机构经营的领域，还是一块新的处女地？其实答案很明确：是，也不是！

其实这本就是信托业的主营业务，但是却从来没有被金融主管机构给明确划定为专营范围，而信托公司自身也未认领这块业务就是自己的本业，所以这块外来的无主“唐僧肉”无论是哪个山头的“金融机构”都可以去吃！无须去找监管机构，也没有监管机构来负责这个，在乎这个，反正没有侵犯到各自监管的领地，各家爱怎么干，就怎么干吧！可怜信托机构面对此情此景仅仅是一声叹息，又开始忙不迭地寻找新的业务机会了，似乎这与信托并无多大关系，只是“大哥（银行）”、“二哥（证券）”和“三哥（保险）”们在争抢，与信托“小弟”没什么瓜葛。

话说回来，信托公司的业务这些年一直风生水起，有条不紊地上涨着，资产管理的规模从2011年4.9万亿元增长到2013年的8.2亿元，日子过得很是滋润，富得流油，已经让众多“大哥”、“二哥”、“三哥”们羡慕得口水直流。“银行业员工在叫苦，我们的高薪是被平均的结果；保险业的大多数员工2012年降薪在40%左右；券商更是降薪裁员一个都不少。信托业异军突起，赚得可谓盆满钵满，在信托业，年收入30万只能算是中低收入。”

从2012年下半年开始，各类金融机构开始如火如荼地向资产管理领域大进军，努力从自身业务领域的颓势里突围，跳入一个似乎没有明确监管机构、没有明确监管规则、没有明确的业务范围划定的信托业领域，只是各自披上了一层马甲，成为某种“山寨信托”。如同山洪决堤，各类金融机构的闯入的确催火了“资产管理”行业或者说是“大信托”，效果明显并可以用“火爆”两字来形容，例如，银行理财快速增长，规模从2011年4万亿元增加到2013年的9万亿元，证券也不示弱，规模从2011年的2 800亿元快速提升到2013年的2万亿元以上。大致综合一下，我们可以发现“大信托”或者称为资产管理业务规模已经达到了20万亿元的水平上下，不可谓不大，不可谓不重要。但是这样大的一个金融领域居然没有一个统一的监管、统一的规则、统一的名号，而是竞争得一地鸡毛，很让我们觉得不可思议和无法想象！无论是监管机构还是金融机构没有出来喊冤的，让人不可思议！偌大一个金融领域任由不同的金融机构冲进冲出，居然就没有人站出来问一声，这样的行为居然可以被漠视到这个地步，让我们感到震惊、不可理解和困惑。资产管理的现状引发信托监管困境！

事实上，我们认为无论是监管机构、金融机构、企业、投资者，还是普通百姓，都不得不直面异军突起的“大信托”或者称为“大资管”金融浪潮。

这样一场各个金融子行业相聚在“大信托”领域的欢宴是否意味着大家所说的金融转型和变革，是否就是一种顶层变革进而为整个金融业创造出一个崭新的想象空间？这的确让人深思。如何应对这一趋势则是横在各个金融监管机构和各家金融机构面前的一个问号。

我们的研究认为，金融行业的大信托（资产管理）业与银行、证券、保险在业务模式、范围、服务逻辑、风险、监管方面是有差异的，其所做的业务并未冲击银行业、证券业、保险业的传统业务，而是依托人类的财富积累和增长发展起来的一种古老又崭新的金融业务模式。金融大信托并没有改变金融的本质，但是却是以新的金融模式（三元）——委托管理来提供促进和优化商品经济交换的金融功能，其核心优势包括制度优势、跨行业优势、结构优势、服务链深化优势。要看清楚大信托的真面貌我们不得不从金融的源头起步，如此才能发现其本质和差别，以及其所扮演角色的独特性与重要性。金融服务说到底是一个为商品经济运行和发展来提供最基础的功能的服务，大信托也不例外。

当我们对信托业进行深入研究时，回顾金融与金融业以及信托业的关系，我们突然发现一个十分尴尬的情况，即上至金融业发展规划，中涉监管和经营机构的关注点，下至公众媒体的宣传和介绍，要么忽略或者不关注，要么总是担心你会干坏事或惹祸，最好你不干事或者少干事才让人心花怒放，要么报道“影子银行”或者“兑付危机”或者“高利贷”等，从来没有人认真地关心，信托业是一个金融业吗？如果是，这个行业应该如何快速发展以支持目前实体经济所面对的资金供给不足或者失衡的问题，而不是对这个行业这也担心，那也担心。问题究竟出在了什么上面呢？

其实，要更好更全面地认知与理解“大信托”及其行业未来的发展走向，就不能就事论事，光看眼前，光看自己在耕的一亩三分地，而应该从整个金融行业的角度、从经济的角度来看金融业的各个细分行业究竟做了些什么，已经做了什么，还没有做什么，应该做什么！首先需要充分理解传统的金融行业特点，例如，金融业的本质、金融业的功能、金融业的系统架构、金融业的监管现状与可能的未来方式，等，在此基础上，来看当前“大信托”的现状和背后潜藏着的挑战，围绕对金融业的认知来定位“大信托”，以及其业务范围、应该有的系统架构和可能的监管模式。

围绕着信托业自身和其相关的金融业逐层分析和认知，本报告期望从五个方面来明晰出大信托的方向：

一是金融业的本质是什么？即金融在我们社会中发挥了什么样的作用，是现在流行的说法——金融就是“挣钱”的渠道？

二是金融业的价值何在？为什么人们谈到金融业都有一种“恨铁不成钢”的感觉，又有一种“难舍难分”的感觉，更有一种“又恨又爱”的感觉？

三是金融业的体系架构应该怎样才能实现和完成其在人类社会中扮演的角色？现有金融业架构无法满足社会对其需求的背后隐藏了什么东西？现有金融体系频频出险的背后又意味着金融业现有的监管与运营逻辑上同实际之间存在着什么样的鸿沟？

四是针对金融业的特征和潜质如何通过监管来释放出其“天使”正能量，又锁住“魔鬼”负能量？

五是人们对信托的担忧究竟来自何方？大信托究竟应该何为？如何在经济和金融业高度上给予其清晰定位与布局，在充分发掘出其推动经济发展的巨大潜能的同时又将其约束在阳光化的监管制度之下？怎样搭建大信托架构来完善其在整个金融业体系所扮演的角色，避免目前缺失情况下所导致的三不管地带混战所造成的对金融业乃至经济业的冲击，推动金融业可持续、有序发展？

一、金融业本质的认知

我们将信托列入金融之列，信托努力的方向显然离不开金融的本质，金融的本质有很多解释，我们的确无法简单地评判谁对谁错，我们开始对其探索之旅吧！

（一）金融的起源

众所周知，金融的前世今生均与人类社会的经济发展紧密相连，而起步却源自于人类朴素的行为交换。

1. 金融之源——交换。交换是人类历史上最伟大的发明，交换使得人类社会的经济结构发生了一次质的飞跃，即人类从个体/家族群体的经济自循环走向了不同群组，甚至个体之间的经济共循环或者大循环之中，人类的劳动分工由此逐渐形成，如图 1 所示。

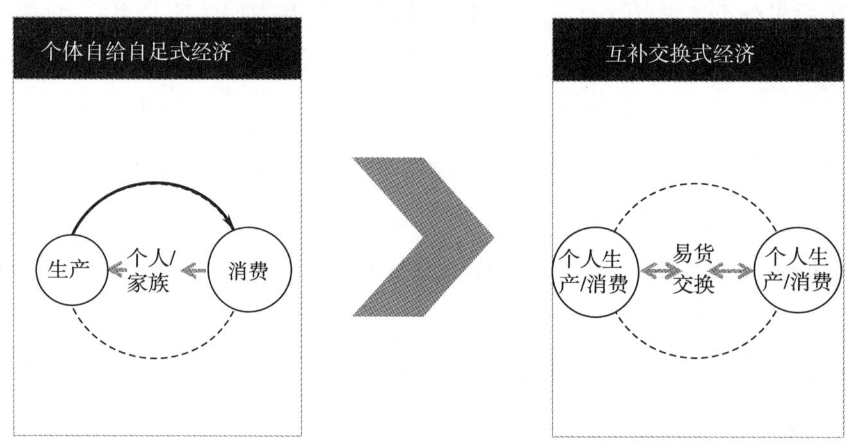

资料来源：CIEC 分析。

图 1　交换对人类经济活动的影响变迁

2. 金融之母——货币。货币是人们普遍接受的，可以充当价值尺度、交易媒介、价值贮藏和支付手段的物品。

货币的诞生打开了人类通向经济社会的两扇大门：一是金融业；二是商业/服务业（见图 2）。

整个货币的变迁过程概况可见图 3。

（二）金融的成型①

金融的变迁历程分为两个：第一个从无到有；第二个从自发到规范化并形成不同服务分支（见图 4）。

（三）金融的本质

金融的本质是一种以交换促进为主的货币服务模式，其发展过程如图 5。

---

① 中国国际经济咨询有限公司，《2012 中国信托行业金皮书》。

1. 商品经济：当商品登上历史舞台之后，彻底地颠覆了以自给自足经济为基础的农业文明，催生并建立了以商品生产、交换、消费的经济模式，创建了人类社会一个新的高地——工业文明，使得人类社会摆脱了靠天吃饭生存的模式，将人们每个个体之中的潜在能力充分发挥出来，从而创造了人类新的辉煌。
2. 金融业：货币创造出来之后，人类社会的生活方式发生了翻天覆地的变化，以往的各种劳动、物品都转化为有价值标尺的商品，而人类改造社会、创造财富的能力也因为金融业的参与变得无比强大，金融业也从商品交换的一个附属物发展为可以左右人类社会走向的两大基石之一。
3. 结论：商品市场和金融业两者互相依存，共同发展，一损俱损，一荣俱荣，两者之间是血与肉的关系。

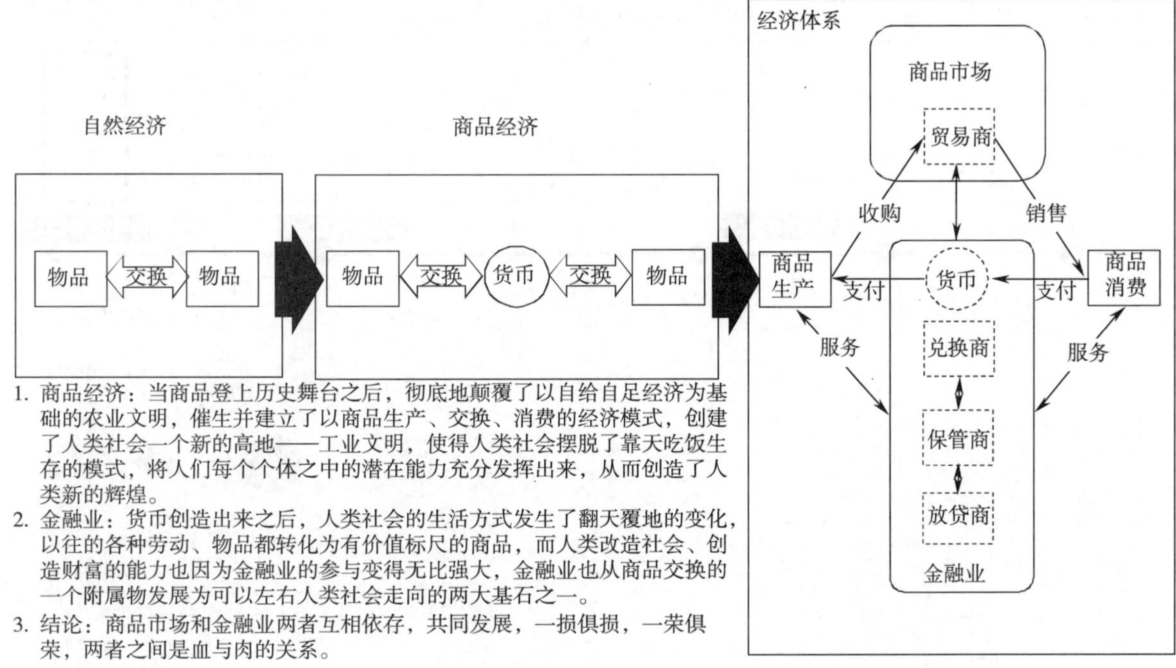

资料来源：马克思《资本论》，百度百科，CIEC分析。

图2 "货币"发展与经济的关系示意图

	实物货币	金属货币	纸（代用）货币	纸（信用）货币	电子货币
功能	1.货币 2.商品	1.货币 2.商品	1.货币 2.商品（间接）	1.货币	1.货币
自有价值	1.有	1.有	1.无	1.无	1.无
进步	1.交换常态化	1.交换标准化	1.便携	1.供应量可调	1.安全方便
类型	1.贝 2.盐 3.马 ……	1.金 2.银 3.铜	1.纸币	1.纸币	1.电子数字
优缺点	1. 优点：可交换，可消费 2. 缺点：通用性差，不便于分割和携带，不便于保存	1. 优点：可交换、有价值、可携带、可分割、可存储 2. 缺点：供应量受限	1. 优点：可交换、可携带、可充足供应、可分割、可存储 2. 缺点：贬值、灭失或损毁	1. 优点：可交换、可携带、可充足供应、可分割、可存储 2. 缺点：贬值、灭失或损毁	1. 优点：可交换、可分割、可存储、可跟踪 2. 缺点：安全存储与保存、无法自存储

资料来源：许传华，杨学东主编的《货币经济学》，百度百科，CIEC分析。

图3 "货币"发展的阶段和特点

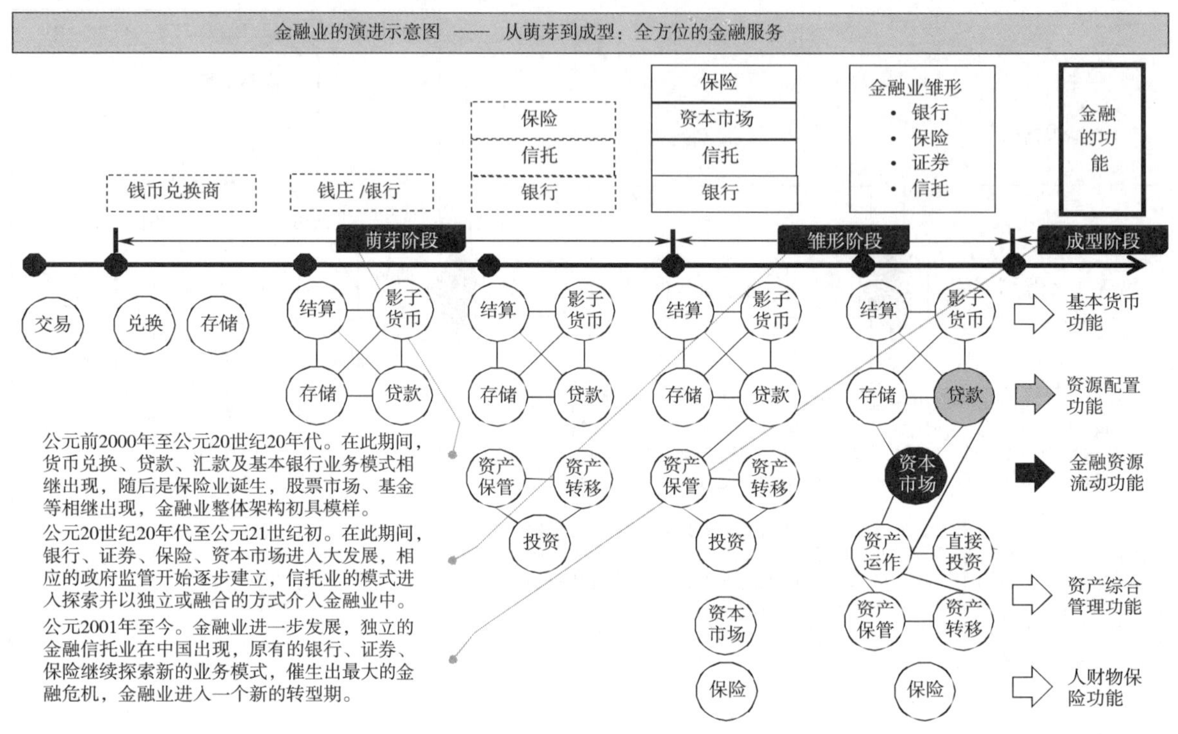

资料来源：CIEC 分析。

图4　金融业演进示意图

要理解金融的本质，我们认为可从两个方面来把握。首先就是金融与商品经济的关系，其次是金融与经济发展的关系。

1. 人类社会经济的两大支柱之一。图 6 为我们对金融与经济的关系逻辑思考图。

研究认为，金融与商品经济运行是两个相互独立、相互依存的子系统，两者之间没有从属关系，而是一种协同合作的关系。通过货币这一有机纽带将金融与商品经济两者紧密地连接在一起，携手共进，为人类社会的经济运行和发展作出了无可替代的贡献。金融与商品经济两者之间的关系并不是此消彼长的关系，而是一种共生关系。图 7 为金融、经济、商品经济三者之间的关系变动示意图。

因此，在金融与商品经济的发展中始终要保持一种动态平衡，这是人类社会需要去探索和解决的一个永恒的主题。

2. 经济发展的核心推手。前面提到了金融与商品经济之间是一种相互独立的关系，那么金融是如何起到促进经济发展的作用的？

现代经济的发展核心是交换的自由和顺畅，而金融则是利用货币、利率、汇率、信贷、结算等金融手段从四个方面来影响经济运行和发展方向的。

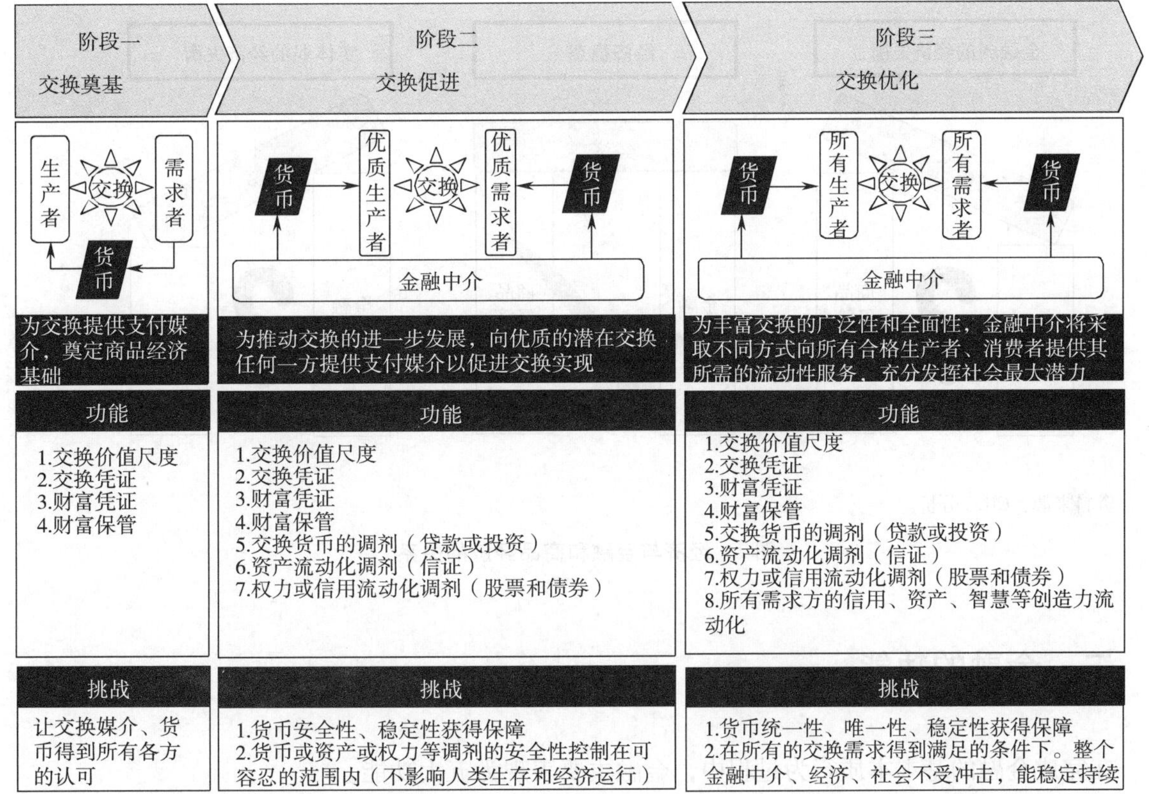

资料来源：CIEC 分析。

图 5　金融的本质及其发展过程

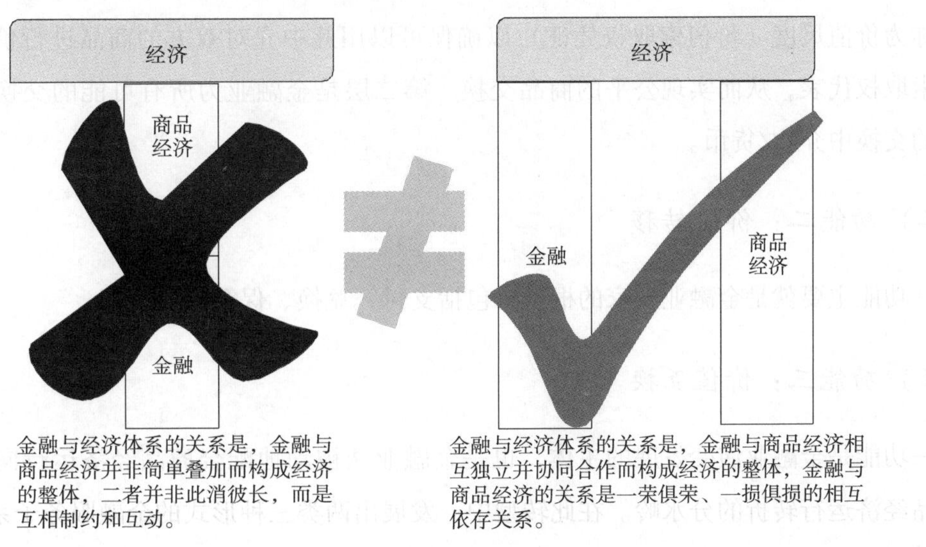

资料来源：CIEC 分析。

图 6　金融与经济和商品经济的关系

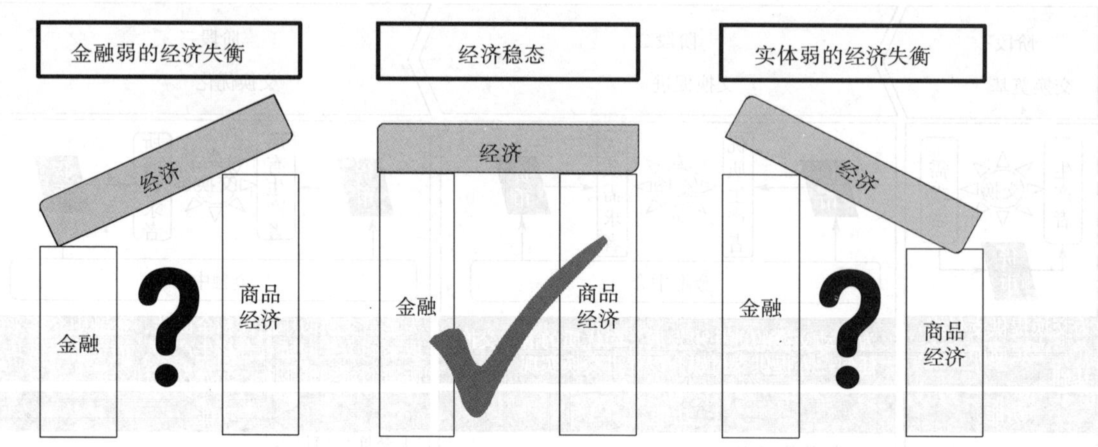

资料来源：CIEC 分析。

图 7　经济与金融和商品经济的关系

二、金融的功能

在完成金融的基本本质行为过程中，金融主要表现为五大功能。

（一）功能一：价值基准

此功能有两层意义：第一层是金融业需要建立起一个客观、公正、公平的商品交换中介/凭证，或称为价值尺度（价值索取权凭证）以确保可以用此中介对双方的商品进行价值量的评估和价值索取权代表，从而实现公平的商品交换。第二层是金融业为所有可能的交换提供与之匹配数量的交换中介物/货币。

（二）功能二：价值转移

这一功能主要就是金融业发家的根基，包括支付、兑换、保管和安全等。

（三）功能三：价值互换

这一功能是金融业演变发展的主体，也是金融业从被动地配合商品经济运行向主动引导和促进商品经济运行转折的分水岭。在此转型中，发展出两类三种形式的金融服务子系统。

1. 价值时间互换。银行利用价值的时间互换从货币盈余者手中将其暂时不用的资金借过来（名曰储蓄），然后银行针对那些有能力但是短期缺少资金的潜在消费者/生产商让渡资金的使用时间权（名曰借贷），通过放贷和储蓄利息之差获取回报，实现盈利。由于这类金融服务主要是针对货币价值的时间进行互换交易，并未作出所有权的交易，因此，确保价值时间互换的安全和时间匹配就成为银行业的核心任务。

2. 资产价值互换一：股票。这部分也是当今金融业的重要组成之一，我们称之为——上市发行的股票或者资产价值互换。在此类资产价值互换中，金融机构——证券业或者投资银行主要提供中介顾问服务和交易经纪服务，并不是资产价值互换的主体，其主体主要是企业和投资人。此种金融服务模式（又称为直接融资）下，金融机构只是一个融资的辅助角色。因此，金融机构的主要服务集中在二级市场，通过各种形式来提供服务和获取回报。由此创造了一个“零和博弈”的金融市场，为众多期望奇迹的投机者提供了一个金融“赌博”的舞台。

3. 资产价值互换二：信托。这部分功能目前的主角是信托机构，信托是一个正在逐渐发展和被认知的金融领域，未来发展潜力巨大。在此类互换中，委托人将其沉睡的资产或者沉默资产或资金通过信托方式交由受托人信托公司以其为依托与其他资产进行价值互换，即将资产现有价值或者资产未来价值或者其他投资收益与资金盈余者进行了互换，各方通过信托协议将价值互换的关系确立，信托金融机构则扮演了中间人、管理人、监管人、信托协议交割的执行人的角色。

（四）功能四：金融工具流动性机制

我们知道，商品经济离开了流通性就会变成“一潭死水”，人类社会的发展就会停滞。同样，离开了流动性，金融业也将变成“一潭死水”。因此，金融业需要一个或多个金融工具的交易场所——金融市场的交易机制来解决其金融工具的流通性和货币资源失衡问题。

（五）功能五：社会灾难的自修复机制

保险就是人类社会运用“众人拾柴火焰高”的哲理所创造的一个金融智慧结晶，即通过利用“金融”的跨时间、跨空间、跨地域的特征聚集起群体的财力，结成一个抵御化解风险的团体，在这个团体中每个人都是贡献者，但同时也是受益者。针对任何局部性的突发灾难性事件，借助保险的力量就能对参与保险的团体中相关个人提供灾害的补充与救助，使灾难对个人和群体的负面影响降至最低，确保人类社会的稳定与持续发展。

总结上述分析，我们可以得到一张金融功能的示意图，如图8所示。

三、金融监管体系构想

由于金融创新日益复杂，统一监管模式有可能会出现两种变型，即完全统一监管模式和总体统一、专业化分业监管的模式，见图9。

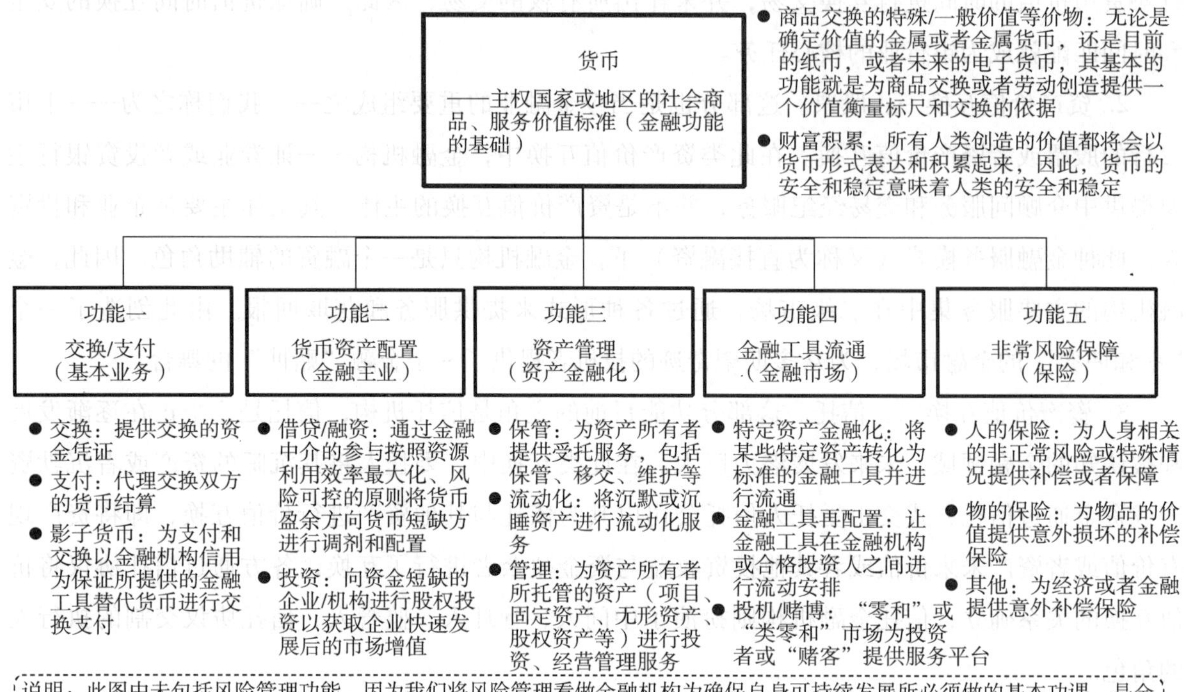

资料来源：CIEC 分析。

图 8　金融功能之框架

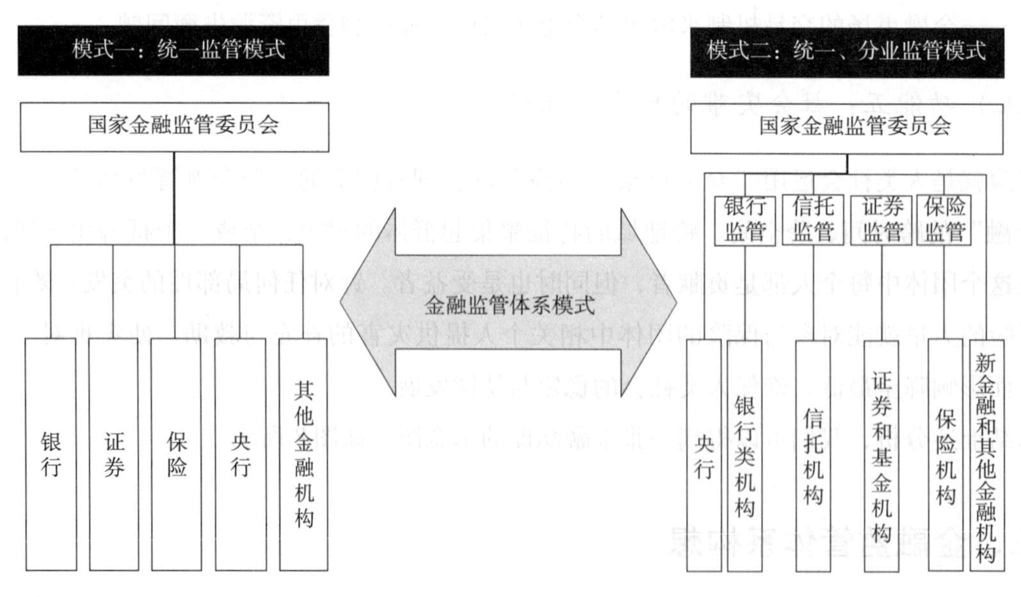

资料来源：CIEC 分析。

图 9　可能的金融监管模式示意

四、大信托

首先需要明确几个定义。

大信托："大信托"不是金融工具的代名词，而是指一个行业。

信政产品：主要包括各种信托计划、各种资管计划、银行理财产品、公募基金、PE。

大信托与大资管："大资管"一词如今被越来越多的金融机构提及。业内之所以在资管前加上一个大字，缘由在于随着监管的不断放开，原有资管业务外延不断地拓展。大资管是一个泛指，应还原其本来面貌，但是金融业内至今没有对"大资管"进行明确的定义。我们认为，大资管准确对应的应当是信托概念（详见《信托之根——资产管理》，2011 年中国信托行业金皮书）。另外，"除了信托公司和基金管理公司以外，银行理财、券商资管、保险资管等都不承认其所经营的是信托业务。这其中有现实的法律障碍，现行《商业银行法》、《证券法》、《保险法》均明确规定，银行、证券、保险、信托实行分业经营、分业监管。因而，除信托公司和基金管理公司外，一旦宣称自己"做信托"就涉嫌违法。"基于此，在这个层面上，我们认为大资管包含于（即小于）或等同于大信托。

资产管理：这里的资产管理是第三方资产管理，即委托人将自己的资产交给受托人，由受托人设计和保持一种良好环境，并能通过委托资产进入指定需求的有效率平衡状态以实现委托人预期目标的社会活动过程。

山寨信托：这是指按信托法理交易运作，但由于我国的分业监管法律法规而不能正名的非信托金融业务。包括银行理财、证券资管、公募基金、私募股权投资、基金子公司业务、保险资产管理公司资管计划等等。

基于以上定义，我们认为"大信托"的覆盖范围如图 10 所示。

有鉴于此，我们将从大信托界定、信托金融混沌状态、信托业统一、大信托的角色和大信托秩序思考五个方面进行分析。

（一）金融体系中大信托界定

1. 金融监管空白带来的蓝海大开放。由于《信托法》并不专属于信托公司，依据《信托法》形成的业务不在信托公司隶属中国银监会的辖区，也不在任何机构监管的明确范围，这成为各家金融机构正式开发这片处女地业务的灰色行动依据。

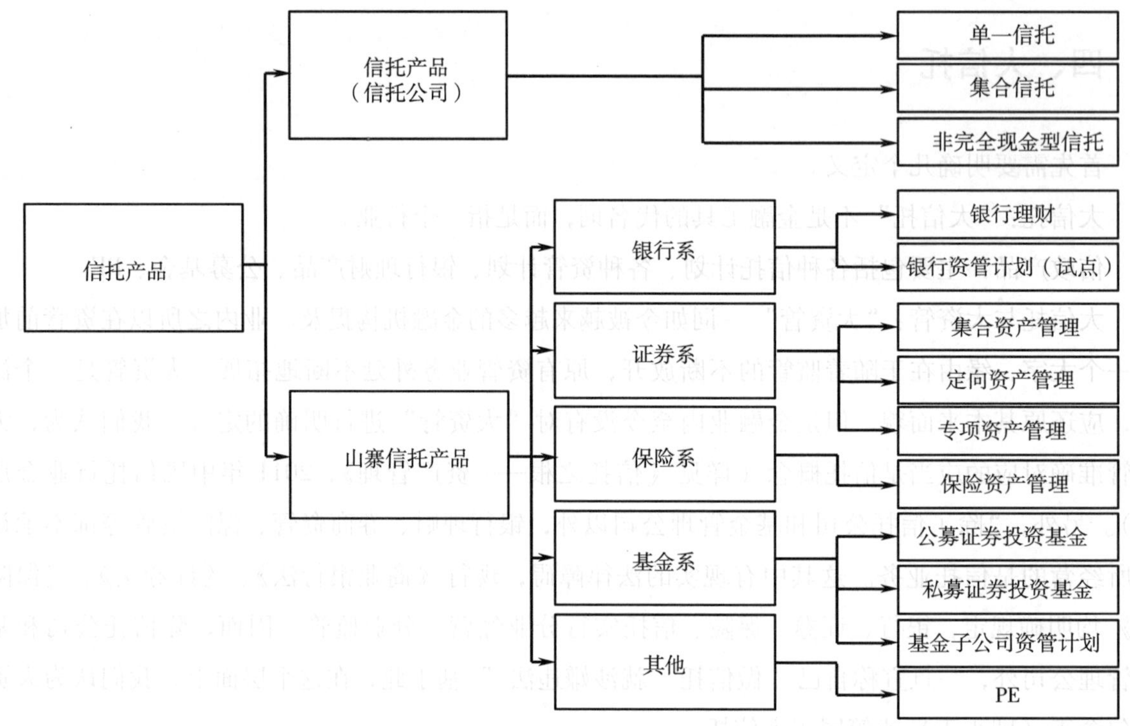

资料来源：CIEC 分析。

图 10　大信托产品构成图谱

表 1　冲进大信托的各类机构业绩表现

金融机构 \ 年份 / 增幅（%）	2008	2009	2010	2011	2012
基金	-38.46	37.58	-2.19	-13.16	65.27
证券公司	-41.54	157.37	55.62	85.15	570.69
保险公司	59.18	21.59	24.23	19.13	22.29
信托公司	28.43	62.60	49.30	56.29	54.33
银行理财	49.09	18.29	77.32	166.86	54.68
PE	103.00	2.59	20.65	19.72	4.59

显而易见，大信托的新进入者们尝到了信托业务巨大潜力的红利，它们的业务开始增长发展就是最好的证明（见表 1）。

2. “山寨信托”搅动资金之池。

（1）银行理财产品（跨界）。

① 基本模式。银行理财产品的基本模式是指商业银行与投资者（客户）签订代客理财协议，在向投资者（客户）提供理财顾问服务的基础上，接受投资者（客户）委托的现金财产，按照与投资者（客户）事先约定的投资计划和方式进行投资和资产管理，并将最终的投资利益

支付给投资者（客户）的活动过程（见图11）。

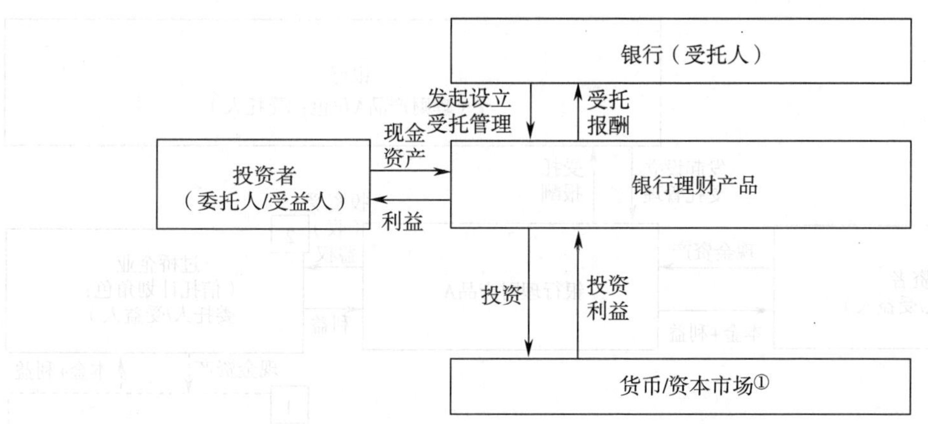

注：①除二级市场公开交易的股票或与其相关的证券投资基金外的资本市场，下同。

资料来源：CIEC分析。

图11　银行理财产品交易结构——基本模式

② 银 + 模式。自2008年12月4日《银行与信托公司业务合作指引》（银监发［2008］83号）施行起，融资类（信贷类）银信理财产品大规模兴起，银 + 模式是这类产品的的主要模式，通过信托公司的“过桥”，商业银行取得中间业务收益，同时，如果银行的目的是为其客户融资，这种模式可以在不占用贷款额度的前提下实现。

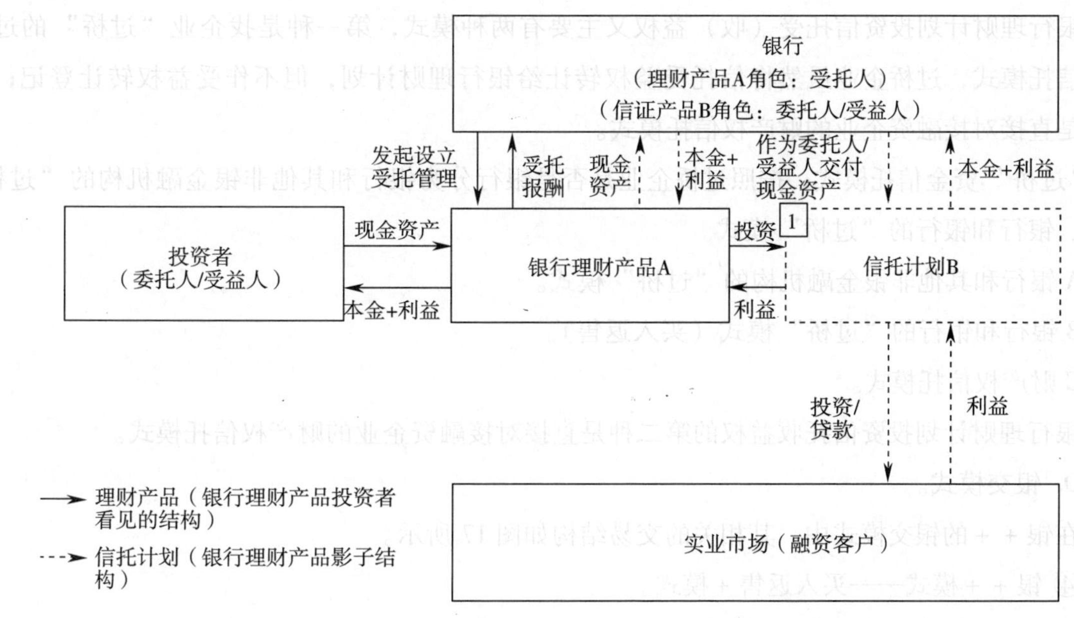

资料来源：CIEC分析。

图12　银行理财产品交易结构——银 + 模式（双信托模式）

③ 银 + + 模式。银 + + 模式的常规交易结构如图 13 所示。

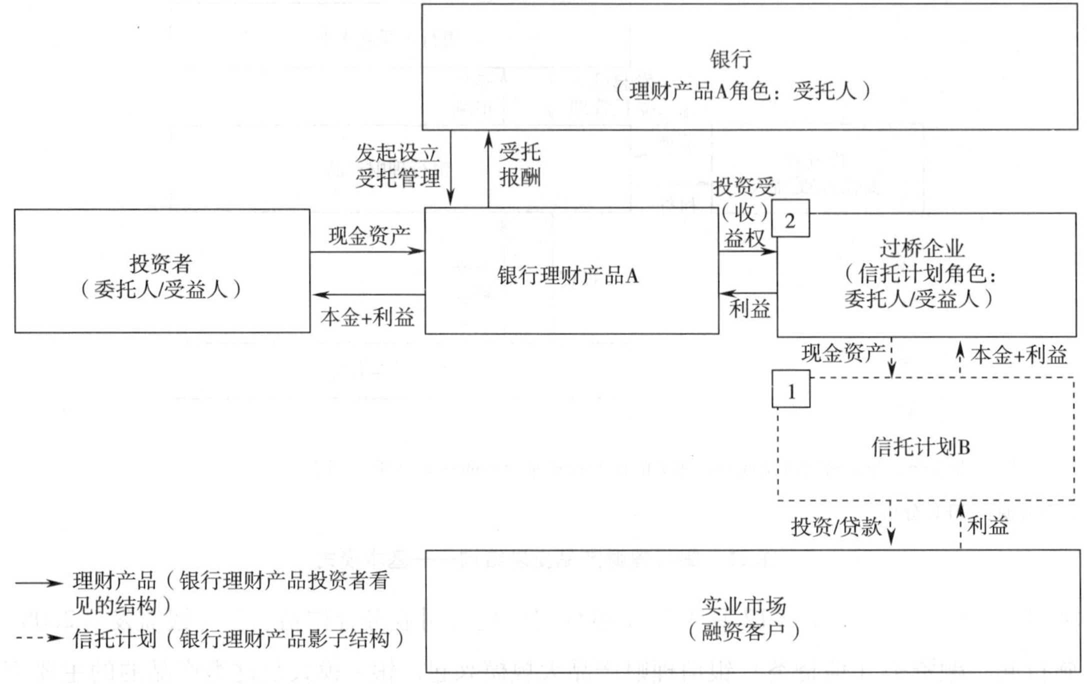

资料来源：CIEC 分析。

图 13　银行理财产品交易结构——银 + + 模式

银行理财计划投资信托受（收）益权又主要有两种模式，第一种是找企业“过桥”的过桥资金信托模式，过桥企业虽然将信托受益权转让给银行理财计划，但不作受益权转让登记；第二种是直接对接融资企业的财产权信托模式。

“过桥”资金信托模式，按照过桥企业是否是银行分为银行和其他非银金融机构的“过桥”模式、银行和银行的“过桥”模式。

A 银行和其他非银金融机构的“过桥”模式。

B 银行和银行的“过桥”模式（买入返售）。

C 财产权信托模式。

银行理财计划投资信托收益权的第二种是直接对接融资企业的财产权信托模式。

D. 银交模式。

在银 + + 的银交模式中，其相关的交易结构如图 17 所示。

④ 银 + + 模式——买入返售 + 模式。

A 银 + + 模式——买入返售 + 甲丙。

B 银 + + 模式——买入返售 + 抽屉协议。

⑤ 银 + + 模式——买入返售 + + 模式。为了规避《中国银监会关于规范商业银行理财业务

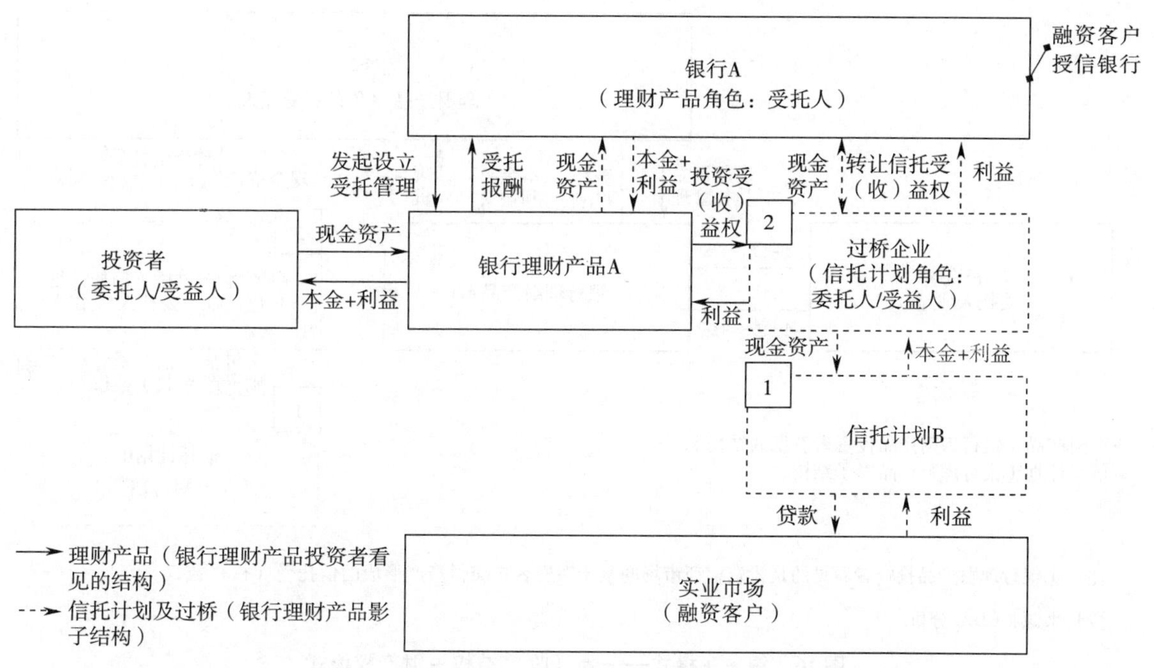

资料来源：CIEC分析。

图14　银＋＋模式——受（收）益权——银行和其他非银金融机构“过桥”模式

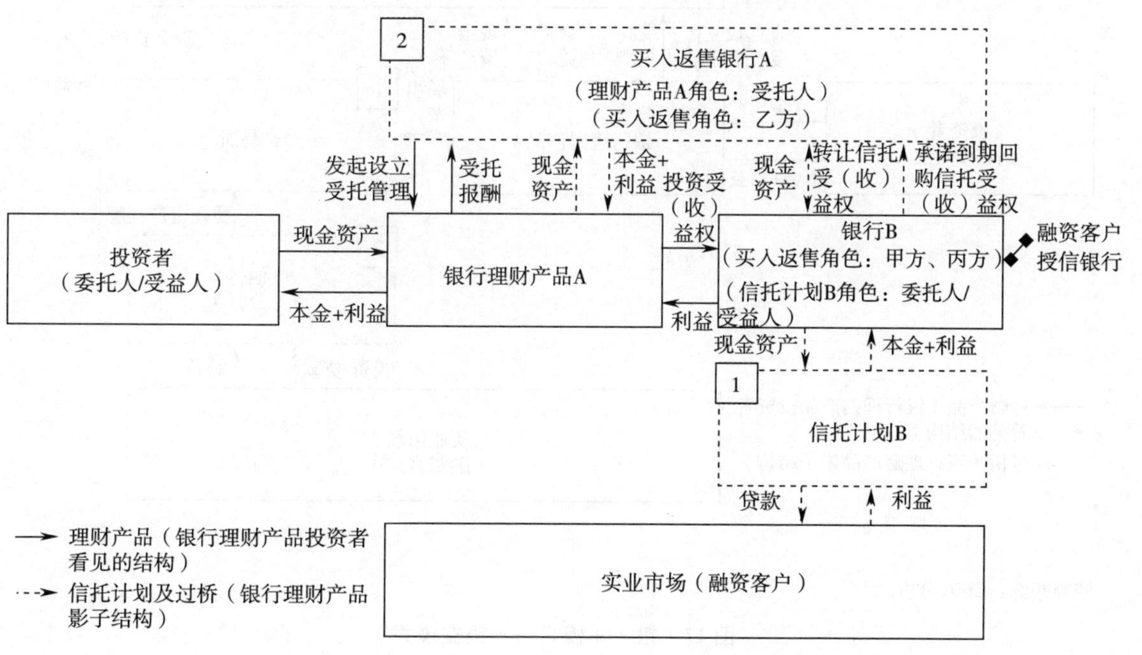

资料来源：CIEC分析。

图15　银＋＋模式——受（收）益权——银行和银行的“过桥”模式

银行
（理财产品 A角色：受托人）
发起设立
受托管理
受托
报酬
本金+
利益
现金
资产
转让信托受
（收）益权
现金资产
利益
投资者
（委托人/受益人）
现金资产
本金+利益
银行理财产品A①
2
融资客户/过桥（信托计划
角色：唯一委托人/受益人）
交付基
础资产
信托受
（收）益权
利益
1
信托计划B
（单一财产信托）
理财产品（银行理财产品投资者看见的结构）
信托计划（银行理财产品影子结构）

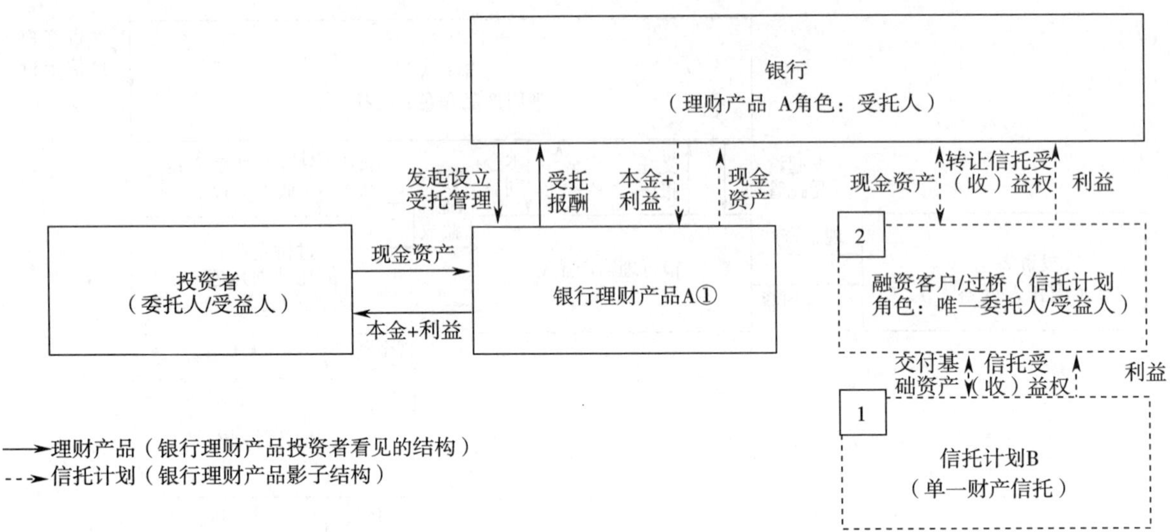

注：①银行理财产品投资者看见的是投资信证市场的基于融资客户交付资产形成的信托受（权）益权。

资料来源：CIEC 分析。

图 16 银 + + 模式——受（收）益权 - 财产权模式

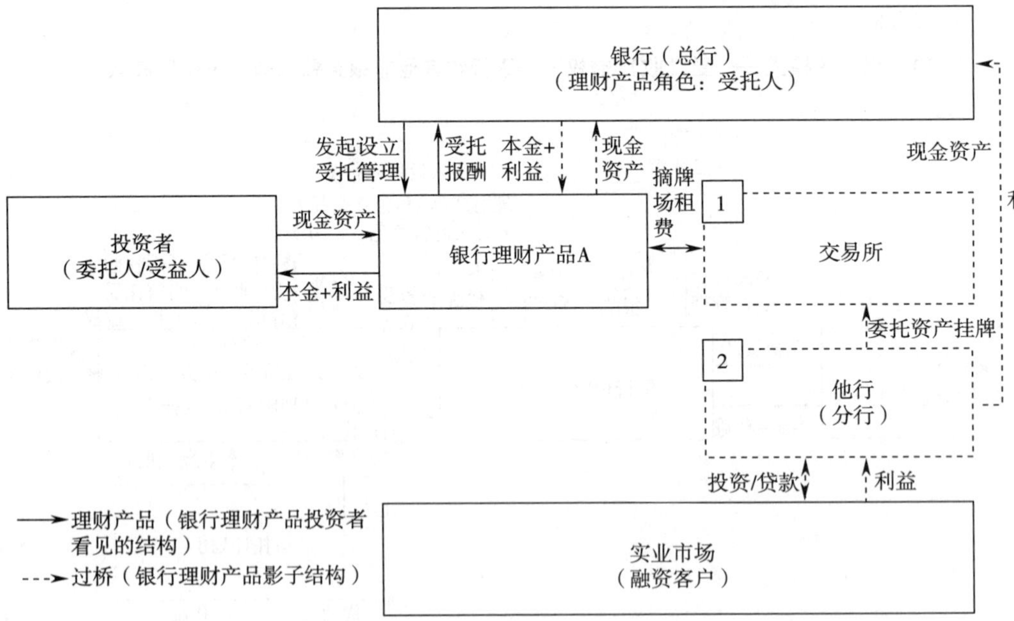

银行（总行）
（理财产品角色：受托人）
发起设立
受托管理
受托
报酬
本金+
利益
现金
资产
摘牌
场租
费
现金资产
利益
投资者
（委托人/受益人）
现金资产
本金+利益
银行理财产品A
1
交易所
委托资产挂牌
2
他行
（分行）
投资/贷款
利益
实业市场
（融资客户）
理财产品（银行理财产品投资者
看见的结构）
过桥（银行理财产品影子结构）

资料来源：CIEC 分析。

图 17 银 + + 模式——银交模式

投资运作有关问题的通知》（银监发［2013］8 号）新规，商业银行的创新方式有两种：第一种，由于“8 号文”是对商业银行理财业务投资运作进行的规范，因此，上述各种模式，只要是用自有资金（或同业存放资金）代替理财计划资金投资受（收）益权资产，就不违反“8 号

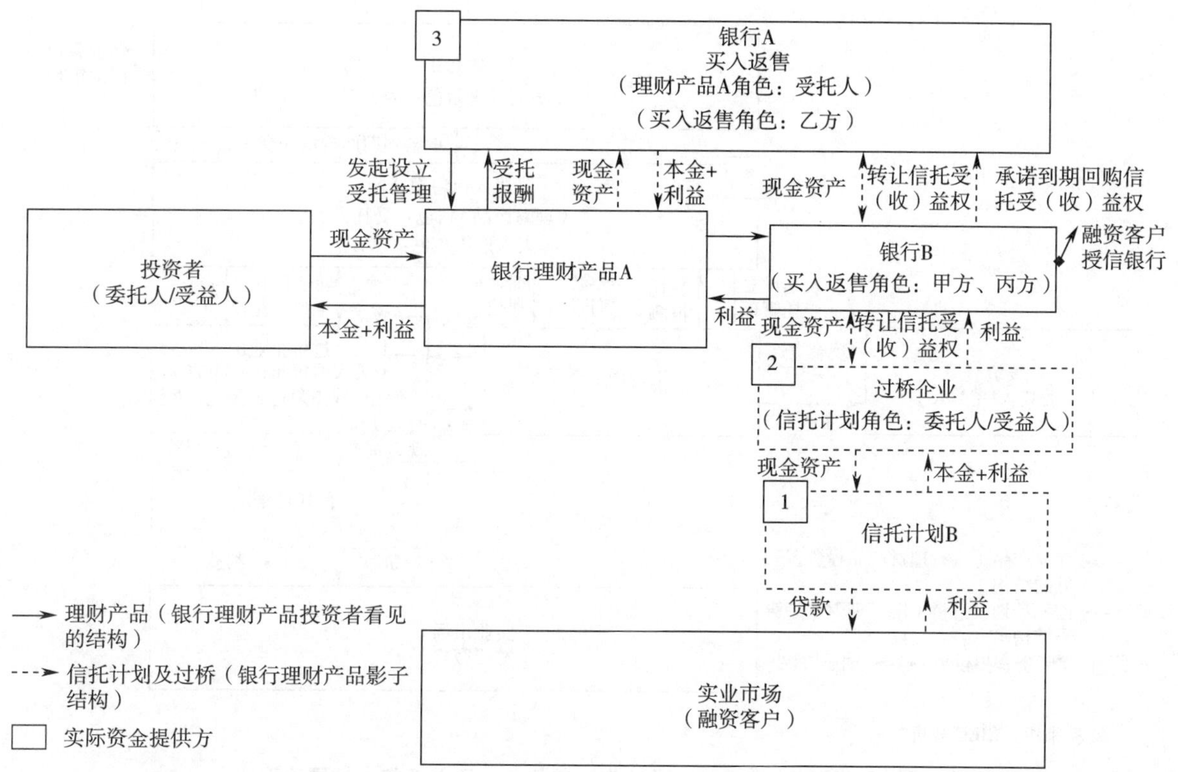

资料来源：CIEC 分析。

图 18　银 + + 模式——受（收）益权——买入返售 + 甲丙

文"规定；第二种，在此基础上衍生出买入返售 + + 模式：在用自有资金（或同业存放资金）代替理财计划资金投资受（收）益权资产理财计划后，再用理财计划资金替换自有资金（或同业存放资金）。

A 银 + + 模式——买入返售 + + 抽屉协议

B 银 + + 模式——买入返售 + + 丙方过桥。

⑥ 银 + + 模式——买入返售 + + + 模式。应对"8 号文"，还需要重点强调的是创新的更具有隐蔽性的第三种买入返售 + + + 模式。

⑦ 资金池模式。银行理财最复杂也最受诟病的模式为资金池。

⑧ 银行理财产品 TOT 模式。在现行的银行理财产品中，还有一种饱受争议的 TOT 模式，即通过一个信托计划/信证产品买另一个或多个信托计划/信证产品，TOT 模式的交易结构如图 24 所示。

以上是对银行理财产品基础模式的分析。事实上，针对不同的产品，银行理财产品交易结构中会有不同的担保组合管理设计（图 22、图 23、图 24）以实现对产品的风险管控，简单地说，以上的产品银行或其他金融机构都可以根据其对风险判断和容忍度，增加如图 25 ~ 图 28 所

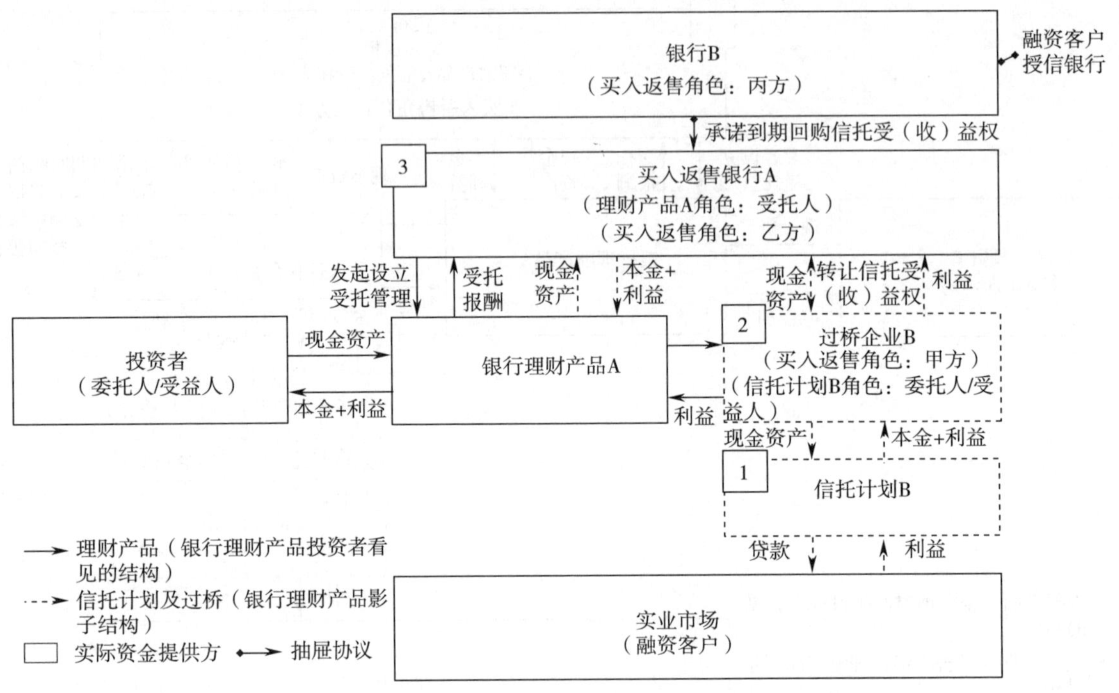

资料来源：CIEC 分析。

图 19　银 + + 模式——受（收）益权——买入返售 + 抽屉协议

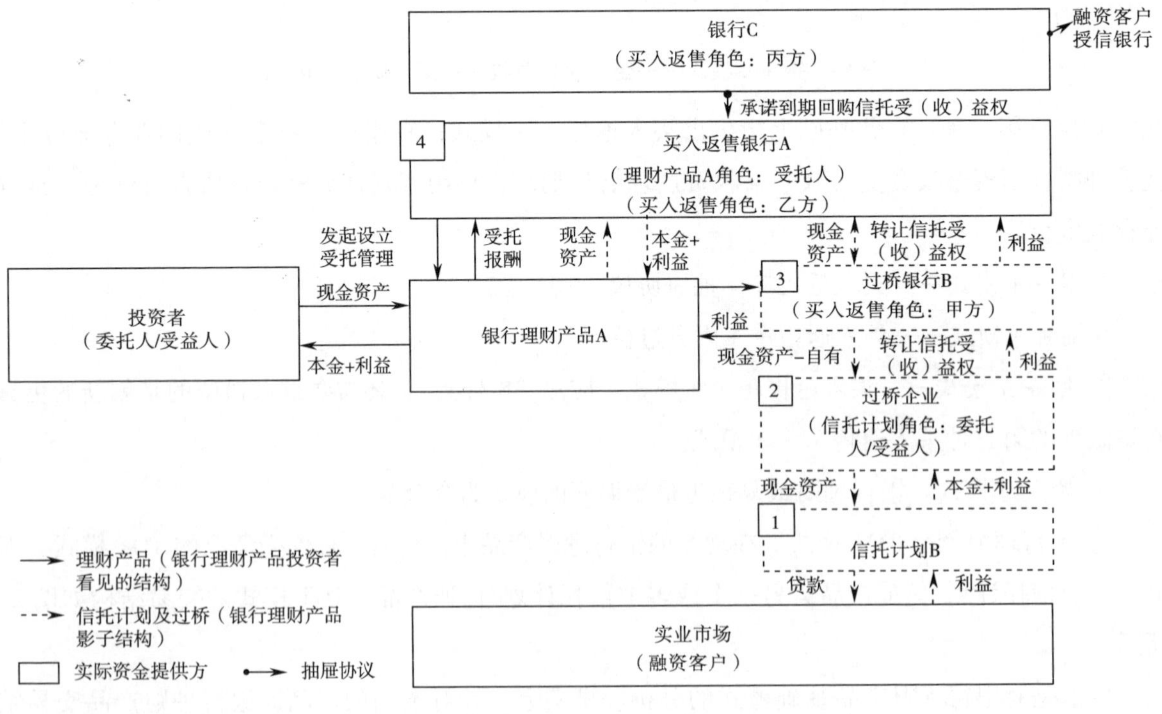

资料来源：CIEC 分析。

图 20　银 + + 模式——受（收）益权 – 买入返售 + + 抽屉协议

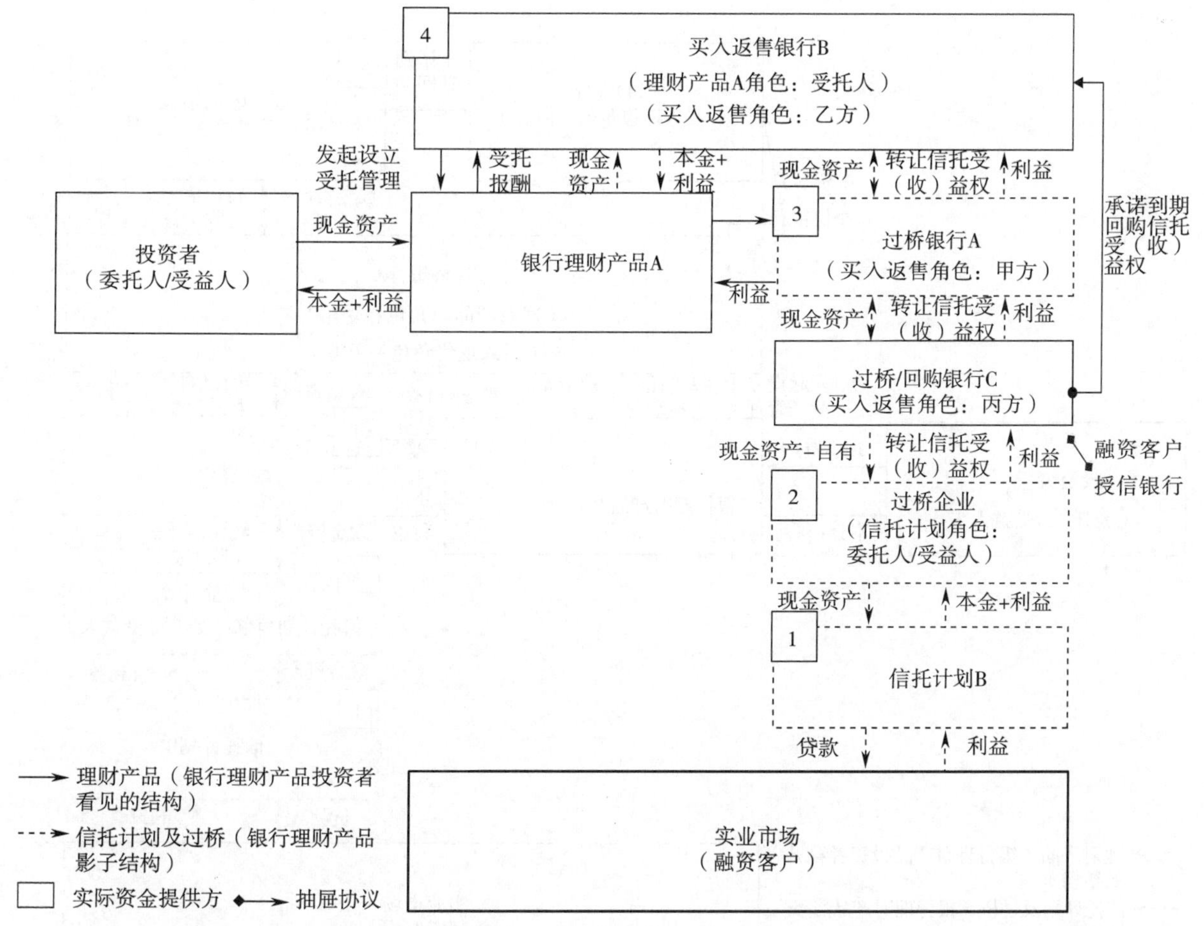

资料来源：CIEC 分析。

图 21　银 + + 模式——受（收）益权——买入返售 + + 丙方过桥

示的各类风险保障措施。

通过以上各种模式，银行理财业务绕过重重障碍，得以迅速发展。下面的部分，介绍证券公司的山寨信托产品，不同于本部分强调银行在整个交易中的主导作用的特点，证券公司的分析重点在于山寨信托产品本身的交易结构。

（2）证券公司资管计划（跨界）。

① 集合资管证券资管传统非主营业务。证券公司介入大信托业务最早开始于专注于金融市场中标准化产品（如股票、基金、债券）的集合资产管理计划。

② 定向资管业务重启信托监管关闭之门。为了更好的理解银证合作的山寨信托的实质，以下的部分是我们对证券资管计划深入的剖析。

A. 通道业务 - 票据类产品。证券公司票据类产品按照对接资管计划的理财产品发行银行是否有投资权限分为两种模式。

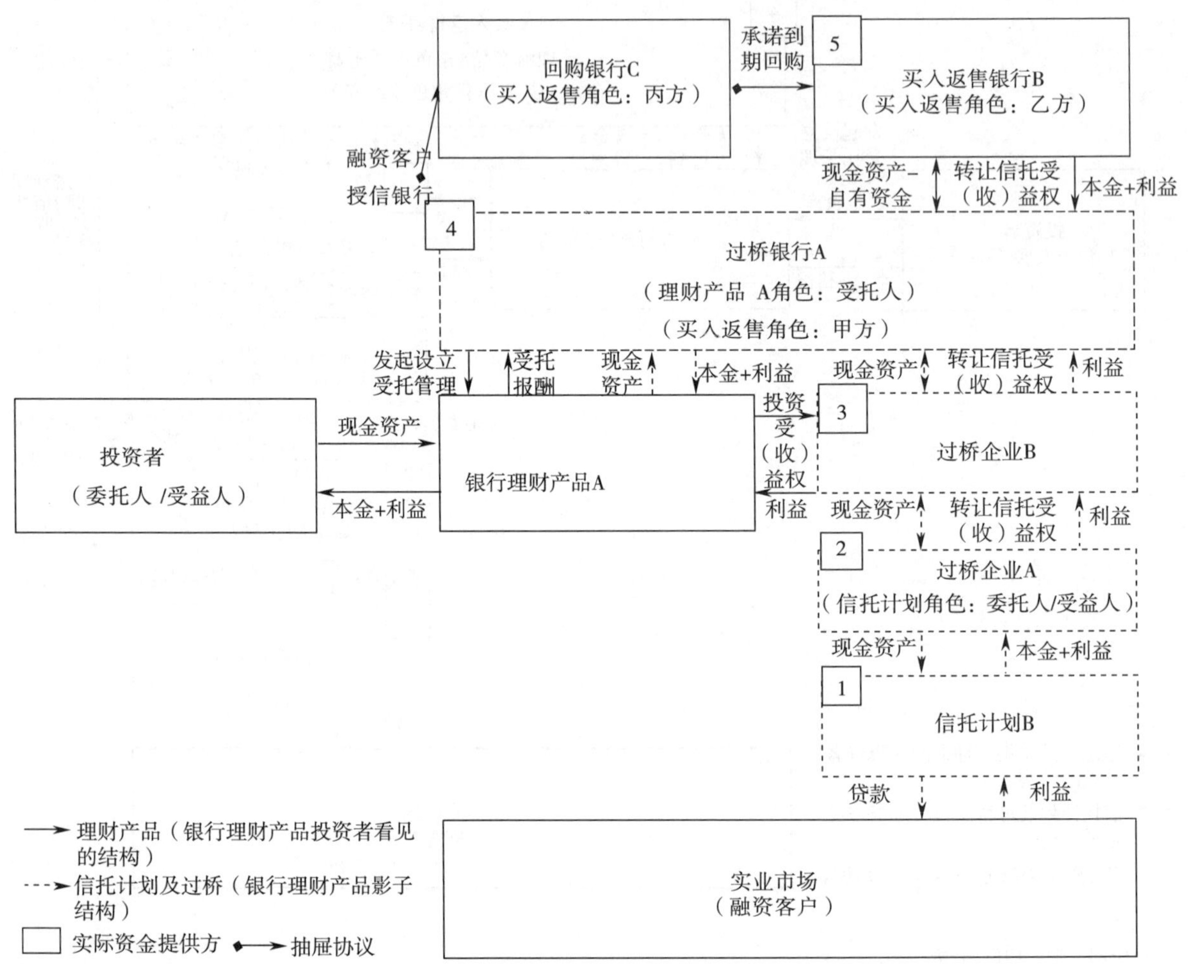

资料来源：CIEC 分析。

图 22 银＋＋模式——受（收）益权——买入返售＋＋＋

a. 通道业务——票据类产品——银行有投资权限。对于银行 A 有投资权限的，现实中，可操作的是，银行 A 找银行 B 进行票据的过手，票据仍保管在银行 A。

b. 通道业务——票据类产品——银行没有投资权限。模式Ⅲ与模式Ⅱ的区别在于：由于银行 A 没有投资权限，银行 A 以票据资产/票据受（收）益权的转让方以及回购银行的角色出现，而资管计划的委托人/受益人（资金方）是银行 A 找的过桥银行 B，银行 B 委托给资管计划的现金资产为银行 A 拆出给银行 B 的资金。

银行 A 不具备投资权限的还有模式Ⅳ。

银行 A 不具备投资权限的更为复杂的交易结构为模式Ⅴ。

B. 通道业务——信贷资产类产品——存量。通道性质的信贷资产类产品的交易结构与票据

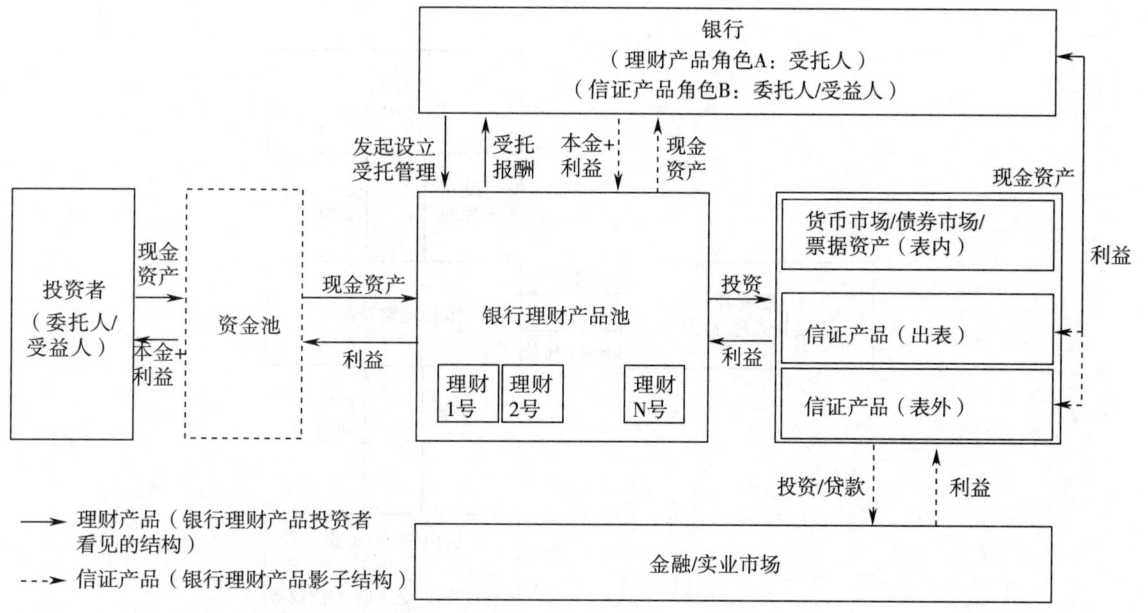

注：过桥企业获得的本金 + 利益资金来源于理财产品。

资料来源：CIEC 分析。

图 23　资金池模式

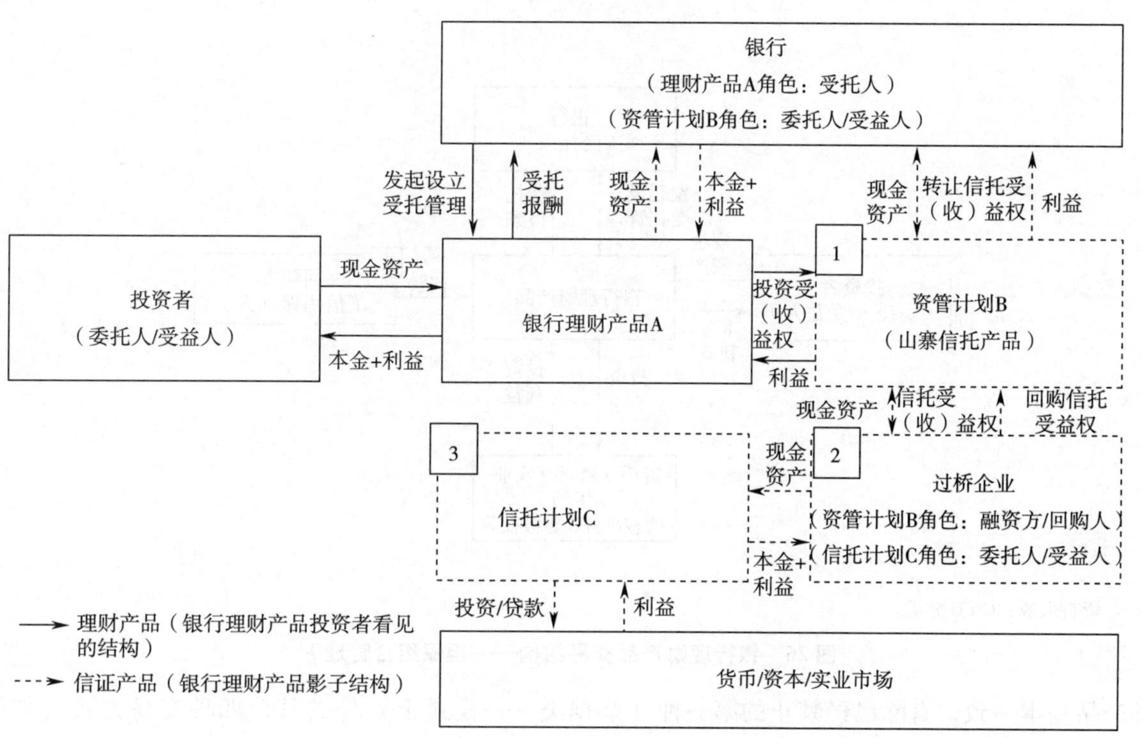

资料来源：CIEC 分析。

图 24　银行理财产品交易结构——TOT 模式

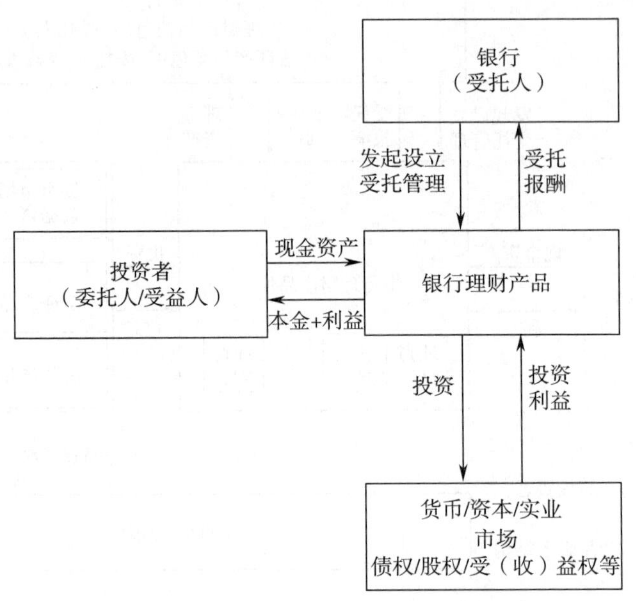

资料来源：CIEC分析。

图25 银行理财产品交易结构——基础模式

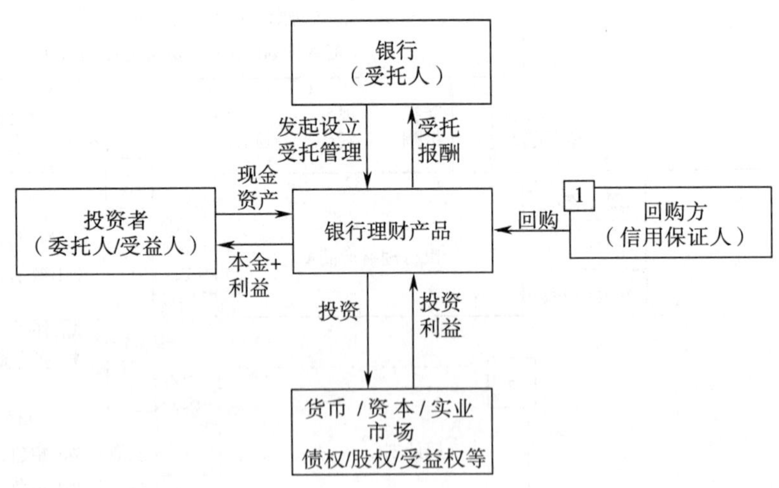

资料来源：CIEC分析。

图26 银行理财产品交易结构——担保组合管理1

类产品基本一致，有除已经禁止的第一种（票据类——模式Ⅰ）外的其余四种交易方式（如图37所示）。

正如上面分析的，存量类信贷资产交易方式与票据极其类似，因此我们仅以具有代表性的

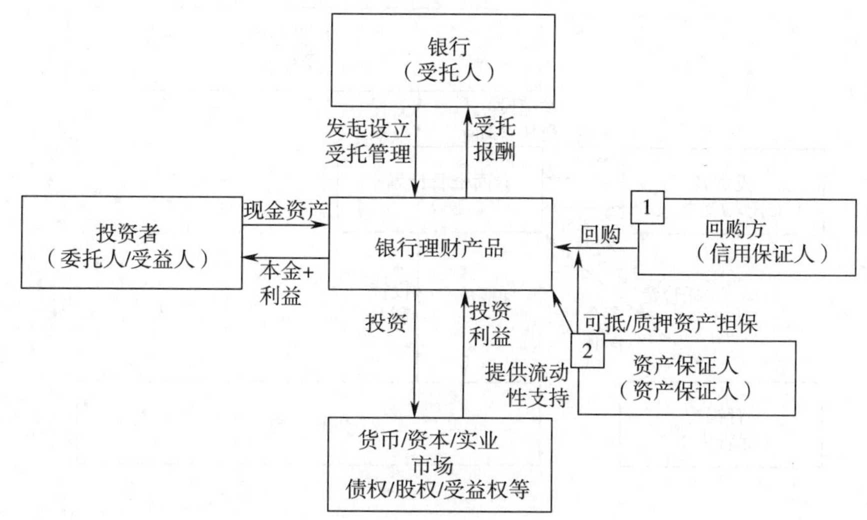

资料来源：CIEC 分析。

图 27　银行理财产品交易结构——担保组合管理 2

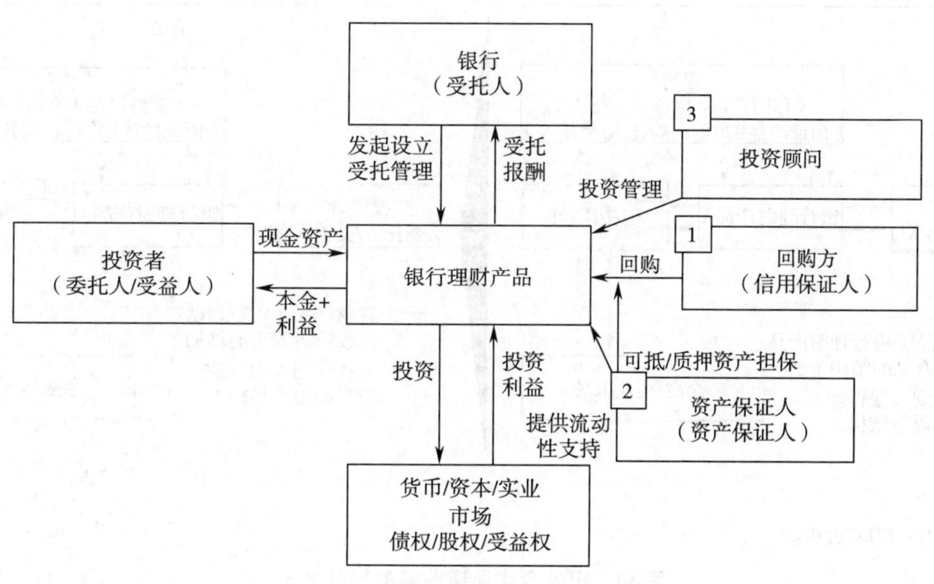

资料来源：CIEC 分析。

图 28　银行理财产品交易结构——担保组合管理 3

模式Ⅴ为例进行交易流程说明，其他模式的交易流程可以参考票据类业务相关内容。

③ 资管计划从金融市场开始包围信托。

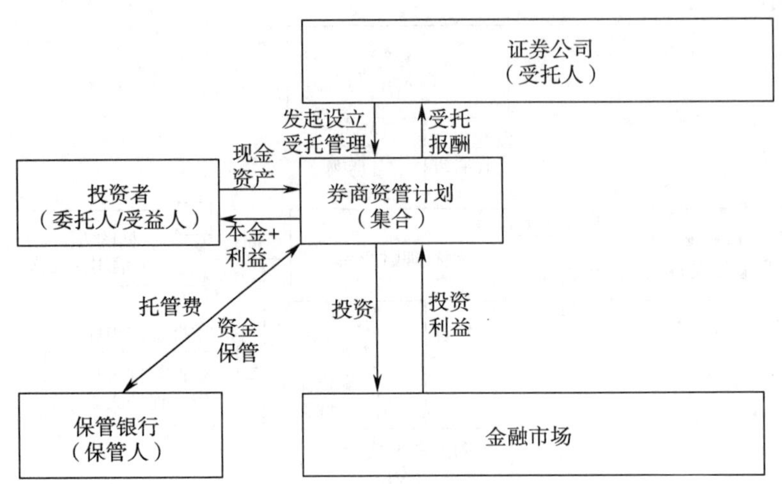

资料来源：CIEC 分析。

图 29　证券资管计划交易结构——集合资管计划

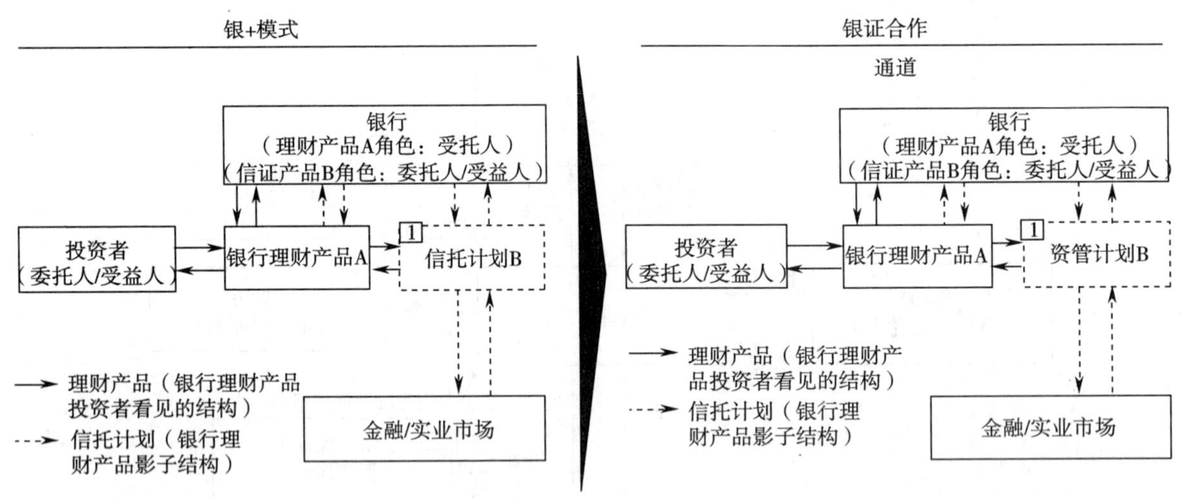

资料来源：CIEC 分析。

图 30　银证合作通道业务的出处之一

A. 通道业务——上市公司股权质押融资。券商在股权质押融资中采取的交易模式一般如图 39 所示。

B. 通道业务——存单受（收）益权。

C. 通道业务——商业汇票受（收）益权。

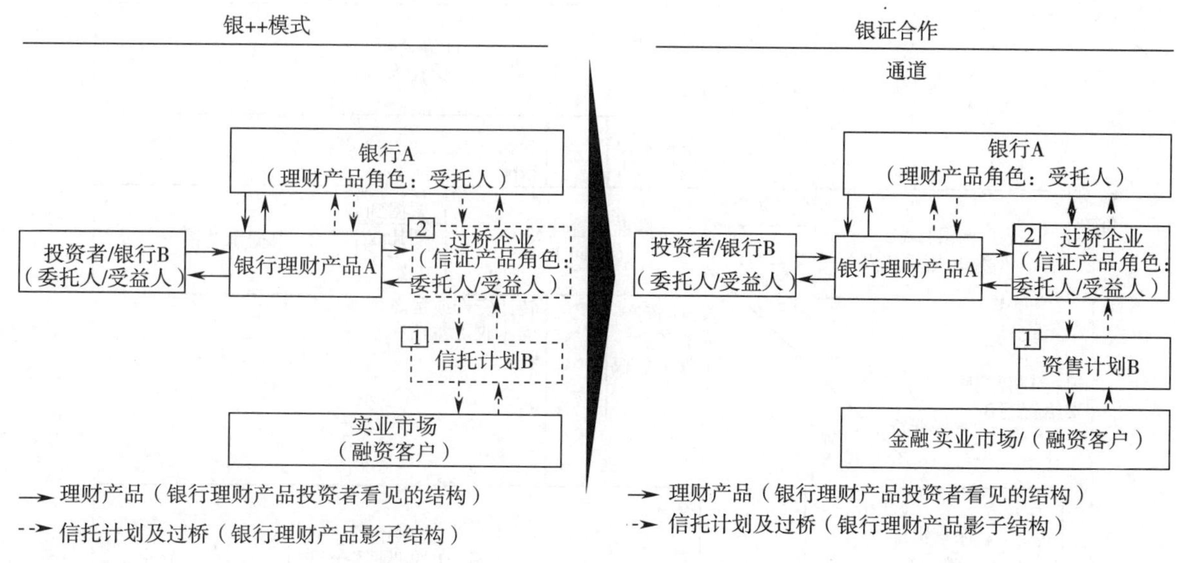

资料来源：CIEC 分析。

图 31　银证合作通道业务的出处之二

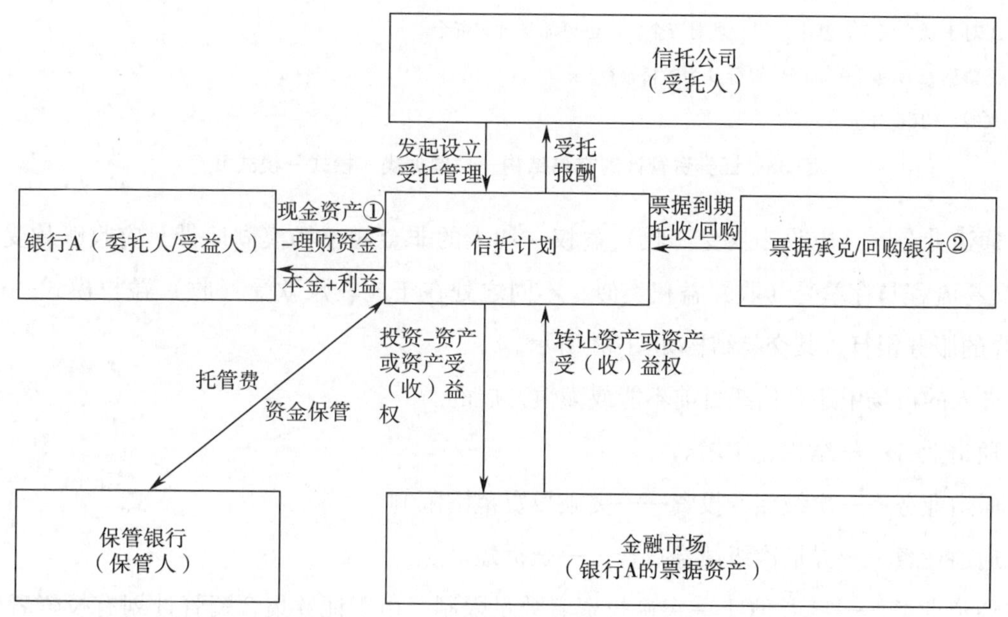

注：①对于现金资产，基本为银行理财资金，但也可能是自有资金。

②回购银行是银行 A。

资料来源：CIEC 分析。

图 32　证券资管计划交易结构——票据类基本模式 - 模式 I

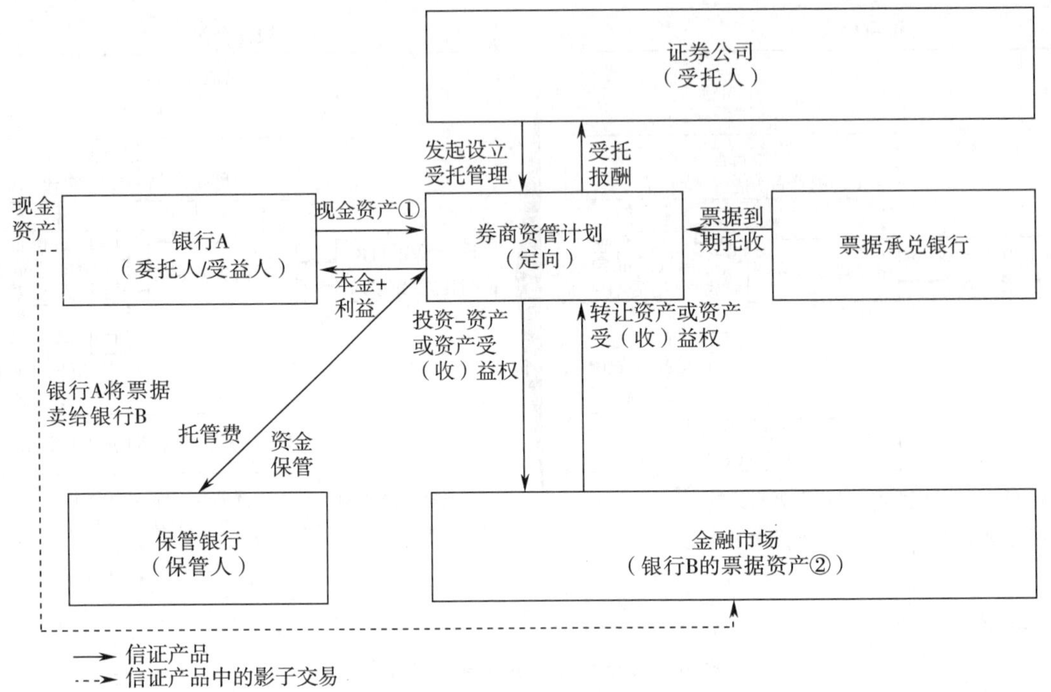

注：①对于现金资产，基本为银行理财资金，但也可能是自有资金。

②票据原为银行 A 资产、银行 B 为过桥银行。

资料来源：CIEC 分析。

图 33　证券资管计划交易结构——票据类＋模式－模式 Ⅱ

D. 通道业务——应收账款受（收）益权－切入的非金融市场模糊地带。应收账款受（收）益权的交易流程与存单受（收）益权类似，不同之处在于应收账款受（收）益权模式一般没有代为托收的服务银行，其交易结构如图 42 所示。

④ 进入的市场中还有信托目前不能或谨慎开展的。

A. 通道业务——结构化定增。

B. 通道业务——次级债券投资——突破投资范围限制。

C. 通道业务——异形次级债券投资——长拆短。

D. 通道业务——异形 TOT －突破投资者数量限制。由于证券集合资管计划有投资者资金门槛 100 万元，单个计划投资者数量不超过 200 人，为突破监管层对集合信托计划 300 万元以下投资者人数的限制，该模式借助的是证券资管计划投资范围包括集合资金信托计划、商业银行理财产品等金融机构发行的风险各异的非标准化金融产品，其具体的操作流程如图 46 所示。

E. 通道业务——自我操纵 TOT——委托人/受益人和受托人为一人。

F. 通道业务——绕道保本保收益——突破风险计提限制。

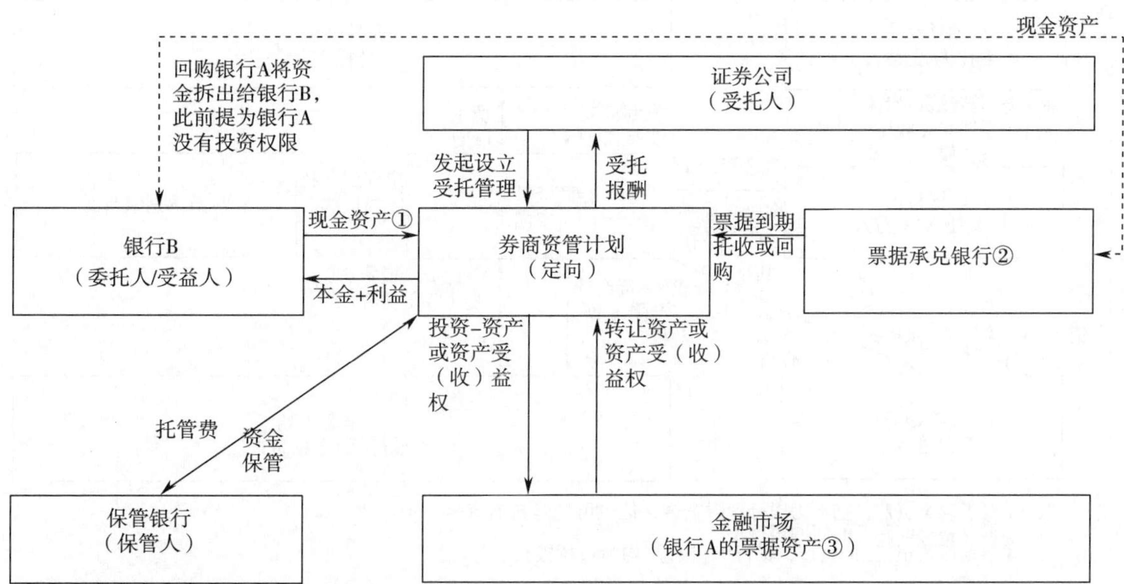

注：①对于现金资产，基本为银行理财资金，但也可能是自有资金，或者同业拆借资金
②票据承兑银行为银行A。
③票据原为银行A的资产、银行B为过桥银行。

—→ 信证产品 --→ 信证产品中的影子交易

资料来源：CIEC 分析。

图 34 证券资管计划交易结构——票据类＋模式－模式Ⅲ

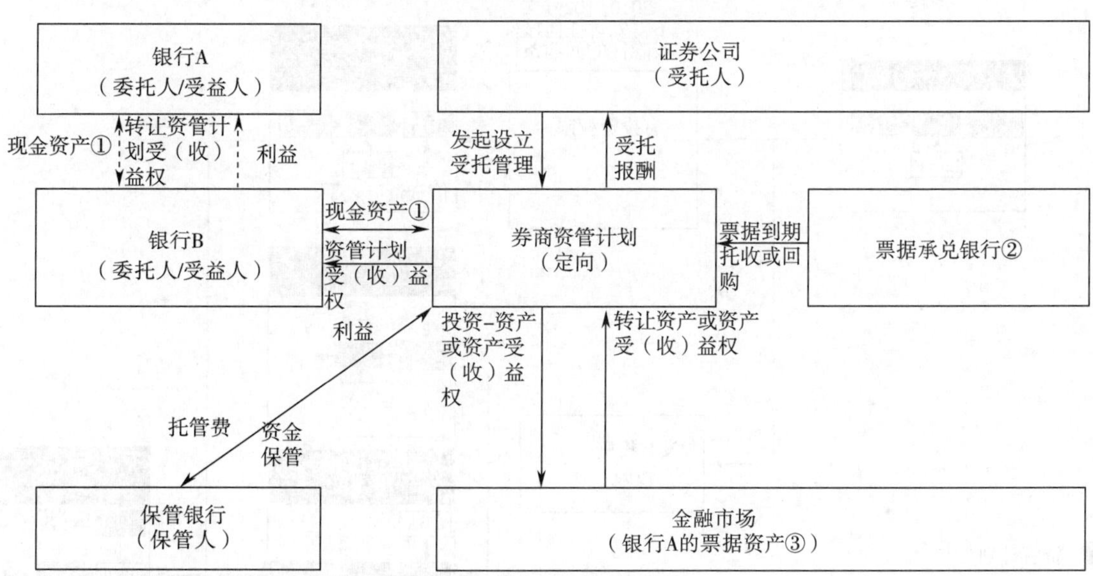

注：①对于现金资产，基本为银行理财资金，但也可能是自有资金。
②票据承兑银行为银行A。
③票据原为银行A的资产、银行B为过桥银行。

—→ 信证产品-→ 信证产品中的影子交易

资料来源：CIEC 分析。

图 35 证券资管计划交易结构——票据类＋模式－模式Ⅳ

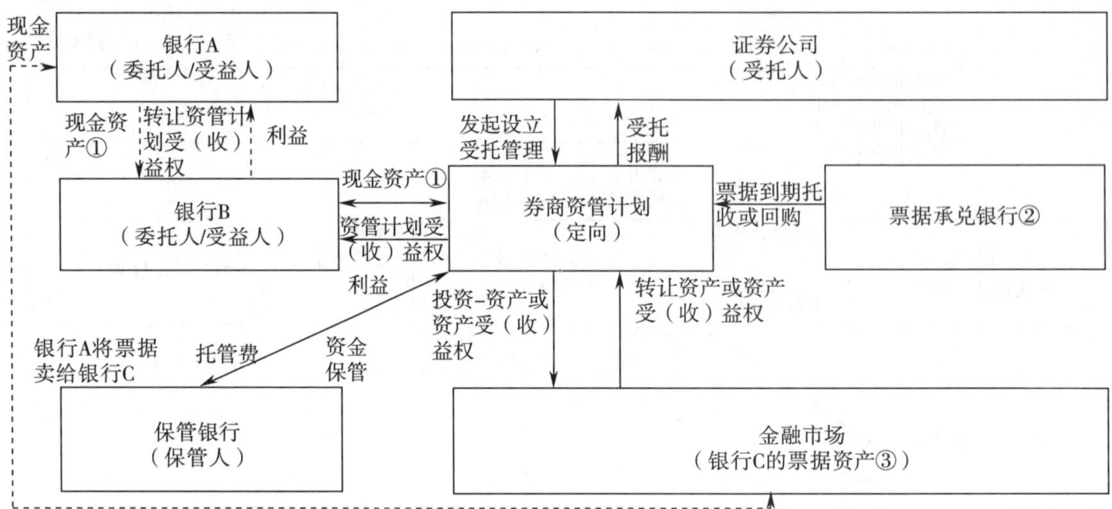

资料来源：CIEC 分析。

图 36　证券资管计划交易结构——票据类＋＋模式－模式 V

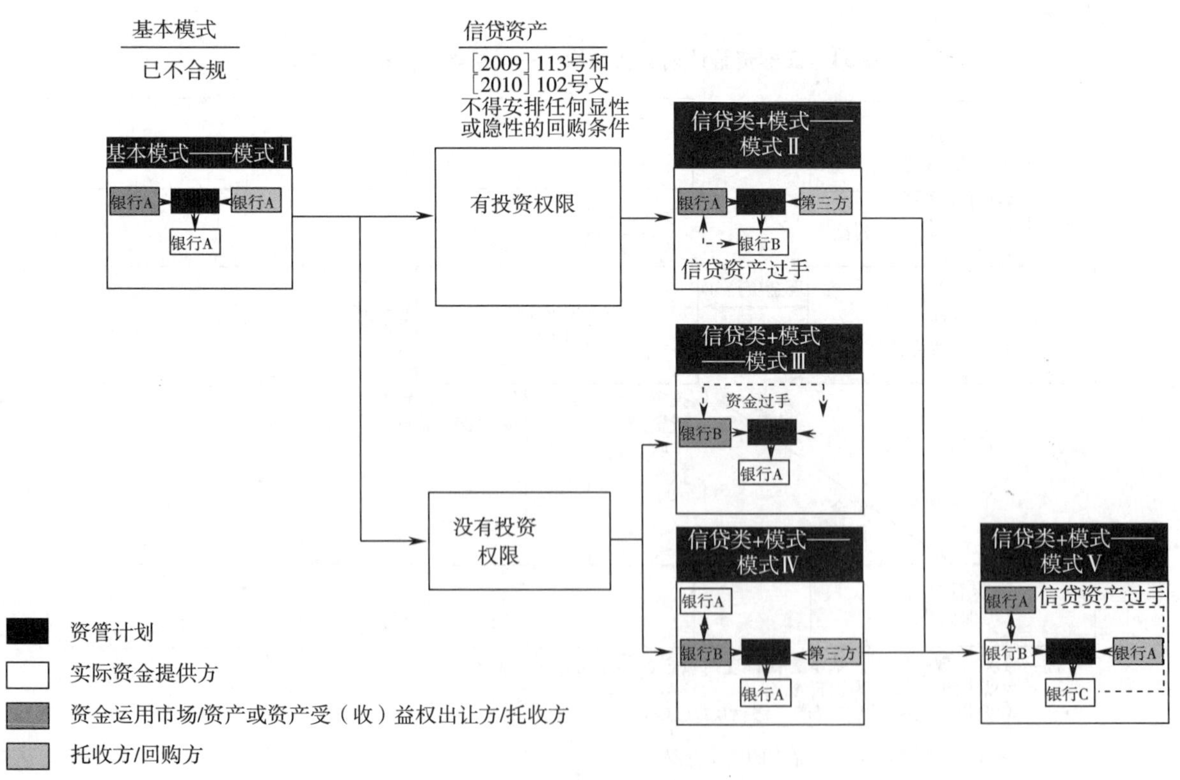

资料来源：CIEC 分析。

图 37　证券资管计划交易结构——演绎路线图－存量信贷资产

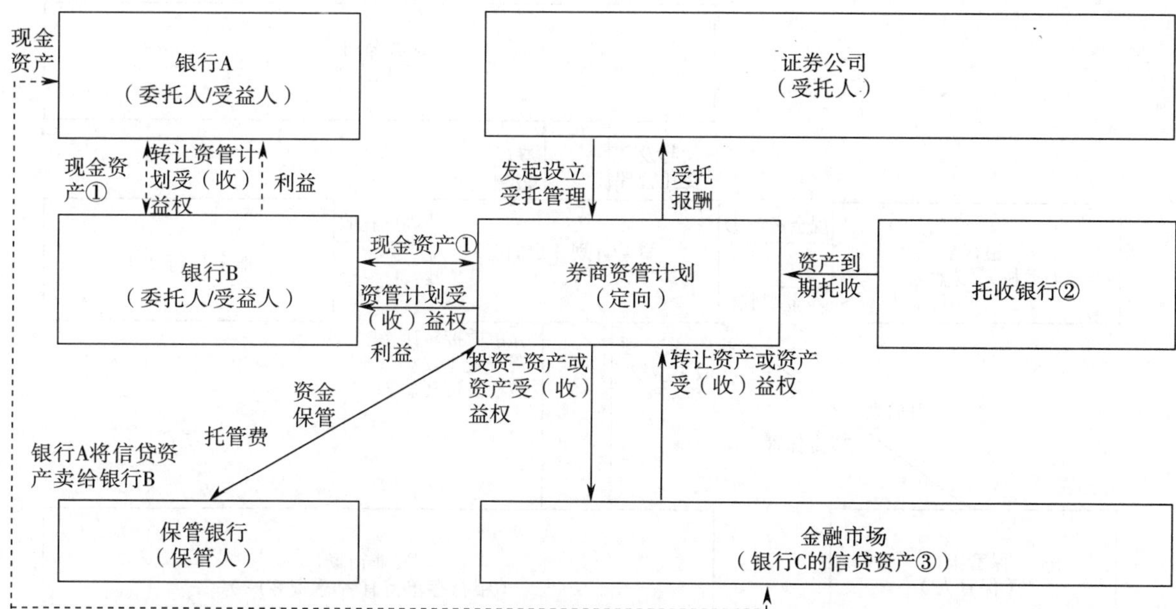

注：①对于现金资产，基本为银行理财资金，但也可能是自有资金。
②回购银行为银行A。
③信贷资产原为银行A的资产、银行B、银行C均为过桥银行。
——→ 信证产品 ---→ 信证产品中的影子交易

资料来源：CIEC 分析。

图 38 证券资管计划交易结构－信贷类产品－存量

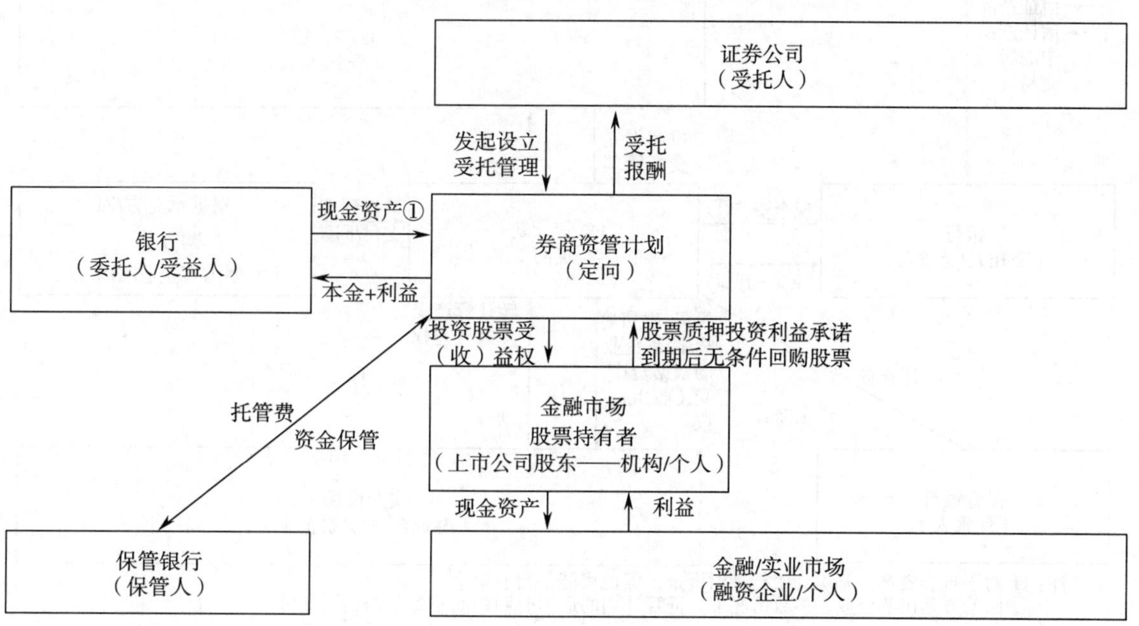

注：①对于现金资产，基本为银行理财资金，但也可能是自有资金。

资料来源：CIEC 分析。

图 39 证券资管计划交易结构——上市公司股权质押融资

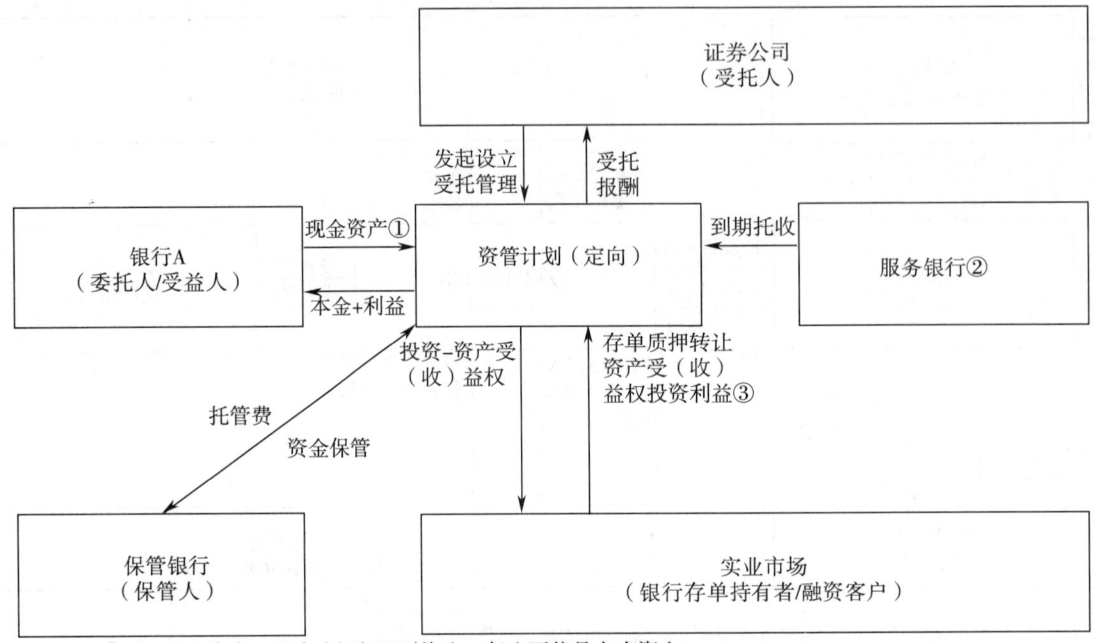

注：①对于现金资产，基本为银行理财资金，但也可能是自有资金。
②服务银行是银行A。

资料来源：CIEC 分析。

图 40　证券资管计划交易结构——存单受（收）益权

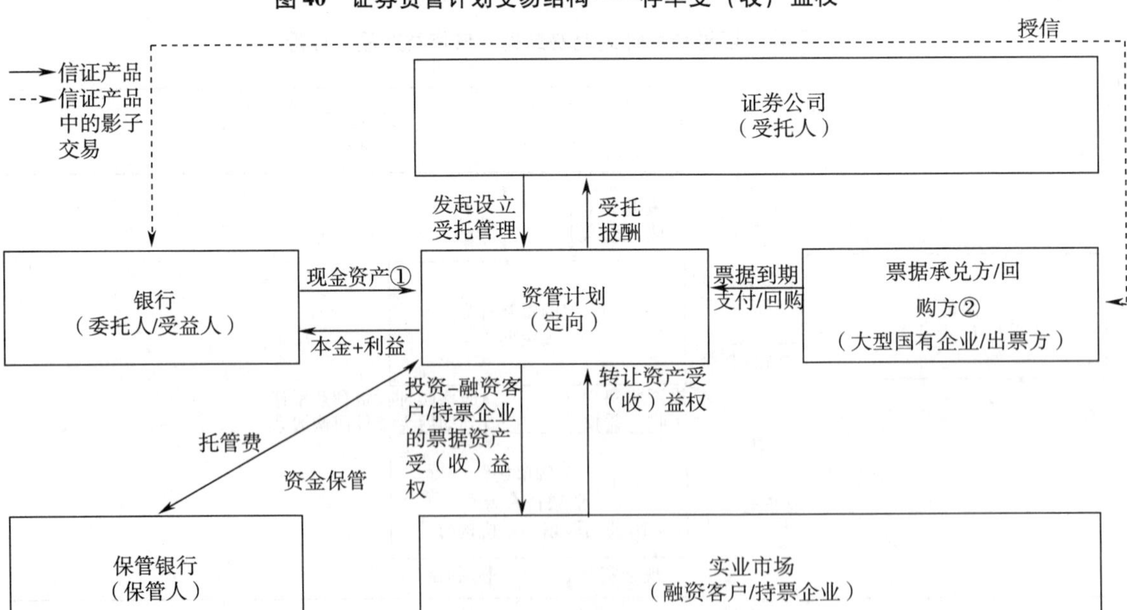

注：①对于现金资产，基本为银行理财资金，但也可能是自有资金。
②回购方是出票企业，多数情况下，资管计划的退出时回购而不是票据到期支付。

资料来源：CIEC 分析。

图 41　证券资管计划交易结构——商业汇票

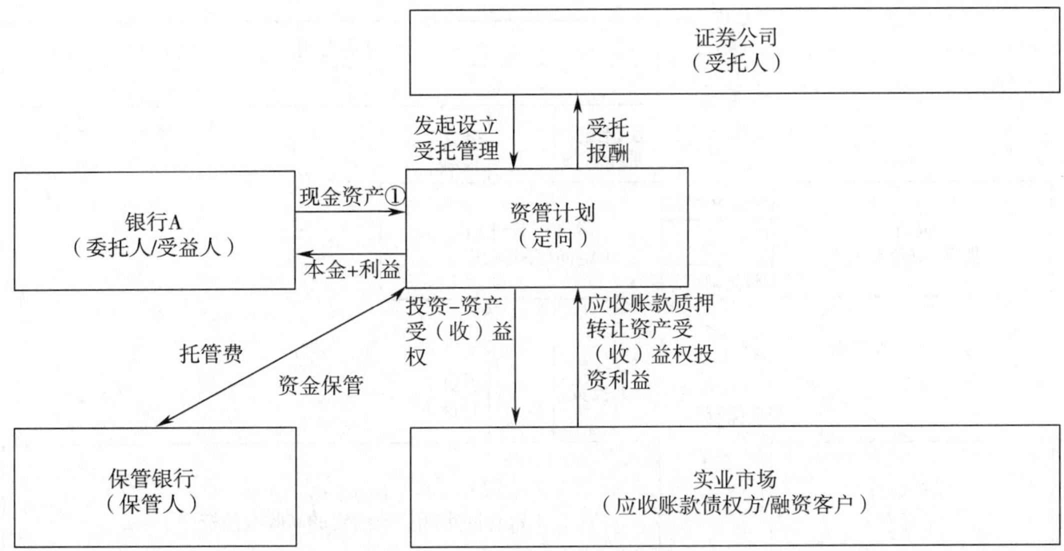

注：①对于现金资产，基本为银行理财资金，但也可能是自有资金。

资料来源：CIEC 分析。

图 42　证券资管计划交易结构——应收账款受（收）益权

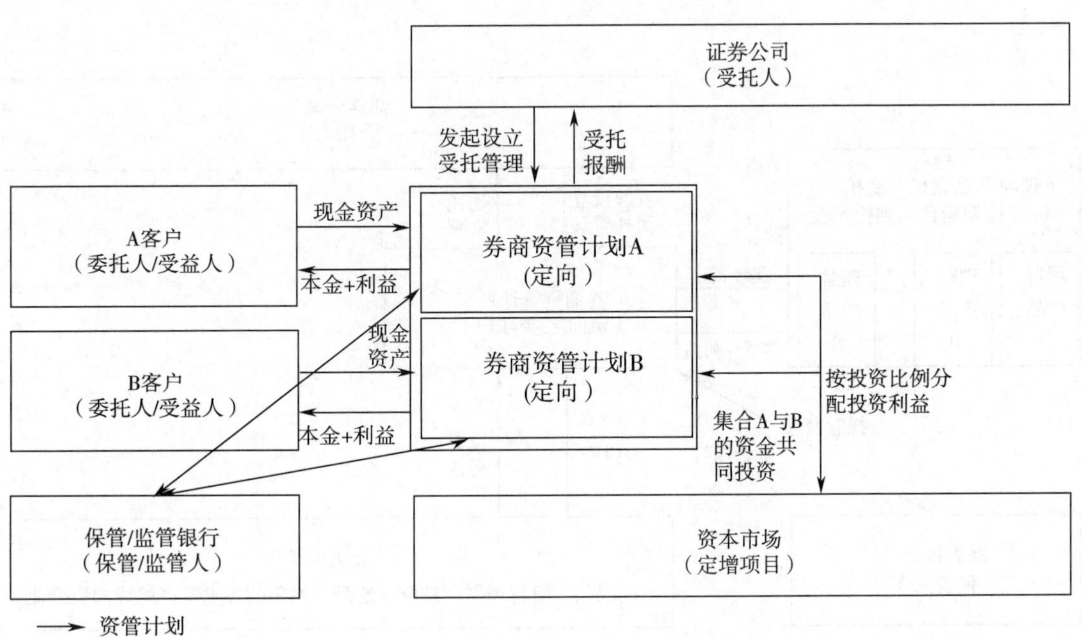

资料来源：CIEC 分析。

图 43　证券资管计划交易结构——结构化定增

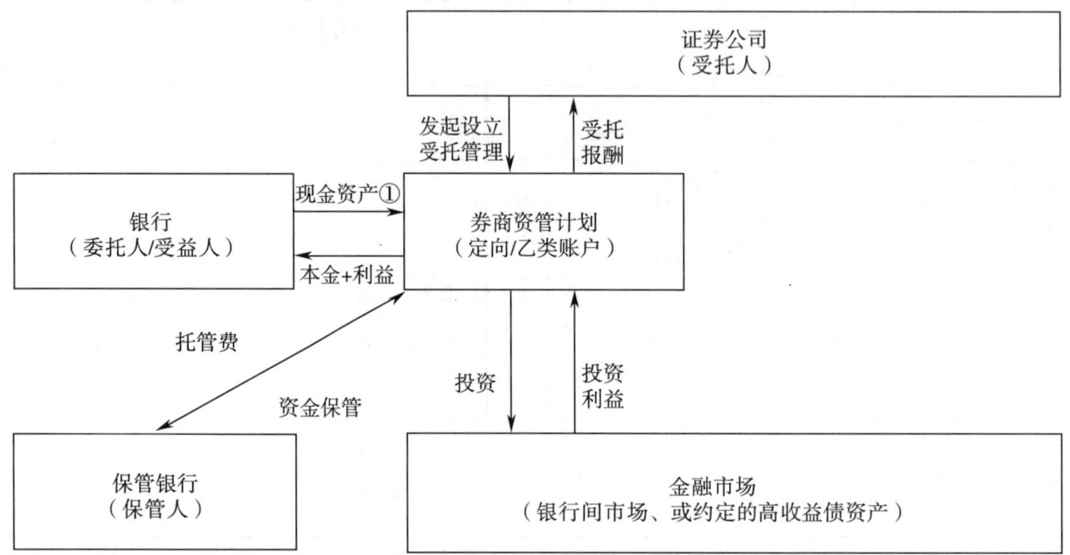

注：①对于现金资产，如果委托人/受益人是银行，基本为银行理财资金，但也可能是自有资。

资料来源：CIEC 分析。

图 44　证券资管计划交易结构－次级债券投资

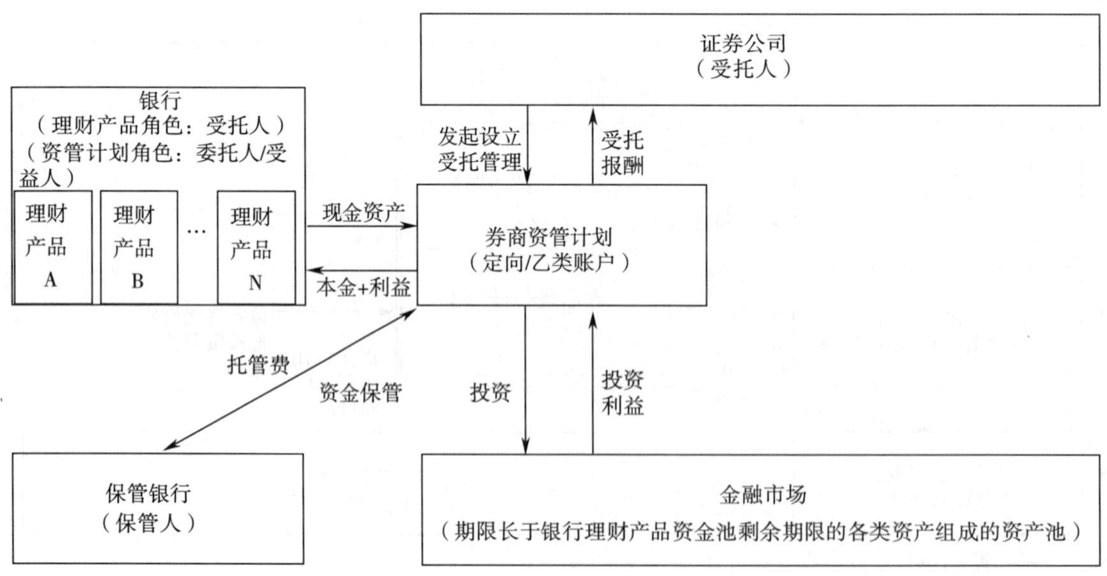

资料来源：CIEC 分析。

图 45　证券资管计划交易结构——异形次级债券投资

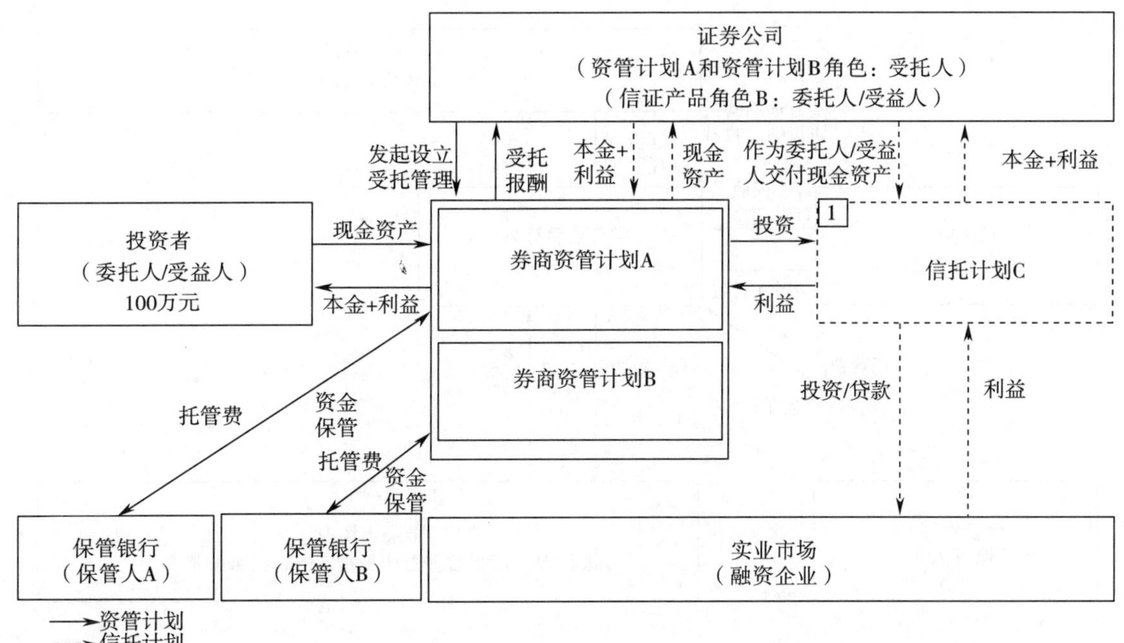

资料来源：CIEC 分析。

图 46　证券资管计划交易结构——异形 TOT

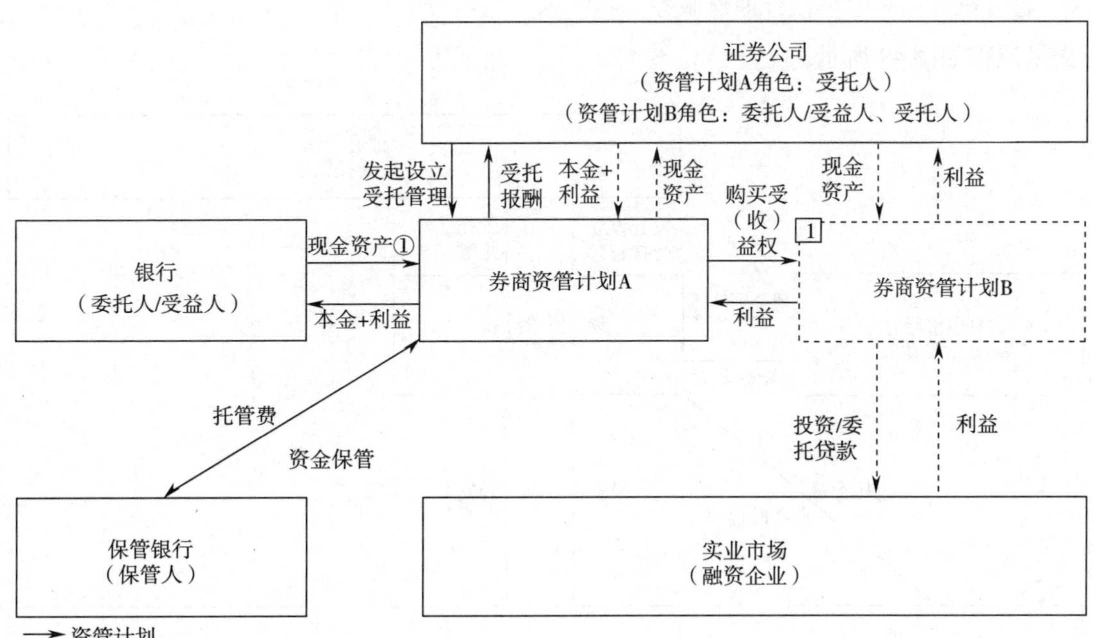

注：①对于现金资产，如果委托人/受益人是银行，则基本为银行理财资金，但也可能是自有资金，选取的第一原则为符合监管机构当前的监管政策要求。

资料来源：CIEC 分析。

图 47　证券资管计划交易结构——自我操纵 TOT

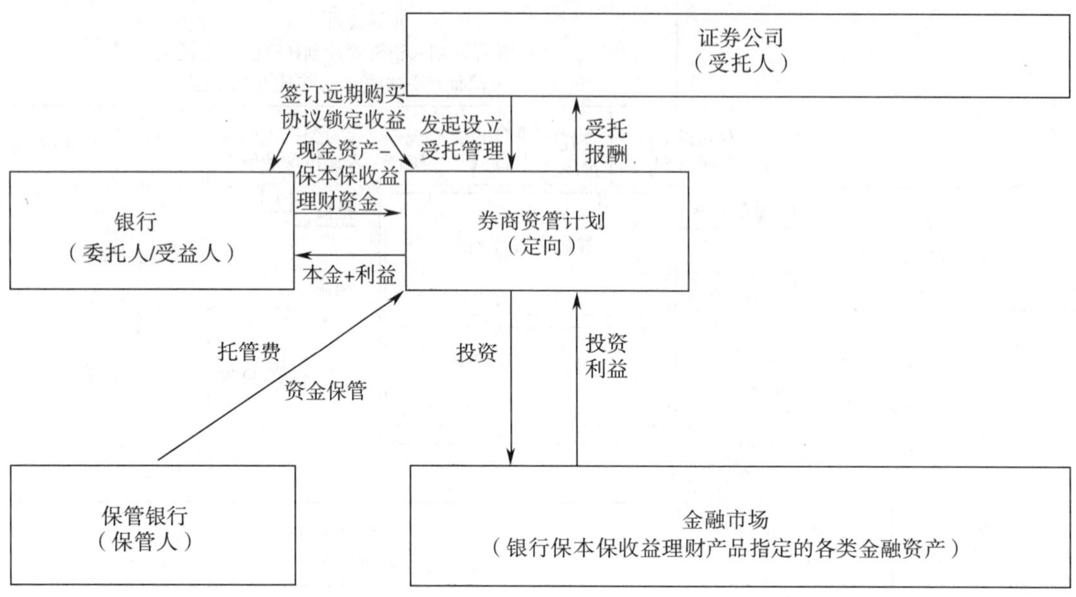

资料来源：CIEC 分析。

图 48　证券资管计划交易结构——保本保收益理财产品

G. 通道业务——中小银行理财服务。

交易流程如图 49 所示。

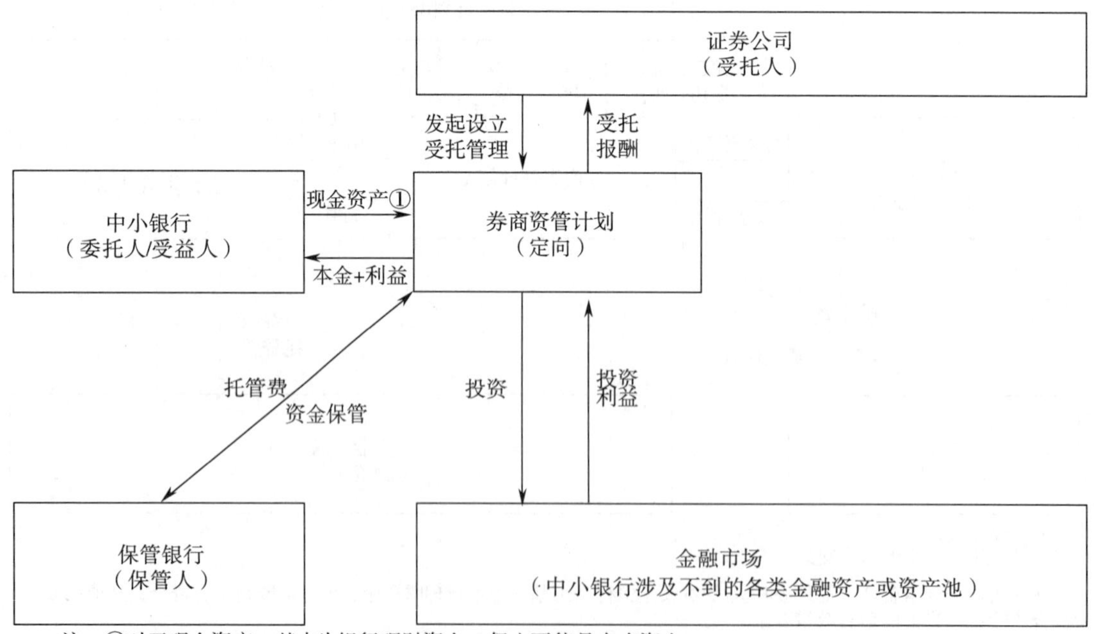

注：①对于现金资产，基本为银行理财资金，但也可能是自有资金。

资料来源：CIEC 分析。

图 49　证券资管计划交易结构——中小银行理财服务

H. 融资业务——资产证券化 ABS。

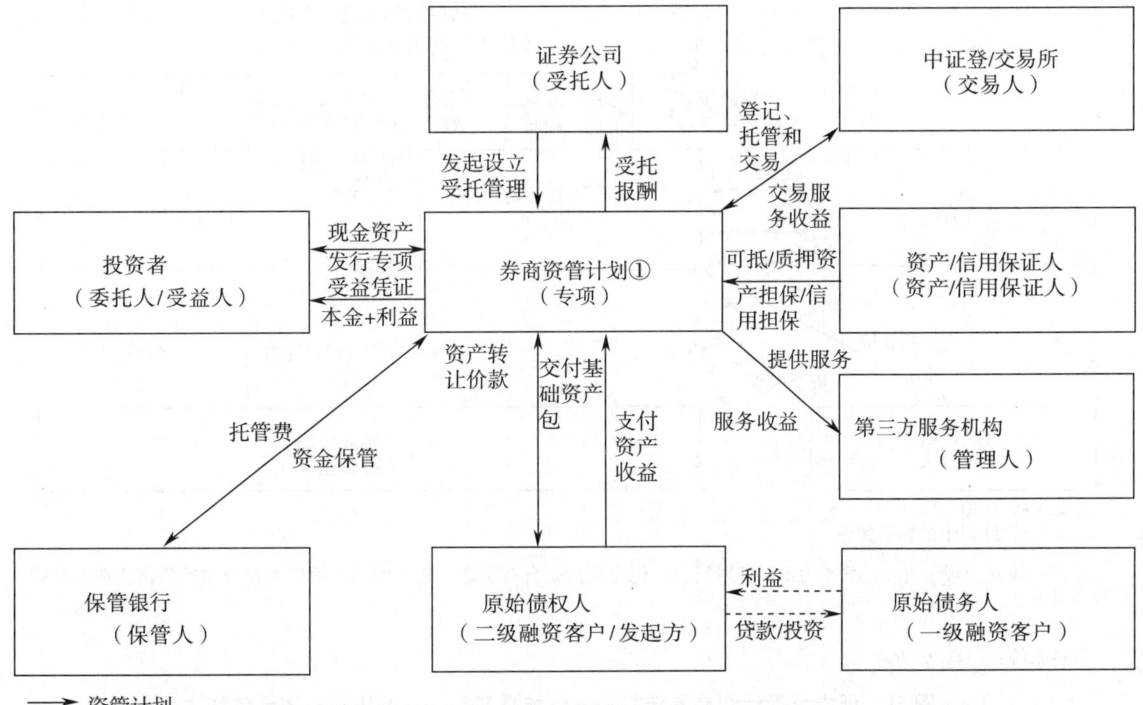

注：①券商资管计划原来是由信托公司设立形成特殊目的的信托和证券公司完成其资产证券化，而证券新规后，证券公司独立完成了其所有功能。

资料来源：CIEC 分析。

图 50　证券资管计划交易结构——资产证券化 ABS

⑤ 除了抢占也有不得已的合作。

A. 通道业务——信贷类产品——增量——资金信托。

B. 通道业务——信贷类产品——增量——有限合伙受（收）益权。有限合伙受（收）益权模式交易结构如图 52 所示。

在有限合伙受（收）益权模式中，证券公司也可以选择不与信托合作，而选择与银行合作，通过委托贷款的方式把募集的资金发放给融资客户。

⑥ 除了信托跨界的其他金融领域。

A. 通道业务——银交模式中替代交易所。

在分析完出生于金融市场的证券公司的山寨信托产品后，接下来我们非常有必要关注金融市场的另一支劲旅——公募基金。

（3）公募基金。公募基金交易结构与证券公司集合资管计划基本一致。

（4）私募股权投资基金（PE）。

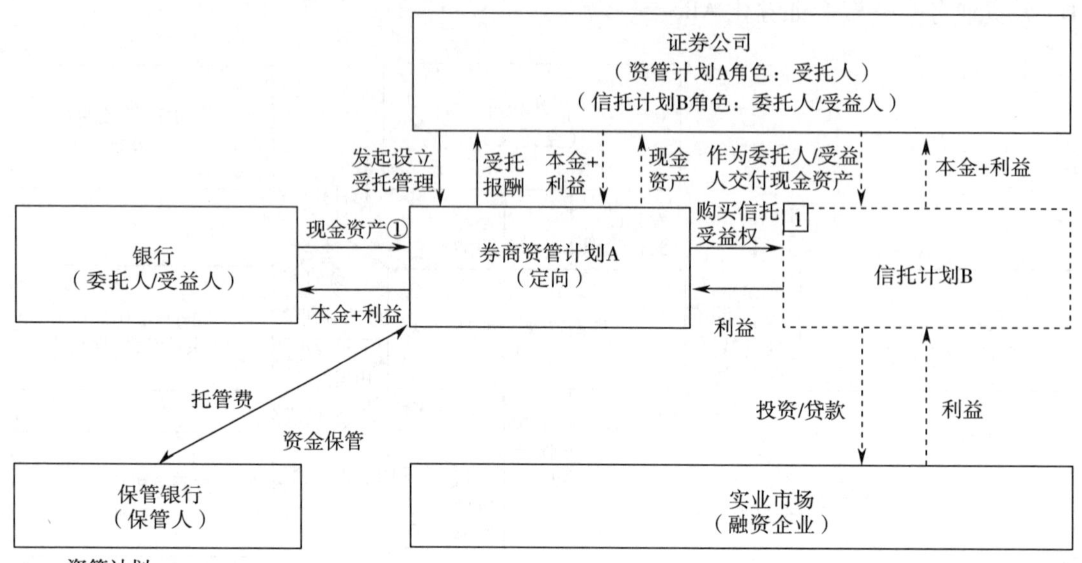

注：①对于现金资产，基本为银行理财资金，但也可能是自有资金，选取的第一原则为符合监管机构当前的监管政策要求。

资料来源：CIEC 分析。

图 51 证券资管计划交易结构——信贷类产品——增量——资金信托

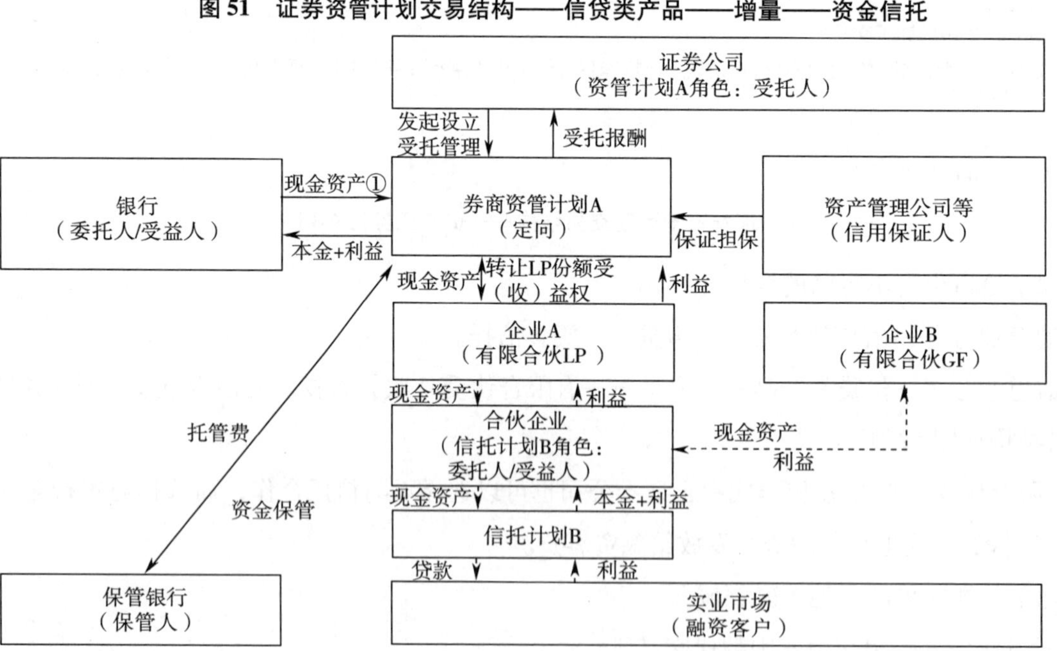

注：①对于现金资产，基本为银行理财资金，但也可能是自有资金，选取的第一原则为符合监管机构当前的监管政策要求。

资料来源：CIEC 分析。

图 52 证券资管计划交易结构——信贷类产品——增量——有限合伙受（收）益权

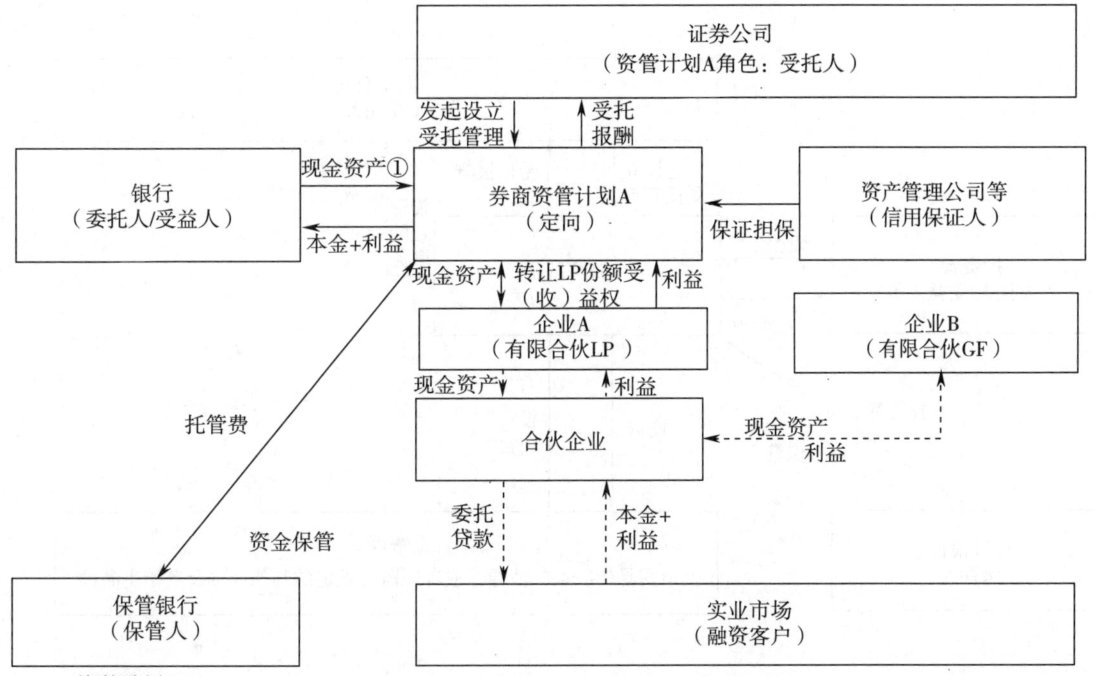

注：①对于现金资产，基本为银行理财资金，但也可能是自有资金，选取的第一原则为符合监管机构当前的监管政策要求。

资料来源：CIEC 分析。

图 53　证券资管计划交易结构——信贷类产品——增量——有限合伙受（收）益权－委贷

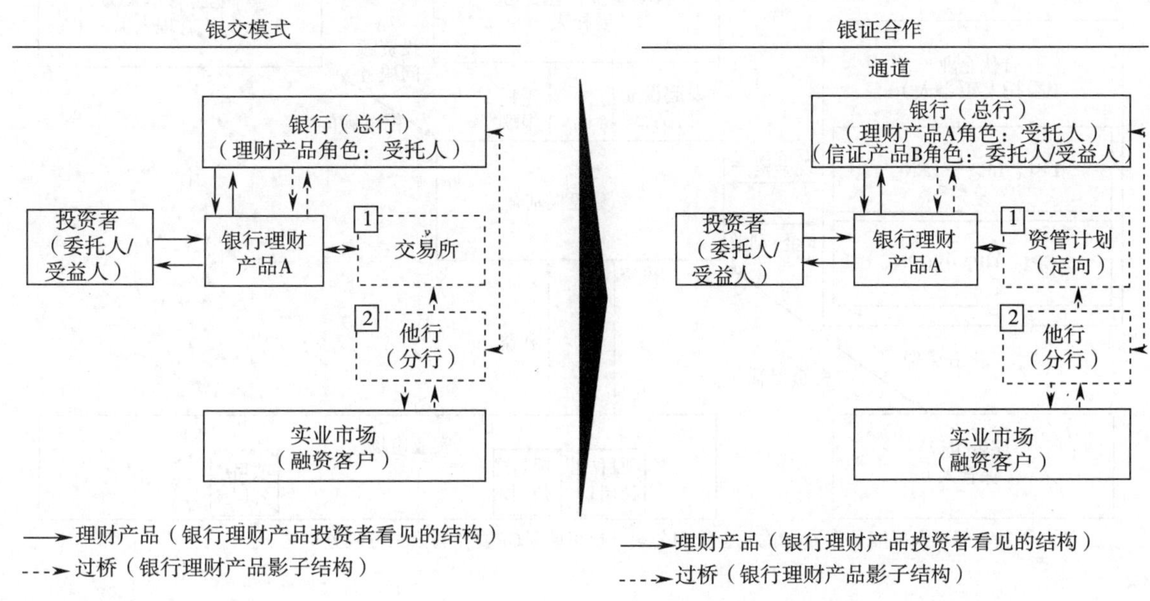

资料来源：CIEC 分析。

图 54　证券资管计划交易结构——银交模式中替代交易所

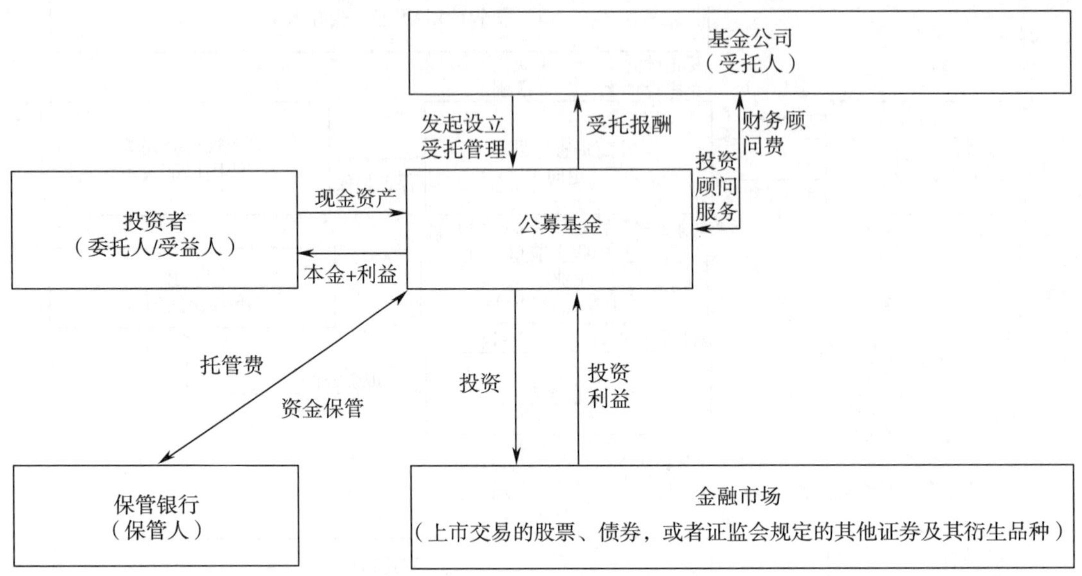

资料来源：CIEC 分析。

图 55　基金公司山寨信托产品交易结构——公募基金

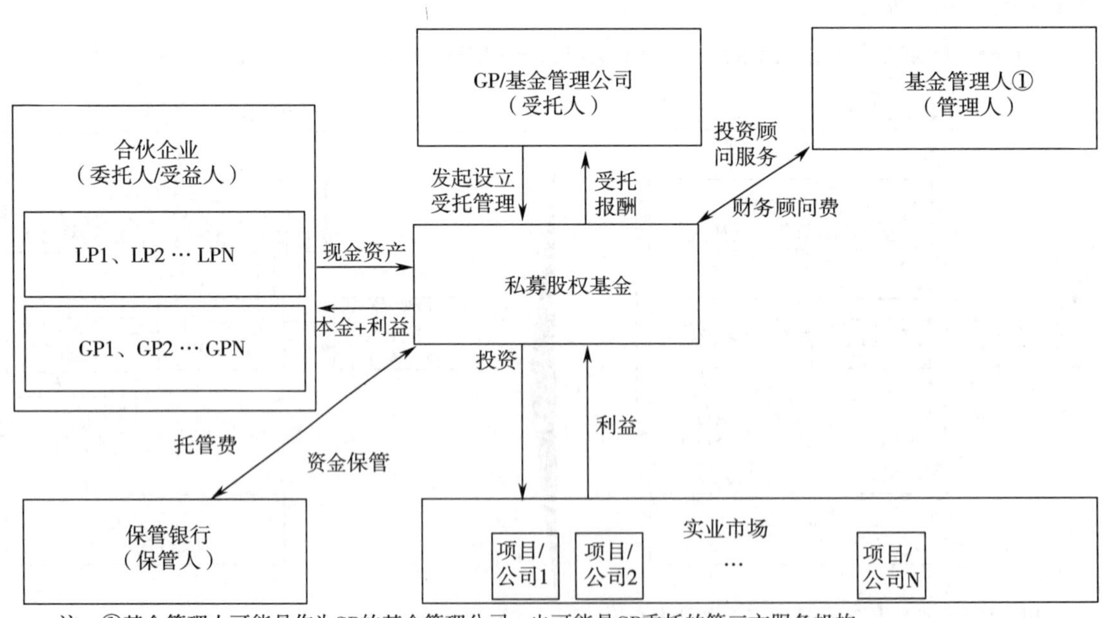

注：①基金管理人可能是作为GP的基金管理公司，也可能是GP委托的第三方服务机构。

资料来源：CIEC 分析。

图 56　私募股权投资基金交易结构——有限合伙

（5）基金子公司资管计划。

①基本模式。基金子公司资管计划的基本模式如图 57。

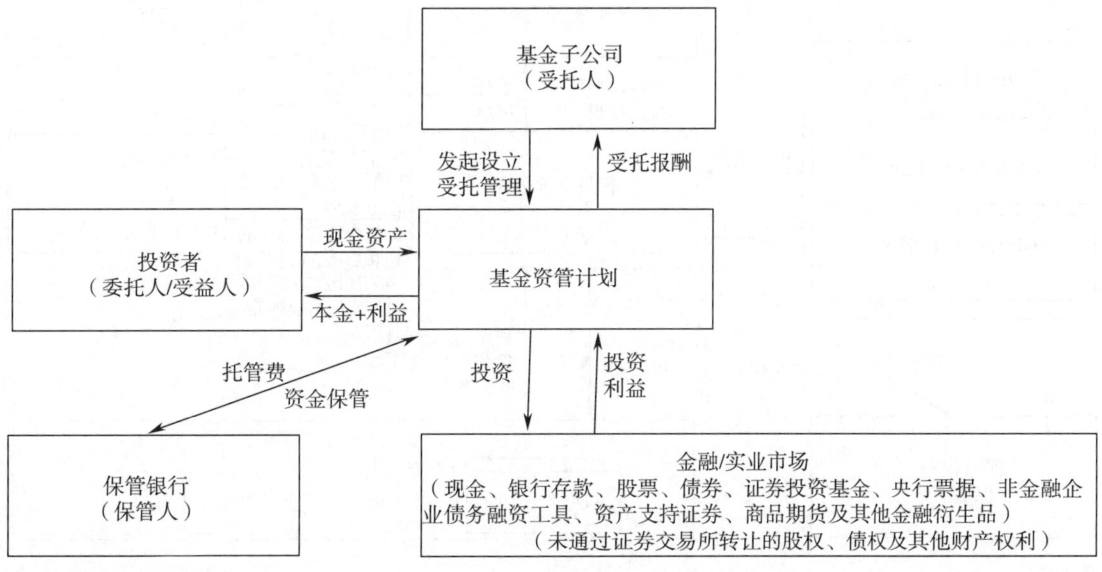

资料来源：CIEC 分析。

图 57　基金子公司资管计划交易结构——基本模式

② 类资产证券化。

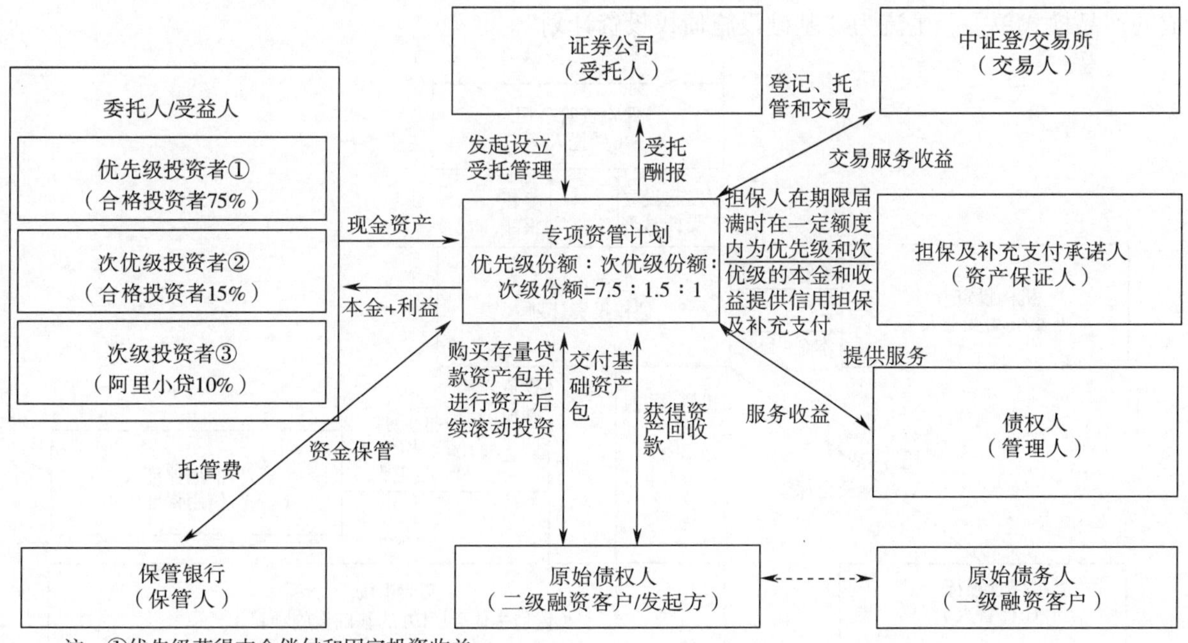

注：①优先级获得本金偿付和固定投资收益。
②位于优先级之后获得本金偿付和固定投资收益。
③获得专项计划资产支付优先级、次优级本金及收益后的剩余部分。

资料来源：CIEC 分析。

图 58　基金子公司资管计划交易结构——类资产证券化

③ 类 PE——有限合伙。

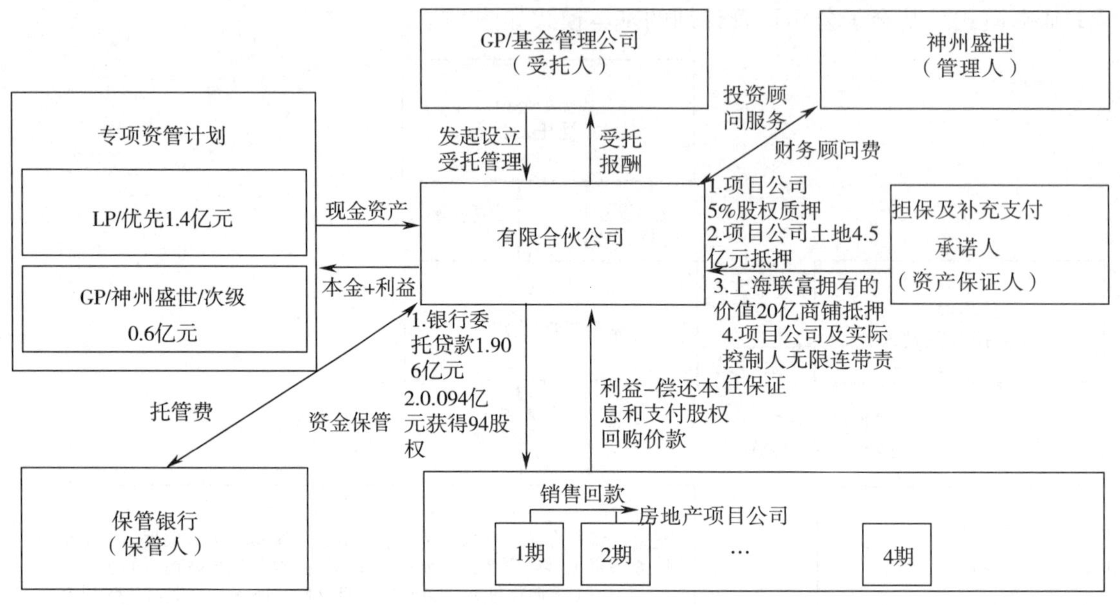

资料来源：CIEC 分析。

图 59　基金子公司资管计划交易结构——类 PE

（6）保险资产管理公司资管计划（跨界）。由于保险资管公司介入大信托时间较短，目前形成的产品模式单一，主流为“基础设施债权投资计划”。

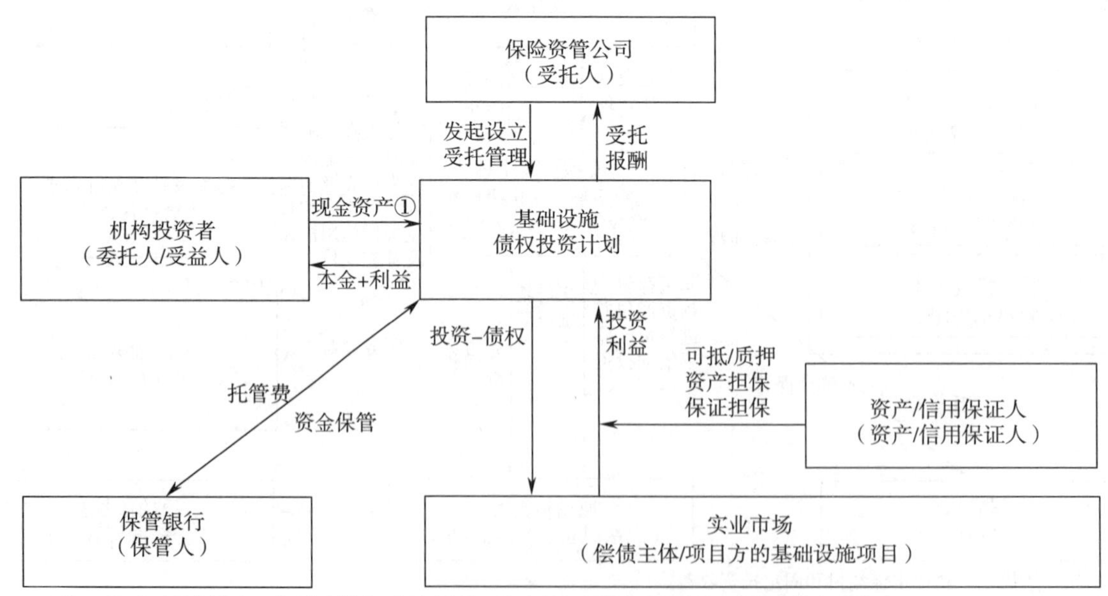

注：①对于现金资产，如果委托人/受益人是银行对应现金资产为银行理财资金或自有资金。

资料来源：CIEC 分析。

图 60　保险资管计划交易结构——基础设施债权

（二）金融业的“失范状态”

表面上，在2011～2013年，“大信托”行业创新产品拥挤，呈现出一片繁荣的景象，然而在冰山下面让我们担忧和不得不正视的问题是，中国的信托业正处于“失范状态”的边缘。我们将在接下来的部分进行逐一研究。

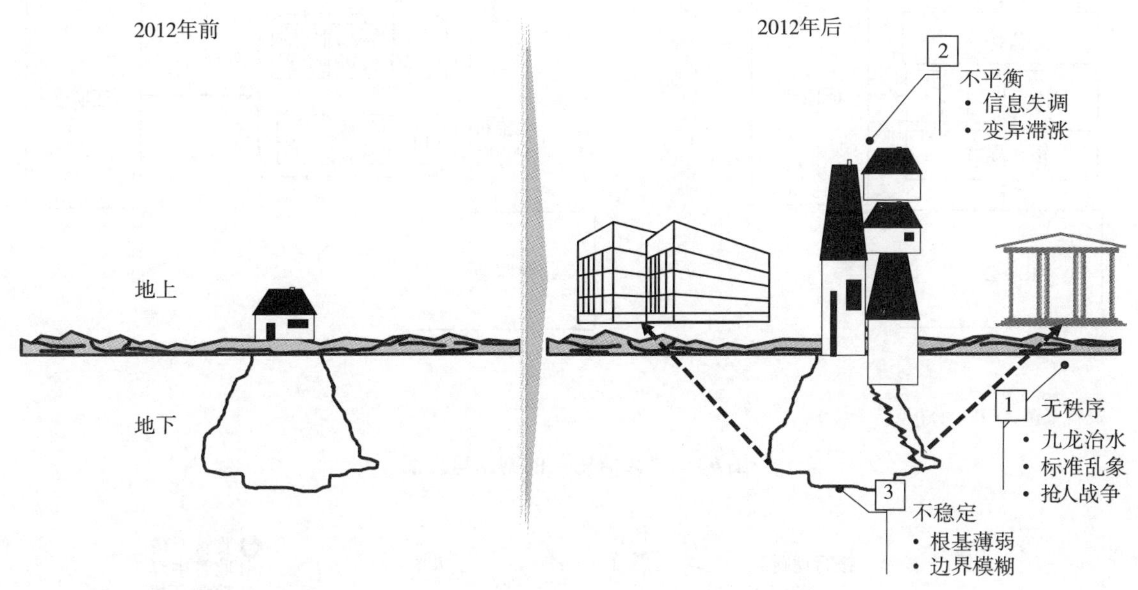

资料来源：CIEC分析。

图61　三层次的碎片形成大信托的“失范薄冰”

我们发现的“大信托”第一层次的失范。

1.“九龙治水”愈演愈烈。凌驾于虚空之上的《信托法》，实则监管真空化，虚弱无力，从而导致银行、保险、信托、证券金融业中各类机构在信托快速发展的利益吸引下大踏步地加入信托业竞争，正式宣告了“大信托”九龙治水局面的到来。

2.“标准乱象”堪忧。各类金融机构开展“大信托”业务并无统一的法律法规，包括业务门槛、资金募集的难易程度、产品期限要求、投资者承担的风险大小、资金保管风险、业务审批宽松程度以及资金运用范围七大方面，各类机构自行其是，如图63所示。

（1）在业务门槛维度（图63 Ⅰ）。依法设立的信托公司（经中国银行业监督管理委员会批准，并领取金融许可证）都可以按照《信托公司集合资金信托计划管理办法》的规定在中华人民共和国境内设立集合资金信托计划。同样地，依法设立的中资商业银行（经中国银行业监督管理委员会批准，并领取金融许可证）都可以开办个人理财业务。在业务门槛相关规定中最不一致的是证券公司的资管计划。

2012年前
2012年后
银监会非银部
信托
PE
公募基金
银行理财
证监会
银监会
银监会非银部
保监会
信托
证券
基金子公司
保险资管
PE
公募基金
……
银行理财
证监会
银监会

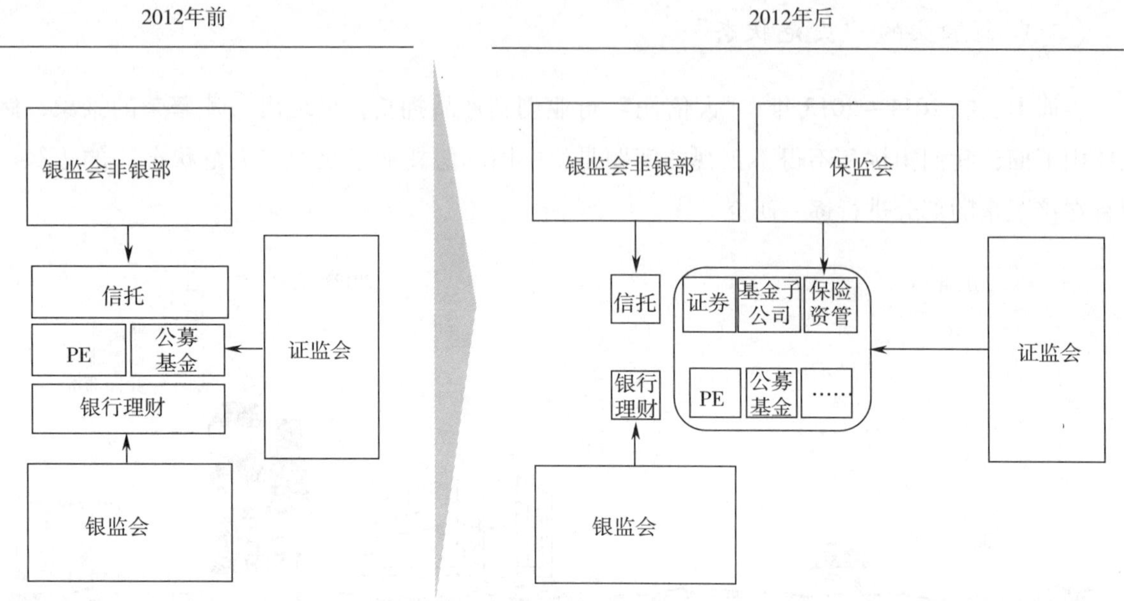

资料来源：CIEC 分析。

图 62 “大信托”的割据势力图

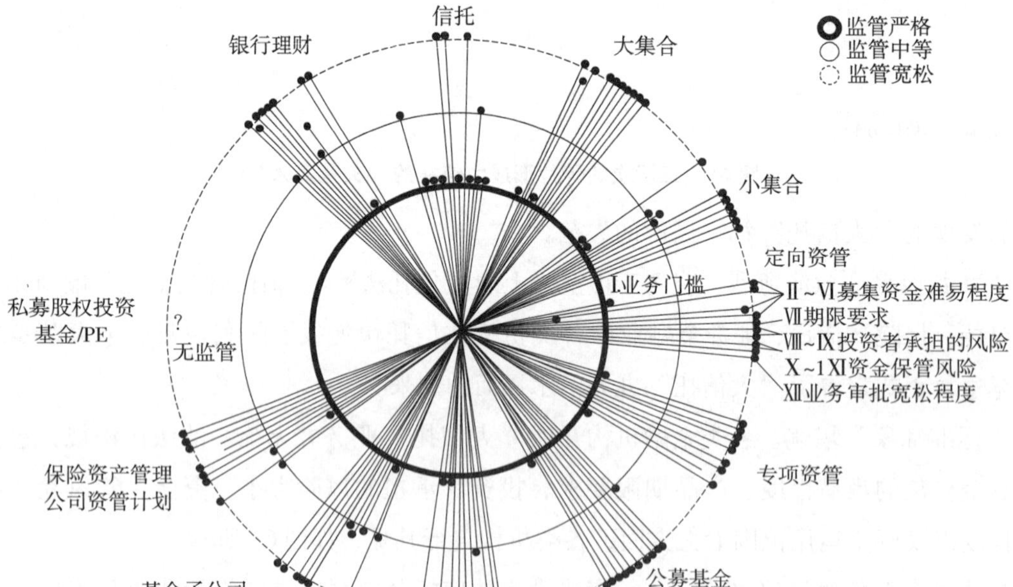

信托
银行理财
大集合
监管严格
监管中等
监管宽松
小集合
定向资管
Ⅰ业务门槛
Ⅱ～Ⅵ募集资金难易程度
Ⅶ期限要求
Ⅷ～Ⅸ投资者承担的风险
Ⅹ～1Ⅺ资金保管风险
Ⅻ业务审批宽松程度
私募股权投资基金/PE
?
无监管
保险资产管理公司资管计划
专项资管
公募基金
基金子公司资管计划
私募证券投资基金

资料来源：CIEC 分析。

图 63 标准乱象堪忧——2013 年修订《证券公司客户资产管理业务管理办法》前

（2）在募集资金难易程度维度（图 63 Ⅱ ~ Ⅵ）。在这个维度我们考虑的方面包括是否允许设立分支机构（Ⅱ）、投资者资金门槛（Ⅲ）、单个计划投资者数量（Ⅳ）、单个计划募集资金最小和最大规模（Ⅴ、Ⅵ）五个方面，各类“大信托”产品的规定分别如下。

• 银行理财。银行理财产品的销售起点金额不得低于5万元人民币（《商业银行理财产品销售管理办法》[银监会令［2011］5号]，在资金募集方面没有其他特别规定。

• 信托计划。《信托公司管理办法》[［2007］2号］第十一条规定：信托公司未经中国银行业监督管理委员会批准，不得设立或变相设立分支机构。《信托公司集合资金信托计划管理办法（2009修订)》第六条：投资一个信托计划的最低金额不少于100万元人民币的自然人、法人或者依法成立的其他组织。第五条：单个信托计划的自然人人数不得超过50人，但单笔委托金额在300万元以上的自然人投资者和合格的机构投资者数量不受限制。

• 证券公司的资管计划中，全部允许设立分支机构。其中对于大集合资管计划的规定有：证券公司设立限定性集合资产管理计划的，接受单个客户的资金数额不得低于人民币5万元；设立非限定性集合资产管理计划的，接受单个客户的资金数额不得低于人民币10万元（《证券公司客户资产管理业务管理办法［［2012］87号］第二十四条)，而对于小集合资管计划（限额特定资产管理计划)，募集资金规模在50亿元以下；单个客户参与金额不低于100万元；客户人数在200人以下，但单笔委托金额在300万元以上的客户数量不受限制，同时限额特定资产管理计划募集金额不低于3 000万元人民币，其他集合计划募集金额不低于1亿元人民币；大小集合成立的客户不少于2人；募集金额不低于1亿元人民币，客户不少于2人。对于定向资产管理计划，(《证券公司客户资产管理业务管理办法［［2012］87号］第二十三条规定：证券公司办理定向资产管理业务，接受单个客户的资产净值不得低于人民币100万元。而对于专项资管业务，没有相关明确要求及限制。

• 证券投资基金方面。《中华人民共和国证券投资基金法（修订草案)》(2012年）第一百零四条规定：非公开募集基金应当向合格投资者募集，合格投资者累计不得超过200人。

• 基金公司子公司发行资管计划。《基金管理公司特定客户资产管理业务试点办法》(中国证券监督管理委员会令［［2012］83号]，第十一条：为单一客户办理特定资产管理业务的，客户委托的初始资产不得低于3 000万元人民币，中国证监会另有规定的除外。第十二条：为多个客户办理特定资产管理业务的，资产管理人应当向符合条件的特定客户销售资产管理计划。符合条件的特定客户，是指委托投资单个资产管理计划初始金额不低于100万元人民币。第十三条：资产管理人为多个客户办理特定资产管理业务的，单个资产管理计划的委托人不得超过200人，但单笔委托金额在300万元人民币以上的投资者数量不受限制；客户委托的初始资产合计不得低于3 000万元人民币，但不得超过50亿元人民币；中国证监会另有规定的除外。

• 保险资管。《中国保监会关于保险资产管理公司开展资产管理产品业务试点有关问题的通知》(保监资金［2013］124号）第一条：向单一投资人发行的定向产品，投资人初始认购资金不得低于3 000万元人民币；向多个投资人发行的集合产品，投资人总数不得超过200人，单一投资人初始认购资金不得低于100万元。

（3）在期限要求维度（Ⅶ）。除银监会要求信托计划信托期限不少于1年，对于其他“大信托”产品监管机构都没有设定最短期限。

（4）在投资者承担的风险维度（Ⅷ、Ⅸ），包括是否要求有收益承诺以及风险由谁承担两方面。其中，信托公司的信托计划不承诺保本和最低收益，但产生的风险由信托公司和投资者共同承担。而银行理财，《商业银行个人理财业务管理暂行办法［银监会令［2005］2号］》第十二条规定，对于保证收益理财计划，商业银行按照约定条件向客户承诺支付固定收益，银行承担由此产生的投资风险，或银行按照约定条件向客户承诺支付最低收益并承担相关风险，其他投资收益由银行和客户按照合同约定分配，并共同承担相关投资风险的理财计划。私募证券投资基金同样不承诺最低收益，非公开募集基金的收益分配和风险承担由基金合同约定。除此之外，大小集合、定向专项资管，公募基金、基金子公司的资管计划都不承诺保本和最低收益，同时风险全部由客户承担。具体规定如下：证券资管中大集合、小集合、定向资管以及专项资管的投资风险均由客户自行承担，证券公司不得以任何方式对客户资产本金不受损失或者取得最低收益作出承诺。证券投资基金规定公开募集资金，不得以任何方式承诺或者保证投资收益，风险承担者为客户。基金子公司要求在财产委托期间，不得要求资产管理人违规承诺收益。

（5）在资金保管风险维度（Ⅹ、Ⅺ），信托计划的资金实行保管制。对非现金类的信托财产，信托当事人可约定实行第三方保管，但中国银行业监督管理委员会另有规定的，从其规定。信托计划存续期间，信托公司应当选择经营稳健的商业银行担任保管人。而商业银行发售理财产品，应委托具有证券投资基金托管业务资格的商业银行托管理财资金及其所投资的资产。证券资管计划中，不要求托管机构必须为第三方。证券公司办理集合和定向资管业务要求证券公司应当将集合计划资产交由负责客户交易结算资金存管的指定商业银行、中国证券登记结算有限责任公司或者中国证监会认可的证券公司等其他资产托管机构托管。证券投资基金方面，无论是公开募集资金，还是非公开，均要求基金托管人由依法设立并取得基金托管资格的商业银行或者经国务院证券监督管理机构认定的其他机构担任。基金托管人与基金管理人不得为同一机构，不得相互出资或者持有股份。公开募集基金的受托人为基金管理人、基金托管人。非公开募集基金的受托人为基金管理人；基金合同约定聘用基金托管人的，基金托管人为共同受托人。在基金子公司资管计划中，应当将委托财产交托管机构进行托管。而对于保险资管计划，托管人需具备保险资金托管人资格。即对于证券公司集合、定向、专项资管、公募基金、私募证券投资基金、基金子公司资管计划以及保险资管计划都没有硬性要求托管机构为第三方，而这是银行最基本的保管职能之一。

（6）在业务审批宽松程度维度（Ⅻ）。信托公司发行信托计划应当按中国银行业监督管理委员会要求进行事前审批或事后备案。商业银行开展个人理财业务实行审批制和报告制。申请批准的包括：保证收益理财计划；为开展个人理财业务而设计的具有保证收益性质的新的投资性产品；需经中国银行业监督管理委员会批准的其他个人理财业务。而在《关于调整商业银行个人理财业务管理有关规定的通知》（银监会［2007］241 号）中对商业银行发行保证收益性质的理财产品由需要向中国银监会申请批准的相关规定，改为了实行报告制。证券资管方面，证券公司发起设立集合资产管理计划后 5 日内，应当将发起设立情况报中国证券业协会备案，同时抄送证券公司住所地、资产管理分公司所在地中国证监会派出机构。定向资管也是要求事前报中国证券业协会备案，同时抄送住所地、资产管理分公司所在地中国证监会派出机构。专项资管要求事前批准备案。对于公募基金，按规定需要注册，国务院证券监督管理机构应当自受理基金募集注册申请之日起 6 个月内依照法律、行政法规及国务院证券监督管理机构的规定和审慎监管原则进行审查，作出注册或者不予注册的决定。投资人缴纳认购的基金份额的款项时，认购成立，基金份额登记机构确认基金份额。而非公开募集基金募集完毕，经注册、登记的基金管理人应当分别向国务院证券监督管理机构或者基金行业协会备案。对于基金子公司资管计划，资产管理人应当在 5 个工作日内将签订的资产管理合同报中国证监会备案。而根据《中国保监会关于保险资产管理公司开展资产管理产品业务试点有关问题的通知》（保监资金［2013］124 号）第四条规定，保险资管计划要求，为单一客户办理特定资产管理业务的，资产管理人应当在 5 个工作日内将签订的资产管理合同报中国证监会备案。

而对于私募股权基金，没有相关法律法规对其业务（包括以上各个方面）进行规范。

而《证券公司客户资产管理业务管理办法》、《证券公司集合资产管理业务实施细则》颁布不到一年，2013 年 6 月 28 日，中国证监会召开新闻发布会，新闻发言人通报修订《证券公司客户资产管理业务管理办法》、《证券公司集合资产管理业务实施细则》，修订后不再有大集合、小集合的划分，对于集合资管计划主要对以上六方面中的“募集资金难易程度维度”进行了调整，调整的内容为第五条：“集合计划应当符合下列条件：（一）募集资金规模在 50 亿元人民币以下；（二）单个客户参与金额不低于 100 万元人民币；（三）客户人数在 200 人以下”。第二十七条“集合计划成立应当具备下列条件：（一）推广过程符合法律、行政法规和中国证监会的规定；（二）募集金额不低于 3 000 万元人民币；（三）客户不少于 2 人。”各个“大信托”的产品的标准情况如图 64 所示。

同样地，在第七方面“资金运用范围”标准也不一致，见图 65。

正是上述的标准混乱使得同样是市场上销售的“大信托”产品，却在监管真空时期被人为地划分为不同种类的银行理财产品、信托产品、资产管理计划等。“大信托”行业标准的杂乱无章，会使得拥有多个牌照的金融机构，在发行金融产品的过程中，选择性地使用行业标准和产品/业务标准。

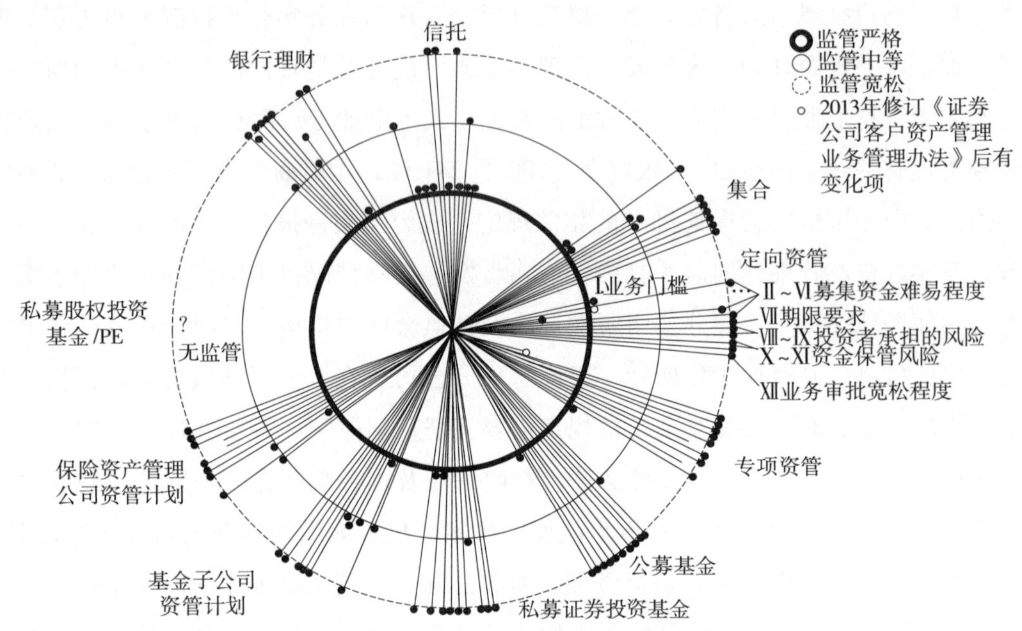

资料来源：CIEC分析。

图64　标准乱象堪忧（2013年修订《证券公司客户资产管理业务管理办法》后）

银行理财	信托	大集合	小集合	定向资管	专项资管	集合/新	公募基金	非公募基金	基金子公司资管计划	保险资管计划	PE
• 固定收益类金融产品 • 银行信贷资产 • 信托贷款 • 单一借款人及其关联企业银行贷款 • 公开或非公开市场交易的资产组合 • 金融衍生品或结构性产品	• 没有限定	• 股票、债券、证券投资基金、央行票据、短期融资券、资产支持证券、中期票据、股指期货等金融衍生品、保证收益及保本浮动收益银行理财计划 • 融资融券交易 • 中国证监会认可的境外金融产品 • 中国证监会认可的其他投资品种	• 大集合投资品种 • 商品期货 • 利率远期、利率互换 • 证券专项资管计划、银行理财计划、信托计划 • 中国证监会认可的其他投资品种	• 由证券公司与客户通过合同约定	• 针对客户的特殊要求和资产的具体情况，设定特定投资目标	• 股票、债券、股指期货、商品期货 • 央行票据、短期融资券、中期票据、利率远期、利率互换 • 证券投资基金、证券专项资管、银行理财计划、信托计划 • 融资融券交易 • 中国证监会认可的境外金融产品 • 中国证监会认可的其他投资品种	• 上市交易的股票、债券 • 国务院证券监督管理机构规定的其他证券及其衍生品种	• 买卖或持有股票、债券 • 国务院证券监督管理机构规定的其他证券及其衍生品种	• 现金、银行存款、股票、债券、证券投资基金、央行票据、非金融企业债务融资工具、资产支持证券、商品期货及其他金融衍生品 • 未通过证券交易所转让的股权、债权及其他财产权利 • 中国证监会认可的其他资产	• 银行存款、股票、债券、证券投资基金、央行票据、非金融企业债务融资工具 • 信贷资产支持证券、基础设施投资计划、不动产投资计划、项目资产支持计划 • 中国保监会认可的其他资产	• 没有相关规定

资料来源：CIEC分析。

图65　"大信托"各产品运用资金运用范围

3. 来自券商、基金的抢人战争。基金子公司与信托公司还展开了一场人才争夺大战。由于有诱人的股权激励机制，基金子公司2012年以来从信托公司挖角到不少优秀人才。纵观基金子公司管理层，大部分来曾是各大信托公司中高层核心人员。

从监管到标准，到人才，"大信托"正在经历着一场变革，而这场变革不仅仅表现在行业层面的无序，更多地体现在产品层面的信息和创新的"不平衡"，而后者也是前者的必然结果。

4. 大信托产品的"信息失调"。我们研究的逻辑思路是：第一步，提取"大信托"产品的关键交易要素；第二步，对各种关键要素进行标准化处理；第三步，对42类产品进行编码；第四步，根据编码发现大信托产品的"信息失调"。

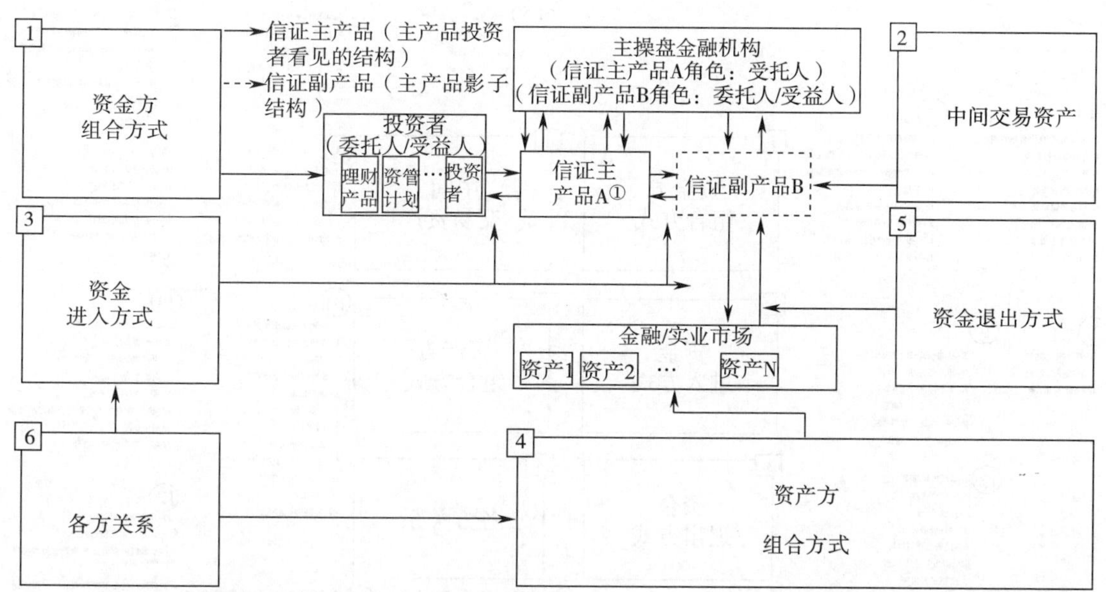

注：①主产品的概念可以这样理解，一个完整交易涉及多个信证产品A、B、C，相应的有受托人A机构、B机构、C机构，对于A机构，主产品为A机构作为受托人对应的交易中的第一个产品，对于B机构，主产品为B机构作为受托人对应的第一个产品，C机构同理，即对于任何一个机构，无论其参与整个交易中的任何阶段，它的主产品为站在这个机构的角度其作为受托人对应的第一个产品，简单举例说，对于证券公司，其主产品为证券公司作为受托人在整个交易中发行的第一个资管计划。

资料来源：CIEC分析。

图66 大信托产品的关键交易要素提取

按照"大信托"产品的基本交易结构，我们认为"大信托"产品有6个关键交易要素。

- 资金方组合方式。分析什么样的资金按何种方式进入信证产品。
- 中间交易资产。包括研究整个交易结构是否有中间交易，或者金融衍生，如果有交易，交易的是什么资产，怎样交易。
- 资金进入方式。分析资金到最后的融资方，是按投资还是融资形式，是多个信证产品还是单个，这些信证产品是串联形式、并联形式还是其他形式组合。

• 资产方组合方式。资产方组合方式研究的投融资的资产是什么类型资产，资产类型是基于我们在《2011 年信托行业金皮书》对资产的分类展开，同时资产方组合方式还研究资产的组合方式，资产是否是资产方第一资产，资产是否是同机构或同系统资产等。

• 资金退出方式。是资产产生的收益支付投资本金和收益，还是回购、公开发行上市/换股或向第三方出售、购并/股东收购。

• 各方关系。分析资产方、资金方以及受托方/托收方的关系以及受（收）益权交易的次数。

对 6 个关键要素的细分处理（见图 67）。

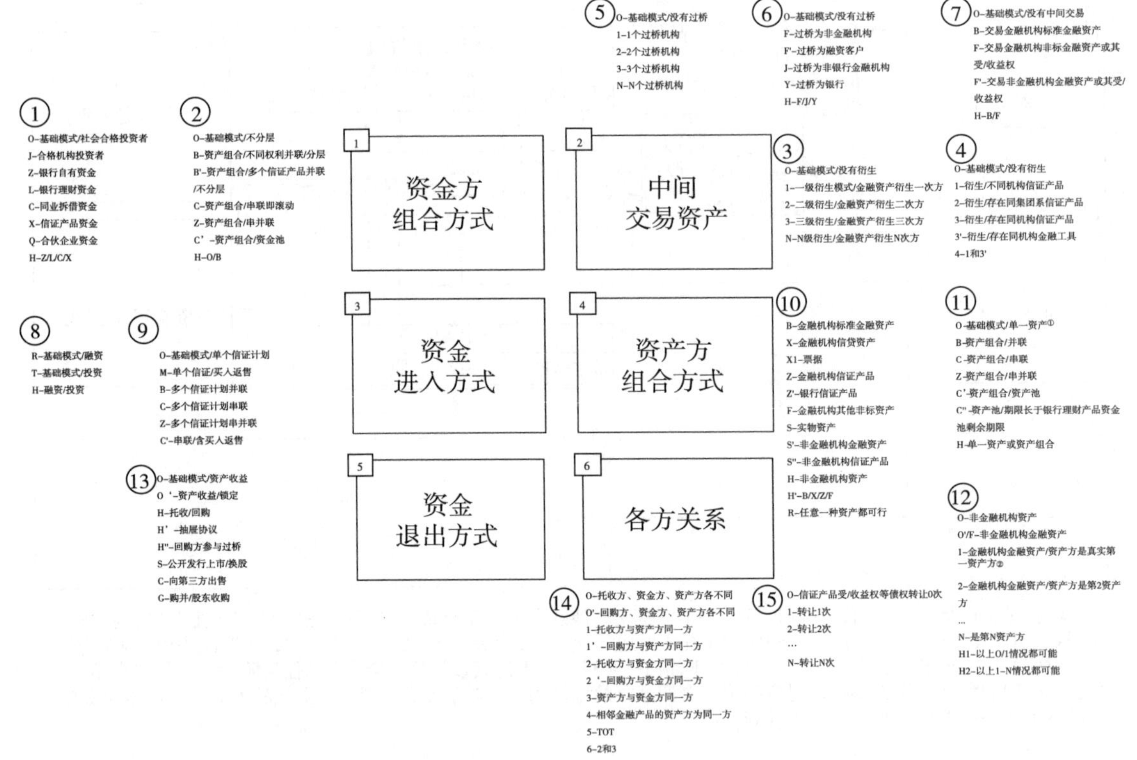

注：（1）金融资产包括标准金融资产和非标准化金融资产，其中标准金融资产为现金资产和证券资产，非标准金融资产为信贷资产和保险资产。

（2）如果没有独立的第三方托收方，则托收方为受托人。

①单一资产指单一机构的资产。

②第一资产方是指第一次金融化后的所有方，即从非金融资产变成金融资产时，金融资产的持有方。

资料来源：CIEC 分析。

图 67　标准化处理

下面是对42种产品分类并进行编码（见图68）。

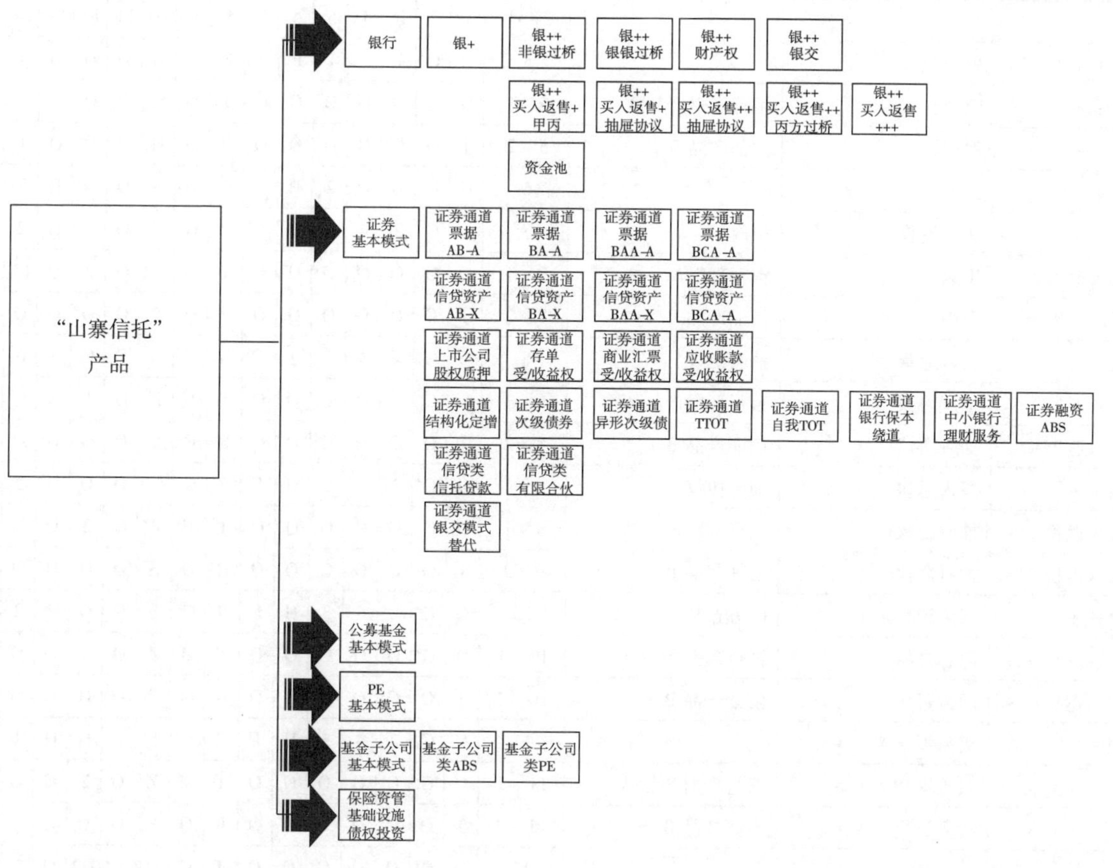

资料来源：CIEC分析。

图68 “山寨信托”42类产品

在此基础上我们对产品进行编码处理（见表2）。

表2 产品及对应编码表

产品名称			序号	1	2	3	4	5	6	7	8	9	10	11	12	13	14	15
银行	基本模式		1	O	C′	O	O	O	O	O	T	O	B	H	1	O	O	O
银+			2	O	C′	1	1	O	O	F	R	C	S	O	O	O	2	O
银+		银行理财产品A	2-1	O	C′	O	O	O	O	O	T	O	Z′	O	1	O	1	O
银+		信证产品B	2-2	L	O	O	O	O	O	O	R	O	S	O	O	O	O	O
银++	非银过桥		3	O	C′	1	1	1	J	F	R	C	S	O	O	O	3	1
银++	非银过桥	银行理财产品A	3-1	O	C′	O	O	O	O	O	T	O	Z	O	1	O	O	1
银++	非银过桥	信证产品B	3-2	J	O	O	O	O	O	O	R	O	S	O	O	O	O	O
银++	银银过桥/买入返售		4	O	C′	2	4	O	O	F	R	C′	S	O	O	H	2	1
银++	银银过桥	银行理财产品A	4-1	O	C′	O	O	O	O	O	T	M	Z′	O	1	O	1’	1
银++	银银过桥	信证产品B	4-2	Z	O	O	O	O	O	O	R	O	S	O	O	O	O	O

续表

产品名称			序号	1	2	3	4	5	6	7	8	9	10	11	12	13	14	15
银 + +	财产权		5	O	C′	1	1	1	F′	F′	R	C	H	O	O	O	4	1
银 + +	财产权	银行理财产品 A	5 – 1	O	C′	O	O	O	O	O	T	O	S′	O	O′	O	O	1
银 + +	财产权	信证产品 B	5 – 2	J	O	O	O	O	O	O	R	O	H	O	O	O	1	1
银 + +	银交		6	O	C′	O	O	2	H	F	R	O	S′	O	O′	O	2	1
银 + +	买入返售 +	甲丙	7	O	C′	2	4	1	J	F	R	C′	S	O	O	H	2	2
买入返售 +	甲丙	银行理财产品 A	7 – 1	O	C′	O	O	O	O	O	T	M	Z′	O	2	O	1’	2
买入返售 +	甲丙	信证产品 B	7 – 2	J	O	O	O	O	O	O	R	O	S	O	O	O	O	O
银 + +	买入返售 +	抽屉协议	8	O	C′	2	4	1	J	F	R	C′	S	O	O	H′	6	1
买入返售 +	抽屉协议	银行理财产品 A	8 – 1	O	C′	O	O	O	O	O	T	M	Z	O	1	O	O	1
买入返售 +	抽屉协议	信证产品 B	8 – 2	J	O	O	O	O	O	O	R	O	S	O	O	O	O	O
银 + +	买入返售 + +	抽屉协议	9	O	C′	2	4	2	H	F	R	C′	S	O	O	H′	2	2
买入返售 + +	抽屉协议	银行理财产品 A	9 – 1	O	C′	O	O	O	O	O	T	M	Z′	O	2	O	O	2
买入返售 + +	抽屉协议	信证产品 B	9 – 2	J	O	O	O	O	O	O	R	O	S	O	O	O	O	O
银 + +	买入返售 + +	丙方过桥	10	O	C′	2	4	3	H	F	R	C′	S	O	O	H′	2	3
买入返售 + +	丙方过桥	银行理财产品 A	10 – 1	O	C′	O	O	O	O	O	T	M	Z′	O	3	O	O	3
买入返售 + +	丙方过桥	信证产品 B	10 – 2	J	O	O	O	O	O	O	R	O	S	O	O	O	O	O
银 + +	买入返售 + + +		11	O	C′	2	4	3	H	F	R	C′	S	O	O	H′	1	3
银 + +	买入返售 + + +	银行理财产品 A	11 – 1	O	C′	O	O	O	O	O	T	M	Z	O	2	O	O	2
银 + +	买入返售 + + +	信证产品 B	11 – 2	J	O	O	O	O	O	O	R	O	S	O	O	O	O	O
资金池			12	O	C′	O	O	O	O	O	T	C	H′	C′	H2	O	7	O
证券	集合基本模式		13	O	O	O	O	O	O	O	T	O	H′	H	H2	O	O	O
证券通道	票据	AB – A	14	H	O	O	O	O	O	O	R	O	X1	C′	2	O	2	O
证券通道	票据	BA – A	15	C	O	O	O	O	O	O	R	O	X1	C′	1	H	1	O
证券通道	票据	BAA – A	16	H	O	O	O	O	O	O	R	O	X1	C′	1	H	1	1
证券通道	票据	BCA – A	17	H	O	O	O	O	O	O	R	O	X1	C′	2	H	O	1
证券通道	信贷资产	AB – X	18	H	O	O	O	O	O	O	R	O	X	C′	2	O	2	O
证券通道	信贷资产	BA – X	19	C	O	O	O	O	O	O	R	O	X	C′	1	O	1	O
证券通道	信贷资产	BAA – X	20	H	O	O	O	O	O	O	R	O	X	C′	1	O	1	1
证券通道	信贷资产	BCA – A	21	H	O	O	O	O	O	O	R	O	X	C′	2	O	O	1
证券通道	上市公司	股权质押	22	L	O	O	O	O	O	O	R	O	B	O	1	H	O	1
证券通道	存单	受/收益权	23	L	O	O	O	O	O	O	R	O	S′	O	1	O	2	1
证券通道	商业汇票	受/收益权	24	L	O	O	O	O	O	O	R	O	X1	H	1	H	O	1
证券通道	应收账款	受/收益权	25	L	O	O	O	O	O	O	R	O	S′	O	O′	O	O	1
证券通道	结构化定增		26	O	O	O	O	O	O	O	R	B	B	O	1	O	O	O
证券通道	结构化定增	券商资管计划 A	26 – 1	O	O	O	O	O	O	O	T	O	B	O	1	O	O	O
证券通道	结构化定增	券商资管计划 B	26 – 2	O	O	O	O	O	O	O	R	O	B	O	1	O	O	O

续表

产品名称			序号	1	2	3	4	5	6	7	8	9	10	11	12	13	14	15
证券通道	次级债券		27	L	O	O	O	O	O	O	T	O	B	C′	1	O	O	O
证券通道	异形次级债		28	L	C	O	O	O	O	O	T	O	B	C″	1	O	O	O
证券通道	异形 TOT		29	O	O	1	1	O	O	F	R	Z	S	O	O	O	2	O
证券通道	异形 TOT	券商资管计划 A	29 - 1	O	O	O	O	O	O	O	T	O	Z	O	1	O	1	O
证券通道	异形 TOT	券商资管计划 B	29 - 2	O	O	O	O	O	O	O	T	O	Z	O	1	O	1	O
证券通道	异形 TOT	信托计划 C	29 - 3	X	B′	O	O	O	O	O	R	O	S	O	O	O	O	O
证券通道	自我 TOT		30	L	O	1	3	O	O	F	R	C	S	O	O	O	5	O
证券通道	自我 TOT	券商资管计划 A	30 - 1	L	O	O	O	O	O	O	T	O	Z	O	1	O	1	O
证券通道	自我 TOT	券商资管计划 B	30 - 2	X	O	O	O	O	O	O	R	O	S	O	O	O	2	O
证券通道	银行保本	绕道	31	L	O	O	O	O	O	O	T	O	B	H	1	O'	O	O
证券通道	中小银行	理财服务	32	L	O	O	O	O	O	O	T	O	B	H	1	O	O	O
证券融资	ABS		33	O	B	O	O	O	O	O	R	O	X	C′	1	O	1	O
证券通道	信贷类信托贷款		34	L	O	1	1	O	O	F	R	C	S	O	O	O	2	O
证券通道	信贷类信托贷款	券商资管计划 A	34 - 1	L	O	O	O	O	O	O	T	O	Z	O	1	O	1	O
证券通道	信贷类信托贷款	信托计划 B	34 - 2	X	O	O	O	O	O	O	R	O	S	O	O	O	O	O
证券通道	信贷类有限合伙		35	L	O	1	1	2	F	F′	R	C	S	O	O	O	O	1
证券通道	信贷类有限合伙	券商资管计划 A	35 - 1	L	O	O	O	O	O	O	T	O	S″	O	O′	O	O	1
证券通道	信贷类有限合伙	信托计划 B	35 - 2	Q	O	O	O	O	O	O	R	O	S	O	O	O	O	O
证券通道	银交模式	替代	36	L	O	O	O	1	Y	F	R	O	S′	O	O′	O	2	1
公募基金	基本模式		37	O	O	O	O	O	O	O	T	O	B	H	1	O	O	O
PE	基本模式		38	O	B	O	O	O	O	O	T	O	S	H	O	O	2	O
基金子公司	基本模式		39	O	H	O	O	O	O	O	H	O	R	H	H1	O	O	O
基金子公司	类 ABS		40	O	B	O	O	O	O	O	R	O	X	C′	1	O	1	O
基金子公司	类 PE		41	O	B	O	O	O	O	O	T	O	S	H	O	O	2	O
保险资管	基础设施	债权投资	42	J	O	O	O	O	O	O	R	O	S′	O	O′	O	O	O

注：白色条目是监管机构获取的产品信息编码，灰色条目是发起方获取的全部信息编码，一般不对外披露。

资料来源：CIEC 分析。

在编码过程中，我们认为信证产品的全信息全面真实反映整个交易事实状况，没有遗漏、隐瞒以及失真的全部信息。而我们把信证产品的公开信息定义为，产品设计/发行机构通过业务报文、上报的统计表格、信息披露等形式向投资者、监管机构或其他信息使用者揭示产品成立、过程管理、终止的信息。全信息和公开信息之间的不一致或者缺失为信息屏蔽，以此为研究标准，我们发现对于社会合格投资者，其能够获取的山寨信托产品的相关信息严重缺失，而对于越复杂产品信息越失衡，不仅投资者、中间过桥机构甚至监管机构，都是信息屏蔽方。

（1）信息极度屏蔽的社会合格投资者。简单地说，对于上述 42 种基本“大信托”产品，只有其中仅仅 3 种类型：PE 与基金子公司的类 PE 产品，以及基金子公司的基本模式，真实资金方才有获得与产品发起方同等信息的可能。

（2）越复杂产品信息越失衡，不仅投资者、中间过桥机构甚至监管机构，都是信息屏蔽方。复杂产品是指整个交易流程中设计了多个金融工具，包括银信理财产品、买入返售、信托计划、

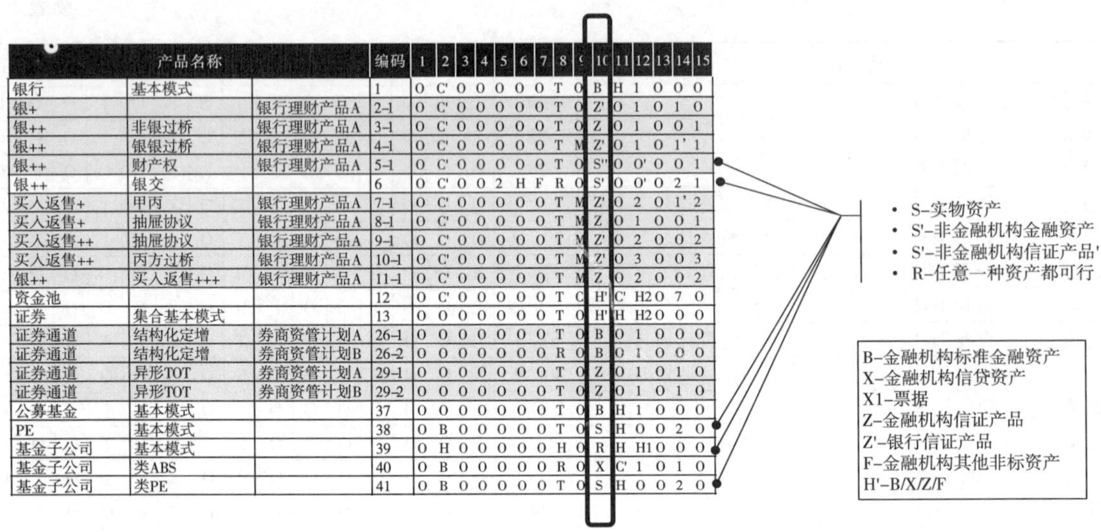

产品名称			编码	1	2	3	4	5	6	7	8	9	10	11	12	13	14	15
银行	基本模式		1	O	C'	O	O	O	O	O	T	O	B	H	1	O	O	O
银+		银行理财产品A	2-1	O	C'	O	O	O	O	O	T	O	Z'	O	1	O	1	O
银++	非银过桥	银行理财产品A	3-1	O	C'	O	O	O	O	O	T	O	Z	O	1	O	O	1
银++	银银过桥	银行理财产品A	4-1	O	C'	O	O	O	O	O	T	M	Z'	O	1	O	1'	1
银++	财产权	银行理财产品A	5-1	O	C'	O	O	O	O	O	T	O	S''	O	O'	O	O	1
银++	银交		6	O	C'	O	O	2	H	F	R	O	S'	O	O'	O	2	1
买入返售+	甲丙	银行理财产品A	7-1	O	C'	O	O	O	O	O	T	M	Z'	O	2	O	1'	2
买入返售+	抽屉协议	银行理财产品A	8-1	O	C'	O	O	O	O	O	T	M	Z	O	1	O	O	1
买入返售++	抽屉协议	银行理财产品A	9-1	O	C'	O	O	O	O	O	T	M	Z'	O	2	O	O	2
买入返售++	丙方过桥	银行理财产品A	10-1	O	C'	O	O	O	O	O	T	M	Z'	O	3	O	O	3
银++	买入返售+++	银行理财产品A	11-1	O	C'	O	O	O	O	O	T	M	Z	O	2	O	O	2
资金池			12	O	C'	O	O	O	O	O	T	C	H'	C'	H2	O	7	O
证券	集合基本模式		13	O	O	O	O	O	O	O	T	O	H'	H	H2	O	O	O
证券通道	结构化定增	券商资管计划A	26-1	O	O	O	O	O	O	O	T	O	B	O	1	O	O	O
证券通道	结构化定增	券商资管计划B	26-2	O	O	O	O	O	O	O	R	O	B	O	1	O	O	O
证券通道	异形TOT	券商资管计划A	29-1	O	O	O	O	O	O	O	T	O	Z	O	1	O	1	O
证券通道	异形TOT	券商资管计划B	29-2	O	O	O	O	O	O	O	T	O	Z	O	1	O	1	O
公募基金	基本模式		37	O	O	O	O	O	O	O	T	O	B	H	1	O	O	O
PE	基本模式		38	O	B	O	O	O	O	O	T	O	S	H	O	O	2	O
基金子公司	基本模式		39	O	H	O	O	O	O	O	H	O	R	H	H1	O	O	O
基金子公司	类ABS		40	O	B	O	O	O	O	O	R	O	X	C'	1	O	1	O
基金子公司	类PE		41	O	B	O	O	O	O	O	T	O	S	H	O	O	2	O

资料来源：CIEC 分析。

图 69　在社会合格投资者角度的“大信托”产品

资产管理计划等，序号为 2 – 5，7 – 11 以及 26、29、30、34 和 35 的都属于复杂产品。

在这类产品中，交易发起者是整个交易的设计者也是全信息的唯一知晓方，甚至不同类型的产品对外披露的信息完全一致，如图 70 的自我 TOT 和信贷类信托贷款两类产品，而对于过桥机构（第二个信证产品）这种现象更加明显。

发起者视角（编码第 1–15 位）：

产品名称			编码	1	2	3	4	5	6	7	8	9	10	11	12	13	14	15
银+			2	O	C'	1	1	O	O	F	R	C	S	O	O	O	2	O
银++	非银过桥		3	O	C'	1	1	1	J	F	R	C	S	O	O	O	3	1
银++	银银过桥/买入返售		4	O	C'	2	4	O	O	F	R	C'	S	O	O	H	2	1
银++	财产权		5	O	C'	1	1	1	F'	F'	R	C	H	O	O	O	4	1
银++	买入返售 +	甲丙	7	O	C'	2	4	1	J	F	R	C'	S	O	O	H	2	2
银++	买入返售 +	抽屉协议	8	O	C'	2	4	1	J	F	R	C'	S	O	O	H'	6	1
银++	买入返售 ++	抽屉协议	9	O	C'	2	4	2	H	F	R	C'	S	O	O	H'	2	2
银++	买入返售 ++	丙方过桥	10	O	C'	2	4	3	H	F	R	C'	S	O	O	H''	2	3
银++	买入返售 +++		11	O	C'	2	4	3	H	F	R	C'	S	O	O	H'	1	3
证券通道	结构化定增		26	O	O	O	O	O	O	O	R	B	B	O	1	O	O	O
证券通道	异形 TOT		29	O	O	1	1	O	O	F	R	Z	S	O	O	O	2	O
证券通道	自我 TOT		30	L	O	1	3	O	O	F	R	C	S	O	O	O	5	O
证券通道	信贷类信托贷款		34	L	O	1	1	O	O	F	R	C	S	O	O	O	2	O
证券通道	信贷类有限合伙		35	L	O	1	1	2	F	F'	R	C	S	O	O	O	O	1

第一信证产品视角（编码第 1–15 位）：

产品名称			编码	1	2	3	4	5	6	7	8	9	10	11	12	13	14	15
银+			2	O	C'	O	O	O	O	O	T	O	Z'	O	1	O	1	O
银++	非银过桥		3	O	C'	O	O	O	O	O	T	O	Z	O	1	O	O	1
银++	银银过桥/买入返售		4	O	C'	O	O	O	O	O	T	M	Z'	O	1	O	1'	1
银++	财产权		5	O	C'	O	O	O	O	O	T	O	S''	O	O'	O	O	1
银++	买入返售 +	甲丙	7	O	C'	O	O	O	O	O	T	M	Z'	O	2	O	1'	2
银++	买入返售 +	抽屉协议	8	O	C'	O	O	O	O	O	T	M	Z	O	1	O	O	1
银++	买入返售 ++	抽屉协议	9	O	C'	O	O	O	O	O	T	M	Z'	O	2	O	O	2
银++	买入返售 ++	丙方过桥	10	O	C'	O	O	O	O	O	T	M	Z'	O	3	O	O	3
银++	买入返售 +++		11	O	C'	O	O	O	O	O	T	M	Z	O	2	O	O	2
证券通道	结构化定增		26	O	O	O	O	O	O	O	T	O	B	O	1	O	O	O
证券通道	异形 TOT		29	O	O	O	O	O	O	O	T	O	Z	O	1	O	1	O
证券通道	自我 TOT		30	L	O	O	O	O	O	O	T	O	Z	O	1	O	1	O
证券通道	信贷类信托贷款		34	L	O	O	O	O	O	O	T	O	Z	O	1	O	1	O
证券通道	信贷类有限合伙		35	L	O	O	O	O	O	O	T	O	S''	O	O'	O	O	1

第二信证产品视角（编码第 1–15 位）：

产品名称			编码	1	2	3	4	5	6	7	8	9	10	11	12	13	14	15
银+			2	L	O	O	O	O	O	O	R	O	S	O	O	O	O	O
银++	非银过桥		3	J	O	O	O	O	O	O	R	O	S	O	O	O	O	O
银++	银银过桥/买入返售		4	Z	O	O	O	O	O	O	R	O	S	O	O	O	O	O
银++	财产权		5	J	O	O	O	O	O	O	R	O	H	O	O	O	1	1
银++	买入返售 +	甲丙	7	J	O	O	O	O	O	O	R	O	S	O	O	O	O	O
银++	买入返售 +	抽屉协议	8	J	O	O	O	O	O	O	R	O	S	O	O	O	O	O
银++	买入返售 ++	抽屉协议	9	J	O	O	O	O	O	O	R	O	S	O	O	O	O	O
银++	买入返售 ++	丙方过桥	10	J	O	O	O	O	O	O	R	O	S	O	O	O	O	O
银++	买入返售 +++		11	O	C'	O	O	O	O	O	T	M	Z	O	2	O	O	2
证券通道	结构化定增		26	O	O	O	O	O	O	O	R	O	B	O	1	O	O	O
证券通道	异形 TOT		29	X	B'	O	O	O	O	O	R	O	S	O	O	O	O	O
证券通道	自我 TOT		30	X	O	O	O	O	O	O	R	O	S	O	O	O	2	O
证券通道	信贷类信托贷款		34	X	O	O	O	O	O	O	R	O	S	O	O	O	O	O
证券通道	信贷类有限合伙		35	Q	O	O	O	O	O	O	R	O	S	O	O	O	O	O

发起者视角	第一信证产品视角（银监会①）	第二信证产品视角（银监会非银/证监会）
• 信息全部反映 • 编码没有重复容易识别	• 多为银行理财产品 • 多为主动方 • 编码存在很少重复	• 多为信托计划 • 多为被动方/过桥机构 • 对于各种过桥编码较多重复 • 不同产品信息差异细微

注：对于证券通道自我 TOT、信贷类信托贷款、信贷类有限合伙，在不考虑银行理财产品情况下，第一信证产品视角为证监会。

资料来源：CIEC 分析。

图 70　复杂“大信托”产品的信息失调状况

研究中还让我们震惊的是，如果整个交易中过桥机构越多，衍生越多，信息失真就越多，也就意味着金融管理越会失控。美国次贷危机就是在金融产品信息失调下投资银行不断创新衍生产品导致“价值失衡”乃至整个金融业“失范”的经典例子，金融业的“信息失调”一直是金融监管面临的难题，而让我们担忧的是这似乎正是中国金融产品目前发展的方向——“变异滞涨”（创新方向和目的不清或偏离轨道、风险意识缺乏，创新风险评估后置前提下，金融机构与监管机构博弈的必然结果）。

5. “变异滞涨”。在研究“大信托”领域的相关金融产品中，我们发现的另一个问题是最近几年主流产品（包括银行理财，以及最近两年兴起的证券资管计划）的创新几乎停留在一个思维黑洞，主要表现出如下特点。

（1）创新的动力主要来源于银行，商业银行发现通过大信托渠道把存量信贷资产从表内转表外，改善“信贷比”，比通过传统的增加存款来提高贷款的方式更加主动和简单，因此基于存量信贷资产以及票据的银行理财产品大势盛行，一旦监管机构颁布相关措施加强管理时，商业银行又把目标转移到新的规避方式；

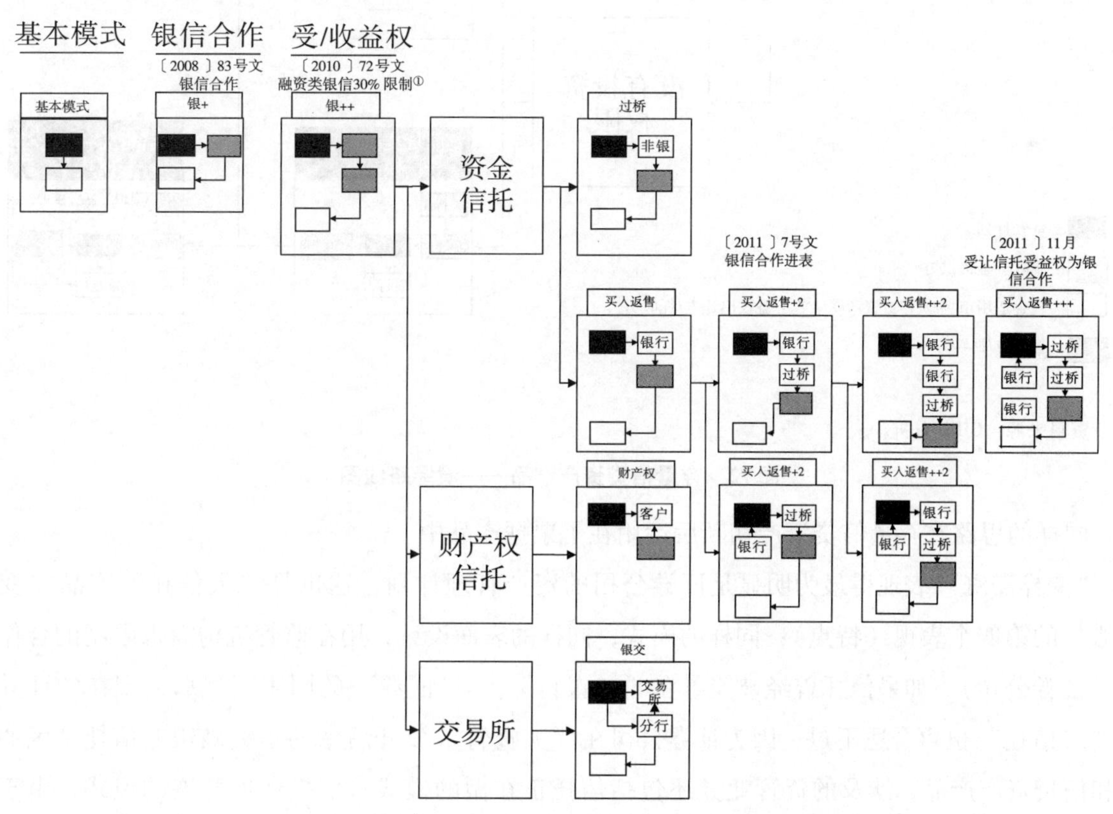

注：①融资类银信理财业务针对的是针对银信合作业务中发放信贷款，受让信贷资产和票据资产三类情形。

资料来源：CIEC 分析。

图 71 银行理财产品——演绎路线图

（2）创新的模式简单：增加过桥，再增加过桥，再增加过桥以实现“有效合规”。

对于存量信贷资产，“大信托”产品创新体现出来的另一个创新误区是通过资产过手或者资金过手实现“合规”。

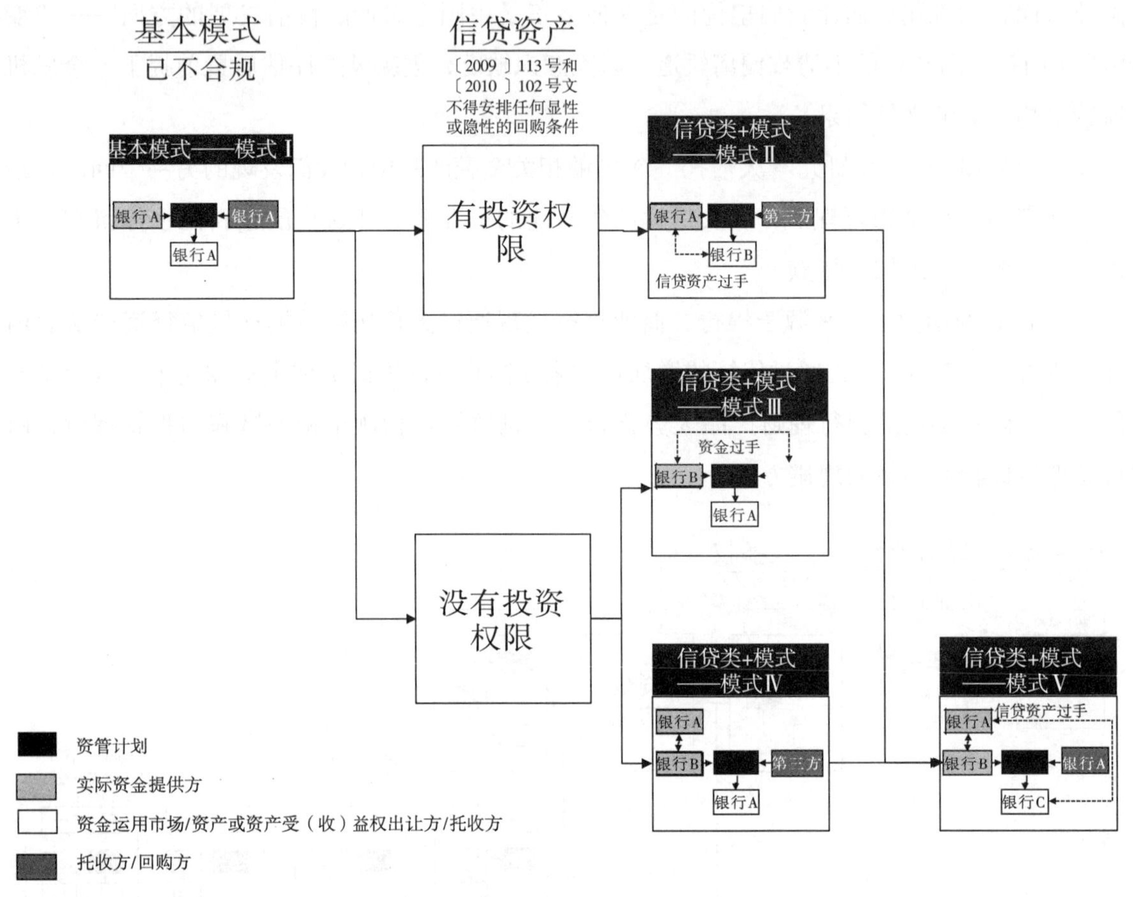

资料来源：CIEC 分析。

图 72　存量信贷资产产品——演绎路线图

同样的思路在存量信贷资产切断后运用在了票据产品中。

“变异滞涨”表现得最为明显是证券公司的资产管理计划，这也是“大信托”产品“变异滞涨”的第四个表现（特点）：同样的模式，同样的表面设计，用在监管机构尚未限制的合作机构（证券公司）。如果信托曾经被笼罩在“二银行”、“二证券”的阴影下，那么现在的证券称为“二信托”也再合适不过，因为证券公司在“大资管”放开后做的是突破银监信托禁区的票据和信贷资产产品，涉及的资管业务还包括信托正在做的模式，信托谨慎开展的模式，由于不能直接放贷不能不与信托的合作模式以及替代其他机构的模式五大类产品。

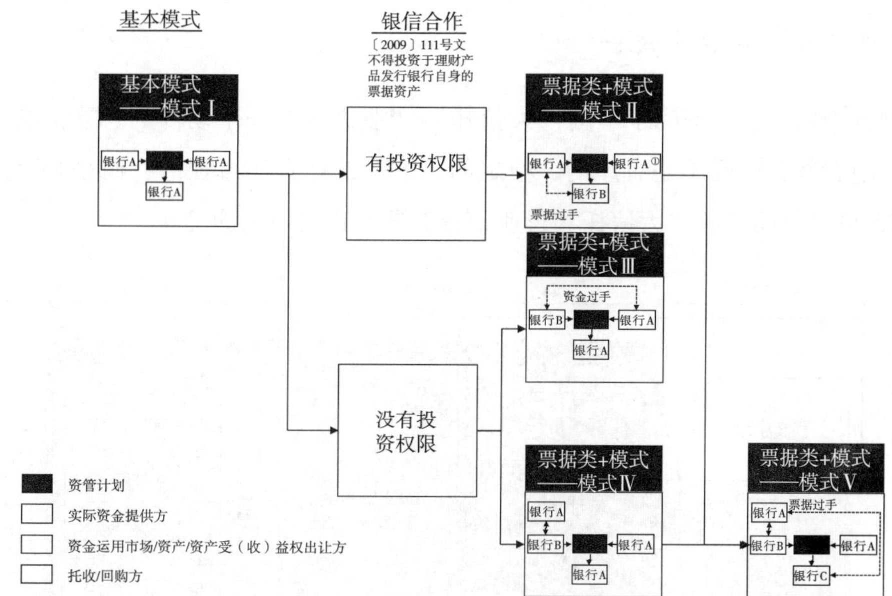

注：不同于其他模式，模式Ⅱ银行A只是进行托收。

资料来源：CIEC分析。

图73　票据产品——演绎路线图

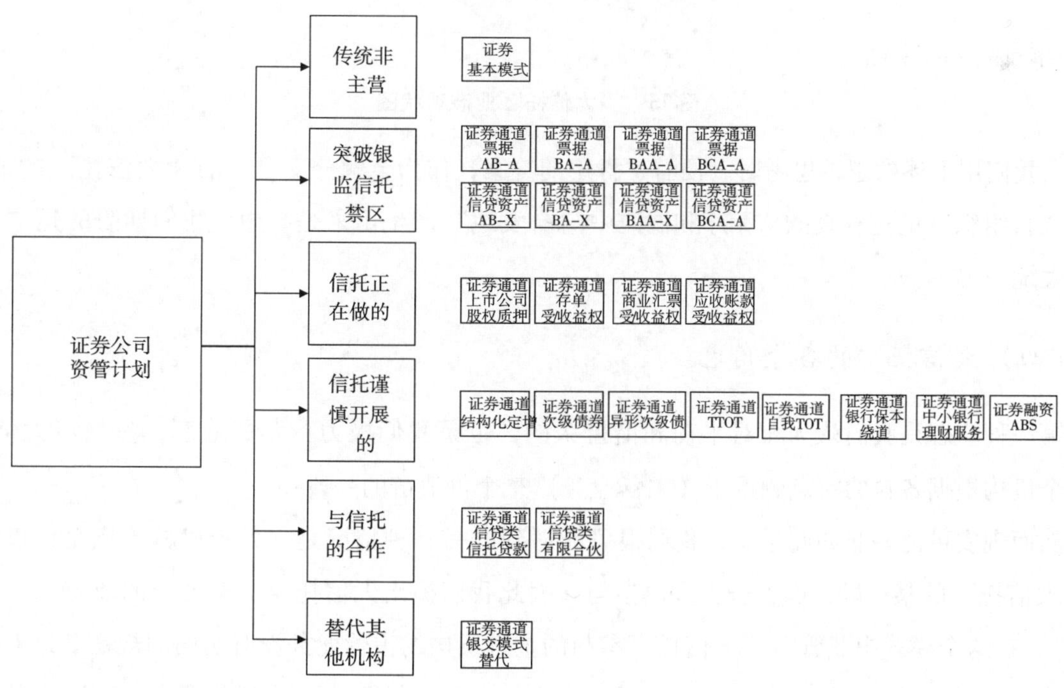

注：信托指信托公司。

资料来源：CIEC分析。

图74　证券公司资管计划——演绎路线图

（三）“信托业”亟待大统一

上述的种种现象无一不证明了中国“大信托”产业进入了一个动荡的、迷茫的、疯狂的特殊历史时期，绝大部分情况不是有序的、稳定的、平衡的和真实可控的，而是相互重叠、无序竞争的。图 75 可以帮助理解“大信托”行业中各类参与者的角色冲突。

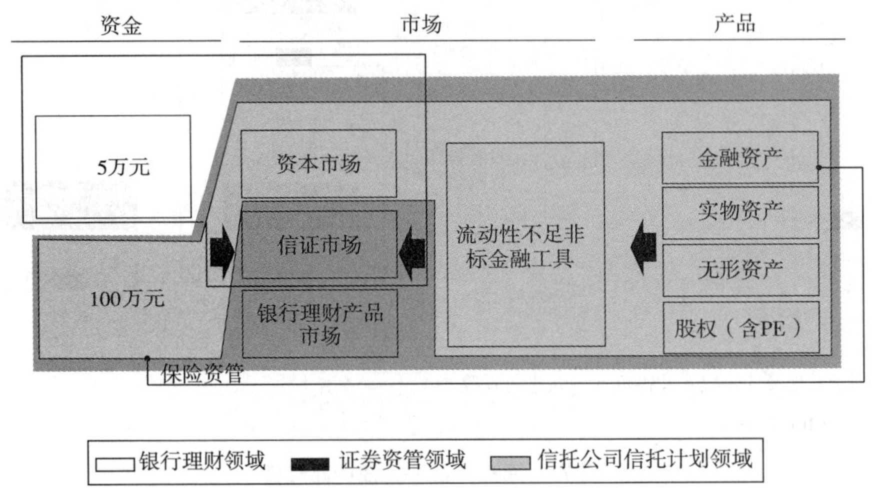

资料来源：CIEC 分析。

图 75 “大信托”业态现状图

当我们用上述的逻辑思考时，便有了肯定的答案，作为金融分支之一的“大信托”的革命，一个“自组织”的过程真的从无序和混沌中“自发地”产生出来是妄想，我们期盼的是“信托业的大统一”。

（四）大信托中的各个角色

第一种业态是我们认为相对平衡和谐持久的，也是我们极力推荐的业态，参与“大信托”的各个机构根据各自的特点侧重于（主营业务）整个价值链的一段：

然而现实可能并非如此乐观，我们很可能遇到的另一种情况是，各个机构不满足于仅仅经营“大信托”的某一段，而希望更多地参与。因此我们提出大信托业业态划分的业态二（过程模式），在这个模式中监管对“大信托”参与的金融机构的主营业务没有明确的规定和绝对的边界划分，信托公司、银行理财、证券公司、公募基金以及保险资产管理公司会根据自己的战略定位确定经营“大信托”的某一段或某几段。毫无置疑的，是没有边界就没有风险隔离，为了有效地监管，我们建议的是对业务进行监管。

“大信托”最极端的情况是“大混业”（如图 77 所示），在“大混业”中银行理财、证券公

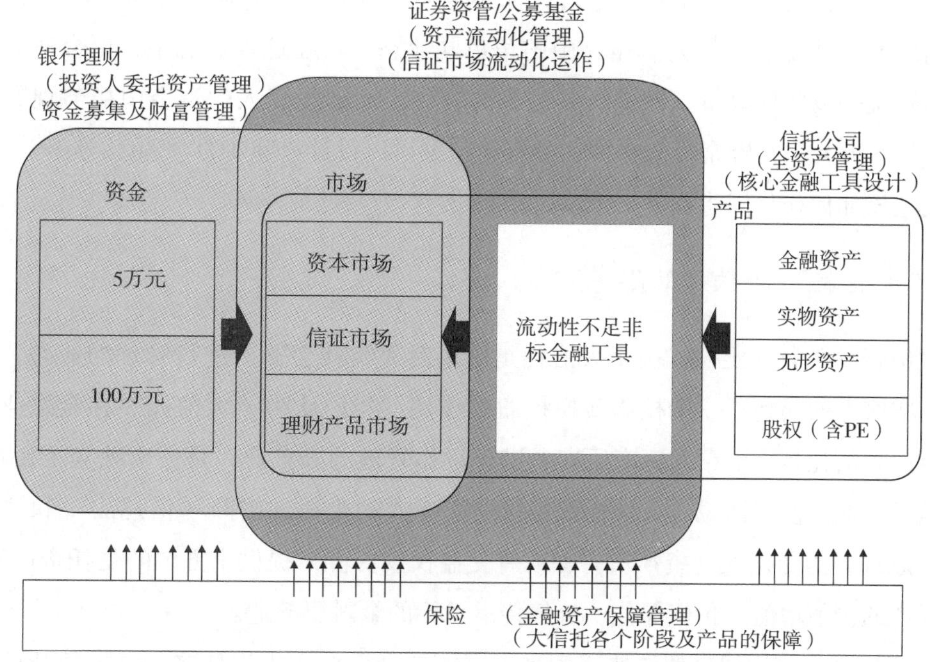

资料来源：CIEC 分析。

图 76 “大信托”业态图——业态一（最低消耗模式）

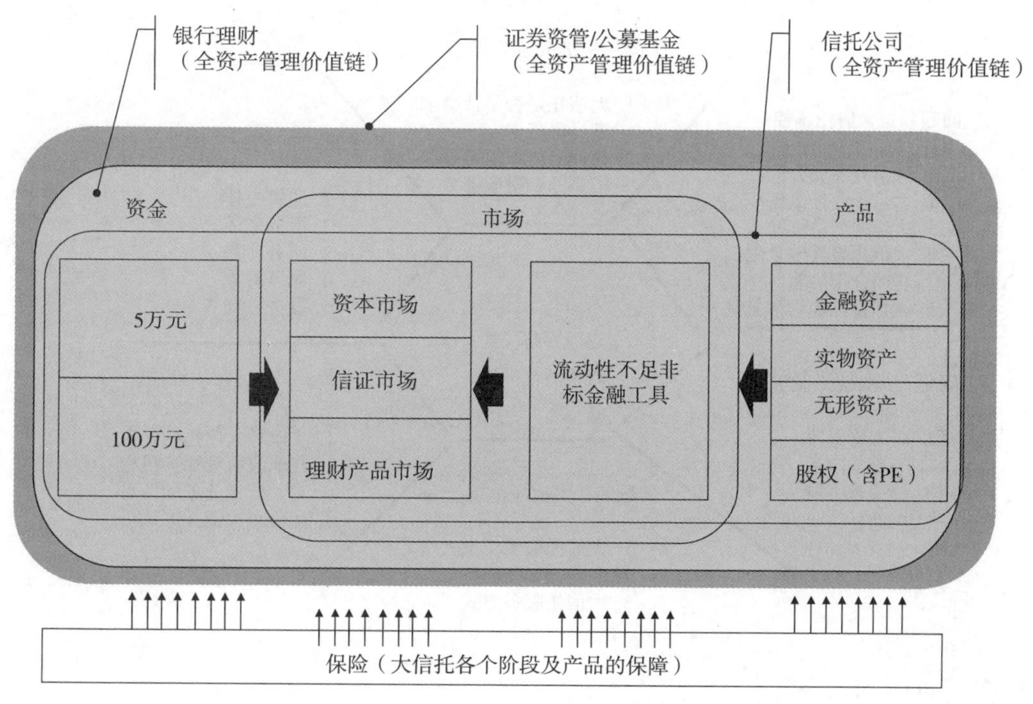

资料来源：CIEC 分析。

图 77 “大信托”业态图——“大混业”（耗散模式）

司、基金公司、信托公司都是全资产管理，而不同于其他机构，保险由于其保障的特殊性以及对资金的高度安全性要求在“大信托”中的角色同业态一。在这种业态中，更合适的是要求各个机构的监管统一以实现政策、方针、办法等的统一。比如投资人的资金门槛与现有银行理财一致，统一为5万元，在资金投向中如证券资管计划可以设计自我TOT产品，等等。

未来究竟该如何，我们将在下文予以讨论。

（五）“大信托”新秩序的思考

1. “大信托”的行业定位。由于大信托是一个对人类社会资产进行管理的业态，在资产的价值保全、增值方面起到了一个核心转换枢纽的作用，我们认为“大信托”在金融业中的定位可以描述为：大信托是一个帮助资产所有者进行运作管理的服务业，是一个独立于银行、证券、保险的金融子行业。换句话说，大信托就是接受委托人的委托，按照“信托法”和“信托机构法”的基本原理，为受托人（资产所有者或者受益权投资者）提供全方位的受托资产管理服务，实现受托资产的价值增值、价值保值、价值传承目标的金融服务业。

2. “大信托”秩序构建框架。要成为名副其实的金融业四大支柱之一，大信托的运行必须建立完善的、系统的运行秩序。

因此，我们认为大信托行业秩序建立需要解决六个方面的问题，见图78。

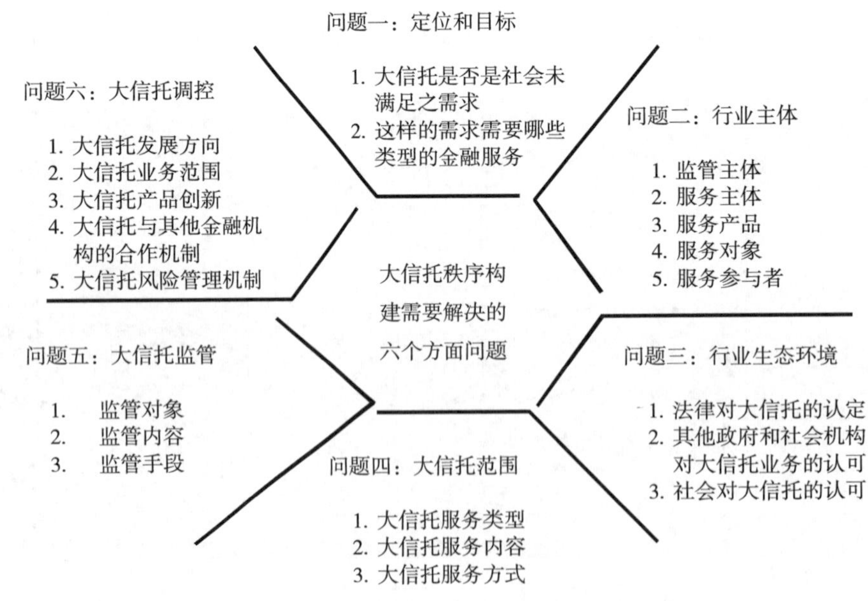

资料来源：CIEC分析。

图78　大信托秩序建设所需解决的六个问题

3. 大信托秩序框架的各基本构成设想。大信托秩序的框架如下。

（1）大信托的定位和目的。大信托的定位：参见 1. “大信托”的行业定位。

大信托的目的：为人类社会每个成员提供拥有和分享资产所创造的价值机会；为所有资产拥有者、控制者提供专业化的资产管理服务（投资、管理和转移）；为所有具有价值的资产价值创造潜能提供专业的流动化运作服务。

（2）大信托秩序的行业架构。整个大信托行业结构框架如图 79 所示。

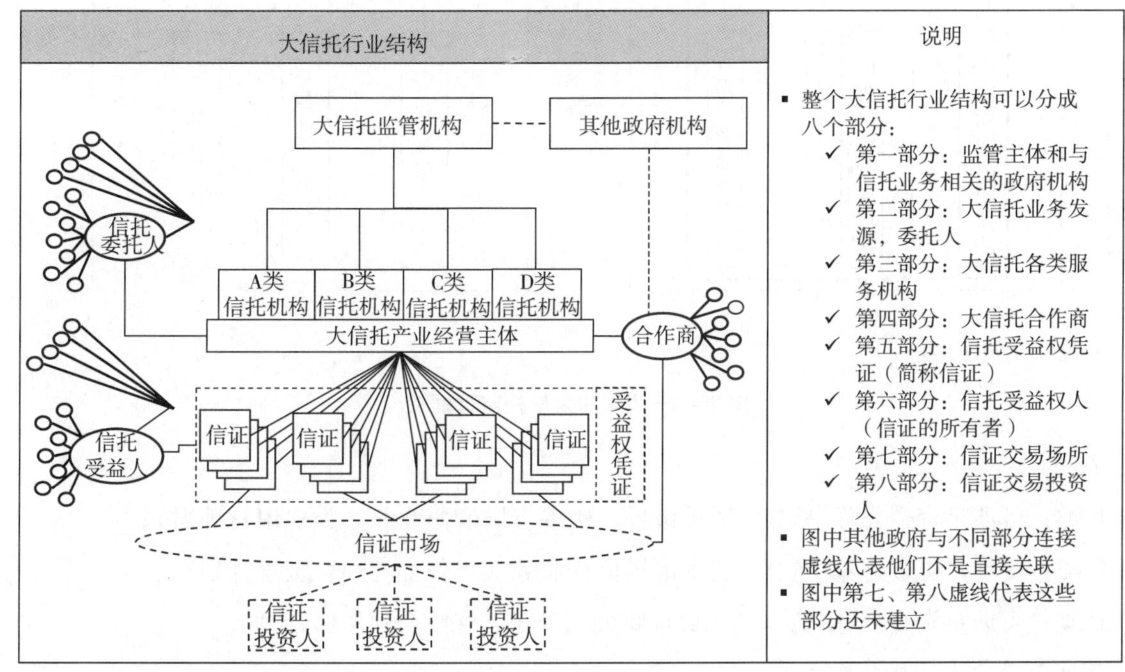

资料来源：CIEC 分析。

图 79 大信托行业结构框架

第一部分之大信托监管机构的设想。

当整个大信托规模发展到金融子行业第二位时，我们关注到现有的监管体系已经无法适应整个行业发展需要对跨越三个监管机构之下的各个信托业务机构进行有效的管理，因此有必要对现有分离、独立的监管机制转变为统一的监管机制（见图 80）。

第二部分之委托人。

信托委托人是信托资产的所有权、使用权等权力原始所有者。

第三部分之大信托服务机构。

现有涉足大信托服务的金融机构有信托公司、银行、证券公司、基金公司和保险资产管理公司。我们建议将大信托服务机构分为以下四个类型发放牌照。

A 类：可涉足资金公募/私募、实业市场、资本市场、货币市场所有信托业务（类似信托公

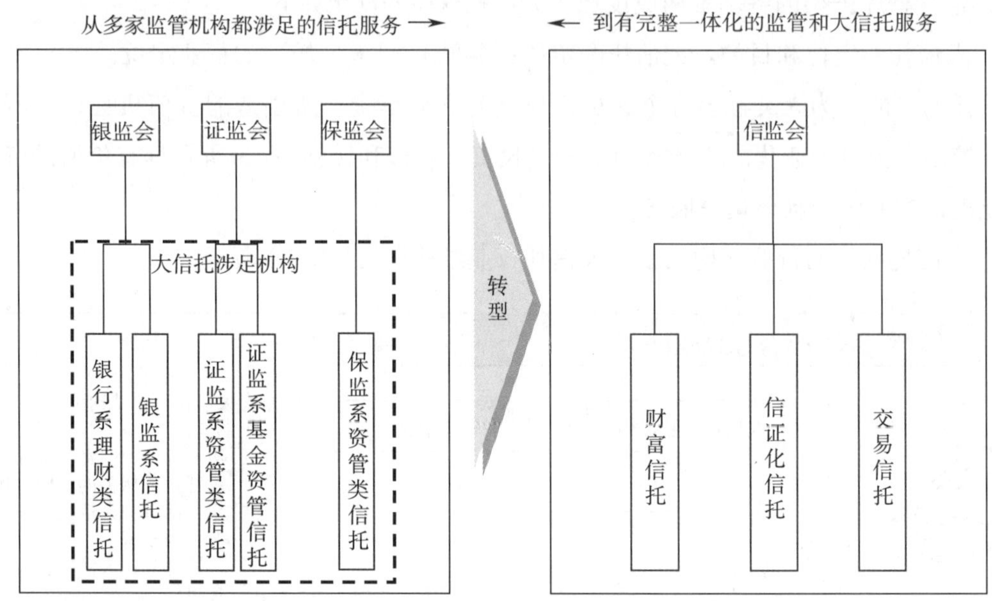

资料来源：CIEC 分析。

图 80　一体化的大信托监管框架

司业务）；

B 类：可涉足资金公募/私募、货币市场、资本市场信托业务（类似银行理财）；

C 类：可涉足资金公募/私募、资本市场信托业务（类似证券集合资管计划）；

D 类：可涉足资金公募/私募（类似理财顾问公司、保险公司资管计划）。

第四部分之大信托合作商

合作商主要包括律师、评估师、会计师、咨询师、公证机构、评级机构、资产管理服务公司、市场调查公司等等。这些机构大部分应该得到信托业务资格证书。

第五部分之信托受益凭证（信证）。

信托受托资产的未来收益权凭证，我们认为应该让其统一为“信证”以代表受托资产的标准权利，票面价值分为 1000 元、1 万元、10 万元、100 万元等以便于交易，即受托资产的利益和资产所产生的收益权利，这类信证可以交易和流通。

第六部分之信托受益人。

信托受益人是享受信托资产本身的利益及由信托资产所产生收益的人。

第七部分之信证市场。

当标准的“信证”产品出来之后，我们认为应该让其有一个流通的市场，以便为那些没有首先买到该产品的投资人通过市场来获得。

第八部分之信证投资人。

即参与到信证市场交易的投资人，目前还没有，我们希望未来能够有，能够让尽可能多的百姓参与到信托运作所获得的利益分享之中。

（3）大信托秩序的生态环境。生态环境目前与大信托业发展直接相关的法律法规环境，这包括两个方面。

第一方面是指与大信托业自身相关的法律法规体系，包含相关市场主体法律体系和信托行业发展法律体系。

第二方面就是完善大信托经营中与其他金融监管机构或相关事宜主管部门的法律法规的重叠、类同、缺失的问题。

（4）大信托秩序的范围。

服务对象类型。按照委托人性质划分为两类：一类无限制性信托，即满足信托委托人资格的任意当事人，可以是自然人，也可以是机构，按照当事人的意愿将其所控制/拥有的资产委托给信托机构的信托业务。这部分为信托机构的主要业务来源。第二类为法定信托（或称为限制性信托），即由司法机关依据法律所授权力而确定当事人之间的信托关系而成立的信托。

服务内容。一是资产保全，确保受托资产不受任何影响，不以获取收益为目的，而是保证信托资产的完整性为目的；二是资产转换，这是大信托目前的核心业务或称为主业，以资产管理方式通过资产互换将沉睡的资产价值发挥出来，或者融资或者进行资产权利交换；三是资产转移，主要涉及遗产转移和公益资产或受益转移或资产处置等行为。

服务方式。按照是否收取费用来划分为两类：一类是营业信托，提供服务的信托要收取报酬；另一类是非营业信托，不收取费用或免费提供服务。

服务手段。一是资产管理，即受托为委托者管理和处理资产相关事务，包括资产保全、资产运营管理、资产投资等，是信托服务的基础；二是资产互换或者说资金融通；三是中介顾问服务，帮助委托人处理与协调其委托资产运行中的各种利益关系处理、提供专业指导和信息咨询服务。

（5）大信托秩序的监管。大信托的监管设想主要涉及到三个方面：监管对象、监管内容、监管方式。具体介绍如下。

①监管对象。大信托的经营主体将是重点监管的对象，还应包含那些为大信托经营机构提供辅助服务或参与其中一段的其他金融机构或非金融机构，以及信证交易市场及投资人等等。

②监管内容。大信托业既具有银行等金融业的特点，又有其自身业务的特点，其监管的内容将涉及以下几个方面。

一是机构监管。机构准入和分类监管，或者称为从业监管；机构素质监管，含资本金、治理结构、内部控制、资产负债状况；机构行为监管，即经营合规情况、信息公开情况等；人员监管：高管层准入等；机构退出机构监管、机构处罚监管。

二是业务监管。业务准入监管、业务覆盖领域监管、业务类型监管、资产管理能力监管、其他业务活动监管与其他金融机构业务合作监管。

三是产品监管。产品准入监管及资产管理产品、保管产品、传承产品、投资类产品、创新类产品、产品金融工具层级监管。

③监管方式。

一是非现场监控。通过编制有效的行业规范法规、规则和指导等指南性文件监控机制，对信托机构经营的若干重大事项、业务行为、产品、服务，以及机构的最低资本金、财务报告编制、审计规则和要求，提交财务报告、业务统计报告以及其他信息的频率、时间、范围和机构公开信息披露的指导原则等进行信托机构自我实施指导和书面监控。

二是现场监控。第一种形式是信托业设立时的审核监管，即通过对信托机构许可证监管，了解机构的实力和一些基本状况；第二种形式是信托机构经营期间的现场调查，这是现场监管的核心；第三种形式是机构、业务或产品的清算监管，从中了解日常监督所无法获得的信息，发现日常监督所无法发现的问题，为加强和改善机构经营提供指导参考。

（6）大信托秩序的调控。调控工作将融合在监管的工作之中，主要涉及三个方面任务。

一是建立大信托发展方向目标，研究和制定大信托业务范围，为大信托产品创新提供指导意见和支持。

二是建立行业风险的识别、计量、评价和预警机制，建立不同业务类型、不同产品的风险评价的指标体系，根据定性和定量指标确定风险水平或级别，根据风险水平及时进行预警和制度调整策略以保障信托行业平稳发展。

三是建立高风险信托机构的评估、判断和救助体系，包括信托资产处置、受益权兑付安排、信托机构市场退出机制及信托损失保险制度，确保风险预防、风险预警、风险修复、风险救助和行业稳定机制的完善和到位，为信托业、委托人资产安全和社会经济稳定发展保驾护航。

五、结论

完成了对信托行业所在领域金融、大信托的研究，我们得到了以下三点结论。

结论一：金融不应是无水之源、无根之木的“桃花源”中的行业孤芳自赏，金融必须与商品经济体系携手共进、同步发展，无论是规模还是发展速度均应协调和匹配，任何失衡状况都会导致对社会经济的冲击和破坏。换句话说，金融业的根在商品经济发展之上，而不是脱离或者凌驾于商品经济。

结论二：金融各子行业的服务模式不同（负债式经营模式、受托管理经营模式、顾问中介经营模式、承诺式经营模式）决定了它们的经营风格取向、业务的风险特征、监控方式应该具有本质上的差异，不能采取一种监控体系来应对它们，金融业应该建立一个统一管理下的分业监管模式。

结论三：目前具有无序状态的信托业需要在“大信托”的旗下统一管理和独立运行，以便于为人类社会所创造的各种资产管理服务，而不要再无事生非，给社会经济造成损失和伤害。

（本文选自信托公司供稿）

关于引入信托制度支持城镇化建设研究

——基于土地制度创新的信托业务模式初探

北京国际信托有限公司　刘向东

伴随着我国城镇化进程的加快，“三农”问题成为人们关注的焦点，而“三农”问题的核心是土地问题。农村土地不仅是农民安身立命之本，也是国家确保粮食安全的生命线。我国政府提出了稳住 18 亿亩耕地红线不突破等相关农村土地制度改革，即强调在土地资源利用方式不变的前提下，实现集约化、现代化管理，这对维护经济长期稳定增长，促进我国经济和社会的可持续发展具有非常重要的战略意义。在新的形势下，随着政治、经济、文化等各种因素的变化，中国农村土地制度面临许多新的问题，其中土地流转已成为土地制度变迁的焦点。实现土地资源的最佳利用，是促进农业现代化、城镇化进程的根本之道。

因此，本文站在我国新型城镇化发展带来全面深刻的社会经济变革这一重要历史节点，从农村土地制度变革的视角把握新型城镇化建设中的机遇与空间，提出利用信托制度、按照信托理念实现土地规范流转，实现土地流转的体系化与系统化，通过信托优势搭建资源整合平台，提供全链条全方位的金融服务，有效地保护农村土地，推动土地合理再配置，促进土地的集约化经营，提高土地利用效率，促进农村经济社会全面进步，实现社会主义新农村的稳定发展，积极稳妥地支持新型城镇化。在这一模式中，信托制度使得农民的土地财产权利得到保护，让农民以地权分享土地增值收益，分享农业现代化和城市化的成果。

对信托公司而言，土地制度创新是加快农业现代化和城镇化的助推器，以制度创新促进土地流转将在未来经济增长中扮演重要角色，进行土地信托创新，把土地信托放在大的财富管理的视角下，发挥信托制度优势，将开创信托公司业务转型与创新的新高地。

一、土地制度创新是加快农业现代化和新型城镇化的助推器

改革开放 35 年，随着我国持续快速的经济发展，城镇化水平由 1978 年的 17.9% 提高至 2012 年的 52.57%，平均每年大约提高 1 个百分点。预计到 2030 年，我国城镇化水平将达到

70%左右。目前我国进入了经济转型的关键时期，新型城市化成为未来国民经济发展的最大推动力。

城镇化对中国未来的发展影响深远，但围绕城镇化所产生的各种矛盾和冲突也相互交织，并对城镇化的质量和效率产生了负面影响，甚至可能影响到我国城镇化进程的成败。土地作为农业的基本生产资料，是不可再生的稀缺资源，也是农民赖以生存的最可靠保障，其所有制形式及经营模式，历来是影响农业发展和农民收入的决定性因素。对农用地尤其是基本农田的保护是我国的一项基本国策，必须长期坚持。我国土地资源少，耕地更少，经济社会发展对土地的大量需求和耕地资源短缺的矛盾非常严重，如何妥善处理农村土地问题已经成为城镇化进程中的当务之急。由于农村土地是多种属性和多种权利的集合体，在现行的配置下，除已进行土地流转试点的少部分地区外，拥有土地承包权的农户要么经营，要么抛荒，稀缺的农村土地无法从低生产效率领域流动到高生产效率领域。随着大量农村人口向非农业转移，农村青壮年劳动力的大量流失使得村落空心化，造成土地大量抛荒和农村宅基地的空置，严重影响我国农业的发展，也对农村面貌的改善形成较大的阻碍。如何确保农村耕地不流失，保障粮食安全，已成为城镇化进程中的焦点问题。新型城镇化必须和农业现代化相辅相成，要保住耕地红线，保障粮食安全，保护农民利益。新型城镇化的发展路线，是不以牺牲农业和粮食、生态和环境为代价，着眼农民，涵盖农村，实现城乡基础设施一体化和公共服务均等化，促进经济社会发展，实现共同富裕，从而走出一条健康的、可持续发展的城镇化道路。

城镇化改革的核心内容是要素市场化改革。在市场经济中，生产要素必须是流动的。城镇化是一种经济结构的演变过程，体现为土地、劳动力和资金要素的重新组合，生产要素完整产权的保护和尊重，是要素进入市场并获得高效配置和相应经济效益的重要条件。土地是农村最主要的生产要素。农村土地必须流动起来，而且城市和农村要建立平等的要素交换关系。三中全会决议明确提出，坚持农村土地集体所有权，依法维护农民土地承包经营权，发展壮大集体经济。稳定农村土地承包关系并保持长久不变，在坚持和完善最严格的耕地保护制度的前提下，赋予农民对承包地占有、使用、收益、流转及承包经营权抵押、担保权能，允许农民以承包经营权入股发展农业产业化经营。鼓励承包经营权在公开市场上向专业大户、家庭农场、农民合作社、农业企业流转，发展多种形式规模经营。赋予农民对承包地占有、使用、收益、流转及承包经营权抵押、担保的权能，在符合规划和用途管制的前提下，允许农村集体经营性建设用地出让、租赁、入股、实行与国有土地同等入市。慎重稳妥推进农民住房财产权抵押、担保、转让，探索农民增加财产性收入渠道。未来我国的新型城镇化将通过新制度供给强化体制机制保障，盘活劳动、土地、资本、技术等要素，再次聚集农村改革的势能和动力，促进城乡一体化发展，推进城乡要素平等交换和公共资源均衡配置，并推动整体要素升级，由此实现城市与农村的良性互动，城镇化和产业化、工业化的良性互动，大城市与中小城市、小城镇的良性互动，形成多层次的高质量的城镇体系。

因此，土地制度创新是加快农业现代化和城镇化的助推器，以制度创新促进土地流转将在未来经济增长中扮演重要角色。

二、信托支持土地制度创新和城镇化建设的优势

（一）关于信托

信托起源于中世纪的英国的土地信托，作为一种方便、灵活、专业化的财产管理制度，由于有着精巧的制度设计和日益扩展的金融功能，随着时代的发展逐渐走向世界，具有广阔的应用空间。现代信托业已成为金融体系中的一个重要组成部分，与银行业、保险业、证券业并称为现代金融业的四大支柱。

从信托制度的特点看，信托财产的广泛性、信托设立方式的多样化、信托目的的自由化、信托业务的丰富性、信托利益的弹性规划，使得信托在履行财产转移与财产管理功能方面具有更大的灵活性。信托作为一种具有长期性和稳定性的财产转移与管理制度，突出表现在信托的连续性效力上，信托的运作一般不受信托当事人经营状况和债权债务关系的影响。通过设立信托，信托财产独立性的特殊设计以及受托人约定职责和法定职责的双重设计，使信托具有特殊的破产隔离功能。信托应用的灵活性、信托应用的稳定性、信托应用的安全性使得信托业务领域在广度和深度上不断推进。

在我国，根据《信托法》规定和信托原理，信托具有财产的破产隔离和保护功能。信托在实现其管理财产功能的过程中，由于设立方式多样性、信托财产多元化、信托目的灵活性、信托受益权组合多样性，而具有十分广泛的适用空间。在新的历史时期，信托业面临着新的历史发展机遇。信托具有独特的投融资功能，可以提高各种资源配置的效率，为加快经济转型和结构调整提供重要支持。可以预见，中国未来几十年的发展将是一个逐步“信托化”的过程。

（二）信托制度在促进城镇化建设中的独特作用

从整个金融体系的角度看，金融的基本功能应是低成本地将资源配置到对经济与社会发展最有效的领域，并且以有效的手段控制系统风险，以更好地满足经济发展的需求。信托依据其独特的财产管理制度特性，能够为通过我国金融制度创新解决城镇化建设中的“瓶颈”问题提供一个重要思路。

信托是一种重要的制度安排，通过信托制度，可以在不同的经济主体之间通过信托契约分割财产的管理属性和利益属性，使信托财产的权能分离，在多元的经济要素之间进行有效的协

调平衡。信托具有较强的创新性，在运用信托制度进行土地制度创新和促进城镇化建设的同时，可以依托法律赋予其的地位和功能，运用各种手段、方式和方法来服务城镇化建设，从投融资领域、产品服务和风险管理手段等多方面进行创新，不断提升服务能力和水平，促进城镇化建设。

三、信托支持土地制度创新和城镇化建设的业务模式

（一）土地信托是促进农村土地使用权规范有序流转和农村土地所有权权能有效实现的重要选择

土地信托制度起源于英国。13 世纪后期，为了保护封建领主的利益，防止天主教会占有大量土地，英国国王亨利三世颁布法律，禁止任何人将土地捐赠给教会，违者一律没收土地。天主教会为了规避法律的规定达到获得农民所捐赠土地的目的而创设了一种制度，即农民并不将土地直接捐赠给教会而是先转让给其他人，受让人代替教会对土地进行管理，并最终将收益全部交给教会。

在我国，信托制度权、责、利相分离的制度特性和农村集体土地所有权与使用权相分离的特点之间存在着天然的契合。由信托公司主导的土地信托，能够切实可行地实现土地所有权、使用权和收益权的相互分离，做到权属清晰、权责明确。

一般来说，土地流转是实现土地资源与其他资源和经济主体高效配置的必然结果，在市场经济中，土地要素的流转总是呈现愈来愈向具有高效能经济主体转移和集中的规律。但是，我国农村土地由市场配置有诸多障碍，在收入风险、预期目标的制约下，无法在更大范围实现土地资源的流转和合理配置。由于农村没有完善的社会保障体系，农民一旦失去土地，将无法生存，土地承包权对于农民来说，具有就业、生存保障和社会福利功能。如果投资者想大规模进行农业开发，就需要将分散在若干个农户手中的土地集中起来，这时往往需要花费大量的时间和精力来与众多的农户进行谈判，许多农村地区的交通不便，通讯设施不畅，这都加大了投资者的谈判成本，在这诸多困难面前，也许许多投资者就会放弃对农业的投资计划。在农村土地流转中引入信托制度，利用信托制度的财产隔离、财产保护和财产管理功能，加快农村土地流转和利用，一方面可以通过分离产权和初始分配来实现公平，另一方面可以让这项产权充分市场化，实现公平与效率有机结合。

农村土地信托是以农村土地使用权（包括农用地的土地承包经营权、集体建设用地使用权以及宅基地使用权）为信托财产，在坚持农村土地集体所有权和承包权不变的前提下，为了取得更大的土地收益，更加有效、充分地利用土地资源，受托人以实现土地收益最大化为宗旨，

以自己的名义对土地经营权进行管理或处分的信托行为。农村土地信托化管理在现行法律框架内、在保持土地性质不变的前提下，通过信托方式将分散于农民手中的农村土地使用权集中于信托平台之上，通过捋清法律关系、明确并充分保护农民的权益，发挥信托的内在制度优势和信托公司的综合金融优势，促进农村土地作为生产要素进行有效流转，实现农村土地的规模化、集约化、资本化运营，提高土地经营效力和内涵价值，同时将农民的财产权——农村土地使用权进行金融化和资本化改造，实现拓宽农业和农民融资渠道、保障以农民为主体的“人的城镇化”以及持续增加农民收入等系列目标。在土地信托安排下，农村土地资源被有效盘活、作为生产要素进入市场并获得市场化收益。

根据信托理念实现农村土地信托化管理，由信托公司提供从土地归集、土地流转、土地经营、土地收益管理、土地信托利益分配直至土地流转各个环节的综合风险控制等覆盖土地流通过程中的全链条、全方位的金融服务，能够切实可行地实现土地所有权、使用权和收益权的相互分离，做到权属清晰、权责明确，推动土地资源合理再配置，促进土地的集约化和现代化经营，提高土地的生产能力和内在价值，使农民切实分享到土地增值所带来的收益。

土地信托能够通过推动农村资源资本化，将资金、技术以及优秀劳动力等生产要素投入农村的生产活动中，从而使土地得以发挥最大效益，实现土地资源的有效利用。

（二）通过信托平台整合多种融资工具，搭建农业产业与金融市场连通的平台，为土地制度创新开辟了一条新的服务渠道

信托公司作为我国金融业唯一横跨货币市场、资本市场和实业领域的金融机构，决策灵活，风控严格，具备强大的资源整合能力。信托对于服务土地制度创新具有独特优势：一是功能多样化，涉足领域广泛，运作方式灵活，能够满足多样化的融资需求；二是融资弹性大、速度快、可控性强；三是创新能力强，可以从投融资领域、产品服务和风险管理手段等方面进行创新，不断提升服务能力和水平。

在土地制度创新中，信托能够搭建商业运作平台，重构和优化投资的增信机制，募集多元资金反哺农村发展。运用信托模式，设计解决农村资金来源和资金运用的综合方案，有效引导资金流向农村和欠发达地区，能够将大量闲散资金转化为高效资本，发挥在金融资产管理、资金筹集和运用方面的独特作用，服务“三农”，缓解农村和农业资金短缺，有效解决经济发展过程中的问题和矛盾。信托通过对农村现有资源的资本化运作，实现资金、技术及劳动力的有序投入，通过主动管理或中介安排，将具有生产、管理职能的生产要素投入农村的生产活动中，有利于土地生产效率的提高，有利于实现合理、持久、均衡的农村致富格局。

信托制度在财产管理方面的优势、在实务操作上的多元化等制度功能，使信托具有综合解决方案的能力。信托公司能够通过这种能力，实现从单纯的融资到促进销售、控制供应链、降

低负债率、平滑现金流等多种功能，打造多元化的农业金融信托业务模式，为企业或者产业提供附加价值，在城市和农村的产业空间之间，促进生产力的发展。

四、土地信托的国内外实践案例比较

（一）土地信托的日美经验借鉴

日本20世纪70年代中期到80年代末，由于经济增长和城市化进程加速，农村劳动力迅速向城市转移，为了解决土地抛荒严重、农用地的细碎化和分散化、农地使用效率日趋下降和比较效益低下、人口老龄化等问题，通过建立土地信托银行或允许银行选择或参与大力发展出租型土地信托和销售型土地信托业务。日本实行土地信托主要是通过建立土地信托银行或允许银行选择或参与土地信托业务，如图1所示，其具体模式为：土地所有者将土地信托给受托人（负责土地信托管理的信托银行），成立土地信托。由信托银行寻找合适第三方，并按照土地属性划定土地租赁业务，同时签订承租协议，按合同首期支付押金，按照一定收益比率定期交付土地租金。信托银行在信托期对土地实施全职管理，向委托人收取管理费。委托人从受托人管理和使用该土地的收益获取信托红利。信托结束后土地所有权仍归委托人所有。

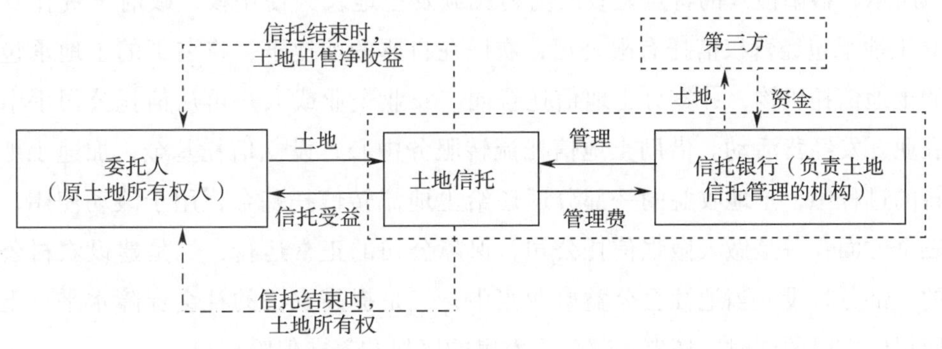

图1　日本土地信托模式

美国20世纪60年代兴起的土地信托对土地的保护起到了持久、良好的作用。如图2所示，美国土地信托模式是开发者（委托人）购买一块土地，再将该土地所有权信托给受托人，签订信托契约，受托人发行土地受益凭证，而由委托人销售该受益凭证给市场上的投资人，受益凭证代表对信托财产（土地所有权）的受益权，销售受益凭证所得资金用来改良土地，然后将土地出租给由该开发者组成的公司。受托人收取基金，负有给受益凭证持有人固定报酬的义务，并将剩余租金用来买回受益凭证。美国土地信托模式通过资金的“集合”，解决了开发土地尤其是生地所需的巨额资金；为投资者提供了投资于利润丰厚的土地产业的机会，同时也降低了个体投资风险；投资人所拥有的受益凭证可以流动，具有较强的变现性。

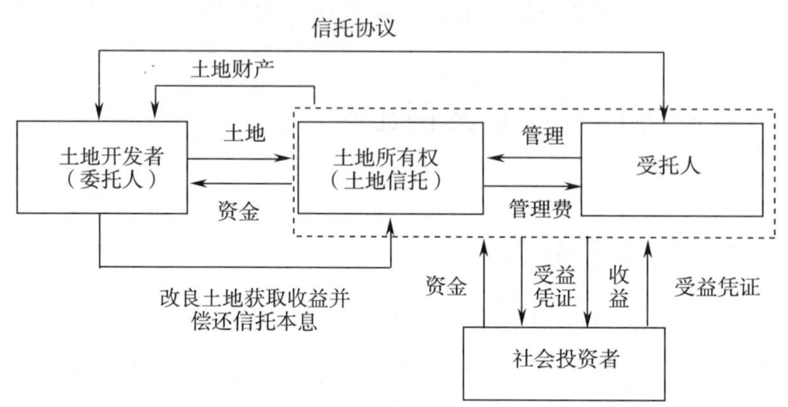

图2　美国土地信托模式

（二）国内“益阳模式”所引发的土地流转模式的思考

在现有的法律框架下，全国各地市、县、乡、镇充分结合当地实际情况，因地制宜，发挥地方政府、农企、农户与信托机构相互合作的协同优势，以农村土地改革为突破口推进农村土地流转，先后探索和推广多种土地规模经营模式，其中最具有代表性的为益阳模式。

如图3所示，益阳模式的特点是政府为村民颁发土地长久使用权，政府出资在乡镇（或县一级）设立土地承包经营权信托有限公司，农民在自愿的前提下，将名下的土地承包经营权委托给政府的土地信托机构，并签订土地信托合同，农业企业或大户再从信托公司手中连片租赁土地从事农业开发经营活动。借助土地信托流转服务中心，设立信托基金，加速土地流转。土地信托流转的过程中，土地收益的一部分返还给土地流转信托基金，用于滚动使用，另一部分主要用于三个方面：一是做大做强信托公司，保障公司的正常运行；二是建设农村公共服务设施，收益的一部分将投入当地社会公益事业当中；三是提高农民的社会保障水平，土地流转产生的收益回报给农民的同时，还有一部分为农民的医保和养老保险买单。

益阳市的土地信托流转主要是依靠政府的公信力在进行运转，最大的特色是政府主动出击，成立公司，搭建政府平台，主动介入土地流转，起到了一个“中间人”的作用。

益阳模式虽然引入信托原理，但由政府出资设立土地信托机构（公司）的思路有待完善。土地流转的资金来源仅是农业投资者的个体行为，并未实现社会化融资，尚未解决土地高附加值开发和改变用途之间的矛盾，农业基础设施配套和后续流动资金支持不足。采用“政府引导、市场主导”的模式，权责不清。模式运行机制中矛盾尚存。

（三）北京信托的土地信托实践案例分析

在土地信托的具体实施过程中，北京信托根据农村土地现状的复杂性和多样性，发挥信托

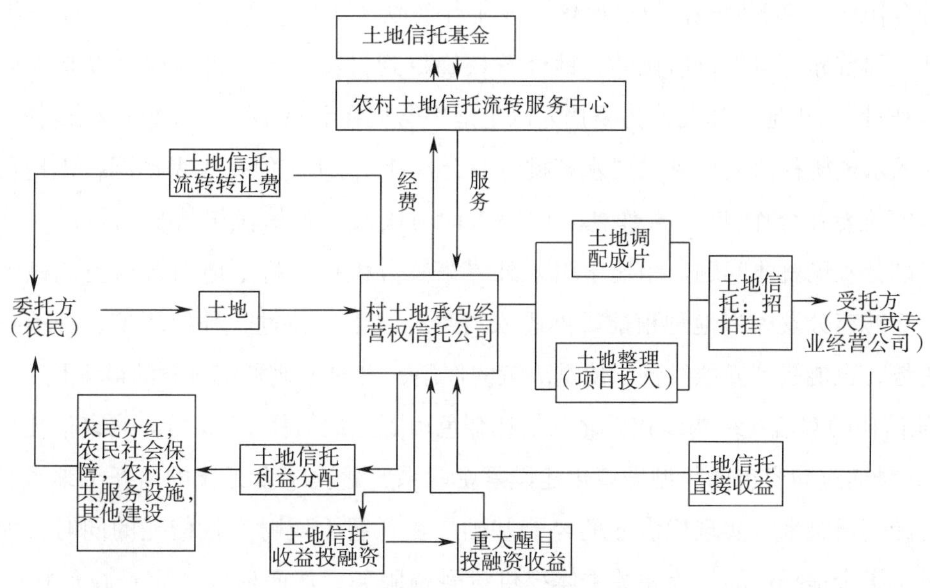

图 3　益阳模式土地流转架构

公司经营制度上的灵活性和主动管理能力，因地制宜地制定信托土地的具体运营管理方案。各地的村集体因其土地所拥有的独特的自然风光、人文景观、生物资源而形成了千差万别的土地使用途径，同时，农村土地又根据土地性质的不同，可分为农用地、宅基地、农村集体建设用地、公用地和未利用地等，北京信托在认真调研基础上充分考虑信托土地的差异化优势和既有发展路径，通过信托平台制定出符合受益人利益最大化原则的信托土地运用模式。

在土地信托过程中，不同土地的潜在经营收益水平和不确定性等风险各不相同，农民作为土地信托的受益人希望收益最大化，而信托公司作为受托人，应该为受益人的利益最大化进行土地运用和管理。根据信托土地的潜在生产能力、土地利用主体的经营方案、潜在经营收益和经营风险，制订不同的利益分配方案，如固定收益方案、固定 + 浮动收益方案及完全浮动的收益方案等，选择符合受益人利益诉求的利益分配方案。

在信托土地的管理、运用过程中，北京信托针对土地的具体情况和比较优势，进行科技投入、管理投入，引进外力（资金、技术和管理等）投入和进行基础设施建设、土地平整、提高土地肥力等措施，提高土地价值。

通过信托公司的全面主动管理，土地信托带来的是资源的重新配置和效率的大幅提高，农民、农村集体经济组织、企业和地方政府都将分享由土地适度规模化经营带来的集约化生产效益和土地增值的利益。

下面以北京信托土地信托的案例进行具体解析。

1. 土地信托的双合作社模式：北京信托·土地信托之无锡桃园村项目。北京信托·土地信托之无锡桃园村项目不设定固定信托期限，但不少于 15 年（最短至 2028 年）。北京信托通过引入土地股份合作社，使土地经营权股份化。该项目采取“土地合作社” + “专业合作社”的双合作社设计，即首先将拟进行信托的土地经营权确权到村民个人，再由村民以其土地经营权入股“土地合作社”，土地合作社作为委托人以土地经营权在北京信托设立财产权信托。同时，阳山镇桃园村的水蜜桃种植大户成立“水蜜桃专业合作社”，北京信托代表桃园村土地信托将土地租赁给“水蜜桃专业合作社”。合作社全体股东均为该村有种植桃树特长的村民，员工亦为村民，解决了部分农民就业问题。相比于引入外界第三方机构，将土地租赁给当地村民发起的专业合作社，能够充分发挥当地种植能手熟悉农村事务、土地特性、种植环境、种植技术、病虫害防治等优势，也能起到谨慎经营、慎重决策的作用，实现土地利用效益的最大化。

2. 土地信托的双信托结构模式：北京信托金色田野土地信托 1－5 号。北京信托金色田野土地信托 1－5 号通过句容市的新型城镇化建设紧密联系，建立了多元化的信托土地流转机制，着力打造农业配套设施来夯实现代农业的经营基础。在开展土地财产权信托的同时，配合土地集约经营跟进了资金信托产品，为相关主体提供投融资服务，从而形成“财产权信托”和“资金信托”平行推进的“双信托结构”。

（四）比较分析与结论

根据目前我国各地土地流转过程中现存受托机构的实际情况，通过比较，信托公司在外部监管、内部治理、经营管理、项目运作、金融产品服务等诸多方面均有着突出的功能优势，信托介入农村土地流转可以发挥重要作用。首先，信托制度的发挥能够保障农民土地流转收益专业化管理、合理化运用、风险防范与隔离，可以有效地实现土地所有权、经营权和受益权的分离。其次，信托公司作为金融机构具备独特金融属性，信托公司的介入可以使土地经营权的流转更具有资本属性，提供投融资服务，实现市场化有效的增值。再次，信托公司的介入可以起到较好的制衡和监督，可以实现一个均衡定价机制，以更优秀的市场视角来导入产业因素，保护相关方的利益。

土地信托将扩大土地承包经营权的流转对象，维护当事人的合法权益，发挥土地资源最大的利用效率。土地信托通过将农民的土地承包经营权转化为信托受益权，使农民摆脱了对身份的依赖，将农民从土地中真正解放出来。土地信托流转后，将加速农民向农业工人身份转化，有效推进城镇化进程。

五、引入信托制度促进土地制度创新和城镇化建设的建议

从现实看，探索土地信托流转实践，必须正视土地流转的复杂性，正视由传统的农耕文明向城市文明变迁的艰巨性，在农村改革发展相关问题的全方位部署的政策背景下，发挥信托制

度的优势，实现土地流转的体系化，推动农业现代化和新型城镇化进程。

1. 协调好国家、经营者与农民三者之间的利益关系，获得政府信用支持。在农村土地流转过程中，要协调国家、经营者与农民在农村土地收益分配中的关系。土地信托的开展离不开政府的信用支持。我国集体土地三级基层组织（乡、镇、村），土地行政区划存在权属不清晰的问题，设立土地信托需强化委托人权益监督的实际执行人，获得政府信用支持。政府可以有效协调各利益主体，促进土地确权颁证的顺利进行，能够推动土地流转规范化，在土地流转中要让农民成为土地流转的最大的受益者。这是选择流转方式时必须考虑的重要问题。土地是农民最基本的保障，在选择合理的土地流转方式时，应确保农民相应的收益分配，只有保证农民收益长期稳定增长，才能实现经营者和农民的双赢，这是土地流转能够成功的重要保证。

只有协调好相关利益关系，土地信托的开展才可以促进农村劳动力有序流动，加速新型城镇化进程，变革农业生产方式，促进中国现代农业崛起，才可以完善农村社保体系，维护农村和谐稳定，最终扩展农民增收的新路径，使新农村致富梦梦想成真。

2. 因地制宜，选择适合当地社会经济发展的土地流转模式。我国不同地区的政治、经济、文化的发展极不均衡，以及城市化、人口增长、宜农土地资源及土地开发历史的地区性差异也比较明显，这就造成了不同地区的土地具有不同的利用方式和不同的价值。我国幅员辽阔，国土范围东西跨经度约62度，南北跨纬度约50度，自然条件呈现出非地带性与地带性的多种变化规律，不同地区形成了气、水、热、土壤、植被等自然要素的不同组合及错综复杂的地域差异。这些自然条件都是我们在完善土地承包经营权流转制度时不得不认真对待的制约因素。

首先要综合考虑当地经济实力的强弱、社会保障制度的完善程度、法律法规的健全程度、农村土地市场的发育程度、非农产业吸纳农村剩余劳动力的能力、农业企业产业化程度、政府政策及政策的执行力度等因素。在土地流转模式改革中，根据区域内的产业发展特色，开发各区域的名、特、优产品，建设各具特色的农业生产基地，为城市丰富菜篮子建立生产、加工、流通基地，增大农民土地流转规模并保证农民在土地流转后的收益有较大幅度增长。

3. 设计相应配套措施，降低土地流转风险。土地流转的确存在着风险——农用土地的流转会导致粮食安全问题的发生；土地流转的方式之一股份制也存在配套问题，即产权问题；农民的生存保障也面临风险等。因此，必须设计一系列的配套措施降低风险。土地流转方式的改革，必须满足两个基本条件，保障粮食安全、农民生产生活水平有所提高。

4. 建立一个开放、有序、竞争、公平、规范化的土地流转市场。从土地收益价值规律看，土地的价格其实就是土地收益的一种直接体现，是一种隐性租金。这种租金的收益具有一定的特点：首先，这种土地收益是一种纯收益，扣除了农业生产成本包括农业生产资料和劳动力后的剩余价值。其次，这种土地收益是常态下土地的资本价值体现，所谓的常态下就是土地处于正常的生产环境中。在《资本论》中，马克思明确指出资本化的地租变现后就体现成了土地的价格，因此土地的价格就是土地收益的资本化，土地的收益直接决定了土地的价格。可见，对土地的价格进行有效的评估是非常重要的。

在农村土地流转中，目前基本上是一种比较分散的状态，随意性较强。需要设立专门的市场化流转交易场所，通过建立一个开放、有序、竞争、公平、规范化的土地流转市场，引入市场机制，合理确定土地等级、地价、租金，充分考虑土地价格构成的各项因素，准确评估土地的收益、土地投入的成本，在此基础上把土地分为不同等级，确定土地流转的基准价格，提高土地流转的效率。

5. 构建和完善土地流转的服务体系。要顺应农村土地流转市场发展需要，完善农村土地流转中介组织。第一，要建立健全土地流转中介机构的管理制度，减少政府的行政直接干预，同时，赋予土地流转的中介机构的合法地位、权益，给予其合法、自主经营的地位；第二，充分利用各种信息网络，建立健全土地资源供需双方的信息发布、获取平台；第三，完善土地勘测、估价、法律咨询、合同管理等业务项目，提高服务能力来满足农民的需求，加强中介机构自身的建设；第四，强化服务意识，通过诚信教育、信用评级等多种方式提高中介机构服务的诚信度。

6. 完善信托登记制度及配套措施，保障信托优势充分发挥。现有信托法律的配套法规最为明显的就是信托登记制度的缺失。目前国内还没有统一的信托登记制度，更没有针对投资者的信托收益权转让的成熟市场。为此建议适时修改《信托法》，完善信托登记制度。目前的信托登记制度，与我国现行法律规定的特定财产或财产权的设立、变更或终止的登记或注册制度之间缺少衔接和配套。因为存在比较严重的信托登记机构、登记主体、登记内容、登记程序等问题，导致许多相关信托活动的财产登记无法有序开展，严重抑制了信托功能的发挥和信托活动的开展，为此，应该建立全国统一的信托登记机构，制订统一的信托登记规则，协调现有权属登记机构，明确登记机构职责、组织架构、制度安排等核心要件；明确登记主体，包括与信托财产相关的主体资格、财产公证、财务安全与审计等内容的设计；登记内容，包括登记的基本要件、资料组成、资格认定等；登记程序，包括登记流程、程序步骤、地点及日期安排等。

另外，信托税收立法的滞后问题较为突出，需落实信托财产权属转移时的税收优惠政策。首先，信托登记属于非交易行为，在明确有权属登记的信托财产在权属登记机构办理从委托人转移到受托人名下的权属登记手续时，应视同为权属的非交易转移或变更，应参照国际通行做法减免相关税费。其次，对于契约、合同、文本、凭证等的印花税，属于过程管理的必要征税，但属于非交易行为的登记行为，应该减免，为此，在登记机构流程中不应重新设置征税环节。

因此，应尽快解决信托在行业立法、登记制度、税收制度等方面存在的问题，使信托的制度优势得以充分发挥。

中国正在加快的城镇化进程背后蕴含着深刻的社会经济变革。信托公司抓住城镇化转型发展的有利时机，围绕积极稳妥深化农村土地管理制度改革，推进利用信托制度实现集体土地产权流转方式的实践探索，通过信托优势实现土地流转的体系化与系统化，推进土地管理制度的改革，完善生产关系，解放生产力，通过土地改革释放出的巨大红利为新型城镇化提供动力。

一旦新型农村土地流转在信托的参与下，在全国有序、高效地开展起来，城镇化将得到来自广大农村一端的强有力的支撑，我们将看到随着土地流转带来的人口奔流的是一个个对梦想和成功的追求，中国经济将破解二元结构形成城乡发展一体化，中华民族将实现伟大的复兴之梦。

（本文选自信托公司供稿）

信托公司拓展小微金融业务的研究与实践

中国对外经济贸易信托有限公司　刘洪明　唐开元

传统的小微金融服务对象多是穷人，而服务手段也多是津贴或者是政府财政支出。因此，从事这样一些服务工作的机构有可能就是政府机构，至少是准政府机构或者是得到政府资金支持的机构。但现在情况已经发生变化，现在的小微金融对象还包括了那些或许并不算贫困，但仍然不能从正规渠道获得金融服务的个人或小型企业。而这样的变化，揭示了正规金融体系难以对这些产生自草根的个人和企业提供持续的、有竞争力的服务的现实，也就意味着小微金融体系有着广阔的发展空间与需求。这正是世界各国政府都致力于发展、支持小微金融的原因。

小微金融主要是指专门向小型和微型企业及中低收入阶层提供小额度的可持续的金融产品和服务的活动。这类为特定目标客户提供特殊金融产品和服务的项目或机构，其追求自身财务自立和持续性目标（百度百科）。

与之高度关联的一个词是“普惠金融”。普惠金融源于英文“Inclusive Finance”，始用于联合国 2005 年宣传小额信贷年时，后被联合国和世界银行大力推行。国内最早引进这个概念的是中国小额信贷联盟。2006 年 3 月，中国人民银行研究局副局长焦瑾璞在北京召开的亚洲小额信贷论坛上，正式使用了这个概念。2012 年 6 月 19 日，原国家主席胡锦涛在墨西哥举办的二十国集团峰会上指出：“普惠金融问题本质上是发展问题，希望各国加强沟通和合作，提高各国消费者保护水平，共同建立一个惠及所有国家和民众的金融体系，确保各国特别是发展中国家民众享有现代、安全、便捷的金融服务。”这是中国国家领导人第一次在公开场合正式使用普惠金融概念。2013 年 11 月 12 日，中国共产党第十八届中央委员会第三次全体会议通过《中共中央关于全面深化改革若干重大问题的决定》，正式提出“发展普惠金融。鼓励金融创新，丰富金融市场层次和产品”。

普惠金融是指在成本可负担的前提下，将金融服务扩展到欠发达地区和社会低收入人群，不断提高金融服务的可获得性。可获得性是其核心（焦瑾璞）。普惠金融是一种理念，是一种能有效、全方位为社会所有阶层和群体提供服务的金融体系，也被称做“包容性金融”。2013 年 9 月，人民银行行长周小川在第 18 期《求是》杂志上发表《践行党的群众路线　推进包容性金融发展》的文章。文章指出，要深入发展普惠金融，使现代金融服务更多地汇集广大人民群众和经济社会发展薄弱环节，既有利于当前稳增长、保就业、调结构、促改革的总体任务，也有利于促进社会公平正义，具有积极的现实意义。我们认为：

首先，发展普惠金融与我国实现共同富裕的社会发展目标相一致。按新的扶贫标准，我国还有1.2亿人处于贫困线下，要运用小额信贷、微型金融等重要手段帮助其脱贫致富。

其次，普惠金融是小微经济发展的重要支持。由1 200多万户小微企业、4 000多万城乡个体户和2亿多生产农户组成的小微实体经济构成了我国经济的重要组成部分。2012年小微企业数量占全国企业总数99%以上，创造产值相当于GDP的60%，缴税占国家税收总额的50%。小微经济在国民经济中发挥着重要的基础作用，是经济减震器、社会稳定器，但同时在宏观经济变化中抗风险能力弱，其生存、发展离不开小微金融机构的支持。

再次，发展普惠金融与金融改革的方向相一致。我国目前的金融体系是“倒三角”结构，大量资产集中于国有商业银行，而小微金融机构却数量不多。未来应形成“正三角”结构，即顶层是具有国际竞争力的大银行，中间是开展基本业务的一般商业银行，底端则应是众多专业化微型金融机构。推进金融包容性发展，构建金字塔金融体系，将是下一步中国金融改革和转型的目标。

最后，发展普惠金融与金融业创新发展相一致。实现普惠金融的途径是进行金融体系创新，包括制度创新、机构创新、产品创新和科技创新。制度创新主要有三方面：一是在法律和监管政策方面提供适当空间；二是允许新建小额信贷机构的发展，鼓励传统金融机构开展小额信贷业务；三是加强社会信用体系建设。机构创新、产品创新和科技创新如方兴未艾的互联网金融，包括P2P、手机银行、代理银行等。

信托公司具有整合性强、兼容性好等制度优势，这也是信托公司金融业务的独特性所在，这决定了信托公司除了具有能为高净值客户提供理财服务的优势外，也一样可以成为个人消费融资和中小微企业融资创新的积极参与者。外贸信托自身多年的业务探索和实践，也充分证明了这一点。

一、外贸信托的小微金融业务实践

外贸信托于2007年开始进入小微金融领域，小微金融业务已发展成为外贸信托的主营业务之一。截至目前，外贸信托已经与多家小额信贷、消费金融企业进行了长期合作，培育了具有高度品牌价值的“汇金”系列产品，在小微金融、个人消费信贷等业务领域有了一定规模的积累，2013年“汇金”系列累计通过优先级融资超35亿元，累计放贷规模近80亿元（见图1），累计向400万客户发放消费贷款。

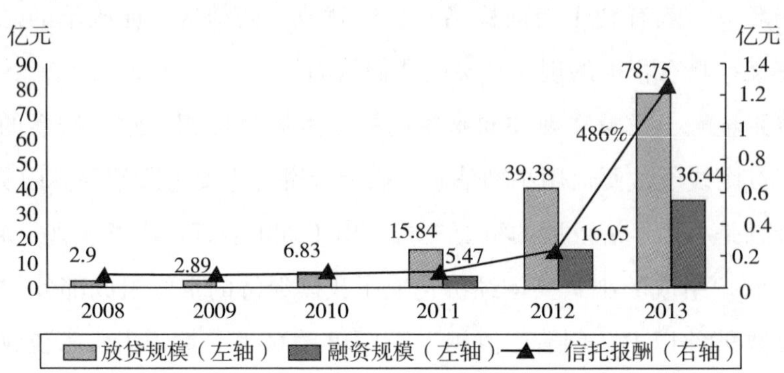

图1 外贸信托小微金融财务表现

（一）外贸信托小微金融业务的发展历程

外贸信托小微金融起步于2007年，最初外贸信托业务仅涉及消费信贷，2008年消费信贷项目发展迅速，当年规模即突破1亿元，2011年突破10亿元，2013年规模接近80亿元。

随着业务的发展，外贸信托提供的服务逐渐深化，既提供融资服务，也提供清算分配等运营管理服务；业务种类逐步丰富，除消费信贷外，逐渐进入小额经营性贷款、按揭抵押贷款等领域。为配合业务的发展，外贸信托于2013年成立资产管理三部，专门从事小微金融服务，并于2014年将小微金融升格为公司小微金融事业部，成为公司重要的战略业务单元。

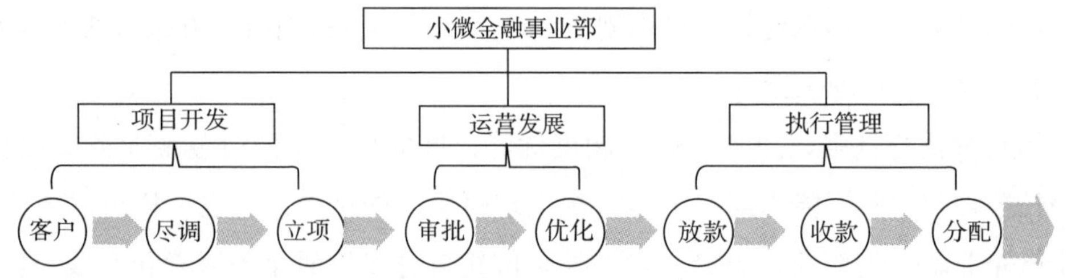

图2 外贸信托小微事业部组织架构

如图2所示，在组织架构方面，小微事业部下设项目开发、运营发展、执行管理三个部门，分别负责新业务拓展、结构设计和风险控制以及贷后运营管理。组织分工的专业化提升了小微金融事业部的运营效率和业务拓展实力，也为进一步提升培养小微金融核心业务实力奠定了基础。

（二）外贸信托小微金融业务的业务模式

外贸信托结合目前公司的风控特点、网点数量和人数限制等条件，主要采取与优秀的小微融资机构合作的模式。

业务类型主要有直接助贷和批发贷款两种。

从合作客户来看，包括消费金融公司、小贷公司、保险公司、担保公司等；从终端客户（贷款人）来看，包括广大中低收入的个人、工薪阶层、农民工、个体户、小微企业等。

从贷款金额上来看（见图3），外贸信托小微金融从事单笔金额在3 000～5万元的个人消费贷款、单笔金融在5万～50万元的个人小额信用贷款、单笔规模在50万～500万元的个人抵押贷款，以及单笔规模在500万～3 000万元的小微企业贷款。

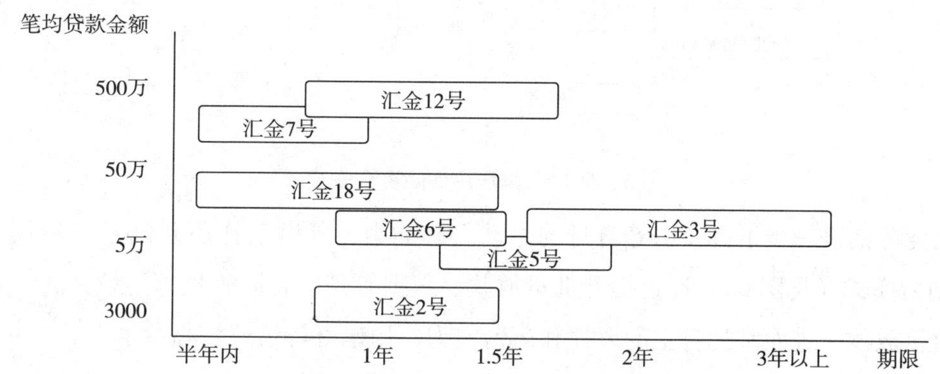

图3　外贸信托产品期限和金额结构

从产品类型来看（见图4），外贸信托主要通过与优秀小贷公司、消费金融合作，依靠合作方进行客户推荐和风险识别，由外贸信托提供资金支持和运营管理。具体而言，外贸信托与合作方的交易结构在主体上采用了结构化阳光私募的设计原理，外贸信托以单一资金，或采用结构化设计募资资金并成立信托计划，并聘请合作方提供集中审贷和贷后管理服务，在资金运用和回收上则借鉴融资类信托的交易模式，直接向终端客户发放和回收贷款，同时要求合作方或第三方担保公司对还款提供担保。

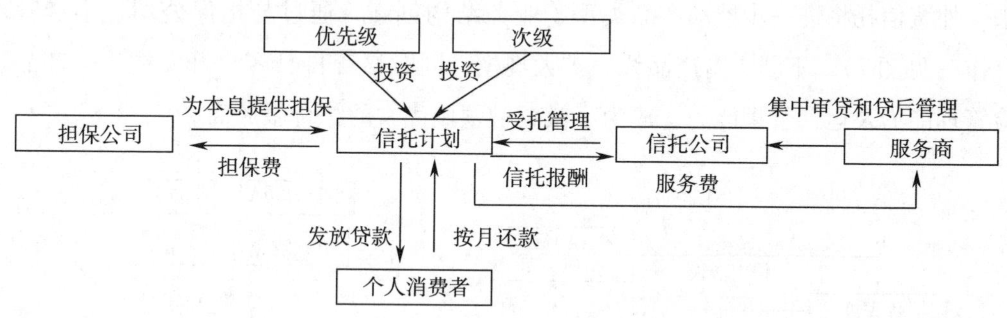

图4　外贸信托小微金融业务结构

由于外贸信托各个产品的目标群体、交易对手的业务结构均有较大差异，在实际业务开展中，“汇金”系列各个产品均有不同的设计来满足业务发展、风险控制的要求。以风控为例，外贸信托通常要求掌握资金账户，形成资金闭环以保障资金安全，但有的合作方由于业务特点无法做到资金流的完全封闭，外贸信托则引入多元化的运营手段，实现对其归集户的控制和强制划款的权利，实现间接的资金闭环和风险控制（见图5）。

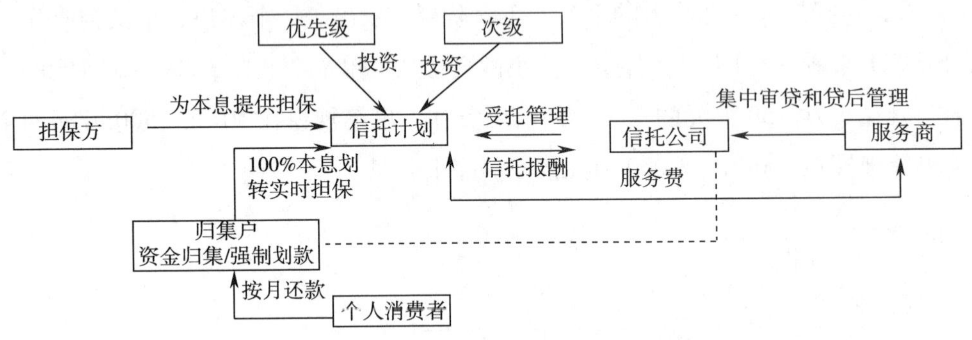

图5 通过归集账户保障资金安全

为推动业务的进一步下沉，培养自身的主动管理能力，外贸信托还开创了“信用保证保险+信托”创新模式（见图6），通过提升批量放款、数据管理、合同管理等运营能力，实现对终端客户的直接放款，进而掌握自主的风控和运营实力，构建可持续的核心竞争力。

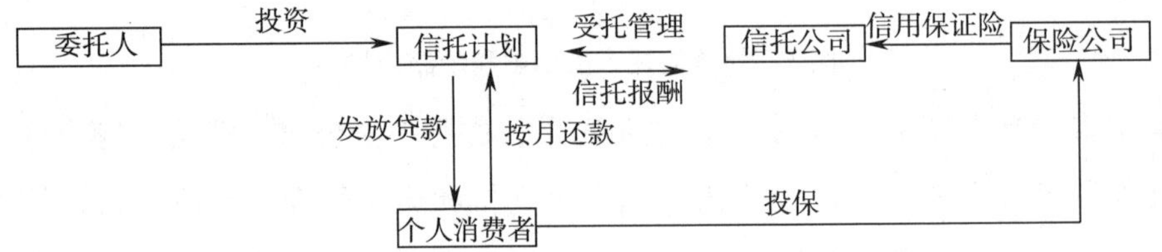

图6 业务下沉，直接面向终端客户

此外，为进一步降低资金成本，平滑发行压力，外贸信托将“汇金”系列进一步标准化，并采用TOT的方式构建配置型产品，进一步丰富了投资者的投资品种。

未来，外贸信托将进一步推动产品类型、业务结构创新，通过与担保公司、小贷管理服务公司的合作（见图7），不断丰富产品线、扩大规模，同时培育自身客户开发能力、产品设计能力、风险管理能力及运营管理能力，成为小微金融领域优秀的综合服务商。

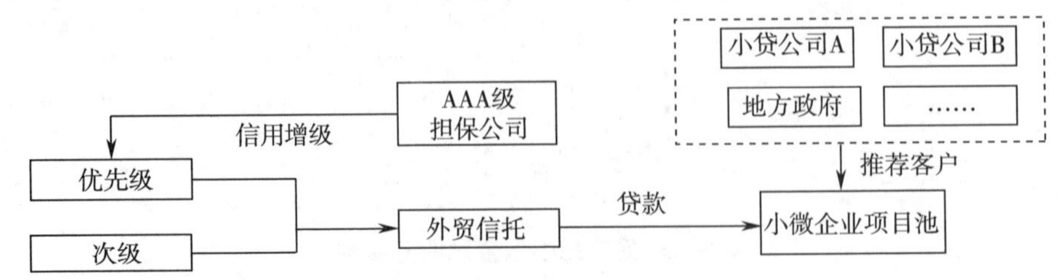

图7 搭建小微融资平台

二、小微金融业务的市场和对标企业研究

（一）国内中小企业融资市场分析

中小企业是相对于行业中处于主导地位的大型企业而言，在资产规模、业务收入、从业人员数量上均较小的企业。传统金融认为此类机构由于竞争力较弱，抵御经营风险能力较差，缺乏有效的财务数据、信用记录，也不能提供合格的抵押物，贷款人违约成本低，因此较难从传统金融机构获得融资，而不得不转向利息较高的民间借贷等。然而，随着利率市场化和金融脱媒的深化，传统金融机构服务对象也不断下沉，中小微企业的融资途径有所增多，但各类融资途径发展程度不一，总体而言，银行渠道在规模上仍处于主流地位，但担保、租赁、小贷公司等机构的发展也十分迅猛。

表1　中小企业融资渠道融资余额对比

渠道	2013 年规模（亿元）	2012 年规模（亿元）	增长率（%）
主要金融机构	132 100	115 800	14.08
租赁	21 000	15 500	35.48
小贷公司	8 191	6 080	34.72
典当	866	706	22.66
私募债和集合票据	491.6	136.39	260.42
PE 募资额	345.1	253.1	36.35
P2P 交易量（流量）	680.3	228.6	197.59

注：2011 年全国中小企业信用担保机构担保余额 2.6 万亿元，新增担保总额 1.56 万亿元，同比增长 59.28%。

数据来源：外贸信托战略管理部整理。

由表 1 可知，在中小企业融资渠道中，银行仍是绝对的主流，占到可统计的中小企业融资总规模的七成以上，并且规模第二的担保融资实际也与银行渠道具有极高的交叉度；从银行资产构成来看，中小企业贷款余额占银行贷款余额总额的比重也逐年上升，从 2010 年的 14.8% 迅速上升到 2013 年末的 18.4%，平均每年上升超过 1%，这是由于投向中小企业和农业的贷款增速高于贷款规模平均增速，预计向小微企业和农业倾斜的趋势会长期持续。在传统渠道外，租赁公司和小贷公司实力逐渐壮大、初具规模，是推动普惠金融、服务中小企业的主力军。

1. 租赁公司。据中国租赁联盟统计，截至 2013 年末国内已有租赁企业 1 026 家，规模 2.1 万亿元。虽然企业数目仍保持较快增速，但规模的增长相对平稳，维持在 40% 上下。预计租赁行业规模增速稳定，但竞争会进一步加剧。

2. 小贷公司。近年小贷公司不论数量和规模都保持稳定增长，截至 2013 年末规模达 8 191

亿元，仍处于跑马圈地的扩张期，具有持续增长空间，并在竞争中逐渐产生多家极具竞争力的代表性公司，以阿里小贷为例，截至2013年12月末，阿里小贷累计客户数超过了65万家，累计投放贷款超过1 600亿元；户均贷款余额不足4万元，户均授信约13万元，不良贷款率控制在1%以下。

3. 担保贷款。截至2011年末，担保贷款余额2.6万亿元，增长率高达64%，2012年末在保企业数量达到82万家，增长97%。担保业仍处于高速发展期，但杠杆率不高制约了贷款担保规模的进一步增长，并且担保贷款也受制于银行信贷额度，担保公司本身较难成为中小企业融资的主导力量。

4. 典当业。截至2013年末，典当余额866亿元，增长率进一步放缓。但是，可以注意到典当总额远高于余额，说明典当放款周期短、周转快。据调查，2012年平均每笔金额11.7万元，49%的典当业务在30天以内，以“短期、小额、快捷”的方式服务中小企业，有着比其他信贷更低的门槛和更高的效率。但典当行业本身规模有限，增速也不断放缓，未来发展空间有限。

其他融资渠道规模均在千亿元以下，值得关注的是公开市场融资（中小企业私募债 & 中小企业集合票据）和P2P市场，虽然规模尚小，但增速惊人，未来仍有改变市场格局的可能。此外，私募股权融资具有更高的风险偏好，为许多初创企业、信息技术企业提供了重要的资金支持，但受制于规模，很难成为中小企业融资的主导力量。

（二）国内个人消费金融市场分析

美国商业银行资产中，个贷几乎占半壁江山，而国内金融机构个人贷款占社会融资总量的比重仅为18%，可以预见，随着国民家庭负债意愿上升，以及消费、储蓄观念的改变，个人贷款占比仍有较大增长空间。

而在个人贷款之中，消费贷款与住房贷款（虽然严格意义上住房贷款也是一种消费贷款）之比，国内约为3:10，与美国情况类似，可比性较高，因此可以预测未来居民负债上升的趋势将长期持续，而其中消费贷款的增长仍将保持较高增速。值得注意的是，从美国消费信贷经验来看，消费信贷规模渗透率稳步上升，目前维持在18%左右，以我国2013年GDP按同比例折算，消费信贷潜在规模至少在10万亿元，而目前消费信贷规模仅3万亿元，发展潜力巨大。

同时，美国消费信贷的供给来源不断多元化，来自商业银行体系的消费信贷在居民消费信贷规模总量中占比逐步下降，从1980年的53%持续下降至2013年的37%，在金融危机爆发之前甚至一度下降到30%以下。非主流金融机构由于服务灵活、创新力强，在居民消费信贷领域中将占据越发重要的位置。

（三）国内外小微金融领先企业和业务模式研究

Berger和Udell（2002）将贷款按技术分为财务报表型、信用评分型、抵押担保型和关系型贷款四种类型。前三种贷款称为市场交易型贷款，主要是银行通过公开的市场来获得能够被证实的与企业相关的各种易于编码、量化和传递的“硬信息”，根据这些“硬信息”进行贷款决策并向贷款企业发放贷款；关系型贷款是银行通过与借款企业长期的合作或多渠道的接触而积累了企业及企业主的比较完整的、难以量化和传递的“软信息”，基于这些“软信息”进行贷款决策并向贷款企业发放贷款。

1. 交易型贷款典型案例。

（1）富国银行。富国银行（WELLS FARG）创立于1852年，是一家提供全能服务的银行，是美国第一的抵押贷款发放者和小企业贷款发放者，拥有全美第一的网上银行服务体系。截至2013年末，富国银行总资产为1.5万亿美元，在2013年7月12日取代中国工商银行成为世界最大银行。

1989年末，富国银行在其零售银行业务下创建了小企业银行业务集团，专门服务于小企业客户。1994年，研究显示，通过标准放贷程序（分销、发放、贷后管理）发放小额贷款成本过高，无法实现经济效益。因此，富国银行创建“企业通”，采用简化流程的方式向年销售额低于200万美元的企业提供上限为10万美元的贷款。富国银行小微企业贷款产品及其特点见表2。

表2　富国银行小微企业贷款产品

企业通	小企业银行
客户定位为年销售额 <200 万美元的微型企业	客户定位为年销售额为200万～2 000万美元的小型企业
贷款上限为10万美元	贷款上限为100万美元或更高
大部分贷款通过邮件、电话或分行柜台发放，没有客户经理	贷款由训练有素的客户经理负责发放，他们负责管理与客户的关系
在发放贷款和账户监控中大量使用信贷评分，不适用纳税申报表或财务报表，信用报告是关键	贷款放款基于（企业和业主）财务报表分析——流动性、杠杆比率、偿债能力等
通常无担保物	通常需要提供担保物

由于绝大部分小微企业的经营年限超过10年，银行拥有足够的信用数据来对小微企业的信贷风险进行评估，因此富国银行的“企业通”产品就把目标客户锁定于经营年限较长且在贸易融资中表现良好的小微企业。

富国银行的评分标准是其在长期的小微企业贷款研究经验基础上设计的一套记分卡，可以对小微企业贷款申请人进行风险统计和排序。在美国这样的信用社会中，记分卡及其后台的自动化系统的使用实现了银行对小微企业贷款申请的自动化审核批复，使小微企业贷款得以实现大规模“工业化”操作，从而在降低成本的前提下，大幅提高了富国银行该业务的总量。

（2）第一资本金融公司。

公司简介：美国第一资本投资国际集团（Gaptial One Financial Corp. 或 Capital One）成立于1988年，总部位于弗吉尼亚州的麦克莱恩，旗下有多个银行类和非银行类公司，通过分支机构、互联网和其他渠道为消费者、小微企业和商业企业提供多元化的金融产品和服务。截至2013年12月31日，集团主要包括以下子公司：第一资本银行 Capital One Bank，National Association（COBNA），主要提供信用卡和借记卡产品，以及其他贷款产品和存款产品；主要向消费者、小微企业和商业客户提供广泛的金融产品和消费服务。自 Capital One 成立以来，它已成为美国最大的消费特许经营公司之一，拥有超过4 500万的客户账户，以及美国最知名的品牌，在2013年财富世界500强中位列第489。

业务领域：Capital One 主要有三个业务领域：信用卡、消费金融以及商业银行业务。信用卡业务：主要包括国内的消费者和小微企业贷款卡、全国封闭式分期贷款以及加拿大和英国的国际信用卡贷款。消费金融业务：主要包括在分支机构为消费者和小微企业提供的存贷款业务、汽车贷款以及住房贷款等业务，商业银行业务：为商业地产以及工商企业提供存贷款和资金管理业务，其工商企业客户的年收入通常在1 000万～10亿美元。Capital One 2013年总收入为224亿美元，净利润为42亿美元，其中信用卡业务收入为26亿美元，消费金融收入15亿美元，商业银行业务收入7.69亿美元。

区域分布：在美国本土业务方面，作为美国的十大银行，Capital One 通过互联网和纽约、新泽西、德克萨斯州、路易斯安那州、马里兰州、维吉尼亚州以及哥伦比亚特区的分支机构为银行客户提供服务。除了银行贷款、资产管理和托管服务外，还提供信用卡和借记卡产品、企业贷款和抵押贷款。Capital One 目前是美国 Visa 和万事达信用卡的第四大发行人。在美国市场外，Capital One 还通过其他子公司和分支机构在英国、加拿大等地提供信用卡和分期贷款服务。

信息技术：Capital One 的竞争资本是公司收集到的现有客户及潜在客户的消费行为数据，公司的“信息竞争力”让 Capital One 可以顺利地将业务延伸到所有信息丰富的业务中去。Capital One 通过信息技术来实现其业务目标、开发和交付产品与服务，满足客户的需求。其战略重点在于开发高效灵活的计算机和操作系统来支持复杂的市场营销、客户管理和服务，为其不断提供新的多样化服务。由于系统的持续开发和集成带来成本降低、服务质量提高、技术更快、更灵活，因此它将不断开发或购买新的系统来满足其独特的业务需求。目前的趋势是越来越依靠第三方为其开发高效、低成本的系统，包括 Total System Services Inc.（TSYS）为北美和英国的消费者和小微企业提供服务，富达信息服务（FIS）的银行系统以及 IBM 公司为其开发的北美数据管理中心等。

风险控制：Capital One 有一套风险管理的框架，其用“三道防御”这一风险模型来解释风险承担和管理中的责任和义务。第一道防线是指业务部门对日常业务活动的风险管理，即识别、评估、管理和控制风险，从而降低公司的整体风险。第二道防线是指对第一道防线的监督，由公司的风险管理部门和其他调控部门组成，其功能在于协助确定风险容忍度、风险偏好以及风险管理的策略、政策和结构。第二道防线是第一道防线的专家顾问以及稽核上级。第三道防线由其内部审计人员构成。第三道防线为董事会和高级管理层提供独立客观的判断，以保证第一、第二道防线以及内部管控系统的正常运营。Capital One 的风险管理建立在治理、流程和人员之上，主要包括以下八方面的内容：确立治理流程、岗位职责以及风险偏好；识别和评估风险及其责任人；研发和执行风险管控、检测以及缓释计划；测试调控误差并执行纠正措施；增强行政管理的风险管控能力；计算和分配风险管理资本（包括压力测试）；正确的文化、人才和技能；正确的数据、基础设施和系统。

由富国银行和第一资本可以看到，小微企业由于体量小、数量大，通过传统方式开展信用调查十分不经济，因此它们均采用了标准化、集中化的审贷模式，也就是所谓的“信贷工厂”模式，主要有以下特点：

①标准化。审贷流程、指标高度标准化，最大限度地降低了评审人员及风险管理人员的主观判断干扰，提高了评审效率，可复制性强，容易实现大规模复制。

②集中化。由于数据的高度标准化，审贷可以根据公式、模型进行集中审批，极大降低了运营的边际成本，同时还能集中考察资产安全状况，对信用情况变化及时作出反应。

③规模化。规模化是标准化和集中化的果，也是降低成本、分散风险的基础，通过大数法则控制坏账率，利用更高的收益来覆盖坏账损失。

④专业化。根据小微企业的规模、行业进行客户细分，并以此为基础进行批量化开发，提供有针对性的产品，以降低提供小微企业金融服务的单位成本。

⑤信息化。信息技术是实现标准化、集中化、规模化的重要保障，同时也能及时检测每一笔贷款的运营情况，帮助企业有效地开展催收工作。

2. 关系型贷款典型案例。

（1）孟加拉乡村银行。穆罕默德・尤努斯在1983年成立格莱珉银行。格莱珉银行模式（见表3）是一种利用社会压力和连带责任而建立起来的组织形式，逐渐发展形成的一种成熟的扶贫金融模式，并因此荣获2006年诺贝尔和平奖。

表3　格莱珉银行微贷模式

信贷对象	贫困农户，以妇女为主。
贷款形式	每笔100～500美元的小额度贷款，通常期限为一年，分期还款，第三周开始每周还2%的本金，50周还清。
抵押	无须抵押。

续表

担保	1. 每5人成立联保小组，多个小组成立贷款中心； 2. 以贷款额2.5%强制购股，成为股东； 3. 以贷款额2.5%强制存款； 4. 为超过8 000塔卡的贷款者开设养老金账户，每周存入50塔卡，退休分期偿还。
风控	小组成员通过自愿结合，互相监督； 激励机制，按期还款会取得更大额度的贷款； 乡村中心交流借款小组成员之间互相监督和激励。
贷后管理	执行小组会议和中心会议制度。
其他	职业、技能辅导。

（2）民生银行。中国民生银行于1996年1月12日在北京正式成立，是中国首家主要由非公有制企业入股的全国性股份制商业银行，并于2000年在上海证券交易所挂牌上市。民生银行战略定位是“小微企业的银行”，以2009年“商贷通”面世为标志，创新商业模式，变革作业模式，小微贷款放款规模2010年突破1 000亿元，2011年突破2 000亿元，2012年突破3 000亿元，2013年9月末突破4 000亿元关口，达到4 040亿元，5年来累计发放贷款1.2万亿元，共服务小微客户170万户，小微企业户均贷款约为71万元，不良率有效控制在0.52%，体现了民生银行在小微金融领域专业的管理能力和全面的服务能力。

由于采用的是关系型贷款，为提升放款效率、降低人工成本，民生银行采用了“一圈一链”的批量开发模式。“一圈”就是城市主要商圈，是商贸型小微客户典型的集群形式。以商圈而不是单户的思路做小微，能够把握商圈客群共同特征和金融需求，避免散单方式带来的高成本和高风险，通过规划等机制的配套，实现规模化生产。“一链”就是分布于实体经济各领域的产业链，由核心企业和上下游小微企业、商户组成。民生银行强调抓住区域重点产业，依托核心企业交易信息和行内公私联动，为生产型上下游小微企业提供综合金融服务，打造特色产业链。在批量开发模式的深入践行下，该行在全国性大型商圈内、重点产业链条上均有较高的市场渗透率。实现批量开发的同时，不良率也得以有效控制，服务效率提升，运营成本降低，基本破解了小微金融“风险大、成本高”的难题。

民生银行在深化“一圈一链”批量开发模式的同时，还创新客户整合模式，推出城市商业合作社和互助基金担保贷款。通过小微城市商业合作社平台，把原本分散在同行业、同区域之内的小微企业整合起来，实现客户资源的整合和批量开发的整合，促进小微企业实现“抱团发展”。

由格莱珉银行和民生银行案例可见，关系型贷款与交易型贷款相似，都是通过规模化及大数法则来控制信用风险，但是关系型贷款的人力投入要远大于交易型贷款。格莱珉银行通过构建基层组织，让贷款人参与到运营中来，通过基层组织的自发监控来降低运营成本。而民生银行的方式则更具商业参考价值，民生银行通过不断提升专业化，或专注特定行业，把握产业链关键环节，或专注于区域，把握区域性重点产业，以此实现批量化和规模化，降低单体运营成本，同时还能进一步降低信用风险。

三、外贸信托小微金融的思考与发展方向

（一）对小微金融的认识

金融是现代社会所能提供的最重要的供给之一，传统金融的目标群多是具有良好的信用资质的大中型企业，普通人及小微企业对金融的需求十分强烈，其需求却很难从传统渠道得到满足，这种需求与供给的失衡，既是传统金融的失职，也隐含着巨大的行业机会。

外贸信托致力于打破这种金融供给与需求的不平衡，推动真正意义上的普惠金融，改变不合理的金融版图，促进社会信用发展。与此同时，内需不足是我国经济发展的重要问题，小微金融能够以很小的杠杆，很实在地推动消费，增强经济增长的动力，反过来也会增强社会整体信用，形成良好的循环。

我们认为，每个人都应该有获得金融服务的机会和权利，发展普惠金融是现代金融机构应肩负的职责。我们也坚信，并非普通个人或小微企业缺乏信用，而是金融机构缺乏评估信用的有效手段，或者由于信用数据的不完整、小微企业经营数据较为粗糙原始，导致了评估信用的成本过高，单笔贷款额度过小，其收益难以覆盖其成本。

因此，要实现普惠金融的理想，必须解决信用识别和运营效率的问题。在提升识别效果方面，国内外许多机构在交易型、关系型贷款上都有成功的探索与实践，通过实践摸索出一套行之有效的风控标准将是开展小微金融的核心能力，而提升运营效率则需要通过不断的标准化、流程化，通过做大规模减少分摊到每笔业务上的成本，从而有效控制运营费用。外贸信托坚信，随着信息技术运用的日趋成熟，社会征信体系日益完善，对于个人、小微企业的信用分析将会越发可靠，边际成本将会极大降低，小微金融的普惠化将是不可逆转的潮流。

（二）未来发展方向及挑战

1. 信托独立发展。对于个金业务，PPF 消费金融在中国的成功实践，充分证明交易型个人消费金融业务在中国现有的商业环境和信用体系环境下，也是完全可行的。但其成功的关键要素，如基于长期、大量的数据积累、分析以及强大系统支持的客户风险评估模型，短期内是其他非银行类机构很难复制和模仿的。

对于小微企业融资业务，民生银行的实践证明，那种在市场化程度较高、社会信用体系发达的条件下，贷款人可以及时、全面、低成本地获得小微企业及小微企业主多方面的真实信息，建立“信贷工厂”采取“市场交易型贷款”的服务模式在国内尚不具备条件。目前国内小微企业的发展环境和特点决定了服务小微企业，更多是采取“关系型贷款＋快速审批”服务模式。基于此，除了丰富的业务管理经验以及规范的流程管理外，属地化管理的众多网点以及人员、电子渠道和网络技术支持等都是不可或缺的。

对于信托公司小微业务的转型之路，我们认为可参考香港银行的三级发牌制度，即持牌银行、有限制牌照银行及接受存款公司。《2013 小微融资发展报告——中国现状及亚洲实践》指出，小额贷款公司发展的路径可分为三步：第一步是用自己的钱和少量借债发展的小贷公司，第二步是成为吸收大额存款的金融公司，第三步才是成为吸收小额存款、办理结算的商业银行。与小贷公司不同，信托公司天然具有前两步的牌照功能和业务能力，跨越主要来自第三步，获取拥有全国业务范围的商业银行牌照。

对于方兴未艾的互联网金融，我们看好两种模式：一种是以阿里金融为代表的“小贷公司＋平台”模式；另一种是以拍拍贷为代表的“纯中介 P2P”模式。前者将小贷公司的牌照优势与电子商务企业的渠道、信息优势充分结合，有效降低客户搜索成本以及信用风险，摆脱了与银行合作带来的束缚，有着广阔的发展前景；后者虽然单笔业务利润率不高，但我们认为它更适应目前的信用环境，风险控制方面能够走得更长远。

在彻底实现小微金融业务主动管理转型方面，应该说信托公司无论是“入行”（获取银行牌照）还是“触网”（成为金融互联网公司）都还有很长的路要走。

2. 战略合作的替代性。信托公司如不适时改变单纯发挥贷款牌照和高成本募资功能的业务模式，发展的可持续性未来将受到极大挑战。

一是随着利率市场化的进程，商业银行客户的不断下沉，会带来明显的挤出效应。与国外不同，国外是“大银行”做“小业务”，目前国内则不同，金融抑制和利率市场化不高以及资本市场发展滞后，使得大银行服务大中企业仍能获得较理想的回报，这样的环境下，大银行探索关系型贷款模式服务小微企业的意愿和动力不强，尽管它们有着在开展该类业务方面小银行和小贷公司无法比拟的数据、系统、网点等方面的强大资源优势，但这也为小银行和非银行机构从事该类业务留出了市场空间和发展窗口期。

二是与银行相比，信托融资一直存在着成本高和流动性差的劣势。为适应“短、小、急、频”的小微融资特点，信托公司必须从产品创新的角度寻求解决方案，如滚动持续发行主题基金型产品等。

三是应对融资替代带来的威胁，要不断丰富服务的内涵。目前合作的小贷公司型企业做大业务方面，最大的瓶颈是资金来源问题。随着金融市场化的进程，以及普惠金融制度的完善，可以预见它们的资金途径会不断拓展，如小贷同业拆借与再融资中心、金融交易所的资产转让、发行私募债及上市等直接融资工具的创新将对信托融资造成强大的挤压。因此，信托公司在不断完善自身系统和流程，增加运营管理的服务内涵外，要通过股权合作等方式，积极介入小额贷款公司的业务管理，巩固合作关系和强化合作地位。

（三）未来发展路径的思考

基于以上分析，外贸信托将自身定位于成为具备股权与债权、线上与线下多方位管理方式的小微金融综合服务商，把握普惠金融发展趋势，实现规模和收入的持续增长。为此，外贸信托需要培养以下三个方面的核心竞争力：

（1）客户服务能力。根据客户需求，提供稳定、可持续的资金支持和全方位的金融服务。

（2）产品创新能力。根据客户与业务发展需求，创新和优化现有产品结构，并通过对客户资源和金融工具的不断整合，开发和设计出新的产品。

（3）系统运营能力。形成一套贷前、贷中、贷后全流程的风控和 IT 运营体系，具备线上和线下并行的系统化运营能力。

就目前而言，外贸信托小微金融业务的开展仍以与优秀小贷公司、消费金融公司的合作为核心，通过借助合作方的市场开拓能力、风险识别能力，迅速抢占市场规模，培育品牌价值。

与此同时，外贸信托将培育自身的核心能力作为业务可持续发展的根本保障，着力培养风险控制能力、运营管理能力等。在风险控制能力上，外贸信托力图通过股权投资、合作开发等方式，与目前的合作伙伴形成利益共同体，直接掌握核心风控技术，并依托外贸信托的渠道和平台，将已经证明有效的产品迅速推广，充分发扬合作双方的优势，实现合作共赢；在运营管理能力上，外贸信托在信息系统上大力投入，不断提升运营效率和信息化程度，保障覆盖贷前、贷中、贷后的全面运营管理体系的高效准确，对环境和信用状况监测及时有效，同时积极接入人民银行征信系统，不断完善信用数据，实现运营管理与风险控制的相互支持、相互促进。

随着主动管理能力的逐步形成，外贸信托还将进一步打通资金募集、市场开拓、信用评估、贷款发放、贷后管理等整条业务链，通过不断降低融资成本、风险补偿及运营成本，实现降低消费信贷、中小额贷款的综合资金成本，推动实现真正的普惠金融。因此，获取银行牌照，借助银行收储能力进一步降低资金成本，结合已经形成的小微金融风险控制和运营能力，转型成为一家专注于小微金融服务的小微银行，成为外贸信托战略发展的愿景目标之一。

（本文选自信托公司供稿）

信托机制下的农业产业化

安徽国元信托有限责任公司
陈康　胡守维　孙晓光　汪斌　罗小龙

十一届三中全会以前，我国农业经济增速十分缓慢，农业基础较为薄弱。1978 年十一届三中全会后，以家庭联产承包责任制为核心的农业基本经营制度极大地激发了农民的积极性，成为农民增产增收的有效途径，但随着时间发展，发现这种模式也存在一些弊端，主要有：一是土地被分散化经营，降低了规模经济效益；二是由于每个农户需要的生产资料和收获的农产品都较少，使得农户在与上游供应商和下游加工企业谈判时处于弱势地位；三是从社会角度来看，食品安全越来越成为社会关注的焦点，分散的农户在生产标准上不利于统一管理与指导；四是，我国人均耕地面积小，据 2012 年统计年鉴分析仅有 2.78 亩，要解决农民问题，必须在确保农民获得土地利益的基础上，使农村富余的劳动力实现农民身份的转变。基于以上原因，家庭联产承包责任制的制度红利现已基本释放殆尽，农业产业化成为现实需求的必然选择。

然而，农业产业化存在众多困难，主要有：一是尚未形成从中央到地方促进农业产业化发展的政策法律体系；二是经济发达地区以外，多数集体所有制经营主体组织能力有限，多数农户未形成农业产业化意识；三是现有的农业龙头企业规模较小，我国的龙头企业普遍规模较小，80% 的农产品加工企业的技术设备水平处于 20 世纪八九十年代的世界平均水平；四是财政支出不足，根据 2012 年国家统计年鉴数据测算，2011 年我国农业财政支出占财政总支出的比例为 10.26%，而在印度、泰国等发展中国家为 15%，在欧盟这个比例更是高达 45%；五是为农业产业化提供金融服务的融资渠道不足，金融产品稀缺，即使作为主渠道的商业银行，也因银行的风险控制和监管政策的要求，使得其支持力度有限。信托作为现代金融业，随着其业务规模快速扩大，近些年，信托的制度优势也逐渐被人们发现，信托在我国的农业产业化进程中也将会发挥重要作用。

一、农业产业化概述

农业产业化最早由哈佛商学院高德博格提出，它通常是指从供应投入品到食品加工者和零售商的一个由公司和社会团体所组成的有序链条。我国学者对农业产业化的表述有多种，有一种观点认为，农业产业化的基本内涵应该包括三个方面：一是变弱小、分散的农户为大规模的农业组织，以降低生产、交易成本，提高市场地位；二是由单独地从事原料性生产角色向相关上下游产业延伸；三是提高农业生产的稳定性，强化对农业生产过程的人工控制，实现农业生产的工厂化。另一种观点认为，农业产业化应该以市场为导向，实现农业的第一、第二、第三产业的有机结合，形成种养加、产供销、农工商一条龙的产业链。虽然不同的学者对农业产业化给出了自己的理解，但对一些关键问题的表示基本一致，即农业产业化是以市场为导向，实现农业生产的专业化、规模化、集约化和标准化经营的过程和结果，是相对于传统的生产经营方式而言的一种高级的生产经营方式。

（一）农业产业化的组织模式

农业产业化的组织模式，是指农业产业化的参与主体及相互之间关系的外在表现。常见的农业产业化组织主要有四种：合同制、农业合作社、农工商综合体及联营体，各种组织模式的特点及其适用条件主要如下。

1. 合同制。合同制是指私人公司通过与农场主签订合同，在明确双方严格的经济责任基础上，以直接的业务往来向农场主提供服务的一种经营方式。其主要特点为：（1）农业生产与私人工商企业是独立的经营主体，在经济上、法律上相互独立，这是实现合同制的前提；（2）农业生产的销售从本质上说是远期交易而非现货交易；（3）合同内容非常规范、标准，标的物的种类、数量、价格等都十分明确；（4）涉及面广，农户与农场主、与上下游龙头公司、与合作社等都可以采取这种模式。

2. 农业合作社。根据我国2007年7月施行的《中华人民共和国农民专业合作社法》第二条规定，农民专业合作社是在农村家庭承包经营基础上，同类农产品的生产经营者或者同类农业生产经营服务的提供者、利用者，自愿联合、民主管理的互助性经济组织。农业合作社与农业生产者的联结，也是国外农业产业化发展中的一种形式，其主要特点如下：（1）从合作社内部规则上看，遵循国际公社的合作社原则，其原则包括自愿与开放的社员资格、民主控制、社员的经济参与、自治和独立、教育、培训和信息、合作社之间的合作等，我国作为国际合作社联盟的副主席单位必须积极遵守这一原则。（2）从联结方式上看，合作社与农户通过合同结合起来，形成具有紧密联系的利益共同体。参与合作社的每个农场主与合作社订立农业生产和销售合同，合同规定各种条件和双方应承担的义务、结算和支付方式等。农业合作社是农业生产者自愿结合而成的经济组织，其分配原则是有偿服务，盈利返还，一般年终利润按照10% ~15%留做储备金或公积金，其余利润按比例返还给社员。（3）组织结构多样化，综合性和专业型合作社相结合。

3. 农工商综合体。农工商综合体是在专业化基础上发展起来的农业与工业及其他产业部门紧密结合的农业生产组织形式，是适应农业技术发展要求的现代生产组织。农工商综合体将工业、商业、金融等与农业有关的部门用合同或经济控股形式组成农工商联合体，它通过商业合同关系使农业生产单位及合作组织的各种工业性或销售、运输等作业环节，分别由农工商综合体的各种专业公司来完成。农工商综合体是指将农业生产本身同农用生产资料的生产和供应，或农产品的加工、销售过程的若干环节纳入一个统一的经营体内，融合为一个企业。其主要特点为：（1）联合形式多样化。前向联合、后向联合及跨行业企业集团将业务扩展到农业领域的农工综合体等形式。（2）组织形式规范。可以通过个人独资经营、合作经营或者股份制经营，相对应的有《个人独资企业法》、《合作企业法》和《公司法》加以规范。（3）具有多种类型，集服务和生产于一身，表现为单一经济实体内部相互关联的经济过程。

4. 联营体。联营体又叫做混合型公司，是指由工业、商业、金融及农业龙头企业等多种资本以相互控股投资形式混合而成的经营实体。其特点为：（1）组织形式有合作制和股份制。合作制中合作各方提供合作条件，按合作协议完成自己的工作和取得报酬。股份制按公司法的规定设立，各股东按自己的投资比例在公司股东会中行使权力，分得利润。（2）往往是跨国农业集团，参与农产品国际贸易。在经济全球化形势下，通过跨国公司或本国公司与外国公司联营等形式，疏通国际农产品市场渠道，已成为一种有效途径。（3）一般由政府、农合社、相关企业和农场主组成。由于联营体是市场竞争中较高层次的组织形式，一般形成对某个或某些行业的较大范围的垄断，它的适应条件比较严格。

（二）我国当前农业产业化的发展瓶颈

随着经济社会的发展，我国农业生产正在从小农经营逐渐转向产业化经营，政策上的鼓励和实践中的摸索使得我国农业产业化已形成一定规模并在一些地方取得了较好成果，但从制度上看，除了政策法律体系建设需要立法机关、政府机构逐步完善，基层组织的组织引导能力和农户的农业产业化意识需要不断培育以外，短期内农业产业化发展可能存在以下问题。

1. 农民权益难以得到全面保障。“三农问题”的核心是农民问题，依法维护农民的权益，保护农民的利益，是解决“三农”问题的重中之重。在“农工商综合体”、“联营体”组织模式中，农业产业的利润更多的会体现在农业深加工和销售环节，而与农民利益相关的农产品生产环节利润增加相对较少，同时农民在合作中也处在弱势地位，农民问题不会有大的改观。在“合同制”和“农业合作社”组织形式中虽然农户通过签订购销合同，甚至通过合作社形式获得农产品加工、售后增值利润，但是也不能从根本上改变农民收入问题。我国现有耕地面积121.72 万平方公里折合约 18.3 亿亩，农村人口 6.57 亿，人均耕地仅 2.78 亩。所以，农民人均耕地面积小，是解决农民问题的瓶颈。可以看出，提高农民收入不能只是将农民固定在土地上，而是在确保农民继续拥有土地承包经营权的基础上，让一部分适应城市生活的农民合法转让经营权，并享受土地要素的收益分配。让依然留在土地上的农民通过资本与技术的参与，提高收入水平。

2. 农业龙头企业规模偏小。我国的农业龙头企业普遍规模较小，80%的农产品加工企业的技术设备水平处于20世纪八九十年代的世界平均水平。目前，世界上200家最大的食品加工企业的产值，已占到全球食品部门总产值的1/3，而我国农副产品加工企业共2万余家，全年主营业务收入4.4万亿元，利润总额仅为0.28万亿元。以安徽省为例，2010年安徽省国家级农业龙头企业只有32家，占全省规模以上龙头企业的0.6%，年销售收入超10亿元的龙头企业只有46家。对比可以看出，我国农业加工企业目前处于完全竞争状态，企业数量多、规模小、缺乏竞争力，表现为加工总量较小、加工程度低、技术落后、利益机制不健全、产品加工与销售脱节等。

3. 财政对农业基础设施投入不足。根据国家统计局的统计，国家农业财政支出占财政总支出的比例，"五五"期间为13.2%，"六五"期间下降到9.5%，"七五"期间进一步下降到8.4%，"八五"期间为9.75%，"九五"期间为9.29%，"十五"期间为8%。根据2012年国家统计年鉴数据计算，2011年这一比例为10.26%，而在印度、泰国等发展中国家为15%，在欧盟这个比例更是高达45%，其中农业补贴占到很大比例。

4. 农业企业缺乏足够的融资渠道。在我国，农业信贷资金的增长幅度也低于国家信贷总规模的增长幅度。对农业科研和科技成果的推广投入更是不足。我国农业科研投资仅为农业总产值的0.2%，而世界上一般为1%，由于投入不足，农业基础设施建设严重落后，生产效率低下，不少科技成果不能转化为现实的生产力。由于农业生产的低效，使得在市场经济条件下，资金很少会流向农业，而是更多流向回报率高的行业。但随着农业产业化的逐步升级，农业也转化为技术密集和资本密集的产业，这就意味着农业发展要求越来越多的社会资金支持，而在现有的经营模式和信贷政策下，农业除了获得政策性银行以及农村信用社的少量资金支持外，几乎没有其他的融资渠道，这进一步阻碍了农业的发展和农民收益的提高。

二、信托概述

信托起源于中世纪的英国，它以财产转移和财产管理为主要功能，有着悠久的历史和广阔的发展前景。我国《信托法》第二条对信托的定义是，信托是委托人基于对受托人的信任，将其财产权委托给受托人，由受托人按委托人的意愿以自己的名义，为受益人的利益或者特定目的，进行管理或者处分的行为。在我国，信托的本质是一方将自己的财产（信托财产）交付给另一方（受托人）进行管理，以实现财产转移、财产管理或约定的其他目的。

（一）信托关系的要义

根据我国《信托法》对信托的定义，可以看出我国的信托关系包括以下要义。

1. 信托成立的基础和前提。委托人对受托人的信任是信托成立的基础和前提。委托人愿意转移财产至受托人名下，是基于对受托人信用和财产管理能力的充分信赖。

2. 信托财产是核心。信托围绕信托财产的转移和管理展开，无财产则无信托。

3. 受托人是信托财产的所有者。受托人是以自己的名义管理或者处分信托财产，这是信托区别于一般委托代理关系的重要特征。

4. 受托人权利的有限性。受托人是按委托人的意愿为受益人的利益或者特定目的管理信托事务，必须按照委托人的意愿，同时必须是为了受益人的利益或者特定目的。

（二）信托业务的分类

按照不同的分类标准，信托可以有不同的分类方式，以下介绍常见的几种。

1. 资金信托和财产信托。按信托财产交付时的财产形态可以分为资金信托和财产信托，后者还可以细分为动产信托、不动产信托、知识产权信托、其他财产权信托。

2. 主动管理类信托和被动管理类信托。按受托人职责，即是否承担积极义务，分为主动管理类信托和被动管理类信托。主动管理类信托是指信托公司作为受托人，在信托资产管理中发挥主导性作用，承担了产品推介、项目筛选、投资决策及实施等主要管理职责，并收取合理信托报酬的营业性信托业务。反之，则为被动管理类信托。

3. 融资类信托、投资类信托和事务管理类信托。按信托财产功能，即受托人在信托关系所处法律地位、所负责任义务以及承担实际风险程度的差别，分为融资类、投资类、事务管理类。融资类是指以资金需求方的融资需求为驱动因素和业务起点，信托目的以寻求信托资产的固定回报为主，信托资产主要运用于信托设立前已事先指定的特定项目。投资类是指以信托资产提供方的资产管理需求为驱动因素和业务起点，以实现信托财产的保值增值为主要目的，信托公司作为受托人主要发挥投资管理人功能，对信托财产进行投资运用的信托业务。事务管理类是指以发挥信托制度优势为出发点，信托公司作为受托人主要承担事务管理功能，为委托人（受益人）的特定目的提供管理性和执行性服务的信托。

4. 结构化信托和非结构化信托。按受益权是否分层，分为结构化信托和非结构化信托。结构化信托是指信托公司根据投资者不同的风险偏好对信托受益权进行分层配置，按分层配置中的优先与劣后安排进行收益分配，使具有不同风险承担能力和意愿的投资者通过投资不同层级的受益权获取不同的收益并承担相应风险的集合资金信托业务。非结构化信托是指信托公司对信托受益权不进行分层配置，所有投资者按投资比例享受收益并承担相应风险。

（三）信托机制的特点

信托是集财产转移功能与财产管理功能于一身的制度安排，在应用上具有以下特点。

1. 灵活性。与传统的财产转移制度和财产管理制度相比，信托具有更大的灵活性。首先，信托具有财产转移和财产管理的整合性，将委托人、受托人和受益人三方当事人纳入其间，既可用于财产转移，又可用于财产管理，也可同时用于财产转移和财产管理；其次，信托设立方式具有多样化，既可以采取合同方式，也可以采取遗嘱方式，特殊情况下还可以成立法定信托；再者，信托目的的自由化，只要不违背法律的禁止性规定和社会公共利益，委托人可以为各种目的创设信托；最后，信托财产多样化，原则上既可以是动产，也可以是不动产或其他财产权利等，比如土地承包经营权、票据等权利。

2. 稳定性。信托设立后可以不因各种意外情况发生而终止，能够确保委托人稳定地实现自己的信托目的，适合于土地承包经营权流转等长期规划的项目。在财产转移方面，信托兼具现时赠与和长期规划受益的双重特点，能够很好地完成委托人的愿望；在财产管理方面，信托成立后委托人的意愿可以长期维持，可将其设立信托的目的长期固定化，并将信托受益权根据不同情况分别归属于数个受益人，而受托人仅可按照委托人的意愿和信托文件的规定，妥善地管理或处分信托财产，并将信托利益按照信托文件的规定分配给受益人。

3. 安全性。信托财产的独立性特点，以及受托人约定职责和法定职责的双重设计，使信托在保障受益人利益方面比传统财产制度更具有可靠性。一方面，信托设计下，责任与利益相分离，伴随所有权所生的管理责任与风险负担由受托人承担，而伴随所有权所生的利益由受益人享受，信托是受益人处于只享利益而免去责任的优越地位。另一方面，信托具有特殊的破产隔离功能，第三人不得因对受托人拥有债权或其他权利为由对信托财产采取查封、冻结、变卖和强制过户等法律强制措施，受托人死亡或者依法解散、被依法撤销、被宣告破产而终止，信托财产不属于其遗产或清算财产。最后，信托受益权具有追及性，受托人违反信托目的处分信托财产或者因违背管理职责、处理信托事务不当致使信托财产受到损失的，委托人或受益人有权申请法院撤销该处分行为，并有权要求受托人恢复信托财产的原状或者予以赔偿；该信托财产的受让人明知是违反信托目的而接受该财产的，应当予以返还或者予以赔偿。

三、信托机制与农业产业化的结合

对农业进行产业化经营，已是经济社会发展的必然趋势，但在我国的农业产业化经营方面还存在诸如既有模式不能充分保障农民利益、农业龙头企业规模较小且融资困难等情况，同时，鉴于信托多样化的信托财产、多途径的投资形式、适合长期性的财产规划等特点，我们认为信托机制应当与农业产业化结合在一起，以更好地促进我国农业产业化的发展。

（一）信托参与农业产业化的模式选择

农业产业化过程中最大的政策障碍为如何解决土地经营权的分散问题，从已有的经验看，农业合作社为解决的有效途径之一。据不完全统计，登记在册的合作社已达到68万家，通过农业合作社发展农业产业化的模式已经取得一定的经验。同时，2013年中央“一号文件”和十八届三中全会都为此提供了政策契机。国务院办公厅关于落实中央一号文件有关政策措施分工的通知中，80条具体工作分工中，“合作社”一词被提及15次，要求“大力支持发展多种形式的新型农民合作组织，农业合作社是带动农户进入市场的基本主体，是发展农村集体经济的要求，加大力度、加快步伐发展农业合作社，切实提高引领带动能力和市场竞争力”。十八届三中全会要求“稳定农村土地承包关系并保持长久不变，在坚持和完善最严格的耕地保护制度前提下，赋予农民对承包地占有、使用、收益、流转及承包经营权抵押、担保权能，允许农民以承包经营权入股发展农业产业化经营”。2013年“一号文件”与十八届三中全会都为土地承包经营权流转排除了制度障碍，为合作社的发展提供了有利条件。

农业合作社仅仅将分散的土地经营权集中起来，但要实现产业化经营，并通过发展提升其自身影响力，将产业链上下游有机整合起来，这就需要有专业的农业龙头企业加入，主导合作社的生产经营。虽然我国的农业龙头企业存在规模偏小、融资困难等情况，但该类企业毕竟在生产、加工、技术和管理等方面具有优越性，我们可以扶植其发展壮大。信托可以利用其灵活的投融资机制，通过股权、借款或夹层融资的形式为其提供资金等方面支持。我们认为“农民合作社＋农业龙头企业”的结合是较为理想的合作模式。

（二）信托参与农业产业化的优势

1. 便于农村土地的流转集中。由于我国现在实行的是家庭联产承包责任制，农村土地的所有权归集体所有，经营权由集体中的农户分别享有，这种“统分结合”的双层经营体制在客观上形成了农地的分散经营、分散管理。这种小农经济向现代化、产业化的农业形态发展必然伴随着土地的集中经营，而土地是农民的命根子，土地流转对社会影响重大。回顾我国近代土地政策，家庭联产承办责任制以前土地也是集中经营，无论是对农民还是对社会都未能起到较好的效果，究其原因，并不是出在土地集中上，而是分配制度的不合理，当时按工时分配的制度，不能激发出农民的积极性，同时，集体中大部分农民也未能从农业中解放出来，从事其他劳动。而本次土地经营权集中，形成农民合作社，一方面可以使部分农民从土地中解脱出来，从事其他工作，增加收入；另一方面可以按照农民转让的土地经营权给予他们分红或转让费，同时，还可以通过“农民合作社＋龙头企业”的形式从事专业化、规模化经营管理，提高单位土地产出。因此，它一方面使农民当下满意；另一方面又有利于社会的长期稳定，同时，还促进社会经济发展、农业产业升级。实践中，信托公司利用信托机制的灵活性在不断作出各种有益尝试。

2. 有利于促进农业产业链的协同融合。如果说集中农村土地，实行规模经营是农业生产横向一体化的表现，那么，搭建、完善农业产业链，实现育种、生产、加工、运输、贸易等各环节的协同发展，以农业化促进工业化，以产业化促进一体化的农工商相结合，则是农业生产纵向一体化的表现。信托可以利用其资金优势培育、引入并引导产业中相关龙头企业发展，结合当地农业特色，协力将农业做大做强。龙头企业一头连接合作社，并与合作社建立“风险共担、利益共享”的利益机制，另一头连接国内外市场，或产业链的下游，带动农产品生产、深加工、开拓市场、延长产业链、增加农产品附加值等综合功能的农业产品加工或者流通。比如，可以通过培植特色农业满足既有市场，或是开发市场中的潜在需求，做好特色农产品的加工、储藏和流通。这样，一方面可解决农产品的销售问题，另一方面又解决了农产品加工企业的生产资料来源问题，在很大程度上可以克服农产品的生产周期长、供应量不稳定等弊端，同时，在这一过程中又会产生对流通型企业的需求，带动相关产业的发展。

3. 可以为农业生产及时提供资金支持。随着社会的发展，信托制度的功能已从其产生之初的以财产转移为主，发展到现在以进行财产管理为主。在我国，信托业务又主要表现为资金信托业务，即委托人将货币资金委托给受托人，由受托人按委托人的意愿以自己的名义，为受益人的利益或特定目的，进行财产管理或处分的行为。信托公司作为专业的财富管理机构，具有较强的资金募集能力，可以在短时间内为农业企业提供资金支持，同时也可以解决企业和农户闲置资金的投资需求。从这个角度看，信托公司不仅可以引入其他社会资金投入农业产业化经营，还可以将农业产业化参与主体的富余资金进行相互融通，为农业产业化提供资金支持。

4. 能够促进农业企业的优化发展。信托公司区别于其他金融机构的地方，不仅在于其跨市场的投资领域，还在于其灵活多样的投资方式；不仅可以进行信托贷款，也可以进行夹层融资，还可以进行股权投资，甚至是创业投资、风险投资和天使投资等。信托公司在进行这些投融资业务时，除了可为农业企业提供传统的资金需求外，还可以为其提供相关市场信息、搭建上下游产业链，或派驻董事、监事、财务总监或其他管理人员协助其完善公司治理、优化财务结构、确定战略目标，或是辅导企业实行并购重组等金融增值服务。

5. 有利于维护农民合法权益。从已有的信托公司参与土地流转信托的实践来看，信托公司促进农业产业化的目的是以土地集中经营的形式，科学运作，提高农业劳动生产率，而不是将农民驱出土地。土地集中经营后，“失地”农民可以以农业工人的身份继续从事农业劳作，在获得约定的土地转让收入时，还可以获得工资性收入，同时，农民持有的受益权凭证可以依法流通，将农民从土地上解放出来。

6. 有利于参与过程的公开透明。信托机制下的土地流转行为是信托公司的商业行为。信托公司作为受托人接受委托人、受益人和社会公众的监督；作为金融机构还要接受银监会、行业协会的监督；信托公司还应当遵守公司法的规定，实行法人治理结构；同时，信托公司还需要依据法律规定和信托文件的约定向委托人和受益人进行完整、充分的信息披露，公开透明、重重监督和权力制衡的运作模式有利于避免土地流转过程中的权力寻租行为。

7. 尝试为农民提供财富管理和养老服务。破产隔离机制是信托制度的最大特色和明显优势。据此，委托人依法将信托财产委托给信托公司后，其债权人便失去了对该财产的支付请求权，即使将来该委托人破产，该等财产也不属于其破产财产，不列入清算。这一制度功能已在我国的财富管理和财产继承活动中发挥了优势。信托公司已有的业务实践表明，该行业不仅能够较好地控制业务风险，也能为投资者带来较为丰厚的投资收益①。在农业产业化过程中，这一制度功能不仅可以为农业企业家服务，也可以为广大富裕农民提供理财服务，解决他们的财富管理需求、财产传承需求。同时，信托公司还可以通过设计期限较长、收益稳定、风险较小的信托产品，在一定程度上满足他们的养老需求等。

四、农业产业化的产品设计

基于信托机制的特点和我国当前农业产业化的发展困境，我们以土地承包经营权流转信托为例，尝试将二者结合起来，以信托促进农业发展、保护农民利益，并进行如下产品设计。

（一）产品结构图及简要说明

简要说明：

（1）该产品为混合型、开放式、结构化、长期化、主动管理型；

（2）信托计划期限随信托财产权期限而定；

（3）信托财产中的货币资金不足以分配 A、B 的预期收益时，C 有追加货币投资的义务，并将该信托计划项下的信托受益权用于质押或提供其他形式的担保；

（4）A、B 为优先级受益人，C 为劣后级别受益人。

（二）产品的主要特点

1. 灵活的产品设计模式。这款产品采用的是既非传统的银行贷款模式，也非常见的信托贷款模式，而是采用了混合型、开放式、结构化、长期化的主动管理型设计。混合型表现为信托财产不是单一性质的货币资金，也不是单一性质的实物资产或财产性权利，而是既有货币资金

① 普通投资者参与最多的集合资金信托计划，其年预期化收益率多在 7% ~12%，且鲜见信托公司不能兑付。

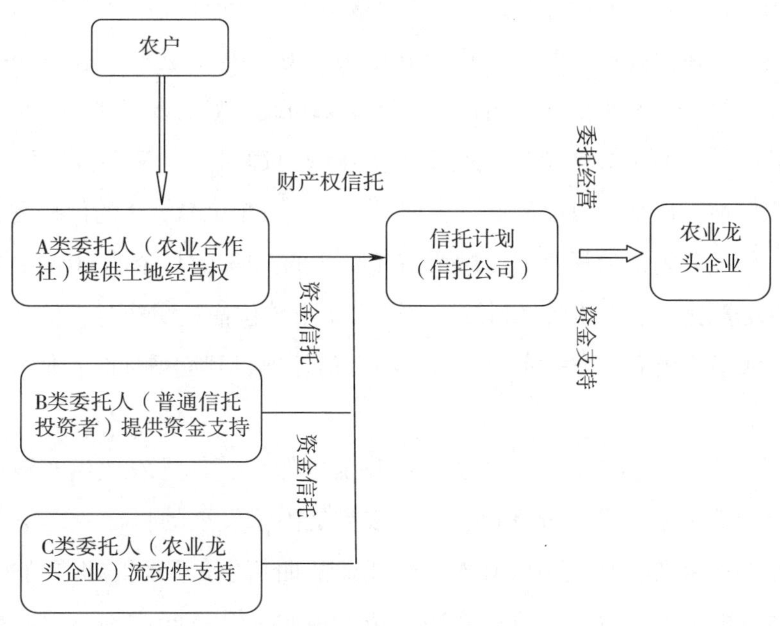

也有财产性权利，即通过农业合作社集中后的土地承包经营权。这样在为农业龙头企业提供土地使用权的同时，也为其一并提供一定的货币资金，以便进行相应的配套生产。开放式表现为信托财产可以随不同时期的经营情况进行变动，比如随着经营领域的扩大，可以在以后将林地、草地、水域等承包经营权在信托开放期内置入信托财产，也可将货币资金等信托财产在开放期内进行申购赎回。结构化表现为该款产品分 A、B 为优先级，C 为劣后级，C 为 A、B 的投资及收益承担劣后义务，当 A、B 的预期信托利益没有实现时，C 不享有任何信托利益。长期化表现为该款产品可根据信托财产的属性进行设计，比如农村土地承包经营权作为信托财产时，信托期限最长可以设计为 30 年，林地承包经营权作为信托财产时，信托期限最长可以设计为 70 年，基于货币资金的特点，货币资金作为信托财产时，信托期限可以设计为 30 年、70 年或更长时间，当然，也可以在约定时间进行赎回。主动管理型表现为该款产品中的 B 和 C 的货币型信托财产、A 的财产权信托财产共同构成完整的信托财产，在法律上都是受托人所有，除信托合同有特别的约定外，信托公司完全的处分权，对于农业龙头企业而言，它只是农业产业化项目的事务的执行者，在资金使用、企业管理等事务中没有决策权。

2. 多样化的风险控制措施。信托公司作为金融机构，一方面要执行国家产业政策，支持农业和中小企业的发展，承担社会责任；另一方面，又要控制自身的业务风险，走可持续发展道路。这就对以支持农业发展为目标的产品设计提出了较高要求。这款产品的风险控制措施主要有：首先，对信托产品进行结构化设计，C 为 A、B 的信托利益提供保障；其次，根据投资项目情况，B 和 C 的货币投资额可在约定条件下进行申购；再次，当 A、B 两类投资人的预期信托利益通过上述措施仍然得不到充分保障时，C需要对该信托产品进行追加认购以便兑付A、B两类投资者的信托利益，并在信托成立时，由C或其他第三方为C的远期或有追加投资义务提供信托公司认可的担保；最后，基于信托公司作为专业金融机构，往往缺乏相应的实业类专业人才，因此，在产品设计时，既要考虑到避免农业龙头企业的道德风险，又要设法提高农业龙头企业的生产、管理的积极性，比如，可以约定，当项目利润在分配完A、B的信托利益后，还有1个单位信托财产时，信托公司的信托报酬为剩余信托财产的10%，其余的90%由农业龙头企业获得；当项目利润在分配完A、B的信托利益后，还有2个单位信托财产时，信托公司的信托报酬为9.5%，其余的90.5%由农业龙头企业获得，即在信托项目利润增加时，使农业龙头企业的收入以更快的速度增长。

3. 切合国家政策要求。首先，为农村土地提供流动服务，促进农业生产资料的资本化，让农民真正从土地上解放出来，平等分享社会发展成果是国家发展的目标，也是我国“三农”政策和十八届三中全会的重要精神之一。其次，信托业的曲折发展历程告诉我们，信托公司只有回归主业，练好内功，才能在日益加剧的竞争环境中取得一片立足之地，因此，中国银监会作为行业监管机构，在规范行业发展的同时，也一直在引导信托公司进行创新发展，提高投资类信托业务比例，增强主动管理能力，这款产品符合监管者倡导的经营理念。再次，信托行业这几年的快速发展在很大程度上是依赖于特定货币政策下的“银信合作”、“政信合作”、“房地产信托”等传统业务的贡献，但随着我国利润市场化的推进、企业上市融资制度的改革、地方政府债务的控制、房地产市场的不明朗和大资管时代的到来等因素的影响，甚至是冲击下，信托公司正面临着业务发展的转型，即从传统业务升级为创新业务，从通道类业务走向主动管理类业务。

“三农”问题是全社会共同关心并需协同解决的问题，农业产业化是解决“三农”问题的必由之路，其深度涉及了农业、农村、农民的诸多方面，只有“三农”问题解决了，中国其他的经济问题和社会问题才有可能解决。信托公司作为我国的金融支柱之一，一直是我国金融创新的排头兵，随着近些年的快速发展，引起了经济金融领域的广泛关注。为了更好地服务于社会、走专业化财富管理之路，信托行业已悄然投身于社会建设的各项事业，信托公司的参与将会给我国农业产业化乃至“三农”问题的解决带来新的思路和方案。

（本文选自信托公司供稿）

关于家族财富传承及家族信托设计的初步探讨

江苏省国际信托有限责任公司　闫克锋

中国在告别数十年的“均贫”之后，进入30年的财富增长期，最近10年进入财富分化高峰期。2012年末高净值人群资产总额已达到73万亿元，国内首富资产总额也从10年前的不足100亿元增至如今的700多亿元。与此同时，第一代创业家年龄已普遍进入50岁阶段，面临家族企业和财富的双重传承任务。而财富传承之方，古已有之，晋商、徽商中不乏成功绵延百年的大家望族，然而在中国经历社会文化断层、经济生态变迁之后，他们的经验已无法直接取道。

信托，这一既古老又新潮的财富管理模式已逐渐进入国人视野，快速扩张的态势和不断创新的模式已使信托成为高端财富管理的重要力量。在我国国民财富不断积累尤其是高净值人群财富快速增长的环境下，信托行业也面临业务转型的机遇和压力。家族信托作为一种创新业务，已开始引起社会和业界的关注，部分信托公司和私人银行亦开始或准备开发相关产品。鉴于国内理论界对家族信托的研究较少，实务领域也鲜有案例可循，笔者仅对家族信托产品设计作初步探讨，旨在抛砖引玉。本文结合国内外家族财富发展现状，着重讨论了几个关键产品要素，包括信托目的、信托财产、信托当事人、信托收益分配等要素。

一、我国高净值人群现状

（一）我国高净值人群及其家族企业现状

1. 高净值人群数量及其资产情况。根据波士顿咨询公司和建设银行联合发布的《2012年中国财富报告》，2012年我国个人投资资产总额超过73万亿元人民币（见图1），较2011年增长14%。其中，高净值人群资产达33万亿元，占比46%。2012年，我国高净值家庭数量约为174万户（见图2），较2011年增长17%。

2. 高净值人群的家族企业情况。截至2013年7月末，A股上市公司中约有57.9%的企业为

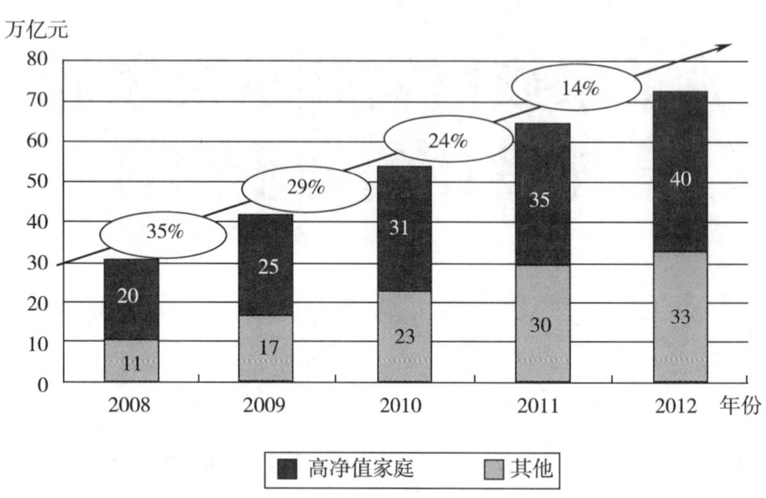

数据来源：《2012 年中国财富报告》，BCG。

图 1　我国个人可投资资产状况

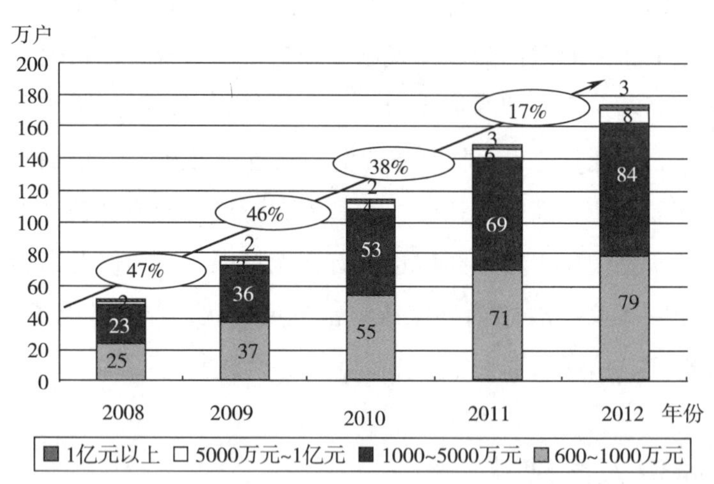

数据来源：同图 1。

图 2　我国高净值家庭数量

民营企业，其中 711 家为家族企业。在 2013 年“新财富 500 富人榜”中，50 岁以上富豪占比 60.6%（见表 1），家族财富总额超过 2 万亿元。这一数据反映出我国富人阶层普遍面临家族企业和家族财富的传承问题。家族财富的传承不仅是两代人的事情，还涉及家庭、企业甚至社会关系的方方面面——与配偶间的和睦与否、婚姻次数、子女多寡，以致企业的控制权结构、高层人士安排、经销商及其政府关系的运作模式等，都关系到家族企业及财富的传承。

表 1　2013 年“新财富 500 富人榜”上榜者年龄分布

年龄层	人数	人数占比（%）	财富总额（亿元）	财富占比（%）
≤39 岁	5	1	554. 5	1. 58
40 ~ 49 岁	178	35. 6	12 293. 7	35. 07
50 ~ 59 岁	203	40. 6	13 566. 2	38. 70
60 ~ 69 岁	83	16. 6	6 412. 2	18. 29
≥70 岁	17	3. 4	1 266. 1	3. 61
不详	14	2. 8	963. 9	2. 75
50 岁以上合计	303	60. 6	21 244. 5	60. 60

数据来源：《新财富》。

（二）高净值人群的资产配置情况

1. 我国高净值人群资产配置情况。如图 3 所示，2013 年，我国高净值人群资产配置中，近 22. 5%的资产为现金及现金等价物。资产投资组合涵盖房地产（19. 9%）、固定收入项目（19. 6%）以及另类投资项目（15. 5%）。其中，另类投资包括稀有金属、艺术品、红酒、古董、硬币及邮票，以及其他金融资产（商品期货、私募股权、次级债券、对冲基金、碳排放信用额度、风险投资、电影制作等）。

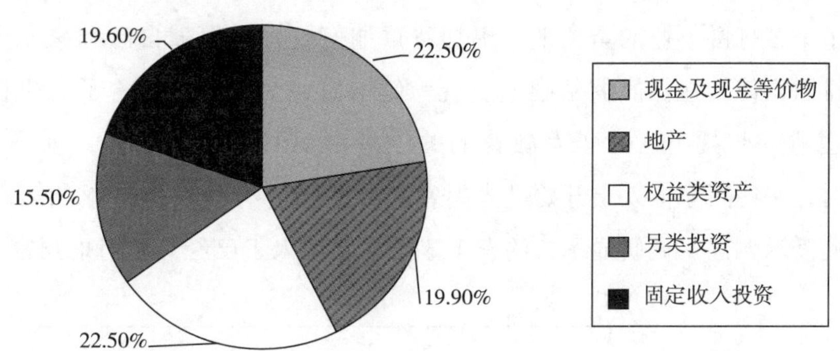

数据来源：Capgemini Analysis, 2013; Capgemini Lorenz curve methodology; EIU Country Reports, February 2013; EIU Data, March 2013; Global Property Guide, March 2013.

图 3　我国高净值人群资产配置情况

2. 北美高净值人群资产配置情况。截至 2012 年末，北美高净值人口达 373. 4 万人，财富总额为 11. 8 万亿美元。在资产配置方面（见图 4），北美的高净值人士较任何其他地区更多地投资于权益性资产（37. 2%），比全球平均水平（26. 1%）高出 11 个百分点。此外，北美地区的高净值财富拥有者是除了日本的投资人之外，投资房地产比例（13. 5%）最小的（全球平均 20%）。

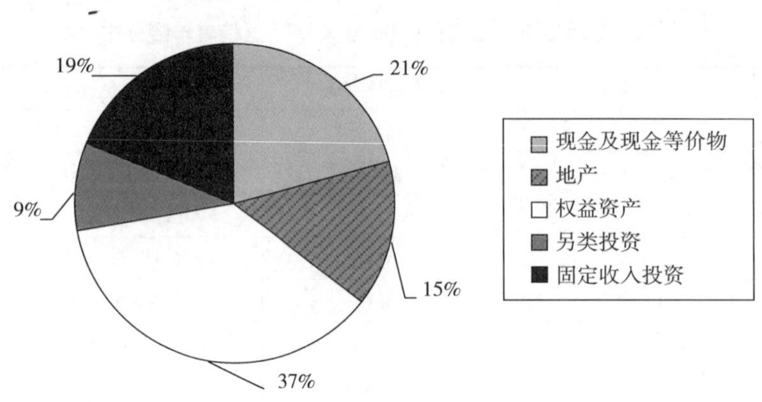

数据来源：同图3。

图4　北美高净值人群资产配置情况

（三）高净值人群财富管理需求情况

1. 中国高净值人群财富管理目标。2013年招商银行与贝恩公司针对我国高净值人群进行调研，调研结果（见图5）显示，中国高净值人群的首要财富目标，从2011年的“创造更多财富”转向“财富保障”，且提及率高达30%。其次为“高品质生活”和“子女教育”，提及率均为15%左右。“创造更多财富”由2009年初和2011年初的首要财富目标下降到第四位。高净值人士已经完成了辛苦打拼事业的奋斗期，更加看重如何更好地保障自己和家人今后的生活。因此，合理地安排财富使其在保值的基础上实现稳健增值尤为重要。随着子女成长，他们对子女教育的关注度也进一步提升。对子女教育的关注度由2011年初的9%，上升至2013年初的16%。与此同时，一些高净值人士开始进入财富传承阶段，有关财富传承的需求开始彰显，超高净值人士对此需求尤甚。调研显示，约有1/3的高净值人士已经开始考虑财富传承。

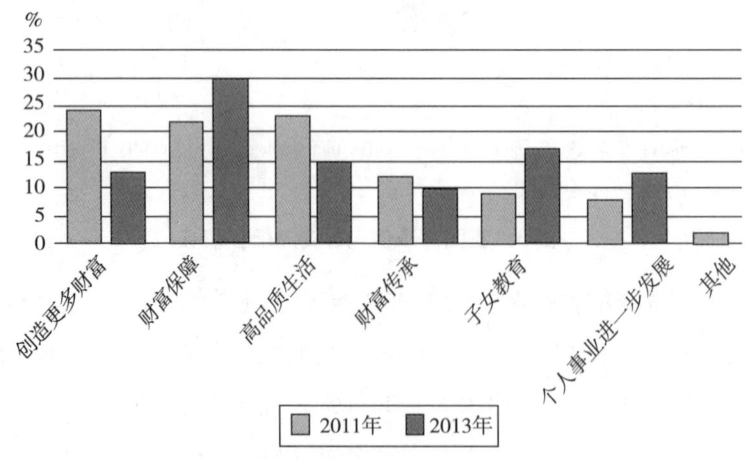

数据来源：《2013年中国私人财富报告》、招商银行、贝恩咨询公司。

图5　我国高净值人群财富管理需求的变化

2. 中国高净值人群财富保障和风险分散方式。中国高净值人群在财富保障和风险分散方式方面，除现金储蓄、债券等传统的稳健类投资外，他们对家族信托、跨境资产配置等财富保障和风险分散的金融安排兴趣较高。但在目前实际安排中，现有的财富保障和风险分散手段主要依赖保险和跨境资产配置。从产品需求角度看，家族信托位于首位，提及率接近40%（见图6）。在超高净值人群中，家族信托的需求更加旺盛，提及率超过50%，并且有超过15%的受访超高净值人士已经开始尝试接触家族信托。家族信托作为对家族财富进行长期规划和风险隔离的重要金融工具，已受到较多高净值人士的关注。

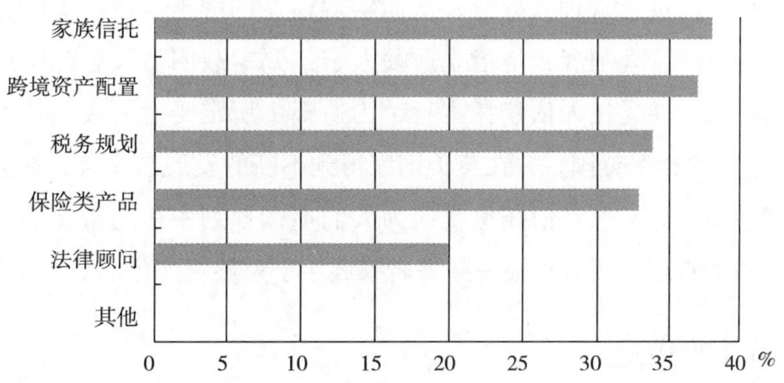

数据来源：同图5。

图6 我国高净值人群财富保障和风险分散方式选择

3. 高净值人群对财富管理的需求特点。根据不同的高净值人士的自身特点，其投资目的和需求划分为四大类，分别是财富的从属性是否为个人、财富管理的目的、受托企业是否单一以及提供的服务是否单一。调查结果（见表2）显示，高净值人群更倾向于家庭财富管理，管理目的侧重于保值，更愿意受托机构为单一机构，该机构并能够为其提供个性化的综合性服务。

表2 高净值人群对财富管理需求特点

占百分比（%）	需求分类	占百分比（%）
27.2	个人财富管理 VS 家庭财富管理	72.8
48.3	财富增长 VS 财富保值	51.7
30.4	分散至多家企业 VS 单一企业	69.6
38.6	简单的线性需求 VS 复杂需求	61.4

数据来源：Capgemini Analysis，2013；Capgemini Lorenz curve methodology；EIU Country Reports，February 2013；EIU Data，March 2013；Global Property Guide，March 2013.

二、家族财富管理模式之家族信托

（一）家族信托介绍

家族信托的起源可追溯至古罗马帝国时期，根据《罗马法》规定，外来人、解放自由人无遗产继承权，为规避这一限制，罗马人将自己的财产委托于信任的第三人，由其为自己的妻子或子女代行对这部分财产进行管理和处分，从而实现遗产的继承。在欧美国家，家族信托又称为遗嘱信托，是一种财产管理制度，是指立遗嘱人于遗嘱中载明将其全部财产或部分财产，在死亡后，信托于受托人，使受托人依信托本旨，为遗嘱中所定受益人或其他特定目的，管理及处分信托财产[①]。信托源自于英国，并在英美国家得到不断的发展与完善，被人们广泛地应用于社会经济生活中的各项事务，遗嘱信托也就成为人们遗产规划中最为重要的处理方式之一，不但被普通百姓用于财产管理，而且也被一些著名家族用于家族资产传承。

（二）家族信托的优势

为解决家族财富继承问题，各国高净值人群采用了各类传承财富的方式，试图使子孙能够享有财富、继承事业。在美国，传承财富的方式包括但不限于：遗嘱（Will）、个人账户（Personal Accounts）、跨辈分贷款（Intergenerational Loans）、慈善信托（Charitable Trust）、可变寿险保单（Variable Life Insurance Policies）、税收递延养老金（Tax - deferred Pension）和基金会（Foundations）、联合账户（Joint Accounts）、赠与（Gifts）、家族信托（Family Trust）等。各传承方式比较如表 3 所示。

表 3　各种财产规划传承工具比较

	简单说明	优势	劣势
遗嘱	遗嘱人生前按照法律规定的方式对其遗产或其他事务所作的个人处分，并于遗嘱人死亡时发生效力的法律行为	简单，为大众熟悉认可	需经昂贵、耗时、公开的遗嘱公证，在此过程中家族财富失去私密性，也易引发遗产纠纷，且遗产税缴纳最高可达 55%
可变寿险保单	寿险合约的一种，在受保人过世时向受益方提供财务补偿。补偿 = 保险公司担保的金额 + 独立账户表现	独立账户可投资于股票或其他收益较高的证券；可延迟缴纳资本收益税	流动性不强，难以实现更多的功能：赡养子女、事业传承等

① 叶光州：《论私益遗嘱信托的设立与适用》，载《法学丛刊》2006 年第 197 期

续表

	简单说明	优势	劣势
税收递延养老金	投资收益税可推迟缴纳的养老金账户	可控制投资分配状况	直到60岁才有流动性；节税效果有限
基金会	利用捐赠的财产，以从事公益事业为目的成立的组织	只要符合监管要求，可免于缴税。期限无限制	缺乏流动性
联合账户	两个人共同开设的账户，都可控制存取及投资	一方去世后，财产归另一方所有；不用遗产公证	方式欠缺灵活性；不能节税
跨辈分贷款	上一辈给下一辈提供贷款或者担保	获取的净利润可规避遗产税和赠与税	缺乏灵活性，只能让下一辈人受益，不能受益于更远的后代
赠与	赠与人将财产无偿给予受赠人，实质是财产所有权的转移	在一定限额内可免缴赠与税	在美国，一年不用缴税的赠与额度仅为27 000美元，对于富人来说远远不够

与以上传承方式相比，使用家族信托传承财富更有效，其在期限（允许无期限，即永久信托）、流动性、控制（委托人可决定投资方向）、估值（可享受信托财产的估值折扣）、税收这五个方面都拥有难以匹敌的优势。具体优势总结如下。

1. 能够体现委托人的意愿。通过设立家族信托，委托人可将财产交给信托公司管理，由其按照委托人意愿，对信托财产进行专业化管理，确保委托人意愿在其死后仍被执行。委托人还可约定信托运作的一系列其他事项，使之切实符合个人意愿，不仅实现财富传承，还可保障子女生活、赡养父母等，达到全方位、有效的家族财富管理目的。

2. 能够配合节税规划。这是英美遗产信托制度繁荣发达的原动力之一。信托制度产生原因之一就是规避赋税，这一点在遗嘱信托中得到了特别体现。世界各国对于遗产继承常常会收取遗产税，而遗产税不仅有着高额的税率，而且多使用超额累进税率，同时还需要现金支付。所以，继承的财产越多，那么税率就越高，“最高边际税率”往往可高达40%~50%，一笔巨额的财产经过二至三代继承，仅仅由于遗产税的缴纳就会使这笔财富损失大半。以美国为例，遗产继承时要交付一笔数量可观的遗产税，其遗产税税率范围为18%~49%，一笔通过继承父母遗嘱的财产，再转由自己的子女继承时，就需缴纳两次遗产税，财产自然就缩水不少。但通过设立遗嘱信托，特别是设立“隔代继承”信托，能规避绝大部分的遗产征税，使整体赋税得以大大降低，且代隔得越多，所节省的遗产税越多。

3. 能够实现财富顺利传承。信托具有优先性、免责性与超越性的特点。当信托成立后，受托人便拥有信托财产的所有权，信托资产独立存在，与委托人、受托人、受益人的其他资产相隔离；信托财产所有权属于受托人，一般情况下第三人（如委托人的债权人）无权对信托资产追索，从而实现风险隔离。遗嘱信托不但确保了财产的稳定而不至于造成财产的流失，同时它又可以帮助在财产管理上处于弱势地位的人，如继承人中的未成年人和没有理财能力的成年人等，从而实现财富的顺利传承。

4. 能够减少继承纠纷。通过设立家族信托，将资产交付于受托人，由其将信托收益公平地分配给各受益人。这种方式不仅能够保证遗产的完整，克服某些财产（如不动产 、股份）不宜分割的弱点，而且能够避免遗产贬值或经营权的旁落，防止遗产管理混乱所产生的分配纠纷。

（三）家族信托的分类

按信托的不同功能，家族信托主要分为全权处理信托、保留权力信托、Pre－IPO 信托及慈善信托等类型。

1. 全权处理信托。信托的管理运作完全由受托人负责，并具有不可撤销性，存续期内不能更改信托条款；受托人定期或不定期向委托人提供资产管理报告。

2. 保留权力信托。委托人和受托人共同管理，委托人通过参与投资委员会等方式参与管理和决策；信托计划存续期内，可调整信托条款等。

3. Pre－IPO 信托。委托人家族企业上市前，将股权委托于受托人，属于保留权力信托范畴；其目的是保障股权安全、利益分配合理及隐私保护等。

4. 慈善信托。慈善团体为受益人，并必须设有信托监察人，负责信托的监督工作；信托目的主要是根据委托人意愿用于社会公益事业。

三、家族信托产品设计的关键要素

（一）信托目的

家族信托以实现家庭财富保值增值及传承的目的，利用信托制度的独特优势，家族信托可广泛用于财产保全、隔离、亲人供养及分配等领域。

1. 财产保全和隔离。借助受托人的专业管理，多渠道、多方式投资，实现财富的保值增值。通过设立信托使财产独立于委托人自有其他财产，免受第三人（如债权人）追偿。

2. 亲人供养或遗产分配。为家庭成员提供供养费，如子女教育及创业、父母赡养及其他亲人资助等；通过信托进行财产及其投资收益分配，分配形式灵活，并可避免受益人之间纠纷。

3. 事务管理。通过信托进行股权代持、管理以及投票权行使，能够有效避免股权分散、管理权削弱等问题。

国外家族信托按照设立模式不同，分别或综合管理客户的金融资本、家族资本、人力资本及社会资本等。例如，以家族办公室模式开展家族信托业务，将帮助客户实现家族财富与企业资本分离、财富传承及企业出售等目的，如图 7 所示。

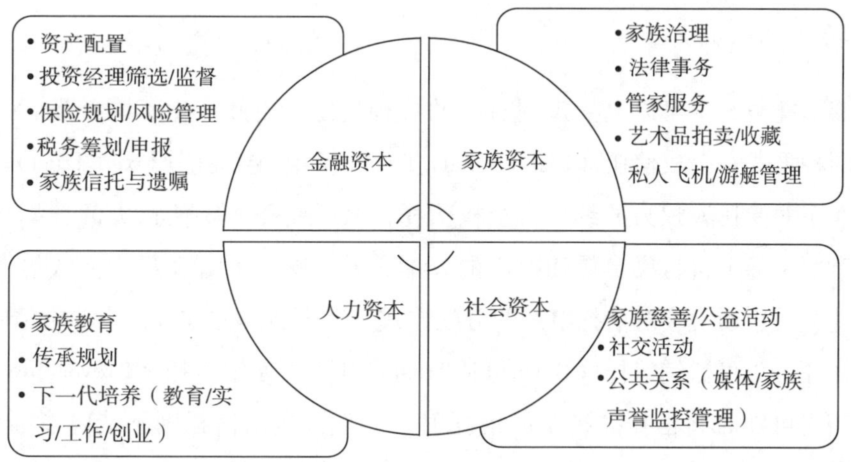

图7　家族办公室的四大管理功能

（二）信托当事人

在欧美国家，家族信托除拥有委托人、受托人及受益人外，一般还有保护人（Protectors）、信托顾问（Trust Advisors）、分配顾问/委员会（Distribution Advisors and Committees）、撤销人（Reovers and Appointers）等角色安排。委托人、受托人和受益人的定位、权利及义务和普通信托基本一致，本文仅就其他当事人的定位、权利及义务作简要描述，如表4所示。

表4　信托当事人的定位及权利（除委托人、受托人和受益人）

信托其他参与方	定位	权利
共同受托人 Co－Trustees	衔接委托人家族和受托人	拥有受托人（Trustee）的权力
有限权力受托人 Directed Trustees	有限权力的受托人	根据信托合同，在第三方的指导下履行受托人职责
保护人 Protectors	任何一个拥有信托授予的对监管信托执行的自由裁量权的参与方，而且其决定将约束信托合同中的各方	按照信托合同，享有广泛的自由裁量权，可以撤销和更换受托人，可以修改信托合同或调整受益人的权益
信托顾问 Trust Advisors	可全部或部分覆盖投资顾问、保护人和收益分配顾问的角色	根据信托方案，拥有广泛的自由裁量权，但不能撤销和更换受托人，不能修改信托合同或调整受益人权益
分配顾问/委员会 Distribution Advisors and Committees	为受托人（Trustee）提供必要的家族信息	为受托人提供收益分配建议、受益人信息和家族情况信息，但是其建议没有强制性
撤销人/指定人 Reovers and Appointers	替代委托人指定受托人	根据信托合同，任命或更换受托人

资料来源：根据 Sherman & Howard L. L. C. 公司的公开演讲材料整理。

（三）信托契约安排

在设计家族信托契约中可以灵活定制有关的各种规定，由此产生不同种类。一般来说，家族信托主要有两种形式：全权信托（Discretionary Trust）和固定信托（Fixed Trust）。两种信托形式的主要区别在于对受托人权力的约束。全权信托，赋予受托人行使权力的选择权，受托人可以在委托人的意愿指导下自行决定信托财产的分配方式、财产的管理运作方式等；固定信托则与之相反，信托契约中通常会对信托财产的分配方式、管理运作方式等作出非常清晰的规定。

此外，信托还分为可撤销信托（Revocable Trust）和不可撤销信托（Irrevocable Trust）。可撤销信托，即委托人可随时将信托撤销拿回信托财产；不可撤销信托则不能随意撤销信托财产，只能通过分配等方式转移给受益人。目前来看，基于资产保护等原因，不可撤销信托为主流的选择（海外信托大部分是不可撤销信托）。但是，在进行某些税务规划的时候（如涉及持有美国绿卡的中国人），可撤销信托也可能被采用。可撤销信托与不可撤销信托的比较见表5。

表5　可撤销信托和不可撤销信托比较

类别	可撤销信托	不可撤销信托
特点	委托人在信托契约中保留了可随时终止信托并取回信托资产的权力	委托人没有终止信托或取回信托资产的权力，信托长期存续
优点	委托人可随时取回资产	信托资产安全性得到保障
缺点	信托资产可能面临债务追索等风险	委托人丧失了取回信托资产的选择

（四）信托财产

信托财产的概念是英国法的一个基本概念，并且是衡平法最重要的创造。信托财产是信托的关键点，信托活动与信托关系均是围绕信托财产这一核心而开展的，在遗嘱信托中也不例外。英美国家的信托制度，其整个操作过程中，都离不开信托财产“双重所有权”的特性，也就是信托财产的所有权与受益权相分离。这种信托财产的“双重所有权”观念，深深扎根在英美国家衡平法与普通法的长期抗衡中。根据英美法系国家法律规定，受益人根据信托文件的指定而享有的受益权被称为“衡平法上的所有权”，而受托人对信托财产的权利称为“普通法上的所有权”。这一制度设计使信托拥有了区别于其他类似的财产管理制度的本质特征，也成就了其制度的广泛性与优越性。但包括我国在内的大陆法系国家奉行严格的“一物一权主义”，其与英美法系国家这种双重所有权制度格格不入。因此，信托制度的引入与实际执行难免遭遇到困境，遗嘱信托也不例外。（信托财产在设立家族信托时所存在的障碍见下文“四（一）节”）

理论上，家族信托可以接纳所有权能够所有被转移的资产，包括房产、保单、股票、家族企业的股权、基金、版权和专利等。但实际操作中，会受到管辖法律对财产转让和持有的限制。

国内高净值客户在海外成立家族信托时，其资产一般只能包括在境外合法取得的收入，如境外投资所得和境外 IPO 所得，而外资身份的受托人在持有境内资产时往往面临限制。从安全性的角度看，与存于海外账户的现金和投资资产相比，将境内的不动产放入海外信托并不能最好地利用信托的资产保护作用，因为不动产所在地的纠纷诉讼依然可能影响该财产的安全性；从设立的复杂程度来看，不同的信托服务机构，对于能够放入家族信托中的资产类别要求也不一样，届时将面临烦琐的合同和相关手续。

国内家族信托发展还不成熟，目前只接受资金类资产，对非资金类的资产很难作一个界定和最终的变现处理，比如珠宝、首饰、字画、不动产等，需要第三方机构介入。国内的信托公司还没有能力对这些资产进行有效的综合评估，但随着今后行业发展，将各类资产打包管理将是主流趋势。

（五）信托存续时间

家族信托的存续时间是关乎个人自由及社会理念的重大问题，直接涉及遗嘱信托制度整体作用的发挥。在我国《信托法》中没有关于家族信托存续时间及对信托财产累积时间限制的规定，而家族信托的存续时间等是关乎个人自由及社会理念的重大问题，直接涉及信托制度整体作用的发挥。如果不对家族信托的“存续时间及信托财产累积时间”进行限定，就可能出现信托财产的无限膨胀，贫富两级分化加剧。

英美国家主要是通过“禁止永续法则”对遗嘱信托的存续时间加以限制，实现对信托财产转移时间的阻断及对信托财产累积规模的控制，从而达到强行终止信托的结果。其规定，“从信托生效时起计算，在该时存活的受益人一生加上 21 年内确立，如果委托人在信托文件中设立了超过上述受益人一生加上 21 年的期限，则此信托条款会因为违反禁止永续法则而被认定无效。”也就是说，委托人设立一项家族信托不论其在信托文件中设定了多么长的时间，也只能在法则规定的期限内有效存在，其受托人和受益人会受到信托条款约束，信托财产由受托人进行专业化的管理得到不断增值，而一旦超出了这期限，该项遗嘱信托也必须终止，从而避免了受益人无法获得信托财产的最终支配权，也避免了信托财产无限膨胀带来的财富两极分化加剧的问题。

（六）收益分配

一般情况下，信托收益按信托合同条款约定分配于受益人，但当信托受益人的数量发生变动，而且在遗嘱中没有预先规划好这种变动时，往往会出现收益分配的困难。比如，委托人有三个子女，另有两个孙辈出现，且都是长子的孩子，而此时长子过世，收益应当如何分配呢？这位长子应得的份额又由谁来继承呢？此时，国外一般有两种分配方式：权益人数分配（Per capita）和固定权益分配（Per stirpes）。

权益人数分配是“按照人头数”或平均分配。在按权益人数分配时，先在享有优先权的同一血亲等级中的子女中进行平均分配。在这个例子中，由于长子的去世，剩下的两个子女在同一优先层级中，所以收益将在这剩下的两个子女中分配，即他们每人获得一半的收益，而这个过世的长子的两个子女无法享受到收益。在一开始，大多数的继承和分配按照权益人数来分配。

随着时间的推移，许多法院和立法机关发现权益人数配给规则中，许多孤儿将一无所得，所以法院和立法机构开始采用固定权益配给规则。固定权益配给规则意味着“根据血统”或者是“根据代表权力”。在固定权益规则下，收益被按照平均的份额，分配给在同一等级中的后代。在某受益人过世后，该受益人的子女代表这名过世的受益人享受其收益份额，犹如这名受益人并未过世时一样。

（七）信托费用

目前，信托服务机构一般需要收取信托设立费和年费、运作管理费以及律师事务所、会计师事务所等第三方合作机构的收费。设立费是成立时一次性收取。信托机构为客户提供定制化顶层设计，根据信托服务的不同、合同的复杂程度，收费也不一样。海外家族信托的设立费用一般在1.5万~10万美元不等。

对于年费，一些私人银行和少数独立信托公司会按信托资产规模的一定比率来计算，因此资产规模较大的信托，费用也会相应较高。大多数独立信托服务机构则采取固定收费模式，具体金额一般根据资产架构的复杂程度而不同。第三方合作机构收费则以按服务次数和时间为准。

至于运作管理费，则是家族信托重要的收费项目。投资管理人一般会按业绩基准与家族客户按分成来收费，即按照帮助客户获取投资收益后，对投资收益进行分成。

以下以美国家族信托收费模式为例来说明信托费用的收取方法。

1. 委托管理费。按照一定周期收取协议规定的信托管理费，用于维持提供信托服务的基本费用。一般以百分比收取。在经营过程中，如果本金随着时间推移而增长，委托管理费也将在总收费额度上增长，但是增加部分的收费比率将逐步降低，用以鼓励委托人留存上一年度的委托金额。主要收取模式包括：

（1）扁平式（线性）。按照一定的本金比率收取费用。费用=本金×固定利率

（2）变动式（递减）。以一定数额的资金为基本单位投资额度，每追加一个单位的资金额度，即可享受优惠条件。较多信托基金按此种方式收费，用于反映小资金的管理成本和鼓励大额投资。美国市场的平均收费标准在信托总额的0.5%~1%（信托规模由高至低）。

（3）阶梯式。对投资金额设定一个区间，对任何一个在同一金额区间内的投资收取相同的收费率。对不同金额区间设定不同的收费率。

2. 绩效刺激费。根据信托协议，双方订立一个基准收益率。任何高于此约定收益的回报，

受托方可以获得协议规定的一部分报酬作为经济刺激以鼓励超额的收益。美国市场以10年期国债作为无风险利率，参照市场信息进行调整，双方指定一个约定收益率。例如，美国10年期国债利率2014年2月为2.6%～2.7%，投资人预期的市场稳定回报是5.5%～6%。信托管理费用占本金的比率+预期回报率=约定收益率=6%～7%。

绩效刺激费的获取方式仍分为线性和阶梯式。其中，线性模式为按照约定的百分比对超额部分提取，最高为20%；阶梯式设定超额收益的目标值，达到目标收益率后收取信托总额的一定百分比作为经济刺激。

3. 运营管理费。此部分作为营业成本，一般根据信托资金额度和信托机构自身运营效率来收取。由于这部分费用是信托机构表现竞争力的一种方式，所以越低越好。美国市场的收费额度一般在总信托金额的0.9%～1.6%，一般为1.5%。

4. 交易费。一次性费用，用以支付信托机构为此笔信托资金而新开发的优质增值服务和产品的交易费用。费用一般与单位收益率的风险成反比，一般小于新开发项目投资额的1%。

（八）设立及处理流程

家族信托的设立可参考国外遗嘱信托设立的流程。在欧美等国，遗嘱信托除符合信托法的基本要求外，还应当符合继承法的规定。一般说，遗嘱信托应当采取书面形式。遗嘱信托文件不同于一般的遗嘱。遗嘱信托文件应包括三个方面的当事人：委托人（被继承人）、受托人（遗嘱执行人）、受益人（继承人）。遗嘱信托必须指定受托人（遗嘱执行人），遗嘱执行人一般选择具有理财能力的律师、会计师、信托投资机构专业人员或专业机构。遗嘱信托的受益人可以是法定继承人中的一人或者数人。公民可以立遗嘱将遗产受益人指定为法定继承人以外的人。遗嘱信托在被继承人订立遗嘱后成立，并应于遗嘱人（被继承人）去世后生效。公证的遗嘱在效力上高于其他方式的遗嘱。一般来说，遗嘱信托的处理程序有以下几个步骤。

1. 鉴定个人遗嘱。在遗嘱中必须明确以信托为目的的财产，并明确表示用该财产建立信托的意愿，这是遗嘱信托成立的必备条件。

2. 确立遗嘱信托。首先，要确认财产所有权。信托机构作为遗嘱信托的受托人，首先要确知死者对于财产的所有权。其次，确立遗嘱执行人和遗产管理人。信托机构要成为遗嘱执行人或遗产管理人，必须由法院正式任命。最后，通知有关债权人和利害关系人。信托机构在被正式任命为遗嘱执行人或遗产管理人之后，应在报纸上刊登公告向死者的债权人发出正式通知，要求债权人在指定的期限（一般为通知发出后的4～6个月）之内出示其对死者的债权凭证，据以掌握和清偿债务。同时，信托机构还要向死者的继承人和被遗赠人两种利害关系人发出正式通知。

3. 编制财产目录。受托人应在被正式任命后的较短时间内（通常为60天左右）与遗嘱法庭一起完成对遗产的清理、核定。信托机构准备好一个登记簿，仔细地将死者的财产集中起来，并记录在登记簿上。

4. 安排预算计划。信托机构在受托管理遗产和执行遗嘱的过程中，会发生一系列的费用，为此，信托机构须拟订一个正式而详细的预算计划，将现金来源与运用逐项列示出来。若遗产的流动性差，现有的和可能的现金来源不足以支付债务、税款、丧葬费、受托人初期的管理费用等，则信托机构应制定一个出售部分财产的预算政策和计划。

5. 结清税捐款项。信托机构应付清与遗产有关的税款，这些税款主要有所得税、财产税和继承税。

6. 确定投资政策。如果遗嘱中涉及为了受益人的利益而必须对财产进行再投资的条款的话，受托人在准备税收申报单的同时，应该制定适当的投资政策和计划，选择既安全灵活又盈利的投资工具进行投资。信托机构受托进行投资，要像对待自己的财产或投资一样进行决策，投资决策应合理、及时、谨慎，需经得起主管部门的定期检查。

7. 编制会计账目。信托机构为每一个家庭信托财产设立独立的会计财目，在执行遗嘱或管理遗产阶段，即办理完各项遗产所得和债务、费用支付后所编制的会计账目，这些会计账目必须上交法院，经其核定后，寄发给受益人若干副本，允许受益人在一定时期内向法院提出异议。若无异议，法院则批准信托机构的该种会计账目。

8. 进行财产的分配。上交法院的会计账目获准后，由法院签发一份指示信托机构进行财产分配的证书。信托机构在收到该证书后，视遗嘱信托办理的进度决定行使分配权。若遗嘱信托已经办完，则着手对财产进行分配；若仍有部分的投资或其他业务未结束，则等办完之后再行分配。

（九）信托的修改与终止

鉴于家族信托期限长的特点，信托存续期间不确定性因素较多。因此，在信托方案设计及信托条款约定时，需要作充分的准备。在信托存续期间，其中一个关键问题是信托的修改与终结。参考美国家族信托实施经验，笔者将信托修改及终止的几种情形加以梳理，以供参考。

1. 信托协议修改的情形。

（1）当某个特定的受托人阻碍了委托人指定的纲领性的信托意愿时，通常由法院来裁定修改这个信托协议。当发生此类事件时，该特定受托人将会被暂停行使信托管理职务。

（2）当委托人无法提供维持信托协议的资金，同时信托收益无法在满足信托协议的要求下继续支付受益人时，法院有权力根据信托协议来分配收益给受益人。此种分配决定仅在以下情形有效：

①受益人的基本生活和教育无法得到满足。（保障基本生活）

②信托意愿只有在分配收益的情况下才能得到满足。（尊重信托意愿）

2. 信托协议终止情形。

（1）当协议规定的时间期限到达后，信托协议将会被自动终结。

（2）如果委托人在签订生前信托（Living Trust）时保留了对信托协议的撤销权力，那么他/她可以在任何时间终结信托协议。

（3）如果委托人在签订生前信托时没有保留撤销权力，那么需要委托人和所有受益人一致同意才能撤销信托协议。

（4）如果有任何受益人是未成年人或者是无行为能力者（Incompetent）时，这份信托协议将无法被撤销，因为在法律上，未成年人和无行为能力者作出"同意"的意向是不被认可的。

（5）任何对生前信托的撤销行为必须通过书面形式，并被签字认可，被充分认知其含义，或在签署该信托时同样的情形下得到见证。

（6）这份撤销协议的通知书应当在适当的期限内被送达受托人，但是即使撤销信托协议的通知书没有被送达，并不会影响信托协议被撤销的有效性。

（7）当遗嘱信托允许受益人转移他们的收益时，当没有其他实质性的委托意愿可以被执行的时候，这份遗嘱信托是可以被终结的。

3. 信托协议无法被终止情形。

（1）即使在所有的受益人一致同意的情况下，如果这种终结行为与委托人的意愿相违背，一份绑定遗嘱的信托协议是无法被终结的。

（2）当委托人要求对所有分配给受益人的财富收益添加一份有限奢侈浪费的保护条款时（例如增加一条收益分配上限），法院无权终止这份信托协议，也无权在违背委托人意愿的情形下对收益进行分配。

四、目前开展家族信托业务的障碍

（一）信托财产方面的缺陷

1. 信托财产所有权归属规定不明的缺陷。国内《破产法》规定，如果是为了逃避债务而隐匿、转移财产的，则不能划为破产财产之外。但《信托法》又规定，委托人不是唯一受益人的，当设立信托后，委托人被宣告破产时，信托存续，并不作为其清算财产。所以，假如委托人的债权人就财产纠纷诉至法院，当不能判明其中信托财产设立的初衷时，就极有可能将遗嘱信托财产判给债权人，使信托财产受损。为避免这一现象的发生，是否能在确立信托财产登记制度的前提下，针对家族信托的特殊性，给予家族信托中的财产登记区别对待。比如，对于设立家族信托的信托财产由受托人或是受益人进行相关登记，其对抗第三人的效力溯及信托成立之时，由受托人或是受益人过错造成财产没有进行信托登记而对第三人造成损失的，则由受托人或是受益人赔偿并承担连带责任。

2. 财产登记的缺陷。根据《信托法》规定，设立财产信托，依法办理信托登记是信托生效的前提。一方面，我国尚未建立统一规范的信托登记制度，目前并没有以其他法律或行政法规、部门规章的形式予以明确规定。这会使信托登记在操作过程中产生各种不同的理解，容易造成混乱。最终致使在家族信托业务中，以需要办理登记手续才能成为有法律效力的财产（如汽车、房产等）来设立信托时，将面临无法办理移转（过户）手续，或者不能进行以公示信托活动为目的的登记活动。这将影响信托的效力，对家族信托活动的持续发展影响比较大。另一方面，将财产情况进行公示，恐怕会引高端客户的抵触，个人信息得不到保密。

3. 税收面临双重征税的缺陷。按照我国现行税制，在信托财产的转移过程中将会重复征税，即当信托财产由委托人转移给受托人时，要征收一次财产转让的交易税，而当信托关系终止，信托财产返还给受益人或信托财产最终权利归属人时，还要缴一次财产转让的交易税，结果等于要缴两次税。我国眼下还没有出台避免双重征税的具体规定，这种税制上的滞后，从客观上遏制了家族信托的开展。

（二）成立与生效方面的缺陷

1. 遗嘱信托成立的度缺陷。（1）将受托人承诺作为信托成立的条件。我国信托法规定，“采取信托合同形式设立信托的，信托合同签订时，信托成立。采取其他书面形式设立信托的，受托人承诺信托时，信托成立”。这首先造成了与信托传统法理相悖，不利于保护遗嘱信托订立人意愿的实现及受益人的利益。其次，造成了《继承法》与《信托法》对于遗嘱信托成立条件规定的相互矛盾。《继承法》认为，遗嘱为遗嘱订立人的单方意思表示，无须遗嘱相对人的同意即可生效，因而造成两部法律不能衔接。

（2）遗嘱信托的设立形式太过单一。我国《信托法》规定，“设立信托应当采取书面形式；书面形式包括信托合同、遗嘱或者法律、行政法规规定的其他书面文件等”。这就意味着任何类型的信托包括遗嘱信托，均应采取书面形式的要件。强求所有遗嘱信托文件全部用书面形式订立显然是不合理的，同时也与我国的《继承法》的规定相互冲突。还有，受托人资格方面限制过严。虽然我国《信托法》规定，“受托人应该是具有完全民事行为能力的自然人、法人”。但中国银监会制定的《信托公司管理办法》却作出进一步的限制，其规定“未经中国银行业监督管理委员会批准，任何单位和个人不得经营信托业务”。这无疑提高了作为受托人的标准，使从事信托投资活动的门槛过高。过严的受托人资格使遗嘱信托这一民事信托失去了其灵活性与便利性。

2. 遗嘱信托生效的制度缺陷。根据规定，登记的完成是信托生效的要件，遗嘱信托也未能免除。首先不讨论将登记作为所有信托的生效条件合理不合理的问题。单就遗嘱信托来说，它的问题在于不仅是要求依据没有生效的遗嘱去办理遗产登记甚为不妥当，同时将遗嘱信托的生效条件规定为财产登记的完成也缺乏实践的可操作性。将信托财产的登记作为其生效的条件，特别是对遗嘱信托来讲，弊大于利，不利于我国信托活动的开展。

（三）变更与终止方面的缺陷

1. 遗嘱信托变更的制度缺陷。根据规定，仅赋予委托人信托的变更权。我国信托立法中只规定了委托人对信托进行变更的情况，而对于受托人、受益人却没有这方面的规定。这不仅有违于信托基本原理，也会使受益人的利益得不到保障。这种死人意志控制活人世界情况的长久存在可能会造成其管理理念与时代进步相背，同时可能会损害到受益人的利益。赋予了受益人信托的变更权，就可以更好地实现受益人权利的维护。因此，我国法律赋予委托人变更受益人及其受益权，而对受托人、受益人未作规定，明显不妥。

2. 遗嘱信托终止的制度缺陷。

（1）信托的终止规定过简且未限定遗嘱信托的存续时间以及信托财产累积时间。我国《信托法》对信托终止的事仅作简单的列举，只包括信托存续违反信托目的，信托目的不能实现、信托当事人协商同意以及唯一受益人死亡时信托终止的情况。这些规定都过于笼统、简单，不够全面，不利于信托活动的执行。如果不对遗嘱信托的存续时间及信托财产累积时间加以限制，势必会影响遗嘱信托制度整体作用的发挥。

（2）未明确规定受益人的终止权。对于信托终止的权利由哪些主体行使，在我国立法中未进行明确的规定，只在《信托法》中提到，委托人是唯一受益人的，委托人或者其继承人可以解除信托；全体受益人放弃信托受益权的，信托终止。这里受益人是以放弃信托受益权作为其终止权行使的代价，这算不上是一种权利。在国外遗嘱信托制度中就主要将终止权赋予受益人，侧重于保护受益人的利益。此做法更体现信托的本质，因为不论委托人在设立遗嘱信托时出于什么目的，但其最终目的是为将这份所信托的财产给予受益人所得。所以，我国立法有关信托终止的规定，不但在实践中的可操作性差，也不利于受益人利益的保护。

五、结束语

高净值人群数量及财富总额的快速增长为开展家族信托业务提供了外部空间，而高净值人群资产配置和财富管理需求转变则是发展家族信托的内生动力。通过上述三个因素分析，可预见高端财富管理市场将是各金融机构交锋的主战场，家族财富管理或将成为信托公司的又一重要业务领域，将在一定程度上影响信托业的整体转型。这也是作为一位信托从业人员关注家族财富管理市场，探索家族信托产品的初衷。面对家族信托这一崭新领域，我们需要对西方家族财富管理工具（如家族基金、家族信托、家庭办公室等）进行吸收学习，并根据我国特殊的政治、经济、文化环境加以改造，设计出机制与文化相匹配的家族财富管理模式。

限于作者知识结构和实践经验，本文仅就家族信托的开发设计基本要素进行初步探讨。如文末所述，当前我国家族信托业务的开展仍面临一定的障碍和约束，包括法律制度方面的硬性约束，也包括文化传统等软性约束。国外的遗嘱信托与当前部分信托公司探索的家族信托仍有区别，在家族信托开发设计、存续、终止清算等环节都存有诸多不可预测的情况。如何更加合理地构建产品架构，更加完善相关信托条款，为客户提供长期化、定制化及综合化的家族财富管理服务，应是行业未来研究和实践的重点。

（本文选自信托公司供稿）

信托行业在泛资产管理时代的发展策略

兴业国际信托有限公司　杨华辉

2012 年以来，中国证监会、中国保监会一系列有关资产管理业务的监管创新为国内资产管理市场注入新的活力。券商、基金、期货、保险、私募等各类金融机构开始进入或者拓宽资产管理业务领域。中国资产管理市场参与机构呈现出多元化格局，资产管理产品体系日益完善。信托行业作为国内最早开展资产管理业务的一类金融机构在新的发展阶段将面临怎样严峻挑战，又当如何把握机遇加快发展，本文对此进行了详细分析，在此基础上提出了信托行业发展策略。

一、本文相关概念界定

媒体对于各类金融机构全面拓展资产管理市场这一新兴金融现象给予了较多关注，“泛资产管理”或“大资产管理”成为媒体报道热点词汇。与媒体关注视角有所区别，国内学术界关注重点通常集中在新监管制度下特定类别金融机构资产管理业务发展模式或者对于监管制度创新本身剖析，对于“泛资产管理”概念界定、发展演化等方面的研究较少涉及。

信托业协会专家周小明博士（2013）提出：所谓泛资产管理是指其他资产管理机构可以更多地以信托公司经营信托业务的方式，开展与信托公司同质化的资产管理业务。从周小明博士定义中可以得出，泛资产管理体现在信托公司与其他资产管理机构在开展资产管理业务上存在两点共性：（1）资产管理业务制度基础；（2）资产管理业务外延。下面分别从这两个方面对于周小明博士提出的泛资产管理概念进行分析。

首先，分析各类资产管理机构是否具有相同资产管理业务制度基础。国内信托公司开展商事信托的法律依据是《中华人民共和国信托法》（简称《信托法》），委托人、受益人与受托人之间是信托关系。在中国证监会为规范券商、基金、期货公司开展资产管理业务而制定的部门规章中声明了相关金融机构开展客户资产管理业务的法律基础。其中针对券商和基金公司的相关管理办法的上位法是《中华人民共和国证券投资基金法》（简称《证券投资基金法》），期货公司为《期货交易管理条例》（简称《期货条例》），《证券投资基金法》的上位法是《信托法》和《中华人民共和国证券法》（简称《证券法》），因此就客户财产管理制度法律依据上看，券商和基金公司也是基于信托制度的。从《期货条例》来看，期货公司与委托客户之间的法律关系是“行纪关系”。虽然在法律特征上，行纪关系与信托关系存在较多共性，但在实质上仍属两类不同法律关系。中国保监会规范保险资产管理公司开展客户资产管理业务而制定部门规章，其上位法是《中华人民共和国保险法》（简称《保险法》）。《保险法》用于规范保险人与投保人之间权利、义务，当事人之间属于保险关系，与信托关系不同。我国私募股权投资机构（简称PE机构）近年来发展迅猛，但是用于规范PE机构的法律和规章还不完善。2013年之前PE机构如果以合伙企业方式设立，归属发展改革委审批，2013年PE机构开展上市交易证券投资业务归属中国证监会监管。王荣芳（2012）通过分析PE机构业务性质，指出其业务实质为集合理财。因为私募股权投资基金可以采用合伙企业、公司制或契约方式设立，所以对应法律关系也不相同。中国银监会有关负责人在2005年就《商业银行个人理财业务管理暂行办法》和《商业银行个人理财业务风险管理指引》出台答记者问环节中曾明确提出，个人理财业务是建立在委托代理关系基础之上的银行服务，是商业银行向客户提供的一种个性化、综合化服务。综合上述分析可以得到这样结论：资产管理业务中券商、基金公司与客户之间法律关系是信托关系；商业银行、期货公司与客户之间法律关系分别为委托代理关系和行纪关系；PE机构与客户之间法律关系需视业务具体方式来确定。因此各类资产管理机构所依据法律基础并非一致。

其次，分析各类资产管理机构是否具有相同资产管理业务外延。为了便于分析，本文以资产管理计划设立时基础资产范围和投（融）资领域两个维度比较不同类别资产管理机构开展的资管业务外延。设立信托计划的信托财产类别包括三类：（1）金融资产，包括资金、有价证券等；（2）实物资产，包括动产、不动产等；（3）其他财产或财产权利。从投（融）资领域来看，中国银监会仅作了一项禁止性规定，即不得开展除同业拆入业务以外的其他负债业务。因此信托公司拥有货币市场、资本市场和实业市场等最广泛投融资领域。下面以信托计划作为比较基准来分析其他资产管理计划特点。与信托计划相比，券商资产管理计划基础资产限于金融资产，投资领域上集合计划限于货币市场、资本市场，定向计划没有限制。基金公司资产管理计划基础资产仅限于货币资金，投资领域涵盖三大市场。期货公司资产管理计划基础资产仅限于货币资金，投资领域限于货币市场和资本市场。保险资产管理计划基础资产同样仅限于货币资金，投资领域虽然涉及三大市场，但是在实业市场投资范围较窄。通过前述分析可以得到如下结论：不同资产管理机构具有不同的资产管理业务外延。

综上，在资产管理业务制度基础和业务外延上，不同类别资产管理机构都存在一定差异，因此要把握泛资产管理内涵需要更加具有普遍意义的定义。本文将泛资产管理进行如下定义：基于信托、行纪、委托代理、保险等不同法律关系，资产管理机构根据事先约定，接受客户财产并代表客户对于财产进行投资管理的金融业务形式。

本文另外一个概念是信托行业。信托行业有广义与狭义之分。广义信托行业包括所有基于信托关系开展商事信托的金融机构，而狭义信托行业通常仅指获取信托营业许可的金融机构，即信托公司。本文取狭义信托行业定义。

二、泛资产管理时代主要特征

（一）泛资产管理制度框架

目前对资产管理行业的监管仍承袭了“一行三会”的分业监管格局，实际开展资管业务的机构以所属行业为划分标准实行归口管理。具体来说，由中国银监会监管商业银行和信托公司；由中国证监会监管证券公司、基金公司、基金公司子公司、期货公司和部分私募机构；由中国保监会主要监管保险公司、保险资产管理公司等。下面通过对现行各类机构资管业务监管规则的梳理来分析当前泛资产管理制度框架。

1. 各类机构资管业务监管。

（1）商业银行理财业务。商业银行理财业务可以视为目前资产管理行业的基石，为其他资管机构发展提供了重要的资金来源。以《商业银行法》为上位法，中国银监会有关理财业务的规章为辅，形成较为完整的监管制度体系。

在监管内容上，要求严格控制规模，与资产规模相对应；在风险控制上，要求严格风险拨备；限制表内业务表外化，提高表内业务风险可控性；配合宏观调控需求，规范理财资金投向，消除理财业务制度套利空间。

总体来看，中国银监会对商业银行理财业务的监管基本以传统银行业务监管为依据，以风险控制为核心，实行业务报备、资金投向、机构准入及信息披露全流程监管。监管目标反映了商业银行风险积聚的特点，与现行金融体系中，商业银行的主体地位相统一。

（2）信托业务。信托行业历经十余年高速发展，已成为仅次于银行业的我国第二大金融行业。在整个资管行业中，信托公司的监管法律、法规体系基本形成。以《信托法》为基础，《信托公司管理办法》、《信托公司集合资金信托计划管理办法》及《信托公司净资本管理办法》为辅，形成“一法三规”的基本监管体系。从监管构架来看，对信托公司的监管基本借鉴了商业银行监管的经验，尤其是净资本管理的规定，给信托公司业务规模增长和风险控制设定了底线，为信托业务有效监管提供了必要基础。

中国银监会对信托公司开展的各类业务包括银信合作业务、政信合作业务、证券信托业务、矿产能源项目等规模较大的业务类型实行了较为严格的分类监管。监管目标是配合宏观经济调控的顺利进行，严格限制规模无序增长，降低单一领域的风险积累，保证信托项目的可兑付。在审批机制上，目前中国银监会对于不同业务类型采取了差异化监管，单一类信托和多数集合类信托业务实行备案制监管，对于重点监管信托业务实行审批制监管，体现了业务审批效率和风险控制的统一。监管手段包括窗口指导、现场和非现场检查、监管评级调整以及监管处罚等。

总体来看，信托业务监管与商业银行理财业务监管紧密结合。以规模控制为主，对业务范围、规模增长和风险控制要求较高。创新业务资格审批流程较长，对业务创新风险容忍度较低，一定程度上限制了信托公司主动管理职能的建立和独立受托管理作用的发挥。

（3）券商、基金及期货公司资管业务。券商、基金以及期货公司资管业务从2012年开始取得了快速发展。目前中国证监会对其辖内机构资管业务的监管以鼓励创新、强调投资者教育和保护、实现有效风险自担为目标。在法规体系上，以信托类法律为参照，以《证券法》、《证券投资基金法》为上位法，以中国证监会发布的各项部门规章为依据开展行业监管。

监管的内容主要体现在以下方面：不断放宽业务范围和投资方式限制，提升创新盈利能力；未设置净资产管理的要求；以规章的形式明确其资产管理业务的合规性，为风险隔离和独立受托地位提供法规支持；构建产品流通市场，解决产品登记、托管和结算问题；强化对集合计划适当销售的监管，完善公平交易；简化行政审批流程，采用备案管理提高业务效率等。

券商、基金和期货公司资管业务的发展的背景是股票市场持续低迷，证券公司和基金公司盈利能力大幅度降低。中国证监会对于辖内机构的资管业务的监管采取了宽松为主的政策取向。宽松监管政策在推动业务发展的同时也为风险积累提供了一定的空间。

（4）保险机构资管业务监管。在券商、基金资管业务全面放开后，中国保监会也开始着力推动保险公司参与资产管理业务的经营。在法规体系上，以《保险法》为基础，以中国保监会发布的各项部门规章为依据开展行业监管。监管目标为，推动保险机构自主决策、自行投资、自担风险，将决策权完全交予市场。

在监管内容上，由于保险资金规模巨大，是资管业务重要的资金来源。中国保监会对其辖内机构参与资管业务的监管主要以调整其投资范围为主，不断拓宽投资品种和投资范围，包括债权、股权、不动产、金融衍生品以及境外投资等在内都成为保险资金投资方向；在自主性资产配置以外，放开委托投资业务，允许保险资金对接信托计划和券商资管计划等；简化审批流程，实行备案制管理；降低净资本管理要求。此外，中国保监会还允许保险机构通过设立保险资产管理公司作为受托人开展资产管理业务。除受托管理保险资金外，还可受托管理养老金、企业年金、住房公积金和其他企业委托的资金。同时，经有关金融监管部门批准，保险资产管理公司可以开展公募资产管理业务。

与中国证监会的监管相仿，由于保险机构资管业务处于初创阶段，中国保监会在监管上也以放松监管、推动业务创新为重心，通过修订部门规章，为保险机构开展受托管理业务提供法规支持。

2. 当前监管体系存在的问题。

（1）多头监管，人为分割市场。目前实际对资管业务实施监管的机构主要包括中国银监会、中国证监会、中国保监会。根据监管对象相对划分监管职能，实行分业监管。各金融机构虽然从事了本质上相近的资产管理业务，但受制于分业经营、分业监管的现实，市场进入壁垒较高，人为造成了市场分割的存在。

（2）标准不一，存在监管套利。目前各类金融机构在开展资管业务过程中面临的监管标准并不统一，表现为所适用的法律关系不统一，投资者适当性规定不统一、投资范围和投资管理过程规定不统一等。种种不统一造成了不公平竞争，也助长了监管套利现象。

（3）信托业规制滞后，制约行业发展。目前用于规范信托关系的法律为《信托法》，而用于规范信托行业发展的《信托业法》长期缺位，只能依靠中国银监会在20世纪90年代制定的部门规章。随着资管市场的快速发展，信托业务面临的市场环境的遽变使得原有条款滞后于行业发展需要，如信托受益权不可分割的规定，极大降低了信托产品的流动性，也使得信托产品标准化无从着手，在非标业务风险逐步为监管所重视、发展空间却不断缩小的条件下，阻碍了信托公司业务转型的实现；而对于信托计划投资者人数和门槛的限制，也影响了信托公司利用基金化产品的发展提升主动管理能力，使得信托公司无法摆脱对商业银行的黏性。

（二）中国资产管理市场发展

1. 资产管理市场构成分析。银行、证券、基金、信托等金融行业协会定期公布相关金融机构资产管理业务统计数据。保险、期货资产管理业务数据未见披露。综合各专业协会统计数据以及社科院《2013年金融蓝皮书》对于中国资产管理市场构成进行总体分析。2012年我国银行理财产品累计发行总规模在20万亿元以上。截至2012年末，银行理财产品余额为7.1万亿元，同比增长54.7%；信托资产余额为7.47万亿元，同比增长55.6%；基金行业整体资产管理业务余额为3.6万亿元（公募基金为2.87万亿元），同比增长65.4%；券商资管计划余额为1.89万亿元，同比增长570%。

2. 资产管理市场主要特点。从上述数据分析，可以得到资产管理市场存在以下几方面特点。（1）从资产规模来看，虽然银行理财产品2012年末产品余额与信托业相当，但是由于银行理财产品周期短，其累计发行规模最大。商业银行是资产管理市场主力军。银行之后，信托资产余额领先基金和券商是资产管理市场重要组成。（2）从增长率来看，信托行业经历十余年发展，行业整体已经由高速扩张期进入平稳发展期。而基金、券商受到监管政策激励，资产规模实现高速增长。

三、中国信托行业面临的机遇与挑战

（一）信托行业面临的挑战

1. 监管标准不统一导致信托行业处于不利竞争地位。

（1）净资本管理。中国银监会颁布的《信托公司净资本管理办法》（中国银监会令 2010 年第 5 号）以及配套的《信托公司净资本、风险资本计算表》明确规定了信托公司各类业务的风险资本计提比例。中国证监会颁布《关于修改〈关于证券公司风险资本准备计算标准的规定〉的决定》（证监会公告［2012］7 号）规定，证券公司经营证券资产管理业务的，应分别按专项、集合、限额特定、定向资产管理业务规模的 4%、3%、2%、2% 计算资产管理业务风险资本准备。《证券投资基金管理公司子公司管理暂行规定》中只要求注册资本不低于 2 000 万元，尚未对其资产管理业务实行净资本管理。

不同监管规定造成对净资本管理标准不统一。比如信托公司开展银信合作业务中的贷款业务等融资类业务风险系数总计 10.5%。证券公司开展同类业务的风险资本准备基准计算比例仅为 2%，连续三年监管评级为 A 类的公司计算比例为 0.8%。基金管理公司子公司则根本不需计提风险资本。由于净资本管理标准不统一造成信托公司银信业务大量转移到其他金融机构。

（2）合格投资者规定。中国证监会颁布《证券公司客户资产管理业务管理办法》及其实施细则规定：限定性集合资产管理计划接受单个客户的资金数额不得低于人民币 5 万元；非限定性集合资产管理计划不得低于人民币 10 万元。对于限额特定资产管理计划，要求单个客户参与金额不低于 100 万元，客户人数在 200 人以下，但单笔委托金额在 300 万元以上的客户数量不受限制。《基金管理公司特定客户资产管理业务试点办法》规定与限额特定资产管理计划要求基本一致。

银监会颁布《信托公司集合资金信托计划管理办法》规定：委托金额不低于 100 万元的单个信托计划的自然人人数不得超过 50 人，但单笔委托金额在 300 万元以上的投资者数量不受限制。因此仅就具有可比性的信托公司集合信托计划与券商特定限额计划以及基金公司的特定资产管理业务相比较，信托公司能够接受的 300 万元以下投资人数量为后者的 1/4。这样规定一定程度上抬高了信托计划成立规模的同时也限制了投资人参与信托计划的机会。

（3）机构设立。券商经过多年发展已经形成了广泛营业网络，形成了对于其资产管理计划有力销售渠道，而且设立资产管理子公司审批标准也比较宽松。同属中国证监会监管的基金公司在设立分支机构和资产管理子公司方面与券商监管标准类似，监管环境比较宽松。

与券商等金融同业相比，信托公司在机构设立方面监管比较严格。根据《信托公司管理办法》规定，未经批准信托公司不得设立或变相设立分支机构。此外，信托公司设立资产和设立管理子公司也受到严格限制。这对于信托公司优化资本运作、扩大营销网络都形成较大制约。

2. 同业机构加入导致资产管理市场竞争加剧。

（1）融资方议价能力增强。一方面由于中国经济进入产业结构调整期，经济发展告别高速增长阶段；另一方面自2012年下半年以来中国资产管理市场金融机构新进入者数量大幅增加。两方面因素综合作用导致现阶段可投资优质资产相对稀缺，由此资产管理市场融资方议价能力增强，从而使得资产管理行业利润空间受到压缩。

（2）投资者对理财产品要求提高。国内资产管理市场经过十余年发展，投资者投资理念日益成熟。除了对理财产品风险水平、收益率等基本属性关注之外，投资者对于理财产品交易便利性、流动性要求也在提高。而受制于目前监管制度，信托产品的高投资门槛、交易手续烦琐、流动性不足等缺陷一定程度上制约了投资者对于信托产品参与。

（3）信托产品可替代性加强。2012年之前，商业银行、公募基金和信托公司都有各自独立市场和客户定位。2012年下半年以来，随着泛资产管理推进，券商、基金、保险等开始涉足原来信托公司业务领域。借助政策优势，券商等不仅在机构业务领域对信托行业造成较大冲击，同时对于投资者，券商、基金、保险等推出资产管理计划在准入门槛、流动性等方面的优势对于信托产品形成较强替代性。

3. 信托行业配套制度不完善导致信托制度优势难以发挥

信托行业立法目前只有《信托法》。《信托法》是规范信托关系基本民事关系的法律，涵盖民事信托关系和商事信托关系。而直接规范金融信托机构设立与变更、业务范围、经营规则、监督、自律组织及罚则的《信托业法》长期缺位。当前银行业已经有《商业银行法》和《银行业监管法》，证券业、基金业和保险业的业务规范和监管有《证券法》、《证券投资基金法》和《保险法》的规定。

《信托业法》缺位直接影响到信托制度优势发挥。信托本质上是一种灵活的财产管理制度安排，需要围绕信托财产确认、信托财产流转税收、受托人组织形式及变更、消灭等问题进行法律规定。银监会部门规章作为下位法，其效力不能支撑相关配套法律体系建立。李勇（2006）论述了设立《信托业法》必要性，其他学者，如周小明（1996）、陈大钢（2004）等也都在各自研究中提出了立法重要性。

信托行业配套制度不完善对于行业发展制约在过去发展中由于市场空间大、信托公司数量有限等影响尚不显著，但是在泛资产管理不断深化时代背景下，资产管理行业竞争日趋激烈，对于信托制度潜力发掘将成为影响信托行业未来发展重要因素。

（二）信托行业发展面临的机遇

1. 泛资产管理监管制度逐步走向规范统一。针对同一资产管理市场采用不同监管制度造成的市场分割、监管套利等影响资管行业健康发展的问题，国家已经开始寻求解决办法。2013 年 8 月 20 日国务院官网正式对外发布《国务院关于同意建立金融监管协调部际联席会议制度的批复》（简称《批复》）。《批复》主旨在于：协调不同监管机构对于资产管理业务监管政策；推动银行信贷资产证券化业务创新发展；防范跨市场、跨行业经营带来的交叉金融风险。从对资产管理行业影响角度分析，部际联席会议制度将有利于推进解决目前资产管理业务多头监管导致的政策尺度不统一问题，为行业营造有利于公平竞争的发展环境。

2. 与金融同业相比信托公司具有先行优势。

（1）信托公司客户群体和品牌影响力不断增强。2001 年以来随着一法三规逐步建立，信托行业保持持续快速发展态势。信托公司管理稳健，信托计划风险可控，产品收益率处于市场较高水平。历经十余年健康发展，信托行业已经树立为高净值客户提供高端理财服务市场定位，客户群体规模不断壮大。同时信托公司在拓展业务同时，不断加强对于财富管理品牌和影响力塑造，行业整体影响力得到较大提高。

（2）信托公司在传统业务领域具有比较优势。不同于银行、证券、基金、保险等金融机构拥有各自专属业务领域，信托公司一直是中国金融体系中市场化程度最高的一类金融机构。依托信托投资跨领域和投资方式灵活性，信托公司总是能够及时挖掘资产管理市场热点并形成自身优势业务领域。通过十余年资产管理市场的深耕，信托行业在房地产、基础设施、工商企业、金融市场等领域都已经拥有比较优势。证券、基金、保险等后进入者目前还处于复制信托业务模式初级阶段。

（3）泛资管深化为信托与其他机构合作创造空间。泛资产管理虽然带来信托与其他金融机构在同质化业务上激烈竞争，但是同时也为不同金融机构之间业务合作带来发展机遇。比如，2012 年 10 月 22 日中国保监会发布了《关于保险资金投资有关金融产品的通知》，正式放开保险资金投资集合资金信托计划等金融产品；2013 年 3 月 22 日，人社部发布了《关于扩大企业年金基金投资范围的通知》，将信托产品纳入企业年金的投资范围。这些政策为信托开展与保险、企业年金的合作提供了广阔空间。因此，竞争与合作并存将是中国泛资产管理时代的一个主要特征。

3. 经济社会发展对信托有巨大需求。

（1）服务实体经济发展。作为中国金融体系中市场化程度最高的一类金融机构，信托公司与实体经济关系应当是最密切的，在服务实体经济方式上既有直接方式，如向工商企业贷款等，也有间接方式，比如通过同业合作等将资金投向实体经济等。2013 年 7 月 5 日，国务院办公厅发布《关于金融支持经济结构调整和转型升级的指导意见》，成为信托行业今后服务实体经济的基本指引。未来信托行业将在推进信贷资产证券化、常规化发展，盘活资金支持小微企业发展和经济结构调整，为新产业和新融资需求提供综合金融服务等方面发挥重要作用。

（2）推进国家城镇化建设。按照户籍人口计算，当前我国城镇化率仅为35%左右，与发达国家平均80%的水平相比仍有很大差距。新型城镇化是未来十年中国扩大内需的最大潜力所在。农村规模化生产、基础设施建设、住房、消费服务等领域都将产生巨大的资金需求，给信托公司多种业务创造发展机遇。目前已经有信托公司探索在农村土地流转中引入信托制度，利用信托制度的财产隔离、财产保护和财产管理功能，加快农村土地流转和利用，可以让产权充分市场化，实现土地流转的公平与效率。在城镇化推进过程中，信托将迎来巨大发展机遇。

（3）参与社会公共事务管理。与信托业发达的西方国家，甚至是亚洲国家或地区相比，中国信托业无论在广度还是深度上都存在较大差距。国内信托业展业领域比较狭窄，目前主要从事金融服务领域，实际上在在社会公共事务管理领域信托同样具有广阔发展空间。根据中国社科院所作《中国信托产业发展之路》研究结论，通过转变政府职能，发展养老金、公积金、物业费、公益慈善基金等社会保障、管理和服务类信托，将提高社会管理和服务的效率。因此，信托参与社会公共事务管理具有良好发展前景。

四、中国信托行业发展策略

面临泛资产管理时代的巨大机遇与挑战，中国信托行业要成功实现“转危为机”保持行业持续健康发展，需要在发展策略上进行转变。

（一）发挥先行优势，提升专业管理能力，巩固传统业务领先地位

宏观经济增速放缓，监管政策逐步收紧以及金融同业竞争加剧对于信托行业在传统业务领域发展造成较大威胁。信托行业如何打破面临的发展瓶颈，保持在传统业务领域领先地位？长期以来，信托行业与金融同业不存在直接竞争，其根源在于信托业务专营制度壁垒。随着金融同业监管制度创新，制度刚性壁垒已经消除。在相同或相近制度框架下，信托行业要巩固在传统业务领域地位就必须加强专业化管理能力。在这方面，信托行业作为国内最早开展资产管理业务专业化金融机构已经具备良好的基础，下一步要发挥行业先行的优势地位，需要继续提升投资管理能力、融资管理能力、受托管理能力等，通过专业管理能力塑造柔性壁垒，提升行业竞争力。

（二）创新业务模式，服务实体经济，以金融推进经济结构转型

中国经济发展在中长期内都将处于调整结构、升级发展阶段，宏观环境变化倒逼信托行业必须转变发展方式。信托行业作为国内市场化程度最高的一类金融机构，其自身发展与实体经济关系是最密切的。一方面，实体经济需要信托的服务。信托资金的运用方式灵活，有股权、

债权、夹层融资等多种方式，而且投资领域广泛，横跨三大市场。信托行业在服务实体经济中更多地体现出一种整合优势，为实体经济提供全方位的金融服务；另一方面，信托行业的发展需要实体经济的支撑。信托的价值发挥是应当建立在实体经济的发展基础上的，不与实体经济结合的信托，最终追逐的是一场货币幻象。在新的发展背景下，信托行业需要进行业务模式创新，从适应大规模经济扩张阶段的批量化发放贷款到适应经济调整升级阶段的优化债务融资工具，以及股权、债权和夹层的综合运用等灵活金融工具设计，通过创新业务模式来满足不同区域、不同行业、不同类型融资主体需求，满足实体经济发展需求。

（三）升级资产管理价值链定位，挖掘高端财富管理领域

从价值链角度分析，资产管理价值链可以分解为项目资源获取、产品设计、产品销售、管理服务等一系列价值创造活动。长期以来，信托行业在资产管理价值链上定位于产品设计环节。随着同质化业务竞争加剧，信托行业需要主动调整自身定位，向附加值更高的管理服务环节转移。经济学家王连洲在2013信托业峰会上指出，随着中国居民财富的增长，为“有钱人”理财的市场日趋扩大。中国的家族财富管理为信托业的发展提供了广阔的空间，因此，信托行业需要针对高端客户群体的风险偏好和投资需求，开发出个性化的产品与服务，为客户提供量身订制的高端理财服务，拓展高端财富管理领域业务。

（四）以差异化定位促进金融同业互补合作，实现行业优势资源整合

从供给与需求角度分析，中国资产管理市场当前主要矛盾不是市场饱和导致过度竞争，而是供给与需求之间存在较大缺口，未来市场空间潜力巨大。在发展方式上，资产管理行业已经发生根本性转变，由过去少数金融机构的专营方式转变为各类金融机构全面参与的发展方式。不可避免地，在行业管制放开初期会形成在容易进入的基础性业务领域高度同质化竞争。从市场发展规律来看，同质化竞争必然导致特定业务领域盈利水平稀释。因此，各类金融机构要获取高于市场平均的盈利水平就必须走差异化发展道路。各类金融机构需要基于自身制度体系、资源禀赋、优势领域等提供差异化的产品与服务。进而，不同类型金融机构差异化发展为机构之间互补合作提供了现实基础。信托行业需要找准自身差异化定位，在竞争中寻求与金融同业合作，最终实现行业整体优势资源整合。

（五）拓展信托功能，扩大信托在社会事务管理领域应用

将信托运用于社会事务管理、服务民生领域，既是对信托功能的拓展，也是信托公司履行社会责任、树立自身形象的需要。信托行业可以进行社会事务管理服务的重点领域包括保险和养老金的运用及公益信托和农村土地流转等。目前保险、银行和信托已经开始相应的合作，随

着保险资金运用政策的进一步放开，其中创新发展的空间十分广阔。公益信托方面，目前公众的公益意识和捐赠愿望迅速提升，但某些慈善组织却备受质疑，就是因为尚未形成对慈善基金透明管理的机制。信托公司开展公益信托可以大有作为。农村土地流转方面，随着中国土地体制变革，信托公司可以多种形式参与农村土地使用权、城镇土地开发流传等市场。

（本文选自信托公司供稿）

家族信托在财富传承中的运用

——兼论信托公司家族信托业务发展思路

中诚信托有限责任公司　王玉国　赵　鹏

我国有“富不过三代”的说法，德国人也用“创造、继承、毁灭”三个词语来描述祖孙三代人的命运，这些都描述了家族财富在传承过程中面临的问题。家族信托，作为一种家族财富传承的模式越来越被普遍接受和运用。

一、家族信托的优势

家族财富进行传承的目的有家族企业战略发展、家族治理、金融投资、子女教育、税务规划、慈善捐赠等。现代的家族财富传承，并不完全依照传统，将家族财富的所有权以及控制权从上一代完全传承给下一代，而是仅仅完成所有权的传承，继承者放弃一部分对家族财富的控制权，聘请专业机构来管理家族财富，逐步实现所有权与控制权分离，从而实现家族财富管理从家族化走向现代化。

家族信托是指委托人以家族财富的管理、传承和保护为目的，依托家族财富成立一定规模的信托资产，并委托给专业机构作为受托人，由受托人按委托人的意愿，以受托人的名义，根据商事活动的一般规则进行管理与处分，并将所得信托收益分配给家族成员的一种制度安排。家族信托与其他家族财富传承的常见工具（遗嘱、赠与、家族基金、人寿保险信托）相比，有着期限长（可以是永续信托）、流动性好、独立性强（信托财产所有权与受益权分离）、委托人的控制力强（可以根据委托人意愿来分配财富并决定资金投资方向）、较小的税务支出以及财产的多样性（可以把有形或无形资产）等无法比拟的优势。

二、家族信托的运用方式

家族信托的运用方式主要有遗嘱信托、保险金信托、表决权信托、离岸信托等。

（一）遗嘱信托

遗嘱信托是指委托人预先通过立遗嘱的方式，将财产的规划内容，包括交付信托后遗产的管理、分配、运用及给付等，详细地订立于遗嘱中，待遗嘱生效时，再将信托财产转移给受托人，由受托人依据信托所设立的内容，管理处分信托财产。遗嘱信托所主要解决的是委托人死后财产如何管理和处分的问题，与一般继承不同之处在于，它借助引入第三者，也就是受托人来实现委托人维护家族地位、实现财产保值增值，甚至借助对财产的控制来实现对后代及社会控制的目的。

遗嘱信托的主要特征有三个。

1. 遗嘱信托以遗嘱作为信托设立的方式，是委托人遗嘱的具体表现形式。由于遗嘱具有单方性，受托人需要以适当的方式做成可以证实的承诺，承诺的形式可以是自书遗嘱或代书遗嘱。《中华人民共和国信托法》第八条规定，信托必须以书面合同的形式设立，受托方可以在遗嘱上阐明承诺，也可以由公证机关对承诺内容作出公证。

2. 遗嘱信托以委托人死亡为遗嘱信托生效时间，遗嘱信托关系不会因法律关系当事人的死亡而终止。这与一般信托生效有区别，一般信托双方就设立信托达成要约和承诺的一致后，信托关系即时生效。

3. 遗嘱信托的财产转移与一般信托的财产转移不同。一般信托财产是由委托人本人或其代理人进行相应的不动产变更登记或动产交付完成，且在财产登记或交付行为完成时信托生效；而遗嘱信托生效时，财产转移（继承）才刚刚开始，委托人的财产尚未由其继承人或遗嘱执行人进行财产的变更登记或交付。

（二）保险金信托

保险金信托是一项结合保险与信托的金融信托服务产品，以保险金给付为信托财产，由保险投保人（即委托人）和信托公司签订保险金信托合同书，当被保险人身故发生理赔或满期保险金给付发生时，由保险公司将保险金交付给受托人（即信托公司），并由受托人依信托合同的约定管理、运用，并按信托合同约定方式，将信托财产分配给受益人，并于信托期间终止或到期时，交付剩余资产给信托受益人。

保险金信托的主要特征如下。

1. 通过信托条款约定，委托人将保险金的受益权委托给受托人。委托人将记载保险利益的保单作为信托财产委托给受托人，就完成了信托权利的移交。一旦保险条款中被保险人的理赔条件发生，保险公司将保险金交付于受托人（信托公司），受托人按照保险金信托合同的约定进行管理，使保险合同中的受益人受益，而不是直接交付于原保险合同中的受益人。

2. 受托人的最终目的是为了保险金信托受益人的最大利益对信托财产进行管理和运作。受托人应为受益人的最大利益保存、利用信托财产，为受益人维护信托财产，增加信托财产的价值。受托人可以依照信托条款约定从该笔信托财产中获取应得的报酬，但不得从信托财产中获得任何其他利益。

（三）表决权信托

表决权信托是指股东根据表决权信托中的约定，在一定时间范围内，以不可撤销的方法，将其持有股份上的表决权或与之相关的权利转让给另一或若干受托人，后者可以为实现某些合法目的，在协议约定或法律规定的期限内合法行使表决权，股东或股东指定的人享有受益权的一种法律制度。家族成员可以通过表决权信托在家族财富传承的过程中继续拥有其企业的股份控制权，同时把经营权和决策权转移给外部，获得外部关键的金融资本和人力资本，同时分享控制权收益。表决权信托是信托在商事领域中的运用形式，其本质在于对公司控制权的集中和争夺。在家族财富传承中，控股股东可以通过多种方式灵活运用表决权信托来实现自己控制家族企业的目的。

表决权信托的主要特征如下。

1. 表决权信托的不可撤销性。信托财产“所有权和控制权”相互分离，表决权信托有效成立后，在当事人约定以及法律规定期限，表决权信托法律关系不得因委托人、受托人或受益人任何一方无民事行为能力甚至死亡而终止。

2. 表决权信托的有期限性和延展性。通常，一般信托关系没有期限限制，表决权信托期限可以由当事人自由约定，以防止表决权信托期限过长或不够出现损害委托股东和受益人权益的现象。

3. 表决权信托证书的有价证券化。表决权信托证书是证明其持有人处于受益人地位的凭证，表决权信托证书可以像股票一样流通转让，是可流通的凭证。

（四）离岸信托

离岸信托是指在离岸属地成立的信托，一般是指日常管理在境外进行，全部或大部分受托人不在本国居住或不在本国习惯性居住的，委托人为本国居民的信托。由于不同的属地对信托的定义或法律条文有相对宽松或特别的政策，因此受益人的利益能够得到更多的保护；离岸信托一般创立在财产授予人的注册成立地以外的司法权区；同时由于避税地在税收上能够给予受益人更多的优惠，大多数的离岸信托都建立在避税地。

离岸信托的主要特征如下。

1. 利用离岸信托来转移财产。如果委托人所在的国家或地区税负较高，委托人可以建立信托关系，将信托财产转移给在避税地设立的离岸信托，从而合理地避免由这些财产所产生的高额税收。

2. 利用离岸信托来实现继承计划。对于资产所有人而言，离岸信托不仅可以避免因民事继承须在资产所有权利当地申请办理而产生的烦琐法律程序，又可避免因委托人本身国籍所附加要求的“强制继承”而引发的问题。

3. 税负优化。委托人通过信托安排，使资产所有权的“国籍”产生了转移，从而转移了“征税权”，尤其对于“被动投资”收入的税收而言，合理的信托选择，可以产生潜在税项利益。

三、国内信托公司开展家族信托业务的现实约束

国内的信托公司开展家族信托业务，必须要明确家族信托财产的种类、设立家族信托的目的、信托设立的相关法律规定等。但是，由于国内信托基础配套制度推进缓慢，制约了家族信托业务的开展。

（一）信托财产登记制度建设滞后

信托财产登记是指委托人设立信托时，登记机构对信托财产的转移（变更）和信托的基本内容进行的登记，即委托人把初始信托财产转移给受托人时依法进行的财产转移登记以及信托基本内容的登记。信托财产登记制度建设滞后，使得信托财产的独立性、破产隔离等特点无法得到充分的体现，与信托立法本意不符，制约了股权信托、不动产信托和其他财产权信托开展和信托功能的发挥，从而影响了家族信托业务的开展。

（二）信托税收制度不明确

信托税收制度不明确导致家族信托业务开展中存在的双重交税等问题，也制约了家族信托业务的空间。我国现行税制是在1994年税制改革基础上逐步完善形成的。1998年财政部与国家税务总局颁布《关于证券投资基金税收问题的通知》，明确了基金营业税、印花税和所得税的税收问题，但是信托公司却无法套用此项规定。由于缺乏信托方面的专门立法，我国的信托业务只能一直沿袭一般产业政策的纳税准则。根据现行税制，信托业务开展中涉及的主要税种包含印花税、契税、增值税、营业税、房产税、附加税、个人所得税等等。依照此类准则，信托的两个环节都存在着重复纳税的情况：

1. 信托的设置和终止环节。现行的规定造成在信托财产设立时，信托财产名义交付产生的纳税义务，与信托终止时信托财产转移所产生的纳税义务相重复。

2. 信托存续环节。在信托经营过程中信托收益产生的所得税的纳税义务，与信托终止时或

信托收益分配时产生的所得税纳税义务相重复。

（三）其他约束

信托产品缺乏流动性安排和必要的风险缓冲机制，刚性兑付的压力较大；信托公司作为拟上市公司股东、参与受托管理保险资金等障碍仍未突破；普通民众获取财富的机会不均等导致对财富阶层的理性缺失；我国的私权保护状况不理想等。这些因素都是制约家族信托进一步开展的重要原因。

四、家族信托产品设计思路

借鉴国际经验，结合我国家族财富传承特点，信托公司在现有法律规定的框架内，家族信托业务可考虑围绕养老型信托、子女抚养型信托、保险型信托、财产保值增值型信托、家族企业传承型信托等产品类型展开。

（一）养老型信托产品

针对有一定经济实力而又由于客观条件无法得到家庭有效照顾的老年人。财富拥有者将其财产交给信托公司，信托公司根据客户的财产情况及需求，为其量身定制养老计划和选择合适的养老机构，直至其去世后的丧葬事宜安排；同时针对客户的信托财产制订管理和投资方案，以实现该财产保值和增值，在客户去世后根据信托协议进行财产处置和分配。其具体产品流程示意如图 1 所示。

（二）子女抚养型信托产品

针对财富拥有者希望在自己身后能够安排好子女的生活，使其生活不受影响的需求，信托公司可设计推出子女抚养型信托产品。其具体产品流程示意如图 2 所示。

（三）保险型信托产品

针对在保险公司投保人身伤害保险的客户，信托公司与目标客户及其保单上的受益人签订信托协议，将目标客户的人身伤害保险赔偿金纳入信托资产。在客户未来受到人身伤害或死亡后，信托公司即可以按照协议的约定向侵权人或相关责任方主张权利，要求对方支付赔偿金，获得理赔后将保险金作为信托资产进行管理并向保单上的受益人支付信托收益或移交信托财产。其优点之一是信托公司办理理赔事宜，可以消除受益人相对于保险公司的弱势地位，保障其得到全面赔偿；优点之二是通过将保险金纳入信托计划，避免了保险金在银行中的闲置，可以为

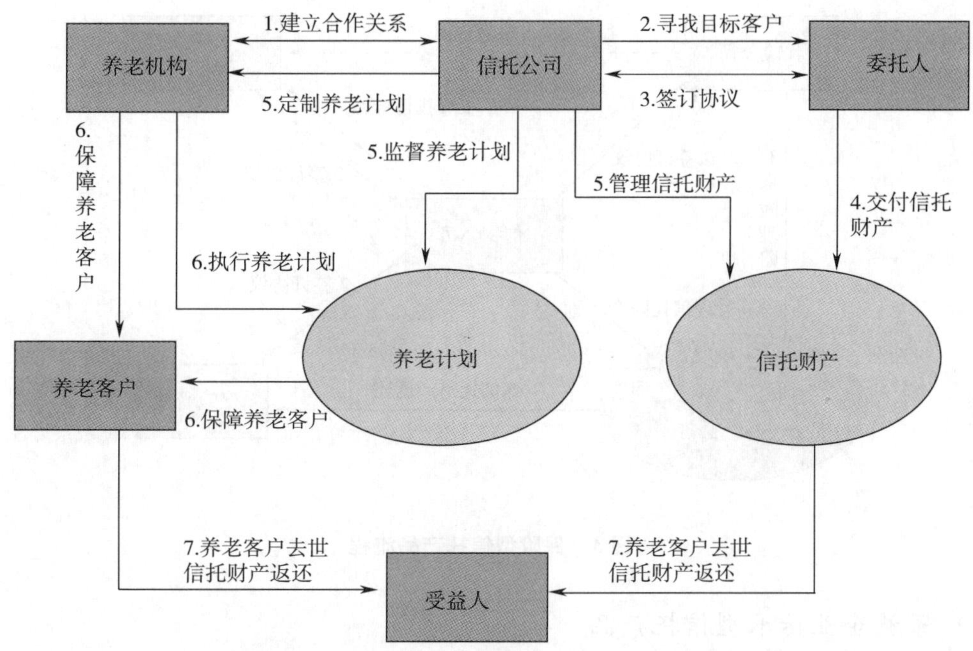

图1　养老型信托产品流程

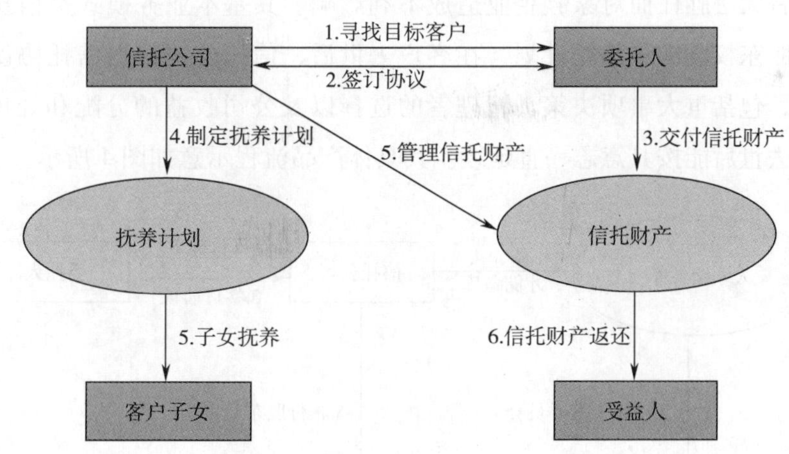

图2　子女抚养型信托产品流程

客户创造更大的收益。其具体产品流程示意如图3所示

（四）财产保值增值型信托产品

针对有财富保值增值需求的财富拥有者，特别是高端法人客户，譬如全国五百强企业、事业单位、各类基金会等，可根据客户的风险偏好和需求来配置不同类型投资产品，主要目的是确保委托人资产能保值增值，并不以高收益为目标。招商银行、平安信托发布的“家族信托”均可归入此类型。

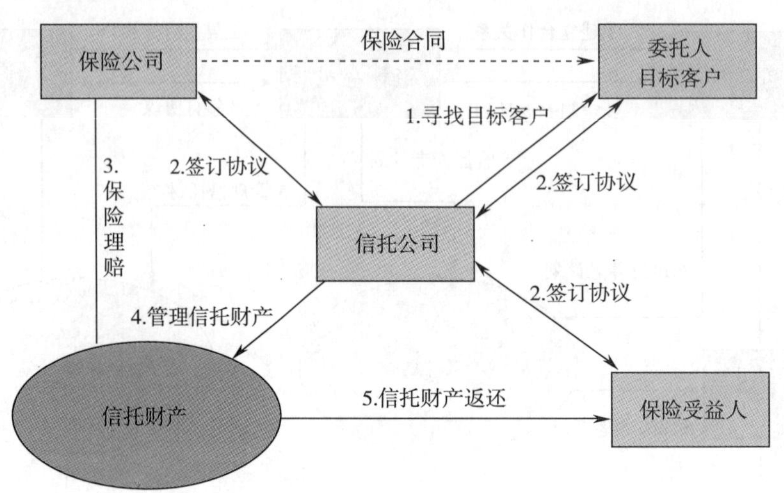

图3　保险型信托产品流程

（五）家族企业传承型信托产品

某些家族企业的财富拥有者，希望在自己去世后该企业仍能可持续发展，避免因继承人之间的财产纠纷或者无法胜任而对家族企业造成不利影响。其基本业务模式是信托公司将目标客户的股份或其他股东权益纳入信托计划，在客户去世后，信托公司根据信托协议的约定履行资产所有者的职责，包括重大事项决策、管理者的选择以及公司收益的分配和处理，以保证相关家族企业在客户去世后能按其意志一直延续。其具体产品流程示意如图4所示。

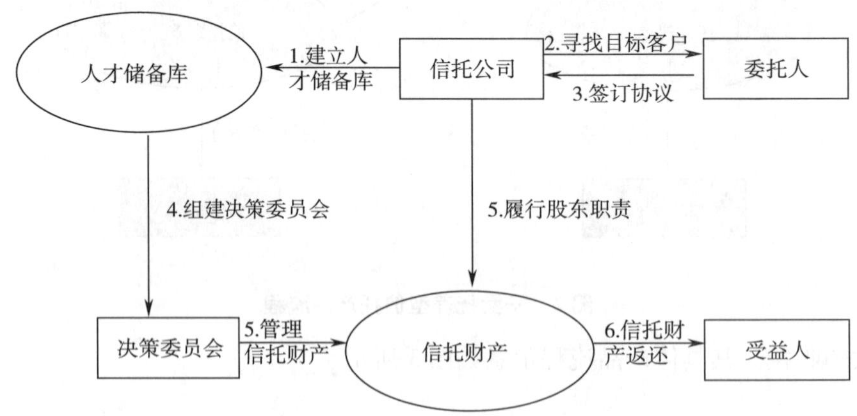

图4　家族企业传承型信托产品流程

该类信托可以利用如下一种方式或几种方式混合实现。

1. 家族财产合格继承人信托。该方式下，父母并不指定某人为家族财产的合格继承人，而是设立信托计划通过激励的方式培养家族成员成为合格的继承人，保证家族企业正常运营。

2. 遗产管理信托。财富拥有者个人在世时设立遗嘱信托，由受托人依据委托人的意愿在其过世后管理和处分其各类财产，实现其个性化的目标，如为没有能力管理遗产的遗孀或遗孤管理财产，在达到一定目标后将财产管理权交回受益人，或者按照委托人的意愿由受托人分配遗产，避免遗产纷争等问题出现。

3. 离岸信托。家族企业管理者将家族财富交给信托公司，通过离岸信托等方法完成合理的避税，避免家族财富在传承中损失。同时可以与信托公司制定特别条款，委托信托公司管理家族财富，实现该财产保值和增值，使家族财富避免因挥霍、债务、离婚等意外造成的风险。

五、信托公司开展家族信托业务的关键点

（一）主动管理能力

信托公司应尽快提高自身的主动管理能力，这样才能充分发挥信托制度的跨市场投资能力。信托公司要积极拓展自身产品与服务的内涵和外延。除了当前财富管理业务中金融产品的供应商之外，家族信托需要信托公司为客户提供包含除了现金投资外，房屋与股权等资产的综合管理，乃至税收规划、遗产管理、养老保障等一揽子服务内容。

（二）以客户为导向

信托公司要开展家族信托业务，必须先得将产品导向转变为客户导向。信托公司要深入了解和挖掘客户需求，制订个性化的财富规划方案。家族信托需要信托公司通过分析委托人的财务状况和风险偏好，以及受益人的财富需求发掘其财富管理需求，制订财富管理目标以及未来的支出规划，平衡资产和负债，以实现财富的保值、增值和传承的目标。

（三）品牌建设

如何获得委托人的信任，是家族信托设立的前提条件。目前整个中国的信用制度尚处于建设过程中。信托是以信用为基础的，在信用制度未完全建立起来之前，缺乏对信托的认可以及自然人之间信用制度的缺失，都会制约家族信托业务的开展。对于信托的认可，需要整个大环境的逐渐改变。而信托公司获得委托人信任的出路之一，就是加强信托公司的品牌建设。

（四）团队建设

相对于资产投资，信托公司需要为客户提供多层次的风险和收益的投资领域与金融产品；而对于客户服务，信托公司需要从传统的信托产品的提供和服务者向多领域的综合服务提供商

转变。国外成功的家族信托，都有获委托人信赖的专业团队亲自持续负责。因此，不管信托公司独立完成还是与其他机构合作，都需要有一个涵盖投资、法律、税务、客服等多方向的核心专家团队。

（五）提供多层次的家族信托产品

鉴于国内家族信托刚刚起步，信托公司必须能够针对不同需求的委托人提供多层次的信托产品，并在这个过程中，逐渐进行客户关系建设、品牌建设、团队建设，完善家族信托创设环境，从而完成信托文化普及，推动信托制度建设。

（本文选自信托公司供稿）

金融创新浪潮下的信托监管建议

百瑞信托有限责任公司　程磊

金融体系发展的主线是功能而不是机构，谁能以更高的效率、更低的成本、更好的服务满足社会需求，谁就是最有发展前途的机构，并在竞争中处于优势地位。近期，证券、保险、基金等金融子行业纷纷出台了一系列新的政策措施，极大地拓展了上述行业的业务范围，使得其资管业务与信托业务之间产生了很强的替代性，从而对信托业未来的发展产生了深远的影响。在此背景下，探求信托行业可持续性发展之路成为当下信托行业必须面对的问题。

一、近期其他金融子行业出台的主要新规

1. 2012 年 8 月 3 日，银行间市场交易商协会发布《银行间债券市场非金融企业资产支持票据指引》，随后，8 月 7 日首批 3 只资产支持票据（ABN）通过注册并完成发行，标志着非金融企业又一创新性债务融资工具的诞生。

2. 2012 年 9 月 20 日，中国证监会颁布《证券投资基金管理公司管理办法》（证监会第 84 号令），随后又于 2012 年 9 月 26 日颁布《基金管理公司特定客户资产管理业务试点办法》（证监会令第 83 号令）及其配套文件。这两套文件的出台，对基金公司开展资产管理业务进行了一系列调整，进一步放宽了该业务的投资范围。

3. 2012 年 10 月 18 日，中国证监会颁布《证券公司客户资产管理业务管理办法》（证监会第 87 号令）及其配套文件，与此前的规定相比，新的管理办法出现明显松动，为券商资产管理业务开展创造了良好的条件。2013 年 1—2 月，中国证监会先后下发《公司债券发行管理暂行办法》（征求意见稿）、《证券公司资产证券化业务管理规定》（征求意见稿）、《证券公司债务融资工具管理暂行规定》（征求意见稿），对于建立多层次债券市场、发展资产证券化业务有着积极的影响，并且拓宽了证券公司债务融资渠道，扫清了券商加杠杆的制度障碍。

4. 2012 年 10 月，中国保监会先后发布《关于保险资产管理公司有关事项的通知》、《关于保险资金投资有关金融产品的通知》等六个文件，对保险资管业务进行了规定，扩大了保险资金的投资范围。2013 年 2 月 4 日，中国保监会发布《关于保险资产管理公司开展资产管理产品

业务试点有关问题的通知》，对于保险资管公司开展资管业务提供了依据。

二、新规特点及其对信托业的影响

无论是从提升信托行业自身竞争力，还是从加强行业间合作角度出发，都有必要对这些新规及其对信托业的影响进行认真研究。

（一）证券、基金新规的特点及影响

1. 完全比照信托功能开展资产管理业务，对信托具有极强的替代性。

业务种类上，券商和基金管理公司的资产管理计划在业务类别划分上和信托公司基本一一对应。

投资范围上，新规中，基金公司资产管理计划投资范围增加了“未通过证券交易所转让的股权、债权及其他财产权利”，而证券公司定向资产管理业务的投资范围则可以由证券公司根据客户需求约定。尽管目前信托具有横跨实业市场、资本市场和货币市场三大市场的制度优势，投资范围较宽，但根据新规，券商、基金通过各种形式的创新，可以实现与信托相同的投资范围。

破产隔离机制方面，在券商和基金资产管理业务中，是以部门规章的形式进行规定，相对于信托法，其法律效力存疑。

对于市场竞争而言，在业务种类、投资范围、风险隔离上，信托产品和券商、基金资产管理业务无本质性差别，因此市场倾向于收费最低的产品提供者，导致各类机构陷入价格战，甚至短期内市场会出现“劣币驱逐良币”现象。就业务开展成本而言，在基金公司资产管理业务中，只需要2 000万元注册资本即可成立，无净资本约束，因此其资产管理业务规模可实现无限制增长，业务杠杆高，净资产收益率高，对单个业务的收费要求低；而在近期券商开展的通道类业务中，也仅收取极低（万分之几）的费率甚至不收费，这将导致资产管理行业进一步通道化，且价格竞争愈演愈烈。通道业务的大幅流失，将严重影响信托资产规模的增加，从而削弱信托公司的社会公信力。券商、基金在此领域竞争优势的获取仅依赖于不同监管部门监管政策的差异进行的监管套利，而非自身具有更强的资产管理能力。

2. 投资者范围和数量更加宽泛，能更好地满足融资需求。

从相关监管法规对投资门槛、投资者人数等发行环节的规定中看出，相对信托公司而言，券商和基金资产管理业务具有更大的优势。

在投资者资格限制上，信托和基金的投资起点均为100万元，而证券公司资产管理业务投资者资格限制更加宽松。《证券公司客户资产管理业务管理办法》第二十四条规定，限定性集合资

产管理计划客户的投资门槛为5万元，非限定性集合资产管理计划客户的投资门槛为10万元。券商客户群体覆盖面更广，既包括高端投资者，又包括中小投资者，同时，券商、基金自身主业为公募业务，分支机构遍布全国，公募业务积累了大量客户，为私募业务打下了基础，其私募资管业务实质上已经公开化、公募化，使得其同时具有推介优势和门槛优势。

从投资者人数来看，在同样单笔委托金额300万元人民币以上的投资者数量不受限制的条件下，证券公司限额特定资产管理计划和基金公司特定客户资产管理计划投资者数量均为200人，而信托公司单个集合资金信托计划投资者数量不得超过50人。并且，证券公司限定性集合资产管理计划和非限定性资产管理计划均无人数限制。

从券商资产管理业务对投资门槛的设定来看，中国证监会对于私募的理解更加倾向于投资门槛（客户风险承受能力）与产品性质相匹配，即针对不同的计划类型设置不同的投资门槛，按照同样的逻辑，其在投资者人数限定上也更看重投资者的风险承受能力而不是人数的增减，因此其将证券公司限额特定资产管理计划投资者人数限制为200人，且限定性集合资产管理计划和非限定性资产管理计划无人数限制。由此，变相扩大了募集规模。信托产品还受制于两个集合类信托不得投向同一项目的规定，加上投资者人数的限制，在募集规模上不能很好地满足融资方的需求。

3. 倾向于轻资产管理模式，强调投资者风险自担。

技术层面上，信托的投资者保护措施最为全面有力，投资者可通过受益人大会决定信托计划的重大事项。券商和基金资产管理业务收取管理费，但没有规定投资者保护的具体方式，不对终极风险承担责任，强调投资者风险自担。

组织形式上，基金通过设置子公司实现风险隔离，但对注册资本的要求较低，风险承担能力较弱。相比信托注重资本的“重资产管理”，基金、券商资产管理实质上是一种“轻资产管理”模式，更加注重“知本”。基金资产管理子公司仅要求基金公司控股50%以上，甚至允许自然人入股，为股权激励留下了操作空间。

4. 产品的开放性和流动性方面，券商和基金资产管理更为宽松

高端客户对于产品流动性和开放性的要求较高，在新的监管框架下，券商、基金资产管理计划更能满足客户的需求。

在开放性上，监管部门对集合资金信托产品的开放期设计较为谨慎，而券商和基金资产管理的类似规定则非常宽松。证券公司可以根据集合计划的类型、特点和客户需求设立开放期；基金公司特定多个客户资产管理计划每季均可开放，且为多个客户设立的现金管理类等中国证监会认可的其他类型资产管理计划还可根据客户需求灵活设置开放期。

在流动性上，券商和基金资管均可以通过交易所平台进行转让，极大地提高了这两类产品的流动性。尽管信托合同中通常规定允许转让，但是信托产品缺乏有效的流通平台，流通机制

的广度和深度远不能满足市场需求。

5. 拓宽基础资产范围，资产证券化业务向常规化发展

在征求意见稿中，证券公司资产证券化业务基础资产范围涵盖企业应收款、信贷资产、信托受益权、基础设施收益权等财产权利，商业票据、债券及其衍生产品、股票及其衍生产品等有价证券，商业物业等不动产财产，提供了企业融资的新模式，也为证券公司开展 REITs 提供了有利条件。而目前信托公司资产证券化仍仅限于信贷资产，并且每轮额度非常有限，不利于信托公司探索支持实体经济发展的新模式。

6. 证券公司债务融资工具管理暂行规定助力券商提升杠杆

在现有公司债、次级债等融资工具的基础上，中国证监会在《证券公司债务融资工具管理暂行规定》（征求意见稿）中允许证券公司发行收益凭证这一新的融资工具，没有限制规模上限，本金和收益的偿付与货币利率、基础商品、证券的价格或者指数的特定标的相关联，不仅有助于券商提升杠杆，并且有利于开展合成 CDO 等创新产品。

7. 拓宽公司债券发行主体范围，非上市公司可通过非公开方式发行公司债券

根据《公司债券发行管理暂行办法》（征求意见稿），非上市公司可以通过非公开发行方式发行公司债券，采取备案制，发行对象包括金融机构、金融机构面向投资者发行的理财产品、注册资本不低于 500 万元的企业法人、实缴出资金额不低于 500 万元的合伙企业、QFII、RQFII、金融资产不低于 300 万元的个人投资者，每期债券投资者不超过 200 人。非上市公司私募债的发行人与融资类信托业务的融资方有较大的重合，中国证监会此次征求意见稿对于发行主体不设任何财务指标和发行限制条件，发行条件相对宽松，证券公司在理顺这类业务后将对信托公司的融资类业务产生巨大冲击。

综合来看，券商、基金新政下开展的资管业务，以及非上市公司私募债的推出与信托公司的主业几乎完全重叠，导致信托公司缺乏独有的专属业务；券商资产证券化业务的监管要求非常宽松，而信托公司同类业务面临的限制过于严格，致使本属于信托原理的业务领域几乎被券商完全占据。从长期看，信托的制度优势会被其他金融机构资产管理业务的不断创新和相关政策的放宽所侵蚀，最终导致信托公司出现生存和发展危机。

（二）保险新规的特点及影响

本次中国保监会出台的新规，对信托公司未来的投融资业务影响巨大，具体表现在两个方面：

在机构层面，保险资产管理公司可以作为受托人，接受客户委托或设立资产管理产品，开展资产管理业务；符合有关规定的，甚至可以申请开展公募性质的资产管理业务。保险公司资产规模大，并具有极强的社会公信力，这将变相为其控股的保险资产管理公司资产管理业务提

供增信，且保险具有众多的分支机构、庞大的营销团队和极强的营销能力，对信托公司业务拓展和客户营销影响巨大。

在业务开展上，保险新政将保险资金投资于基础设施债权投资计划的受托人界定为保险资产管理公司，将信托公司排除在外，未来其他业务投资领域预计也会有类似的限制。同时由于保险资金体量大，资金成本低廉，因此一旦进入产业市场，将具有很大的竞争力，其可直接通过保险资产管理公司对接融资者，这将极大地削弱信托公司融资业务的竞争优势。同时，由于其成功管理保险资金的历史业绩，其低风险稳定收益的投资策略对于养老金、企业年金等机构投资者具有很强的吸引力。

在资产管理业务规定上，保险资产管理公司资产管理产品与基金公司的特定客户资产管理计划非常类似，包括向单一投资人发行的定向产品和向多个投资人发行的集合产品，向多个投资人发行的集合产品投资人数不超过200人，单一投资人初始认购资金不低于100万元。发行对象包括境内保险集团（控股）公司、保险公司、保险资产管理公司等具有风险识别和承受能力的合格投资人。从客户群体上看，保险资产管理公司客户风险偏好程度较低，相应地对于收益率也没有太高要求，因此其资金成本最低，可能导致优质项目优先流向保险资管。

（三）ABN 的特点及影响

在金融工具属性上，ABN作为一种介于企业债和资产证券化之间的新型融资工具，实质上是在银行间债券市场发行的类信托产品，且具有以下优势。

（1）发行程序简单，不需要经过特殊的审批，只需在交易商协会备案即可。

（2）ABN可以绕开净资产40%的限制，且对发债主体的资格要求较低，成本更低。因此发行人可以突破融资规模限制，通过基础资产现金流的优先受偿权使得债券评级一般会高于主体评级，从而获得更低的融资成本。

发行的便利性和低成本使得融资方倾向于选择ABN，替代信托融资，其直接后果是造成信托公司客户质量的进一步下滑，加剧信托业务风险。

在市场内涵上，根据交易商协会现行规定，包括ABN在内的非金融企业债务融资工具主承及承销机构名单主要是银行和证券公司，未把信托公司纳入承销商范围，其实质是银行间接开展了资产管理业务，且无须纳入表内监管，银行既有项目又有资金，直接满足了客户低成本融资需求，进一步压缩了信托公司的业务空间。

相对于券商、基金资产管理业务的盈利模式和现有资产管理能力使得其在通道业务和资本市场业务中占有优势，ABN和保险资产管理能够为客户提供更加低廉成本的资金，从源头上争夺了信托行业的客户，其对信托公司的融资类业务产生的影响可能更大。

三、信托监管的具体建议

金融机构组织形式的变化总是与监管制度的演进相辅相成，随着金融机构的衍生和变异，监管机制也必须作出衍生和变化。目前的金融机构是基于分业经营而设，但随着利率市场化的加速推进及金融体制改革日益深入，中国金融机构进入了全面资产管理时代，综合经营趋势的日益明显。监管层应加强相关配套制度的建设，同时，为适应资管市场激烈的竞争应鼓励信托公司开展各项创新，并适时根据市场发展情况给予一定的政策调整。

（一）完善信托制度基础设施建设

随着金融市场进一步开放，各类金融业态在分业监管形势下的相互渗透将成为常态。完善信托制度基础建设是信托业长远健康发展的根本，其具体措施包括：

1. 创建信托登记制度，建立类似于中债登、中证登的信托产品登记机构。

2. 开设信托资产/产品交易所作为信托一级市场和二级市场，满足信托产品发行和信托受益权的流动性需求。

3. 协调解决信托税收问题，为财富传承、财产权信托、公益信托的兴起和发展打下基础。

4. 协调解决信托财产的转移和抵质押登记问题。明确信托财产的信托属性，确立以信托合同作为依据办理不动产等财产权的转移或抵质押登记，避免出现为办理相关登记而虚构交易合同或借款合同的情形，同时也为财产权信托的创新、REITs 业务的开展奠定法理和实施基础。

5. 推动建立信托账户，为未来向高净值客户提供综合金融服务做准备，满足信托本源业务的内在需求。

（二）推进市场化监管

金融机构的竞争不仅仅是金融机构自身的竞争，更是金融监管机构之间的竞争。监管应适时调整，使相同的资管业务面对相同的监管政策，为金融机构创造公平的竞争环境。

1. 在组织层面上。允许设立资产管理子公司，进行适当的风险隔离，使“知本”和“资本”得以有效结合；鼓励资产管理公司专注于资产证券化、房地产信托投资基金等某一类业务或某一行业领域。

2. 在技术层面上。

（1）放宽投资者人数限制，强化风险承受能力的判断，弱化具体投资人数的限制，建议比照券商、基金资管监管，将投资者人数放宽至 200 人。

（2）区分公开发行和非公开发行，根据产品不同的风险水平施行不同的投资门槛，尤其是对于投向固定收益类产品的低风险业务，例如现金管理类信托产品降低投资门槛至5万元，取消投资者人数限制，关键在于将合适的产品卖给合适的客户。

（3）明确放宽开放期设置，可以根据客户需求灵活设置开放期；取消集合资金信托计划期限不得少于一年的限制。

（4）允许信托公司为信托产品提供双边报价服务，即成为信托产品的做市商，提供流动性服务。

（5）将资产证券化业务从试点转化为常规化业务，扩大信托公司资产证券化业务基础资产范围，引入未来可产生稳定现金流的非信贷资产作为基础资产，通过银行间市场发行资产支持证券。

（6）对资金池业务不能因噎废食，应以规范引导为主，强化风险控制，引导该类业务健康发展。

（7）取消关联交易事前审批制，改为"需在发行材料和信托合同中充分向投资者进行披露，并在计划成立后5个工作日内向监管部门报备"，并明确关联交易标准。

（8）取消"贷款不得超过其管理的所有信托计划实收余额30%"的限制，鼓励融资类信托债券化，把收益权信托做成收益债券，放入银行间市场。

（9）取消"信托受益权进行拆分转让的，受让人不得为自然人"，"机构所持有的信托受益权，不得向自然人转让或拆分转让"的限制，可规定"转让后，投资者标准和人数均符合发行时的要求"即可。

（10）对于银行通道类业务，银信合作、银证合作监管标准应统一，要么都放开做，要么全部入表，避免存在监管套利的空间。

（11）允许信托公司发行债券，进行适当的杠杆化。

（12）允许信托项下开展卖出回购、正回购等正常的金融市场交易工具。

（13）调整净资本监管规则，下调通道类业务风险资本计算系数，承销业务的风险资本仅在承销当月计算。

（14）区分房地产信托业务类型，可设定一定的标准，对于符合标准的项目，如投向保障房、养老地产、商业地产领域可采用事后报备制。

（三）加强与其他监管机构的协调

资本市场作为经济金融的核心要素，股权投资始终是一个重要的业务领域，因此建议：

1. 协调中国证监会给予信托公司更多的准入，如信托投资PE、信托计划参与定向增发。鉴于信托行业已推行净资本监管，资本金日益成为信托公司发展的重要约束因素，建议明确信托公司上市融资具体原则，鼓励信托公司通过上市途径增强自身资本实力。

2. 银行间债券市场是机构资金的主要投资平台，建议放开信托公司承销 ABN，允许信托固定收益类产品在银行间市场发行。

（四）引入信托保险机制分散风险

截至 2012 年末，信托行业管理的信托资产规模 7.47 万亿元，预计 2013 年末行业信托资产规模将达到 10 万亿元，按照 2012 年末的集合信托规模占比 25% 测算，2013 年末，预计集合信托规模将达到 2.5 万亿元，假定集合信托的不良率为 1% 保守计算，将产生 250 亿元的不良信托资产。

金融机构的利润来自对风险的经营水平，因此，消除信托产品的风险是不可能和不现实的，我们只能考虑如何降低或转移风险。在业务实践中，集合信托产品通常会设置抵质押、结构化等内部信用增级和第三方企业保证等外部信用增级措施作为对受益人利益的保障措施。由于提供外部信用增级的第三方企业通常为融资方的关联方，因此保障能力十分有限，信托计划清算对融资方还款能力有较强的依赖性。

鉴于上述原因，建议引入保险机制分散集合信托风险。具体思路是，信托公司将信托产品到期按时收回本息向保险公司投保，保险公司按照实收信托规模的一定比例（假定为 30% ~ 40%）进行承保，并收取一定的保费（假定为承保规模的 1%，则对于整个项目而言为实收信托规模的 3‰左右）。信托计划运行过程中，若融资方未按时偿还贷款本息，则保险公司在承保额度之内进行赔付，超出承保额度部分，信托公司可通过处置抵质押物等方式进行追偿，从而使受益人利益得到更大程度的保障。

（本文选自信托公司供稿）

信托私募企业债初探

——信托业务创新的一个设想

中铁信托有限责任公司　陈赤

一、信托融资功能的合理性

近年来，我国信托业实现了快速发展，管理资产规模持续攀升，2012 年末赶超保险业，坐上了中国金融业的第二把交椅。据中国信托业协会披露，截至 2013 年末，信托业资产规模已达到 10.91 万亿元。目前，融资类集合资金信托业务是信托公司的主营业务，这主要是受信托业发展背景和历史因素的影响。改革开放后我国信托业的恢复，是为改革高度集中的传统金融体系而进行的强制性制度变迁，而非尾随于经济社会内生需求的诱致性制度变迁，其融资功能便是在这种制度变迁中形成的。在相当长的时期里，信托被当做“金融体制改革试验田”，主要功能是为金融市场提供更具灵活性和弹性的融资通道。

虽然信托融资类业务的发展并非源于单纯的市场自发行为，但不可否认的是，随着信托“一法两规”等制度的实施，信托公司的发展日益规范，其融资功能因具备灵活便捷和市场化的特点，已成为中国金融体系的一个有益组成部分，其存在具有长期的合理性。由于我国金融市场化的步伐落后于时代环境的变迁，计划经济色彩多有保留，一方面导致实体经济（尤其是众多民营企业）的大量合理需求得不到有效满足；另一方面，导致微观机构难以摆脱受宏观调控一刀切的影响。两方面因素叠加，强化了我国金融制度的非均衡性。

在目前商业银行存款利率市场化改革没有取得实质性进展，庞大的民间金融活动还未被接纳进正规金融体系之中的情况下，高度市场化取向的信托融资服务为社会创造了新的金融路径，满足了实体经济中大量优秀企业的融资需求，提高了金融市场的效率，改善了现有金融体制的非均衡性，在一定程度上起到了宏观调控的减震器和润滑剂的作用，成为稳定和促进增长的积极力量。因此，信托的融资功能既有坚实的市场需求，又有现实的制度背景，具备存在的合理性。

二、融资类信托计划的金融属性：由直接融资工具异化为间接融资工具

虽然融资类信托业务具有存在的合理性，但却又因“刚性兑付”的隐性承诺机制而使其发展不具有可持续性。这主要表现为投资人在投资信托计划时，本应承担相应的投资风险，但目前信托公司却有压力必须分配给投资者本金及收益，当信托计划不能如期顺利兑付时，便需要信托公司“兜底”。这就违背了“风险与收益相匹配”的资本市场的运行规律，如此一个“零风险、高收益”的体制显然存在很大的风险隐患，不具备健康发展的可持续性。要从根本上消除这一制度障碍，应首先厘清融资类信托计划的金融属性，找到问题的症结，并对此进行制度的创新和产品的升级。

（一）融资类信托计划的设计初衷

信托计划是一种直接融资工具还是间接融资工具？从形式上看，投资者（即信托的委托人）所购买的是信托公司所发行的信托计划，而借款人所融通的资金是向信托公司申请的借款，似乎信托计划属于一种间接融资工具。但是，按照信托“一法两规”的规定：其一，投资者交付给信托公司的信托财产不属于信托公司对投资者或受益人的负债，这从根本上将投资者购买信托计划的行为与存款人将资金存入商业银行的行为区别开来。其二，在信托合同中，信托公司向投资者说明了信托资金管理、运用和处分的具体方法或安排。事实上，在主流的“一对一”的信托计划中，投资者清楚地了解信托资金运用于哪一家特定的企业，甚至运用于哪一个具体的项目上。同时，信托计划不承诺保本和最低收益，即信托公司不得以任何方式承诺信托资金不受损失，或者以任何方式承诺信托资金的最低收益；信托公司依据信托合同约定管理信托财产所产生的风险，由信托财产承担。因此，投资者购买融资类信托计划，在衡量风险时，应主要考虑该信托计划所对应的借款人的信用风险，而不是信托公司本身兑付信托资金的能力；如果发生违约风险，投资者可通过受托人即信托公司向借款人提出偿付要求，但不得直接要求信托公司兑付；信托公司在不存在违背信托计划文件约定、处理信托事务不当的行为的前提下，对投资者并无偿付义务。从这一点看，信托公司在资金融通中所发挥的作用，迥异于商业银行；信托计划既不是存款工具，也不同于金融机构发行的金融债，而是接近于企业债券的一种新的金融工具。因此可以说，信托计划虽然由信托公司所发行，在形式上带有一些间接融资的色彩，但从实质上分析，它属于直接融资工具。

（二）“刚性兑付”使信托计划的异化

目前在信托业，“刚性兑付”演化为信托公司发行融资类信托计划的一个隐性承诺，无论到

期信托财产的状况和收益如何，信托公司均须保证给投资者兑付本金和收益。之所以产生“刚性兑付”的隐性机制，主要受以下三方面因素的影响。

首先，与民事信托一般由委托人作为创设信托的发起方不同，信托计划作为一个金融产品，是由信托公司发起创设的，而信托公司的尽职调查和内部审查批准是一个信托计划发行的前提，这就在信托计划上附着了一定的信托公司的信用。信托公司的调查是否尽职，受托人的职责是否得到切实履行，目前在实践中并无十分明确的标准和清晰的边界。在信托计划的推介活动中，为了顺利营销，信托业务人员缺乏将相关风险向投资者充分揭露的激励。因此，如果一旦出现风险，信托公司能否自证清白，不是一件容易的事情。出于可持续性经营的考虑，信托公司对防范声誉风险十分重视，也有不小的动力来维持“刚性兑付”，谁也不敢或不愿充当破除“刚性兑付”的“出头鸟”。

其次，目前对融资类信托计划投资者的风险教育和风险揭示还不到位，也没有现实的无法兑付的例子让投资者警醒，加上投资者自身承担风险的意愿和能力都不够强，他们或有意或无意地把购买融资类信托计划看成是一种风险很低的金融产品，有的甚至把信托计划当做是一种变相的“高息存款”，抱着出了问题找信托公司解决的想法。同时，信托计划信息持续披露的透明度不够，加之缺乏流动性，没有风险分担机制，客观上加强了投资者对信托公司的依赖。

最后，监管部门出于防范金融风险、维护社会稳定、促进行业长远发展等方面的综合考量，把保证融资类信托计划足额兑付作为监管的一个“底线”，强化了刚性兑付机制，使之成为一种不成文的制度约束。

因此，刚性兑付客观上使融资类信托计划从直接融资工具异化为间接融资工具，让信托公司成为信托计划到期兑付义务的承担者，阻隔了信托投资者与借款人之间本应存在的利益关系，使信托计划从“类企业债”异化为“类金融债”。

三、刚性兑付的不可持续性

但是，现行融资类信托计划并不必然具备到期足额兑付的能力。由于一个信托计划往往仅直接对接一家企业或一个项目的融资，加之信托期限的预先确定，从理论上讲，随着信托计划总体数量的增加，企业或项目由于某种原因缺少流动性而无法到期全额还款，从而导致信托计划不能按照预期收益率到期足额兑付给信托受益人，这类事件难以完全避免。

这一矛盾既构成许多人否定信托融资功能的理由（根据前面的分析这并不正确），从长期来说也构成了影响信托融资业务健康可持续发展的障碍。

从根本上来看，解决融资类信托计划刚性兑付的方向，不全在于改变信托资金作为债务工具的运用方式（因为如国外房地产投资信托（REITs）的资金运用方式亦有抵押型），而主要在于如何将投资者购买信托计划的行为转换为真正的买者自负的投资行为。据此，本文提出一个信托业务创新的思路，供大家批评指正。

四、制度创新的一个设想：附信托私募企业债

总体思路是，还信托融资作为一种直接融资工具的本来面目，将信托制度优势与债券发行制度结合起来，改变目前由信托公司发行融资类信托计划的业务模式，转换为由信托公司协助企业发行“附信托私募企业债”，同时，信托融资业务由原来的风险型业务转换为收费型业务。

在这一产品模式的设计中，信托公司所扮演的角色从信托计划的发行主体，转化为“投资银行＋信托受托人”。首先，作为企业的财务顾问，帮助企业设计附信托私募企业债的融资方案；其次，作为承销商，包销或代销附信托私募企业债；再次，作为债券发行人的受托人，与债券发行人签订信托合同，接受债券发行人的委托，以企业债持有人为受益人，成为担保权人；最后，作为债券持有人的受托人，根据债券契约的约定，接受债券持有人的委托，代表其行使监管企业依约使用募集资金的权利，以及监督企业依约归集债券兑付资金的权利。

五、国外附担保公司债信托可资借鉴

本文所设想的附信托私募企业债与国外的附担保公司债信托，都是债券发行制度与信托制度的融合，二者之间有许多相似之处。或者毋宁说，本文在设计附信托私募企业债时，借鉴了附担保公司债信托的行之有效的做法。

为提高私募企业债安全性，增强对投资者的吸引力，国外不少公司在发行债券时，愿意以一定财产作为偿付债券本息的担保。但是，一方面，由于公司债债权人数量众多且不特定，另一方面，发行后的债券处于流通过程中，债券一旦转让，债权人也随之变更，这些因素使原本可以方便地运用于银行贷款业务上的抵质押担保，在债券发行中因错综复杂的法律关系而难以在技术上实施。19 世纪 30 年代，美国运用信托原理，创设信托关系，引入受托人受让担保物权，从而使附担保公司债的发行成为可行。这种信托设计在美国称为公司信托；日本、韩国引入后，称为附担保公司债信托；在我国台湾地区则称为公司债信托（为行文方便，本文统称为附担保公司债信托）。通过附担保公司债信托，有利于克服因向众多投资者分别担保所带来的复杂的法律手续等难题，使以个别担保方式无法完成的担保得以实现，最终使发债公司顺利募集资金，投资者的安全性增高。

六、附信托私募企业债的架构设计

国外的附担保公司债信托，是在其债券发行制度的发展过程中，出于对保护公司债债权人权益的需要，在债券发行制度中引进了信托制度；从路径来说，是债券业务和债券发行制度的创新。而本文设想的附信托私募企业债，则是出于破解融资类信托计划刚性兑付“紧箍咒”的需要，将债券发行制度引入信托业务之中，使信托计划转型升级还原为直接融资的金融工具，把带有强烈“金融债”特征的信托计划还原为企业债；从路径来说，是信托业务和信托制度的一次创新。

本文所称附信托私募企业债，是指企业以非公开方式发行和转让，约定在一定期限还本付息的债券。在债券发行前，企业与受托人签订信托合同，将担保物权设定给受托人，使受托人为全体企业债债权人的利益保管并行使担保物权，同时为债权人的利益履行其他法定义务和约定义务。

（一）附信托私募企业债的发行人和发行审核方式

遵从附信托私募企业债发行场所的相关规定，发行人为境内注册的股份有限公司或有限责任公司。附信托私募企业债的发行审核方式宜采取备案制。

（二）附信托私募企业债的承销商

承销商可以是信托公司，也可以是证券公司。目前，在私募市场上，信托公司经过多年的发展，既积累了一大批有融资需求的发展前景较好的优质企业资源，也积累了众多具有较强投资愿望和投资能力的个人投资者和机构投资者，作为附信托私募企业债的承销商完全能够胜任。而证券公司则是传统的债券以及私募债的承销商。如果附信托私募企业债发行规模较大，则可由信托公司或证券公司组建承销团。

（三）附信托私募企业债的担保权人

当发行人提供资产作为附信托私募企业债的担保物时，信托公司以附信托私募企业债受托人的身份担任担保权人。担保物权的保管和行使是受托人基本的义务之一，也是对债权人利益保护的重要的防线，即在发行人不能清偿本金和利息或未完成清偿而解散时，受托人必须保证其能为债权人的利益实现担保物权。担保权人对担保物权的保管从担保物权设立时开始，贯穿于债券发行后的存续期：在担保物权设立时，担保权人检查担保物上是否有权利瑕疵；担保物权设立后，担保权人应持续了解担保物的变化情况。当担保物权为抵押权时，应监督发行人对抵押物进行妥善保管，如果发现抵押物损毁、灭失，应及时要求发行人增加担保或重新提供担保；当担保物权为质权时，担保权人应妥善保管其占有的质物，防止其损毁、灭失；当发行人在债券届期时不能清偿本金和利息，或者在未完成清偿之前发行人解散时，担保权人应将担保物进行变价，并将所得价金根据各债权人持有的债券比例进行分配，此为担保物权的实现。

（四）附信托私募企业债的受托人

信托公司是附信托私募企业债的受托人。在附信托私募企业债发行之前，发行人与信托公司签订信托合同，委托信托公司作为受托人，按照《信托法》的规定和信托合同的约定履行相关职责。同时，发行人应在附信托私募企业债募集说明书中约定，投资者认购本期债券视做同意该信托合同。

在附信托私募企业债的架构中，信托公司作为受托人，实际上是两重受托：第一重是发行人将担保物权设定给受托人，使受托人成为担保权人，为债权人的利益保管和行使担保权，这在前文已述及；第二重是附信托私募企业债债权人将对发行人按照债券募集说明书的约定运用募集资金的监管权、归集偿债基金的监督权委托给受托人，并由相关管理办法和信托合同约定受托人的其他职责和义务。受托人履行该部分受托义务或职责，除了忠实义务和注意义务等基本义务外，主要包括以下具体义务或职责：附信托私募企业债的发行核查；监管债券募集资金的用途；信息披露；督促发行人按照债券募集说明书的约定归集偿债基金，并对偿债基金账户进行监管；召集债券持有人会议并执行会议决议；在债券持续期内处理债券持有人与发行人之间的谈判或者诉讼事务；预计发行人不能偿还债务时，要求其追加担保，或者依法申请法定机关采取财产保全措施；发行人不能偿还债务时，受托参与其整顿、和解、重组或者破产的法律程序，以及信托合同约定的由受托人承担的其他义务。

（五）附信托私募企业债的信息披露

1. 发行人的信息披露。首先，发行前的信息披露，主要有债券募集说明书、信托合同、发行人经合格的会计师事务所审计的最近会计年度的财务报告、律师事务所出具的关于本期债券发行的法律意见书、资产评估机构出具的关于担保物的资产评估报告、评级机构对本期债券出具的资信评级报告。其次，发行后若干工作日内的信息披露，主要是本期债券的发行情况，如实际发行规模。再次，发行后的定期信息披露。一是发行人可按年度和/或半年度披露经审计的财务报告、跟踪评级报告、关于担保物的跟踪评估报告等；二是按期披露付息公告；三是按期披露兑付公告。最后，发行后的临时信息披露。在债券存续期内如果发生可能影响其偿债能力的重大事项，发行人应及时予以披露。

2. 受托人的信息披露。首先，受托人应辅导、督促和检查发行人的信息披露义务，并按照有关法律法规的规定及时通报、提醒发行人履行有关信息披露义务。其次，受托人必须持续关注发行人和担保人的经营状况、财务状况，检查发行人履行债券募集说明书相关约定使用募集资金情况、偿付债券本息的情况，检查担保物的情况，定期披露受托管理报告书。再次，在出现可能影响本次债券持有人重大权益的事项时，受托人应及时出具相关的报告。最后，当发行人违约后，受托人应及时通知债权人，以使债券持有人会议召开，对债权救济的方式、债权救济的时间等事项形成多数意思表示，然后由受托人予以执行。

（六）附信托私募企业债债券持有人会议

1. 制定债券持有人会议规则。发行人应与受托人共同制定债券持有人会议规则，约定债券持有人会议召集的程序、召开的方式、审议决定的事项、表决方式等重要事项。发行人应在债券募集说明书中约定，投资者认购本期债券视做同意债券持有人会议规则。

2. 召开债券持有人会议的情形。主要情形有：拟变更债券募集说明书的约定；拟改变募集资金运用方式；拟变更债券受托人；发行人不能按期支付本息；发行人减资、合并、分立、解散或者申请破产；保证人或者担保物发生重大变化；发生其他对债券持有人权益有重大影响的事项。

3. 债券持有人会议的召集。债券持有人会议一般由受托人召集，也可由法律法规认可的其他机构或个人召集。

4. 债券持有人会议决议的执行者。由于受托人负有为附信托私募企业债债权人的利益行事的义务，而且身为信托公司，具有较强的专业能力，因此一般由受托人担任债券持有人会议决议的执行者。

（七）附信托私募企业债对合格投资者的要求

遵从附信托私募企业债发行场所的规定。由于附信托私募企业债的私募性质，根据《中华人民共和国证券法》的规定，它的发行对象应为特定的投资者且不得超过200人，在发行时不得采用广告、公开劝诱和变相公开方式。各债券发行场所一般对私募企业债的投资者的适当性都作了较为严格的要求。

七、附信托私募企业债的发行市场

目前，银行间债券市场、沪深证券交易所等债券公开发行和私募发行市场尚不适宜附信托私募企业债的发行，而区域性股权交易市场（以下简称区域性市场）则可望成为发行附信托私募企业债的一个场所。

中国证监会于2012年8月制定了《关于规范证券公司参与区域性股权交易市场的指导意见（试行）》（以下简称《指导意见》），将区域性市场确定为为本省级行政区域内的企业特别是中小微企业提供股权、债券的转让和融资服务的私募市场，明确区域性市场接受省级人民政府监管，是多层次资本市场的重要组成部分，认可其对于促进企业特别是中小微企业股权交易和融资，鼓励科技创新和激活民间资本，加强对实体经济薄弱环节的支持，具有积极作用。根据《指导意见》的精神，浙江股权交易中心于2012年9月3日注册成立；2012年11月21日，由浙商银行主承销的报喜鸟集团有限公司私募债在浙江股权交易中心顺利挂牌发行，1亿元资金募集到位。这是浙江股权交易中心发行的第一单私募债，浙江股权交易中心也因此成为国内首家推出私募债业务的区域性市场。浙江股权交易中心首开区域性市场备案发行私募债的先河，突破了以往凡债券发行均需中央政府层面的有权机关批准或有关机构（沪深证券交易所）备案的成规，符合我国建设多层次资本市场的总体规划，具有重要的创新意义。此后，前海股权交易中心发行了梧桐私募债·增信1号—深圳市联嘉祥科技股份有限公司私募债等私募债产品，上海股权交易中心亦表示将考虑推出私募债等融资工具。

区域性市场既能够发行私募债，也欢迎信托公司参与其间，比如浙江股权交易中心所发行的“塔牌手工原酒（庚寅典藏）投资私募债”，就是由浙商金汇信托股份有限公司担任主承销商。因此现实可行的，应该是信托公司与各区域性市场大力合作，在区域性市场上推出附信托私募企业债。

区域性市场引入附信托私募企业债具有多赢的前景。首先，对于区域性市场来说，有利于接入信托公司所积累的巨大而优质的融资企业资源和投资者资源，做强做大区域性市场。据中国信托业协会披露，截至2013年末，信托计划余额共计2.7万亿元，即使其中的1/4转换为附信托私募企业债，数量也远超沪深交易所2011年发行的公司债总和1 252亿元及其余额2 842亿元。其次，对于信托公司而言，可实现信托计划向附信托私募企业债的转型升级，厘清信托公司与投资者之间目前模糊的责权利关系，使融资类信托计划从间接融资工具回归到直接融资工具，使该类信托业务从风险型业务转换为收费型业务，由买方卖方合一业务转换为卖方业务+受托业务，从而重塑融资方、信托公司与投资者之间的关系，从根本上摆脱“刚性兑付”的阴影。最后，如果区域性市场引入多家信托公司，那么对于融资企业来说，则可由目前与信托公司的“一对一”关系，扩展为在区域性市场上的多种选择关系，对于投资者亦然，这将有助于信托公司之间的良性竞争。

八、附信托私募企业债面临的问题

我国现行的《担保法》规定，债务人或者第三人为抵押人（出质人），债权人为抵押权人

（质权人），又规定了办理抵押物登记，抵押人（出质人）和抵押权人（质权人）应当以书面形式订立抵押合同（质押合同），应当向登记部门提供主合同和抵押合同。如前文所述，在发行有担保的公司债或企业债时，因公司债或企业债债权人在债券发行前不确定，且人数众多，债券流通后债权人又经常变更，《担保法》的这些规定的可操作性较差。设立了附担保公司债信托制度的国家和地区，运用信托制度较好地解决了这一难题。中国证监会2007年发布实施的《公司债券发行试点办法》第二十五条第二款规定：公司为债券设定担保的，债券受托管理协议应当约定担保财产为信托财产，债券受托管理人应在债券发行前取得担保的权利证明或其他有关文件，并在担保期间妥善保管。这一试点办法借鉴了境外的附担保公司债信托制度，试图引入信托关系来解决债券担保成立的难题。

但是，《公司债券发行试点办法》较好的制度设计在实际运行中却并不顺畅。首先，在我国分业经营的金融监管体制下，中国银监会在2007年的《信托公司管理办法》中规定，除法律法规另有规定的情况，未经中国银监会批准，任何单位和个人不得经营信托业务，目前，中国银监会批准经营信托业务的只有信托公司。而中国证监会2007年《公司债券发行试点办法》规定债券受托管理人由本次发行的保荐人（目前为具有相关业务资格的证券公司）或者其他经中国证监会认可的机构担任。因此，一方面，唯一得到监管机构（中国银监会）确认可以开展信托业务的信托公司，由于部门区隔等因素，尚未实际进入债券受托管理人的范围；另一方面，证券公司、商业银行这些目前担任债券受托管理人的金融机构，却没有经营信托业务的资格，能不能与发行人签订信托文件，能不能受托管理作为信托财产的担保财产，还存在很大的问题，这不能不说是一个错位。其次，在《担保法》的规定下，由于债券受托管理人并非真正的债权人，不能成为抵押权人（质权人），不具有与债务人签订抵押（质押）合同的资格；即使债券受托管理人与发行人签订了抵押（质押）合同，也很难在相关部门办理完成抵押（质押）物登记手续，合同也就无法生效。

解决这一难题可以有两个思路。

一个思路是，修订《担保法》或出台相关司法解释，认可债券受托人按照它与发行人签订的信托合同或债券受托管理协议的约定，接受债券投资者的委托，代表债权人成为抵押权人（质权人）并与发行人签订抵押（质押）合同（发行人在债券募集说明书中约定，投资者认购本期债券视做同意信托合同或债券受托管理协议），以信托合同或债券受托管理协议为主合同，以抵押（质押）合同为从合同，由相关部门准予办理完成抵押（质押）物登记手续。这一路径的优点是在现有担保制度下推进相关工作，一旦得以完成，能够比较顺利地在实务领域加以运用；缺点是它需要在立法层面得到支持，而修法的环节多，过程长，影响因素复杂，进程的不确定因素较大。

另一个思路是，在我国《信托法》的框架下，由债券发行人作为委托人，以全体债券持有人为受益人，与作为受托人的信托公司签订信托合同，将担保财产设定为信托财产，以受托人的名义持有，为债券持有人的债权提供担保。相关担保关系的内容在信托合同中载明，委托人与受托人不再另行签订抵押（质押）合同。为在法律上能够有效对抗第三人，结合信托制度体系建设的需要，按照《信托法》的相关规定，在行政层面上建立起信托登记制度，将设定为信托财产的担保财产予以信托登记，使之与委托人的其他财产相区别，与受托人的固有财产和其他信托财产相区别。

（本文选自信托公司供稿）

我国信托业务的创新机制研究

方正东亚信托有限责任公司　周全锋

一、问题的提出

信托投资在现代经济生活中以方式灵活、产品多样和适应性强的特点著称。信托投资工具既能直接投资于资本市场，又能介入货币市场和实业领域，可以让社会中的金融资本与产业资本有效地结合起来，从而提高整个社会资本的运用率。同时，信托投资又具有强大的融资能力，并且能渗透到国民经济的各个领域，引导社会资财的合理流动，有效地融通财物，增强国家对社会直接金融活动的引导和管理，它不受行政区域、部门行业的限制，既可以为生产、流通领域服务，也可以为基础建设、分配和消费等领域服务。

而这一具有独特特点的金融子行业在我国金融改革与发展历程中所扮演的角色也非常独特。以1979年中国国际信托投资公司的设立为起点，在短短30多年的时间里反反复复历经了六次全行业整顿。信托业的定位以及由此决定的经营制度更是几经周折，从最初作为在国家银行体系之外一类新的境内外融资窗口，到实施金融混业经营的试验田、业务受限制的准银行机构，再到定位为专门从事"受人之托、代人理财"的专业性财富管理机构，前后变化之大在我国各类金融机构的经营制度演化中罕见。

与此同时，伴随着经营制度高频率变化的是我国信托业的高经营风险。这种高风险不仅表现在全国信托投资公司的数量从最顶峰时的近800家下降到目前67家，更体现在以回归信托本业为目标的第五次信托整顿之后又有近10家信托投资公司出现了理论上似乎不应当再发生的支付危机，被迫退出市场。2007年初监管当局再次对信托投资公司的经营规则作出了重大调整，进一步限制了信托投资公司的自有资金投资范围和负债能力，甚至将"信托投资公司"这一名称更改为"信托公司"，以凸显其作为专业理财机构的功能定位。在此之后，我国信托业逐步进入规范化的发展道路上来，截至2012年末，我国信托业所管理的信托资产规模达到7.4万亿元，但各项监管政策的密集发布使得信托公司又面临着新一轮的挑战，尤其是《信托公司净资本管理办法》中确立的信托资产规模和净资本挂钩的机制，使得部分信托公司面临"要么停业务，压缩信托资产规模，要么增加资本”的艰难抉择。政府一再出台监管政策使得信托公司的发展面临挑战，严峻的形势要求信托公司必须在业务创新模式上实现根本性的转变。

在此情况下，我国信托公司如何在市场中找准位置、确立自己合适的业务定位，使我国信托公司不仅能在激烈竞争中生存下去，并且通过正确的业务创新，实现信托公司持续、稳定、健康经营，增强自身实力和核心竞争力，最终使信托公司能发展成为与银行、保险、证券并驾齐驱的我国四大金融支柱之一，这一课题已经成为我国信托公司当前一个紧迫和必要的热点问题。因此，在此种形势下，研究我国信托公司业务的创新机制对促进我国信托业的健康、持续、稳定发展具有十分重要的理论意义与实践价值。

二、信托业务创新的理论分析

信托作为一项金融制度安排，在金融市场化不断深化的过程中应当不断地创新。本文借助金融创新方面的理论作为信托制度和信托产品创新的理论基础，通过对金融创新理论的梳理，并结合部分信托创新产品的实例来对信托创新理论进行深化。

（一）规避管制理论

管制规避理论认为，创新就是微观金融主体在不断与监管者博弈的过程中所产生的一种能动的结果和过程。金融创新的动机在于金融微观主体追求利润最大化，而政府管制以间接的方式将本属于金融微观主体的利润“剥夺掉”，因此金融微观主体为了获取利润就必须进行创新以绕开政府的管制。当然，微观金融主体的这种创新会削弱监管者所制定的宏观经济政策的效力和效果，有时还会造成金融秩序的混乱。监管者对市场创新的反应就是再次调整管制的方法和手段以加强监管，以使监管者实现自己的政治意图和政策效果。金融的管制和为规避管制而采取的金融创新，就是以“管制—创新—再管制—再创新”的模式互动发展的，结果使得监管者的监管水平得到不断的提高，同时微观金融主体的创新能力得到不断的提高。

规避创新理论在信托行业中运用的一个典型案例就是融资类信托方式的转变。2002—2006年信托资金的使用的形式都是以贷款方式为主，其比例曾高达信托财产的80%以上。但从2007年《信托公司集合资金信托计划管理办法》颁布后，规定信托贷款规模不得超过信托计划所管理信托财产的30%，希望以此推动信托业的转型。所以面对这一法规限制，信托公司积极调整思路，通过买入返售的结构安排对信托贷款产品进行创新。应收债权买入返售信托产品就是其中最为突出的例子。

（二）制度改革论

制度改革理论认为金融创新应该从经济发展史过程中进行分析，金融创新是经济制度变革的产物。金融创新很难在计划经济体制和完全的自由市场经济体制中产生，这两种极端的经济体制都不利于金融创新。原因如下：在计划经济体中，商品的分配和经济的运行是通过层级的命令体系完成的，商品的生产、销售、分配已经不再体现经济现象背后的价格规律了。虽然计划经济体制中也存在科技进步、货币现象、生产要素积累、经济制约因素等可以引发金融创新的因素，但高度的中央集权和严格的统一安排管理，使金融创新丧失了赖以产生的物质基础；在完全的无政府的自由市场经济中，金融创新已没有展开的必要，因为市场主体可以随心所欲地参与市场经济活动。因此，金融创新只能在市场经济受到管制的情况下产生，金融监管当局的干预本身就是金融创新的必要条件同时也是另一层面的金融创新。举个例子，当政府为了控制通货膨胀而采取措施，并建立相关的规章条例时，从制度学派的观点看，它已不再是金融压抑而是金融创新了。

而从我国信托业的发展历程中看，似乎也印证了这一观点。在我国《信托法》颁布之前，我国信托业经历了数次整顿，这些整顿不是涉及某一信托公司而是对整个行业的清理和整顿。自从《信托法》颁布后，我国信托业走上了健康发展的道路，有了法律文件的指引和规范，信托公司开展信托业不仅有法可依而且还可以依法为基础对信托产品进行创新。

（三）财富增长理论

财富增长创新理论认为，收入和财富的增加以及人们对理财和规避风险的需要才促成了金融创新。也正是由于金融的不断创新，才会不断涌现出许多创新的金融交易制度和金融产品。

2012 年末我国城乡居民储蓄存款已经接近 40 万亿元，如此庞大的财富必然会要求稳健、安全的投资渠道来实现财富的增值和保值。尤其是我国的高收入群体，他们手中多余的财富因没有找到合适的投资渠道而投入了股市和楼市。为了引导高收入群体投资，《信托公司集合资金管理办法》规定了信托计划的投资门槛是 100 万元，从管理办法中可以看出，信托产品的定位倾向于高收入群体。这既是出于风险的考虑也是为了满足高收入者的投资需求。

除了以上介绍的几种金融创新理论外，还有其他一些金融创新理论，如约束诱致假说、交易成本理论和技术进步推动理论等。这些金融创新理论不仅对一般的金融创新作出了说明，而且对于信托产品的创新也具有指导意义。这些理论分别从不同角度对金融创新的原因给予了分析，有的从外在管制约束角度方面，有的从交易成本角度，有的从财富增长的内部需求角度，有的从内外部约束下实现利润最大化的角度，每个理论都有其合理的成分和现实基础。本文对信托产品创新的分析就是在借鉴了以上这些理论的基础上结合信托产品特有的法理机制和功能优势然后对信托产品创新展开分析。

三、我国信托创新业务的要素结构及分析

从微观角度讲，金融产品创新无论结构如何设计，都有稳定的创新构成要素，即产品须基于安全性、流动性和收益性考虑。而信托业务的创新就是在遵循信托法理的基础上，运用信托的制度优势和功能优势，对安全性、流动性和收益性要素的重构和深化。

（一）从安全性角度考虑信托产品创新

信托产品创新中的“安全性”要素是需要首先考虑的，因为创新会增加信托产品的内在风险和外在风险。面对可能出现的政策风险、市场风险、信用风险和操作风险，除了传统所用的资产抵押、质押和连带责任担保等措施外，信托可以从以下几个方面进行拓展：引进保险机制、信托产品的结构化设计、引入第三方中介机构、用财产权作为保证、产品创新中引入防火墙机制等。

1. 引入保险机制。信托贷款类的产品设计中，除了对于一些优质类的项目在抵押或质押方面可以释放部分风险敞口，这部分风险敞口可以通过与保险公司的合作来覆盖。事实上很多公司是无法提供全额资产抵押和质押的，信托公司在风险把控的基础上通过对项目未来现金流的测算，来决定风险敞口的大小。而通过保险公司可以对该风险敞口进行覆盖，对信托产品进行增信。

2. 信托产品内部信用增级。信托产品在设计中作结构化的安排，把受益权分为一般受益权和次级受益权。次级受益权为一般受益权提供收益担保和风险转移，次级受益权的认购比例一般不低于20%。投资者通过认购不同的受益权选择不同的收益风险安排。一般受益人按照信托产品的协议得到既定的信托收益。而次级受益人在保证一般受益人获得既定利益的基础上，可获得超额的收益或承担放大的风险。次级受益人通过杠杆化的效应提高了自己的收益和风险。

3. 引入专业的中介机构。信托公司在建立集合资金信托计划的时候，可以引入更加专业的投资管理团队。此种方式多见于证券投资集合信托计划中。通过专业的投资管理公司在证券市场上进行投资，或由该公司给信托公司提供交易操作指令。两种方式都比较常见。

4. 在证券投资理财产品中设置“止损线”和“追加保证金机制”。由于信托类的证券理财产品面临的风险比较大，所以该种信托产品一般会在结构化的基础上设置“止损平仓线”和“追加保证金”的机制。在结构化的信托产品中，次级受益人的出资额要保证一般受益人的本金和预期收益。止损平仓线就设置在保证一般受益人能够得到本金和预期收益的水平上。一旦触及该止损线信托计划就宣告结束，就要对该信托产品平仓变现；如果还想继续维持该信托产品的运作，那么次级受益人就必须追加“保证金”。

（二）基于流动性考虑的信托产品创新

信托理财产品没有专门的交易市场可以进行转让或买卖，流动性远不及股票和基金灵活。信托产品现有的流动性安排比较烦琐，受益人或投资者要想转让手中的信托受益权，就必须得自己寻找受让方，双方谈妥价格后，到信托公司办理过户手续。这种滞后的流动性体制限制了信托业的进一步发展。基于流动性考虑的信托产品创新则需要从以下几个角度出发。

1. 信托受益权质押贷款设计。信托产品的受益权是一种财产权，既然是财产权，信托受益人就可以将受益权进行质押向银行贷款。表面看来，这与一般的财产权质押贷款没有区别，实则不然。因为在集合资金信托计划中，信托资金一般存放在托管银行，如果托管银行认可信托财产的价值，并以一种标准化的模式将“受益权质押贷款”发放给质押人，质押人如果获得“贷款”的成本低、速度快，那这种“贷款的发放”就是流动性最本质的体现。

2. “做市商”的制度安排。信托公司可以采用“做市商”的制度设计，提高信托产品的流动性。一般可以采取三种形式：第一，信托公司自己做“做市商”，信托公司利用自己的固有资金受让投资者的信托受益权，以此提高信托产品的流动性。第二，使用 TOT（信托中的信托）模式。信托公司通过开发新的集合信托产品，规定其可以投资自己之前开发的信托产品，从而间接地成为“做市商”。第三，直接引入第三方“做市商”，信托公司引入与信托项目有关的关联利益集团或与信托项目无关的大企业集团“做市商”。

3. 赎回设计。信托公司为了提高信托产品的流动性，在信托产品的设计中增加了赎回条款和设置了赎回账户。赎回条款大致有两类：限制性赎回条款和非限制性赎回条款。而目前市场多见的是限制性赎回条款，包括持有期的限制和赎回我国信托产品创新问题的研究比例的限制。在信托产品中设计赎回条款，包括无时间限制的赎回和有时间限制的赎回。通常以信托资金 5% 或者更高的比例设置赎回准备金账户，便于受益人因特殊情况产生的赎回要求。

4. 信托受益权的 OTC 转让设计。投资者按信托产品转让的规定，可以在场外市场办理信托受益权的转让。信托公司可以为投资者寻找受让方，但是要收取手续费；投资者也可以自己寻找交易对手。信托公司寻找交易对手的几种方式：组建关联公司信托产品交易信息平台、寻求与产权交易所合作、利用同业协会产品交易平台等。

（三）从收益性角度考虑信托产品的创新

信托公司在推销信托产品的收益率时用的都是预期收益率，因为法律禁止信托公司为投资者提供保证收益或保底的承诺。信托公司的预期收益率一般高于银行同期存款利率和国债收益率。而利差可以说是信托产品风险溢价的体现。为了吸引投资者，对信托产品的收益率进行了多种形式的创新，以满足投资者的需求。

1. 预期收益率按不同期限和金额进行设置。信托公司把同一信托产品中的受益权分为期限不同几种模式，在信托产品中根据期限的不同规定不同的认购金额和认购份数。首先根据不同的受益期限设定不同的预期收益率；如果期限相同，则根据认购金额的不同再设置不同的预期收益率。不同受益期限和认购金额的组合，为投资者提供了多样化的选择。

2. 浮动收益率与固定收益率组合。出于市场利率风险的考虑，信托公司在产品设计中增加了浮动收益率的条款，使预期收益率与中央银行公布的基准贷款利率相挂钩。信托产品中固定收益率加浮动收益率的设计减少了投资者面临的风险。还有一种浮动利率的形式是不与中央银行基准利率浮动挂钩，在信托产品中规定，如果信托产品预期的收益率超过了协议约定的水平，受益人可以获得高于原先预期收益率的收益。这种设计安排，给予了投资者分享高额收益的机会，对投资者有很大的吸引力。

3. 根据一般和次级受益权结构设计不同的预期收益率。信托产品设计中通常将受益权划分为一般受益权和次级受益权。一般受益权享有信托财产的优先分配；次级受益权在优先受益人分配完后才有权利分配信托财产。就像优先股和普通股的区别一样。根据受益权的不同安排确定不同的收益率。一般受益权的收益率往往是固定的，而次级受益权的收益率是浮动的，这种安排既满足了一般受益人本金和收益的安全，又为次级受益人提供了风险补偿。此种信托产品设计常用于证券投资类信托产品中。

4. 预期收益率的弹性化设计。在信托产品中，信托公司为投资者提供了一个预期收益率可能达到的弹性空间，而不是给定一个单一的预期年化收益率。这种设计有助于投资者对不确定的风险有一个直观的把握，同时也为信托公司经营和管理信托财产提供了灵活性，便于信托公司对投资方案或计划的调整，这种设计常见于证券类信托产品中。

四、我国信托业务未来创新的主要方向

按照信托业“一法三规”的规定，信托公司必须放弃已经经营多年的传统业务和中低端理财客户群体，但信托公司短时间内难以进入实质性操作阶段。回顾近年来我国信托产品的创新亮点，展望今后信托产品创新的主流和趋势，结合国内其他研究者的观点，本研究认为，信托公司必须在以下产品要素方面进一步实现突破和完善。

（一）改变信托产品的投资领域和盈利模式

我国传统的信托产品，投资领域多集中于房地产、基础设施、工矿企业等，各信托公司大多采取以项目融资为主要交易结构，以债权性贷款为主要运用方式，以预期收益支出与贷款利息差额为主要盈利来源的业务模式。但从中长期而言，这种业务模式无法构筑信托公司的核心

盈利模式，风险隐患较大。在融资类信托产品的比重受到严格限制时，信托公司应该开始转向投资型信托，一方面，大力发展真正的自主管理型产品，改变盈利模式，另一方面，拓宽投资领域并适当尝试开展商事信托、遗产信托以及公益类信托。

（二）改变传统信托产品的短期化问题

我国传统的基础设施类信托和股权投资类信托，多以债权类产品为主，缺乏任何的流动性安排，加之信托项目都属于短期性的项目，导致信托产品的预期收益相对较低，甚至固定，给信托公司开展主流资产管理业务和规模投融资项目都带来了巨大的限制和障碍。例如自 2002 年以来，全国集合资金信托产品的平均期限为 1.5 年，信托公司处于与商业银行进行同质性业务竞争环境下。因此，创新信托产品应该实现封闭期限的关键性突破。特别是基础设施类信托和类基金型信托，由于其投资周期的特殊性，所发行的信托必须要体现出一定的持续期和稳定期，一般应不低于 3 年，争取逐渐以 5 年以上为主，部分产品达到 8 ~ 10 年。

（三）提升信托产品的募集规模

信托公司应从传统的低层次的项目融资业务向规范化的投资基金模式转化。这要求信托公司应加大客户结构的升级与转型，以及通过重大体制创新，在“商业银行 + 信托 + 机构投资者 + 劣后投资者”的创新结构下，使信托规模和收益实现巨大突破和跃升。今后，基金化的信托产品将成为业内的主流产品。假以时日，如果信托公司平均信托财产能够保持在千亿元左右的资产管理规模，必然为信托公司逐步建立可持续发展的经营模式和核心盈利模式创造极为有利的条件。

（四）充分体现信托产品的流动性

信托产品在风险主体明晰的前提下，主要依靠真实的管理佣金收入形成信托公司的核心利润来源，因此迅速形成规模效应是信托公司业务的核心。这就需要在适当时机制定出台相关政策，允许符合规定和条件的信托公司对那些收益稳定、风险可控、市场风险主体明晰、适合公开发行的信托投资项目对符合条件的合格投资者采用公募的方式发行信托产品，以公开发行标准化受益凭证的方式设立不同行业的产业信托基金。同时，对信托产品进行一定的流动性设计安排，只有产品具备了一定的流动性和退出机制，委托人才能随时通过交易转让及时转移和化解流动性风险。

（五）开发标准化的信托产品

传统的信托产品的实质是以个案融资为核心，以信托计划为表象，每一个信托计划的内容都不可复制，导致投资者面对的是数不胜繁、内容各异的信托计划和千差万别的投资决策依据。如果设计出标准化的信托产品，不仅能通过银行间市场交易，也可以通过上交所、深交所挂牌交易，同时还可以打破信托异地经营的障碍，可谓是一举两得。

综上所述，在日益激烈的市场竞争环境下，信托公司仅靠传统业务无法实现跨越式发展，只有不断在新近崛起的新兴市场中寻求新领域，在产业资本和金融资本融合中寻找市场契机，才可能实现信托收入的快速持续增长。信托公司要想根本上实现业务模式和盈利模式的战略转型，必须要发挥信托的制度优势，拓展信托理财业务的产品创新。

五、信托创新业务的开发——以艺术品信托为例

（一）新产品创新——机遇与风险并存

“一法两规”的颁布实施，为中国现代信托的发展提供了法律保障；社会财富的急剧增长和产权所有制的日益多元化，为信托产品提供了强烈的需求；财富的分散化和管理的专业化，使信托需求转变为现实；资本市场和货币市场的开放，则更是为信托的发展创造了空间。可以说，中国信托业有着新的发展机遇，同时也面临着巨大的风险挑战。

信托公司想要在这个充满机遇与挑战的竞争中脱颖而出，开发出能够满足客户需要并且适应社会经济发展的新产品必不可少，而且已经成为其核心竞争力。但是，新产品运营中又充满了风险。

前文分析过信托产品存在的风险包括系统性风险和非系统性风险，因此新产品运营中存在的风险来自各个方面，并且在进行新产品运营时需分析清楚产品的风险。本文主要分析艺术品信托产品运营中的风险。

艺术品信托是指委托人将其持有的资金委托给受托人，由受托人以自己的名义，按照委托人的意愿将该资金投资于艺术品市场，并由受托人具体负责艺术品投资事务，通过艺术品投资组合，在尽可能地控制风险的前提下，为投资者提供分享艺术品价值增长的收益。2011 年艺术品信托发行数量为 45 款，比 2010 年增加 35 款，增长幅度达到 350%。2011 年艺术品信托发行规模为 55 亿元，而 2010 年发行规模仅为 7. 5 亿元，同比增长 633%。而 2012 年第一季度，国内共发行艺术品信托产品 13 款，资金总规模达 18. 14 亿元。与 2012 年同期相比均有大幅度增长。但是，蓬勃发展的第三方理财机构却一直远离此类信托产品，其主要原因是艺术品信托所隐含的风险比较难以估量。

1. 艺术品估值不透明。部分信托公司、投资顾问、拍卖公司为谋求自身利益，往往成为艺术品价格暴涨幕后推手。由于目前国内市场并没有艺术品价值评估的统一标准体系，所以艺术

品价值评估只能依靠所谓的专家和大机构，人为主观性较大，导致艺术品市场乱象丛生。从我国部分当代艺术品在国内外各拍卖行公开交易的数据来看，一些艺术品在两年间价格可以翻三四番，甚至一些作品的估价在一年内增长数十倍，这表明艺术品估价等中介环节缺乏规范制度。

2. 艺术品信托资金流向成疑。目前部分房地产企业联合拍卖公司制造假拍，然后再拿“身价高”的艺术品作为抵押向信托等机构融资，而这笔资金则进入地产等其他行业继续牟利，“马甲信托”的存在已经成为了公开的秘密。

3. 有可能演变为“击鼓传花”。市场上出现的自我交易现象严重干扰正常交易秩序，一些艺术品通过自我交易被恶意炒高，所需的资金规模也越来越大，一旦资金链断裂，投资者将成为“击鼓传花”游戏的最终埋单者。

4. 退出机制脆弱。艺术品变现、信托资金退出的渠道不顺畅，也是业内认为艺术品信托的潜在风险所在。艺术品变现是个系统问题，涉及时间、鉴定、渠道、市场大环境等各方面因素，哪一个环节出问题，都会影响藏品变现。艺术品投资属于市场变化非常剧烈的一种投资，在价格上升周期时，会有大量资金涌向这个市场，出现拍品成交价屡创新高的繁荣景象，但是一旦资金发生转向，就会在很短的时间内迅速“冷却”。而信托产品的期限一般都有一两年，根本来不及在所投艺术品价格暴跌之前退出。

因此，信托公司根据业务的特点以及风险的不同类型，选择正确的风险管理策略和措施，合理构建风险管理体系，提升风险管理能力，对于保障信托公司的健康稳健发展具有极其重要的意义。

（二）××艺术品信托产品的案例分析

艺术品信托是市场上出现的创新类信托产品之一，其常规的风险管理手段上文已有描述，下文通过对一款艺术品信托的分析，来描述信托公司在这一产品上的业务创新思路。

产品名称：××信托艺术品投资集合资金信托计划

发行规模：1亿元

信托期限：18~24个月

预期收益率：预计10%

资金投向：用于在艺术品拍卖市场、零售市场或份额交易市场购买投资决策委员会指定的书画类艺术品，通过在信托期限内以拍卖转让等方式处置艺术品实现收益。受托人根据合同约定和指定用途，为受益人的利益管理、运用和处分信托财产。

1. 信托项目交易结构。××信托（“受托人”）发起设立“××信托艺术品投资集合资金信托计划”，信托计划期限为18个月，可延长6个月，本信托计划为结构化信托产品，优先级和次级份额的比例不高于2.5:1，本信托计划聘请××投资担任艺术品投资顾问，聘请××美术馆担任艺术品保管机构。本信托计划资金用于进行艺术品投资，按照比例投资于中国近现代书画、中国当代艺术品及中国古代书画，到期由××投资到期履行未销售的艺术品的溢价回购义务，其实际控制人提供无限连带责任担保。

2. 委托人受益权的实现。

（1）本信托计划清算所得的信托利益，预计10%。

（2）××投资到期的溢价回购。

（3）预期收益不足时，要求担保方承担担保责任，对其追索产生的收入。

（4）预期收益不足时，受托人可以处置名下的艺术品。

3. 风险分析及其对策措施。

（1）流动性风险：艺术品变现较为缓慢，流动性风险较大。

对策：优化投资作品短中长线的结构，灵活安排退出时机。确保投资产品运作过程中资产保持适当的流动性以满足可能的赎回以及投资到期资金分配的需要，且在上述情况发生时，可以以较低的变现成本满足投资者的赎回或资金分配要求。

（2）市场风险：经济发展的不平衡性可能产生艺术品市场的不稳定性，以及艺术品这种投资行为本身所产生的市场风险。

对策：由××投资艺术团队建立完善的艺术品分类数据库，并且邀请权威机构和顶尖专家组建邦文艺术品鉴定中心，投资真品、精品，艺术品市场的价格虽然长期向上，但期间还是有波动，需要通过研究，了解艺术作品价值与价格之间、各艺术版块之间的关系，寻找价值的洼地，做到投资心中有数、有的放矢。

（3）操作风险：艺术品鉴定相对专业，艺术品市场透明性较弱，交易环节存在风险。

对策：通过公开市场、正规途径购买，聘请中国最顶尖专家做投资顾问，加强图片资料库建设，建立艺术家图片资料备查制度，严谨审慎完成艺术品的市场研究和调查，不购买有争议作品，同时进行组合投资分散风险。

（4）道德风险：管理人员道德水平差异可能会导致自买自卖、高价买入、低价卖出等风险。

对策：建立项目人员责任制，将相关人员的回报与项目表现挂钩，执行关联交易回避制度，相关业务人员对有关联性的项目进行回避。

从上面的案例中可以看出，作为艺术品信托，除了采取常规的风险管理手段以外，在产品的信托架构中，为了给投资人保障，艺术投资顾问作为基金管理人还要采取“跟投”的运作方式，成为“次级投资人”，与作为“优先投资人”的投资者共担风险，如果出现亏损，首先亏损“次级投资人”的出资部分。除了“跟投”，基金管理人还要用“回购”的措施，对一些在清盘时仍旧卖不出去的作品，以一定的价格回购来最后托底优先投资人的收益。

六、小结

当前中国信托行业已经历了一系列的重大洗礼和挑战，以信托归位为主旨的六次信托整顿取得了显著成效，随着宏观经济的发展和金融环境的变化，信托行业面临着巨大的机遇和风险。如何在激烈的竞争中脱颖而出，是每个信托公司深思的问题。而被誉为“金融百货公司”的信托公司，创新空间十分广阔，未来中国信托市场的多种形式创新将会层出不穷。

首先，制度优势会促进信托产品创新，特别是从满足资金需求者融资需求的角度来看，未来信托产品的创新会主要表现在信托种类的丰富上，除了传统的贷款信托、证券投资信托、股权投资信托和受益权之外，房地产信托基金、资产证券化业务、企业年金业务将会得到广泛的运用。

其次，未来的信托市场将会构建信托产品转让的信息平台，并会逐步构建信托转让做市商制度。尤其是随着业界对信托机制理解的逐步深入，以及信托业发展所涉及的监管环境和税收、外汇、工商登记等外部环境逐步得到改善，未来信托产品的创新将更多依赖信托的制度优势，并会在资产证券化、房地产融资等领域大展身手。

再次，加大人才培养力度。创新的来源是人才，信托公司要具有绝对的创新优势，增强核心竞争力，就必须建立高素质的专业队伍，通过高素质的管理、理财、研发和营销队伍的建设，提高信托公司人员的整体水平，从而提供更加优质的金融服务，获得核心竞争力。

在创新中寻找机遇，在机遇中把握风险，这才是中国信托业未来发展的道路，这才是让信托业持续发展、做大做强的精髓。

（本文选自信托公司供稿）

完善信托制度　促进行业发展

四川信托有限公司　白云

《信托法》颁布实施十多年，十多年间，中国信托业发生了翻天覆地的变化。如今，信托行业“一法三规”加上中国银监会具体监管文件的信托制度框架体系已初具规模，使得信托公司开展业务时有了较为清晰的功能定位以及较为明确的业务标准，大大提高了信托业务的效率，信托业实现了又好又快的发展，绝大多数信托公司建立了以信托理财为主业的盈利模式。

但是，随着“大资管”时代的到来，十多年前的《信托法》存在的不足日益显现，影响信托制度的深入广泛运用，影响资产管理行业的健康有序发展，甚至影响金融市场的繁荣与稳定。因此，有必要对我国信托行业法律制度现状与主要问题进行分析研究，以利于后期修改和完善。

一、中国信托行业法律制度现状与主要问题

综观全球资产管理服务领域，信托虽不是资产管理活动唯一的法律形式，但却是资产管理活动最基本的法律形式，也是最重要的法律形式。由于具备风险隔离、长期稳定、灵活多样、目的自由、弹性规划等多方面的独特优势，信托最适合成为资产管理行业的普适制度。其实，目前我国各类资产管理业务大多运用了信托制度原理开展理财活动，其法律实质均符合信托关系属性。除此之外，信托制度在资产管理以外的诸多领域也大有可为。

然而，我国信托行业的法律制度也面临诸多问题。在“大资管”时代的背景下，资产管理市场的影响正在不断扩大，其中所涉及的各方利益也日益显著，但是我国至今仍无统领所有资产管理业务的法律制度规范。另外，法律层面缺少关于营业信托的规范，商事受托人义务规定不明确，信托关系的合法性保护不足，以及信托配套制度不够完善，均在一定程度上制约了行业的创新升级发展。

（一）《信托法》的社会意义与重要性

1. 信托是资产管理行业的普适制度

（1）信托制度最适合用于资产管理业务。资产管理是经济层面的描述，不是法律关系的界

定。要成为我国金融市场上的一种制度安排，资产管理必须形成相应的法律体系。而这种法律体系的一个重要内容就是提供适于开展一般性和特殊性资产管理业务的法律形式。从国际上看，资产管理借以运作的法律形式主要有四种：一是委托代理；二是有限合伙；三是公司；四是信托。作为与委托代理、公司、合伙相平行的一项资产管理制度，信托在民事活动和市场经济活动中有着更为特殊的功能价值，能极大地促进社会财富运用安全的升级、效率的提高和多样化的实现。信托制度是所有资产管理制度中相对最完善的一种形式，最适合运用于资产管理业务，特别是长期资产管理业务。

①信托是所有资产管理制度中资产隔离最彻底的一种法律形式。如图1所示，之所以将商业信托关系放在最高的位置，就是因为只有信托才能将客户的资产完全与各方参与人（包括原来资产的委托人和受益人）相隔离。而其他类型的理财产品法律载体都无法达到同样效果。也就是说，一旦客户或资产管理机构与其他主体发生诉讼纠纷，其理财产品项下的财产就可以被诉讼对手申请查封、扣押，直至强制执行，而信托却不会。

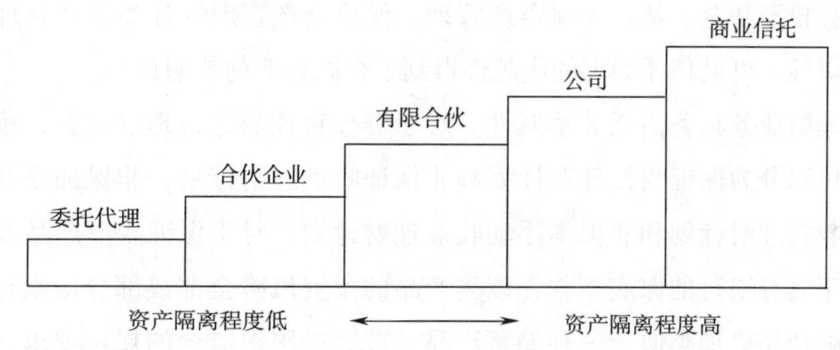

资料来源：王文宇（台湾）：信托法制与资产管理业务之规范，民商法理论与经济分析。

图1　各种财富管理工具资产隔离功能排序图

②信托是所有资产管理制度中最为稳定的一种法律形式。委托代理关系具有很强的人身信任性质，双方当事人可以随时加以解除，任何一方当事人如丧失行为能力都将自然终止。公司和有限合伙则更多是运用企业的组织形式来运作资产管理，公司的股东及有限合伙的合伙人在一定条件下，可以解散公司或解除合伙关系。信托则是以财产转移为基础，当事人不得随意解除信托关系，信托目的实现之前也不能随意终止。因此，信托的管理结构非常稳定，特别适宜长期的资产管理。

③信托是所有资产管理制度中最具弹性空间的一种法律形式。信托设立方式多样、信托财产多元化、信托目的自由化以及实务领域宽泛化等极为灵活的弹性设计，许多任意性条款为当事人确定权利义务提供了极大便利。信托在践行财产转移与管理功能时，具有巨大的弹性空间，这是其他类似的法律设计所没有的。信托具有的巨大灵活性，正是其日益成为一种世界性法律制度的根本原因。在有效赋予受托人最大限度自由的同时，提高了投资效率，保障了投资安全，

创造了资产管理计划中投资者与受托人“双赢”的局面。

④信托还有私密性强的特点。受托人可以，也必须以自己的名义，完成对客户的服务，若没有特别法律程序则不能对外界披露客户的身份。

当然，即便在信托设计中，也无法完全解决资产管理中委托人与受托人之间所有的法律问题和权利冲突。从国外的发展情况看，公司以及有限合伙制度在私募基金，特别是风险投资基金的运作方面更能够体现其资金聚集的功能优势。但是，信托同样可以凭借灵活性的优势与以上制度模式进行组合嫁接，形成不同制度相结合的资产管理交易结构，最大程度为投资人的利益服务。

（2）我国当前各类资产管理业务实质上多为信托关系。信托制度所具备的上述各种独特优势聚集在一起，使得信托公司在开展资产管理业务方面具备独一无二的竞争力。从英国、美国、日本等国家信托制度的发展经验看，金融市场会采用各种形式的信托制度设计以进行共同基金、企业年金、资产证券化、房地产信托投资基金等资产管理活动。目前，我国银行综合理财、券商资产管理、证券投资基金、基金专项资产管理、保险资产管理等各类资产管理业务其法律实质多为信托关系属性，可见信托制度的优越性得到了金融行业的普遍认可。

①银行综合理财业务具备信托关系属性。对于资金管理的综合理财业务，按照客户获取收益方式的不同，可以分为保证收益理财计划和非保证收益理财计划，非保证收益理财计划又可以分为保本浮动收益理财计划和非保本浮动收益理财计划。对于保证收益产品及保本浮动收益的理财产品，由于具有银行的保底条款，该类产品的投资风险全部或部分由银行承担。根据这一特征，此类理财产品更加类似于一种储蓄产品。按照中国银监会的规定要求，此类理财产品应当全部或部分纳入商业银行表内管理，应当占用银行的资本金。因此，保证收益类理财产品的法律属性应当为债权关系；保本浮动收益的理财产品在保本部分应为债权关系属性，在浮动部分应为信托关系属性。

对于银行的非保本浮动收益理财产品，银行负责管理运作客户资产，收取管理费用，对客户资产的盈亏不承担相应责任。这样的业务模式符合信托或委托代理的法律特征。但是，在信托关系中受托人以自己的名义进行管理活动，而在委托关系中受托人以委托人的名义进行活动。在实际管理资产过程中，银行绝对不会以购买理财产品的人的名义操作，而是以银行自己的名义来与市场其他机构进行合作和交易。同时，中国银监会 2005 年颁布的《商业银行个人理财业务风险管理指引》（以下简称《指引》）第九条规定：“商业银行应当将银行资产与客户资产分开管理，明确相关部门及其工作人员在管理、调整客户资产方面的授权。对于可以由第三方托管的客户资产，应交由第三方托管。”由此可见，银行理财业务汇集资金具有与其他各方财产相独立的性质，符合信托财产的独立性原理。因此，非保本浮动收益的银行理财产品其法律实质属于信托关系。

②券商资产管理是信托关系。根据2012年10月发布的《证券公司客户资产管理业务管理办法》第十一条的规定，券商资产管理业务由三大类型组成：为单一客户办理定向资产管理业务，为多个客户办理集合资产管理业务以及为客户办理特定目的的专项资产管理业务。

对于定向资产管理业务与集合资产管理业务，根据相关规定，此类资产管理业务的投资风险由客户自行承担，证券公司不得以任何方式对客户资产本金不受损失或者取得最低收益作出承诺。证券公司应当与客户签订资产管理合同，通过专门账户为客户提供资产管理服务。另外，与银行理财业务类似，券商资产管理业务在实践中也是以券商自身的名义与相应的机构进行合作和交易。因此，定向资产管理业务与集合资产管理业务均符合信托关系的属性。

对于券商专项资产管理业务，《证券公司资产证券化业务管理规定（征求意见稿）》中曾明确指出，券商专项资产管理业务的法律关系为信托关系，且专项计划资产为信托财产。尽管中国证监会基于与上位法存在冲突的考虑，在该规定正式稿中最终删除了上述表述，但是根据新规对于券商专项资产管理业务特征的描述："专项计划资产独立于原始权益人、管理人、托管人及其他业务参与人的固有财产。原始权益人、管理人、托管人及其他业务参与机构因依法解散、被依法撤销或者宣告破产等原因进行清算的，专项计划资产不属于其清算财产。"该业务的实质仍然符合信托关系的属性。因此，券商资产管理业务的法律属性应当确定为信托关系。

③基金公司及其子公司的资产管理业务是信托关系。目前，基金公司的理财服务由其证券投资基金业务（公募基金）和特定客户资产管理业务（专户理财）构成。由于《证券投资基金法》明确规定证券投资基金业务上位法是《信托法》，因而证券投资业务的法律属性当属信托性质无疑。而对于特定客户资产管理业务，新颁布的《基金管理公司特定客户资产管理业务试点办法》开篇也明确阐述《证券投资基金法》为此类业务的立法根据之一。其中《基金管理公司特定客户资产管理业务试点办法》关于资产独立性和客户自担风险的规定更加详细和严格。尽管形式上仍存在一定争议，但实质上基金公司的特定客户资产管理业务法律性质应当属于信托关系。基金子公司设立的专项资产管理计划属于基金管理公司特定客户资产管理业务的类型之一。因此，该业务法律性质也符合信托关系。

④保险资产管理是信托关系。根据2013年2月中国保监会发布的《中国保监会关于保险资产管理公司开展资产管理产品业务试点有关问题的通知（保监资金［2013］124号）》规定，保险资产管理产品是指保险资产管理公司作为管理人，向投资人发售标准化产品份额，募集资金，由托管机构担任资产托管人，为投资人利益运用产品资产进行投资管理的金融工具。产品资产应当实施托管，托管人需具备保险资金托管人资格。保险资产管理公司应当对每只产品进行独立核算、独立管理，公平对待所管理的不同产品资产，避免利益冲突，严禁可能导致利益输送、不公平交易的各种行为。

以上规定的内容表明，保险资产管理产品与信托产品交易结构几乎一致，其背后运用的制度原理并无实质性区别。因此，保险资产管理的法律属性也属于信托关系。

综上所述，目前我国资产管理行业各类理财业务的法律实质均符合信托关系之“委托人基于信任，向受托人托付财产，由受托人以自己名义管理信托财产，并将收益交付委托人或其指定的受益人”的属性。因此，信托制度乃为资产管理行业的普适制度，而并非仅为信托公司所独有。

2. 信托在资产管理外的拓展功能。从国外发展经验看，除了资产管理功能外，信托制度还可以广泛运用于家族财富管理与公司治理、公益救助与社会事务管理等诸多领域。

首先，信托制度可以运用于家族财富管理与公司治理领域。家族财富管理与公司治理为欧美国家信托机构主营信托业务之一。例如，洛克菲勒家族的兴起源于石油，在20世纪初赢得了十数亿美元的身家，成为那个年代数一数二的世界富豪。他的遗产通过信托的方式被传承。到他儿子那一代，一共设立了五个信托。就国内的家族信托发展现状看，不少内地在H股上市的中国企业家们已经开始运用信托来实现家族财产传承与公司治理，龙湖地产、玖龙纸业、SOHO中国等莫不都是通过家族信托来持有公司股权。2012年末，我国大陆地区的第一单家族信托产品诞生于深圳。平安信托推出了一款名为“平安财富·鸿承世家系列单一万全资金信托”的家族财富传承系列信托产品。该家族信托产品总额度5 000万元，合同期为50年，客户是一位40多岁的企业家。根据约定，信托委托人将与平安信托共同管理这笔资产。

其次，信托制度可以运用于公益救助与社会事务管理领域。公益信托以其设立便捷、运作灵活、监督机制完善等特点，在国外得到很多捐赠人的青睐，是国外公益事业发展的重要载体。目前，我国推进公益信托的客观条件已经成熟，经济的飞速发展，人民的收入水平不断提高，生活富裕的人口数不断增加。为了适应经济体制的转换和金融制度的改革，财产管理手段的多样性、科学性势在必行。在这种情况下，社会上越来越多的爱心人士需要一个机制健全、运作透明、效率较高的金融机构来推动公益慈善事业的发展。因此，公益信托应当受此重任，从而激发越来越多热心人士参与公益事业，并保证公益目的的真正实现。

最后，信托公司还可以利用信托制度尝试发展农村土地流转信托推动新型城镇化建设，发展企业年金信托助力养老改革，发展跨境信托促进国内外资金与资本的融合，等等。

信托行业具备信托制度之优势犹如坐拥一座巨大的金矿，过去十余年时间所取得的成就正是对于这座金矿的挖掘小有收成。展望未来，中国人的财富仍将不断积累，其中的“富一代”们将逐渐老去，居民、机构对财产管理的需求必然将进一步升级和扩大。当今的信托行业并非走到了历史拐点，而是“小荷才露尖尖角”，若能充分挖掘信托制度之优势，行业在“黄金十年”之后，还将迎来一个更加兴旺发达的“白金十年”。

（二）《信托法》目前存在的主要问题

1. 资产管理行业制度不统一。

（1）法律关系不统一。我国资产管理行业受制于“分业经营，分业监管”的现状，实质法律属性相同的资产管理业务分属不同机关监管，于是导致不同机构资产管理业务所适用的法律关系各不相同。总体而言，除了信托公司的信托业务与基金公司的公募证券投资基金业务在法律关系属性上明确适用信托法外，其他类型的资产管理业务大多以“委托代理”之名，行“信托管理”之实，或者相关监管机构对于其资产管理的法律关系属性避而不谈，无法将其明确为信托关系。

①银行综合理财业务法律形式上只能被限定为委托代理关系。根据我国《商业银行法》第四十三条规定，商业银行在中华人民共和国境内不得从事信托投资和证券经营业务。因此，包括综合理财在内的各种银行业务无论实质上如何延伸，在法律形式层面均不能认定为信托关系。另外，《商业银行个人理财业务管理暂行办法》第九条规定：“综合理财服务，是指商业银行在向客户提供理财顾问服务的基础上接受客户的委托和授权，按照与客户事先约定的投资计划和方式进行投资和资产管理的业务活动。在综合理财服务活动中，客户授权银行代表客户自身按照合同约定的投资方向和方式进行投资和资产管理，投资收益与风险由客户或客户与银行按照约定方式承担。“委托”、“授权”、“风险由客户承担”，这样的用词规定更加符合委托代理法律关系的属性，后来银监会有关负责人在就发布《商业银行个人理财业务管理办法》和《商业银行个人理财业务风险管理指引》答记者问中进一步明确表示，个人理财业务是建立在委托代理关系基础之上的银行业务，从而进一步支持了银行综合理财业务为委托代理关系的观点。

②券商资产管理业务法律形式上也只能被限定为委托代理关系。根据我国《证券法》第六条的规定“证券业和银行业、信托业、保险业实行分业经营、分业管理，证券公司与银行、信托、保险业务机构分别设立”，这使得证券公司难以名正言顺地开展信托业务。另外，根据国务院行政法规《证券公司监督管理条例》第五十九条的规定，“证券资产管理客户的委托资产属于客户”，使得券商资产管理计划的财产无法与客户的资产相独立，从而只能被认定为委托代理关系。

③基金子公司的专项资产管理业务法律属性存在一定的争议。基金子公司的专项资产管理业务尽管实质上与信托公司的信托业务非常类似，但是目前直接将其明确为信托关系的属性仍然存在一定的争议。就信托公司而言，无论法律层面的《信托法》，还是部门规章层面的《信托公司管理办法》均规定了信托财产不会被计入清算财产，为信托财产的破产隔离功能提供了双重保障。但是，就基金子公司而言，仅有中国证监会的部门规章《基金管理公司特定客户资产管理业务试点办法》规定了委托财产不属于清算财产，其破产隔离功能与信托财产相比缺少了

法律层面的认可。另外，根据该《试点办法》之规定，基金子公司的上位法是证券投资基金法，但并不能因此直接推断两者适用相同的法律关系。事实上，从二者的行文措辞也能发现其中的差异，《试点办法》中将基金子公司的专项资管计划管理的财产规定为“委托财产”，而非《证券投资基金法》规定的“基金财产”。根据《证券投资基金法》，“基金财产”的范围仅包括证券投资领域，而不包括基金子公司专项计划中的“非上市股权、债权和财产权”。同时，基金子公司的企业组织形式属于有限公司，受到《公司法》及《破产法》的约束。如果基金子公司出现破产的情形，部门规章对于委托财产破产隔离的规定能否与《公司法》、《破产法》抗辩存在较大不确定性。

④保险资产管理业务无法明确为信托关系。保险资产管理业务受制于《保险法》第八条中“分业经营，分业监管”的限制，无法将其明确为信托关系。

（2）监管标准不统一。我国目前对于资产管理活动是按照经营机构的不同性质分别由不同的监管机构进行监管，各监管机构对资产管理活动的监管标准并不一致。“有宽有严，有松有紧”，甚至普遍存在不合理的“部门壁垒”现象，导致在同一市场上经营相同业务的各资产管理经营主体仅因监管部门不同而面临不同的竞争环境。

①每一信托集合资金信托计划的自然人 300 万元以下不得超过 50 位，而券商小集合业务、基金公司特定专户“一对多”业务以及保险资管计划则可以达到 200 人。

②相比于信托公司而言，监管层对于基金子公司的专项资管业务目前几乎没有约束和限制，特别是基金子公司的专项资产管理计划目前没有净资本的风险计提要求。这使得资产管理市场在无形中形成了不公平的竞争环境，同时也蕴藏了潜在的风险。

③信托公司开展理财业务还在一定程度上受到了其他金融监管部门的诸多限制，如信托持股 PE 不得上市、证券投资账户曾被叫停等。

2. 《信托法》对营业信托规范的缺失。我国《信托法》规定了信托的设立制度、信托财产独立性的制度、受托人制度和受益人制度。对于财产制度的规范发展，也提供了较为充实的制度保障。但是，《信托法》的不足之处在于，它只是一个信托关系的基本法律，缺乏对我国营业信托的规范。

《信托法》第三条规定：“委托人、受托人和受益人（以下统称信托当事人）在中华人民共和国境内进行民事、营业、公益信托活动，适用本法。”该条提出了“民事信托”和“营业信托”的概念。从国外的信托立法历史看，营业信托的制度规范扮演着极其重要的角色。英国在 1893 年颁布的《受托人法》之后的《受托人法案》、《信托投资法案》都有规范信托业务发展的内容，美国 1906 年即颁布《信托公司准备法》，对信托业加以规范，之后 1913 年颁布的《联邦储备银行法》，1940 年颁布的《投资公司法》对信托公司和其他金融机构的信托行为进行了规范，日本在引入信托制度后就制定了《信托法》，并在 1922 年制定了《信托业法》规范信托市场的发展。我国台湾地区、韩国等也相继颁布了《信托业法》对信托业的设立及变更、经营业务范围、信托业监督管理、信托同业公会等内容进行了规定。

《信托法》颁布实施十年来，营业信托得到了较大发展，以受托机构的身份参与营业信托的主体也呈现出多样化的趋势。但《信托法》颁布至今，有关营业信托的规范内容仍未确立于法律法规之中，而是仅仅由负责监管信托公司的中国银监会颁布了针对信托行业的诸多部门规章。

3. 商事受托人义务规定不明确。《信托法》对于受托人的义务作出了原则性规定，但缺乏对信托公司等商事受托机构受托人义务的具体规定。目前，出于金融市场稳定的考虑，对信托公司的受托人义务存在“刚性兑付”的潜在要求。

从短期看这可以在一定程度上弥补《信托法》中受托人义务不明确的缺陷，有利于金融市场的稳定发展，但从长期看将可能使得行业积累更多潜在的风险，也使得信托业务开展模式受到限制，不利于行业的长期发展。另外，在大资管时代的背景下，同样是开展信托业务，有的机构受到“刚性兑付”机制监管，有的机构却又按照“投资者自负风险”模式监管，这样难免使得整个资管行业的风险更为突出，投资者利益难以得到有效保障。

4. 信托关系的合法性保护不足。信托制度实际上在是我国原有的“名实合一”财产权制度之外，另行建立了一项“名实分离”的财产权制度。而在引入信托制度之前，我国仅存在以民法通则所确立的绝对所有权概念为基础的单一财产权制度，其典型特点就是“名实合一”，即财产的权利名义与实际利益均由财产权人享有。但是，我国目前《信托法》中对于信托财产的权利归属较为模糊，对于信托受益权等新型财产权利缺乏对其法律属性的明确界定，从而不利于信托关系合法性的保护。

5. 信托配套制度不够完善。我国原有的财产法律体系包括财产转让制度、税收制度、过户登记制度等，以上制度均是以绝对所有权概念为基础而建立的。在无法改变我国现有民法体系框架的情况下，通过信托配套制度的完善也能够有效加强信托关系合法性的保护，促进信托业务的创新升级发展。

但是，我国以上信托配套制度目前还有较多欠缺之处。

（1）我国尚未形成统一规范的信托登记制度。在信托实践中，涉及信托登记的领域越来越多，但信托法对于信托的登记机构、登记主体、登记程序等问题均没有明确规定。现行财产登记机构一般以没有相关规定为由，对于相关信托活动的财产登记不予办理，导致许多需要登记才能设立的信托的财产和财产权被排除在信托活动之外，严重抑制了信托功能的发挥和信托活动的开展。

（2）我国信托流动性严重不足，信托受益权难以在合适的交易平台流动转让。造成信托流动性不足的原因是多方面的。一方面，信托受益权的性质及转让条件等要素《信托法》均未作出规定，使得信托受益权的流转受到了阻碍；另一方面，对于任何一种金融产品来说，合约的标准化、产品的规模化以及较高的市场认知度是其具有较高流动性的内在基础。在当前信托业务模式下，信托产品的非标准化、非规模化以及市场认知度较低等内在特性也是制约信托流动性的重要原因。

（3）目前我国还没有建立与信托活动相配套的税收制度。一方面，信托当事人将缴纳本不该缴纳的税费，这样就不合理地提高了信托的交易成本，从而制约了信托功能的系统发挥，不利于不动产信托业务以及公益信托业务的开展与普及；另一方面，信托当事人本该缴纳的税费也无法缴纳，一定程度上可能助长信托不合理避税的空间，造成国家税赋流失。

（4）我国公益信托方面的相关制度也不够完善。由于公益信托在我国属于新生事物，还未被社会各阶层所熟知，相关的制度还有所欠缺。信托公司在开展公益信托过程中遇到了一些需要在制度层面解决的问题，主要体现为：缺乏公益信托在设立、运行管理及如何监管等环节的实施和操作规范；《信托法》中“公益事业管理机构”指向不明，公益信托审批环节不顺；公益信托的委托财产缺乏税收抵免政策，一定程度上减少了委托人设立公益信托的意愿。

为解决与《信托法》相配套的信托登记、信托流转、信托税收、公益信托等配套制度长期缺位的问题，更加有效地保障信托财产的安全性和信托受益人的利益，充分发挥信托制度的功能，促进信托业的创新发展，继2012年之后，全国政协委员、公司董事长刘沧龙于今年“两会”期间再次就《信托法》修改与完善提交了提案，为推动信托行业发展出谋献策。

二、对完善和落实《信托法》的意见和建议

我国作为一个新兴的资产管理市场，保护投资者利益、维护理财市场的稳定发展，以及建立一套科学务实的信托制度体系尤为重要，当前《信托法》修改的重点在于完善营业信托法律规范、加强信托关系合法性保护以及完善信托配套制度三大方面。

（一）完善营业信托法律规范

1. 统一立法，明确各类资产管理业务信托法律属性。将银行理财、券商资产管理、基金子公司、保险资产管理等资产管理行业的理财业务明确为信托关系是金融市场规范运行和维护投资者权益的重要保障。没有统一的信托机构管理规定，不同的受托主体适用不同的监管规定，直接制约了资产管理市场的长远发展。

一方面，如前所述，信托制度最适宜进行资产管理活动。现代信托已成为财产制度中唯一可以连接和沟通资本市场、货币市场和产业市场的制度。这一制度以资产为核心，以信用为基础，是以权利主体和利益主体相分离为特点的现代财产管理制度，具有破产隔离、规避税负、制度设计灵活、信义义务标准更为宽松等优势。

另一方面，当前各类资管业务继续采取“委托代理”的法律形式不利于投资者利益保护。首先，在委托代理关系模式下，财产所有权并不发生转移，资产隔离程度最弱；其次，以委托代理之关系，资产管理机构必须以被代理人即投资者名义对外活动、安排资产交易管理，这与资产管理的理财功能属性难以匹配；再次，委托代理关系下，代理人即资产管理机构必须按照被代理人即投资者的授权范围活动，如要超越范围必须得到被代理人的授权，这很不符合理财业务灵活性的要求；最后，委托代理关系中被代理人多数情形下可以随时解除或撤销委托关系。这些使得集合类资产管理计划中其他投资者的利益可能受到严重损失。

2. 明确商事受托人义务，保护投资者利益。《信托法》第二十五条明确规定：“受托人应当遵守信托文件的规定，为受益人的最大利益处理信托事务。受托人管理信托财产，必须恪尽职守，履行诚实、信用、谨慎、有效管理的义务。”由此可见，我国信托法主要赋予了信托公司两大受托人义务、即忠诚守信义务、谨慎管理义务。

出于金融市场稳定的考虑，监管层对信托公司的受托人义务确定了“刚性兑付”的潜在要求。但是，中国证监会所辖的基金子公司等机构开展类似的资产管理业务却又按照“买者自负”的模式监管。不同监管部门对于不同机构的受托责任要求，难免使得投资者利益缺乏充分有效保障。

通过《信托法》的修改与完善，明确受托人职责是影响未来资产管理行业发展的关键要素之一。具体而言，信托法修改中对于受托机构的受托人义务应当包括但不限于以下方面的内容。

（1）进一步明确受托机构如何在信托业务中切实履行忠诚守信的受托义务。

①受托人向投资者提供的信托文件应当确保准确真实。受托人不得以“阴阳合同”等形式规避自身的受托责任。

②为了确保受托人充分履行忠实守信义务，信托公司在信托业务开展中还应当充分履行信息披露的受托义务。目前，信息披露不充分是信托产品被投资者及监管层质疑的一个主要因素，也是信托产品无法打破“刚性兑付”的主要因素。由于没有充分的信息披露，往往会出现信托产品“资金用途不明确”的特点，此时的信托产品更像是一个黑匣子，使得投资者与监管层对于项目的实质风险难以判断。

（2）进一步明确受托机构如何在信托业务中充分履行谨慎管理的受托义务。

①受托机构应当在尽职管理与尽职调查过程中充分履行谨慎管理义务。尽管对于尽职管理和尽职调查，不同的受托机构可能有着不同的内部标准。如果出台统一的行业性标准，一旦过严可能会使受托机构难以落实，出现矫枉过正的现象。但是，如果打破“刚性兑付”机制，这样的谨慎管理标准或许可以通过未来具体的司法案例进行判断。有些问题必须是各方产生很大的分歧后，经过当事人各方举证，并通过专业律师激烈的辩论，最后由司法部门审理判决。尽管我国无法像英美法系国家一样支持司法判例的法律效力，但是对于历史性、标志性的信托案

件同样能起到很好的示范效用。

②受托机构应当在投资决策过程中充分履行谨慎管理义务。受托机构应当区分不同风险偏好的投资者，配置相应风险的资产。对于风险承受能力较弱的保守派投资者应当严格遵循谨慎管理的义务，尽量避免投资于风险较高的行业，尽量避免与实力较弱的交易对手进行合作，针对具体的业务监管部门可以指定更为详细的标准，而对于风险承受能力较强的激进派投资者则可以适当选择投资于风险和收益都稍高一点的项目和行业，以更好地针对投资者需求服务，但这必须是以通过信托合同等方式与投资者达成一致为前提。

③ 受托机构应当严格履行谨慎选择第三方机构管理的受托义务。作为谨慎管理义务的延伸，信托公司在信托业务中应当严格履行谨慎选择第三方机构管理的受托义务。随着未来更多新型业务的开展，对于受托人的主动管理能力将要求越来越高。但是，按照目前大多数信托公司的资产配置能力与专业管理能力来看，可能还难以完全独立运作此类新型信托产品。包括国外的受托管理机构，也经常选择有专业管理能力的第三方机构代为进行管理。然而，如果信托公司在选择第三方代理时，没有充分了解第三方是否具备相应的专业管理能力或完全被动依赖第三方的投资策略进行操作，则有可能损害受益人（投资者）的相关利益。

3. 加强统一营业信托监管标准。我国作为一个新兴的资产管理市场，保护投资者利益、维护理财市场的稳定发展，以及建立一套科学务实的营业信托监管体系尤为重要。从长远发展角度看，我国营业信托监管体系有必要从“机构监管”到“功能监管”进行转变。

在“分业经营，分业监管”的背景下，金融市场监管的法律规则并非是从资产管理的共同法律属性出发而统一协调制定的，而是由各个监管部门基于各自监管需要与监管便利而分头出台颁布的，由此形成了“机构监管”的总体特征：将金融机构类型作为划分监管权限的依据，即同一类型的金融机构均由特定的监管者监管。

但是，我们不得不审慎面对“机构监管”带来的如下现实问题及困境：（1）“机构监管”模式强调每一种类型的金融机构都由其明确对应的一家监管机构监管，但是在现实的金融交易中，该等监管模式却存在“局部真空”的监管漏洞；（2）“机构监管”模式之下各监管机构大多数情况下各自行使自身监管权力，事实上给被监管者带来了“监管套利”的机会；（3）“机构监管”模式往往会导致监管机构的工作重心不是放在保护投资者利益之上，而是以维系金融机构风险可控性及整个金融市场的系统安全性为重点，但由于缺乏机构间有效的协商机制，又没有统一的投资工具监管规则，容易使得投资者利益受到损失，美国次贷危机就是此种弊端的典型表现。在美国所采取的伞形监管框架下，美联储、货币监理署、联邦存款保险委员会（FDIC）、证券交易委员会（SEC）等机构之间缺乏有效的协商机制，又没有统一的投资工具监管规则，次级贷款抵押证券就是在这样一个缺乏有效监管的条件下成长发展成“剧毒产品”的。

其实，虽然现行《信托法》中没有关于“功能监管”的条款，但是在最初《信托法》起草的过程中却有涉及相关的内容。在1994年《信托法》（草案）中，第五条规定："国务院信托行政管理部门，依照本法对信托业实施监督管理。"这便是在试图通过设立一个专门的、独立的信托监管机构对营业信托实行"功能监管"。当时，我国的金融体系尚未确立分业监管、"一行三会"的格局，这样的条款具有相当超前的前瞻性。

当然，从现行发展角度看"功能监管"的转变可能难以一蹴而就，在缺少独立的监管部门对资产管理业务实行统一监管的情况下，立法层面也应当尽量规范统一各机构间的监管标准，各资产管理机构的所辖监管部门之间也应当加强彼此沟通协调，实现监管标准的统一，维护金融市场的稳定发展。

4. 营业信托制度的立法途径。由于营业信托制度的缺失，我国当前主要有三种解决路径：一是，仿效韩国、日本、台湾等国家或地区的立法模式，单独起草制定《信托业法》；二是，通过对当前《信托法》的修改完善，新增《营业信托》一章；三是，通过国务院制定《信托机构管理条例》。

由于考虑到我国单独一门法律的制定与修改往往需要较长的时间，当前单独起草制定《信托业法》的可行性相对较差。因此，如能借助《信托法》修改这一契机，在现有《信托法》基础上新增《营业信托》一章或许是较为可行的方案。如果通过《信托法》的修改新增《营业信托》一章确有难度，从国务院层面制定《信托机构管理条例》也能有效解决"营业信托"缺失的制度问题。《信托法》第四条规定，受托人采取信托机构形式从事信托活动，其组织和管理由国务院制定具体办法。《国务院办公厅关于〈中华人民共和国信托法〉公布执行后有关问题的通知》（国办发［2001］101号）规定，国务院法制办将组织有关部门拟定相关《信托机构管理条例》，具体指导信托机构从事信托活动。由此可见，尽管国务院制定的有关信托机构组织和管理的具体办法仅为行政法规，但是根据《信托法》的授权其效力等同于法律。

除此之外，《商业银行法》、《证券法》、《保险法》等法律规定也为以上两大路径的实现预留了缺口。如《证券法》第6条规定："证券业和银行业、信托业、保险业实行分业经营、分业管理，证券公司与银行、信托、保险业务机构分别设立。国家另有规定的除外。"《保险法》第八条规定："保险业和银行业、证券业、信托业实行分业经营、分业管理，保险公司与银行、证券、信托业务机构分别设立。国家另有规定的除外。"《商业银行法》第十条规定："商业银行依法接受国务院银行业监督管理机构的监督管理，但法律规定其有关业务接受其他监督管理部门或者机构监督管理的，依照其规定。"

依此，我们既可对《信托法》进行修订，为其加入《营业信托》一章，也可通过国务院行政法规的制定从而明确信托机构如何管理。如此一来，既可解决前述资产管理业务使用信托原理的问题，同样也不会与《商业银行法》等现有规范相冲突。这样的制度规定，既能够统领整个资产管理行业所有运用信托制度的营业机构，又能够与《商业银行法》、《证券法》、《保险法》拥有相同层级的法律效力，从而实现跨部门的监管协调。

（二）加强信托关系合法性保护

如前所述，我国目前《信托法》中对于信托财产的权利归属较为模糊，对于信托受益权等新型财产权利缺乏对其法律属性的明确界定，从而不利于信托关系合法性的保护。

由此可见，必须通过法律层面的修改以加强信托关系合法性的保护，从而适应信托这一新型财产权制度实施的需要，否则，就会严重影响信托制度功能价值的发挥，与我国引进信托制度的立法初衷背道而驰。尽管如后文所述，信托登记、信托受益权流转、信托税收、公益信托等信托配套制度的完善是我国信托业务未来能否转型发展的关键，但是所有这些制度仅为“信托法”之“配套制度”，其最终目的大多也是通过配套制度的实施弥补信托法的缺陷之处，从而加强信托关系合法性的保护，推动新型信托业务的开展。因此，可以优先通过信托法层面的修改而实现加强信托关系合法性保护的目的，其效果更加直接有效。

一方面，信托财产的权利归属模糊，需要进一步明确涉及信托财产转移时使用的“转移”、“移转”等词，而非现行立法的“委托”。《中华人民共和国信托法》第二条，给信托的定义为：“本法所称信托，是指委托人基于受委托人的信任，将其财产权委托给受托人，由受托人按委托人的意愿以自己的名义，为受益人的利益或者特定目的，进行管理或者处分的行为。”我国信托法对于信托定义的争议主要在于对信托财产的权属界定问题，这在很大程度上会影响到信托业务在我国的普及和开展。信托财产的独立性是信托制度区别于其他法律制度的重要因素之一，也是信托制度独一无二的优势之一。

另一方面，对于信托受益权等新型财产权利的法律属性有待进一步明确。目前，在实务操作中，信托受益权等新型财产权利已经作为资产管理机构的投资标的被广泛运用，但是法律层面一直欠缺对此类财产权利属性的确认，在极端情况下，有可能被司法部门认定为信托关系无效。另外，信托受益权法律关系的不确定性也直接影响了其在二级市场流通转让。具体而言，信托受益权的性质、转让的条件、程序，转让是否应经受托人、委托人同意，转让何时生效，是否可以部分转让，转让是否应经登记等问题均需要予以明确。

我国目前的民事法律体系中，主要支持财产法律属性以物权与债权进行归类的二分模式。然而，信托受益权等新型财产权利，是一种兼具物权特征与债权特征的新型权利，简单地将其归入物权或债权并不可取。理论上而言，信托关系是与债权、物权关系相平行的一种法律关系，《信托法》的法律效力也应当与《合同法》、《物权法》相平行。随着社会经济的高速发展，传统的债权与物权二分模式已经较难适应社会发展的需求，不利于对公民合法财产进行充分有效的保护。因此，有必要通过法律的修改对我国民事法律体系进行重构，使得新型财产权利能够得到法律层面的认可与规范。

当然，对于民事法律体系进行重构可能需要较长的时间，这与加强信托关系合法性保护的迫切性存在一定的冲突。在这种情况下，通过信托配套制度的完善不妨是一条弥补当前信托法律缺陷的有效途径。

（三）完善信托配套制度

1. 信托登记制度的完善。信托依法成立后，信托财产即从委托人、受托人以及受益人的自有财产中分离出来，成为独立运作的财产。这是信托制度的核心内容，也是信托得以安全运行的根本。为了实现信托财产的这一独立特性，各国除规范信托基本法律关系外，均配套以专户管理、信托登记等制度，从而构成信托原理的整体。可以说，信托登记等配套制度是信托原理不可或缺的组成部分。

我国属于大陆法系国家，引入信托制度时也规定了信托登记制度，比如《信托法》第十条规定：以依法应当进行信托登记的财产设立信托，如果未办理信托登记手续，信托无效。但是，我国《信托法》对信托财产所有权转移表述含糊，除明确信托财产具有独立性（有别于委托人、受托人的固有财产）外，未直接明确设立信托转移了信托财产的所有权，这样一来，《信托法》第十条关于信托登记的内容就成了无本之木、无源之水，其主管登记机关、登记内容变得不明确。

大陆法系国家的信托财产的登记一般是分两步走：第一步是信托财产移转的所有权变更登记，第二步是标明其为信托财产的登记。在我国《信托法》没有直接、明确规定信托财产的所有权发生转移的情况下，建议可以先把第一步所有权转移的登记置之一边，先想办法解决第二步信托财产的独立性登记问题。

实施信托财产的独立性登记，不仅可以摆脱信托财产是否转移的难题，而且可以交由专门的信托登记机构来统一办理，避免需要众多权属登记部门出台信托登记细则的难题。此外，信托监管机构和信托当事人可以从一个登记平台得到信托计划及相关信托财产状况的完整信息。信托财产的独立性登记仅仅是给信托财产烙上“信托”标识，经国家认可后，其登记效力即可对抗第三人，实现信托登记的制度设计目的。

为了处理好与其他财产登记制度的衔接问题，应权属登记部门的要求，信托财产的独立性登记机构应当将独立性登记的情况报送相关权属登记部门备案。

2. 信托受益权二级市场的建立。信托受益权的流通性是信托制度生命力和活力之所在，但我国信托受制于流动性不足的现实困境，行业规模始终无法做大，建立信托二级市场迫在眉睫。

实际上，从 2005 年开始，北京产权交易所就与信托机构联手探索信托受益权。按照北交所的思路，第一步是建立信托受益权登记托管系统，建立各信托投资公司和北交所之间的数据交换通道。第二步是在充分与信托投资公司沟通的情况下，进行信托收益权登记等的制度建设。

在此基础上建立信托受益权转让平台，并逐步建立起经纪商的队伍，最终使信托产品能够顺利地交易过户。在这其中，作为信托受益权的指定托管机构，北交所信托受益权实行会员代理制度。也就是说，信托受益人或信托受益权买方不能直接委托北交所进行信托受益权的买入和卖出业务，以及其他交易业务，只能通过会员的场内申报，分别报价，最终撮合成交。但从北交所的信托中心（信托产品受益权交易服务平台）成立以来，在信托受益权转让方面作为并不多，表明解决信托流动性的问题非一家机构所能承担。

建议多管齐下提升信托流动性：一是要完善信托制度，包括信托财产登记制度、信托合同份数和投资者人数约定、信托受益权转让制度等一系列制度；二是构建规范的信托二级市场，同时应当整合信托柜台市场，通过信息整合建设一个统一的信托转让信息系统作为信托柜台市场；三是创新信托业务，努力研发标准化、规模化、市场认知度较高的产品，实现做大信托规模与提升信托流动性的良性互动发展。

3. 信托税收制度的完善。从国际上看，无论是信托发源地的英美国家，还是引进信托制度的日本和我国台湾地区，均在建立信托制度的同时，以自己的方式确立了信托税制。比如我国台湾地区在2001年陆续修改增订了七部税法，也就是说凡是涉及《信托法》里所涉及的信托业务，在台湾的税法修改过程中都作了相应的改变或明确。

因此，我国也有必要对于信托税收制度予以补充完善。本着促进信托事业健康发展的目标，遵循信托的本质属性，并借鉴国际有效经验，我国信托税制应遵循以下基本原则：信托产品课税应以效率优先、兼顾公平；应按照信托实质以实际受益人作为最终纳税人，避免对名义应税行为征税；避免对名义转移行为的课税，消除重复征税；受益人通过信托进行的任何经营活动的税负应当不高于受益人亲自进行该项经营活动所承担的税负；在纳税时点的选择上，应坚持所得或信托财产增益发生时为纳税义务成立。

4. 公益信托制度的完善。近年来，一些信托公司已经在公益信托领域进行了有益尝试，积累了一定经验，但总量仍然较少。据不完全统计，自1999年华宝信托设立宝恒组合投资信托计划至今，约有11家信托公司设计或推出了12只具有公益性质的信托产品。对于公益信托实践中所遇到的问题，基于我国现行法律体制，提出如下建议。

第一，制定专门的公益信托管理制度。针对缺乏专门制度，公益信托不得不参照资金信托或财产信托运行模式的状况，应尽快出台专门的公益信托管理制度，就公益信托的发起设立、公益信托合同的签订、公益信托财产运作管理、委托人权利义务、受益人权利等内容作出明确规定。

第二，就公益信托的监督管理进行具体规定，明确各公益事业的主管机构，将公益信托管理机构的管理职权、分工及相应的责任加以明确，以使公益信托有章可循，以此保障公益信托的顺利运行。

第三，出台推行公益信托的相关税收政策，对于公益信托运营收益给予一定的税收减免等优惠政策。

表1　信托公司设立公益性信托计划

时间	受托人	信托计划	信托目的	公益信托审批	监察人
1999年9月	华宝信托	宝恒组合投资信托计划	收益捐赠型：发放“宝钢奖学金”或提供各项资助	未见披露	未见披露
2004年2月	云南国投	“爱心成就未来－稳健收益型”集合资金信托计划（一）	收益捐赠型：捐赠云南省青少年基金会用于修建信托希望小学及救助云南省内失学儿童	未见披露	未见披露
2005年1月	中融信托	中华慈善公益信托（未推出）	收益捐赠型：残疾孤儿手术康复明天计划	民政部门	中华慈善总会
2006年2月	云南国投	“爱心成就未来—稳健收益型”集合资金信托计划（二）	收益捐赠型：捐赠云南省青少年基金会用于修建信托希望小学及救助云南省内失学儿童	未见披露	未见披露
2007年8月	重庆国投	爱心满中华集合资金信托计划	收益捐赠型：捐赠中国残疾人福利基金会用于救助白内障患者的复明手术	未见披露	未见披露
2007年8月	北京信托	同心慈善1号新股申购集合资金信托计划	收益捐赠型：用于北京地区贫困民工子弟学校	未见披露	未见披露
2008年5月	金港信托	四川灾区赈灾公益信托计划	收益捐赠型：用于捐赠四川灾区	未见披露	未见披露
2008年6月	西安信托	“5·12”抗震救灾公益信托计划	全部财产用于陕西地震灾区受损中小学校舍重建或援建新的希望小学等公益项目	陕西民政局	希格玛会计师事务所
2008年6月	衡平信托	“爱心系列”信托理财产品	信托资金捐赠型：每期信托募集资金的1%定向捐助灾区支持中小学校园重建	未见披露	未见披露
2008年8月	中信信托	中信开行爱心信托	收益捐赠型：捐赠给宋庆龄基金会	未见披露	未见披露
2008年10月	百瑞信托	郑州慈善公益信托计划	信托财产和收益全部用于资助地震灾区及贫困地区教育项目	郑州民政局	郑州慈善总会
2009年9月	重庆信托	重庆人民警察英烈救助基金公益信托	信托财产及收益将专项用于帮助特困、伤残、牺牲的公安干警及其家属	重庆市公安局	会计师事务所

综上所述，随着金融市场与社会经济环境发生了巨大转变，加快《信托法》的修改完善，

促进行业升级发展显得尤为重要。新增“营业信托”的制度规范，明确统一各类资管经营机构业务的信托法律属性，明确商事受托人义务，并确保司法权的适度介入，建立不同经营主体监管机构的监管协调制度，加强信托关系合法性的保护，完善信托登记、税收等配套制度，是当前我国信托业乃至整个金融行业制度改革和创新的优化选择。只有如此，才能充分发挥信托制度对资产管理市场的贡献，推动信托行业的创新升级发展，并最终对投资者提供统一而严密的法律保护。

（本文选自信托公司供稿）

信托制度的经济学逻辑

——从科斯定理角度分析

新华信托股份有限公司　王丙辉

法律作为最主要的正式制度安排，由社会经济发展的客观要求所决定，并直接影响着经济运行的全过程，内含了经济学逻辑。在这个大前提下，信托作为一种特殊的财产管理制度和法律行为，经济学逻辑当然也蕴含其中。罗纳德·哈里·科斯（Ronald H. Coase）曾说："在市场中交易的东西不是像经济学家经常认为的那样，是物理实体，而是采取确定行动的权利和个人拥有的、由法律体系创立的权利。"信托财产权便是这样一种权利。源自于英美法系的信托制度围绕着信托财产权创造了独特的法律结构。而大陆法系国家在移植信托制度的同时，无一例外地概括承受了两大法系财产权法律概念上存在的冲突。作为财产法的基石——财产所有权，在英美法和大陆法中却有着不同的界定。在英美法系国家，信托财产权通过"普通法上的所有权"和"衡平法上的所有权"，完美地解释了信托财产权利的分离及归属。但在奉行"绝对所有权"理念的大陆法系国家，却很难解释信托关系中的权利配置问题。

如果信托设计仅囿于所有权的概念，则在大陆法中很难得到令人满意的结果。从严谨、纯粹的法学理论角度对信托制度进行的研究，很有可能落入理论创造者的逻辑陷阱中，并且最终止步于此。大陆法系国家为成功移植信托制度而寻求理论依据时，不妨跳脱出传统法学的思维定式，代之以经济学的研究范式来考察信托财产权的性质，从中寻求合理的理论支点。笔者认为，科斯的交易成本理论和产权思想可以很好地分析和解释信托财产利益的特殊配置问题。

一、英美财产法与信托

信托实质上是一种财产制度，其核心是信托财产的运用权和获取收益权在受托人与受益人之间的权利分配。按照英美法系的私法理论，信托权利是财产权的具体类型之一，是英美法系财产权法律制度之集大成之反映。任何一项制度的诞生和发展都有其深耕的历史土壤，因此，我们移植信托制度，必先从制度的源头即英美财产法考察。

（一）信托财产权之溯源

信托财产权制度源于英国的财产权制度，英国财产权制度来源于英国的地产权制度，而英国的地产权制度孕育于封建土地保有制度。一言蔽之，没有独特的英国封建土地保有制度，便没有信托财产权。

所谓土地保有（Tenure）是指封建领主（Lord）授予土地保有人（Tenant）在一定时间内持有土地权利，同时土地保有人向领主提供封建义务而建立起来的一种封建法律关系。土地保有关系中，领主将土地分封给保有人，并应保障土地保有人的财产与人身安全，而土地保有人则应向领主宣誓效忠并承担相应的封建役务（Service）和捐税（Incident）。

英国土地保有制度的全面建立发生在诺曼征服以后，是威廉一世加强王权的政治举措。保有制度使国王迅速“拥有”了全英国的土地，实现了对土地大规模的重新分配，改变了诺曼征服前英国的土地产权结构。通过土地保有关系，中世纪英国建立起了从上到下的金字塔式的封建等级结构和地产权关系：国王处于金字塔的顶端，直接占有土地的保有人处于金字塔的底端。在多层土地保有关系中，土地保有人所提供的役务和捐税义务是附属于土地的，并永远对其继承人具有约束力。土地保有关系事实上形成土地权益在领主和保有人之间的分割，土地权益人能拥有的不是土地本身而是土地权益或依据土地保有而产生的权益。随着社会、经济条件的变化，土地保有人尤其不满沉重的封建义务。从 14 世纪开始，土地保有人就通过一种被称为“用益”的富有想象力的方法，试图避免封建捐税：地产权人可以为其经济或者朋友的利益，把土地交给受托人管理。这种安排可以规避保有人在死亡时所产生的对领主的捐税。用益制即为现代意义上信托的前身，早期，用益和信托这两个词是混用的。用益制的产生极大动摇了封建君主的权利，因此 1535 年，亨利八世通过颁布《用益权法》（The Statute of Uses），该法承认了一部分用益，不承认积极用益、动产用益、双重用益，这部分不被承认的用益逐渐发展成为了信托，并被衡平法所认可。

由此可见，财产权分割来源于中世纪的土地保有关系，除了国王以外，没有人能对土地主张“所有权”，土地保有人可以基于土地保有而对土地在一定时间内占有、使用、收益，此种权益即为地产权。而土地在封建时代被认为是最重要的财产，因此地产权制度构成了英美法系财产法的核心内容，并在普通法与衡平法不同作用下产生普通法权益和衡平法权益。信托财产权亦是以地产权分割原则为基础而构建，信托制度是地产权分割原则的严格运用，换言之，同一财产（包括动产和不动产）可以同时由不同的人拥有不同的财产权利，普通法权利所有者有处分权、管理和运用权，但不得有利益冲突。衡平法权利所有者有权享有该财产的收益等权利。普通法所有权和衡平法所有权的权利组合中的权利还可以不断创设和分割下去。但普通法所有权组合中有些权利不能转让、出售，受到法律限制，如善意购买人制度。无论是普通法所有权还是衡平法所有权，都是以缴税、诉讼费用为对价获得法律保护。

（二）信托财产权的结构与特质

通过探析信托制度的渊源，我们不难发现，英美法系的信托财产权是一个抽象的财产权利束（A Bundle of Rights），即所有权权利束。值得注意的是，这里的所有权概念并不是罗马法意义上的所有权，不是占有、使用、收益和处分四项权能的分解，也不是他物权和债权，而是一种能够带来价值的东西。这种权利的特点是：

第一，信托财产权表现为权利束（权利组合），可以根据现实需要创设和不断分解。信托法律关系要成立必须要有确定的财产权利，这个财产权分解为两部分：普通法上的所有权（Legal Title）和衡平法上的所有权（Equitable Title）。普通法上的所有权，又是一个权利束，包括占有、使用、收益、处分、管理、投资、损害赔偿等若干权利。衡平法上的所有权也是一个权利束，主要包括收益、信托到期后的财产、禁令和特别履行等衡平救济权利。作为信托财产的受益人，不仅可以出售、转让、设立担保和放弃受益权，还可以在权益范围内设立子信托（Sub-trust），也就是将其享有的财产权利再分割利用下去。这种分割和利用方式与普通法其他财产权利的分割和利用方式有很大不同。

第二，信托是一种交易的法律关系。科斯认为交易是权利义务的交易，不是外形物的交易。信托财产权亦是以交易为基本单位，没有交易就没有财产权利，而要交易就必须支付对价。但其与合同法上的约因不同，约因必须是法律上有价值的东西，而信托的对价可以是金钱、物质，也可以是无形的和精神层面的。这主要与信托的起源有关，在中世纪的英国，委托人将财产信托给受托人，是没有报酬的，而是以信任、荣誉和信誉作为对价。经过长期演变，才出现了受托人收取报酬的营业信托。信托财产权利交易包括内部交易和外部交易。所谓内部交易就是委托人、受托人和受益人之间的交易；外部交易则是受托人管理、运用和处分信托财产与第三方进行的交易。在英美信托法中，一旦财产转移出去，就与委托人无关。受托人的外部交易和内部交易都受衡平法下的受托人义务制约。

信托制度之所以诞生于英美法系，很重要的原因是英美财产法不强调财产权的绝对性，而是强调财产权中各种不同的利益即各种权利、特权、权力和豁免的集合，或者指其中的某一项。在英美法中，没有什么绝对单一的所有权概念，而在大陆法系对这个问题则有不同的回答。

二、大陆法系对信托财产权解释的不足

在大陆法系，由于深受罗马法的影响，人们长期以来坚持所有权绝对性原则，认为所有权

是不可分离的，即使其部分权能发生短时间的分离，但也是可以恢复的。因此，大陆法系财产法形成了一元主义。大陆法这种所有权中心主义的财产权体系模式与英国土地保有模式下的财产权体系模式可谓泾渭分明。其根源是两大法系有着相互迥异的发展史，构筑于所有权权能理论基础上的古罗马物权法和构建于地产分割原则基础上的古日尔曼财产法对土地利用方式的不同，使其产生了迥然不同的两大财产法制度。

由于信托制度提供了良好的财产管理模式，经济发展的需要使得各国引进信托制度成为必要，而大陆法系在引进信托制度时都有一个艰难的本土化过程。这主要表现为传统大陆民法体系很难接受英美法上的“双重所有权”概念。法律改革者在审视国外制度时，应该寻求一种“观念”，即这些外国的制度能够被转化为本国法律的组成部分。

信托制度可供借鉴和移植自不待言，但是如何本土化却颇费思量，于是形成各种学说，主流观点主要有以下五种：受托人享有信托财产权说、受益人享有信托财产所有权说、委托人享有信托财产所有权说、附条件享有所有权说以及信托财产作为法律主体享有所有权说。这些观点的争论都是从大陆法系的原有体系出发，试图在现有的理论框架下寻求对信托财产所有权的合理解释。每一种观点都有一定的合理性，同时也都存在偏颇的一面。如将所有权赋予受托人，则无法解释委托人和受益人对受托人的监督权。如果将所有权赋予受益人，那么势必会导致其对受托人的经营管理活动造成过多的干扰，而且使受托人对信托财产在外观上享有的完整权限受到质疑。如果委托人享有信托财产的所有权，则无法与委托代理制度作区分。而认为信托是一种附解除条件的法律行为，则该种理解未免过于简单。附解除条件法律行为是以单一的权利义务关系为基础的，而信托是一种以委托人、受托人、受益人三方当事人权利义务为内容的多边信用关系，其权利义务关系极为复杂。如果认定信托为附解除条件法律行为，则在条件成就前，受益人对信托财产只享有期待权而无任何现实权利可言。但受益权的内容性质决定了其在条件成就之前，就是一种现实的可以行使的权利。而法律主体说虽然在一定程度上揭示了信托的法律性质，但大陆法系民法理论严格区分权利主体和权利客体，作为权利主体的只能是自然人和法人，物不能成为权利主体。信托财产不是自然人，这一点不容置疑，因而其能否成为独立的法主体，关键在于其是否具备法人资格。

此外，信托财产的范围广泛，如动产、不动产、物权、债权、股权、商标权、专利权、著作权等无形财产权，都可以充当信托财产。概言之，信托财产可以包含无形财产。而物权的客体通常被认为是有体物，显然信托财产的客体超出了物权调整的范围。综上分析，囿于民法理论疆界的封闭性，大陆法法系很难以传统理论解释信托财产的权利属性问题。因此，在引进信托制度时，各种试图把英美法系信托制度大陆化的学说，都显得苍白无力。

三、对信托财产权的全新解释路径——产权理论

（一）科斯定理

通过前文分析，我们知道，大陆法系的传统法学理论已经无法涵盖信托制度，而各种学说对信托财产权的解释也都难逃逻辑的怪圈。笔者认为，信托不仅是一种法律制度也是一种经济制度，既然纯粹的法学解释已然无力，那么在为信托制度寻求本土化理论支点时不妨借鉴经济学的理论成果，因为我们的经济学理论乃国际共通，不存在理论障碍。西方产权概念虽古已有之，然对其进行系统研究还是发生在晚近，而科斯的产权理论就是一个很好的方法论。

被誉为新制度经济学奠基人和法经济学开创者的诺贝尔经济学奖得主罗纳德·哈里·科斯，其一生所致力考察的不是经济运行过程本身，而是经济运行背后的财产权利结构，即运行的制度基础。后世依托科斯在著作《企业的性质》、《社会成本问题》中所提出的“交易成本”理论与“产权”理论，提炼出了著名的“科斯定理”，这一理论对整个经济学理论产生了深远影响。按照多数学者的理解，科斯定理可归纳为以下三个方面。

科斯第一定理：在没有交易成本的情况下，可交易权利的初始配置不会影响它的最终配置或社会福利，即市场机制会自动达到帕雷托最优。如果科斯第一定理成立，那么它所揭示的经济现象就是，在交易成本为零的世界里，也就是在标准经济理论的假设里，不管权利的初始安排怎样，当事人谈判都能导致财富的最大化安排。科斯第一定理包含两个重要的假设前提：一是交易成本为零；二是产权的初始界定清晰，即外部性问题所涉及的公共权利归属明确，至于具体归属于哪一方当事人，则在所不同。然而，在社会经济实践活动中，交易成本为零的假定是很不现实的。市场交易一般都需要通过讨价还价缔结合约，督促合约条款的严格履行等，这通常是要花费成本的。所以，一旦考虑到市场交易成本，产权关系的界定与归属必然会对资源配置及经济效率产生影响。由此引出了所谓的科斯第二定理。

科斯第二定理：在交易成本大于零的世界里，不同的权利界定会带来不同效率的资源配置。换言之，交易是有成本的，在不同的产权制度下，交易成本可能是不同的，因而，资源配置的效率可能也不同。因此，为了优化资源配置，产权制度的选择是必要的。科斯第二定理通常被称为科斯定理的反定理，其实质在于揭示产权界定的重要性，即当存在交易成本时，可交易权利的初始配置将影响交易效率，这一定理是科斯产权理论的核心部分。约瑟夫·费尔德明确阐述了科斯第二定理的两个合理推论：第一，在选择把全部可交易权利界定给一方或者另一方时，政府应该把权利界定给最终导致社会福利最大化，或者社会福利损失最小化的一方；第二，一旦初始权利得以界定，仍然有可能通过产权交易来提高社会福利。

科斯第三定理：在交易成本大于零的情况下，由政府选择某个最优的初始产权安排，就可能使福利在原有的基础上得以改善，并且这种改善可能优于其他通过交易所实现的福利改善。应该说，在《社会成本问题》中，很难找到科斯第三定理的直接表述，但在产权经济学各个理论领域的分析中，又能看到该定理的广泛运用。科斯第一定理、科斯第二定理的分析完全建立在产权初始界定清晰的假设之上，科斯第三定理放宽了这一假定，指出了产权界定的清晰程度与经济效率之间的相互关系。科斯第三定理所要解决的就是科斯第二定理的问题，是对第二定理的补充。

科斯定理的重大意义在于率先提出了产权制度对交易成本乃至对整个社会资源优化配置的影响。产权制度之所以重要，是因为在任何一个社会中，资源相对于人类的需求而言总是有限的或稀缺的，正因为资源的有限性与人类需求的无限性，在任何社会都必然会发生争夺资源的竞争和分享现有资源所引起的利益冲突。如果这种竞争没有合理的产权制度加以约束或规范，即如果不建立合理的产权制度以明确界定资源的所有权以及在资源使用中获益、受损的边界和补偿的原则，并且规定产权交换的规则来解决在资源稀缺条件下人们竞争性利用资源发生的利益冲突，那么就难以实现资源的合理配置、有效利用和经济的增长，反而会由于竞争秩序的混乱而造成资源的严重浪费，甚至导致资源的消失。由此可见，产权制度对一个经济社会的资源配置有着决定性作用。

（二）产权的界定

产权的概念有两种：一种是法学概念，另一种是经济学概念。不言而喻，产权概念在法学和经济学上都有重要意义。但何为“产权”，中外法学家和经济学家又各自有不同的理解。科斯认为：“产权是一种权利……我认为在一些经济学家中，产权的定义是简单而独特的，你能联系某些事物根据法律界定你的权利是什么……”科斯对产权的回答很明确，他认为产权就是一种权利。那么，什么是权利？权利是法定的，因为它受到法律制度的保护或至少是活的法律制度的承认。换言之，权利是国家以法律名义赋予的。

从历史发展看，产权早在罗马时期就产生了。由于其商品交易实践的发展，产生“产权明晰”的要求，从而产生了产权和财产权的概念。产权和财产权在英文中均为“Property Rights”，由此可见产权与英美法财产权的渊源颇深。产权的概念虽然早已出现，但是把产权进行系统的理论研究，还是由科斯率先提出的。虽然科斯并没有对产权给出确切的定义，但是，后起的新制度经济学家们沿着科斯的理论轨迹进行了更为深入的探索，他们的研究成果与科斯定理共同构成了产权理论体系。

菲吕博顿（Eirik G. Furubotn）和配杰威齐（S. Pejovich）在总结新制度经济学文献的基础上对产权的定义进行了归纳，他们指出：“产权不是指人与物之间的关系，而是指由物的存在及关于它们的使用所引起的人们之间相互认可的行为关系……产权安排确定了每个人相应于物时的行为规范，每个人都必须遵守他与其他人之间的相互关系，或承担不遵守这种关系的成本。因此，对共同体中通行的产权制度是可以描述的，它是一系列用来确定每个人相对于稀缺资源使用时的地位的经济和社会关系。”施瓦茨（Schwartz）认为：“产权不仅是指人们对有形物有所有权，同时还包括人们有权决定行使市场投票方式的权利、行使特许权、履行契约的权利以及专利和著作权。”通过以上对产权的定义我们可以看到，新制度经济学家们对产权作出了形形色色的定义。这些定义从不同的角度出发，但是其中蕴含着共同之处，我们可以从以下几个方面来考量。

第一，人与物的关系是产权发生的直接现象，人与人的关系则是产权的本质所在。产权是源于社会经济生活对人的权利和责任的规范，并且承认这种规范首先是明确人们可以做什么，不能做什么，如果做了产权界定所不允许的事情，必须承担怎样的经济责任。产权作为规则，其核心功能是使人的权利与责任对称，从而承认产权具有将外部性制度性地转化为内在性的可能，具有向人们的行为提供合理预期根据的可能。

第二，产权是一种动态的行为权，而不仅是静态的所有权的归属关系。产权并非单项的权利，而是一种权利束，它可以分解为多种权利并统一呈现一种结构状态。经济学家德姆塞茨（H. Demsetz）在认定产权时使用的是“一组”产权，一组产权通常附着于一项物品或者劳务。波斯纳也认为：“我们可能将对某一物的财产权看做一组独立的而性质不同的权利。”由此可见，将产权定位为一种权利束是经济学家的共识。产权不是抽象的、宽泛的概念，而是表现为各种具体范畴的组合。各种关于产权的定义都认为产权包含的内容是非常广泛的，不仅包括排他的所有权、排他性的使用权、收入的独享权、自由的转让权，而且还包括资产的安全权、管理权等。并且随着社会的发展和科技的进步，经济学家所研究的产权包含的权利束中，存在着一些传统民法中没有的新型权利类型。

第三，产权是一种经济性质的权利。虽然有一种观点认为产权和人权是统一的，并把产权等同于人权，但是这种观点夸大了产权概念的外延。这种观点的提出是部分学者意欲把产权作为改革的载体，通过将产权赋予某种宪政的功能，具有明显的局限性。

第四，产权具有可分割性，即特定财产的各项产权可以分属于不同主体。这意味着产权能被拆分，一项资产的纯所有权能与其他各种具体用途上的权利相分离。这种分割的实质内容之一就是产权权能行使的分工。这种分工显然提高了产权的运行效率，因而它是社会进步的标志之一。产权有分割才有重组，产权分割是分工导致产权功能多样化的结果，正是由于产权具有可分割性，使得功能掌握在不同主体手中的不同产权变得更容易流动和交换，从而很大提高了产权的资产配置功能。

（三）信托财产关系是产权理论的例证与注解

正如前文所述，大陆法系国家调整财产关系的法律乃是沿用由罗马法沿袭下来的物权、债权等概念及构造体系。但面临着社会经济发展所带来的一些新经济现象，以及与英美法系的日渐融合，大陆法法系的传统概念体系则难以涵盖和调整新的权利类型，从而带来了法律上的迷惘与困惑。由于信托财产权是将完整的所有权之具体权能（占有、使用、处分和收益）重新分配后加以组合形成的，受托人对信托财产享有占有、使用和处分的权利，而该财产的收益权却由受益人而非受托人所享有。信托的这种独特安排使得传统财产权利理论已经不能有效解释信托财产上权利人的权利性质。

民法的基本思想是法不禁止即自由，赋予当事人根据需要组合权利义务关系的自由，即意思自治，结果必然会产生一些新的权利现象。而传统大陆民法高度抽象性使得很多权利现象都不能涵盖其中。法律的真实生命不是逻辑，而是所调整的社会现实。复杂且多变的社会现实常会反过来挑战固有的法律传统，要求在既有的法律框架下承认新的权利现象。如果硬要用既有的理论来解释它，则无异于削足适履，其结果只能是要么歪曲它，要么扼杀它。

笔者认为，对于信托财产权这种新型的财产权利，可以通过引入产权这一上位概念对其加以规制。而这正是基于信托财产权的特质之分析：

第一，信托是一种财产关系，以财产为中心，以财产权为具体内容。信托财产是信托法律关系赖以存在的物质基础，在信托法律关系中处于核心地位。而产权，即财产权，属于市场经济条件下新出现的权利范畴，强调在一定规则下，财产交易运行关系的状况。因此，两者调整的都是财产关系。比之于所有权，产权的含义要宽泛得多，不仅包括所有权还包括其他的权利，如地上权、地役权、相邻权、请求权等；产权的客体不仅是物，还可以是权利，也即它可以表征某项具体的民事权利，并且产权本身的具体形态和数量随着社会发展以及人们对它的认识的发展而发展，而信托财产正符合上述特征。

第二，信托财产权与产权的表现形态都是权利束。信托财产权之所以表现为权利束形态，与英美法下所有权的可分割性密切相关。由于两大法系对“所有权”的定义不同，这两者的关系就给大陆法系学者带来了一定程度的困惑。

英美法语境下的所有权标的是泛化的，并不区分所有权与所有权的标的物。英美法所有权（Ownership）并不具有统一的内涵，而是一种抽象的存在。这种所有权并不像大陆法系中所有权一样是对有形物的完全占有和支配，以及对物的最终归属的确认。只要有物上利益，即使利益相加不等于所有权的所有权能，那么这种权利人也被称为所有者（Owner）。在英美法语境下，所有权和财产权（产权）基本上是可以相互替换的，所有权只不过是对财产权的一种表述而已。

前文我们已经探讨了英国中世纪的土地保有制度，在土地保有关系的模式下，英国法尚无法形成像大陆法国家那样的土地所有权概念，土地保有关系导致土地权益在领主和保有人之间的分割，土地权益人能拥有的不是土地本身而是土地权益或与依据土地保有而产生的权益。因此，在英美法财产权观念下，所有权是可以分割的，或者更精确地说法是权利之上的利益具有可分割性，由此造就了权利束概念。可以认为，英美法学者对财产权观念的最大的贡献就是有关“权利束”的隐喻。这一聪明的隐喻把所有权定义为个人对某物所享有的一束权利。在英美法的所有权构造中，所有权既可以在时间上分割，即在财产上可以存在现在和未来的权益，也可以在空间上进行权利分割。英美法自其诞生之日起，就一直处于这种所有权分离的状态中。与英美财产法所有权分割理论相适应，在普通法和衡平法中，也就存在信托的双重所有权制度。更准确地说，受托人和受益人都以不同的方式对该财产拥有的不是大陆法意义上的所有权，而是对该财产享有不同的利益。换言之，在信托关系中，普通法只保护受托人，不保护受益人，因此只有不动产的受托人拥有产权；而衡平法既认可受托人，也保护受益人，同时认为受益人对土地拥有实质性的利益，是实质的产权人，也并不否认受托人对土地拥有产权，只不过这个产权成了一个没有实际利益的“挂名产权”。

信托财产权的经济属性以及信托财产权的权利束特征，都表明信托财产权是财产权的一种，即产权是信托财产权的上位概念。在产权概念之下，信托受托人的权利束包括占有和管理信托财产的权利、费用支出权、信托财产的出租权、出卖权、抵押权、设质权和金钱借贷权等。受益人权利束包括享受信托利益的权利、转让受益权的权利、撤销权、异议权等权利。英美法系有关产权权利束的理论值的我们借鉴。

我国在制定《信托法》时采用了一些创造性的做法，其中也有许多制度借鉴了英美法系和其他大陆法系国家信托法的成功经验，应该说信托法移植到我国并且本土化的结果是基本成功的。我国《信托法》创造性地将信托财产权规定为委托人、受托人和受益人享有，并专章规定委托人、受托人和受益人的权利，从而构建了我国新型的财产权制度。然而，美中不足的是，虽然我国《信托法》建立了“信托财产”、“财产权”、“受益权”等信托法特有的概念体系，但却没有直接对信托财产权进行定性，而法律对财产权的明晰界定正是减少负外部性、实现资源优化配置的有效途径。因此，笔者认为，新制度经济学的产权理论很好地揭示了信托财产权的内涵，信托财产权是产权理论的有效例证，通过引入产权这一上位概念，可以较为恰当地界定信托的权利构造，并使之作为搭建我国信托制度体系的有力支点。

四、信托财产权能的定量分析——基于交易成本理论

上文对信托财产权的内涵进行了系统的分析，并以新制度经济学的产权理论对其定性，试图以此搭建我国信托财产权的理论基石。然而，社会科学的研究经验告诉我们，定量分析与定

性分析结合才能更加接近真理。因此，本文将运用科斯的交易成本理论对信托财产权能进行定量分析，探索信托财产权能专用性强度对交易成本的影响，进而为立法者对信托财产权的有效分割提供数理依据。

（一）信托财产权利能分割的经济基础

在信托关系中，信托财产权发生分离，受托人对信托财产享有控制权，即管理权和处分权，受益人对信托财产享有受益权，以及对信托财产的追索权（第三人善意取得除外）。受托人与受益人两者以不同的方式对信托财产享有权益。这种权利分割背后有着深刻的经济动因。

1. 自由价值。自由是信托制度最先追求的目标价值。这首先源于个人对经济自主的需求。当法律否认或者妨碍个人经济自由时，通过信托设计实现所有权分离，赋予个人最大的经济自由。我们考察信托制度的前身——用益制度，就不难发现，用益设计就是为了规避英国封建法律对财产自由转让和继承的禁止或限制。用益制度通过"名义所有权"（控制权）和"实质所有权"（受益权）之分离，巧妙地将受到重重禁止和限制的"名义所有权"架空，以赋予享有"实质所有权"的个人最大化的经济自由。

在信托制度的现代演变过程中，这一所有权分离的设计完全为法律所接纳和认可，以至于信托在英美被誉为"法律改革之先驱"。正是由于这种设计，信托财产具有了"独立性"、受益人的受益权具有了"追及性"，这扩张了个人支配财富的自由：不仅信托财产免于委托人、受托人和受益人三方债权人的追索，而且受托人违反信托文件处分的信托财产不论落入何人之手，也能予以追回。信托设立的目的多因受益人无能力或者不适宜管理财产，而将财产托付给受托人管理。信托财产一旦转移给受托人，受益人即取得"实质上的所有权"。这充分体现了人们可以依其所愿运用财产之自由。如此一来，财产所有人扩大了意志层面的支配自由，即通过投资信托创造财富，通过家族信托、消费者信托、年金信托、节税信托等实现财富的储蓄、积累和世代传承。

2. 效率价值。对制度经济学而言，效率被假定为一切法律都应该遵循的最终标准。法律的经济分析中一个非常重要的问题是法律对经济行为的干预在何种情况下是能增加效率的。现实中存在着交易成本，法律制度在资源配置上不可能是中立的，它应该起到促进效率的作用。换言之，法律对产权的界定应该遵循效率原则，使资源得到最有效率的使用。这种观念深刻地体现在法律对信托财产权之分割中：受托人依据其"名义所有权"对信托财产行使控制权，其债权人不能取得信托财产上的任何权利，受托人必须履行信托契约中的信托义务。这一方面提高了设立信托的效率，另一方面也减少了受托人履行信托过程中的不确定性，从而减少了机会成本。受益人基于其"实质所有权"对信托才享有受益权。并且英美法允许受益权自由转让，这样受益人的债权人能够从受益权中获得清偿，从而大大节省了当事人之间的信息成本和诉讼成本。

受托人在行使信托财产控制权时，为了增强信托关系的透明度，英美信托法强调分别管理和信托财产标识。即使受托人故意违反信托，将信托财产作为特别担保向不知情的债权人举债，受托人的债权人也不能以信托财产受偿，从而保证了受益人相对于受托人之债权人的优越地位。这种分离所有权的制度安排强化了受益权的物权性，使监督能力较差的受益人的监督成本最低化，同时又通过分别管理和信托财产标识使得受托人之债权人的信息成本最低化。进而从整体上大大降低了交易成本，符合效率原则。

（二）信托财产权交易成本构成

根据科斯第二定理，在交易成本不为零的现实世界里，不同的产权界定会带来不同效率下的资源配置方式。即交易是有成本的，在不同的产权制度下，交易成本不同，从而对资源配置效率产生不同影响。科斯首先从资源配置的角度提出“交易成本”概念，但是科斯却从来没有给出严格的定义，我们只能从科斯概括交易成本基本内容来确定其含义。

在科斯看来，交易成本是“通过价格机制组织产生的最明显的成本，就是所有发现相对价格的成本”。具体来说，科斯的交易成本概念包括以下几层内涵：一是指交易准备阶段所花费的成本，包括获得和处理市场信息的成本，搜集有关价格分布、产品质量和劳动投入、寻找潜在购买者和出卖者、了解他们的行为所处的环境的成本；二是指交易活动进行时所发生的成本，亦即“市场上发生的每一笔交易的谈判和缔约成本”，其中还包括合约履行的监督成本，以及违约成本；三是在利用价格机制时存在的其他方面的成本，这里主要指对未来的不确定性和风险预测困难等因素而产生的成本。此外，还有度量、界定和保护产权的成本，企业组织内部运作所产生的成本等等。由此可以看出交易成本是很广泛的。

信托财产权作为产权理论下的特殊案例，在现实交易过程中，不可避免地会产生交易成本。在现代信托制度中，信托交易也是一种信用活动，是以偿付为条件的价值单方面转移，是价值运动的特殊形式。其中，信托交易包含两个方面：一是委托人以自己的财产作为信托财产，选择可以信赖的受托人，与之订立信托契约，并且转移信托财产，从而实现财产转移以及财产管理，即所谓的信托内部交易；二是信托关系成立后，受托人按照其与委托人订立的信托契约，与第三人发生信托财产的交易行为，即所谓的信托外部交易。此外，受益人也可依照法律和信托文件的规定对受益权进行转让和继承，这也是信托外部交易的情形。

根据科斯定理以及达尔曼（Dahlman，C. J）对交易活动内容的分类，笔者认为，在信托财产权交易的一系列过程中，信托财产权交易的成本主要可分为信息成本、谈判成本、执行成本、监督成本及违约成本等。

信息成本包括信托当事人信息搜集成本及信托产品交易信息的推介成本，前者指委托人或受托人对各自交易对手资信等情况进行必要考察所发生的成本，后者为信托产品推介时产生的销售成本；谈判成本指信托当事人、受托人与信托外部交易对手针对信托交易条款进行磋商所要付出的成本；执行成本指履行与信托相关的各种交易合同时付出的成本；监督成本指委托人及受益人监督受托人关于信托产品管理运用所产生的成本。

（三）信托财产权能分割程度与交易成本

当上述信托交易成本高时，产权获得有效配置就变得困难。当出现权利影响信托财产效用实现的时候，关于信托产权分配的法律制度设计就变得尤为重要。在既有的法律制度框架下，为衡量信托交易成本的有效性，这里引入权能专用性强度的概念。权能专用性强度指在存在法律障碍情况下，权能分割的难易程度。易见，如果法律设置了障碍，委托人的财产权能难以实现分割，将导致信托权能的无效配置和信托财产权交易成本的提高。由此，将降低委托人选择信托模式管理财产的积极性，甚至转而选择自我经营管理财产。

现建立以权能专用性强度为变量的交易成本有效性模型，这里比较对象为信托模式下的交易成本及自营模式下的交易成本。实际中，一个可想见的行为是如果权能专用性强度高，即权利束难以实现自由组合，则信托模式下的交易成本将明显上升，委托人自然会选择自己经营管理财产；如果权能专用性强度低，则凭借受托人的专业优势，在一定权能专用性强度范围内，有利于降低交易成本，则委托人会选择信托模式经营管理财产。

为表述更为规范，假设在信托模式下，委托人交易成本为 TC（包括委托人委托财产权利组合的交易成本及受托人运用信托财产的交易成本），在自营模式下，委托人交易成本为 IC，同时权能专用性强度为 L，则

$$\frac{\mathrm{d}TC}{\mathrm{d}L} = 2aL \tag{1}$$

$$\frac{\mathrm{d}IC}{\mathrm{d}L} = b \tag{2}$$

式中：$\frac{\mathrm{d}TC}{\mathrm{d}L}$ 为相对于权能专用性强度变化下的信托交易成本变化；$\frac{\mathrm{d}IC}{\mathrm{d}L}$ 为相对于权能专用性强度变化下的自营交易成本变化；a,b 为模型参数。

结合图 1，在两种财产管理模式下，信托交易成本曲线（1）与自营交易曲线（2）存在等效焦点 $O\left(\frac{b}{2a},\frac{b+\sqrt{b^2+4ac}}{2a}\right)$。当权能专用性强度 $L=\frac{b}{2a}$ 时，两种财产管理模式成本无异；当权能专用性强度 $L<\frac{b}{2a}$ 时，信托模式下的财产管理更为有效；当权能专用性强度 $L>\frac{b}{2a}$ 时，自营模式下的财产管理更为有效。

由此，信托模式下的财产管理有效性（较低的交易成本）是建立在财产权能专用性强度较

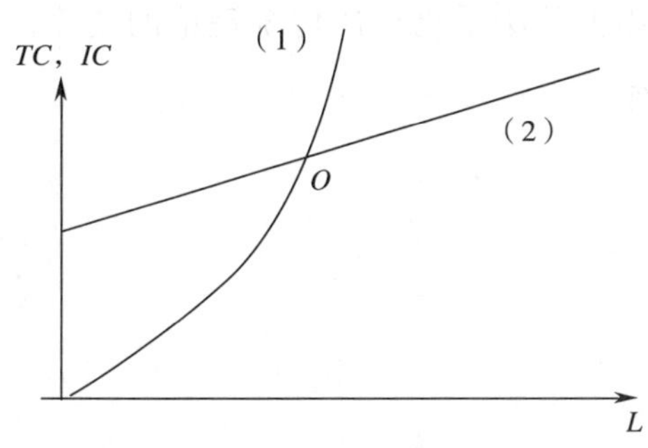

图1　权能专用性强度效用分析图谱

低条件之下的，即财产权能可自由交易分割、组合，这种自由度越高，则信托制度优势及受托人专业能力越容易发挥，进而资源配置效率也越高。

借助这一分析结果，我们不难发现，法律对信托关系的规制直接影响到信托权能资源的分配效益。如果法律使得信托财产权能难以自由分割，权能的专用性过强，委托人将倾向于自我经营，那么信托制度也就无用武之地。因此，信托制度如若要在我国的法律土壤上茁壮成长，必然要求法律这一上层建筑对信托财产权的内容和归属进行明确界定。笔者已经在前文分析了信托制度在我国移植过程中的障碍和瓶颈皆为物权之单一所有权观念与信托双重所有权设计的矛盾所致，然大陆法系传统物权理论无法解决这一矛盾。一个可行的办法是以经济学中的产权概念来定位信托财产权，亦即以法律明确信托财产权是一种产权，由于产权本身就是作为一组权利束而存在，从而可以为信托财产权的权利分割提供依据。在此基础上，受托人享有的信托财产的管理控制权，受益人享有受益权和监督权。

五、结论

信托作为英国衡平法精心培育的产物，在长期的司法实践中，早已形成了定型化的法理。而信托制度移植到我国，需要恰当的本土化改造。因为信托从概念到制度都与大陆法系固有的理念不相融合，很难将受托人对信托财产的权利定性为“物权”、“形式所有权”或者“名义所有权”；受益人对信托财产的权利是“债权”、“受益权”亦或是“实质所有权”。在大陆法系的法律体系中并没有“形式所有权”、“名义所有权”、“受益权”、“实质所有权”、“信托财产权”等概念，用大陆法系的观念来说明英美法系的制度往往会缘木求鱼。

信托产权的清晰是否、信托交易成本的高低都影响着信托权能资源的配置效率。不同的权能分配将导致不同的资源使用效率。信托财产权的法律供给影响到信托财产权能的资源供给。笔者认为，信托既是一种法律行为，同时也是一种特殊的财产管理制度，其中蕴含着深刻的经济学逻辑，科斯的交易成本理论和产权理论能够很好地解决信托财产权的定性问题。在我们研究信托法律制度供给时，跳脱出大陆法系物权法传统理论的樊笼，而代之以产权这一上位概念对其定性不失为一种有益的探索。

（本文选自信托公司供稿）

我国信托财产登记法律制度研究

云南国际信托有限公司　王星

一、信托财产登记制度概述

伴随着经济全球化的发展，法律在世界范围内的一体化进程也在不断深入，通过各个国家和地区之间的相互借鉴，法律制度不断呈现趋同化。信托作为英美法系国家灵活的财产管理制度，由于其在财富管理、投资安排等方面的巨大制度优势，使得其逐渐被大陆法系国家所接收并引进。但由于两大法系在财产权制度方面的巨大差异以及思维方法上的不同，造成大陆法系国家或地区在引进信托制度时，与其现有的相关制度在结构功能上发生严重冲突，进而造成信托制度很难圆满地融入大陆法系既有的体系当中。

我国2001年起施行的《信托法》，同样存在上述问题，其中关于信托登记的规定即是如此，法条笼统的规定和相关实施细则的缺失使得这种先进制度无法融入我国现有的登记体系当中，从而造成信托财产登记这一制度犹如空壳一般，孤立地存在于我国法律体系之中。

（一）信托财产登记制度的概念

我国《信托法》第三章专门规定了信托财产，其中包括信托财产的含义、范围、管理以及信托财产与信托当事人各方的财产相互独立。信托财产是信托法律关系的前提和基础，没有信托财产，就没有信托关系的存在。因此，若要研究信托财产登记制度，就必须首先对信托财产作出分析和界定。

1. 信托财产。

早在古罗马时期就出现了信托，当时信托的主要表现形式是遗产信托。按照罗马的《市民法》，异邦人一般无财产权，既无遗嘱能力，也无继承能力，而随着异邦人财富的积累，他们有将财富留给后人的自然的想法。然而，依《市民法》，他们不能立遗嘱将财产留给后人，他们的后人也没有继承的资格，这种法律上的规定对他们来说显然是不公平的。这种情况下，有人想出了这样的方法，即将财产先转移给有资格的继承人或受遗赠人，然后再由他们将财产转移给自己事先与他们说明的受益人。但是，这种遗产信托始终与遗产、遗嘱纠缠在一起，并不是一种独立的制度，可以说只是信托制度的萌芽。同时，遗嘱信托涉及的财产范围也很狭窄，仅限于遗产。随着英美法系国家信托制度的建立和完善，信托财产的范围逐步扩大，得到巨大的完善。

现代意义上的信托制度是起源于英国中世纪的用益制，之后经过不断的完善而成为如今的形态。“信托财产”在英国被描述为，信托财产由委托人交付给受托人，受托人取得信托财产名义上的所有权，受托人只能为委托人或委托人指定的受益人的利益管理、运用信托财产，并不能为自身利益处分信托财产。由此产生的任何利益，也只能交付给委托人或委托人指定的受益人。大陆法系国家或地区在借鉴英美法系国家或地区信托法律制度进行信托立法的过程中，也同时借鉴了“信托财产”一词。例如日本和我国台湾地区相关信托法律规定中都使用了“信托财产”一词，我国2001年实施的《信托法》也大量使用了“信托财产”一词。目前，与信托财产有关的制度无论是在英美法系国家还是在大陆法系国家都已经成为其信托法律制度中一项重要的制度。

根据两大法系的相关规定，可以总结出，信托财产是指由受托人占有并为受益人的利益而进行管理或处分的财产。简而言之，信托财产是信托制度的前提和基础，如果没有信托财产，那么将不会存在信托。信托财产就是受托人因承诺信托而取得的财产以及受托人因信托财产的管理、运用、处分或者其他情形而取得的财产。

2. 信托财产登记。

（1）信托财产登记的含义。委托人设立信托后，信托财产一般要转移给受托人，成为一项独立的财产，享有信托法上的独立性，区别于委托人和受托人的固有财产。委托人、受托人死亡、解散、破产、撤销的，不得作为其遗产或清算财产，委托人的债权人原则上不得针对信托财产请求强制执行。而且，信托财产表面上为受托人所有，但实质利益归受益人。因此，一项财产是不是信托财产，直接影响取得该财产的第三人的利益，这种状况对信托财产的交易安全会产生不利影响。为避免与信托财产进行交易的善意第三人受到损害，信托财产需要采取一定方式进行公示，使第三人知悉其为信托财产。从而维护交易安全，进行物权保护。

（2）信托财产登记与物权公示。信托财产登记是对财产权利变动的事实进行登记，达到公示的效果，与物权公示的主要手段及要达到的效果类似，那么二者之间必然存在一定的关联。由于二者的相似性，我们有必要对二者之间究竟为何种关系进行探讨与辨析。

信托财产登记制度包含两个层次的含义，第一层含义是信托财产由委托人向受托人转移，第二层含义是信托财产的独立性。对于第一层含义，可以理解为信托财产登记制度是物权公示制度的一个组成部分，换句话说，物权公示制度是信托财产登记制度的上位概念，二者是包含关系。因为信托关系生效的前提是委托人将其财产转移给受托人，而登记正是确认这种物权变动关系的重要公示手段。信托财产登记只是物权公示制度在信托法领域的特定表现形式。而对于第二层含义，则是传统物权公示理论所不具备的。信托财产登记制度的这一层含义确认了信托财产的独立性，它区别于委托人所有的其他财产，同时也区别于受托人的固有财产。

通过上述分析，信托财产登记制度与物权公示理论不是简单的包含关系，它们既有联系，同时也存在不同之处。

（二）信托财产登记制度的主要内容

1. 信托财产登记的效力。信托财产登记作为一项法律制度而言，首先要确定的就是效力问题，即登记行为可以产生何种法律后果。登记作为财产权利公示的主要手段之一，理应具有权利公示的全部效力内容。一般来说，公示具有两层法律效果，即确认财产权利归属和产生取信第三人的法律效力。此外信托财产登记还具有一些特殊的效力，如对信托本身生效与否的效力。这些问题最后都可以归结到物权法中的一个经典命题上，即登记的效力模式。目前世界上主要存在两种登记效力模式，即以法国为代表的登记对抗主义和以德国为代表的登记要件主义。

（1）登记对抗主义。登记对抗主义始创于法国，可以追溯到《法国民法典》，其后为《日本民法典》、《意大利民法典》所继受。在这种效力模式下，当事人一旦形成物权变动的意思表示，便可产生物权变动的法律效果，未经登记的物权也可通过当事人的合意而成立，只是在没有依法进行公示前，物权变动不能对抗善意第三人。

由于信托也是一种涉及财产权利变动的制度，因此登记的效力模式也应当体现在信托登记上。我国台湾地区《信托法》明确规定："以应登记或注册之财产权为信托者，非经信托登记，不得对抗第三人；以有价证券为信托者，非依目的事业主管机关规定于证券上或其他表彰权利之文件上载明为信托财产，不得对抗第三人；以股票或公司债券为信托者，非经通知发行公司，不得对抗该公司。"日本《信托法》规定："关于应登记或注册的财产权，在信托时如无登记或注册，则无法对抗第三者。"我国台湾地区和日本的立法实践是典型的登记对抗主义，登记行为本身与信托法律关系是否生效无任何关系，其只具有产生对抗第三人的效力。具体而言，只要信托法律关系中的当事人之间达成一致的意思表示，信托合同即生效，信托法律关系也同时生效，而无须考虑信托财产为何种性质，是否进行了信托财产登记，只影响是否具有对抗第三人的效力。此时，该信托同时具有独立性，区别于受托人的固有财产和委托人的其他财产。

（2）登记要件主义。登记要件主义起源于德国，《德国民法典》第八百七十三条第一款规定："为转让土地所有权，为以某项权利对土地设立负担，以及为转让此种权利或对此种权利设定负担，权利人和相对人之间必须达成某种关于发生权利变更的合意，并且必须将权利的变更登记于土地登记薄，但法律另有规定的除外。"登记要件主义就要求当事人双方对物权变动必须进行登记，没有登记则不会产生任何法律效果。

我国《信托法》第十条的规定采用的是典型的登记要件主义，根据该条款的规定，信托法律关系生效的前提是必须经过信托登记。具体而言，信托法律关系的生效前提除当事人意思表示一致外，还需要进行信托财产登记。若仅仅是当事人达成一致的意思表示，而没有办理信托财产登记手续，那么信托法律关系不生效，也谈不上是否对抗第三人的问题，此时仅仅是信托合同生效。当然，这里需要办理信托登记的是“有关法律、行政法规规定应当办理登记手续的”，若没有相关规定，则无须办理信托登记。

2. 信托财产登记的主体。信托财产登记主体主要包括信托财产登记申请人和信托财产登记机关，二者是信托财产登记制度的重要组成部分。

（1）信托财产登记申请人。信托财产登记申请人，就是指何者具有申请办理信托财产登记相关手续的权利或义务。我国《信托法》对该问题没有明确规定，其他法律和法规也没有进一步规定。目前，相关学者对此问题主要存在两种观点。一种观点认为，信托财产登记的申请应由委托人和受托人共同承担，理由是信托财产登记涉及财产转移及变更，应遵循一般的登记规则，要求双方当事人现场提交有关登记的资料；另一种观点认为，信托财产登记区别于一般的权属登记，其申请义务应由受托人独自承担，理由是：“从理论上说，信托设立后，委托人原则上便退出信托关系，在遗嘱信托中，委托人更是已经不存在，因此，由受托人作为登记申请人最为合适。”

笔者认为，应当结合上述观点区分对待：对于信托财产所有权变更登记应当采用前者的观点，由委托人和受托人共同承担，因为涉及信托财产转移及变更的问题，在登记过程中主管机关通常要求双方当事人均在场，并提交有关变更登记的申请资料；而对于信托财产独立性登记，应当采用后者的观点，由受托人负责，因为此时所有变更登记已经完成，理论上说，信托财产在受托人名下，此时由受托人负责更为合适。

（2）信托财产登记机关。关于信托财产登记机关的问题，虽然我国《信托法》规定设立信托应当依法办理信托登记，但是在我国相关的法律、法规及实施细则中对此都没有明确的规定。同信托财产登记申请人一样，这也是我国信托立法中的一大缺陷。

各国对待此问题的观点差异较大，做法也不尽相同。我国相关学者对此问题也存在截然不同的两种观点。一种观点认为，应当将信托登记依附于现存的登记主管机关，以节约制度成本，比如不动产信托登记就可在现存的房屋管理部门或土地管理部门进行登记；另一种观点认为，应当将信托财产所有权变更登记与信托财产独立性登记区分开来，对于信托财产独立性登记应当设立统一的信托登记机构，以利于进行统一规范及行业监管。

笔者认为可以将上述观点结合起来。对于信托财产所有权变更登记可以依附于现存的登记主管机关，不仅可以节约成本，也规避了重新设立登记机构而带来的与各个登记主管机关的协调、制度调整等问题；对于信托财产独立性登记，笔者赞同后者的观点，设立统一的部门进行统一登记，这样既方便了公众的查询从而保护交易安全，也便利了监管机构的统一监管。

3. 信托财产登记的对象。信托财产登记的对象即以哪些财产设立信托应进行登记。在我国，信托财产登记的对象是我国《信托法》第十条所规定的“有关法律、行政法规规定应当办理登记手续的”特定财产权利。这些财产权利根据相关法律、法规的规定，在转让时必须履行必要的登记手续，具体包括我国《物权法》、《专利法》、《商标法》等法律、法规规定的不动产物权、特殊动产物权、专利权、商标权等。这些特定财产权属于需要通过登记来作为物权权利生效或对抗要件的权利类型，可以称之为“法定登记财产权”。而其他一些无须登记或根据财产自身性质无法登记的财产权利，如一般动产、货币等物权，则可以称之为“非登记财产权”。其中，只有“法定登记财产权”才是信托财产登记的对象，而“非登记财产权”则不属于信托财产登记的对象。

（三）信托财产登记制度的理论基础

起源于中世纪英国的信托制度，在英美法系国家的法律体系中发展壮大，后逐渐被大陆法系国家借鉴并引入。在此过程中，由于两大法系理论框架上的差异，特别是在财产权利制度方面的明显差异，造成信托制度与大陆法系国家的历史传统和相关理论不可避免的冲突。因此，只有对信托制度进行必要的修正，才能使其与大陆法系的理论框架相适应。为此，我们有必要为信托财产登记制度在大陆法系的存在寻找相应的理论基础，从而使该制度更完美地融入大陆法系的理论框架。

1. 物权变动的公示。物权公示制度起源于罗马法，后经日尔曼法的发展，逐渐演化为以登记作为公示的重要手段。日尔曼法在罗马法的基础上进一步发展了财产转移交付方式，规定当事人合意与表象行为共同作为财产所有权转让的构成要件。随着历史的发展，日耳曼法在交付象征物形式上大为简化，以文书交付代替象征物交付，而此种文书交付方式发达后，就逐渐演变为登记制度。这种登记方式的发展最终演化为现代的登记制度，并进一步发展为前文所述的两种具体的登记效力模式，即“登记要件主义”和“登记对抗主义”。

在全球经济一体化发展的大背景下，《关于信托的法律适用及其承认的公约》可以说是统一信托法的一个重要发展，其第二条规定：“当财产为受益人的利益或为了特定目的而置于受托人的控制之下时，信托这一术语系指财产授予人设定的在其生前或身后发生效力的法律关系。”这一解释方法，目前已经被英美法系国家和部分大陆法系国家所认可。而其他大陆法系国家，则认为信托本质上是一种委托人将财产权利移转或进行其他处分，使受托人按照一定目的管理财产，并使受益人从中受益的行为。通过上述分析，无论是“置于受托人的控制之下”，还是“将财产权利移转给受托人”，都涉及信托财产转移的问题。而在大陆法系的法律体系内，财产转移通常需要进行公示，使其变动的情况可以以特定的方式表现出来。大陆法系的物权公示理论完全符合信托财产转移需要进行公示的要求，而登记是物权公示制度最为主要的手段之一。由此得出，大陆法系的物权变动公示理论是信托财产登记制度的重要理论基础。

2. 信托财产的独立性。信托财产的独立性是大陆法系国家在引入信托制度时，根据英美法系的双重所有权理论所创设的，是信托财产最根本的特征。信托财产独立性主要体现在两个方面。一方面，从委托人角度来看，信托一旦设立，委托人即对其交付的财产丧失所有权；另一方面，从受托人角度来看，信托一旦设立，受托人即取得信托财产的所有权，但又区别于受托人的固有财产，而且受托人并不享有该财产带来的利益。这就是信托财产的独立性。从这两个角度出发，信托财产并不是任何人所有的财产，它是一种独立于任何人的专为信托目的而存在的财产。

关于信托财产的所有权问题，英美法系与大陆法系存在着巨大的差异。英美法系国家倡导双重所有权理论，将信托财产所有权分为两个层面，认为受托人享有普通法上的所有权，而受益人则享有衡平法上的所有权。但是大陆法系并不认可双重所有权理论，倡导一物一权主义，这样一来，两大法系在此问题上就存在重大差异，为了能将英美法系信托制度更好地与大陆法系固有体系相适应，于是创立了信托财产的独立性原则。通过信托法里的一系列规定，使信托财产独立于委托人和受托人的固有财产，表明信托财产本质上是一种独立的财产，从而表明信托财产的独立性。我国《信托法》第三章的一系列规定，表明我国也借鉴了该立法模式。

信托财产的独立性是信托财产登记制度的重要前提，因为信托财产登记制度在很大程度上是为信托财产的独立性服务的，登记的重要目的之一就是标识信托财产的独立性。同时，信托财产的独立性又是信托财产登记制度的理论基础，如果信托财产登记制度仅仅是为了物权变动而存在，那么其完全可以并入物权公示理论，信托财产登记制度不同于物权公示理论的前提就是它具有标识信托财产独立性的功能和作用。

3. 信托行为的复合性。目前，对信托行为构造的理解，存在两种截然不同的观点，即“复合性行为说”和“单一行为说”。“复合行为说”认为信托行为包含物权行为和债权行为两个行为，且构成信托行为的物权行为和债权行为分别相互独立，组合在一起共同构成信托行为的成立。这一观点为我国台湾学者和早期日本学者所支持。“单一行为说”认为，构成信托行为的委托人向受托人转移财产权的物权行为和受托人管理处分财产权的债权行为不是分别独立存在，而是合二为一的一个行为，从而导致信托行为的成立。这种学说为当前日本学者所支持。

笔者认为，在分析信托行为构造时，我国应当采用“复合行为说”。根据我国《信托法》第二条的规定：“本法所称信托，是指委托人基于对受托人的信任，将其财产权委托给受托人，由受托人按委托人的意愿以自己的名义，为受益人的利益或者特定目的，进行管理或者处分的行为。”从上述法条可以看出，一个信托行为，实际上由两个步骤组成：第一步骤是委托人将其财产交付给受托人；第二步骤是受托人对该财产权进行管理或者处分。按照民法理论中负担行为和处分行为分类：第一步骤涉及财产权的变动，属于民法理论中的处分行为，即“复合行为说”中的物权行为；第二步骤实际上是受托人对委托人所负有的管理或者处分信托财产的义务，应当属于负担行为，即“复合行为说”中的债权行为。

4. 信托财产登记的二重性。通过上述对物权变动的公示、信托财产的独立性、信托行为的复合性之分析，可以得出“信托财产登记具有二重性”这一结论。一方面，信托财产登记表明，从法律关系上信托财产由委托人转移至受托人，该财产权属发生了变化；另一方面，体现信托财产的独立性特征，即该财产已经设立信托，独立于委托人和受托人的固有财产。进一步从信托财产登记的内涵和外延角度分析，我们可以将信托财产登记区分为广义上的信托财产登记和狭义上的信托财产登记。广义上的信托财产登记包含两个方面，既包含财产权利转移的登记，又包含财产权利已经设立信托的登记；而狭义上的信托财产登记，只包含财产权利已经设立信托的登记。广义上的信托财产登记涉及信托法和物权法双重领域，具有双重性；而狭义上的信托财产登记只涉及信托法领域，并且通常其并非具体存在的行为，而只是在理论上的抽象自广义信托公示登记的步骤。我国台湾学者和日本学者普遍支持信托财产登记的二重性。

需要注意的是，并非一切信托财产的公示都具有二重性的特点。原因是登记只是物权法上公示的手段之一，除此之外，还有交付和占有等其他公示手段。这些公示手段无法表明特定财产已经设立信托的事实，即使它可以表明物权变动的事实。例如，将动产设立信托，委托人将特定动产交付受托人，这仅仅表明特定动产的所有权由委托人转移至受托人，但无法使第三人知晓特定动产已经设立信托的事实，同时也无法表明特定动产独立于受托人其他财产的事实。通过上述分析，笔者认为，只有登记作为公示手段的时候，才具有信托财产登记的二重性特征，其他公示手段则不具备该特征。

二、信托财产登记制度的域外考察

源于英国的现代信托制度发展至今已被世界上很多国家和地区采用，广泛的运用使它给世界经济带来了巨大影响。美国引入信托制度后，凭借其与英国都属于英美法系这一法律文化背景，信托制度在美国得到了迅速的发展。但由于法律文化上的差异较大，大陆法系国家和地区在移植这一制度时存在着巨大的困难。日本是最早引进信托制度的大陆法系国家，通过大量的改革，这一制度与日本原有的相关制度得到很好适用，从而使得信托制度在日本这一大陆法系国家得到了很好的发展。在此之后，我国台湾地区信托立法借鉴了大量其他大陆法系国家的经验和教训，相对更为先进。由于同属于大陆法系，日本和我国台湾地区信托立法的经验和教训，为我国大陆研究和完善信托财产登记制度提供了良好的素材。在此，我们主要探讨日本和我国台湾地区的立法实践。

（一）日本信托法中的信托财产登记制度

明治时代后期，日本从欧美发达国家引进了各种制度与技术，其中之一就是在美国获得广泛利用的有助于产业振兴的信托制度。而日本现代意义上的信托制度的确立应归于1922年制定的《信托法》，之后经过几次修订，终于达到了像美国一样以自己各种各样的财产，为实现不同的目的而得到广泛运用的境界，成为大陆法系国家中具有代表性的信托制度体系。日本信托法以营业信托和公益信托为主，民事信托往往出现在法院的判例之中，营业信托中又以金钱信托为主，有价证券信托在其中所占的比例极小。日本《信托法》经过2006年的大规模修改，由原来的73条扩充至现在的271条，很多内容发生了改动，其中涉及信托财产登记制度的改动亦很多。

日本信托财产登记采取“登记对抗主义”的效力模式。日本旧《信托法》第三条第一款规定：“关于应登记或注册的财产权，在信托时如无登记或注册，则无法对抗第三者。”所谓应登记的财产权，在日本主要包括所有权、地上权、永佃权、地役权、优先取得权、质权、抵押权、租赁权、买回权等不动产上的权利、船舶上的权利、建设机械上的权利这种设有登记制度的财产权；而所谓应注册的财产权，是指如著作权、专利权、图案设计权、实用新型专利权、商标权、矿业权、渔业权、注册国债、注册公司债等设有注册制度的财产权。根据日本旧《信托法》的规定，如果以应登记或注册的财产权设立信托，就必须履行登记或注册手续，否则，不得对抗善意第三人，即使信托本身已经生效。这一规定同样为日本新《信托法》所采纳。此外，日本旧《信托法》还规定：“关于有价证券的信托，要按照敕令的规定在证券上标明属信托财产；关于股票和公司债券的信托，则要在股东名单或公司债券底账上明确记载属信托财产，否则，无法以此对抗第三者。”根据该条款的规定，以有价证券、股票和公司债券进行信托的，也应当公告。这样一来，受托人每一次买入或卖出股票和公司债券都必须在股东名单和公司债券底账上进行设立或注销登记，这显然是极大地影响了交易的效率，而且许多学者对这一条款的合理性和必要性也产生了质疑。因此，日本新《信托法》将旧《信托法》相关规定全部删除，只规定以应登记或注册的财产权设立信托时需要履行登记或注册手续，对于以有价证券等设立信托的，不再要求履行登记手续。

（二）台湾信托法中的信托财产登记制度

我国台湾地区最早的信托雏形可以追溯到民国时期，当时存在多家信托公司，而各银行亦多增设信托部，但是其业务不过为代理买卖有价证券与房地产、代收房地租、代理保险、代客保管财产及保管箱出租。现代意义上信托制度的运作方式以及其基本内涵与这种早期的信托形态存在非常大的区别。为了促进信托制度的快速健康发展，台湾地区先后颁布了一系列与信托制度有关的法律、法规，如《信托投资公司设立申请审核原则》、《信托投资公司管理办法》等，但是始终没有一部统一的《信托法典》。历经10年筹划，台湾立法院终于在1996年颁布了台湾《信托法》，随后又颁布了《信托业法》、《土地权利信托登记作业办法》。同时，随着我国台湾地区信托立法的逐渐完善，信托财产登记制度在台湾地区也得到了进一步的发展。

关于信托财产登记的效力模式，台湾《信托法》规定："以应登记或注册之财产权为信托者，非经信托登记不得对抗第三人。"由此可见，台湾地区采用的是"登记对抗主义"。所谓上述条款中的"应登记或注册之财产权"，即为信托登记的对象，针对不同的登记对象，我国台湾地区法律所规定的登记效力模式也不尽相同。如台湾《民法典》规定：不动产物权，依法律行为而取得设定、丧失及变更者，非经登记，不生效力。这是"登记要件主义"的体现。而台湾《海商法》规定：船舶所有权之移转，非经登记，不得对抗第三人。这又是"登记对抗主义"的体现。这就出现了一个矛盾的现象，我国台湾地区的不动产物权变动采用"登记要件主义"，而将不动产设立信托却采用"登记对抗主义"。这一现象与日本一概采用"登记对抗主义"的做法不同。产生这一矛盾现象的原因，正是由于我国台湾地区的学者普遍支持信托行为的复合性理论，严格区分财产设立信托的登记和财产变动的登记。在财产设立信托的登记上，台湾学者借鉴了日本的做法，采用"登记对抗主义"，而在财产变动的登记上，台湾学者继承了德国的理论，采用"登记要件主义"。

关于信托财产登记的主体，包含两个方面，即登记机关和登记申请人。首先，我国台湾地区没有统一的信托财产登记主管机关，信托财产登记事项由标的财产变动的登记主管机关负责。其次，我国台湾《信托法》没有明确规定信托登记的申请义务人。而我国台湾地区《信托业法》规定："信托业接受以应登记之财产为信托时，应依有关规定为信托登记。"这表明，营业信托的受托人应当履行登记义务。

（三）分析与借鉴

日本《信托法》的修改的很多内容涉及信托财产登记制度，这是日本信托制度多年来实践的结果，这其中的修改必然蕴含了大陆法系国家信托制度的发展方向和发展规律，因此具有很强的借鉴意义。特别是应当将日本新旧《信托法》进行对比研究，探索其中的变化，寻找其立法规律，这也许直接对我国信托财产登记制度提供借鉴价值。此外，台湾地区的信托制度虽然成型比较晚，但其这方面的立法借鉴了大量其他大陆法系国家的经验和教训，相对更为先进。语言和文化的同一性使得我国大陆借鉴台湾地区的信托立法更为直接。因此，我们应当集中精力研究大陆法系国家的信托财产登记制度，从而更好地完善我国立法在此方面的不足。

三、我国信托财产登记制度的现状分析

（一）我国信托财产登记制度存在的问题

关于信托财产登记制度，我国《信托法》第十条只笼统规定应当办理登记，除此之外，并无其他任何具体的实施细则，这直接导致有关信托财产登记的规定与现行相关制度割裂开来，无法操作。同时，由于我国没有关于公示制度的统一规定，各类资产如房产、土地等的登记规则散见于专门的管理办法之中，相关管理办法中并没有关于信托登记的规定。因此，我国信托财产登记制度至今无法实施，至今也没有一个统一的信托财产登记机构。虽然，中国信托业协议曾于2006年制订了《信托产品登记公示与信托信息披露试行方案》，但其只是一个试行方案，且为行业自律规则，谈不上任何强制执行力。同年成立的上海信托登记中心，到目前也只有上海地区的信托公司在该中心登记了部分产品，效果也十分不理想。总体来说，我国目前的信托财产登记制度还主要停留在一个初步探索的阶段。

因此，就我国信托财产登记制度的现状而言，笔者认为，主要存在以下问题，亟待解决。

1. 登记效力问题。关于信托财产登记效力的问题，本文论述了日本和我国台湾地区均为“登记对抗主义”的效力模式，即未依法进行信托财产登记的，不得以其信托对抗第三人。而我国《信托法》第十条却规定：“未依照前款规定办理信托登记的，应当补办登记手续；不补办的，该信托不产生效力。”这表明我国确立的是“登记要件主义”的效力模式，即以应登记的财产权利设立信托，必须进行信托财产登记，否则信托不生效，即使该财产的转移采用的是“登记对抗主义”。这样规定的目的是在我国信托制度建立的早期，规范对信托登记的管理，保障交易安全，防止产生不必要的纠纷。但是，这样严厉的规定，却对信托制度的灵活性造成了巨大的破坏，从而严重影响信托目的的实现。

我国目前关于财产权利转移效力模式的规定同时包括了“登记对抗主义”和“登记要件主义”两种。其中，飞行器、船舶、机动车等特殊动产的转移采用的是“登记对抗主义”，即此类财产权利的转移即使未经登记，仍然生效，仅仅是不能对抗第三人。而不动产、商标权、专利权等财产权利的转移采用的是“登记要件主义”，即未经登记，不发生任何法律效力。这样一来，信托财产登记效力与财产权利转移登记效力就存在着矛盾之处。在以不动产、商标权、专利权等财产权利设立信托时，财产权利转移登记和信托财产登记采用的都是“登记要件主义”，不存在任何问题。但是，在以飞行器、船舶、机动车等特殊动产设立信托时，就产生了矛盾。因为，飞行器、船舶、机动车等特殊动产的转移采用的是“登记对抗主义”，而此类财产设立信托采用的却是“登记要件主义”。如此一来，委托人若以飞行器、船舶、机动车等特殊动产设立

信托，将财产转移给受托人，但未进行信托财产登记，信托则不生效。但财产转移的手续已经完成，财产已经转移至受托人名下，虽然信托并未生效。这种不同步会产生不必要的交易安全问题，委托人若想追回财产，首先要否定财产转移的效力，这必然会浪费大量的诉讼成本，没有任何意义。

2. 登记对象问题。我国《信托法》第七条规定："设立信托，必须有确定的信托财产，并且该信托财产必须是委托人合法所有的财产。本法所称财产包括合法的财产权利。"根据这一条款的规定，只要是合法的财产权利，在我国都可以作为信托财产，都可以作为信托财产登记的对象。但这只是原则性地规定"以法律、行政法规规定应当办理登记手续的特定财产设立信托，应当依法办理信托财产登记手续"，并未明确规定哪些财产权利需要强制登记，也没有对这些财产权利进行合理分类。这种笼统的规定存在一些问题，具体而言：

第一，忽略了信托财产登记的二重性。信托财产登记本身具有信托财产转移与信托财产设立双重特性。而上述法条原则性的规定，实际上混淆了信托财产转移登记与信托财产设立登记两者之间的关系，将信托登记简单地理解为财产权利转移登记。这样一来，很容易给人传达一种错误信息，即信托登记只是财产权利转移的登记，从而忽略了信托财产登记对体现信托财产独立性的价值。

第二，登记对象范围狭窄。《信托法》第十条规定"有关法律、行政法规规定应当办理登记手续的，应当依法办理信托登记"，但我国法律、行政法规明确规定财产权利转移应当办理登记手续的仅包括不动产物权、特殊动产物权、商标权、专利权等少数权利，而灵活的信托制度中所大量存在的财产权利客体并没包含在我国法律、行政法规的规定之中，因此，大量的财产权利设立信托无所适从。例如，目前我国发展较快的应收账款信托，无须进行登记，仅仅双方达成一致意见，信托法律关系即生效。因为我国法律、行政法规并没有规定应收账款转让应办理登记手续。但问题是，仅仅依靠双方意思表示一致，即可产生独立于各方的信托法律效果，对保护第三人利益极为不利。况且，我国《物权法》规定："以应收账款出质的，当事人应当于人民银行信贷征信机构办理登记手续，质权自登记时设立。"这一特别规定充分表明应收账款债权的不同之处，若以应收账款债权质押还需办理登记手续，那么相对于更为复杂的信托法律关系而言，设立应收账款信托更应该履行相应的登记手续。

3. 登记主体问题。关于登记主体的问题，我国《信托法》并没有明确规定由谁来作为信托财产登记的申请人，也没有明确规定信托财产登记的主管机关，只是规定了以特定财产设立信托必须进行登记。这样一种原则性的规定，加之没有进一步颁布具体的登记细则与操作办法，导致信托财产登记制度至今无法实施。而当事人在设立信托后，为保证信托效力无任何瑕疵，往往希望进行登记。但所有的尝试，都被相关财产权属登记主管机关以不属于其职权、没有登记规则无法可依为由给拒绝了。

一方面是主管机关的不作为，另一方面是信托关系的当事人对信托财产登记的迫切需求，这一矛盾促使信托关系的当事人作出以下权宜之计，保证信托计划的顺利进行：委托人和受托人签订信托合同的同时，再签订一份虚假的转让合同或担保合同，依据虚假的转让合同或担保合同向有关机关申请办理过户登记或办理担保手续（抵押或质押），从而达到信托登记的目的。从法学理论的角度来分析，上述权宜之计存在严重的问题，或是存在效力瑕疵，或是从根本上就是无效行为甚至违法行为。若是在信托项目运行中出现纠纷，那么必然导致信托行为和信托合同的效力瑕疵或无效，进而对信托法律关系的各方当事人以及其他利益相关者造成不必要的损失。同时，这些权宜之计还会影响到司法机关的效率，加重法院审判工作的负担，浪费司法资源。例如，在产生纠纷的时候，由于没有统一的信托财产登记机关，这就需要司法机关来分辨哪些是信托财产，哪些是委托人或受益人的个人财产。本来一个简单的问题，在没有登记机关的情况下，就变成了一个较难证明的问题，从而加重法院审判工作的负担。

有部分学者提出将信托财产登记主管机关设在上海信托登记中心，因为其具备统一信托财产登记主管机构的特征，并且银监办发［2006］163号文也明确规定其主要负责我国《信托法》规定的信托登记相关事务。但笔者认为，上海信托登记中心仍然存在很多有待解决的问题。第一，该中心的机构性质为事业性的非金融中介服务机构，这样一个事业性的中介服务机构作为全国统一的信托登记主管机构，其公信力源于何处。第二，该中心的设立主体是上海市浦东新区政府，一个地方政府设立的机构，怎样能够站在一个公平的角度上为全国的信托公司提供服务，同时，怎样能够得到全国各家信托公司的认可。第三，就是信托财产登记二重性的问题，是将信托财产转移登记放在该中心，还是将信托财产独立性登记放在该中心，或者是将两者都放在该中心。针对这一问题，我国《信托法》并没有完全理清，银监办发［2006］163号文也没有认识清楚，所以只是笼统地规定上海信托登记中心主要负责我国《信托法》规定的信托登记相关事务。

同样关于信托财产登记申请人的问题，无论是我国的《信托法》还是《信托公司管理办法》都没有关于信托财产登记申请人的相关规定。这实际上是我国信托财产登记制度的一个重大缺陷，因为这涉及未履行义务的申请人需要承担责任的问题。一旦因未履行登记手续而使信托无效，委托人可以要求信托公司返还财产，但受益人权利的丧失却无法救济，因为法律并未明确规定由谁来履行申请登记的义务，在法律未明确规定的情况下，要求当事人一方承担责任将十分困难。在信托制度相对健全的日本和我国台湾地区，相关法律中都明确规定了登记申请义务人。

（二）完善我国信托财产登记制度的意义

1. 我国信托业发展的迫切需要。2007年《信托公司管理办法》和《信托公司集合资金信托计划管理办法》（俗称“新两规”）出台后，我国信托行业步入一个快速发展的周期。截至2013年末，信托行业所管理的信托资产规模已突破10万亿元，达109 071.11亿元，比起2007年“新两规”出台时的9 491.53亿元，6年增长了11倍有余。

高增长的背后，就必然要求我们加快构建完善的信托财产登记制度。一方面，信托行业管理信托资产的规模高速增长，已跃居第二位，仅次于银行业所管理的资产规模。这样的高速增长却没有完善的制度来规范，特别是没有完善的信托财产登记制度来对这庞大的信托资产规模进行规范化登记，这其中所蕴藏的风险可想而知。信托行业的公信力或许会在一个个风险案例爆发之后，轰然倒塌。另一方面，在信托行业管理的资产规模高速增长的同时，财产权信托规模却没有显著的增长，2011—2013年财产权信托在当期信托资产总规模的占比分别为3.55%、6.50%和5.49%。造成这一现状的原因就是我国信托财产登记制度的不完善，使得有这方面需求的机构或个人无法在国内得到满足，转而求助国外的信托机构。

信托建立的基础是双方之间的相互信任，但是仅仅依靠信任不足以长久维系稳定的信托关系，只有通过完善的信托财产登记使产权明晰化，才能进一步明确信托法律关系中各方当事人之间的权利义务关系，明确权责，从而稳定信托关系，进而保障信托行业良好的公信力。由于信托财产登记制度的不完善制约着我国信托行业向更高层次发展，同时也为信托行业带来一定的风险，完善信托财产登记制度已经成为信托行业快速发展的迫切需要。

2. 明确信托财产的权属和性质。信托建立的基础是委托人与受托人之间的相互信任，但是单纯依靠这种信任关系并不足以长久维系稳定的信托关系。如果信托财产的独立性没有信托财产登记制度的保障，那么一旦发生纠纷，信托是否产生对抗第三人的效力或者信托是否生效，都将成为各方争议的焦点。而只有完善信托财产登记制度，明确信托财产的产权，才能明确信托法律关系及信托各方当事人之间的权利义务关系，保持信托关系的稳固发展。我国《信托法》的第十五条规定：信托财产与委托人未设立信托的其他财产相区别；第十六条规定：信托财产与属于受托人所有的财产（以下简称固有财产）相区别，不得归入受托人的固有财产或者成为固有财产的一部分。这些规定表明，信托关系一旦设立并生效，信托财产就不再属于委托人和受益人，受托人则取得信托财产名义上的所有权，同时受托人依据信托合同约定享有对信托财产的管理权。但是，由于我国没有明确的信托财产登记实施细则，信托财产的权属登记在实践中无法操作，这就造成在信托关系设立后信托财产权属并没有产生实质上的变化。从而导致外界对受托人是否有充分的权力来管理信托财产产生置疑，受托人对信托财产的管理没有制度上的保障，这样将不利于信托公司经营活动的开展，也不利于对信托财产的保护。

目前，在尚未建立一个完善的信托财产登记制度的情况下，信托公司在面对公、检、法等机关工作人员发出的查询、冻结的函件时，只能依据信托合同来说明该财产为信托财产。而部分信托合同的复杂性则需要司法机关的工作人员对信托合同进行分析和判断。这样一来牺牲了效率，却不能解决信托财产的效力问题。

3. 确保信托设立的合法性。信托财产的一个重大特性是信托财产的独立性，即信托关系一旦设立并生效，信托财产将独立于受托人、受益人的其他财产，同时该信托财产也独立于委托人的其他财产、信托关系之外的任何第三人如债权人等，都不得以拥有对委托人、受益人或受托人的债权或其他权利来主张对信托财产采取冻结、查封、变卖等强制措施，委托人或受益人的债权人或其他权利人不能直接对信托财产采取法律强制措施。在没有信托财产登记制度的情况下，委托人如果以损害其债权人利益为目的设立信托，委托人将其财产转至受托人名下，债权人将无从得知，当债权人的债权无法实现时，债权人很可能会以上述我国《信托法》第十二条的规定申请人民法院撤销该信托。此种情况下，法院也很难对信托财产的性质作出认定，这就对债权人造成极为不利的影响，因此，应当尽快建立完善的信托财产登记制度，从而避免类似风险的发生。

4. 保障金融监管的重要手段。信托财产登记制度不仅可以明确信托财产产权、稳定信托关系，同时还可以为相关金融监管部门进行监管提供重要依据。通过信托财产登记不仅可以明确信托关系中各方当事人的权利义务，确保信托关系的稳定，同时也有利于监管信托关系中各方之间的行为，从而确保交易安全。而且，如果没有一个完整的信托财产登记记录，在强制执行过程中势必会增加法院取证工作的额外负担。因此，建立一个完善的信托财产登记制度是迫切和必要的。

四、完善我国信托财产登记制度

（一）登记效力模式的选择

我国《信托法》第十条规定：“设立信托，对于信托财产，有关法律、行政法规规定应当办理登记手续的，应当依法办理信托登记。未依照前款规定办理信托登记的，应当补办登记手续；不补办的，该信托不产生效力。”这一条款的规定表明了我国立法者选择的是前文所述的“登记要件主义”的模式。但这一过分严格的规定，被相关学者们不断指责并呼吁尽快修改。但问题在于应当怎样修改，是简单地修改为“登记对抗主义”吗？笔者对这一问题看法却并非如此。

根据本文之前对信托财产登记二重性的论述，广义上的信托财产登记包含两个方面，既包含财产权利转移的登记，又包含财产权利已经设立信托的登记。设立信托登记的前提和基础是信托财产权利转移登记。尽管信托财产权利转移登记不同于普通的物权转移登记那样具有相对独特的功能和意义，但其无法与物权登记制度完全割裂，仍需依托于物权登记制度。如果将两者完全割裂，那么不仅对制度成本造成了浪费，而且使信托财产登记变成了一个不具有可行性的孤立的登记制度。因此，笔者认为，为避免不必要的矛盾，最恰当的方式是使特定财产的信托登记效力模式与该财产的物权公示效力模式相适应。我国《物权法》第二十四条规定："船舶、航空器和机动车等物权的设立、变更、转让和消灭，未经登记，不得对抗善意第三人。"根据此条的规定，我国动产物权的设立、变更、转让和消灭采用的是"登记对抗主义"，即未经登记，不得对抗善意第三人。但我国《信托法》第十条不加区分地对所有登记对象一概采用的是"登记要件主义"，那对于船舶、航空器和机动车等财产来说，如果没有履行登记手续，在物权法上此类财产的权属转移已经生效，但在信托法上由于没有履行登记手续致使信托法律关系没有生效的悖论。

从统一立法的精神来看，不应当"一刀切"地规定对所有登记对象一概采用"登记要件主义"，建议对登记对象进行分类，按照财产的不同性质以及各财产权属转移登记的不同来区分不同财产进行信托登记的效力模式。例如，以不动产物权、专利权、商标权等我国相关法律规定为"登记要件主义"的财产设立信托，在信托财产登记的效力模式上也应当采取"登记要件主义"；以船舶、航空器和机动车等动产物权设立信托，在信托财产登记的效力模式上也应当与我国《物权法》等相关法律保持一致，采用"登记对抗主义"。这样一来，信托财产登记制度与我国物权公示制度就形成了良好地互动，使信托财产登记制度更好地融合进我国的物权公示制度，从而促进信托登记制度的良性发展。

（二）登记对象范围的确定

信托的实质是委托人将一定财产转移给受托人或为其处分，由受托人为受益人的利益加以管理和处分，信托财产是设立信托必不可缺的要件之一。但是以哪些财产设立信托需要履行登记手续，而以哪些财产设立信托又无须履行登记手续。针对这一问题，我们首先应当明确普通物权变更登记与信托财产登记的对象范围是否一致。这又引出了前文论述的信托财产登记二重性的问题，即怎样理解信托财产登记所具有的独立性与物权转移双重特性。有学者认为："所谓信托公示，系指于一般财产权变动等的一般公示之外，再规定一套足以标明其为信托的特别公示……亦即就信托财产的转移而言，具有公示方法的二重性，而与信托行为的复合构造相呼应。"但是，针对两种不同的属性，在把握的时候容易出现两种不同的极端理解。一种极端理解是过分夸大信托财产登记的独立性特征，认为一切财产设立信托都应当进行登记，履行登记手续，无论该财产是动产还是不动产。另一种极端理解是应当将信托财产登记的对象范围限定在物权变动登记的对象范围内，对于以物权变动登记没有涉及的财产设立信托的，无须履行登记手续。前者的做法忽视了信托财产登记与物权变动登记的统一性，只重视信托财产登记的独立性；后者则是忽略了信托财产登记的独立性，只重视信托财产登记与物权变动登记的统一性。例如，前文举例的应收账款问题，由于其是典型的债权，只需履行通知义务即可发生法律效力，因此设立应收账款信托也无须进行登记，仅仅双方达成一致意见，信托法律关系即生效。但是，我国《物权法》规定："以应收账款出质的，当事人应当于央行信贷征信机构办理登记手续，质权自登记时设立。"这会产生一个问题，如果按照信托财产登记的对象范围应当限定在物权变动登记的对象范围内的观点来处理，应收账款作为一种债权无须进行登记。但是我国《物权法》却规定以应收账款债权质押应当办理登记手续，那么相对于更为复杂的信托法律关系而言，设立应收账款信托无须履行任何的登记手续，显然不符合立法规律。因此，笔者建议在遵从信托财产登记的二重性特征的前提下，以一般物权变动登记为基础，同时补充一些特殊规定，从而明确信托财产登记对象的范围。

（三）登记主体的明确

1. 明确登记主管机关。由于我国《信托法》第十条只笼统地规定设立信托应当依法办理信托登记，但是在我国相关的法律、法规中都没有明确规定信托登记的主管机关，由此造成了我国信托财产登记"有法可依，无法操作"的窘境。因此，明确信托财产的登记主管机关变成了当务之急。针对这一问题上，根据上文对统一机关与分设机关的对比研究，笔者认为，应当将信托财产所有权变更登记与信托财产独立性登记区分开来。对于信托财产所有权变更登记应当依托现行的财产权属登记机关，而对于信托财产独立性登记应当设立统一的信托登记机构，以利于进行统一规范及行业监管。

对于信托财产所有权变更登记，应当由特定财产的性质决定信托财产登记的主管机关，采用由现行财产权属登记机关进行信托财产登记的方式更可行。这就需要出台相关规定，将信托财产登记纳入相关部门的职责范围。但由于信托本身灵活性较高，涉及的财产具有多样性，可能会涉及较多行政部门，如果采用分别修改的各个部门相关规定的方式，会产生较大阻力，且时间会很漫长。因此，笔者建议由国务院出台有关信托财产登记的行政法规，将信托财产登记纳入相关部门的职责范围，即以标的财产设立信托时，由该财产变动登记的主管机关负责信托财产登记事宜。例如，以房屋设立信托时，由相关房屋管理局作为信托财产登记主管机关；以机动车设立信托的，由公安交通管理部门作为信托财产登记主管机关；以专利权、商标权设立信托的，由专利主管部门和商标主管部门为信托登记机关。

对于信托财产独立性登记，应当设立统一的信托登记机构，交由专门的信托登记机构来统一办理，避免分散到众多权属登记部门，导致信息共享和数据传输难度大的问题，不利于信托财产独立性登记的办理和对信托当事人的权益保护。实行统一登记，信托监管机构和信托当事人可以从一个登记平台得到信托项目及相关信托财产状况的完整信息。但是，将这一职能赋予哪个机构来办理，是重新设立相关机构还是使用现有机构。笔者建议，可以通过上海信托登记中心试行，实践一段时间总结经验后再决定是否要设立专门的机构，从而进一步推广。

信托财产独立性登记，仅仅是给信托财产烙上“信托”标识，经法定登记机关登记后，其登记效力可以对抗第三人。它不涉及对信托财产所有权变更登记的内容，不会改变现有权属登记部门的工作程序和工作权限，信托财产所有权登记如上文所述，由现有的相关权属部门负责。信托财产的所有权变更登记和独立性登记同时存在，两者互不冲突，又互为补充。

2. 明确登记申请人。与上述主管登记机关不明确的问题一样，我国《信托法》及相关法律法规也没有明确信托登记的申请人。基于本文上述对信托财产登记申请义务人相关问题的分析，并根据所设立信托性质的不同，分别予以规定。

首先，对营业信托而言，笔者建议，在我国未来制定《信托业法》或者修改《信托公司管理办法》时，在其中规定：对于信托财产需要进行独立性登记的，受托人应及时办理相关登记手续。因为信托公司作为提供信托服务的商事主体，理应保证提供的服务无任何瑕疵，若因未登记而产生效力瑕疵，那么也应当由信托公司承担相应责任。而对于信托财产所有权变更登记，如上文所述，建议由标的财产变更登记的主管机关负责信托财产的所有权变更登记。由于我国相关财产权属变更登记制度已较完善，在登记过程中主管机关通常要求双方当事人均在场，并提交有关变更登记的申请资料，由委托人与受托人共同办理即可，无须再加以规定。

其次，对于民事信托，可以规定由双方共同履行信托财产登记的义务。这是因为，一方面民事信托与营业信托在设立基础上有所不同，民事信托的委托人通常是以信任为基础将其财产交付给受托人，受托人不存在营利的目的，双方具有同等的注意义务保障信托关系没有瑕疵；另一方面，民事信托变化多样且种类繁多，属于当事人意思自治的范畴，没有必要用法律的手段要求其中一方履行信托财产登记的义务，应当将其纳入意思自治范畴，由信托法律关系当事人根据不同情况约定由双方或哪一方作为信托财产登记的申请人。

最后，对于公益信托，我国目前也在逐步发展，因此有必要对此予以明确规定。笔者认为，在我国《信托法》关于公益信托的特别规定的第六章加入一条即可，明确在公益信托中，应当由受托人作为信托财产登记的申请人。

（本文选自信托公司供稿）

平稳解决“刚性兑付”问题的方式和路径

中建投信托研究员　王苗军　崔彦婷

一、刚性兑付的由来和主要特点

（一）刚性兑付的由来和表现形式

刚性兑付简单地说就是信托计划（主要指集合资金信托计划，下同）发生兑付困难或者不能兑付时信托公司的兑付行为。从刚性兑付产生的历史来看，刚性兑付是在信托行业发展初期，信托公司为维护市场声誉和规避监管的不利后果而采取的在信托计划发生兑付风险时采取的一种特殊兑付方式。信托公司在信托计划发生兑付困难时有多种实现兑付的方式，但并非所有信托计划发生困难时信托公司的兑付行为均属于刚性兑付，需要对不同兑付方式进行区分，以明确刚性兑付的基本内涵和外延。

第一种方式是信托公司通过处置信托计划项下资产实现向信托计划收益人实现兑付，信托计划结束。信托公司对信托计划项下资产的处置是信托公司履行受托职责的应有之义，是信托公司主动管理能力与风险控制能力的体现，因而不应定性为刚性兑付。

第二种方式是由资产管理公司或者其他第三人受让信托计划受益权，原受益人获得受让价款后退出，信托计划继续存续。处置不良金融资产作为资产管理公司主营业务，收购不良信托资产完全是资产管理公司的一种合理的市场经营行为，应当鼓励资产管理公司参与不良信托资产的处置，这种处置方式的本质是在信托受益权缺乏流通市场的情形下信托受益权流动性的一种市场化释放，因而也不应当定性为刚性兑付。

第三种方式是以信托公司自有资金或者关联方资金受让信托计划项下信托受益权，原受益人获得受让价款后退出，信托计划继续存续；或者以信托公司自有资金直接向受益人支付本金及收益，信托计划结束。这种处置方式往往是信托公司在穷尽其他方式之后的兜底处置，缺乏公开与市场化的运作机制，且涉及关联交易及信托资产不得与信托公司自有资金发生交易的禁止性规定，将在一定程度上引发信托计划风险向信托公司及关联方传递，本质是以信托公司及其股东或者其他关联方以自身信用为信托计划提供了隐性担保。信托公司的这种处置方式即是刚性兑付的典型形态。

通过对上述三种信托计划发生兑付困难时信托公司实现兑付的行为方式分析，刚性兑付的概念可以概括为，信托计划发生兑付困难时，信托公司以自身或者关联方信用，为信托计划原受益人实现兑付的非市场化兑付行为。

（二）刚性兑付的主要特点

1. 刚性兑付异化了信托业务的本质，信托业务从其属性上不属于信托公司的负债业务，而刚性兑付实质上是由信托公司或其关联方为信托计划提供了隐性担保，进而将信托业务变成了信托公司的一种隐性负债，这种隐性担保的存在，进一步导致了信托产品风险与收益的不匹配，产生了信托市场“高收益，零风险”的不合理现象。

2. 刚性兑付运作方式具有非市场性的特征，信托公司或者关联方对信托受益权的受让从动因上看主要是基于规避信监管不利后果，而非信托受益权价值的真实体现，其定价也并非基于信托受益权的真实市场价值。

3. 刚性兑付具有权利义务的不对等性，因刚性兑付扭曲了信托业务的本质，进而导致信托公司因此承担了信托合同外义务，存在权利义务的不对等性，进而加大了信托公司的经营风险。

4. 刚性兑付具有功能上的双重性，一方面促进了中国信托行业发展初期的快速发展，但随着行业规模的不断扩大，已日渐成为中国信托业发展瓶颈，亟须通过平稳、合理、有效的方式予以打破。

二、刚性兑付背后隐含的风险

如前文所述，刚性兑付具有功能上的双重性，在信托行业发展初期对行业发展起到了一定的促进作用，是信托公司在市场机制不完善的背景下为保护投资者利益而形成的一种特殊的自我约束机制，对于促进信托公司以此为警戒提升风险管理能力具有一定的促进作用。但刚性兑付背后隐含的风险也不容小觑，长远来看不可维系，主要表现在如下方面。

（一）刚性兑付加重了信托公司经营风险，引发信托公司经营风险超出自身的承受范围

《信托法》颁布之后，尤其是新的“两规”颁布之后，中国信托业一直致力于符合信托公司经营业务特色的风险控制体系建设，2010 年《信托公司净资本管理办法》的颁布标志着中国信托业以净资本管理为核心的风险管理体系的确立。该办法制定的主要目的防范信托公司在经营

过程中因未能尽到受托管理责任时，确保信托公司固有资产充足并保持必要的流动性，以满足抵御由此带来的损失的需要；制定的主要思路是根据各类信托业务的特征，计提相应的风险资本，以确保信托公司业务规模控制在风险可承受的范围内。而刚性兑付在一定程度上异化了信托业务“受人之托，代人理财”的信托本质，以信托公司及关联方信用为信托计划提供了隐性担保，使得其承担的实质风险超越了净资本约束的范围。随着行业的不断发展以及受托管理资产规模的不断扩大，刚性兑付背后所隐含的风险将超出信托公司的承受范围，势必会影响信托公司的长远发展。

（二）刚性兑付具有风险积蓄及传导功能，可能引发系统性的金融风险

刚性兑付异化信托业务本质的另一个表现是风险与收益的不匹配。信托业尤其是其中集合资金信托业务飞速发展的一个重要原因是刚性兑付背景下信托产品“高收益，零风险”现象，此现象吸引了大量社会资金涌入信托市场，而随着刚性兑付对于信托公司乃至信托行业不可长期维系，过多的资金涌入信托市场，而信托业务风险又被长期忽视，资本收益长期不能得到合理的风险定价，极易引发系统性的金融风险。引发和加重系统性金融风险的另一个原因是不同的金融机构之间的合作进一步加深，随着 2012 年资产管理市场的全面开放，银信合作、证信合作、基信合作、保信合作等新的业务合作模式不断涌现。如信托市场发生系统性风险，极易将风险传导至其他金融部门，进一步加深金融行业的系统性风险。

（三）刚性引发信托产品市场的不合理及非理性投资性行为，持续越久，解决的社会成本越大

如前所述，刚性兑付背后隐含了巨大的风险，且该风险没有在合理的控制范围内，随着刚性兑付潜规则的不断深入，解决的社会成本也将会越大。一方面，刚性兑付可能引发信托规模尤其是集合资金信托规模的非理性发展，随着规模的扩大，背后的风险及解决问题的成本也将不断扩大；另一方面，刚性兑付导致信托产品市场缺乏合理的风险定价，导致投资者对信托产品风险缺乏必要的认识和判断，不利于信托产品市场的成熟，而随着刚性兑付潜规则的深入，必将导致信托产品市场向非理性的方向发展，问题解决的社会成本也将不断加重。因而，刚性兑付问题亟须通过有序、系统、合理的方式加以解决。

三、解决刚性兑付的条件

如前文所述，刚性兑付背后隐含着巨大的风险，但在中国信托市场及相应机制尚不健全的现阶段，解决刚性兑付问题的条件尚未完全成熟，需要在以下的前提下运用系统思维合理、有

序地推进。

（一）进一步完善信托计划兑付风险监管和控制体系

刚性兑付从长远来看不可维系，但刚性兑付从另一个角度看是信托公司为维护声誉，保护投资者信心的一种市场化选择的结果。从监管的思路上看不应将此种兑付行为一概地否定，而应当将此控制在风险可承受的合理范围内，以信托赔偿金、净资本等要素为基数，建立科学的刚性兑付风险评价体系。在将刚性兑付控制在合理的风险范围内的同时，要更加突出对信托经营行为的合规性及受托责任的履行情况的监管。应区别对待信托公司在此过程中是否存在违规行为以及是否尽到了受托管理职责。在信托公司尽到受托管理职责且不存在违规行为的前提下，应当免除信托公司不利监管后果。此外，还应积极地推进相应机制建设，如信托受益权的二级流通市场建设、信托产品投资者教育机制建设、信托产品信息披露机制建设、信托产品投诉纠纷建设等相应的机制建设，为刚性兑付打破之后市场健康问题提供相应的制度保障。

（二）信托公司要认真履行受托职责，提升主动管理能力以及风险控制能力

首先，在认识上，信托公司必须厘清受托人责任的内涵。我国《信托法》第二十五条第二款规定："受托人管理信托财产，必须恪尽职守，履行诚实、信用、谨慎、有效管理的义务。"《信托法》的规定相对较为抽象和笼统，且在立法层面没有更为明确的解释，加上刚性兑付的背景下相应的诉讼纠纷较少，因而在司法解释层面也没有对受托人的受托管理职责及相应的免责条件作出进一步规定。但按照一般的学理，我国的信托业主要是指商事信托，商事信托是以营利为目的的专业化的财产管理机构，应充分体现出专家的特点。据此，法律要求信托公司开展信托业务时，必须予以高度的注意，这种注意程度通常要求比管理自己事务相同的注意还要高，即要尽到专家的注意义务。

其次，在实践上，信托公司必须以专家的标准提升主动管理能力和风险控制能力。我国信托业起步较晚，信托公司主动管理能力和风险控制能力还有待进一步提高。主要表现为，在资金的运用方式上主要以融资类业务为主，体现信托公司管理能力的投资类业务占比相对较少；在风险的识别和处置上，对信托计划所涉及的交易对手的风险识别和处置的方式和手段较为单一。如在此背景下简单地打破刚性兑付，必然使信托公司面临巨大的诉讼风险，不利于行业的健康发展。因此，信托公司必须以更加审慎的姿态从交易对手的筛选、交易结构的设置、信息披露、风险识别与处置等各方面提升管理能力和风险控制能力，确保在合法合规的前提下，切实地履行受托人职责。

（三）投资者应转变观念，提高风险识别和判断能力

首先，投资者要牢固树立"信托有风险，投资需谨慎"的观念。相对于证券、基金、期货

等投资市场，信托投资者缺少亏损的市场洗礼，对信托市场怀有较深的“刚性兑付”错误认识，在打破刚性兑付的过程中，必须要帮助投资者树立风险意识，提升风险判断能力。这种风险意识的树立，一方面要投资者经历市场的洗礼，而另一方面也需要监管机构及信托公司加强投资者教育及相应的机制建设。

其次，投资者要树立正确的权利和维权意识。就投资者而言，其所持有的信托受益权的权利内容不仅仅包括信托资产的受领权，还包括了信托事务的决定权和监督权，以及相应资料的查阅权。在打破刚性兑付的过程中，必须要帮助投资者树立正确的权利和维权意识，即理性和全面地看待信托受益权，积极履行信托事务的决定权和监督权，督促信托公司更加审慎地履行受托责任。

四、解决刚性兑付问题的措施和路径

如前文所述，刚性兑付是在信托行业发展初期相应机制不完全背景下的特殊产物，因而解决刚性兑付的问题并不简单的是信托公司是否选择刚性兑付，需要在一系列的体制和机制建设问题上系统完善，这些体制和机制的完善主要体现在如下几个方面。

（一）制定《信托公司产品销售管理办法》，建立和完善信托产品销售内控机制和体系

首先，信托产品销售的主体资质及相应责任。当前信托产品的销售渠道由信托公司自身、银行、券商、第三方理财等机构组成，而《信托公司集合信托计划管理办法》规定除信托公司自身销售之外，仅可委托商业银行代为推介。建议在该办法中明确除银行外券商等金融机构销售信托产品的主体资格，并允许符合条件的第三方理财机构销售信托产品。此外，还应进一步明确代理销售及推介两种行为模式的责任承担范围，明确在代理销售或者推介过程中，代理方及推介者在合格投资者的选择、风险揭示、信息披露、后期客户服务等方面责任。

其次，应明确投资者教育及风险揭示机制。《信托公司集合信托计划管理办法》中仅规定了风险申明书的签署及相应的内容，但该申明书的内容主要是投资者申明知晓并愿意承担相应风险，而未就信托公司及销售（推介）者的风险揭示内容作出具体规定。信托计划作为高度专业化的投资产品，对一般投资者而言很难识别和判断风险，建议在该办法中将风险申明书改为风险揭示书，增加信托公司或者销售（推介）方向投资者揭示信托计划可能面临的风险及由此可能遭受的损失。此外，还应在合格投资者制度的基础上进一步产品销售适当性管理机制，对投资者根据其年龄、专业背景、收入、投资经验等要素确定风险承受能力等级，对信托产品依据投资方式、产品投向等要素确定风险等级，将合适的产品销售给合适的投资者。

最后，还应当建立信托产品销售人员管理体系。建立信托产品销售人员的准入机制，进一步细化和明确信托产品销售过程中的禁止性行为，并明确相应的责任及市场禁入机制。从产品销售人员的市场准入、行为规范、考核与激励约束等方面，建立系统的信托产品销售人员管理体系。

（二）健全信托资产的流动机制，建立统一的信托受益权流通二级市场，完善信托产品风险定价机制

刚性兑付导致信托产品的风险与收益不匹配，这种风险与收益的错配产生的一个重要原因是信托产品及信托资产缺乏有效的流通市场，导致信托产品的风险与收益缺乏有效的调控空间，因而解决刚性兑付问题，有必要健全信托资产的流动机制，建立统一的信托受益权流通二级市场，完善信托产品风险定价机制。

首先，要完善信托计划项下债权、股权、担保物权等资产的处置途径。从监管的角度，应当鼓励并合理引导资产管理公司等市场主体参与到不良信托资产的处置中来，在信托计划兑付到期之前释放信托资产的流动性风险；对于信托公司而言，应当积极提高通过公开拍卖、诉讼、强制执行等方式处置不良信托资产的能力。2012 年以来中信信托“三峡全通案”、“青岛舒斯贝尔案”等案例的成功处置，值得市场借鉴。

其次，通过场外交易和场内交易相结合的方式，完善信托受益权的流通机制。应当放开对信托受益权转让的限制，允许信托受益权在投资者之间自由转让；在信托受益权的场外交易方面，允许信托公司开展信托受益权转让的柜台交易，制定信托公司作为居间方的操作规则以及相应的责任承担问题；在信托受益权的场内交易方面，建议可以依托北京金融资产交易所等平台建立统一的信托受益权流通二级市场，通过公开竞价的方式，实现在信托计划发生兑付风险时对信托受益权进行合理的定价。

（三）完善信托产品信息披露，为信托产品的流通和市场定价提供信息支持

解决刚性兑付问题的另一个重要方面是完善信托产品的信息披露机制，通过完整、真实的信息披露保障投资者对信托项目运行情况的知情权，为信托产品的市场定价提供必要的信息支持。根据当前的规定，信托公司是信托计划信息披露的唯一主体，会计师事务所、律师事务所等中介服务机构虽参与到了信托计划的发行过程中，但其出具的专业意见主要是为信托公司提供专业服务，而非面向一般的投资者披露，且并非独立信息披露主体，这种参与方式在一定程度上影响了律师事务所等专业机构出具意见的独立性。而信托公司作为唯一的信息披露主体的另一个弊端是，出于利益考虑或者是专业能力限制，信托公司披露的信息在内容的完整性和真实性上尚不足以支撑信托产品自由流通的需求，尤其在信托项目所面临的风险方面。建议增加

信用评级机构、律师事务所、会计师事务所等机构作为独立的信息披露主体，对拟通过二级市场流通的信托计划增加对信用评级机构信用评级报告、律师事务所法律意见书、会计师事务所专项审计报告等内容，为投资者购买信托产品提供专业的信息披露支持。

（四）进一步完善信托赔偿金制度，充分发挥信托赔偿金的“风险防火墙”作用

我国《信托公司管理办法》虽规定了信托赔偿金制度，但长期以来该项制度的功能并没有得到有效的发挥，建议在解决刚性兑付问题的过程中进一步完善信托赔偿金制度，为信托计划发生风险时提供有效的缓冲地带。首先是完善信托赔偿金的用途，现有的信托赔偿金侧重于对信托公司经营风险的保障，主要用于信托公司违反信托目的、违背管理职责、管理信托事务不当造成信托资产损失的赔偿。建议在信托赔偿金原有用途的基础上，增加对信托公司完全履行了受托管理职责但信托计划不能兑付情形时投资者利益的赔偿，允许信托公司在信托计划不能兑付时在信托赔偿金的额度范围内受让信托受益权。其次是完善信托赔偿金的计提标准，当前的信托赔偿金主要是以信托公司税后利润的5%计提，而税后利润并不能直接反映信托公司所面临的风险大小。建议改为按照信托公司上一年度存续的信托规模大小按照一定的比例计提，并根据信托公司的分类评级结果规定不同的最低计提比例。最后是要保证信托赔偿金维持在合理的比例，确保风险保障的实效。根据中国信托业协会公布的2013年第一季度末数据，全行业信托赔偿金约69亿元，按照注册资本的20%的法定可不继续计提上限计算，信托赔偿金完全充沛的金额约为200亿元，当前信托赔偿金充足率不足35%。建议将信托赔偿金的法定可不计提上线改为信托公司总资产或者净资产的20%，如按照信托公司总资产的20%计算，信托赔偿金完全充沛的金额约为400亿元，按照同期集合资金信托计划约2万亿元的标准计算，信托赔偿金的覆盖率约为2%，而如果信托赔偿金的充足率达到50%，则信托赔偿金的覆盖率约为1%，与同期银行不良资产率基本相当。

（五）进一步完善信托纠纷的处置机制，保障信托市场稳定发展

刚性兑付问题打破之后，与信托相关纠纷必然较现在的情形呈现较大幅度的增长，为保障信托市场的持续稳定发展，有必要进一步完善信托纠纷的处置机制，构建社会调解与法律诉讼相结合的信托纠纷处置机制。

首先，要充分发挥信托业协会的社会调解功能，建议修改信托业协会章程，在协会的功能定位上增加对信托投资者利益保护的功能，将信托业协会的功能变更为信托公司及信托投资者的利益协调和保护机构。可在现有的组织框架基础上增设信托纠纷调解委员会，专门负责调解处理投资者与信托公司之间的纠纷。为保障调解委员会的专业性，调解委员会成员可考虑由监管机构工作人员、协会专职人员、律师事务所与会计师事务所专业人员、资深信托公司在职人

员、司法机关工作人员等组成。对部分纠纷相对简单，且投资者愿意接受调解的，可以调解委员会负责调解，从而降低纠纷解决成本。

其次，要完善信托相关立法。我国的《信托法》是在信托市场尚未成型的背景下制定的，缺乏相应的信托涉诉纠纷的总结和沉淀，因而在立法条文中对信托纠纷相关的责任承担问题规定较少。加上在刚性兑付的背景下，中国信托业在过去十余年的发展过程中，信托的涉诉纠纷比较少，立法机关与司法机关也未出台相应的法律解释。建议在《信托法》的修改过程中增加对信托涉诉纠纷在归责原则、责任承担形式及范围等问题的规定，增强《信托法》在诉讼过程中的适用性。通过司法实践不断完善信托纠纷处理的规则，将信托的健康发展引入到依靠法治的轨道上来。

（本文选自信托公司供稿）

以双边市场建设为核心
构建可持续发展的信托商业模式

山东省国际信托有限公司　相开进　王小林　王萍　曹年更

一、美国苹果公司 iPhone 的发展历程

2007 年 6 月 29 日，苹果公司开始在美国销售 iPhone 智能手机，除具备传统手机和 iPod 功能外，iPhone 还提供 Email、网页浏览、搜索和地图等功能。如表 1 所示，2007—2011 年，iPhone 及相关产品服务收入增长了 74.69 倍，2010 年起成为苹果公司最重要的收入来源。截至 2011 年 9 月 24 日，iPhone 相关产品收入已占公司总收入的 43.47%。如图 1 和图 2 所示，iPhone 自推向市场以来，以远高于行业平均水平的增长速度快速发展。其中，2009 年第二季度同比增长约 500%，2010 年以来增幅虽有所下降但仍高于 50% 和行业平均速度；从刚推出时所占行业比重不足 1% 发展成为季度销售市场份额超过 20% 的智能手机领先生产商。因而，系统研究和总结 iPhone 商业模式，找出理论依据并评估可复制性及关键环节，具有积极的现实意义。在梳理既有成果的基础上，本部分着重分析苹果公司在 iPhone 产业链中的角色和作用，运用双边市场理论系统研究了该公司如何通过满足或引导消费者需求控制 iPhone 生产和 App Store 运作等核心环节。

（一）iPhone 的发展历程和主要经营策略

2007 年 6 月 29 日，苹果公司销售 iPhone 时，智能手机还不是手机市场的主流产品，2007 年第三季度的销量仅占 11.25%，而 2012 年第二季度则为 36.68%。如表 1－2 所示，iPhone 推出时市场集中度较高，诺基亚占据市场一半份额，但 iPhone 已经表现出了市场潜力，推出仅一个季度便位居市场份额第三位。

表1 近十年来美国苹果公司按产品类别划分的收入情况 单位：百万美元

产品收入	2011 年	2010 年	2009 年	2008 年	2007 年	2006 年	2005 年	2004 年	2003 年	2002 年
Mac	21783	17479	13859	14354	10336	7375	6275	4923	4491	4534
iPod	7453	8274	8091	9153	8305	7676	4540	1306	345	143
其他音乐相关产品和服务	6314	4948	4036	3340	2496	1885	899	278	36	4
iPhone 及相关产品服务	47057	25179	13033	6742	630	NA	NA	NA	NA	NA
配件及其他硬件	2330	1814	1475	1694	1303	1100	1126	951	691	527
软件、服务及其他	2954	2573	2411	2208	1508	1279	1091	821	644	534
iPad 及相关产品服务	20358	4958	NA	NA	NA	NA	NA	NA	NA	NA
销售总额	108249	65225	42905	37491	24578	19315	13931	8279	6207	5742

数据来源：苹果公司财务报告。NA 指不适用。

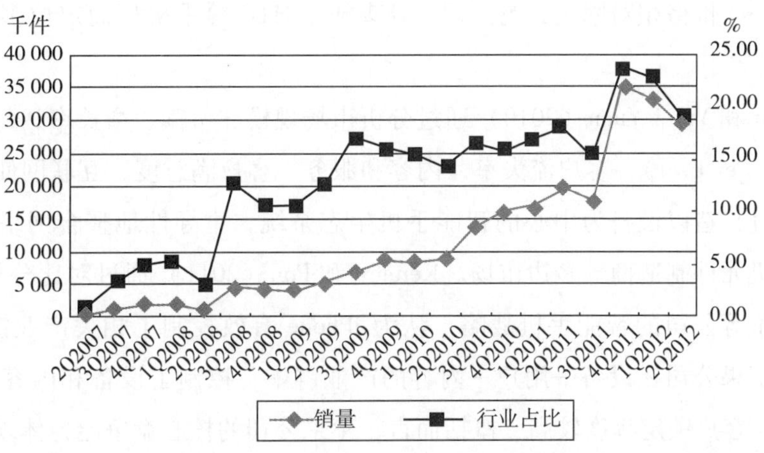

图1 2007 年第二季度以来 iPhone 的季度销售数量及所占智能手机市场的比重

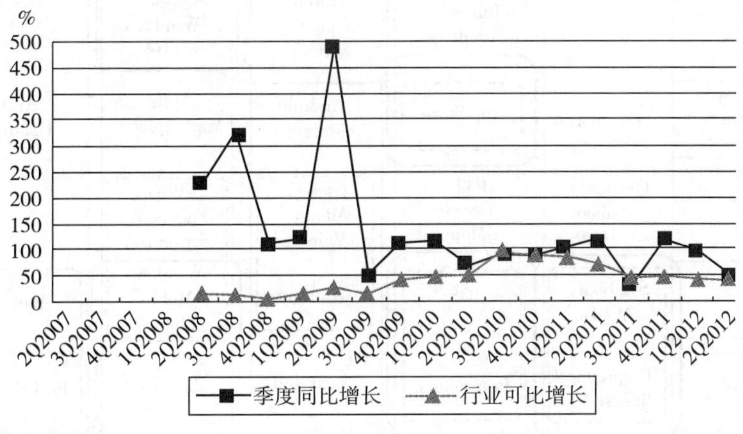

图2 2007 年第二季度以来 iPhone 及智能手机市场的的季度销量增长情况

表 2　2007 年第三季度全球智能手机销售情况

类别	Nokia	Research In Motion	Apple	HTC	Sharp	其他	小计
销量（千件）	15 964	3 192	1 104	1 315	1 535	9 643	32 753
市场份额（%）	48.7	9.7	3.4	4	4.7	29.4	100

iPhone 产品的革命性特征是全功能浏览器和 3.5 寸全触摸屏幕，为客户提供真实的互联网体验，并改变了传统的键盘操作模式。Nicolas Bär（2012）认为，iPhone 是苹果公司运用电脑和音乐播放器的发展模式、经验，其最大的价值、特征是提供与电脑一样的互联网体验。销售策略方面，2007 年 9 月 5 日，苹果公司与 AT&T 达成补贴和收入分享协议，使得平均价格下降 300 美元，扭转了销售数量下滑的趋势（West 和 Mace，2009）。产品设计方面，苹果公司采取精品战略，手机型号单一、价格相对固定，与三星、诺基亚、HTC 等手机厂商定位多元的丰富产品线形成鲜明对比。

John Laugesen 和 Yufei Yuan（2010）通过分析市场规模、份额、增长率，每个用户平均收入（Gverage Revenue Per User），客户流失率，内容和服务，客户满意度，互联网使用等多个纬度指出，苹果公司通过打造以设备为中心的智能手机生态系统，主导性地整合网络运营商、软件及内容供应商、手机元件制造商等多边市场。Kenney 和 Pon（2011）通过对比分析诺基亚、苹果、谷歌、微软和黑莓等公司的智能手机战略，认为 iPhone 有效控制了相关产业链，如图 3 所示。图中信息显示，苹果公司在设备—用户—内容的产业链中，控制了设备和内容（通过 App store 和 iTunes）两端，客户锁定程度较高。概括而言，苹果公司的核心竞争能力体现在两个方面，一是设备质量水平和创新能力，二是第三方运用软件和内容数量，两个方面都以用户体验为中心，

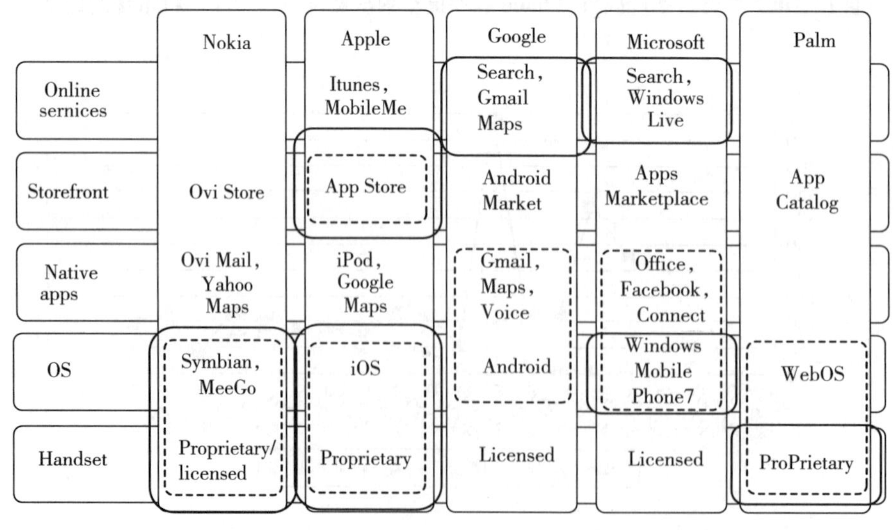

图 3　诺基亚、苹果等公司智能手机战略示意图

相辅相成。

*黑色虚线表示客户锁定层，红色实线表示各公司获取价值层。

图4描绘了苹果公司在 iPhone 产业链中的角色和作用。与图3内容相似，苹果公司主要通过控制 iPhone 生产和 App Store 运作来锁定消费者，并通过消费者群体优势反过来吸引元部件供应商和第三方软件开发商，最终运用交叉需求弹性原理实现良性互动。iPhone 制造的双边市场类似于前面提到的报刊杂志所处的经营环境，基于苹果公司忠实客户群体、iPhone 销量预期以及可能的质量声誉和企业商誉的考虑，元部件供应商倾向于接受苹果公司严格的技术标准和价格要求；App Store 类似于微软 Windows 操作系统，iPhone 销售数量越多，第三方软件开发商的经济动力越大，而第三方软件数量越多，iPhone 对于消费者的吸引力也就越大。因而，由于优秀的品牌经营和创新理论，苹果公司通过满足或引导消费者需求，在双边市场效应下控制了整个 iPhone 产业链，突出表现在设备制造和应用软件管理两个方面。

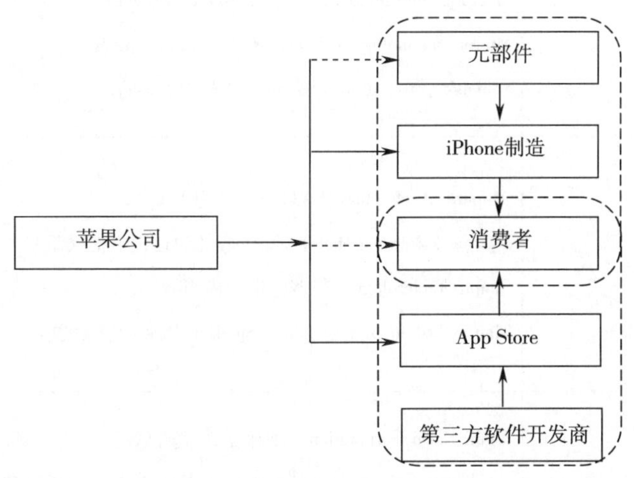

图4　苹果公司参与 iPhone 产业链的基本环节和方式

（二）iPhone 产业链中的市场平台之一：设备制造

苹果公司全部采用 OEM 的方式生产 iPhone，采取增加供货渠道、大批量采购等方式控制元部件供应商，控制机理便是供应商对于 iPhone 销量的乐观预期。2012年1月，苹果公司首次公布供应商名单，共156家公司，采购额占相应总成本的97%，根据卢山和李欣（2012）的进一步整理分析，关键部件的生产商如表1-3所示。表中信息显示，苹果公司向不止一家公司订购关键零部件。表1-4中的信息也显示，除处理器（Application Processor）一直由三星电子生产外，闪存（Flash Memory）和显示等关键部件的生产商则逐渐多元化。HISiSuppli 公司拆机分析（Tear Down Analysis）资深总监 Andrew Rassweiler 研究元器件时发现，iPhone 4S 在三星电子和东芝的基础上首次增加海力士半导体公司为 NAND 闪存供应商，并使用安华高科技公司的功率放大器模块（PAM），而安华高科技的市场地位远不及 Skyworks、RFMD 和 TriQuint。

表 3 苹果公司主要元部件供应商

元件分类	公司英文名称（公司简称，产品应用领域）
IC/分立器件	Advanced Micro Devices（AMD，CPU/APU/GPU） Intel Coporation（英特尔，CPU/APU） Texas Instruments（德仪，APU） NVIDIA Corporation（Nvidia，GPU） Samsung Electronics（三星电子，APU、存储器等）
内存	Elipida Memory（尔必达，DRAM） Hynix Semiconductor（海力士，DRAM 、NAND、SRAM） Macronix International（旺宏，ROM EPROM） Micron Technology（美光，NAND Flash DRAM） SanDisk Corporation（Sandisk，NAND Flash）
电池	Amperex Technology（ATL，电池电芯） Dynapack International Technology（顺达，电池模组） Simplo Technology（新普，电池模组） Tianjin Lishen Battery Joint – Stock（力神，电池模组）
显示	Asahi Kasei Corporation（旭硝子，玻璃基板） Lens One Technology（Shenzhen）（蓝思科技，盖板玻璃） AU Optronics Corporation（友达光电，面板） ChimeiInnolux Corporation（奇美，面板） LG Display（LG，面板）VSharp Corporation（夏普，面板） Toshiba Mobile Display（东芝，面板） TPK Holding（宸鸿，触摸屏） Wintek Corporation（胜华，触摸屏）

具体合作中，苹果公司采用“无缝”供应链管理方式，深入到上游所有元器件的开发、生产和制造的过程中。一部 iPhone 可以拆成 500 个左右的元器件，有 200 家上游供应商，但苹果公司不允许任何供应商对它有“黑盒”，控制和参与芯片、天线、耳机等所有元器件开发、制造，模糊了所谓设计、开发和制造生产的关系，开发就是制造，制造就是开发，“据说苹果工程师最多的时候在富士康工厂里有两千人”。

表 4　iPhone 主要型号的关键元部件供应商

部件类型	厂商名称		
	iPhone3G	iPhone 4	iPhone 5
IC/分立器件	Samsung（Application processor，SDRAM – Mobile DDR）	Samsung（APU，DRAM）	Samsung（A6，DRAM）
内存	Toshiba（Flash Memory）	Samsung（Flash Memory）	Hynix、Samsung、Toshiba（Flash – NAND）
显示	Toshiba（Display Module，Touch Screen Assembly Capacitive，Glass）	Texas Instruments（Touchscreen Controller），LG、Toshiba（display）	Broadcom、Texas Instruments（Touchscreen Controller），Japan Display、LG Display

（三）iPhone 产业链中的市场平台之二：App Store

App Store 的双边市场特征更为明显。图 5 显示，第三方软件设计者选择开发平台的重要因素之一便是平台用户数量，以合理确定成本收益；手机用户选择应用平台甚至手机的重要原因之一也是应用软件的丰富程度。Yoffie 和 Kim（2011）认为第三方应用平台（App Store）是 iPhone 成功的关键因素。2008 年 8 月，允许第三方软件企业为 iPhone 开发应用程序，使 iPhone 销售数量从 2008 年第三季度起大幅增加，如图 1 所示。表 5 列示了几种主要软件应用发布平台的基本情况。

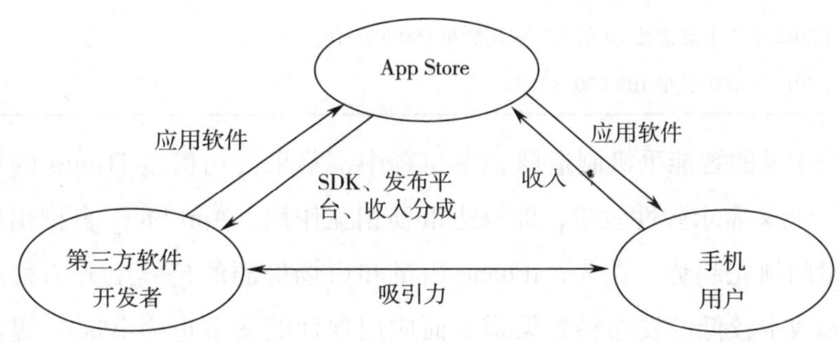

图 5　App Store 的双边市场特征示意图

表 5　App Store 等几种主要软件应用发布平台的发展历程

应用平台名称	发展历程
苹果 App Store	2008. 7. 10 开始提供服务，初始软件数量超过 500 个 2009. 11. 4 应用数量超过 100 000 个 2011. 1. 22 下载次数超过 100 亿次，应用数量超过 350 000 个 2012. 6. 11 下载次数超过 300 亿次，应用数量超过 650 000 个 2012. 9. 12 下载次数超过 350 亿次，应用数量超过 700 000 个

续表

应用平台名称	发展历程
诺基亚 Ovi Store	2009. 5. 26 开始提供服务 2011. 4，应用数量 50 000 个 2012. 8 下载次数 60 亿次，应用数量 120 000 个
谷歌 Android Market（Google play）	2008. 10. 23 开始提供服务 2010. 8 下载次数 10 亿次，应用数量超过 80 000 个 2010. 10. 25 应用数量超过 100 000 个 2011. 10，应用数量 319 000 个 2011. 11 下载次数 100 亿次，应用数量 380 297 个 2012. 6 下载次数 200 亿次，应用数量 650 000 个 2012. 9 下载次数 250 亿次，应用数量 675 000 个
微软 Windows Phone Apps（Marketplace）	2010. 10. 21 开始提供服务 2011. 8 应用数量 30 000 个 2011. 11. 21 应用数量 40. 000 个 2012. 6 应用数量 100 000 个
黑莓 App World	2009. 4 开始提供服务 2010. 7. 30 应用数量 1 000 000 个 2011. 4. 22 应用数量 3 000 000 个 2012. 2. 7 下载次数 20 亿次，应用数量 600 000 个 2012. 9 应用数量 105 000 个

表 5 显示，在主要的智能手机制造商、参与者中，苹果公司借鉴 iTunes 的运营模式率先推出 App Store。由于交叉需求弹性效应，即双边市场相互作用，App Store 自推出以来一直保持下载数量和应用数量的领先趋势。首先，iPhone 销量和市场份额的持续上升为程序设计者提供了巨大的市场机会和成本较低的发布销售渠道，而应用软件的增多也为 iPhone 提供了另一种核心竞争优势。苹果公司 2012 财政年度第三季度报告中披露，iTunes Store（销售音乐、图书、视频、应用软件外等第三方内容）2012 年第三季度和前 9 个月分别获得 18 亿美元和 55 亿美元净销售收入，给予开发者丰厚回报。其次，诺基亚、微软、黑莓等公司应用软件数量与 App Store 差距较大，除推出时间较晚外，主要是因为设备销售数量持续下滑导致软件开发商研发积极性不高，进而陷入“设备少—应用少—设备少—应用少”的恶性循环。再次，Android Market 的快速发展得益于智能手机市场规模的迅速扩大和谷歌公司的免费操作系统战略，前者推动了整个手机相关产业链的优化升级，后者激发了三星、HTC、摩托罗拉等手机厂商的生产积极性。

软件开发商的多平台行为是 Android Market、Microsoft Market 等应用市场快速发展的理论基础，针对大部分基本应用软件，如浏览器、社交、即时通信、视频播放、图片制作，设计者都选择在多个平台发布产品。双边市场理论中的平台转换成本、平台差异性、iPhone 用户的群体特征及 App Store 的先发数量优势决定了 App Store 的领先优势将会保持比较长的一段时期。

（四）苹果公司 iPhone 产品的双边市场特征、构建措施：Egg and Chicken Problem

Michael Cusumano（2010）通过研究微软、思科和英特尔的经营行为总结出，成功的科技公司都采取最佳的平台战略并建立良好的生态系统。通过前面两部分的分析可以看出，如图 1 - 3 所示，苹果公司通过控制设备生产和应用软件发布销售构建了完善但封闭式的生态系统，同时维护、影响手机元器件供应和手机销售、应用软件开发和消费等两个相互影响的双边市场，并通过以下两个基本因素有效解决了发展平台经济面临的鸡生蛋和蛋生鸡问题（Egg and Chicken Problem）。一是苹果产品面向特定人群的品牌形象及在用户体验方面积累的市场声誉。研究表明，iPhone 用户中 50% 的年龄小于 30 岁，75% 购买过苹果产品，一般接受过高等教育且大多从事教育、科研、艺术娱乐和信息科技工作。1998 年，乔布斯重新进入苹果公司以来，相继推出了 Mac Air、iPod 等几款经典产品，消费者对于苹果产品具有较高购买欲望。二是 iPod 产品及其商业模式的巨大成功。iPod 便捷的操作方式和时尚外表，以及 iTunes 强大的商业模式，进一步提高了 iPhone 的市场预期和 App Store 的成功可能性。

（五）三星手机所采取的竞争策略和快速发展进一步验证苹果公司的品牌策略

2012 年第一季度起，三星手机的市场份额超过诺基亚，位居世界第一位，如表 6 所示。根据 Garter 的统计数据，三星公司的销售手机中 50.4% 为智能手机，即销售 4557.78 万台，大幅超过 iPhone 手机 3312.05 万台的销量，占搭载 Android 操作系统智能手机的 56.22%。但是，2006 年第三星手机的市场占有率仅为 11.8%，诺基亚占有率 34.8%；2009 年第三季度三星智能手机销量才首次进入全球五强，处于第五位，市场占有率 3.2%，诺基亚和苹果的市场占有率分别为 39.3% 和 17.1%。整体来看，三星手机发展如此迅速的主要原因是从设备生产和应用软件开发两个方向全面发展，即完善的手机生产能力和内容丰富的 App 网上商店，直接针对 iPhone 手机的核心竞争优势。

表 6　2011 年第二季度至 2012 年第二季度全球各手机厂商的销售数据　　单位：千台

公司	销量（2012）	市场占有率（2012）（%）	销量（2011）	市场占有率（2011）（%）
Samsung	90 432.1	21.6	69 827.6	16.3
Nokia	83 420.1	19.9	97 869.3	22.8
Apple	28 935.0	6.9	19 628.8	4.6
ZTE	17 936.4	4.3	13 070.2	3.0

续表

公司	销量（2012）	市场占有率（2012）（%）	销量（2011）	市场占有率（2011）（%）
LG Electronics	14 345. 4	3. 4	24 420. 8	5. 7
Huawei Device	10 894. 2	2. 6	9 026. 1	2. 1
TCL Communications	9 355. 7	2. 2	7 938. 9	1. 9
HTC	9 301. 2	2. 2	11 016. 1	2. 6
Motorola	9 163. 2	2. 2	10 221. 4	2. 4
Research In Motion	7 991. 2	1. 9	12 652. 3	3. 0
Others	137 233. 4	32. 8	152 989. 70	35. 7
Total	419 007. 90	100. 0	428 661. 15	100. 0

三星电子 2011 年年报显示，该公司具有较强的垂直整合能力，能够生产处理器、内存、显示屏等几乎所有手机关键部件，且均处于行业领先水平，因而三星公司的设备生产能力当时强于依靠 OEM 的苹果公司，在产品更新速度、综合生产成本方面也享有较大优势。譬如说，苹果公司在设备制造方面的技术优势逐渐减少。表 7、表 8 显示，三星 Galaxy S 系列等产品的硬件配置和功能已经接近或超过 iPhone。

表 7　2010 年度美国上市的主要智能手机情况

手机品牌、型号	上市时间	显示器	合约价格（美元）	基本功能	主要特征
Apple iPhone4	2010. 6. 8	3. 5 英寸	199（16G）	全触屏、支持 www 上网	显示屏 Retina，CPU 型号 A4 1GHz，摄像头 500 万像素
Samsung Galaxy S	2010. 3	4 英寸	199（16G）	全触屏、支持 www 上网	显示器 AMOLED，CPU 型号 ARM Cortex – A8 1GHz，摄像头 500 万像素
Nokia N8	2010. 4. 27	3. 5 英寸	79. 99（16G）	全触屏、支持 www 上网	显示器 AMOLED，CPU 型号 ARM11 680MHz，摄像头 1200 万像素

表 8　2012 年度美国运营商 AT&T 支持的主要智能手机情况

手机品牌、型号	上市时间	显示器	合约价格（美元）	主要特征
Apple iPhone 5	2012. 9	4 英寸	199. 99（16GB）	CPU 型号苹果 A6 、1024MHz、操作系统 ios6，全触摸屏、Apple 地图
Samsung Galaxy S^3 III	2012. 6	4. 8 英寸	199. 99（16GB）	CPU 型号 Exynos 4412、1433MHz ，操作系统 Android OS 4. 0，全触摸屏，谷歌地图，NFC 支付技术

续表

手机品牌、型号	上市时间	显示器	合约价格（美元）	主要特征
BlackBerry[3] Bold™ 9900	2011.8	2.8 英寸	199.99（16GB）	CPU 型号 Snapdragon MSM8655CPU、1228MHz，操作系统 BlackBerry OS 7，QWERTY 全键盘，黑莓地图、NFC 支付技术
Nokia Lumia900	2012.3	4.3 英寸	49.99（16GB）	CPU 型号 Snapdragon APQ8055、1433MHz，操作系统 Windows phone 7.5，全触摸屏、诺基亚地图
HTC One™ X	2012.3	4.7 英寸	99.99（16GB）	CPU 型号 Nvidia Tegra3 、1536MHz 操作系统 Android OS 4.0，全触摸屏，NFC 支付技术

在应用软件方面，在 Android Market67.5 个应用的基础上，三星电子 2010 年起还开发了自己的 Samsung Apps，截至 2012 年 10 月 25 日，已有 20 类 10 584 个中文应用软件。由于强大的竞争能力，三星电子受苹果公司相关诉讼的影响有限。2011 年第三季度以来，营业利润保持增长趋势，而三星电子称经营业绩增长主要得益于 Galaxy 系列手机的畅销。2012 年第二季度营业收入和营业利润分别同比增长 21% 和 79%，其中移动通讯业务收入占比 43.10%，手持设备（手机等）收益同比增加 75%，如图 6 所示。

在设计和营销方面，三星公司选择竞争型跟随战略，在提供类似于 iPhone 使用体验的基础上，把手机设计得比 iPhone 4 更薄、更大，并在运营商、产品型号、产品配置等方面采取多元化策略；在提供多种价位机型的同时，三星公司实施精品策略，提供网圈、S Pen 服务，旗舰系列 Galaxy S 和 Galaxy Note 定价与 iPhone 相同或略高，树立高端形象。

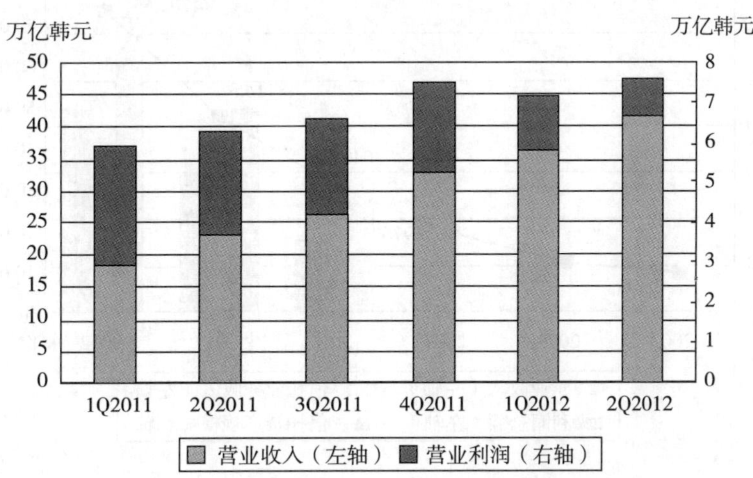

图 6　三星电子 2011 年以来的季度经营业绩

（六）iPhone 发展模式小结

2012 年 10 月 9 日，在致股东信中，微软总裁鲍尔默指出，微软将成为一家设备和服务公司，并适时推出类似于 Xbox 和 Windows Surface 的"为特定目的生产的特定设备"，而这是一个"巨大的转变"，表明该公司将参与相关产业链的设备制造环节。根据图 1－4 和图 1－5 可以看出，微软的战略转变进一步反映出苹果公司以设备为中心建设生态系统模式的成功。今后的发展中，双边市场理论中的平台转换成本、平台差异性等因素将影响智能手机使用者的购买决策，但三星 Galaxy S 系列和 Galaxy Note 系列手机的畅销也说明由于包括性能和实用软件等主要方面的差异性进一步降低，iPhone 将面临更多挑战。微软 Windows 8 操作系统的跨平台战略进一步增加了手机等相关设备双边市场的广度和深度，无论成功与否，都对研究双边市场理论和发展战略具有重要的借鉴和指导意义。

二、以双边市场建设为核心构建可持续发展的信托商业模式

2007 年以来，我国信托业发展迅速，信托资产规模 5 年间增长 7.87 倍，2010 年超过公募基金规模，2012 年超过保险资产规模，信托业务收入和利润总额也均大幅增加，信托主业地位进一步突出，如图 7 所示；同时，业务结构更趋合理，银信合作业务比重由 54.61% 下降至 27.18%，并能根据市场形势调整基础设施和房地产等业务比重、分散风险，如图 8 所示。但也存在一些问题，如融资类业务所占比重高居不下，PE 投资、QDII、房地产基金等业务所占比重仍较低，类似于商业银行利息收入和批发业务比重较高的问题，需要加快经营结构转型步伐。

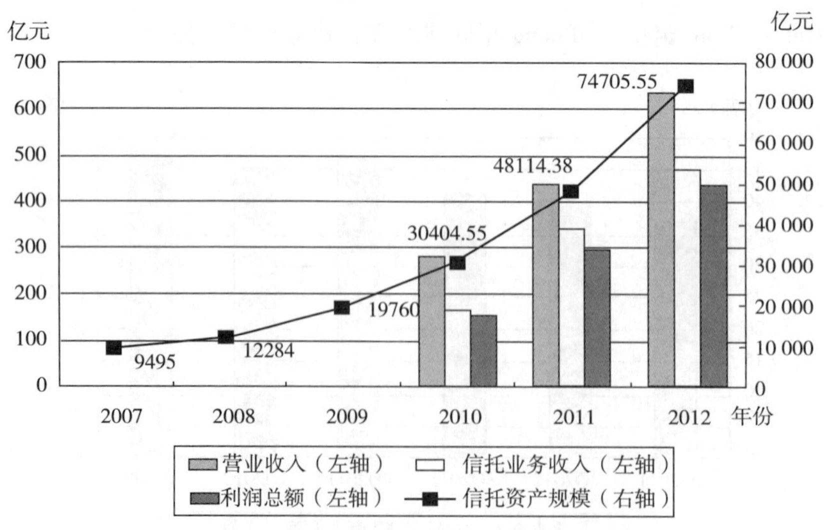

图 7　2007—2012 年我国信托业的主要经营指标

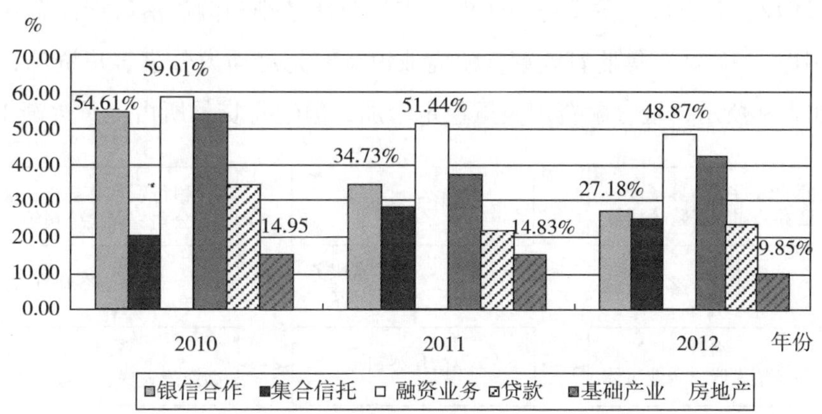

图 8　2010—2012 年我国信托业的主要业务所占比重

目前，我国信托业的集中度较高。截至2011 年末，披露相关数据的60 家信托公司中，规模最大的中信信托的信托资产余额占比 8. 49%，前五大信托公司占比 26. 10%；并且，中信信托、平安信托等行业领先信托公司在股东背景、客户资源等方面具有较大优势，山东信托比招商银行、民生银行转型时面临的竞争压力更大，更应该借鉴招商银行“三步两转”战略，寻求差异化竞争优势。并且，标准化的信托贷款业务无法与银行贷款竞争，特别是招商银行、民生银行等商业银行推出的中小微企业发展规划，亟须创新思路模式，争取实现跨越式发展。

（一）把握信托业的本质和发展趋势，学习借鉴招商银行“早一点、快一点、好一点”战略

根据《中华人民共和国信托法》（中华人民共和国主席令第五十号），信托是委托人基于对受托人的信任，将其财产权委托给受托人，由受托人按委托人的意愿以自己的名义，为受益人的利益或者特定目的进行管理或者处分的行为。结合《信托公司集合资金信托计划管理办法》（中国银监会令 2009 年第 1 号）等规章制度可以看出，信托业的本质是高端性、个性化的资产配置方案提供商，核心竞争力是满足客户多样化需求的能力，信托业务具有典型的双边市场特征：价格结构（信托收益分配方式）显著影响信托业务参与主体的积极性，即某信托业务的可行性和规模受信托公司和受益人报酬率的具体数值或分享标准的显著影响，且客户之间的网络外部性和交叉需求弹性较强。

图 9 总结了我国信托公司赖以发展的生态系统。信托业务开展的隐含前提是客户多样性，譬如，融资主体的选择标准是能够以预期的成本和速度向客户募集资金，理财客户的决策基础是能够以预期的风险和收益购买恰当产品的信托公司，因而信托公司发展的基础是客户群体。但目前信托公司尚未意识到或者没有全力加强客户关系管理的主要原因是，图 8 所示的银信合作和融资类业务所占比重较大，基于外部环境的客户资源较为丰富。举例而言，《绿色信贷指

引》（银监发［2012］4号）、《关于进一步做好支持节能减排和淘汰落后产能金融服务工作的意见》（银发［2010］170号）等监管政策，使商业银行有充足动力分享客户资源，丰富图9中的内容提供商。如表9所示，社会融资规模虽稳定增加，但银行贷款所占比重逐渐下降。

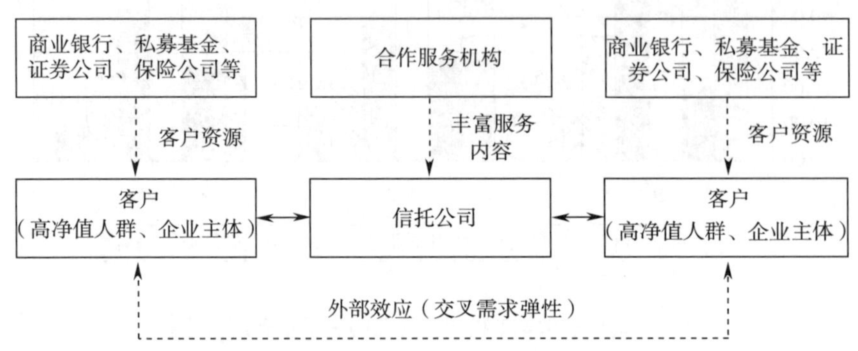

图9 我国信托公司发展的生态系统

表9 2002—2012年我国社会融资总量及其构成 单位:%

年度	社会融资总量（亿元）	人民币贷款	外币贷款	委托贷款	信托贷款	未贴现银行承兑汇票	企业债券融资	非金融企业境内股票融资	保险公司赔偿	保险公司投资性房地产	其他
2002	20 112.00	91.90	3.60	1.00		−3.30	1.80	3.10	2.10		
2003	34 113.00	81.10	6.80	2.00		6.20	1.50	1.60	1.50		
2004	28 629.00	79.20	5.10	10.90		−1.00	1.60	2.40	2.10		
2005	30 008.00	78.50	4.70	6.50		0.20	6.70	1.10	2.50		
2006	42 696.00	73.80	3.40	6.30	1.90	3.50	5.40	3.60	2.10		
2007	59 663.00	60.90	6.50	5.70	2.90	11.20	3.80	7.30	1.80	0.10	
2008	69 802.00	70.30	2.80	6.10	4.50	1.50	7.90	4.80	2.20	0.10	
2009	139 104.00	69.00	6.70	4.90	3.10	3.30	8.90	2.40	1.20	0.10	0.50
2010	140 191.00	56.70	3.50	6.20	2.80	16.70	7.90	4.10	1.30	0.10	0.70
2011	128 286.00	58.20	4.50	10.10	1.60	8.00	10.60	3.40			
2012	157 600.00	52.10	5.80	8.10	8.20	6.70	14.30	1.60			

如何正确理解以客户为中心？关键是立足于网络外部性和交叉需求弹性。信托公司充当商业银行内容服务商角色无法更好地满足自身客户的需求，无法形成良好的网络优势。譬如，得益于银证合作的快速发展，证券公司受托管理资本金规模由2011年底的2818.68亿元增至2012年末的1.89万亿元；招商银行的代理收付业务中，基金、保险、信托等方式的比重关系逐年变化。今后的工作中，第一，增加双边市场中客户的多样性，最终实现依靠客户多样性需求满足多样性客户需求的内生式发展目标。分析既有客户的资产配置需求，站在公司战略发展高度统一配置资源，“有所为，有所不为”，如招商银行自2004年开始发展“零售业务、中间业务和中

小企业业务”的“一次转型”及民生银行集中信贷资源发展小微企业业务，以满足客户需求为风险管理和产品设计的出发点和落脚点，明确战略，大胆革新。第二，正确理解资产管理和财富管理的区别，着力增强财富管理能力，提高客户平台转换成本以抑制客户的多平台行为，完善图9所示的生态系统，即由产品导向逐步过渡到服务导向。全面加强与其他专业服务机构（财税、教育、健康、国际投资）合作，快速推动发展“1+N”管理模式，使产品服务能够反映客户的教育、家庭、性格、偏好、企业周期等个性化、隐私性内容，提高客户黏性和平台转换成本。第三，着重培养工具化、配置型思路逻辑，即以更宽的视野看待投融资能力建设，做好客户培养、渠道建设的基础上，加强对于专业投资机构的筛选、培育，充分借鉴华润信托阳光私募平台理念和ETF配置等工具化证券投资理念，深刻理解图3和图4的中收益分享、资源控制的平台经济模式。

（二）正确把握网络金融内涵，转变思路理念实现跨越式发展

20世纪70年代以来，金融和网络的相互渗透程度逐渐加大，经过金融电子化（Electronic Finance）和金融网络化（Internet Finance）两个发展阶段，网络金融内涵和主体逐渐丰富、多元。网络金融的前期推动者主要是金融机构，指金融服务手段的技术性替代及资本市场的全球化，1918年起美国联邦结算系统开始允许通过电报处理跨行支付问题，20世纪80年代起美国储蓄机构依靠电子信息技术作信贷决策。目前，几乎所有的商业银行、证券公司、保险公司等金融机构实现了金融服务的电子化、网络化。以招商银行为例，2011年零售电子渠道综合柜面替代率和公司电子渠道综合柜面替代率分别达86.57%和49.63%，并逐步加大手机钱包等移动支付领域投入。随着ICT产业中互联网公司的快速发展（Google、Facebook等公司替代Microsoft成为市场焦点），基于互联网海量数据的金融服务创新开始不断涌现，如图10所示，金融服务公司根据投资者投资行为的历史数据筛选，利用互联网信息，并实时地以接近于零的边际成本向投资者提供定制性投资选择。

更为重要的是，由于金融业与现代互联网科技经营本质的一致性，即网络外部性特征明显，均具有典型的双边市场特征和平台经济规律，因而技术性脱媒趋势明显加快，网络媒介的金融属性进一步释放，金融机构和现代科技企业的角色关系发生了较大变化。譬如说，基于超过5 000万家中小企业业务注册用户和800多万家企业商铺的采购、交易和资金往来数据，阿里巴巴成立小额贷款公司向高资信平台用户发放信用贷款，并与平安保险合资设立众安在线财产保险公司开展网上保险营销。图11绘制了美国kickstarter公司的运作模式。电影、游戏、音乐、艺术、技术等创新项目拥有者制作宣传资料并将资金需求和截止期限等项目信息上传至Kichstarter网络社区，经过简单的资金使用用途等原则性审查后，投资者或支持者自主评估项目可行性；Kickstarter采取“Funding all - or - nothing”机制，即只有募集资金达到既定目标时才能宜

告成立。通过该平台募集资金的总成本为8% ~10%，其中5%为平台使用费，3% ~5%为Amazon Payment等支付工具的信用卡扣款等金融服务费用。2009年4月28日成立以来，Kickstarter已经募集超过4.5亿美元资金，资助超过35 000个项目。虽然北京美微传媒公司在淘宝网销售原始股的行为受到较大质疑和报道，但是其行为与Kischstarter有较大区别，另外Kichstarter能够显著降低交易成本，业务模式应是未来金融发展的重要方向。

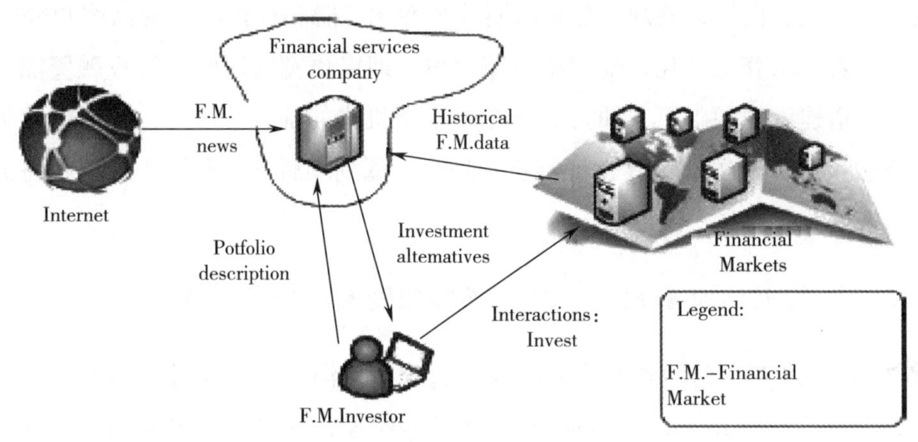

图10　金融服务数据流构成示意图

因而，网络金融为山东信托带来了重大的发展机遇和挑战，并具有现实迫切性。网络金融能够显著降低交易成本、消除区域性障碍，又能够通过客户交易、信用等信息积累提高客户转换成本，抑制多平台行为，并且由于法律法规及金融市场的不成熟，我国的网络金融仍处于发展初期，存在较多市场空白（如图11所示的金融服务），具有较大的发展空间。但是，山东信托的电子化基础不足，缺乏网络化运营经验，亟须扩大客户覆盖面、积累关键数据，充分运用双边市场特性加强客户关系管理，电子化和网络化并举，独立开发创新与外部合作并重，力争尽快取得实效。第一，立足具有较大潜力的小众业务（艺术品、PE投资、产业基金等），学习借鉴招商银行“早一点、快一点、好一点”战略，寻求差异化竞争优势，培育数个专业化的客户群体和网上平台，然后再通过产品配置寻求全面竞争力；第二，继续落实《中介资源、中介资源、核心竞争力和人才战略》所提出的建议措施，全面加强与其他专业服务机构（财税、教育、健康、国际投资）合作，完善服务生态系统；第三，加快信息系统地建设步伐，夯实转型基础，网络金融的前提基础是协调高效的内部管理服务水平，包括管理和业务信息系统建设和优化，客户数据档案建立、管理和信息挖掘，安全管理、网上审批，网络交互系统的人性化、友好性等；第四，推动统一、开放的电子化信托受益权交易市场建设，完善电子化撮合和竞价交易平台，进一步探索电子商务、交易所等市场的运营规律；第五，加大与商业银行、证券公司等其他金融机构的信息平台对接力度，加强与互联网公司的交流合作，依靠外部力量加快公司信息化、网络化进程，为客户提供及时性、多元化、个性化信息服务；第六，联合山东金融控股公司尝试建立区域性的金融、类金融交易平台，特别是针对中小微企业的金融服务，深入分析、贯彻落实各级政府的战略部署，增强塑造品牌意识，深入探讨图 11 所示 Kickstarter 交易模式；第七加强内部营销，统一认识，统筹协调，培养技术文化、转型文化，为尽快实现互联网战略及长久发展奠定坚实的文化和制度基础。

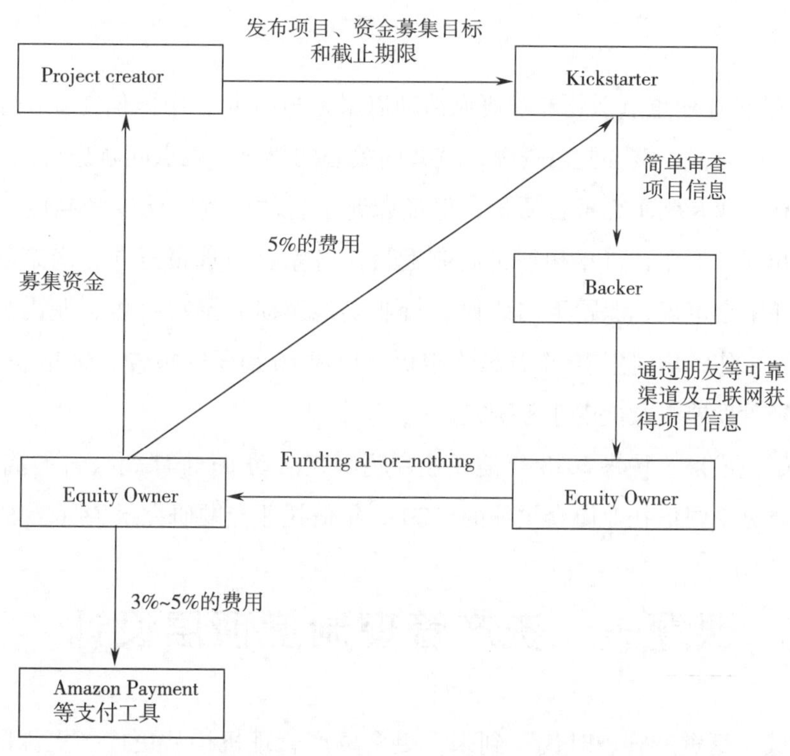

图 11　美国 Kichstarter 公司创业、创意项目金融服务工作流程

（三）总结

充分借鉴苹果公司和招商银行的发展经验，综合考虑信托业本质特征和金融网络化趋势，我们认为信托公司应采取的商业模式是，充分运用双边市场特征发展平台经济，“早一点、快一点、好一点”积累客户群体和客户行为数据，最终实现依靠客户多样性需求满足客户多样性需求的战略目标。具体而言，以满足客户需求作为风险管理和产品设计的出发点和落脚点，立足信息化和网络化，构建高效的信托服务生态系统，加强网络金融等理念的内部营销，完善内部激励机制和资源分配体系，抑制羊群行为以实现战略布局，鼓励发展小众业务以获取差异化竞争优势，争取尽快发展成为拥有众多忠诚客户、能提供丰富但定制性资产配置服务的国内一流信托公司。

（本文选自信托公司供稿）

2013 年信托业专题研究报告摘要合辑

继 2012 年启动信托业重点课题专项研究活动以来，2013 年，中国信托业协会继续加大组织和引领行业研发工作力度，整合业内资源，就共同关心的热点、难点问题进行深入研究和探讨。

为进一步提高行业专题研究报告质量，保证课题报告的广度、深度和高度，2013 年，协会加强了课题遴选和评审工作，自年初征集研究题目、各家公司选报意向、南京研发工作会现场讨论、北京提纲评审会审议、课题组内研讨、行业实地调研、撰写报告、业内外专家评审、专业编辑核稿等系列工作，历时近 10 个月最终定稿，形成 16 篇研究报告。研究报告涉及宏观制度建设、中观公司经营发展以及微观业务研究。

为广泛分享研究成果，特将 2013 年信托业专题研究活动 16 个课题报告的摘要收录于年鉴，各研究报告原文详见中国信托业协会主编的《2013 年信托业专题研究报告（上、下册）》。

课题一　资产管理制度顶层设计

随着金融领域“泛资产管理时代”到来，更多资产管理机构从更广、更深的层面介入资产管理市场，中国资产管理市场孕育着巨大的发展空间。对资产管理市场规范发展的渴求，成为对资产管理市场制度进行顶层设计的源动力。本研究报告从资产管理的市场基础与现实意义入手，分析资产管理市场的现状与主要问题，从法律关系的角度明确不同的资产管理制度的适应性以及有待完善之处，根据多样化的资产管理机构设置提出构建资产管理业的功能体系，并从资产管理的监管必要性、监管模式以及监管目标和内容等多方位重构资产管理市场监管制度，最终系统性地提出资产管理制度顶层设计的相关建议。整篇研究报告为资产管理市场建立统一的规则，以厘定资产管理市场各主体的权责并有效地防控风险提供有效的借鉴。

课题牵头单位：

中国人民大学信托与基金研究所

北京国际信托有限公司

中铁信托有限责任公司

课题组成员：

刘向东　杨凯育　申景奇　顾晓亮　北京国际信托有限公司

陈　赤　陈建超　贾丽杰　陈　恪　朱晓林中铁信托有限责任公司

李　勇　薛小峰　高丽娜　兴业国际信托有限公司

王苗军　中建投信托有限责任公司

高志杰　王文莉　　百瑞信托有限责任公司

李　强　陈　琛　　国投信托有限公司

费林云　华澳国际信托有限公司

刘洪明　中国对外经济贸易信托有限公司

裴硕秋　闫克锋　　江苏省国际信托有限责任公司

王　萍　曹年更　　山东省国际信托有限公司

课题二　信托共有制的理论与实践

本文以“人”为研究起点，探寻人具有知识性、物质性和社会性三种基本属性。知识性是人的本质属性，并依托“人”探寻社会发展逻辑，推导“共有制”产生的必然，定义共有制，明晰共有制较公有制的优越性。基于此，依托信托的行为实践和理论实践，论述信托以共同富裕为最大公约数，契合中国特色社会主义市场经济的发展逻辑，是一种中间制度安排，是一种生产关系，是共有制中一种积极而有效的表现形式。信托基于“资本运作完全独立，权能设置三权分离”的特点，实现了马克思所说的在“生产资料的共同占有的基础上，重新建立个人所有制”，兼顾公平与效率，实现“三元和谐”，推动社会主义市场经济健康有序地发展。在此基础上，践行信托共有制，创新土地管理体系，探寻土地改革的有效路径。

课题牵头单位：

中信信托有限责任公司

课题组成员：

蒲　坚

周　萍

车　耳

课题三　信托公司风险缓释机制研究

信托风险作为金融风险的一部分，具有很强的行业性，与信托公司及信托业务运营当中的诸多不确定性相关。随着金融各领域之间的渗透融合，信托风险与其他金融风险也可能相互传染，从而演化成为系统性金融风险。从信托法律制度上看，由于委托人投资信托理财产品，与受托人之间并非债务债权关系，在受托人尽职履约的前提下，所发生的信托风险并由此导致的信托财产损失，均由委托人全部承担。但是，信托公司在以自己的名义处理信托事务时仍需要承担主动管理信托风险的义务，风险缓释是其中重要的一环。

风险缓释与风险管理、风险控制以及风险缓冲等范畴比较而言，更加侧重从工具性、平台性操作层面对事中和事后风险微观环节进行管理与处置。信托公司风险缓释机制既包括信托公司机构本身的风险管理要求，同时也包括信托行业风险管理的要求。总体来看，目前信托公司在业务快速发展中尚未形成科学规范的风险缓释机制运用观，尽管普遍使用了抵质押、担保等多样化的风险缓释手段，但存在缓释工具运用不规范、后续管理不到位、监管法规和配套制度滞后等突出问题，制约了风险缓释的效果；由于信托产品流通机制缺乏，投资者无法规避转移风险，倒逼信托公司承担了更多风险；现有信托赔偿准备金制度与信托财产规模快速增长的风险缓释要求并不匹配，很难真正起到行业保护机制的基础作用。

本研究报告在信托公司单体机构层面，以谨慎、尽职、有效管理的专业投资管理机构标准为目标，参考商业银行的成熟经验和巴塞尔协议等国际标准，从信用风险、操作风险、市场风险等不同风险类型的角度系统梳理了信托业务管理中引入不同的缓释机制安排，提升风险管理能力。在信托行业层面，通过全面比较借鉴证券、保险、基金、期货，以及企业年金、社保基金等相关金融行业和领域的投资者保护等行业性风险缓释制度实践，提出了基于现有信托风险赔偿准备金制度的信托行业风险缓释制度设计方案框架和分步实施思路。此外针对信托公司风险的外溢性、社会性以及顺周期性特征，结合金融危机以来的金融监管变革动向，提出了改进净资本监管、调整风险准备金计提等逆周期监管政策思路。

课题牵头单位：

中国人民大学信托与基金研究所

中诚信托有限责任公司

课题组成员：

邢　成　中国人民大学信托与基金研究所

王玉国　王　琛　徐加胜　　中诚信托有限责任公司

程显敏　华信信托股份有限公司

和晋予　林　寅　昆仑信托有限责任公司

简永军　林　峰　叶朱演　上海国际信托有限公司

俞春梅　华宝信托有限责任公司

李艳会　鲁长瑜　丁　玲　吉林省信托有限责任公司

周江军　黄　剑　谭　中　湖南省信托有限责任公司

白　云　罗章越　四川信托有限公司

王建广　傅美蓉　廖　雁　东莞信托有限公司

胡学成　况　冲　陆家嘴国际信托有限公司

陈海涛　建信信托有限责任公司

杨　贺　中国对外经济贸易信托有限公司

刘前良　重庆国际信托有限公司

郭蕊华　杜　涛　安信信托投资股份有限公司

毛乐溢　国联信托股份有限公司

刘　洁　蔡长生　西部信托有限公司

毛艳琼　黄　河　中航信托股份有限公司

丁　锐　蒋道娟　陈学峰　新华信托股份有限公司

课题四　信托公司全面风险管理体系的研究与设计

风险管理是我国信托业目前非常关注的课题，直接关系到信托业务的安全乃至信托公司的生存和发展，因此全面风险管理体系的研究对信托行业具有非常重要的价值和意义。

本文借鉴国际先进理论和实践经验，根据国内金融业的实际状况和信托行业特点，从组织、流程、技术、文化以及考评等五个方面核心内容入手，深入地研究和探讨了信托公司全面风险管理体系的内涵、特点、目标、总体框架等内容，并通过理论基础与实践经验相结合的方式，架构体系与管理策略相统一的方法，剖析我国信托公司全面风险管理体系的现状以及存在的问题，同时参照优秀信托公司先进管理实践和金融同业经验，尝试提出对策及建议，以期能对提高信托行业的全面风险管理水平、推动信托行业的持续健康发展有一些启示和借鉴。

课题牵头单位：

华能贵诚信托有限公司

课题组成员：

王　卓　孙　磊　刘天启　项家苗　华能贵诚信托有限公司

马咪莹　中原信托有限公司

乔　楠　天津信托有限责任公司

闫作远　北方国际信托股份有限公司

邓　兵　戴　鑫　谭春霞　　　五矿国际信托有限公司

羿锦峰　莫殖强　　华鑫国际信托有限公司

课题五　信托公司声誉风险管理研究

随着信托公司资产管理规模的快速增长和互联网信息技术的迅猛发展，声誉风险逐渐成为影响信托公司乃至信托行业发展的重要因素之一。信托公司的声誉风险管理也越来越被信托公司和监管部门所重视。本报告旨在帮助信托公司认识声誉的重要性，提高声誉风险管理意识，加强声誉风险管理，构建声誉风险管理体系，以降低声誉风险事件发生概率，减轻声誉风险所带来的损失。信托公司声誉风险管理应着重事前防范和日常管理，通过企业文化建设和系统持续的培训，帮助从业人员熟练掌握声誉风险预防、识别和化解的方法，能够及时采取有效措施将声誉风险隐患化于无形。信托公司也要建立重大突发声誉风险事件处置预案，强化声誉风险事中控制和事后化解机制。信托公司声誉风险多是伴随着其他风险的产生而发生的，彼此之间具有很强的关联性。因此，信托公司应从组织机构、人才队伍、规章制度、资产管理、风险控制、媒体沟通、信息披露等方面加强建设，搭建起声誉风险管理体系，针对不同的利益相关者采取相应化解、缓释策略，让声誉成为信托公司最具价值的财富和最具竞争力的武器。

课题牵头单位：

大连华信信托股份有限公司

英大国际信托有限责任公司

课题组成员：

程显敏　大连华信信托股份有限公司

徐　军　祁洪亮　　英大国际信托有限责任公司

戈　宇　大业信托有限责任公司

付景璐　华能贵诚信托有限公司

蒋　俊　杭州工商信托股份有限公司

李　乐　中铁信托有限责任公司

课题六　信托税收制度研究

虽然在目前的法律体系下，信托公司具有了较为明确的法律定位，但信托公司的税收难题一直悬而未决。关于信托收益是否需要缴税，纳税时间、纳税义务人及税率等问题都未明确。但税收制度对信托业的发展有着举足轻重的作用，其体系构建势在必行。本文梳理了信托原理和借鉴国外成熟信托产品市场的相关法律、税收制度规定，就信托税收制度体系的构建，提出了如下几点建议：第一，确立信托税收的征税原则，应该按照实质课税原则征收信托所得税，确定信托各方当事人所得税纳税义务。第二，明确信托纳税主体，在信托架构中，受托人就像是导管，将委托人所交付的信托财产、孳息流向受益人本身，因此，在纳税主体的选择上，应由受益人作为纳税主体。第三，避免重复征税，应当对信托业务选择适当的环节征收，不因信托业务本身的特殊而重复征税。第四，完善公益信托的税收减免制度，通过对公益信托的纳税义务进行特殊规定，推动其发展。第五，建立家族信托税制，发挥其税收筹划的积极作用。

课题牵头单位：
新华信托股份有限公司
课题组成员：
赵　暖　周　颖　张碧薇　翁小松　　　新华信托股份有限公司
迟雪莹　杨三秀　平安信托有限责任公司

课题七　国内公益信托制度研究

当前经济增长对社会和谐发展提出更高层次要求，发展公益事业成为构建和谐社会的一个重要方面。从现状上看，我国当前贫富差距有所扩大，收入分配制度有待各种形式的补充和完善，且现行公益事业及相关公益机构发展仍欠发达。与此同时，国内大多数民众和各类组织、机构等都有比较强烈的公益需求，可以说，当前公益事业发展的主要矛盾转变为现实公益制度的缺乏与人民群众日益增长的公益需求之间的矛盾。本课题通过研究比较国内外的公益信托制度，结合过去在公益信托相关法规的研究经验，总结国内公益信托开展过程中的制度问题，对国内公益信托制度和法规等方面的问题进行总结分析，并提出统一的见解和解决路径。

本课题对2012年公益信托模式课题进行深入探讨，提出具体实践方案，探索不完美制度框架下的公益信托实施，提出一些分步走的实施方案。重点研究了国内外公益信托制度的比较及借鉴、国内公益信托监管制度的顶层设计、公益信托制度需要解决的问题及解决途径、信托行业推动公益信托发展的制度保障，公益信托制度中包括了审批制度、信托公司公益信托的管理制度、监管制度、受益人等方面，本文还对公益信托的定义进行外延，并且探讨了在现有制度下的公益信托实施模式，为公益信托的推进贡献理论和实践基础。

课题牵头单位：
华宝信托有限责任公司
长安国际信托股份有限公司

课题组成员：
卢晓亮　宋　军　华宝信托有限责任公司
黄立军　李　昊　长安国际信托股份有限公司
车　耳　董　禹　周　萍　中信信托有限责任公司
李　勇　薛小峰　欧阳瑞　兴业国际信托有限公司
兰文伟　林远东　张菲斐　厦门国际信托有限公司
胡学成　况　冲　陆家嘴信托有限责任公司
费林云　华澳国际信托有限公司
刘鼎哲　陈　曦　紫金信托有限责任公司
邵　冰　长城新盛信托有限责任公司

课题八　信托行业标准化体系建设研究

目前，我国金融标准化工作在全国金融标准化技术委员会的组织推动下已取得初步进展，而由于信托业法律制度、业务属性、市场起点等原因，其标准化建设工作仍处于起步阶段，落后于其他行业。基于国内信托业的现状与未来发展要求，建立行业标准化体系有利于引导信托公司提高业务拓展效率、规范信托理财市场秩序、提高市场效率和降低行业风险、加强行业监管、提升监管效率，并保障行业安全稳定运行。因此，推进标准化工作是信托公司顺应“泛资产管理”行业内涵式、精细化发展的内在要求。

课题一方面通过综合考虑信托公司经营和管理现状与市场竞争等因素，以信托业务开展流程为基本逻辑，从产品开发、产品服务、运营管理、技术管理、行业监管等多维度进行分析与总结，为信托业构建标准化体系提供思路；另一方面通过对银行、证券等其他金融同业标准化体系建设的对比与经验总结，尝试构建起一套具有集合性、目标性、相关性、整体性、环境适应性的信托业标准化体系。

进一步研究表明，由于缺乏相关行业标准体系，信托公司在信托产品开发机制、信托产品销售与推介、信托项目运作流程与效率等方面仍存在诸多缺陷，并在一定程度上制约了信托公司的信托产品创新力度。未来信托公司必须构建符合行业自身发展需要的标准化体系，并以基本法为依据，注重科学规范，结合行业实际，适度前瞻，全面覆盖，重点突出，统一领导，通力合作，才能有效推动信托公司长期可持续发展。

最后，本课题借鉴银行、证券、保险等同业经验，并根据信托公司自身特征，尝试系统、全面地归纳梳理并提炼出符合信托业发展需求的标准化体系框架，构建以通用基础标准、信托业务标准、运营管理标准、信息技术标准及行业管理标准等为基本要素的三层级信托业标准体系框架，并在此基础上对信托业标准体系予以明细化，从而为未来信托业标准体系的构建工作提供一定的指导与借鉴。

课题牵头单位：
上海国际信托有限公司
中海信托股份有限公司
课题组成员：
简永军　林　峰　叶朱演　上海国际信托有限公司
洪苑昌　中海信托股份有限公司
熊宇翔　秦素娟　山西信托有限责任公司
管艳秋　胡宇沙　华宸信托有限责任公司
刘　超　赵　风　李　刚　渤海国际信托有限公司

课题九　信托支持实体经济实证分析研究

自2012年以来，中国经济依靠投资拉动所带来的产能过剩、债务负担过重、金融杠杆高等诸多问题已经深刻地影响到中国经济的长期发展。新一届中央政府加大了对经济转型过程中经济增速的容忍度，并在货币政策上等给予积极的配合。2013年7月5日，国务院下发的《关于金融支持经济结构调整和转型升级的指导意见》所呈现的“盘活存量、用好增量”，无疑为金融机构服务实体经济提供了明确的指引方向。截至2013年6月末，信托资产管理规模接近9.45万亿元，信托公司的综合实力显著提升，也极大地提升了信托服务实体经济的实力，能够在当前宏观政策下发挥自身独特优势，充分把握产业结构调整，有针对性地对各产业、企业提供综合的金融服务来积极促进中国经济结构的转型。

本文是在2012年《信托服务实体经济研究》的基础上，对信托支持实体经济发展进行更为深入的研究，着眼于从实证的角度验证信托服务实体经济的程度，并通过实证分析，探寻信托目前服务实体经济的特点以及信托如何将自身的优势与实体经济的发展结合起来，并分析得出信托服务实体经济的传导机制。在对现有服务实体经济分析的基础上，归纳整理，得出信托服务实体经济的特点和要素，然后通过对中国标准产业分类的各类产业进行对比，找到适合信托服务实体经济特性的产业，并着手进行业务拓展。同时进一步对国家经济结构转型中的部分产业在信托现有的业务结构下无法实现规模化和集成化支持的原因进行探究，通过实证分析找到其内在的因素，并明确提出，通过信托自身相应能力的培育，能够更好地为这些产业的实体经济服务，促进国家经济结构的转型。研究发现，能够成为信托公司主营业务的行业均处于行业成长期或成熟期，具有高投入、高回报率的特点，且在风险上可控。基于上述特点，结合行业分析，本文提出，信托行业可进入的新行业为环保行业、医药制造业和化学药品制剂制造业。最后，在实证的分析基础上，提出促进信托支持实体经济发展的有关建议。

课题牵头单位：

中铁信托有限责任公司

方正东亚信托有限责任公司

课题组成员：

陈建超　贾丽杰　陈恪　朱晓林　　中铁信托有限责任公司

杨　帆　董真理　方正东亚信托有限责任公司

付莉燕　金谷信托有限责任公司

刘春江　顾晓伟　苏州国际信托有限公司

殷　燕　唐永胜　中江国际信托股份有限公司

甘肃国际信托股份有限公司

粤财信托有限公司

课题十　信托产品流动性提升研究

信托产品流动性缺失一直是业内关注的焦点问题。造成信托产品流动性缺失原因有三：首先，信托产品的非标准化，从信息披露、产品评级到产品定价等方面均无统一标准；其次，相关法规限制及配套制度的缺失；最后，流通转让市场的缺失。基于以上现状及问题，本文从推动信托产品流动性建设的角度，提出了改善信托产品市场流动性的可行性措施和建议。具体而言，从产品自身方面，为适应流动性的需要，首先应实现信托产品自身的标准化，包括合同文本标准化、信息披露标准化及产品评级定价程序化。从制度建设层面，应修缮当前“一法两规”

中对产品流动的限制性条款，制定更为具体的信托产品转让管理制度。在信托产品市场建立层面，建议在借鉴中国两大交易市场的优势基础上，完善转让制度，建立全国统一的信托产品专属交易平台。未来的产品转让平台应分场内及场外两个市场体系：场内市场标准要求高，摩擦成本高，适合有大规模融资、流通需求的产品进行发行及转让；而对标准化程度较低，融资、流通规模需求小的产品，更适合场外交易市场，通过引入做市商制度提升市场产品的流动性。

课题牵头单位：

新华信托股份有限公司

课题组成员：

李　获　周　颖　李　宁　　新华信托股份有限公司

卢晓亮　宋　军　华宝信托有限责任公司

课题十一　我国信托业务开发创新的路径研究

本文从对信托、信托业务、信托业务创新的一般理论分析开始破题入局，经过对我国信托业务发展和创新过程以“一法两规”为界限的前后两个历史阶段进行回顾和考察，最终总结出信托业务创新所应遵循的三条路径：一是遵从标准化界定后的信托业务品种分类而进行，而本文对于信托业务品种标准化确定的工作在业界是原创性的；二是按照具有监管意义的信托业务类型即有市场准入要求的所谓创新资格类业务的范畴来进行；三是按照市场竞争与监管博弈推动下的创新型信托业务品种范畴来进行。以此从逻辑上完整地叙述了信托业务创新的各种类型、进行方法与发展趋势，并对实务工作有一定的指导意义。

本文阐述了信托业作为金融创新先锋和领跑者形象的制度供给及动力来源，分析探究了信托公司经营范围之内的创新产品和创新资格类业务的基本情形，是以从理论和实务两方面探索信托业务创新的前景、培育行业核心竞争力为宗旨的。本文的研究目的并不在于提供某个具体的信托业务创新模式，但其所揭示的信托业务创新的逻辑“进路”，应该可以为信托公司形成一种可持续的盈利模式提供借鉴和参考。未来关于信托业务创新的研究将在此基础上呈现更加宽广的视野和更加明晰的前景。

课题牵头单位：

山西信托股份有限公司

课题组成员：

熊宇翔

秦素娟

课题十二　信托产品基金化发展模式研究

2012年以来，随着资管市场放开、银信合作萎缩、政信项目收紧以及利率市场化等一系列政策环境的变化，信托公司传统的赖以生存的业务模式受到了威胁，信托公司回归自主管理的发展道路迫在眉睫。在“泛资管时代”，信托公司面临前所未有的挑战，如何在发展中不断强化核心竞争力是信托公司要解决的首要问题，而信托产品的基金化有望成为信托公司提升市场竞争力的有效手段，有利于信托公司更好地支持实体经济发展，有利于为投资者提供安全稳健、更具流动性和透明化的信托理财产品，有利于让更多投资者享受到信托这种普惠金融模式的益处。但是基于政策限制等多方面原因，国内真正意义上的基金化信托产品还未出现。

本文围绕信托产品基金化发展模式进行研究，以期对国内信托行业信托产品基金化的发展提供必要的参考。首先，明确信托产品基金化的概念、特点和意义；其次，对目前国内现有的类基金化信托产品进行归纳总结，并考察发达国家产业投资基金的发展状况；最后，通过综合分析国内信托业所面临的严峻形势和发达国家产业投资基金的先进经验，提出我国信托产品基金化发展的可行模式。

课题牵头单位：
大连华信信托股份有限公司
课题组成员：
杜彩虹
殷子然
耿　斌
李民强

课题十三　买入返售业务交易结构研究

近几年，不同类型、不同结构的信托产品层出不穷，信托公司的灵活金融功能日益受到各方重视。从买入返售业务的近年发展情况看，数量和规模都在不断激增，成为信托公司业务发展的新增长点。截至2013年6月，全行业买入返售存续信托资产规模达到1749.43亿元。“买入返售业务”已经成为信托公司开展资产管理的重要方式。但在规模扩张的同时，买入返售业务中也体现出一些运营流程规范、业务风险管控以及市场制度建设等方面的不足，并逐渐暴露出一些潜在的风险。

本报告从买入返售业务的起源和特点着手，深入剖析该类业务的交易结构和实质要素，通过分析买入返售模式的优势、意义以及发展方向，对业务运行过程中涉及的法律问题、流程问题、制度问题进行全面的探索和论证。本报告通过宏观和微观的两方面视角，对该类模式带来的市场风险以及公司风险进行分析并提出了相应的风险缓释手段。

面对该类业务存在的各方面问题，可以通过对该类业务的标准化研究使业务能够规范推广。从信托公司角度来看，有利于提高业务部门开展买入返售业务的效率，从事批量化发行，同时，买入返售业务标准的确立也便于风险与合规管理部门对该类业务进行审查；从监管机构角度来看，有利于监管部门更好地了解各公司业务开展情况，熟悉业务实践，了解业务风险，增强监管工作的针对性；从投资者角度来看，规范的业务介绍，准确的产品信息，有利于投资者准确全面地了解产品情况，选择适合自己投资偏好的信托产品；从社会公众角度来看，标准化的业务内容，规范化的信息披露，有利于他们更好地了解信托公司、理解信托产品，使得信托文化和信托投资理念得到更好的宣传、普及。

课题牵头单位：
交银国际信托有限公司
课题组成员：
刘文雯　章　隽　交银国际信托有限公司
秦江卫　卢玉生　中国对外经济贸易信托有限公司
王玉国　钟哲元　中诚信托有限责任公司
陈　康　胡守维　安徽国元信托有限责任公司
于永峰　白　云　四川信托有限公司
吕海彬　俞　飞　浙商金汇信托股份有限公司
赵晓东　中粮信托有限责任公司
陈　君　中原信托有限公司

课题十四　结构金融与结构化信托业务研究

结构化信托业务可能是一种有中国特色的叫法。一般地，结构化金融业务中都有一个 SPV（Special Purpose Vehicle），信托公司做 SPV 的结构化金融业务（信托公司是 SPT，Special Purpose Trust）就是结构化信托业务。也可由一般公司做 SPV 来完成结构金融产品（这种公司就是

SPC，Special Purpose Company），还可由有限合伙企业来做 SPV。在中国，从交易结构设计的原理上看，几乎所有的结构性金融业务中的 SPV 功能，信托公司都能够实现，或者说所有现在和未来结构金融产品模式，剔除监管约束，都可以是信托公司的业务范畴。

结构化信托业务有官方定义，核心在于“分层”特征。欧美结构性金融市场发展多年，但是其对结构性金融产品的定义，并没有聚焦在“分层”特征上。一种普遍的做法是把结构化金融产品理解为固定收益证券与金融衍生产品的结合，这里的金融衍生产品基本上是期权产品，并根据挂钩标的资产种类来进行分类。但是，结构化信托产品的“分层”概念与衍生品视角的结构化产品概念是内在统一的。原理上，优先级、劣后级的分层的实际结果是劣后级向优先级发售了一个以全部信托资产为标的物的期权。所以，不管从金融原理上还是从业务发展上，结构化信托业务研究都不能局限于现有的信托业务，在现有信托业务的结构化设计上归纳总结，可能过于狭窄。

基于这个考虑，本文立足于未来结构化信托业务市场的发展，综合研究结构金融和结构化信托业务，强调研究的一般性、规范性、完备性和实用性的统一。中国的结构金融市场还处于起步阶段，国外发展已非常成熟，甚至结构化金融产品的过度泛滥在始于 2008 年的全球金融危机过程中被人广为诟病。本文在第二章从国外结构金融市场和产品的系统梳理开始，对欧美结构金融研究进行综述。资产证券化无疑是国内外结构金融的典型业务领域，并且发展最为成熟。因此，本文把资产证券化业务单列出来。在接下来的第三章系统梳理中国资产证券化三大市场，并进行典型案例研究，指出现阶段发展面临的主要问题。本研究的第四章讨论当前资产证券化的热点：常规化转型问题，指出发展的主要障碍和着力点，并解读证券公司的资产证券化制度，为信托公司作为唯一受托人的信贷资产证券化业务发展提供借鉴。本文在第五章详细分析了资产证券化之外的结构金融业务，比较各金融平台上的结构化业务与结构化信托业务的优劣势，思考结构化信托业务面临的发展挑战。最后，本文对结构化金融技术的最大难点——资产定价进行了专题研究，这些定价思想、理论、模型和流程，同样适用于未来快速发展的结构化信托业务中的资产定价需要。

课题牵头单位：

华融国际信托有限责任公司

课题组成员：

周东海　沈　婷（实习）　苑泽田（实习）　华融国际信托有限责任公司

白　云　罗章越　　四川信托有限公司

曲晓燕　吴　娜　杜春越　李昆达（实习）　中融国际信托有限公司

管艳秋　胡宇沙　吴瑞丹　　　华宸信托有限责任公司

程　胜　吴怡然　　新时代信托股份有限公司
李元龙　杨仲夏　　万向信托有限公司

课题十五　家族财产信托课题研究

随着我国私人财富积累的日益增长，一些较大规模的家族财产如何完整、有序地传承下去是创富一代需要考虑的重要问题。透过设立家族财产信托来实现财产传承，是国际上运用成熟的重要模式。我国《信托法》实施已有十多年了，但由于相关配套法规和制度不完善，设立家族财产信托还有一定的障碍。本课题通过分析目前中国的财富传承的大背景，同时对比研究和借鉴国外成熟经验，提出在国内信托公司设立家族财产信托的管理运行模式以及需要建立的制度环境。通过借鉴英美发达国家在家族信托方面的普遍做法，结合我国《信托法》的相关要求，提出家族信托的一般业务框架，在国内首先提出成立家族信托委员会的治理模式，并创造性地将信托监察人的概念引入家族信托体系内，提出了一个较能适应中国国情的家族信托治理模式。进而研究了中国目前推广家族信托业务还存在的一些制度环境方面的欠缺，如缺乏信托财产登记制度、税制中对信托纳税主体不明确等问题，并提出相应的政策建议。家族信托作为信托回归本源的一项积极探索，具有一定的现实意义和操作的可能性。希望在市场条件成熟以后，家族信托成为信托行业一个崭新的成长领域，为信托行业的发展壮大作出贡献。

课题牵头单位：
陆家嘴国际信托有限公司
课题组成员：
胡学成　况　冲　陆家嘴国际信托有限公司
李元龙　谢　赟　王　生　万向信托有限公司

课题十六　信托 FOF 类集合理财产品设计研究

本文介绍了国外 FOF 的发展概况以及内地市场 FOF 的情况，对比显示，内地市场 FOF 目前比较落后，但发展空间较大。信托公司发展 FOF 对于未来加强主动型信托产品线有十分重要的意义。本文结合内地基金市场实际情况设计了未来信托公司可能发行的 FOF，以资产类别、主题、风险和时间等设计了不同的 FOF，并对每一类产品的特点予以说明。最后，本文对 FOF 的投资流程予以完整的叙述，包括建立基金池和筛选出合适的基金，制定投资目标、投资范围和选择合适的比较基准，投资决策的制定和投资，绩效分析和反馈，组合调整。本文旨在为将来信托公司开展FOF业务提供借鉴。

课题牵头单位：
国民信托有限公司
课题组成员：
聂强
陆慧天

协会发展与成效

中国信托业协会 2013 年工作总结及 2014 年工作计划

2013 年，中国信托业协会（以下简称协会）按照银监会和民政部的总体要求，深入开展党的群众路线教育实践活动，紧密围绕监管工作重点及行业发展需要，以全面提升协会“自律、维权、协调、服务”核心职能为目标，按照第三届理事会三年工作规划总体要求和年初工作计划积极稳妥推进各项工作，取得较好成效。

一、2013 年主要工作成效

（一）首次编制完成并发布《中国信托业 2012 年度社会责任报告》

协会在 2011 年组织签署《信托公司社会责任公约》、2012 年编制《信托公司社会责任评价体系》的基础上，2013 年持续推进信托行业履行社会责任，组织协会专家理事、社会责任研究机构、信托公司代表共同编制《中国信托业 2012 年度社会责任报告》，并在“2013 年中国信托业年会”上正式向社会发布，效果良好，这是继银行业之后，金融行业正式发布的第二份行业社会责任报告。

（二）受全国人大财经委委托，组织开展《信托法》修改前期研究论证工作取得阶段性进展

在银监会指导下，协会组织成立由全国人大财经委、国务院法制办、最高人民法院、民政部、银监会及业内专家构成的专题工作组，依托有关专业机构开展“《信托法》修改论证课题研究调查问卷”活动，组织工作组赴上海、成都等地的司法局、民政局、人民法院等机构实地走访调研，广泛征求意见，形成《＜信托法＞（修改）论证课题研究专题报告》，报送全国人大财经委及全国人大法工委，为下一步推动《信托法》修改立项及制定相关配套制度做好必要的基础准备工作。

（三）促进信托行业规范化发展，加快推进行业标准化建设工作

经国家金标委审批立项的信托行业标准化建设项目（2 个）进展顺利。《集合资金信托计划文件示范文本》（报批稿）已通过国家金标委审定，进入报批发布程序。《信托业务分类及统计口径》（送审稿）已完成前期送审工作，将进入向金标委报批环节。

（四）持续推进信托投资者教育活动常态化、形式多样化

一是与东方财富网合作，以“认知信托、成就财富”为主题，采取百问百答、案例分享、企业走访等多种方式，宣传信托基础知识、业务特色及行业风险管理理念。二是组织部分信托公司联合参加“2013 中国国际金融展”，以“认知信托 成就财富，以信为本 和通天下”为主题，向普通公众宣传信托理念、推广信托知识。三是邀请监管部门、信托公司与投资者开展主题沙龙活动，为三者之间搭建良性互动平台。四是开展为期一个月的“金融知识进万家”银行业金融知识宣传服务月活动，向公众普及信托文化。

（五）推进信托监管与行业发展重点、难点问题的探讨与研究工作取得阶段性成果

一是与中国社会科学院金融研究所合作，组成联合课题组，完成“中国信托产业发展战略”课题研究工作，并组织召开课题成果——《中国信托产业发展之路》报告发布会。二是整合业内外研发资源，持续开展 2013 年信托行业专题研究，完成包括资产管理顶层设计、信托公司风险缓释、家族信托等重点课题的 16 篇研究报告，形成《2013 年信托业专题研究报告》。三是配合银监会非银部，开展 2012 年信托公司风险案例分析及 2013 年信托公司风险案例信息收集工作，为适时进行信托涉诉典型判例研究、强化信托公司依法合规及依法维权意识积累基础材料。

（六）启动行业全员培训计划，推进行业培训工作系统化、全面化，逐步形成培训工作长效机制

一是首次开展信托业全员培训考试系统化工作，全年完成 4 期培训，参训人员总计 421 人，其中 402 人获得协会颁发的考试合格证书。二是继续与清华大学法学院开展合作，举办信托高级管理研修班，全年举办 2 期班，113 人参加研修。三是与上海立信会计学院合作，首次推出“信托专业班”（挑选 43 名在校生），并组织十余位业内专家前往立信为学生授课，共计 180 学时，其中 16 名参训学生取得信托公司实习资格，有助于储备信托从业专业人才。四是针对信托公司需求，提供个性化公司内部培训课程安排，并邀请业内专家前往授课，共安排 14 次专项培训。

（七）稳步推进境外培训与交流平台建设工作

一是继续与英国伦敦城市大学卡斯商学院合作项目，年内举办2期信托公司高管研修班和业务经理研修班，共62人参训，分组完成16篇学习报告。二是在美国成功建立第二个海外培训基地，与纽约大学斯特恩商学院联合举办财富管理业务专项培训，21名信托高管参训。三是探索“引进来”培训模式，邀请英国伦敦城市大学卡斯商学院知名教授来京，举办“战略与创新：领导者的职责”主题讲座，收到良好效果。

（八）持续打造“中国信托业年会”品牌，提升行业社会影响力

自2010年起，协会连续4年举办一年一度行业盛会，逐步形成品牌效应。在银监会的指导下，2013年中国信托业年会以“加快创新转型、服务民生实业”为主题，会议得到银监会、国务院有关部委的高度重视，全体会员单位积极参与，银监会主席助理杨家才、非银部主任李建华分别作重要讲话，国务院发展研究中心副主任张来明到会解读十八届三中全会精神，业内高管、专家学者就土地信托、公益信托、家族信托、信托风险管理及缓释机制等重点问题开展专题讨论。会议达到预期效果，产生积极影响。

（九）推进信托行业维权工作，加强信托投资者权益保护

作为维护信托消费者合法权益的交流平台，协会网站“信托维权与法律咨询”栏目全年共答疑登列20个问题，受理6起信托投资者电话维权事件，并均已妥善处理。

（十）推进公益信托业务开展，探索公益信托设立模式

四川芦山地震后，协会第一时间向全行业发起抗震救灾活动倡议，得到业内积极响应，募集资金2 000余万元，并以此为基础于年内设立了“中国信托业公益慈善基金”，不断推动公益信托有关配套制度的完善。

（十一）基础信息库系统开发建设工作取得新进展

全国信托数据库一期暨“全国信托合同登记系统”已上线，运行情况良好，二期“信托行业从业人员信息管理及人才库”、三期“信托业基础数据库”开发建设工作正在做前期筹备。

（十二）持续加强与主流媒体合作，打造行业宣传立体化平台，强化整体行业正能量宣传力度

协会分别与央视财经频道、《金融时报》、东方财富网等多媒体开展战略合作，传播信托诚

信文化与理念，适时宣传信托行业发展变化趋势。一是继续做好“信托专版”（《金融时报》每双周一期）、“信托资讯”（每周一期）、“信托每日舆情”（每工作日一期）及《中国信托业年鉴 2012—2013》的编写出版工作。二是配合银监会授权的行业季度权威数据的发布，继续推出“行业发展季度评析报告”，解读数据变化，分析行业发展动态。三是开通协会官方新浪微博和官方微信平台，探索通过运用新媒体，引导舆论导向，营造舆论环境。四是制作《以信为本和通天下——中国信托发展之路》信托行业宣传短片，收到良好宣传效果。

二、2014 年重点工作

2014 年，协会将继续按照三年工作规划总体要求，以年初银监会监管工作会议及非银系统监管会议精神为指导，紧密围绕杨家才主席助理提出的“信托业发展的八项机制建设”总体要求以及非银部关于信托监管工作具体要求，结合信托行业创新转型发展需要，明确 2014 年协会重点工作，集中精力抓好以下八个方面的工作，力求实效。

（一）紧盯信托兑付风险，推进建立信托行业社会责任机制

鉴于当前信托兑付压力较大，社会舆论关注度较高，协会将配合监管部门做好风险盯防与化解工作，加强信托行业声誉风险管理，强化受托人责任意识，引导投资者理性投资。继去年首次发布信托行业社会责任报告后，认真组织编制并发布《2013 年中国信托业社会责任报告》，形成按年度发布行业社会责任报告长效机制。同时着手建立和完善信托公司履行社会责任评价体系，年内启动对各公司履行社会责任评优工作，引领和鼓励信托公司自觉履行社会责任，共同维护信托行业社会形象，不断提升社会影响力和贡献度。此外，协会将继续推进探索公益类信托业务模式，并加强对已设立的“中国信托业公益慈善基金”的规范管理与运作。

（二）巩固行业自律建设，建立自律与监管联动机制，建立行业规范稳定发展长效机制

根据信托监管重点和行业发展需要，适时制定业务规则、自律公约，规范竞争行为，加强行业自律，强化服务和救助功能。配合监管部门进一步做好信托公司的风险防范和化解工作，推动建立信托公司“生前遗嘱”计划、参与研究设立和组织落实信托行业稳定基金机制建设工作。进一步推动行业标准化工作进程，力争年内完成已立项的信托合同文本、信托业务分类标准化的贯标推广工作，在此基础上，着手推进受托人责任行业标准及尽职调查基本准则等方面的研究工作。

（三）加快完善信托产品信息登记系统建设

在监管部门的指导下，在完善现有信托合同登记系统的基础上，择机推进构建全国统一的信托登记平台，建立全覆盖、多功能的信托产品信息登记机制，逐步实现信托产品的公示、信息披露、确权、交易功能。

（四）配合监管部门，加快推进信托评级制度建设

着手研究建立科学有效的信托评级应用管理体系，配合监管部门做好监管评级标准修改、信托公司分类分级管理办法制定的基础工作。

（五）进一步加大行业培训考试力度，全面提升从业人员专业化水平和综合能力

在监管部门的指导下，加快制定信托从业人员管理规则及配套制度，进一步深化信托行业全员培训力度、广度和深度，着手建立行业全员培训考试及资格认证系统。同时，继续加强与国内外有关院校和业务机构合作与交流，采取“走出去”、“请进来”相结合等有效方式，深化公司高管及业务经理层的培训与研修，提升战略思维能力和国际视野。此外，年内将择机启动系列专题培训项目，不断提高培训工作的广泛性、针对性和实效性。

（六）加强行业发展重点、难点问题深入研究，建立行业发展研究管理机制，推进行业研发工作迈上新台阶

设立信托行业发展研究工作领导小组，指导和引领行业开展发展研究工作，同时建立专家人才库，整合业内外研发资源，明确年度行业重点研究课题，提升研究成果质量和实效。从2014年起，择机启动按年度编制和发布《信托行业发展研究报告》工作，启动按季度出版信托研究专题报告，持续跟踪研究行业发展中遇到的重点、热点及难点问题，研究探讨行业持续发展方向和路径，推动和引领行业创新转型发展。同时，不断推进完善信托法律、法规制度建设。继续推动《信托法》修法及配套制度的建立与完善，加快推进公益信托相关制度及管理办法的研究工作。

（七）进一步加大行业整体宣传力度，打造立体多元化宣传平台，宣传信托正能量，深入开展信托投资者教育活动

进一步加强与主流媒体（央视财经频道、经济日报、金融时报等）的合作，同时有效运用网络、微信等新媒体资源，提高宣传的权威性、广泛性及时效性。在继续按季度发布行业主要数据并发布行业发展分析述评的基础上，着手建立媒体定期通报信托发展动态机制，正确引导

媒体舆论导向，普及和传播信托文化及功能作用，重点宣传信托行业在支持产业升级、实体经济、服务“三农”、社会公益等方面所做的积极贡献，提升行业影响力和市场竞争力。走进高净值人群，开展主题沙龙等投资者教育活动，引领投资者理性投资，树立良好的信托文化及信托投资理念。拟以纪念信托行业发展35周年及协会成立10周年为契机，组织策划系列宣传活动（如举办行业发展史回顾展、专题片等）。

（八）开好2014年中国信托业年会

持续打造行业年会品牌。明确会议主题，正确研判宏观形势，准确把握信托监管政策和要求，总结行业创新转型发展经验，共同探索行业发展重大问题，统一思想，凝聚共识，探索持续健康发展道路。

大事记

1 月

1 月 1 日　国投信托有限公司被北京国家税务局和地方税务局联合授予“纳税信用 A 级企业”。

1 月 5 日　中国银监会核准张立中信信托有限责任公司董事的任职资格。

1 月 5 日　中国银监会核准交银国际信托有限公司特定目的信托受托机构资格，负责管理特定目的的信托财产并发行资产支持证券。

1 月 8 日　百瑞信托有限责任公司、北京大学汇丰商学院在郑州签署战略合作框架协议，双方将围绕资产管理课题研究、人才培养和业务合作等方面展开全面合作。

1 月 9 日　中国银监会核准刘屹中投信托有限责任公司董事、总经理的任职资格。

1 月 10 日　北京银监局核准刘晶国民信托有限公司副总经理的任职资格。

1 月 16 日　湖北银监局批准交银国际信托有限公司股东交通银行股份有限公司和湖北省财政厅按原有股权结构同比例增资 117 647. 058823 万元，增资后注册资本为 317 647. 058823 万元。本次增资后，公司的股东构成、出资金额及出资比例为交通银行股份有限公司出资人民币 270 000万元，占比 85%；湖北省财政厅出资人民币 47 647. 058823 万元，占比 15%。核准公司修改后的《交银国际信托有限公司章程》。

1 月 21 日　天津信托有限责任公司与天津物产集团有限公司和天津市医药集团有限公司共同发起成立“天津国通股权投资基金管理有限公司”。

1 月 22 日　中国银监会批准华融国际信托有限责任公司特定目的的信托受托机构资格，负责管理特定目的信托财产并发行资产支持证券。

1 月 23 日　四川银监局同意中铁信托有限责任公司通过原股东新增出资和资本公积转增相结合的方式，将注册资本金由人民币 120 000 万元增至人民币 200 000 万元。增资后，公司股权结构为：中国中铁股份有限公司出资人民币 157 821. 642405 万元，出资比例 78. 911%；中铁二局集团有限公司出资人民币 14 463. 477722 万元，出资比例 7. 232%；成都工投资产经营有限公司出资人民币 6 858. 193555 万元，出资比例 3. 429%；中铁二院工程集团有限责任公司出资人民币 3 967. 368641 万元，出资比例 1. 983%；中铁四局集团有限公司出资人民币 3 085. 947596 万元，出资比例 1. 543%；中铁八局集团有限公司出资人民币 3 085. 947596 万元，出资比例 1. 543%；中铁大桥局集团有限公司出资人民币 3 085. 947596 万元，出资比例 1. 543%；深圳市通乾投资股份有限公司出资人民币 2 237. 406496 万元，出资比例 1. 119%；攀钢集团成都钢铁有限责任公司出资人民币 1 652. 397632 万元，出资比例 0. 826%；成都高新发展股份有限公司出资人民币 1 384. 472359 万元，出资比例 0. 692%；成商集团股份有限公司出资人民币 587. 8691 万元，出资比例 0.294%；中铁十局集团有限公司出资人民币 505.640268 万元，出资比例 0.253%；四川大通燃气开发股份有限公司出资人民币 453.79592 万元，出资比例 0.227%；成都铁路局出资人民币 415.661708 万元，出资比例 0.208%；成都电冶有限责任公司出资人民币 132.127811 万元，出资比例 0.066%；成都成实实业（集团）有限责任公司出资人民币 132.127811 万元，出资比例 0.066%；四川省国际信托投资公司出资人民币 129.975784 万元，出资比例 0.065%。同意公司修改《中铁信托有限责任公司章程》。

1 月 23 日　交银国际信托有限公司获得湖北省人民政府授予的“2012 年度支持湖北经济发展突出贡献奖”、武汉市人民政府授予的“2012 年度支持武汉经济发展贡献奖”。

1 月 28 日　中国银监会核准石俊志国民信托有限公司总经理的任职资格。

1 月 28 日　方正东亚信托有限责任公司荣获武汉市政府颁发的 2012 年度“金融机构支持武汉经济发展贡献奖”。

1 月 30 日　方正东亚信托有限责任公司被湖北省国家税务局、湖北省地方税务局共同评定为“2010—2011 年度全省纳税信用 A 级纳税人”。

1 月　山西信托有限责任公司获得由山西省人民政府授予的“2012 年支持山西转型跨越发展突出贡献奖”。

2 月

2 月 1 日　渤海国际信托有限公司在中国人民银行石家庄中心支行组织召开的《河北金融年鉴》组稿工作会议上荣获“《河北金融年鉴》(2012 卷) 通联工作二等奖”。

2 月 5 日　鉴于中诚信托有限责任公司原股东赤峰富龙热电股份有限公司更名为内蒙古兴业矿业股份有限公司，中国银监会同意中诚信托有限责任公司原股东赤峰富龙热电股份有限公司所持有公司的股权由内蒙古兴业矿业股份有限公司继续持有。批准修改后的《中诚信托有限责任公司章程》。

2 月 6 日　中国银监会核准孟扬华润深国投信托有限公司董事长，路强华润深国投信托有限公司董事、总经理的任职资格。

2 月 7 日　安徽银监局核准程碧波安徽国元信托有限责任公司总裁助理任职资格。

2 月 17 日　中国银监会批准中国对外经济贸易信托有限公司修改后的《中国对外经济贸易信托有限公司章程》。

2 月 18 日　百瑞信托有限责任公司在河南省人力资源和社会保障厅组织开展的“2012 年度河南省博士后工作考评”活动中，荣获“河南省 2012 年度博士后工作先进单位”，汪要文和程磊分别荣获“河南省 2012 年度优秀博士后研究人员”和“河南省 2012 年度优秀博士后管理工作者"。

2 月 18 日　江苏省国际信托有限责任公司在"2012 年度江苏省省级金融机构金融统计工作考评"中荣获二等奖。

2 月 19 日　渤海国际信托有限公司在中国人民银行石家庄中心支行组织的河北省金融机构 2012 年度金融统计工作考核评比中荣获"中小型及法人金融机构金融统计工作三等奖"。

2 月 20 日　重庆国际信托有限公司荣获重庆市人民政府颁发的重庆市 2012 年度"金融贡献一等奖"。

2 月 20 日　华能贵诚信托有限公司在贵州银监局对各银行业金融机构 2012 监管统计工作评比中荣获一等奖。

2 月 25 日　重庆银监局核准卢广开、陈雷新华信托股份有限公司副董事长的任职资格；核准郝雅军、赵暖、魏华公司董事的任职资格。

2 月 25 日　华宝信托有限责任公司在发行成立的文馨系列集合资金信托计划中，首次引入了保险公司作为信托计划的机构投资者。

2 月　安徽国元信托有限责任公司获得"合肥市高新区优秀金融支持单位"荣誉称号。

2 月　云南国际信托有限公司荣获昆明市人民政府颁发的"昆明市 2013 年度纳税优秀企业"。

2 月　中信信托有限责任公司荣获北京市朝阳区委、区政府授予的"2012 年度朝阳区经济贡献突出企业"。

3 月

3 月 4 日　渤海国际信托有限公司获石家庄市长安区人民政府奖励资金 10 万元。

3 月 4 日　四川信托有限公司被四川省地税局授予"四川省纳税大户"。

3 月 4 日　新华信托股份有限公司信息技术部和直属业务二部获得重庆市总工会颁发的"2012 年度重庆市工人先锋号先进集体"。

3 月 7 日　中国信托业协会在江苏南京召开中国信托业协会会员单位联络员、办公室主任及研发工作联席会议。

3 月 7 日　长安国际信托股份有限公司获得由西安市人民政府授予的"2012 年度支持西安经济发展最佳金融机构"。

3 月 7 日　建信信托有限责任公司获得由合肥市庐阳区委、区政府授予的"庐阳区 2012 年度财力贡献突出企业"。

3 月 8 日　重庆银监局同意新华信托股份有限公司股东中国嘉陵工业股份有限公司（集团）

将持有的新华信托 3 970 304 股股份（持股比例 0.33%）转让给新产业投资股份有限公司。股权转让后，新华信托的股东构成、持有股份及持股比例为：新产业投资股份有限公司持有股份 867 020 800股，持股比例 72.25%；巴克莱银行有限公司（Barclays Bank PLC）持有股份 234 001 600股，持股比例 19.50%；中诚信投资有限公司持有股份 98 977 600 股，持股比例 8.25%。

3 月 8 日　英大国际信托有限责任公司在中国人民银行 2012 年金融统计数据报送工作考评中荣获了"金融统计与分析优秀集体三等奖"。

3 月 10 日　华融国际信托有限责任公司工会被新疆直属企业工会联合会评为"先进工会"，胡健、伊力孜热两位同志被评为"优秀工会工作者"。

3 月 11 日　湖北银监局核准王忆军、颇颖、栾立冰交银国际信托有限公司董事的任职资格。

3 月 12 日　中国银监会核准徐卫晖、张宝红、於乐民中国对外经济贸易信托有限公司董事，核准孙向东公司独立董事的任职资格。

3 月 12 日　重庆银监局核准许耀旂新华信托股份有限公司首席运营官的任职资格。

3 月 12 日　昆仑信托有限责任公司荣获"2012 年度宁波市江东区经济发展突出贡献企业"和"2013 年度五星级骨干企业"。

3 月 12 日至 15 日　中国金谷国际信托有限责任公司接受 ISO 质量管理体系认证外审认证审核，并一次性通过外部认证机构现场审核，并于 3 月 26 日，获得方圆标志认证集团颁发的"质量管理体系认证证书"（证书号：00213Q11807R0M）。

3 月 13 日　中国银监会同意兴业国际信托有限公司独资设立兴业国信资产管理有限公司，资产管理公司于 6 月 3 日正式开业。

3 月 13 日　华融国际信托有限责任公司与中国民族贸易促进会签署战略合作协议。

3 月 15 日　中国银监会同意中国邮政储蓄银行股份有限公司作为发起机构，中信信托有限责任公司作为受托机构，在不超过 5 亿元额度内开办邮元 2013 年第一期信贷资产证券化业务。

3 月 15 日　湖南省信托有限责任公司获得中国商业联合会颁发的"AAA 级信用企业"。董事长朱德光荣获全国"优秀诚信企业家"。

3 月 18 日　中国银监会核准昆仑信托有限责任公司特定目的信托受托机构资格，负责管理特定目的信托财产并发行资产支持证券。

3 月 26 日　中国信托业协会在北京召开中国信托业协会第三届理事会第一次常务理事会议，会议审议并通过了《中国信托业协会第三届理事会三年工作规划及 2013 年工作要点》、《中国信托业协会 2012 年度财务预算执行情况和 2013 年度财务收支预算报告》；讨论并原则上同意通过适当提高现行会费标准，集全体会员单位的力量共同筹集资金，重点用于加强信托行业宣传教育和发展研究工作。

3 月 27 日　北京银监局核准石俊志国民信托有限公司董事的任职资格。

3 月 27 日　昆仑信托有限责任公司获得“2012 年度宁波银行业金融机构信息科技考核一等奖”。

3 月　安徽国元信托有限责任公司市场营销部荣获 2013 年度“安徽省三八红旗集体”。

3 月　百瑞信托有限责任公司计划财务部荣获郑州市“五一巾帼标兵岗”和“五一劳动奖状”。

4 月

4 月 1 日　重庆银监局核准修改后的《新华信托股份有限公司章程》。

4 月 3 日　华宝信托有限责任公司设立上海首家信托行业博士后科研工作站。

4 月 3 日　昆仑信托有限责任公司荣获宁波市“纳税 50 强”。

4 月 10 日　中诚信托有限责任公司郑海帆同志获得中国金融工会全国委员会授予的“全国金融五一劳动奖章”。

4 月 11 日　华融国际信托有限责任公司在新疆银监局对自治区银行业金融机构 2012 年监管统计考核评比中荣获二等奖。

4 月 12 日　中国银监会同意山西信托有限责任公司以 2012 年 6 月 30 日经审计的净资产 148 888.9419万元，剔除截至 2011 年末的风险准备（含专项业务风险准备、信托赔偿准备和一般准备）和 2012 年上半年应提取的风险准备（含信托赔偿准备和一般准备）后剩余的 135 770.8482万元，按 1：0.99 的比例折股，整体变更为股份有限公司。变更后公司注册资本为 135 700 万元，折合股份为 135 700 万股，每股面值为人民币 1 元，股东及股权结构为山西省国信投资（集团）公司持有股份 123 079.9 万股，持股比例 90.7%；太原市海信资产管理有限公司持有股份 11 263.1 万股，持股比例 8.3%；山西国际电力集团有限公司持有股份 1 357 万股，持股比例 1%。同意公司名称由“山西信托有限责任公司”变更为“山西信托股份有限公司”，英文名称变更为“Shanxi Trust Co.，Ltd.”。同意修改后的《山西信托股份有限公司章程》。

4 月 15 日　中国银监会批准中国旅游国际信托投资有限公司重新登记。批准公司中文名称由“中国旅游国际信托投资有限公司”变更为“中国民生信托有限公司”，英文名称变更为“China Minsheng Trust Co.，Ltd.”。批准公司住所变更为北京市东城区建国门内大街 28 号民生金融中心 C 座 19 层。批准公司注册资本为 100 000 万元人民币，公司股东构成、出资额及出资比例为中国泛海控股集团有限公司出资人民币 69 300 万元，出资比例 69.3%；北京首都旅游集团有限责任公司出资人民币 30 000 万元，出资比例 30%；中国青旅集团公司出资人民币 400 万元，出资比例 0.4%；中国铁道旅行社出资人民币 200 万元，出资比例 0.2%；中国康辉旅行社集团有限责任公司，出资人民币100万元，出资比例0.1%。批准公司经营以下本外币业务：资金信托；动产信托；不动产信托；有价证券信托；其他财产或财产权信托；作为投资基金或者基金管理公司的发起人从事投资基金业务；经营企业资产的重组、购并及项目融资、公司理财、财务顾问等业务；受托经营国务院有关部门批准的证券承销业务；办理居间、咨询、资信调查等业务；代保管及保管箱业务；以存放同业、拆放同业、贷款、租赁、投资方式运用固有财产；以固有财产为他人提供担保；从事同业拆借；法律、法规规定或中国银监会批准的其他业务。核准公司以下董事和高级管理人员任职资格：卢志强董事长；李明海副董事长；冯宗苏副董事长；王志强董事；齐子鑫董事；谢伯阳独立董事；齐逢昌独立董事；田忠华独立董事；杨自理董事、总裁；易宏伟副总裁；李庆平副总裁；郭庆卫副总裁；周益华风控总监；赵东财务总监。批准《中国民生信托有限公司章程》。公司于4月28日正式开业。

4月15日　陕西银监局同意上海景林投资发展有限公司受让上海证大投资管理有限公司持有的长安国际信托股份有限公司9%的股权，计113 299 200股。股权转让后，长安信托的股东构成、持有股份数和持股比例为西安投资控股有限公司持有股份数519 889 465股，持股比例41.30%；上海证大投资管理有限公司持有股份数381 856 657股，持股比例30.33%；上海淳大资产管理有限公司持有股份数146 872 943股，持股比例11.67%；上海景林投资发展有限公司持有股份数113 299 200股，持股比例9.00%；陕西鼓风机（集团）有限公司持有股份数78 646 159股，持股比例6.25%；西安高新技术产业开发区科技投资服务中心持有股份数13 088 742股，持股比例1.04%；西安电视台持有股份数5 226 834股，持股比例0.41%。同意长安信托就上述股权转让事项对公司章程进行相应修改。

4月18日　中国银监会同意中国进出口银行作为发起机构，中信信托有限责任公司作为受托机构，在不超过10.3962亿元额度内开办2013年第一期进元信贷资产证券化业务。

4月18日　中国银监会核准周礼耀新疆长城新盛信托有限责任公司董事长、陈明理公司总经理的任职资格。

4月18日　中国银监会核准徐卫晖中国对外经济贸易信托有限公司总经理的任职资格，任职期限为一年。

4月23日　包头银监局同意新时代信托股份有限公司以每股3元的价格，按照每10股配售5股的原则向股东配售，配售股份总额40 000万股，注册资本由80 000万元增加到120 000万元。同意公司将公司章程第八条修改为：公司注册资本为人民币十二亿元。同意公司将公司章程第十九条修改为：公司的股份总数为十二亿（1 200 000 000.00）股，各股东名称、出资金额、持股数量、持股比例为新时代远景（北京）投资有限公司出资金额为人民币70 248万元，持有股份为70 248万股，持股比例58.54%；上海人广实业发展有限公司出资金额为人民币29 268万元，持有股份为29 268万股，持股比例24.39%；潍坊科微投资有限公司出资金额为人民币

17 556万元，持有股份为17 556 万股，持股比例14. 63%；包头市鑫鼎盛贸易有限责任公司出资金额为人民币2 928 万元，持有股份为2 928 万股，持股比例2. 44%。

4 月 23 日　广东银监局同意东莞信托有限公司将注册资本由人民币50 000 万元变更为人民币120 000 万元。增资扩股后，公司各股东名称及持股情况为东莞市财信发展有限公司出资人民币52 200 万元，持股比例43. 5%；东莞市财政局出资人民币36 000 万元，持股比例30%；东莞发展控股股份有限公司出资人民币7 200 万元，持股比例6%；东莞市经济贸易总公司出资人民币7 200 万元，持股比例6%；广东福地科技总公司出资人民币7 200 万元，持股比例6%；东莞市糖酒集团有限公司出资人民币7 200 万元，持股比例6%；东莞市东糖集团有限公司出资人民币3 000 万元，持股比例2. 5%。

4 月 25 日　湖南省信托有限责任公司在湖南省人民政府金融工作办公室牵头组织的湖南省2012 年度金融机构支持地方经济发展工作目标管理考核评选中获评“鼓励奖”。

4 月 25 日　中信信托有限责任公司携手北京首创集团，与法国高利泽养老护理与健康管理集团，在北京人民大会堂签署战略合作协议。中国国家主席习近平与法国总统弗朗索瓦·奥朗德出席中法商务论坛，见证签约。

4 月 26 日　湖北银监局核准孟宪宇、谢洁交银国际信托有限公司副总裁的任职资格。

4 月 27 日　天津信托有限责任公司王辉同志获得天津市总工会授予的“五一劳动奖章”。

4 月 28 日　百瑞信托有限责任公司总裁马磊获得“郑州市劳动模范”。

4 月　安徽国元信托有限责任公司获得安徽省劳动竞赛委员会、安徽省总工会颁发的“安徽省劳动竞赛先进集体”。

4 月　北京国际信托有限公司房地产金融业务总部被北京市总工会授予“北京市工人先锋号”。

4 月　中信信托有限责任公司与信诚基金管理有限公司共同设立中信信诚资产管理有限公司，积极开展特定资产管理业务，为企业及投资者提供更为灵活的金融服务。

4 月　中信信托有限责任公司与北京市房山区政府积极展开战略合作，共同建设北京高端制造业基地。该基地是北京市唯一一家由北京市政府批准，市经信委、发展改革委、科委、财政局、国土局、规划委六部门联合成立的制造业基地。

5 月

5 月 7 日　上海爱建信托有限责任公司孙驰、杨莺琳两位同志荣获“上海市第十二届青年岗位能手”，杨莺琳同志荣获“上海市青年五四奖章（优秀团员）”。

5 月 8 日　长安国际信托股份有限公司上海财富中心杨苏红获得陕西省金融学会第二十届金

融征文评选活动一等奖。

5 月 8 日　昆仑信托有限责任公司蝉联宁波市服务业“纳税 20 强”，位居第五。

5 月 10 日　中国对外经济贸易信托有限公司荣获中央企业团工委颁发的“中央企业五四红旗团委”。

5 月 14 日　中国银监会同意中国农业发展银行作为发起机构，中信信托有限责任公司作为受托机构，在不超过 12. 7431 亿元额度内开办 2013 年第一期发元信贷资产证券化业务。

5 月 15 日　中原信托有限公司风险与合规管理部被河南省国资委、省总工会授予“省管企业先进集体”；信托业务五部总经理张亮同志被授予“省管企业劳动模范”；团支部被河南省国资委、团省委授予“省管企业先进基层团组织”；理财中心市场三部经理黄魁粉同志被授予“省管企业青年岗位能手”。

5 月 16 日　长安国际信托股份有限公司荣获由碑林区政府授予的“2012 年度碑林区纳税先进单位”。

5 月 18 日至 6 月 25 日　中国信托业协会与英国伦敦城市大学卡斯商学院联合举办第三期赴英信托公司高管研修班。

5 月 20 日　厦门银监局核准许晓曦、陈小林、薛荷、王文怀、余明凤厦门国际信托有限公司董事的任职资格，核准刘持金、孙立坚、陈工公司独立董事的任职资格。

5 月 22 日　中国信托业协会与中国社会科学院金融研究所联合主办《中国信托产业发展之路》课题成果发布会。

5 月 26 日　渤海国际信托有限公司参加河北省首届中小企业与境内外资本对接会并与河北融投控股集团有限公司签署战略合作协议。

5 月 26 日　上海国际信托有限公司荣获“2012 年度上海市平安单位”。

5 月 27 日　北京银监局核准叶志衡国民信托有限公司副董事长的任职资格。

5 月 28 日　中国银监会关批准湖南华菱钢铁集团有限责任公司将持有的华宸信托有限责任公司 32. 45% 的股权转让给中国大唐集团资本控股有限公司，16. 5% 的股权转让给包头钢铁（集团）有限责任公司。批准内蒙古自治区人民政府国有资产监督管理委员会将所持有的华宸信托 20% 的股权转让给包头钢铁（集团）有限责任公司。股权转让后，华宸信托的股东构成、出资金额、出资比例为包头钢铁（集团）有限责任公司出资人民币 20 878 万元，出资比例 36. 5%；中国大唐集团资本控股有限公司出资人民币 18 562 万元，出资比例 32. 45%；内蒙古自治区人民政府国有资产监督管理委员会，出资人民币 17 274 万元，出资比例 30. 2%；呼和浩特市财政局，出资人民币 286 万元，出资比例 0. 5%；巴彦淖尔市国有资金资产监督管理局出资人民币 100 万元，出资比例 0. 175%；天津众兴煤炭集团有限责任公司出资人民币 100 万元，出资比例 0. 175%。批准修改后的《华宸信托有限责任公司章程》。公司于 6 月 27 日收到呼和浩特市工商局下发的公司股权结构调整和章程备案的准予变更登记通知书，公司股权变更工作顺利完成。

5 月 28 日　昆仑信托有限责任公司与海富通基金管理公司联合发行的国内首支企业年金养老金产品——“海富通昆仑信托型养老金产品”首获人力资源和社会保障部批复。该产品的设立与发行，开创了企业年金通过养老金产品渠道投资国家级重点基础设施项目的先例，首创了信托公司与公募基金联合设计发行标准化金融产品的全新业务模式。

5 月 31 日　中融国际信托有限公司控股的道富基金管理有限公司成立。

6 月

6 月 3 日　厦门银监局同意厦门国际信托有限公司注册资本由原来的人民币 100 000 万元（含 1 500 万美元）增加至人民币 160 000 万元（含 1 500 万美元），公司三家股东按股权比例进行增资，股权结构保持不变。其中，厦门市金财投资有限公司出资额增至人民币 128 000 万元，占注册资本比例 80%；厦门建发集团有限公司出资额增至人民币 16 000 万元，占注册资本比例 10%；厦门港务控股有限公司出资额增至人民币 16 000 万元，占注册资本比例 10%。同意公司对公司章程进行相应修改。

6 月 4 日　中国信托业协会与清华大学法学院合作举办 2013 年第一期信托高层管理研修班。全年举办 2 期班，113 人参加研修。

6 月 4 日　湖南省信托有限责任公司与株洲市人民政府签署战略合作框架协议，根据协议，公司将通过市场运作方式发行规模 100 亿元的信托计划，重点用于支持株洲市基础设施、保障性住房、棚户区改造、园区建设、节能环保和实体经济的发展。

6 月 5 日　中国银监会核准吴庆斌中泰信托有限责任公司董事长的任职资格。

6 月 6 日　黑龙江银监局核准游宇中融国际信托有限公司常务副总裁、张东公司副总裁、杨巍公司副总裁的任职资格。

6 月 6 日　江苏银监局核准朱文革、李正全国联信托股份有限公司副总经理的任职资格。

6 月 6 日　上海国际信托有限公司荣获“2011—2012 年度上海市文明单位”。

6 月 6 日　万向信托有限公司成功加入全国银行间债券交易系统，获得全国银行间市场债券交易资格。

6 月 7 日　中原信托有限公司被中共郑州市委、市政府授予“2012 年度市级文明单位”。

6 月 8 日　中国银监会核准周语菡中诚信托有限责任公司董事的任职资格。

6 月 8 日　中国人民银行上海总部批准华鑫国际信托有限公司进入全国银行间同业拆借市场，成为全国银行间同业拆借市场成员。

6 月 13 日　中江国际信托股份有限公司被江西省西湖区人民政府评为“2012 年度纳税大

户”。

6 月 13 日　浙江银监局同意中投信托有限责任公司更名为中建投信托有限责任公司（英文名称为 China Jiantou Trust Co. , Ltd.），同意公司按相应规定修改章程，核准公司股东决议通过的章程。

6 月 13 日　中铁信托有限责任公司工会被中华全国铁路总工会授予“全路模范职工之家”。

6 月 14 日　湖南银监局同意湖南省信托有限责任公司注册资本由人民币 70 000 万元增加到人民币 120 000 万元，本次增资人民币 50 000 万元由现有股东以现金方式同比例增资。其中，湖南财信投资控股有限责任公司以现金人民币 48 000 万元对湖南信托增资，湖南省国有投资经营有限公司以现金人民币 2 000 万元对湖南信托增资。增资后湖南信托注册资本为人民币 120 000 万元。其中，湖南财信投资控股有限责任公司出资额为人民币 115 200 万元，出资比例96%；湖南省国有投资经营有限公司出资额为人民币 4 800 万元，出资比例为 4%。同意公司修改《湖南省信托有限责任公司章程》相关条款。

6 月 14 日　方正东亚信托有限责任公司总经理周全锋撰写的科研论文《我国信托业务的创新机制研究》，获得湖北省金融学会 2012 年度金融科研课题优秀成果二等奖。

6 月 17 日　英大国际信托有限责任公司在北京市国家税务局、北京市地方税务局联合开展的 2013—2014 年度“纳税信用等级 A 级企业”评选中，被授予“纳税信用 A 级企业”荣誉称号。

6 月 18 日　中江国际信托股份有限公司荣获“2012 年南昌市打造核心增长极税收突出贡献奖”。

6 月 21 日　华宝信托有限责任公司的华宝产融生辉 4 号——莱茵达珠海蓝琴信托计划正式成立，首次把宝钢集团“产融结合”战略应用到房地产股权投资领域。

6 月 21 日　中江国际信托股份有限公司郑永锋、辛勇红荣获“2012 年度江西省金融学会先进个人”。

6 月 25 日　重庆银监局核准张立文新华信托股份有限公司首席风险官的任职资格。

6 月 25 日　中航信托股份有限公司在“深化平安江西建设”工作会议上获评“2012 年度全省社会管理综合治理目标管理先进单位”。

6 月 28 日　安信信托投资股份有限公司实现十多年来第一次现金分红。2012 年度公司可分配利润由连续多年的负数转为正数，终于具备了利润分配的条件，实现了公司十多年来第一次现金分红，向全体股东每 10 股派发现金红利 1 元（含税），共派发现金红利 45 410 977. 80 元，占当年实现利润的 40% 以上。2013 年 6 月 28 日，公司完成向广大股东进行现金分红的工作。

6 月　长安国际信托股份有限公司在由中国人民银行西安分行组织的全省金融机构综合评价中，荣获“2012 年度陕西省金融机构综合评价 A 级单位”。

7月

7月1日　浙江银监局核准朵元浙商金汇信托股份有限公司副总经理的任职资格。

7月2日　华宸信托有限责任公司参加了由内蒙古银行业协会组织召开的“2003—2012 内蒙古银行业社会责任报告发布暨社会责任表彰大会”，并获得了“2003—2012 年最佳公益慈善贡献奖”。

7月4日　陕西银监局核准邹泽、胡鹏、王方军、黄立军长安国际信托股份有限公司总裁助理的任职资格。

7月10日　华润深国投信托有限公司发布实施《房地产股权投资项目法律审查指引》。之后又相继发布实施了《信托产品信息披露管理办法》、《项目尽职调查管理办法》、《证券投资业务法律及合同审核指引》等重要规章制度。2013 年公司重点加强了合规、风控管理。

7月12日　北京银监局核准刘威国民信托有限公司风控总监的任职资格。

7月15日　广东银监局核准李亚娟、陈海珍广东粤财信托有限公司副总经理、刘东辉公司总经理助理的任职资格。

7月16日　江苏监管局核准甲斐伸一郎（KAIshinichiro）紫金信托有限责任公司副总裁的任职资格。

7月17日　北京银监局核准任光明国民信托有限公司独立董事的任职资格。

7月20日至8月9日　中国信托业协会与美国纽约大学斯特恩商学院联合举办首期信托公司财富管理研修班。

7月25日　中国银监会核准徐兴建中国金谷国际信托有限责任公司董事长，刘学敬公司副董事长，张利公司董事、总经理的任职资格。

7月29日　中国银监会同意中国华融资产管理股份有限公司作为发起机构，中诚信托有限责任公司作为受托机构，开办金额不超过 12.38 亿元的 2013 年第一期信贷资产证券化业务。

7月30日　华宝信托有限责任公司成立“华宝爱心信托计划”，该计划纳入宝钢集团社会责任体系，并入选国资委“2013 中央企业优秀社会责任实践”案例。

7月31　华宝信托有限责任公司建立业内首个标准化信托服务平台——华宝流通宝平台，以提升信托产品流通性。

7月　国联信托股份有限公司信托一部经理周志明获“无锡市国资系统 2012 年度优秀共产党员”称号。

7月　中信信托有限责任公司为鼓励中青年科学家、推动中国航天事业发展，在京举办第二届“中信航天发展基金”评选，来自中国航天科工集团公司的十名科学家获此殊荣。

8 月

8 月 2 日　中国银监会核准傅强国投信托有限公司董事、总经理的任职资格。

8 月 9 日　安徽银监局核准吴建斌、朱毅坚安徽国元信托有限责任公司董事的任职资格。

8 月 9 日　安徽银监局同意安徽国元信托有限责任公司将注册资本由人民币 12 亿元增加至人民币 20 亿元，增资方式为将向股东分配的 8 亿元利润按股东出资比例转增注册资本。增资完成后股东出资额及比例为安徽国元控股（集团）有限责任公司出资 99 375 万元，出资比例 49. 6875%；深圳中海投资管理有限公司出资 80 750 万元，出资比例 40. 375%；首都机场集团公司出资 18 000 万元，出资比例 9%；安徽皖维高新材料股份有限公司出资 1250 万元，出资比例 0. 625%；安徽巢东水泥股份有限公司出资 375 万元，出资比例 0. 1875%；安徽国生电器有限责任公司出资 125 万元，出资比例 0. 0625%；安徽省信用担保集团有限公司出资 125 万元，出资比例 0. 0625%。同意公司修改《安徽国元信托有限责任公司章程》第四条、第十二条、第十五条和第十六条。

8 月 9 日　湖北银监局核准蔡平交银国际信托有限公司副总裁的任职资格。

8 月 13 日　中国银监会核准孟向洁华鑫国际信托有限公司独立董事、袁亚男公司董事任职资格。

8 月 13 日　中国银监会核准高同国建信信托有限责任公司董事的任职资格。

8 月 13 日　中国银监会核准苏州信托有限公司特定目的信托受托机构资格，负责管理特定目的信托财产并发行资产支持证券。

8 月 13 日　中国银监会批准济南三爱富氟化工有限公司将所持有的英大国际信托有限责任公司 0. 61% 股权转让给国网英大国际控股集团有限公司。股权转让后，英大信托股东构成、出资额及出资比例为国网英大国际控股集团有限公司出资 154024. 95041 万元（其中，外汇 11 173 500美元），出资比例 84. 55%；中国电力财务有限公司，出资人民币 9500 万元，出资比例 5. 21%；济南市能源投资有限责任公司出资 7 981. 495863 万元（其中，外汇 2 394 000 美元），出资比例 4. 38%；上海市电力公司出资人民币 7 000 万元，出资比例 3. 84%；济钢集团有限公司出资 2 000 万元（其中，外汇 600 000 美元），出资比例 1. 10%；山东鲁能物业公司出资 1 669 万元（其中，外汇 501 000 美元），出资比例 0. 92%。批准修改后的《英大国际信托有限责任公司章程》。

8 月 15 日　中国银监会核准湖南省信托有限责任公司特定目的信托受托机构资格，负责管理特定目的信托财产并发行资产支持证券。

8 月 16 日　英大国际信托有限责任公司获东城区政府授予的东城区“百强企业”称号。

8 月 23 日　湖北监管局批准交银国际信托有限公司股东交通银行股份有限公司和湖北省财政厅按原有股权结构同比例增资 58 823. 529412 万元，增资后注册资本为 376 470. 588235 万元。本次增资后，交银信托股东构成、出资金额及出资比例为交通银行股份有限公司出资人民币 320 000万元，占比 85%；湖北省财政厅出资人民币 56 470. 588235 万元，占比 15%。核准公司修改后的《交银国际信托有限公司章程》。

8 月 24 日至 9 月 17 日　中国信托业协会与伦敦城市大学卡斯商学院联合举办第三期信托公司业务经理研修班。

8 月 25 日　东莞信托有限公司推出的“鼎信—从莞高速集合资金信托计划”项目获东莞市 2012 年度金融创新成果奖二等奖。

8 月 25 日　华能贵诚信托有限公司获得由贵州省国资委党委授予的抓党建工作年度考核二等奖。

8 月 27 日　华融国际信托有限责任公司工会被新疆维吾尔自治区总工会评选为“职工模范之家”，林轩竹同志被评为“优秀工会积极分子”。

8 月 30 日　中国银监会同意住友信托银行股份有限公司所持有紫金信托有限责任公司的 19. 99% 股权由三井住友信托银行股份有限公司持有。同意紫金信托将注册资本由人民币 50 000 万元增至人民币 120 000 万元。增资完成后，公司的股东构成、出资额及出资比例为南京紫金投资集团有限责任公司出资人民币 72 012 万元，出资比例 60. 01%；三井住友信托银行股份有限公司出资人民币 23 988 万元，出资比例 19. 99%；三胞集团有限公司出资人民币 12 000 万元，出资比例 10%；南京高新技术经济开发总公司出资人民币 6 000 万元，出资比例 5%；江苏金智科技股份有限公司出资人民币 6 000 万元，出资比例 5%，批准修改后的《紫金信托有限责任公司章程》。

8 月 30 日　杭州工商信托股份有限公司推出的“杭信 · 阳光 1 号建工地产欧美金融城投资项目集合资金信托计划”正式成立。该项目是公司积极探索信托产品与公益扶助相结合的成果，集合信托产品的部分投资收益将提取为公益资金，由受托人以自己的名义，为公共利益之目的，通过捐赠公益慈善组织、捐赠公益项目、捐赠符合条件的机构或个人等方式，主要用于与服务青少年儿童健康成长和促进青少年儿童全面发展相关的公益事业。

8 月 31 日　华宝信托有限责任公司 QDII 客户签约率先实现监管部门对信托销售录音录像的双录要求。

8 月　重庆国际信托有限公司获得重庆市国资委金融企业绩效评价“AA 级优”，处于综合类金融业优秀水平。

8 月　广东粤财信托有限公司受托管理的广东节能减排促进项目第一批次完工项目被亚洲开发银行评选为“2012 年度高度满意完工项目奖”。

8月　中信信托有限责任公司被中国金融工会全国委员会评为第五届全国金融系统“年度学习型组织先进单位”。

9月

9月2日　中国银监会核准李民吉北京国际信托有限公司董事长的任职资格。

9月5日至8日　中国信托业协会携长安国际信托股份有限公司、中泰信托有限责任公司、陕西省国际信托股份有限公司共同参加由中国金融电子化公司主办的“2013中国国际金融展”。以“认知信托 成就财富，以信为本 和通天下”为主题，向公众宣传信托理念、推广信托知识，提高公众对信托行业的认知度，引领投资者理性投资。

9月6日　渤海国际信托有限公司地址变更为石家庄市新石中路377号B座22～23层。

9月10日　中国信托业协会在北京召开中国信托业协会第三届理事会第三次常务理事会议，审议通过了德勤华永会计师事务所、北京市中盛律师事务所的入会申请，两家机构正式成为中国信托业协会会员单位，是协会首批非信托公司会员。

9月12日　北京银监局核准尚健国民信托有限公司独立董事的任职资格。

9月13日　湖北银监局核准曹阳方正东亚信托有限责任公司总经理助理的任职资格。

9月16日　中国银监会核准蒋承宏、程永中国对外经济贸易信托有限公司董事的任职资格。

9月20日　江苏省国际信托有限责任公司地址变更为南京市长江路2号22～26楼。

9月23日　江苏银监局核准伍兵紫金信托有限责任公司总裁助理的任职资格。

9月23日　西部信托有限公司荣获陕西省工商局颁发的“2012年度省级守合同、重信用企业”称号。

9月24日　中国信托业协会与上海立信会计学院战略合作签约暨信托专业班开班仪式在上海成功举办。信托专业班主要是为信托行业储备和输送适应信托发展需要的人才，首次推出的信托专业班共有43名在校生，授课180学时。

9月26日　浙江银监局核准林光浙商金汇信托股份有限公司董事的任职资格。

9月27日　大连银监局同意大连华信信托股份有限公司将注册资本由300 000万元增加到330 000万元；同意公司对公司章程进行修订。

9月29日　北京国际信托有限公司与北京银行签署战略合作协议，合作推出家族信托服务业务。2013年末北京国际信托有限公司首只家族信托产品——《北京信托（家业恒昌一期）李氏家族单一资金信托》正式设立。

9月　中信信托有限责任公司积极落实国家关于促进健康服务业发展的战略部署，在云南省昆明市嘉丽泽地区建立中国第一个国际医疗、养老、健康服务产业示范园区——“嘉丽泽国际健康岛”。

9 月　中国信托业协会积极整合多方面资源制作完成题为《以信为本、和通天下——中国信托发展之路》的信托行业宣传片。宣传片时长 15 分钟，分三个章节，分别从信托制度的起源发展、信托制度的优越性、信托在欧美国家的发展运用、中国信托业三十多年的发展历程、主要业务领域及特色、中国信托业未来的展望等方面进行介绍，以视听的方式予以观众形象直观的介绍。

10 月

10 月 9 日　江西银监局核准魏颖晖中航信托股份有限公司副总经理的任职资格。

10 月 10 日　中国银监会核准沈光俊苏州信托有限公司总裁的任职资格

10 月 10 日　渤海国际信托有限公司获石家庄市桥西区人民政府奖励资金 10 万元。

10 月 12 日　西部信托有限公司信托业务二部荣获陕西省总工会颁发的“陕西省工人先锋号”。

10 月 16 日　重庆银监局核准张立文新华信托股份有限公司董事的任职资格。

10 月 16 日　华宝信托有限责任公司凭借“操作风险地图在信托公司风险控制体系中的运用”项目荣获 2013 年上海市企业管理现代化创新成果二等奖。

10 月 17 日　河北银监局核准汪杰宁渤海国际信托有限公司董事和首席风控官的任职资格。

10 月 17 日　云南银监局批准云南国际信托有限公司通过利润转增方式，注册资本由人民币 40 000 万元增加至人民币 100 000 万元。本次增资由公司股东同比例增资，股东构成及出资比例不变。同意公司对公司章程做相应修改。

10 月 17 日　四川信托有限公司联合云南省工商联在云南洲际酒店隆重举办了以“携手并进　共赢发展”为主题的四川信托有限公司服务民营经济信托业务对接会，并签署战略合作框架协议。

10 月 23 日　中国信托业协会举办由监管部门、信托公司人员、投资者代表共同参加的“认知信托　成就财富”主题沙龙活动。会议主要围绕信托基本运作方式、投资领域、风险控制；如何选择信托产品；购买信托产品时需要注意的问题；信托业快速发展的原因及其制度优势；信托发展趋势及相关配套制度建设等问题展开了讨论。

10 月 28 日　重庆银监局同意新华信托股份有限公司地址变更为重庆市江北区北城一路 6 号，邮政编码 400023。同意修改后的《新华信托股份有限公司章程》，公司于 11 月 19 日完成了迁址及章程修订的工商登记变更手续。

10 月 28 日　中国人民银行上海总部批准湖南省信托有限责任公司进入全国银行间同业拆借

市场，从事同业拆解业务。

10 月　国联信托股份有限公司获江苏省精神文明建设指导委员会授予的“2010—2012 年度江苏省精神文明单位”。

10 月　中信信托有限责任公司与安徽省宿州市埇桥区政府合作，正式成立中国第一支土地流转信托计划——“中信－农村土地承包经营权集合信托计划 1301 期”，充分利用信托制度优势，促进农村土地的合理高效利用，保障农民的稳定持续利益，推动农业及广大农村地区的发展。

11 月

11 月 1 日　中国银监会同意国家开发银行股份有限公司作为发起机构，中信信托有限责任公司、中诚信托有限责任公司、中国对外经济贸易信托有限公司分别作为受托机构，开办金额不超过 80 亿元、60 亿元、60 亿元的 2013 年第一、第二、第三期铁路专项信贷资产证券化业务。

11 月 4 日　大连银监局同意大连华信信托股份有限公司变更名称，由“大连华信信托股份有限公司”变更为“华信信托股份有限公司”；同意公司对公司章程进行修订。

11 月 6 日　上海银监局同意中海信托股份有限公司迁址至上海市黄浦区蒙自路 763 号 36 楼。核准公司修改后的章程。

11 月 6 日　中国信托业协会与中央电视台财经频道签署了战略合作备忘录，双方建立互惠互利、资源共享、合作共赢的长期战略合作旨在培育和普及信托文化及核心理念、加大信托业整体宣传力度、提升信托业的社会认知度和影响力。双方的合作为中国信托业的持续健康发展发挥强有力的舆论导向作用。

11 月 7 日　建信信托有限责任公司获得由合肥市人民政府授予的“2012 年度信托业优质服务奖”。

11 月 7 日　中诚信托有限责任公司王玉国同志获得中国银监会党委授予的“中国银监会系统五四青年奖章”。陈学军同志获得中国银监会党委授予的“中国银监会系统十大杰出青年”。

11 月 8 日　中原信托有限公司被河南银监局评为“金融知识宣传月”活动优秀组织奖。

11 月 11 日　中国银监会批准五矿国际信托有限公司将注册资本由人民币 120 000 亿元增至人民币 200 000 亿元。增资完成后，公司股东构成、出资金额及出资比例为五矿资本控股有限公司出资人民币 132 000 万元，出资比例 66%；西宁城市投资管理有限公司出资人民币 43 000 万元，出资比例 21.5%；青海省国有资产投资管理有限公司出资人民币 24 880 万元，出资比例 12.44%；青海华鼎实业股份有限公司，出资人民币 120 万元，出资比例 0.06%。

11 月 15 日　为持续推进儿童关爱事业，帮助大病患儿康复，紫金信托有限责任公司正式启动与南京市儿童医院“医学发展医疗救助基金会”的合作。紫金信托同时宣布将成立公益信托计划，募集信托资金向南京儿童医院医学发展医疗救助基金会推荐的符合受助条件大病儿童进行捐赠，为更多的困难患儿家庭伸出援助之手。

11月18日　北京银监局核准莫百愉国民信托有限公司财务总监的任职资格。

11月18日　江苏省国际信托有限责任公司被江苏省精神文明建设指导委员会授予“2010—2012年度江苏省文明单位”。

11月19日　中铁信托有限责任公司在四川省企业联合会、四川省企业家协会发布的“四川服务业企业100强前50强”名单中排名第32位。

11月20日　中国人民银行上海总部批准方正东亚信托有限责任公司进入全国银行间同业拆借市场，从事同业拆借业务。核定公司人民币同业拆借最高拆入、拆出资金限额均为人民币2亿元。

11月20日　宁波银监局批准昆仑信托有限责任公司修改后的《昆仑信托有限责任公司章程》。

11月22日　广东粤财信托有限公司受托管理的广东节能减排促进项目第二批次被亚洲开发银行评选为“2012年度最佳表现贷款项目”。

11月26日　中国银监会同意华能贵诚信托有限公司注册资本由人民币200 000万元增至人民币300 000万元。其中，华能资本服务有限公司增资人民币68 549.5万元，贵州产业投资（集团）有限责任公司增资人民币31 450.5万元。增资后，华能资本服务有限公司出资人民币202 733.8361万元，出资比例为67.5780%；贵州产业投资（集团）有限责任公司的出资人民币94 351.4641万元，出资比例为31.4505%，其他股东出资金额不变。

11月26日　中国银监会核准华能贵诚信托有限公司特定目的信托受托机构资格，负责管理特定目的信托财产并发行资产支持证券。

11月27日　中国银监会同意中航信托股份有限公司将注册资本增至人民币168 648.52万元（其中含等值于人民币13 727.74万元的美元和合法拥有的20 000万元境外人民币），新增资本金须由各股东以真实合法的自有资金投入。同意中航投资控股有限公司受让中国航空工业集团公司持有的中航信托全部10.2%股权、中国航空技术深圳有限公司持有的中航信托10.73%股权。增资及调整股权结构后中航信托的股东构成、出资金额、持有股份及持股比例为：中航投资控股有限公司出资人民币106 548.92万元，持有股份106 548.92万股，持股比例63.18%；Oversea - Chinese Banking Corporation Limited（华侨银行有限公司）出资金额为等值于13 727.74万元人民币的美元和其合法拥有的20 000万元境外人民币，持有股份33 727.74万股，持股比例19.99%；中国航空技术深圳有限公司出资人民币16 099.5万元，持有股份16 099.5万股，持股比例9.55%；共青城羽绒服装创业基地公共服务有限公司出资人民币7 866.86万元，持有股份

7 866. 86万股，持股比例4. 67%；江西省财政投资管理公司出资人民币4 405. 5万元，持有股份4 405. 5万股，持股比例2. 61%。

11 月 28 日　厦门国际信托有限公司作为第一发起人与台湾永丰证券投资信托有限公司合资设立圆信永丰基金管理有限公司顺利获证监会核准设立，并已获商务部核发的外商投资企业批准证书。

11 月 29 日　中诚信托有限责任公司工会获得中国金融工会全国委员会在 2013 年财务工作竞赛评比中荣获二等奖。

11 月　华鑫国际信托有限公司在 2013 年中国企业文化促进会 2013 年年会上荣获“企业文化建设百佳单位”荣誉称号。

11 月　中信信托有限责任公司与招商银行合作，推出中国首单消费信托，打通产品与消费终端之间环节、构建新型产业链，帮助消费者识别可提供优质消费权益的商家和服务机构，为客户提供超值的金融服务。

12 月

12 月 2 日　中信信托有限责任公司在 2014 中英工商峰会上与英国医疗局、英国 Circle 医疗有限公司以及英国禾硕医疗有限公司签署战略合作协议。英国首相卡梅伦、国家国务院副总理汪洋出席本次峰会。

12 月 6 日　中航信托股份有限公司与绿城房地产集团有限公司举行战略合作签约仪式。

12 月 7 日　华融国际信托有限责任公司获得由新疆自治区精神文明建设指导委员会授予的 2013 年度新疆自治区“精神文明单位”。

12 月 8 日　中国信托业协会与清华大学五道口金融学院合作举办家族信托与家族财富传承培训班，来自全国 35 家信托公司的高层管理人员共计 54 人参加了培训。

12 月 9 日　中国银监会同意兴业银行股份有限公司作为发起机构，中诚信托有限责任公司作为受托机构，中央国债登记结算有限责任公司作为证券登记、托管、结算机构，开办兴业银行 2013 年第一期信贷资产证券化业务，项目总规模为人民币 51. 85 亿元。

12 月 9 日　万向信托有限公司推出自主设计研发的“万向信托私人定制系列——家族教育信托，开创了国内私人定制信托服务的先河。

12 月 11 日　河北银监局核准任惊雷渤海国际信托有限公司副总裁的任职资格。

12 月 12 日　宁波银监局核准李忠臣、邢成、施天涛昆仑信托有限责任公司独立董事的任职资格。

12 月 13 日　上海国际信托有限公司董事长潘卫东荣获“2013 年沪上十大金融行业领袖”

荣誉称号。

12 月 16 日　中国银监会同意中国金谷国际信托有限责任公司将注册资本增至人民币220 000亿元。增资后公司的股东构成、出资金额、出资比例为中国信达资产管理股份有限公司出资人民币 203 040 万元，出资比例 92. 29%；中国妇女活动中心出资人民币 13 750 万元，出资比例 6. 25%；中国海外工程有限责任公司出资人民币 3 210 万元，出资比例 1. 46%。12 月 23 日完成工商登记变更，12 月 27 日取得新营业执照。

12 月 16 日　中国信托业协会与四川信托有限公司、四川省慈善总会三方就设立“中国信托业公益慈善基金”签署了正式协议。

12 月 16 日　重庆银监局批准重庆国际信托有限公司地址变更为重庆市渝北区龙溪街道金山路 9 号附 7 号，并对公司章程相应条款进行修改。

12 月 17 日　中国银监会核准中国金谷国际信托有限责任公司特定目的信托受托机构资格，负责管理特定目的信托财产并发行资产支持证券。

12 月 17 日　中信信托有限责任公司与拜耳作物科学（中国）有限公司，就土地流转下现代农业科技创新与发展正式签署合作备忘录。双方将以土地流转项目为平台，在农业生产、经营管理、科学技术、产业链构建等方面整合资源，通过引入国际领先的生产要素和现代化农业理念，开展全面战略合作。

12 月 19 日　中国银监会同意上海浦东发展银行股份有限公司作为发起机构，上海国际信托有限责任公司作为受托机构，中央国债登记结算有限责任公司作为证券登记、托管、结算机构，开办浦发银行 2013 年第一期信贷资产证券化业务，项目总规模为人民币 54. 1131 亿元。

12 月 19 日　中国信托业协会在杭州成功举办了以“加快创新转型、服务民生实业”为主题的“2013 年中国信托业年会”，并发布了“2012 中国信托业年度社会责任报告”。

12 月 19 日　湖南省信托有限责任公司获得由湖南省委宣传部、湖南省工商行政管理局组织，湖南省守合同重信用企业协会、湖南省信用建设促进会共同评定并授予的“湖南诚信企业”。

12 月 20 日　东莞信托有限公司在东莞市全银行业首届金牌理财师大赛中获得“金牌理财师团队”和“金牌理财师个人”两项大奖。

12 月 20 日　山东省国际信托有限公司荣获山东省“省级文明单位”。

12 月 23 日　中国银监会同意中粮信托有限责任公司将注册资本由人民币 149 981. 2523 万元增至人民币 230 000 万元。增资完成后，公司的股东构成，出资额及出资比例为中粮集团有限公司出资人民币 165 620. 7 万元，出资比例 72. 009%；蒙特利尔银行出资人民币 45 977 万元或等值的可自由兑换货币，出资比例 19. 99%；中粮财务有限责任公司出资人民币 9 201. 15 万元，出资比例 4. 0005%；中粮粮油有限公司出资人民币 9 201. 15 万元，出资比例 4. 0005%。批准修改后的《中粮信托有限责任公司章程》。

12 月 23 日　重庆银监局核准鲁钟男新华信托股份有限公司董事的任职资格。

12 月 23 日　湖北银监局批准方正东亚信托有限责任公司以经审计的2012 年12 月31 日累计未分配利润为基数，将其中人民币 20 000 万元转增注册资本。增资后注册资本为人民币120 000 亿元，各股东出资比例保持不变。核准公司修改后的《方正东亚信托有限责任公司章程》。

12 月 23 日　宁波银监局核准盛湘昆仑信托有限责任公司副总裁的任职资格。

12 月 23 日　江苏省国际信托有限责任公司荣获 2012 年度地方金融企业绩效优秀评价，并且在省属其他类地方金融企业中以 95. 22 分排名第一位。

12 月 24 日　中国银监会同意中信信托有限责任公司以固有资金收购 CSI Capital Advisors, Limited 51% 的股权。

12 月 24 日　华宝信托有限责任公司获国家外汇管理局批准追加 QDII 业务外汇额度 4 亿美元，至此，华宝信托 QDII 投资总额已超过人民币 20 亿元。

12 月 25 日　长安国际信托股份有限公司在中国人民银行西安分行营业管理部举办的“西安市金融系统统计工作考核评比活动”中，荣获考核评比一等奖，信托托管部申维飞荣获优秀统计员。

12 月 25 日　上海国际信托有限公司铂金系列 · 大中华债券投资集合资金信托计划荣获上海市政府金融创新成果奖三等奖，是获奖金融机构中唯一一家信托公司。

12 月 30 日　上海银监局核准于潇中泰信托有限责任公司合规总监的任职资格。

12 月 31 日　中国银监会同意招商银行股份有限公司作为发起机构，华润深国投信托有限公司作为受托机构，中央国债登记结算有限责任公司作为证券登记、托管、结算机构，开办招商银行 2013 年第一期和第二期信贷资产证券化项目，项目总规模分别不超过 85. 18 和 74. 30 亿元。

12 月 31 日　安徽银监局同意安徽皖投资产管理有限公司受让首都机场集团公司持有的安徽国元信托有限责任公司 9% 股权。股权转让后，国元信托股权结构为安徽国元控股（集团）有限责任公司出资人民币 99 375 万元，出资比例 49. 6875%；深圳中海投资管理有限公司出资人民币 80 750万元，出资比例 40. 375%；安徽皖投资产管理有限公司出资人民币 18 000 万元，出资比例 9%；安徽皖维高新材料股份有限公司出资人民币 1 250 万元，出资比例 0. 625%；安徽巢东水泥股份有限公司出资人民币 375 万元，出资比例 0. 1875%；安徽国生电器有限责任公司出资人民币 125 万元，出资比例 0. 0625%；安徽省信用担保集团有限公司出资人民币 125 万元，出资比例 0. 0625%。同意公司修改《安徽国元信托有限责任公司章程》第十五条和第十六条。

12 月 31 日　平安信托有限责任公司打造的“信托私人财富管理系统”获得由深圳市政府颁发的金融创新优秀奖。

12 月　华鑫国际信托有限公司荣获“中国企业诚信文化十佳单位”称号，本次评选机构的中国企业文化管理协会由国家文化部、民政部正式批准，是国内唯一一家制订和发布企业文化管理测评标准的专业机构。

12 月　华鑫国际信托有限公司经北京市商务委员会审核，入选北京市首批重点总部企业名录，成为北京市第一批重点总部企业。

12 月　陕西省国际信托股份有限公司被中国人民银行西安分行评为“2013 年度金融统计工作先进单位”。

12 月　陕西省国际信托股份有限公司被陕西省国资委评为“2013 年度内部审计工作先进集体”。

12 月　苏州信托有限公司在江苏省财政厅近日公布的地方金融企业 2012 年度绩效评价结果中获评“优秀”。

12 月　中信信托有限责任公司与山东省青州市人民政府正式签署合作协议，成立山东省第一单土地经营权流转信托。

2013 年　中国信托业协会首次开展信托业全员培训考试系统化工作，全年完成 4 期培训，参训人员总计 421 人，其中 402 人获得协会颁发的考试合格证书。首期班于 7 月 18 日在北京成功举办。

2013 年　中国信托业协会与东方财富网合作开展投资者教育系列活动，走访了包括东莞信托、中原信托、百瑞信托、渤海信托、粤财信托、平安信托、五矿信托、中融信托、北京信托、紫金信托、苏州信托、中投信托、万向信托在内的 13 家信托公司，并对其中 11 家信托公司高管进行了视频采访。

2013 年　平安信托有限责任公司商务地产投资创新取得新突破，公司助力平安寿险海外成功投资伦敦劳合社写字楼项目，开中国境内保险资金海外收购不动产之先河。

媒体报道

2013 年信托业：在安全与竞合中寻找机会

（载《金融时报》2013 年 1 月 7 日第八版）

2013 年信托行业至少会体现出两个特点：首先是单一信托继续成为信托行业规模增长的主要支撑。其次是信托产品的安全性将被格外关注。在信托制度已经被广泛使用的背景下，“竞合”或许将是未来信托公司的业务方向。

2013 年信托干什么？会怎么样？岁末年初，又到了回答这两个问题的时候了。

从业务上，信托公司干什么的问题，无非是资金的“进口”与“出口”两大问题。所谓资金“进口”与“出口”的问题，也就是信托资金从哪里来和投向哪里的问题。虽然信贷类银信合作产品被规范，券商资管业务的开展等对信托公司的“通道”业务形成挤压，表面上看信托的资金“进口”受到影响，但是随着信托日益深入人心，信托产品被“秒杀”的现象已经相当普遍。此外，随着保险资金可以购买信托产品以及信托公司养老金等领域的开拓，信托公司资金“进口”的问题似乎已经不是太大的问题。中国信托业协会的统计数据显示，2010 年第三季度，按照资金来源，单一信托所占的比例为 79.09%。此后银监会规范信贷类银信合作政策效果显现，2011 年第三季度这一比例大幅下降，为 68.14%；2012 年券商资产管理放开，在券商大举开展银证合作，抢食信托公司“通道”业务的背景下，2012 年第三季度，信托行业单一信托所占的比例为 67.47%，虽然比前一年有所下降，但 0.67% 的下降幅度几乎可以忽略不计。与这种几乎可以忽略的单一信托产品占比下降情况相伴的是，信托资产规模从 2011 年第三季度的 4 万亿元飚升到 2012 年第三季度的 6.3 万亿元。这就是说，在信贷类银信合作受限、券商抢食“通道”业务之后，从资金来源上，信托公司已经找到了另外的扩大规模的途径。从这种角度可以预期，未来随着信托对保险、养老金领域的开拓，同时随着机构对资金保值升值需求的增长，这些领域的资金完全有可能支撑信托行业规模的增长。

有可能对 2013 年信托行业规模产生影响的因素应该来自政策面。不久前召开的中央经济工作会议明确，继续实施积极的财政政策和稳健的货币政策。提出实施稳健的货币政策，要注意把握好度，增强操作的灵活性。要适当扩大社会融资总规模，保持贷款适度增加。对于信托行业，这应该是一个值得注意的信号。一直以来，信托与银行信贷都有一种“跷跷板”效应，信贷政策松则挤压信托规模的增长；信贷政策紧则为信托规模的增长留出空间。2013 年贷款“适度”增长的“度”如何把握，是影响到2013年信托规模的一个重要因素。这种影响可能更多体现在信托公司在项目选择上的困难，并对信托资产规模的扩张产生不利的影响。

此外，中央经济工作会议上另一个信号也值得关注。此次会议提出，要高度重视财政金融领域存在的风险隐患，坚决守住不发生系统性和区域性金融风险的底线。在刚刚结束的“2012年中国信托业峰会上”，中国银监会副主席蔡鄂生同样强调了这一点。因此从政策环境上，“严”肯定是今年信托行业监管政策的主基调，这种政策基调也会在信托公司的经营中产生影响。

事实上，2012年频频被媒体爆出的信托风险也应该已经给信托公司上了一堂风险教育课。一个现象可以说明这样一点：一直以来，信托公司注重的是招聘有业务开拓能力的业务人员。但记者日前了解到，目前许多信托公司已经在招聘有研究能力的研究人员，且特别倾向于有宏观和中观研究能力的人员。这说明信托公司已经开始注重通过对宏观和中观层面的研究，去把握追求规模和利润与风险之间的平衡点，自身的风险意识已经大大增强。

信托公司怎么干？信托行业会怎么样？应该是由市场面、政策面和信托公司自身的主观动能决定的。无论是资金来源还是政策要求，或者是信托公司自身，从上述信息可以看到一个共同点，这就是对于资金运营安全的需求，因此2013年信托行业至少会体现出以下两个特点：

首先是单一信托继续成为信托行业规模增长的主要支撑。无论是从未来信托公司资金来源上，还是从信托公司出于减少风险的主观动能上看，2013年单一信托将会被信托公司所重点关注。单一信托产品增加带来的结果可能有两个，其一是因为单一信托产品没有如集合资金信托产品一样比较详尽的信息披露，社会监督功能被弱化；其二是因为在单一信托产品中委托人的话语权更高，因此信托公司容易再次像银信合作一样沦为“通道”，或者是成为突破政策限制的“替罪羊”。

其次是信托产品的安全性将被格外关注。这一方面来自政策面的强力要求；也来自信托公司对于近一年多以来不断暴露的风险的反省；同时也是与未来信托资金的运营必须更多地与来自对资金安全性格外重视的保险、养老金等领域相吻合的需求。因为对信托资金安全性的强调，相应地也会带来比如单一信托产品收益率降低、期限更长等特点，以符合保险资金等单一客户对于资金安全及长期限等需求。如果这个预期成为现实，那么信托行业的整体利润水平应该还是以规模带动的。为此，规模仍然是信托公司特别关注的一个指标，在资金“进口”有所保证的前提下，整个信托行业规模也应该继续保持增长。具体到2013年信托行业规模、利润的增长情况，则要看2013年贷款“适度”增长的“度”如何把握以及信托公司主动管理能力的强与弱。

至于在资金“出口”方面，信托行业2013年会更多地关注哪些方面，事实上可能很多信托公司早已心中有数。一方面，在投资领域上，单一资金对于未来信托资金投向上应该有相应的要求；另一方面，历数几年来信托公司的业务热点可以发现，信托公司的业务发展几乎是紧随着市场热点的。所以 2013 年信托公司干什么？捋着政策脉络看一看有可能出现的市场热点，就能够回答这个问题。

此外，对于信托公司的业务方向，中信信托副总经理王道远曾经提出“竞合”二字。在信托制度已经被广泛使用的背景下，或许这也将是未来信托公司的业务方向。

《金融时报》记者 金立新

守住风险底线：对信托该关注什么？

（载《金融时报》2013 年 1 月 16 日第五版）

无论是 2012 年末召开的中央经济工作会议，还是目前人民银行召开的工作会议以及银监会召开的监管工作会议都表明，“严守风险底线”将成为 2013 年金融行业的关键词。这个底线就是：不发生系统性、区域性金融风险。那么，守住风险底线，对信托该关注什么？

目前，对于信托最多的指责在于信托是“影子银行”，但在中国，什么样的机构是“影子银行”却说法各异，对于“影子银行”的危害是什么也很少有人能说清楚。其实，将信托列为“影子银行”无非是认为信托不是银行却具有融资功能。但即使如此，这样的“影子银行”是更有危害还是更有益处？却又是一个难以说清的事。无论信托是不是“影子银行”，其实更应该探讨的是，信托的融资功能是否会触发“不发生系统性、区域性金融风险”这个底线。

另外一个让人忧虑的是这样一组数据：人民银行发布的 2012 年社会融资规模统计数据报告表明，2012 年全年社会融资规模为 15.76 万亿元，比上年多 2.93 万亿元。委托贷款增加 1.28 万亿元，同比少增 125 亿元；信托贷款增加 1.29 万亿元，同比多增 1.09 万亿元。因此，有人将这种变化与“影子银行”威胁论结合了起来。事实上，信托贷款令人瞠目的快速增长，似乎也并不是造成系统性、区域性风险的因素。相反，中央经济工作会议明确提出要适当扩大社会融资总规模，这一现象也恰好与政策要求相吻合。造成信托贷款上升的原因与中国利率双轨制有关，也与银行指标监管方式有关，同时还与经济形势和人们日益提高的财富管理意识等多种因素有关。一方面，市场环境和政策要求都决定了这种以信托贷款为代表的社会融资规模上升将是一种大势所趋；另一方面，信托贷款的增长在缓解企业资金压力、平衡我国间接融资和直接融资比重等诸多方面，也起到了很好的作用。但是，任何事物都具有两面性，信托贷款的迅猛增长对于守住不发生系统性、区域性金融风险这个底线的威胁也是必须关注的。

对于信托行业，人们经常说到的一个优势就是横跨货币、资本和实业三大市场。这种广泛的业务领域决定了信托更有可能传递风险。2012 年中诚信托“中诚·诚至金开 1 号集合信托计划”风险的暴露，不仅让自身陷入麻烦，还牵扯到了工商银行；2009 年华润信托“深国投·鑫鹏 1 期证券投资集合资金信托计划”，以及 2012 年建信信托“建信证大金牛增长集合资金信托计划”出现亏损，将股市的风险扩散到了信托。此外，信托公司在与第三方销售公司的合作中，也被频频暴出问题。这种风险的传递，一方面是因为信托横跨货币、资本和实业三大市场的特性，更容易将不同市场的风险互相传递；另一方面也是因为信托投资范围几乎无所不包，但面对如此广泛的投资领域，信托公司并没有相应的人才储备，主动管理能力缺乏，因此很多业务是在与其他不同领域机构的合作中进行的。正是在与这些不同领域机构的合作中，风险在信托和其他不同行业之间互相传递，致使触发行业系统性风险的可能性增大。

应对系统性风险的一个有效方法就是机构和业务分开，以此建立防火墙，避免风险的相互传递。在我国，对于金融机构的监管也一直施行的是分业监管。但是随着市场需求的变化，各类金融子机构之间业务融合的冲动越发强烈，在分业监管的政策背景下，信托恰恰成为了将各类金融子行业业务融合在一起的桥梁，同时也将很多机构的业务延伸到了不被允许进入的领域，这种角色决定了信托传递风险的可能性最大。事实上，监管部门早已意识到这一点，对于银信合作、信证合作等，监管部门曾多次发文进行了规范，一定程度上防止了风险通过信托在各领域的传递。

但是，在中国经济转型、金融改革正在进行之时，各种制度套利的机会一定存在，仅靠政策上的堵治是不可能解决问题的，唯一可行的是正视信托制度在社会经济生活中的被运用这一事实，研究信托制度在金融行业中的作用与运用，通过顶层设计引导信托行业在解决中国经济生活矛盾中发挥作用。同时，从信托公司层面，更进一步强化信托公司的自主管理能力。

对于2013年信托行业应该如何严守风险底线，银监会副主席蔡鄂生曾明确，要高度重视潜在的信用风险和流动性风险，着力加强风险防范的前瞻性；保持对信托产品到期清算的警觉，着力增强到期清算工作的主动性，各银监局和信托公司要对未来到期需清算的信托产品建立台账，实时监测清算进度，提前三个月安排清算事宜；关注和防范银行表外创新业务可能造成的风险传递，着力减小风险的扩散性；继续关注地方政府融资平台、矿产能源、艺术品信托等重点风险领域，及时化解单体项目风险；持续加强信托行业基础数据库建设，着力降低信息系统的脆弱性，特别是要把基础工作做扎实、把数据搞准确、把各业务、各机构的风险点搞清楚；要密切关注突发案件以及外需减弱、产业结构调整可能引发的基础资产风险，督促信托公司加强风险预测预判预警，及时制订完善应对处置预案。同时，信托公司要继续加强与非法集资、高利贷、金融传销、民间融资等领域的“防火墙”建设，加强风险管控，严防上述行为的风险向信托公司蔓延，防止局部风险演化为系统性风险。

《金融时报》记者 金立新

信托：转型十字路口的风险守望

经济周期误判、专业能力滞后、组织结构失调、企业机制不合理、激励过度五大问题不容忽视

（载《金融时报》2013 年 1 月 21 日第八版）

中国信托业在转型的十字路口，需要的不仅是打开业务领域的空间，同时还需要有与风险防范、监控、化解、缓释等相适应的制度安排。信托业一方面要加速转型，提高自主管理能力，提高自己的社会地位，集聚话语权；另一方面，要花很长一段时间，从监管者、行业协会到每一家公司，系统地、持续不断地进行投资者教育，只有如此，信托业才能真正实现“投资有风险，入市须谨慎，买者自负”的理想境界。

2013 年，信托业面临的形势是经营环境更加复杂，竞争更加激烈。如何客观评估并提前布防潜在风险是维护信托业持续稳健运行的关键。信托公司在发展中存在哪些短板？这些问题能否在发展中有效解决？信托能否摆脱周期式摇摆的夙命，防止风险聚集？为此，记者采访了中国人民大学信托与基金研究所执行所长邢成。

记者：2012 年信托业整体发展平稳，资产规模再创新高，风控措施严密有序，发展势头有增无减。与其他金融机构比较，如果仅仅从近几年的表现上看，信托绝对是最令人放心的一个行业。但为什么迄今面对上述现实，信托风险仍为大家所关注？

邢成：信托风险的原因和背景是复杂和多元的。毋庸讳言，信托业在经历了十年高速增长之后，确实如监管部门所指出的，面临一些发展困境和潜在的风险因素，如果不高度重视并及时加以解决，就有可能不断积聚，逐渐发酵，最终爆发。所以目前信托公司应未雨绸缪，全面认清问题，正确判断形势，对已有或潜在的风险及时化解，尽早防范。

从信托的亲周期性发展来看，众所周知，信托业的发展周期和宏观经济的周期变动关联度极高。无论是与宏观经济周期的正关联度还是逆关联度都较其他行业更加紧密和敏感。2007 年股票市场火爆带来的证券投资信托及“打新股”；2008 年 4 万亿元投资拉动带来的政信合作信托业务；2010 年房地产调控所掀起的房地产信托高潮和矿业信托转型以及 2012 年保证稳增长所带来的新一轮基础设施信托热潮都证实了期间的密切关联。基于上述判断，信托公司是否具备对

宏观经济周期变动的分析判断能力，能否超前对宏观经济周期变动作出预判，并适时调整公司的业务结构和业务方向，正确作出与宏观经济周期变动相符的投融资决策，就成为能否全面控制潜在风险，防止风险积淀和爆发的前提与关键。

多年来，信托公司长期在市场中摸爬滚打，对市场的微观运行路径可以说与其他机构相比略胜一筹，然而针对宏观经济周期、政策、形势、趋势等方面的研究却一直是诸多信托公司的短板，研发力量薄弱乃至空缺，这一点与证券公司、基金公司乃至商业银行相比都相距甚远，表明信托业在对宏观经济研究力量的重视和整体业务研发的投入方面还需要向其他金融机构看齐，多一些长远眼光。

记者：在信托业发展的十年中，所发生的巨大变化之一就是业务领域空前广阔，新的投融资领域不断被拓展，新的业务门类、新的产品模式、新的交易结构、新的市场空间不断被挖掘、创造和探索出来，这对信托公司以及信托公司阅历尚浅的专业团队来说却是一个巨大的考验和挑战。您认为当前信托公司的专业能力与其发展是否匹配？

邢成：其实这就是信托面临的专业能力滞后风险问题。截至2011年年末，信托业全行业从业人员共9209名，平均年龄为35.96岁，对这样一支年轻的从业队伍，从矿产企业的维简风险到房地产行业的七通一平；从PE投资的成长周期到证券化资产包的结构组成；从股票市场的波浪理论到期货市场的标准和约；从玉石字画的年代真伪到红酒葡萄的产地和糖份等，从这些完全毫不相干的专业市场、专业经验、专业判断、专业计算理论上讲，都需要目前大而全业务模式下的信托公司相关业务人员同时掌握和具备。要求信托公司的业务团队面对庞杂纷乱的业务领域，不仅要深入掌握其基本规律和要素，而且还要作出决策和取舍。显然要完全做到这一切是不现实的，但现实却又实实在在摆在眼前，而如果判断不清就匆忙决策，则风险必然不约而至。

因此，面对上述潜在风险的挑战，信托公司只有两条路可走：一是构建足够规模的专业团队，以便和相应的投融资领域的专业要求相匹配；二是在业务领域上有取有舍，培育重点业务领域，逐步形成自身投融资领域的专业化特色，成为某几个重点行业投融资或业务领域的佼佼者。

记者：伴随着2010年前后信托行业高潮迭起的重组并购，一支由央企、超大国企为控股股东的信托公司板块悄然崛起，迄今已经成为信托行业中最具影响力、比重最大的一个集团军。大型国企入主信托对信托公司行业有何影响？

邢成：大型国企入主信托公司给其带来了经营理念、市场网络、人才支撑、风控能力等诸多方面的提升和优势，但少数大型国企入主信托后，也同时带来了机制僵化、脱离市场、行政干预、政绩工程和急于求成等问题和弊端。一些公司因为组建时间比较短，经营效益、资产规模、行业地位都存在一定差距，于是便依仗股东经济实力大，对某些行业垄断性较强以及与地方政府具有特定关系的特点，制定出一些不切实际的经营指标，采取“大跃进”的手法和“创奇迹”的心态，试图短期内作出显著的“政绩”，以达到所谓把公司做大做强的目标，使公司短期内名列行业前茅。这种不顾行业发展规律，不切合公司发展实际情况，盲目追求速度和规模，试图一蹴而就的现象近期还有进一步蔓延之势。在这一现象的背后实际隐含着巨大的潜在风险，一方面，由于少数该类公司的主要高管人员与信托公司的核心利益没有直接关联，权责利脱节，可能会导致产生“取得成绩是领导的，产生风险是公司的”的现象；另一方面，由于急于求成，难免对决策依据、收益率、风控标准等降低要求。加之一些公司错误认为有实力强大的股东作为依托，万一出现失误，还有股东出手相救。所以导致近期少数公司出现的一些个案风险中，该类以大型国企为控股股东背景的公司占大部分比例。

记者：信托公司的组织结构及激励机制方面该如何健全与完善？

邢成：信托当前面临组织结构严重失调风险。面对信托业超常高速增长，部分信托公司在忙于扩业务、占市场、增规模的同时，忽视了公司内部组织机构的健全与完善，以致在公司组织机构的设置比例上极不合理，前台、中台、后台严重失调。有的公司伴随着业务规模的不断扩张，前台业务部门已经由原来的一个增加到十几个，如信托业务五部、八部之类的比比皆是，而中后台包括风控合规部门、战略研发部门、产品创新设计部门、产品营销部门、信托资产后续跟踪管理部门、客户维护与服务部门、财务核算与现金流管理部门等则仍然维持原状，甚至部分中后台人员被抽调充实到前台，部门还略有萎缩，而且还有的必需部门如研发部门、信托资产后期管理部门部分公司干脆就是空白。由此可知，由于前台、中台、后台没有实现同步发展，配套发展，中后台规模和设置严重滞后，使得部分公司的业务流程出现风控真空区。如存续期的信托资产后期管理，一些公司或者采取由前台业务部门“一条龙”管理，或者不设专门部门，而是由其他部门兼管，在这种情况下，前台业务部门忙于冲锋陷阵扩大战果，对已经到手的成果乃至绩效兑付完毕的成果自然就没有太多的精力和热情，而部分兼管的部门由于有自身的固有职能牵扯和约束，往往以“客串”心态加以对待，导致一些潜在风险因素和变化的风险因素无法在第一时间得以发现和控制，失去最佳的风险处置时机。最终结果是新的没少增，旧的没少“烂”，公司得不偿失。

关于激励机制方面，目前信托业中被大部分信托公司广泛接受的薪酬激励制度是“底薪+绩效提成”的模式。这一做法经过信托公司多年实践证明，主流效果是好的，效率是高的，与市场化要求是相符合的。但也正是这一激励机制模式，在某些信托公司中却走向了极端，出现了异化。少数公司整体制度体系尚不健全，企业文化和凝聚力极度匮乏，激励和约束机制也不匹配和对称，不是将绩效提成这一激励手段作为公司整体管理体系中的一个组成部分加以科学运用，而是极为不协调地将高比例绩效提成作为几乎唯一有效的管理手段过度使用，完全是一副“重赏之下必有勇夫”的姿态，甚至个别公司绩效提成比例可以高达毛收入的30%以上，不仅严重扰乱了信托行业正常合理的竞争秩序，而且导致部分从业人员短期行为严重，急功近利盛行，往往是抓一把就跑，人员畸形高速流动，只顾眼前利益和个人利益，置公司利益和长远利益于不顾，不仅给公司造成了经营上的损失，而且败坏了行业的职业风气，影响了行业的诚信形象，甚至给行业形成巨大的潜在风险。

记者：您对信托公司解决发展中存在的问题、防止风险聚集的前景是否看好？

邢成：金融本身就是管理风险的，有风险是正常的，关键是如何从制度设计和安排上转移、释放和化解风险。因此对于目前的信托行业，建立行业风险转移、释放和化解机制应该是行业风险控制中的最大课题。中国信托业在转型的十字路口，需要的不仅是打开业务领域的空间，同时还需要有与风险防范、监控、化解、缓释等相适应的制度安排。信托业一方面要加速转型，提高自主管理能力，提高自己的社会地位，集聚话语权；另一方面，信托业要花很长一段时间，从监管者、行业协会到每一家公司，系统地、持续不断地进行投资者教育，只有如此，信托业才能真正实现“投资有风险，入市须谨慎，买者自负”的理想境界。

《金融时报》记者　胡萍

充分挖掘和发挥信托制度的促进功能

全国政协委员刘沧龙建议修改《信托法》

（载《金融时报》2013 年 3 月 11 日第八版）

刘沧龙说，十多年前我国制定的《信托法》存在一定欠缺，缺乏应有的完整性和可操作性。他认为，《信托法》除部分细节性条款需要修订外，更重要的是还有三个至关重要的制度性问题亟须解决。首先是信托登记制度。其次是公益信托制度。再次是现行《信托法》没有对信托业作出具体规定，仅在第四条中授权国务院制定具体管理办法，但是国务院至今尚未出台信托业的管理办法。据此，刘沧龙建议全国人大启动《信托法》修改的程序，尽快完善信托和信托业法律制度。

《中华人民共和国信托法》（以下简称《信托法》）自 2001 年 10 月 1 日正式施行至今已有 13 年。《信托法》的颁发和实施，健全了我国民商法律制度，在我国建立了信托制度，创新了我国财产转移和财产管理制度，促进了以信托公司为主体的营业信托活动的规范和发展。《信托法》对国民经济的发展和社会经济生活的进步发挥了重要作用，信托业已经成为社会财富的优秀管理者、实体经济的坚定支持者和社会事业的新生促进者。截至 2012 年末，信托公司管理的信托资产规模达到了 7.47 万亿元，资产规模超过保险业，成为继银行业之后的第二大金融部门，信托制度和观念也逐渐被公众了解和认同。但是经过 10 余年的实践，《信托法》有些条款已不能适应信托业长远发展的客观需要。全国政协委员、四川信托董事长刘沧龙就此提交了关于《信托法》进行修改的提案。

刘沧龙认为，信托行业在促进经济发展等方面起到了巨大的作用。信托公司是社会财富的优秀管理者，通过提供不同类型的信托产品，为投资者提供了回报稳定、有吸引力且风险可控的投资产品，满足了社会的财富管理需求，增加了居民财产性收入。在 2010 年、2011 年和 2012 年三年间，信托公司分别为受益人创造了 4.63%、4.30% 和 6.33% 的年化综合实际收益率，实际分配的投资收益总额高达 2932 亿元，树立了社会财富优秀管理者的形象；同时，信托公司也是实体经济的坚定支持者。刘沧龙介绍说，长期以来，信托业管理的信托资产主要投向了实体经济，其中基础设施、工商企业和房地产一直是资金信托排前三位的配置领域，但其结构顺应国家宏观调控和加大金融支持实体经济的政策，资金信托对工商企业的配置比例一直持续上升，目前已成为信托资产的第一大配置领域。信托业为实体经济的发展注入了极大的活力。信托公司还是社会事业的新生促进者。信托的巨大价值延伸到社会事业领域，促进社会事业的发展和进步。2012 年，在促进社会福利制度方面，信托公司管理的企业年金信托规模为 77.05 亿元；在促进社会公益事业方面，信托公司开展的公益信托规模达到了 47.60 亿元。《信托法》为社会事业发展提供了灵活而便利的制度基础。

但是“现行《信托法》也存在缺陷与不足”。刘沧龙说，由于《信托法》为英国、美国、法国制度，信托立法当时坚持“宜粗不宜细”的原则，再加上对“法律移植”和“本土化”如何进行衔接客观上也有难度，十多年前我国制定的《信托法》存在一定欠缺，缺乏应有的完整性和可操作性。实践中，虽然也出台了相应的信托行政法规和其他规范性法律文件，但无法从根本上解决信托法律制度的完整性问题，也不能满足社会发展对民事信托、营业信托及公益信托的多样化需求。他认为，《信托法》除部分细节性条款需要修订外，更重要的是还有三个至关重要的制度性问题亟须解决。首先是信托登记制度。《信托法》第十条规定的信托登记制度，与我国现行法律规定的特定财产或财产权的设立、变更或终止的登记或注册制度之间缺少衔接和配套的法律制度。目前，我国尚未形成统一规范的信托登记制度，但在信托实践中，涉及信托登记的领域越来越多。《信托法》对于信托的登记机构、登记主体、登记内容、登记程序等问题均没有明确规定，现行财产登记机构一般以没有相关规定为由，对于相关信托活动的财产登记均不予办理，导致许多需要登记才能设立信托的财产和财产权，被排除在信托活动之外，严重抑制了信托功能的发挥和信托活动的开展。

其次是公益信托制度。公益信托是促进社会公益事业发展的重要制度，但是，由于《信托法》对相关制度规定过于粗略，十余年来，没有达到立法的预期效果。比如，对公益事业管理机构缺乏明确的规定、对公益事业管理机构审批公益信托的权限、程序和标准缺乏规定、对公益事业管理机构在公益信托的日常监督方面欠缺具体的程序和制度、对公益信托的税收优惠措施没有具体规定等。由此，导致了在实践中公益信托的设立和运行困难重重，严重抑制了信托制度对于公益事业发展本来应该具有的促进功能。

最后是现行《信托法》没有对信托业作出具体规定，仅在第四条中授权国务院制定具体管理办法，但是国务院至今尚未出台信托业的管理办法。信托是国际上资产管理活动的基础制度安排，信托业是我国发挥信托功能、从事资产管理活动的主要组织，《信托法》对于信托业规定的长期缺位，一方面，导致资产管理行业“政出多门”，目前各金融部门均在从事信托或者类似信托的资产管理业务，但在市场准入、监管规则等方面，极其不统一，致使行业竞争环境不公平，不利于行业的健康发展；另一方面，也不利于投资者保护。具有信托本质的各类资产管理产品，由于缺乏统一的法律标准，导致实践中对于管理人的责任机制、投资者的权利保护机制具有巨大的差异性，宽严不一，极不利于投资者的保护。刘沧龙表示，我国目前资产管理市场乱象丛生，与信托业立法内容的欠缺有着直接关系。

据此，刘沧龙建议全国人大启动《信托法》修改的程序。他说，要适应我国经济社会发展对信托制度的急迫需求，充分挖掘和发挥信托制度的经济和社会促进功能，促进信托业的健康发展，充分保护资产管理产品投资者权益，防范金融风险，有必要尽快完善信托和信托业法律制度。

《金融时报》记者　肖旺

“中国特色信托”的“去银行化”需要顶层设计

从历史的梳理看信托发展

（载《金融时报》2013 年 3 月 25 日第八版）

目前中国信托行业的信托财产规模已经超过 8 万亿元，这样的规模已经不可能采用简单关闭的方式来解决可能出现的问题。更重要的是，中国财富市场已经形成，这个市场需要信托，即使关闭了信托公司，“类信托”业务仍然会存在。因此面对市场现实，唯一的选择是规范信托行业发展，但是这种规范需要疏导，而疏导则需要顶层设计。

信托行业的发展方向是什么？信托业的发展为什么需要顶层设计？

梳理历史会发现，在中国百年信托曲折发展的历史中，“类银行化”特征一直伴随着中国的信托行业，这种特征也正是造成中国信托行业发展曲折的重要原因。

中国的百年信托史大致可以分为三个阶段。中国出现的第一家信托机构是 1913 年成立的大连取引所信托株式会社，这也是信托走进中国的开始，至新中国成立前夕逐渐衰落，这应该是中国信托历史中的第一阶段。有学者对旧中国信托历史的研究中发现，这一阶段中国信托行业的兴起是因为充裕的民间资金、金融业难以正常放贷以及薄弱的监管。而其衰落也是因为信托机构投机风盛行，偏离了信托主业，以及制度建设的滞后。

新中国成立后中国信托行业的恢复起始于 1979 年中国国际信托投资公司的成立，虽然这一阶段兴盛时期，信托公司最多的时候有 600 多家，但是至 2001 年《信托法》出台和信托公司重新登记，期间二十多年的时间，经历了 5 次清理整顿。其中重要的原因在于，这一时期信托机构的出现和兴起，是作为满足地方政府和各部委突破国家信贷计划控制的工具而受到关注的，如此也注定了这一时期信托机构“类银行”的经营方式。有资料显示，这一时期的信托公司既可以从事存贷业务，也可以从事发债业务，还具有实业投资功能，是名副其实的“金融百货公司”。而其屡次被整顿，也是因为这种业务功能定位，冲击了金融市场的稳定，助推了经济过热，导致了货币投放和信贷规模双失控。

中国信托历史中的第三个阶段应该是从 2001 年《信托法》颁布开始到现在。《信托法》从此明确了信托的定义。随后的2002年《信托投资公司管理办法》和《信托投资公司集合资金信托计划管理办法》出台，其中最具有划时代意义的是，《信托投资公司管理办法》第九条规定，信托投资公司不得办理存款业务，不得发行债券，不得举借外债。这一规定在行业定位上将作为财产管理机构的信托公司与银行作出了区分，明确了信托公司的发展方向。这一阶段中，随着问题的暴露，监管部门又出台了新《信托公司管理办法》、《信托公司集合资金信托计划管理办法》以及《信托公司净资本管理办法》。修改“旧两规”出台“新两规”的原因就在于：“旧两规”中信托公司业务范围过宽、对信托业务限制较大，许多信托公司将业务重点过分集中在固有业务上。“新两规”限制和压缩了信托公司的固有业务，鼓励信托公司开展信托业务。针对很多信托公司将“受人之托，代人理财”变异为“受人之托，代为融资”，将功能集中在“贷款替代”上的现象，2010年9月，银监会再推出《信托公司净资本管理办法》，对信托贷款、信贷资产转让等低技术含量业务提取较高的附加风险资本，引导信托公司在经营中尽快褪去银行色彩，走向主动管理、专业化财富管理机构之路。

对中国信托行业曲折历史的梳理可以发现这样的特点：中国信托公司的发展里程中，在业务模式上一直伴随着“类银行”业务特征，这种特征也是造成信托行业发展曲折的主因。

中国信托的“类银行化”特征有其特定的原因。无论旧中国还是新中国，信托行业更多学习的是日本。旧中国的第一个信托机构就是日资的，这就造成了旧中国信托行业的业务模式更类似于日本，集中于以法人机构为受托人，以资金信托为主的运营模式。资料表明，即使在旧中国以投机为主要特色的信托发展史中，一些坚持信托业务的信托机构从事的也是资金融通的业务。在当时信托机构业务模式的选择上，应该“类银行”还是“去银行”，也一直是一个没有结论的问题，直至这一阶段信托衰落。

新中国信托行业发展的历史则完全是一个使信托公司业务发展模式“去银行化”的过程。从我国第一家信托公司——中国国际信托投资公司成立到《信托法》颁布前夕大批成立的信托公司，其成立的出发点就决定了实际运营中的“类银行化特征”，《信托法》颁布前信托公司所从事的业务基本就是银行业务，也正是因为如此，对金融和经济造成了冲击，导致了5次清理整顿。因此才有了《信托法》的颁布。

2001年至2002年“一法两规”的颁布实施，虽然明确了信托的定义并将信托与银行区别开来，但是《信托法》的制定本身就吸收了很多“日本信托元素”。此外，新中国信托发展二十多年，从理念到人员配备、运作经验上，“类银行化”的惯性在强烈市场需求下仍然难以去除，也正因如此，才有了后来“新两规”以及《信托公司净资本管理办法》的出台。“新两规”强化了信托公司的信托功能，淡化了信托公司的投资功能，让信托公司回归了信托主业，更进一步拉开了信托公司与银行的距离。《信托投资公司管理办法》则更进一步从主动管理引导上，强化信托公司作为受托人的专业意识、能力和技术。

历史证明，“类银行化”业务模式始终伴随着中国信托行业，这种信托的“类银行化”使信托脱离了信托的本源，在没有对自身明确定位的情况下，信托成为了金融市场中资金池子里一股肆意流动的水，在没有正确引导的情况下，只会扰乱正常的经济和金融秩序。但是，引导信托行业在经济发展中发挥作用，必须依赖顶层设计。目前从法律层面，中国仅有《信托法》，甚至一些《信托法》中明确另行规定的相关法律十多年的时间也没有配套，对于信托行业的规范基本采用监管部门规章的形式。但是一方面，信托监管部门的规章只能约束信托公司，不能约束更多机构“类信托”业务的开展，在大资管背景下，缺乏顶层的有效的约束，不同部门监管下的各类机构各自为政，“类信托”业务一样可以对经济和金融秩序造成冲击；另一方面，部门规章多只能采取“堵”的方式，缺少疏导的能力，引导信托公司在经济发展中发挥作用，需要多个部门配合才能完成“中国特色信托”的“去银行化”任务，实现有效疏导，找到自身的合理定位，因此这也是“中国特色信托”需要顶层设计的原因。

目前中国信托行业的信托财产规模已经超过 8 万亿元，这样的规模已经不可能采用简单关闭的方式来解决可能出现的问题。更重要的是，中国财富市场已经形成，这个市场需要信托，即使关闭了信托公司，“类信托”业务仍然会存在，可能产生的问题不仅仍然不可避免，也许还会更加严重。因此面对市场现实，唯一的选择是规范信托行业发展，但是这种规范需要疏导，而疏导则需要顶层设计。

《金融时报》记者　金立新

信托转型　搏在先行

（载《英大金融》2013 年 4 月 18 日）

就像在草原上生存的动物，尽管必然存在物竞天择，但因为食物链、生态链不同，每种动物都拥有自己的生存之道。这就像在“大资管”的环境中，因为定位不同，各类金融机构能在差异化中寻求自己的竞争优势。

自2002 年信托公司回归本业以来，基于制度优势和跨市场优势，信托行业的资产规模膨胀迅速，2008 年末，信托公司全行业资产规模仅为 1. 22 万亿元，2009 年末迅速增长到 2. 02 万亿元，到 2010 年末增长到 3. 04 万亿元，2011 年更是增长到为 4. 81 万亿元，到 2012 年已达7. 47 万亿元，同比增长 55. 3%，已超过保险成为了第二大金融部门，被誉为金融业的四大支柱之一。

信托的最大优势在于制度。从 2001 年出台的《信托法》、2002 年颁布（2007 年修改后重新颁布）的《信托公司管理办法》《信托公司集合资金信托计划管理办法》以及此后陆续颁布的一系列政策规章中可以看出，信托被定义为“受人之托，代人理财”的专业机构，是主营信托业务的金融机构。

从一开始，信托公司就不限于某一行业，而是凭借跨市场牌照，在组合投资和综合理财领域发挥优势。至今，信托公司仍是唯一横跨货币市场、资本市场、实业领域的金融机构，从而能够规避单一市场风险。

因此，对于信托业来说，券商、基金公司牌照放开不仅意味着竞争，也意味着一个新的空间被打开，越来越多的机构投资者投资信托产品的渠道被开通。

身具三大优势

在“大资管”时代，信托行业的优势可以从三方面解读。

信托具有经验优势。从 2002 年正式入场至今，信托公司在跨行业经营方面已积累了丰富的经验。就资产管理业务的灵活性和创造能力而言，任何一个金融行业可能都无法与信托相比拟。更关键的是，信托公司可以根据市场需要设置信托业务品种，可以贷款，可以股权投资，还可以以租赁、出售等方式进行，与传统的证券、保险机构相比，经营方式灵活。

信托具有品牌优势。在过去十多年的发展过程中，信托公司逐渐形成了较为成熟的业务模式和运行机制，不断推出具有较好市场效应的产品，信托公司遵循受益人利益最大化原则，为投资人提供优质理财服务。截至2012年第三季度末，信托业为3万多家机构和40多万名自然人提供了信托理财服务，逐渐获得客户和社会各界的广泛认可。

最重要的是，信托具有风险防控优势。一方面，监管部门针对各类信托业务出台了一系列规范文件；另一方面，信托公司针对自身跨市场配置的特点，内部形成了规范严密的内控机制和风控体系，对风险控制的内部手续也非常严格，形成了多道防火墙，一个项目要进行认真的尽职调查，经过公司预审会预审，通过后再上风控会评审。项目运行过程中强调尽职管理，可以说，在保障投资者利益方面，信托公司已具备相对丰富的经验。

新城镇化可做大文章

在金融市场放开以后，其他金融机构短期难以涉足的业务或将是信托努力的方向，比如专项信托业务。

当前，新型城镇化建设已经成为中国经济发展的重要载体，农民手里的拆迁资金如何实现保值增值，也会被视做城镇化发展中的重要内容。而且，诸如此类的专项资金或将是信托公司的方向。信托公司应在服务实体经济中利用其“跨市场、跨行业、跨产品”的独特优势，在推动经济转型中发挥更大作用。通过在投融资领域、产品服务和风险管理手段的创新，不断提升服务实体经济的能力和水平，探索以信托模式支持实体经济发展的道路。

“个性化”转型是大势

从长远看，信托行业的出路是尽快转型、推陈出新。

其实近年来，信托公司的经营形成了不同特色。由于股东背景不同，有些公司的市场化特点比较强，有些公司依托政府背景、大型企业集团和银行系机构得以发展。另外，在业务定位上信托公司也各有特色，有的公司在证券市场上表现突出，有些公司在投资管理上很有优势，有些则在实业方面有独家资源。

这种个性化定位可以视做信托公司期待转型的动向，在当前制度红利越来越趋于淡化的大环境下，信托公司的发展更要强调专注与精细，通过差异化定位，提高资产管理能力和核心竞争力，建立可持续的盈利模式。

但问题是，多数公司拼的理财产品，却缺少创新。这种创新能力未被激发的原因有很多，而其中一个原因是缺乏规范统一的信托登记制度。

信托登记是信托公司呼吁多年的一个问题。但由于涉及多个部门，因此推动工作至今没有进展。如果信托产品实现规范登记，就可以解决信托产品流动性的问题，使信托产品风险得到缓释，对于解决目前信托产品刚性兑付、产品流动性差等都大有益处。而信托财产登记如果实现，就可以为信托公司开辟一个崭新的领域。以不动产为例，信托业希望在管理不动产方面可以涉及土地信托、房屋信托，甚至大型设备的信托，更规范的信托登记制度可以界定信托财产的范围，让信托财产的独立性得到保证。

北京国际信托有限公司 刘向东

信托行业风险缓释：理念重于方法和工具

（载《金融时报》2013 年 6 月 17 日第八版）

对于信托行业风险缓释，无论是推动信托业法的出台、进行投资者教育、理清投资风险与受托人尽职的界限，还是建立信托产品流通机制、打破刚性兑付等，目前对于信托行业风险缓释的关注似乎更多是放在信托产品的风险释放上，但是完整地诠释风险缓释对风险的释放应该仅仅是其中的一部分。

信托行业的风险缓释，的确更多地应该是行业体制机制甚至是外部环境完善的问题，但是所有的这些设计，更多地应该还是在方法和工具层面，而风险管理中，比方法和工具更重要的还应该有理念。这一点，从信托公司的角度看，似乎显得更为迫切，也更加实在。

中国信托协会的数据表明，2012 年第一季度，信托行业的信托资产规模为 5.3 万亿元；截至 2013 年第一季度，信托资产规模达到 8.73 万亿元。有信息表明，截至 4 月底，信托资产规模一举突破 9 万亿元大关，达到 9.23 万亿元，一个月增加了 5 000 亿元，在众多市场人士看衰 2012 年信托行业的背景下，如此增长速度用“令人瞠目”来形容应该毫不过分了。信托的极限在哪里？信托还能承受如此高增长吗？无论出于什么样的原因，这样的增长速度是不是也是一种风险？如果认为这也是一种风险的话，那么信托行业的风险缓释就应该不仅在于风险的释放，还应该在于“缓”。而这个“缓”又有两个方面的含义：一是像许多信托公司所认识到的那样，通过产品设计、风险管理手段等，将风险延后，等待整体经济环境转好将风险自然化解；二是在信托行业整体风险缓释机制尚不健全，行业风险缓释体系还不完善，特别是在整体经济环境依然复杂的情况下，先放缓信托资产规模的增长速度，以此减少风险的累积。

必须承认的是，在产品设计和各类风险管理手段上，信托公司的确采取了很多办法。但是从主动降低规模的角度去理解和实践对风险的缓释，则是很多信托公司没有看到，或不愿意采用的方式。下面的事实可以证明这样一点：有数据表明，2011 年至今已经有二十多家信托公司增资扩股。对于信托公司增资扩股的原因，中国人民大学信托与基金研究所执行所长邢成曾总结了三个原因：应对《信托公司净资本管理办法》；公司自身的发展及业务拓展；监管部门出台的政策导向。虽然各种可能都有，但私下里，许多信托公司高管都曾明确表示，增资扩股就是要为做大规模做好准备。

但是，做大规模，现在合适吗？信托公司做好准备了吗？

首先，从宏观上看，目前的经济形势错综复杂，虽然其准确性尚待观察，但是一向处在全球经济增长前沿的中国在被惠誉下调了部分主权信用评级后，又遭穆迪下调主权信用评级。这种情况至少说明了中国经济形势的复杂性。对于目前的外部环境，中国银监会副主席蔡鄂生曾明确提醒信托公司：目前外部环境仍然复杂严峻，国际金融危机深层次影响还在继续显现。国内经济运行仍然面临不少困难和挑战。中观看，自 2012 年以来，房地产市场前景不明，以煤炭为代表的能源企业走入低迷，信托产品风险不断暴露；但与此同时，信托行业风险缓释机制尚不健全，信托产品却又联系众多投资人，产生的社会影响巨大，刚性兑付潜规则在投资者心目中没有化解。从微观上看，从项目源上，因为资金成本等问题，选择信托公司进行融资的企业或项目，多是不能获得银行贷款或者是不能发债的，项目资质比较弱，而从暴露的许多信托产品风险上看，信托公司的风险控制手段也并不比银行强。在这样的情况下，适合做大信托规模吗？此时做大规模，抢来的是利润还是风险？

其次，不同风险偏好决定不同的经营目标，不同的经营目标下又会有不同的考核机制，我们虽然无法确定信托公司风险偏好，也难以获得信托公司每年确切的经营目标，但是从考核机制上也可以倒推出信托公司的风险偏好。从考核机制看，目前信托公司虽然有延缓支付项目提成，但并没有完全实现项目安全结束支付提成，更不用说形成终身追责了，并且有市场人士曾爆出信托公司的高项目提成。如此的考核机制明显属于激励型。这其中当然有大资产管理市场人才竞争的因素，但是在公司战略上重发展轻风控也应该是原因之一吧？有信托公司人士曾用“恐怖”二字对记者表示对于一些大干快上的信托公司的感觉。“一些激励大的公司业务人员压力也大，憋着劲的什么项目都往上推。真的是在赌啊。一个个看项目的人很明显的感觉到这种赌”。这位人士这样表示。

风险管理最首要的是理念，然后才是风险控制的方法和工具。仅仅一年多的时间，当信托资产规模从 5 万亿元蹿上 8 万亿元，再上 9 万亿元，直冲 10 万亿元的时候，有多少信托人想到过这样的问题：信托行业能否承载这种“极速增长”？在经济形势瞬息万变的情况下，怎么保证每一笔投资都靠谱？或许正是因为信托公司的心里没有把握，所以近一段时间以来，行业中投资者教育的呼声越来越多；期盼信托业法出台撇清信托公司责任的呼唤越来越高；希望建立信托行业风险缓释机制借以释放风险的期待越来越强。或许从信托公司的角度，很难接受这样的说法，但是中国银监会副主席蔡鄂生在 2012 年信托业峰会上的一番话，应该可以佐证这一点。在谈及信托行业发展中存在的四大问题时，蔡鄂生将“粗放式增长”放在了第一位，明确批评很多信托公司高速增长的背后是明显的质量不高和后劲乏力。这种“质量不高”的“粗放式增长”应该也包含了风险管理理念滞后于信托资产规模的增长。

金融本身就是管理风险的，作为非银行金融机构的信托行业，有风险是正常的，信托不可能永远“刚性兑付”，从行业制度设计和安排上转移、释放和化解风险是必须的，但是从信托公司自身看，从理念上将风险管理看得再重一些也是应该的。信托行业风险缓释机制的建立需要时间，不可能一蹴而就，但是从信托公司角度，除了在产品的设计和风险化解手段上下工夫外，是否也可以在“缓”字上多做考量？毕竟这是最容易做到的。

《金融时报》记者　金立新

财富管理时代信托业的核心能力构建

（载《上海证券报》2013 年 6 月 24 日第五版）

在 2013 年中国信托业峰会上，来自各大信托机构的高管精英就“大资管时代信托业核心能力构建”的话题展开深入探讨，在解疑信托业制度与市场环境的变化趋势的同时，剖析信托公司盈利模式和市场定位的路径安排，为信托公司确立新的发展起点和新的增长模式提供了多元化的思路。

核心优势在哪里

爱建信托董事长周伟忠指出，信托业的核心优势是资产管理，只有把自身优势做好了才能长远发展。而走资产管理路线需要的是三个转变：从产品创收为主向财富管理为主转变；从融资向投资转变；从资金信托向财产信托转变，“当前信托行业已经进入调整升级阶段”。

交银信托董事长赵炯对此非常赞同，他认为，在泛资产管理的时代，信托唱主角的情况可能难以持续。在此背景下，信托业首当其冲要以创新为引领，提升三个能力：融资管理能力、投资管理能力特别是在固定收益市场方面的能力，以及受托财产管理能力。

赵炯说，信托是一个创新平台、资产管理平台、资产组合平台，信托能够实现资产的跨地区、跨行业配置，这是信托的比较优势。“泛资管时代是个竞合时代，信托能够与保险、银行等机构对接，是其他金融机构无法代替的优势。”

过去十年间，信托业因享有制度红利实现了规模扩张，但方正东亚信托总经理周全锋认为，信托行业 2.0 状态的使命已经完成，“过去是依靠制度红利，利用监管套利扩张规模，并且是以规模扩张为导向。当大资管时代到来时，风险积累越来越大，产品容易被复制，信托业的危机已经出现”。

然而，作为一位在信托业干了 15 年的老兵，北京信托总经理王晓龙却从来不认为信托行业有红利。他表示，信托业的发展本身就是在市场化竞争中成长起来的，因此当前业态的变化不仅不会让其红利消弭，反将会令其在更加健康的市场中获得发展机遇。王晓龙认为，在转型过程中，信托应当向成熟市场的优秀标杆学习，同时依托信托财富管理优势和其制度比较优势，依托遵循市场导引的理念，维护其在行业中“不出系统风险”的“声誉”。

持有类似观点的还有陆家嘴信托总经理陈文。陈文表示，一切从投资者的利益出发去定规则，是信托发展的优势理念。“没有让投资者受伤害，为投资者负责的理念基因，让信托业近几年在市场中积累了良好的口碑。在转型过程中，也要继承这样的基因，而非关注并不存在的‘制度红利’，信托业依旧能够迎来更好的发展机会。”

信托业的未来

对于信托业未来的发展路径，业界精英的意见同样精彩纷呈。

北京信托总经理王晓龙提出，信托制度要运用于财产管理，应该把信托制度引入整个财富管理当中去。对此，北京信托将着眼于以下六个方面：第一，把信托制度引入土地流转，为城镇化、农民工服务；第二，运用于国企改革，将信托制度运用到资产重组、购并、国企减持过程中去；第三，把信托制度运用于银行间市场，信托制度可运用于存量信贷资产，加大流动性缓释；第四，把信托制度运用于城投债，可引入信托制度对城投债资产进行管理，北京信托正在对城投债缓释基金提出方案设计；第五，把信托制度运用于家族信托，以解决家族财富发展、风险防范的问题；第六，把信托制度运用于房地产，房地产行业金融产品短缺，引入 REITs 将是主动管理的重要领域之一。

有人说，信托业跨过 10 万亿元的规模发展，已经到了 3.0 的时代。对此，方正东亚信托总经理周全锋提出，打造信托行业 3.0 时代应秉持“不破不立”，要树立新思维，改变单纯规模扩张的思维模式。“首先，要抓住新的机遇，如资产证券化、私人财富管理。其次，要深挖本身制度优势，如财产所有权隔离。最后，信托公司有先发优势，应把能力和经验打造得更加专业，转化为信托公司的品牌优势。”周全锋说。

长安信托总经理崔进才认为，信托业升级有三个标志：一是逐步有效降低受托财产中贷款类产品的比重，有必要在非信贷市场中挖掘机遇，包括在债券市场、跨境、公益等领域释放空间；二是快速开发组合投资管理的技术，从投向管理方面提升其资产管理能力；三是更加注重品牌建设，直接面对和服务客户。

对此，陈文进一步提出，信托行业已经到了面临重新选择的时候。“一是产品线，以项目为准的路线不可持续，应该向全市场参与的主动配置型产品方向转型；二是在产品发行方面的去渠道化，与客户建立点对点无缝对接的能力。”

在经济学家王连洲看来，随着中国居民财富的增长，为“有钱人”理财的市场日趋扩大，中国的家族财富管理为信托业的发展提供了广阔的空间。“天高任鸟飞，海阔凭鱼跃。信托业应当坚持三个自信：功能制度的自信、经营业绩的自信和开拓创新的自信，信托业未来还有更大发展空间。”

《上海证券报》记者　邹靓

从中国经济发展特点寻找信托服务实体经济路径

（载《金融时报》2013 年 7 月 29 日第八版）

如果说从《信托法》颁布后信托业发展的前十年，信托完成了其打破利率管制和分业经营所带来的弊端，一定程度上完善了尚不健全的中国金融体系梯次结构的话，那么未来，如何在土地流转、资产证券化等方面探索出直接或间接服务实体经济的路径，对于信托行业的发展将是决定性的。

信托如何服务实体经济？答案应该从中国经济和金融的发展阶段入手，寻找信托服务实体经济的路径。

中铁信托博士后工作站创新实践基地管理办公室主任陈建超曾提出这样一个观点：信托服务实体经济具有阶段性特点。这一提法应该是有历史证明的。

在世界信托发展历史中，信托的发展应该可以划分为英、美、日三个阶段，每个阶段又具有不同的特点。信托发源于英国，虽然信托在英国的普及率非常高，但是其对国家经济发展的影响力并不如信托发展较晚的美国和日本。原因就在于，无论是早期的信托还是现代的信托，英国信托业务偏重于个人信托，缺少变化，这是英国信托业务与其他国家相比最为显著的特点。英国的个人信托业务，主要是指以财产管理、执行遗嘱、管理遗产、财管咨询等内容为主的民事信托和公益信托，而且所涉及的信托财产以土地等不动产为主。直至 1925 年，《法人受托者》条例颁布后，由法人办理的以营利为目的的营业性信托才真正开始。官营受托局在当时英国信托事业中居重要地位，但因英国工业革命后生产突飞猛进，社会上出现了大批富人，他们对财产的管理和运用有了更多的要求，伦敦出现了私营信托公司。目前，英国金融信托业以个人受托为主，其承接的业务量占 80% 以上，而法人受托业务则主要由银行和保险公司兼营，专营比例很小。

与英国比较，信托从英国被引入到美国的一个重要特点是：美国最早完成了个人受托向法人受托的过渡和民事信托向金融信托业的转移，将个人信托创新发展出法人信托，个人信托与法人信托并驾齐驱，且以民办私营经营为主。第二次世界大战以后，美国金融市场飞速发展，多种有价证券层出不穷，市场投资工具种类繁多，大量投资者将投资领域转向证券市场，美国信托业的发展适应这种变化并促进了证券市场的发展。以投资基金为主要形式的美国信托业吸引了大量资金，支持了资本市场和美国经济的发展，尤其是20世纪90年代美国经济的持续快速发展，这和信托业的作用是分不开的。

日本在二次世界大战后建立的信托银行制度，增加了信托机构的融资职能，极大地加大了吸收社会游资的力度，成立了国内大众的重要储蓄机构，同时也为日本的产业和证券市场的发展提供了有力的资金支持。日本信托业经历了一个银行业、信托业分业经营到银行业、证券业、信托业混业经营的过程。其发展历程更体现了结合国情、注重创新的特点。

信托起源于英国，在世界许多国家都有对信托制度的运用，但是在美国和日本得到了更好的发展与繁荣。从这样的历史可以看出，信托的发展与繁荣，必须结合一国经济和金融在不同发展阶段的特征，找准自身位置。

对于中国信托行业近年的发展，有人总结为两大原因：利率管制和分业经营。但是如果简单地将此理解为信托坐享制度红利，可能有失偏颇。从美日信托发展历史中可以看到，信托在一国经济和金融中所发挥的作用，的确具有阶段性特征。找准信托在经济和金融发展不同阶段中的定位，才能让信托制度的作用得到更好的发挥，信托也才能获得更好的发展空间。如果说利率管制和分业经营是近年来信托行业发展的主要原因，那么事实上也应该承认的是，利率管制和分业经营正是此前多年来中国金融行业的阶段性特色，信托的发展正是因为发现了中国金融行业的这种阶段性特征，并且根据这种特征找到了自身的位置，从而获得了发展。与此同时，在人们诟病信托充当了中国的“影子银行”，帮助银行绕开监管指标控制的同时，还应该看到的是，在中国金融市场过于单一的情况下，正是因为有了信托，中国的高储蓄率才会下降，大量无法得到银行信贷服务的实业企业，特别是许多中小企业和民营企业，才能够享受到金融服务。信托在中国经济和金融发展中所体现出的负面影响，不是信托的原因，应该是缺乏有效规范与引导的原因。从美国和日本信托业的发展历史看，法律的规范始终是伴随着信托行业发展过程的。早期美国信托法沿袭了衡平法的判例规则，美国各州相继出台了很多调节信托关系的法律，其后美国统一了信托法，并在信托发展过程中，针对信托业务的发展中出现的问题，不断推出和修订了大量法律。利用法律规范和引导信托业发展在日本体现得更加明显。在引进信托制度之初，出于产业资金调配的目的，日本于1905年推出了“附担保公司债信托法”；为解决信托概念的模糊不清，1922年日本制定了《信托法》和《信托业法》；其后根据不同阶段经济发展中对信托业的需求和不同信托种类，制定了《贷款信托法》、《证券投资信托法》、《抵押合同债务信托法》等。而在中国，除《信托法》外，对于信托的所有规范与引导，依靠的都是主管部门的部门规章。

简单地依靠法律的规范与引导发展信托行业是不现实的，对于信托行业，唯一可以做的就是在实践中获得认可。而这种在实践中探索的总体思路，就是从中国经济发展特点寻找信托服务实体经济的路径。日前中央银行宣布，自 2013 年 7 月 20 日起全面放开金融机构贷款利率管制，进一步推进利率市场化。同时，自 2012 年以来，中国证监会不断推动券商、基金资产管理。应该说，在此背景下，一方面可以说，利率管制和分业经营带给信托行业的制度优势已经越来越小；另一方面也可以说，中国金融行业的变革已经使信托行业固有的生存和发展定位发生了改变，信托行业需要在新的阶段找到新的定位。

有人说，在世界任何国家，可以没有信托，但不能没有银行和保险。这个事实本身就说明，信托本来就是不同于银行、保险、证券等的一类金融机构，信托行业在经济发展中的作用不是一成不变的，需要随着经济和金融的发展不断调节自身定位。如果说从《信托法》颁布后信托业发展的前十年，信托完成了其打破利率管制和分业经营所带来的弊端，一定程度上完善了尚不健全的中国金融体系梯次结构的话，那么未来，如何在土地流转、资产证券化等方面探索出直接或间接服务实体经济的路径，对于信托行业的发展将是决定性的。

《金融时报》记者　金立新

利率市场化来临：信托公司的两大方向

（载《金融时报》2013 年 8 月 12 日第八版）

从信托公司的角色看，开展与银行同质的融资业务，是在特定历史时期内的使命，开展区别于银行的业务，才是信托公司的正途。企业融资一般有股权融资和债权融资两种形式。投资业务与融资业务的重要区别就是企业采用的是股权融资模式还是债权融资模式。利率市场化的到来，无疑将对信托公司债权方式的融资业务形成挤压。但从法规的角度看，银行不可能采用股权模式为企业融资，即不可能开展投资业务。与此同时，以股权结构为企业进行融资的产业基金在我国发展速度和影响力远低于信托行业，因此这也为信托公司留下了一个空间。

利率市场化来临，信托公司可能需要一种脱胎换骨式的转变，因为这种转变，可能涉及信托公司经营的方方面面。

近年来，信托公司的业务品种重点在资金信托、资金来源多数来自希望突破限制将表内资金转到表外的银行资金。因此信托公司的经营模式也完全是围绕这些展开的。所以很多人说，利率管制和分业经营的政策红利成就了近几年信托公司的发展。那么当利率市场化来临之后，固有的模式是否还适用？银行是否还会成为信托公司的资金来源和项目来源？融资型资产管理模式是否还适合？信托公司的信托标的是否将从资金转向其他领域？这些都涉及两个问题：财产信托能否取代资金信托？如果政策完善的进度低于利率市场化推进的速度，固守在资金信托上的信托公司投资类业务会否取代融资型业务？

对于第一个问题，中国信托业协会的数据显示，2011 年第四季度信托公司管理的财产信托在所有信托财产中的占比为 3.55%，2012 年第一季度财产信托的占比为 3.76%，第二季度上升到 4.86%，2013 年第二季度信托公司管理财产信托占比达到了 5.80%，由此至少可以看出两点：其一，财产信托在我国的开展还非常不充分，空间极大；其二，信托公司越来越重视财产信托。

信托公司在财产信托领域发展不快，最主要的原因是《信托法》配套措施的不完善。因为信托登记制度不完善等因素的制约，目前信托公司所开展的业务中，绝大多数是与其他资产管理行业同质的、以资金为基础资产的资金信托。按照《信托法》规定“设立信托，必须有确定的信托财产，并且该信托财产必须是委托人合法所有的财产。本法所称财产包括合法的财产权利”。《中华人民共和国物权法》第二条规定：“因物的归属和利用而产生的民事关系，适用本法。本法所称物，包括不动产和动产。法律规定权利作为物权客体的，依照其规定。”根据以上法律规定，在信托业务实践中，可以作为信托基础资产的财产包括不动产和各种无形资产，含专利权、无形资产、因所有权产生的其他权利等。因此在资金信托之外，信托公司还可以开展财产信托。信托公司对于财产信托领域的重视是因为在以资金为基础资产的资产管理领域较之以前更充分的竞争。证券、基金和保险资产管理监管放松，使资产管理行业进入全面竞争时代，而利率市场化的来临，无疑对资金领域的最大“玩家”银行放松了管制，让信托从资金来源、项目来源等各个方面面临更大的竞争。从这样的角度看，避开以资金领域的竞争进军财产管理领域，对于信托公司应该有内在的动能，关键在于法律环境的完善。

可以看到的信息是，2012 年中国信托业峰会上，全国人大财经委副主任委员吴晓灵表示，目前有关部门已经开展《信托法》的立法后评估工作，正在积极推进最高人民法院的司法解释工作，同时进行有关信托配套制度建设的研究与法规修订工作，并即将开展修改信托法的工作。另有信息表明，2014 年 4 月，中国信托业协会就曾在北京召开了《信托法》立法后评估课题研究实地调研工作会议。会议提出对营业信托、信托登记制度、信托制度司法适用以及公益信托等议题定为随后调研的重点。6 月，中国信托业协会受全国人大财经委委托开展的《信托法》修改课题研究实地调研拉开序幕，随后调研工作将陆续奔赴深圳、成都、南京、北京。由此可见，信托行业财产信托法律环境的完善已经露出了曙光。此外，2014 年以来，土地流转被多次提及，也成为未来的一项重要工作。在这一领域，土地流转信托早已在多地有过实践。从这样的信息看，虽然财产信托的开展取决于政策的完善，但是随着相关政策的不断完善，信托公司完全有可能找到自己的位置。但是其进度则要看政策跟进的速度。因此，利率市场化、《信托法》的修改以及土地流转等的推进，极有可能将信托公司从资金领域推向财产管理领域。

如果政策完善的进度低于利率市场化推进的速度，固守在资金信托上的信托公司投资类业务会否取代融资型业务？

关于利率市场化来临对于信托公司的影响，很多信托公司人士表达了这样一种看法：虽然放开贷款利率下限对信托影响有限，但是存款利率市场化的到来将对信托公司产生巨大的影响。未来融资类业务的利润会随着利率市场化摊薄，唯有大力发展投资类业务，才是信托机构最有前景的出路。

利率市场化到来后，投资类业务将取代融资型业务？

对于目前信托公司业务类型，中国信托业协会专家理事周小明博士在他的一篇文章中曾经这样总结：信托业近 10 年来保质有量的发展，很大程度上得益于确立了“融资信托”为主的具体业务模式。虽然近年来，融资类信托业务占全行业信托资产的比例一直呈现下降趋势：2010

年为59.01%，2011年为51.44%，2012年下降到了49.01%，但是，体现固定收益特征的融资类信托产品占比仍然最高，由于缺乏严格的统计标准，相当一部分名义上是投资实际上是融资的信托可能被纳入了投资类信托的统计口径之中，实际比例则可能更高。由此可见，融资型业务的确是一直到目前数年来信托公司最主要的经营模式。

实际上，从信托公司的角色看，开展与银行同质的融资业务，也一定是在特定历史时期内的使命，开展区别于银行的业务，才是信托公司的正途。企业融资一般有股权融资和债权融资两种形式。投资业务与融资业务的重要区别就是企业采用的是股权融资模式还是债权融资模式。利率市场化的到来，无疑将对信托公司债权方式的融资业务形成挤压。但从法规的角度看，银行不可能采用股权模式为企业融资，即不可能开展投资业务。与此同时，以股权结构为企业进行融资的产业基金在我国发展速度和影响力远低于信托行业，因此这也为信托公司留下了一个空间。

但是这个空间有多大可能还要看银行的脸色，其中银行业的“老大”工商银行的思路又应该格外关注。日前工商银行董事长表示，工商银行需要通过从资产持有大行到资产管理大行的转变来打破资本的约束，通过客户结构、渠道结构、业务结构的持续优化来进一步提升工商银行的经营效率。随着工商银行从资产持有大行逐步向资产管理大行转变，具有资本消耗低、客户需求大的特点的金融资产服务业务成为重点，其包括基金、代理金融交易、债券承销、信托、代理销售、养老金受托、委托贷款、私人银行等10多项业务。对此该如何理解，可能决定未来信托的业务空间。

《金融时报》记者　金立新

信托业不能盲目乐观要准备过冬

——专访全国政协委员、中国银监会原副主席蔡鄂生

（载《人民政协报》2013 年 8 月 13 日 B4 版）

在历经了一段跨越式发展之后，我国信托业如今管理的资产规模已跃居金融行业的第二位。银监会最新数据显示，截至 2013 年 6 月末，信托资产余额达到 9.45 万亿元。但在庞大资产管理规模背后，信托业的发展也面临着诸多挑战。

7 月 31 日，曾分管信托业多年的全国政协委员、中国银监会原副主席蔡鄂生在接受本报记者独家专访时强调，不能简单以规模衡量信托业发展的好与坏，对其的监管应具备底线思维。

“刚性兑付”并非信托本意

记者：中国信托业已经超过了保险业，成为第二大金融行业，我们认为这是一个了不起的成绩，您却多次表示，您分管信托业，最不愿谈的也是信托业，个中原因是什么？

蔡鄂生：我不爱谈信托，是因为认识需要过程，人们都在关注信托业的规模有多大、收益有多高，这些都是表面现象。从监管者角度看，我关注的是它的风险防范、经营模式的形成。

2013 年第一季度，信托产品规模新增余额 9 000 余亿元，加上赎回的信托计划，单季度信托规模新增加了 1 万多亿元，这是很令人担忧的。我甚至不太客气地问一些信托公司：你们是不是不想活了？银行信贷在同时期增长的情况是怎样的？信托公司怎么就冲在了前头，有 1 万多亿元的新增规模呢？

如果看历史数据，类似 2008 年第四季度或者 2009 年第一季度的信贷增长速度不能被看做是常态，只能作为应对危机的手段。在 2007 年，单季度银行新增贷款也就是近 1 万亿元，全年下来才增 3.63 万亿元。2008 年全年新增贷款 4.9 万亿元，单季度约 1.2 万亿元。信托公司凭什么现在创造出单季度 1 万亿元的新增规模？这种规模的增长本身就是不正常的。到底有多少成熟项目？这些项目能否支撑目前的收益水平？实体经济承受得了吗？不能简单站在信托公司的角度看待问题，要看市场的实际需求。

为此，我还设计了一个表，把所有第一季度新增的信托计划逐一列出项目、投资地点和资金来源，之后再作具体分析。这期间，银监会也出台了“8 号文”规范资金池理财产品。到了 6 月末，信托资产从余额看出现了下降，到年底争取再降一降，可不能突破 10 万亿元。

记者：现在“刚性兑付”似乎成为信托业的一块招牌，但在信托资产规模不断扩大背景下，“刚性兑付”是否存在压力？

蔡鄂生：从法律上讲，信托资产损失是赔偿，不应该表述为“刚性兑付”，但由于现在很多投资者没有承担风险的意识，信托公司又出于生存和保持稳定的考虑，才出现了“刚性兑付”这种情况。

“刚性兑付”并非信托公司本意。目前，银行存款有隐形全额保险；证券、保险也都有了保护基金；信托公司缺乏保护机制，一旦出问题，只能自己兜底。

在此方面，投资者也需要提升认识，很多人认为信托产品是类银行业务，是高息产品，应该有人兜底，这里存在着文化差异。因此，对投资者还要做投资文化、信用方面的教育。

现在的信托公司还不敢不兑付，这源于它们所处的发展阶段，在目前市场环境下，它们认为不兑付会影响到自身发展。从 2005 年金信信托停业整顿后，信托公司已经没有人埋单了，所有的风险都是自担。实际上现在也出现了信托计划最后不“刚性兑付”的，即不能按预期收益收回投资。要彻底撇开“刚性兑付”，还需要法律方面的支撑，但这也需要一个不断完善的过程。

监管者的底线思维

记者：信托业这些年的跨越发展，有赖于监管部门的大胆放手和底线思维，作为从事金融监管工作 30 多年的一名老将，您对于防范风险和创新发展的界线是如何把握的？

蔡鄂生：我始终在思考信托业的发展路径和经营模式。所谓的底线，是在当前发展的状态和行为下，会不会发生系统性风险，这是要思考的问题。

由此，我给信托公司出了道题，让它们去测算一下：在什么样的规模和收益水平下，下一步，信托公司还能活 5 年？比如，一个公司已经有了 2 000 亿元的规模，规模如果降到 1 000 亿元能否还活 5 年？如果可以，就证明它能够度过转型期。

目前，信托业的整体状况比较清晰，但对于风险暴露的方式、可能产生风险的区域以及是否会产生系统性风险的问题还需要再认识。单体风险一直存在，很多人嘴里喊着风险防范，但在实际发展过程中心里缺少那根弦儿。不良贷款率低就等于没风险吗？我不这么看。

记者：您认为市场需要认识的信托业风险在哪里？

蔡鄂生：我认为要看信托业的发展是不是在轨道上。在我国，信托出生于经济发展多元化、金融服务多样化的背景下，从根源上说，我们的信托不能和国外信托相比较，甚至连旧中国的信托业也不能比。信托本身是财产关系，真正的信托计划是管理成熟的资产。而目前，信托计划主要做的还是支撑经济发展的投资项目或类信贷业务，严格来讲不能算做真正的财富管理和资产管理。

信托公司经过了前后5次整顿，重新拥有牌照的60余家信托公司也面临新的发展抉择。我认为它们应该健康平稳发展。而在现阶段市场条件下，如何健康平稳发展，成为了我们的课题。

这几年，经济快速发展、银行信贷快速扩张，支撑了信托业的发展，但这并不是机遇。这几年金融发展的速度也很快，这种快又是什么带动的？看事物不能脱离市场整体大环境，好与坏不能单纯看体量，还要看它内在的质量。

我管了信托业这么多年，但从来没有在所谓“信托没问题”的思考之下去监管这类机构。近两年人们一直在关注影子银行的风险，社会上也总将其和信托业相关联，总觉得信托是影子银行风险的一个关键点。但我们的信托公司是被监管的，与国外的影子银行是有差别的。对其杠杆效应和风险到底如何认识？所以直到离任，我都在观察信托业存在的问题，注意它的风险。

记者：您认为对于金融机构发展而言，监管者起到了哪些作用？

蔡鄂生：首先，我认为机构的走向是法律赋予的，不是监管者给的。我们不能一上来就对行业指手画脚、监管发生在行为之前，要先靠机构在遵守法纪规范前提下去创新，然后我们再来看你的创新发展符不符合方向和社会需求，有没有风险。

其次，现在有一种观点是，只要有监管者的存在，机构就不能存在问题和风险，否则我们的存在就没有意义，我认为这太理想化了。控制风险绝非仅是监管部门的事，也不要认为市场是被管出来的，监管者管的是市场秩序，促进公平竞争、市场公开和信息透明，保护投资消费者的利益，而不仅仅是监管个体行为。谁能说美国出现次贷危机，只是监管出了问题？我认为首先是它根上出了问题。

当然，监管部门也要提高水平。要不断深入了解市场，否则你定起规则来就会出问题；要根据市场的变化来调整政策，切实做到微调预调。回到信托业，很多人说规模接近10万亿元是好事，但我认为这里存在问题，必须坚持底线思维。

让利实体信托才有未来

记者：前不久您在公开场合表示，希望信托大佬牺牲利润，服务实体经济，这样一种表态，您的目的是什么？

蔡鄂生：这是一种意识。信托公司不这样做就会有风险。不要认为收益普遍高就是对的，敢于向实体经济让利才能有未来。但他们是否敢于这样做，包括银行通道能不能少挣钱？从技术层面看，降低收益率是有空间的，关键在于敢不敢牺牲利益。

现在已经到了必须降低收益率的时候了，如果信托公司不牺牲利益，实体经济支撑不了如此高的收益，公司正常经营就会出现问题，会出现波动。这是大局思维方式。当然，对于信托行业而言，有问题就要暴露，暴露得越早越好，这就是方法论。

事实上，信托产品的平均期限都不长，平均期限在两年左右，即便规模上去了，履行合同的压力也并不大。现在要做的是不能盲目乐观，控制发展节奏、准备过冬。以往我们应对过很多风险，也时时总结积累经验。如果确定现在的规模是平稳合适的，就便于监管者应对风险。相比之下，应对5万亿元规模的风险比应对10万亿元规模的风险要简单。

监管层要讲求方法，方法对了，可以少走弯路，具体的应对和执行就要交给"交通警"了。我的看法，作为单体来讲，5亿元以下的信托计划，信托公司资本金积累应该可以覆盖风险，主要由公司自行处理，但对于10亿元以上的信托计划监管者就要特别关注了，不要只去看不良率，用大数判断风险的方法最直观，因为风险都是积累起来的。作为监管部门，真正的职责是关注单体风险，防范系统风险。如果系统性风险出现，央行就会行使最后贷款人的职责，一行三会的工作是一个完整的链条。

记者：您多次表示，信托业更多体现了类信贷的性质，在您的理想中，我国的信托业应该是一个什么状态？

蔡鄂生：信托的本质是"受人之托，代人理财"。既然如此，就要分析受谁之托、理什么财的问题。不能把理财作为经济建设的一些简单的项目，真正的财富管理是一种成熟产品的管理，而不是对半拉子工程或者建设项目的管理。但在我国目前市场环境下，不能要求信托纯之又纯，效法欧美方式，那是达不到的。

实际上，现在仍有很多与实体经济相关联的信托计划，而非简单的交易产品。也有人说，信托计划在前几年支撑了政府债务平台和房地产市场，但几乎所有金融机构都在关注这些领域，信托公司也无法脱俗。

信托业的发展，从根上有两个问题尚没解决：第一是管理什么样的财富和资产；第二是替谁理财。在欧美，机构信托行为和个人信托行为都有，他们的财产关系不一样。我们的信托公司相当一部分是发挥着通道的作用，银行理财产品资金借助这一通道形成信托计划，这样的做法严格讲是不纯粹的。

另外，从风险的角度讲，这些资金是否进到表内了？如果银行和信托资金都在表外，那么对整个的风险判断就会有影响。

记者：金融改革正风起云涌，您认为信托业未来的发展路径是怎样的？

蔡鄂生：我国信托业未来的发展和变化，存在着多种可能。日本的信托银行目前已经变异，中国台湾在20世纪还有信托公司法，后来也废掉了，变成了金控公司。我国通过5次整顿，特别是《信托法》和“两个规定”出台后，基本上把握住了总体发展方向。但理想目标和目前发展会存在差距，我也从来没说过，信托公司的发展到了一个成熟模式阶段，始终是在摸索着发展。

从根上看，我国信托业在财富和资产管理方面差的还很远，但现在信托公司所做的业务为了生存和发展，这也是必要的，任何公司都需要有积累。

不过值得注意的一点是，在信托理财的方式下，投资者也获得了较多的收益。2010—2012年信托业为受益人创造的收入累计2932亿元，信托公司本身累计实现收入985亿元。

现在有人问，信托产品收益率为什么这么高？这是需求方决定的或者说是为了生存被动接受。另外，由于某些政策的调整，银行贷款有总量控制，也给了信托公司机会。对于信托公司而言，只要有能够支撑高收益水平的项目，就可以做计划，他们不会给不能支撑高收益的项目去找资金，也不会在明知道你支付不了目前收益水平的情况下，还去发行产品。

在大的经济、金融改革的环境下，信托业有了发展，但发展路径能否符合经营方式的转变、效率的提高、产业政策的要求以及本身业务的根本要求？总的来看，信托业还要摸索出符合自身发展的路径，而且这种路径不一定一开始就是成熟的。

《人民政协报》记者　陈建萍　崔吕萍

摒弃僵化思维信托公司需再定位

（载《上海证券报》2013 年 9 月 6 日 A5 版）

中国信托公司的定位是形成契约型的共同基金管理公司，即以私募形式向社会投资者募集，以法律契约为纽带集合资金或财产，由信托公司进行专业管理运用以获取收益。基于这样一种定位思维，信托公司最终在业务模式上将以“资产管理和财富管理”并重，以此来构建大金融管理平台，有效配置社会经济资源，为投资者提供真正的理财增值服务。

目前，我国信托行业管理着近 10 万亿元的资产规模，一跃坐上金融行业“第二把交椅”。尽管行业发展很快，但许多人一提及信托公司仍然很容易将 2001 年以前的老形象提拎出来，其实当时是国家大的金融环境出了状况，不仅仅是信托公司，几乎所有的金融机构都出了些问题，以致国家花了巨大的成本来消化这些问题。

2001 年《信托法》颁布，随着国家信托监管政策和法规的陆续配套跟进，国内存续和新设的信托公司都吸取了以往的经验教训，在决策、风控和管理上都下了很大工夫，情况已经发生了质的变化。但业界在信托公司的功能定位上和发展模式上始终存在着认识不清的问题，因此对其目前业态和经营模式有一定的理解误区；此外，大量媒体近几年来不厌其烦地报道和预测着这个行业可能面临的巨大风险，顺便强扣上一顶“影子银行”的大帽子，致使信托公司在舆论导向上处于弱势。

信托公司功能定位

中国信托公司从成立第一天开始，就不是奔着英式信托之路去的。从 1979 年第一家信托公司中信信托诞生之日时，信托公司的使命至今为止都是成为社会多种融资渠道中的一种融资渠道，而且是重要的直接融资渠道。实际在 2003 年具有里程碑式的国内第一笔信托计划“上海外环资金信托计划”诞生时，就意味着中国的信托公司摸索出了其独特的运行轨迹，沿着这一轨迹才能硬生生创造出一个近 10 万亿元的市场。因此，为应对中国信托行业的不断变化，银监会颁布的《信托公司管理办法》和《集合资金信托管理办法》以及一系列的业务操作指引更有现实性和客观性，极大地促进了行业的健康发展。

信托公司募集社会资金直接投融资到优质的项目之中，这种优质项目往往是现有银行贷款所不能满足或触及的，但又可创造更多增值服务项目。信托公司利用他的制度优势和管理经验去发掘这类项目，然后将项目增值中大部分回馈给社会投资者，并运用集合管理的形式来分散项目风险的分担。

由于我国经济发展规模和特征需要有一个巨大的融资市场予之配套，这个融资市场仅仅靠银行贷款的方式是难以满足的，需要资本市场、信托公司、风投基金以及小额贷款公司等多种融资渠道予以补充，扩大全社会融资渠道，以建立多元化的融资市场，共同来满足国民经济发展的资金需求。此外，社会财富需要保值增值，在传统的银行存款和证券市场外，社会公众有着广泛的理财诉求，希望在抗击通胀的过程中确保资金的安全性。因此，信托产品作为一种类固定收益型的理财产品比较契合当前社会公众的理财偏好。信托公司有效结合了项目融资需求和社会理财需求，在两者间找到了市场空间，不断吸引社会资金支持经济建设，并将其中产生的经济效益回馈给社会公众，这就是当前我国信托公司的生存伦理和立足点。

所以，我们信托公司的主业和发展道路绝不能盲从于英式信托之路，我国信托公司是在特殊历史条件下形成的一种金融创新的产物，完全可以创造出以投融资为特色的“中式信托”，在未来条件成熟时，逐步将英式信托纳入到中式信托业务种类中。

定位契约型共同基金管理公司

其实国内信托公司募集社会资金，通过市场化的手段将资金运用以获取回报，也不是什么新鲜事，全球的投资银行、基金和资产管理公司都是这么做的，可以有效利用社会经济资源进行优化配置。至于信托公司现在业务中“房地产业务”和“地方政府基础设施业务”比重高一点，不是信托公司的主动选择，是市场选择的必然结果，资本会在“风险”和“收益”中自动选择一个落脚点，无可厚非。

从国内金融分业经营现状来看，信托公司可以在实业领域和金融领域同时开展业务，经过近十年的发展，在资本市场、房地产市场、矿产投资市场和基础设施建设市场等多个市场进行了大量的投融资活动，学习了许多的行业经验和操盘手段。同时，信托公司已建立了较为完善的系统组织，包括实行前台、中台、后台的分工合作、培养人力资源、完善业务操作和内部管理制度、健全操作流程和审批环节等，同时在中国银监会监管下培育合规意识以及风控理念等，逐步使自身成为一个较为专业化的资产管理和财富管理团队组织。建立这样一个专业化的系统组织需要投入大量的人力、物力和时间，目前国内其他类型金融机构都难以与之比肩。

下一步，信托公司以资产管理和财富管理为中心进行“双轮驱动”。

首先，在“财富管理”上要根据投资者的风险偏好和收益取向来选择财富管理的目标客户，根据目标客户的风险承受度来划分客户的分类级别；其次，根据客户的分类级别将其财产进行分类管理运用，选择不同类型的项目与之匹配，实现投资者的风险偏好和收益偏好相容。

在“资产管理”上对熟悉的行业进行全产业链展业，细分市场走专业化路线。以房地产信托业务为例，在房地产项目一级土地整理环节、土地一二级市场联动环节、土地挂牌获取后的房地产股权投资环节、“四证齐全”后的开发贷款环节、房地产开发后形成的经营性物业环节、商业物业资产证券化环节以及最终可能形成的 REITs 业务环节，都可以成为“资产管理”的业务领域。随着全产业链的延伸，对不同的分类级别客户可以分别选择在各个环节参与投资，并根据每个环节的风险程度获取不同的收益对价。

未来，中国信托公司的定位是形成契约型的共同基金管理公司，即以私募形式向社会投资者募集，以法律契约为纽带集合资金或财产，由信托公司进行专业管理运用以获取收益。基于这样一种定位思维，信托公司最终在业务模式上将以“资产管理和财富管理”并重，以此来构建大金融管理平台，有效配置社会经济资源，为社会投资者提供真正的理财增值服务。

《上海证券报》记者　邹靓

资产证券化能否成为信托公司蓝海

（载《金融时报》2013 年 9 月 9 日第八版）

不同于银行、保险等金融机构，在整个经济发展和金融市场中，信托所发挥的作用是具有阶段性的。因此，在利率市场化来临之后，原有的信托公司盈利模式可能产生颠覆性的改变，利率市场化的到来让信托公司必须转型。但是信托公司的转型怎么转、转向哪？

事实上，信托公司转型已经说了很多年。口头上，许多信托公司人士都曾作出过这样的表示：信托公司的转型必须加强主动管理。指标上，信托行业通道型银信合作产品占比不断下降。但是一些信托业内人士表示，通道型银信合作产品占比的下降不过是产品名称、统计口径上的一些技巧，实际上信托对银行的依赖并没有减弱。这样的事实说明，简单的监管要求并不能迫使信托公司转型，唯一能够迫使信托公司转型的，可能就是市场环境的变化。利率市场化的到来迫使信托公司必须转型，原因就在这里。而信托公司怎么转型、向哪里转？需要的是对未来市场变化的预判。

利率市场化对于中国经济和金融的影响将显现在方方面面，因而据此找出信托公司转型的方向可能仍然扑朔迷离。但是可以看到的是，在“用好增量，盘活存量”的总体货币政策指导原则下，资产证券化似乎可以成为信托一个新的蓝海。

国际经合组织按照资产证券化的流程对其定义，认为资产证券化是把缺乏流动性但相对具有未来现金流收入的同质资产打包、重组，将其转变成可以在金融市场上出售和流通的生息证券，出售给第三方投资者的过程。资产证券化过程的主要参与者有发起人、特殊目的载体（SPV）、投资者等。资产证券化以破产隔离为核心，在其设计中，破产隔离是通过具有破产隔离功能的特殊目的载体实现的。国际上，资产证券化的迅速发展得益于其独特的风险隔离机制。风险隔离机制的核心在于构造一个特殊目的载体。从法律组织形式上，实现破产隔离的有信托型（SPT）和公司型（SPC）两种形式。信托型又称为特殊目的信托，在这种形式下，原始权益人将基础资产转让给作为受托人的 SPV，成立信托关系，由 SPV 作为资产支撑证券的发行人发行代表对基础资产享有权利的信托收益凭证。在这样一个信托关系中，委托人为原始权益人；作为受托人的 SPV 是法律规定的营业受托人，即有资格经营信托业务的信托机构；信托财产为基础资产的资产池；受益人则为受益凭证的持有人——投资者。在信托关系的法律构造下，原始权益人将其基础资产信托给 SPV 后，这一资产的所有权就属于 SPV，原始权益人的债权人就不能再对不属于原始权益人的基础资产主张权利，从而实现了基础资产与原始权益人的破产隔离。公司型（SPC）形式下，原始权益人将基础资产真实销售给 SPC，即将基础资产的所有权完全、真实地转让给 SPC，SPC 向投资者发行资产支撑证券，募集的资金作为购买基础资产的对价。真实销售旨在保证在原始权益人破产时，出售给 SPC 的资产不会被列为破产财产，从而实现破产隔离。

我国资产证券化的实践从 2005 年就已经开始。当年，中国人民银行和中国银监会颁布的《信贷资产证券化试点管理办法》出台。同年 5 月 16 日，财政部发布了《信贷资产证券化试点会计处理规定》。随后国家开发银行和中国建设银行两家试点单位分别落实首笔信贷资产支持证券（ABS）和住房抵押贷款资产支持证券（MBS）的发行工作。当年 12 月 15 日，由国家开发银行发起、中诚信托作为发行人的 2005 年第一期 41.7727 亿元开元信贷资产支持证券成功发行。同一天，建设银行发行的国内首单个人住房抵押贷款证券化产品——“建元 2005 - 1 个人住房抵押贷款支持证券”正式进入全国银行间债券市场，中信信托作为受托人。至今，国内资产证券化市场已推出的产品包括以银行信贷资产为基础资产的信贷资产证券化；以企业资产为基础资产的企业资产证券化或专项资产管理计划；由非金融企业向银行间市场发行的资产支持票据（ABN）等。中国 ABN 并不像 ABS 一样通过设立特殊目的载体进行隔离，因此中国资产证券化中特殊目的载体基本由信托和券商来承担。

目前对于 ABN 中是否应该引入特殊目的载体以实现破产隔离以及信托是否可以成为企业资产证券化的特殊目的载体都各有说法。但是，即使从目前已经颁布并生效的法规看，《信贷资产证券化试点管理办法》第三章特定目的信托受托机构第十六条就明确规定，受托机构由依法设立的信托投资公司或中国银监会批准的其他机构担任。因此即使仅在银行以资产证券化手段盘活存量这一领域中，也是一个极大的市场，信托公司是大有可为的。始于 2005 年的信贷资产证券化试点工作之所以没能扩大开来，重要的原因在于随之而来的华尔街金融危机让很多人，特别是监管层对资产证券化望而生畏，因此未能继续推进。但在当时，中信信托、中诚信托、英大信托等一大批信托公司已经对此有了深入的研究。

中国银行业沉淀的庞大资金需要通过资产证券化将其盘活；一大批拥有大量资产却缺少现金的大型企业需要通过资产证券化将资产转换为现金，这是可以看到的市场需求。目前，国务院在多次会议上提出“盘活存量”，这是明确的政策要求。在这样的背景下，可以预见监管部门在鼓励银行通过市场化手段进行资本工具创新的同时，将逐步放开对信贷资产证券化的限制，一片蓝海已经在信托公司面前呈现。2005 年为配合信贷资产证券化试点，银监会曾颁布了《金融机构信贷资产证券化试点监督管理办法》，明确了信托公司作为特定目的信托受托机构的同时，也对担任这一角色的信托公司提出了九大要求：完成重新登记 3 年以上；注册资本不低于 5

亿元人民币，并且最近3年末的净资产不低于5亿元人民币；自营业务资产状况和流动性良好，符合有关监管要求；原有存款性负债业务全部清理完毕，没有发生新的存款性负债或者以信托等业务名义办理的变相负债业务；具有良好的社会信誉和经营业绩，到期信托项目全部按合同约定顺利完成，没有挪用信托财产的不良记录，并且最近3年内没有重大违法、违规行为；具有良好的公司治理、信托业务操作流程、风险管理体系和内部控制；具有履行特定目的信托受托机构职责所需要的专业人员、业务处理系统、会计核算系统、管理信息系统以及风险管理和内部控制制度；已按照规定披露公司年度报告；银监会规定的其他审慎性条件。对于如今的信托公司，这些都已经不是什么不可跨越的高门槛。

事实上，目前许多信托公司人士也已经将目光投向了这一领域。

《金融时报》记者　金立新

银行挺进大资管 信托并非没有机会

（载《金融时报》2013 年 9 月 23 日第八版）

巴曙松表示，新一轮的监管放松，从扩大投资范围、降低投资门槛、减少相关限制等多方面，打破了证券、保险、银行、基金、信托之间的竞争壁垒，使资产管理行业进入全面竞争时代。因此，银行这头大象打破边界进入资产管理行业，似乎也只是一个时间问题了。

毫无疑问，银行推出自己的资产管理计划对于各从事大资管业务的金融子行业影响巨大，因为这意味着不需要信托、券商和基金子公司，目前银信合作、银证合作、银基合作的通道业务大都可以由银行自己做了。因此信托也到了一个必须重新寻找自己的生存空间的时候了。

最近三大新闻招人眼球：

其一，中国银监会主席尚福林首提“栅栏原则”。他表示，由于一些表外创新业务已与存贷款“互联互通”，因此需要对信贷类业务、理财类业务、代理类业务和有价证券投资类业务实行“栅栏”防护，并鼓励在“栅栏”内积极创新。面对不断膨胀的银行理财业务，尚福林重申，银行理财业务本质上，是受投资人委托开展的债权类直接融资业务。同时他还透露了银行理财产品下一步监管政策引导方向：可建立专营机制，按照相应标准对资金募集、投放、风险等进行严格管理，主要赚取管理费，严禁利润分成，严禁风险兜底，严禁“脱实向虚”。

其二，9 月 14 日，银监会业务创新监管协作部主任王岩岫在“2013 第七届中国银行家高峰论坛”上称，近年来，在银行理财业务发展过程中，由基金公司、证券公司、保险公司设计的通道类产品，跟银行不搭界，可是为了规避监管，银行只能走通道。最终风险、客户、资金都是银行的。今后一旦发生了问题，有些风险是不可控的。所以今后还要推出银行自己的资产管理计划。

其三，8 月底，工商银行行长易会满在工商银行中期业绩说明会上公开表示，工商银行准备开展理财直投业务。易会满这句话被很多人士理解为，工商银行可能推出以债权形式直接向企业投资的理财产品。

联系三则消息是否可以得出这样一个完整的结论：银行业将把信贷类业务、理财类业务、代理类业务和有价证券投资类业务用“栅栏”圈起来，这个栅栏就是以银行理财为基础的银行资产管理计划，银行资产管理计划是受投资人委托开展的债权类直接融资业务，可以用理财直投业务方式以债权形式直接向企业投资。

这似乎是一个颠覆性的变化。对于一向被视做间接融资机构的银行，以银行理财为载体开展债权类直接融资业务，直接向企业投资，似乎有些超出了人们以往对银行的认识。或许这是因为券商、基金子公司、保险、期货等金融子行业以不同的标准大规模进入并开展资产管理业务后，银行一种被迫的应对，但是如果以银行理财作为专营机构，并且让这个机构具有投资功能，这里边所蕴涵的东西可能有很多。

但是无论如何，各类金融子行业进军大资管已经成为了一种趋势。有信息表明，瑞银正在收缩投行业务，将重点放在富有客户的理财业务上。美国五大银行中高盛、摩根大通和富国银行三家均表示，它们正考虑扩大各自的资产管理部门，它们的目标是从富达投资等基金管理公司那里抢夺市场份额。国务院发展研究中心金融研究所副所长巴曙松也曾表示，新一轮的监管放松，从扩大投资范围、降低投资门槛、减少相关限制等多方面，打破了证券、保险、银行、基金、信托之间的竞争壁垒，使资产管理行业进入全面竞争时代。因此，银行这头大象打破边界进入资产管理行业，似乎也只是一个时间问题了。

毫无疑问，银行推出自己的资产管理计划对于各从事大资管业务的金融子行业影响巨大，因为这意味着不需要信托、券商和基金子公司，目前银信合作、银证合作、银基合作的通道业务大都可以由银行自己做了。因此，信托也到了一个必须重新寻找自己的生存空间的时候了。而信托的转型，外部环境是一个重要因素，但这又不是信托公司和监管部门能够决定的。因此信托的转型只有等待，并在等待中生存。

对于信托的优势，经常会被提到的就是《信托法》和《信托公司管理办法》明确了信托公司作为主营信托业务的机构及其市场定位以及信托可以贷款和股权投资，又可以进行融资租赁，但是在各金融子行业纷纷进入资产管理市场的背景下，这种优势已经不再。因此在已经到来的大资管时代，在以资金为基础资产的领域，信托已经没有优势。唯一留给信托公司的就是财产信托领域。但是财产信托的开展需要环境。我国信托公司重新登记后出现的第二个集合资金信托产品原本的设计就是财产信托，其后十余年在财产信托方面信托公司也进行了许多探索，但终未能形成气候，其主要原因就在于外部环境的不配合。因此信托公司向财产信托转型，还需要时间。但是在这段时间内，环境和一些不被人注意的因素还是为信托公司等待环境的改善完成转型提供了可能。

首先，资产证券化和土地流转仍可以成为信托公司的业务机会。在“用好增量，盘活存量”的总体货币政策指导原则下，资产证券化正在成为一个新的重点业务领域，庞大的银行沉淀资金需要通过资产证券化将其盘活。虽然对于特殊目的载体（SPV）的选择上目前还有各种说法，但是，2005 年中国人民银行和中国银监会就颁布《信贷资产证券化试点管理办法》，信托公司成为信贷资产证券化的SPV，因此无论如何，信托是有机会的。同样，目前土地信托也为信托公司留有机会。正如北京信托副总经理时宝东所言，充分利用信托财产的特点，解决农民土地问题的空间非常大，有效解决农民失地之后和城镇化土地流转的问题，信托业会获得更好的发展空间。类似的业务领域足以支撑信托公司等待信托外部环境的好转。

其次，专业性和行业思维定式让信托至少在短时间内可以在资产管理领域保持领先优势。信托是天然的资产管理工具，虽然目前很多人认为信托做的是通道业务，但熟悉信托行业的人知道，重新登记后十多年来，信托公司在资产管理领域进行了大量的研究和实践，很多研究没有更多地在实践中推广，最主要的障碍还是外部环境问题。更重要的是，十多年来信托公司从内部体制、机制乃至流程和从业人员思维上，早已向资产管理机构靠拢。很多行业的业务表面看简单，实质上每一个行业都有其不同的行业特质和属性，这种行业特质和属性是融入每一家机构、每一个人血液中的。就仿佛重新登记前的信托，人多是从银行来的，干的也多是围绕着银行的事。在经历了时间和人员大换血以及政策的引导后，信托公司才逐步向资产管理机构靠拢。

任何一个金融子行业在进入资产管理行业后，即使挂的是资产管理的牌子，干的是资产管理的活，但都不可能在短时间内将自己完全转变成一个纯粹的资产管理机构。这也是短期内信托的机会。

《金融时报》记者　金立新

信托将在混业改革中乘势而上

（载《经济日报》2013 年 10 月 22 日第十版）

伴随着金融体制改革深化，信托法律关系将会在投融资领域广泛运用。

当前，我国正积极推动利率市场化进程、金融领域放宽市场准入等改革，这为信托业健康发展创造了难得的历史机遇，信托业将全面步入一个创新发展新时期。

首先，信托业运用其手段灵活、工具多样的优势和特点，在利率市场化改革中大胆进行尝试和探索。尽管从理论意义上讲，信托理财产品无论其运用方式如何，信托公司与委托人之间都不是一种债务债权关系。因此，从某个角度来看，信托公司与委托人之间的关系，只能是基于信托财产预期收入水平，而非货币利息的高低。但从另一方面理解，在信托公司以受托人的名义对信托财产运用和处分的过程中，如果采用的是贷款运用的话，则相对于交易对手即资金使用人而言，则是一种建立在债务债权关系基础上的借贷关系，而资金成本即借贷利息则是由信托公司按照一定规则，特别是按照市场供求规律和市场资金价格的一般行情加以确定的。实际上，正是在信托资金使用价格的形成过程中，信托公司已经在实践中探索利率市场化的创新道路和模式，为今后包括商业银行在内的金融机构深入开展利率市场化改革摸索了道路、积累了经验。

其次，2013 年可以说是我国资产管理市场“群雄并起”的一年，券商创新、基金松绑、保险开放、期货突破、私募修法，我国理财市场主体多元化的结构进一步确立。今后在理财市场中，包括信托在内的各家金融机构之间在业务竞争和往来中，将体现出“你中有我，我中有你”的相互交叉融合格局。

我国信托业以其特有的制度优势和综合功能，在货币市场、资本市场和实业市场三大市场中跨市场、跨行业、跨领域为广大投资者和委托人提供各类投融资服务和资产管理业务，为委托人提供了丰富的理财产品，对委托人的财富进行了科学有效的配置和运用。因此，伴随我国金融体制的改革深化，以及金融机构综合化经营试点范围的不断扩展，信托公司、信托制度、信托原理发挥越来越重要的作用和职能，信托法律关系、信托制度安排将会在个人财富管理、离岸信托税收筹划、QFII、资产证券化等诸多投融资领域中广泛运用。信托公司将会不断发挥固有的制度优势，逐步整合相关资源，在混业趋势的改革过程中乘势而上，成为提供综合化金融服务的生力军。

最后，市场细分，信托产品逐渐实现分层化产品线。信托业要想实现健康稳定的可持续发展，规避信托财产清算支付风险，今后信托公司和监管部门应对信托产品、信托市场和委托人实施风险分类，进行市场细分，进而按照不同投资偏好和风险承担能力打造一条全新的分层信托产品线，主要包括稳定收益型（保本保收益），如基础设设施信托产品等；资产安全型（只保本金），如房地产信托产品、矿业能源信托产品等；浮动收益型（不保本金和收益，高收益高风险），如私募股权投资信托产品、股票投资信托产品等。总之，只有彻底、规范地进行信托理财产品的分层设计，才能够做到既保障广大投资者的投资权益和财产安全，又能够使得信托理财市场信誉不受损害，信托公司形象不断得以提升，同时也避免信托公司违规操作等风险。

中国人民大学信托与基金研究所执行所长　邢成

实现中国“信托梦”的变革之路

——英大信托董事长盖永光谈信托业未来三大方向

（载《金融时报》2013 年 12 月 16 日第八版）

2012 年证监会、保监会等监管机构相继出台了一系列资管新政，极大地拓展了证券业、基金业、保险业的业务范围，使其资管业务与信托业务之间产生了很强的替代性。面对新形势，信托业无论从经营范围还是产品特点来看都不具有竞争优势，倒逼信托业反思当下，提升金融服务的专业性、多样性和有效性，进而把握金融发展的未来。英大信托董事长盖永光在一次座谈会上提出，信托行业发展过程中必将重新洗牌，出现重组并购也是不可避免的。信誉好、品牌好的信托公司会做大做强，抓不住机遇的信托公司将被兼并或淘汰。要实现“信托梦”，成功完成信托行业的变革，未来可能有三个方向：一是变成“信托银行”；二是成为全能型金融控股公司；三是开展如家族信托类的业务，成为专门的事务性信托公司。信托银行、全能型金融控股公司和专门的事务性信托公司为何可以成为未来信托变革之路的三大方向？

记者：从国外看，有些国家曾经出现过信托银行，但也并不是所有运用信托制度的国家都采用过这种形式，为什么您认为信托银行将是未来的方向选择之一？

盖永光：信托公司与银行的融合是一种信托结构创新。从 20 世纪末开始，全球主要经济体兴起了金融混业经营的大趋势。从十八届三中全会公报可以看出，随着改革开放的进一步加深和中国资本市场的逐步开放，“大资管”时代的来临预示着未来中国的金融机构将从分业经营逐步向混业经营转变。因此信托公司可以充分利用信托制度的优越性，与商业银行进行不同层次的融合，灵活地探索综合经营或混业经营的可行途径。

中国信托业的资产规模在 2013 年第三季度虽然已经迈过“10 万亿元”的门槛，但是从信托公司发展的外部环境来看，相关法规制度不完善，监管体系不完善，在理财市场上却要同时面对来自银行、证券、基金、保险机构的激烈竞争。从信托公司发展的内部环境来看，信托公司虽然是唯一可以跨越货币市场、资本市场和实业市场的金融机构，号称“金融百货超市”，却没有自己擅长的有较大竞争优势的业务领域，开办的业务内容、产品种类缺乏鲜明的信托特色，信托业一直以配角的地位存在中国的金融体系当中。如果仅仅依靠自身的建设发展，不寻求外部强有力的战略合作者，势必很难在激烈的竞争中得到发展。通过与银行的融合，一方面可以巩固提升自身的地位；另一方面也可以通过在信贷资产证券化、企业年金受托管理和理财产品开发合作中寻求自己的核心业务模式，找到信托业务发展的突破口。

信托公司与银行融合可以共享销售渠道、共享品牌和商誉、共享信息系统，利用各自的优势，有效地降低客户维护的成本，提高客户的忠诚度，实现规模经济和范围经济，从而达到共赢的效果。

记者：信托向金融控股集团方向发展一直是许多信托人的梦想，但是也有人认为这仅仅是一个梦，真正实现可能路途遥远。为什么您认为这是信托行业变革的一个方向？

盖永光：信托向金融控股集团方向发展是依据信托组织的创新思路得出的一种结论。目前世界上主要的发达国家，其金融机构主要都是混业经营。第一类是以德国为代表的全能银行制，在德国的这种模式之下，银行就是典型的金融百货公司，商业银行、信托、证券承销、保险等诸多业务都属于公司的不同部门，隶属同一个董事会管理。第二类是以美国、我国台湾地区为代表的金融控股公司制，其控股公司为集团公司，其下属有成员子公司，如商业银行、信托公司、证券公司、保险公司等，这些公司独立运营、承担独立的民事责任。第三类是以英国为代表的金融集团制，其是银行作为控股母公司，证券公司、信托公司、保险公司是作为成员子公司。

对于信托公司来说，成立金融控股集团最大的一个优势在于可以将内部的各个金融要素进行重新的组合及衍生。在信托公司作为金融控股公司，其控股的子公司如银行、证券、保险、基金、期货、租赁等可以独立运作，依托信托公司的跨市场资源配置优势，可以充分拓展各个子公司的业务发展，并且其自由度较高，提升各种业务和产品间的交叉销售能力，发挥协同效应和规模优势。这种模式也符合目前混业经营，分业监管的现状，在政策应对方面具有比较大的灵活性。信托公司通过股权置换、并购重组、开设子公司等方式逐步发展成金融控股公司，可以实现集权式管理，集约化经营；可以放大的资本扩张效应，母公司的资本通过投资控股对子公司拥有支配权，子公司又可以通过部分投资控股“孙公司”，形成被放大的资本扩张效应，即多重资本杠杆效应；可以实现金融产品的品牌效应、范围经济优势、业务多元化优势以及风险分散优势。

十八届三中全会之后，管理层将逐步推动金融改革战略布局，金融管制相对放松，为跨行业资产配置创造了政策环境，这就为信托成为拥有商业银行、信托、证券、基金、保险、租赁在内的全牌照金融机构创造了有利的时机。

记者：“成为具有财富管理属性的信托公司”是未来信托行业变革的一大方向，这个结论您是如何得出的？

盖永光：信托的基本功能是财产管理和财产转移，通过这种方式来达到融资、融物以及财产管理相互结合的带有金融性质的信托业务。但是，从目前中国的金融市场的业务链来看，在大资产管理时代，信托公司主要竞争对手的竞争领域集中在“资金信托”的运用上，这在信托关系中处于下层地位。而对于真正有技术含量以及核心竞争力的上层信托关系，即“目的自由性”信托上，商业银行、证券公司、基金公司、保险公司竞争力较差，不能从事与“他益”和“公益”信托相关的业务。对于这些非信托业的金融机构来说，其资产管理业务主要是为了实现委托人资金的保值增值，并不能实现信托财产的转移和分配功能。截至2013年第三季度，中国信托业资产管理规模已达到10.14万亿元人民币。但是，根据中国信托业协会对于中国信托公司的主要业务数据的统计可以看出，截至2012年末，中国信托资产中投融资类占比高达84.71%。由此可见，信托公司对于信托功能的运用还处于相对低端的资金信托层面上。信托公司要想在激烈的竞争中生存下来，必须要进行业务转型。信托公司实现从主要从事信托贷款和债权融资的财富管理机构向现代财富管理机构的转型，其主要业务拓展创新方向有财产传承信托、农村土地流转信托、产业基金等方向。财产传承信托包括家族公司股权信托和家族公司财富信托；农村土地流转信托在发展现代化农业及保障农民财产权利方面与十八届三中全会精神十分契合，未来预期会有比较大的发展；产业基金信托对产业方的扶持，既包括提供资金，也包括改善企业的股权结构，优化公司治理，并通过整合中介机构提供智力支持等。通过帮助行业“龙头”企业开展兼并收购，进而达到产能集中的目的，并且对企业的技术改造升级提供资金扶持，促进产业的优化升级。

此外，信托行业必须高度关注、超前思考国家改革的新政策，特别是十八届三中全会后的政策走势，包括农村问题、中央企业问题、结构调整问题、金融改革问题等，增强政策的敏感性从中认真把握信托行业的发展趋势。目前，围绕能否在上海自贸区设立基金子公司、利率市场化、养老、资产证券化政策变化、污染治理，资本市场业务拓展、资金储备以及服务与互联网金融等问题的思考，都可以从中发现商机。

《金融时报》记者　金立新

信托业要用信誉树立行业形象

（载《金融时报》2013 年 12 月 20 日第六版）

2013 年 12 月 19 日，2013 年中国信托业年会在此间举行。会议提出，目前信托行业已经成为四大金融子行业的“二把手”，要仔细研究和思考如何能在这个位置上坐长久这个问题，信托业要用信誉树立行业形象。

从历史上看，信托是一个充满诱惑与沧桑的行业，也是个经历了坎坷与辉煌的行业。信托行业拓展了人民群众财产性收入渠道，舒缓了经济调整的周期性波动，推动了中国利率市场化，树立了行业形象。但是，在信托行业成为金融第二大子行业后，许多东西要与自己的行业地位相符。因此，此次会议提出了信托转型过程中对信托公司和信托监管的八项具体要求。

要完善公司治理，董事长负责“掌门”、监事长负责“掌灯”、总经理负责“掌柜”，各自权责要分清楚；信托业协会要建立信托产品登记系统，这个系统要逐步实现信托产品的产品公示、信息披露和确权功能、交易功能；对信托公司要施行分类经营机制，对信托公司进行分级，分级结果与信托公司所能开展的业务相对应；同时还要强化对信托公司的资本约束机制，对信托业务要有明晰的资本约束计量方法，要建立资本平仓制度，要有补偿制度；信托公司要担负起相应的社会责任；信托公司要有恢复与处置机制，对信托经理可以进行激励，但出现风险要有机制保证能够回吐，要有风险对冲机制，要有业务分割与恢复机制；信托行业要有稳定机制，建立行业稳定基金，让个体竞争，群体稳定。

对于监管，会议提出，监管评价的目标就是准确分类，完善监管；信托监管的指导思想是：还权于市场、让权于社会、分权于基层。非现场监管要做到“三盯”、“三谈”、“三报”。“三盯”即盯监管对象的会、盯网、盯报；“三谈”是每季度要与监管对象高管谈、每年要和监管对象董事会谈和与外部谈；“三报”是每月报告运行情况、每季度报告风险情况、每年要有年度监管报告。现场监管对于信托公司高管要实行“三考”制度，通过考核看高管过往业绩；通过考试看高管是否合格；通过考察看高管真实水平，对信托公司重点岗位要实行资格认证。对于总体机构监管要回归注册地，后台要放在注册地，中台向注册地集中，前台要放活。

对于目前很多人所提到和关心的信托产品刚性兑付，会议认为，所谓的信托产品刚性兑付，是信托公司在收益与信誉之间的一种权衡与选择，是一种道德约束，是舍与得之间的取舍，不存在政策约束。舍的多，得到的会更多，信托行业要用信誉建天下。

《金融时报》记者　金立新

信托行业述评

（载《金融时报》2013 年 12 月 30 日第八版）

2013 年，外部市场环境变化给信托行业带来的挑战前所未有：泛资产管理市场多面围击、四部委“463 号文”及银监会“8 号文”实施、钱荒来袭等。然而，在此背景下，信托业无论是受托管理资产规模，还是营业收入与净利率均保持增长态势，信托行业在金融市场的地位进一步得以巩固。

增　资产规模突破 10 万亿元

10 万亿元，足以让信托稳坐金融市场第二把交椅，而这个成绩在 2013 年第三季度就已实现。中国信托业协会数据显示，截至 2013 年第三季度末，67 家信托公司管理的信托资产规模为 10. 13 万亿元，突破了 10 万亿元大关，再创历史新高。与 2012 年同期的 6. 32 万亿元相比，同比增速达 60. 3%；与 2012 年第四季度 7. 47 万亿元相比，增长 35. 61%。

就利润率和成本率而言，呈一升一降的态势，这表明信托行业的成本控制日趋合理得当。信托行业的利润率（利润总额与经营收入之比）2010 年末为 55. 91%，2011 年末为 67. 97%，2012 年末为 69. 14%，2013 年第三季度提高为 72. 27%；而成本率则一直呈现不断下降态势：2010 年末为 44. 09%，2011 年末为 32. 03%，2012 年末为 30. 86%，2013 年第三季度进一步下降到 27. 73%。

值得注意的是，尽管资产总规模再创新高，但增长的步伐已有所放缓，信托资产规模环比增速连续下降。自 2013 年起，全行业信托资产规模季度环比增速一直呈现下降趋势：2013 年第一季度为 16. 86%，相比 2012 年第四季度 18. 2% 的环比增速下降了 1. 34 个百分点；2013 年第二季度为 8. 30%，相比第一季度下降了 8. 56 个百分点；2013 年第三季度为 7. 16%，相比第二季度又下降了 1. 14 个百分点。中国信托业协会专家理事周小明认为，这表明信托业正在稳步前行，因为信托资产增长的快与慢、信托规模的大与小，从中期、短期看，会受政策取向转变与经营环境变化的影响，但从长期看，最终还是要取决于理财市场的需求规模。他判断信托业长期增长的周期还没有结束，在未来的相当长时间内，信托业规模的快速增长仍然可以期待。

变　多方位谋创新之路

虽然信托业发展的理财市场基础依然雄厚，但周小明同时表示，从2012年开始的政策取向调整和经营环境的变化，意味着信托业再也不能简单依赖过去机会驱动的私募融资信托经营模式，来抓住成长市场中的巨大发展机会。

创新谋变则是出路。事实上，信托业一直践行着变革和创新的精神，正如有信托人士所言"只有想不到，没有信托做不到的"。近年来，业内推出具有资产管理性质的投资信托产品和具有财富管理性质的服务信托产品。比如，多家公司开发了现金管理类开放式信托基金，满足了流动性偏好的投资者需求；一些公司推出了具有品牌标识的"全市场配置"型资产管理信托产品，力图构建覆盖流动性管理、融资、投资等多方式运用，且跨期限、跨领域和跨标的配置的系列化、标准化资产管理产品线，以满足不同偏好的投资者需求；一些公司在证券投资等传统投资领域以及不动产投资、私募股权投资、实物资产投资等另类投资领域尝试了具有组合管理特点的信托产品；不少公司还推出了TOT（信托中的信托）、TOF（基金中的信托）、FOF（基金中的基金）等基金组合管理的信托产品；许多公司也一直在探索"家族信托"等高端私人财富管理业务。

业内人士认为，2013年是信托行业创新业务进入实质发展的一年。2013年，家族信托、土地流转信托、消费信托、医养产业等创新信托产品逐渐进入公众视野，创新产品不断出现为信托行业的转型带来积极信号。首先，创新业务拓展了信托公司业务领域，提升了信托公司在业务经营领域的多元化水平，在激烈的市场竞争下信托公司开始在传统业务之外寻找新的蓝海；其次，创新业务加深了信托对产业投资的介入深度，同时对信托公司的资产管理能力、资源整合能力和风险控制能力均提出了更高的要求，这些业务的探索有利于信托公司加强在泛资产管理背景下的市场竞争力；最后，家族信托、土地信托等业务种类更好地反映了信托服务的本源，信托公司开始探索更多地运用信托工具为社会经济发展、个人投资理财和财富传承提供专业服务，为信托行业的持续深入发展寻得了切入点。

转　探寻未来转型之道

当前，信托公司有两大主要业务模式，一是私募投行业务，即撮合有融资需求的企业/机构客户与有投资需求的高净值客户和机构投资者；二是通道业务，即依托信托牌照优势，帮助银行和其他金融机构，投向特定的资产类别。但是这两种业务模式都面临波动和不确定性。有分析认为，如果中国市场沿承国际市场的趋势，持续放松非信托金融机构对于信托业务的介入，通道业务将在5年后走向消亡；私募投行业务具有高风险、高波动性的特点，该业务受政策监管和宏观经济影响较大，热点轮番切换，行业整体波动性较大。

仅以传统信托业务为主业的模式必将遭受巨大挑战。周小明认为，探寻能够抓住未来市场发展机会的信托业务经营模式，就会发现信托公司未来业务的逻辑起点必须进行切换，即从融资方的融资需求切换到投资方的投资需求上来，更多地立足于委托端客户的理财需求开发、设计相适应的信托产品。因此，信托行业未来的转型之道不外乎有三种形式：一是基于私募投行定位的业务优化；二是基于资产管理定位的业务转型；三是基于财富管理定位的业务转型。相应地，未来驱动业务发展的核心因素将不再是简单的外部机会，而是精细的内部专业化能力。

日前发布的《中国信托业发展研究报告（2013）》称，中国信托业未来发展的方向有三个：另类资产管理、新型私募投行、私人财富管理。

《金融时报》记者　胡萍

莫在质疑中迷失自己

——也说信托业现状和前景

（载《金融时报》2013年12月30日第八版）

2013年，信托行业呈现在人们面前的似乎就是两个字：危机。这种危机主要来自两个方面：舆论环境的风险和经营环境的改变。

来自各方的说辞很多，媒体爆出的信托项目风险、屁股坐在不同位置上的人出于各种意图所预测的刚性兑付为信托行业积累的风险，如此等等。但真是这样吗？

先来看信托项目风险。网络上曾经有人根据媒体报道，将所有出问题的信托项目进行过总结归纳。这些项目规模与信托行业总规模之比是很容易计算的。暂且先将所有这些项目都算做不良，将这些项目的总规模与10万亿元的信托规模进行一个比较，不良率是多少？会超过银行平均不良率吗？但是好像从来没有人这样计算和比较过。最关键的是，这些项目还不能算做不良，更准确的说法应该算是关注类，且到目前为止，除吉林信托所管理的“吉信·松花江（77）号山西福裕能源项目收益权集合资金信托计划”出现兑付危机，其他信托项目均已安全兑付，而吉林信托的“吉信·松花江（77）号山西福裕能源项目收益权集合资金信托计划”是否会最终不能兑付，目前还没有说法。这就是说，至少到目前为止，信托行业所管理的信托资产不良率应该为零。也就是说，截至目前，所有的信托风险都是“或将”发生而不是真实发生的，人们从媒体所感受到的信托风险远远大于真实的信托风险。

当然，媒体所暴露的信托风险并不是信托风险的全部，这是一个事实。但另外的一个事实是：目前为止，信托行业的确没有出现最终没有兑付的项目。还是那句话：金融行业本身就是有管理风险的，有风险是正常的，没风险还需要专业的金融机构去管理吗？

话说到此，又会有人拿出刚性兑付给信托行业未来发展带来的隐患说事，认为信托之所以没有出现到期没有兑付的产品，是信托公司自己兜底了。这里就有两个问题需要深究：其一是风险化解的手段可以有很多，目前为止究竟有多少项目风险是由信托公司自己兜底的？市场中没有看到过这样的统计，恐怕说这话的人也不能给出一个准确的数字。所以这种有论点没论据的说法，其对与错本身就值得质疑。其二是就算信托公司兜底了又怎么样？无论出于什么样的考虑，毕竟兜底是实力和责任的一种体现，总比亏了百姓的钱富了自己的腰包要好得多吧？

对于刚性兑付，刚刚结束的2013年中国信托业年会提出了这样一种观念：所谓的信托产品刚性兑付，是信托公司在收益与信誉之间的一种权衡与选择，是一种道德约束，是舍与得之间的取舍，不存在政策约束。舍得多，得到的会更多，信托行业就是要用信誉建天下。对于刚性兑付的否定，一方面有一些信托公司希望藉此减轻自身压力的原因；另一方面也有一些其他竞争行业借此削弱信托行业核心竞争力的可能。其实，作为对金融中介的约束，刚性兑付没问题。解决问题的关键在于，金融机构必须改变规模扩张的经营思路，要把自己看明白，管理能力要与规模和风险相匹配，有多大本事吃多大的食。

由此可见，即将过去的2013年中，无论是对单体信托风险的报道还是对有可能对信托行业产生不良影响的预测，所谓的信托风险都是一种猜测，或因一叶障目，或因断章取义的理解，这种猜测被放大甚至被当成了一种真实存在的风险。

就好像一个草根明星突然站在一个巨大的舞台上一样，一个异军突起的行业突然走进人们的视野，被怀疑、被质疑都是正常的，关键是，信托行业自己要清楚，别被怀疑说晕了，别在质疑中迷失了自己。做好自己才是最重要的。其实，信托公司更应该关注的是外部经营环境变化对行业所产生的影响。信托行业未来的前景如何，要看的就是信托公司能否实现大资产管理时代的完美转型。

《金融时报》记者　金立新

马年怎么跑？信托行业2014年展望

（载《金融时报》2013年12月30日第八版）

明年干什么？虽然是每年都要说的旧话，但却年年不同。马年，信托又该怎么跑呢？

传统业务：难持续仍需有

在信托业务中，传统的“三驾马车”是房地产信托、基础设施信托、金融类信托。多少年来，这三类业务一直居于前三名的位置。矿产能源、艺术品信托等，虽然也曾红极一时，但基本未如这三类业务一样长期在信托产品投资领域中占据主导位置，虽然持续时间长短不同，但基本都是昙花一现。马年，“三驾马车”还能够支撑信托行业的发展吗？我们可以分别看一看。

先来看看房地产领域。近十年来，虽然对于房地产行业的调控一直没有停止过，但随着房价越调越高，房地产信托也一直以来都是信托公司最重要的盈利业务。但是马年，房地产信托还能够像以前那样让信托公司在调控中赚得盆满钵满吗？恐怕未必。首先，前不久，李嘉诚、潘石屹抛售内地商业地产引起许多人的关注和猜测；从现在的情况看，有人总结出曾经被媒体披露的出现风险的信托项目中，多一半都是房地产信托，这本身就说明房地产领域的投资风险已经在加剧。其次，从党的十八届三中全会的精神看，未来财政税收以及地方政府收入来源的改革势在必行，这将从根本上改变地方政府对土地财政的依赖。不久的将来，房地产税、房产信息联网等早已箭在弦上的政策一经推出，也会对房价产生影响。最重要的是，房地产领域被很多人看中的原因在于其土地和房产可以为项目的风险控制提供保证，但是一般认为，在经济下行期，持有资产不如持有货币，房地产信托项目的周期一般又比较长，因此在这样的外部环境下，土地和房地产是否还能够为项目的风险控制提供保证，已经是个问号。从这些因素看，在没有新的投资领域替代的情况下，马年，房地产信托还得做，但估计要减少。

再来看看基础设施领域。2012年末，财政部联合国家发展改革委、人民银行、银监会下发的《关于制止地方政府违法违规融资行为的通知》。通知明确，融资平台公司因承担公共租赁住房、公路等公益性项目建设举借需要财政性资金偿还的债务，不得向非金融机构和个人借款，不得通过金融机构中的财务公司、信托公司、基金公司、金融租赁公司、保险公司等直接或间接融资。而基础设施领域是地方政府融资后一个主要的投资方向，受此影响，2013 年后，信托在基础设施领域的投资一直不温不火。日前，社科院发布的《中国国家资产负债表 2013》表明，2012 年中央政府与地方政府的总债务接近 28 万亿元，占当年 GDP 的 53%，其中，地方债务 19. 94 万亿元，须引起高度关注。从目前的政策趋向看，也多是化解地方政府债务风险而不是增加其负债率，因此，马年信托在这一领域可能还会继续不温不火下去。

金融类信托中证券投资是最重要的一点。目前信托公司证券账户已经放开，但是二级市场的投资基本是看天吃饭，信托能否在此领域增加投资还要看股市行情。但是值得关注的是，随着马年 IPO 的开闸，一些信托公司以前所做的 PE 投资可能会进入收获季节，未来信托的 PE 投资可能会与以往出现不同。

创新业务：看政策拼思路

随着各路机构进入大资产管理市场，信托的转型已经成为必然，但是向哪里转却是个问题。从 2013 年信托公司的创新看，土地信托、家族信托、消费信托成为三大亮点。但是，对于这三大领域的质疑，直到 2013 年末的“2013 年信托业峰会”上，仍然不断，可见对于这三大领域，更多的信托公司有兴趣、有疑惑、没思路。马年，这三大领域能否成为引领信托行业转型的突破性业务？答案应该是：看政策、拼思路。

土地流转信托的难点在于土地登记制度不健全，信托配套制度建设不完善，土地流转信托缺乏相应的法理依据和法律保障。如果农民单方面毁约，信托计划将承担潜在风险。更有人预言，土地流转信托会让信托陷入人民战争的汪洋大海。但是更应该看到的是，土地流转信托是符合政策趋向的，国家在推动土地流转方面一定会逐步完善各种政策及配套措施。消费信托的创新点在于将局限于资金领域的信托业务拓展到了事物管理领域，但是这种创新也的确可能突破一些政策限制，特别是将有可能对《信托公司集合资金管理办法》形成挑战。因此，这两个领域的发展决定于国家或监管部门在政策推进的程度和信托公司创新的思路。

家族信托也是未来信托公司有可能的一个创新点。从市场需求看，中国富人阶层的增大的确需要家族信托。但是从目前的实践看，所谓的家族信托事实上也仅仅是单一信托或银信合作换了一个名词。英大信托董事长盖永光提出的信托行业变革三大方向中，开展如家族信托类的业务，成为专门的事务性信托公司是其中的一个方向。但是在家族信托的开展中，除了配套法律、法规等因素外，信托公司业务创新把重点放在对富人资金的获取还是事务管理上，将对这一业务未来发展产生影响。

短线业务：流动性出机会

虽然从行业声誉风险角度，所有的套利业务都会受人指责，带来行业声誉的损害。但是，逐利是商业机构的天性，只要这种机会存在，信托不去做也会有其他资管行业去做。因此这也可能成为信托关注的领域。

特别是最近一段时间，有关流动性问题再次成为很多人关注的焦点。在结构性流动性紧张中，一方面，信托公司应注意自身的流动性问题；另一方面，关注流动性问题一样可以找到获利机会；此外，在与一些市场人士接触中，有些人关注到在持有资产不如持有资金的情况下，要保证资金的安全、有效投放，关注跨监管、跨地域套利是一个不错的选择。

《金融时报》记者　金立新